Politische Vierteljahresschrift

Sonderheft 20/1989

Deutsche Vereinigung für Politische Wissenschaft

Politik und Gesellschaft in sozialistischen Ländern

Ergebnisse und Probleme der Sozialistische Länder-Forschung

Herausgegeben von Ralf Rytlewski

Westdeutscher Verlag

Der Westdeutsche Verlag ist ein Unternehmen der Verlagsgruppe Bertelsmann International.

Satz: SATZPUNKT Ewert, Braunschweig
Druck und buchbinderische Verarbeitung: Lengericher Handelsdruckerei, Lengerich
Printed in Germany

ISSN 0032-3470

ISBN 3-531-12104-9

Inhaltsverzeichnis

Vorwort

Das Jahr 1989 hat mit einer Deutlichkeit, wie sie die Geschichte selten bietet, vor Augen geführt, wohin die sozialistischen Länder heute streben. Zunächst Ungarn und Polen, dann die DDR verließen den sowjetsozialistischen Weg politischer Herrschaft. Im Spätherbst war auch in der Tschechoslowakei und Bulgarien der Zeitpunkt herangereift, die Herrschaft der kommunistischen Parteien abzulösen. Ausgelöst wurde der politische Umbruch in diesen Ländern durch die dramatischen Veränderungen innerhalb der Sowjetunion. Unter der Leitung von *L. Brežnev* als Generalsekretär der Kommunistischen Partei der Sowjetunion stagnierten Politik und Wirtschaft der Führungsmacht in einem Maße, das den Bestand der Sowjetunion und ihres internationalen Interessengebiets gefährdete. Paradoxerweise war dies innenpolitisch eine ruhige Zeit, denn die Bevölkerung war sich eines Mindesteinkommens sicher und erwehrte sich des ideologischen Ansinnens der Partei durch Ignoranz. Der Machtverlust der Sowjetunion und der KPdSU offenbarte sich erst, als nach 1985 der neue Generalsekretär *M. Gorbačev* mit *Glasnost* und *Perestrojka* erstmals in der sowjetischen Geschichte sowohl eine realistische Selbsteinschätzung des Landes als auch die überfällige Modernisierung der politischen Verfahren und Arbeitsmethoden ermöglichte. Zugleich hat das Jahr 1989 in China und Rumänien gezeigt, zu welchen Rückfällen in autokratische Herrschaftsformen kommunistische Parteiführungen dann bereit sind, wenn sie sich des Militärs und der politischen Sicherheitsdienste sicher wähnen.

Für die Politikwissenschaft in der Bundesrepublik Deutschland stellen die sozialistischen Länder eine inzwischen schon klassische konzeptuelle und methodische Herausforderung dar. Die politologische Analyse war bisher dem Widerspruch ausgesetzt, sich einem Thema zu widmen, das geographisch – im Falle der DDR auch ethnisch und kulturell – ganz nah und weltanschaulich wie auch sozioökonomisch sehr fern liegt.. Die daraus resultierenden kategorialen und konzeptuellen Probleme ziehen sich wie ein roter Faden durch die politologische und darüber hinaus die sozialwissenschaftliche Forschung. Auch wenn diese sich unter abweichenden Bezeichnungen organisierte – als Ostforschung, Osteuropakunde, Kommunismusforschung, Sowjetunion-Forschung, DDR-Forschung oder als vergleichende Deutschlandforschung –, stets wurde um die angemessene Methodik und das angemessene Konzept besonders kontrovers gestritten. Die großen Debatten um die Erklärungskraft des Totalitarismuskonzepts aus den fünfziger und sechziger Jahren machten Wissenschaftsgeschichte. Neben dem Totalitarismuskonzept offerieren die Studien- und Lehrbücher heutzutage weitere Ansätze: die Konzepte vom bürokratischen Sozialismus, von der Übergangsgesellschaft und von der sozialistischen Industriegesellschaft, jeweils in spezielle Ausrichtungen aufgefächert.

Der vorliegende Sammelband nimmt darauf an verschiedenen Stellen und insbesondere in der Einleitung und im zweiten Kapitel Bezug. Im übrigen wurde darauf verzichtet, die Entwicklung der einzelnen Strömungen der Sozialistische Länder-Forschung wissenschaftsgeschichtlich detailliert nachzuzeichnen. Statt dessen richtete sich das Interesse darauf, *the State of the Discipline* durch forschungsbasierte Analysen von Fachleuten aus den verschiedenen Institutionen und Arbeitsschwerpunkten unmittelbar zu präsentieren. Dies unter dem Titel Sozialistische Länder-Forschung, der die genannten konzept- und länderspezifischen Forschungsrichtungen in sich aufnehmen will. Sozialismus meint dann entweder ein ideologisches System mit einer revolutionären oder utopischen, in jedem Fall antiparlamentarischen Tradition oder den Zwangsapparat des befehls-administrativen Systems des „real existierenden Sozialismus". In dem einen oder dem anderen Sinne sind die hier behandelten Länder sozialistisch geprägt. Die Radikalität, mit der in Orten der DDR, in Ost- und Ostmitteleuropa und der Sowjetunion die Einparteienherrschaft in eine parlamentarische umgestaltet wird, läßt es jedoch mehr als wahrscheinlich erscheinen, daß der so verstandene Sozialismus in einigen Ländern bald der Vergangenheit angehören wird.

In der einschlägigen Literatur dominierte bisher die Länderperspektive – der *area approach* –, oder es wurden einzelne Politikfelder und Problemstellungen zum Thema gemacht. Nicht so in dem vorliegenden Sonderheft. Es erhebt den Anspruch, erstmals den Gesamthorizont der Politikwissenschaft zum Bezugspunkt der Systematik und Darstellung zu machen. Der Band folgt den Grundorientierungen des Fachs und fragt nach Bedingungen und Merkmalen von *polity, politics* und *policy*. Freilich sind dies abstrakte Unterscheidungen. Im konkreten Fall verweisen sie nur auf Momente – von allerdings unterschiedlichem thematischen Gewicht – des einen Gegenstands. Findet sich das Moment der politischen Grundordnung und des Politikverständnisses in allen Kapiteln wieder, so lassen sich *politics* – vor allem im dritten und vierten Kapitel behandelt – und *policy* – im fünften Kapitel dargestellt – leichter trennen.

Leitende Gesichtspunkte waren ferner:

- Das wechselseitige Zusammenspiel von manifester und latenter Politik zu erhellen, denn gerade in sozialistischen Ländern ist etwa die Grenzziehung zwischen Politisierung und Entpolitisierung oder die Art und Weise, wie politische Kultur, Institutionalisierung und Sozialisation in den Prozeß der Politikauswahl einbezogen werden, höchst aufschlußreich;
- in diesem Sinne nicht nur aus systemischer Perspektive zu analysieren, sondern die subjektiv-private Sicht als „Politik von unten" ebenfalls zur Sprache zu bringen;
- wo immer es möglich war, den Vergleich vorzunehmen, entweder als synchrone Komparatistik mehrerer Länder oder als diachroner Vergleich;
- neueren empirischen Analysemethoden – insbesondere zur Untersuchung der konfliktreichen Spannung zwischen Herrschaft und Alltag – genügend Raum zu geben, so daß der Sammelband auch in methodischer Hinsicht sein Ziel erreicht, den Stand der Forschung zu dokumentieren.

Im Ergebnis ist das Sonderheft weder einer Schule der Sozialistische Länder-Forschung in der Bundesrepublik noch einer Zentralthese oder einem einzelnen analytischen Fixpunkt exklusiv verpflichtet.

Zum Untersuchungsgegenstand wurde die Entwicklung von Politik und Gesellschaft während der siebziger und achtziger Jahre genommen. Die Bearbeitung endet in der

Regel mit dem Frühjahr 1989; in einigen Artikeln konnten die Ereignisse bis zum Frühherbst 1989 berücksichtigt werden. Das Personenregister wie auch das Begriffs- und Institutionenregister entstanden textbezogen. So erfaßt das Personenregister nur Namensnennungen im Text und in Textanmerkungen, Begriffe und Institutionen wurden nur dann aufgenommen, wenn über die bloße Nennung hinaus weitere Informationen erfolgten.

Mir bleibt, all denjenigen zu danken, die im bewegten Jahr 1989 Zeit und Ruhe fanden, einen Gegenstand analytisch und systematisch zu bändigen, der sich in einigen Ländern mitten im Aufruhr, in anderen in trügerischer Starre befindet. Dank gebührt den Autorinnen und Autoren für die höchst angenehme Zusammenarbeit. Tragischerweise verstarb *Manfred Opp de Hipt* am 22.6.1989 mitten im akademischen Schaffen. Ihm verdanke ich viel freundschaftlichen Rat und Zuspruch. Dieser Band soll dazu beitragen, sich seiner zu erinnern. Zu Dank verpflichtet bin ich ferner der Deutschen Vereinigung für Politische Wissenschaft und dem Westdeutschen Verlag für die Aufnahme der Beiträge in der Reihe der Sonderhefte der Politischen Vierteljahresschrift sowie dem Bundesministerium für innerdeutsche Beziehungen, Bonn, und der Freien Universität Berlin für finanzielle und materielle Unterstützung. In der Redaktion unterstützten mich dankenswerterweise *Linda Hartmann, Sigrun Heimann, Birgit Kreikemeyer* sowie *Sabine Cofalla, Angela Heisler, Katrin List*; letztere fertigten die Register an.

Berlin, im Dezember 1989 *Ralf Rytlewski*

I. Einleitung

Führt die Perestrojka auch zur Umgestaltung der Sozialistische Länder-Forschung? Plädoyer für mehr politische Kulturforschung

Ralf Rytlewski

1. *Eine gestörte Kommunikationsbeziehung. Zum Auseinanderfallen von Konzepten und Realität*

Die bisherige Geschichte der Erforschung der sozialistischen Länder durch die westliche Politikwissenschaft ist nicht frei von Ironie. Immer dann, wenn die Zunft bereit war, sich auf ein bestimmtes, als besonders angemessen und erkenntnisträchtig eingeschätztes Forschungskonzept zu einigen, veränderten sich die politischen Systeme gravierend. Konzept und Untersuchungsmethoden schienen den Wissenschaftlern und Politikern für längere Dauer erprobt, nur der Forschungsgegenstand erwies sich als weniger verläßlich.

Als ein solcher Höhepunkt konzeptueller Übereinkunft erwies sich die amerikanische Konferenz des Jahres 1953[1], auf der Wissenschaftler, Intellektuelle und Politiker wie *Hannah Ahrendt, Karl W. Deutsch, Merle Fainsod, Carl J. Friedrich, Waldemar Gurian, George F. Kennan, Harold D. Lasswell, Sigmund Neumann* und *David Riesman* angesichts des deutschen Nationalsozialismus, des italienischen Faschismus und des stalinistischen Kommunismus das Modell des *Totalitarismus* abhandelten. Drei Jahre später verlieh dem Totalitarismusmodell *C. J. Friedrich* in dem zusammen mit *Z. K. Brzezinski* verfaßten Werk „*Totalitarian Dictatorship and Autocracy*“ gültigen Ausdruck[2]. Im gleichen Zeitraum wechselte jedoch die Sowjetunion aus *Stalin*s Diktatur in die Phase der Entstalinisierung. Am 5.3.1953 starb der Diktator, woraufhin sich schnell eine kräftige Reform- und Aufbruchstimmung ausbreitete. Die politische Entstalinisierung leitete *Chruščev* 1956 mit einer Geheimrede auf dem XX. Parteitag der KPdSU ein. Ihr Symbol fand sie 1961, als die Leiche *Stalin*s aus dem Mausoleum am Roten Platz wieder entfernt wurde. Reformen der KPdSU, der Verwaltung und der Wirtschaft und der Beschluß, im Laufe von 20 Jahren die materielle Basis für den Übergang in den Kommunismus zu legen, markierten den Bruch mit der stalinistischen Phase.

Ein ganz ähnliches Schicksal widerfuhr den Ansätzen, die sich – mit unterschiedlichen Akzenten und Bezeichnungen – dem Grundgedanken verpflichteten, in den sozialistischen Ländern nunmehr in erster Linie *sozialistische Industriegesellschaften* zu sehen. Entwicklungsvorgänge und -probleme der sozialen Differenzierung, der Partizipation, Mobilisierung und des politischen Wandels rückten noch in den sechziger Jahren zu den dominierenden Themenstellungen der Forschung auf. Dieser Wechsel war in der Bundesrepublik insbesondere das Verdienst von *Peter C. Ludz, Klaus von*

Beyme, *Hartmut Zimmermann*, *Ernst Richert* und – in einer vermittelnden Position zum Totalitarismuskonzept – *Georg Brunner*. Doch eben hatten sich die mit der neuen Perspektive verknüpften Thesen von der industriegesellschaftlichen Dynamik und der Wandlungsfähigkeit der politischen Systeme in der westlichen Forschung und der Öffentlichkeit etabliert, als der Hauptgegenstand der Sozialistische Länder-Forschung, die UdSSR, erneut einen unerwarteten Wechsel vollzog: Unter *Brežnev* trat sie in eine Stagnationsphase ein. Nicht steigende Komplexität des politischen Prozesses, nicht intensivere politische Integration der Bevölkerung, nicht stärkeren Elitenaustausch und konkurrierende politische Lösungsvorschläge, sondern eine stagnierende Wirtschaft, der Verschleiß von moralischen Werten, Machtmißbrauch und politische Beharrung kennzeichneten seit Mitte der siebziger Jahre eine leerlaufende staatssozialistische Maschinerie.

Was die sowjetische Entwicklung charakterisierte, galt nicht in gleicher Weise für alle sozialistischen Länder. So erzielten die DDR und die CSSR wirtschaftliches Wachstum auch während der siebziger und achtziger Jahre. Vielleicht deshalb konnten sich ihre Führungen und Verwaltungen allen Bestrebungen zu einem Wandel der politischen Systeme bisher widersetzen. Schreiben wir dagegen heute über Polen, Ungarn oder die UdSSR, so können wir am Ende eines Satzes nicht mehr sicher sein, ob er die Realität noch trifft, so schnell ist das Tempo der politischen und sozialen Veränderungen in diesen Ländern.

Aus dem eigentümlichen Verlauf der vorherrschenden Forschungskonzeptionen einerseits und den Realphänomenen andererseits ist zu erkennen, wie schwer die Zusammenhänge der Geschichte der sozialistischen Länder und das Gewicht der einzelnen geschichtsmächtigen Faktoren zu durchschauen sind. Das Verwirrende an der heutigen Lage besteht darin, daß wir mitten in einem ausgedehnten *Umbruch der Kommunikation* zwischen Ost und West stehen. Seit der Nachkriegszeit erlebten wir eine „schwer gestörte Kommunikation" (*Kraus* 1978, S. 57). Die in ihrem Ausmaß erstaunliche, bis in die Gegenwart wirkende Kommunikationsstörung hatte außen- und innenpolitische Gründe. Sie stellte sich von Gruppe zu Gruppe und von Zeitpunkt zu Zeitpunkt unterschiedlich dar. Grundlegend wurden weltanschauliche Differenzierungen, die in Ost und West vorzugsweise in dichotomischen Begriffspaaren wie Markt und Plan, Freiheit und Unfreiheit, Aggressivität und Friedfertigkeit, gut und böse und das heißt: in einfachen, allgemeinverständlichen Typologien zusammengefaßt wurden.

Eine mächtige, katholisch-konservative Strömung der öffentlichen Meinung des Westens wollte im Marxismus-Leninismus der sozialistischen Länder nur völlig untaugliche Lehren und Motive der Politik erkennen. Demgegenüber ließ sich die intellektuelle und politische Linke lange Zeit von den abstrakten Sinn- und Utopieangeboten der marxistisch-leninistischen Ideologien anziehen. Im Wechsel der Zeit avancierten ideologische Positionen der Sowjetunion, Chinas, Vietnams, Kubas und Jugoslawiens zu Bezugspunkten für einzelne politische Gruppierungen innerhalb der westlichen Linken. Seit Ende der siebziger Jahre ist allerdings ihr Interesse an dem realexistierenden Sozialismus ein nur noch verschwindend geringes; auch die theoretische Auseinandersetzung mit diesem Sozialismustyp unterblieb seitdem. Beiden Grundströmungen war gemeinsam, daß sie mit der schwierigen *Alltagswirklichkeit* in den sozialistischen Ländern nichts zu tun haben wollten. Sie verdrängten und verschwiegen die Lebenswirklichkeit der von ihnen apostrophierten Normen und Werte, wie dies ähnlich auch die Regierungen taten.

Umgekehrt richtet sich der Blick aus den östlichen Ländern allzu häufig einseitig auf das Angebot an Waren und Dienstleistungen der westlichen Wirtschaft und den hohen materiellen Wohlstand, über den die Menschen in den westeuropäischen Ländern vergleichweise freizügig zu verfügen lernten.

Das gewaltige Maß der ost-westlichen Verdrängungsleistungen seit dem Beginn des Kalten Krieges offenbart sich gegenwärtig in aller Öffentlichkeit. Die triste Alltagswirklichkeit in den sozialistischen Ländern, dramatisch zugespitzt als tiefgreifende wirtschaftliche und moralische Krise des Sozialismus, hat die westlichen Zeitgenossen eingeholt und läßt sich schon Dank des inzwischen intensiveren internationalen Reiseverkehrs und der neuen Öffentlichkeits-Politik der sowjetischen Führung – *Glasnost* – nicht mehr verdrängen.

Wer mit welchen Worten und mit welchem Schweigen die Kommunikationsstörungen zwischen Ost und West auslöste und fortsetzt, ist so einfach nicht zu sagen. Nicht nur diejenigen sind daran beteiligt, die die internationale Kommunikation professionell führen wie Politiker, Diplomaten, Journalisten, Kaufleute und Wissenschaftler. Entscheidendes trägt auch die breite Bevölkerung mit nationalen Stereotypen, historischen und zeitgenössischen Mythen dazu bei. Entsprechend vielgestaltig und weitgesteckt ist das Spektrum der Kommunikationsformen: So steht etwa die *common sense*-Metapher neben der journalistischen Nachricht, die eigene Reisebeobachtung neben der ideologisch ausgewählten Desinformation einer Institution, das Zitat des Intellektuellen neben der Projektbeschreibung des Technikers oder der Prognose des Politikwissenschaftlers.

In einer Zwischenbilanz zum bisherigen Gang der *Perestrojka* gibt *Gerhard Simon* wieder, was gegenwärtig bei vielen Wissenschaftlern gilt: Die Wende zur *Perestrojka* und vor allem die Demontage des real existierenden Sozialismus durch eine umfassende Negativbilanz der staatlichen und gesellschaftlichen Situation in der Sowjetunion hat „fast alle Beobachter im Westen – einschließlich der meisten Experten – überrascht" (*Simon* 1989, S. 24). Als entscheidenden Grund sieht *Simon* an, daß die Stabilität des sowjetischen Systems, seine wirtschaftliche, politische und geistig-moralische Leistungsfähigkeit im Westen überschätzt wurde. Trotz aller Bemühungen um kritische Distanz blieben die Sowjetologen nicht unbeeinflußt von der jahrzehntelangen Propaganda und dem andauernden Selbstlob der Repräsentanten des sowjetischen Systems.

Unterstellen wir, *Simon* behält Recht mit dieser Sicht der Dinge, dann haben sich Wissenschaftler, Intellektuelle und Politiker zu fragen, wie es zu der Fehleinschätzung hat kommen können. In diesem Zusammenhang sollte auch überlegt werden, ob und ggf. was sich in der Sozialistische Länder-Forschung zukünftig ändern sollte. Zu überprüfen wäre nicht nur die Angemessenheit der bisher üblichen Themenstellungen und Methodiken, sondern auch die der weltanschaulich-politischen Prämissen der Darstellung; die Forschungsorganisation und der Praxisbezug der Forschung wären erneut zu bedenken.

2. *Auslassungen zentristischer Perspektiven und Begriffe*

Zur Frage nach den Quellen der Fehleinschätzung führt ein Hinweis, den kürzlich *Wolfgang Geierhos* gab. Nach *Geierhos* vermittelte das ausgefeilte und kanonisierte System sowjetischer Definitionen den westlichen Sowjetologen oft das Bewußtsein, „in der Beherrschung der Begriffe das Wesen des Staates erfaßt, seine Politik verstanden und die Kenntnis der sie tragenden Personen perfektioniert zu haben" (*Geierhos* 1988, S. 87). Die Konfrontation solcher Begriffe wie „sozialistische Lebensweise", „Staat des ganzen Volkes", „sozialistisches Weltsystem" mit empirischen Daten ergab wohl erste Differenzierungen in den Beobachtungen und Einschätzungen, denn die Realität wollte mit den Begriffen häufig nicht übereinstimmen, sie ergab jedoch noch keine ernstlichen Risse in den vorherrschenden westlichen Interpretationsgebäuden. Daß nun die aktuelle Selbstdemontage des real existierenden Sozialismus auch eine Demontage der politikwissenschaftlichen Konzepte nach sich ziehen wird, ist nach der Verlaufsgeschichte der Totalitarismus- und Industriegesellschaftskonzepte so schnell nicht zu erwarten.

Zweierlei ist mit dem Komplex der von der politischen Führung autorisierten Definitionen angesprochen. Diese Definitionen sind Resultat eines mehr oder weniger revolutionären Prozesses der Zentralisierung der politischen Entscheidungen und der politischen Kontrolle durch die kommunistischen Parteien. Im Prozeß der Zentralisierung wird der parteipolitisch beherrschte Staat nicht nur Kontrolleur, sondern auch Organisator der Gesellschaft. Als solcher sorgt der sozialistische Staat nicht nur für die technisch-organisatorische Infrastruktur für die Politikfelder einer modernen Massengesellschaft, sondern auch für die kognitiv-kategoriale Infrastruktur.

Zweitens ist damit die sowohl in den östlichen Gesellschaftswissenschaften als auch in den westlichen Geistes- und Sozialwissenschaften vorherrschende Tendenz angesprochen, sich vorzugsweise hochaggregierter, makroanalytischer und damit „zentristischer" Begriffe zu bedienen. Zentristisch insofern, als die analytisch-methodische Perspektive nur auf die großen Veränderungen wie Industrialisierung, Bürokratisierung und Modernisierung ausgerichtet ist und unter diesem Blickwinkel darüber entscheidet, ob Tatbestände in das Zentrum oder an den Rand des Geschehens gerückt werden. Auch die Sozialistische Länder-Forschung ist davon nicht ausgenommen, als die hier verbreiteten Konzepte bzw. Konzeptfamilien jeweils bestimmte Phänomene analytisch auszeichnen und in den Mittelpunkt der Betrachtung rücken. So würde eine sich mit dem Industriegesellschaftsansatz verbindende systemtheoretische Analyse das Moment der Systemstabilität hervorheben und die sie bewirkenden und behindernden Tatbestände zu Lasten anderer Vorkommnisse bevorzugen.

Innerhalb der politologischen Sozialistische Länder-Forschung trat im Anschluß an *Fred W. Riggs* von der University of Hawai und *Giovanni Sartori* von der Stanford University deshalb *Peter Christian Ludz* dafür ein, die angewandte Wissenschaftssprache durch terminologische und konzeptionelle Analysen soweit zu klären, daß an eine internationale Standardisierung der Terminologien gedacht werden könnte (*Ludz* 1979).[3] Ihr Interesse bezog sich vornehmlich auf solche Begriffe wie Ideologie, Elite, Bürokratie, Macht, die zugleich Konzeptcharakter haben und zudem in der Alltagssprache auftreten.

Wurde hier ein Weg gesucht, die zentristische Sprache transparenter, verständlicher zu verwenden, so wurde die Neigung zu den „großen" Begriffen auch generell kritisiert. Mit den Ethnologen *Gilbert Ryle* und *Clifford Geertz* (*Geertz* 1983) plädieren die Göttinger Historiker *Alf Lüdtke* und *Hans Medick* für erfahrungsnähere Ansätze (*Medick* 1984). Das Herausarbeiten von Bedeutungsstrukturen durch „dichte Beschreibung" sei oft angemessener als die Eindeutigkeit der Darstellung, die durch die Rückführung des Unbekannten und Neuartigen auf das vertraute Grundmuster – der Modernisierung, politischen Differenzierung usw. – erzielt wird. Dichte Beschreibung bedeutet bescheiden zu sein und zu wissen, daß das, „was wir als unsere Daten bezeichnen, in Wirklichkeit unsere Auslegungen davon sind" (*Geertz* 1984, S. 14).
Realistischerweise wird keine der beiden Forschungsrichtungen Exklusivität beanspruchen können. Nicht von ungefähr haben sich vornehmlich jene Sozialwissenschaftler von der Ethnologie methodologisch-methodisch inspirieren lassen, die alltagsweltliche Phänomene untersuchen wollen. *Systematisch-zentristische* und *alltagsweltliche Perspektive* sollten als sich ergänzende, wenngleich konkurrierende Paradigmen angesehen werden.
Die Kritik an der Reduktion des vielgestaltigen Geschehens auf eine kleine Anzahl zentraler Kategorien wird um so stichhaltiger, je weniger der methodologische Status der Kategorien geklärt ist und Operationalisierungen bereitstehen, um Phänomene identifizieren und unterscheiden, Merkmale messen und korrelieren zu können. An Begriffsklärungen und Operationalisierungen hapert es aber häufig in der Sozialistische Länder-Forschung, so daß viele Studien in der Form von mehr oder weniger informierten Beschreibungen gleich weit von den beiden Polen der Bearbeitung entfernt liegen. Auch an diesem Punkt sind Auswirkungen der traditionellen marxistisch-leninistischen Begriffswelt auf die westliche Forschung nicht auszuschließen. Die Doppelnatur dieser Begriffe als utopische Norm und aktuelle Deskription erleichtert zwar den politischen Führungen der sozialistischen Länder die Legitimierung ihrer Handlungen, erschwert der Forschung jedoch die Operationalisierung der Begriffe. Welch hohe Barrieren die politischen Führungen damit der Analyse aufgerichtet haben, hat *Klaus von Beyme* im einzelnen dargelegt (*von Beyme* 1975, S. 32 ff.). Weder vermochte die marxistisch-leninistische Theorie, eine normativ gesetzte Grundtypologie der menschlichen Bedürfnisse für die politische Praxis relevant zu systematisieren, noch die auf der Grundtypologie basierenden politischen Zielwerte wie Freiheit, Gleichheit, Sicherheit in einem Ziel-System zu klassifizieren. Das Image von einem anzustrebenden utopischen Zustand ist zu wenig mit den Normen der tatsächlichen politischen Entscheidungen vermittelt. In den Worten von *Anthony Wallace: Goal culture* und *transfer culture* fallen stark auseinander (*Wallace* 1961). Trotz des Anspruchs, erstmals in der Geschichte eine umfassende Gesellschaftsplanung durchführen zu können, haben bisher sozialistische Planer durchgängig nur „einen stark verengten Ausschnitt aus der sozialen Realität" (*von Beyme* 1975, S. 35) erfaßt und gefördert.

3. *Die unerforschte subjektive Dimension des Politischen*

Mit den Fragwürdigkeiten der marxistisch-leninistischen Terminologie ist nur eine der möglichen Ebenen angesprochen worden, auf denen das Verhältnis zwischen den sozialistischen Ländern und der westlichen Forschung problematisch erscheint. Eine andere Ebene erschließt sich dann, wenn die üblichen politologischen Fragen nach der Rolle der Macht, einzelner Institutionen oder den Leistungen einzelner Politikfelder einmal hinter dem Interesse zurückstehen, die Erfahrungen der Menschen mit der praktischen Politik und ihre Orientierungen und Verhaltensweisen gegenüber den politischen Institutionen und Ereignissen zu erkunden. Mit der *alltäglichen politischen Situation* der Bevölkerung in den sozialistischen Ländern befaßt sich die *politische Kulturforschung.* Befunde der *oral History*, wie sie *Lutz Niethammer* und *Alexander von Plato* bei Industriearbeitern in der Bundesrepublik Deutschland und in der DDR in Interviews erhoben haben, stützen die Annahme der politischen Kulturforschung, daß die Mehrzahl der Menschen in den sozialistischen Ländern Politik anders als die professionellen politischen Akteure wahrnehmen. Nicht auszuschließen ist, daß sie Politik als etwas Bedrohliches, auch Feindliches rezipieren, dem man möglichst aus dem Wege gehen sollte.

In der Praxis ist die politische Kulturforschung nicht so weit fortgeschritten, daß die subjektive Dimension des Politischen in den sozialistischen Ländern hinreichend erschlossen wäre. Eine nennenswerte empirische Forschungsarbeit in den Ländern selbst besteht nur in Polen (*Meyer/Ryszka* 1989) und Ungarn[4]. In den anderen sozialistischen Ländern galt die politische Kulturforschung bisher als zweit- und drittrangig[5]. Der traditionelle marxistisch-leninistische Denkansatz betrachtet die politische Kultur als Teil des Überbaus, als Epiphänomen, das durch die ökonomische und soziale Basis bestimmt wird. Wie diese sich in Klassen spaltet, so auch die politische Kultur wie allgemein die kulturellen Normen und Werte. Das daraus gebildete Schema der sich entgegenstehenden feindlichen kulturellen Formationen ist höchst reduktionistisch und hat weder die synchrone noch die diachrone Erforschung der politischen Kultur anregen können. Anstöße dazu, sich mit der politisch-kulturellen Kompetenz von Bevölkerungsgruppen zu befassen, kommen lediglich aus der Alltags- und Lebensweiseforschung, die seit dem Ausgang der siebziger Jahre insbesondere in der Sowjetunion, in Polen und der DDR betrieben wird.

In den achtziger Jahren wird es den politischen Führungen und den wissenschaftlichen Öffentlichkeiten auch in den bisher traditionell geführten sozialistischen Ländern zunehmend bewußt, damit auf eine wichtige Quelle der Erkenntnis des realen Vergesellschaftungsprozesses verzichtet zu haben (*Afanassjew* 1988; *Pracht* 1987). Starke Impulse löst in der Sowjetunion die Debatte um die *Reformfähigkeit* sowjetsozialistischer Gesellschaften aus. Nicht wenige Befürworter von *Perestrojka* und *Glasnost* diskutieren diese Frage als ein Problem des politisch-kulturellen Zustands der Gesellschaften. Nach Ansicht des Akademiemitglieds *Nikita Moissejew* hat das 20. Jahrhundert „zwar atemberaubende technische Perspektiven offenbart, doch fast nichts zum Erfassen der Erscheinung Mensch im Vergleich zudem, was schon Gogol, Dostojewski und Tolstoi gewußt hatten, beigesteuert" (*Afanassjew* 1988, S. 74). Die wirtschaftliche Evolution hat die Sowjetunion zu einem Industrieriesen werden lassen, währenddessen die geistige Evolution unter der Repression des neuerlich so genannten, in den dreißiger Jahren errichteten „Kasernenhof-Sozialismus" litt.

4. *Konkurrierende Ansätze und Begriffsbestimmungen der politischen Kulturforschung*

Die politische Kultur verarbeitet die Erfahrungen, die die Menschen im Laufe ihres Lebens mit den Leistungen und Eigenarten des politischen Systems machen. Deshalb unterscheiden sich die politischen Prägungen nicht nur nach Gruppen und Schichten, sondern auch nach Generationen (*Hanke* 1987, S. 285 ff.; *Rossade* 1989). In einem sozialistischen Land entsteht die politische Kultur aus der Vermittlung zwischen den Zielen, Werten und Traditionen des politischen Systems und den Einstellungen und Werten, wie sie aus den Anforderungen der industriellen Arbeitswelt resultieren. Auch traditionelle Werte und Einstellungen aus vorindustrieller Zeit sind darin einbezogen. Typisch für die traditionellen sowjetsozialistischen Systeme ist es, Staat und Gesellschaft möglichst so intensiv mit den Zielen und Wertorientierungen des Marxismus-Leninismus zu durchdringen, daß diese zur Grundlage des politischen und gesellschaftlichen Verhaltens der Bürger werden können. Umschrieben wird dieses Interesse mit der historischen Aufgabe der politischen Führung, den „neuen Menschen" der kommunistischen Gesellschaft zu gestalten.
An diesem generellen Ziel halten marxistisch-leninistische Theorie und Parteiprogramme der kommunistischen Parteien einheitlich fest, auch wenn der Verwirklichungsanspruch mit der Zeit unterschiedlich bestimmt wird. So erklärt das Parteiprogramm der SED aus dem Jahre 1963 „die geistige Formung des Menschen der sozialistischen Gesellschaft und die Entwicklung der sozialistischen Nationalkultur" (Programm 1963, S. 134) zur kulturellen Grundaufgabe der Partei, während das Programm aus dem Jahre 1976 die Gestaltungsaufgabe stark zurücknimmt: „Die SED fördert die sozialistische Kultur in allen materiellen Bereichen und geistigen Sphären der Gesellschaft" (*Schneider* 1977, S. 108).
Wie sich politische Kultur genauer aufbaut und wo ihre Grenzen zur Kultur und zur Politik liegen, darüber bestehen in den Sozialwissenschaften unterschiedliche Ansichten. *Wolf Michael Iwand* kommt in seinem Forschungsbericht zur politischen Kulturforschung in der Bundesrepublik aus dem Jahre 1985 auf nicht weniger als 28 forschungsrelevante Ansätze (*Iwand* 1985). Von ihnen identifiziert er zwölf Beispiele als strukturelle Ansätze, zehn als historische und sechs als sozialpsychoanalytische Ansätze. Mit Blick auf die jüngste Entwicklung in den angelsächsischen Ländern gelangt *John R. Gibbins* zu einer etwas anderen Einteilung. Im Anschluß an *Dennis Kavanagh* typologisiert er die Definitionen der politischen Kultur unter Benennung von sechs Bezugspunkten (*Gibbins* 1989, S. 3):
- der individuellen Orientierung gegenüber politischen Objekten,
- der individuellen Orientierung gegenüber politischen Objekten und dem daraus resultierenden Verhalten,

- den konsensualen oder dominanten Werten und Normen innerhalb der Gesellschaft,
- heuristischen Definitionen, die zu hypothetischen oder idealtypischen Konstruktionen führen,
- den Diskurs von Gruppennormen,
- politischer Kultur als Synonym für nationale Kultur, politische Identität oder dominante Ideologie.

So vielfältig und nicht auf Vergleichbarkeit bedacht die definitorischen Probleme gelöst werden, so vielfältig sind die diskutierten Ansätze. Jedoch nur wenige wurden bisher in Studien erprobt. In der praktischen Forschung herrscht der *funktionalistische Ansatz* vor, der der Wertkonformität und dem Wertkonflikt eine bestimmte Rolle für die Erklärung politischen Verhaltens einräumt. Für *Emile Durkheim* und *Talcott Parsons* sind Werte und Normen eine Sorte der sozialen Fakten. In den Arbeiten von *Gabriel A. Almond* und *Sidney Verba* sowie *Richard Rose* geht es entsprechend diesem Ansatz darum, grundlegende Strukturen der Normen und Werte einer Gesellschaft zu entdecken und mit denjenigen anderer Gesellschaften zu vergleichen. Forschung und praktische Politik sollen dazu beitragen, die kulturellen Bedingungen für eine stabile und effiziente politische Regierung zu bestimmen. Nach *Almond* sind drei Ebenen der politischen Kultur zu unterscheiden (*Almond* 1987, S. 34–36):

- *politische Stimmungen*, die u. a. das Vertrauen ausdrücken, das Bürger in politische Institutionen setzen und die relativ leicht mit den Leistungen der politischen Einrichtungen variieren,
- grundsätzliche *politische Überzeugungen* wie die Legitimität des politischen Systems oder einzelner politischer Institutionen, die sich nur während Katastrophen schneller ändern und ansonsten recht stabil sind,
- *Primärbindungen*, d.h. Einstellungen, Identitäten, Werthaltungen aufgrund der Volksgruppenzugehörigkeit, der Nationalität und der Religion, die insgesamt am stabilsten sind.

Dieses Schema dient *Almond* dazu, politische Kultur mit Blick vor allem auf deren Stabilität zu analysieren und zu erklären. Ihr Inhalt sind Kenntnisse, Meinungen, Gefühle über Politik und politische Werthaltungen, die sich als Einstellungen aktualisieren und äußern und die mit den Mitteln der empirischen Umfrageforschung gut zu untersuchen sind.

In *Almonds* Forschungstradition steht *Archie Brown*, der führende Vertreter desjenigen Wissenschaftszirkels, der sich seit den siebziger Jahren am intensivsten mit der politischen Kultur sozialistischer Länder befaßt hat. Mit *Brown* aus der Universität Oxford hervorgegangen, hält die Gruppe, zu der auch *Jack Gray, Barbara Jancar* und *Stephan White* zählen, enge Kontakte zur Zeitschrift *Studies in Comparative Communism*. Ihr Interesse ist auf die Methoden und die Wirksamkeit gerichtet, mit der das hegemoniale kulturelle System des Marxismus-Leninismus traditionelle Kulturen in den sozialistischen Ländern Osteuropas überwindet (*Brown* 1984; *Brown/Gray* 1979; *Jancar* 1984; *Symposium on Political Culture* 1983; ähnlich *Almond* 1983, *Krisch* 1988).

Die Fragestellung nimmt eine ursprünglich von *Antonio Gramsci* formulierte Idee auf, den „Alltagsverstand" (*senso comune*) der Volksmassen zu erforschen, um zu erfahren, wie die Strömungen der Volkskultur so zu beeinflussen und zu verändern sind, daß sie in den revolutionären Umsturz der politisch-kulturellen Hegemonie des Bürgertums einmünden können. Das *Hegemoniekonzept* stellt neben Kritik an der in den modernen Industriegesellschaften verbreiteten Orientierung des „Konsumerismus" (*Pier Pasolini*) die entscheidende Neuerung in der Debatte zur politischen Kultur in den achtziger Jahren dar. Das Konzept basiert auf der Annahme, daß Werte unterschiedlichster Art eine zentrale Rolle beim Aufbau und der Bewahrung eines politischen Systems spielen. Der kulturelle „Überbau" ist danach von der Wirtschaft und den gesellschaftlichen Klassen nicht direkt abhängig, sondern reagiert auf die konflikthaften politischen und wirtschaftlichen Auseinandersetzungen innerhalb einer Gesellschaft. In jeder Gesellschaft gibt es eine Pluralität von inhaltlich unterscheidbaren Bestrebungen, die alle darin übereinstimmen, die politisch-kulturelle Hegemonie als Bedingung der politischen Harmonie und Ordnung erreichen zu wollen. Gegenüber einem solchen Harmoniemodell ist einzuwenden, daß gerade die politische Kulturanalyse hat belegen können, wie Stabilität und Ordnung auch ganz anders, nämlich durch Pragmatismus und eine Mehrzahl von dauerhaften sozialen und ideologischen Konfliktlinien (*cleavages*) erzielt werden kann.

Bei *Brown* stehen die individuellen Orientierungen im Mittelpunkt des Interesses. Für die empirische Analyse sind vier Elemente relevant (*Brown/Gray* 1979, S. 16 ff.):

- die subjektive Wahrnehmung von Geschichte und Politik,
- Werte und politische Grundüberzeugungen, einschließlich des Glaubens an politische Legenden und Mythen,
- Bezugspunkte der Identifikation und Loyalität wie religiöse, nationale, ethnische oder klassen- bzw. gruppenspezifische Einstellungen,
- politische Kenntnisse und Erfahrungen mit der eigenen Gruppe und Gesellschaft sowie mit anderen Nationen.

Das Analyseprogramm der „subjektiven" Schule in der Linie *Almonds* und *Browns* ist bei denjenigen auf Kritik gestoßen, deren Hauptinteresse darauf zielt, neben den *Einstellungen* auch das politische *Verhalten* zu erkunden. Von ethnologischer Seite spielt hier die methodische Erfahrung herein, daß Einstellungen und Verhalten sich nur analytisch trennen lassen und in der Erhebungssituation verknüpft auftreten (*Geertz* 1983). Gerade im Feld der *Communist Studies* ist diese erweiterte Forschungsperspektive schon früh eröffnet worden (*Fagan* 1969; *Tucker* 1973). Inzwischen reüssierte der erweiterte Ansatz unter den jüngeren Politikwissenschaftlern in der bundesrepublikanischen Sozialistische Länder-Forschung (*Gransow* 1980; *Lemke* 1985).

Grundlegender setzt die 1979 von *David Elkins* und *Richard Simoen* in der Frage: „*What does Political Culture explain*?" geäußerte, dann von *Karl Rohe* und *Hans-Gerd Schumann* fortgeführte Kritik an. Auch *Elkins* und *Simoen* nehmen Bezug auf die jüngere ethnologische Debatte zum Kulturbegriff, wenn sie an die Stelle des einstellungszentrierten Konzepts eine Begriffsdefinition anbieten, nach der politische Kultur aus „*assumptions about the political world*" (*Elkins/Simoen* 1979, S. 127) besteht. Analog hebt auch *Rohe* auf die kollektiven, grundlegenden *Vorstellungen* der Menschen über die Welt der Politik ab (*Rohe* 1987). „Politische Kultur stellt *in nuce*, wie rudimentär, unartikuliert, eklektisch und in sich widersprüchlich auch immer, so et-

was wie eine kollektive Theorie des Politischen dar, mit einer spezifischen Sicht politischer Grundprobleme und entsprechenden „Antworten" und „Lösungen", die nicht zuletzt die historischen Krisenerfahrungen des jeweiligen Kollektivs spiegeln" (*Rohe* 1987, S. 40). In dieser Sicht geht es also nicht um Kenntnisse und Meinungen, sondern um tiefverwurzelte, teils unbewußte Werte und Vorstellungen vom Staat und von der Politik. Den verinnerlichten Handlungsrahmen, der sich aus Mentalitäten, Gewohnheiten und Lebensweisen bereits gesellschaftlich auskristallisiert hat, bezeichnet *Rohe* als *politische Soziokultur*. Davon sind Ideen und Entwürfe, die noch in Bewegung sind, die „gerade zwischen Kultursystem und politischem System hin und her gereicht werden" (*Rohe* 1987, S. 44), als *politische Deutungskultur* zu unterscheiden. Ein so reformuliertes Konzept legt den Hauptakzent auf den kollektiven Charakter der Vorstellungen und *assumptions*, den die mit Einstellungen befaßte Persönlichkeitsforschung nicht einfangen kann. Die Typen- und Charakterbildung der Einstellungsforschung bleibt auf die Aggregation psychisch ähnlicher Personen beschränkt.
Bisher steht eine Erprobung dieses Ansatzes in der Sozialistische Länder-Forschung noch aus. Auch *Rohe* hat in einer Untersuchung der Regionalkultur des Ruhrgebiets nur die neue Terminologie dieses Ansatzes einsetzen können, da die Operationalisierung des Vorstellungskonzepts noch fehlte[6].

5. *Die politische Kultur der DDR*

Auch wenn die Konzept-Konkurrenten *Almond* und *Brown* einerseits und *Rohe* andererseits politische Kultur abweichend definieren und unterschiedliche Forschungsziele verfolgen, so stimmen sie darin überein, den relativ stabilen *Orientierungen und Haltungen*, die grundlegend für die politische Wahrnehmung und für politische Einstellung sind, sehr breiten Raum zuzumessen. Stellen sie bei *Rohe* das Hauptsubstrat der politischen Soziokultur, so bei *Almond* das der beiden Ebenen der politischen Überzeugungen sowie der ethnischen, religiösen und nationalen Primärbindungen.
Vor diesem konzeptuellen Hintergrund soll im folgenden der Versuch unternommen werden, die politische Kultur der DDR auf der Ebene der Orientierungen zu charakterisieren. Damit sind die Elemente der politischen Kultur angesprochen, die sich als Mentalitäten und Gewohnheiten genügend ausgebildet haben, um beobachtet und analysiert werden zu können. Vielfältige alltägliche Beobachtungen, Zeugnisse der Belletristik und des populären Schrifttums sowie die Befunde der Gesellschaftswissenschaften der DDR stellen das Material. Sowohl Einstellungs- wie Verhaltensbefunde, die häufig ineinander übergehen, werden herangezogen. Der primär geistes- und sozialgeschichtliche Interpretationsrahmen wird nicht systematisch-logisch entwickelt und beansprucht dennoch den Status der Gegenstandsadäquanz oberhalb der subjektiven Willkür.
Da sich die Konturen einer mehrfach unterteilten politischen Kultur der DDR recht deutlich darstellen lassen, könnte erwartet werden, ebenso das Ausmaß der Überwindung der traditionellen politischen Kultur durch die „neue" politische Kultur des Marxismus-Leninismus vorgestellt zu bekommen. In den Worten *Rohe*s ist dies die

Frage, ob die Weltanschauung des Marxismus-Leninismus ausschließlich deutungskulturell wirksam war oder ob sie während der vier Jahrzehnte auch in den soziokulturellen Habitus der Bevölkerungsgruppen eindringen konnte. Nach den Ergebnissen der britischen Untersuchungen haben die sozialistischen Experimente in den sozialistischen Ländern wenig bewirkt (*Jancar* 1984, S. 71). *Almond* ist überzeugt, daß die primären ethno-linguistischen, religiösen und nationalen Bindungen und die Sozialisationsprozesse, die sie aufrechterhalten, das „Scheitern sowjetrussischer und kommunistischer Anstrengungen, die Politischen Kulturen der osteuropäischen Länder zu verändern, erklären" (*Almond* 1987, S. 35). Das Beharrungsvermögen der überkommenden Identität und Werthaltungen sei stärker als die Kraft des Marxismus-Leninismus zur Umgestaltung des praktischen Lebens. Für die These spricht, daß wir seit Mitte der siebziger Jahre in der DDR wie ähnlich in anderen sowjetsozialistischen Ländern beobachten können, wie die von der Bevölkerung gelebte Wertordnung in größere Bewegung geriet, ohne entsprechende Reflexe in der Sprache der Kerndogmen des offiziellen Marxismus-Leninismus auszulösen oder marxistisch-leninistisch angeregt worden zu sein. Weder reagierte die marxistisch-leninistische Ideologie, noch agierte sie als Impuls der Veränderungen im Denken und Handeln der Menschen. Die Impulse lagen statt dessen bei ökologischen Ungleichgewichten, ungleichen Bildungs- und Aufstiegschancen, einer sich differenzierenden Sozialstruktur, dem Einbruch der neuen Technologien in die Arbeitswelt, den Widersprüchen von äußerer Friedenspolitik und innerer Militarisierung und wohl nicht zuletzt bei den aktuellen kultur- und zivilisationskritischen Debatten in Westeuropa.

5.1 Orientierungen in Gemengelage

Die Konturen der Grundorientierungen der Bevölkerung zeigen uns statt eines im marxistischen Sinne erwartbaren Klassenbewußtseins eine *Gemengelage* von Mentalitäten, Gewohnheiten, die sowohl viel beweglicher und fließender als die Ideologie des Marxismus-Leninismus ist als auch ihre Anker fest in den Strom der deutschen Geistes- und Sozialgeschichte geworfen hat.

1. Kennzeichnend ist ein entwickeltes Arbeitsethos, das auf den traditionell industriegesellschaftlichen Zuschnitt dieses Teils der deutschen Industriewirtschaft verweist. Die Wirtschaftspolitik der DDR hat das bei Kriegsende übernommene industriegesellschaftliche Niveau durch industriellen Ausbau und die Industrialisierung der Landwirtschaft noch gesteigert. Eine allgemeine ***industriegesellschaftliche Mentalität*** meint eine grundsätzlich positive Einstellung der Bevölkerung gegenüber den Grundtatsachen der modernen Arbeit und Leistung, gegenüber den Bedingungen der Arbeitsteilung, des Zeitregiments im Beruf und im öffentlichen Leben sowie gegenüber den Ausbildungsanforderungen der Professionalisierung. Es kann davon ausgegangen werden, daß die Grundeinstellung in beiden deutschen Staaten ähnlich, wenn nicht identisch und insofern systemunabhängig ist. Spezifika in der Situation in der DDR wären dort zu vermuten, wo die von den Beschäftigten weithin akzeptierte – fast permanente – Weiterbildung zu einer anderen Einstellung zum Beruf

und zur Karriere führten und wo die generell positive Arbeitseinstellung nicht verhindert, daß in der Praxis zugleich massenhaft Leistungsverweigerung und -zurückhaltung betrieben wird. Diese nicht immer bewußte Haltung hängt mit den beschränkten Nutzungsmöglichkeiten, die eine intensivere Arbeitsweise in der Welt des Konsums und der Freizeit bringen würde sowie mit den alltäglichen Legitimationsproblemen der Politik der SED zusammen.

2. Hauptquellen der künstlerischen und massenkulturellen Orientierung der Bevölkerung sind bürgerlicher Herkunft. Die Kulturmuster und Geschmackspräferenzen folgen der proletarischen und der kleinbürgerlich-idealistischen Tradition der deutschen Arbeiterbewegung. Die Kultur- und Bildungspolitik der DDR sorgten dafür, daß die Ideale der epigonal rezipierten *deutschen Klassik* und des *bürgerlichen Realismus* in Literatur, Theater und Musik aus der politischen Umerziehung nach 1945 und der Sozialisation der nachfolgenden Generationen nicht herausfielen. Die Popularisierung erreichte ihren Höhepunkt in *Goethe*s „Faust" als einem – gelegentlich geradezu hymnisch verklärten – Leitbild, mit dem unterschiedslos alle Schülerinnen und Schüler vertraut gemacht werden. Die *Dominanz bürgerlicher Werthaltungen und Geschmackspräferenzen* ist in Schule und Erziehung, der Familie, in der Ausbildung, Kleidung und Unterhaltung nicht gebrochen worden. Auch wenn beispielsweise die These vertreten wird, in der DDR sei im Anschluß an *Marx, Engels, Lenin* und *Zetkin* ein gänzlich neuer Familientypus geschaffen worden, so folgen faktisch die Geschlechterbeziehungen sowie die Kindererziehung den bürgerlichen Idealen der „guten" Erziehung zu Fleiß und Strebsamkeit, zu Bescheidenheit, Disziplin und Hilfsbereitschaft. Auch in der Mode behaupteten sich marktgängige bürgerliche Vorstellungen über Versuche in der Nachkriegszeit, eine „sozialistische Bekleidungskultur" zu kreieren. In der Wissenschaft kehrte die Intelligenz in den achtziger Jahren ganz offen zu Leitbildern der individuellen Einsatzfreudigkeit, der Risikobereitschaft und des Erfindergeistes zurück, die – ideologisch gesprochen – als „überwunden" galten[7].
Die genannten Beispiele verweisen auf einen höchst erstaunlichen Vorgang: Überlieferte soziokulturelle Orientierungen konnten sich bis in die Gegenwart hinein behaupten und haben ganz offenbar auch in starkem Maße die bisherige praktische Politik der SED beeinflußt.

3. Verbreitet ist eine Haltung des generell *positiven Staatsverständnisses* und der *innergesellschaftlichen Friedfertigkeit*, die in der Tradition des Protestantismus der Lutherischen Prägung steht. Hierin äußert sich ein allgemeines Muster der deutschen Geistes- und Sozialgeschichte in Gestalt des Dualismus von privater Innerlichkeit und Freiheit einerseits und der vom Bürger zu akzeptierenden öffentlichen Verwaltung der Welt durch die politisch-staatliche Obrigkeit andererseits. Dies wurde schlagartig deutlich, als die Führung der SED und die Leitung der Evangelischen Kirche in den siebziger Jahren in einem „großen historischen Experiment" (*Klaus Gysi*) lernte, auf die weltanschauliche Konfrontation zu verzichten. Dies ermöglichte der Kirche, ihren Dienst nunmehr nicht nur auf die Kirchenglieder, sondern „auf die gesamte Gesellschaft auszurichten" (*Schmitt* 1983, S. 139). Zahlreiche kirchliche Initiativen zu Fragen der Erziehung, der inneren und äußeren Friedenspoli-

tik und des staatsbürgerlichen Umgangs zeugen seitdem von der Vitalität dieser Haltung innerhalb und außerhalb der Kirchengliederungen.

4. Damit im Zusammenhang stand bislang eine politische Kultur, die Bürger und Obrigkeit in ein *Treue-Schutz-Verhältnis* versetzte. Soweit Staat und Politik durch politisch-praktische Leistungen das Treue-Schutz-Verhältnis bestätigten und bekräftigten, konnten sie in der Regel mit der generellen Bereitschaft der Bevölkerung rechnen, die Belange der öffentlichen Ordnung und der politischen Machtrepräsentation zu akzeptieren und auch mitzutragen.

Trotz der Bedeutung, die Klassen und Schichten für den mentalen Aufbau der Bevölkerung haben, lassen sich die vorgenannten Orientierungen den einzelnen Bevölkerungsgruppen nicht einfach zuordnen. Die Sozialstruktur- und Werteforschung sowie auch die philosophische Debatte haben noch wenig dazu beigetragen, eine historische Systematik der Mentalitäten und Lebensweisen beziehungsweise der Figuren des Sozialbewußtseins zu entwickeln. Erste umfassende Versuche aus westlicher Sicht haben inzwischen *Irma Hanke* (*Hanke* 1987) und *Werner Rossade*[8] vorgelegt. Auch ihre Untersuchungen bestätigen, daß die einflußreiche These *Ernst Richerts* von dem in der SBZ/DDR herbeigeführten „vollkommenen sozialen Vakuum" (*Richert* 1966, S. 339) und der Zerschlagung der bürgerlich-westlichen Tradition nicht aufrecht erhalten werden kann. *Richert* irrte trotz seiner intimen Kenntnis der gesellschaftlichen Entwicklung wahrscheinlich aus einem Grund, der Intellektuelle, zumal großbürgerlicher Herkunft, häufiger zu Fehlschlüssen verleitet. Für *Richert* war die bürgerliche Tradition in dem Moment unterbrochen und die DDR in ein geistiges Niemandsland versetzt werden, in dem die traditionellen Eliten von der neuen politischen Führung zum Schweigen gebracht oder aus dem Lande vertrieben worden waren. Die kulturelle Prägung und Überlieferung der westlichen Tradition wird als hochstehende, den „großen Namen" verpflichtete Intellektuellen-Kultur begriffen, die der ganz anderen Macht der alltäglichen *common sense*-Kultur wenig abzugewinnen weiß.

5.2 Die Dissonanz von offizieller, traditioneller und alternativer politischer Kultur

Nun entsteht die politische Kultur der DDR allerdings auch nicht als einfache Summe der im Denken und Handeln wirksamen Orientierungen, denn sie und die deutungskulturellen Sinnangebote des Marxismus-Leninismus und der christlichen Religionen werden nur selektiv aufgenommen und miteinander kombiniert. Die sich daraus ergebende differenzierte Struktur läßt es wenig sinnvoll erscheinen, nur nach der einen, der generellen politischen Kultur des Landes zu fragen. Ähnlich den für die westlichen Länder vorgeschlagenen Modellen und Typologien geht die westliche politische Kulturforschung bei den sozialistischen Ländern von der Gleichzeitigkeit mehrerer politischer Kulturen aus. Die Bedingungen, unter denen sie entstehen, sich durchsetzen und vergehen, sind vielfältig und in starkem Maße durch den historischen Gang und den aktuellen Stand von Sozialstruktur, Wirtschaft, Zeitgeist sowie innerer und äußerer Politik beeinflußt.

5.3 Politische Homogenität bei sozialer und kultureller Pluralität?

Wohl hat die Bevölkerung in der SBZ/DDR bis in die sechziger Jahre hinein einen historischen Prozeß der sozialen, politischen und kulturellen Angleichung und Homogenisierung erlebt. An seinem Ende fand sich jedoch nicht die völlig nivellierte sowjetsozialistische Gesellschaft, die westliche Kritiker der „Gleichmacherei" gelegentlich schon vorhergesehen hatten. An die Stelle der bürgerlichen Berufs- und Eigentumsstruktur traten mit den drei Großgruppen der Arbeiter, Genossenschaftsbauern und Staatsangestellten die Trägergruppen der deutschen Wirtschaftsgesellschaft in ihrer DDR-Prägung, gesteuert von der politischen Elite der SED und ihren Verbündeten. Seit den siebziger Jahren ist die DDR in eine Phase der erweiterten sozialen und kulturellen Pluralisierung eingetreten. Die *neue Pluralität* hat verschiedene Gründe.

1. Sie ist ökonomisch bewirkt, insofern die Eigentumsordnung der DDR zu einem Nebeneinander von staatssozialistischem, genossenschaftlichem und privatwirtschaftlichem Sektor führte. Entsprechend der unterschiedlichen Verfügungsrechte, die das Volkseigentum, das genossenschaftliche und private Eigentum an Produktionsmitteln eröffnet, bildeten sich *abweichende Eigentümerrollen*.
2. Sie äußert sich als *sozialstrukturelle Pluralisierung* dort, wo soziale Differenzen zwischen den Berufen – beispielsweise aufgrund der eingesetzten neuen Arbeitstechniken – hervortreten. Ferner dort, wo Lebensbedingungen einzelner Gruppen zu typischen Lebensstilen verarbeitet werden, wie sie sich etwa bei der Landbevölkerung, bei Studenten, erwerbstätigen Müttern und den Akademikern beschreiben lassen[9].
3. Indem zwar öffentlich am Stilkanon des sozialistischen Realismus weiterhin festgehalten wird, dieser faktisch jedoch um nahezu alle Stilmittel der Moderne erweitert wurde, ist auch die *künstlerische Pluralisierung* weit fortgeschritten.
4. Die neue Pluralität ist vielleicht noch stärker *massenkulturell* ausgelöst worden. Hier sind die heimat- und regionalgeschichtlichen Interessen und Aktivitäten weniger der Fachwissenschaftler, sondern vor allem der gebildeten Laien sowie die sich neuerlich massenhaft ausbreitende Neigung breiterer Bevölkerungsgruppen zur Inszenierung von örtlicher Fest- und Feierfolklore zu nennen.
5. Die neue Heterogenität zeigt sich schließlich sogar als *weltanschauliche Pluralität*. Die marxistisch-leninistische Ideologie als die offizielle Staats- und Parteidoktrin stößt im eigenen Lande an die Grenzen alternativer Sinnhorizonte. Abweichende Positionen werden innerhalb der christlichen Kirchen, von jugendlichen Protestgruppen und vereinzelt auch als Reformanstöße innerhalb der SED vertreten.

Hat die neue soziale und kulturelle Pluralität eine Chance, auf den politischen Prozeß einzuwirken, gar dessen zentralistisch-hierarchische Form nachhaltig zu beeinflussen? Gegenwärtig befindet sich die DDR an einem prekären Punkt ihrer Entwicklung. Nach wie vor folgt die politische Führung der klassischen Antwort *Lenins*, die auf die Diktatur des Proletariats als einer Umerziehungsdiktatur durch die politische Nomenklatura hinausläuft. Nach dem verbindlichen Führungspostulat *Lenins* kann sich politisches Bewußtsein nur auf dem Wege von der Masse über die Klasse zur Partei bilden. Danach wäre die neue Pluralität darauf verwiesen, zunächst die Klasse der Arbeiter und Bauern zu infiltrieren, um ihre Repräsentanten von dort in die SED und ihren Führungskern aufsteigen zu lassen. *Lenins* zweites Führungspostulat verbietet jedoch diesen Weg der Vermittlung, denn danach kann politisches Bewußtsein massenhaft nur innerhalb einer bereits bestehenden Herrschaft der Berufsrevolutionäre – nachfolgend der Berufskader, wie sie Generalsekretär *Stalin* einführte – entstehen, die die Lern- und Sozialisationsprozesse der Bevölkerungsgruppen „von oben" steuern. Die Kader müßten nach *Lenin* also von Anfang an am Pluralisierungsprozeß entscheidend beteiligt sein, wenn die Vermittlung von sozialer und kultureller Pluralität und politischer Homogenität im Rahmen des bestehenden Herrschaftssystems der DDR eine Chance haben sollte.

5.4 Die mentale Revolution blieb aus

Lange Zeit waren die politische Führung und marxistisch-leninistische Philosophen der Vorstellung vom engen Wirkungszusammenhang von „Basis" und „Überbau" nachgehangen. Sie erwarteten, die sozio-ökonomischen Umwälzungen der Nachkriegszeit bis hin zum Abschluß der Kollektivierung der Landwirtschaft Anfang der sechziger Jahre würden in einem mehr oder weniger mechanischen Reflex zu weitreichenden mentalen Umbrüchen, zu einem historisch neuartigen Massenbewußtsein und in Verbindung damit zu einem neuen Sozialtypus, der „sozialistischen Persönlichkeit", führen. Die Bildungs- und Kulturpolitik sollten nur günstige Bedingungen für einen derartigen Umschlag in der inneren Verfassung der Bevölkerung bereithalten, nicht den Umschlag selbst bewirken. Wie sich erwies, blieb die mentale Revolution aus. Damit schwand die Gewißheit, eine sozialistische Gesellschaft auch „von unten" her aufbauen zu können und wurde durch die handlungsleitende Hoffnung ersetzt, durch permanente Modernisierung der Wirtschaft und durch massenkulturelle Initiativen einer entwickelten sozialistischen Industriegesellschaft in der internationalen Konkurrenz der Industriestaaten bestehen zu können.

Die historische Beständigkeit von Traditionen, trivialen Motiven und althergebrachten Gewohnheiten hatte um die Jahrhundertwende der Soziologe *Alfred Vierkandt* nachzuweisen versucht[10]. In der westlichen Forschung zur politischen Kultur der sowjetsozialistischen Länder war es vor allem *Archie Brown*, der die Vorstellung von unterschiedlichen Entwicklungstempi der Teilsysteme forschungsrelevant werden ließ. Seine *Dissonanztheorie* besagt, daß sich das institutionell-politische System und die politische Kultur nicht zwangsläufig in demselben Tempo entwickelt. Da sich die politische Kultur generell langsamer als das politisch-institutionelle System verändert, kommt es zwischen beiden zu Dissonanzen.

Aus der Dissonanztheorie lassen sich zumindest zwei reale Formen von politischer Kultur ableiten: Die *offizielle politische Kultur*, vertreten durch Partei, Staat, Massenmedien und das Erziehungswesen, sowie die *dominante politische Kultur* als das

Muster der verbreiteten Einstellungen der Bevölkerung. Im Anschluß an *Brown* wurde für die DDR eine Typologie vorherrschend, die die offizielle politische Kultur von traditioneller und alternativer unterscheidet (*Krisch* 1984; *Lemke* 1985; ähnlich *Hanke* 1987; *Rossade* 1987). Politische Kulturen bestehen nicht unabhängig voneinander, sondern überlappen sich und konkurrieren miteinander.

5.5 Elemente der offiziellen politischen Kultur

Die offizielle politische Kultur enthält als Elemente der kommunistischen Zielkultur bestimmte Verhaltenswerte wie Optimismus, Solidarität und Lernbereitschaft sowie die zentralen Zielwerte Freiheit, Gleichheit und soziale Gerechtigkeit. Hinzu treten als mehr instrumentelle Werte Emanzipation und der Führungsanspruch der Partei. Das sich daraus ergebende Grundmuster ist insofern epochenübergreifend-normativ, zugleich aber auch deskriptiv-gegenwartsbezogen, da es sich auf die politischen und gesellschaftlichen Bedingungen der DDR einläßt. Norm und Empirie fließen – für die Masse der Bevölkerung nicht unterscheidbar – zusammen. Im einzelnen hebt die offizielle politische Kultur folgende Elemente hervor:

1. die Geltung des Marxismus-Leninismus als Grundlage des politischen Lebens nicht nur der Partei, sondern auch des Staats und der Gesellschaft, damit auch des Führungsanspruchs der SED;
2. die Anerkennung der Arbeitsleistung als zentrale Wertkategorie und grundlegenden Bezugspunkt der sozialen Gerechtigkeit;
3. den Vorrang gesellschaftlicher und kollektiver Ziele und Verhaltensweisen vor privaten und individuellen, wenngleich letztere seit einigen Jahren im Rahmen der Modernisierungsbemühungen auch offiziell aufgewertet wurden;
4. die Zuständigkeit und volle Verantwortung des Staates in allen Fragen von politischem Belang, eingeschränkt nur durch den Führungsanspruch der SED.

In welchem Umgang die hier angesprochenen Einstellungen von den Parteimitgliedern, den Staatsangestellten, Arbeitern und Genossenschaftsbauern im Denken, Empfinden und praktischen Handeln aufgehoben sind, ist aufgrund der dürftigen Informationslage schwer zu entscheiden. In der DDR werden in der Regel nur affirmationstaugliche empirische Befunde veröffentlicht. Ebenso schwierig ist zu ermitteln, wie im einzelnen die Diskreditierungen der offiziellen politischen Kultur auf die Bevölkerung wirken. Solche Diskreditierungen ergaben sich in der Geschichte der DDR aus dem Widerspruch zwischen dem abstrakten humanistischen Anspruch der kommunistischen Zielkultur und den Auswirkungen der stalinistischen Gewaltherrschaft wie insgesamt dem Vorrang von Gewalt als einem politischen Mittel. Bisher konnte mit guten Gründen von der Akzeptanz bestimmter sozialistischer Wertaspekte, der kollektiv organisierten Arbeit in den Betrieben, der kollektiven Erziehung und der weiblichen Erwerbstätigkeit im Familienleben sowie dem Vorrang staatlich-politischer Lösungen vor privaten in Fragen von generellem Belang, insbesondere dem der sozialen Sicherheit, bei einzelnen Bevölkerungsgruppen ausgegangen werden. Die Diskreditierung der offiziellen politischen Kultur, wie sie die breite Welle der sichtbaren Kritik des Jahres 1989 zeigt, ist mittlerweile so eklatant, daß sie durch die bestehenden politischen Institutionen nicht mehr aufgefangen werden kann.

5.6 Anknüpfung an die dreißiger Jahre? – Die traditionelle politische Kultur

Stärker als in der Bundesrepublik haben die Menschen in der DDR ihren Bezugspunkt für politischen *common sense* in der Vorkriegszeit. *Lutz Niethammer* und *Alexander von Plato* vertreten die These, die Nachkriegszeit der DDR sei ein Versuch, die dreißiger Jahre zu erfüllen. Tatsächlich stimmen wichtige Themen überein: Die Faszination des schnellen Aufschwungs als einem deutschen „Wirtschaftswunder", damit zusammenhängend Tourismus, Konsum und soziale Sicherung. Auch in politischer Hinsicht hat die Soziokultur vieles mit den dreißiger Jahren gemein. Außerhalb des marxistisch-leninistisch kontrollierten Bereichs des politischen Lebens zeigt sich Intoleranz gegenüber dem und den Fremden, ein antiquiertes Geschlechterverhältnis, Autoritätserwartungen in der Politik und in der Erziehung sowie ein ausgeprägtes Ordnungsbewußtsein. Es ist vermutet worden, hier handle es sich um Reflexe eines Einstellungssyndroms, das sich im Kaiserreich und im nationalsozialistischen Regime formte (*Dahrendorf* 1965, S. 448 ff.; *Reichel* 1981):

1. die Bereitschaft, autoritäres und paternalistisches Verhalten der Obrigkeit zu unterstützen bei gleichzeitiger politischer Passivität der Einzelnen;
2. die Bereitschaft, das individuelle und soziale Leben undemokratisch zu organisieren;
3. die Orientierung an der nationalen Einheit des Reiches.

Daraus ergeben sich zumindest einige Konturen und Referenzen der gegenwärtigen traditionellen politischen Kultur:

1. Im Zentrum der Orientierung stehen die für den industriellen Weg Deutschlands konstitutiven deutschen Sekundärtugenden: Ordnung, Fleiß, Pünktlichkeit, Sauberkeit und Treue, ergänzt um die in der DDR hinzugewachsenen Orientierungen an Geboten der Friedlichkeit, des lebenslangen Lernens und der arbeitsbezogenen Solidarität.
2. Im Falle eines Konflikts zwischen verschiedenen Werten rangieren Gleichheit und soziale Sicherheit vor der Freiheitsnorm.
3. Das Vertrauen in politische Lösungen durch Opposition, spontanes politisches Engagement und Konfliktverhalten ist gering. Das Verhältnis zur Politik bemißt sich vornehmlich an den Leistungen, die der Staat als wirtschaftlicher Fortschritt, soziale Sicherheit und öffentliche Ordnung erbringt.
4. Auffällig ist das Fehlen von universellen und interkulturellen Einstellungen und von Zukunftsentwürfen bezüglich Europas. Es halten sich allerdings Erwartungen an einen „dritten Weg", der die Vorzüge des Kapitalismus und Sozialismus kombinieren – besser noch optimieren – soll.
5. Zentrales Identifikationsthema der Menschen untereinander und in ihrer Beziehung zur Politik ist nach wie vor das wirtschaftliche und sozialpolitische Wohlergehen. Der „Sozialismus in den Farben der DDR" (*Erich Honecker*) wird deshalb für die traditionell orientierte Bevölkerung am ehesten in seiner seit den siebziger Jahren

geltenden Reduktion als „Einheit von Wirtschaft und Sozialpolitik" akzeptabel. Zu weiteren Identifikationsfoci avancierten in den letzten 15 Jahren die Hinwendung breiterer Bevölkerungskreise zur Heimat und zur nationalen und regionalen Geschichte, gedanklich und emotional sehr aspektreiche Themenkomplexe.

5.7 Konturen einer alternativen politischen Kultur

Während die offizielle politische Kultur ihre Impulse „von oben" erhält, wirken die traditionellen Orientierung vor allem „von unten". Letztere prägen im starken Maße die Arbeits- und Lebensformen in den zahlreichen Kollektiven, den die Menschen in der DDR gewöhnlich angehören und sind für das konservative, sicherheitsorientierte Klima im Umgang mit Politik und Staat verantwortlich. Offizielle und traditionelle Kultur sind keinesfalls frei von Überlappungen. Sie näher auszuleuchten wäre eine der interessanten Fragestellungen für die zukünftige politische Kulturforschung, da sie genaueren Aufschluß über den eigentlichen Konsensbereich versprächen.
Eine weitere politisch-kulturelle Differenzierung setzte in den siebziger Jahren als Resultat einer veränderten Wahrnehmung der Realität durch die inzwischen nachgewachsene Generation der Jugendlichen ein. Als *Wolfgang Büscher* und *Peter Wensierski* 1981 und 1982 erste Textdokumentationen von Ansätzen zu einer alternativen politischen Kultur edieren, sind dies die Themen:

- Naturzerstörung durch Industrialismus,
- umweltgerechte Lebensweise und neuer Lebensstil jenseits des ökonomischen Kalküls,
- Bedürfnisentwicklung und -kritik,
- Kritik des Leistungsdenkens insbesondere dann, wenn es auf kommunikative und musische Tätigkeiten gerichtet ist,
- Kritik der technischen Vernunft,
- Wehrdienstverweigerung, Erziehung zum Frieden, Abrüstung.

Durch Arbeits- und Freundeskreise, Umweltinitiativen und Friedensgruppen werden neue Themen in die öffentliche Wertdebatte gehoben. Aber nicht nur dies, viele der Mitglieder der informellen Gruppen außerhalb der staatlich kontrollierten Massenorganisationen versuchen praktisch zu leben, was sie öffentlich an ökologischem und pädagogischem Wandel propagieren. Noch in den siebziger Jahren formt sich aus christlichem Pazifismus und politisch motivierter Ablehnung der politischen Disziplinierung, die durch militärische und paramilitärische Veranstaltungen erzielt werden soll, eine *autonome Friedensbewegung* in der Evangelischen Kirche. Seit dem Friedensforum am 13.2.1982 in der Dresdner Kreuzkirche wird von einer neuen Friedensbewegung gesprochen, zu der Gruppen der Jungen Gemeinden erheblich beitragen. Sie veranstalten Friedenswerkstätten und -seminare, Gesprächsrunden und Ausstellungen.
Daneben bilden sich *Umweltgruppen*, die entweder selbständig oder unter dem Dach der Evangelischen Kirche auftreten. Ihr Protest richtet sich gegen eine rein wachstumsorientierte Wirtschaftspolitik. Die im Berliner Stadtbezirk Prenzlauer Berg gegründete Umweltbibliothek gilt bei den informellen Gruppen als Zentrum einer unabhängigen Kultur in der DDR.

Gegen die Rechtsunsicherheit bei der Regelung der Ausreise aus der DDR und die Undurchsichtigkeit der einschlägigen staatlichen Entscheidungen richtet sich eine dritte Protesthaltung, häufig von Ausreisewilligen getragen. Sie macht erstmals öffentlich von sich reden, als am 17.1.1988 rund 100 meist jugendliche Ausreisewillige vergeblich versuchen, sich unangemeldet der offiziellen Kampfdemonstration zu Ehren von *Rosa Luxemburg* und *Karl Liebknecht* anzuschließen. Durch verschiedenen Initiativen dieser Art werden staatsbürgerliche und verfassungsrechtliche Grundfragen – vor dem Hintergrund der dramatischen Ausreiseversuche 1989 – öffentlich thematisiert.
Allen Protesthaltungen ist gemeinsam die Forderung an die politisch-staatliche Seite, zukünftig zumindest öffentliche Diskussionen und unabhängige Informationsquellen zuzulassen. Es ergeben sich einige Spezifika, die es erlauben, von einer ansatzweisen alternativen politischen Kultur zu sprechen.

1. Bei dem Protest handelt es sich nicht um eine politische Opposition, die für ein nicht-sozialistisches Gesellschaftsmodell eintritt. Ohne prinzipiell alle sozialistischen Errungenschaften in Frage zu stellen, verhalten sich viele Protestierende als Radikal-Liberale und -Demokraten.
2. Die Aktivitäten der informellen Gruppen laufen darauf hinaus, im Konflikt zwischen orthodoxer Beharrung und Weiterentwicklung des sozialistischen Systems für eine Öffnung und Demokratisierung des Sozialismus einzutreten.
3. Die informellen Gruppen suchen die Öffentlichkeit. Ihre Engagement ist individuell, aber nicht privat, in der Form basisdemokratisch in einem breiten Sinne.
4. Insofern bilden die meist jugendlichen Streitenden der achtziger Jahre eher eine „Konfliktkultur" aus. Sie wenden sich sowohl gegen die systemfügsame politische „Anpassungskultur" der Aufbaugeneration als auch gegen die Rückzüge in politische Passivität, Nörgelei und kompensatorischen Konsum.*

6. *Schlußbemerkung*

Mit der Behandlung der politischen Kultur eines Landes von traditioneller marxistisch-leninistischer Art sollte gezeigt werden, auf welches Erklärungspotential diejenigen Wissenschaftler und Politiker verzichten, die sich in ihren Analysen und Prognosen ausschließlich auf die institutionelle Struktur und die unmittelbaren Leistungen des politischen Systems stützen. Gerade am Beispiel der DDR der Jahre 1988 und 1989 läßt sich demonstrieren, wie eine Analyse zu kurz greift, die nur die Stabilitätssituation des politischen Apparats und die Ergebnisse der praktischen Politiken verfolgt, denn Stabilität und Leistungsfähigkeit vor allem der Wirtschaft hielten an – immer im üblichen Rahmen gesehen – und dennoch geriet das System in eine Krise. Sie ergab sich in dem Moment, in dem das steigende Anspruchsniveau der Bevölkerung gegenüber dem politischen System als dem Garanten der wichtigsten wirtschaftlichen, sozialen und politischen Leistungen und Problemlösungen mit den Erwartungen der Menschen an die Leistungsfähigkeit des politischen Apparats nicht mehr übereinstimmte. Trotz Stabilität und beachtlicher Leistungsfähigkeit reagierten größere Bevölkerungsgruppen mit einem Stimmungsumschwung. Anlaß war auf der politischen

Ebene die Degradierung des DDR-Systems innerhalb der sozialistischen Länder, wo es sich von den Reformpolitiken der Sowjetunion, Polens und Ungarns überholt sieht, und damit verbunden die Befürchtung, die bisherige wirtschaftlich-technologische Vorreiterrolle aufgeben zu müssen. Nach Kenntnis der politisch-kulturellen Grundüberzeugungen der Bevölkerung muß dem Stimmungsumschwung nicht unbedingt auch ein Umschwung in den Grundüberzeugungen folgen; dann etwa nicht, wenn dem verbreiteten Eindruck der zunehmenden internationalen Isolation des Landes und seiner Bevölkerung durch Öffnung gegenüber den aktuellen Entwicklungen in Ost und West entgegengewirkt wird.

Anmerkungen

1 Vgl. *Friedrich, Carl J.* (Hrsg.), 1954: Totalitarism. Procedings of a Conference held at the American Academy of Arts and Sciences, March 1953, Cambridge/Mass.
2 *Friedrich, Carl J./Brzezinski, Z. K.*, 1956: Totalitarian dictatorship and autocracy, Cambridge/Mass.; deutsch: *Friedrich, Carl J.* unter Mitarb. v. *Z. K. Brzezinski*, 1957: Totalitäre Diktatur, Stuttgart.
3 In einer Reihe sprachanalytischer und -politischer Untersuchungsschritte innerhalb eines kultur- und wissenssoziologischen Bezugsrahmens konnte *Ludz* Faktoren und Barrieren identifizieren, die das Innovationspotential des Marxismus-Leninismus stark einschränken und die Grundthese von der nur partiellen Modernisierungsmöglichkeit der sozialistischen Systems stützen (*Ludz* 1980).
4 Aufschlußreich sind insbesondere die Untersuchungen von *Elemér Hankiss*, vgl. *Krisztina Mäuecke-Gyöugyösi* im vorliegenden Band.
5 Im Zeichen von *Glasnost* und *Perestrojka* findet in der Sowjetunion inzwischen nicht nur die Meinungsforschung viel Aufmerksamkeit, sondern es beginnen darüber hinaus in Instituten für konkrete Forschungen empirische Studien zu Einstellungen und zum Wertewandel.
6 Eine Operationalisierung hat jüngst *Dietmar Schirmer* mit einer inhalts- und korrespondenzanalytisch verfahrenden Analyse dreier politischer Feiertage der Weimarer Republik versucht. Vgl. ders., 1989: Politische Deutungsstrukturen in der Weimarer Republik. Diss. phil. Berlin.
7 Darauf hat wiederholt *W. Rossade* aufmerksam gemacht, vgl. zum Beispiel *Rossade* 1978: Paradigmenwechsel in der Kulturwissenschaft in der DDR. In: Tradition und Fortschritt in der DDR, Bonn (Edition Deutschland Archiv).
8 *Rossade, W.*, 1989: Kulturelle Prägungen im Realsozialismus. Zur Soziokultur eines sich wandelnden Gesellschaftstypus. Manuskript einer ethno-soziologisch angelegten Untersuchung von Kulturmustern in der DDR.
9 Einen Versuch unternehmen *Rytlewski, R./Sauer, B./Stiller, G.*: Die DDR. Leben im „realen Sozialismus" in den achtziger Jahren (im Erscheinen).
10 Vgl. *Vierkandt, A.*, 1908: Stetigkeit im Kulturwandel. Eine soziologische Studie, Leipzig.
* Einige Abschnitte des vorstehenden Kapitels wurden zuerst im September-Heft der Reihe „Der Bürger im Staat" der Landeszentrale für politische Bildung Baden-Württemberg, Stuttgart, veröffentlicht.

Literaturverzeichnis

Afanassjew, J. (Hrsg.), 1988: Es gibt keine Alternative zu Perestroika: Glasnost, Demokratie, Sozialismus, Nördlingen.
Almond, G. A./Verba, S., 1963: The Civic Culture: Political Attitudes and Democracy in Five Nations, Princeton.
Almond, G. A./Verba, S. (Hrsg.), 1980: The Civic Culture Revisited, Boston.

Almond, G. A., 1983: Communism and Political Culture Theory, in: Comparative Politics, 15 (2), 127–8.
Almond, G., 1987: Politische Kulturforschung. Rückblick und Ausblick. In: *Berg-Schlosser, D./ Schissler, J.* (Hrsg.), a. a. O., 27–38.
Arbeitskreis für vergleichende Deutschlandforschung unter Vorsitz von *Peter C. Ludz*, 1987: Gutachten zum Stand der DDR- und vergleichende Deutschlandforschung, o. O. (Bonn), Ms., 1228 S.
Autorenkollektiv unt. Leitung v. *John, E.*, 1980: Kultur – Kunst – Lebensweise, Berlin.
Autorenkollektiv unt. Leitung v. *Voß, P.*, 1981: Die Freizeit der Jugend, Berlin.
Autorenkollektiv unt. Leitung v. *Haase, H.*, 1986: Die SED und das kulturelle Erbe, Berlin.
Berg-Schlosser, D./Schissler, J. (Hrsg.), 1987: Politische Kultur in Deutschland. Bilanz und Perspektiven der Forschung, Opladen (PVS-Sonderheft 18/1987).
Beyme, K. von, 1975: Ökonomie und Politik im Sozialismus. Ein Vergleich der Entwicklung in den sozialistischen Ländern. München – Zürich.
Beyme, K. von (Hrsg.), 1986: Politikwissenschaft in der Bundesrepublik Deutschland. Entwicklungsprobleme einer Disziplin, Opladen (PVS-Sonderheft 17/1986).
Brocke, A. von/Simon, G., 1980: Neue Wege der Sowjetunion-Forschung. Beiträge zur Methoden- und Theoriediskussion, Baden-Baden.
Brown, A. (Hrsg.), 1984: Political Culture and Communist Studies, London.
Brown, A./Gray, J., 1979: Political Culture and Political Change in Communist States, London.
Brunner, G., 1980: Politikwissenschaft, in: Osteuropa, 30 (1980) 754–775 (Sonderheft Osteuropaforschung in der Bundesrepublik Deutschland).
Büscher, W./Wensierski, P./Wolschner, K. unt. Mitarbeit v. *R. Henkys* 1982, Friedensbewegung in der DDR. Texte 1977/1982, Hattingen.
Buchholz, A., 1982: Internationale Osteuropa-Forschung. Organisation Finanzierung und Politikbezug, Berlin.
Dahrendorf, R., 1965: Gesellschaft und Demokratie in Deutschland, München.
Deutsch, K. W., 1953: Risse im Monolith: Möglichkeiten und Arten der Desintegration in totalitären Systemen. In: *Seidel, B./Jenkner, S.* (Hrsg.), 1968: Wege der Totalitarismusforschung, Darmstadt.
Fagan, R., 1969: The Transformation of Political Cultures in Cuba, Stanford.
Friedrich, W./Müller, H. (Hrsg.), 1980: Zur Psychologie der 12–22jährigen. Resultate einer Intervallstudie, Berlin.
Geertz, C., 1983: The Interpretation of Cultures, New York.
Geertz, C., 1983: Dichte Beschreibung. Beiträge zum Verstehen kultureller Systeme, Frankfurt a. M.
Geierhos, W., 1988: Die Oktober Revolution als zyklische Systemtransformation. Methodische Ansätze zur Deutung der Wandlungsprozesse in der Sowjetunion, in: Osteuropa, 38 (1988) 87–108.
Gibbins, J. R. (Hrsg.), 1989: Contemporary Political Culture. Politics in a Postmodern Age, London u. a.
Gorbatschow, M. u. a., 1988: Die Zukunft der Sowjetunion. Die Debatte auf der Parteikonferenz der KPdSU, Köln.
Gramsci, A., 1986: Zu Politik, Geschichte und Kultur. Ausgewählte Schriften, Leipzig.
Grasow, V., 1980: Konzeptionelle Wandlungen der Kommunismusforschung. Vom Totalitarismus zur Immanenz, Frankfurt a. M./New York.
Gurland, A. R. L., 1954: Einleitung zu Max Gustav Lange, Totalitäre Erziehung, in: *Seidel, B./ Jenkner, S.* (Hrsg.), 1968: Wege der Totalitarismusforschung, Darmstadt.
Hager, K., 1987: Beiträge zur Kulturpolitik. Bd. II, Berlin.
Hanke, I., 1987: Alltag und Politik. Zur politischen Kultur einer unpolitischen Gesellschaft, Opladen.
Honecker, E., 1989: Rede auf der Festveranstaltung anläßlich des 70. Jahrestages der Gründung der Kommunistischen Partei Deutschlands, Berlin.
Iwand, W. M., 1985: Paradigma Politische Kultur. Konzepte, Methoden, Ergebnisse der Political-Culture Forschung in der Bundesrepublik. Ein Forschungsbericht, Opladen.
Jancar, B., 1984: Political Culture and Political Change, in: Studies in Comparative Communism, 17 (I), 69–82.
Kraus, W., 1978: Kultur und Macht. Die Verwandlung der Wünsche, München.

Krisch, H., 1984: Politische Kultur in der Deutschen Demokratischen Republik. In: Lebensbedingungen in der DDR. Siebzehnte Tagung zum Stand der DDR-Forschung in der Bundesrepublik Deutschland 12.–15. Juni 1984, Köln.

Krisch, H., 1988: Politics and Culture in the German Democratic Republic, Ann Arbor.

Langenbucher, W. R./Rytlewski, R./Weyergraf, B. (Hrsg.), 1983: Kulturpolitisches Wörterbuch Bundesrepublik Deutschland/DDR im Vergleich, Stuttgart.

Lemke, Christiane, 1985: Political Culture and Political Change in the GDR. Tendencies and Perspectives in the 1980s. Paper presented at the Hamilton Conference on modern german Politics, 26.–28.4.1985.

Ludz, P. C., 1979: Die sozialwissenschaftliche Konzept-Analyse. Bericht über einen pragmatischen Ansatz anhand eines Beispiels, in: *Koselleck, R.* (Hrsg.): Historische Semantik und Begriffsgeschichte, Stuttgart.

Ludz, P. C., 1980: Mechanismen der Herrschaftssicherung. Eine sprachpolitische Analyse gesellschaftlichen Wandels in der DDR, München–Wien.

Medick, H., 1984: „Missionare im Ruderboot"? Ethnologische Erkenntnisweisen als Herausforderung an die Sozialgeschichte, in: Geschichte und Gesellschaft, 10 (1984), 295–319.

Meyer, G./Ryszka, F. (Hrsg.), 1989: Die politische Kultur Polens, Tübingen.

Mallinckrodt, A. M., 1984: Das kleine Massenmedium. Soziale Funktion und politische Rolle der Heftreihenliteratur in der DDR, Köln.

Pasolini, P. P., 1979: Freibeuterschriften. Die Zerstörung der Kultur des einzelnen durch die Konsumgesellschaft, Berlin.

Pracht, E. u. a., 1987: Ästhetik der Kunst, Berlin.

Programm der Sozialistischen Einheitspartei Deutschlands, Berlin 1963.

Reichel, P., 1981: Politische Kultur der Bundesrepublik, Opladen.

Richert, E., 1966: Die neue Gesellschaft in Ost und West, Gütersloh.

Rohe, K., 1986: Vom Revier zum Ruhrgebiet, Essen.

Rohe, K., 1987: Politische Kultur und der kulturelle Aspekt von politischer Wirklichkeit, in: *Berg-Schlosser, D./Schissler, J.* (Hrsg.), a. a. O., S. 39–48.

Rossade, W., 1987: Paradigmenwechsel in der Kulturwissenschaft der DDR, in: Tradition und Fortschritt, Bonn (Edition Deutschland Archiv).

Rossade, W., 1987: Kulturelle Muster in der DDR, in: *Berg-Schlosser, D./Schissler, J.* (Hrsg.): a. a. O., S. 229–237.

Rossade, W., 1989: Kulturelle Prägungen im Realsozialismus. Zur Soziokultur eines sich wandelnden Gesellschaftstyps (Manuskript).

Rytlewski, R., 1987: Soziale Kultur als politische Kultur: die DDR, in: *Berg-Schlosser, D./Schissler, J.* (Hrsg.), a. a. O., S. 238–245.

Rytlewski, R./Kraa, D., 1987: Politische Rituale in der UdSSR und der DDR, in: Aus Politik und Zeitgeschichte B 3 (1987), 33–48.

Rytlewski, R./Opp de Hipt, M., 1987: Die Deutsche Demokratische Republik in Zahlen 1945/49 bis 1980. Ein sozialgeschichtliches Arbeitsbuch, München.

Rytlewski, R./Sauer, B./Stiller, G.: Leben im „realen Sozialismus" (DIFF Studienbrief), Tübingen (im Erscheinen).

Schmitt, K., 1982: Kirche und Weltanschauungsstaat, in: *Oberndörfer, D./ders.* (Hrsg.): Kirche und Demokratie, Paderborn.

Schneider, E., (Hrsg.), 1977: SED-Programm und Statut von 1976, Opladen.

Simon, G., 1989: Perestrojka – eine Zwischenbilanz, Köln (Berichte des Bundesinstituts für ostwissenschaftliche und internationale Studien, 27/1989).

Symposium on Political Culture, 1983: Studies in Comparative Communism, 16 (1/2).

Tucker, R., 1973: Culture, Political Culture and Communist Society, in: Political Science Quarterly, 88 (2) 173–90.

Wallace, A., 1961: Culture and Personality, New York.

Weiß, K., 1989: Die braune Staffette. In: Zeitmagazin Nr. 27, 40–44.

Wensierski, P./Büscher, W. (Hrsg.), 1981: Beton ist Beton. Zivilisationskritik aus der DER, Hattingen.

White, S., 1979: Political Culture and Soviet Politics, London.

Willems, E., 1984: Der preußische-deutsche Militarismus. Ein Kulturkomplex im sozialen Wandel, Köln.

II. Ideologische Grundlagen, Konzepte und Methoden

Philosophietransfer unter Bedingungen des Ost-West-Konflikts. Von der Konfrontation zum Dialog?

Walter Euchner

1. Vorbemerkung

Wer nach greifbaren Ergebnissen eines Gedankenaustausches zwischen westlichen Philosophen, Gesellschaftstheoretikern und Theologen einerseits und Marxisten-Leninisten der Ostblockländer andererseits sucht, findet nicht viel Inspirierendes. Dies zeigt jedenfalls eine Durchsicht der einschlägigen Literatur beider deutscher Staaten. Für andere Länder, etwa Frankreich, mag der Befund günstiger ausfallen; doch auf die Situation in anderen Ländern kann hier nur am Rande eingegangen werden.
Was die deutsch-deutsche Auseinandersetzung betrifft, so überwog bisher das *Konfrontations- und Abgrenzungsbedürfnis*. Diese Art zu argumentieren ist gewissermaßen agonal, sie verläuft im *Gestus des Kampfes* und bedient sich entsprechender kriegerischer Metaphern. Ihr einziger Zweck ist, die Oberhand zu behalten; der Gegner soll im Kampf der Argumente unterliegen. „Dialog" aber bedeutet, wie uns *J. Heinrichs* im „Historischen Wörterbuch der Philosophie" belehrt, „ein Gespräch, das durch wechselseitige Mitteilung jeder Art zu einem interpersonalen ‚Zwischen', d.h. zu einem den Partnern gemeinsamen Sinnbestand führt" (*Heinrichs* 1972: 226). Sicherlich wollen auch die Kontrahenten eines *philosophisch-theoretischen Dialogs* das richtige Argument für sich haben, doch dessen Telos ist die Wahrheit oder die akzeptable Lösung, nicht die Niederlage des Kontrahenten.

2. Einige Verständigungsversuche und Gegenreaktionen

In den deutschen Westzonen kam eine problemadäquate Diskussion des Marxismus-Leninismus nur langsam in Gang. Es gab hier nur wenig marxistisch orientierte Intellektuelle im Lande; geeignete Quellentexte waren schwer zugänglich (vgl. *Holz* 1979: 1255–1276, 1373–1385). Die ersten tiefer schürfenden Beiträge stammten übrigens weniger von der akademischen Philosophie als vielmehr von katholischen und evangelischen Theologen und Philosophen, die der evangelischen Kirche nahe standen. Was die katholische Seite betrifft, so möchte ich die Arbeiten von *J. M. Bochenski* und *Gustav A. Wetter* nennen (*Bochenski* 1950; *Wetter* 1958). Auf evangelischer Seite sind vor allem die Beiträge wichtig geworden, die in den „Marxismusstudien" in der Schriftenreihe der Evangelischen Studiengemeinschaft seit dem Jahre 1954 herausgekommen sind.

Die Zeit, in der die genannten Schriften entstanden sind, war noch vom Kalten Krieg und seinen Nachwirkungen geprägt. Sie sind deshalb nicht zuletzt von dem Bestreben geleitet, das westliche Denken vom Marxismus und Marxismus-Leninismus abzugrenzen und den politischen Feind auf dem Feld der Ideologie, wo er für besonders gefährlich erachtet wurde, zu bekämpfen. Doch die Untersuchungen der „Marxismusstudien" erschöpfen sich nicht in diesem Zweck. Zunächst einmal enthielten sie hochkarätige Marx-Analysen, von denen eingestandenermaßen auch Marxisten profitieren konnten. Sodann muß festgestellt werden, daß die Beiträge, die sich mit *Lenin* und dem Marxismus-Leninismus im engeren Sinn befassen, sachadäquat und nicht bloße Polemik sind. *Richard Nürnberger* stellte in seinem Aufsatz „Lenins Revolutionstheorie" heraus, daß *Lenin* auch bedacht habe, „was *nach* der gewaltsamen Revolution getan werden müsse"; in diesen Überlegungen habe sich seine „historische Größe" als „Weltbeweger des 20. Jahrhunderts" gezeigt. *H. H. Groothoff* würdigte voller Respekt die Konzeption des sowjetrussischen Pädagogen *A. A. Makarenkow*. Deutlich kritische Töne klingen in *Iring Fetschers* bekanntem Aufsatz „Von der Philosophie des Proletariats zur proletarischen Weltanschauung" an. Sie betreffen unter anderem *Lenins* erkenntnistheoretische Fundierung des „dialektischen Materialismus", die, wie wir sehen werden, die Achillesferse des dialektischen Materialismus darstellt. Ferner warf *Fetscher* dem Sowjetmarxismus vor, daß er den dialektischen Materialismus „zur Rechtfertigungsideologie der Parteiherrschaft" instrumentalisiert habe – eine Kritik, die *Oskar Negt* in seiner Einleitung zu dem Sammelband „Kontroversen über dialektischen und mechanischen Materialismus" wiederholt hat (*Nürnberger* 1954: 161–172; *Groothoff* 1958, 227–265; *Fetscher* 1957: 26–60; *Negt* 1969).
Die Befunde jener Aufsätze, die sich mit dem Leninismus und den Verhältnissen in den Ländern des realen Sozialismus befaßten, waren für deren Vertreter zwar zumeist nicht schmeichelhaft, doch andererseits wiederum nicht so polemisch, als daß die einzige Antwort hierauf *potenzierte* Polemik hätte sein müssen. Doch gerade so verfuhr die Gegenseite. *Dieter Bergner* und *Wolfgang Jahn* brachten in ihrer Schrift „Der Kreuzzug der evangelischen Akademien gegen den Marxismus" deren Tätigkeit mit den „ideologischen Kriegsvorbereitungen" in Zusammenhang, der in den Händen des mit dem Monopolkapital und dem Militarismus verflochtenen *politischen Klerikalismus* liege. *Fetscher* betreibe in seinem Beitrag „in aggressivster Weise psychologische Kriegsführung, maßlose Hetze gegen die Sowjetunion, gegen die anderen sozialistischen Länder und gegen die DDR". Außerdem wimmle es „von Sätzen im faschistischen Jargon der ‚Bildzeitung'" (*Bergner/Jahn* 1960: 6, 89–90). Die Kontroverse zwischen den genannten Autoren und *Fetscher* wurde übrigens von dem sowjetrussischen Philosophen *E. M. Sitnikow* aufgegriffen. Da sich dessen Argumentation auf höherem Niveau bewegte als die der erwähnten Autoren, möchte ich dieser bei der Darstellung dieses Meinungsstreites folgen. *Fetscher* hatte in seinem Aufsatz die Marxsche Revolutionstheorie mit *Lenins* Lehre von der Partei als der Avantgarde des Proletariats verglichen. Bei *Marx*, so *Fetscher* werde der Kapitalismus durch „die von dem seiner selbst bewußten Proletariat durchgeführten Revolution" aufgehoben. So gesehen erscheine das Proletariat, wie *Fetscher* im Anschluß an den berühmten ungarischen marxistischen Philosophen *Georg Lukács* formuliert, als „reales Subjekt-Objekt der Geschich-

te". Ferner hatte *Fetscher* in seinem bekannten Lehrbuch „Von Marx zur Sowjetideologie" davon gesprochen, daß das von *Marx* aufgedeckte Phänomen der Entfremdung des Arbeiters im industriekapitalistischen Arbeitsprozeß auch in der Sowjetunion zu beobachten sei; deshalb genüge es zu seiner Beseitigung offenbar nicht, allein die Eigentumsverhältnisse zu ändern (*Fetscher* 1957: 26–27; ders. 1968: 30–31). *Sitnikow* warf *Fetscher* vor, die Rede vom Proletariat als dem realen Subjekt-Objekt der Geschichte bedeute eine idealistische Hegelianisierung des Marxismus und verkenne die Funktion der kommunistischen Partei im Sinne *Lenins*. Die Entfremdung wiederum sei an das Privateigentum an Produktionsmittel gebunden. Deshalb sei im Sozialismus die gesellschaftliche und kollektive Kraft nicht von den Menschen entfremdet. Dies schließe nicht aus, daß politische und ökonomische Entscheidungen von der Partei und sonstigen Autoritäten formuliert würden. Dies sind durchaus diskussionswürdige Probleme; auch läßt sich gegen die Interpretation der weltgeschichtlichen Rolle des Proletariats des frühen *Lukács*, deren intellektuellem Reiz der frühe *Fetscher* aus verständlichen Gründen erlegen ist, einiges vorbringen. Doch offenbar gehörte damals das *argumentum ad hominem* unverzichtbar zum Argumentationsstil sowjetmarxistischer Autoren. *Sitnikow* bzeichnet *Fetscher* als „Fälscher des Marxismus", der mit „Verleumdung" und „politischem Gift" leugnen wolle, daß das Proletariat notwendig unter der Führung der Kommunistischen Partei kämpfen müsse (Sowjetgesellschaft 1967). *Fetschers* wiederholte Beteuerungen, daß er den Humanismus des originären Marxschen Denkens für vorbildlich erachte und auch nicht ausschließen wolle, daß die Fehler und Entstellungen des Sozialismus in den sozialistischen Gesellschaften überwunden werden könnten, halfen da wenig. Noch im Jahre 1970 erschien in der Ostberliner Deutschen Zeitschrift für Philosophie ein Angriff gegen *Fetscher* des geschilderten Kalibers (Deutsche Zeitschrift für Philosophie 1970: 605–612).

Derartige Sprachwendungen waren natürlich nicht geeignet, ein Diskussionsklima zu erzeugen, das eine strikt *problemorientierte* Erörterung zugelassen hätte. Bezogen auf die Tätigkeit der Marxismuskommission der evangelischen Akademien bedeuteten sie blanken Unsinn. Zu westlicher Selbstgerechtigkeit besteht freilich kein Anlaß. Viele antisowjetische Propagandaschriften jener Tage führten eine ähnliche Sprache. In Broschüren der katholischen Philosophen *Jakob Hommes* und *J.M. Bochenski*, die in der Bundeszentrale für Heimatdienst (jetzt Bundeszentrale für politische Bildung) herausgekommen sind, erscheint der Kommunismus als eine Art von Teufelswerk (*Hommes* 1956; *Bochenski* 1956). Aber – so muß man andererseits hinzusetzen: Gaben *Stalins* Zwangsarbeitslager nicht Grund zu dieser Sichtweise? Es herrschte Kalter Krieg, und dieser hatte seine realen Ursachen und zwangsläufigen Auswirkungen.

Als Dialog im Sinne einer philosophischen Erörterung zum Zweck einer gemeinsamen Problemerhellung können die geschilderten Auseinandersetzungen sicherlich nicht bezeichnet werden. Wirkliche dialogischen Situationen hat es, soweit ich sehen kann, in den Ost-West-Beziehungen, soweit die philosophische Gegenstände betreffen, nur selten gegeben. Zu den wenigen Ausnahmen gehören *erstens* der Salzburger Kongreß der Paulus-Gesellschaft des Jahres 1965, der von dem Münchener Theologen *Erich Kellner* organisiert worden ist. Auf marxistisch-kommunistischer Seite waren daran

beteiligt der französische Philosoph *Roger Garaudy*, die italienischen Parteiphilosophen *Lucio Lombardo-Radice* und *Cesare Luporini*[1], *Robert Havemann*, der kommunistische Dissident aus der DDR, ferner Philosophen aus Jugoslawien, Bulgarien und der DDR; auf westlicher Seite die Theologen *Jean-Ives Calvez, Johannes Baptist Metz, Karl Rahner, Marcel Reding* und *Gustav A. Wetter* – ein hochkarätig besetztes Gremium also, wie man sieht. Dem Teilnehmerkreis entsprechend drehten sich die Gespräche hauptsächlich um theologische Fragestellungen.
Der erste Bereich, der auf dem Kongreß der Paulus-Gesellschaft zur Sprache kam, betraf das Problem „Atheismus und Religion". *Reding* bezeichnete den Marxismus als notwendig atheistisch und stellte die Frage nach der „Verträglichkeit" von Marxismus und Christentum. Er kam zu dem Ergebnis, daß nicht alle Annahmen des Marxismus, zum Beispiel das „Basis-Überbau-Gesetz", atheistische Konsequenzen hätten – eine Aussage, der *Luporini* beipflichtete. Der DDR-Philosoph *Walter Hollitscher* freilich vertrat die Ansicht, daß die Philosophie des dialektischen Materialismus den Atheismus nicht ausklammern könne, diesen vielmehr impliziere.
Der zweite Diskussionsbereich betraf „Religion und Humanismus". *Garaudy* – der sich übrigens seit vielen Jahren von der Kommunistischen Partei Frankreichs losgesagt hat und über die Zwischenstation eines Wortführers der französischen „Grünen" zum Islam übergetreten ist – brachte das Problem auf die Formel des ehemaligen französischen KP-Führers *Maurice Thorez*: „Die Verheißung eines Erlösers strahlt schon auf der ersten Seite der Geschichte, sagt der Katholik. Auf die Hoffnung einer universalen Gemeinschaft, in Arbeit und Liebe versöhnt, stützt sich das Bemühen der Proletarier, die für das Glück aller Menschen kämpfen, betont der Kommunist" (*Kellner* 1966: 43, 64, 95). Die anwesenden Theologen warnten vor der marxistischen Tendenz, den Menschen absolut zu setzen – ein Bedenken, das wiederum *Luporini* für berechtigt hielt.
Im Diskussionsbereich „Idee und Wirklichkeit" kam das Problem der Freiheit im Kommunismus zur Sprache. *Rahner* wies darauf hin, daß die Christen „in einem letzten metaphysischen Sinn immer Privateigentum" fordern müßten, denn dieses bedeute „den realen Freiheitsraum, den der konkrete Mensch braucht, um seine Freiheit zu realisieren (...)". *Garaudy* setzte dem entgegen, daß der Kapitalismus, wie auch *Calvez* erklärt habe, ein System sei, das die meisten Menschen ihrer Produkte beraube. Unter diesem Aspekt müsse die Auffassung, daß das Privateigentum die Garantie der Freiheit sei, neu überdacht werden.
Der Salzburger Kongreß der Paulus-Gesellschaft hat zum gegenseitigen Verständnis von Christen und Marxisten-Leninisten beigetragen. Dieser Erfolg ist nicht zuletzt dem Umstand zuzuschreiben, daß die Referenten und Diskussionsteilnehmer die alte Diskussionsmaxime *fortiter in re suaviter in modo* – entschieden in der Sache, verbindlich im Umgangston – beherzigten. In den abschließenden Versuchen beider Seiten zu bestimmen, was Koexistenz zwischen Christen und kommunistischen Marxisten heißen könne – nämlich, wie *Hollitscher* vorschlug, „offen von dem zu sprechen, was uns trennt, um des gegenseitigen Vertrauens willen" –, trat eine weitere glückliche Voraussetzung zutage, die diesen Dialog zu einem Erfolg machte, nämlich die vertrauenserweckende Persönlichkeit des „guten" Papstes *Johannes XXIII*. Hinzu

kommt freilich nicht zuletzt, daß die harten ideologischen Kämpfer beider Seiten nicht präsent waren (*Kellner* 1966: 315).[2]

Der *Dialog zwischen Christen und Marxisten* hat sich bis heute fortgesetzt, zum Teil weiterhin im organisatorischen Rahmen der Paulus-Gesellschaft, aber auch durch Beiträge einzelner Christen und Marxisten. Auch die evangelischen Christen haben sich zu Wort gemeldet. Ich möchte an den Kreis um *Renate Riemeck, Heinrich Werner* und *Herbert Mochaliskis* und an die Schriften von *Helmut Gollwitzer* und *Dorothea Sölle* erinnern (*Sölle/Schmidt* 1975; *Dirks* u.a. 1975). Auf Vollständigkeit muß verzichtet werden.

Für die katholische Seite wurde das Problem auf Grund der zunehmenden Beachtung der „Theologie der Befreiung" lateinamerikanischer Bischöfe, die Christentum und Marxismus samt dessen Revolutionserwartung zu vereinbaren suchten, immer brisanter (*Gutierrez* 1985; *Hinkelammert* 1985: 62–64). Die Anhänger der traditionellen katholischen Moraltheologie, die auf die Enzykliken der Päpste *Leo XIII* und *Pius XI* zurückgeht und wonach Marxismus und Sozialismus mit dem katholischen Glauben prinzipiell unvereinbar sind (*Calvez* 1966), erhoben lauten Widerspruch gegen die Aufnahme marxistischer Vorstellungen in den theologischen Diskurs. Am entschiedensten wird diese Haltung, soweit ich sehe, von *Konrad Löw* vertreten. Für ihn ist der Marxismus diabolischer Lug und Trug. Dies deshalb, weil *Marx* ein in sich zerrissener, haßerfüllter auf Vernichtung des Bestehenden versessener Mensch gewesen sei und sein Freund *Engels* um kein Haar besser. Begründet wird dies hauptsächlich mit Zeugnissen aus *Marx'* jungen Jahren und den zahlreichen Stellen aus ihrer Korrespondenz, in denen die Freunde in blutrünstigen Wendungen über den künftigen revolutionären Terrorismus schwadronieren. Der Humanismus des jungen *Marx* sei Legende. Wie die Motive, so tauge auch die Lehre nichts. „Trotz jahrelangen emsigen Suchens", so *Löw*, „kenne ich keine positive, als richtig anerkannte Feststellung, die wir Marx verdanken" (*Löw* 1985: 18–51).

Diese Verurteilung von *Marx*, des Marxismus und der gegenwärtigen Marxisten greift tiefer als das komplementäre marxistische Verdikt des Kapitalismus und seiner Ideologie. Es soll die geistige Wahrheitsfähigkeit getroffen werden. „(...) die echt Marxschen Motive können wir nicht edel nennen. Und der ihn durch und durch prägende Haß, die skrupellose Unmoral, sind maßgebend für das Gros der Marxisten, bestimmen ihr Tun, prägen ihre Welt". Marxisten sind, wie *Christa Meves* im Vorwort zu dem hier zitierten Buch unter Berufung auf Matthäus 23, 30–32 schreibt, „Söhne der Prophetenmörder". Sie machten das Maß ihrer Väter voll. Sie sind, so liest man im nächsten – von Frau *Meves* nicht mehr zitierten – Vers, „Schlangen und Otterngezüchte", der höllischen Verdammnis preisgegeben. Der Christ, so *Löw*, müsse Zusammenarbeit mit Marxisten ablehnen, denn er wisse, „daß sie, so lange sie Marxisten sind, ein verwerfliches Ziel verfolgen und ihn nur mißbrauchen wollen". Doch als Demütiger „im Dienst der Wahrheit" bleibe er „gesprächsbereit für alle" (*Löw* 1985: 54, 7–8, 69–70/*Merz* 1988: 327–336). Als Ermunterung zum Dialog kann dies wohl nicht gewertet werden.

Eine harte Abgrenzungslinie verfolgen auch Einrichtungen wie die Gesellschaft für Deutschlandforschung e.V. und das Studienzentrum Weikersheim e.V., deren Präsident der ehemalige baden-württembergische Ministerpräsident *Dr. Hans Filbinger* ist. Die Gesellschaft für Deutschlandforschung hat im April 1981 eine Tagung über „Karl Marx und das politische System der DDR“ veranstaltet. *Thema probandum* war, ob sich die DDR als Vollstreckerin des Willens von *Marx* fühlen dürfe oder umgekehrt, wie viele westliche Marxisten und Sozialisten meinen, ihre Strukturen und die von ihr geschaffenen sozialen und rechtlichen Positionen der einzelnen im Gegensatz zu den Marxschen Intentionen stehen. Die beiden Referenten, die sich mit der Frage befaßten, kamen zu dem Ergebnis, daß sich „die DDR (...) zur Rechtfertigung von Diktatur, von Unfreiheit, von Unterdrückung jeder Opposition auf Marx berufen“ könne (*K. Löw*); die Suprematie der marxistisch-leninistischen Partei über Staat und Gesellschaft entspreche den Forderungen *Lenins* (*S. Mampel*). (*Löw* 1982: 33, 46). – Die Tagung des Studienzentrums Weikersheim, die 1984 abgehalten wurde, galt dem Thema „Marxismus – die gescheiterte Philosophie unserer Epoche?. Die Diskussion, die hier nicht breit referiert werden kann, konzentrierte sich im wesentlichen darauf, den Fragesatz des Themas in einen Aussagesatz zu verwandeln. Darauf drängten jedenfalls *Nikolaus Lobkowicz, Alexander Schwan* und *Klaus Hornung*. Dialogische Ansätze finden sich in den differenzierten Ausführungen von *Günther Rohrmoser*. Es sei wichtig, daß die Marxisten ihren Beitrag zur deutschen politischen Kultur leisteten. Doch auf dem Höhepunkt der Kampagnen der Friedensbewegung verschob sich unversehens das Feindbild vom Marxisten zum „fanatischen Pazifisten“. „Mit Kindern und Narren“, so *Lobkowicz, Aristoteles* zitierend, „sollte man nicht unnötig lang argumentieren“. Was die Chancen zum Dialog betrifft, denen wir hier nachspüren, so war die Weikersheimer Tagung kontraproduktiv. Die Selbstgewißheit des Christentums – „weil es die Wahrheit ist“ (*Lobkowicz*) – in der großen Tradition des *Augustinus, Thomas von Aquin* und *de Vittoria*, wurde dem Marxismus, einer „Summe schiefer neuzeitlicher Ideen“, entgegengestellt (Marxismus 1985: 112, 122, 125).

Nicht nur katholischen Christen, sondern auch Marxisten wurde der christlich-marxistische Dialog, wie er sich in Zeitschriften wie Neues Forum (Wien) und Internationale Dialog-Zeitschrift (Freiburg/Br.) abspielte, allmählich unheimlich. Denn er bewege sich auf die Propagierung eines „Dritten Weges“ zwischen Kapitalismus und Sozialismus zu, der offen kleinbürgerlich-antietatistische Züge aufweise. Dabei gehe aber die gesellschaftliche, auf Klassenkampf beruhende Fundierung des Sozialismus verloren. Da marxistische Autoren wie *Garaudy, Ernst Fischer, Machovec* und Vertreter der jugoslawischen Praxis-Gruppe dies aus den Augen verloren hätten, seien sie im Begriff, den marxistischen Boden aufzugeben. So ungefähr nachzulesen in einer Schrift von *Robert Steigerwald*, einem DKP-Theoretiker, die von dem DDR-Philosophen *Manfred Buhr* herausgegeben worden ist. Auch vor linken Theologen wie *Hans Küng* und *Johann Baptist Metz* sei zu warnen, da von ihrer klassenunspezifischen, prinzipiell herrschaftskritischen Position aus „kein großer Sprung mehr nötig (sc. ist) zu der Behauptung, die Kirche setze ihre kritische Kraft gegen alle totalitären Systeme ein“. *Dorothea Sölle* begrüße den Versuch, „die Marxsche Theorie von der weltanschaulichen Naturdialektik des späten Engels zu reinigen“; so stelle sie sich an die Seite der „fortschrittlichen Marxisten“, die das Basis-Überbau-Schema angreifen und sich derart antimarxistisch-revisionistisch betätigen. Seit *Monnerot* kennt man die strukturellen Entsprechungen von Kirchen und Kommunistischen Parteien. Die Inqusitoren, die gegen Häresien wettern, sterben nie aus (*Steigerwald* 1973: 51 ff., 136 ff., 166 ff.; *Monnerot* 1949).

Ein *zweiter* Bereich, in dem sich ein Dialog zwischen westlichen Autoren und Marxisten-Leninisten als fruchtbar erweist, stellt die Frage des *Pluralismus* einer politischen Ordnung dar. Die Diskussion dieses Problems steht zwar insofern im Zusammenhang mit dem Kongreß der Paulus-Gesellschaft, als die entscheidende Position auf marxistisch-leninistischer Seite dort von dem italienischen Kommunisten und Philosophen *Lucio Lombardo-Radice* vorgetragen worden ist. Es gibt jedoch inzwischen eine Vielfalt von Äußerungen marxistischer Autoren zu dieser Frage – freilich zumeist von solchen, die dem Dissidentenlager der jugoslawischen und tschechischen Marxisten zuzurechnen sind –, daß es als angezeigt erscheint, dieses Diskussionsfeld gesondert darzustellen. Ich möchte die Fragestellung am Beispiel des Beitrags von *Lombardo-Radice* erläutern. *Lombardo-Radice* akzeptiert das Prinzip des politischen Pluralismus und bezeichnet den Sozialismus als „notwendige Bedingung für die Entwicklung eines dialogischen und dialektischen Pluralismus". Der Pluralismus der kapitalistischen Gesellschaft sei dagegen nicht eigentlich wirklich, denn er beruhe auf dem Antagonismus der „Grundklassen". „Der fundamentalen Trennung in Klassen, die einander entgegengesetzt, miteinander unvereinbar sind, entspricht die ‚ewige' institutionelle politische Trennung in Regierungsparteien und Oppositionsparteien, zwischen denen sich ein Kampf, aber kein Dialog entwickelt" (*Kellner* 1966: 251–252). *Lombardo-Radice* räumt zwar ein, daß die erste Periode des sozialistischen Zeitalters" monopolistisch statt pluralistisch gewesen sei. Der Sozialismus dürfe jedoch nicht als „Einförmigkeit" verstanden werden. Es werde in dieser Gesellschaftsformation weiterhin Arbeitsteilung, Verschiedenartigkeit der Bedürfnisse und „sektorielle" Organisationen geben, die „synthetische Entscheidungen" erforderten. Nach der Auffassung *Lombardo-Radices* benötigt der Sozialismus einen mittels institutionalisierter Prozesse kontrollierten Interessenausgleich (*Kellner* 1966: 252 ff.).

Gegen die Analyse des westlichen Pluralismus durch *Lombardo-Radice* lassen sich Einwände vorbringen. Selbst wenn man akzeptiert, daß die Klassenspaltung in westlichen Gesellschaften zu einer systematischen Benachteiligung der lohnabhängigen Schichten führt, so ist damit noch nicht ausgeschlossen, daß in anderen Bereichen, denen des geistigen und politischen Lebens, Pluralismus möglich ist – weit mehr jedenfalls als in den Ländern des realen Sozialismus. Dennoch ist die Pluralismusauffassung *Lombardo-Radices* bedeutsam. Sie wurde, wie erwähnt, von jugoslawischen Marxisten, vor allem von Vertretern der Praxis-Gruppe, und von tschechoslowakischen Reformkommunisten, geteilt. Der offizielle Sowjetmarxismus lehnt jedoch den Pluralismus als Konzept ab, zumindest bis in jüngste Zeit. Der Pluralismus, so führte *Wassili Granow* in der Zeitschrift Sowjetunion heute im Jahre 1975 aus, sei in Wirklichkeit eine bürgerliche Ideologie. Wie sehr sich auch in der kapitalistischen Welt die Schulen und Gruppen voneinander unterschieden – im wesentlichen seien sie sich alle einig: Sie stünden auf dem Boden ein und derselben Gesellschaftsordnung und auf der Seite des Privateigentums an den Produktionsmitteln. Der Pluralismus sei ein Mittel zur Rechtfertigung und Verteidigung der bürgerlichen Verhältnisse, „eine Existenzform des bürgerlichen Bewußtseins". Jene, die einen pluralistischen „Sozialismus mit menschlichem Antlitz" forderten, meinten damit eine bürgerlich-parlamentarische Demokratie, „eine besonders verfeinerte, besonders heuchlerische Form der Verewigung der sozialen Ungleichheit und der Unterdrückung der Menschen" (*Granow* 1975: 24–25). So oder ähnlich äußerten sich auch die Marxisten-Leninisten der DDR zur Frage des Pluralismus.

Philosophisch vertieft wird die Pluralismusproblematik von *Hagen Bogner* behandelt. Er unterscheidet zwischen weltanschaulich-philosophischem und politischem Pluralismus, wobei sein eigentliches Interesse der erstgenannten Variante gilt. In sauber referierenden, informativen Ausführungen wird die Begriffsgeschichte des philosophischen Pluralismus von *William James, Karl R. Popper* bis *Helmut F. Spinner* dargestellt. Ausführlich behandelt *Bogner Popper*s „Drei-Welten-Theorie", das heißt die Unterscheidung zwischen der materiellen Welt (Welt 1), der Welt des individuellen menschlichen Bewußtseins (Welt 2) und der Welt des Produktes des Bewußtseins (Welt 3). Es kommt *Popper* darauf an zu zeigen, wie sich diese Welten gegenseitig beeinflussen, vor allem wie Welt 3 auf die anderen Welten wirkt; doch in der Tat wird man von einer Verknüpfung dieser Bereiche in einer überwölbenden Theorie nicht sprechen können. Es versteht sich, daß ein Marxist-Leninist, der auf eine solche Theorie Anspruch erhebt, einwendet, hier würden Fragen des Verhältnisses von Denken und Sein umgangen und die Relativität der Erkenntnis verabsolutiert. Der politische Pluralismus wird unter massiven Ideologieverdacht gestellt. Als Konzept der Herrschaftssicherung müsse man ihn ernst nehmen. Er bilde die Kampflosung der bürgerlichen Theoretiker im ideologischen Klassenkampf, unter seinem Banner sammelten sich Vertreter des bürgerlichen Reformismus, Sozialreformismus, Revisionismus und Konservatismus. So gesehen bedeute er eine „gehobene Version des Antikommunismus" (*Bogner* 1984: 645–653).

Man wird nicht bestreiten können, daß der politische Pluralismus Argumente gegen die verfestigten Herrschaftsstrukturen in den kommunistischen Ländern liefert und daß er insofern im Sinne des Antikommunismus funktionalisiert werden kann. Andererseits liegt der Gedanke nahe, daß der Pluralismus Strukturprinzipien enthält, die dazu beitragen könnten, die gerade im realen Sozialismus angestrebte Verbesserung der Beteiligung der Massen an Politik, Wirtschaft und Kultur und die Freisetzung der schöpferischen Kräfte der Menschen zu fördern. Diese Überlegungen, die inzwischen in der Theoriediskussion der eurokommunistischen Parteien eine zentrale Rolle spielen, werden von *Bogner* nicht aufgegriffen (*Kellermann* 1984: 72–77).

Der westdeutsche Marxist *Fritz Wolfgang Haug*, Herausgeber der einflußreichen Zeitschrift Argumente, hat das Konzept des Pluralismus auf den Marxismus angewandt. Heutzutage existiere der Marxismus in der Mehrzahl; er könne auch nicht Sache einer Partei oder von Parteien sein. *Manfred Buhr*, einer der prominentesten Philosophen der DDR, fertigt diese Auffassung rüde ab. „Das Marxsche Werk und seine reale Wirkung sind in unserer Zeit so stark, so weltweit, daß seine Gegner gezwungen sind, sich der Kleider von Marx zu bemächtigen, um überhaupt bestehen zu können" (*Haug* 1985/87; *Buhr* 1983: 654–662). Im Westen wird diese Einschätzung kaum jemand teilen können, ganz unabhängig von seiner gesellschaftstheoretischen Einstellung. Wenn es darum gehen soll, daß dort überhaupt eine konstruktive Marxismusdiskussion geführt wird, so trifft der Angriff auf *Haug* den Falschen. Er hat diese Diskussion im Westen stärker gefördert als alle Bände der Deutschen Zeitschrift für Philosophie und der Einheit zusammengenommen. Pluralismus, diese Lehre läßt sich ziehen, ist für die DDR-Philosophie noch kein Dialoggegenstand.

Als Musterbeispiel eines gelungenen Dialogs zwischen westlichen Gelehrten und Marxisten-Leninisten möchte ich das Colloquium „Kritik der politischen Ökonomie heute – 100 Jahre ‚Kapital'" bezeichnen, das im September 1968 anläßlich des Erscheinens des Marxschen „Kapital" vor 100 Jahren in Frankfurt am Main stattfand. Obwohl die dort verhandelten Gegenstände hauptsächlich nationalökonomischer Natur waren, möchte ich doch ein Beispiel herausgreifen. Der renommierte Göttinger Nationalökonom *Gisbert Rittig* hatte ausgeführt, daß das Prinzip wirtschaftlicher Rationalität, das sich auf die Regeln einer *oeconomia pura* bringen lasse, für die kapitalistische wie für die sozialistische Ökonomie gelte. *Klaus Steinitz*, stellvertretender Institutsleiter des Ökonomischen Forschungsinstituts der Staatlichen Plankommission der DDR, wandte dagegen ein, daß der Ausgangspunkt der Ausnutzung des Rationalitätsprinzips in den sozialistischen Ländern ein anderer sei als in den kapitalistischen. Während im Kapitalismus allein die Profitmaximierung Kriterium der Rationalität sei, sei im Sozialismus Ziel rationellen Wirtschaftens die Entwicklung des Menschen und die immer bessere Befriedigung seiner materiellen und geistigen Bedürfnisse (*Euchner/Schmidt* 1967). Die Erörterung derartiger Fragen fand in einem Klima beispielhafter Sachlichkeit und Kollegialität statt.

3. *Philosophieimmanente Schwierigkeiten des Dialogs*

3.1 Typische Fragestellungen des Marxismus-Leninismus

Umfang und Einzelbereiche des Marxismus-Leninismus werden in der sowjetmarxistischen Literatur in immer wiederkehrenden gleich oder ähnlich lautenden Wendungen genau bezeichnet. „Marxismus" bedeutet „den dialektischen und historischen Materialismus, die politische Ökonomie der Arbeiterklasse und den wissenschaftlichen Sozialismus als in sich geschlossene wissenschaftliche Theorie der Arbeiterklasse" (Thesen 1983: 9).

Gemäß den Thesen des Wissenschaftlichen Rates für Philosophische Forschung der DDR ist Leninismus

> „der Marxismus der Epoche des Imperialismus und der proletarischen Revolution, der Epoche des Veralls des Kolonialsystems und des Sieges der nationalen Befreiungsbewegungen, der Epoche des Übergangs der Menschheit vom Kapitalismus zum Sozialismus und des Aufbaus der kommunistischen Gesellschaft" (Lenin in der DDR 1970: 509–522).

Die Thesen schreiben dem Leninismus folgende Leistungen zu:

> „In seinem Gesamtwerk hat Lenin den von Marx und Engels begründeten dialek-

> tischen und historischen Materialismus auf der Grundlage der Erfahrungen dieser neuen weltgeschichtlichen Epoche sowie der schöpferischen philosophischen Durchdringung und Verallgemeinerung der neuesten wissenschaftlichen Erkenntnisse über Natur und Gesellschaft in unversöhnlicher Auseinandersetzung mit allen Erscheinungsformen der bürgerlichen Ideologie verteidigt, weiterentwickelt und bereichert. Entsprechend den objektiven Erfordernissen der neuen Epoche verteidigte und entwickelte er allseitig die weltanschaulichen und methodischen Grundprinzipien der marxistischen Philosophie und führte einen konsequenten Kampf gegen alle Formen idealistischer oder metaphysischer Entstellungen des dialektischen und historischen Materialismus. Dabei begründete und verfocht er konsequent das Prinzip der Parteilichkeit.
>
> Einen hervorragenden Beitrag zur Entwicklung der wissenschaftlichen Weltanschauung der Arbeiterklasse, ihrer revolutionären Partei und des Sozialismus leistete Lenin mit der umfassenden Ausarbeitung der materialistischen Dialektik, der umfassendsten, tiefsten und von aller Einseitigkeit freien Entwicklungslehre. Er wandte die materialistische Dialektik konsequent auf die Analyse aller Bereiche des gesellschaftlichen Lebens an, der ökonomischen und politischen Verhältnisse, der kämpfenden Klassen, Parteien, Richtungen und Strömungen. Dabei arbeitete er stets die soziale und politische Qualität der Widersprüche konkret historisch heraus, führte alle gesellschaftlichen Entscheidungen auf ihre materiellen ökonomischen Wurzeln zurück und bekämpfte alle revisionistischen Versuche, die revolutionäre Dialektik durch Sophistik und Eklektizismus zu ersetzen. Dadurch konnte Lenin die materialistische Dialektik als Instrument zur Analyse der neuen Bedingungen des Imperialismus, der proletarischen Revolution und des sozialistischen Aufbaus, zur Aufdeckung der objektiven Gesetzmäßigkeit und zur Führung des Klassenkampfes und zur Leitung des sozialistischen Aufbaus entwickeln.
>
> In diesem Zusammenhang leistete Lenin einen bedeutenden Beitrag zur schöpferischen Entwicklung der marxistischen Erkenntnistheorie. Er verteidigte ihre materialistischen Grundlagen gegen die Angriffe des philosophischen Revisionismus, arbeitete die dialektisch-materialistische Widerspiegelungstheorie weiter aus und begründete die untrennbare Einheit von Dialektik und Erkenntnistheorie" (Lenin in der DDR 1970: 509–510).

In diesem Text fallen alle wichtigen Begriffe, die den Marxismus-Leninismus charakterisieren: die *historisch-materialistische Dialektik*, die *Widerspiegelung*, der *dialektische Widerspruch* und die *Parteilichkeit*.

Feste Bestandteile des Marxismus-Leninismus sind der *dialektische* und der *historische Materialismus*. Dialektischer Materialismus ist der weitere Begriff. Er umfaßt die allgemeinsten Entwicklungsgesetze, die allen Bewegungsformen der einheitlichen materiellen Welt, der Natur, der Gesellschaft und auch dem Denken eigen sind, während der historische Materialismus auf der Grundlage des dialektischen Materialismus die menschliche Gesellschaft und ihre Geschichte erforscht (Einführung Materialismus 1973).

Generell kann gesagt werden, daß den nichtmarxistischen Philosophen und Soziologen der historische Materialismus weit akzeptabler erscheint als der dialektische Materialismus. Daß die Entwicklung der Produktivkräfte ein wesentliches Moment des gesellschaftlichen Wandels ist und daß sie zum Übergang vom Feudalismus zur bürgerlichen Gesellschaft entscheidend beigetragen hat, wird kaum bestritten. Gleichzeitig akzeptieren die marxistisch-leninistischen Historiker durchaus, daß die Aufeinanderfolge von Gesellschaftsformationen nicht monokausal erklärt werden dürfe, sondern daß hierbei auch ideelle Faktoren, wie der von *Max Weber* in diesem Zusammenhang untersuchte „Geist des Protestantismus", eine bedeutsame Rolle spielen könnte. Ein gegen die DDR-Historiographie erhobener Vorwurf des ökonomischen Determinismus liefe heutzutage ins Leere (*Pepperle* 1986: 434–442). Auch dem *Basis-Überbau-Schema*, das besagt, daß ökonomische und sozialstrukturelle Gegebenheiten politische, kulturelle, ästhetische und philosophische Phänomene prägen können, wird nur selten widersprochen. Der wissenschaftliche Wert marxistischer Untersuchungen, in denen diese Zusammenhänge offengelegt werden, wie die literatur- und philosophiegeschichtlichen Arbeiten von *Georg Lukács* oder, um DDR-Autoren zu nennen, die Auseinandersetzung von *Manfred Buhr* und *Gerd Irrlitz* mit der klassischen Philosophie, wird durchaus anerkannt (*Buhr/Irrlitz* 1968).

Anders verhält es sich freilich mit dem Anspruch des historischen Materialismus, den notwendigen Ablauf der geschichtlichen Entwicklung theoretisch fassen zu können. Der Marxismus-Leninismus besitzt nach *Wolfgang Eichhorn I* und *Klaus Peter Florian* „den Schlüssel zur Lösung geschichtsphilosophischer Fragen (...) in der Lehre von der Entwicklung und Ablösung gesellschaftlicher Formationen, die die objektive Gesetzmäßigkeit des historischen Prozesses aufdeckt (...)". „Auf den Kapitalismus folgt mit geschichtlich-ökonomischer Notwendigkeit die kommunistische Gesellschaftsformation" (*Eichhorn/Florian* 1979: 277–288; *Eichhorn* 1983: 9–35).

Diese Prognose gehört zu den stereotypen Aussagen marxistisch-leninistischer Texte über Fragen der geschichtlichen Entwicklung. *Eichhorn* und *Florian* möchten sie mit einem allgemeinen materiellen Evolutionsgesetz fundieren. Sie begreifen die Entwicklungsgeschichte der Menschheit als einen Sonderfall des materiell bedingten dialektischen Prozesses „des Entstehens und Vergehens, des Aufsteigens vom Niederen zum Höheren ohne Ende (...)" (*Eichhorn/Florian* 1979: 281).

Der Versuch, die Abfolge von Gesellschaftsformationen in Analogie zu Evolutionsprozessen in der Natur zu setzen und daraus die Gewißheit abzuleiten, daß die kommunistische Gesellschaft weltweit entstehen werde, scheint mir höchst problematisch zu sein. Naturwissenschaftliche Analysen eines Evolutionsprozesses geben genaue Kriterien an, die Höherentwicklung indizieren können, zum Beispiel verbesserte Anpassung an die Umwelt oder Erweiterung des Stoffwechsels (*Wuketits* 1988). Ähnlich klare Kriterien vermag die gesellschaftliche Evolutionsauffassung der marxistisch-leninistischen Autoren nicht anzugeben. In Wirklichkeit beruht sie auf der vorgefaßten Annahme eines geschichtlichen Ziels, dem man – verglichen mit vorangegangenen Gesellschaftsformationen – Überlegenheit in ökonomischer und sittlicher Hinsicht zuschreibt: eine verschwiegen *teleologische* Argumentation also.

Ein besonders schwieriges Verständnisproblem der marxistisch-leninistischen Philosophie bietet der dialektische Materialismus. Dessen Grundannahme, auf der *Lenin* in seiner kanonisch gewordenen erkenntnistheoretischen Schrift „Materialismus und

Empiriokritizismus" (1908) insistierte, lautet, daß die *Materie* unabhängig und außerhalb des menschlichen Bewußtseins existiert. Die Materie ist durch *Bewegung* charakterisiert. Diese ist die Bedingung der Entwicklungsprozesse in Natur und Gesellschaft, aber auch die Grundlage der menschlichen Erkenntnisfähigkeit. *Lenin* formuliert eine *monistische* Naturphilosophie, das heißt er lehnte den *Dualismus* eines geistigen und materiellen Seinsbereichs ab. Demzufolge war für ihn Denken eine Funktion des Gehirns; der Geist ist, verglichen mit dem Körper, das Sekundäre. Gedankliche Vorstellungen über die Wirklichkeit, vermittelt durch materielle Affizierungen des Gehirns, das heißt durch Empfindungen, sind *Abbilder* oder *Widerspiegelungen* der bewußtseinsunabhängigen Außenwelt, wobei freilich der gedanklichen Verarbeitung der Sinneseindrücke und der dadurch erzeugten Begriffsbildung eine bedeutende Rolle zufällt. Ob das Denken die Wirklichkeit richtig abbildet, wird nach *Lenin*s Vorstellungen durch die Praxis des Forschers entschieden. Der Transfer von Eigenschaften der Materie mit Hilfe der materiellen Eigenschaften des menschlichen Gehirns kann deshalb zustandekommen, weil die Materie eine ihrem Wesen nach mit der Empfindung verwandte – freilich nicht damit identische – Eigenschaft bestitzt. (*Kosing* 1970: 164–183; *Pawlow* 1973).

Die Selbstbewegung der Materie wird als *dialektisch* charakterisiert. Die materiellen Prozesse besitzen die Eigentümlichkeit, sich in *einheitlichen Strukturen* und zugleich im *Gegensatz zueinander* zu befinden. Diese Konstellation bedingt den *dialektischen Widerspruch*. Im Gegensatz zum *logischen* besitzt der *dialektische* Widerspruch eine Doppeleigenschaft: Er ist ein objektiv-realer – also außerhalb des Bewußtseins situierter –, zugleich aber auch ein im Gedankensystem befindlicher Widerspruch. Der logische Widerspruch läßt die kontradiktorische Aussage, daß zugleich *a* und *non a* sein könne, nicht zu, während der dialektische Widerspruch die Aussageverbindung *a* und *non a* kennt (*Müller* 1980: 859–867; *Korch* 1980).

Diese Aussage ist problematisch, weil *erstens* unklar ist, wie objektiv-reale Widersprüche im Unterschied zu gedanklichen erkannt werden können, denn auch der objektive Widerspruch muß im Denken erfaßt werden, und *zweitens*, wie die Aussageverbindung, daß *a* und gleichzeitig *non* a bestehe, als notwendig und die Denkgesetze nicht verletzend ausgedrückt werden kann. Ein weiteres Problem der Dialektik im marxistisch-leninistischen Verständnis liegt darin, daß sie zugleich struktives Prinzip der objektiven Realität in Natur und Gesellschaft *und* Erkenntnisprinzip sein soll oder, anders ausgedrückt, eine Einheit von zu Erkennendem und erkennendem Denken bildet. Deshalb sei es auch unzulässig, die Dialektik des Erkenntnisprozesses zu einer Erkenntnistheorie „zu vereinseitigen" (*Rauh* 1978: 338–349, 345). Daraus ziehen verschiedene Autoren den Schluß, daß man, um überhaupt wissen zu können, was materialistische Dialektik ist und leisten kann, sie auf einen konkreten Gegenstand anwenden müsse, und zwar derart, daß dessen „Selbstbewegung" – beispielsweise die der Gesellschaft – und die ihm innewohnenden Widersprüche aufgedeckt werden. Auf keinen Fall sei Dialektik „Schablone" oder „allgemeiner Leitsatz" (*Zak* 1978: 929–932; *Wittich* 1978: 1061–1063).

Wie die auf den ersten Blick verwirrend als objektives Wirklichkeits- und subjektives Erkenntnisprinzip bestimmte Dialektik auf geistvolle Weise angewandt werden kann,

soll an einem Beispiel gezeigt werden. In einem Aufsatz über dialektische Widersprüche in der Materie definiert *Ulrich Röseberg* zunächst: „Unter den als dialektische Widersprüche auf der Ebene der subjektiven Dialektik gefaßten Problemantimonien sollen Problemsituationen verstanden werden, in denen zwei sich wechselseitig negierende Urteile (These und Antithese) gleichzeitig beanspruchen, gültig zu sein" (*Röseberg* 1983: 1381–1389).
Zur ersten Illustration greift er auf das alte Paradoxon von *Zenon* zurück, das *Hegel* wiederholt hat: Ein Körper bewege sich, „indem er an einem bestimmten Ort und zugleich auch nicht an diesem Ort sei". Nun scheint dies, wie der Verfasser zunächst einräumt, ein retrogrades Argument zu sein, denn bekanntlich ist das Problem der Bewegung seit *Newton* mathematisch gelöst. Ferner weist er anhand vielfältiger Beispiele auf Problemantinomien in der modernen Physik hin, die auf qualitativ unterschiedliche Strukturniveaus, die nicht aufeinander reduziert werden könnten, schließen ließen. Er arbeitet sodann den prinzipiellen Unterschied zwischen den mathematisierten physikalischen Theorien und der philosophischen Theorie der materialistischen Dialektik heraus. Die Begriffe und Strukturen mathematisierter Begriffe sähen von der Dialektik der Begriffe und ihrer Beziehungen zunächst ab. Insofern stellten sie eine Reduktion von Dialektik dar. Und setze man darauf, alle im physikalischen Forschungsprozeß auftauchenden Widersprüche sukzessive eliminieren zu können, so gebe es keine Notwendigkeit anzunehmen, daß gerade einige dieser Widersprüche auf etwas vom Erkenntnisprozeß Unabhängiges in der objektiven Realität verweise. Die Dialektik komme wieder ins Spiel, wenn die abstrakten Strukturen und Begriffe der mathematisierten Theorie *interpretiert* würden. Freilich – daraus schließen zu wollen, daß Dialektik auf der Ebene mathematisierter Theorien ausschließlich eine Sache der Interpretation wäre, sei falsch.
„Kommt man aber ausgehend vom (Engelschen, W. E.) Prinzip der Unerschöpflichkeit der Materie bei der Analyse des wissenschaftshistorischen Materials zu der Überzeugung, daß eine Reihe von Widersprüchen auf der Ebene der subjektiven Dialektik Problemantinomien darstellen, deren Lösung in der dialektischen Synthese von These und Antithese besteht, dann scheint dies die Annahme nahezulegen, daß derartigen dialektischen Widersprüchen auf der Ebene der subjektiven Dialektik objektive dialektische Widersprüche der Natur zugrunde liegen. Berücksichtigt man weiterhin, daß eine Reihe dieser Problemantinomien in dem mehr als zwei Jahrtausende währenden Ringen der Menschheit um rationale wissenschaftliche Erkenntnisse über die Natur zugleich mit der Lösung der konkreten physikalischen Probleme auf höherer Ebene in der physikalischen Forschung immer wieder neu gesetzt wurden und bis heute als fundamentale Problemantinomien der Physik anzusehen sind, dann gibt es unseres Erachtens zu der Annahme *objektiver* dialektischer Widersprüche in der physikalischen Bewegungsform der Materie keine vernünftige Alternative mehr" (*Röseberg* 1983: 1388). Das mathematische Weltbild der Physik werde zu eng. Der Bezug auf *Engels'* Konzept der Dialektik der Natur bedeute nicht, daß dadurch naturwissenschaftliche Gesetzeserkenntnisse vorweggenommen werden könnten. Vielmehr bereite dieses den Naturwissenschaftler darauf vor, bei seinen Forderungen auf dialektisch widersprüchliche Beziehungen zu stoßen und „ständig gezwungen zu werden, von einmal gesicher-

ten Erkenntnissen ausgehend, zu neuen, vollkommeneren Erkenntnissen überzugehen" (*Röseberg* 1983: 1389).

Um die Argumentationslinie zusammenzufassen: Die Bildung einer mathematisierten physikalischen Theorie beruht auf einer Eliminierung von Widersprüchen. Die auf diesem Wege gewonnenen Theorien können oftmals nicht logisch kompatibel gemacht werden; es herrschen Problemantinomien. Dieser Befund „*scheint die Annahme nahezulegen* (Hervorhebung d. Verf.)", daß ihnen „objektive dialektische Widersprüche in der Natur zugrunde liegen". Eine wissenschaftsgeschichtliche Betrachtung des Befunds zeigt, daß es zu dieser Annahme „keine vernünftige Alternative mehr gibt (...)". Ich möchte hier nicht diskutieren, wie zwingend diese Argumentation ist. Es ging mir nur darum, so gut ich es vermochte zu zeigen, wie in der marxistisch-leninistischen Philosophie die Auffassung vom Bestehen objektiver dialektischer Widersprüche erhärtet werden soll. Nur soviel: Bedeutet die „Aufhebung" der mathematischen Reduktion nicht die Rückkehr zu unangemessenen älteren Vorstellungen, die nur deswegen unternommen wird, weil sie von den Autoritäten *Engels* und *Lenin* entwickelt worden sind? Daß der dialektische Widerspruch der Bewegung auf Grund einer probleminadäquaten Betrachtungsweise zustandekommt, hat schon der Austromarxist *Max Adler* in einer Polemik mit *Plechanow* überzeugend dargestellt (*Adler* 1913: 83 ff.).

Da die Dialektik natürliche und gesellschaftliche Phänomene umgreift, finden sich in der Literatur immer wieder Versuche, gleichartig strukturierte Konfigurationen in diesen Bereichen aufzuspüren. Eine bestimmte dialektische Stufenfolge findet sich, so kann man lesen, sowohl in der Entwicklung des organischen Lebens wie in der Herausbildung der Gesellschaftsformationen bis hin zur sozialistischen. Gravitationssysteme von Sternen ließen sich wie der Widerspruch von Kapital und Arbeit als widersprüchliches Gesamtsystem oder als „Einheit wechselwirkender Gegensätze" bestimmen (*Horstmann* 1983: 261–273).

Diese problematische Analogisierung von physikalischen, biologischen und gesellschaftlichen Strukturen umgeht der Vorschlag des Ostberliner Philosophen *Peter Ruben*, den Gegenstandsbereich der Dialektik auf gesellschaftliche Erscheinungen einzugrenzen. Ein dialektischer Widerspruch könne nur im Zusammenhang mit der *konkreten Arbeit* und einem daraus entstehenden *gesellschaftlichen System*, das durch „wechselseitiges Abhängigkeitsverhältnis mit Dominanzbeziehung" gekennzeichnet sei, verstanden werden (*Ruben* 1970: 1368–1391; ders. 1980: 1218–1230). Mit dieser Auffassung befindet sich *Ruben* in der Nähe westlicher Marxisten, die, orientiert an *Marx'* Kapitalanalysen, die Auffassung vertreten, von dialektischen Strukturen könne nur unter Verhältnissen der warenproduzierenden bürgerlichen Gesellschaft die Rede sein. Sie ist deshalb heftiger Kritik von orthodoxer Seite ausgesetzt. Diese Auffassung gebe die materialistische Grundlage des dialektischen Materialismus, die objektive Realität der Materie, preis und ersetzte sie durch eine Subjekt-Objekt-Korrelation. Dies aber sei „idealistisch", weil damit der unabhängigen Materie nicht mehr der Vorrang im Erkenntnisprozeß zukomme (*Redlow* 1981: 1032–1046; *Eichhorn* 1982: 174–190).

Die referierten Beispiele stellen sicherlich beachtliche Versuche dar zu präzisieren, was materialistische Dialektik bedeuten kann. Doch sie sind kontrovers und haben eine

Klärung des Problems nicht erreicht. Die Durchsicht sowjetmarxistischer Äußerungen zu diesem Problem erweckt immer noch den Eindruck, daß die Bemühungen, die Aussagefähigkeit des dialektischen Materialismus zu bestimmen, sozusagen das Pferd vom Schwanz her aufzäumen. Die Marxisten-Leninisten seien sich einig, so liest man, daß die materialistische Dialektik von zentraler Bedeutung sei, weshalb ihre „Herausarbeitung (...) seit längerem" ein Desiderat darstelle. „Weniger Einigkeit besteht schon, wenn gefragt wird, was unter Dialektik zu verstehen ist oder wie man diese betreiben solle" (*Wallner* 1981: 629–640, 631; *Wiedemeyer/Türpe* 1981: 559–565, 559). Man weiß zwar nicht genau, was Dialektik bedeuten soll, doch ihre fundamentale Wichtigkeit und Nützlichkeit sind gewiß! Dieses diffuse Bild, daß der vorfindet, der nachprüfen möchte, was im Marxismus-Leninismus unter Dialektik verstanden wird, zeigt sich indirekt auch in einem Bericht über ein „Lehrprogramm Logik" für Philosophiestudenten an den Universitäten der DDR. Probleme seien entstanden

> „durch Vertreter des Lehrkörpers anderer Disziplinen, die durch ihre besonderen Auffassungen von Logik Unsicherheit und Verwirrung bei Studenten erzeugen. Solche Auffassungen sind etwa: Wir brauchen keine formale, sondern eine dialektische Logik: (...) Auch Vertreter des Lehrkörpers, die der Logik durchaus wohlwollend gegenüberstehen, tragen durch einzelne falsche philosophische Thesen (beispielsweise „Das logisch Unmögliche kann faktisch durchaus möglich sein") zu einer solchen Verunsicherung bei" (*Wessel/Dölling* 1980: 1522–1528, 1527).

Angesichts dieser verworrenen Situation braucht es nicht zu verwundern, wenn in philosophischen, gesellschaftstheoretischen und politischen Texten der Gebrauch von Begriffen, mit denen dialektische Strukturen beschrieben werden, beispielweise die Rede, ein Sachverhalt sei durch die Einheit von verschiedenen und sich widersprechenden Momenten gekennzeichnet, sehr lax, fast beliebig, gehandhabt wird. Eine so verstandene dialektische Einheit kann alles Mögliche sein, etwa ein Zielkonflikt zwischen den Zielen Wirkungsgrad, Materialökonomik und Montageökonomik bei elektrischen Transformatoren, das Spannungsverhältnis zwischen Individuum und Gesellschaft oder historische Erscheinungen wie der Zusammenhang von Reformation und Bauernkrieg. Beispiele dieser Art, die offenbar alle unter den *einen* Hut der dialektischen Logik gebracht werden können, sind leicht zu vermehren[3].

Dies ungefähr sind die Umrisse des – wie gezeigt – keinesfalls gefestigt in sich ruhenden Gebäudes des dialektischen Materialismus. Trotz der vielfältigen immanenten Schwierigkeiten dient er als eine Art von Festung, die ständig aufs neue argumentativ abgesichert wird und von der aus Angriffe auf die feindlichen bürgerlichen Philosophenschulen vorgetragen werden. Die marxistisch-leninistische Wissenschaft ist prinzipiell *parteilich*. Die Parteilichkeit widerspreche keinesfalls der objektiven Erkenntnis, im Gegenteil, der proletarische Klassenstandpunkt sei eine wichtige Voraussetzung hierfür (*Müller* 1970: 931–946).

Als verbreitetstes Instrument der Kritik an den verschiedenen Richtungen der bürgerlichen Philosophie fungiert die marxistische *Ideologiekritik*, die bisher oftmals recht grobschlächtig gehandhabt worden ist. Es herrscht gewissermaßen der Generalverdacht, daß die bürgerliche Philosophie bewußt oder unbewußt im Interesse des Monopolkapitals stehe (*Buhr* u.a. 1978).

Dazu einige Bespiele marxistisch-leninistischer Ideologiekritik, zunächst zum *Positivismus* und zum *Kritischen Rationalismus* der von dem englischen Philosophen *Karl R. Popper* begründeten Schule. Der Positivismus habe den philosophischen Mangel, keine außerhalb der Wahrnehmung existierende Wirklichkeit zuzulassen. Er versuche, den Relativismus in den Marxismus-Leninismus hineinzutragen. Im übrigen sei die Behauptung des Kritischen Rationalismus, der Marxismus entziehe sich dem Falsifizierbarkeitskriterium, falsch. Einzelaussagen des Marxismus seien durchaus falsifizierbar. Mit dem Anspruch dieser beiden Richtungen, nur neutrale und objektive Erkenntnis anzustreben, sei es nicht weit her. In Wirklichkeit spielten sie den Interessen des Monopolkapitals in die Hände. Speziell der Kritische Rationalismus sei Ausdruck der allgemeinen Krise des Kapitalismus. Die Ideologie der Sozialtechnologie, daß die Gesellschaft nur durch Stückwerksreformen verbessert werden könne, liege zwar hauptsächlich im Interesse der reformistischen Sozialdemokratie, doch sie könne auch von konservativen Gruppierungen übernommen werden. Der Kritische Rationalismus binde die Philosophie an die Überlebensstrategie des Kapitalismus (*Horstmann* 1970: 1463–1476; *Mocek* 1982: 961–976; *Buhr/Schreiter* 1979).

Die *Kritische Theorie* der Frankfurter Schule leugnet nach Auffassung marxistisch-leninistischer Autoren die materiellen Gesetze des historischen Prozesses und die gesetzmäßigen Triebkräfte der Revolution, verzichtet auf Parteilichkeit und sei deshalb als „idealistisch", „liberal" und „kleinbürgerlich" einzustufen. Dies treffe insbesondere auf *Habermas* mit seinem Ideal des öffentlichen und herrschaftsfreien Diskurses zu; zudem habe er die materialistische Dialektik durch ein idealistisches Entwicklungsschema ersetzt. *Oskar Negt* wird vorgeworfen, daß er die Widerspiegelungstheorie leugne. Wie der Kritische Rationalismus betreibe die Kritische Theorie eine direkte oder indirekte Apologie bestehender Verhältnisse (*Heiseler* u.a. 1970).

Ein typischer Gegenstand ideologiekritischer Zurückweisung ist auch die in der westlichen bürgerlichen Philosophie verbreitete Lehre, das Privateigentum sei eine Voraussetzung individueller Freiheit. Dem individualistischen und personalen Freiheitsverständnis wird entgegengehalten: „Freiheit ist auf Einsicht in Gesetzmäßigkeiten gegründete Herrschaft der Menschen über Naturkräfte, über gesellschaftliche Prozesse und über sich selbst". Individualistische Freiheit, die Privateigentum an Produktionsmitteln impliziere, bewirke eine Klasse von Werktätigen, die über keine Produktionsmittel und damit auch nicht über die Macht verfügten, über die Gestaltung grundlegender gesellschaftlicher Prozesse zu entscheiden. Man solle doch einmal Arbeitslose nach ihren „individuellen Handlungsspielräumen" fragen (*Eichhorn* 1985: 213–214). Es handelt sich hier um einen traditionellen Topos marxistischer Ideologiekritik, dessen Wahrheitsgehalt unbestreitbar ist. Denn Arbeitslosigkeit, Depravierung ganzer Bevölkerungsgruppen und Wohnquartiere, moralische Verelendung sind auch heute noch die Kehrseite gesellschaftspolitisch nicht kontrollierter Verwertung von Privateigentum an Produktionsmitteln. Weniger überzeugend ist jedoch die Präsentation der Alternative des realen Sozialismus. In dialektischen Wendungen wird „die Möglichkeit und die Notwendigkeit" dargelegt, „die Einheit von Vergesellschaftung und Individualitätsentwicklung als dialektische Wechselwirkung bewußt zu realisieren und zu beherrschen". „(...) die konkret-historische und klassenmäßige, auf die bewußte Gestal-

tung dieser Dialektik abzielende Analyse und die allseitige Berücksichtigung unserer volkswirtschaftlichen Erfahrungen der letzten Jahre gebieten die Verallgemeinerung, daß die Formen sozialistischer Vergesellschaftung, daß sozialistische Warenproduktion, Leistungsprinzip, demokratischer Zentralismus, Organisation und Disziplin eben jene gesellschaftlichen Vermögen sind, mit deren Hilfe sich die Individuen ihre gemeinsame Produktion unterordnen, die Bedingungen ihrer Tätigkeit gemeinschaftlich und effektiv, also auf humane Weise, beherrschen. Ihrer kontinuierlichen Vervollkommnung und der Verbesserung ihrer Rolle gilt die ständige Aufmerksamkeit unserer Partei" (*Hahn* 1984: 1077–1093, 1092; vgl. *Stiehler*: 1977).
Nomologische, normative und empirisch-analytische Betrachtungsarten mischen sich in diesen Darstellungen oftmals in einer Weise, die für einen an westlichen Methoden der Politik- und Sozialforschung geschulten Gesellschafts- und Politikwissenschaftler nur schwer nachvollziehbar ist.

3.2 Westliche nichtmarxistische Philosophen zum Marxismus-Leninismus

Im Unterschied zur marxistisch-leninistischen Philosophie, die die philosophische Entwicklung im Westen beobachtet und systematisch kritisiert, ist die Haltung der westlichen Fachphilosophie gegenüber dem Marxismus-Leninismus durch weitgehendes *Desinteresse* gekennzeichnet. Dies gilt allerdings nicht für das originäre Marxsche Denken; doch dieses steht hier nicht zur Debatte.
Sicherlich gibt es Darstellungen des Marxismus, die auch den Leninismus umfassen, wie die einschlägigen Artikel in der Enzyklopädie „Sowjetsystem und demokratische Gesellschaft", das dreibändige Lehrbuch von *Leszek Kolakowski* und jetzt wieder die polemische Auseinandersetzung von *Alexander Schwan* mit dem Marxismus, den er als Ursache für die Ungereimtheiten des Leninismus und die Auswüchse des sowjetischen Herrschaftssystems begreift (vgl. *Kernig* 1966; *Kolakowski*: 977–979; *Schwan* 1983).
Mir kommt es jedoch nicht auf diese teilweise eher lehrbuchhaften Darstellungen von Marxismusspezialisten als vielmehr auf die Sichtweise an, die Fachphilosophen zu speziellen Fragen zeitgenössischer marxistisch-leninistischer Fachphilosophen haben. Auseinandersetzungen mit diesen Fragen haben aber Seltenheitswert. Eine lobenswerte Annahme bildet das Buch von *Wolfgang Röd* über die „Dialektische Philosophie der Neuzeit", in dem sich ein sorgfältig erarbeitetes Kapitel über das Programm einer dialektischen Logik befindet. Man könne sich, so lautet das Resultat, eine „dialektische Theorie der Bewegung" vorstellen, „von der angenommen werden könnte, daß sie einer von der Logik auf der Grundlage des NC (Non-Kontradiktion, W. E.) verschiedenen Logik bedürfe (...)". Aber auch die Annahme von Widersprüchen in der Realität könne letztlich nicht zu einer dialektischen Logik führen (*Röd* 1986: 257–258).
Der Grund für das verbreitete Desinteresse westlicher nichtmarxistischer Fachphilosophen am Marxismus-Leninismus ist wohl vor allem darin zu suchen, daß sie davon überzeugt sind, die von diesem vertretenen Positionen seien hinter dem Stand der gegenwärtigen Erkenntnismöglichkeiten zurückgeblieben. Ein von mir in dieser Sache

konsultierter Göttinger Kollege, ein renommierter Philosoph, meinte, die zur Verfügung stehende Zeit müsse man auf interessantere Dinge verwenden. Am ehesten sind fachphilosophische Kommunikationen zwischen Ost und West auf *politikfernen*, eng umgrenzten Gebieten, etwa in logischen Spezialfragen möglich[4].

Nunmehr zu dem kargen Befund meiner einschlägigen Recherchen. In der Zeitschrift für philosophische Forschung befindet sich ein Bericht „Zur sowjetphilosophischen Kritik des quantenmechanischen Indeterminismus" von *Emil Weinzierl*. Ihm liegt der Sachverhalt zugrunde, daß, wie oben gezeigt, sich Marxisten-Leninisten seit jeher um den Nachweis bemüht haben, daß die Grundannahmen des dialektischen Materialismus mit den modernen naturwissenschaftlichen Erkenntnissen übereinstimmen. Als Paradebeispiel hierfür dient das physikalische Phänomen, daß Mikroobjekte je nach Versuchsanordnung und theoretischer Interpretation einmal als Wellen, dann wieder als Korpuskeln erscheinen. Für die klassische Physik, so die sowjetmarxistische Argumentation, liege hier eine Paradoxie vor, denn diese Bestimmungen schlössen sich gegenseitig aus. Die Quantenmechanik lasse aber eine neue Interpretation dieses Phänomens zu, die die dialektischen Eigenschaften der Materie glänzend bestätigten: „Die Korpuskel- und Welleneigenschaften der Materie sind einheitlich in ihrer Gegensätzlichkeit, d.h. die Materie hat die Eigenschaft, zugleich Welle und Korpuskel zu sein" (*Omeljanowski* 1970: 5–19, 11; *Weinzierl* 1978: 109–123).

Der erwähnte Aufsatz von *Weinzierl* referiert diese sowjetmarxistische Interpretation der quantentheoretischen Physik der Elementarteilchen und enthält sich dabei bedauerlicherweise jeder eigenen Stellungnahme. Dem Berichterstatter ist übrigens entgangen, daß es im sowjetmarxistischen Lager Stimmen gibt, die das fragliche Paradoxon nicht als Beweis für die dialektische Struktur der Materie, sondern für eine noch nicht entschiedene „gnoseologische" Interpretationsfrage halten (*Kraeft* 1970: 341–346).

Ein Aufsatz von *Lutz Geldsetzer* über „Neueste Tendenzen und Problemstellungen der Philosophie und Wissenschaftstheorie in der Bundesrepublik Deutschland aus der Sicht sowjetischer Beobachter" referiert ein in Moskau erschienenes Buch über diesen Gegenstand und enthält, verglichen mit dem vorliegenden Bericht, nur wenig zusätzliche Informationen (*Geldsetzer* 1979: 354–404).

Von einigem Interesse ist der in der Zeitschrift für philosophische Forschung erschienene Bericht über den 16. Weltkongreß für Philosophie, der im Jahre 1978 unter dem Generalthema „*Die Philosophie und die Weltauffassungen der modernen Wissenschaften*" in Düsseldorf stattgefunden hat. Dieser Bericht ist deshalb aufschlußreich, weil auch die Ostberliner Deutsche Zeitschrift für Philosophie darüber berichtet hat. Von den mehr als 1.500 Teilnehmern kamen rund 300 aus Ländern des realen Sozialismus. Die Berichterstatter der Zeitschrift für philosophische Forschung stellten zunächst allgemein fest, daß die vertretenen Positionen in hohem Maße mit dem politisch-ideologischen Meinungsspektrum von Ost und West korrelierten, und sprechen von einer „‚Front-Einsatz'-Stimmung" der östlichen Kollegen. Ein Befund, der von dem Bericht der östlichen Seite unter Bekräftigung der Überlegenheit der marxistisch-leninistischen Philosophie bestätigt wird (*Geldsetzer* u.a. 1979: 285–306; *Rupprecht* 1979: 104–112).

Die Sektion I des Kongresses befaßte sich mit der „Idee des Universums". „In den Sektionsvorträgen", so die westlichen Berichterstatter, „wurden weniger begriffliche Analysen der Ergebnisse der Astrophysik durchgeführt, als vielmehr die ideologischen Probleme diskutiert, die die marxistische Philosophie angesichts des gegenwärtigen Stands der Kosmologie besitzt. Hier war es das Anliegen vieler Referenten aus Osteuropa zu zeigen, daß die heutigen Aussagen der Megaphysik keineswegs dem Postulat der Unendlichkeit und Unerschöpflichkeit der Materie widersprechen" (*Geldsetzer* u. a. 1979: 290). Die Mehrzahl der Astrophysiker favorisiere jedoch aus epistemischen wie aus mathematischen Gründen den Gedanken, daß der Raum im großen geschlossen sei.

In der Sektion II, die sich mit der „Herausforderung der Philosophie durch die moderne Biologie" befaßte, bezeichnete der Göttinger Molekularbiologe und Nobelpreisträger *Manfred Eigen* in einer Kontroverse mit Sowjetmarxisten die Dialektik als bloße „Sprachregelung" (*Rupprecht* 1979: 106). Dies scheint mir in der Tat eine kluge Beobachtung zu sein. Denn sehr häufig besteht, wie wir gesehen haben, der marxistisch-leninistische Versuch, die Kongruenz naturwissenschaftlicher Sachverhalte mit der materialistischen Dialektik nachzuweisen, in einer Art von Subsumtionsverfahren. Die Dialektik wird als Wissenschaftssprache vorausgesetzt. Gelingt es, naturwissenschaftliche Sachverhalte auch in der Sprache des dialektischen Materialismus einigermaßen auszudrücken, zum Beispiel bestimmte Probleme als dialektische Widersprüche darzustellen, so ist dessen Gültigkeit erwiesen.

Mit einem Lob bedachten die westlichen Berichterstatter das Exposé von *Lomow* (Moskau), eines Vertreters des Moskauer Neurologischen Forschungsinstituts. Infolge der teils mit Verärgerung, teils mit Süffisanz registrierten Intransigenz einzelner marxistischer Kongreßteilnehmer sei übersehen worden, daß hier eine jahrzehntelange Forschungsarbeit zu Wort gekommen sei, die eine bemerkenswerte Mischung aus gemäßigter marxistischer Philosophie und wissenschaftlicher Entwicklung dargestellt habe (*Geldsetzer* u. a. 1979: 302). Sarkastisch referieren die Berichterstatter jedoch die Referate von *Manfred Buhr* und *F. Fiedler*: „M. Buhr gab einen kurzen Abriß der Erkenntnislehre des Marxismus-Leninismus. Buhr (sc. wies) darauf hin, daß die Wissenschaft des Marxismus-Leninismus ihre Wahrheitsansprüche nicht aus Intoleranz erhöbe, sondern weil sie sich in ihrer Selbstreflexion wissenschaftlichen Erkennens faktisch in Übereinstimmung mit den Gesetzen des historischen Prozesses befinde. (...). F. Fiedler (Leipzig) sah sowohl in den Wissenschaften als auch in der Philosophie die Rationalität menschlicher Erkenntnis realisiert, jedenfalls soweit diese Philosophie marxistisch-leninistisch ausgerichtet ist" (*Geldsetzer* u. a. 1979: 295).

Von Interesse ist auch die Kommentierung des Referats, das der Frankfurter Philosoph *Werner Becker* über Probleme des wissenschaftlich-technischen Fortschritts gehalten hat. *Becker* vertrat die These, daß der alle Lebensbereiche durchdringende wissenschaftlich-technische Fortschritt in einer liberalen Demokratie nicht planbar sein könne, weil derartige Planungen freiheitsgefährdend seien. Die marxistisch-leninistische Seite hielt dem zunächst die nach ihrer Auffassung positiv zu bewertenden Planungsverfahren in den Ländern des realen Sozialismus entgegen. Sodann erfolgte ein ideologiekritischer Angriff, *Becker* habe sich mit diesen offen antikommunistischen Auffassungen als unverblümter Vertreter der absoluten Freiheit des Monokapitals, den wissenschaftlich-technischen Fortschritt ohne Rücksicht auf dessn Folgen für die Arbeiterklasse und die ganze Gesellschaft voranzutreiben, erwiesen (*Geldsetzer* u. a. 1979: 297–298).

4. *Für eine dialogische Streitkultur*

Der damalige Bundespräsident *Walter Scheel* hatte in seinem Referat zur Eröffnung des erwähnten Philosophenkongresses zum Dialog zwischen der Philosophie in Ost und West mit der Begründung aufgerufen:

> „Wenn aber Ost und West vor den gleichen Problemen stehen, so liegt es nahe anzunehmen, daß nicht die Verschiedenartigkeit der Denkweise diese Probleme geschaffen hat, sondern deren Ähnlichkeit, eine ähnliche Einstellung zur Rationalität, zur Wissenschaft, eine ähnliche Wissenschaftsgläubigkeit, eine ähnliche Haltung zum Fortschritt der Wirtschaft, Technik und Wissenschaft" (*Geldsetzer* u. a. 1979: 302).

Zu der Zeit, als *Walter Scheel* diese beherzigenswerten Sätze sprach, waren die Voraussetzungen für einen fruchtbaren Dialog ungünstig. Desinteresse auf der einen und Abgrenzungsbedürfnis auf der anderen Seite haben ihn weitgehend unterbunden. *Manfred Buhr* hatte seinerzeit mit aller wünschenswerten Deutlichkeit formuliert, der weltweite Klassenkampf zwischen Sozialismus und Imperialismus erheische

> „in der Gegenwart eine offensive und kontinuierlich geführte Auseinandersetzung mit der Ideologie des Imperialismus und ihrer Geschichte. Dieser ideologische Kampf, der alle Bereiche des gesellschaftlichen und geistigen Lebens durchdringt, hat sich in den letzten Jahren zunehmend verschärft. (...) Die Formen, die vom Imperialismus und seiner Ideologie (...) gegen den Sozialismus, gegen die kommunistische Weltbewegung und gegen den Marxismus-Leninismus ins Feld geführt werden, (...) reichen vom plumpen, vordergründigen Antikommunismus über den ‚bloß' akademischen Dialog (...) bis hin zur ‚geistigen Umarmung'" (*Buhr* 1979: 1421–1431, 1421; *Hahn* 1984: 50–54).

Ein Ost-West-Dialog unter Philosophen wäre freilich nötiger denn je: über Probleme des Friedens, über die Gefährdung der Ökosysteme durch überhandnehmenden Industrialismus, über die Zukunft der Menschen angesichts neuer Technologien wie Mikroelektronik und Gentechnik, über die Lebensfragen der Menschen in den Gesellschaften des kapitalistischen Westens und des realen Sozialismus, über die Einheit des Menschengeschlechts angesichts des Zurückbleibens der Dritten Welt.

Die Anzeichen mehren sich, daß die von *Michail Gorbačev* eröffnete neue Phase der Entspannungspolitik Chancen für eine dialogische Form philosophisch-gesellschaftstheoretischer Auseinandersetzungen zwischen Ost und West bietet. So scheint eine Durchsicht der jüngsten Jahrgänge der Deutschen Zeitschrift für Philosophie zu zeigen, daß der polemische Überschuß in den Beiträgen, die sich mit Positionen westlicher Philosophen auseinandersetzen, stark abgenommen hat und objektiven Referaten gewichen ist. In vielen geistes- und gesellschaftswissenschaftlichen Bereichen bahnen

sich Kontakte zwischen Vertretern von Universitäten und Akademien der Bundesrepublik und der Deutschen Demokratischen Republik an[5].
Voraussetzung der Fruchtbarkeit eines solchen Dialogs ist keineswegs, daß die Kontrahenten ihre gesellschafts-philosophischen Grundüberzeugungen zuvor aufgeben oder auch nur relativieren. Es müßte sich im Dialog eine „*Streitkultur*" herausbilden, ähnlich der, die zwischen SPD und SED durch Vereinbarung gestiftet werden sollte (*Meyer* 1987: 870–879). Am gemeinsamen Sinnbestand, der einen Dialog erst konstituiert, dürfte es nicht fehlen: der Frieden, das gemeinsame wahrhaftige Bemühen, sich der Wahrheit zu nähern, die Erhaltung der Natur, das freie und gute Leben der Menschen im – wie immer verfaßten – Gemeinwesen.

Anmerkungen

1 Der Erstgenannte war Professor für Geometrie an der Universität Rom, der zweite Professor für Philosophie an der Universität Florenz.

2 Eine thematisch ähnlich ausgerichtete „Disputation zwischen evangelischen Christen und tschechischen Marxisten" fand – gleichfalls im Jahre 1965 – in der evangelischen Akademie Arnoldsheim statt. Nach der Niederschlagung des „Prager Frühlings" durch sowjetische Truppen im Jahre 1968 waren derartige Disputationen zunächst unmöglich geworden. Vgl. *Stöhr, Martin* 1966: Disputation zwischen Christen und Marxisten. München, 238, 324.

3 Vgl. auch *Fritsch, Stier,* 1979. Dialektische Widersprüche sollen nach diesen Autoren sein: 1. Die Widersprüche zwischen den stofflichen und den subjektiven Elementen der Produktivkräfte; 2. der Widerspruch zwischen geistiger und körperlicher Arbeit; (...) 4. der Widerspruch zwischen dem hohen Niveau der Technisierung der Arbeit (...) und der relativ verbreiteten Handarbeit; (...) 6. der Widerspruch zwischen der neuen Technik und der alten Arbeitsorganisation der neuen Disproportionen, ungleichzeitige Entwicklungen erhalten die höheren Weihen eines vorwärtstreibenden „dialektischen Widerspruchs" (...).

4 Der Ostberliner Logiker *Horst Wessel* beispielsweise wird auch von seinen westlichen Kollegen sehr geschätzt.

5 Über einen ersten Ansatz weit hinausgelangt sind die Gespräche der Deutschlandsberger Symposien, die sich mit philosophischer Wissenschaftsforschung auf dem Gebiet der Bewertung von Erkenntnissen bezüglich der humanen Gestaltung des wissenschaftlich-technischen Fortschritts unter Beteiligung von Philosophen aus der Bundesrepublik Deutschland, der DDR, Österreichs, Ungarns, der Sowjetunion, der Schweiz und der Tschechoslowakei befassen. Ein Heft der Zeitschrift für Wissenschaftsforschung (Bd. 4, Heft 2, 1988) mit Beiträgen von *Clemens Burrichter* (Erlangen), *Manfred Buhr* (Berlin/DDR), *Odo Marquard* (Gießen), *Jürgen Mittelstraß* (Konstanz), *Walther Ch. Zimmerli* (Braunschweig) und vielen anderen, ist jüngst erschienen.

Literaturverzeichnis

Adler, Max, 1913: Marxistische Probleme. Beiträge zur Theorie der materialistischen Geschichtsauffassung und Dialektik, Stuttgart.

Bergner, Dieter/Jahn, Wolfgang, 1960: Der Kreuzzug der evangelischen Akademien gegen den Marxismus, Berlin.

Bochenski, J. M., 1950: Der sowjetrussische dialektische Materialismus (Diamat), Bern und München.

Bochenski, J. M., 1956: Die kommunistische Ideologie und die Würde, Freiheit und Gleichheit der Menschen im Sinne des Grundgesetzes für die Bundesrepublik Deutschland. (...), Bonn.

Bogner, Hagen, 1984: Grundzüge des bürgerlichen philosophisch-weltanschaulichen Pluralismus, in: Deutsche Zeitschrift für Philosophie XXXII, 645–653.

Buhr, Manfred/Irrlitz, Gerd, 1968: Der Anspruch der Vernunft. Die klassische bürgerliche deutsche Philosophie als theoretische Quelle des Marxismus, 2 Teile, Berlin.

Buhr, M./Kohlmey, G./Meißner, H., 1978: Zur Krise der bürgerlichen Ideologie, Berlin.

Buhr, Manfred, 1979: Probleme des ideologischen Klassenkampfes in der Gegenwart, in: Deutsche Zeitschrift für Philosophie XXVII, 1421–1431.

Buhr, Manfred/Schreiter, Jörg, 1979: Erkenntnistheorie – kritischer Rationalismus – Reformismus. Zur jüngsten Metamorphose des Positivismus, Berlin.

Buhr, Manfred, 1983: Die Lehre von Marx und die bürgerliche Ideologie der Gegenwart, in: Deutsche Zeitschrift für Philosophie XXXI, 654–662.

Calvez, Jean-Yves u. a., 1966: Was ist Sozialismus heute?, Köln.

Eichhorn, I. Wolfgang/Florian, Klaus-Peter, 1979: Dialektik und geschichtlicher Prozeß. Zur Diskussionsfrage der Formationsfolge, in: Deutsche Zeitschrift für Philosophie XXVII, 277–287.

Eichhorn, I. Wolfgang, 1982: Über die Dialektik in der Geschichtsauffassung, in: Deutsche Zeitschrift für Philosophie XX, 174–190.

Eichhorn, I. Wolfgang, 1983: Gesellschaftsformation und soziale Revolution. Geschichtsphilosophische Grundlagen der politischen Theorie, in: Karl Marx und die politische Theorie der Gegenwart, Berlin, 9–35.

Eichhorn I, Wolfgang, 1985: Gesellschaftliche und individuelle Freiheit in unserer Zeit, in: Einheit XL, 212–217.

Einführung in den dialektischen und historischen Materialismus, 1973. Frankfurt/M. (Lizenzausgabe des Dietz-Verlags Berlin).

Engel, Erhard, 1982: Gesellschaftliche Herausforderung an Lehre und Forschung bei der Entwicklung des sozialistischen Geschichtsbewußtseins, in: Martin-Luther-Ehrung: Bewahrung und Pflege des progressiven Erbes in der Deutschen Demokratischen Republik, Berlin und Weimar.

Euchner, Walter/Schmidt, Alfred, 1968: Kritik der politischen Ökonomie heute. 100 Jahre ‚Kapital'. Referate und Diskussionen vom Frankfurter Colloquium im September 1967 (...), Frankfurt, Wien.

Fetscher, Iring, 1957: Von der Philosophie des Proletariats zur proletarischen Weltanschauung. In: Marxismusstudien. Zweite Folge. Schriften der Evangelischen Studiengemeinschaft, 5. Tübingen, 26–60.

Fetscher, Iring, 1968: Von Marx zur Sowjetideologie, Frankfurt am Main, Berlin, Bonn, München.

Fritsch, Heinz/Stier, Günther, 1979: Die Entwicklung der Produktivkräfte als Bewegungsprozeß, in: Deutsche Zeitschrift für Philosophie XXVII, 409–419.

Geldsetzer, Lutz, 1979: Neueste Tendenzen und Problemstellungen der Philosophie und Wissenschaftstheorie in der Bundesrepublik Deutschland aus der Sicht sowjetischer Beobachter, in: Zeitschrift für allgemeine Wissenschaftstheorie X, 394–404.

Geldsetzer, Lutz/Gethmann, Carl-Friedrich/Holenstein, Elmar/Kanitschneider, Bernulf/Rapp, Friedrich, 1979: 16. Weltkongreß für Philosophie in Düsseldorf 1978, in: Zeitschrift für philosophische Forschung XXXIII, 285–306.

Granow, Wassili, 1975: Pluralismus. Schein und Wesen, in: Sowjetunion heute XX.

Groothoff, Hans Hermann, 1957: A. S. Makarenko und das Problem der Selbstentfremdung in der europäischen und der sowjetischen Pädagogik. Marxismusstudien. Zweite Folge, 227–265.

Gutieerez, Gustav, 1985: Theologie der Befreiung, München, Mainz.

Hahn, Erich, 1984: Zum Charakter der Widersprache des Sozialismus, in: Einheit XXXIX, 50–54.

Hahn, Erich, 1984: Individuum und Gesellschaft im Sozialismus, in: Einheit XXXIX, 1077–1093 (1082).

Haug, Wolfgang Fritz, 1985/1987: Pluraler Marixmus. Beiträge zur politischen Kultur. Bde. 1 u. 2, Berlin.

Heinrichs, J., 1972: Historisches Wörterbuch der Philosophie, Bd. 2, Basel, Stuttgart.

Heiseler, Johannes Heinrich/Steigerwald, Robert/Schleifstein, Josef (Hrsg.), 1970: Die ‚Frankfurter Schule' im Lichte des Marxismus. Zur Kritik der Philosophie und Soziologie von Horkheimer, Adorno, Marcuse, Habermas (...), Frankfurt am Main.

Hinkelammert, Franz J., 1985: Der befreiende Gott und die soziale Sünde, in: Orientierung. 49. Jg., Nr. 6, 62–64.

Holz, Hans Heinz, 1979: Die Verteidigung des Elfenbeinturms. 30 Jahre Philosophie in der Bundesrepublik Deutschland, in: Blätter für deutsche und internationale Politik XXIV, 1255–1276; 1373–1385.

Hommes, Jakob, 1956: Koexistenz – philosophisch beleuchtet, Bonn.
Horstmann, Hubert, 1970: Zur weltanschaulich-ideologischen Funktion des Positivismus und der positivistischen Denkweise in der Wissenschaft, in: Deutsche Zeitschrift für Philosophie XVIII, 1463–1476.
Horstmann, Hubert, 1983: Widerspruch, Bewegung, Entwicklung, in: Deutsche Zeitschrift für Philosophie XXXI, 261–273.
Kellermann, Klaus, 1984: Pluralistischer Kommunismus? Wandlungstendenzen eurokommunistischer Parteien in Westeuropa und ihre Reaktion auf die Erneuerung in Polen, Stuttgart, 72–77.
Kellner, Erich (Hrsg.), 1966: Christentum und Marxismus – heute Gespräche der Paulus-Gesellschaft, Wien, Frankfurt, Zürich.
Kernig, C. D. (Hrsg.), 1966 ff.: Sowjetsystem und demokratische Gesellschaft. Eine vergleichende Enzyklopädie, Freiburg, Baden, Wien.
Kolakowski, Leszek, 1977–1979: Die Hauptströmungen des Marxismus. Enstehung, Entwicklung, Zerfall, München, Zürich.
Korch, Helmut, 1980: Die Materieauffassung der marxistisch-leninistischen Philosophie, Berlin.
Kosing, Alfred, 1970: Die Entwicklung der marxistischen Erkenntnishteorie durch W. I. Lenin, in: Deutsche Zeitschrift für Philosophie, Sonderheft, 164–183.
Kraeft, Wolf-Dietrich / Vogel, Heinrich, 1970: Welle-Teilchen-Dualismus und dialektischer Widerspruch, in: Deutsche Zeitschrift für Philosophie XVIII, 341–346.
Lenin, Wladimir I., in der DDR, und die marxistisch-leninistischen Philosophen. Thesen des wissenschaftlichen Rates für Philosophische Forschung der DDR, ausgearbeitet von einem Kollektiv, 1970, in: Deutsche Zeitschrift für Philosophie XVIII, 509–522.
Löw, Konrad (Hrsg.), 1982: Karl Marx und das politische System der DDR. Mit Beiträgen von Siegfried Baske u. a., Stuttgart.
Löw, Konrad, 1985: Kann ein Christ Marxist sein? Mit einem Vorwort von Christa Meves, München.
Marxismus: Die gescheiterte Philosophie unserer Epoche?, 1985. Mit einem Vorwort von Prof. Dr. Nikolaus Lobkowicz, Mainz.
Merz, Klaus, 1988: Konservative Marx-Kritik der achtziger Jahre, in: Deutsche Zeitschrift für Philosophie XXXVI, 327–336.
Meyer, Thomas, 1987: Ein neuer Rahmen für den Ost-West-Dialog. Das gemeinsame Grundsatzpapier von SED und SPD, in: Die Neue Gesellschaft, Frankfurter Hefte XXXIV, 870–879.
Monnerot, Jules, 1949: Sociologie du communisme, (dt. Ausgabe: Soziologie des Kommunismus), Köln, Berlin.
Mocek, Reinhard, 1982: ‚Kritischer Rationalismus' und das Problem einer Methodologie der Sozialwissenschaften, in: Deutsche Zeitschrift für Philosophie XXX, 961–976.
Müller, Helga, 1980: Die Rolle des dialektischen und des logischen Widerspruchs bei der Problemfindung, in: Deutsche Zeitschrift für Philosophie XXVIII, 859–867.
Müller, Klaus, 1970: Wissenschaftliche Erkenntnisse und sozialistische Ideologie, in: Deutsche Zeitschrift für Philosophie XVIII, 931–946.
Negt, Oskar, 1969: Marxismus als Legitimationswissenschaft. Zur Genese der stalinistischen Philosophie. Vorwort zu: *Deborin, Abram*: Kontroversen über dialektischen und mechanischen Materialismus, Frankfurt/M.
Nürnberger, Richard, 1954: Lenins Revolutionstheorie. Eine Studie über ‚Staat und Revolution', in: Marxismusstudien. Schriften der Studiengemeinschaft der Evangelischen Akademien, 3., Tübingen, 161–172.
Omeljanowski, M. E., 1970: Lenin und die Dialektik in der modernen Physik, in: Deutsche Zeitschrift für Philosophie XVIII, 5–19.
Pawlow, Todor, 1973: Die Widerspiegelungstheorie. Grundfragen der dialektisch-materialistischen Erkenntnistheorie. Mit einem Nachwort von *Buhr, Manfred* und *Panajot Gindew*, Berlin.
Pepperle, Heinz, 1986: Der Determinismus der materialistischen Gesellschaftsauffassung und die moderne bürgerliche Philosophie, in: Deutsche Zeitschrift für Philosophie XXXIV, 434–442.
Rauh, Hans-Christoph, 1978: Materialistische Dialektik als Erkenntnistheorie und Erkenntnistheorie als Widerspiegelungstheorie, in: Zeitschrift für Deutsche Philosophie XXVI, 338–349.
Redlow, Götz, 1981: Materialismus und Dialektik. Zu einem unakzeptablen philosophischen Konzept, in: Deutsche Zeitschrift für Philosophie XXIX, 1032–1046.
Röd, Wolfgang, 1986²: Dialektische Philosophie der Neuzeit, München.
Röseberg, Ulrich, 1983: Dialektische Widersprüche in der physikalischen Bewegungsform der Materie, in: Deutsche Zeitschrift für Philosophie XXXI, 1381–1389.

Ruben, Peter/Wagner, Hans, 1980: Sozialistische Wertform und dialektischer Widerspruch. Überlegungen zur entwicklungstheoretischen Auffassung des Arbeitswertes in der sozialistischen Produktion, in: Deutsche Zeitschrift für Philosophie XXVIII, 1218–1230.

Rupprecht, Frank, 1979: Die Philosophie und die Weltauffassungen der modernen Wissenschaften, 16. Weltkongreß für Philosophie, in: Deutsche Zeitschrift für Philosophie XXVII, 104–112.

Schwan, Alexander, 1983: Theorie als Dienstmagd der Praxis. Systemwille und Parteilichkeit. Von Marx zu Lenin, Stuttgart-Degerloch.

Sölle, Dorothee/Schmidt, Klaus (Hrsg.), 1975: Christen für den Sozialismus. I. Analysen; *Dirks, Walter/Schmidt, Klaus/Stankowski, Martin* (Hrsg.), 1975: Christen für den Sozialismus. II. Dokumente, Stuttgart, Berlin, Köln, Mainz.

Sowjetgesellschaft, die, und das Problem der Entfremdung. Eine Polemik zwischen E. H. Sitnikow und Iring Fetscher", 1967, in: *Fetscher, Iring*: Karl Marx und der Marxismus. Von der Philosophie des Proletariats zur proletarischen Weltanschauung, München.

Steigerwald, Robert, 1973: Marxismus – Religion – Gegenwart, Frankfurt.

Stiehler, Gottfried, 1977: Widerspruchsdialektik und Geschichtsanalyse, Berlin.

Stöhr, Martin, 1966: Disputation zwischen Christen und Marxisten, München.

Thesen, 1983: des Zentralkommitees der SED zum Karl-Marx-Jahr 1983, These 2, Berlin.

Thiel, Rainer, 1981: Aufgabenstellungen in der Ingenieurarbeit und der dialektische Widerspruch, in: Deutsche Zeitschrift für Philosophie XXIX, 651–662.

Teichmann, Werner, 1982: Das dialektische Wechselverhältnis von Individuum und sozialistischer Gesellschaft – Triebkraft sozialer Entwicklung, in Deutsche Zeitschrift für Philosophie XXX, 852–863.

Wallner, Mathias, 1981: Fragen der materialistischen Dialektik als Methode, in: Deutsche Zeitschrift für Philosophie XXIX, 629–640.

Weinzierl, Emil, 1978: Zur sowjetphilosophischen Kritik des quantenmechanischen Indeterminismus, in: Zeitschrift für philosophische Forschung XXXII, 109–123.

Wessel, Horst/Dölling, Johannes, 1980: Erfahrungen mit dem Lehrprogramm für das Lehrgebiet Logik, in: Deutsche Zeitschrift für Philosophie XXVIII, 1511–1528.

Wetter, Gustav A., 1958: Der dialektische Materialismus. Seine Geschichte und sein System in der Sowjetunion, Wien, Freiburg i. Br.

Wiedemeyer, Malte/Türpe, André, 1981: Aktuelle Probleme der Dialektikforschung, in: Deutsche Zeitschrift für Philosophie XXIX, 559–565.

Wittig, Dieter, 1978: Rezension von Segeth, Wolfgang: Marxistische Dialektik als Methode, in: Deutsche Zeitschrift für Philosophie XXVI, 1061–1063.

Wuketits, Franz M., 1988: Evolutionstheorien. Historische Voraussetzungen, Positionen, Kritik, Darmstadt.

Zak, Christian, 1978: Rezension von Stiehler, Gottfried: Widerspruchsdialektik und Gesellschaftsanalyse, Berlin 1977, in: Deutsche Zeitschrift für Philosophie XXVI, 929–932.

Zeitschrift für Philosophie, Deutsche, 1970: XVIII, 605–612.

Wissenschaft und Politik im Sozialismus. Die Rolle der sozialwissenschaftlichen Empirie im Herrschaftsprozeß der Sowjetunion

Klaus von Beyme

1. *Wissenschaft und Politik in ihrer Verklammerung als Hemmschuh der Modernisierung*

Das Verhältnis von Wissenschaft und Politik im Sozialismus war belastet durch den Anspruch, daß die marxistisch-leninistische Weltanschauung bereits die fortschrittlichste Variante von Wissenschaft darstelle. Wissenschaft und Politik waren daher nicht hinreichend ausdifferenziert. Je komplizierter die Gesellschaft wurde, umso mehr schien es ausreichend zu sein, dem Zentralkomitee der KPdSU einige wissenschaftliche Institute beizugeben, um das Orientierungswissen durch Sachwissen zu ergänzen.
Dies führte jedoch dazu, daß *politisches Orientierungswissen* – die frühere Kritik sprach auch von Heilswissen – und *Sachwissen* immer stärker auseinander traten. Die sowjetischen Universitäten mit ihrem hierarchischem Lehrstuhlsystem, *kafedra*, schienen manchmal wie die zugespitzte Form der *Humboldtschen* Staatsuniversität (*Décsy* 1982: 150). Ein solches Urteil aber wird allenfalls durch einen sehr oberflächlichen Vergleich von Organisationsprinzipien gerechtfertigt. Neben die Universitäten trat im Sozialismus in allen Ländern eher die Kopie des zuerst in Frankreich entwickelten Akademiewesens. Ihm wurde die Hauptförderung zuteil, für alle Bereiche, die nicht im Umkreis des Zentralkomitees direkt in angeschlossene Institute organisierbar schien (*Osers* 1974). Dies führte dazu, daß die Universität das Gegenteil von den Inhalten der *Humboldtschen* Idee wurde, die im Grunde als Endprodukt den kleinen Gelehrten im Auge hatte. Die Universitäten verkümmerten zu reinen Lehranstalten, in denen genormtes Wissen vermittelt wurde und Forschung kaum möglich war (*von Beyme* 1988: 153–170).
Die negativen Folgen dieses zweigleisigen Organisationsmodells für das Bildungs- und Erziehungssystem steht hier nicht zur Debatte. Aber die negativen Folgen für das Verhältnis von Politik und Wissenschaft sind nicht zu übersehen. Die Akademien wurden zu gewaltigen Apparaten und haben dennoch in starker Abhängigkeit von der Politik gelebt. Die Folgen waren verheerend und wurden von *Michail Gorbačev* in der Zeit der Umgestaltung (*Perestrojka*) hart gegeißelt: Anhand der Mängel der Nationalitätenpolitik formulierte *Gorbačev* (1987: 52 f.) im Jahre 1987 vor dem Zentralkomitee der KPdSU:

> „Es ist schließlich eine Tatsache, Genossen, daß anstelle der objektiven Erforschung der realen Erscheinungen in der Sphäre der nationalen Beziehungen und der Analyse der wirklichen sozialökonomischen und geistigen Prozesse, die von der Sache her

> kompliziert und widersprüchlich sind, einige unserer Gesellschaftswissenschaftler lange Zeit lieber Traktate von der Art von Trinksprüchen verfaßten, die manchmal mehr an schöngeistige Toaste erinnern als an ernsthafte wissenschaftliche Forschungen" (*Gorbatschow* 1987: 2).

Trotz dieses harten Verdikts hatte sich schon vor der Perestrojka ein schrittweiser Prozeß der verstärkten *Unabhängigkeit wissenschaftlicher Meinung* durchgesetzt. Langsam wurden Erkenntnisfunktionen der Partei auf Akademieinstitute übertragen, und dabei kam es immer wieder zu Friktionen von Partei und Wissenschaft, auch wenn das starre Verbundsystem überwog. Zuerst geschah dies im Bereich der Orientierung auf die Außenwelt, zunehmend wurde die Unabhängigkeit der Wissenschaft jedoch auch im Hinblick auf die innenpolitisch relevanten Politikbereiche größer.

2. *Wissenschaft und Politik in der weltpolitischen Orientierung*

Innenpolitisch glaubte die Führung der KPdSU noch lange alle sozialen Prozesse steuern oder wenigstens überschauen zu können. Hier konnte es zur Delegation von Aufträgen kommen, aber die Abhängigkeit der Wissenschaft von den programmatischen Vorgaben war groß.

In der Außenpolitik hingegen konnte die Partei weder alles kontrollieren noch alles wissen. Hier kam es zuerst zu einer Ausdifferenzierung der Erkenntnisfunktionen und zu einer *Intensivierung der Politikberatung*. Hier spielten auch die ersten Politikwissenschaftler im engeren Sinne eine wichtige Rolle. Ein Mann wie *Georgij Šachnazarov* hat vielfach seine Funktionen als Vizepräsident der *International Political Science Association* unterbrechen müssen, weil er von der Führung zur außenpolitischen Beratung plötzlich wegberufen wurde. Keinem westlichen Forscher wurde soviel Unentbehrlichkeit im Beratungsgeschäft in so eindringlicher Weise je bescheinigt.

Die Ausdifferenzierung der wissenschaftlichen Beratungsfunktion war nicht denkbar ohne Verzicht der Führung auf den Anspruch *Stalins*, die wissenschaftliche Einsicht in allen Bereichen selbst zu haben, von der Sprachdebatte um *Marr* bis zur Biologie *Lysenkos*. Daher liegt die Ausdifferenzierung der Wissenschaftsfunktion erst in der Zeit nach *Stalins* Tod.

1949 war das einzige Institut, das sich mit Weltpolitik befaßte, *Eugen Vargas* „Institut für Weltökonomie und Weltpolitik", nach heftigen Angriffen wegen *Vargas* Fehlprognosen geschlossen worden (*Hough* 1980: 118). Die politische Elite der Nach-Stalin-Ära begann den Mangel zunehmend zu fühlen. *Mikojan* kritisierte für den *Chruščev*-Flügel der Partei auf dem 20. Parteitag die Mängel der wissenschaftlichen Beschäftigung mit dem Kapitalismus:

> „Wir hinken ernsthaft im Studium des gegenwärtigen Stadiums des Kapitalismus hinterher. Wir unternehmen keine tiefgreifende Analyse von Fakten und Zahlen, sondern beschränken uns oft darauf, einzelne Fakten über eine kommende Krise und die Verarmung der werktätigen Bevölkerung für Zwecke der Propaganda herauszugreifen. Wir nehmen keine tiefe und zusammenhängende Einschätzung der Phänomene, die im Leben anderer Länder passieren, vor" (XX s ezd 1956: 323).

Nach dem 20. Parteitag wurde das alte *Varga*-Institut unter der Bezeichnung Weltwirtschaft und Internationale Beziehungen (IMEMO) 1956 im Rahmen der Akademie der Wissenschaften wiedergegründet. *Varga* ist 1956 noch mit Initiativen zur Beurteilung der Suezkrise hervorgetreten (Zimmerman 1969: 38, 57), aber ihm wurde die Leitung des neuen Instituts nicht wieder anvertraut, obwohl er rehabilitiert worden war. *A. A. Arzumanjan* und *Nikolaj N. Inozemcev* (1966–1982) und später der frühere Botschafter in Kanada, *Nikolaj N. Jakovlev* – heute in noch wichtigeren Funktionen – als Leiter des Instituts hatten weit mehr politischen Einfluß, als wissenschaftliche Einrichtungen im Westen je haben können. Die rasche Ausdehnung der Institute schuf ernste Nachwuchsprobleme und hatte eine ungewöhnliche Karrieremobilität vieler junger Kräfte zur Folge.

Eine sowjetische Aufstellung über die Institute, die sich mit den internationalen Beziehungen und Abrüstungsfragen befassen, zählte fünf *Area-Studies*-Institute auf. Das einflußreichste ist das Institut für USA- und Kanadastudien unter Leitung von *Georgij Arbatov* (gegründet 1968). Die übrigen Institute sind den Bereichen „Afrika" (gegründet 1954), „Orient" (Institut Vostokovedenija, gegründet 1930), „Ferner Osten" (gegründet 1966) und „Lateinamerika" (gegründet 1961) zugeordnet. Die Gründungsdaten lassen einige Vermutungen über die Ausweitung der Aufmerksamkeitsschwellen in der sowjetischen Außenpolitik zu. Der Orient hatte seit der Konferenz von Baku 1920 schon immer eine Schlüsselfunktion für die sowjetische Außenpolitik und war nicht zufällig die Region, die permanent wissenschaftlich beobachtet wurde. Daneben gibt es sechs *funktional* gegliederte Institute: für Allgemeine Geschichte (gegründet 1968), das Institut für Staat und Recht, welches 1925 unter dem Titel Institut *sovetskogo strojtel'stva* gegründet wurde und seit 1959 unter dem gegenwärtigen Namen besteht. In diesem Institut befindet sich auch der Sitz der sowjetischen Assoziation für Politische Wissenschaften – der Plural wird in altertümlicher Weise noch bevorzugt –, das Institut für Geschichte der UdSSR (gegründet 1968), das Institut der internationalen Arbeiterbewegung (gegründet 1966), das Institut der Wirtschaft des sozialistischen Weltsystems (gegründet 1960) und das schon erwähnte Institut für Weltwirtschaft und Internationale Beziehungen von 1956, dem auch die Rolle eines „führenden wissenschaftlichen Zentrums" zuerkannt wurde.

Die wachsenden Koordinationsprobleme wurden durch Schaffung eines Dokumentationszentrums, das Institut der wissenschaftlichen Information der Sozialwissenschaften (INION), 1969 gegründet, angegangen. Außerdem wurde ein Wissenschaftlicher Rat der Akademie der Wissenschaften über die Geschichte der Außenpolitik der UdSSR und der internationalen Beziehungen (1963) geschaffen, der die Koordination der verschiedenen Bemühungen im Bereich der internationalen Politik übernahm (Dejatel'nost' 1980).

1979 schließlich folgte ein Gemeinschaftsunternehmen des Präsidiums der Akademie der Wissenschaften und des Staatskomitees der UdSSR für Wissenschaft und Technik unter der Bezeichnung Wissenschaftlicher Rat zur Erforschung der Probleme des Friedens und der Abrüstung unter der Leitung von *Inozemcev* – bis 1982 – mit etwa 80 bekannten Wissenschaftlern. Er wird in der Literatur gelegentlich als Äquivalent westlicher Rüstungskontrolleinrichtungen angesehen (*Brauch* 1981: 295).

Alle diese Institute haben neben ihrer regulären wissenschaftlichen Arbeit – die in vieler Hinsicht politischen Imperativen bereits unterliegt – währen etwa 25 Prozent ihrer Zeit spezielle Aufträge zu erfüllen, die von amerikanischen Betrachtern als „*classified work*" bezeichnet wurden (*Hough* 1980: 123). Diese Art der Politikberatung muß nicht mit Spionagearbeit in Zusammenhang gebracht werden. Sie bleibt aber in der Regel unpubliziert. Über den Anteil von geheimer Tätigkeit in der sowjetischen Außenpolitik gibt es ohnehin nur Spekulationen. Ein Betrachter der diplomatischen Szene hat behauptet, daß 70 Prozent aller Diplomaten *de facto* für den KGB arbeiten (*Clark* 1973: 184, 192). Die Institute haben zunehmend pragmatischere Meinungen über den Westen geäußert und realistischen Sachverstand an die Politik herangetragen. Man hat sich nicht gescheut, unter Berufung auf *Lenin* zuzugeben, daß man „vom Westen lernen müsse" (*Eran* 1979: 238 f.). Andererseits rühmte das Institut die eigene Parteinähe, die mit der Aufnahme *Inozemcevs* als Kandidaten-Mitglied ins Zentralkomitee 1971 honoriert wurde. *Arbatov*, der Direktor des USA-Instituts, lobte das IMEMO, dem alle anderen irgendwie verpflichtet seien und das eine „Tradition geschaffen" habe. Die enge Verbindung zu den Chefideologen *Michail A. Suslov* und *Boris N. Ponomarev* gab dem Institut eine führende Funktion in der Ideologie- und Wissenschaftsproduktion, die außenpolitisch relevant war. Die „wissenschaftlich-technische Revolution" war dabei keine bloße Propagandaphrase. Echte Innovationen, wie der Einsatz quantitativer Methoden, gingen von dem Institut aus und werden erst langsam in anderen Instituten wie im Akademie-Institut für Staat und Recht und der Abteilung für Internationale Politik um *Šachnazarov* übernommen.

In der Vor-Perestrojka-Epoche hat der wissenschaftliche Sachverstand in der Außenpolitik sich selbst immer wieder um interne Glaubwürdigkeit gebracht, weil er die *Propagandafunktion* nach außen allzu ernst nahm. Viele sowjetische Standardwerke werden vom Progress-Verlag in westlichen Sprachen publiziert und dienen damit nicht nur der internen Selbstverständigung. Das gilt keineswegs nur für die Standardwerke, die unter der Herausgeberschaft von Spitzenpolitikern standen wie das auch ins Englische übersetzte zweibändige Buch von *Gromyko* und *Ponomarev* (1980). Gerade der außenpolitischen Theorieproduktion der Sowjetunion ist immer wieder der Vorwurf gemacht worden, daß sie im Stil der Literaturkritik abgefaßt werde. Statt Analyse überwog Deskription und Typologie. Die *Linnésche* Klassifikationswut hat auch im Westen einmal ein frühes Wissenschaftsstadium gekennzeichnet, welches jedoch relativ rasch überwunden wurde (*Lemaine* 1976: 253).

Das sinnlose Zitieren von Klassikern – im Innenbetrieb der Akademie in mündlicher Form immer wieder auch in Gegenwart westlicher Ausländer kritisiert – hielt sich lange. Die Theoriebildung ist noch weit weniger kumulativ als im Westen, weil sie frühere Irrtümer selten eingesteht, sondern mit Stillschweigen übergeht und die jeweils neue Linie mit Verve vertritt (*Light* 1988: 321). Erst in der Perestrojka haben wichtige Akteure auch schriftlich den mangelnden Realismus vieler wissenschaftlicher Analysen in den internationalen Beziehungen gebrandmarkt und nach Material verlangt, daß für die Entscheidungsträger verwendbarer ist (*Nikolaj N. Yakovlev* 1987).

Vor der Perestrojka-Epoche wurde der Terminus „*Perestrojka*" nicht selten in der Außenpolitik benutzt. Dort hatte er gerade keinen selbstkritischen Klang, sondern

tauchte im Zusammenhang des „Umbaus der Weltkräfteverhältnisse" auf, die angeblich zugunsten des sozialistischen Lagers ausfallen mußte (*von Beyme* 1985: 16).
Viele Wandlungen zu größerem Realismus waren lange vor der Perestrojka angelegt, insbesondere die Aufgabe einer weltrevolutionären Deutung dieser Umgestaltung des Weltsystems. Aber eine wirklich neue Qualität wurde erst durch das „*neue politische Denken*" erreicht (*von Beyme* 1987).
Die Interdependenz-Theorie, wie sie *Joseph S. Nye* und *Robert O. Keohane* in Amerika entwickelt hatten, wurde übernommen – nicht zuletzt unter dem Einfluß *Šachnazarovs*, der als einer der Vordenker des neuen politischen Denkens in der Außenpolitik gilt. Interdependenz, Realismus bei andauernder ideologischer Auseinandersetzung, Respekt vor den Lebensinteressen anderer Völker, antihegemoniale Politik gehörten zu den Prinzipien. Nicht alles davon ist im Zeitalter des Abzugs der Sowjets aus Vietnam und der Bemühung um Abzug der Vietnamesen aus Kambodscha bloße Propaganda geblieben. Der Einfluß des neuen Denkens im einzelnen ist schwer zuzuschreiben. Ganz eindeutig tauchen jedoch in *Gorbačevs* Reden Begriffe auf, die er nicht direkt aus der angelsächsischen Literatur übernommen haben dürfte, sondern auf dem Umweg über seine Berater.
Die neuen Begriffe waren auch in der Perestrojka-Zeit nicht völlig unumstritten. Konservative wie der stellvertretende Leiter der Abteilung Wissenschaftlicher Kommunismus in der Akademie, *Mževeniradze*, gaben diesen Prinzipien eine konventionelle Ausdeutung mit der Behauptung, der Sozialismus sei eher in der Lage zur Übernahme des neuen Denkens als der Imperialismus – schon die Wortwahl war da verräterisch (*Mževeniradze* 1986). Wo Theoretiker wie *Šachnazarov* den Interdependenzgedanken noch weiter trieben bis hin zu einem System einer Weltregierung, da kam scharfe Kritik auch in der *Pravda* (*Pravda* 1.2.1988), weil diese Gedanken noch utopisch schienen. Manche westliche Kritiker sehen in solchen Widersprüchen Unglaubhaftigkeit der sowjetischen Veränderungen. Realistischer ist jedoch die gegenteilige Interpretation: Erst wenn auch gegen die neue Linie offen argumentiert werden kann, gewinnt der Umgestaltungsprozeß an Glaubwürdigkeit sowohl bei den Politikern als auch den Wissenschaftlern, die sie beraten.

3. *Wissenschaftliche Politikberatung in der Innenpolitik*

In der Innenpolitik mußte weniger Rücksicht auf die Selbstdarstellung der Sowjetunion in der Welt genommen werden. Ideologische Scheuklappen haben jedoch auch hier den Beratungswert der Wissenschaft gewaltig beeinträchtigt.
Der Marxismus-Leninismus hat lange geglaubt, auf ein System ausdifferenzierter Sozialwissenschaften verzichten zu können. Der einzige Vorteil für die Politikberatung hätte darin liegen können, daß die Rechtswissenschaften lange nicht das Übergewicht besaßen, das sie im politischen Beratungsprozeß westlicher Länder weitgehend besitzen. Die *Rechtswissenschaft* als Überbauwissenschaft hat lange zäh um ihr Ansehen kämpfen müssen und erst auf dem langen Weg vom „roten Terror" zur „sozialistischen Gesetzlichkeit" an Professionalisierung und Unabhängigkeit gewonnen. In der Verfas-

sungskommission dominierten sie nicht weniger als in anderen Ländern. Auch die deutsche Enquêtekommission zur Verfassungsreform enthielt nur einen Politikwissenschaftler, *Fritz Scharpf*, und auch er war seiner Sozialisation nach Volljurist. In der Gesetzgebung dominierten Juristen als Berater schon vor der Perestrojka, auch wenn die Äußerung eines sowjetischen Wissenschaftlers übertrieben sein mag: „Zählen Sie mir irgend ein bedeutendes Gesetzeswerk der letzten 30 oder 40 Jahre auf, und ich könnte Ihnen sagen, wer es entworfen hat" (zit. *Hill* 1980: 158).

Wenn es eine Hierarchie der Wissenschaften gegeben hat, so wäre die *Ökonomie* geeignet gewesen, den ersten Platz einzunehmen. Gerade ihr ist jedoch die Tatsache schlecht bekommen, daß die gesamte Ideologie überwiegend zum Bereich wirtschaftlicher Determinanten Aussagen machte. In den Überbauwissenschaften war die Doktrin zum Teil weniger festgelegt, so daß diese sich paradoxerweise leichter tat, eigene Theorieansätze zu entwickeln. Das galt vor allem in jenen Bereichen, in denen die Partei nicht vorgab, alle sozialen Prozesse zu steuern, wie in der Demographie (*von Beyme* 1988: 17 f.). Überall wo ein laxer unideologischer Gebrauch des Terminus „*Revolution*" sich früh in die Debatte einschlich, wie bei der „demographischen", oder der „ökologischen Revolution" war dies ein Indiz für ideologische Manövrierspielräume.

Die Ökonomie hat ihren Prestigevorteil nicht nutzen können, vor allem nicht im anwendungsorientierten Bereich der Wirtschaftspolitik, der für die Frage der Politikberatung von Interesse ist. Die formelhafte Wiederholung, daß alle sozialen und politischen Prozesse wirtschaftlich bedingt seien, führte zu einer politökonomischen Analyse, die gerade die Wirtschaft als spezielles Feld staatlicher Intervention nicht recht aufkommen ließ. Die Wirtschaft war jedoch das Hauptfeld staatlicher Aktivitäten. Unter den Ministerien und Hauptverwaltungen, deren höchste Amtsinhaber im Ministerrat der Sowjetunion versammelt gewesen sind, waren von 90 immerhin 74 mit vorwiegend ökonomischen Tätigkeiten befaßt. Wirtschaftspolitik im Sinne der westlichen Marktwirtschaften schien nicht nötig, da der Staat selbst die Wirtschaft leitete. War Wirtschaftspolitik nicht vielfach als die hilflose Geste des kapitalistischen Staates definiert worden, der die Ökonomie nicht lenken konnte und daher versuchen mußte, durch Strukturpolitik – Branchenpolitik, Regionalpolitik – und durch Betriebsgrößenpolitik – Kartellpolitik – gewisse Vorgaben gegenüber der Wirtschaft durchzusetzen?

Langsam vollzog sich eine Enttotalisierung des ideologischen Erwartungshorizontes. Auf dem 23. Parteitag hatte *Brežnev* die Wirtschaftspolitik noch zweigeteilt als: „Kampf der Partei um die materielltechnische Basis des Kommunismus" und „Wachstum des materiellen Lebensniveaus des Volkes". Bei *Chruščev* stand das Fernziel des Kommunismus noch an zentralerer Stelle. Die ganze Wirtschafts- und Sozialpolitik wurde noch unter die Überschrift: „Eintritt (...) in die Periode des Aufbaus des Kommunismus" subsumiert. Erst in der späten *Brežnev*-Ära galt der Sozialismus der Sowjetunion als „reif und entwickelt", aber der Kommunismus war nicht in Sicht. Die Partei begann auf weitere Rabulistik in der Periodisierungslehre zu verzichten und akzeptierte als ideologisch neutralere Klammer zwischen Nah- und Fernzielen zunehmend die Bezeichnung „Wirtschaftspolitik". Das strategische Denken blieb jedoch präsent. Wirtschaftliche Strategie wurde noch immer als Synonym für Wirtschaftspolitik gebraucht.

1981 wurde die Kompromißformel „Wirtschaftspolitik in der Periode des entwickelten Sozialismus" eingeführt. Vollmundige Ausblicke auf den Kommunismus fehlten nun völlig. Die DDR hat inzwischen sogar in einigen Instituts- und Fachbezeichnungen das Wort Kommunismus durch den Begriff Sozialismus ersetzt. In *Gorbačevs* Parteitagsrede von 1986 wurde der neutrale Oberbegriff „sozio-ökonomische Entwicklung" gewählt. Sozial- und Wirtschaftspolitik wurden in seiner Systematik erstmals gleichberechtigte Politikfelder.

Die schwerfällige Etablierung von wirtschaftlichen Sonderdisziplinen bedeutet nicht, daß es nicht lange vor der Perestrojka immer wieder Reformdebatten gegeben hatte. In der berühmten *Liberman*-Debatte wurden diese Vorschläge sogar handlungsanleitend. Obwohl *Evsej G. Libermans* Vorschläge über Modellversuche nicht hinauskamen, wurde sein Buch sogar in der DDR publiziert und für die jeweiligen Reformen dort diskutiert (*Liberman* 1973). *Liberman* hatte bereits den Ausbau direkter vertraglicher Beziehungen zwischen Lieferbetrieben und Auftraggebern als Schritt zu mehr Effizienz und zur Ausschaltung der Korruption und des grauen Handels der „*tolkači*" – der Betriebsagenten, die den Markt zur Erfüllung des Plans benutzten – empfohlen. In der Perestrojka ist man in vielem noch nicht einmal so weit gegangen, wie *Liberman* einst empfohlen hatte. Bei einer experimentellen Partialreform, wie sie 1964 in zwei Betrieben – Bolševička-Werke in Moskau und Majak-Werke in Gor'kij – begonnen wurden, wurde der Profit als Hauptindikator für die Beurteilung der Erfolge des Unternehmens und bei der Kalkulation der Bezahlung der Manager zugrundegelegt. Aber die Preisfestsetzung und die Entscheidung über Investitionen wurde zentral koordiniert (*von Beyme* 1975, 1977: 116). In diesem Punkt ist die Perestrojka über die Experimente der *Chruščev*-Zeit hinausgegangen.

Auch hinter der regionalen Dezentralisierung im System der volkswirtschaftlichen Räte (*Sovnarchoz*) standen Wirtschaftswissenschaftler, die die Politik berieten. Aber die Experimentierphase war zu kurz, um sich in wirtschaftlichen Erfolgen niederschlagen zu können. Nach *Chruščevs* Sturz kam es zur Rezentralisierung des Leitungssystems unter den Branchenministerien. Aber der Kampf der Wissenschaftler, die eine Stärkung des Branchenprinzips und jene die das Territorialprinzip mit regionaler Dezentralisierung vertraten, ging weiter. Ein Kompromiß war die Schaffung von 19 – später 20 – Großregionen, die jedoch nicht zu Einheiten sinnvoller Planung wurden und deren Brauchbarkeit als Wirtschaftsuntereinheiten bis heute umstritten sind (*von Beyme* 1988: 34).

Je mehr die Zentralisierung sich wieder durchsetzte, umso mehr wurde versucht, mit der Idee des *Gegenplans* ein Korrektiv für die Planungsvorstellungen der Mehrheit zu schaffen. Um 1970 hatten Planungstheoretiker die Idee vertreten, daß der sozialistische Plan zu einer *selffulfilling prophecy* zu werden drohe. Im Russischen hieß das der *Ödipus-Effekt*. Die Planer neigten zur Annahme, daß ein Plan gut war, nur weil er mit hohen wirtschaftlichen und humanen Kosten erfüllt wurde, obwohl ein anderer Plan, der nie getestet worden ist, sich vielleicht als besser erwiesen hätte (*Gendin* 1970). Die Idee des *Gegenplans* ist in der DDR übernommen und für die Betriebsebene

viel diskutiert worden. In einer Anordnung vom Juli 1977 über die Arbeit mit dem Gegenplan tauchte sie auf. Zwei Jahre später war nur noch von freiwilligen Verpflichtungen der Kombinate und Betriebe die Rede (Nachruf 1979).
Mit der Entdeckung des „subjektiven Faktors" wurde zunehmend die *Motivationsseite* der Ökonomie nicht mehr unter dem einseitigen Blickwinkel der Stimulierung durch Propaganda und „ökonomische Hebel" angegangen. Es ist vielleicht kein Zufall, daß das erste Wetterleuchten der Perestrojka in der wirtschaftlichen Politikberatung von einem Dokument ausging, das von einer führenden Soziologin des Landes an der Novosibirsker Akademie mitentworfen worden ist. Die Studie von Nowosibirsk erschien 1983 als inoffizielle *Samizdat*-Version und gelangte in den Westen: verdeckte Arbeitslosigkeit, Demotivation, nicht-regulierte Verhaltensweisen der Werktätigen, wie das wirtschaftlich abweichende Verhalten taktvoll umschrieben wurde, Notwendigkeit der Neuverteilung von Rechten und Pflichten im Betrieb, Passivismus und Zynismus, der Mangel an einem aufeinander abgestimmten Modell der Wirtschaftslenkung, das Aufbrechen neuer Widersprüche wurden selten so zugespitzt formuliert (Die Studie 1984). Mit diesem in der Sowjetunion viel diskutierten Dokument begann das *Ende* der Bedeutung der selbstverlegten *Samizdat*-Literatur. Die Studie gelangte zwar noch über das *Samizdat*-Archiv in den Westen, wurde aber bereits im Apparat vielfach diskutiert. Es war nicht als subversives Pamphlet konzipiert, sondern als Anstoß zu Reformen im System.
Mit der Perestrojka ging diese Rechnung auf. *A. Aganbegjan*, der Leiter des Instituts für Wirtschaft und Organisation der industriellen Produktion bei der Sibirischen Abteilung der Akademie der Wissenschaften, stieg auf; 1986 wurde er Leiter der Wirtschaftsabteilung der Akademie der Wissenschaften und Präsidiumsmitglied der Akademie. Er gilt seither als Vordenker der wirtschaftlichen Perestrojka. *Tatjana Zaslavskaja*, die mit ihm seit 1963 zusammenarbeitete, wurde 1988 die Leitung des All-Unions-Instituts für das Studium der öffentlichen Meinung angeboten, das dem Zentralrat der Gewerkschaften und dem Staatskomitee für Arbeit angeschlossen ist (*Brown* 1988: 265). Die „*Kinder des 20. Parteikongresses*" hatten dreißig Jahre „Marsch durch die Institutionen" hinter sich, ehe ihre Politikberatungserfolge sichtbar wurden.
Aganbegjan (1987: 3) gab in *Statements* auch im Westen zu Protokoll, daß die früheren optimistischen Wachstumszahlen geschönt waren. Es wurde zugegeben, daß es an der Schwelle zu den achtziger Jahren zum *Null-Wachstum* kam, daß die Arbeitsproduktivität stagnierte, die Landwirtschaft verfiel, die Pläne nicht mehr erfüllt wurden. Die Rolle von „*Glasnost*", von Diskussion und Partizipation wurde herausgestellt. *Tatjana Zaslavskaja* sekundierte 1988 mit dem Hinweis, daß mit der Dekreditierung von Perestrojka-Maßnahmen die eigentliche Arbeit erst beginne. Sie muß weitgehend in den Händen von Soziologen liegen, die die Überzeugungsarbeit in den Betrieben leisten. *Akzeptanzforschung* und *Implementation* werden praktisch nebeneinander gestellt.
Die *Soziologie* ist jedoch auch nach der Ansicht von Frau *Zaslavskaja* auf diese Aufgabe kaum vorbereitet. Zwar hatte sie im Gegensatz zur Politikwissenschaft eine alte Tradition, an die man anknüpfen konnte. Mit *Tachtarev* (1924) und *Kareev* (1930) liefen die letzten Lehrstühle für Soziologie aus. Das Fach wurde in der *Stalin*-Zeit für

überflüssig gehalten (*von Beyme* 1965). Die Soziologie entstand – wie später die Politikwissenschaft – zunächst nur, um sowjetischen Wissenschaftlern auf internationaler Ebene die wissenschaftliche Partizipation zu ermöglichen – als Wissenschaftliche Vereinigung. Erst 1974 wurde eine Zeitschrift gegründet – *Sociologičeskie issledovanija* –; in der DDR muß bis heute in der philosophischen Fachzeitschrift publiziert werden. Lange gab es auch keine Repräsentanz des Faches in der Universität (*Weinberg*: 1974). 1989 sollen erstmals 100 Soziologen graduieren, während die USA jährlich 6000 Spezialisten graduiert und etwa 90 000 professionelle Soziologen im Land arbeiten (*Zaslavskaja* 1988: 270). Als Lehrfach begann man mit angewandter Soziologie 1984 in Moskau und Leningrad. Aber die Ausstattung ist dürftig und für professionelle Lehrkräfte nicht anziehend.

Auch in der Sowjetunion mußte den Bürgern zunehmend ein Orientierungsrahmen für ihre Wünsche und Aspirationen geboten werden. Die objektiven Indikatoren der Erfolgsmeldungen auf Parteitagen setzten sich immer langsamer in ein Wachstum der subjektiven Zufriedenheit der Bürger um. Der Sozialismus, der sich in der Ideologie anschickte, die „Basis des Kommunismus" aufzubauen, hatte vor allem auf kollektive Verbesserungen des Lebensstandards und soziale Transfers gesetzt. Plötzlich wurde auch er auf die Erkenntnis westlicher Sozialwissenschaftler (*Duncan, Easterlin*) gestoßen, daß individuelle Verbesserungen von der Bevölkerung stärker mit Zufriedenheit honoriert werden als kollektive. Soziale Leistung setzte sich nicht auch automatisch in Zufriedenheit – *Satisfaktion* – um. Objektive Veränderungen müssen subjektiv verarbeitet und vorbereitet werden. Erst die Perestrojka hat dies mit hinreichender Deutlichkeit theoretisch umgesetzt. Sowjetische Planer begannen von den westlichen Wohlfahrtsstaaten zu lernen, daß man bei begrenzten und später schrumpfenden Ressourcen dort ansetzen muß, wo ein Maximum an Zufriedenheit bei der Bevölkerung geschaffen werden kann. Man mußte daher die Wünsche der Bevölkerung zunehmend erforschen, und nicht nur ideologisch-deduktiv über sie räsonnieren.

Lebensqualität als Begriff wurde lange nur in westlichen Ländern auch für die Sowjetunion benutzt. Sowjetische Wissenschaftler hatten Vorbehalte gegen den Terminus, weil er ein Anspruchsdenken fördere, das auf Prestigeobjekte des Konsums gerichtet sei. Erst in der Zeit der Perestrojka wurde der Begriff gelegentlich ohne negative Wertungen übernommen (*Levykin* 1987: 7). Alle diese Abgrenzungen lassen einen stark normativen Begriff von Lebensweise vermuten, der gegen empirische Überprüfung völlig immunisiert ist. Um diesen Eindruck zu vermeiden, wird versichert, daß die sozialistische Lebensweise nicht auf Idealvorstellungen gerichtet sei. Vor der Idealisierung des Begriffs wird geradezu gewarnt, weil er überhöhte Erwartungen erwecken könnte (*Sas'janenko* 1985: 3).

Je stärker die subjektive und menschliche Seite der Lebensweise betont wird, umso mehr scheinen sich Anklänge an die westliche Diskussion um eine „Lebenswelt" zu ergeben. Die sowjetische Wissenschaft bleibt aber nicht nur weiterhin skeptisch gegen alles, was nach „grünen" und alternativen Theorien aussieht. Sie betont weiterhin die *rationale* Komponente. Lebenswelt kann sich allenfalls aus dezentraler Aktion gewandelter Menschen ergeben – „sozialistische Lebensweise" hingegen wird *geplant*, vom Betrieb bis hin zur Ebene des Rates für gegenseitige Wirtschaftshilfe. Mit diesem Planungsaspekt wurde der Begriff jedoch für konkrete Politikfeldanalysen brauchbarer. Er verlor Schritt für Schritt den Ruch des bloß Propagandistischen, das von der Führung eingesetzt wurde, um freiheitlich-sozialistisches Gedankengut aus dem Westen und die Debatte um die Lebensqualität politisch zu neutralisieren. Das bedeutet freilich nicht, daß ältere Varianten des Begriffs, die vor allem auf dem Appell an die sozialistische Moral und Motivation beruhen, auch in der Epoche von Perestrojka gänzlich ausgestorben seien.

Dennoch bleibt bemerkenswert, wie mit einigen Jahren Verspätung die westliche Debatte um die Lebensqualität übernommen wurde, einschließlich ihres technokratischen Zugs der sozialen Indikatoren-Bewegung. Die OECD hat 1973 die Ergebnisse der sozialen Indikatorenbewegung politisch relevant werden lassen durch ihren Versuch, 22 fundamentale soziale Probleme für alle Mitgliedsländer zu benennen. Wurde dieser Versuch anfangs in der sowjetischen Literatur denunziert oder belächelt, so wurde er mit einigen Jahren Verspätung kräftig nachgeahmt (*von Beyme* 1988: 27 f.).

Die *Datenbasis* für soziologische Arbeit ist hoffnungslos unterentwickelt. Daten über Verbrechen, Selbstmord, Drogenmißbrauch oder Alkoholismus gibt es nicht. Selbst die DDR hat eine bessere öffentliche Verbrechensstatistik ins Statistische Jahrbuch aufgenommen. Noch dürftiger ist der Zustand der *Theorie* in der Soziologie.

War einst der Kontakt der Soziologie mit der Verwaltung vom Präsidiumsmitglied der Soziologischen Vereinigung, *Zdravomyslov*, (1983) unreflektiert positiv beurteilt worden, so hat *Tatjana Zaslavskaja* diese Beziehungen eher kritisch betrachtet. Die Soziologie hatte sich freilich in diesen fünf Jahren gewandelt. Sie kam nicht mehr nur als Bittstellerin, um Untersuchungen anzustellen, sondern als Beraterin im Einsatz in den Betrieben. Vielfältige Widerstände wurden nunmehr offenbar (*Zaslavskaja* 1988: 268). Es zeigte sich, daß die Beratung der Praxis noch vielfach nicht möglich war. Politikberatung zur Durchsetzung der Interessen der Disziplin im Interesse der Perestrojka muß als Prozeß vorgeschaltet werden, um der Perestrojka mittelfristig die Kader zu vermitteln, welche die theoretisch als notwendig erachteten Reformschritte in den Betrieben und Gemeinden umsetzen können.

Am ungünstigsten war die Lage der *Politikwissenschaft* im Prozeß der Politikberatung. Wenn man einen weiten Begriff von Politikwissenschaft zugrundelegt und alle Staatsrechtler, die von der Wahl- bis zur Regionalreform beratend teilgenommen haben, mit in die Betrachtung einbezieht, wie *Hill* (1980), erscheint die Rolle des Faches beachtlich. In einem professionellen Sinne gibt es das Fach jedoch bis heute nur partiell. Als *Gorbačev* auf dem Treffen des Wissenschaftlerforums im Februar 1987 die politische Wissenschaft erwähnte, witterten ihre Förderer auch in der Sowjetunion Morgenluft. Aber im Gegensatz zur Soziologie – und anders als in Ungarn oder Polen – gibt es gegen die Disziplin als Ausbildungsgang noch immer Widerstände. Ein fordernder Artikel von *Fedor Burlackij* und *Georgij Šachnazarov* (1956) – bezeichnender Weise in *Literaturnaja gazeta* – gilt manchmal als eine Art Geburtsstunde der Politikwissenschaft (*Brown* 1984: 319). Beide Autoren sind auch in der Zeit Perestrojka wichtige Anreger. *Burlackij* hat sich inzwischen jedoch eher als eine Art *high brow*-Kommentator für Themen, die in der Luft liegen, profiliert. Er versteht sich als eine Art sowjetischer „*Raymond Aron*“. Auch politische Theaterstücke hat er erfolgreich zu einem besseren Verständnis zwischen Ost und West eingesetzt, beispielsweise Bremja rešenija – die Last der Entscheidung über die Kubakrise aus der Sicht Washingtons. *Šachnazarov* ist – neben erfolgreichen Romanen unter Pseudonym – ein Vordenker von Weltmodellen und internationalen Kooperationsbeziehungen geworden. Der rasante Aufstieg der Vorkämpfer – *Šachnazarovs* als direkter Politikberater, und *Burlackijs* als führender Publizist – verdeckt, daß es noch an mittleren Kadern für die Politikwissenschaft fehlt. Im Institut für Staat und Recht in der Akademie sind viele in ihrem Ansatz juristisch-institutionell geblieben. Manche, wie *Topornin*, die einst durch Schriften zum politischen System des Sozialismus vorpreschten und vielfach offen kritisiert wurden, sind heute eher vorsichtig in ihren Äußerungen.

Der erste Buchtitel mit dem Wort „Politische Wissenschaft" war ein Verriß der amerikanischen Politikwissenschaft (*Kalenskij* 1969). Dennoch konnte ein Jahr später unter dem unverfänglichen Titel „Lenin, der Staat und die Politik" von *Burlackij* (1970) eine Art Programmschrift für die Entwicklung einer Politikwissenschaft erscheinen. Eine professionelle Politikwissenschaft hatte jedoch noch einen langen Weg zurückzulegen. Im *International Handbook of Political Science* (*Eliutin* 1982) erschien noch ein Artikel über „Sozialwissenschaften" aus sowjetischer Feder. Er hielt vor allem den „Kampf gegen den Antikommunismus", die Ausbildung in Marxismus-Leninismus und die Allunions-Inspektion („začet") für erwähnenswerte Beiträge. Nach diesem Beitrag war nicht Politikberatung und Hilfe zur Politikbewältigung durch Politikwissenschaft, sondern *Politik-Indoktrination* die eigentliche Aufgabe des Faches.

Das hat sich in der Perestrojka gewandelt. Der Vizepräsident der Sowjetischen Vereinigung für Politische Wissenschaft(en), *William Smirnov* (1988: 29), propagierte vor allem politologische Studien zur Verbesserung der Verwaltung. Hauptaspekt war dabei die Verbesserung der Partizipation. Die Perestrojka-Literatur setzt nicht nur bei der Motivation an, sondern untersucht die Voraussetzungen besserer Motivation in den Strukturen. Karrieremuster und Qualifikationsniveau wurden in einer von Soziologen geleiteten Studie untersucht (*Sokolova/Manuilskij* 1988, dt. Zusammenfassung in *Ahlberg* 1988). Eine *doppelte Moral der Imagepflege* zwischen Anpassung nach oben und dem Versuch, nach außen offen und demokratisch zu wirken, wurde zutage gefördert. Es ist wohl kein Zufall, daß – wie in anderen Ländern auch – die *Verwaltungsreform* an den Politologen vorbei von einer Koalition von Juristen und Soziologen vorangetrieben wird.

In der *Gesetzgebung* ist die Rolle der Politikwissenschaftler ebenfalls untergeordnet. Juristen dominieren die Gesetzgebungslehre noch stärker als bei uns. Politikwissenschaftler befassen sich lieber mit dem Parlamentarismus schlechthin – eine Neigung, die sowjetische Politikwissenschaftler mit der Neigung, über die „sozialistische Demokratie" schlechthin zu schreiben, reproduzierten. In der täglichen Knochenarbeit der Gesetzgebung sind Juristen federführend. Ein *Policy*-Aspekt, der die ganze Politikformulierung auf theoretische Füße stellen könnte, kommt in dieser Debatte nicht vor, weder im sowjetischen Innenverständnis, noch in den Erörterungen von außen (*Blankenagel* 1980). Nur in den amerikanischen Untersuchungen zu einzelnen Konfliktfeldern wurden wenigstens Meinungsgruppen realer Interessen und Wissenschaftler, die diese berieten, sichtbar (vgl. *von Beyme* 1988b: 366 f.). Inzwischen wird die

Politikfeldanalyse rezipiert. Die Auffächerung der Politikwissenschaft, die noch nicht einmal als Singular im Namen und als Einheit in der Organisation etabliert ist, geht verloren, noch ehe sie recht entstanden ist. Die Vielfalt der Akademie- und Parteiinstitute wird auch in der Perestrojka ihre Domäne zu sichern wissen.

Die ersten Überblicke über den Niederschlag, den die Reformen in Gesetzen gefunden haben, ließen keinen Willen zur totalen Rechtsreform erkennen. *Westen* (1988: 332) sieht diese Neukodifikation 1959–1970 als beendet an. *Reform durch Recht*, nicht die *Reform des Rechts* scheint das primäre Ziel der Perestrojka zu sein. Noch erscheint die Gesetzgebung unzusammenhängend und wenig aufeinander abgestimmt.

Die Dynamik von großen Reformen kann jedoch bei Fortsetzung der Perestrojka diesen ersten Eindruck trügerisch erscheinen lassen. Nicht alle Ziele können auf einmal propagiert und schon gar nicht alle auf einmal realisiert werden. Immer neue Reformen werden nötig. *Dysfunktionen* der ersten Maßnahmen müssen beseitigt werden. Regulative Vorhaben sind am Anfang noch nicht einmal klar. Noch sind sie vor allem in der sozialwissenschaftlichen Diskussion und werden über Politikberatung erst Schritt um Schritt in Gesetzgebung umgesetzt.

Der Nachteil dieser nützlichen Debatte in der Sowjetunion ist jedoch, daß sie noch weitgehend ohne Kenntnis des neuesten westlichen Forschungsstandes geschieht. Alle Fehler der Reformeuphorie der siebziger Jahre in Nordeuropa werden offenbar wiederholt. Allzu großzügige *Programmformulierung* verdunkelte die Notwendigkeit, die Durchführung der Pläne durch *Implementationsstudien* zu untersuchen. Selbst wenn die Durchführung gewährleistet schien, war nach der Durchführung eine *Evaluierung* des Erreichten nötig. Alle diese Einsichten der Entdecker des *Policy-Zyklus* sind noch zu wenig bekannt in der Sowjetunion. Immerhin wächst die Einsicht, daß Evaluierung nötig ist (*Stevenson, Sanjian* 1986). Am Anfang einer Reformeuphorie pflegt auch in westlichen Ländern sich in den Sozialwissenschaften die Illusion auszubreiten, die Wissenschaft könne nennenswerten Einfluß auf die Gesetzgebung und die *Politikformulierung* nehmen. In der Regel ist dieser Einfluß geringer als erhofft. Spätestens bei der *Implementation* und ganz sicher bei der *Evaluation* – weil Dysfunktionen und steigende Erwartungen durch Reformen ausgelöst werden – werden die Sozialwissenschaftler verstärkt hinzugezogen. Das dürfte auch für die Sowjetunion gelten.

4. Ausblick

Der tatsächliche Einfluß der Wissenschaft auf die Politik ist im Bereich der Sozialwissenschaften noch schwerer zu ermessen als in westlichen Ländern. *Geheimhaltung* umgibt die Kooperation. *Klientelverhältnisse* etablieren sich zwischen Bürokratien und wissenschaftlichen Instituten. Kohorten und Seilschaften schaffen *persönliche Netze*. Die Mobilität zwischen den Sektoren *Politik und Wissenschaft* ist größer als im Westen. Politiker wurden im vorprofessionellen Stadium oft wieder zu Wissenschaftlern „degradiert". Das Verhältnis von Politik und Wissenschaft kann eigentlich erst ausbalanciert werden, wenn solcher Wechsel nicht mehr als Degradierung empfunden wird, und wenn Politiker Anlaß haben, die Wissenschaftler um ihre Autonomie zu beneiden. Soweit ist die Perestrojka noch nicht. Erstes Indiz für eine solche Entwicklung ist allenfalls, daß die Akademie Schwierigkeiten hatte, genügend Kandidaten für die Wahl zum Kongreß der Volksdeputierten 1989 zu finden.

Es reicht nicht mehr, die Mängel der Sozialwissenschaften anzuprangern. Wissenschaft wurde *selbstreflexiv* auch in der Sowjetunion und beginnt ihre eigenen Bedingungen zu durchdenken. Diese Kritik ist bei der politischen Führung angekommen.

Schon auf dem 27. Parteitag 1986 hat *Gorbačev* eine zugespitzte Mängelanalyse vorgenommen. Er verkannte nicht die organisatorischen Ursachen für die Sterilität der sowjetischen Sozialwissenschaften. Sie waren allzu sehr verlängerter Arm des Ministeriums geworden (Materialy 1987: 28). Konsequenzen aus dieser Einsicht sind jedoch bisher nicht gezogen worden. In der Perestrojka könnte das wissenschaftliche Subsystem stärkere Freiheit erlangen. Der Weg zu einer freien Wissenschaft ist jedoch noch weit, solange nicht:

- der *Anspruch auf Einparteienherrschaft aufgegeben* wird,
- die *Koalitionsfreiheit* soweit verwirklicht wird, daß sie sich auch auf die Wissenschaft auswirkt, sei es durch unabhängige Fachverbände, sei es durch unabhängige gesellschaftliche Organisationen, die der Wissenschaft als Rückenstütze gegen die dominante Bürokratie dienen,
- das gesamte Bildungssystem von den Indoktrinationsansprüchen der Partei *auf Richtung Glasnost umgestellt* wird.

Literaturverzeichnis

Aganbegjan, Abel G., 1987: Strategie der Beschleunigung der sozialökonomischen Entwicklung der UdSSR. Aus Politik und Zeitgeschichte, B 45/1987, 3–14

Ahlberg, René, 1988: Die sowjetische Verwaltungselite. Leistungsqualifikation, Aufstiegschancen und Karrieremuster, Osteuropa, No 11, 965–980

Beyme, Klaus von, 1965: Politische Soziologie im zaristischen Rußland, Wiesbaden.

Beyme, Klaus von, 1975, 1977: Ökonomie und Politik im Sozialismus, München

Beyme, Klaus von, 1985: Die Sowjetunion in der Weltpolitik, 2. Aufl. München

Beyme, Klaus von, 1987: Das „neue Denken" in Gorbatschows Außenpolitik, in: *Mommsen, M./ Schröder, H.-H.* (Hrsg.): Gorbatschows Revolution von oben, Berlin, 124–138

Beyme, Klaus von, 1988a: Elitenbildung und Universitäten, in: *Ders.*, Der Vergleich in der Politikwissenschaft, München, 153–170

Beyme, Klaus von, 1988b: Vergleichende Analyse von Politikfeldern in sozialistischen Ländern, in: *Schmidt, Manfred G.* (Hrsg.): Staatstätigkeit. PVS-Sonderheft 19, 360–388

Blankenagel, A., 1980: Theorie und Praxis der Gesetzgebung in der UdSSR, Jahrbuch des öffentlichen Rechts, Bd. 29, 293–323

Brown, Archie, 1988: Tat'yana Zaslavskaya and Soviet Sociology, Social Research, Nos 1–2, 261–266

Burlackij, Fedor/Sachnazarov, Georgij, 1956: Obščestvennye nauki i žizn', Literaturnaja gazeta 24.3.1954, 3–4

Burlackij, Fedor, 1970: Lenin, gosudarstvo, politika, Moskau

Clark, E., 1973: Corps diplomatique, London, Allen Lane

Décsy, G., 1982: Die deutsche Universität im Schnittpunkt amerikanischer und sozialistischer Organisationsprinzipien 1965–1980, Bloomington/Indiana, European Research Association

Dejatel'nost' naučnych učreždenij Akademii Nauka SSSR v oblasti issledovanij problem mira i razoruženija, in: Mir i razoruženie, Moskau 1980, 174–205

Die Studie von Nowosibirsk, 1984: Osteuropa-Archiv, Jan. 1984, A 1–A 25

Doder, Dusko, 1986: Shadows and Whispers: Power Politics Inside the Kremlin from Brezhnev to Gorbachev, New York, Random House

Eliutin, V., 1982: USSR: Tasks of Social Science Departments, in: *William, A. G.* (Hrsg.): International Handbook of Political Science, Westport/Conn., Greenwood, 340–350

Eran, O., 1979: Mezhdunarodniki. An Assessment of Professional Expertise in the Making of Soviet Foreign Policy, Tel Aviv, Turtledove Publishing

Gendin, A.M., 1970: ‚Effekt Edipa' i metodologičeskie problemy social'nogo prognozirovanija. Voprosy filosofii, Nr. 5, 80–89

Gorbatschow, M., 1987 Die Rede. Wir brauchen die Demokratie wie die Luft zum Atmen, Reinbek bei Hamburg

Gromyko, A.A./Ponomarev, B.N. (Red), 1980: Soviet Foreign Policy 1945–1980, Moskau, 2 Bde.

Hill, Ronald J., 1980: Soviet Politics, Political Science and Reform, London, Robertson/Sharpe

Hough, J. F., 1980: Soviet Leadership in Transition, Washington Brookings

Kalenskij, V. G., 1969: Političeskaja nauka v ŠSA. Kritika buržuaznych koncepcii vlasti, Moskau

Korolev, Ju. A., 1987: Pravovye aspekty zaščity gosudarstvom. Sovetskoe gosudarstvo i pravo, Nr. 5, 19–27

Kruglyj stol, 1987: Aktual'nye problemy gosudarstvennogo strachovanija, Sovetskoe gosudarstvo i pravo, No. 9, 65–70

Lemaine, G. u. a. (Hrsg.), 1976: Perspectives on the Emergence of Scientific Disciplines, Paris, Mouton/Chicago, Aldine

Levykin, I. T., 1987: Obščee i osobennoe v obraze žizni socialističeskich grupp Sovetskogo obščestva, Moskau

Liberman, E. G., 1973: Ökonomische Methoden zur Effizienzsteigerung der gesellschaftlichen Produktion, Berlin

Light, Margot, 1988: The Soviet Theory of International Relations, Brighton, Wheatsheaf

Materialy XXVII s"ezda kommunističeskoj partii Sovetskogo Sojuza, 1987, Moskau

Mževiradze, V. V., 1986: Novoe političeskoe myšlenie, in: Sociologičeskie issledovanija, Nr. 3, 3–13

Nachruf auf den Gegenplan, 1979: FAZ 18.9.1979, 11

Osers, J., 1974: Forschung und Entwicklung in sozialistischen Staaten Osteuropas, Berlin

Remnek, Richard B. (Hrsg.), 1977: Social Scientists and Policy Making in the USSR, New York

Sasjanenko, V. I., 1985 Sovetskij obraz žizni, Moskau

Shlapentokh, Vladimir, 1987: The Politics of Sociology in the Soviet Union. Boulder, Westview

Sikolova, I. F./Manuilskij, M.A., 1988: Kak stat' ministrom. Dolžnostnoe prodviženie upravlenčeskich kadrov, Sociologičeskie issledovanija, No. 1, 16–25

Smirnov, W. V., 1988: Politological Studies of State Administration, Coexistence, 21–31

Stenografičeskij otčet. Moskau 1956, Bd. 1

Stevenson, Sanjian A., 1986: Constraints on Modernization. A Case of Administrative Theory in the USSR. Comparative Politics, 193–210

Tolstoj, Ju. K., 1987: Problemy žiliščnogo zakonodatel'stva. Sovetskoe gosudarstvo i pravo, Nr. 11, 88–95

Tumanov, Vladimir, 1988: Guarantees for Constitutionality of Legislation in the U.S.S.R., in: *Landfried, Ch.* (Hrsg.): Constitutional Review and Legislation, Baden-Baden, 213–218

Weinberg, E. A., 1974: The Development of Sociology in the Soviet Union. London

Westen, Klaus, 1988: Perestroika und Rechtsordnung. Osteuropa, 329–348

XX s"ezd Kommunističeskoj partii Sovetskogo Sojuza

Yakovlev, A., 1987: Dostiženie kačestvenno novogo sostojanija sovetskogo obščestva i obščestvennye nauki, Kommunist, 3–22

Zacharov, M. L./Tučkova, E. G., 1987: K voposu o koncepcii novogo zakona obespečenii trudjaščichsja. Sovetskoe gosudarstvo i pravo, Nr. 8, 68–83

Zaslavskaya, Tat'yana, 1988: Perestroika and Sociology. Social Research, No. 1–2, 267–276

Zimmerman, W., 1969: Soviet Perspectives on International Relations 1956–1967, Princeton UP

Zrdravomyslov, A., 1983: Sociologija: problemy i perspektivy. Pravda, 23.9.1983, 2–3

Die Psychologie der DDR im Spannungsfeld von politischer Funktionalisierung und wissenschaftlicher Emanzipation

Norbert Kapferer

1. Einleitung

Auf die Frage nach dem Verhältnis von Wissenschaft und Herrschaft weiß der Marxismus-Leninismus eine bündige Antwort: Wissenschaft war nie wertneutral und stand spätestens seit ihrer Durchsetzung als gesellschaftsverändernde Kraft im *Dienste der jeweils herrschenden Klasse*. Daran habe sich natürlich auch im Sozialismus nichts geändert, allerdings sei hier die herrschende Klasse die Arbeiterklasse und alle Werktätigen unter der Führung ihrer Avantgarde, der Partei. In der Deutschen Demokratischen Republik, wie bislang in den meisten anderen sozialistischen Staaten, machte diesem Selbstverständnis gemäß auch niemand einen Hehl aus dem Sachverhalt, daß die Wissenschaften und ihre Erkenntnisse der Kontrolle der Partei direkt unterstehen. Dabei wurde allerdings vehement bestritten, daß wissenschaftliche Erkenntnisse fundamentalen ideologischen Grundsätzen der Partei jemals widersprechen könnten, zumal diese selbst als „wissenschaftlich" fundiert behauptet wurden. Aus diesem Grund spielte die marxistisch-leninistische Philosophie von Anfang an eine entscheidende Rolle, um die in den Natur- und Sozialwissenschaften gewonnenen Ergebnisse so zu interpretieren, daß sie mit den aktuellen ideologischen Erfordernissen in Einklang standen. Das führte im Laufe der Zeit zu einer gewissen Arbeitsteilung: Die praxisrelevanten empirischen Ergebnisse der Natur- und Sozialwissenschaften flossen ungefiltert in die entsprechenden gesellschaftlichen Anwendungsbereiche, während die Philosophie sie auf System- und Ideologieverträglichkeit hin sortierte und auslegte.

Nach dem weltanschaulich-ideologischen Bedeutungsverlust marxistisch-leninistischer Interpretationen der Naturwissenschaften rückten die Sozialwissenschaften ins Zentrum des Interesses, besonders die Soziologie und die Psychologie. Das *marxistisch-leninistische Menschenbild*, das bislang nur von der Philosophie konzipiert worden war, verlangte nach einem sozialwissenschaftlichen Rahmen. Ferner waren gewisse Korrekturen am Menschenbild notwendig geworden, da dieses in der von Marx selbst hinterlassenen Gestalt nicht mehr vertreten werden konnte.

Der sich nun über fast zwei Jahrzehnte hinziehende Umgestaltungsprozeß nahm seit Ende der siebziger Jahre an Geschwindigkeit zu und zeitigte in den verschiedensten Sozial- und Gesellschaftswissenschaften erstaunliche Phänomene: In den Kunst-, Kultur- und Literaturwissenschaften wurden Dogmen über Bord geworfen, in der Philosophie wurden Denker wie *F. Nietzsche* und *M. Heidegger* kontrovers diskutiert. Westliche Beobachter sprachen von „Emanzipation" oder „Glasnost"! Sind Philosophie und Wissenschaften in der DDR dabei, aus ihrer Rolle auszubrechen? Die folgenden Betrachtungen beziehen sich auf Tendenzen in der Psychologie.

2. Neue Tendenzen in der Psychologie

Am 16./17. Juli 1988 meldete das Neue Deutschland unter der Rubrik „Gesellschaftswissenschaften“ die offizielle „Wiederkehr des Verdrängten“: *Sigmund Freud*, der Schöpfer der Psychoanalyse, dessen Schriften seit Jahrzehnten verbannt, beziehungsweise nur einem kleinen Leserkreis in Bibliotheken oder privat als antiquarisches Erbgut wie als geschmuggeltes Präsent aus dem „Westen“ zugänglich waren, hielt mit einer gleich dreibändigen Ausgabe Einzug in die DDR. Begonnen hatte die langsame Wiedereinbürgerung allerdings schon 1982, als – fast unbemerkt – der Schriftsteller *Franz Fühmann* einige Texte *Freuds* edierte und unter literaturtheoretischen Aspekten diskutierte. Nachgestellt wurde dieser Ausgabe ein Gespräch *Fühmanns* mit *Simon*, in welchem die unterschiedlichen Standpunkte „über die historischen Grenzen und Leistungen *Freuds*“ offen diskutiert werden (*Fühmann, Simon* 1982). Es folgte 1985, diesmal von dem Psychologen *Achim Thom* herausgegeben, ein Band „Ausgewählter Schriften“ (*Thom* 1985) zur Neurosenlehre, Psychotherapie, Persönlichkeitspsychologie, Kultur- und Gesellschaftstheorie. In der Dezemberausgabe von 1987 der Deutschen Zeitschrift für Philosophie notierte der Erkenntnistheoretiker *John Erpenbeck* zusammen mit *Anatal Borbely* vom Psychoanalytic Institute, New York, über die Psychoanalyse als eines der „herausragenden Ereignisse der Wissenschaftsgeschichte unseres Jahrhunderts“: „Für die Gegenwart ist ein verstärktes und weitgefächertes Zurückgehen auf Freud in Psychologie, Psychiatrie, Soziologie, Philosophie, Literatur und Literaturtheorie, Geschichtswissenschaft, Politik festzustellen“ (*Borbely/Erpenbeck* 1987: 1016). Da diese Feststellung wohl kaum auf die Freudrezeption im Westen bezogen sein konnte, – die Psychoanalyse hatte hier seit den sechziger Jahren ununterbrochen Konjunkturen in der Studentenbewegung, Strukturalismusdebatte, Ästhetik-Literaturtheorie –, muß wohl vom „real existierenden Sozialismus“ der DDR die Rede sein. In der Tat stieg die Zahl der Publikationen in den letzten Jahren – gemessen an der Abstinenz der Vergangenheit – stark an, seit im Jahre 1981 auf einem Symposium in der DDR, anläßlich *Freuds* 125. Geburtstag, von Medizinern, Psychologen, Therapeuten, Soziologen und Philosophen eine neue Rezeption gefordert wurde. Obwohl nun in den meisten Beiträgen die bekannten Vorbehalte gegen die Psychoanalyse wiederholt wurden, so war doch unverkennbar ein neuer Stil, eine neue Umgangsweise, eine wesentlich differenziertere Betrachtung bis hin zu vorsichtigen Korrekturen des tradierten, marxistisch-leninistischen Freud-Bildes erkennbar. Die Vermutung, daß diese „Freud-Welle“ in der Literatur der Anfang, ja der erste Schritt einer alsbald bevorstehenden, dramatisch zu nennenden, völligen Um- und Neubewertung des Begründers der Psychoanalyse, seines Werkes und seiner Schule sein könnte, muß sich angesichts dieses publizistischen Aufgebots förmlich aufdrängen (vgl. *Kätzel* 1987; *Beranek* 1985; *Schmidt* 1989).

Was aber hat nun diesen sich abzeichnenden Wandel verursacht? Stehen Philosophie

und Wissenschaften in der DDR gar selbst vor einem Umbruch? Beginnt das realsozialistische Verhältnis von Politik-Ideologie-Philosophie-Wissenschaft sich zu modifizieren?
Die Lehren *Freud*s und seiner Schüler paßten und passen nicht in das Welt- und Menschenbild, das der Parteimarxismus seit der Jahrhundertwende und schließlich der Marxismus-Leninismus nach Kriegsende entworfen hatte. Man zählte *Freud* zu den „Irrationalisten" und „Pessimisten", weil er Zweifel am rationalistischen und idealistischen Bild des Menschen anmeldete, weil er die Omnipotenz des Bewußtseins bestritt, und weil er einen unauflösbaren Gegensatz von menschlicher Triebnatur und Kultur postulierte. Eine Zumutung für die sozialistische Arbeitsethik und – in den fünfziger Jahren – eine Zumutung für die repressive Sexualmoral in beiden deutschen Staaten. Doch während sich in den USA, England, Frankreich, Italien und der Bundesrepublik eine gesellschaftskritische Philosophie- und Sozialwissenschaft herausbildete, die bei ihrer Auseinandersetzung mit den Herrschaftsformen hochindustrialisierter Regionen auf *Freud* zurückgriff, ihn mit *Marx'* Kapitalismuskritik verband – *H. Marcuse, E. Fromm, M. Horkheimer, Th. W. Adorno, A. Lorenzer, Althusser, Deleuze, Guattari* – waren in der DDR schon seit Ende der vierziger Jahre die Weichen auf bedingungslose Konformität gestellt: Philosophie und Sozialwissenschaften wurden in den fünfziger Jahren den ideologischen Erfordernissen politischer Herrschaft angepaßt und somit ihrer potentiell kritischen Funktion beraubt. Kritik war fortan nur noch am politischen, ideologischen, philosophischen und wissenschaftlichen Gegner, also am „Imperialismus/Kapitalismus" und der „spätbürgerlichen Ideologie, Philosophie und Wissenschaft" möglich, jedoch nicht mehr an den Entwicklungstendenzen der eigenen Gesellschaft und ihrer politischen Ideologie.

3. *Ideologische Zurichtung und pragmatische Funktionalisierung*

Die Philosophie war die erste akademische Disziplin, die vom Marxismus-Leninismus dominiert und nach Ausschaltung, Reglementierung und Abseitsstellung renitenter Ansätze – *L. Kofler, W. Harich, E. Bloch, G. Lukacs, R. Havemann* – zur ideologischen Hochburg umgebaut wurde. Nicht so relativ einfach und schnell ging es mit der Subsumtion der Einzelwissenschaften. Im Fall der Psychologie ermöglichte das anfängliche Desinteresse des Marxismus-Leninismus an dieser Wissenschaft die Fortexistenz einer „bürgerlichen Psychologie". So gab es in den fünfziger Jahren neben der Berliner Schule der Gestaltpsychologie noch die Verstehende Psychologie mit *P. Lersch* und gewisse Einflüsse des Personalismus bei *Stern*. Der Preis dieser Duldung war Unauffälligkeit bei Wahrung politischer, ideologischer und philosophischer Abstinenz. Eine eigenständig politisch denkende, gesellschaftskritisch ausgerichtete Psychologie hatte in der DDR von Anfang an wenig Chancen. Während es in der SBZ bis 1949 aufgrund noch unstabiler Herrschaftsverhältnisse und unter Rücksichtnahme auf die Ideologie der „antifaschistisch-demokratischen Umgestaltung" möglich war, in der Öffentlichkeit alternative psychologische Ansätze zu diskutieren (vgl. Einheit 1948; Aufbau 1948) begann nach Staatsgründung der DDR, spätestens aber seit Aufkommen des

Pawlow-Dogmas in den fünfziger Jahren[1], eine Generaloffensive gegen die bürgerliche Psychologie. Restbestände der Individual- und Tiefenpsychologie wie der Psychoanalyse verschwanden von der Bildfläche, die empirisch experimentelle Psychologie, deren gestaltpsychologische Variante – Berliner Schule der Gestaltpsychologie – in Lehre und Forschung stark verankert war, geriet unter ideologischen Druck[2] seitens der marxistisch-leninistischen Philosophie und sich marxistisch-leninistisch gebärdender Psychologen. Dabei konnte von einer „marxistischen Psychologie" als Gegenentwurf zur bürgerlichen Psychologie überhaupt keine Rede sein. Wie die neuere Psychologiegeschichtsschreibung in der DDR selbst einräumt, konstituierte sich eine „dialektisch- und historisch materialistisch fundierte Psychologie" erst Anfang bis Mitte der sechziger Jahre (*Mäder/Siebenbrodt* 1980; *Kossakowski* 1980)[3].

Vielmehr war der dogmatische *Pawlowismus*, hinter dem sich der Parteimarxismus versammelte, Ausdruck einer traditionell psychologiefeindlichen Haltung, stand doch allein schon der Gegenstand dieser Wissenschaft, die menschliche Seele, im Verdacht, wenn nicht metaphysisch, so doch idealistisch konzipiert zu sein. Zudem galt Psychologie als Individualwissenschaft und stand schon deswegen im Ruf, bürgerliche Wissenschaft und bürgerliche Weltanschauung zu perpetuieren. Die Lehre *Pawlows* bot sich als „materialistische" und anti-individualistische Erklärung des Psychischen an und entsprach damit dem ideologischen Bedürfnis und Zeitgeist, möglichst einfach die Materialität alles Seins zu beweisen. Der weltanschauliche Vorteil, den der Pawlowismus bot und dem die gesamte Psychologie in der DDR ihre Reverenz zu erweisen hatte, erwies sich jedoch sowohl in der politischen wie in der psychologischen Praxis als Nachteil. Durch das Pawlow-Dogma, das sich vor allem in der pädagogischen Psychologie etabliert hatte[4] und das in das Korsett des dialektischen Materialismus eingepfercht war, wurde sowohl die empirische Forschungspraxis wie der gesellschaftspolitisch für erforderlich gehaltene Einsatz pädagogischer Psychologie in Schule und Arbeitswelt erheblich behindert. Trotz der einsetzenden Kritik von Psychologen, die im Namen einer marxistisch-leninistischen Psychologie eine ideologische Überfrachtung für schädlich hielten[5], konnte der marxistisch-leninistisch überstrapazierte Pawlowismus bis in die sechziger Jahre hinein seine ideologische Führungsposition behaupten. Allerdings hatte sich – seit dem Erscheinen von *Rubinsteins* „Grundlagen der Allgemeinen Psychologie" im Jahre 1958[6] ein Wandel angebahnt: Das Pawlow-Dogma wurde durch das Rubinstein-Dogma gemildert, was der empirischen Psychologie einen größeren Spielraum verschaffte.

Schließlich mußte die Ideologie angesichts gesellschaftspolitischer Notwendigkeiten Abstriche machen. Die Psychologie wurde von den Ansprüchen der marxistisch-leninistischen Philosophie so weit entlastet, daß sie sich nunmehr als *experimentelle Einzelwissenschaft* etablieren konnte, allerdings mit der Auflage, sich als marxistisch-leninistische Wissenschaft zu begründen. Die effektive Bestandsicherung des sozialistischen Staates in den psychologierelevanten Bereichen stand auf der Tagesordnung, und dazu mußte diese Einzelwissenschaft ihren Beitrag leisten. Neben der psychologisch-medizinischen und psychiatrischen Versorgung hatte sie sozialtechnologisch verwertbares Wissen, Manipulations- und Herrschaftspraktiken zur Verfügung zu stellen. Das bewährte Methodenarsenal der bürgerlichen Wissenschaft stand zu diesen

Zwecken bereit, es war lediglich marxistisch-leninistisch einzukleiden, zu Präsentationszwecken in Termini des dialektischen Materialismus zu transformieren. Am besten eignete sich dazu eine Methodendiskussion jenseits der praktischen Einsatzfelder. Ebenso galt es, die empirischen Ergebnisse so zu interpretieren, daß sie weder den Grundprinzipien des Marxismus-Leninismus, noch dem Selbstbildnis der sozialistischen Gesellschaft widersprachen.

Die Methodendiskussionen, die bis heute geführt werden, dienen hauptsächlich dem Zweck, den weltanschaulich-ideologischen Ansprüchen gerecht zu werden, nicht aber, um sich in der Praxis vom bürgerlichen Methodenarsenal zu verabschieden.

Die gezielte Inangriffnahme der Aufgabe, mit dem bewährten Methodeninstrumentarium der bürgerlichen Wissenschaft zu forschen, die Ergebnisse sozialtechnologisch umzusetzen und dem Ganzen nachträglich den erforderlichen ideologischen Anstrich zu geben, darf als Geburtsstunde der marxistisch-leninistischen Psychologie gewertet werden (vgl. *Kapferer* 1987). Auf dem VI. Parteitag der SED im Jahre 1963, der den „umfassenden Aufbau des Sozialismus" beschloß, wurde erstmals die wachsende Bedeutung der Erkenntnisse der Psychologie für die „sozialistische Leitungstätigkeit" hervorgehoben. Mit Blick auf die in den Zeitschriften Einheit und Pädagogik geführte Diskussion um die Möglichkeit und Notwendigkeit einer marxistisch-leninistischen Psychologie gab *Willi Stoph* den Verfechtern der reinen Lehre, die die Möglichkeit einer marxistischen Einzelwissenschaft Psychologie bezweifelten, zu bedenken: „Diese Diskussion ist richtig und notwendig. Ist es aber nicht an der Zeit, von unseren leitenden Funktionären die Aneignung der einfachsten Grundsätze der Pädagogik und Psychologie zu fordern? Ich denke, daß man damit beginnen muß, denn um wieviel größer könnten unsere ökonomischen Erfolge sein, um wieviel wirkungsvoller könnte unsere Führungstätigkeit sein, wenn unsere Partei- und Staatsfunktionäre, Wirtschaftsleiter und Propagandisten genauer um die Gesetzmäßigkeiten der sozialistischen Bewußtseinsbildung wüßten und auf wahrhaft sozialistische Weise die Führung der Menschen organisieren." (*Mäder/Siebenbrodt* 1980: 43) Damit hatte die SED beschlossen, daß es eine marxistisch-leninistische Psychologie gibt. Die verantwortlichen Psychologen taten das ihre.

Im Jahre 1962 verließen die DDR-Psychologen den bundesrepublikanischen Fachverband und gründeten die Gesellschaft für Psychologie der DDR. An den Universitäten und Hochschulen Berlin, Dresden, Leipzig wurden die Fachrichtungen Arbeits- und Ingenieurpsychologie, Sozialpsychologie und Pädagogische Psychologie ausgebaut. Im Zeitraum von 1965 bis 1970 konzentrierte man die Forschungsarbeit auf diese psychologischen Disziplinen. Während dieser Aufbauphase, in der sich auch eine Erwachsenen-, Kinder- und Jugendpsychologie sowie eine Sportpsychologie etablieren konnte, fand eine Ablösung vom dysfunktionalen Pawlowismus und eine Hinwendung zur *Kybernetik* statt. Dieser auch in der Philosophie konstatierbare Einzug der Kybernetik stand in engem Zusammenhang mit der politisch und ideologisch propagierten „wissenschaftlich-technischen Revolution", mittels derer die Produktivkräfte des Kapitalismus überboten werden sollten[7]. *Friedhard Klix*, seiner wissenschaftlichen Herkunft nach Gestaltpsychologe, Schüler von *Kurt Gottschaldt*,[8] bis Anfang der sechziger Jahre noch von der Pawlow-Fraktion heftig attackiert (vgl.

Lompscher 1957; *Zehner* u. a. 1957; *Vorwerg* 1962), hatte schon frühzeitig die Bedeutung der in den USA entwickelten und auch in Westeuropa sich mehr und mehr durchsetzenden Kybernetik erkannt und wie sein Kollege aus der Philosophie, *Georg Klaus*, für den Marxismus-Leninismus entdeckt. Als 1962 sein Buch „Kybernetische Analyse geistiger Prozesse" erschien, verstummten seine Kritiker, denn inzwischen hatten Sowjetwissenschaftler der Kybernetik eine Unbedenklichkeitsbescheinigung ausgestellt und zur schöpferischen Ausgestaltung aufgerufen. Der internationale Erfolg stellte sich alsbald schon ein. *Klix* und seinen Mitarbeitern war es wohl zu verdanken, daß die Humboldt-Universität zu Berlin schon im Jahre 1964 ein internationales Symposium über „Psychologische Probleme kybernetischer Forschung" durchführen konnte. Die Kontinuität dieser Art von Forschung verhalf der DDR-Psychologie dann auch zum internationalen Durchbruch. Auf dem Weltkongreß für Psychologie, der im Jahre 1972 in Tokio veranstaltet wurde, erteilte man der DDR-Psychologie den Auftrag, den 22. Internationalen Kongreß im Juli 1980 durchzuführen.
Hier hatte nun zeitweise eine äußerst pragmatisch ausgerichtete Ideologie den Sieg über marxistisch-leninistische Grundprinzipien davon getragen, denn was hatte der Neofunktionalismus der kybernetischen Psychologie noch mit den Postulaten des dialektischen Materialismus zu tun? Auch wenn sich *Klix* und andere um eine marxistisch-leninistische Legitimation bemühten, konnten sie doch nicht leugnen, daß sich kybernetische Psychologie in der DDR und der UdSSR nur unwesentlich von amerikanischer und bundesrepublikanischer unterscheidet. Hier wie dort reduziert der kybernetische Denkansatz den Menschen auf ein Informationssystem bzw. den Denkvorgang auf einen Prozeß der Informationsverarbeitung und darf deshalb wohl kaum beanspruchen, dialektisch oder historisch ausgerichtet zu sein.
Der Siegeszug der Kybernetik in Philosophie, Psychologie und anderen Wissenschaften wurde jedoch zu Beginn der siebziger Jahre gestoppt. Die politische und ideologische Situation hatte sich verändert. *Erich Honecker*, bereits seit 1958 Mitglied des Politbüros, sprach kurze Zeit vor seinem Machtantritt noch emphatisch von neuen Methoden der Information und der Bewußtseinsanalyse, dem Einsatz von elektronischer Datenverarbeitung, Kybernetik, Pädagogik, Psychologie und Soziologie in der Parteiarbeit. Man wollte sich als „wissenschaftliche Partei" verstehen, deren Führungsanspruch auf „exakter wissenschaftlicher Analyse" beruhe und mit der Beschwörung von Wissenschaft und Technik die Überlegenheit des Sozialismus betonen. Doch mit dem Übergang zur Ära Honecker rückte die SED deutlich von diesem Kurs ab: Die Partei sollte wieder zum Subjekt gemacht und technokratische Tendenzen zusammen mit der Dominanz wissenschaftlich-technischer Eliten zurückgedrängt werden. Die durch Kybernetik und Systemtheorie angeschlagene Autorität des dialektischen und historischen Materialismus mußte wiederhergestellt werden. *Kurt Hager* formulierte dies auf einer Tagung von Gesellschaftswissenschaftlern im Oktober 1971 wie folgt: „So wichtig Kybernetik und Systemtheorie sind und bleiben, so können wir natürlich nicht zulassen, daß sie an die Stelle des dialektischen und historischen Materialismus, der politischen Ökonomie des Sozialismus, des wissenschaftlichen Kommunismus oder auch der sozialistischen Leitungswissenschaften treten, daß sie verabsolutiert werden und daß die Sprache einer Spezialwissenschaft die politische Sprache der

Partei wird. Die Partei würde damit aufhören, eine marxistisch-leninistische Partei zu sein ..." (*Weber* 1980: 147).
Mit der Losung, nicht Wissenschaft und Technik, sondern die Arbeiterklasse unter Führung ihrer Partei sei „Hauptproduktivkraft", hinter dem wissenschaftlich-technischen Fortschritt stehe der „schöpferische Mensch", „die allseitig entwickelte sozialistische Persönlichkeit", suchte die SED-Führung in den siebziger Jahren den „subjektiven Faktor" in den Vordergrund zu rücken. Nicht das sozialistische Kollektiv, sondern die einzelne Person mit ihrem Leistungswillen, Gestaltungsvermögen und Verantwortungsbewußtsein war damit aufgerufen, an der weiteren Ausgestaltung der sozialistischen Gesellschaft mitzuwirken.
In der Psychologie wurde dieser ideologische Wandel mitvollzogen. Während auf der vor dem Machtwechsel stattfindenden III. Konferenz der Gesellschaft für Psychologie vom November 1970 noch die Forderung der Partei- und Staatsführung, „die Wissenschaften zu unmittelbaren Produktivkräften zu entwickeln ..." (vgl. *Hiebsch* 1970: 140) im Vordergrund stand, bestätigte die IV. Konferenz im Jahre 1975 die seit 1971 gegebenen neuen Richtlinien, wonach die Mitwirkung der Psychologie bei der Erfüllung des Fünfjahrplanes in folgendem bestanden haben soll: „Der allseitigen Entwicklung sozialistischer Persönlichkeiten, der Erhöhung der Effektivität in der Produktion und in anderen gesellschaftlichen Bereichen, wie z. B. Sport und in der Landesverteidigung, der Verbesserung der Leitung kollektiver Prozesse in unterschiedlichen Bereichen und der Gesunderhaltung der Bevölkerung durch Psychoprophylaxe und psychologisch begründete Rehabilitation." (*Kossakowski* 1976: 1) Besondere Erwähnung fand die Entwicklung der *Persönlichkeitspsychologie*, deren aktuelles Anliegen in der theoretischen und empirischen Analyse der psychischen Eigenschaftsstruktur der Persönlichkeit liege.

> „Obgleich in dieser Hinsicht einige theoretische und empirische Arbeiten geleistet wurden sind die vorliegenden Ergebnisse noch völlig unzureichend. Dies wirkt sich nachteilig aus, weil wissenschaftlich begründete Aussagen zur psychischen Eigenschaftsstruktur der Persönlichkeit sowohl für eine systematische Aspektforschung, besonders für die Diagnostik, aber auch für die Orientierung der pädagogischen Arbeit auf die allseitige Entwicklung sozialistischer Persönlichkeiten von grundlegender Bedeutung sind." (*Kossakowski* 1976: 11)[9]

Damit war die Relevanz persönlichkeitspsychologischer Forschung deutlich herausgestellt und ein *Paradigmenwechsel* angezeigt, denn Persönlichkeitspsychologie stand bis in die sechziger Jahre hinein unter dem Verdikt, „bürgerliche Psychologie" zu sein. Tatsächlich war Persönlichkeitspsychologie in der DDR lange Zeit eine Domäne der gestalt- und feldtheoretischen Persönlichkeits-Konzeption *Gottschaldt*s. Zwar hatten die Begründer einer marxistisch-leninistischen Sozialpsychologie *Hans Hiebsch* und *Manfred Vorwerg* Mitte der sechziger Jahre einen Persönlichkeitsbegriff entwickelt, doch dieser war eben – den ideologischen Erfordernissen dieser Zeit gemäß – eher soziologistisch konzipiert und konnte schon deswegen nicht den Anforderungen persönlichkeitspsychologischer Strukturforschung genügen.

4. Metamorphosen des Begriffs „sozialistische Persönlichkeit"

In der Philosophie war nach langen Diskussionen gegen Ende der sechziger Jahre folgender Begriff erarbeitet worden:

> „Sozialistische Persönlichkeit" – so die Definition im „Philosophischen Wörterbuch" – „ist das sich im Prozeß der gesellschaftlichen Arbeit selbst gestaltende und entwickelnde Individuum, das unter Führung der marxistisch-leninistischen Partei in Gemeinschaft mit anderen Menschen seinen Lebensprozeß in ständig wachsendem Maße unter Kontrolle nimmt und in diesem Prozeß seine individuellen Fähigkeiten, seine produktiven Kräfte immer allseitiger entfaltet. Für die Persönlichkeit der sich voll entwickelnden sozialistischen Gesellschaft können daraus folgende Merkmale und Eigenschaften bestimmt werden: Das Streben nach Aneignung einer umfassenden Allgemeinbildung und ständiger Vervollkommnung des beruflichen Wissens und Könnens; die Fähigkeit und das Bedürfnis zur selbständigen, schöpferischen geistigen Arbeit und zur praktischen Anwendung neuer Erkenntnisse, ein fester Klassenstandpunkt, der in der sozialistischen Ideologie und Weltanschauung begründet ist und in der aktiven Parteinahme für den sozialistischen Staat und in der Bereitschaft, ihn zu verteidigen, zum Ausdruck kommt; sozialistische moralische Qualitäten und Verhaltensweisen, wie vor allem ein hohes Pflicht- und Verantwortungsbewußtsein, sozialistischer Gemeinschaftsgeist, Kämpfertum und Mut zum Risiko, Ehrgefühl und Gewissenhaftigkeit, Internationalismus und Achtung vor den Menschen" (*Buhr* 1972: 829).

Manfred Buhr ging davon aus, daß die Merkmale und Wesenszüge sozialistischer Persönlichkeit sich im „Kampf um die Meisterung der wissenschaftlich-technischen Revolution" wie in der aktiven Teilnahme von „immer mehr Werktätigen an der Planung und Leitung von Wirtschaft und Gesellschaft" entwickeln und festigen. Der gesellschaftlich-erzieherische Einfluß auf die Persönlichkeitsbildung werde dabei von der marxistisch-leninistischen Partei, dem sozialistischen Staat wie den gesellschaftlichen Organisationen getragen, was allerdings die Eigenverantwortung des Menschen nicht ausschließe. Vielmehr gewinne im fortgeschrittenen Stadium sozialistischer Vergesellschaftung die Selbsterziehung eine immer größere Bedeutung.

In gewisser Hinsicht war diese philosophische Charakterisierung, in der Zeit des Übergangs von *Ulbricht* zu *Honecker* gedruckt, Mitte der siebziger Jahre überholt, denn es fehlte die Hervorhebung der „wachsenden Rolle des subjektiven Faktors" bei der weiteren „Ausgestaltung des Sozialismus", was ja als Indiz für das Vorhandensein, für die Faktizität „allseitig entwickelter sozialistischer Persönlichkeiten" gewertet wurde.[10] Der Psychologie war dabei die Aufgabe zugefallen, die von der SED und der Philosophie erhobenen Postulate fachspezifisch zu beweisen. Nun war die Herausbildung derartiger Persönlichkeiten als ein noch nicht abgeschlossener, aber inzwischen doch sichtbar gewordener Prozeß aufgefaßt worden. *Ulbricht* sprach 1967 schon von „deutlich erkennbaren sozialistischen Persönlichkeiten". (*Ulbricht* 1967: 86) Der Sozialpsychologe *Hans Hiebsch* drückte sich dagegen 1970 etwas vorsichtiger aus: Im Entstehen befindliche „Umrisse sozialistischer Persönlichkeiten". (*Hiebsch* 1970: 141) Vier Jahre später meinte der Jugendpsychologe *Walter Friedrich* bereits „zunehmend Züge sozialistischer Persönlichkeitsbildung" (*Friedrich/Henning* 1975: 101) ausgemacht zu haben, während der Persönlichkeitspsychologe *Harry Schröder* in seinem 1980 veröffentlichten Bericht über den Stand der Persönlichkeitsforschung in der DDR „die Herausbildung allseitig und harmonisch entwickelter sozialistischer Persönlichkeiten in allen Klassen und Schichten des werktätigen Volkes" (*Schröder* 1980: 68) als Tatbestand notiert.

Allerdings konnte keine dieser Behauptungen bislang durch eine empirische Studie belegt werden. Einmal schon deswegen nicht, weil es eine allgemeinverbindliche, marxistisch-leninistische *Theorie* der Persönlichkeit nicht gibt. Mitte der siebziger Jahre wurde das von DDR-Psychologen auch offen eingestanden. Zu Beginn der achtziger Jahre stand man dann unter dem Zwang, Fortschritte in der Theoriebildung behaupten zu müssen, was zu Verlegenheitsformulierungen führte wie: „Insgesamt wurde in den vergangenen Jahren eine merkliche Vereinheitlichung von persönlichkeitstheoretischen Grundpositionen in der Psychologie erreicht, erleichtert durch die Verbreitung der Psychodiagnostik in den verschiedenen psychologischen und sozialwissenschaftlichen Fächern wodurch auch günstige Voraussetzungen für die interdisziplinäre Forschung geschaffen wurden" (*Schröder* 1980: 78). Eine andere Schwierigkeit liegt im Widerspruch zwischen den Postulaten eines sozialistischen Menschenbildes, wie sie von der Partei und der Philosophie vorgegeben werden, und dem Methodenarsenal der empirischen Wissenschaften. So hatte die Philosophie beispielsweise den bürgerlichen Individualitätsbegriff für überwunden erklärt und es der Psychologie überlassen, den Persönlichkeitsbegriff in Abhebung vom Begriff des Individuums weiter zu entwickeln. Dies führte aber zu Komplikationen, wie der Persönlichkeitspsychologe *Harry Schröder* in seinem zusammenfassenden Bericht einräumt:

> „Probleme gibt es noch bei der Umsetzung dieser definitorischen Aussagen hohen Allgemeinheitsgrades in konkrete empirische Untersuchungsansätze, die nicht auf eine differentielle Psychologie des Individuums und damit auf die ausschließliche Erforschung der individuellen Aktivitätsform des Menschen orientiert ist. Dies liegt teilweise darin begründet, daß die auf abstrakt philosophischer Ebene ausgearbeiteten Aussagen noch unzureichend in methodische Prinzipien und Bewertungskriterien konkreter Tätigkeitsbereiche transformiert wurden, um untersuchungsmethodisch bzw. diagnostisch eindeutig anwendbar zu sein" (*Schröder* 1980: 78).

Ganz im Gegenteil hierzu scheint man sich in der empirischen Persönlichkeitsforschung, vor allem in der *Psychodiagnostik*, verstärkt für den Untersuchungsgegenstand „Individuum" zu interessieren. *Gerhard Witzlack* vom Institut für Pädagogische Psychologie formulierte in seinem Bericht „Aufgaben und Perspektiven der Psychodiagnostik in der sozialistischen Gesellschaft" unmißverständlich das praktisch-gesellschaftliche Erkenntnisinteresse:

> „In allen Bereichen der gesellschaftlichen Praxis wächst das Bedürfnis, die Beurteilung der individuellen Eigenarten der Menschen zu verbessern, werden Methoden verlangt, mit denen die Leistungs- und Entwicklungstendenz objektiver erfaßt und eingeschätzt werden können. In der Regel reichen Kenntnis der Lebensgeschichte, des Bildungsweges und -niveaus, der Berufsbildung, der Arbeitsleistung des gesellschaftlichen Verhaltens und ähnlicher Lebensdaten aus, um einen Menschen zutreffend beurteilen und daraus die richtigen gesellschaftlichen Konsequenzen ablei-

ten zu können. In vielen Fällen ist jedoch eine zusätzliche Diagnose wünschenswert, und der Bedarf wächst schnell an" (*Witzlack* 1980: 105).
Die Psychodiagnostik beschäftigt sich – wie *Witzlack* weiter ausführt – mit Methoden und Verfahren, um damit die „individuellen Eigenarten des Menschen und die zwischen ihnen bestehenden Unterschiede objektiver" erkennen zu können. Indem die Psychodiagnostik nun mittels ihrer Methoden den „effektivsten Einsatz eines Menschen in der Produktion" ermöglicht wie die Auswahl des günstigsten Bildungsweges eröffnet, leistet sie einen entscheidenden Beitrag für die „allseitige Entwicklung sozialistischer Persönlichkeiten". Was sie an Persönlichkeitsmerkmalen festhält, müßten demnach „sozialistische" Wesensmerkmale sein, die sich in ein marxistisch-leninistisches Menschenbild einfügen lassen. In der Psychodiagnostik ist nun aber jedweder Anspruch auf ganzheitliche, dialektische und historische Erfassung einer Persönlichkeit, wie ihn die marxistisch-leninistische Psychologie fordert, aufgegeben. Die in der DDR und den anderen sozialistischen Staaten betriebene Psychodiagnostik ist nichts anderes als *Testdiagnostik*, die ihre Wurzeln in der psychologischen Eigenschaftstheorie hat. Diese geht davon aus, daß individuelle Unterschiede im Denken, Fühlen und Handeln auf einige stabile Persönlichkeitsmerkmale zurückzuführen und aus diesen zu erklären sind. Auf diese als relativ unveränderlich betrachteten Merkmale lassen sich mittels diagnostischer Verhaltensstichproben in Form von Tests Rückschlüsse und Wahrscheinlichkeitsaussagen über zukünftiges Erleben und Verhalten des Diagnostizierten ziehen. Auf Basis dieser Verhaltensstichproben schließt man auch auf Leistungsfähigkeiten, Bedürfnisse, Einstellungen. Die psychodiagnostischen Verfahren zur Intelligenzmessung, Leistungs- und Schulreifediagnostik sind mit ihrem Objektivitätsanspruch höchst willkommene Verfahren, die laut *Witzlack* in der DDR zur Zeit hauptsächlich im Bildungswesen, in der Industrie und im Gesundheitswesen Anwendung finden und insofern in der Persönlichkeitspsychologie, der Pädagogischen Psychologie, der Arbeits- und Ingenieurpsychologie, der Jugend- und Erwachsenenpsychologie und der Klinischen Psychologie eine entscheidende Rolle spielen. Allerdings, so *Witzlack* die Situation Ende der siebziger Jahre charakterisierend, sei es gegenwärtig noch nicht möglich, „in allen Bereichen der gesellschaftlichen Praxis die Psychodiagnostik in dem notwendigen Maß zu entwickeln" (*Witzlack* 1980: 105).
Hier muß noch einmal daran erinnert werden, daß gerade diese Testverfahren der Psychodiagnostik in den sechziger Jahren auf ideologische Widerstände gestoßen waren. Vor allem aus der Hochburg des marxistisch-leninistisch überstrapazierten Pawlowismus, der Pädagogischen Psychologie, meldete sich Kritik an der Übernahme von Tests aus der bürgerlichen Psychologie. Ungeachtet dessen wurde die Psychodiagnostik weiter ausgebaut und die ideologische Untermauerung und die marxistisch-leninistische Umgestaltung derselben auf später verschoben. Mit Blick auf die Entwicklungsphase der Psychodiagnostik zwischen 1967 und 1970 schrieb *Adolf Kossakowski* vom Institut für Pädagogische Psychologie: „Die Erarbeitung theoretischer Grundlagen einer wissenschaftlich begründeten Psychodiagnostik, die eindeutig auf gültigen Positionen der marxistisch-leninistischen Psychologie, insbesondere der Persönlichkeitspsychologie, beruht, blieb daher auch weiterhin eine der wichtigsten Aufgaben der Pädagogischen Psychologie in der DDR" (*Kossakowski* 1980: 135). Viel

weiter schien man – an der Schwelle der achtziger Jahre – auch nicht gekommen zu sein, denn bezogen auf „weltanschaulichen Fortschritt" in diesem Bereich, wußte *Kossakowski* nur von „Bemühungen um eine theoretische und methodologische Fundierung der pädagogisch-psychologischen Diagnostik auf der Grundlage der marxistisch-leninistischen Persönlichkeitstheorie bei starker Betonung erkenntnistheoretischer Probleme ..." (*Kossakowski* 1980: 139)[11] zu berichten.

In jüngster Zeit scheint man überhaupt auf solche Bemühungen verzichtet zu haben und sich stattdessen wieder auf die Behauptung einer anderen Anwendung zurückzuziehen. Um nämlich den Unterschied zur Psychodiagnostik in den kapitalistischen Ländern retten zu können, verwies schon *Witzlack* – und vor ihm andere – auf die veränderten gesellschaftlichen Bedingungen, unter denen eine Wissenschaft auch ihren Charakter verändere:

> „Durch Aufhebung des Grundwiderspruchs der kapitalistischen Gesellschaft im Sozialismus wird der Interessenkonflikt zwischen Untersuchenden und Untersuchten aufgehoben. In der traditionellen Eignungsdiagnostik ging es um die Auswahl der geeignetsten Arbeitskräfte aus dem Angebot Arbeitssuchender ausschließlich auf Grund der Profitinteressen des einzelnen. In der sozialistischen Gesellschaft dient die Eignungsdiagnostik der Herstellung einer optimalen Übereinstimmung der gesellschaftlichen und individuellen Interessen (...). An die Stelle des Ausleseprinzips tritt in der Diagnostik das Entwicklungsprinzip (...). Die Eignungsdiagnostik in der sozialistischen Gesellschaft stellt nicht nur die Frage, welcher Entwicklungsstand ist gegeben, sondern sie fragt, zu welchen Leistungen ist der Mensch unter optimalen Entwicklungsbedingungen fähig ... (Sie) ... ist folglich untrennbar mit der allseitigen Persönlichkeitsentwicklung des Menschen verbunden" (*Witzlack* 1980: 105).

Nach Einschätzung *Witzlack*s wurde aber in der pädagogisch-psychologischen Diagnostik den Leistungstests wesentlich mehr Aufmerksamkeit geschenkt als den Persönlichkeitstests, „weil es einfacher ist, Kenntnisse und Fähigkeiten zu prüfen als Charaktereigenschaften, Einstellungen, Überzeugungen u. a. m. Dennoch verfügt die Psychometrie über Verfahren, einzelne derartige Eigenschaftskomplexe mit exakten psychometrischen Verfahren abzubilden ..." (*Witzlack* 1980: 103)[12], weswegen die Psychometrie auch vermehrt Anwendung bei der Konstruktion von Einstellungsskalen in der *Sozialpsychologie* findet. Die Bevorzugung der psychometrischen Klassifikations- und Selektionsdiagnostik, die sich am nomothetischen Ansatz orientiert und hypothesengesteuert die Erfassung allgemeiner Gesetzmäßigkeiten anvisiert, zeigt einmal mehr, wie stark die empirische Persönlichkeitspsychologie in der DDR auf unmittelbare Verwertbarkeit ausgerichtet ist. Die ideographisch-kasuistische, am Verstehen und Interpretieren des Einzelfalles orientierte, projektive Diagnostik, die, bei allem Reduktionismus, noch am ehesten Elemente lebensgeschichtlicher und entwicklungspsychologisch zu deutender Persönlichkeitsstrukturen zu integrieren vermag, ist kaum von Interesse. In der Industrie hat die Psychodiagnostik nämlich vor allem die Aufgabe zur „psychologischen Fundierung der Leitungstätigkeit, der Kaderqualifizierung, der Berufswahl und -eignung zum Zwecke des optimalen Arbeitskräfteeinsatzes u. a. m." (*Witzlack* 1980: 104) beizutragen. Hier dominiert natürlich die Eignungsdiagnostik, welche die Aufgabe hat, „den Wechselwirkungsprozeß zwischen den individuellen Leistungsvoraussetzungen zur Arbeitstätigkeit und den Arbeitsanforderungen zu erfassen" (*Witzlack* 1980: 105)[13].

Neben der Arbeits- und Ingenieurpsychologie hat vor allem die Sozialpsychologie in der „sozialistischen Arbeitswelt" ihr Anwendungsfeld. Eine marxistisch-leninistische Sozialpsychologie gibt es in der DDR erst seit Mitte der sechziger Jahre. Die Pioniere einer solchen, weltanschaulich ausgerichteten Psychologie mußten sich zu Beginn noch mit der Meinung auseinandersetzen, eine marxistische Sozialpsychologie sei überflüssig, weil mit dem historischen Materialismus identisch, Sozialpsychologie sei als solche überhaupt eine genuin bürgerliche Wissenschaft, entstanden aus Manipulations- und Verwertungsbedürfnissen der kapitalistischen Gesellschaft (vgl. *Hiebsch/Vorwerg* 1966: 25). Außerdem war der Begriff marxistische Sozialpsychologie schon quasi besetzt, besser gesagt, belastet durch Namen wie *Wilhelm Reich, Siegfried Bernfeld, Erich Fromm, Herbert Marcuse*, deren Anliegen, *Freud* und *Marx* zu einer historisch-materialistischen Sozialpsychologie zu verbinden, vom Parteimarxismus schon in den dreißiger Jahren als Revisionismus bewertet wurde.

Schließlich gelang es dann doch im Zuge des Aufschwungs der empirischen Psychologie in der DDR, auch die Zweifler von der Notwendigkeit einer streng empirisch und experimentell ausgerichteten, auf mathematisch-statistischen Verfahren und Modellierungen basierenden Sozialpsychologie zu überzeugen. Dabei war von vornherein klar, daß die zu begründende marxistisch-leninistische Sozialpsychologie keine sozialkritischen Intentionen verfolgte, sondern vor allem die reibungslose Anpassung des Menschen an ein hochgradig hierarchisiertes Arbeits- und Gesellschaftssystem als Zielkonzept vor Augen hatte. Ideologisch ging es primär um die Erfassung und Deutung sozialer Verhaltensweisen und sozialer Gebilde im Sozialismus gemäß den weltanschaulichen Vorgaben der Partei und der Philosophie, wobei zunächst das „sozialistische Kollektiv" im Vordergrund stand, besonders natürlich das Arbeitskollektiv, wie überhaupt Aspekte kollektiver Leistungs- und Produktionssteigerung, Arbeitseinstellung, Identifikation (*Hiebsch/Vorwerg* 1966: 114–151). Das änderte sich aber schon sehr bald mit dem Einzug der Psychodiagnostik und mit der für nötig erachteten Messung individueller Leistungsdaten. Offiziell hielt man zwar noch längere Zeit am sozialistischen Kollektiv als Forschungsgegenstand fest, um – im Verlauf der siebziger Jahre – die vielzitierte Dialektik von Kollektiv und Einzelpersönlichkeit zugunsten letzterer zu kippen. Rückblickend auf den Entwicklungsverlauf der Sozialpsychologie zwischen 1971 und 1975 hob *Adolf Kossakowski* in seinem schon oben zitierten Referat zum IV. Kongreß der Gesellschaft für Psychologie der DDR 1975 die wachsende Bedeutung des „persönlichkeitsorientierten Ansatzes" in der sozialpsychologischen Praxis hervor (vgl. *Kossakowski* 1976: 314).

Der in der Sozialpsychologie seither entwickelte Persönlichkeitsbegriff wurde als zu einseitig, weil die „produktive Seite der Persönlichkeit", die „Aspekte der Eigenregulation", „Selbstentwicklung" und der „aktiv-schöpferischen Tätigkeit" vernachlässigend, kritisiert (vgl. *Schröder* 1980: 73). Damit wurde die Sozialpsychologie daran erinnert, daß sie gemäß der neuen ideologischen Weichenstellung – Stichwort: „wachsende/gewachsene Bedeutung des subjektiven Faktors" – fortan den Blick-

punkt mehr auf das Individuum statt auf die soziale Gruppe zu richten habe, was nichts geringeres bedeutete als die Aufforderung, tendenziell das marxistisch-leninistische Dogma von der in letzter Instanz sozialen Determination menschlicher Individualität preiszugeben. Eine solche tragende Säule marxistischer Weltanschauung konnte aber nicht einfach umgestürzt werden, man konnte sie höchstens vorsichtig abtragen, um nicht den Kollaps des gesamten ideologischen Gebäudes zu riskieren. Das konnte wiederum nur durch eine Einzelwissenschaft geschehen, keinesfalls durch die politische Ideologie oder durch die marxistisch-leninistische Philosophie selbst. In der Psychologie begann dieser Prozeß sich Ende der siebziger Jahre abzuzeichnen. So betonten die Autoren *Manfred Vorwerg* und *Gisela Vorwerg* einleitend in ihrem Bericht „Sozialpsychologie in der DDR" die individualpsychologische Aufgabenstellung: „Die Sozialpsychologie hat ... die Aufgabe, Gesetzmäßigkeiten aufzudecken, die bei der Planung und Leitung sozialer Prozesse bedeutsam werden. Als psychologische Disziplin hat sie dabei jene Gesetzmäßigkeiten zu erforschen, die im Individuum bei der psychischen Regulierung seines sozialen (interpersonalen) Verhaltens wirken." (*Vorwerg/Vorwerg* 1980: 80). Im Blickpunkt steht bei dieser Gegenstandbestimmung nicht mehr die soziale Gruppe oder Konstellation, sondern die im Individuum wirkenden ‚Gesetzmäßigkeiten'. Mit der Formulierung: „Als psychologische Disziplin" wird diese Sichtweise noch unterstrichen und gleichzeitig legitimiert.
Wie sehr unter dem Einfluß persönlichkeitspsychologischer beziehungsweise psychodiagnostischer Methoden das von der Philosophie immer noch geschmähte Individuum als leistungsmäßig zu motivierendes und zu messendes Subjekt in die sozialistische Arbeitswelt zurückkehrte, zeigen die von *Vorwerg* und *Vorwerg* aufgeführten sozialpsychologischen Schwerpunktsetzungen in der Forschung für die achtziger Jahre: Führung und Leitung, Leiterdiagnostik, Leitertraining, Einstellungscharakteristik, Einstellungsveränderungen. Auch wenn man einräumt, daß die Sozialpsychologie sich in ihrem Gegenstandsbezug von der Soziologie abgrenzen muß, um die Eigenart ihres Forschungsfeldes herauszustellen, fügt sich diese Entwicklungstendenz deutlich in jene Gesamtbewegung der DDR-Psychologie ein. Gleichzeitig lassen sich seit Mitte der siebziger Jahre sowohl in der Soziologie wie in der Sozialpsychologie empirische Forschungsprojekte nachweisen, die verstärkt Probleme sozialen Verhaltens, der Kommunikation und des sozialen Lernens wie überhaupt des sozialen Konfliktverhaltens zum Gegenstand haben. *Vorwerg* und *Vorwerg* führten derartige Projekte dann auch als Forschungsschwerpunkte der achtziger Jahre auf (vgl. *Vorwerg/Vorwerg* 1980: 91 f.)[14]. Dank solcher soziologisch/sozialpsychologischer Felduntersuchungen war es in der DDR übrigens Ende der siebziger Jahre gelungen, bestimmte Formen „sozialen Fehlverhaltens", beziehungsweise „abweichenden Sozialverhaltens" wie Nonkonformismus, Aussteigermentalität, subkulturelle Tendenzen auszuloten, das heißt auf ihre Verträglichkeit mit dem uniformen sozialistischen Gesellschaftssystem zu prüfen und integrative Strategien zu entwickeln. Auch der Öffnung des „sozialistischen Kulturlebens" für westliche Modetrends, Popmusik und Massenmedien (vgl. *Kapferer* 1986; *Rytlewski* 1988) dürften umfangreiche sozialpsychologische, sozialpädagogische und soziologische Feldstudien vorausgegangen sein, anhand derer die Risiken wohl abgewogen werden konnten. Der Bruch mit so manchen Prinzipien

sozialistischen Kulturstrebens war insofern wissenschaftlich vorbereitet, es galt nur noch dies auch ideologisch einzubinden.
Das Entstehen neuer sozialer Verhaltensweisen und entsprechender Konfliktfelder in der DDR war bereits im letzten Drittel der siebziger Jahre abzusehen. Aus der als sozialistisch proklamierten Industrienation war in zunehmendem Maße eine *Leistungs- und Laufbahngesellschaft spätbürgerlichen Zuschnitts*, mit ausgeprägtem Streben nach Karrieren, sozialem Prestige, Besitzindividualismus, Elitarismus – bei entsprechend steigenden Konsum- und Freizeitbedürfnissen – geworden. Der allgemeine Anstieg des Lebensstandards wurde durch beachtliche industrielle Zuwachsraten ermöglicht, die ihrerseits auf einschneidende Modernisierungs- und Rationalisierungsprozesse zurückzuführen waren. Die damit einhergehenden Belastungen im Arbeitsbereich, die steigenden Anforderungen der Aus- und Weiterbildung erzwangen – bei anhaltenden Mangelerscheinungen in der Konsumgüterversorgung – eine Lockerung des Konformitätszwanges und damit auch eine Modifikation der Herrschaftsausübung, wie etwa die partielle Duldung subkultureller Entwicklungen. Die Sozialwissenschaften waren nicht nur aufgerufen, bestimmte systembelastende Phänomene intern zu analysieren, sondern auch im Sinne der herrschenden Ideologie zu interpretieren. Aus dem Bereich Klinische Psychologie/Psychotherapie kam der Vorschlag, das alarmierende Ansteigen psychischer Erkrankungen in der DDR konvergenztheoretisch, das heißt als Folge einer modernen Lebensgestaltung zu erklären: „Die rasche Dynamisierung der sozialen Entwicklungsprozesse (führt) zu spezifisch psycho-emotionalen Belastungen bestimmter Persönlichkeiten und Gruppen mit nachfolgenden psychischen Dekompositionen (Suizid, psychotische Reaktionen, chronische Verhaltensstörungen, Alkoholismus ...“ (*Thom* 1980: 475)[15]. Außer dem Verweis auf gleichartige Phänomene und Entwicklungen in anderen Industriegesellschaften kam hier wieder jene individualisierende Tendenz der DDR-Psychologie zum Ausdruck, als der Autor die Anfälligkeit bestimmter „Persönlichkeiten und Gruppen“ für derartige Erkrankungen und Fehlentwicklungen hervorhob.
Noch deutlicher trat dies in der Forensischen Psychologie zutage. In einem Beitrag der Zeitschrift für Psychologie forderte der Entwicklungspsychologe *Hans-Dieter Schmidt* – bezogen auf die Deutung abweichenden Verhaltens – ein psychologisches Konzept, „das sowohl den positiven Fall, wie den einer verzögerten, kriminellen oder abnormen Entwicklung umgreift. Fehlaneignungen sind keine bedauerlichen Unfälle in einer ‚an sich‘ intakten Umwelt, sie sind das gesetzmäßige Resultat bestimmter Widersprüche im Bedingungsnetz der Individualgenese. Die prinzipielle Möglichkeit universeller und allseitiger Aneignung im Sozialismus ist das eine – das psychologisch relevante Faktum auch verfehlter Aneignung im Sozialismus das andere“ (*Schmidt* 1979: 269 f.).
In dem vor kurzem erschienenen Lehrbuch für Forensische Psychologie diskutieren die Autoren *H. Dettenborn, H. H. Fröhlich* und *H. Szwczyk* Fragen der Determination kriminellen Handelns, indem sie die „soziologistische“ wie die „individualistische“ Betrachtungsweise verwarfen, und einer „dialektischen Lösung“ den Vorzug gaben: Kriminelles Handeln sei sowohl gesellschaftlich wie durch die Persönlichkeit des Täters bestimmt. Statt aber nun aber dieser postulierten Dialektik Rechnung zu tragen, zogen

sich die Autoren wieder auf eine persönlichkeitspsychologische, sprich individualistische Betrachtungsweise zurück. Zunächst wurde festgestellt, daß „gleichartige äußere Bedingungen in unterschiedlicher Weise psychische Tätigkeit und konkrete Handlungen determinieren können." Desweiteren gehöre es zum Prozeß der Persönlichkeitsentwicklung, daß die

> „unmittelbare Abhängigkeit von äußeren Bedingungen relativ abnimmt, da durch ständige Verinnerlichung von Äußerem auch die Tätigkeitsregulierung zunehmend durch innere Dispositionen getragen werden kann. Gerade hierin erweist sich, daß das Resultat psychischer Tätigkeit nicht nur in der Einwirkung auf die objektiven Lebensbedingungen besteht, sondern auch in der Veränderung der psychischen Struktur der Persönlichkeit. Die vorwiegende ‚Außendetermination' geht zunehmend in vorwiegende ‚Innendetermination' und Selbstregulierung über, Fremderziehung in Selbsterziehung, ohne daß je die Dialektik zwischen beiden aufgehoben wird (...) Je mehr sich die psychischen Dispositionen der ‚Innendetermination' gefestigt und in individueller Weise ausdifferenziert haben, desto mehr wirken sie im Sinne der ‚Individualität' gegenüber äußeren Bedingungen als individualspezifischer Filter, desto mehr werden die äußeren Bedingungen selektiert und umgeformt, werden Tätigkeitsbedingungen und auch Handlungssituationen gemieden, gesucht, geschaffen." (*Dettenborn* u.a. 1984: 97)

Fazit der persönlichkeits- und individualpsychologischen Erwägungen ist die im Zweifelsfall zu prüfende *Eigenverantwortung* des individuellen Täters, bei Entlastung der gesellschaftlichen Verantwortlichkeit. In letzter Instanz sind es also nicht die gesellschaftlichen Bedingungen, die im Falle einer kriminellen Karriere den Ausschlag geben, sondern die Mechanismen der Innendetermination und Selbstregulierung.

5. *Emanzipation der Psychologie im Interesse der Herrschaft*

Was haben nun diese individualisierenden Tendenzen in der marxistisch-leninistischen Psychologie zu bedeuten? Sind sie das erste Ergebnis eines Emanzipationsstrebens der Psychologie in der DDR, Anzeichen einer erfolgreichen Abnabelung von der marxistisch-leninistischen Ideologie? Stehen sie gar im Zusammenhang mit der Neurezeption *Freud*s und deuten darauf hin, daß sich auch nichtmarxistisch-leninistische Ansätze und Methoden im real existierenden Sozialismus etablieren können? Steht der DDR mit einem Wort eine Art „*Wissenschaftspluralismus*" ins Haus? Ein Blick auf die benachbarten Sozialwissenschaften bestätigt diesen Trend: Seit den achtziger Jahren sind die oben beschriebenen Tendenzen auch in der Soziologie und teilweise sogar in der Politischen Ökonomie nachweisbar.

In der Arbeitssoziologie galt bislang das marxistische Dogma, daß es eine ausschließliche und direkte Beziehung zwischen dem Inhalt der Arbeit und der Persönlichkeitsentwicklung gibt (vgl. *Hacker* 1976). Im Jahre 1978 erschien eine empirische Studie der Soziologen *H. Rabe* und *K. P. Schwitzer*, die anhand von Datenmaterial zu belegen versuchten, daß Arbeit nicht alle „Persönlichkeitssektoren" beeinflusse, nur eben solche, die sich direkt auf die Arbeit beziehen, wogegen im Zusammenhang mit Freizeit-

und Familienleben eine wesentlich stärkere Prägung nachgewiesen werden könne (vgl. *Rabe/Schwitzer* 1978). Auf dem DDR-Soziologentag 1985 führte der Arbeitssoziologe ***Frank Adler*** aus, daß die Bedeutung der Arbeit als Zentrum individueller Lebenstätigkeit und Selbstverwirklichung abnehme und stattdessen Freizeitbetätigungen als sinn- und identitätsstiftend empfunden werden. Adler führt dies auf die zunehmende Undurchsichtigkeit des Arbeitsprozesses, mangelnde Attraktivität der Arbeit als Lebenswert, unbefriedigende Arbeitsbedingungen zurück und meint, daß diese unvermeidlichen Defizite in der Arbeitswelt durch anspruchsvolle Freizeitgestaltung kompensiert werden können. Wo die Arbeit nur wenig Chancen zur Selbstverwirklichung läßt, sollten Adler zufolge materielle Anreize stimulierend wirken. In der damit geförderten instrumentellen beziehungsweise individuellen Einstellung zur Arbeit sah der Marxist-Leninist keinen Bruch mit dem sozialistischen Arbeitsethos (vgl. *Adler* 1985: 54 f.).

Die hier stattfindende Verabschiedung traditionell sozialistischer Werte ist inzwischen auch in anderen arbeitswissenschaftlichen Diskussionen belegbar. Um die individuelle Einstellung zur Arbeit und den individuellen Leistungswillen zu fördern, hält man es für notwendig, die ,,Dialektik von Individuum und Kollektiv" neu zu überdenken, vor allem dann, wenn sich das Arbeitskollektiv als Hemmnis gegenüber technologischen Innovationen erweist, Eigeninitiative und individuelle Risikobereitschaft blockiert (vgl. *Kretschmer* 1985; *Stollberg* 1986). Der Ruf nach Förderung individueller Leistung bei entsprechender Prämierung war schon in der Ulbricht-Ära unüberhörbar laut, doch erst zu Beginn der achtziger Jahre wurde in den angewandten Sozialwissenschaften darüber hinaus die Forderung erhoben, die bei leistungsbezogener Entlohnung entstehenden sozialen Ungleichheiten nicht nur hinzunehmen, sondern sie bewußt als Motivationsfaktoren wirken zu lassen (vgl. *Lötsch* 1981).

Die hier aufgewiesenen Individualisierungstendenzen in der Psychologie sind gewiß noch nicht repräsentativ für die gesamten Sozialwissenschaften. In der Philosophie gab es noch kein entsprechendes Echo, was indessen nicht verwundert, weil die philosophische Verallgemeinerung den sich hier abzeichnenden Umbruch benennen und begründen müßte, und dazu ist die Zeit noch nicht reif. Was in der Psychologie über zehn Jahre sich entwickelte, kann von der Philosophie als der eigentlichen Gralshüterin des Marxismus-Leninismus und insofern der konservativsten Institution so schnell nicht nachvollzogen werden, von den zu erwartenden Widerständen der ,,Kader-Philosophen" ganz abgesehen.

Ungeachtet dessen deutet vieles darauf hin, daß ein *ideologischer Umbruch* innerhalb des Marxismus-Leninismus unausweichlich ist. Politische Herrschaft ist immer nur relativ an eine bestimmte Weltanschauung gebunden. Wenn die sich wandelnden Bedingungen der Herrschaftsausübung nach einer Modifikation der Ideologie verlangen, lassen sich auch tragende Dogmen nicht aussparen, vor allem dann nicht, wenn sie dysfunktional zu werden drohen. Gemeint ist das *marxistisch-leninistische Menschenbild*, das sich zusehends hemmend auf die erforderliche *gesellschaftliche Umgestaltung* auswirkt. Bislang manifestierte sich das Verhältnis von Ideologie und gesellschaftlicher Realität als krasser Widerspruch zwischen dem philosophisch hochgesteckten Ideal „allseitig entwickelter sozialistischer Persönlichkeit" und der Faktizität defizitärer

Existenz, angefangen von politischer, wirtschaftlicher und kultureller Entmündigung bis hin zu sozialer und subjektiver Beschädigung und Enteignung. Immerhin funktionierte dieser Gegensatz noch als „Prinzip Hoffnung", im Sinne von einzuholenden und einklagbaren Versprechen. Angesichts der zukünftigen ökonomischen Herausforderungen – und unter den Bedingungen gewisser Auflösungserscheinungen im sozialistischen Lager – braucht die SED ein modifiziertes Menschenbild. Die vermehrte Einbeziehung bürgerlicher Theorien in die marxistisch-leninistische Psychologie entspricht diesen Erfordernissen und hat insofern nichts mit der Emanzipation einer Einzelwissenschaft zu tun, auch wenn dadurch der Psychologie in der DDR größere Freiheitsräume ermöglicht werden. Der Zuwachs an Individualismus in der marxistisch-leninistischen Theoriebildung hat die Funktion, das politische Herrschaftssystem ideologisch zu entlasten, das heißt, die Verantwortung für gesellschaftliche Fehlentwicklungen dem Individuum zurückzugeben. Nicht die sozialistische Gesellschaft, sondern jeder einzelne wird für seine Beschädigung verantwortlich, wie auch für seinen gesellschaftlichen und sozialen Aufstieg oder Abstieg. Die zu erwartende soziale Differenzierung duldet nicht länger Gleichheitspostulate. Der Umbau der DDR als einer Leistungsgesellschaft verlangt danach, die damit einhergehende Ungleichheit in allen gesellschaftlichen Bereichen zu deuten, wenn es sein muß mit Theorien der „natürlichen Ungleichheit".

Anmerkungen

1 Auf Beschluß *Stalins* wurde gegen Ende der vierziger Jahre *Pawlows* naturwissenschaftlich-physiologische Lehre von der höheren Nerventätigkeit zur alleinigen Basis einer marxistischen Psychologie erklärt. Der physiologische Reflexbegriff sollte das Psychische, als durch äußere Reizeinwirkung hervorgebracht und determiniert, „materialistisch" erklären. Das mechanistische Determinationsprinzip erhielt dabei eine dialektische Weihe. Deutschsprachige Veröffentlichungen sowjetischer Psychologen (vgl. *Kornilow* 1949; *Templow* 1952) sorgten für eine rasche Verbreitung eines dogmatischen Pawlowismus. 1954 wurde am Deutschen Pädagogischen Zentralinstitut die gefürchtete Pawlow-Kommission gebildet.

2 Unter Leitung von *Kurt Gottschaldt*, einem Schüler des berühmten Gestaltpsychologen *Wolfgang Köhler*, blieb die gestaltpsychologische Tradition in der SBZ/DDR gewahrt, wenngleich auch bestimmte Anpassungsleistungen von ihr gefordert wurden. Im Jahre 1954 konnte auch die Zeitschrift für Psychologie wieder erscheinen und die seit 1944 unterbrochene schulpsychologische Tradition fortsetzen. Obwohl sich *Gottschaldt* redlich bemühte, seinem psychologischen Ansatz einen marxistischen Anstrich zu verleihen und dem Pawlowismus seinen Tribut zu zollen, war er und seine Zeitschrift heftigen Attacken ausgesetzt. 1962 verließ er die DDR. Sein Schüler, *Friedhardt Klix*, sollte mit mehr Erfolg sein Werk fortsetzen.

3 Die genannten Autoren begründen die relative Verspätung mit den besonders schwierigen Bedingungen nach 1945. An eine sofortige Durchsetzung marxistisch-leninistischer Psychologie sei nicht zu denken gewesen. Vielmehr mußte zuerst die vorgefundene, „faschistisch durchdrungene Psychologie" zerschlagen und die verschüttete, bürgerlich-humanistische Tradition der Psychologie neu aufgearbeitet werden. Zudem fehlte es an einer marxistisch-leninistischen Grundorientierung in der Psychologie, weswegen dann auch die bürgerliche Psychologie bis in die späten fünfziger Jahre hinein einen erheblichen Einfluß auf Lehre, Forschung und psychologische Praxis ausüben konnte. Die fatale Wirkung des Pawlow-Dogmas wurde in beiden Beiträgen nicht erwähnt (vgl. *Mäder/Siebenbrodt* 1980).

4 Die Zeitschrift Pädagogik wurde in den fünfziger Jahren zum Tummelplatz des marxistisch-leninistischen Pawlowismus. Seit Mitte der fünfziger Jahre wurden dann aber auch die ersten Kritiken am dogmatischen Pawlowismus laut. Vielen dieser kritischen Beiträge ging es auch

darum, *Pawlow* vor den Pawlowianern zu retten, die seinerzeit wohl einzig mögliche Form, das Pawlow-Tabu anzutasten.

5 *Hans Hiebsch*, Pionier der marxistisch-leninistischen Sozialpsychologie in der DDR und Kritiker des dogmatischen Pawlowismus, schrieb seinerzeit in einem Diskussionsbeitrag mit dem Titel „Zur Anwendung der Lehre Pawlows in Psychologie und Pädagogik": „Sagen wir es offen. Auch bei uns ist die pädagogisch-psychologische Forschung hinter den Forderungen der Praxis zurückgeblieben. Die Ursache dafür lag bei den Pädagogen einmal in einer methodologischen Unsicherheit, die viele veranlaßte, sich vorwiegend deduktiv und spekulativ mehr den normativen Fragen ihres Bereichs zuzuwenden, zum anderen in einer oft recht unbegründeten und von Ressentiments behafteten Unterschätzung der Psychologie die meiner Meinung nach aus einer falschen Vorstellung von der Eigenart der wissenschaftlichen Psychologie resultierte; denn manche wollten diese vornehmlich als eine Abart der Philosophie, jedoch nicht als eine auf streng experimenteller Forschung basierende Naturwissenschaft verstanden wissen" (*Hiebsch* 1955: 921).

6 Das Buch von *Rubinstein* war in der UdSSR im Jahre 1940 veröffentlicht worden und sollte schon 1948 in deutscher Sprache erscheinen. Dazu kam es nicht, weil sich *Rubinstein* seinerzeit zunächst geweigert hatte, einige Lehrsätze von *Pawlow* zu übernehmen. Mit der Übersetzung konnte erst begonnen werden, als *Rubinstein* seinen „Irrtum" eingestand und der erste Pawlowist im Staate, *Stalin*, gestorben war. *Rubinstein* hatte versucht, das mechanistische Modell Pawlows in ein „dialektisch-materialistisches" umzuformulieren, den mechanischen Determinismus zugunsten eines „dialektisch-materialistischen Determinismus" zu überwinden, war dabei aber über einen methodischen Eklektizismus nicht hinausgekommen. Das Ergebnis war ein gemäßigter Pawlowismus, erweitert um methodische Postulate des dialektischen Materialismus, die wiederum nur teilweise eingelöst wurden durch Anleihen bei der bürgerlichen Psychologie (Laborpsychologie, Behaviorismus).

7 Auf dem V. Parteitag der SED verkündete man als ökonomische Hauptaufgabe, den Pro-Kopf-Verbrauch Westdeutschlands bei den Nahrungsmitteln und den wichtigsten industriellen Konsumgütern zu erreichen und zu übertreffen. Ferner war in den Beschlüssen die Rede von „sozialistischer Rationalisierung", einer „umfassenden Anwendung der neuesten Erkenntnisse von Wissenschaft und Technik" (vgl. Protokoll 1958: 70).
Auf diesem Parteitag verlas *Walter Ulbricht* „10 Gebote der sozialistischen Moral". Unter dem Eindruck der ökonomischen Krise der späten fünfziger Jahre – aufgrund des dramatischen Rückgangs der industriellen Produktion mußte im Jahre 1959 der Fünfjahrplan abgebrochen und durch einen neuen Siebenjahrplan ersetzt werden – sah man sich zu einer Reformierung des Wirtschaftssystems genötigt. An die Stelle kollektivistischer Appelle an die Arbeitsmoral rückte die Formel von der subjektiven materiellen Interessiertheit als Hebel zur Steigerung der Arbeitsproduktivität. *Ulbricht* mußte auf dem VI. Parteitag der SED (1963) versichern, daß dies nicht im Widerspruch zu den bislang propagierten Idealen stehe: „In der sozialistischen Gesellschaft bilden die materiellen Interessen und die ideellen Faktoren eine untrennbare Einheit" (*Ulbricht* 1963: 104).
Die 1964 eingeleitete Industriereform brachte, trotz einiger Rückschläge, wirtschaftliche Wachstumsraten, aber damit auch die entsprechenden Begleiterscheinungen industrieller Leistungsgesellschaften. Neben der Herausbildung einer privilegierten wissenschaftlich-technischen Elite führte die „sozialistische Rationalisierung" zu Arbeitsbedingungen, die, bei geringerer Entlohnung, noch hinter die vom Marxismus-Leninismus in den kapitalistischen Industriestaaten kritisierten „Entfremdungstendenzen" zurückfielen. Nicht zufällig begann ab Mitte der sechziger Jahre in der Philosophie eine Kampagne gegen die konvergenztheoretischen Ansätze, welche – wie bei *Herbert Marcuse* – das Entfremdungsphänomen als systemübergreifende Folge zunehmender Verwissenschaftlichung und Technisierung diagnostizierten.
Mit der ideologischen Rechtfertigung der „wissenschaftlich-technischen Revolution" hatte der Marxismus-Leninismus schon Anfang der sechziger Jahre begonnen. Ziel dieser weltanschaulichen Offensive war, die Andersartigkeit und wissenschaftliche Überlegenheit der technischen Produktivkraftentwicklung im Sozialismus herauszustellen. Vorläufiger Höhepunkt war der I. Philosophenkongreß in der DDR mit seinem Leitthema: „Die marxistisch-leninistische Philosophie und die technische Revolution" (vgl. Deutsche Zeitschrift für Philosophie 1965).
Auf dem VII. Parteitag der SED bestätigte man das neue ökonomische System und erklärte darüber hinaus die DDR zum „entwickelten gesellschaftlichen System des Sozialismus". Der Prozeß des „Wachsens der sozialistischen Menschengemeinschaft", so *Ulbricht* auf dem Parteitag, sei bestimmt „durch die Wissenschaft als unmittelbare Produktivkraft in allen Bereichen

der materiellen Produktion, durch die Organisation und Leitung komplexer Prozesse (...) und durch die Entwicklung der Menschen zu sozialistischen Persönlichkeiten, die in allen Klassen und Schichten deutlich erkennbar sind" (*Ulbricht* 1967: 86).
1967 ließ die SED auch anklingen, daß sie den Sozialismus als „relativ selbständige sozialökonomische Formation in der historischen Epoche des Übergangs zum Kommunismus" ansehe. In seiner Studie zum „Ökonomischen System des Sozialismus in der DDR" führte *Ulbricht* aus, daß Geld, Preis, Gewinn, Gewinnstreben, also Kategorien, die im ökonomischen System des Sozialismus immer mehr an Bedeutung gewinnen, keineswegs als „unvermeidliche Übel" einer Übergangsphase zu bewerten seien, sondern einen „qualitativ neuen Typus" vorstellen (*Ulbricht* 1968: 530). Die erneut auftretenden wirtschaftlichen Schwierigkeiten und Engpässe veranlaßten die SED-Führung zur Forderung nach einer allseitigen Verwissenschaftlichung. Wissenschaft und Technik sollten Subjekt werden, selbst in der Partei müßten wissenschaftliche Methoden eingeführt werden. *Erich Honecker* forderte eine „wissenschaftliche Partei" (vgl. *Honecker* 1970: 78).
In dieser Wissenschaftseuphorie konnte die Psychologie einen beträchtlichen Sprung nach vorn, ins Zentrum der Herrschaftswissenschaften, zeitigen.

8 *Kurt Gottschaldt* war bis zu seinem Wechsel in die Bundesrepublik Institutsdirektor und Lehrstuhlinhaber des Psychologischen Instituts der Humboldt-Universität und Herausgeber der Zeitschrift für Psychologie.

9 Zur Entwicklung der marxistisch-leninistischen Persönlichkeitstheorie liegen mehrere bundesrepublikanische Studien vor, vgl. *Schlosser* 1981; *Lemke* 1980, *Wolf* 1980, *Hanke* 1976.

10 „Der Mensch ist als Persönlichkeit Subjekt und Resultat aller Seiten der gesellschaftlichen Entwicklung, und zwar um so mehr, wie er sich als sozialistische Persönlichkeit entwickelt. Daher gehen die Dokumente des IX. Parteitages (1976) von der wachsenden Rolle des subjektiven Faktors aus, von der wachsenden Rolle der Arbeiterklasse, der Klasse der Genossenschaftsbauern und der Intelligenz. Die wachsende Rolle des subjektiven Faktors ist aber nichts anders als das bewußte Handeln von Millionen sich entwickelnder sozialistischer Persönlichkeiten, wobei von ihrem Entwicklungsniveau die Effektivität ihres praktischen Handelns bestimmt wird. Die Entwicklung sozialistischer Persönlichkeiten wird daher im Programm der Partei als das edelste Ziel in Verwirklichung der historischen Mission der Arbeiterklasse gekennzeichnet" (*Mäder/Siebenbrodt* 1982: 52).

11 Vgl. *Dettenborn* u. a. 1984: Hier heißt es über den Anwendungsbereich der Psychodiagnostik in der Forensischen Psychologie: „Für die forensische Psychologie gilt wie für die anderen Zweige der Psychologie, daß die Qualität und Treffsicherheit von Psychodiagnostik und prognostischen Schlußfolgerungen davon abhängt, inwieweit eine differenzierte Persönlichkeitstheorie zugrunde gelegt werden kann. In dem Fehlen einer allgemeinen marxistischen Theorie der Persönlichkeit sind die noch vorhandenen Mängel in der forensisch-psychologischen Diagnostik begründet" (215).

12 Die Psychometrie beschäftigt sich mit der quantitativen Erfassung psychischer Vorgänge. Zu ihrem Aufgabengebiet gehört die Konstruktion von Einstellungsskalen in der Sozialpsychologie wie die Entwicklung und testtheoretische Analyse eines psychologischen Tests oder der Entwurf und Auswertungsplan eines allgemeinpsychologischen Experiments. Das Hauptinteresse der psychometrischen Testpsychologie ist darauf gerichtet, Unterschiede zwischen Individuen bezüglich psychischer Eigenschaften (Intelligenz) festzustellen. Mit Hilfe psychometrisch definierter Testkriterien (Reliabilität, Trennschärfe) soll diesem psychologischen und dem sich darin verbergenden gesellschaftlichen Interesse entsprochen werden.
Kritiker der Psychometrie machten immer wieder darauf aufmerksam, daß deren Meßprozeduren weder wissenschaftlich abgesichert seien, noch den Anspruch auf Erfassung von Qualitäten wie Intelligenz erheben können, vielmehr ganz vordergründigen Verwertungsinteressen dienlich sind. *Michel Foucault* wies in seinem Buch „Überwachen und Strafen" (1976) darauf hin, daß die messende Vorgehensweise in den Humanwissenschaften mit der historischen Veränderung der Gesellschaft zur Disziplinargesellschaft zusammenhängt. In der Disziplinargesellschaft wird die Registrierung differenzierter individueller Merkmale notwendig, damit die Gesellschaft funktioniert. Die „Messung", die prüfende Erfassung des Individuums betrachtet *Foucault* als die neue „Technologie der Macht". Indem die Vermessungsprozeduren das Individuum einer neuen Form der Überwachung unterwerfen, produzieren sie auch eine neue machtdurchsetzte Realität.

13 „Die Eignungsdiagnostik in der sozialistischen Gesellschaft stellt nicht nur die Frage, welcher Entwicklungsstand ist gegeben, sondern sie fragt, zu welchen Leistungen ist der Mensch unter

optimalen Entwicklungsbedingungen fähig, und sie versucht, die individuell optimalen Entwicklungsbedingungen zu bestimmen als Grundlage für Ausbildungsentscheidungen" (*Witzlack* 1980: 5).
Würde die Eignungsdiagnostik im Westen, wie *Witzlack* behauptet, noch am klassischen Begabungskonzept festhalten und – angesichts der marktwirtschaftlich geforderten Mobiltät – von einer „relativen Unveränderlichkeit der für die berufliche Tätigkeit erforderlichen grundlegenden Fähigkeiten und Fertigkeiten" (*Witzlack* 1980: 105 f.) ausgehen, dann hätte sie sich längst aus dem Geschäft katapultiert.

14 *Manfred Vorwerg* hatte erst kürzlich in einem Beitrag „Zum Determinationskonzept in der DDR-Psychologie", den er zusammen mit *Traudl Alberg* verfaßte, den wichtigsten Vertretern der DDR-Psychologie *Hiebsch, Klix, Kossakowski, Hacker*, einschließlich seiner eigenen Person vorgehalten, in Sachen Persönlichkeitstheorie ein einseitiges „Determinationskonzept" vertreten zu haben: „Offenbar sind wir in Überwindung bürgerlicher subjektivistischer Theorien zu Überziehungen in den entgegengesetzten Standpunkt gelangt (was ja in der Wissenschaftsentwicklung nicht ohne Beispiel ist), nämlich in eine Variante des Sozialdeterminismus" (*Vorwerg/Alberg* 1987: 34).

15 Obwohl *Thom* in seinem Beitrag auch für eine differenziertere Einschätzung der psychoanalytischen Therapie warb und auf die therapeutischen Erfolge in der Bundesrepublik verwies, blieb der Tenor seines Urteils noch ablehnend: „daß die im Freudschen Grundansatz liegenden Einseitigkeiten der Betrachtung auch heute in allen Theoriekomponenten wirksam sind und besonders auch auf persönlichkeitspsychologischem Gebiet eine entschiedene Grenzziehung zu unseren Auffassungen erfordern sowie die Wirkungsrichtung analytischer Verfahren für uns fragwürdig bleiben ..." (*Thom* 1980: 481).
Wesentlich entgegenkommender beurteilte *Thom Freud*s Leistungen dann im Nachwort der „Ausgewählten Schriften": „Die anregenden Fragestellungen und auch die bleibenden Beiträge der Freudschen Psychoanalyse zum Verständnis psychischer Erkrankungen und psychodynamischer Aspekte in der Psychotherapie lassen *Freud* einen bedeutenden und ehrenvollen Rang in der Geschichte der Medizin zusprechen, der bislang nicht immer hinreichend Anerkennung fand" (*Thom* 1985: 421 f.).

Literaturverzeichnis

Adler, Frank, 1985: Zu einigen Zusammenhängen zwischen Leistungsprinzip, Leistungsverhalten und Persönlichkeitsentwicklung, in: Jahrbuch für Soziologie und Sozialpolitik, Berlin.

Aufbau, 1948: Kulturpolitische Monatszeitschrift, H. 8.

Beranek, Jan, 1985: Die Lehren Freuds und der Neofreudianismus, Berlin.

Borbely, Anatal/Erpenbeck, John, 1987: Vorschläge zu Freud, in: Deutsche Zeitschrift für Philosophie, Heft 8.

Buhr, Manfred, 1972: „Persönlichkeit", in: *Klaus, Georg/Buhr, Manfred* (Hrsg.), Wörterbuch der Philosophie.

Dettenborn, Harry/Fröhlich, Hans H./Szewczyk, Hans, 1984: Forensische Psychologie, Berlin.

Deutsche Zeitschrift für Philosophie, 1965: Sonderheft.

Einheit, 1948: H. 3.

Foucault, Michel, 1976: Überwachen und Strafen, Frankfurt/Main.

Friedrich, Walter/Henning, Werner, 1975: Theoretische Probleme, Struktur und Erforschung der Persönlichkeit, in: *W. Friedrich/W. Henning* (Hrsg.), Der sozialwissenschaftliche Forschungsprozeß. Methodik und Organisation marxistisch-leninistischer Sozialforschung, Berlin.

Fühmann, Franz/Simon, Dietrich, 1982: Sigmund Freud. Trauer und Melancholie. Berlin.

Hacker, Winfried, 1976: Wechselbeziehungen zwischen Arbeitsbedingungen und Persönlichkeitsentwicklung, in: Pädagogik 1, Beiheft.

Hanke, Irma, 1976: Vom neuen Menschen zur sozialistischen Persönlichkeit, in: Deutschland Archiv, H. 5, Köln.

Hiebsch, Hans, 1955: Zur Anwendung der Lehre Pawlows in Psychologie und Pädagogik, in: Pädagogik, H. 12. Berlin.

Hiebsch, Hans, 1963: Grundfragen der marxistischen Persönlichkeitstheorie, in: Probleme und Ergebnisse der Psychologie, Bd. 7, Berlin.
Hiebsch, Hans/Vorwerg, Manfred, 1966: Einführung in die marxistische Sozialpsychologie, Berlin.
Hiebsch, Hans, 1970: Aktuelle Probleme der marxistisch-leninistischen Psychologie in der DDR, in: Zeitschrift für Psychologie, H. 2.
Honecker, Erich, 1970: Die Verwirklichung der Leninschen Lehre von der führenden Rolle der Partei durch die SED, Berlin.
Kapferer, Norbert, 1986, Traditionspflege, Fortschrittspathos und Popkultur. Zum Verhältnis von Anspruch und Realität kultureller Identität am Beispiel der Diskussion des Pop-Phänomens, in: Deutschland Archiv. Sonderheft Tradition und Fortschritt in der DDR, Köln.
Kapferer, Norbert, 1987: Marxismus-Leninismus als Etikett. Die Psychologie in der DDR, in: Deutschland Archiv, H. 11, Köln.
Kätzel, Siegfried, 1987: Marxismus und Psychoanalyse. Eine ideologiegeschichtliche Studie zur Diskussion in Deutschland und der UdSSR 1919–1933, Berlin.
Klix, F., 1971: Information und Verhalten, Berlin.
Kornilow, L. N., 1949: Einführung in die Psychologie. Berlin und Leipzig.
Kossakowski, Adolf, 1976: Gesellschaftliche Anforderungen und Weiterentwicklung der Psychologie in der DDR, in: Zeitschrift für Psychologie, H. 1.
Kossakowski, Adolf, 1980: Die Aufgaben der Pädagogischen Psychologie bei der Entwicklung sozialistischer Persönlichkeiten, in: *Klix, Friedhardt/Kossakowski, Adolf/Mäder, Walter* (Hrsg.) Psychologie in der DDR, Berlin.
Kretschmar, Albrecht, 1985: Sozialistische Persönlichkeit und intensiv erweiterte Reproduktion, in: Deutsche Zeitschrift für Philosophie, H. 1, Berlin.
Lemke, Christiane, 1980: Persönlichkeit und Gesellschaft. Zur Theorie der Persönlichkeit in der DDR, Opladen.
Lötsch, Manfred, 1981: Sozialstruktur und Wirtschaftswachstum. Überlegungen zum Problem sozialer Triebkräfte des wissenschaftlich-technischen Fortschritts, in: Wirtschaftswissenschaft, H. 1, Berlin.
Lompscher, J., 1957: Zur Diskussion über methodologische Grundfragen der Psychologie, in: Pädagogik, H. 8.
Mäder, Walter/Siebenbrodt, J., 1980: Zur Entwicklung der Psychologie in der DDR, in: *Klix, F./ Kossakowski, A./Mäder, W.* (Hrsg.), Psychologie in der DDR, Berlin.
Protokoll der Verhandlungen des V. Parteitages der SED 10. Juli bis 16. Juli 1958, 1959, Berlin.
Rabe, Helmut/Schitzer, Klaus, 1978: Arbeit und Persönlichkeitsentwicklung, in: *Bujewa, L. P./ Hahn, Toni* (Hrsg.), Über die sozialistische Persönlichkeit, Berlin.
Rubinstein, S. F., 1958: Grundlagen der Allgemeinen Psychologie, Berlin.
Rytlewski, Ralf, 1988: Kommunismus ante portas? Zur Entwicklung von Massenkultur und Massenkonsum, in: *Gert-Joachim Glaeßner* (Hrsg.), Die DDR in der Ära Honecker, Opladen.
Schlosser, Herta, 1981: Wandel in der marxistisch-leninistischen Auffassung vom Menschen. Zur Entwicklung der Persönlichkeitstheorie, 2 Bde, Königstein.
Schmidt, Hans Dieter, 1979: Zur Präzisierung des entwicklungspsychologischen Aneignungskonzepts, in: Zeitschrift für Psychologie, H. 1.
Schmidt, H. D., 1989: Freud und der Marxismus, in: Weimarer Beiträge, H. 1.
Schröder, Harry, 1980: Persönlichkeitspsychologie in der DDR, in: *Klix, F./Kossakowski, A./ Mäder, W.* (Hrsg.), Psychologie in der DDR, Berlin.
Stollberg, Rudhard, 1986: Kollektivität und wissenschaftlich-technischer Fortschritt, in: Deutsche Zeitschrift für Philosophie, H. 3.
Templow, B. M., 1952: Psychologie, Berlin.
Thom, Achim, 1980: Weltanschauliche Aspekte in der Entwicklung der Klinischen Psychologie und der Psychotherapie in der DDR, in: Deutsche Zeitschrift für Philosophie, H. 4.
Thom, Achim, 1985: Sigmund Freud. Psychoanalyse. Ausgewählte Schriften, Leipzig.
Ulbricht, Walter, 1963: Rede auf dem VI. Parteitag der SED, in: Protokoll der Verhandlungen des VI. Parteitages der SED 15. bis 21. Januar 1963, Band I, Berlin.
Ulbricht, Walter, 1967: Rede auf dem VII. Parteitag der SED, in: Protokoll der Verhandlungen des VII. Parteitages der SED 17. bis 22. April 1967, Band I, Berlin.
Ulbricht, Walter, 1968: Ökonomisches System des Sozialismus in der DDR, Band II, Berlin.
Vorwerg, Manfred, 1962: Buchbesprechung, in: Deutsche Zeitschrift für Philosophie, H. 10.

Vorwerg, Manfred/Vorwerg, Gisela, 1980: Sozialpsychologie in der DDR, in: *Klix, F./Kossakowski, A./Mäder, W.* (Hrsg.), Psychologie in der DDR, Berlin.
Vorwerg, Manfred/Alberg, Traudl, 1987: Zum Determinationskonzept in der DDR-Psychologie, in: *Meiers, W./Markard, M.* (Hrsg.), Klaus Holzkamp zum 60. Geburtstag, Frankfurt/Main und New York.
Weber, Hermann, 1980: Kleine Geschichte der DDR, Deutschland Archiv Edition, Köln.
Witzlack, Gerhard, 1980: Aufgaben und Perspektiven der Psychodiagnostik in der sozialistischen Gesellschaft, in: *Klix, F./Kossakowski, A./Mäder, W.* (Hrsg.), Psychologie in der DDR, Berlin.
Wolf, Heinz E., 1980: Zur psychologischen und sozialpsychologischen Grundlage der Theorie der sozialistischen Persönlichkeit, in: Deutschland Archiv, Sonderheft.
Zehner, K./Erlebach, E./Ihlefeld, U., 1957: Die wissenschaftlichen Probleme der Psychologie klären, in: Pädagogik, H. 5.

Alltagswissen versus Ideologie? Theoretische und empirische Beiträge zu einer Alltagsphänomenologie der DDR

Reinhard Koch

1. Einleitung

Im publizistischen Zentralorgan ‚Trommel' der Pionierorganisation *‚Ernst Thälmann'* schrieb die Journalistin *Heidrun Beidokat* im August 1968 einen Beitrag für die Kolumne „Pausengespräch". Unter der Überschrift „Für die Sicherheit in Europa" wollte sie die acht- bis vierzehnjährigen Leser dafür gewinnen, die Vorschläge *Walter Ulbrichts* zur Normalisierung der Beziehungen zwischen der DDR und der Bundesrepublik zu unterstützen.

Knapp zwanzig Jahre später schreibt *Heidrun Beidokat* noch immer für diese Kolumne; doch jetzt sind ihre Themen Schülerkonflikte in Schulklassen. Im Dezember 1987 wie auch im Februar 1988 antwortet sie auf die Anfragen besorgter Leserinnen, deren Mitschüler sich nicht in die Klassengemeinschaft einfügen wollen. Sie gibt praktische Ratschläge und appelliert an alle, die Probleme mit „gesundem Menschenverstand" zu lösen. Agitatorische Töne fehlen. Die inhaltlichen Unterschiede der Schreibweisen von 1968 und 1988 sind keine Ausnahmen in der Presse der DDR und sicher nicht zufällig, sondern signalisieren Veränderungen des politischen Klimas. Erklärungsmodelle für diese Entwicklung sind Gegenstand des folgenden Beitrages. Veränderungen in der DDR werden dabei als Konsequenzen der Handlungen und Haltungen alltäglicher Akteure untersucht und nicht vornehmlich als geplante oder ungeplante Effekte des Herrschaftssystems. Es geht also nicht um Wirkungen staatlicher Sozial-, Wirtschafts- oder Sicherheitspolitik, sondern um die verändernde Reproduktion der Gesellschaft durch die alltäglichen Lebensprozesse aller ihrer Mitglieder.

Das einleitende Beispiel verdeutlicht zugleich eine methodische Voraussetzung für die Bearbeitung der Fragestellung. Die personelle und institutionelle Kontinuität ist nämlich durchaus typisch für die Gesellschaft der DDR: Eine Journalistin schreibt zwanzig Jahre lang in derselben Zeitschrift für dieselbe Kolumne und die gleiche Leserschaft. Die inhaltlichen Veränderungen ihrer Beiträge können als ungeplante Indikatoren des sozialen Wandels verstanden werden.

Unabhängig von politischen Absichten oder Bewertungen wird so die personelle und institutionelle Konstanz zum methodischen Vorteil für die Untersuchung zeitabhängiger sozialer Phänomene in sozialistischen Industriegesellschaften.

2. Das Nischenmißverständnis

Die von *Günter Gaus* 1983 publizierte These, die DDR sei eine „Nischengesellschaft", scheint von vielen westlichen Beobachtern inzwischen weitgehend akzeptiert. Mit diesem Begriff verbindet sich die Vorstellung vom Rückzug der Bevölkerung von der Politik in die privaten Bereiche des Familienlebens, der Wohnung, des Schrebergartens, der Datsche. Nischengesellschaft reformuliert die ältere These einer „Entideologisierung" bzw. „Entpolitisierung" in modernen Industriegesellschaften (u. a. *Ludz* 1976) und ersetzt sie durch ein griffiges Bild.

Die inhaltlichen Veränderungen der Beiträge in der Rubrik „Pausengespräch" könnten mit der These vom Rückzug in die Nischen zufriedenstellend erklärt werden. Bis in die siebziger Jahre war es üblich, Leserbriefe von zwölfjährigen Schülern zu allgemeinpolitischen Themen abzudrucken. Über die Planerfüllung und die vorbildliche Sowjetunion schrieben die Kinder oder über die Gefahren des Imperialismus und die friedliebende Politik der SED. Die Kolumne von *Beidokat* aus dem Jahr 1968 paßt in dieses agitatorische Umfeld. Vergleichbare Meinungsäußerungen sind auch in den achtziger Jahren noch in Leserbriefen der ‚Trommel' zu finden, aber wesentlich seltener als in den Jahrzehnten zuvor. Der inzwischen vollzogene Rückzug ins Private, in die Nischen – so die dazu passende These – hat die Interessen der Schüler gemäß dem elterlichen Vorbild auf die unmittelbaren, individuellen Lebensumstände gelenkt. Die Umwandlung der Rubrik „Pausengespräch" in eine Ratgeberkolumne für Schülerprobleme könnte somit als politisch-redaktionelle Reaktion auf den allgemeinen Rückzug der Bevölkerung in private Nischen verstanden werden.

Diese Erklärung scheint zunächst schlüssig. Eine genauere Inspektion des Textes von *Gaus* zeigt jedoch, daß seine These in der oben verwendeten Fassung gründlich mißverstanden wäre. Im Text findet sich zwar die vielzitierte, unglückliche Formulierung vom „Rückzug ins Private" (*Gaus*, 1983: 157), doch Nischen sind nach *Gaus* keineswegs typisch für die DDR: „Das Nischendasein als Lebensform der Mehrzahl jedenfalls ist im Blick auf die DDR nicht erwähnenswert, weil es etwas Besonderes wäre, sondern es ist bedeutsam als das allüberall Übliche, das auch im anderen deutschen Staat seinen Platz hat" (*Gaus* 1983: 159).

Einen massenhaften Rückzug in die Nischen als gesellschaftlicher Prozeß der Entpolitisierung, als soziale Distanzierung von der Sphäre des Politischen, behauptet *Gaus* an keiner Stelle seines Beitrages. Es geht ihm vielmehr um den Nachweis, daß auch in der DDR ein normaler, trivialer Alltag existiert und es geht ihm um die Beschreibung dieses Alltages. *Gaus* wendet sich mit dem Wort von der Nischengesellschaft sowohl gegen Versuche der SED, die Bürger der DDR ausschließlich als engagierte Aktivisten darzustellen und zu vereinnahmen, als auch gegen westliche Darstellungen „der DDR als einem Ort, an dem es nur Schergen und Opfer gibt" (*Gaus* 1983: 158) und warnt ausdrücklich davor, in „agitatorischer" Absicht den Begriff Nischengesellschaft „als eine Besonderheit des kommunistischen Regimes anzusehen ... (als) die notgedrungene Flucht ins Private" (*Gaus* 1983: 159).

Mit der These einer Nischengesellschaft können also die Unterschiede in *Beidokat*s Kolumnen von 1968 und 1988 nur dann erklärt werden, wenn man *Gaus*' Begriff

völlig mißversteht. Und dennoch ist die Entpolitisierung ihrer Kolumne unübersehbar. In Umkehrung der oben versuchten Interpretation wäre denkbar, die Veränderungen als Rückzug der Politik zu interpretieren: Nicht die Menschen haben sich vor der Politik in Nischen geflüchtet, sondern die *Politik hat sich von den Nischen zurückgezogen.*
Dieser These wird in den folgenden Abschnitten theoretisch-explikativ und empirisch nachgegangen. Dabei soll es weniger um Anlässe, Absichten oder Einsichten der Politik beziehungsweise von Politikern gehen, sondern um Strukturen, Mechanismen, Bedeutsamkeiten der Nischen, die den Rückzug der Politik auslösten, ermöglichten oder erzwangen.

3. Nischen im Kontext von Alltag und Lebenswelt

Bei *Gaus* finden sich etliche Umschreibungen des Objektbereichs seiner griffigen Wortprägung.
Nische meint „private Lebensräume“, „individuelles Glück im Winkel“, „private Höhle“, „Privatheit“, „Ort privaten Glücks und Unglücks“, „Existenzmittelpunkt“, „Lebensform der Mehrheit.“ Nischen sind vielfältig, man kann „sich darin zusammendrängen“, man kann „herausdrängen, hinausfallen oder hinausgedrängt werden.“ Nische ist das hübsch „ausstaffierte Auto“, „Hausmusik“, „Gastfreundschaft“, „Schrebergarten“, „Boot“, „Datsche“, „Hobbys“, „Freundeskreis“, „privater, familiärer Winkel.“
Die Nische ist „hermetisch verriegelt“, man gibt sich dort „konservativ gestimmt“, es gibt „Konformitätsdruck“ (*Gaus* 1983: 157–162).
Gaus meint offensichtlich einen Teil des Alltages, und zwar den nicht-öffentlichen, privaten Alltag, für den jeder Mann und jede Frau Kompetenz beansprucht.
Norbert Elias hat 1978 im Sonderheft der „Kölner Zeitschrift für Soziologie und Sozialpsychologie“ acht Bedeutungen der Dichotomie „Alltag/Nicht-Alltag“ unterschieden und davor gewarnt, ohne Bezug zur Empirie über Alltag zu reden. Am selben Ort schlägt *Richard Grathoff* vor, Alltag als Lebenswelt im theoretischen Verständnis von *Edmund Husserl* (1954) und *Alfred Schütz* (1979) zu untersuchen. Wenig später wurde deren phänomenologisches Konzept von *Jürgen Habermas* (1981) in seine Theorie des kommunikativen Handelns aufgenommen. Als theoretische Referenzen alltagswissenschaftlicher Untersuchungen werden seither von vielen Autoren *Husserl, Schütz* und *Habermas* als eine Art Genealogie der Entwicklung phänomenologischer Lebenswelt-Theorie genannt (vgl. u. a. *Kohr/Räder* 1985, *Kuhlke* 1987).
Grathoff hatte allerdings bereits 1978 Mißverständnisse der *Habermas*schen Husserl-Rezeption angemerkt und vor allem kritisiert, daß *Habermas* auch solche Autoren zur Phänomenologie rechne, die *Husserls* „methodisches Vorgehen und lebensweltliche Fundierungsabsichten“ ablehnen (*Grathoff* 1978: 71–72). Auch *Habermas* selbst weist ausdrücklich darauf hin, daß er „die bewußtseinsphilosophischen Grundbegriffe“ der phänomenologischen Analyse der Lebenswelt aufgegeben habe (*Habermas* 1981:

189) und beabsichtige, „die kulturalistische Verkürzung des Konzeptes der Lebenswelt zu korrigieren“ (*Habermas* 1981: 205).
Als Konsequenz dieser Entscheidungen untersucht er die funktionale Entkopplung von System und Lebenswelt im Prozeß der Modernisierung (*Habermas* 1981: 229–293). Die Akteure des Alltags sind bei *Habermas „a fronte“* mit kommunikativem Handeln beschäftigt. Lebenswelt ist nur *„a tergo“* von Bedeutung. (*Habermas* 1981: 205). Damit verläßt *Habermas* unzweifelhaft den phänomenologischen Ansatz, und expliziert statt dessen einen „kommunikationstheoretischen Begriff der Lebenswelt“ (*Habermas* 1981: 205).
Dieser Bruch der Theorieentwicklung wird in der Sekundärliteratur kaum zur Kenntnis genommen (u. a. *Kohr/Räder* 1985). *Habermas* These von der „Kolonialisierung der Lebenswelt“ durch „von außen in die Lebenswelt“ eindringende verdinglichte „Subsysteme“ (*Habermas* 1981: 522) hat vielmehr den Begriff Lebenswelt popularisiert und die oben genannte Genealogie maßgeblich befördert (*Lenz* 1986).
Hans Blumenberg hat *Habermas'* anfechtbare Interpretation – ohne den Autor explizit zu nennen – als „Lebensweltmißverständnis“ bezeichnet. Im gleichnamigen ersten Kapitel seines Buches „Lebenszeit und Weltzeit“ (1986) rekonstruiert er *Husserl*s Begriff der Lebenswelt und expliziert das phänomenologische Konzept einer undurchsichtigen und hermetisch verschlossenen Lebenswelt als unaufhebbare Voraussetzung alltäglichen Handelns. Schon wenige Wochen nach dem Erscheinen wurde *Blumenberg*s Arbeit von *Ronald Hitzler* in der „Kölner Zeitschrift für Soziologie und Sozialpsychologie“ geradezu verrissen (*Hitzler* 1986). Ohne *Habermas* direkt zu erwähnen, verteidigte *Hitzler* dessen Interpretation. Die Lebenswelt sei „als Korrelat subjektiver Erfahrung zu erhellen“, schrieb er. „Für eine selbstreflexive Grundlegung der Sozialwissenschaften“ sei mit *Blumenberg*s Interpretation der Lebenswelt „nicht viel gewonnen“ (*Hitzler* 1986: 796).
Der zentrale Streitpunkt dieser Auseinandersetzung ist die Frage nach der *„Aufklärbarkeit“ des Alltags*, nach der Möglichkeit zunehmender Rationalität in der Lebenswelt. Für die maßgeblich von *Talcott Parsons* geprägte, funktionalistische Sozialwissenschaft, die sich auch in ihren gesellschaftskritischen Varianten (*Habermas* 1980) am naturwissenschaftlichen Rationalitätsideal orientiert, ist es eben selbstverständlich, daß vorwissenschaftliche Vorstellungen, zum Beispiel Stereotype, durch Konfrontation mit wissenschaftlicher Erkenntnis aufgeklärt, also „richtig“ gestellt werden können. Für *Habermas* ist die zunehmende Rationalisierung der Lebenswelt – unter Berufung auf *Durkheim, Mead* und *Weber* – ein „evolutionärer“, quasi natürlicher Prozeß (*Habermas*, Bd. 2, 1981: 221, 230).
Diese Hoffnung wird von *Hans Blumenberg* nicht ohne weiteres geteilt (1986: 47–60). Er verweist auf *Husserl*s hermetische Konstruktion der Lebenswelt als Konsequenz ihrer Genese. Aus phänomenologischer Sicht ist Lebenswelt nicht nur und nicht vor allem Korrelat von Erfahrung, sondern kognitives Muster des Alltags, das in einem selbstreferentiellen, rekursiven Prozeß, die *Übereinstimmung von Erwartungen und Erfahrung* sichert. Lebenswelt sperrt sich, so gut es eben geht, gegen unerwartete Erfahrungen. *Blumenberg* belegt die immanente Notwendigkeit dieser Hermetik unter anderem mit der ethnologischen Erfahrung, daß der erste fremde Blick auf eine bis

dahin unberührte, unbekannte Kultur immer auch der letzte Blick ist. In ähnlicher Weise führt das Bewußtwerden über Funktionen, Wissen und Prozesse der Lebenswelt zu deren Zerbrechen; die lebensweltlichen Akteure können danach nicht länger darin leben. Gegen diese existentielle Gefahr wird die Hermetik der Lebenswelt von deren Akteuren verteidigt.

Aufklärung der Lebenswelt und ihrer immanenten Prozesse, die Transformation des Selbstverständlichen in Verständlichkeit ist für *Husserl* und *Blumenberg* die Aufgabe phänomenologischer Analyse und nicht – wie bei *Habermas* – das evolutionäre Ziel gesellschaftlicher Rationalisierung.

Versteht man Lebenswelt in der phänomenologischen Interpretation als *nicht-diskursives* Muster des Alltag, so haben Wissen und Realität vermutlich niemals völlig übereingestimmt. Für die alltäglichen Akteure ist beides dennoch fraglos identisch. Alltägliche Konsequenzen dieser lebensweltlichen Überzeugung zeigt *Blumenberg* am Beispiel der verbreiteten, diffusen Vorstellungen vom Paradies, als Imagination einer intakten Lebenswelt, wo Erfahrung und Erwartung jederzeit übereinstimmten (*Blumenberg* 1986: 35). Alle „realen Paradiese" sind zwar gestört, aufgebrochen, zertrümmert und oft nur noch in Rudimenten vorhanden. Solche Zustände werden von den lebensweltlichen Akteuren jedoch nur in extremen Situationen – Krieg, Kriegsfolgen oder Katastrophen – überhaupt zur Kenntnis genommen. Selbst der chaotische, extrem gefährdende Alltag am Ende des Zweiten Weltkrieges, den niemand mehr ignorieren konnte, führte nicht zu kritischer Distanz der Akteure gegenüber ihren lebensweltlichen Vorstellungen, sondern – wie immer – zum erneuten und unablässigen Bemühen, das „kleine, alltägliche Paradies" zu rekonstruieren und gegen die Umwelt zu hermetisieren. Das beharrliche Festhalten an familialen Ritualen trotz aller Versorgungsmängel und Systemwechsel wie auch der Drang zur Datsche, zum Eigenheim, selbst wenn „man's sich vom Munde absparen" muß, sind exemplarische Symptome lebensweltlicher Orientierung in beiden deutschen Staaten (*Koch* 1988).

Den Akteuren selber erscheinen diese Orientierungen selbstverständlich, trivial und nicht erklärungsbedürftig. Für *Habermas* sind sie lediglich als Indizien unzureichender Rationalisierung der Lebenswelt von Interesse. Er referiert zwar die von *Schütz* präzise beschriebene Gefahr, daß Lebenswelt „zusammenbrechen", „zerfallen" kann (*Habermas* 1981: 199, 200). Reaktionen der Akteure auf diese Gefährdung werden von *Habermas* jedoch nicht erörtert. *Anthony Giddens* meint dagegen, daß die Akteure sehr wohl bemüht sind, „in den täglichen Handlungen des gesellschaftlichen Lebens ein Gefühl des Vertrauens, der Seinsgewißheit aufrecht (zu) erhalten". Die nicht-diskursiven, lebensweltlichen Routinen und Orientierungen des praktischen Bewußtseins, sind der Versuch, unbewußte Ängste, „explosive Inhalte des Unbewußten" zu kontrollieren (*Giddens* 1988: 37). Ähnlich argumentiert auch *Hans Blumenberg* (1986: 35). Diese Interpretationen werden durch die Krisenexperimente *Harold Garfinkels* (1980) gestützt, die die Bedeutung lebensweltlicher Orientierungen, also des routinisierten Alltagswissens, für die emotionale Sicherheit der Akteure empirisch belegen. Auch *Karl Mannheim* hatte die Unverzichtbarkeit einer scheinbar intakten Lebenswelt, gerade für den „Großstadtmenschen", bereits 1928 nachdrücklich unterstrichen:

„Aber gerade in der relativen Beständigkeit dieses ‚Lebensfonds' wurzelt unser Sekuritätsempfinden, wir wären ja an der Dynamik und Unbeständigkeit unserer allgemeinen Verhältnisse und der dazugehörigen Bewußtseinswandlungen schon längst irre geworden, gäbe es nicht diese relative Stabilität der ureinfachen Beziehungen. Das Problematischwerden der komplizierteren Beziehungen erträgt man, wenn der Urbestand eine Sekurität und Stabilität aufweist, oder zumindest eine solche vortäuscht" (*Mannheim* 1982: 338, zuerst 1928).

Sicherheitsgefühl und Hermetik sind im lebensweltlichen Wissen unauflöslich miteinander verknüpft. „Die Frage nach der Lebenswelt kann nicht in diese hineingestellt werden; vorausgesetzt, sie würde verstanden, entweste sie den Zustand, nach dem sie sich erkundigen möchte. (...) Wer in ihr lebt wüßte von ihr nichts; wer von ihr weiß, kann in ihr nicht mehr und nicht einmal wieder leben" (*Blumenberg* 1986: 60).

Um trotzdem ein theoretisches Verständnis des „Lebensfonds", der alltäglichen Wissensform zu erreichen, ist unumgänglich die hermetische Sicherheit der Lebenswelt zu verlassen, die „natürliche Einstellung" (*Schütz* 1979) zum Alltag, das „common sense Verständnis des common sense" (*Geertz* 1983) aufzugeben.

Normalerweise ist Alltagswissen mit dem Alltag unmittelbar identisch. Nach dem Verlassen der Lebenswelt, aus der Distanz sozialwissenschaftlicher Theorie, erscheint das Alltagswissen nur mehr als organisiertes und strukturiertes Wissenssystem für alle Lebenslagen, als eine Wissensform, die mit anderen universellen Systemen – der Wissenschaft, der Dogmatik, der Mystik, dem Mythos – konkurriert (*Mannheim* 1928).

Deren Ähnlichkeit untereinander zeigt sich in vergleichbaren und verwandten Strategien, ihre Wahrheit, Bedeutsamkeit, Validität zu beweisen (*Geertz* 1983, *Blumenberg* 1979):

- Die Wissenschaft legitimiert sich durch rationale Argumente, insbesondere durch die Intersubjektivität ihrer Methoden.
- Die Mystik beweist ihre Bedeutsamkeit durch inneres Erleben und Offenbarung,
- die Dogmatik durch moralischen Eifer und Blutopfer und
- der Mythos durch seine traditionelle Bewährung.
- Nur das Alltagswissen kann auf solche expliziten Wahrheits-Garantien verzichten, denn es ist „das Leben in nuce", natürlich entstanden, aus selbstverständlichen Erfahrungen mit „der Welt".

Doch diese Legitimationsbeziehungen können problemlos umgekehrt werden, und zwar für alle Wissensformen, wodurch ihre Selbstreflexivität deutlich wird:

- Die Wissenschaft definiert ihre approbierten Methoden (*Adorno* 1969).
- Die Mystik definiert die als Offenbarung anzuerkennenden Formen inneren Erlebens.
- Die Dogmatik unterscheidet bei gewaltsam umgekommenen Anhängern streng zwischen Märtyrern und Häretikern.
- Der Mythos sperrt sich gegen manche Variation (*Blumenberg* 1979).
- Das Alltagswissen definiert genau, was zur „Welt" gehört und was als Spinnerei, Abartiges, Unnatürliches anzusehen ist.

Der erste Zusammenhang beschreibt das gewöhnliche Selbstverständnis von Anhängern der jeweiligen Wissensform. Die Umkehrung des Zusammenhangs eröffnet kritische Zugänge, die das jeweilige Selbstverständnis relativieren. Vermutlich können Wissensformen nur dann angemessen theoretisch verstanden werden, wenn man beide Perspektiven gelten läßt, wenn man sie als rekursive, selbstreferentielle Systeme (*Luhmann* 1988) betrachtet. *Luhmanns* systemtheoretische Analyse des Zusammenhangs von Wissenssystemen und Realität radikalisiert und verallgemeinert das phänomenologische Konzept einer hermetischen Lebenswelt:

> „Erkenntnis ist nicht eine Art Abbildung der Umwelt als System, sondern Aufbau eigener Konstruktionen, eigener Komplexität, die durch die Umwelt nicht strukturiert und erst recht nicht determiniert, sondern nur irritiert werden kann. Die Bewährung unter den rein internen Bedingungen immer höherer kognitiver Komplexität dient dann als Ersatz für eine Umweltorientierung, die in diesem Ausmaß direkt oder in der Form von Punkt-zu-Punkt Zuordnung nie gewonnen werden könnte. Wir erkennen die Realität, weil wir aus ihr ausgesperrt sind – wie aus dem Paradies" (*Luhmann* 1988: 294).

Ein traditioneller theoretischer Mangel eines derart subjektivistischen, monadologischen Modells besteht in seiner Unfähigkeit, intersubjektives Wissen zu erklären, ein Problem, an dem bereits *Husserl* gescheitert ist und das *Habermas* als Legitimation seiner eigenen Konzeption verwendet (*Habermas* 1981: 197). Diese Schwierigkeit scheint neuerdings durch *Fischers* wissenssoziologische Interpretation kognitionspsychologischer Vorstellungen zumindest theoretisch behoben (*Fischer* 1989).

Dem universalen Anspruch in *Luhmanns* Modell wird man dennoch mit einiger Skepsis begegnen müssen. Für die hier beabsichtigte empirische Analyse von Veränderungen des Alltagswissens in der DDR verdeutlicht *Luhmann* jedoch den intendierten, veränderten Blickwinkel auf einen mehrfach untersuchten Forschungsgegenstand (so *Spittmann-Rühle/Helwig* 1984). Exemplarisch für die bisher übliche Perspektive auf den „Alltag in der DDR" ist eine gleichnamige Publikation der Friedrich-Ebert-Stiftung, die 1986 in dritter Auflage erschien. In der Einleitung schreiben die Autoren: „... für den einzelnen Menschen drüben (ist) der Alltag prägender als die Ideologie oder die große Zielsetzung dieses oder jenes Gesetzes" (Friedrich-Ebert-Stiftung 1986: 6).

Dieser Ansatz ist zwar deutlich realistischer als ältere Arbeiten, in denen beispielsweise Lehrplananalysen als Beschreibung des Schulalltags verstanden wurden (u. a. *Vogt* 1969). Doch die Verdinglichung des Alltages zur „prägenden" Institution für den „einzelnen Menschen" entspricht den deterministischen common sense-Vorstellungen einseitiger Abhängigkeit der Individuen von der Gesellschaft.

In *Luhmanns* Modell prägen und präformieren die Menschen ihren Alltag durch den „Aufbau eigener Konstruktionen, eigener Komplexität, die durch die Umwelt nicht strukturiert und erst recht nicht determiniert werden (...) kann" (*Luhmann* 1988: 294). Der Wahrnehmung des Alltages geht dessen „Zurichtung" durch alltägliches Wissen, voraus. *Clifford Geertz* spricht in diesem Zusammenhang von einem „Raster signifikanter Symbole", mit denen der Einzelne seinen Alltag präformiere:

> „Unmittelbare soziale Erfahrungen von Belang kommen – außer vielleicht im frühen Kindesalter – im menschlichen Leben nicht vor. Alles trägt eine bestimmte Be-

deutung, und die anderen Menschen werden ebenso wie die sozialen Gruppen, moralischen Verpflichtungen, politischen Institutionen oder ökologischen Bedingungen nur mit Hilfe eines Rasters signifikanter Symbole wahrgenommen, in denen sich jene überhaupt erst objektivieren" (*Geertz* 1983: 142, zuerst 1966).

In common sense-Darstellungen des Alltages in der DDR werden Präformierungen der Wahrnehmung meist ausgeblendet. Die Menschen erscheinen dann im unablässigen Kampf mit den Widrigkeiten einer diffusen, vielgestaltigen Institution, genannt „Alltag" (u. a. *Filmer/Schwan* 1985). Das Leben wird als überdimensionierte „Slapstick-Tragik-Komödie" vorgeführt: 17 Millionen Protagonisten im unablässigen Kampf mit den Tücken des sozialistischen Alltags, bei dem sie gelegentlich gewinnen, meist aber gegen übermächtige Apparate unterliegen und nicht selten in die Flucht getrieben werden.

Neben der Abgrenzung von der gegenwärtigen Forschungsperspektive verweisen die skizzierten theoretischen Vorstellungen von *Luhmann, Blumenberg, Giddens* und *Geertz* auch auf einen methodischen Zugang für empirische Analysen lebensweltlicher Konstruktionen und Orientierungen. Der unmittelbare Zugriff auf die Lebenswelt durch Befragung der Akteure ist zwar versperrt, es scheint jedoch erfolgversprechend, Irritationen lebensweltlicher Muster, Verunsicherungen des Lebensfonds zu untersuchen. In solchen Situationen, beispielsweise in „Lebenskrisen", sind die Akteure nämlich gezwungen, nicht-diskursives, selbstverständliches Wissen zu artikulieren, um durch Veränderung dieser Muster die Hermetik ihrer „kleinen Paradiese" zu retten. In den populären Ratgeberrubriken vieler Zeitschriften und Zeitungen werden solche Rekonstruktions-Prozesse häufig dokumentiert.

4. *Die Ratgeberrubrik „Unter vier Augen" für Jugendliche und junge Erwachsene*

Die Ausgangsthese vom Rückzug der Politik von den Nischen, vom Alltag, wurde im vorangegangenen Abschnitt zwar in einen theoretischen Kontext gestellt, bisher ist sie aber nur mit dem einleitenden Beispiel der beiden Kolumnen von *Beidokat* illustriert worden. Um die empirische Basis zureichend zu erweitern, folgt eine Auswertung von insgesamt 200 Folgen der Ratgeberrubrik „Unter vier Augen" aus den sechziger und achtziger Jahren. Die Rubrik „Unter vier Augen" erscheint seit 1964 in der Tageszeitung der Freien Deutschen Jugend (FDJ), junge welt.

Die grobe Durchsicht des Materials zeigt, daß die Mehrzahl aller Beiträge in den achtziger Jahren auf ideologische oder gesellschaftspolitische Argumentationen verzichten. Das war in den sechziger Jahren noch ganz anders: in 27 der untersuchten 46 Folgen der damaligen Zeit wurden explizit gesellschaftspolitische Positionen erwähnt. Der Ratgeber *Klaus Trummer* schreibt dazu am 15.9.64 in seiner Kolumne: „Wir haben ja schon oft nachgewiesen, wie eng die scheinbar ganz private Sphäre mit der Umwelt, der Gesellschaft verknüpft ist." Diese Sicht wurde nicht immer mit gleicher Intensität verfolgt. Während die „Verknüpfung der privaten Sphären mit der Gesellschaft" im zweiten Halbjahr 1964 nur in sieben von sechzehn Beiträgen „nachgewie-

sen" wurde, fanden sich im ersten Halbjahr 1966 etwa doppelt soviele gesellschaftspolitische Argumentationen – in fünfzehn von insgesamt zweiundzwanzig Beiträgen.
Vor einer genaueren quantitativen Analyse der Rubrik sollen zunächst argumentative Veränderungen an politisch bedeutsamen Problemen aufgezeigt werden, die sowohl in den sechziger als auch in den achtziger Jahren besprochen wurden.
Im *ersten* Beispiel geht es um den Widerstand bürgerlich gesonnener Eltern gegen die Verbindung ihrer Tochter mit einem Arbeiter; 1964 ist es ein Maurer, 1987 ein Traktorist. Beide Eltern wollen „etwas Besseres" für die Tochter. Wird das Problem am 6.10.1964 unter der Überschrift „Scheitert die Liebe am ‚Standesdünkel'?" behandelt, so am 2.12.1987 unter dem Titel „Der Freund nicht standesgemäß?" Zunächst wird in beiden Fällen die gesellschaftspolitische Dimension von Standesdünkeln angesprochen. 1964 lautete die Formulierung:

> „Diese ‚Moral' hat bei uns keinen Platz mehr, lebt aber leider – weil sie zählebig ist – in den Köpfen vieler Menschen weiter."

1987 heißt es mit gleicher Tendenz:

> „Eine solche Haltung dokumentiert ... eine Art von Überheblichkeit, die in unserem gesellschaftlichen Umfeld lächerlich wirkt."

Daran anschließend werden den ratsuchenden jungen Frauen 1964 wie 1987 Argumente genannt, mit denen sie die Eltern vom Standesdünkel abbringen sollen. Die 1964er Rubrik endet mit diesen Ratschlägen. 1987 jedoch wird das politische Problem als alltäglicher Beziehungskonflikt reinterpretiert. Die Ratgeberin schreibt:

> „Die Wahl (...) wirkt wie die Trotzreaktion einer plötzlich unartigen Tochter. (...) Es geht gar nicht darum, ob der Traktorist der richtige Mann für Dich ist. (...) Möglicherweise haben Deine Eltern sogar recht, daß hier Bildung, Interessen und Lebensvorstellungen nicht übereinstimmen. (...) Das aber sind Dinge, die Du, die Ihr beide selbst herausfinden müßt, zumal ja auch ihm zusteht, zu prüfen, ob er Dich für passend hält."

Im *zweiten* Beispiel geht es um politische Meinungsverschiedenheiten in Partnerschaften. Am 8.6.66 schreibt die siebzehnjährige *Gundula*:

> „Ich beschäftige mich stets mit aktuellen Problemen und verfolge das politische Zeitgeschehen, ich bin aktiv in der FDJ und vertrete voll und ganz die Politik unseres Staates. Mein Freund ist in sehr vielen Dingen anderer Ansicht, aber das Schlimmste ist, daß er sagt, ich solle unser Verhältnis nicht immer durch die „Politisiererei" stören."

22 Jahre später hat die neunzehnjährige *Ricarda* – sie könnte *Gundulas* Tochter sein – ein ganz ähnliches Problem:

> „Ich bin sehr fortschrittlich erzogen worden, er (21) hat dauernd eine andere Meinung. Jeder beharrt auf seinem Standpunkt und die Diskussion artet in persönliche Beleidigungen aus. Nun wollen wir politische Themen völlig ausklammern." (17.8.88)

Die Politik auszuklammern wird in den Antworten an *Gundula* wie *Ricarda* als unrealistisch bezeichnet; stattdessen wird die Notwendigkeit betont, politische Meinungsunterschiede im Interesse einer stabilen Partnerschaft fair zu diskutieren. Doch damit enden die Gemeinsamkeiten und auch die Ausführungen der Rubrik des Jahres 1966.

In *Jutta Resch-Treuwerths* Antwort von 1988 folgen ergänzende Überlegungen zu geeigneten Formen des Diskutierens in Partnerschaften und über *Ricardas* Verhalten:

> „Ausschlaggebend ist und bleibt, wie bei jeder Kontroverse, die beiderseitige Interessiertheit an der Lösung eines Problems, die Bereitschaft dem anderen zuzuhören und ihn aussprechen zu lassen und nicht rein aus Prinzip sofort zur Gegenrede anzusetzen. (...) Frage Dich auch einmal, ob Du seinen Widerpart nicht ab und zu (...) provozierst."

In beiden Fällen wurden Themen der Politik als alltägliche Beziehungskonflikte reinterpretiert. Diese Hinwendung zu alltäglichen Problemen und die stärkere Berücksichtigung lebensweltlicher Orientierungen in den achtziger Jahren bestätigt eine quantitative Analyse der insgesamt 200 Folgen der Rubrik „Unter vier Augen"[1], bei der Alter, Geschlecht und Probleme der Ratsuchenden in den sechziger und achtziger Jahren verglichen wurden (vgl. Tabellen 1 bis 4).

Tabelle 1: Alter der Ratsuchenden

Alter Jahre	1964/66 abs	%	1984/88 abs	%
14	1	3	13	8
15	3	9	12	8
16	9	26	24	16
17	11	32	9	6
18	4	12	15	10
19	1	3	21	14
20	4	13	17	11
21	1	3	17	11
22 bis 24	0		21	14
25	0		5	3
ohne Angabe	12	(26)	0	
Summe	46		154	

In den sechziger Jahren wurden vornehmlich die Briefe von sechzehn- und siebzehnjährigen Jugendlichen besprochen, während in den achtziger Jahren stärker die achtzehn- bis einundzwanzigjährigen Heranwachsenden zu Wort kommen. Die Probleme dieser Lebensphase unmittelbar nach der Volljährigkeit sind schwieriger zu lösen und vor allem wichtiger für den weiteren Lebensweg junger Leute als die Konflikte von Schülern und Lehrlingen. Die Jüngeren mögen subjektiv stärker an ihren Problemen leiden. Einen neutralen Ratgeber brauchen vor allem die achtzehn- bis einundzwanzigjährigen, die durch ambivalente Lebensentscheidungen in Familie, Beruf und Partnerschaft häufig überfordert sind. Die Verschiebung der Altersgruppen signalisiert die größere Alltagsnähe der Rubrik in den achtziger Jahren.

Tabelle 2 zeigt den gleichbleibend geringen Anteil männlicher Ratsuchender in den beiden Jahrzehnten. Ähnliche Männer/Frauen-Relationen wurden durchgängig bei der geschlechtsspezifischen Aufgliederung der Altersgruppen und Problemkategorien ermittelt. Männer schreiben nur ausnahmsweise an die Rubrik „Unter vier Augen".

Tabelle 2: Geschlecht der Ratsuchenden

	1964/66		1984/88	
	abs	%	abs	%
männlich	12	26	32	22
weiblich	34	74	122	78
Summe	46	100	154	100

Für die lebensweltliche Thematik der Rubrik sind offensichtlich die Frauen „zuständig". Diese Einseitigkeit der Rubrik demonstriert augenfällig die Wirksamkeit von Zuschreibungen des common sense, denn in der Mehrzahl der behandelten Konfliktkonstellationen sind die Probleme und Sichtweisen von Männern und Frauen dicht miteinander verstrickt. Für die Kategorisierung dieser Inhalte wurde ein fünfstufiges Schema verwendet[2]:

1. Probleme der Selbstwahrnehmung,
2. sexuelle Probleme,
3. Probleme in der Partnerschaft und/oder der Kernfamilie,
4. Probleme mit Verwandten, Freunden, Bekannten,
5. Probleme mit dem gesellschaftlichen Umfeld.

Tabelle 3 zeigt, daß die Rubrik „Unter vier Augen" in den achtziger Jahren – stärker als in den sechziger Jahren – brisante Lebenswelt-Konflikte thematisiert. In mehr als zwei Drittel aller Folgen geht es heute um emotional besetzte Probleme der Sexualität und Partnerschaft (Kategorien 2 und 3). In den sechziger Jahren wurden dagegen vornehmlich die vergleichsweise „sachlichen" Konflikte mit Verwandten, Freunden und dem gesellschaftlichen Umfeld (Kategorien 4 und 5) thematisiert.

Tabelle 3: Probleme der Ratsuchenden

Probleme mit:	1964/66		1984/88	
	abs	%	abs	%
1. Selbstwahrnehmung	1	2	7	5
2. Sexualität	2	4	31	20
3. Partnern, Kernfamilie	13	28	74	48
4. Verwandten, Freunden	15	33	22	14
5. gesellschaftlichem Umfeld	15	33	20	13
Summe	46	100	154	100

Die Problemkategorien sind in den beiden Zeiträumen etwa gleichmäßig über die Altersjahrgänge verteilt (Tabelle 4).

Die konkreten Probleme in den Altersgruppen sind trotz der Gleichverteilung selbstverständlich unterschiedlich. Nennen die Vierzehn-/Fünfzehnjährigen als sexuelle Probleme Deflorations- oder Masturbationsängste, so schreiben die Einundzwanzig-/Zweiundzwanzigjährigen über Impotenzprobleme oder sexuelle Verweigerung. Die Häufig-

Tabelle 4: Probleme der Ratsuchenden 1964/66 bzw. 1984/88 nach Altersgruppen (Absolute Häufigkeiten)

Kategorie	1		2		3		4		5	
Probleme mit	Selbstwahrnehmung		Sexualität		Partnern, Kernfamilie		Verwandten, Freunden		gesellschaftl. Umfeld	
Jahre	64–66	84–88	64–66	84–88	64–66	84–88	64–66	84–88	64–66	84–88
14/15jährige	–	4	–	6	–	7	4	4	–	4
16/17jährige	–	–	–	7	6	15	6	7	8	4
18/19jährige	–	–	–	8	3	17	–	5	2	6
20/21jährige	–	3	–	4	2	18	2	4	1	5
Ältere	–	–	–	6	–	17	–	2	–	1
ohne Angabe	1	–	2	–	2	–	3	–	4	–
Summen	1	7	2	31	13	74	15	22	15	20

keit, mit der sexuelle Probleme genannt werden, ist jedoch in den Altersjahrgängen weitgehend gleich. Ähnliches gilt für die in Tabelle 4 aufgegliederten Partnerschaftskonflikte, die Probleme mit Verwandten, Freunden und Bekannten, mit dem gesellschaftlichen Umfeld[3].

Eine Ausnahme von der Gleichverteilung über die Altersgruppen bilden die selten behandelten Schwierigkeiten bei der Wahrnehmung des eigenen Selbst. Hier werden nur Pubertätskrisen der Jüngeren und Ambivalenzen beziehungsweise Identitätskrisen von Zwanzig-/Einundzwanzigjährigen, die vor Lebensentscheidungen – etwa Heirat – stehen, thematisiert. Für die sechziger Jahre sind die Befunde – wegen der geringen Fallzahlen – weniger augenfällig. Damals wurde in vielen Folgen auch das Alter der Ratsuchenden nicht mitgeteilt.

Tabelle 4 zeigt weiterhin, daß in der Rubrik „Unter vier Augen" seltener über sexuelle Themen gesprochen wird, als der Titel suggerieren könnte. Wesentlich häufiger geht es in beiden Zeiträumen und in fast allen Altersgruppen um Probleme der Kategorie drei, Partnerschaft und Kernfamilie. Eine Durchsicht von Folgen der Rubrik, die Konflikte in anderen Bereichen – beispielsweise Orgasmusprobleme, Streit mit den Schwiegereltern, Trennung durch den Armeedienst – thematisieren, zeigte, daß in allen Fällen auch Auswirkungen auf Partnerschaft und Kernfamilie besprochen wurden. Dieser Bereich erscheint in der Rubrik „Unter vier Augen" als der „innere Kern" des Alltages, als das unverzichtbare, aber gefährdete Zentrum der Lebenswelt.

Als Stabilisierung werden den Ratsuchenden immer wieder gemeinsame „Aktionen" empfohlen: zusammen reden, etwas gemeinsam tun oder gemeinsam erleben. Als Gefährdung für Partnerschaft und Kernfamilie beschreiben die Ratsuchenden das Nicht-Gemeinsame, jede Trennung, jede Aktivität, an der nicht beide Partner beteiligt sind wie Dienstreisen, Militärdienst, Betriebsfeiern, Briefwechsel mit Freunden oder Bekannten.

Als Kern der Lebenswelt hat man sich demnach eine unmittelbare, ***kopräsente*** (*Goff-*

man 1973) Beziehung vorzustellen. Mittelbare Erfahrungen (*Schütz/Luckmann* 1979: 98–112), etwa als Konsequenz vorübergehender Trennung, sind der Stabilität einer Partnerschaft und der Kontinuität der Lebenswelt abträglich. Gelegentlich werden solche Gefährdungen den Ratsuchenden als Lebenswelt-Test, als Zerreißprobe empfohlen, vor allem dann, wenn eine Trennung durch äußere, objektive Einflüsse wie Armeedienst und Internatsausbildung verursacht ist (vgl. Rubrik Diskussion im November/Dezember 1987). Abgesehen von solchen Ausnahmen scheint Kopräsenz für das grundlegende Sicherheitssystem (*Giddens* 1988: 119–120) der Ratsuchenden und der Leser der Rubrik „Unter vier Augen" unentbehrlich. Dies ist auch theoretisch einsichtig, denn es ist wichtig, „daß die von mir als gegeben hingenommene Lebenswelt auch von dir als gegeben hingenommen wird, mehr noch von uns, grundsätzlich von jedermann." (*Schütz/Luckmann* 1979: 89)

Schütz' „Generalthese der wechselseitigen Beziehung" ist im Alltag aber permanent gefährdet, weil die „gegebene Lebenswelt" längst nicht mehr von jedermann als „gegeben" hingenommen wird, weil Störungen und Irritationen potentiell allgegenwärtig sind, beispielsweise in Berichten der Medien. Aber ein stets gegenwärtiger, kopräsenter Partner kann mir jederzeit bestätigen: „Ich sehe die Welt, wie du sie siehst, wir sind normal!"[4].

In seinem Essay „Das mythische Element in der Literatur" interpretiert der Schriftsteller *Franz Fühmann* die alltägliche gegenseitige Bestätigung der Normalität als soziale Notwendigkeit, denn „diese Umgangsmodalitäten genügen einer Vielzahl von Alltagsereignissen so, daß die Gesellschaft funktionstüchtig zusammenhält" (*Fühmann* 1983: 116). Bei Elementarereignissen wie Geburt und Tod reiche allerdings die Bestätigung durch andere nicht mehr aus. In solchen Situationen müsse – wie in archaischen Gesellschaften – transzendentes, mythisches Wissen das Alltagswissen ersetzen. Zu fragen wäre, ob in solchen Fällen gelegentlich nicht auch der freundliche Zuspruch einer „Ratgebertante" genügt.

Die Rubrik „Unter vier Augen" wurde als empirisches Material interpretiert, das lebensweltliche Orientierungen von Ratsuchenden und Ratgebern artikuliert. Der Rückzug politisch-ideologischer Argumentationen von der Lebenswelt zwischen 1964 und 1988 konnte summarisch und an einzelnen Folgen der Rubrik nachgewiesen werden. Mit dieser Feststellung wird das in der DDR unübersehbare öffentliche Monopol der marxistisch-leninistischen Ideologie zur „Weltauslegung" und „Weltorientierung" (*Mannheim* 1982) keineswegs ignoriert. Beide Wissensformen, Alltagswissen und offizielle marxistisch-leninistische Dogmatik, interpretieren die Realität gegenwärtig zumeist in „friedlicher Koexistenz". Über das „Eigentliche", „Tatsächliche" der Realität kann jedoch keines der beiden Wissenssysteme Auskunft geben. Um den bisherigen Blick auf die Lebenswelt, der durch die Frauen-Dominanz der Rubrik „Unter vier Augen" verzerrt sein könnte, zu erweitern, wird im folgenden Abschnitt die Transformation von Realität in das Alltagswissen an empirischen Beispielen aufgezeigt.

5. *„Geborgenheit im Sozialismus"*

Die Texte der Rubrik „Unter vier Augen" aus den achtziger Jahren lassen sich als für die DDR typische, altersspezifische Konflikt- und Biographiemuster darstellen:

- Die Vierzehn-/Fünfzehnjährigen schreiben über Pubertätsunsicherheiten und über Abgrenzungs- und Verselbständigungskonflikte mit den Eltern.
- Die Sechzehn-/Siebzehnjährigen haben erste Partner(wahl)-Konflikte, berichten von Ängstlichkeiten und Unsicherheiten im Sexualverhalten sowie von Konflikten mit den Eltern.
- Die Achtzehn-/Neunzehnjährigen haben Probleme bei der Familiengründung (Partnerwahl, Heiratstermine, Trennungsängste, Kinderwünsche und dazugehörige Ambivalenzen) und mit unterschiedlichen Sexualnormen.
- Die Zwanzig-/Einundzwanzigjährigen berichten von Partner-, Ehe- und Erziehungsproblemen (u. a. Abgrenzungswünsche, Verteilung von Kompetenzen und Verbindlichkeiten in der Familie, Trennungsängste, Identitätsprobleme).
- Die Zweiundzwanzig- bis Fünfundzwanzigjährigen beschreiben vorwiegend massive Partner- und Eheprobleme (Einleitung bzw. Verarbeitung von Scheidungs- und von Trennungsprozessen, Gewalt in der Ehe, Trennungswünsche, Probleme nach einer zweiten Eheschließung).

Die Konflikte können auf Wirkungen der bekannten gesellschafts- und familienpolitischen Rahmenbedingungen in der DDR zurückgeführt werden: die Förderung von Eheschließung und Geburten, den Wohnungsmangel, das liberale Scheidungsrecht, die autoritäre Sozialisation, die staatliche Berufslenkung und die liberalen Abtreibungsgesetze (*Hille* 1985). Doch solche Korrelationen würden die alterstypischen Konflikte nur scheinbar erklären, denn gesellschaftliche Rahmenbedingungen werden nicht direkt, sondern erst in lebensweltlich „verarbeiteter" Form im Alltag wirksam. Typische Beispiele dieser Transformation sind, daß „man"

- früh heiratet,
- heiratet, um eine Wohnung zu bekommen,
- ohne große Komplikationen abtreiben kann,
- ein „uneheliches" Kind haben kann,
- sich scheiden läßt, „wenn's nicht klappt" in einer Partnerschaft,
- die wichtigen privaten und beruflichen Lebensentscheidungen spätestens Mitte zwanzig getroffen hat.

An solchen Selbstverständlichkeiten im Alltag, nicht jedoch unmittelbar an den gesellschaftlichen Rahmenbedingungen, entzünden sich alltägliche Konflikte, die in der Rubrik „Unter vier Augen" aufgearbeitet werden. Allerdings werden nicht alle Rahmenbedingungen mit „Selbstverständlichkeit" in den Alltag transformiert. Die immer wieder beschworene Freundschaft mit den Staaten Osteuropas beispielsweise oder die seit langem gesetzlich fixierte Gleichberechtigung von Männern und Frauen im Beruf und in der Familie sind durchaus keine alltäglichen Selbstverständlichkeiten im Alltag (*Dölling* 1988).

Um die Unterschiede solcher Verarbeitungen zu untersuchen, fehlt bisher ein nichtfunktionalistisches, empirisch gehaltvolles Erklärungsmodell. Deskriptiv könnte man jeden Einzelfall als rekursiven, kognitiv-sozialen Prozeß analysieren (*Fischer* 1989).

6. *Geborgenheit, Massenkultur und Westkonsum*

Die widersprüchliche, lebensweltliche Verarbeitung gesellschaftlicher Rahmenbedingungen, diese entscheidende Vermittlung zwischen der Politik und den Bürgern, findet sich nicht nur im privaten Bereich, sondern überall im Alltag.

Die Vervollkommnung des staatlichen Versorgungsmonopols ist – spätestens seit dem VIII. Parteitag der SED von 1971 – ein Hauptziel der Innenpolitik. Vor allem Jugendliche und junge Erwachsene können eine Vielzahl dieser Leistungen in Anspruch nehmen, so im Bildungs- und Ausbildungssystem und als Familien- und Geburtenförderung. Die umfassende alltägliche Versorgung der Bürger wird in der DDR als systemtypische Leistung herausgestellt und mit der Metapher „Geborgenheit im Sozialismus" umschrieben. Die staatliche Garantie der Befriedigung existentieller Grundbedürfnisse – Wohnung, Ernährung, Arbeit, Reproduktion – wird von den Bürgern inzwischen als selbstverständlich hingenommen. Eine umfassende Versorgung wird nicht als besondere politische Leistung anerkannt, sondern als selbstverständlicher Teil des Alltages, der den Akteuren häufig erst beim Aufbrechen ihrer Lebenswelt, wie bei Reisen in die Bundesrepublik, wieder sichtbar wird (*Ronge/Pratsch* 1985).

In der Zivilisationstheorie von *Norbert Elias* (1976) wird die Ausweitung von Versorgungsmonopolen als unbemerkte Verlängerung von Interdependenzketten interpretiert, mit der lebensweltlichen Konsequenz, daß Fremdzwang in Selbstzwang überführt wird. Nur diszipliniertes, affektiv gedämpftes Verhalten der Akteure des Alltages, ein Verhalten, das mögliche Sanktionen zu antizipieren vermag, ist in einem Prozeß zunehmender Abhängigkeiten langfristig erfolgreich. Entsprechende Verhaltensweisen als alltägliche Reaktion durchschnittlicher Bürger auf die umfassende Versorgung in der DDR werden – auch in der offiziellen Presse – vielfach benannt und teilweise kritisiert. Die Verhaltensdämpfung von Bürgern als Konsequenz eines zivilisatorischen Prozesses konnte hier nur knapp erläutert werden. Für prognostische Überlegungen ist wichtig, daß die aufgezeigte Tendenz sich nicht mit Notwendigkeit linear fortsetzen muß. *Cas Wouters* (1977) hat in einer Analyse der westlichen Informalisierung seit Mitte der sechziger Jahre ausgeführt, daß Selbstzwangprozesse auch rekursive oder retardierende Phasen durchlaufen können, die zu einer vorübergehenden Aufhebung oder Verschiebung von Selbstzwängen führen können.

Affektiv gedämpftes Verhalten beschreibt auch *Christian von Ferber* in einer Untersuchung individueller Reaktionen auf das System der sozialen Sicherung in der Bundesrepublik. Komplementär zur wachsenden Selbstdisziplinierung fand er eine „Freisetzung der Individuen in der Bearbeitung der Probleme, die von der institutionellen Bearbeitung ausgespart sind, durch diese aber gleichwohl thematisiert werden" (*Ferber* 1984: 117). Die Kultivierung des Befindens ist nach *von Ferber* solch ein ausgesparter Problembereich, in dem der Ausgleich für Hetze, Monotonie und Langeweile, für den Frust der Arbeitstätigkeit und des Alltages gesucht wird. Luxurierende Ernährung, Selbstmedikation und Genußmittel sind Mittel des *Befindlichkeitsmanagements* der Bundesbürger. Auch der Medienkonsum sollte in diesem Zusammenhang erwähnt werden.

Befindlichkeitsmanagement ist sicher auch in der DDR notwendig und verbreitet, so als Ergänzung und zum Ausgleich von Unzulänglichkeiten der monopolisierten Versorgung. Eine typische Form dieser Transformation gesellschaftlicher Rahmenbedingungen in den Alltag ist der Konsum von Westprodukten.

Modische Freizeit-Bekleidung, *fast-food*-Ernährung und Popmusik, Fernsehserien wie „Dallas" und „Lindenstraße", die „Tagesschau", Waschmittel und Toilettenartikel aus westlichen Ländern sind in der DDR begehrte Waren, zuweilen fast kultisch verehrte Statussymbole. Nicht selten sind leere Verpackungen von längst verbrauchten westlichen Artikeln in Wohnküchen und Badezimmern ausgestellt. Besuchern aus dem Westen werden in der Regel detaillierte Mitbring-Listen übergeben. Obwohl die meisten der in der DDR begehrten westlichen Konsumartikel dort inzwischen zu erhalten sind – wenn auch zu horrenden Preisen – ist die Verehrung dieser Produkte in der Bevölkerung ungebrochen.

Der Versuch der politischen Führung, die Orientierung an westlicher Massenkultur durch Agitation und politisch motivierten Zwang einzudämmen, ist gescheitert. In den fünfziger Jahren und Anfang der sechziger haben erzieherische Institutionen einen erbitterten Kampf gegen Nietenhosen als „unordentliches" Kleidungsstück geführt. Zuletzt wurde nur noch gegen ihre Verwendung in der Mädchengarderobe polemisiert.

Ähnlich verlief der Widerstand gegen die angelsächsische Rock- und Popmusik (*Leitner* 1983, *Wicke* 1987). Sie wurde schließlich zur Unterhaltungs-Kunst erklärt und erfreut sich als engagierte Musik für den Frieden – „Rock für den Frieden" – inzwischen sogar politischer Wertschätzung. Mittlerweile dürfte die FDJ, als wichtigste Veranstalterin von Rockkonzerten und von Diskos in der DDR zur vermutlich größten Agentur dieses Genres in Europa geworden sein. Ob populäre Rockmusik vornehmlich Aufbegehren und Protest benachteiligter Bevölkerungsgruppen ausdrückt oder aber als kalkulierte Jugendmanipulation der Medienkonzerne zu sehen ist, kann hier nicht entschieden werden. Gute Gründe gibt es für beide Positionen (*Wicke* 1987: 131–160). Unübersehbar ist jedoch, daß populäre westliche Musik als Ware nicht nur bei den Jugendlichen begehrt ist.

Qualitätsunterschiede oder eine generelle Hochschätzung westlicher Lebensform reichen nicht aus, um die Fixierung auf Produkte der westlichen Massenkultur zu erklären. Ein solcher Erklärungsansatz greift zu kurz, weil ähnliches Verhalten auch in anderen Ländern, etwa in Japan zu beobachten ist. Die globale Akzeptanz und Wertschätzung westlicher, insbesondere amerikanischer Waren ist unübersehbar und durch nationale Substrate nicht zu befriedigen.

Jede Grilletta erhöht in der DDR den Appetit auf Hamburger und Doppelwhopper, jede Club-Cola den Durst auf eine Coca Cola, und jede Nietenhose aus dem VEB Obertrikotagen verstärkt den Wunsch nach einer Levis oder Mustang.

Die Unterversorgung mit Westprodukten hat zur Folge – unabhängig von ökonomischen Ursachen und ideologischen Absichten –, daß die Wertschätzung dieser Waren erhalten bleibt, und sie weiterhin als Mittel der sozialen Distinktion (*Bourdieu* 1984) geeignet sind, da sie nicht jeder ohne weiteres bekommen kann. Daraus folgt ihre disziplinierende Wirkung, denn die erhöhten Preise in den Delikat- und Exquisit-Läden machen Sparen unumgänglich, und die Verteilung von begehrten Eintritts-

karten für Pop-Konzerte über die FDJ-Leitungen der Betriebe macht die unauffällige Anpassung zu einer Art Bürgerpflicht; man muß „Beziehungen pflegen".
Die wertvollen Statussymbole aus dem Westen sind durch die Mangelsituation ausgezeichnete Instrumente des Befindlichkeitsmanagements. Sie sind geeignet für den Ausgleich frustrierender Erfahrungen. Diese Funktionen der Westprodukte dienen als stabile, lebensweltliche Verarbeitungsmuster in der DDR. Erkennbar wird dies nicht zuletzt an der Unfähigkeit vieler Bürger der DDR, nach der Ausreise oder während einer Besuchsreise mit der Überflußsituation in der Bundesrepublik gelassen umzugehen (*Ronge/Pratsch* 1985).
Neben diesen Wirkungen des Mangels an Westprodukten hat deren Akzeptanz in der Bevölkerung die Integration der DDR in die Weltgesellschaft gefördert, in eine internationale Massenkultur, die von amerikanischen Produkten bestimmt ist. Die anscheinend unaufhaltsame Ausbreitung dieser Kultur – in der DDR wie in aller Welt – verdankt ihre Dynamik nicht nur ihrer elektronischen Verbreitung (*Giddens* 1988). Entscheidend ist das *ungehemmte* Eindringen der Massenkultur in die Lebenswelt, ihre Funktionalisierung im Befindlichkeitsmanagement und ihr schnelles Absinken ins Selbstverständliche. Nach drei Folgen einer neuen TV-Serie, die „immer" Dienstagabend ausgestrahlt wird, sieht „man" zur Entspannung am Dienstagabend „immer" diese Serie. *Hans Blumenberg* meint, daß modernen massenkulturellen Produkten die akzeptanzfördernde Selbstverständlichkeit direkt anhafte, und daß sie als lebensweltliche Produkte erzeugt werden (*Blumenberg* 1981).
Der verändernde, normierende Einfluß der internationalen Massenkultur beschränkte sich in der DDR bisher weitgehend auf Äußerlichkeiten des Medienkonsums, der Bekleidung und Ernährung sowie des Musikkonsums junger Leute. Darüber hinaus weisende Verhaltensmuster und Einstellungen scheinen nur in wenigen Randgruppen – Ökologie- und Friedensgruppen, Punker, Skinheads – durch westliche Vorbilder geprägt. Die durchschnittlichen Jugendlichen in der DDR durchlaufen mit „walkman" am Gürtel, „talking heads" im Ohr und „irren" Frisuren die normalen Wege der sozialistischen Bildung und Berufsausbildung.

7. *Zum Schluß noch einmal: Die Nischen und ihre Erforschung*

Anfang Oktober 1988 veröffentlicht der Sonntag, die Wochenzeitschrift des Kulturbundes der DDR, ein Interview mit Professor *Herbert Letsch* zur Ästhetik des Wohnens in der DDR. Gleich zu Beginn des Interviews verweist *Letsch* auf den soziologischen Befund, wonach „bei etwa 85 % der Bürger einer Großstadt der DDR eine gute Wohnung in der Rangliste der Faktoren, die für ein glückliches Leben bestimmend sind, einen der ersten drei Plätze einnimmt" (*Letsch/Ackermann* 1988). Prompt folgt darauf die Frage des Interviewers, ob „in der wachsenden Wertschätzung des Wohnbereichs nicht auch ein Rückzug ins Private zum Vorschein" komme. *Letsch* redet sich heraus. Seine Gesprächspartner hätten ihm „versichert, sie würden sehr gern und zwar in Familie, mit anderen Bürgern verkehren", aber leider, es fehlten die kleinen Lokale im Wohnbereich, und Gaststätten im Stadtzentrum zu besuchen, sei umständlich und schwierig (*Letsch/Ackermann* 1988).

Dieser Gesprächsausschnitt verweist darauf, daß das Nischenmißverständnis noch immer virulent ist. Beides, die Frage und die hilflose Antwort von *Letsch*, sind offensichtlich von der Sorge bestimmt, die Menschen in der DDR könnten – unerreichbar für Politik und Gesellschaft – in ihren Nischen untertauchen. Aber solchen Befürchtungen und Illusionen hatte doch bereits *Gaus* unmißverständlich widersprochen: „In den privaten Winkeln sind im Laufe der Jahrzehnte mehr Fakten, Vorstellungen und Maßstäbe des real existierenden Sozialismus heimisch geworden, als allen Nischenbewohnern immer bewußt ist" (*Gaus* 1983).

Die vorliegenden empirischen Materialien bestätigen die These vom Rückzug der Politik aus dem Alltag. Die thematischen Veränderungen in *Beidokats* Kolumne in der Trommel zwischen 1968 und 1987/88 fanden sich in ähnlicher Form in der Ratgeberrubrik „Unter vier Augen". Auch die neueren Wertungen der westlichen Massenkultur zeigen, daß platte ideologische Einmischungen in den Alltag der Vergangenheit angehören.

Andererseits sind die biographischen Konfliktmuster der Rubrik „Unter vier Augen", wie auch die individuellen Reaktionen auf das umfassende Versorgungssystem deutliche Belege für die Transformation gesellschaftlicher Rahmenbedingungen in den Alltag. In lebensweltlicher Verarbeitung, unter anderem in den genannten Transformationsmustern, ist der „real existierende Sozialismus" – in Überfluß und Mangel – Lebensfonds und Anlaß alltäglicher Konflikte und wird so zum Bestandteil des selbstverständlichen Alltagswissens. Solche *Interdependenzen von Sozial- und Systemintegration* (*Giddens* 1988: 192–198), von Alltag und Politik, sind aber in der internen und externen Diskussion über die soziale Realität der DDR – auch zu Beginn des fünften Jahrzehnts ihrer Existenz – noch immer nicht selbstverständlich, wie das Interview mit *Letsch* im Sonntag zeigt.

Die vermutlich unbegründete, jedenfalls aber uneingestandene Sorge um den Zusammenhalt der Gesellschaft bildet auch den Hintergrund einer Diskussion von Sozialwissenschaftlern der DDR um die Konstitution eines Forschungsgegenstandes „alltägliche" beziehungsweise „individuelle Reproduktion" (*Gößler* 1983; *Luutz* 1985, 1987; *Hahn* 1985, 1987; *Dölling* 1988). Vor allem *Toni Hahn* verteidigt unermüdlich das traditionelle Konzept der sozialistischen Lebensweise, die danach von politisch-ökonomischen Prozessen der „entwickelten sozialistischen Gesellschaft" determiniert sei (*Hahn* 1987). Die Ausgrenzung von alltäglichen Tätigkeiten hält sie für undialektisch (*Hahn* 1986). Der Leipziger Philosoph *Wolfgang Luutz* dagegen beharrt auf dem Untersuchungsgegenstand Alltag und Alltagsbewußtsein (*Luutz* 1985), so mit dem Hinweis auf die Möglichkeit relativer Verselbständigung der individuellen gegenüber der gesellschaftlichen Reproduktion im Sozialismus, die es wahrzunehmen gelte und deren Verbindung ständig neu herzustellen sei (*Luutz* 1987).

Kürzlich versuchte *Frindte* (1988) eine sozialpsychologische Reinterpretation und Harmonisierung der gegensätzlichen Positionen. *Frindtes* Vorschlag, Bewußtseinsinhalte zu hierarchisieren, um einen theoretischen Raum für individuelles Alltagsbewußtsein zu schaffen, und gleichzeitig dominierende Tätigkeiten als bestimmendes Merkmal unterschiedlicher Lebensweisen zu betrachten, ist geeignet, weitere Disziplinen in die Kontroverse einzubeziehen. Erste Anzeichen für eine Ausweitung der De-

batte finden sich in einer Festschrift für den Leipziger Psychologen *Herbert E. Wolff*, die auch einen Beitrag von *Toni Hahn* enthält (*Berger* u. a. 1987).
Empirisch fruchtbar ist das Konzept der individuellen Reproduktion bisher vornehmlich in Arbeiten über Geschlechterstereotype (*Dölling*, 1986, 1988) geworden. *Irene Dölling*, deren Untersuchungen inzwischen international rezipiert werden, geht es vornehmlich um die Transformation geschlechtsspezifischer Vorstellungen der sozialistischen Gesellschaft über Emanzipation und Gleichberechtigung in den privaten und beruflichen Alltag. Auch die Untersuchung von *Herbert Letsch* und *Karla Scharf* über die Ästhetik des Wohnens, den Wohn-Geschmack kleiner Leute, analysiert einen wichtigen Bereich des Alltagsbewußtseins. „Natürlichkeit" und „Nachahmung der Natur" zeigten sich dabei als die zentralen ästhetischen Werte der „Arbeiterklasse". Weder „abstrakte Formbildung" noch „sozialistische Kunst" wurden in den Wohnungen geschätzt, sondern „Handwerkliches, Naturdarstellungen, schöne Menschen, Landschaftsdarstellungen". Die „Kälte" technischer Gegenstände verlangte danach, durch Deckchen und ähnliches gemildert zu werden (*Letsch/Ackermann* 1988). Die ästhetische Alltagspraxis werktätiger Menschen tradiert und reproduziert sehr alte ästhetische Muster. *Blumenberg* hat die Nachahmung der Natur als ästhetischen Wert bis in die Antike zurückverfolgt (*Blumenberg* 1981, zuerst 1957).
Die theoretischen und empirischen Arbeiten in der DDR verweisen auf eine Forschungskonzeption über Alltag und Alltagswissen, die hier als „*Alltagsphänomenologie*" bezeichnet werden soll.
Abgehoben vom konkreten Fall des Alltags in der DDR verdeutlichen drei theoretische und methodische Prämissen die Position einer sozialwissenschaftlichen Phänomenologie des Alltages:

1. Es geht nicht um eine Neuauflage von Volkskunde oder eine weitere Variante der Mikrosoziologie, sondern um den Versuch, die Interdependenz von Individuum und Gesellschaft im Alltagswissen, das heißt in Verhaltensinterpretationen und Orientierungen alltäglicher Akteure aufzufinden.
2. Es geht nicht darum, Zwänge und Institutionen oder andere Makrostrukturen einer Gesellschaft auszublenden oder auf den Alltag zurückzuführen, sondern um die lebensweltliche Verarbeitung, um Transformationsmuster des gesellschaftlichen Rahmens und um die unausweichliche Reproduktion von „Institutionen" im Verlauf alltäglicher Tätigkeit. Materielle Realität mag ohne Menschen und unabhängig von ihrem Alltag existieren, Gesellschaft sicher nicht.
3. Es geht nicht, jedenfalls nicht vordringlich, um mehr Vernunft im Alltag, um die Verbesserung oder Rationalisierung des Zusammenlebens, sondern zunächst und vor allem um die Aufklärung des alltäglichen *status quo*, das Verständnis für dessen tägliche Produktion und Reproduktion[5].

In diesem Beitrag wurden einige empirische Fragestellungen und Ergebnisse einer Alltagsphänomenologie der DDR vorgestellt. Für weitere Fragestellungen und Themen hat *Giddens* bereits wichtige theoretische und methodische Vorarbeiten publiziert, so eine Raum-Zeit-Topologie, mit deren Hilfe die Akteure sich im Alltag orientieren (*Giddens* 1988: 185–192). Politisch möglicherweise relevanter wäre die Untersuchung der ungeklärten kulturellen, das heißt lebensweltlichen Verarbeitung geburtenfördernder Maßnahmen der staatlichen Sozial- und Familienpolitik (*Höhn/Schubnell* 1986) oder die Rekonstruktion der familialen Tradierung von faschistischen und antisemitischen Haltungen, die das Auftreten von skinheads und Faschos in der DDR erklären könnte. Methodisch käme für beide Fragestellungen die Auswertung familiengeschichtlicher Gespräche (*Hildebrand/Jahn* 1988) in Frage.

Als nicht weniger spektakuläres Thema einer Alltagsphänomenologie scheint derzeit vor allem die Untersuchung der zunehmenden Akzeptanz amerikanischer Massenkultur erforderlich. Dieser weltweite Prozeß könnte am Beispiel der Gesellschaft der DDR – auf Grund der Verzögerungen gegenüber entsprechenden Entwicklungen in westlichen Industriegesellschaften – methodisch vorteilhaft untersucht werden. Es ginge darum, die den Akteuren selbstverständliche Begeisterung für amerikanische Massenkultur verständlich zu machen.

Ein solches Forschungsprojekt sollte allerdings beginnen, ehe überall auf der Welt ausschließlich IBM, Levis, McDonalds und Mickey Mouse die Ausstattung privater Nischen bestimmen.

Anmerkungen

1 Ausgewertet wurden 46 Beiträge aus dem zweiten Halbjahr 1964 sowie den Monaten Januar bis September 1966 und 154 Beiträge aus den Jahren 1984 bis 1988. Die Stichprobe für die sechziger Jahre wurde mit einem geschichteten Zufallsverfahren gezogen. Für die achtziger Jahre wurde eine Vollerhebung durchgeführt. Folgen der Rubrik, in denen ausschließlich Lesermeinungen veröffentlicht wurden, sind nicht berücksichtigt.

2 Das Kategorienschema orientiert sich an der von *Schütz* und *Luckmann* (1979) beschriebenen „natürlichen" Wahrnehmung sozialer Beziehungen in der Lebenswelt (Du-Einstellung, Wir- und Ihr-Beziehung, *Schütz/Luckmann* 1979: 90 ff.).
Die Überlappungen zwischen einzelnen Kategorien des Schemas sind auch kennzeichnend für die alltägliche Wahrnehmung, in der „alles mit allem zusammenhängt". Die Kategorisierung erfaßt nur das dominierende Problem der ausgewerteten Folge der Rubrik „Unter vier Augen".

3 Auf eine inferenzstatistische Absicherung der Befunde wurde verzichtet, da für die Jahre 1984 bis 1988 alle Folgen der Rubrik einbezogen wurden. Wegen der geringen Zellenbesetzungen konnten multivariate statistische Verfahren nicht eingesetzt werden. Andererseits erwies sich – gerade wegen der geringen Fallzahl – die Gleichverteilung in den Kategorien drei bis fünf als interpretationsfähiger Befund.

4 Die hohe Bedeutung einer Partnerschaft für die ungefährdete Verhaftung in der Lebenswelt ist vermutlich historisch variabel. Unter anderen kulturellen Bedingungen, etwa in vorindustriellen Gesellschaften, war für den Einzelnen das Eingebundensein in die größeren Sozialverbände des Clans, der Familie, oder des Hauses unverzichtbar, um die fraglose Selbstverständlichkeit des Alltages sicherzustellen (*Bourdieu* 1969, *Geertz* 1983).

5 Am Beispiel der Stereotypenforschung läßt sich diese wichtige, aber vermutlich umstrittene Differenz verdeutlichen. Üblicherweise werden Ursachen, Zwänge, Deformationen und Ausbreitungsbedingungen von Stereotypen in quasi epidemiologischen Studien mit dem Ziel untersucht, stereotype Handlungen zu beeinflussen. Eine phänomenologische Analyse beschäftigt sich dagegen mit der Verwendung von Stereotypen im Alltag, mit den Bedingungen stereotypen Handelns, mit Verbindungen der Stereotypen zu anderen alltäglichen Wissensbeständen (vgl. *Rehm* 1986). Es geht also um Verstehen, nicht um Therapie.

Literaturverzeichnis

Adorno, Theodor W., 1969: Der Positivismusstreit in der deutschen Soziologie, in: *Ders.*: Aufsätze zur Gesellschaftstheorie und Methodologie, Frankfurt am Main 1970: 167–244

Bächler, Hagen/Letsch, Herbert/Scharf, Karla, 1982: Ästhetik – Mensch – gestaltete Umwelt, Berlin

Berger, Horst, u. a., 1987: Wissenschaftlich technischer Fortschritt – Persönlichkeit – Beiträge eines Kolloquiums, in: Informationen zur soziologischen Forschung in der DDR 23, 1987: 2: 4–51

Blumenberg, Hans, 1979: Arbeit am Mythos, Frankfurt am Main

Blumenberg, Hans, 1981: „Nachahmung der Natur." Zur Vorgeschichte der Idee des schöpferischen Menschen, in: *Blumenberg, Hans*: Wirklichkeiten in denen wir leben, Stuttgart 1981

Blumenberg, Hans, 1986: Lebenszeit und Weltzeit, Frankfurt am Main

Bourdieu, Pierre, 1979: Entwurf einer Theorie der Praxis, Frankfurt am Main

Dölling, Irene, 1986: Individuum und Kultur, Berlin

Dölling, Irene, 1988: Frauen- und Männerbilder als Gegenstand kulturtheoretischer Forschung, in: Weimarer Beiträge 34, 1988: 4: 556–579

Elias, Norbert, 1976: Über den Prozeß der Zivilisation. 2 Bde., Frankfurt am Main

Elias, Norbert, 1978: Zum Begriff des Alltages, in: *Hammerich, Kurt/Klein, Michael*: Materialien zur Soziologie des Alltages. Kölner Zeitschrift für Soziologie und Sozialpsychologie, Sonderheft 20/1978: 22–29

Ferber von, Christian, 1984: Zur Zivilisationstheorie von Norbert Elias – heute, in: *Gleichmann, Peter*, u. a.: Macht und Zivilisation, Frankfurt am Main 1984: 105–128

Filmer, Werner/Schwan, Heribert, 1985: Alltag im anderen Deutschland. Düsseldorf, Wien

Fischer, Klaus, 1989: Die kognitive Konstitution sozialer Strukturen, in: Zeitschrift für Soziologie, 18, 1989, 1: 16–34

Friedrich-Ebert-Stiftung (Hrsg.), 1986: Der Alltag in der DDR. 3. Auflage, Bonn

Frindte, Wolfgang, 1988: Alltagsbewußtsein aus sozialpsychologischer Sicht, in: Deutsche Zeitschrift für Philosophie, 36, 1988: 5: 430–434

Fühmann, Franz, 1983: Das mythische Element in der Literatur, in: *Ders.*: Essays, Gespräche, Aufsätze 1964–1981: 82–140

Garfinkel, Harold, 1980: Das Alltagswissen über soziale und innerhalb sozialer Strukturen, in: Arbeitsgruppe Bielefelder Soziologen (Hrsg.): Alltagswissen, Interaktion und gesellschaftliche Wirklichkeit, Opladen, 5. Auflage 1981: 189–262

Gaus, Günter, 1983: Wo Deutschland liegt, Hamburg

Geertz, Clifford, 1983: Common sense als kulturelles System, in: *Ders.*: Dichte Beschreibung, Frankfurt am Main: 261–288

Giddens, Anthony, 1988: Die Konstitution der Gesellschaft, Frankfurt/New York

Goffman, Erving, 1980: Rahmen-Analyse, Frankfurt am Main

Gößler, Klaus, 1983: Karl Marx und Probleme des Alltagserkennens, in: Deutsche Zeitschrift für Philosophie, 31, 1983, 11: 1260–1272

Grathoff, Richard, 1978: Alltag und Lebenswelt als Gegenstand phänomenologischer Sozialtheorie, in: *Hammerich, Kurt/Klein, Michael*: Materialien zur Soziologie des Alltages. Kölner Zeitschrift für Soziologie und Sozialpsychologie, Sonderheft 20/1978: 67–85

Habermas, Jürgen, 1980: Talcott Parsons – Probleme der Theoriekonstruktion, in: *Matthes, Joachim* (Hrsg.), Lebenswelt und soziale Probleme. Verhandlungen des 20. Deutschen Soziologentages zu Bremen 1980, Frankfurt am Main, New York 28–48

Habermas, Jürgen, 1981: Theorie des kommunikativen Handelns. 2 Bände, Frankfurt am Main

Hahn, Toni, 1986: Umfassende Intensivierung – Inhalte sozialistischen Alltags und Alltagsbewußtseins? in: Deutsche Zeitschrift für Philosophie, 34, 1986, 6: 728–733

Hahn, Toni, 1987: Wesenszüge und grundlegende Gesetzmäßigkeiten sozialistischer Lebensweise. In: Jahrbuch für Soziologie und Sozialpolitik 1987. Berlin 1987: 125–141

Hildenbrand, Bruno/Jahn, Walter, 1988: „Gemeinsames Erzählen" in familiengeschichtlichen Gesprächen, in: Zeitschrift für Soziologie, 17, 1988, 3: 203–217

Hille, Barbara, 1985: Familie und Sozialisation in der DDR. Opladen

Hitzler, Ronald, 1986: Literaturbesprechung Hans Blumenberg, Lebenszeit und Weltzeit, in: Kölner Zeitschrift für Soziologie und Sozialpsychologie 38, 1988, 4: 795–796

Höhn, Elfriede/Schubnell, Hermann, 1986: Bevölkerungspolitische Maßnahmen und ihre Wirksamkeit in ausgewählten europäischen Industrieländern, in: Zeitschrift für Bevölkerungswissenschaft, 12, 1986, 1 und 2: 3–51, 185–219

Husserl, Edmund, 1954: Die Krisis der europäischen Wissenschaften und die transzendentale Phänomenologie. Werke Bd. IV, Den Haag

Koch, Reinhard, 1988: Lebenswelten in zwei deutschen Kleinstädten, in: *Soukup, Gunter/Koch, Reinhard*: Es kamen härtere Tage, Weinheim 1988: 162–176

Kohr, Hans-Ulrich/Räder, Hans-Georg, 1985: Jugend und gesellschaftliche Rationalität, in: *Fischer, Artur* u. a.: Jugendliche und Erwachsene '85, Band 1, Opladen: 305–331

Kuhlke, Christiane, 1987: Rationalität von Einbeziehung und Ausgrenzung: Frauen in der Politik, in: *Deters, Magdalene/Weigandt, Susanne*: Fremdbestimmt – Selbstbestimmt? Berlin: 44–50

Leitner, Olaf, 1983: Rockszene DDR, Reinbek bei Hamburg

Lenz, Karl, 1986: Alltagswelten von Jugendlichen, Frankfurt/New York

Letsch, Herbert/Ackermann, Peter, 1988: So ein Tisch mit Obst beispielsweise, in: Sonntag, 1988, 41: 7

Ludz, Peter Ch., 1976: Ideologiebegriff und marxistische Theorie, Opladen

Luhmann, Niklas, 1988: Neuere Entwicklungen in der Systemtheorie, in: Merkur 42, 1988, 4: 292–300

Luutz, Wolfgang, 1985: Alltag und Alltagsbewußtsein, in: Deutsche Zeitschrift für Philosophie, 33, 1983, 4: 348–352

Luutz, Wolfgang, 1987: Noch einmal zum Alltag, in: Deutsche Zeitschrift für Philosophie, 35, 1987, 9: 828–831

Mannheim, Karl, 1982: Die Bedeutung der Konkurrenz im Gebiet des Geistigen, in: *Meja, Volker/Stehr, Nico* (Hrsg.): Der Streit um die Wissenssoziologie, Frankfurt am Main 1982: 325–370

Rehm, Jürgen, 1986: Theoretische und methodologische Probleme bei der Erforschung von Vorurteilen, in: Zeitschrift für Sozialpsychologie, 17, 1986, 1 und 2: 18–30, 74–86

Ronge, Volker/Pratsch, Kristina, 1985: Arbeit finden sie leichter als Freunde, in: Deutschland Archiv 18, 1985, 7: 716–725

Schütz, Alfred/Luckmann, Thomas, 1979: Strukturen der Lebenswelt. 2 Bde., Frankfurt am Main

Spittmann-Rühle, Ilse/Helwig, Gisela (Hrsg.), 1984: Lebensbedingungen in der DDR. Siebzehnte Tagung zum Stand der DDR-Forschung, Köln

Wicke, Peter, 1987: Rockmusik, Leipzig

Wouters, Cas, 1977: Informalisierung und der Prozeß der Zivilisation, in: *Gleichmann, Peter*, u. a.: Materialien zu Norbert Elias' Zivilisationstheorie, Frankfurt am Main. 2. Auflage 1982: 279–298

Ideologie und Empirie. Der Versuch einer Rekonstruktion des intellektuellen Profils von Peter C. Ludz

Hubertus Buchstein

1. Vorbemerkung

Peter Christian Ludz war einer der wichtigsten DDR-Forscher der sechziger und siebziger Jahre der Bundesrepublik[1]. Seine Kritik an der Totalitarismustheorie zu Beginn der sechziger Jahre, sein Buch ,,Parteielite im Wandel" von 1968, die von ihm konzipierten ,,Materialien zur Lage der Nation" – dem ,,Bestseller aus Bonn" (Die Zeit vom 29.1.1971) –, seine Beiträge im ersten ,,Handbuch DDR" von 1975 oder seine posthum veröffentlichte Studie zur Sprachpolitik in der DDR brachten ihm einen geradezu legendären Ruf in der DDR-Forschung ein. Was nicht heißt, daß *Ludz* unumstritten gewesen wäre. Im Gegenteil: ,,Je nach Standpunkt wird er noch heute ... gelobt oder verdammt" (*Dietrich* 1985: 133). Feiern ihn die einen als den eigentlichen Begründer einer sozialwissenschaftlichen DDR-Forschung (*Deutsch* 1979; *Herspring* 1979; *Sontheimer* 1979; *Glaeßner* 1982: 231), so machen ihn andere verantwortlich für zentrale Fehlentwicklungen der Disziplin (*Kielmansegg* 1974; *Picaper* 1982). Schaut man sich die heutigen Statements *über Ludz* an, so gewinnt man zuweilen den Eindruck, als ob sie die Argumente wiederholten, die bereits in den Kontroversen *mit Ludz* angeführt wurden. *Ludz* hat sich selbst in diesen Kontroversen oft mißverstanden gefühlt (*Ludz* 1964d, 1971b, 1976c). Um zu ermessen, wieweit die Einwände zutreffend sind und wo ein kritisches Anknüpfen und Weiterführen von *Ludz'* Leistung möglich ist, können prinzipiell zwei Perspektiven eingenommen werden. Einmal, indem *Ludz'* Konzept von DDR-Forschung in den Kontext anderer Ansätze gestellt wird. Dies ist mittlerweile von unterschiedlichsten Positionen aus unternommen worden (*Cless* 1978; *Meyer* 1979; *Gransow* 1980; *Glaeßner* 1982). Hier soll deshalb ein anderer, der *theoriebiographische* Weg beschritten werden. Hinter dieser Perspektive steht die These, daß *Ludz'* Ansatz von DDR-Forschung erst als Teil eines mittlerweile in Vergessenheit geratenen komplexen methodologischen und inhaltlichen Gesamtkonzepts von Sozialwissenschaft adäquat rezipiert werden kann. Ziel der nachfolgenden Überlegungen ist es, diesen Zusammenhang zu rekonstruieren.

In über einhundertfünfzig Monographien und größeren Aufsätzen sowie über hundert Zeitungsartikeln und Rezensionen[2] befaßte sich *Ludz* neben der DDR mit so unterschiedlichen Themen wie der Sozialgeschichte von Freimaurerlogen und Geheimbünden, der Literatursoziologie, den politischen und ästhetischen Schriften von *Georg Lukács*, geistesgeschichtlichen Studien zur französischen Spätrenaissance und dem französischen Materialismus sowie mit *Hegel, Feuerbach* und *Marx*, dem Eurokommunismus, der internationalen Politik, der Wissenschaftstheorie und -geschichte oder metatheoretischen Problemen moderner Sozialgeschichtschreibung. Ein Gesamtwerk, das in seiner scheinbar willkürlichen Vielfalt auf den ersten Blick eher verwirrt. Erst bei genauerer Lektüre erschließt sich, wo und welche Querverbindungen *Ludz* zwischen den unterschiedlichen Themen gesehen hat. Das theoretische Zentrum fast aller seiner Arbeiten ist Ideologie. Dies gilt im Negativen wie Positiven. Der Vorwurf „Ideologie!" dient als Hammer, mit dem er zuweilen recht vorschnell auf andere Positionen einschlug, sei es auf die Theoretiker der Studentenbewegung (*Ludz* 1968b), auf *Kolakowskis* Marxismusvariante (*Ludz* 1965c), auf *Thomas Kuhns* Wissenschaftstheorie (*Ludz* 1979b) oder auf die Totalitarismustheorie in der Politikwissenschaft. Ideologie fungiert aber zugleich in einem produktiven Sinne als Schaltstelle seiner eigenen Überlegungen. Von ihr aus führt ihn der Weg in die Entfremdungstheorie, die Wissenschaftssoziologie oder in die Wissenschaftsgeschichte. Und was für den hier interessierenden Zusammenhang mit der deutschen Kommunismusforschung wohl am wichtigsten ist: Ideologietheorie bildet den Ausgangspunkt, von dem aus *Ludz* seinen Ansatz von immanent-kritischer DDR-Forschung entwickelte.

2. *DDR-Forschung am Berliner Institut für politische Wissenschaft*

Peter Christian Ludz wurde am 22. Mai 1931 in Stettin geboren[3]. Nach dem Tode seines Vaters, er war Pfarrer, lebte er ab 1933 in Berlin-Zehlendorf, wo er 1949 das Abitur ablegte. Sein Studium der Volkswirtschaftslehre, Philosophie, Soziologie, Geschichte und Politikwissenschaft absolvierte er während der Jahre 1949/50 in Mainz, 1950–53 in München, 1953–55 in Berlin und 1956 an der Pariser Sorbonne. 1953 legte er an der Münchener Ludwig-Maximilians-Universität das Examen zum Diplom-Volkswirt ab. In Berlin waren seine einflußreichsten Lehrer *Michael Landmann* und *Hans-Joachim Lieber*, bei dem er 1955 promovierte. Angebote, seine wissenschaftliche Arbeit bei der Gesellschaft für wirtschaftswissenschaftliche Forschung in Köln oder am Frankfurter Institut für Sozialforschung weiterzuführen, schlug er ab und nahm das aus seiner Sicht attraktivere Angebot *Otto Stammers* an, in Berlin zu bleiben. Bisher hatte *Ludz* sich ausschließlich mit philosophischen Fragen befaßt. Erst als er 1957 seine Stelle als Assistent am Institut für politische Wissenschaft (IfpW) der Freien Universität Berlin übernahm, begann er, sich wissenschaftlich mit der DDR zu beschäftigen. Ein Jahr später avancierte er bereits zum neuen Leiter der Abteilung DDR am IfpW. *Ludz* habilitierte sich 1967 mit „Parteielite im Wandel", der ersten politikwissenschaftlichen Habilitationsarbeit in der Bundesrepublik über ein DDR-Thema. Das Otto-Suhr-Institut an der Freien Universität Berlin berief ihn noch im gleichen Jahr zum ordentlichen Professor der Politikwissenschaft mit besonderer Berücksichtigung der Theorie der Politik. Nach zum Teil heftigen Auseinandersetzungen mit der Studentenbewegung (vgl. *Wildermuth* 1986) war er verärgert über das im Zuge der Konflikte „gesunkene wissenschaftliche Niveau" an der FU. Angezogen von *Schelskys* Idee einer kleinen Forschungsuniversität in Bielefeld schlug er einen Ruf nach München aus und nahm 1969 ein Ordinariat für Politische Wissenschaft und Soziologie in Bielefeld an; 1973 wechselte er auf den ehemaligen Lehrstuhl *Eric Voegelins* am Münchener Geschwister-Scholl-Institut. *Ludz* war Mitglied diverser wissenschaftlicher Kommissionen: Ende der sechziger Jahre Mitglied einer Berliner Senatskommission, die ein Gutachten zur politischen Lage der Stadt verfaßte; für die sozial-liberale Bundesregierung oblag ihm die Federführung bei der Erstellung der ‚Materialien zur Lage der Nation' (*Ludz* 1971a); seit 1975 war er im Beirat der Ebenhausener Stiftung Wissenschaft und Politik und von 1975–78 leitete er einen Arbeitskreis zur vergleichenden Deutschlandforschung. Seit 1968 nahm er zudem an mehreren ausländischen Universitäten Gastprofessuren wahr, so an der Harvard University, der Columbia University, der New School for Social Research in New York und hielt sich zu Vortragsreisen in Chile, Kanada, Japan, Jugoslawien und Dänemark auf. Im September 1979 setzte *Peter Christian Ludz* seinem Leben selbst ein Ende.

Als *Ludz* 1957 in der Abteilung DDR-Forschung des Instituts für politische Wissenschaft mit seiner Tätigkeit begann, befand sich diese mitten in einem personellen Umbruch[4]. Das IfpW war im Sommer 1950 unter gemeinsamer Trägerschaft der Deutschen Hochschule für Politik und der Freien Universität Berlin gegründet worden. Nach einigen Anlaufschwierigkeiten hatte es sich unter der Leitung von *Otto Stammer* ab 1954 mit den drei Forschungsbereichen Parteien und Verbände, Zeitgeschichte und DDR konsolidiert. Neben dem Bonner Archiv für Gesamtdeutsche Fragen war die Abteilung SBZ, wie sie damals hieß, die einzige wissenschaftliche Institution der Bundesrepublik, die sich systematisch mit DDR-Forschung befaßte. Das neue Institut war bestrebt, möglichst schnell erste Forschungsarbeiten der neuen Disziplin Politikwissenschaft vorlegen zu können, und *Stammer* glaubte Ende 1950 mit dem gerade aus der DDR in den Westen gewechselten *Ernst Richert*, den er noch aus ihrer gemeinsamen Zeit in Leipzig kannte, einen Bearbeiter für ein Thema gefunden zu haben, das ihn selbst brennend interessierte: „Die Monopolisierung der öffentlichen Meinung in der Ostzone". Nachdem erst einmal eine Forschungsgruppe zur DDR bestand, gab es nicht zuletzt ein finanzielles Interesse an ihrem Erhalt und Ausbau. Das Institut erhoffte, über Zuwendungen des Bundesministeriums für Gesamtdeutsche Fragen zugleich die Arbeit an anderen Projekten mitfinanzieren zu können.

Die mittlerweile fast vierzigjährige Geschichte der Abteilung SBZ – heute weitergeführt als Arbeitsbereich DDR-Forschung am Zentralinstitut 6 der FU Berlin – kann in ihren ersten zwanzig Jahren in zwei Phasen eingeteilt werden. Die erste steht wesentlich unter der Ägide *Ernst Richerts*, die zweite unter der von *Ludz*. Zwischen beiden Phasen gibt es trotz des völligen personellen Umbruchs eine bemerkenswerte Kontinuität. *Richert, Stammer* und die engsten Mitarbeiter der Abteilung in ihrer ersten Phase wie *Carola Stern, Peter Dietrich, Gert Hecht* und *Max Gustav Lange* waren fast ausnahmslos DDR-Flüchtlinge. Das von *Richert* begonnene Forschungsprojekt wurde 1958 unter dem Titel ‚Agitation und Propaganda' (*Richert* 1958a) veröffentlicht. Die Umstände der achtjährigen Bearbeitungszeit veranlaßten die Institutsleitung, sich von *Richert* als Leiter der Abteilung zu trennen. Dadurch brach die Auseinandersetzung mit ihm und seinen Thesen jedoch nicht ab. Die von *Richert* am Ende seiner Institutszugehörigkeit herauspräparierte Fragestellung wurde nach seinem Weggang für die weitere Abteilungsarbeit geradezu forschungsleitend. Kerngegenstand des

Nachdenkens war die Totalitarismustheorie. Schon andere Institutsangehörige wie *Martin Drath* (*Drath* 1958) und *A. R. L. Gurland* (*Gurland* 1954) hatten versucht, die Totalitarismustheorie auf ein empirisch handhabbares Konzept zu modifizieren (vgl. *Glaeßner* 1982: 64 ff.). Wie kein anderer Institutsangehöriger weigerte sich ausgerechnet der ansonsten philosophisch und theoretisch überaus interessierte Leiter der DDR-Abteilung, seine Forschungsresultate ebenfalls in totalitarismustheoretische Aussagen größerer Reichweite zu übersetzen. Was auf den ersten Blick als Manko erscheint, war in Wirklichkeit eine bewußt getroffene methodologische Entscheidung *Richerts*. Anders als viele Totalitarismustheoretiker sah *Richert* das zentrale Phänomen der politischen Herrschaft in der DDR nicht im Terror, sondern im Selbstverständnis und Organisationsmodus der wirtschaftlich-organisatorischen und politisch-pädagogischen Tätigkeit. Schon 1953 hatte *Richert* in einem zusammen mit *Lange* und *Stammer* verfaßten Beitrag über die neue Intelligenz in der DDR einen Teil der „eigenen Dynamik" ihres Herrschaftssystems zu analysieren versucht. In der Darstellung der Rekrutierungsmodi und sozialpsychologischen Prägung finden sich bereits Anklänge an die später insbesondere von *P. C. Ludz* vertretene Versachlichungsthese (*Lange/Stammer/Richert* 1953). Doch nun versah *Richert* den am Institut unterschwellig erreichten Diskussionsstand mit einer Sollbruchstelle: „Der Ausdruck ‚totalitär' ist denn auch bewußt vermieden worden" (*Richert* 1958b: 169). Die Frage, mit der *Richert* das Institut verließ, lautete: Läßt sich mit der Totalitarismustheorie überhaupt noch sinnvoll arbeiten? Wenn nein, wie soll es mit der Erforschung der DDR methodisch weitergehen?

Der personelle Bruch der Jahre 1956/57 war in der DDR-Abteilung am IfpW gravierend. Unabhängig vom Weggang *Richerts* hatten auch *Lange, Hecht, Stern* und *Dietrich* das Institut verlassen. Übernommen wurde aus der ersten Phase lediglich eine studentische Hilfskraft, *Hartmut Zimmermann*. Ihm wurde im Mai 1957 mit *Peter Christian Ludz* ein promovierter Wissenschaftler zur Seite gestellt, der sich bisher mit DDR-Themen noch überhaupt nicht befaßt hatte. Die Anstellung *Ludz*' ging wesentlich auf seinen Doktorvater *Hans-Joachim Lieber* zurück. In Absprache mit *Stammer* wollte *Lieber*, der sich primär mit Fragen der Ideologietheorie befaßte und selbst auch mit dem Totalitarismusbegriff haderte (*Lieber* 1962, 1982), auf diesem Wege ideologiekritisch orientierte Arbeiten am IfpW etablieren, ein Thema, das auch Institutsleiter *Stammer* faszinierte, hatte er nach 1933 in der ideologischen Hegemonie des Bürgertums über die Arbeiterschaft doch den tieferen Grund für die erlittene Niederlage der Arbeiterbewegung gesehen und war Ideologietheorie der Gegenstand seiner ursprünglich in Leipzig eingereichten Habilitationsarbeit von 1948 gewesen (*Stammer* 1948).

Wegen der Fertigstellungsprobleme mit den unter *Richert* durchgeführten Forschungsvorhaben nahm der Institutsvorstand gegenüber neuen Großprojekten der Abteilung DDR eine skeptische Haltung ein. Um ihr aber über die Archivierungs- und Berichtspflichten hinaus auch eine forschungspraktische Perspektive im Sinne der von *Richert* hinterlassenen Problemstellung zu geben, stimmte der Vorstand dem Vorhaben zu, zwei, wie es genannt wurde, ‚Ein-Mann-Studien', durchführen zu lassen, die die Rockefeller-Foundation mit DM 10.000 bezuschußte. *Stammer* sah in den beiden projektierten Studien Beiträge, „die von ihrem Thema her in einem höheren Maße um theoretische Behandlung verlangen als die bisher abgeschlossenen" (*Stammer* 1961: 277). Eine der beiden Studien wurde von *Hartmut Zimmermann* begonnen und befaßte sich mit der Rolle von Massenorganisationen in der bolschewistischen Theorie und ihrer Funktion im Herrschaftssystem der DDR. Die andere Arbeit wollte *Ludz* durchführen. Das 1957 von ihm in Angriff genommene Forschungsprojekt galt ursprünglich dem offiziell propagierten Menschenbild in der DDR. Die Untersuchung zog sich nicht nur in ungeplante Länge, sondern änderte auch mehrfach ihren Arbeitstitel und die Themeneingrenzung, bis sie zehn Jahre später unter dem Titel „Parteielite im Wandel" (*Ludz* 1968a) fertiggestellt wurde. *Ludz'* Projektvorhaben wurde zwar von *Stammer* und *Lieber* unterstützt und gefördert, stieß aber beim Wissenschaftlichen Beirat des IfpW mehrfach auf Kritik. Es war insbesondere *Ernst Fraenkel*, der in *Ludz'* Bemühungen den „spezifisch politikwissenschaftlichen" Charakter vermißte. Statt sich auf die von *Ludz* praktizierte Weise mit Fragen der Ideologie zu beschäftigen, solle sich die Abteilung SBZ lieber konkret mit der Beobachtung und Bewertung des Ost-West-Gegensatzes und den politischen Konsequenzen des Mauerbaus befassen[5]. Die Gründe des mehrjährigen Herumtappens von *Ludz* waren methodologischer Natur: Er suchte nach einem Ansatz der DDR-Forschung, der eine Antwort auf die Fragen geben konnte, die *Richert* aufgeworfen hatte.

3. *Ideologietheorie jenseits von Marx und Mannheim*

Die von *Ludz* gefundene Antwort wurzelt in den philosophischen Studien, mit denen er sich vor seiner Zeit am IfpW befaßt hatte. Seine bei *Hans-Joachim Lieber* angefertigte Dissertation aus dem Jahre 1955 hatte als Thema: „Der Ideologiebegriff des jungen *Marx* und seine Fortentwicklung im Denken von Georg Lukács und Karl Mannheim" (*Ludz* 1955). *Ludz* gelangte in dieser geradezu philologischen Studie zu Bewertungen, die seine weitere theoretische Entwicklung anleiteten und kam zu Ergebnissen, an die er noch zwanzig Jahre später erneut produktiv anknüpfen konnte. Ziel der *Marx*-Interpretation im ersten Teil der Arbeit ist es, einen systematischen Zusammenhang zwischen Anthropologie, Arbeit, Entfremdung und Ideologie in dessen Frühwerk zu rekonstruieren (*Ludz* 1955: 60–210). *Marx'* Theorie beinhaltet *Ludz* zufolge neben einer spezifischen Ideologielehre zugleich den wissenssoziologischen Versuch, in einer Art ‚Außenbetrachtung' gesellschaftliche Konstellationen als konstitutiv für sämtliche Bewußtseinsformen zu setzen. Leider habe *Marx* diesem Gedanken insofern die Spitze abgebrochen, als er ihn einmal an seine „naive" Ideologielehre zurückband und als er ihn des weiteren mit der normativen Geltungsfrage verschmolz. Als zweiten Autor behandelte *Ludz Georg Lukács*. *Ludz* hat sich später mit seiner Edition dessen literatursoziologischer (*Lukács* 1961) und politischer (*Lukács* 1967) Schriften als Wegbereiter der bundesdeutschen *Lukács*-Entdeckung empfunden. Im Gegensatz zur emphatischen *Lukács*-Rezeption der späten sechziger und frühen siebziger Jahre hatte *Ludz* indes von Beginn an bei aller Verehrung ein kritisch-distanziertes Verhältnis zu dessen Werk. Der Kern seiner Kritik, die *Lukács* bei aller zugestandenen Intellektualität ein empirisches Defizit vorwirft (*Ludz* 1972a, 1978b: 131), findet sich bereits in der Dissertation von 1955. Positiv habe *Lukács* den Ansatz von *Marx* in zweifacher Weise erweitert. Zum einen habe er die „verhüllenden und enthüllenden Ideologiebegriffe *Marx*ens vervollständigt". Als noch wichtiger bewertet *Ludz* dessen zweites Anliegen, den „echt wissenssoziologischen Ansatz" bei *Marx* weiterzuführen. *Lukács* habe die ideologiekritische Betrachtung mittels seiner Verdinglichungsthese ausgedehnt auf die Bewußtseinslage des Proletariats selbst. Indes habe er, so der Einwand von *Ludz*, die Selbstreflexion des Historischen Materialismus mit dem Konstrukt der Partei als Repräsentanten des idealtypischen Klassenbewußtseins erneut dogmatisch abgekapselt:

> „Der historische und soziale Forscher, der das gesamte Frühwerk Lukács' abzuwägen hat, muß sein Bemühen, dem Proletariat auch in der Epoche des Spätkapitalismus eine unangreifbare Ideologie zu schaffen, als primär auffassen. Demgegenüber treten seine wissenssoziologischen und methodologisch fruchtbaren Gedanken völlig in den Hintergrund, ja, werden von Lukács bewußt der Geschlossenheit der proletarischen Ideologie geopfert" (*Ludz* 1955: 368).

Mannheims wissenssoziologisches Programm ist deshalb erkenntnisförderlicher als das von *Marx* und *Lukács*, weil bei ihm versucht werde, den Ideologiebegriff methodisch zu erfassen und dadurch erst einmal zu „neutralisieren". Jedoch auch bei ihm bleibt der bereits bei *Marx* und *Lukács* bemängelte Dualismus zwischen dem Versuch, eine neue Methodologie zu inaugurieren und der Verabsolutierung einer sozialen Schicht – bei *Mannheim* in der freischwebenden Intelligenz *Alfred Weber*s – bestehen:

> „dadurch wird ... der wertfreie, allgemeine und totale Ideologiebegriff Mannheims in den Händen der ... freischwebenden Intelligenz ebenfalls zum ‚Kampfinstrument' gegen alle Verabsolutierungen und Hypostasierungen. Er schlägt in den wertenden derselben Stufe um" (*Ludz* 1955: 369).

Ludz' Auseinandersetzung mit *Marx, Lukács* und *Mannheim* mündet in ein ambitioniertes Theorie-Programm. Als Aufgabe einer „geisteswissenschaftlichen Soziologie" proklamiert er: „das Problem des ‚falschen' Bewußtseins philosophisch, d.h. aber ontologisch und damit metaphysisch, zu lösen und damit die Marxschen Ideologiebegriffe und die Ideologielehre Marxens zu überwinden, ohne sie zu negieren" (*Ludz* 1955: 371).

Entsprechend dieser Vorgabe befaßte sich *Ludz* in seinem anschließenden Studium an der Pariser Sorbonne 1956 intensiv mit philosophischen Fragen, dem Marxismus und wissenschaftskonzeptionellen Problemen. Seine erste Veröffentlichung ist eine Neubearbeitung des in der Sammlung Göschen edierten „Philosophischen Wörterbuches" von *Max Apel* (*Ludz* 1958a). Resultat seiner Marxismuslektüre ist ein im gleichen Jahr erschienener und in Arbeitsteilung mit *Lieber* erstellter Literaturbericht „Zur Situation der Marxforschung in Westeuropa" (*Ludz* 1958b), in dem er sich schwerpunktmäßig mit den Diskussionsbeiträgen zur Entfremdungs- und zur Ideologietheorie auseinandersetzt.

Was den dritten Strang seines theoretischen Interesses, der metatheoretischen Begründung soziologischer Analyse, betrifft, so mag es scheinen, als ob *Ludz* anfangs eine Variante des *Marx*schen Holismus favorisiere. In dem erwähnten Literaturbericht wandte er sich anläßlich der Frage nach den angemessenen Ansätzen zur Erforschung der Sowjetunion entschieden gegen *Ralf Dahrendorfs* „Standort des empirischen Wissenschaftlers" und plädierte in Anschluß an *Werner Hofmann* für eine „kombinierte geistesgeschichtlich-ideologiekritische, soziologische und ökonomisch-politikwissenschaftliche Analyse" (1958a: 479). Das zitierte Wortungetüm mag als Indiz dafür gelten, daß *Ludz'* methodische Vorstellungen zu diesem Zeitpunkt noch unklar waren und zwischen einem holistischen Totalitätsverständnis hegelmarxistischer Provenienz und einem schlichten summativen Totalitätsverständnis im Sinne *Karl Mannheims* schwankten. Die Konturen eines eigenen Verständnisses zeichnen sich deutlicher ab in einem Aufsatz, den er 1963 unter dem Titel ‚Zur Frage nach den Bedingungen der Möglichkeit einer kritischen Gesellschaftstheorie' (*Ludz* 1963a) veröffentlichte. Der ‚Frankfurt-phile' Titel täuscht. *Ludz* hatte sich mittlerweile weiter von *Marx, Lukács* und der Kritischen Theorie abgesetzt und sich stattdessen unter dem Eindruck der von *Mannheim* immer wieder programmatisch eingeklagten Genauigkeitsstandards soziologischer Analyse (*Mannheim* 1929: 46 f.) und *Georg Simmels* Fragmenten zur Konflikttheorie (*Simmel* 1923: 187 f.) um eine Rezeption des Kritischen Rationalismus bemüht. Sein Aufsatz ist der Versuch, die beiden mit dem Attribut „kritisch" werbenden Theorieansätze auf produktive Weise miteinander zu konfrontieren.

4. *Sozialwissenschaft als immanent-kritisches Unternehmen*

Das Ergebnis seiner Überlegungen läßt sich vielleicht am besten nachvollziehen, wenn man es als einen heute aus den festgetretenen Zitationsreihen herausgefallenen Beitrag zum Positivismusstreit in der deutschen Soziologie der sechziger Jahre liest. Ziel des Aufsatzes war es, *Popper* wie *Adorno* im Zuge ihrer Gegenüberstellung gleichzeitig das Epitheton „kritisch" zu entreißen, um selbst damit ins Ziel einzulaufen. Kernstück der von ihm dabei vorgenommenen metatheoretischen Ausweisung von Sozialwissenschaft ist ein Begriff, den *Ludz* bald darauf als neues Paradigma in die DDR-Forschung einführen sollte, die Kategorie der „*immanenten Kritik*".
Ausgangspunkt seiner Gegenüberstellung von Kritischer Theorie mit Kritischem Rationalismus und Logischem Empirismus sind deren divergierende Wirklichkeitskonzeptionen und ihr jeweiliger Kritikbegriff. Wirklichkeit setzt sich im Logischen Empirismus und im Kritischen Rationalismus fälschlicherweise summativ aus diversen unabhängigen Einzelphänomenen zusammen, während die Kritische Theorie sie als Totalität eines sich dialektisch entfaltenden Verhältnisses von Subjekt und Objekt begreift. In ihrem Kritikbegriff geht letztere insofern über den Kritischen Rationalismus hinaus, als sie hier auch über *Mannheim* hinausgehend, dem historischen Relativismus einen Wahrheitsbezug abringt:

> „Der über die Relationalität der Erscheinungen in Auseinandersetzung mit dem Relativismus gewonnene Bezug auf Wahrheit enthält in sich die Spannung, die zwischen der konfliktgeladenen industriellen Gesellschaft und ihrer begrifflichen Erfassung, ihrem ursprünglich definierten Ziel und ihrer Faktizität besteht. Kritik der auch je eigenen historischen Bedingungen läßt das Denken über diese Bedingungen schon immer hinaus und von ihnen distanziert sein" (*Ludz* 1963a: 419).

In seiner weiteren Argumentation entfernt sich *Ludz* dann aber deutlich von dem, was in Frankfurt unter Kritischer Theorie verstanden wurde. Kritische Gesellschaftstheorie ist, so *Ludz*, mit ihrer „notwendigen Offenheit des Denkens" geradezu das wissenschaftliche Korrelat zur Offenheit der Entwicklung industrieller Gesellschaften im Rahmen pluralistischer Demokratien. Eine kritische Gesellschaftstheorie zeichnet sich dadurch aus, daß sie ihre eigenen gesellschaftlichen und sozialen Bedingungen reflektiert. Offenheit als immanente Kritik bedeutet, daß eine kritische Theorie ihre Annahmen über die strukturierenden Prinzipien der real existierenden Gesellschaft immer wieder aufs neue überprüft. Geschieht dies nicht oder mit unzulänglichem Ergebnis, so driftet eine philosophisch konzipierte Gesellschaftstheorie in die Befangenheit der Illusion einer sukzessive fortschreitenden intentional-utopischen Reflexion und der Mystifizierung ihrer eigenen Grundlagen im kulturkritischen Räsonnement; *Ludz* nennt keine Namen, doch es ist offensichtlich, daß sich diese Spitze gegen *Adorno* richtet. Die genannte Überprüfung ist deshalb so wichtig, weil sich die Gesellschaft laut *Ludz* mittlerweile entscheidend weiterentwickelt hat. Seine gesellschaftsanalytischen Thesen besagen, daß die sozialen Konflikte innerhalb der modernen Industriegesellschaft Ausdruck der Veränderung des antagonistischen Charakters der bürgerlichen Gesellschaft auf eine „andere soziale Wirklichkeit" hin sind. *Ludz* verwendet zur Kennzeichnung des Wandels zu einem neuen Typs von Gesellschaft mit dem Wort „Aufhebung" bewußt einen *Hegel-Marx*schen Terminus. Die Aufhebung des Verdinglichungscharakters kann historisch unterschiedliche Formen annehmen. Eine Aufhebungsform, und zwar eine längst antiquierte, ist die proletarische Revolution gegen eine erstarrte bürgerliche Gesellschaft. Die historisch neue Form der Aufhebung besteht in der Auflockerung der Industriegesellschaft in unterschiedliche dynamische Konfliktlinien. Für die Soziologie einer solchen Gesellschaft bedeutet dies, daß sie das „positiv Fixierte" zum „inhärenten Element" ihres theoretischen Instrumentariums machen muß. Übersieht soziologische Theorie den genannten gesellschaftlichen Wandel von der erstarrten bürgerlichen Gesellschaft zur dynamischen Industriegesellschaft, so gerät sie in die Rolle einer absolut negierenden und damit abstrakten Kritikerin und bleibt selbst in einer gleichsam junghegelianischen Pose erstarrt. *Ludz* methodologische Konsequenz ist für einen vom Aufsatztitel angelockten Hegelmarxisten geradezu provozierend:

> „Eine kritische Gesellschaftstheorie hat ..., recht verstanden, Erkenntnisse des Logischen Empirismus im Sinne Poppers und seiner Schule zu berücksichtigen. Kritische Gesellschaftstheorie hat die ‚objektiv-verstehende Methode' Poppers aufzunehmen und die Kriterien der ‚objektiven Sinnadäquanz' ihren eigenen Voraussetzungen anzupassen" (*Ludz* 1963a: 422).

Ludz versucht, seine doppelte Abgrenzung gegen den Kritischen Rationalismus und die Kritische Theorie in einer anschließenden Hegel-Interpretation weiterzuführen. Dabei soll eine Reinterpretation des *Hegel*schen Entfremdungsbegriffs einen Ansatz für eine am philosophischen Begriff des Konfliktes orientierte Theorie industrieller Gesellschaftssysteme bereitstellen. *Hegels* Entfremdungsbegriff birgt eine unausgetragene Doppelbedeutung von bejahendem und abwertendem Verständnis. Der positiven Konnotation als einer Art Entfaltung von den Entäußerungsstufen des absoluten Geistes in der „Phänomenologie des Geistes" stehe die negative als geistige und soziale Entfremdung des einzelnen Mitglieds der bürgerlichen Gesellschaft in der „Rechtsphilosophie" gegenüber. Den Maßstab für deren Aufhebung hat *Hegel* aus der vermeintlich unentfremdeten Totalität der griechischen Polis entnommen. *Hegel*s „intentional-utopisches" Versöhnungsmotiv wird später fortgesetzt im Linkshegelianismus. *Ludz* wendet gegen *Hegel* ein, daß die Orientierung an der griechischen Polis keine Form immanenter Kritik sei, sondern ein Paradebeispiel leerformelhafter Utopie. *Ludz* versucht danach, *Hegel*s Kategorie der bestimmten Negation als methodisches Konzept abzuspalten: Der Versöhnungsgedanke sei „von der bestimmten Negation zu trennen. Auch im Begriff der bestimmten Negation sind – wie der Begriff der Entfremdung in seiner konkreten Ausprägung zeigt – kritische wie positive Elemente enthalten" (*Ludz* 1963a: 430). Für eine kritische Theorie, die sich am Begriff des Konflikts orientiert, ist diese Konsequenz von zentraler Bedeutung. *Ludz* glaubt, mit der bestimmten Negation über ein methodisches Prinzip zu verfügen, mit dem er – gegen das Wertfreiheitspostulat des Kritischen Rationalismus – bewußt eine kritische Haltung gegenüber gesellschaftlichen Tatbeständen einnehmen kann und mit dem er sich – gegen den Utopismus der Kritischen Theorie – nicht in abstrakte Versöhnungsträume verliert. Wie bei seiner Dissertation beschließt *Ludz* seine Überlegungen mit einem ambitionierten Programm. Nun lautet es auf eine Art „blockübergreifende" Gesellschaftstheorie: „Eine an dem philosophisch konzipierten Begriff des Konflikts orientierte Theorie industrieller Herrschafts- und Gesellschaftssysteme mag in der Lage sein, einen Beitrag zur Deutung hochindustrieller Gesellschaftssysteme in Ost und West zu liefern" (*Ludz* 1963a: 432).

5. *Die Kritik an der Totalitarismustheorie*

Die metatheoretischen Überlegungen von *Ludz* blieben nicht auf der skizzierten Abstraktionshöhe stehen. Mit der an und dann gegen *Hegel* gewonnenen Kategorie der immanenten Kritik fanden sie direkten Eingang in das Nachdenken am IfpW über die Perspektiven der weiteren DDR-Forschung. 1960 begann *Ludz* eine intensive Publikationstätigkeit. In den zwanzig Artikeln der folgenden drei Jahre befaßte er sich gleichzeitig mit den unterschiedlichsten Themen: neben dem referierten wissenschaftskonzeptionellen Beitrag von 1963 schrieb er unter anderem über das politische System der DDR, den Religionsbegriff bei *Marx*, die literatursoziologischen Arbeiten von *Lukács*, *Hegel*s Verständnis von Dialektik, die Rolle von Utopie und Utopisten in der Politischen Theorie, die Wirtschaftspolitik in der DDR, die französische Aufklärungsphilosophie und die Dramaturgie *Bert Brecht*s. Den größten Erfolg und die meiste Aufmerksamkeit erzielte er aber mit drei Aufsätzen zur Metatheorie der DDR-Forschung: zwei Artikel – „Totalitarismus oder Totalität" vom Juli 1961 (*Ludz* 1961a) und „Offene Fragen der Totalitarismusforschung" vom Dezember gleichen Jahres (*Ludz* 1961b) – in denen er die Totalitarismusforschung attackierte und einen weiteren, in dem er seinen alternativen Ansatz darlegte – drei Jahre später in „Entwurf einer soziologischen Theorie totalitär verfaßter Gesellschaft" (*Ludz* 1964a). Angesichts des gewachsenen Unbehagens am IfpW über den forschungspraktischen

Wert der Totalitarismustheorie führte *Otto Stammer* im Sommersemester 1960 ein Seminar über,,Die Soziologie totalitärer Herrschaft" durch und übernahm die Vorbereitung für die im März 1961 in Berlin tagende Arbeitsgemeinschaft Sozialwissenschaftlicher Institute, die er unter das Thema Totalitarismusforschung stellte. *Stammer* selbst rückte nun ebenso deutlich von der Totalitarismustheorie ab (*Stammer* 1961) wie *Gerhard Schulz*, Mitarbeiter der Abteilung Zeitgeschichte am IfpW, der den Nutzen der Totalitarismustheorie für die Faschismusforschung in Zweifel stellte (*Schultz* 1961, 1967). Es ist dem skizzierten theoretischen Hintergrund von *Peter C. Ludz* geschuldet, der – obwohl aus seiner Instituts-Abteilung auch *Hartmut Zimmermann* die Totalitarismustheorie im selben Jahr noch fundamentaler angriff (*Zimmermann* 1961) – ihn dazu befähigte, zur bis heute in der Bundesrepublik einflußreichsten Totalitarismuskritik auszuholen. Das Thema Ideologie spielte in seinen Überlegungen eine gleich dreifache Rolle: Ideologische Motive, so seine These, hätten die Ostforschung überhaupt erst inauguriert; die von deutschen Emigranten entwickelte Totalismustheorie, so sein Vorwurf, sei mittlerweile selbst zu einer Form von Ideologie degeneriert; die Funktion von Ideologie in den östlichen Regimen, so schließlich der Ansatzpunkt seiner eigenen Argumentation, führt auf ein neues methodisches Selbstverständnis der DDR-Forschung.

Ideologische Motive waren es, so vermutet *Ludz* in einem unveröffentlichten Papier von 1960, die die Ostforschung überhaupt erst auf den Weg gebracht und habe expandieren lassen:

> „auch in der Gegenwart (haben) die westlichen Regierungen ein starkes politisches militär- und wirtschaftsstrategisches Interesse an der wissenschaftlichen Analyse des Ostblocks ... In diesem Zusammenhang denke man an die Arbeiten, die in den USA das State Department oder die wissenschaftliche Institution der Luftwaffe, die Rand-Corporation, in Auftrag gibt" (*Ludz* 1960: 2).

An anderer Stelle weist er sogar auf die Tradition des nationalsozialistischen Forschungsinteresses an der Sowjetunion hin (*Ludz* 1961b: 469). Die eigentliche Auseinandersetzung mit der Totalitarismustheorie verläßt aber schnell die oberflächliche Ebene solcher Vorwürfe. Sie setzt ein mit einer begriffsgeschichtlichen Einordnung. *Ludz* zufolge verweist die Totalitarismustheorie in ihrer Entstehungszeit ursprünglich auf die „große Tradition der angelsächsischen Gesellschaft" (*Ludz* 1964a: 547); die Politikwissenschaft hat in den dreißiger und vierziger Jahren anhand dieser Theorie ihre Methoden und Gesichtspunkte besonders geschärft (*Ludz* 1961b: 475). Doch aktuell ist die Geltung des selbstaufklärerischen Impetus hinfällig geworden und es muß das Umschlagen in eine „Verhüllung der eigenen politisch-sozialen Situation" (*Ludz* 1964a: 540) konstatiert werden. *Ludz* geht aus von einer bestimmten „historisch-politischen Funktion" (*Ludz* 1964a: 527) des Totalitarismusbegriffs. Da sie selbst diese nicht erkennt, glaubt er ihr bereits auf dieser begrifflichen Ebene mangelnde Reflexion über den eigenen Zentralbegriff vorwerfen zu müssen:

> „Die Historizität des Begriffs des Totalitarismus ist nicht reflektiert. Abstrakte, begrifflich unklare Totalentwürfe, die vielfach mit Analogien arbeiten und vorschnell eine „Theorie" totalitärer Herrschaft und Gesellschaft zu sein vorgeben, stehen unverbunden neben Einzeluntersuchungen, deren Ergebnisse oft nur gerin-

gen Wert für eine analytische Durchdringung historisch-soziologisch abgrenzbarer Gesellschaftsordnungen besitzen." (*Ludz* 1964: 535).

Ludz unterteilt in seiner Kritik die Totalitarismusforschung in zwei Phasen. In ihrer ersten Periode – als Vertreter werden die Emigranten *Ernst Fraenkel, Franz L. Neumann, Hannah Arendt* und *Carl Joachim Friedrich* genannt – hat sie Totalitarismus als kritischen „Gegenbegriff" zum „totalen Staat" als immanenter Benennung geprägt und ihre Definitionsmerkmale an Hand der Analyse des deutschen Nationalsozialismus gewonnen. Diese Kriterien hat sie dann auf die Analyse der Sowjetunion während des Hochstalinismus projeziert. Die Autoren dieser frühen Phase haben die Gesellschaft als dem totalen Staat unterworfen angesehen und einen Set von Strukturmerkmalen herauspräpariert, der das nationalistische sowie faschistische als auch östliche Regimes in ihrem Wesen erfassen sollte. Vorschnell, so *Ludz* weiter, haben die beteiligten Wissenschaftler mit dem Totalitarismus eine allgemeine, beschreibende Theorie einer neuen Staatsform proklamiert. Seine Wahrnehmung der Arbeiten der ersten Periode, darauf hat *Ursula Ludz* unlängst im Zusammenhang mit seiner *Arendt*-Rezeption zurecht aufmerksam gemacht, war „doppelt eingeschränkt" (*U. Ludz* 1989: 121). Sie interessierte sich für die theoretischen Ausführungen nur insofern, als sie typisch zu sein schienen und zweitens als notwendiger Ausdruck eines politischen Denkens auf die neue Situation in Deutschland, wie sie sich nach dem Kriege ergab, gelten mochten. *Ludz* erhebt gegen die Totalitarismustheorie der Emigranten zwei Einwände. Zum einen sei sie durch ihren typisierenden Charakter statisch und unflexibel. Sie erlaube lediglich Zustandsbeschreibungen und könne den Wandel von Organisationen und Herrschaftsstrukturen nicht erfassen. Zum anderen muß die Übertragung von Begriffen aus der Erforschung des Nationalsozialismus auf die der Sowjetunion als unhistorisch abgelehnt werden.

Eine zweite Phase der Totalitarismusforschung versucht laut *Ludz* die interne Dynamik der östlichen Regime zu berücksichtigen. Als ihren wichtigsten Vertreter bezeichnet er den seit 1961 ebenfalls in Berlin lehrenden *Richard Löwenthal*. *Ludz* wirft ihm Halbherzigkeit vor, da seine Theorie trotz Anerkennung der Dynamik an den generellen Strukturmerkmalen von Totalitarismus festhält. Seine Durchdeklinierung des Erklärungswertes von vier der bei *Löwenthal* angegebenen Strukturmerkmale – die totalitäre Ideologie, der Terror, die Revolution und die Unfreiheit (*Löwenthal* 1960) – fällt geradezu vernichtend aus (*Ludz* 1961b: 483–512). Die Strukturmerkmale der Totalitarismustheorie sind nach *Ludz* methodologisch nicht reformierbar. Er fordert deshalb eine grundsätzliche methodologische Wende der DDR-Forschung. Drei Jahre nach seiner Kritik legte er einen eigenen „Entwurf einer soziologischen Theorie totalitär verfaßter Gesellschaft" (*Ludz* 1964a) vor, der der DDR-Forschung den konzeptionellen Ausweg bahnen sollte. Der Ideologie fällt in seiner Argumentation erneut eine Schlüsselrolle zu. *Ludz'* Anknüpfungspunkt ist die Einleitung, die der sozialdemokratische Richter am Bundesverfassungsgericht und Mitglied des Wissenschaftlichen Beirates des IfpW, *Martin Drath* für das Buch von *Richert* verfaßt hatte (*Drath* 1958). *Drath* bezeichnete hier das Ziel, ein neues, bis in die Metaphysik hinein ideologisch fundiertes Wertsystem mit allen erdenklichen Mitteln zu etablieren, als das eigentliche „Primärphänomen" totalitärer Herrschaft. *Ludz* erweitert *Draths* Überlegungen zweifach. Zum einen muß der Ideologiebegriff *Draths* wegen der internen Friktionen in den realsozialistischen Selbstinszenierungen dynamisiert werden. Zum anderen ist die Dynamik in solchen Gesellschaftssystemen zusätzlich von intern erzeugten Konflikten beeinflußt: „Es haben sich neue soziale Strukturelemente mit eigener Schwerkraft durchgesetzt, die längst eine eigene Gesetzlichkeit entwickelt haben" (*Ludz* 1964a: 545). Diese sozialen Konflikte erzeugen ihrerseits Rückwirkungseffekte auf die herrschende Partei, was sich insbesondere an Schwankungen des Sanktionsvollzuges ablesen läßt. Doch genau dies stellt die von *Drath* behauptete Dominanz des Primärphänomens Ideologie in Frage. *Ludz* beschreibt die Entideologisierung folgendermaßen: Eine ursprünglich unter den Bedingungen eines Geheimbundes verfaßte ideologische Parteiorganisation wird im Verlauf ihrer Karriere zur herrschenden Kraft. In der Herrschaftsausübung wird ihre ursprünglich kohärente Gruppenstruktur abgelöst von einem komplexen System neuer und alter Institutionen und Organisationen in der Gesellschaft, die permanent neue Symbiosen mit den sich selbst wandelnden organisatorischen Formen der Partei eingehen. Die in dieser Beschreibung von *Ludz* mitgesetzten Implikationen sind erheblich:

> „Nicht nur, daß die Vorstellung der monolithischen Partei, die über der Sozialstruktur liegt und sie gleichsam allmählich ‚erdrückt', im Westen fallengelassen werden müßte. Entscheidend ist, daß ein bolschewistisches System unter den Bedingungen der Industriegesellschaft damit eher zu einer autoritären als zu einer totalitären Verfassung tendiert; daß die totalitäre soziale Kontrolle abgelöst würde von einer autoritären sozialen Kontrolle, die in den Einzelbereichen eine spontan von der Gesellschaft ausgehende, nicht zentral von der Partei organisierte soziale Kontrolle nicht ausschließt." (*Ludz* 1964a: 549 f.).

Ludz zufolge handelt es sich bei der Sowjetunion „immer um eine originale Verklammerung von ideologisch-politischen und sozial-ökonomischen Elementen und Prozessen" (*Ludz* 1960: 3). Die spezifische Verklammerung ist so umfassend,

> „daß die weitgehend spezialisierten wissenschaftlichen Disziplinen des westlichen Wissenschaftssystems ... je für sich genommen diese ideologisch-gesellschaftliche Totalität kaum hinreichend analysieren können. Methodisch und sachlich sind die Grenzen dieser Einzeldisziplinen zu eng – ein Grund, der zur Konstituierung der Sowjetologie als eigenständiger Wissenschaft führen könnte" (*Ludz* 1964a: 550).

Um das „Ganze aller Lebensbezüge" (*Ludz* 1961a: 127) in seinem Gesamtzusammenhang zu reflektieren, schlägt *Ludz* in Anschluß an *Karl Mannheim* den Begriff Totalität als begriffliches Instrumentarium vor. Methodische Hilfe bietet nur eine dieser Totalität angemessene interdisziplinäre Forschungsperspektive. Ein Ansatz, der auf die immanente Entwicklung der östlichen Regime abstellt. Mit beidem – Interdisziplinarität und dem Immanenzpostulat – ist *Ludz* an dem Punkt angelangt, wohin ihn auch seine allgemeinen wissenschaftskonzeptionellen Reflexionen geleitet hatten.

Ludz titulierte sein Programm in den folgenden Jahren auch als „*immanent-positives*" (*Ludz* 1968a) oder „*immanent-kritisches*" (*Ludz* 1977a: 17). Es bestand aus einer Art makrosoziologischer Analyse auf empirischer Basis:

> „Die Wissenschaft ist daran interessiert, ihren einmal gewählten Gegenstand, in unserem Fall also das Herrschafts- und Gesellschaftssystem der „DDR" nach

> Struktur und Funktion zu erkennen, methodisch gesicherte und damit nachprüfbare Aussagen über bestimmte Sachverhalte zu treffen und diese Aussagen nicht mit einem mehr oder weniger unkritisch einfließenden Werturteil zu vermischen" (*Ludz* 1965d).

Der Methode geht es um die Verknüpfung zweier Stränge. Die immanente Perspektive verlangt, ein Phänomen aus seinen eigenen Bedingungen, Wirkungsweisen, strukturellen und funktionalen Zusammenhängen heraus zu begreifen. Die Gesichtspunkte der Beurteilung sollen: „nicht abstrakt, willkürlich, von außen an einen Gegenstand herangetragen werden, sondern die Entstehungs-, Entwicklungs- und strukturellen Bedingungen dieses Gegenstandes mitberücksichtigen" (*Ludz* 1976c: 926). Zum anderen stammen die Analysekategorien aus dem Repertoire der westlichen Sozialwissenschaften. In die Fragestellungen, Konzepte und Begriffe gehen über die immanente Analyse hinaus zusätzlich

> „die wesentlich aus vergleichenden Analysen herrührenden Einsichten in die Integrations-, Konflikt- und Wandlungstendenzen differenzierter Industriegesellschaften mit ein. Solche Einsichten führen zur Bildung von Hypothesen, zum Gebrauch von Kategorien und Begriffen, die nicht immer und nicht einmal notwendig aus der immanenten Entwicklung lediglich einer Gesellschaft sich herleiten. Sozialistische Gesellschaften können m. E. nicht auf ihren industriegesellschaftlichen Charakter reduziert werden – sie sind jedoch auch und zwar sehr wesentlich Industriegesellschaften" (*Ludz* 1971b: 14).

Ein Beispiel für diesen Ansatz bietet seine Habilitationsschrift „Parteielite im Wandel" (*Ludz* 1968a). Die Studie untersucht die Wandlungs- und Beharrungstendenzen in der DDR-Elite auf drei Ebenen. Die organisationstheoretische Analyse hat als Resultat eine Versachlichungstendenz im Organisationsaufbau der Partei. Ökonomische Aspekte institutionalisieren sich zunehmend. Das Organisationsgefüge der SED habe sich in den sechziger Jahren derart gewandelt, daß das Zentralkomitee aus einem Deklamations- und Akklamationsorgan zu einem Koordinations-, Transformations- und Konsultationsgremium geworden sei. In einem elitetheoretischen Teil werden die 275 Mitglieder und Kandidaten des ZK der Jahre 1954, 1958 und 1963 biographisch untersucht. *Ludz* konstatiert eine starke Verjüngung und eine „Versachlichung" (*Ludz* 1968a: 257), die sich in der steigenden Anzahl von Inhabern technisch-wirtschaftlicher und verwaltend-leitender Berufe niederschlägt. Die neuen Kader werden als „institutionalisierte Gegenelite" (*Ludz* 1968a: 43) bezeichnet. Zu dem gleichen Ergebnis gelangt seine umfangreiche ideologiekritische Analyse der Wandlungsprozesse des ideologischen Dogmas der Partei. *Ludz* verwirft in seiner Habilitationsschrift nicht nur die Totalitarismustheorie, sondern auch den von ihm 1964 noch verwandten Begriff „totalitär verfaßt" (*Ludz* 1968a: 12). Den Begriff, den er stattdessen einführt, entlehnt er mit *Alfred G. Meyer* der Organisationssoziologie *Rensis Likerts*. Er lautet „*konsultativer Autoritarismus*" (*Ludz* 1968a: 35). Der konsultative Autoritarismus ist gekennzeichnet durch den Abbau von Terror, zunehmende Kooperation statt hierarchischer Organisationsformen und in der Alltagswelt durch weniger Angst. Später finden sich bei *Ludz* für diesen Zustand auch Bezeichnungen wie „autoritär-technokratische Gesellschaftsformation" oder „sozialistische Leistungsgesellschaft eigenen Typs".

Was *Ludz* der Totalitarismustheorie vorwirft, ist, daß sie mit ihrer sozialphilosophisch-wertenden Einseitigkeit östliche Regimes unterschiedslos als negative Abweichungen von der Norm der parlamentarischen Demokratie westlichen Musters konzipiert. Der analytische Preis, den sie dafür bezahlt, ist hoch. Die Totalitarismustheorie führt „tendenziell zu wissenschaftlicher und politischer Fehleinschätzung dieser Systeme" (*Ludz* 1961b: 139). *Ludz*' Plädoyer für eine Versachlichung der Analyse hat ein unübersehbares praktisch-politisches Motiv. Es geht darum, daß Wissenschaft eine veränderte politische Realität zur Kenntnis nimmt, um auf weitere Veränderungen politisch besser reagieren oder gar Einfluß nehmen zu können. Als Vorbild führt *Ludz* ein von *Alex Inkles* u.a. getragenes Forschungsprojekt an, das in Kooperation zwischen der US-Luftwaffe und der Harvard University durchgeführt wurde:

> „Das Projekt diente vor allem der Erforschung des Verhaltens der Individuen im Alltag der Sowjetunion, eine Frage, die auch von eminent politisch-strategischer und militärisch-psychologischer Relevanz für die Regierenden ist. Dies zeigt, daß Ludz' Haupteinwand gegen das Totalitarismuskonzept nicht gegen seine politische Funktionalisierbarkeit zielt, sondern auf seinen mangelnden analytischen Wert, der zu ‚falschen' politischen Schlußfolgerungen führen muß" (*Glaeßner* 1982: 73).

Ludz' Kritik an der Totalitarismustheorie ist also gar nicht so fundamental, wie es die Verve, mit der er focht, vermuten läßt. Die Totalitarismustheorie sei nicht deshalb abzulehnen, weil sie mit ihrer Gleichsetzung von Nationalsozialismus und Bolschewismus ihren Untersuchungsgegenstand schon vom Ansatz her verfehlt – dies war die weitergehende Argumentation seines Institutskollegen *Hartmut Zimmermann* (*Zimmermann* 1961) –, sondern weil sich der Untersuchungsgegenstand mittlerweile verändert habe. Die Totalitarismustheorie sei zwar historisch überholt, für die Analyse des Stalinismus aber weiterhin brauchbar. Die politischen Erwartungen, die mit dieser Sichtweise verbunden waren, reflektieren die Veränderungen im Verhältnis der beiden Supermächte zueinander und wurden 1963 von *Egon Bahr* in seiner berühmten Tutzinger Rede auf die Formel „Wandel durch Annäherung" gebracht. Wie *Johann-Friedrich Anders* zeigt (*Anders* 1976: 29–61), flossen bei *Ludz* zuweilen wissenschaftliche Analyse und die genannte politische Erwartung ineinander über. *Ernst Richert* hatte in zwei zwar umfangreichen, aber eher essayistischen Analysen der DDR ihren Weg zu einer industriegesellschaftlichen Normalität prophezeit (*Richert* 1964, 1966). 1968 sprach er im Untertitel eines Buches von der DDR-Elite fragend als „Partner von morgen?" (*Richert* 1968). *Ludz* hegte ähnliche Hoffnungen, nun jedoch als Resultat der „objektiveren" Sozialforschung vorgestellt:

> „Die Anerkennung des technisch-wissenschaftlichen Fortschritts, der Differenzierung und Dynamik der Gesellschaft, die Vision einer Welt permanenter Leistungssteigerung vermitteln dem Denken der neuen Elite ein Element von Rationalität, das ein Gespräch mit ihr ermöglichen könnte" (*Ludz* 1968a: 327).

Ludz' Analyse reflektiert sicherlich eine seit Anfang der sechziger Jahre veränderte Realität in der DDR. Möglicherweise ließ sich der „Gegenelite" auch deshalb soviel Positives abgewinnen, weil der einsetzende Systemwandel im Ostblock Annäherung und Kooperation zur Stärkung der westlichen Position wünschenswert erscheinen ließ.

6. *Von der DDR-Forschung zur komparativen Deutschlandforschung*

Folgt man den *Statements* von *Ludz* aus den siebziger Jahren, so läßt sich die bundesdeutsche DDR-Forschung in drei Perioden unterteilen. In ihrer Etablierungsphase war sie hauptsächlich von SBZ/DDR-Flüchtlingen betrieben worden und war gekennzeichnet durch eine „konfuse Ausdrucksweise und ... mangelnde Bewußtheit hinsichtlich des eigenen politischen, wissenschaftlichen und publizistischen Standorts" (*Ludz* 1977a: 27). Ab Anfang der sechziger Jahre habe sich nicht zuletzt ob seiner eigenen Arbeiten eine Wende hin zu einer „realistischeren" (*Ludz* 1967d: 154) Beschreibung der DDR angekündigt. Methodisch geht die zweite Phase von den gleichen Prämissen aus wie die dritte, die 1970 einsetzende Ausweitung zur komparativen Deutschlandforschung. Als sich in den siebziger Jahren die sozialwissenschaftliche Analyse in der DDR-Forschung durchgesetzt zu haben schien, wechselte *Ludz* die Stoßrichtung seiner Kritik. Sein Tadel galt nun bloßer Sammlung von Fakten ohne Ambitionen nach Theorienkonstruktion (*Ludz* 1977a: 33 f.). In diese letzte, wieder stärker die qualitative Analyse betonende Phase von *Ludz'* Forschungstätigkeit gehört seine Hinwendung zur Kulturpolitik und zur politischen Sprache in der DDR, wie sie in seinem *posthum* erschienenen Buch „Mechanismen der Herrschaftssicherung" (*Ludz* 1980a) zu finden ist.

Die konzeptionelle Grundlegung der DDR-Forschung als immanente Analyse von 1964 wirkte auf die Zahl der Veröffentlichungen von *Ludz* wie die Zündung einer weiteren Trägerrakete. Von den fast einhundertfünfzig Publikationen der folgenden fünfundzwanzig Jahre befaßten sich mit unterschiedlichen Akzenten über 65 Prozent mit DDR-Problemen. Zwei seiner thematischen Schwerpunkte hatte er schon in seinem ersten programmatischen Aufsatz zur DDR-Forschung herausgehoben: die „*sozialökonomisch-empirische Analyse*" (*Ludz* 1961a: 140) der DDR sowie deren „*ideologischkritische Analyse* des theoretisch-ideologischen Selbstverständnisses" (*Ludz* 1961a: 137). Mit dem letztgenannten Arbeitsgebiet schlug er gleich drei Fliegen mit einer Klappe, denn es stand im Zusammenhang einmal mit seinen Interessen auf dem Gebiet der Ideologietheorie, dann mit denen auf dem Feld der Wissenssoziologie und es fungierte schließlich als Schlüsselkategorie in seiner Kritik des Totalitarismuskonzepts. *Ludz* hat im Rahmen der Analyse des ideologischen Selbstverständnisses der östlichen Regime sowohl die marxistisch-leninistische Doktrin als auch ihre institutionalisierten und regimefeindlichen Revisionen bearbeitet. Schwerpunkte seiner DDR-Analysen waren die Diskussionen im philosophischen Selbstverständnis – Ästhetik, Entfremdung, Dialektik –, die Konstituierung und Entwicklung der theoretischen und empirischen Soziologie in der DDR, das Eindringen von Systemtheorie, Kybernetik oder Konflikttheorie in den östlichen Marxismus, sowie die Forschungs- und Bildungspolitik im anderen Deutschland.

Ludz' Beschäftigung mit den philosophischen Fragen des Historischen Materialismus führten ihn auch zu einer Beschäftigung mit den „Dissidenten". Seine Beurteilungen ihrer Revisionen – oder besser: Wiedererinnerungen – fielen durchgehend skeptisch aus: *Bahros* „Alternative" bespricht er ablehnend (*Ludz* 1980c), *Kolakowskis* emphatischer Entfremdungstheorie wirft er vor, philosophisch unschlüssig zu sein (*Ludz*

1965c: 312), oder er kritisiert *Havermanns* „im wesentlichen moralischen Impetus" (*Ludz* 1964d: 297). Auch wenn er Verständnis für den „Mythos des dritten Weges" äußert – er sieht in ihm primär einen Fall für die Wissenssoziologie, der für das Verständnis der modernen Industriegesellschaft gänzlich inadäquat ist. In diesem Kontext steht auch seine Ablehnung des jugoslawischen Modells (vgl. *Ludz* 1973). Weitaus interessantere Entwicklungen sieht er im parteioffiziellen Marxismus. Hier haben sich mit *Georg Klaus*' Rezeption der *Sapir-Worph*-Hypothese (*Ludz* 1980a: 95 f.) oder dessen nüchterne Differenzierung zwischen gesellschaftlicher und technischer Entfremdung (*Ludz* 1965c: 316) wichtige Innovationen durchgesetzt. Die beginnende Entideologisierung des Ostblocks nach *Stalin*s Tod verortet *Ludz* vor allem in Randbereichen des Historischen Materialismus (zur Versachlichung der Ästhetischen Theorie vgl.: 1975c). Hier erfolgten sichtbar Anpassungsprozesse der offiziellen Doktrin an die Imperative moderner Industriegesellschaften.

Die Reduzierung des utopischen Gehalts des offiziellen Marxismus bewertet *Ludz* als „*Versachlichung*" und Ausdruck des gewandelten Selbstverständnisses dieser Gesellschaftsformationen. Die Parallele zu *Mannheims* These vom Ideologie- und Utopieverlust in der Moderne ist geradezu mit den Händen zu greifen (*Mannheim* 1929: 213–225). *Ludz* belegt die Trendmeldung mit dem Status der Soziologie in der DDR. Die Entwicklung zu einer modernen Industriegesellschaft hat den traditionellen Historischen Materialismus als Instrument zur Erarbeitung präziser Informationen und wirksamer sozialer Kontrolle entwertet. Dies hat die Methoden der empirischen Sozialforschung zu Hilfswissenschaften im Dienste administrativer Entscheidungen sowohl bei der Rationalisierung kollektiver Interaktionen als auch bei der Bewältigung von sozialen Störungen in allen funktionsrelevanten Bereichen der DDR-Gesellschaft aufrücken lassen. *Ludz'* besonderes Interesse gilt der Rezeption der Systemtheorie und Kybernetik sowie dem Vordringen eines „neuen marxistischen Positivismus" (*Ludz* 1967b: 126) in der DDR-Soziologie. In diversen Beiträgen hat *Ludz* die disziplinäre Autonomisierung und den Facettenreichtum der Soziologie dargestellt. So in ihrer variantenreichen Beziehung zum Historischen Materialismus. Während einige Autoren die Soziologie mit ihm noch als identisch setzen, begreifen „die Reformer" (*Ludz* 1965b: 57) die Soziologie als eine spezielle Disziplin, die sich primär empirisch mit den „Erscheinungen" befaßt. So ferner in der unterschiedlichen Rezeption der Kybernetik. Während sie einmal zu einer auf Demokratisierung zielenden Systemtheorie ausgebaut wird, will der *mainstream* sie zu einer Herrschaft effektivierenden Systemtechnik verwandeln (*Ludz* 1968c). Und so schließlich in der Rezeption der Konflikttheorie, deren Rezeption aufgrund seiner eigenen Position *Ludz'* besonderes Interesse genoß. Die Entwicklung in der DDR-Soziologie faßte er mit *Burk*s als „*institutionalisierten Revisionismus*" (*Ludz* 1968a: 52) zusammen.

Auf eine „höhere Stufe gehoben" (*Ludz* 1977a: 35) sah *Ludz* die DDR-Forschung mit ihrer Einmündung in die vergleichende Deutschlandforschung. Ziel der komparativen Arbeiten müsse es sein, wissenschaftlich begründete Gesichtspunkte aufzuzeigen, die eine politische Orientierung im Rahmen der innerdeutschen Auseinandersetzung ermöglichen. Erster Schritt auf diesem Wege waren die von *Ludz* betreuten drei Bände der „Materialien zur Lage der Nation" der Jahre 1971, 1972 und 1974. In ihnen wurden erstmals systematisch jene Bereiche und Einzelphänomene beider deutscher Staaten lokalisiert, die überhaupt als vergleichbar angesehen und mit denselben methodischen Instrumenten analysiert werden können. In dem ersten Band wurden auf diese Weise über 400 Einzelfragen – von der Müttersterblichkeit bis zur Wahlbeteiligung – auf Basis statistischen Materials verglichen. In den Jahren 1971 bis 1976 verfaßte *Ludz* vermehrt Arbeiten zu Ostpolitik, Systemvergleich und dem Nationalbegriff der DDR. In einem bemerkenswerten Essay hat er 1974 die sich selbst auferlegten strengen wissenschaftlichen Regeln abgeschüttelt und sich auf das Feld deutschlandpolitischer Spekulation begeben. Als Signatur der weltpolitischen Zukunft sieht er das langsame Hervortreten einer „tiefgestaffelten Zusammenarbeit unter Wettbewerbszwang" (*Ludz* 1974) und die Bundesrepublik als einen möglichen Schrittmacher dieser Entwicklung. *Ludz* erteilt dem traditionellen deutschen Verständnis der Nation wie auch den Chancen der Wiedervereinigung eine Absage. Mit seinen deutschlandpolitischen Reflexionen beginnt sich der Kreis neuerlich zu schließen zu den Arbeiten zur Ideologietheorie. Die politischen Ordnungen in Ost und West sind nicht mehr von Ideen und Ideologien getragen, sondern von ihrer Anpassungskompetenz an die Imperative der Industriegesellschaft. *Ludz* sucht für die Bundesrepublik als Äquivalent zur gewandelten östlichen Doktrin so etwas wie eine *common sense* – Philosophie, die den Herausforderungen des Industriezeitalters gewachsen ist. Nicht allerdings, um die Industriegesellschaft zu überwinden, sondern um in ihr zu bestehen. Seine Sorge ist, daß die östlichen Regims diesen Herausforderungen besser gewachsen sein könnten als die westlichen Demokratien. Eine Sorge, die angesichts der momentanen Krisentendenzen im „Spätsozialismus" sicherlich als Kind ihrer Zeit gesehen werden kann, die aber auch als eine – unfreiwillige – Konsequenz aus der Versachlichungsthese von *Ludz* gelten muß.

7. *Ideologietheorie, Wissenschaftssoziologie und Konzeptanalyse*

Der Kreis zu den frühen philosophischen Arbeiten schloß sich nicht nur in Drehrichtung DDR-Forschung, sondern ab Mitte der siebziger Jahre auch von anderen Themen her. Ideologie war der Ausgangspunkt für die drei weiteren Bereiche des theoretischen Interesses von *Ludz*: (1) ganz unmittelbar in dem Versuch, die Ideologietheorie mittels einer funktionalistischen *Mannheim*-Lektüre zu modernisieren und darauf aufbauend in der Umsetzung der gewonnenen Erkenntnisse in ein operationalisierbares Forschungsprogramm über Ideologieentwicklung; (2) ausgehend von der Auseinandersetzung mit *Mannheim* in eigenen Gehversuchen in der Wissens- und Wissenschaftssoziologie und schließlich (3) in einer Rekonzeptualisierung des für die *Marx*sche Ideologietheorie zentralen Entfremdungsbegriffs.

7.1 Zur historisch-konkreten Erforschung von Ideologie

Im Koordinatensystem der unterschiedlichen Ideologietheorien bestimmte *Ludz* seine Position nicht nur jenseits der ideologietheoretischen Kontroversen zwischen Kritischer Theorie und Kritischem Rationalismus in Deutschland, sondern auch jenseits der in der USA vorgelegten behavioralistisch-psychologischen Arbeiten. Zunehmend ungnädiger äußerte er sich über *Adorno*. Er hält ihm vor, mit seinem dem „falschen Bewußtsein" verpflichteten Ideologiebegriff nicht einen einzigen Schritt über *Marx* hinaus gekommen zu sein (*Ludz* 1976d: 4). Zudem habe *Adorno* den Ideologiebegriff von der sozioökonomischen Realität entkoppelt und zu einem empirisch nicht mehr festzumachenden, allgemeinen Überbauphänomen verallgemeinert. Bissig hält er *Adornos* Theorie selbst für einen Fall der Ideologiekritik: „Es fiele einer ideologiekritischen in Verbindung mit einer psychologischen Analyse sicherlich nicht schwer, den elitären Subjektivismus und Individualismus dieses Denkens aufzudecken" (*Ludz* 1977c: 6). Wie schon in seiner Dissertation, sieht er in *Karl Mannheims* Werk den aussichtsreichsten Ansatz für die weitere Theoriebildung. Hatte er dort den Funktionalismus *Mannheims* lediglich an einer Stelle gestreift, rückt dieser Aspekt nun in den Mittelpunkt seines Interesses:

> „Mit den Zentralbegriffen der ‚Seinsverbundenheit des Wissens', des ‚Partikularismus', der ‚Relationierung' und der ‚Funktionalisierung' leitet Mannheim ... die funktionalistische Analyse des Ideologiebegriffs ein." (*Ludz* 1976d: 6).

Eine angemessene Konzeptualisierung des funktionalistischen Ideologiebegriffs muß die Operationalisierung in konkrete Forschungsvorhaben erlauben und eindeutige Identifizierungskriterien angeben können. Um dies zu erreichen, plädiert *Ludz* auf metatheoretischer Ebene für zwei Vorentscheidungen: die Reduktion der Ideologietheorie auf eine Theorie kleinerer Reichweite und zweitens die Abkoppelung des Ideologiebegriffs von jedem Bezug auf Wahrheit. In Anlehnung an *Niklas Luhmann* müsse Wahrheit verstanden werden als ein Medium der Problemlösung. Von Wahrheit ist immer dann zu sprechen, wenn jedermann – will er oder sie sich nicht aus der Gemeinschaft der die Welt konstituierenden und mitbestimmenden Subjekte ausschließen – bestimmten Sinn anerkennen und seinem Erleben und Handeln zugrunde legen muß (*Luhmann* 1962). Die – wie *Ludz* sie nennt – „pragmatisch-funktionalistische" (*Ludz* 1976d: XIV) Wahrheitstheorie zeitige weitreichende Konsequenzen für die Ideologieforschung. Sie erlaubte es, den „unergiebigen Bezug von Ideologie und Ideologiebegriff zur Wahrheit aufzugeben wie die Einbeziehung des Ideologiebegriffs in die Kontroverse über Tatsachenaussagen und Werturteile zu vermeiden" (*Ludz* 1977c: 26).

Ludz sieht in *Luhmanns* Funktionalisierung des Ideologiebegriffs den ersten richtigen Schritt über *Mannheim* und *Lukács* hinaus getan. Denken ist *Luhmann* zufolge immer dann ideologisch, wenn es in seiner Funktion, das Handeln zu orientieren und zu legitimieren, substituierbar geworden ist. Wenn Ideologie im Bereich der kausalen Auslegung des Handelns Folgen neutralisiert und so rationale Handlungen ermöglicht, dann wird Ideologie zum notwendigen Bestandteil moderner Gesellschaften und darf nicht ausschließlich polemisch als Waffe im politischen Kampf aufgefaßt werden. Rationale Organisation und Ideologie will *Luhmann* nicht als antagonistisch, sondern als komplementär verstanden wissen. An diesem Punkt setzt die Kritik von *Ludz* ein. Wenn Ideologie dazu dient, Aktionen mit konfligierenden Wertorientierungen in Organisationen zu koordinieren und soziopolitische Widersprüche in Organisationen zu integrieren, dann müssen Ideologien und Organisationen als hochabstrakte Systeme konzipiert wer-

den. Ein solch hoher Abstraktionsgrad des Ideologiebegriffs macht *Ludz* zufolge „die methodologische wie letztlich empirische Schwäche eines konsequent durchgehaltenen Funktionalismus Luhmannscher Prägung aus" (*Ludz* 1976d: 13). Methodisch sei es demgegenüber geboten, den „leeren Formalismus" *Luhmanns* zu verlassen und die Kategorie Ideologie zusätzlich historisch abzusättigen. Der Ideologiebegriff ist nicht als ahistorische und beliebige Leerstelle anzusehen, sondern muß im diachronischen Verlauf analysiert werden. Das heißt: „eine historisch-konkrete Bestimmung der drei Subsysteme: Ideologie – Organisation – Träger von Ideologie, sowie ihres Wandels oder besser: des Wandels ihrer funktionalen Bedeutung vorzunehmen" (*Ludz* 1976: 17).
Mit den sozialgeschichtlichen Entstehungsbedingungen von Ideologien werden explizit deren jeweilige Träger thematisiert. Ideologieforschung kann dann sinnvoll durchgeführt werden, wenn der Ideologiebegriff sich auf jene politisch-sozialen Gruppen konzentriert, „für die Ideologie historisch nachweisbare Funktionen der sozialen Integration, der Rechtfertigung, der Antizipation, der Mobilisierung und der Legitimation besaß und besitzt." (*Ludz* 1976d: 14). Gruppen dieses Typs macht *Ludz* in der europäischen Geschichte seit Ende des 18. Jahrhunderts aus. Sie bestehen aus strategischen Cliquen sozial desintegrierter Intellektueller und politischer Aktivisten. Als forschungspraktische Perspektive folgt aus der nachgezeichneten Argumentation, daß die Analyse auf sozialhistorische und empirische Deskription festgelegt wird. Bereits 1964 arbeitete *Ludz* im Kontext seines ursprünglichen Projektes am IfpW eine entsprechende Typologie des Ideologiebegriffs aus, die allerdings erst 1976 veröffentlicht wurde. Als das klassische Zeitalter der Ideologien faßt er den Zeitraum von 1830–1950. *Hegels* und *Stalins* Tod markieren die Eckpunkte von der Entfaltung der bürgerlichen Gesellschaft bis zu ihrer Ablösung durch die Industriegesellschaft:

> „Ideologie ist, wie auch die bürgerliche Gesellschaft, in der sie sich erst entfalten konnte, ... eine historische Erscheinung. Die vorbürgerliche Gesellschaft kennt Ideologie im definierten Sinne nicht. Aber auch auf nachbürgerliche Gesellschaftsformen ist diese Kategorie nicht ohne weiteres mehr anzuwenden" (*Ludz* 1976b: 87).

Mit dieser historischen Fixierung leistet *Ludz* einen zumindest „eigenwilligen Beitrag" (*Lieber* 1985: 145) zur Entideologisierungsthese. Es kann nur für den angegebenen Zeitraum als von einer ideologischen Epoche gesprochen werden, da nur während dieser Zeit Ideologien Primärfunktion für politisches Handeln von Gruppen hatten. Nach *Stalins* Tod hat auch der offizielle Marxismus-Leninismus als Ideologie dramatische Funktionsverluste erlitten.
Ein zweiter Strang von *Ludz'* ideologietheoretischen Studien bestand darin, die jeweiligen Träger von Ideologien näher zu charakterisieren. Dies sei für schon konsolidierte Großideologien schwierig. Es biete sich stattdessen an, vorerst die Primärideologien von geheimen Bünden und marginalen Gruppen zu deuten. In Deutschland besaßen ideologische Gruppen Ende des 18. und zu Beginn des 19. Jahrhunderts folgende typische Merkmale: Freund-Feind-Polarisierung, die sich mit der elitärer Abgeschlossenheit verband; ferner die spezifische Verbindung des Programmatisch-Voluntaristischen mit hierarchisch aufgebauten Organisationsform; schließlich Aktionsorientiertheit und Spannung zwischen der Kritik an der bestehenden Gesellschaft und utopischen Weltentwürfen (vgl. *Ludz* 1977c: 17). Die Ursprünge solcher marginalisierten

Träger von Ideologien sieht *Ludz* in einigen Geheimbünden der Jahre 1780–1840. Die neuen Rollenerwartungen, mit denen die Individuen in dieser ökonomisch-sozialen Umbruchsituation konfrontiert wurden, haben bei Schriftstellern und der Intelligenz zu neuen Formen sozialer Gruppenbildung geführt. Einzelne Intellektuelle, die sich schnell mit Gleichgesinnten zu Gruppen zusammengeschlossen haben, waren psychologisch und sozial verunsichert durch das Ausscheren aus dem bisherigen Normensystem:

> „Sie hatten Informations- und Kommunikationsmöglichkeiten und schließlich auch ihre Lebensorientierung verloren. Als Folge haben diese Mitglieder der „freischwebenden Intelligenz" subkulturelle Organisationsformen geschaffen, in denen neue Normen jedoch stets erst formuliert werden mußten. ... An die Stelle festgefügter Normenstrukturen (traten) dynamische Geschichtsphilosophien ... die sowohl ideologische und utopische Züge trugen und aktionsorientiert waren" (*Lutz* 1979c: 99).

Ludz illustriert seine These anhand mehrerer Beispiele: *Fichte* und dem ‚Bund der freien Männer', dem kommunistischen ‚Bund der Geächteten' und den Rechts- und Linkshegelianern. Die spezifisch historische Situation der Entstehung von Ideologien sieht er im Aufkommen der bürgerlichen Gesellschaft. Die in den erwähnten Gruppen einsetzende Ideologieproduktion mit ihren neuen Antizipationen, Legitimationsmodi und Handlungsanweisungen müsse als Innovationsschub, der zwar nicht für die recht schnell zerfallenden ideologischen Gruppen selbst, dafür aber für relevante Teile der Gesellschaft als neue Sozialisationsangebote zur Verfügung stand, gewertet werden (*Ludz* 1979c: 100). Sie erfüllen zugleich zwei Funktionen für die dem sozialen Wandel unterliegende Gesellschaft: die Erringung eines neuen Selbstbewußtseins bis *dato* marginalisierter Schichten sowie, ob ihres aufklärerischen Impetus, einen gesamtgesellschaftlichen Bildungsgewinn. Beide Funktionen haben letztlich politisch und sozial emanzipierend und integrativ gewirkt (*Ludz* 1976b: 90).

7.2 Wissenschaftssoziologische Vorstudien

Die Ideologieforschung wurde bei *Ludz* zweitens zum Ausgangspunkt für weitergehende wissenschaftssoziologische Überlegungen. Im Anschluß an *Mannheims* Ideologiebegriff versuchte er, die in Folge auf *Thomas Kuhn* präsentierten wissenschaftshistorischen und -soziologischen Gedanken mit den in Folge auf *Ernst Topitschs* Weltanschauungslehre präsentierten Ansätzen zu einem „neuen Brückenschlag von der Wissenschaftslogik zur Wissenschaftssoziologie" (*Ludz* 1977c: 16, 25) zu verknüpfen. Die forschungspraktische Umsetzung dieses, wie er es sah „Neubeginns" (*Ludz* 1977c: 1) in der Ideologieforschung konnte *Ludz* nicht mehr durchführen.

Trotz seines Plädoyers für die Wissenschaftssoziologie setzt *Ludz* sich ab von *Thomas Kuhn*. Dessen Paradigmenthese bezeichnet er als „ideologisch" (*Ludz* 1979b: 240). Heftige Kritik erntet die positive Rezeption *Kuhns* in Soziologie und Politikwissenschaft. Die Prominenz der Paradigmathese könne er sich nur als Ausdruck einer tiefen Krise im Selbstverständnis der Sozialwissenschaften erklären (*Ludz* 1979b: 218,

222 f.). Forschungsanregend seien allein seine Hypothesen über den Zusammenhang von Denkstrukturen und Gruppenbildung. Als Quasi-Nachfolger der literarisch-politischen Geheimbünde identifiziert *Ludz* für das 20. Jahrhundert bestimmte Wissenschaftlergruppen, die sich um „Führer" scharen. Einige dieser wissenschaftlichen Kleingruppen – *Ludz* nennt als Beispiel die Frankfurter Schule – versuchten, ihre Selbst- und Weltdeutung der Gesellschaft aufzudrängen.

Leider ist *Ludz* nicht mehr dazu gekommen, seine wissenschaftssoziologischen Forschungen fortzuführen. In seiner im Wintersemester 1977/78 in München abgehaltenen Vorlesung mit dem Titel „Politische Theorien in den USA. Ihr Zusammenhang mit Politik und Gesellschaft" ging es ihm erst einmal darum, den europäischen Einfluß auf die amerikanische Politikwissenschaft mittels der Verkartung des sozialwissenschaftlichen Emigrantenstromes zu erfassen. In einem Forschungsprojekt versuchte er parallel dazu, aus der amerikanischen Perspektive einen Überblick über die Schulenbildung in der Politischen Theorie der USA zwischen 1950–1980 zu gewinnen. Eine aus seinem Nachlaß von *Ursula Ludz* zusammengestellte Forschungsexpertise – das Projekt wird mittlerweile von *Jürgen Falter* weitergeführt – läßt zumindest einige Rückschlüsse auf die *Ludz*schen Intentionen zu. An anderer Stelle konstatierte er für die gesamte amerikanische Politikwissenschaft eine zunehmende „Fragmentierung" (*Ludz* 1980b: 108). Für den Bereich der Politischen Theorie schlägt seine Expertise folgende Dreiteilung vor (*U. Ludz* 1982: 46f.): Behavioralisten, Anti-Behavioralisten, und vier Strömungen im Post-Behavioralismus. Statt des Paradigma- oder Schulbegriffs werden die wissenschaftssoziologischen Konzepte „invisible college" (*Crane*), „theory groups" (*Mullins*) sowie ein Eklektizismusmodell (*Hargens*) favorisiert. *Ludz* plädierte für eine Modifizierung des *Kuhn*schen Paradigmakonzepts, das in der Aufsuchung von Überschneidungen kognitiver und sozialer Strukturen besteht. Ein Forschungspfad, der sich – konsequent durchgehalten – angesichts der postulierten (*Eckbert/Hill* 1979: 933, *Göhler* 1982: 16), aber empirisch nur schwer aufweisbaren (*Ben David* 1975) Verklammerung von sozialen und kognitiven Strukturen in der Wissenschaftsentwicklung in brisantes Gelände wagte. Die Ergebnisse der von *Falter* weitergeführten Studie darf man mit Interesse erwarten.

7.3 Rekonzeptualisierung der Entfremdungstheorie

Ein dritter und letzter Strang führt von der Ideologieforschung zur Diskussion des forschungspraktischen Gehalts der Entfremdungstheorie. Der Zusammenhang zur Ideologie besteht insofern, als *Ludz* Entfremdung Anfang der sechziger Jahre als eine mit der Etablierung der bürgerlichen Gesellschaft aufkommende spezifische Bewußtseinsform begriff, die die Basis von Ideologieproduktion abgibt. *Ludz* hat sich mit dem Thema Entfremdung über eine Spanne von fünfundzwanzig Jahren befaßt. In seiner Dissertation entfaltet er den Entfremdungsbegriff des jungen *Marx* relativ breit. Später diskutierte er wiederholt die Entfremdungsdebatte im westlichen (*Ludz* 1958b: 467 ff.) und im östlichen (*Ludz* 1965c) Marxismus. In einem neuen Anlauf versuchte er in den siebziger Jahren, die Entfremdungstheorie für die Forschungspraxis zu rekonzeptualisieren

(*Ludz* 1975a, 1975b, 1978a, 1981). Wie schon beim Ideologie- und Paradigmabegriff zu beobachten, intendierte *Ludz* auch hier die Transformation eines Begriffs in eine für die empirische Forschung verwendungsfähige Fassung. Wiederum will er sich mit einer kombinatorischen Matrix oder einem nominalistischen Merkmalsbündel nicht zufrieden geben. Geistesgeschichtlich speist sich die Entfremdungstheorie nach *Ludz* aus zwei Wurzeln: aus der *Hegel-Marx*schen, sich im Begriff der Entfremdung kristallisierenden Tradition und aus der von *Parsons* und *Merton* an *Durkheim* anschließenden Vorstellung über Anomie. Um sowohl die Vorteile des Anomiekonzepts – ihre Hypothesen sind empirisch faßbar – als auch die des Entfremdungsbegriffs – der humanistische Impetus – bewahren zu können, schlägt *Ludz* eine integrierende Operationalisierung vor. So gelte es:

> „die Bedeutungen und Bezugsobjekte von zu untersuchenden Konzepten zunächst einmal möglichst vollständig zu sammeln, um eine repräsentative Auswahl treffen, die wesentlichen Merkmale herausarbeiten und, wenn möglich, in eine Matrix übertragen zu können. Erst auf der Basis von einer Reihe solche rMatrices zu miteinander verwandten Begriffen/Konzepten lassen sich die weiter gesteckten Ziele der Präzisierung und Standardisierung sozialwissenschaftlicher Begriffe und Konzepte verfolgen" (*Ludz* 1978a: 378).

Ludz selbst hat mit einer kommentierten Bibliographie Vorarbeiten dazu vorgelegt (*Ludz* 1975a). Am vielversprechendsten scheint seiner Sichtung zufolge das Vorgehen *Robert Blaumer*s zu sein. Wie bei seiner Kreierung der Beziehung konsultativer Autoritarismus griff *Ludz* damit auf eine in der empirischen Organisationssoziologie gewonnene Typisierung zurück. *Blaumer*s in Forschungen über die Arbeitswelt verwendeteter Ansatz, der nach Arbeitszufriedenheit fragt, sieht in der Entfremdung ein multidimensionales und empirisch konstatierbares Phänomen. *Ludz* räumt ein, daß seine sozialwissenschaftliche Konzeption von Entfremdung mit der *Marx*schen nur noch eine säkularisierte Perspektive gemein hat: „die Verbesserung der menschlichen Arbeitswelt" (*Ludz* 1975b: 24). Und noch bekannte er sich zum Ziel, Entfremdung soweit wie möglich zu minimieren (*Ludz* 1975b: 14). Zu dieser Parteinahme sah er sich berechtigt durch ein empirisch angelegtes Konzept, das die „historische und die kritische Dimension" (*Ludz* 1975b: 16) miteinbezieht. Die Parallele zu seiner Methodologie der DDR-Forschung ist offensichtlich: auch Entfremdungstheorie muß in immanent-kritischer Manier betrieben werden. Wenn *Ludz* auch an seinem kritischen Impetus festhielt, so verschob sich doch bei der Entfremdungstheorie die Stoßrichtung der Kritik nicht unwesentlich. Sein *posthum* publizierter Aufsatz ‚*A forgotten Intellectual Tradition of the Alienation Concept*' ist geprägt von einer neuerlichen *Simmel*-Lektüre. Entfremdung, so heißt es nun, müsse von ihren negativen Konnotationen befreit werden und als Motor der Innovation erkannt werden: „*Alienation, positively conceived, provides an instrument which seems appropriate to grasp specific aspects to the man-world relationship in the context of the arts of the world of creativity*" (*Ludz* 1981: 32).

8. *Sozialwissenschaft als Brückenschlag*

Vieles von dem, was *Ludz* ab Mitte der siebziger Jahre projektierte, blieb unvollendet. Inwieweit er sein Œuvre wirklich zu der von ihm intendierten Grundlegung der Sozialwissenschaften, „die linkshegelianisch-marxistische, neukantianische und nomothetisch-empirische Theorietradition synthetisiert" (*Rönsch* 1984), hätte zusammenbinden können, muß nicht nur angesichts ihres Facettenreichtums eher skeptisch beurteilt werden. *Ludz'* Orginalität und enorme Produktivität gründete auf seiner Fähigkeit zum Brückenschlag: „*He was a translator, a transmitter, a cross-fertilizer of ideas*" (*Krisch* 1979). *Ludz* schlug seine Brücken auf dreifache Weise. Einmal in der Verbindung seiner theoretischen Grundlegung der DDR-Forschung mit dem genannten politisch-praktischen Motiv. Auch wenn *Ludz* selbst mit der Politikberatung eher negative Erfahrungen machte (*Ludz* 1977b), setzte er bis zuletzt darauf, in der DDR „aktuelle und potentielle Partner für Gespräche" (*Ludz* 1980a: 12) zu finden. Brückenschlag sodann im konzeptionellen Sinne: *Ludz'* Ansatz von sozialwissenschaftlicher Analyse lebt von der frühen Dissertation bis zur sprachpolitischen Analyse der DDR von der Intention, philosophische Theorie und empirische Forschung in ein produktives Verhältnis zu setzen. Dies schlägt sich nieder in seiner Ablehnung aller rein sozialphilosophischen Ansätze und seiner späteren Kritik an einer theorielosen und rein empirischen DDR-Forschung (*Ludz* 1977: 33 f.), aber mehr noch an seiner Neigung, Begriffe nicht beliebig zu vermehren, sondern gegebene in Begriffsarbeit zur analytischen Reife zu bringen. Das Ganze ist gegeben, aber nicht beschreibbar, und Sozialwissenschaft hat die Aufgabe, mittels intelligenter Mischung von Theorie und Empirie wenigstens für einen Augenblick einige der Wirklichkeitsstrukturen zum Vorschein zu bringen.

Ludz' Werk bildete einen Brückenschlag schließlich noch in einem dritten Sinne. Sein Erfolgsrezept bestand nicht allein darin, daß er ein ausgesprochenes Gespür für Novitäten hatte, sondern auch darin, daß und wie er vorliegende Ansätze, Ideen oder Begriffe in einer Art intellektueller Werkstatt miteinander verknüpfte. Ein Beispiel dafür ist sein Terminus ‚konsultativer Autoritarismus', der aus der amerikanischen Organisationssoziologie stammt. In solchen Verknüpfungen fanden damit die unterschiedlichsten theoretischen Traditionslinien Eingang. In seiner Habilitationsschrift scheint es auf den ersten Blick, als vertrete *Ludz* eine empirische Politische Soziologie, die allein an *Popper* orientiert ist. Zugleich jedoch reagierte er auf die von unterschiedlichen Seiten vorgetragenen postbehavioralistischen Bedenken gegen einen rein empirisch-analytischen Ansatz. *Ludz* nahm die Fäden der neueren internationalen Methodendiskussion in der Soziologie auf und öffnete sich der Phänomenologie, Hermeneutik oder Begriffsgeschichte (*Ludz* 1972c). Um an diesen Debatten teilnehmen und eigenständige Beiträge dazu leisten zu können, war seine genaue Kenntnis der deutschen philosophischen und soziologischen Tradition von *Hegel, Marx, Simmel* und *Mannheim* wesentlich. Darauf aufbauend griff er ab Anfang der siebziger Jahre, etwa in seinen konzeptionellen Beiträgen zur Sozialgeschichtsschreibung (*Ludz* 1972b), verstärkt auf die deutsche Phänomenologie von *Edmund Husserl* und den in den USA wirkenden *Alfred Schütz* zurück. Dieser letzte Rückgriff wird schon mit *Herbert Mead* und

Erving Goffman unter Bezug auf die Rezeption der anglo-amerikanischen Debatten vorgenommen. Seit Ende der sechziger Jahre zählte *Ludz* zu einem der wenigen bundesdeutschen Sozialwissenschaftler, die sich fest in der anglo-amerikanischen Diskussion etablieren konnten. Ihm gelang es, hierbei eine Art Vermittlerrolle zwischen amerikanischer und deutscher Tradition wahrzunehmen: „*He was a great propagator of American empirical methodology in social science to Europeans, and a fervent advocate of Americans incorporating European traditions of ideology and theory into their analysis of politics*" (*Krisch* 1979). Er hatte damit eine Vermittlerrolle inne, wie sie sich nach 1945 manche deutsche sozialwissenschaftliche Emigranten erträumt hatten (*Neumann* 1953), die aber nur die wenigsten von ihnen (*Buchstein/Walther* 1989) so produktiv ausfüllen konnten wie *Peter C. Ludz*.

Anmerkungen

1 Für Anregungen und kritische Hinweise danke ich *Ralf Rytlewski, Werner Rossade* und *Gerhard Göhler*.

2 Eine Bibliographie der Veröffentlichungen von *Peter C. Ludz* enthält der von *Ursula Ludz* im Privatdruck edierte Gedächnisband „*Peter Christian Ludz*" (*U. Ludz* 1981).

3 Die biographischen Angaben beruhen auf den Angaben bei *Behrens* 1979, *Deutsch* 1979, *Lieber* 1979, *Rönsch* 1984 und *Ulmen* 1979 sowie Gesprächen mit *Ralf Rytlewski* (Berlin), *Albrecht Schultz* (Berlin) und *Hartmut Zimmermann* (Berlin).

4 Zur Geschichte des IfpW und der dort in den fünfziger Jahren betriebenen Forschung auf den Gebieten DDR, Zeitgeschichte sowie Parteien und Verbände vgl. *Buchstein/Göhler* 1990.

5 Protokoll des Wissenschaftlichen Beirats des IfpW vom 16. Dezember 1961. Freie Universität Berlin, Zentralinstitut für Sozialwissenschaftliche Forschung, Archiv IfpW, Akten Wissenschaftlicher Beirat (unnumeriert).

Literaturverzeichnis

Anders, Johann Friedrich, 1976: Theorien über sozialistische Systeme oder die Erfolgslosigkeit der empirischen Sozialwissenschaften. Kronberg.

Behrens, Henning, 1979: Peter Christian Ludz – an appreciation. In: Studies in Comparative Communism 12, 279–281.

Behrens, Henning, 1981: In Memoriam P.C. Ludz – Sozialwissenschaft und Politik. In: KZfSS 33, 206–207.

Ben-David, Joseph, 1975: Probleme einer soziologischen Theorie der Wissenschaft. In: *Peter Weingart* (Hrsg.), Wissenschaftsforschung. Frankfurt, 133–161.

Buchstein, Hubertus/Göhler, Gerhard, 1990: Die Wiederbegründung der Berliner Politikwissenschaft nach 1945. (Im Erscheinen.)

Buchstein, Hubertus/Walther, Peter Th., 1989: Politikwissenschaft in der Emigrationsforschung. In: PVS 30, 342–352.

Cless, Olaf, 1978: Sozialismusforschung in der BRD. Köln.

Dietrich, Peter, 1985: Geheimbund oder totalitäre Partei: Zur ‚Geheimverfassung' kommunistischer Parteien bei Peter C. Ludz. In: Ideologie und gesellschaftliche Entwicklung in der DDR. Sonderheft des Deutschland Archiv, 133–142.

Deutsch, Karl W., 1979: Peter C. Ludz. In: KZfSS 31, 822–824.

Drath, Martin, 1958: Totalitarismus in der Volksdemokratie. In: *Bruno Seidel* und *Siegfried Jenker* (Hrsg.), Wege der Totalitarismusforschung. Darmstadt 1968, 310–358.

Eckbert, Douglas/Hill, Lester, 1979: The Paradigm Concept and Sociology – A Critical Review. In: American Sociological Review 44, 925–937.

Fijalkowski, Jürgen, 1979: Rezension von Peter C. Ludz, Ideologiebegriff und marxistische Theorie. In: Internationale Wissenschaftliche Korrespondenz zur Geschichte der Arbeiterbewegung 15, 470–475.

Glaeßner, Gert-Joachim, 1982: Sozialistische Systeme. Opladen.

Göhler, Gerhard, 1982: Die Freiburger Schule als Scientific Community. Berlin.

Gransow, Volker, 1980: Konzeptionelle Wandlungen der Kommunismusforschung. Frankfurt und New York.

Gurland, A. R. L., 1954: Einleitung. In: *Max Gustav Lange*, Totalitäre Erziehung. Frankfurt, VII–XXXVI.

Herspring, Dale R., 1979: Peter C. Ludz – An appreciation. In: Studies in Comparative Communism 12, 278–282.

Kielmansegg, Peter Graf, 1974: Krise der Totalitarismustheorie? In: ZfP 21, 311–328.

Krisch, Henry, 1979: Peter C. Ludz – An appreciation. In: Studies in Comparative Communism 12, 277–279.

Lange, Max Gustav/Stammer, Otto/Richert, Ernst, 1953: Das Problem der ‚Neuen Intelligenz' in der sowjetischen Besatzungszone. In: Veritas, Justitia, Libertas. Berlin, 191–246.

Lieber, Hans-Joachim, 1962: Totalitarismus. Aspekte eines Begriffs. In: *Ders.*, Philosophie, Soziologie, Gesellschaft. Berlin 1965, 213–230.

–, 1977: Ideologietheorie in neuer Perspektive. In: Deutschland Archiv 10, 760–762.

–, 1979: Nachruf Peter C. Ludz. In: Soziologie. Mitteilungsblatt der Deutschen Gesellschaft für Soziologie, 110–112.

–, 1982: Blick zurück. Köln.

–, 1985: Ideologie. Paderborn.

Loader, Colin, 1985: The intellectual development of Karl Mannheim. London.

Löw, Konrad (Hrsg.), 1988: Totalitarismus. Berlin.

Löwenthal, Richard, 1960: Totalitäre und demokratische Revolution. In: *Siegfried Jenker* und *Bruno Seidel* (Hrsg.), Wege der Totalitarismusforschung. Darmstadt 1968, 359–381.

Ludz, Peter C., 1955: Der Ideologiebegriff des jungen Marx und seine Fortentwicklung im Denken von Georg Lukács und Karl Mannheim. Maschinenschriftliche Diss. phil. Freie Universität Berlin 1955: 525 S.

–, 1958a: Max Apel. Philosophisches Wörterbuch. 5. völlig neu bearbeitete Auflage von *Peter C. Ludz*. Berlin.

–, 1958b: Zur Situation der Marxforschung in Westeuropa. In: KZfSS 10, 449–499.

–, 1960: Die Ostforschung und ihre Beziehung zur Wissenschaft von der Politik. MS, 13 Seiten. Standort: Franz-Neumann-Archiv Berlin. Nachlaß *Otto Stammer* (unsortiert).

–, 1961a: Offene Fragen in der Totalitarismusforschung. In: *Bruno Seidel* und *Siegfried Jenker* (Hrsg.), Wege der Totalitarismusforschung. Darmstadt 1968, 466–512.

–, 1961b: Totalitarismus oder Totalität. In: Soziale Welt 12, 129–145.

–, 1961c: Marxismus und Literatur. Eine kritische Einführung in das Werk von Georg Lukács. In: *Georg Lukács*, Schriften zur Literatursoziologie. Neuwied, 19–68.

–, 1961d: Dialektik und Ideologie in der Philosophie Hegels. Ein Beitrag zur Phänomenologie des Ideologischen. In: *Ders.* 1976a, 39–49.

–, 1963: Zur Frage nach den Bedingungen der Möglichkeit einer kritischen Gesellschaftstheorie. In: Archiv für Rechts- und Sozialphilosophie 49, 409–432.

–, 1964a: Entwurf einer soziologischen Theorie totalitär verfaßter Gesellschaft. In: *Bruno Seidel* und *Siegfried Jenker* (Hrsg.), Wege der Totalitarismusforschung, Darmstadt 1968, 532–599.

–, 1964b: Freiheitsphilosophie oder aufgeklärter Dogmatismus. Zum Denken Robert Havemanns. In: SBZ Archiv 15, 183–189 und 195–201.

–, 1964c: Ideologie, Intelligenz und Organisation. Bemerkungen über ihren Zusammenhang in der frühbürgerlichen Gesellschaft. In: *Ders.* 1976a, 123–153.

–, 1965a: Der Begriff der ‚demokratischen Diktatur' in der politischen Philosophie von Georg Lukács. In: *Frank Bensele* (Hrsg.), Festschrift zum achzigsten Geburtstag von Georg Lukács. Neuwied, 39–66.

–, 1965b: Soziologie als Instrument der Politik. Zum Aufbau der Soziologie in der DDR. In: Moderne Welt 6, 43–60.

–, 1965c: Der politische Aspekt der Entfremdung. In: *Ders.*, 1976a, 304–318.

–, 1965d: Wissenschaft von der DDR. In: Die Welt vom 29. Mai 1965, Beilage ‚Die Geistige Welt'.

–, 1967a: Einleitung. In: *Georg Lukács*, Schriften zur Ideologie und Politik. Neuwied, XVII–LV.

–, 1967b: Neuere Entwicklungstendenzen in der Soziologie des Ostblocks. In: *Ders.*, 1976a, 175–184.
–, 1967c: Die philosophischen Grundlagen der Partisanentheorie von Georg Lukács. In: Praxis 3, 385–395.
–, 1967d: Situation, Möglichkeiten und Aufgaben der DDR-Forschung. In: Die Neue Gesellschaft 15, 153–160.
–, 1968a: Parteielite im Wandel. Köln und Opladen.
–, 1968b: Zur politischen Ideologie der ‚Neuen Linken'. In: *Erwin K. Scheuch* (Hrsg.), Die Wiedertäufer der Wohlstandsgesellschaft. Köln, 29–39.
–, 1968c: Politische Aspekte der kybernetischen Systemtheorie in der DDR. In: Deutschland Archiv 1, 1–10.
–, 1969: Philosophy in Search of Reality. In: Problems of Communism 18, 33–42.
–, 1970: DDR-Forschung und vergleichende Deutschlandforschung in den USA. In: Deutschland Archiv 3, 113–127.
–, 1971a: Materialien zum Bericht zur Lage der Nation 1971. Im Auftrag des Bundesministers für innerdeutsche Beziehungen von einer Wissenschaftlichen Kommission unter der Leitung von *Peter C. Ludz* bearbeitet. Deutscher Bundestag, Drucksache VI/1690.
–, 1971b: Die soziologische Analyse der DDR-Gesellschaft. In: *Rüdiger Thomas* (Hrsg.), Wissenschaft und Gesellschaft in der DDR. München, 11–23.
–, 1972a: Georg Lukács tot. In: KZfSS 24, 564–571.
–, 1972b: Soziologie und Sozialgeschichte. Aspekte und Probleme. In: *Ders.* (Hrsg.), Soziologie und Sozialgeschichte. Sonderheft 16 der KZfSS. Opladen, 9–28.
–, 1972c: Soziologie. In: Sowjetsystem und demokratische Gesellschaft. Freiburg usw. 1969–72, 39–74.
– (Hrsg.), 1972d: Soziologie und Marxismus in der DDR. Neuwied.
–, 1973: Formen und Alternativen sozialistischer Entwicklungen. In: *Ders.* 1976a, 319–327.
–, 1974: Deutschlands doppelte Zukunft. Bundesrepublik und DDR in der Welt von Morgen. Ein politischer Essay. München.
–, 1975a: Alienation as a Concept in the Social Sciences: A trend Report and Bibliography. Current Sociology XXI/1. The Hague and Paris.
–, 1975b: ‚Alienation' als Konzept der Sozialwissenschaften. In: KZfSS 27, 1–32.
–, 1975c: Artikel: Ästhetik. In: *Peter C. Ludz* (Wissenschaftliche Leitung), DDR-Handbuch. Köln, 57–60.
–, 1976a: Ideologiebegriff und marxistische Theorie. Ansätze zu einer immanenten Kritik. Opladen.
–, 1976b: Entwurf einer Typologie des Ideologiebegriffs. In: *Ders.*, 1967a, 82–102.
– zus. mit *Johannes Kuppe* und unter Mitabeit von *Manfred Melzer* und *Ralf Rytlewski*, 1976c: Das DDR-Handbuch. Eine Antikritik. In: Deutschland Archiv 9, 925–943.
–, 1976d: Ideologie und Ideologiebegriff. Überlegungen zu ihrer metatheoretischen und immanent-kritischen Aufarbeitung. In: *Ders.*, 1976a, XIII-20.
–, 1976e: In Memoriam Ernst Richert. In: Deutschland Archiv 9, 234–235.
–, 1976f: Methodological Problems in Comparative Studies of the Intelligentsia. In: *Aleksander Gella* (Hrsg.), The Intelligentsia and the Intellectuals: Theory, Method and Case Study. London, 37–45.
–, 1977a: Die DDR zwischen Ost und West. München.
–, 1977b: Reflexionen zum Verhältnis von Sozialwissenschaften und praktischer Politik. In: *Horst Baier* (Hrsg.), Freiheit und Sachzwang. Opladen, 10–22.
–, 1977c: Ideologieforschung. Eine Rückbesinnung und ein Neubeginn. In: KZfSS 29, 1–31.
–, 1978a: Die sozialwissenschaftliche Konzept-Analyse. Bericht über einen pragmatischen Ansatz anhand eines Beispiels. In: *Reinhard Koselleck* (Hrsg.), Historische Semantik und Begriffsgeschichte. Stuttgart, 358–380.
–, 1978b: Arnold Hauser und Georg Lukács. Zur Bestimmung ihrer kunsttheoretischen Positionen. In: *Arnold Hauser* (Hrsg.), Im Gespräch mit Georg Lukács. München, 111–132.
–, 1979a: Die Bedeutung der Soziologie für die Politische Wissenschaft. Zur wissenschaftssoziologischen Interpretation des Streites um die politische Soziologie in den fünfziger Jahren. In: *Günther Lüschen* (Hrsg.), Deutsche Soziologie seit 1945. Sonderheft 21 der KZfSS. Opladen, 264–293.
–, 1979b: Thomas S. Kuhns Paradigmenthese. Eine ideologiekritische Untersuchung. In: *Kurt Salamun* (Hrsg.), Sozialphilosophie als Aufklärung. Tübingen, 217–246.

–, 1979c: Überlegungen zu einer soziologischen Analyse geheimer Gesellschaften. In: *Ders.* (Hrsg.), Geheime Gesellschaften. Heidelberg, 89–119.
–. 1980a: Mechanismen der Herrschaftssicherung. Eine sprachpolitische Analyse gesellschaftlichen Wandels in der DDR. München.
–, 1980b: Politische Analyse als Policy-Analyse. In: *Peter C. Tasch* (Hrsg.), Münchener Beiträge zur Politikwissenschaft. Freiburg, 100–114.
–, 1980c: The Aesthetic Dimension of the New Revisionism: Rudolf Bahro. In: Social Research 47, 188–198.
–, 1981: A Forgotten Intellectual Tradition of the Alienation Concept. In: *Felix R. Geyer* und *David Schweitzer* (Hrsg.), Alienation: Problems of Meaning. Theory and Method. London, 21–35.
Ludz, Ursula (Hrsg.), 1981: Gedächtnisband Peter C. Ludz. Privatdruck. Feldafing.
–, 1982: Schulenbildung in der US-amerikanischen Politischen Theorie zwischen 1950 und 1980. MS, 57 Seiten.
–, 1989: Nachdenken über den Totalitarismus unter Anleitung von Hannah Arendt und Peter Christian Ludz. In: *Gert-Joachim Glaeßner* (Hrsg.), Die DDR in der Ära Honecker. Opladen, 120–129.
Luhmann, Niklas, 1962: Wahrheit und Ideologie. In: *Ders.*, Soziologische Aufklärung Band 1. Köln und Opladen 1972, 54–65.
Lukács, Georg, 1961: Schriften zur Literatursoziologie. Neuwied und Berlin.
–, 1967: Schriften zur Ideologie und Politik. Neuwied und Berlin.
Mannheim, Karl, 1929: Ideologie und Utopie. Frankfurt 1985.
Meyer, Gerd, 1979: Sozialistische Systeme. Opladen.
Neumann, Franz L., 1953: The social sciences. In: *Wiliam R. Crawford* (Hrsg.), The cultural migration. Philadelphia, 4–26.
Picaper, Jean Paul, 1982: DDR-Bild im Wandel. Berlin.
Richert, Ernst, 1958a: Agitation und Propaganda. Das System der publizistischen Massenführung in der Sowjetzone. Berlin.
–, 1958b: Macht ohne Mandat. Berlin.
–, 1964: Das zweite Deutschland. Ein Staat, der nicht sein darf. Gütersloh.
–, 1966: Die neue Gesellschaft in Ost und West. Analyse einer lautlosen Revolution. Gütersloh.
–, 1968: Die DDR-Elite oder ein Partner für morgen? Reinbek.
Rönsch, H. D., 1984: Peter C. Ludz. In: Internationales Soziologenlexikon. Band 2, Stuttgart, 513.
Schulz, Gerhard, 1961: Der Begriff des Totalitarismus und der Nationalsozialismus. In: Soziale Welt 12, 112–128.
–, 1967: National Socialism: Totalitarism or Fascism. In: American Historical Review 73, 404–427.
Simmel, Georg, 1923: Soziologie. Berlin.
Sontheimer, Kurt, 1979: In Memoriam Peter C. Ludz. In: PVS 21, 401–402.
Stammer, Otto, 1948: Ideologie und Geschichte. Habilitationsschrift, eingereicht an der FU Berlin. Unveröffentlicht. Standort: Franz-Neumann-Archiv-Berlin, Nachlaß *Otto Stammer* (unsortiert).
–, 1961: Aspekte der Totalitarismusforschung. In: *Ders.*, Politische Soziologie und Demokratieforschung. Berlin 1965, 259–280.
Ulman, G. L., 1979: Nekrolog. In: Telos 41, 172–175.
–, 1981: Bericht über eine Feier zur Würdigung von Leben und Werk von Peter C. Ludz in New York. In: KZfSS 33, 207–208.
Wildermuth, Martin, 1986: Die Reform des Otto-Suhr-Instituts von 1968. Unveröffentlichte Diplomarbeit am FB 15 der FU-Berlin.
Zimmermann, Hartmut, 1961: Probleme der Analyse bolschewistischer Gesellschaftssysteme. In: Gewerkschaftliche Monatshefte 12, 193–206.

III. Beharrung und Wandel politischer Institutionen

Ansätze zu einem „sozialistischen Parlamentarismus" im sowjetischen Hegemonialbereich

Georg Brunner

1. Parlamentarismus und Marxismus-Leninismus

Obwohl sich *W. I. Lenin* über den „sozialistischen Parlamentarismus" als eine Aufsteigerideologie karrieresüchtiger kleinbürgerlich-sozialistischer Abgeordneter mokierte (Werke, 25: 437) und die kommunistisch regierten Staaten sich mit diesem Begriff bis zum heutigen Tage nicht recht zu befreunden vermochten, wird er im westlichen Schrifttum gelegentlich – meist aus Gedankenlosigkeit (so *Lammich* 1977), teilweise aber auch in Beschönigungsabsicht – im Zusammenhang mit der Tätigkeit der obersten Versammlungsorgane der sich „sozialistisch" nennenden Länder verwendet. Politische und wissenschaftliche Begriffe haben aber ihre Geschichte und lassen sich nicht nach persönlichem Gutdünken mit neuen Inhalten füllen.

Dies gilt auch für den „Parlamentarismus", der sich als ein *spezifisches Regierungssystem* in England im Verlaufe des 18. Jahrhunderts (vgl. *Loewenstein* 1964; *Brunner* 1979: 110–121), in Westeuropa und einigen außereuropäischen Ländern seit der Mitte des 19. Jahrhunderts (vgl. *v. Beyme* 1970; *Brunner* 1979: 121–149) entwickelt und im Verlaufe des 20. Jahrhunderts eine demokratische Fundierung erfahren hat. Über die Anzahl seiner Merkmale läßt sich streiten (*v. Beyme* 1979: 41–44), aber so viel ist unstreitig, daß der Parlamentarismus in erster Linie das eigentümliche Verhältnis von Volksvertretung und Regierung im politischen Entscheidungsprozeß im Blick hat, das auf einer Verbindung von Gewaltenteilung und Demokratieprinzip beruht. Die *Gewaltenteilung* bewirkt eine globale Funktionsteilung in dem Sinne, daß die Gesetzgebung der Volksvertretung – Legislative – und die Vollziehung der Gesetze der Regierung – Exekutive – zusteht, wobei wesentlich ist, daß unter „Gesetzgebung" die Setzung allgemeinverbindlicher, abstrakt-genereller Rechtsnormen zu verstehen ist. Da es sich bei den Gesetzen in diesem materiellen Sinne um Verhaltensregeln handelt, die „alle" betreffen, folgt aus dem *Demokratieprinzip* die Forderung, daß sie grundsätzlich nur von der Vertretung „aller", das heißt dem Parlament, sollen erlassen werden dürfen. Da nur die Volksvertretung unmittelbar vom Volk gewählt wird, folgt aus dem Demokratieprinzip des weiteren eine gewisse Vorrangstellung des Parlaments im Verhältnis zur Exekutive. Diese äußert sich zum einen in der die Gewaltenteilung überwölbenden Öffentlichkeitsfunktion des Parlaments als das Forum grundsätzlicher politischer Auseinandersetzungen und zum anderen in der parlamentarischen Abhängigkeit der Regierung. Das parlamentarische Prinzip besagt ganz allgemein, daß die Regierung für ihre Amtsführung des Vertrauens der Parlamentsmehrheit bedarf. Dieses Vertrauen muß zunächst bei der Regierungsbildung sichergestellt werden. Hierfür stehen unterschiedliche Techniken zur Verfügung, die nationalen Traditionen entspringen, wie Wahl, Vertrauensabstimmung, fakultatives Mißtrauensvotum. Ist die Regierung einmal im Amt, so trifft sie gegenüber dem Parlament eine Rechenschafts- und eine Einstandspflicht. Die Rechenschaftspflicht tangiert zwar nicht die selbständige Wahrnehmung ihrer verfassungsmäßigen Befugnisse, nötigt aber die Regierung, hinsichtlich ihrer Amtsführung dem Parlament Rede und Antwort zu stehen. Um die Rechenschaftspflicht durchzusetzen, sind der Volksvertretung verschiedene parlamentarische Kontrollrechte in die Hand gegeben: Befragungsrechte, Untersuchungsrecht, Budgetrecht, parlamentarische Entschließung. Infolge der Einstandspflicht muß die Regierung zurücktreten, wenn sie das Vertrauen des Parlaments verloren hat. Wann der Tatbestand des Vertrauensverlustes eingetreten ist, ist häufig nur recht schwer festzustellen. Verfassungsrecht und Verfassungspraxis der einzelnen Länder haben hier verschiedene Techniken herausgebildet, von denen das Mißtrauensvotum und die Zurückweisung der Vertrauensfrage die wichtigsten sind.

Mit der Entwicklung der parteienstaatlichen Massendemokratie im 20. Jahrhundert hat das skizzierte Zuordnungsverhältnis von Parlament und Regierung insofern eine Abwandlung erfahren, als die verfassungsmäßige Funktionsteilung durch eine *neue Funktionsteilung* zwischen Regierungs- und Oppositionspartei(en), nämlich Herrschaftsausübung und Herrschaftskontrolle, überlagert worden ist. Für den Fall, daß im parlamentarischen Entscheidungsmechanismus Blockierungen auftreten, die von Parlament und Regierung nicht aus eigener Kraft behoben werden können, steht das Staatsoberhaupt – Präsident, Monarch – in der Reserve. Mögen seine Befugnisse im übrigen schwächer oder stärker ausgestaltet sein, die ihm zustehende politische Reservemacht zur Wiederherstellung der Funktionstüchtigkeit des parlamentarischen Entscheidungsmechanismus ist für das parlamentarische Regierungssystem essentiell.

Der somit skizzierte „bürgerliche Parlamentarismus" wird von der marxistisch-leninistischen Ideologie ebenso abgelehnt wie die Gewaltenteilung. Seit *Karl Marx*' – sachlich unzutreffender – Beschreibung der Pariser Kommune von 1871 dient ihr als Leitbild eine Volksvertretung, die „nicht eine parlamentarische, sondern eine arbeitende Körperschaft sein (sollte), vollziehend und gesetzgebend zu gleicher Zeit" (Der Bürgerkrieg in Frankreich, MEAS I: 491; ähnlich *Lenin*, Werke 25: 436). Die merkwürdig anmutende Unterstellung, bürgerliche Parlamente seien keine „arbeitenden Körperschaften", ist dabei als ein polemisch verbrämter Ausdruck der Forderung nach *Gewaltenkonzentration* zu verstehen. Die Volksvertretung sollte nicht abgeschafft, sondern gestärkt werden, indem sie über die Gesetzgebung hinaus die gesamte Staatsgewalt und namentlich die Exekutivbefugnisse erhält. Offenbar betrachteten *Marx* und *Lenin* nur Regierung und Verwaltung als echte „Arbeit", da sie zudem die westlichen Parlamente ihrer Zeit, die ohne Zweifel eine Gesetzgebungs- und Öffentlichkeitsfunktion ausübten, als „Schwatzbuden" bezeichneten. Der Sache nach handelte es sich bei diesen radikaldemokratischen Vorstellungen um eine Rückkehr zu *Rousseau*, der erstmals die Vision eines allmächtigen „*législateur*" als Verkörperung der „*volonté générale*" entwickelt hatte.

Die Umsetzung dieser utopischen Vorstellung in die Wirklichkeit des nach der Oktoberrevolution von 1917 entstehenden *Sowjetstaates* erwies sich alsbald als eine institutionelle Fassade der bolschewistischen Parteidiktatur. Die formale Struktur des Sowjetstaates beruhte nur auf der örtlichen Ebene auf volksgewählten Versammlungsorganen (*Sowjets*). Auf den höheren Ebenen verdünnte sich das radikaldemokratische Konzept zu *Delegiertenkongressen*, die sich von unten nach oben zu einer Pyramide aufbauten. Der Sowjetkongreß der UdSSR trat zunächst jährlich einmal, dann alle zwei Jahre zu einer Sitzung von einigen Tagen zusammen und übertrug seine Befugnisse im übrigen auf das Zentrale Exekutivkomitee, das ebenfalls selten tagte und zur ständigen Wahrnehmung seiner Aufgaben ein Präsidium bildete. Eine noch größere Bedeutung als dem Präsidium kam dem Rat der Volkskommissare zu, der als die Sowjetregierung formal vom Zentralen Exekutivkomitee bestellt wurde. Auf diese Weise verflüchtigte sich die Allmacht der Sowjets schon im staatlichen Institutionensystem zugunsten der dominierenden Regierungsgewalt. Über ihr stand allerdings noch die – von *Marx* abgelehnte oder jedenfalls nicht ernsthaft erwogene und von *Lenin* etablierte – Parteigewalt, die die politische Bedeutung des Sowjetsystems vollends illusorisch machte.

2. *Das stalinistische Modell*

2.1 Grundzüge

Mit der Verabschiedung der *Stalinschen Verfassung vom 5. Dezember 1936* wurde das *Leninsche Kongreßsystem* aufgegeben und die institutionelle Struktur des Sowjetstaates den herkömmlichen Formen angenähert. Auf Unionsebene trat an die Stelle von Sowjetkongreß und Zentralem Exekutivkomitee ein einheitliches Versammlungsorgan, der Oberste Sowjet, dessen Deputierte nunmehr direkt von der Bevölkerung gewählt wurden. Theoretisch blieb der Oberste Sowjet Inhaber der gesamten Staatsgewalt. Da er zu ihrer Ausübung aber praktisch nicht fähig war und auch nicht sein sollte, bestellte er als sein Ersatzorgan ein Präsidium, dem auch die herkömmlichen Aufgaben eines Staatsoberhaupts übertragen wurden. Die dominierende Regierungsfunktion wurde weiterhin vom Rat der Volkskommissare wahrgenommen, der 1946 in Ministerrat umbenannt wurde. Tatsächlich war die gesamte politische Macht in der Person des Diktators *J. W. Stalin* konzentriert, der auch die Führungsgremien der Partei nur selten einberief und konsultierte.

Die stalinistische Form des Sowjetsystems wurde nach dem Zweiten Weltkrieg in allen *osteuropäischen Ländern* übernommen, die unter die Hegemonialherrschaft der Sowjetunion geraten waren. Nationale Besonderheiten – wie etwa die Beibehaltung eines Staatspräsidenten in der Tschechoslowakei und vorübergehend in Ungarn (1946–1949), Polen (1947–1952) und der DDR (1949–1960) spielten eine untergeordnete Rolle und änderten an der Gesamtanlage des politischen Systems als einer autokratisch geführten Parteidiktatur nichts. Im Zuge der Anfang der sechziger Jahre einsetzenden Verfassungsreformen haben sich die einzelnen osteuropäischen Staaten vom *Stalinschen* Vorbild mehr oder weniger entfernt und abweichende Verfassungsmodelle entwickelt (*Brunner* 1977; 1986). An den grundsätzlichen Strukturen einer *teils oligarchisch, teils autokratisch geprägten Parteidiktatur* haben diese Reformen indes ebensowenig etwas geändert wie an der Bedeutungslosigkeit der obersten Volksvertretungen. Allein in Polen und Ungarn haben die Veränderungen die Stellung der Volksvertretungen in einer Weise betroffen, daß der Begriff eines „*sozialistischen Parlamentarismus*" eine sinnvollerweise diskutable Entwicklungsrichtung geworden ist; in eine andere Kategorie gehören die Entwicklungsmöglichkeiten, die die *sowjetische Verfassungsreform vom Dezember 1988* eröffnet hat. In allen übrigen Ländern entspricht die Rolle der Parlamente im wesentlichen auch heute noch dem stalinistischen Modell. Da dieses Modell also auch gegenwärtig am weitesten verbreitet ist und jedenfalls den allgemeinen Ausgangspunkt für alle weiteren Entwicklungen darstellt, soll es zunächst geschildert werden.

2.2 Bestellung

Die Abgeordneten werden formal nach den Grundsätzen des allgemeinen, gleichen und unmittelbaren Wahlrechts gewählt, wobei die ursprünglich vierjährige Legislaturperiode – mit der Ausnahme Polens – in der ersten Hälfte der siebziger Jahre auf fünf Jahre verlängert worden ist (Bulgarien und ČSSR 1971, Rumänien 1972, DDR 1974, Ungarn 1975, UdSSR 1977). Der Wahlrechtsgrundsatz der geheimen Stimmabgabe ist verfassungsrechtlich überall verankert, doch wird von dieser Möglichkeit schon deshalb nur selten Gebrauch gemacht, weil dem Wähler keine politische und in der Regel auch keine personelle Alternative angeboten wird. Der für die *Stalin*-Ära charakteristische faktische Zwang zur offenen Stimmabgabe ist hingegen überall gelockert worden.
Der *Ausschluß einer politischen Alternative* folgt schon aus der führenden Rolle der kommunistischen Einheitspartei. Dies gilt auch für die Länder mit einem „*sozialistischen Mehrparteiensystem*" (DDR, Polen, ČSSR, Bulgarien), da es sich bei den nichtkommunistischen Parteien um gleichgeschaltete Parteien handelt, die den Führungsanspruch der kommunistischen Partei in ihren Satzungen ausdrücklich anerkannt haben. Die Zuteilung der Sitze an die einzelnen Parteien – und in der DDR auch an bestimmte Massenorganisationen – erfolgt nach einem Verteilungsschlüssel, der den Kommunisten auch formal die überragende Mehrheit – von 60 bis 80 Prozent – sichert. In den Ländern ohne Gefolgsparteien entfallen die restlichen Mandate auf Parteilose. Die Kontingentierung der Mandate und die Kandidatenauslese vollziehen sich nach den Direktiven der kommunistischen Parteiführung im organisatorischen Rahmen einer „Nationale Front" oder ähnlich benannten Institution, die an der Durchführung der Wahlen maßgeblich mitwirkt. Eine gewisse Ausnahme bildet der „Block der Kommunisten und Parteilosen" in der Sowjetunion, der – anders als die auf die Anfangsphase der volksdemokratischen Bündnispolitik in Osteuropa zurückgehenden Nationalen Fronten – keine ständige Organisationsstruktur besitzt. Bei der Kandidatenauswahl ist neben der Reservierung eines bestimmten Mandatsanteils für die Partei- und Staatselite sowie für Nachwuchskader die wünschenswerte soziale Zusammensetzung der Volksvertretung der leitende Gesichtspunkt (vgl. insb. *Brandt* 1983).

Die *Möglichkeiten einer personellen Alternative* hängen von der Ausgestaltung des Wahlsystems ab. Am meisten verbreitet ist die *absolute Mehrheitswahl in Einmannwahlkreisen*, wobei den Wählern traditionell nur ein Kandidat präsentiert wurde. An dieser Praxis halten Bulgarien und die ČSSR bis heute fest, während die Sowjetunion erstmals bei den Kongreßwahlen vom März 1989 die Nominierung mehrerer Kandidaten in einem Wahlkreis zugelassen hat. In Ungarn ist von der Möglichkeit, mehrere Bewerber aufzustellen, schon seit den Parlamentswahlen von 1967 in geringem Umfang Gebrauch gemacht worden; das Wahlgesetz von 1983 hat dann die Nominierung von mindestens zwei Kandidaten zwingend vorgesehen. In Rumänien werden seit 1975 in zahlreichen Wahlkreisen zwei, gelegentlich auch drei offizielle Kandidaten nominiert, doch ist diese Prozedur ohne praktische Relevanz (Zahlen bei *D. Nelson*, in: *Nelson/White* 1982: 87). In der DDR und Polen gilt das Wahlsystem der *lose gebundenen Einheitsliste in Mehrmannwahlkreisen*, wobei die Einheitsliste mehr Namen enthält, als Mandate zu vergeben sind. Theoretisch ist hier also immer eine personelle Alternative gegeben, die der Wähler durch die Streichung einzelner Namen realisieren könnte. Indes ist in der Wahlpraxis der DDR durch rechtliche Vorschriften und faktische Maßnahmen schon immer wirksam dafür Sorge getragen worden, daß die Streichungsmöglichkeit keine praktischen Auswirkungen zeitigen konnte. In Polen, wo – im Gegensatz zur DDR – die auf die einzelnen Listenkandidaten entfallenden Stimmen herkömmlicherweise wenigstens veröffentlicht werden, haben die Wahlen die Funktion eines begrenzten Popularitätstests erfüllt, mögen sie an der Reihenfolge der offiziellen Kandidaten letztlich nie etwas geändert haben.

2.3 Organisationsstruktur

Die obersten Volksvertretungen bestehen in aller Regel aus *einer Kammer*. Sie allein kann in *Plenarsitzungen* die dem Parlament zugewiesenen Entscheidungsbefugnisse ausüben. In der Sowjetunion und der Anfang 1969 zu einem Bundesstaat umstrukturierten Tschechoslowakei setzt sich die Volksvertretung aus *zwei gleichberechtigten Kammern* zusammen, deren erste das unitarische und deren zweite das zur Lösung der Nationalitätenfrage eingeführte föderalistische Element des Staatsaufbaus zum Ausdruck bringen soll. Die beiden Kammern tagen teils getrennt, teils gemeinsam; für eine wirksame Entscheidung ist jedenfalls der übereinstimmende Beschluß beider Kammern erforderlich.

Die innere Organisation der Parlamente ergibt sich aus ihrer Geschäftsordnung. Ein Vorstand und Ausschüsse sind überall anzutreffen, während im übrigen, namentlich bei der parteiorganisatorischen Erfassung der Abgeordneten, verschiedene Lösungen praktiziert werden.

Dem *Vorstand* obliegen die allgemeine Geschäftsführung, die Vorbereitung und Leitung der Plenarsitzungen, die Aufstellung der Tagesordnung und die Anleitung des administrativen Parlamentsapparats. Der Vorstand ist entweder ein Präsident, dem Vizepräsidenten und gegebenenfalls Schriftführer zur Seite stehen (Bulgarien, UdSSR, Ungarn), oder ein kollegiales Präsidium, zu dem die genannten Parlamentsfunktionäre zusammengefaßt sind (ČSSR, DDR, Polen, Rumänien). Gelegentlich wird der Vorstand durch weitere Abgeordnete zu einem Ältestenrat erweitert, der unmittelbar vor einer Plenarsitzung zusammentritt, um die Tagesordnung festzustellen (Polen, UdSSR, bis 1969 DDR). In den Zwei-Kammer-Systemen hat jede Kammer ihren eigenen Vorstand. Die Präsidien des Obersten Sowjets der UdSSR und der Bundesversammlung der ČSSR sind mehr als ein parlamentarischer Gesamtvorstand; sie nehmen zugleich die Funktionen eines obersten Präsidialorgans wahr. Die für bestimmte Sachgebiete gebildeten ständigen *Ausschüsse* sind als Hilfsorgane des Plenums konzipiert und haben deshalb keine Entscheidungskompetenzen. Ihnen obliegen die Vorberatung der Gesetzes- und sonstigen Beschlußvorlagen sowie gewisse Aufgaben der Verwaltungskontrolle. Von der Möglichkeit, zeitweilige Sonderausschüsse einzusetzen, wird kaum Gebrauch gemacht.

Die wichtigste Organisationseinheit auf Parteibasis ist die *Parteigruppe* der kommunistischen Abgeordneten. Sie wird nach dem jeweiligen Parteistatut von der zentralen Parteiführung angeleitet und soll das einheitliche Auftreten der Kommunisten gewährleisten, die überall die überwiegende Mehrheit der Abgeordneten bilden. Die Parteilosen haben keine vergleichbare Organisation. Besonderheiten bestehen in den Ländern mit einem ,,sozialistischen Mehrparteiensystem". Die Vertreter der Gefolgsparteien bilden in der ČSSR und Polen ,,Abgeordnetenclubs", in Bulgarien eine ,,parlamentarische Gruppe"; im polnischen Sejm bestehen zudem ,,Abgeordnetenzirkel" von drei christlichen Vereinigungen. All diese Gruppierungen sind weniger Parlamentsorgane als Instrumente der jeweiligen Parteiführung zur Steuerung des Abgeordnetenverhaltens. Am augenfälligsten ist das ,,sozialistische Mehrparteiensystem" in der Volkskammer der DDR ausgeprägt, wo die Abgeordneten der fünf politischen Parteien und fünf (1963–1986: vier) Massenorganisationen je eine ,,Fraktion" bilden, die durch die Geschäftsordnung mit eigenen Rechten ausgestattet ist. Anderer Natur sind die in vielen Volksvertretungen anzutreffenden regionalen *Abgeordnetengruppen*: Sie dienen vornehmlich zur Koordinierung der Wahlkreisarbeit.

Die *Abgeordneten* üben ihr Mandat – bis auf den Parlamentsvorstand – nebenberuflich aus. Der Typus des ,,Berufsparlamentariers" ist unbekannt. Für ihre Rechtsstellung soll nach dem ursprünglichen Sowjetmodell das imperative Mandat kennzeichnend sein. Der mangelnde Realitätsgehalt dieses durch fiktive Institutionen – Wählerauftrag, Rechenschaftspflicht, Abberufbarkeit – untermauerten Konzepts ist allerdings so offenkundig, daß selbst die sozialistische Staatsrechtslehre immer mehr dazu übergegangen ist, von einem ,,limitiert-imperativen Mandat" zu sprechen (*Bihari* 1970: 114–135). Tatsächlich sind die Abgeordneten nicht von ihren Wählern, sondern von der kommunistischen Parteiführung abhängig, die wegen eines eklatanten Fehlverhaltens den Abberufungsmechanismus vereinzelt in Gang zu setzen pflegt.

2.4 Formale Konsequenzen

In den Verfassungen werden die obersten Volksvertretungen gewöhnlich als ,,das oberste Organ der Staatsmacht" bezeichnet, mit welcher Formel die *prinzipielle*

Allzuständigkeit gemeint ist. Trotzdem pflegen die Verfassungen im Anschluß an diese Grundsatzerklärung mit einem eigentlich überflüssigen Katalog von Einzelzuständigkeiten aufzuwarten. Unter ihnen verdienen die Gesetzgebung, die Bestimmung der Grundlinien der Innen- und Außenpolitik, die Wahl und Abberufung der meisten Verfassungsorgane, Grundentscheidungen der auswärtigen Gewalt und der Wirtschaftsplanung hervorgehoben zu werden. Allerdings stellen nur ganz wenige dieser Einzelzuständigkeiten ausschließliche Kompetenzen der obersten Volksvertretung dar – beispielsweise die Verfassungsänderung –, so daß sie unter bestimmten, leicht erfüllbaren Voraussetzungen auch von anderen Verfassungsorganen wahrgenommen werden können. Berücksichtigt man des weiteren, daß die obersten Volksvertretungen als Staatsorgane schon nach formellem Verfassungsrecht dem politischen Führungsmonopol der jeweiligen kommunistischen Partei unterworfen sind, so verschiebt sich die Frage nach den tatsächlichen Entscheidungsbefugnissen vollends auf die außernormative Ebene der Verfassungspraxis.

2.5 Arbeitsweise und tatsächliche Bedeutung

2.5.1 Plenarsitzungen

In der *Verfassungspraxis* spielen die obersten Volksvertretungen eine gänzlich untergeordnete Rolle, mag diese auch nationale Unterschiede und zeitliche Schwankungen aufweisen. Daß sie keine „arbeitenden Körperschaften" sind und die ihnen formal zugewiesenen Kompetenzen auch nicht annähernd wahrnehmen können, ergibt sich bereits aus ihrer geringen *Sitzungshäufigkeit*. Nach den einschlägigen Bestimmungen der meisten Verfassungen sollen die obersten Volksvertretungen jährlich zweimal zu ordentlichen Tagungen oder Sessionen einberufen werden. Der Unterschied ist eher technischer Natur (*Lammich* 1977: 130–135, wo der Unterschied allerdings überbewertet wird). Nach dem in der ČSSR, Polen und Rumänien praktizierten Sessionssystem wird das Parlament vom obersten Präsidialorgan zu Sessionen einberufen, die einige Monate dauern; in der Sessionsperiode kann sich das Parlament aus eigenem Recht zu Tagungen versammeln, die einige wenige Tage dauern; die parlamentarischen Ersatzbefugnisse des obersten Präsidialorgans unterliegen während der Session ohne Rücksicht darauf, ob gerade eine Tagung stattfindet, gewissen Beschränkungen.
In den übrigen Ländern wird das Parlament immer nur zu Tagungen einberufen, die wiederum mehrere Sitzungstage umfassen können; die Beschränkungen für das oberste Präsidialorgan gelten nur während der Tagungen. Die effektiven Sitzungstage, an denen das Plenum die parlamentarischen Entscheidungsbefugnisse ausüben kann, sind überall viel zu selten, als daß eine substantielle Arbeit geleistet werden könnte. Immerhin gibt es zwischen den einzelnen Ländern wie auch innerhalb der einzelnen Länder im zeitlichen Ablauf erhebliche Unterschiede in der Sitzungsfrequenz:

Sitzungstage in Fünf-Jahres-Zyklen

	UdSSR	DDR	Ungarn	Polen	Rumänien
1950/54	29	67	49	54	.
1955/59	45	49	47	81	.
1960/64	29	30	37	58	.
1965/69	27	36	47	59	52
1970/74	23	19	43	45	35
1975/79	27	14	34	39	31
1980/84	19	13	31	83	28
1985/88 (4 Jahre)	22	10	38	74	20

Die *Plenarsitzungen* erfüllen im wesentlichen eine *Akklamations- und Propagandafunktion.* Ihr ritueller Ablauf hat deshalb das westliche Forschungsinteresse kaum erregt und ist nur selten beschrieben worden (*Sprögel* 1971: 159–181; *Vanneman* 1977: 81–100). Nach Absolvierung der Regularien werden die jeweiligen Vorlagen oder Anträge von den zuständigen Spitzenfunktionären vorgetragen und begründet. Hieran schließt sich eine kurze Aussprache an, in der die Diskussionsredner – vielfach aus der Sicht des vorberatenden Ausschusses – die Ausführungen des Hauptredners unterstützen, gelegentlich ergänzen, aber nicht kritisieren. Verhaltene Kritik wird nur ab und zu an Mißständen geübt, die nach den Regieanweisungen hierfür freigegeben sind. Die demonstrative Einmütigkeit erreicht in der einstimmigen Annahme der jeweiligen Vorlage ihren Höhepunkt. Vereinzelte Gegenstimmen oder Stimmenthaltungen – wie es in der Geschichte der Volkskammer der DDR einmal, am 9. März 1972 geschehen ist, als den CDU-Abgeordneten diese Möglichkeit bei der Abstimmung über das „Gesetz über die Unterbrechung der Schwangerschaft" – Einführung der Fristenlösung – zugestanden wurde – sind nur in besonderen Ausnahmefällen statthaft. Von dieser wohlorganisierten Monotonie der Plenarsitzungen hat sich nur die jüngere parlamentarische Praxis in Polen und Ungarn entfernt; in der Sowjetunion haben sich erste Ansätze in dieser Richtung im Laufe des Jahres 1988 bemerkbar gemacht.

2.5.2 Parlamentstätigkeiten

Die *einzelnen Geschäfte*, die das Parlamentsplenum in der skizzierten Weise abzuwickeln hat, sind die folgenden:

1. *Gesetzgebung.* Obwohl die Volksvertretungen in den Verfassungen meistens als „die einzige gesetzgebende Körperschaft" bezeichnet werden, verabschieden sie nur sehr wenige – pro Jahr selten mehr und meistens viel weniger als zehn – Gesetze im formellen Sinne. Die große Masse der Rechtsetzungstätigkeit wird durch die Exekutive erledigt. Dies ist deshalb möglich, weil es keine verfassungsrechtliche Regel gibt,

wonach die Setzung abstrakt-genereller oder sonst wesentlicher Rechtsnormen grundsätzlich dem Parlament vorbehalten wäre und eine exekutivische Rechtsetzung der parlamentarischen Ermächtigung bedürfte. Folglich liegt die *Wahl der Regelungsebene* im freien Ermessen der Partei- und Staatsführung. In der Form eines Gesetzes pflegen nur größere Kodifikationen oder Regelungen, denen aus aktuellen Zweckmäßigkeitserwägungen gesteigerte Publizität zukommen soll, verabschiedet zu werden. Andererseits werden auch Beschlüsse in die Form eines Gesetzes gekleidet, die keine Rechtsnormen beinhalten. Zu ihnen gehören in allen Ländern zwei bis drei „Plangesetze" pro Jahr, durch die der Staatshaushalt und der Volkswirtschaftsplan festgestellt werden. Im übrigen gelten nationale Gewohnheiten. In der DDR ist der Anteil der „Vertragsgesetze" besonders hoch, durch die die Volkskammer den Staatsverträgen die verfassungsrechtlich erforderliche Bestätigung erteilt. Dies kommt in den anderen Ländern des Warschauer Paktes nur ausnahmsweise vor. In der Sowjetunion und Rumänien wiederum entfällt der größere Teil der Gesetzgebung auf „Bestätigungsgesetze", durch die den gesetzesvertretenden Erlassen des Präsidiums des Obersten Sowjets beziehungsweise den Dekreten des Staatsrats nachträglich die Zustimmung erteilt wird. Will man das echte Volumen der Gesetzgebungstätigkeit der einzelnen Volksvertretungen ermitteln, müssen diese nur formellen Gesetze außer Betracht bleiben. In der folgenden Übersicht ist zunächst die Anzahl der echten Gesetze im materiellen Sinne – Rechtsnormen – und dann in Klammern diejenige aller Gesetze im formellen Sinne angegeben:

Gesetzgebungstätigkeit in Fünf-Jahres-Zyklen

	UdSSR	DDR	Ungarn	Polen	Rumänien
1950/54	8 (19)	68 (78)	19 (32)	198 (211)	.
1955/59	29 (87)	51 (82)	11 (24)	140 (151)	.
1960/64	8 (69)	35 (47)	12 (21)	135 (141)	.
1965/69	16 (85)	39 (62)	13 (27)	66 (71)	61 (267)
1970/74	6 (52)	24 (53)	15 (26)	104 (110)	78 (463)
1975/79	22 (56)	29 (73)	13 (25)	59 (64)	50 (278)
1980/84	11 (51)	19 (66)	8 (19)	165 (172)	29 (165)
1985/88 (4 Jahre)	13 (35)	9 (37)	42 (51)	113 (119)	18 (76)

2. *Politische Entschließungen.* Derartige Beschlüsse werden aus propagandistischen Erwägungen vorwiegend in außenpolitischen Angelegenheiten gefaßt, um der jeweiligen Partei- und Regierungspolitik größeren Nachdruck zu verleihen.

3. *Bestellung und Abberufung der obersten Verfassungsorgane.* Diese formelle Kreationsbefugnis erstreckt sich in der Regel auf das kollegiale und – sofern vorhanden – monokratische Präsidialorgan, die Regierung, die obersten Richter und den Generalstaatsanwalt. Der Vorsitzende des Verteidigungsrats wird nur in der DDR und Polen – seit 1983 – vom Parlament gewählt, während die Bestellung dieses als Militär-

und Sicherheitskabinett fungierenden Verfassungsorgans im übrigen in allen Ländern der Kompetenz des Parlaments entzogen ist; in Ungarn gibt es keinen Verteidigungsrat. Am weitesten reicht die Kreationsbefugnis des polnischen *Sejm*, der auch Verfassungsorgane bestellt, die in den anderen Ländern unbekannt sind: den Präsidenten der Obersten Kontrollkammer, die Mitglieder des Verfassungs- und des Staatsgerichtshofs – seit 1982 – und seit 1987 den nach dem Ombudsman-Modell geschaffenen „Anwalt der Bürgerrechte".

Was speziell die Regierung angeht, so wird der Ministerrat im klassischen Sowjetsystem von der obersten Volksvertretung gewählt, ist dieser verantwortlich und rechenschaftspflichtig und kann von ihr jederzeit abberufen werden. In der Praxis erfolgt die Regierungsbildung normalerweise so, daß zu Beginn einer Legislaturperiode das Parlament den Vorsitzenden des Ministerrats wählt, der dann seine „Kabinettsliste" vorlegt, die sogleich einstimmig angenommen wird. Zwischenzeitliche Veränderungen im Ministerrat werden gelegentlich vom Parlament beschlossen, meistens aber nur nachträglich gebilligt. In ein parlamentarisches Vokabular ist die Bestandsabhängigkeit der Regierung von der Volksvertretung nur in der ČSSR gekleidet. Ganz generell ist zu den Kreationsbefugnissen aller Parlamente zu sagen, daß sie sich in der Praxis schon deshalb in einer bloßen Akklamation erschöpfen, weil im Ergebnis des Nomenklatursystems die Personalkompetenz hinsichtlich der höheren Staatsämter bei der Parteiführung liegt. Dem Parlament obliegt nur die formelle Bestätigung der im Politbüro – oder vom Diktator höchstpersönlich – getroffenen Personalentscheidungen.

4. *Entgegennahme von Regierungserklärungen und Tätigkeitsberichten oberster Verfassungsorgane.* Dies geschieht in größeren und unregelmäßigen Zeitabständen, wenn die Partei- und Staatsführung das Gefühl hat, allgemeine oder besondere Angelegenheiten der Regierung, Verwaltung oder Rechtspflege öffentlich zur Sprache bringen zu sollen. Daneben wird auf diese Weise zugleich die Beachtung der verfassungsmäßigen Rechenschaftspflicht gegenüber der Volksvertretung dokumentiert.

5. *Anfragen an die Regierung und andere Verfassungsorgane.* Die verfassungsrechtliche Ausgestaltung der parlamentarischen Befragungsrechte ist länderweise recht unterschiedlich (*Lammich* 1977: 104–107). Üblicherweise wird zwischen der stärkeren Interpellation und der schwächeren Anfrage unterschieden. Allein die DDR kennt bloß die Anfrage. Da die Antworten auch schriftlich erteilt werden können, führt eine Interpellation nur unter bestimmten Voraussetzungen zur Beschäftigung des Plenums mit der Angelegenheit. Sofern dies ausnahmsweise geschieht, handelt es sich üblicherweise um „bestellte" Interpellationen, die der Staatsführung die Gelegenheit geben sollen, zu bestimmten Angelegenheiten öffentlich Stellung zu nehmen. Eine praktisch nennenswerte Interpellationstätigkeit ist nur in Polen und Ungarn zu verzeichnen.

2.5.3 Ausschüsse

Natürlich erschöpft sich die parlamentarische Tätigkeit nicht in Plenarsitzungen. Eine größere Bedeutung als diesen kommt gewiß den *Ausschüssen* zu. Über die Ausschußtätigkeit liegen nur bruchstückhafte Informationen vor (*Lapp* 1975: 146–198; *Lammich* 1977: 115–126; *Vanneman* 1977: 119–150; *Bihari* 1978; *Ziemer* 1984: 77–79; *Minagawa* 1985: 135–236), aber es kann angenommen werden, daß sie sich in der poststalinistischen Ära allgemein belebt hat. Es spricht einiges dafür, daß in den Ausschußberatungen der Gesetzentwürfe der Sachverstand einzelner Ausschußmitglieder nutzbar gemacht wird und gelegentlich Änderungen angeregt werden (Daten zu Polen bei *D. M. Olson/M. D. Simon*, in: *Nelson/White* 1982: 68). Es ist auch nicht ausgeschlossen, daß hinter den verschlossenen Türen manchmal auch Kritik an einzelnen Regierungsmaßnahmen geübt wird. Die Hauptzielrichtung der hier praktizierten parlamentarischen *Kontrolltätigkeit* ist aber eindeutig eine andere. Sie zielt auf örtliche Volksvertretungen und Verwaltungsorgane, deren Tätigkeit auch mit Hilfe der Abgeordneten daraufhin überprüft werden soll, ob sie der konsequenten Durchführung der Entscheidungen der zentralen Partei- und Staatsführung dient. Besonders ausgeprägt ist diese Art von Aktivitäten in der Volkskammer der DDR und im polnischen Sejm, wo die Ausschüsse *ad hoc* Arbeitsgruppen bilden, die in mehrtägigen Einsätzen die Handhabung bestimmter Verwaltungsangelegenheiten meist wirtschaftlicher Natur auf regionaler oder kommunaler Ebene vor Ort prüfen. Auf dem Wege der Rückkoppelung kann hierbei die Partei- und Staatsführung von Mißständen erfahren, an deren Behebung es ihr selbst liegt. Die Ausschüsse können so einen bescheidenen Einfluß auf den politischen Entscheidungsprozeß ausüben, indem sie die entscheidungsbefugten Instanzen auf Gravamina hinweisen.

2.6 Oberste Präsidialorgane als „Ersatzparlament"

Wegen ihrer geringen Sitzungsfrequenz sind die obersten Volksvertretungen normalerweise handlungsunfähig und kaum in der Lage, auch nur ihren Akklamationsaufgaben hinlänglich nachzukommen. Dieser Tatbestand läßt das Bedürfnis nach einem „Ersatzparlament" aufkommen, das in der Zeit zwischen den Sitzungen der Volksvertretung deren Befugnisse ganz oder zumindest zum größten Teil ausüben kann. Deshalb bestellt jede Volksvertretung ein aus 15–40 Mitgliedern bestehendes Kollegialorgan, das als eine Art Stellvertreter fungiert. Die Rechtsstellung dieses unterschiedliche Bezeichnungen führenden obersten *Präsidialorgans* weist länderweise erhebliche Unterschiede auf, die letztlich auf die Frage zurückzuführen sind, ob die Gesamtanlage der jeweiligen Staatsordnung den *Typus der Ministerrats-, Staatsrats- oder Präsidialverfassung* verkörpert (*Brunner* 1978; 1986). Mit der Ausnahme von Rumänien und der ČSSR, wo es neben diesem Kollegialorgan auch einen monokratischen Staatspräsidenten gibt, übt dieses kollegiale Präsidialorgan auch die herkömmlichen Funktionen eines Staatsoberhaupts aus.
In unserem Zusammenhang ist vor allem die *Rechtsetzungsbefugnis* des obersten

Präsidialorgans von Bedeutung. Sie besteht in der Möglichkeit, anstelle des Parlaments gesetzesvertretende Rechtsakte – Erlasse, Dekrete, Gesetzesverordnungen – zu erlassen, durch die in der Zeit zwischen den Tagungen oder Sessionen des Parlaments auch formelle Gesetze abgeändert werden können. Sie müssen in der Regel in der nächsten Sitzung des Parlaments zur nachträglichen Bestätigung vorgelegt werden. Die praktische Bedeutung dieser Ersatzgesetzgebung ist länderweise recht unterschiedlich. Besonders groß ist sie in der Sowjetunion, Bulgarien, Rumänien und Ungarn. Das Präsidium des Obersten Sowjets der UdSSR (*Heinrich* 1980: 136–140, 192–194), der bulgarische und der rumänische Staatsrat sowie der ungarische Präsidialrat (*Heinrich* 1980: 282–289, 292–296) verabschieden wesentlich mehr gesetzesvertretende Rechtsakte als das Parlament Gesetze. Auf der anderen Seite spielt die Rechtsetzungstätigkeit des Präsidiums der Bundesversammlung der ČSSR und des polnischen Staatsrats eine gänzlich untergeordnete Rolle. In der DDR kam den Erlassen des auf die Person *W. Ulbricht*s zugeschnittenen Staatsrats in den sechziger Jahren eine große Bedeutung zu (*Lapp* 1972: 68–109, 123). Mit der Absetzung *Ulbricht*s im Mai 1971 kam dann die Rechtsetzungstätigkeit des Staatsrats praktisch zum Erliegen, und anläßlich der Verfassungsrevision von 1974 ist sie auch formalrechtlich auf ein Minimum reduziert worden, indem seine Befugnis, Erlasse herauszugeben, ersatzlos gestrichen wurde. Obwohl die Funktion des obersten Präsidialorgans als parlamentarischen Ersatzgesetzgebers in der Staatsrechtslehre der betroffenen Länder neuerdings auch kritisch gesehen wird, sollte die Bedeutung des Unterschieds zwischen den Ländern mit einem aktiven oder passiven Ersatzgesetzgeber nicht überbewertet werden. Auch die rechtsetzungsfreudigen Präsidialorgane machen ihre Rechtsakte nicht selbst, sondern sind in vergleichbarer Weise auf die Entwürfe der Ministerialbürokratie angewiesen wie die Parlamente.

3. Neuere parlamentarische Ansätze

Abgesehen von den schon seit jeher bestehenden und seit Anfang der sechziger Jahre stärker in den Vordergrund getretenen nationalen Besonderheiten, die eher die formale Seite parlamentarischer Aktivitäten betreffen, haben sich in den achtziger Jahren in einigen Ländern Entwicklungen angebahnt, die es verdienen, unter dem Stichwort „*Parlamentarismus*" geprüft zu werden. Eine quantitative Belebung parlamentarischer Aktivitäten, die schon einen qualitativen Wandel andeutet, ist im polnischen *Sejm* seit Herbst 1980 und in der ungarischen Landesversammlung (*Országgyűlés*) seit den Wahlen vom Juni 1985 zu registrieren. In beiden Ländern gibt es seither kaum Gesetzesvorlagen und Wahlvorschläge, die das Parlament ohne Gegenstimmen und Stimmenthaltungen passieren würden, und die Interpellationen spielen eine nicht unerhebliche Rolle. In Ungarn hat sich das Tempo der politischen Reformen seit der Parteikonferenz vom Mai 1988, die das Ende der *Kádár*-Ära bewirkte, erheblich beschleunigt. Die Reformen sollen in der ersten Jahreshälfte 1990 in der Verabschiedung einer neuen Verfassung münden, deren „Regelungskonzept" (Text in: *Magyar Jog* 1989: 9–49) und „Regelungsgrundsätze" (Text in: *Magyar Hírlap* v. 23.2.1989) vom Parlament am 9. März 1989 gebilligt worden sind. In Polen haben zur Überwindung der inzwischen chronisch gewordenen politischen Krise Vertreter des Staates und der gesellschaftlichen Opposition in der Zeit vom 6. Februar bis 5. April 1989 am „runden Tisch" Gespräche geführt und schließlich eine Vereinbarung über die politischen Reformen getroffen (Text in: *Rzeczpospolita* v. 7.4.1989; auszugsweise Übersetzung in: Frankfurter Allgemeine Zeitung v. 11.4.1989), deren wesentlicher Inhalt vom *Sejm* sogleich in eine Verfassungsänderung umgesetzt worden ist. Die institutionellen Reformen tragen in beiden Ländern ausgesprochen parlamentarische Züge.

Im Obersten Sowjet der UdSSR haben sich erstmals 1988 ähnliche Anzeichen einer Bewegung bemerkbar gemacht. Indes zielt die sowjetische Entwicklung, wie die am 1. Dezember 1988 verabschiedete Verfassungsreform zeigt, in eine andere Richtung.

Im folgenden sollen die bisherigen Veränderungen und die Reformpläne in den drei genannten Ländern unter dem Gesichtspunkt einer möglichen Parlamentarisierung des politischen Systems analysiert werden. Den eingangs skizzierten Begriffsmerkmalen des Parlamentarismus entsprechend sollen dabei die Konzeption des Parlaments als Volksvertretung, die Gesetzgebungsfunktion und die parlamentarische Verantwortlichkeit der Regierung im Vordergrund stehen. Die Entwicklung schreitet allerdings so rasch voran, daß manche Feststellungen zum Zeitpunkt der Drucklegung bereits überholt sein können.

3.1 Polen und Ungarn

3.1.1 Das Parlament als Volksvertretung

Soll das Parlament eine echte Volksvertretung werden, so muß anläßlich seiner Bestellung den Wählern die Möglichkeit einer Wahl zwischen den in der Gesellschaft vorhandenen, maßgeblichen politischen Strömungen geboten werden. In Ermangelung einer organisatorischen Verfestigung politischer Strömungen mag die Wahl zwischen verschiedenen Kandidaten eine Übergangslösung darstellen.

Diese Übergangslösung einer *personellen Alternative* ist bis vor kurzem in Ungarn mehr, in Polen weniger praktiziert worden. In Ungarn ist die seit 1966 bestehende, aber nur geringfügig genutzte Möglichkeit, für das in einem Wahlkreis zu vergebende Abgeordnetenmandat mehrere Kandidaten aufzustellen, mit dem Wahlgesetz Nr. III/1983 zu einer zwingenden Vorschrift geworden. Noch wichtiger ist es, daß das Nominierungsmonopol der Patriotischen Volksfront bereits 1970 aufgehoben wurde, so daß seither Kandidaten auch auf Wählerversammlungen spontan nominiert werden können, obgleich dies vor 1985 nur vereinzelt geschehen ist (*Brunner* 1981: 289). Die Parlamentswahlen vom Juni 1985, bei denen sich für die 352 Wahlkreismandate 766 Kandidaten bewarben, stellte insofern einen Wendepunkt dar, als sich auf den Wählerversammlungen insgesamt 71 Kandidaten, die nicht von der Volksfront nominiert waren, durchsetzen konnten. Von ihnen haben schließlich etwa 45 Bewerber den Einzug ins Parlament geschafft (zum Wahlablauf vgl. *Mavius* 1985; *Racz* 1987). Diese

„unabhängigen" Abgeordneten haben sich seither als Keimzelle alternativer Bestrebungen und abweichenden Verhaltens in der Landesversammlung erwiesen.

In Polen hingegen wurde die mit dem traditionellen System der lose gebundenen Einheitsliste in Mehrmannwahlkreisen eher theoretisch eröffnete personelle Alternative durch das Wahlgesetz vom 29.5.1985 nur geringfügig erweitert. Zwar mußten nach dem neuen Wahlrecht für jeden Listenplatz zwei Kandidaten nominiert werden, doch war die sich unter der Kontrolle der „Patriotischen Bewegung für die nationale Erneuerung" (PRON) vollziehende Nominierungsprozedur so beschaffen, daß die etablierten politischen Kräfte über alle Kandidaten entschieden und die personelle Alternative weitgehend illusorisch machten. So wurde die Neuerung jedenfalls von der polnischen Wahlbevölkerung selbst aufgefaßt, die bei den Sejmwahlen vom Oktober 1985 in 90 Prozent der Fälle keinerlei Änderungen am Stimmzettel vornahm und damit dem an erster Stelle genannten Präferenzkandidaten zum Sieg verhalf. Von der Opposition wurde die Wahlrechtsreform von vornherein als Augenwischerei betrachtet, und ihr Boykottaufruf verhallte auch nicht ungehört. Nach den offiziellen Angaben betrug die Wahlbeteiligung 79 Prozent, während sie von der Opposition auf 66 Prozent geschätzt wurde (zum Wahlablauf vgl. *Glogowski/Knobelsdorf* 1986).

Eine *politische Alternative* war mit der Wahlgestaltung in beiden Ländern zunächst nicht intendiert, zumal die Kandidaten überwiegend offiziell nominiert wurden und die in Ungarn auftretenden „unabhängigen" Kandidaten sich auf das Programm der Volksfront verpflichten mußten. Allerdings ist zu berücksichtigen, daß die Gesellschaften beider Länder in starkem Maße politisiert sind und der „*politische Pluralismus*" inzwischen von den kommunistischen Parteiführungen im Prinzip anerkannt worden ist. Sofern der in der Gesellschaft vorhandene politische Pluralismus auf die Person der Kandidaten durchschlägt, ist mit der personellen auch eine gewisse politische Alternative verbunden. Anknüpfungspunkte bieten in beiden Ländern die parteilosen Abgeordneten, in Polen auch die beiden systemkonformen Parteien – Vereinigte Volkspartei, Demokratische Partei – und die drei christlichen Abgeordnetenzirkel. Mittlerweile hat aber der politische Pluralismus auch die regierenden kommunistischen Parteien erfaßt, so daß die einzelnen kommunistischen Kandidaten durchaus für unterschiedliche Strömungen stehen können.

Für die weitere Entwicklung des politischen Pluralismus im parlamentarischen Raum bieten sich grundsätzlich *zwei Möglichkeiten* an.

Die eine besteht in der *korporatistischen Lösung*, indem an die real existierenden sozialen Gruppeninteressen angeknüpft wird, um diese in das staatliche Institutionensystem irgendwie zu integrieren. Dieser Grundgedanke lag der Schaffung eines „Sozialökonomischen Rates" in Polen im Jahre 1982 zugrunde, der dem *Sejm* als beratendes Organ zur Seite gestellt wurde. In der Praxis ist diese Institution weitgehend gescheitert. Einen weiteren Ansatzpunkt bildet in beiden Ländern die bei den Parlamentswahlen von 1985 erstmals eingeführte nationale Liste, über die ca. zehn Prozent der Abgeordneten außerhalb der Wahlkreise und ohne einen Gegenkandidaten gewählt werden. Diese nationale Liste ist zum Teil dazu genutzt worden, Repräsentanten der als bedeutsam angesehenen sozialen Kräften den Einzug ins Parlament zu sichern. In der gegenwärtig diskutierten ungarischen Verfassungskonzeption wird dieser Gedanke in zwei Variationen weiterverfolgt. Nach der ersten Variante soll die nationale Liste erweitert und bewußt auf die Einbeziehung der sozialen Interessenverbände ausgerichtet werden. Die zweite Variante sieht die Einführung eines Zwei-Kammer-Systems vor, wobei die zweite Kammer – vergleichbar der Konzeption des bayerischen und irischen Senats – eine Vertretung der sozialen Gruppeninteressen darstellen soll; die Abgeordneten sollen von den Verbänden nominiert und vom Volk gewählt oder aber von den Verbänden delegiert werden.

Inzwischen ist die Entwicklung in beiden Ländern so weit gediehen, daß der korporatistische Weg kaum mehr gangbar erscheint. Im Verlaufe der achtziger Jahre sind politische Gruppierungen und Vereinigungen entstanden, die an der Schwelle zur politischen Partei stehen und davon zeugen, daß den gesellschaftlichen Bedürfnissen nur eine *parteienpluralistische* – und nicht eine bloß interessenpluralistische – *Lösung* gerecht würde.

Die *Ungarische Sozialistische Arbeiterpartei* hat sich inzwischen zu dieser Einsicht durchgerungen und auf dem Plenum des Zentralkomitees vom 10./11. Februar 1989 für die Einführung eines *Mehrparteiensystems* ausgesprochen. Die parlamentarische Grundentscheidung hierfür war bereits mit der Verabschiedung eines Vereinigungsgesetzes am 11. Januar (Gesetz Nr. II/1989) gefallen, das die freie Gründung politischer Parteien im Prinzip ermöglicht, die rechtliche Ausgestaltung der Einzelheiten allerdings einem besonderen Parteiengesetz vorbehält, das im Sommer 1989 erlassen werden soll. In der neuen Verfassung soll das Führungsmonopol der Einheitspartei gestrichen, aber das Mehrparteiensystem nicht ausdrücklich festgeschrieben werden. Zur Zeit besteht ein gewisser Schwebezustand, in dem neu entstandene politische Vereinigungen teilweise bereits wie politische Parteien agieren und von der kommunistischen Partei auch als solche akzeptiert werden. Zumindest eine Teillösung ist indes unvermeidlich, wenn das bestehende Wahlrecht als Grundlage für die im Sommer 1990 fälligen Parlamentswahlen geändert wird. Die Konturen dieser Lösung sind noch verschwommen. Unabhängig von seiner technisch-juristischen Umsetzbarkeit scheint der reformkommunistischen Parteiführung ein Konzept vorzuschweben, das als Übergangsform für die nächste Legislaturperiode 1990/95 ein halbfreies Mehrparteiensystem unter kommunistischer Hegemonie beinhaltet. Inbegriffen ist die Möglichkeit einer kommunistisch geführten Koalitionsregierung, die sich im Parlament mit einer eigenständigen Opposition auseinanderzusetzen hat. Nachdem die Kommunisten den Umgang mit Koalitionspartnern und einer Opposition gelernt und die nichtkommunistischen Parteien Erfahrungen mit der Ausübung und Kontrolle politischer Macht gesammelt haben, könnte es 1995 zu wirklich freien Wahlen kommen. Sollte dieser Traum Wirklichkeit werden, so würde sich das ungarische Parlament in eine echte Volksvertretung verwandelt haben.

Die *Polnische Vereinigte Arbeiterpartei* lehnt die Einführung eines echten Mehrparteiensystems zwar immer noch ab, hat sich aber dafür auf eine konkrete Übergangslösung eingelassen. In der am „runden Tisch“ getroffenen Vereinbarung vom 5. April 1989 sind für das im Juni 1989 zu bestellende und fortan aus zwei Kammern bestehende Parlament halbfreie Wahlen vorgesehen. Das Nominierungsmonopol der PRON wird aufgegeben, indem auch Bürgergruppen Kandidaten aufstellen können, wenn der Wahlvorschlag von 3.000 Wahlberechtigten unterschrieben wird. Eine völlig freie Wahl auf dieser Grundlage soll aber nur zum neugeschaffenen Senat erfolgen, zu dem in jeder *Wojewodschaft* zwei – in Warschau und Kattowitz je drei – Senatoren gewählt werden. Für den *Sejm* hingegen gilt ein politischer Verteilungsschlüssel: 60 Prozent der Mandate stehen der kommunistischen Partei und ihren beiden Gefolgsparteien – Vereinigte Volkspartei, Demokratische Partei – und fünf Prozent den drei loyalen christlichen Vereinigungen – Pax, Znak, Christlich-soziale Vereinigung – zu, während die unabhängigen Kandidaten sich nur für 35 Prozent der Sitze bewerben können. Bei den Wahlen im Juni haben die Systemparteien eine verheerende Niederlage erlitten und die im „Bürgerkomitee" der „Solidarität" unter *L. Wałęsa* zusammengefaßte Opposition außer den durch freie Wahlen besetzbaren 161 Sejmmandaten 99 der 100 Senatssitze gewonnen. (Das hundertste Mandat ging an einen selbständig auftretenden Millionär.) Der Senat ist gegenüber dem *Sejm* minderberechtigt, kann aber eine sehr wichtige Kontrollfunktion ausüben, da er die Befugnis hat, gegen ein vom *Sejm* beschlossenes Gesetz ein Veto einzulegen, das vom *Sejm* nur mit Zwei-Drittel-Mehrheit zurückgewiesen werden kann. Ob diese qualifizierte Mehrheit in jedem Einzelfall zustande kommt, ist in Anbetracht der geschilderten politischen Zusammensetzung des *Sejm* fraglich. Dem neuen und bis 1933 amtierenden polnischen Zwei-Kammer-Parlament obliegt die Ausarbeitung einer neuen Verfassung, die das Tor zur „parlamentarischen Demokratie" öffnen soll.

3.1.2 Die Gesetzgebung

Die Gesetzgebung ist die ureigenste Funktion eines echten Parlaments. Dies wird mit dem in Ungarn und Polen in jüngster Zeit heranreifenden Bekenntnis zur Gewaltenteilung anerkannt. Das Fehlen eines demokratisch-materiellen Gesetzesbegriffs, das im überkommenen Sowjetmodell die parlamentarische Gesetzgebung als Ausnahmefall der Rechtsetzung erscheinen läßt, hat die ungarischen und polnischen Juristen schon seit geraumer Zeit gleichermaßen beunruhigt. Die praktischen Konsequenzen ihrer permanenten Kritik sind indes unterschiedlich gewesen.

In *Polen* ist in einem Punkt bereits 1956 ein entscheidender und dauerhafter Durchbruch erzielt worden. Er betrifft das Verhältnis der parlamentarischen Gesetzgebung zur Ersatzgesetzgebung des Staatsrats. Bis zum April 1956 verabschiedete der im November 1952 konstituierte *Sejm* der I. Legislaturperiode lediglich elf Gesetze – davon vier Haushaltsgesetze –, während der Staatsrat 161 Dekrete mit Gesetzeskraft erließ. Dieser Usurpation der Gesetzgebung durch den Staatsrat erteilte das 7. Plenum des Zentralkomitees der Partei im Juli 1956 eine Absage, indem es die Forderung beschloß, die Gesetzgebungstätigkeit beim *Sejm* zu konzentrieren und die Rechtsetzungstätigkeit des Staatsrats einzuschränken. Obwohl die Verfassung nicht geändert wurde und der Staatsrat in der Zeit zwischen den parlamentarischen Sessionen bis zum heutigen Tage befugt ist, gesetzesvertretende Dekrete zu erlassen, hat sich die Rechtsetzungspraxis seither schlagartig geändert. So entfielen in den fünfzehn Jahren 1971/85 auf 373 formelle Gesetze des *Sejm* nur 21 bestätigungsbedürftige Dekrete.

Die im Vergleich zu anderen kommunistischen Ländern rege Gesetzgebungstätigkeit des *Sejm* vermochte die praktische Dominanz der exekutivischen Rechtsetzung allerdings lange Zeit nicht zu erschüttern. Obwohl der Ministerrat und die einzelnen Minister nach der polnischen Verfassung von 1952/76 nur auf Grund von Gesetzen oder zur Durchführung von Gesetzen Verordnungen erlassen dürfen (Art. 41 Ziff. 8, Art. 42 Ziff. 2), sind diese Beschränkungen von der Exekutive wenig beachtet worden. Mit der Errichtung eines Verfassungsgerichtshofs Anfang 1986 ist nunmehr eine Institution vorhanden, die den Vorrang der Gesetzgebung allmählich sichern und die Verordnungsgebung in ihre verfassungsmäßigen Schranken weisen könnte. Jedenfalls hat der Verfassungsgerichtshof schon in seiner ersten Entscheidung eine Verordnung des Ministerrats wegen Fehlens einer hinreichenden gesetzlichen Ermächtigungsgrundlage für verfassungswidrig erklärt und in seiner folgenden Rechtsprechung diese Linie weiterverfolgt (*Działocha* 1987: 254–255).
In *Ungarn* ist hingegen die Nachrangigkeit der parlamentarischen Gesetzgebung auch im Verhältnis zur Rechtsetzung des Präsidialrats bis in die jüngste Vergangenheit charakteristisch für die Verfassungspraxis gewesen (*Brunner* 1981: 295–302). So standen im gleichen Zeitraum 1971/85 74 formellen Gesetzen 465 Gesetzesverordnungen des Präsidialrats gegenüber. Eine Umkehr dieses Verhältnisses ist erstmals im Jahre 1988 eingetreten, als bei den materiellen Rechtsnormen die Anzahl der Gesetze (24) diejenige der Gesetzesverordnung (16) übertraf. Bei den formellen Gesetzen überwogen noch immer die Gesetzesverordnungen mit 29:26. Dieser Wandel ist auf eine gesetzgeberische Entscheidung zurückzuführen. Mit dem Gesetz Nr. XI/1987 „über die Rechtsetzung" ist ein alle wesentlichen individualrechtlichen Positionen umfassender Vorbehaltsbereich des Gesetzes geschaffen worden, in dem der Präsidialrat überhaupt nicht und die Exekutive nur auf Grund besonderer gesetzlicher Ermächtigung tätig werden darf. Dieser an den französischen „*domaine législatif*" erinnernde Vorbehaltsbereich des Gesetzes soll anläßlich der bevorstehenden Verfassunggebung erweitert und in Verfassungsrang erhoben werden.

3.1.3 Die parlamentarische Verantwortung der Regierung

Das Hauptinstrument zur Kontrolle der Regierungstätigkeit bilden in beiden Ländern die *parlamentarischen Befragungsrechte*. Die Möglichkeit, einen Untersuchungsausschuß einzusetzen, ist theoretisch vorhanden, doch ist hiervon niemals Gebrauch gemacht worden. Demgegenüber besitzen die parlamentarischen Befragungsrechte durchaus eine praktische Bedeutung, wie es folgende Tabellen zeigen.
Beide Übersichten zeugen von politisch bedingten Schwankungen, die aber im polnischen Falle erheblich ausgeprägter sind. Die polnische Befragungspraxis weist zwei Höhepunkte auf. Den ersten bildet die politische Umbruchsituation der Jahre 1956/57, als jährlich über 60 Interpellationen eingebracht wurden. So fallen alle 69 Interpellationen der 1. Legislaturperiode auf 1956. Ab 1958 ging die Anzahl der Interpellationen erheblich zurück, um in den sechziger und siebziger Jahren zwischen fünf und zehn pro Jahr zu schwanken. 1980 ereignete sich ein sprunghafter Anstieg, der

Parlamentarische Befragungen in Polen

	Interpellationen	Anfragen
1. Legislaturperiode (1952/56)	69	–
2. Legislaturperiode (1957/61)	139	–
3. Legislaturperiode (1961/65)	13	–
4. Legislaturperiode (1965/69)	15	–
5. Legislaturperiode (1969/72)	37	–
6. Legislaturperiode (1972/76)	15	7
7. Legislaturperiode (1976/80)	37	6
8. Legislaturperiode (1980/85)	545	208
9. Legislaturperiode (1985 bis Ende 1988, noch nicht beendet)	320	181

Parlamentarische Befragungen in Ungarn

	Interpellationen	Anfragen
1. Legislaturperiode (1949/53)	–	–
2. Legislaturperiode (1953/58)	30	–
3. Legislaturperiode (1958/63)	27	–
4. Legislaturperiode (1963/67)	42	–
5. Legislaturperiode (1967/71)	32	–
6. Legislaturperiode (1971/75)	41	–
7. Legislaturperiode (1975/80)	32	–
8. Legislaturperiode (1980/85)	22	–
9. Legislaturperiode (1985 bis Ende 1988, noch nicht beendet)	29	13

bis heute kontinuierlich anhält und die Regierung nötigt, jährlich etwa 100 Interpellationen und 50 Anfragen zu beantworten.

Das Revolutionsjahr 1956 bildete auch in Ungarn einen ersten Höhepunkt – allein am 3. August 1956 wurden 21 Interpellationen behandelt –, aber ansonsten ist die Kurve nicht so dramatisch verlaufen. Im statistischen Durchschnitt wurden seither acht bis zehn Interpellationen pro Jahr eingebracht, doch verbergen sich hinter diesem Durchschnitt größere Schwankungen. Höhepunkte bildeten die Jahre 1968 und 1973 mit je 18 Interpellationen, während zwischen Mitte 1974 und November 1976 überhaupt keine Interpellation zu verzeichnen war. Einen qualitativen Neubeginn markiert das vergangene Jahr 1988, in dem 21 Interpellationen und acht Anfragen zu behandeln waren. Insgesamt kann freilich auch dieser jüngste Höchststand nicht mit dem polnischen Befragungsstandard der 80er Jahre konkurrieren. Allerdings ist der quantitative Vergleich unter Berücksichtigung der juristischen Ausgestaltung der Befragungsrechte zu relativieren. Während nach der Geschäftsordnung des polnischen *Sejm* die Interpellation schriftlich oder mündlich beantwortet werden kann und nur unter bestimmten Voraussetzungen ausnahmsweise zu einer Aussprache im Plenum führt, ist in Ungarn die Erörterung der Antwort im Plenum grundsätzlich zwingend, und das Parlament hat in jedem Fall einen Beschluß über die Annahme oder Ablehnung der Antwort zu fassen. Hierbei hat es des öfteren und seit 1985 zunehmend Kontroversen, Stimmenthaltungen und Gegenstimmen gegeben, und es ist bis Ende 1988 achtmal vorgekommen, daß die Antwort eines Ministers vom Plenum als unbefriedigend abgelehnt und die Angelegenheit einem Parlamentsausschuß zur weiteren Behandlung überwiesen wurde (1956, 1965, 1969, 1986 und 1987 je einmal, 1988 dreimal). Die ungarische Interpellation ist also ein schwereres Geschütz als die polnische und wird deshalb verständlicherweise seltener aufgefahren.

Die in Polen 1972 und in Ungarn 1986 eingeführte Anfrage entspricht der Fragestunde in der Bundesrepublik Deutschland und dient der raschen mündlichen Klärung von Angelegenheiten geringerer Tragweite. Die Befragungspraxis beider Länder hat keinen hochpolitischen Charakter und konzentriert sich in der Regel auf alltägliche Verwaltungsprobleme ökonomischer und sozialer Natur. Diese Angelegenheiten sind für die jeweils betroffene Bevölkerungsgruppe gewiß von großer Bedeutung, weisen aber die Befragungsrechte in erster Linie als Mittel der Verwaltungs- und nicht der Regierungskontrolle aus.

Die ***Bestandsabhängigkeit der Regierung*** vom Parlament ist in beiden Ländern verfassungsrechtlich in der Weise fixiert, daß der Ministerrat und seine Mitglieder vom Parlament berufen und abberufen werden. Bei der Regierungsbildung wird diese Vorschrift in der parlamentarischen Praxis Ungarns so gehandhabt, daß der Regierungschef und die einzelnen Minister auf Vorschlag des Präsidialrats gesondert gewählt werden, während in Polen zunächst der Ministerpräsident gewählt und mit der Regierungsbildung beauftragt wird, der dann seine Kabinettsliste vorlegt, über die en bloc abgestimmt wird. Über die Berufung einzelner Minister wird im polnischen Sejm nur bei einem zwischenzeitlichen Ministerwechsel abgestimmt. Aus der Abberufungskompetenz beider Parlamente folgt, daß jede personelle Veränderung in der Regierung der Zustimmung des Parlaments bedarf, wobei es gleichgültig ist, auf wessen Initiative sie zurückzuführen ist. Mißtrauensvotum und Vertrauensfrage sind nicht vorgesehen, aber umgekehrt bedarf auch der Rücktritt der parlamentarischen Billigung. Tatsächlich sind alle Regierungsbildungen und -umbildungen immer auf die Initiative der kommunistischen Parteiführung erfolgt. Allerdings kann nach den Erfahrungen der jüngsten Zeit nicht mehr mit einer einstimmigen Billigung der Personalvorschläge der Partei gerechnet werden, die in Ungarn auch offiziell im Namen des Zentralkomitees eingebracht werden. So ist der Führungswechsel, der in Ungarn nach der Parteikonferenz vom Mai 1988 in Gang gekommen ist, im Parlament kein einziges Mal ohne Gegenstimmen und Stimmenthaltungen über die Bühne gegangen. Als im November 1988 Partei- und Regierungschef *K. Grósz* den Vorsitz im Ministerrat an den ZK-Sekretär und Wirtschaftsfachmann *M. Németh* abgab, wurde – bei insgesamt 387 Abgeordneten, von denen einige sicherlich nicht anwesend waren – der Rücktritt von *Grósz* bei 28 Gegenstimmen und 13 Enthaltungen akzeptiert und der neue Regierungschef bei 27 Gegenstimmen und 36 Enthaltungen gewählt. Diese Ereignisse deuten auf eine Entwicklung hin, in der die verfassungsrechtliche Kreationsbefugnis des Parlaments, die infolge der Personalkompetenz der Partei im klassischstalinistischen Modell *de facto* eine Akklamationspflicht bedeutet, zu einem tatsächlichen Vetorecht erstarken könnte. Dies würde bedeuten, daß das Parlament die Regierung wohl nicht frei bestellen, aber eine ihm nicht genehme Regierung verhindern könnte; die kommunistische Parteiführung wäre gezwungen, sich vor einer Regierungsbildung zu vergewissern, daß die von ihr vorgesehenen Persönlichkeiten für die Parlamentsmehrheit akzeptabel sind. In Ungarn ist die Entwicklung inzwischen über dieses Stadium hinausgegangen. Im Mai 1989 wurden durch Verfassungsänderung das Mißtrauensvotum und die Vertrauensfrage eingeführt, und bei der gleichzeitig erfolgten Regierungsumbildung hat die Parteiführung auf die Ausübung ihres Nominierungsrechts verzichtet.

Die Begleitumstände, unter denen sich der jüngste Regierungswechsel in Polen vollzogen hat, scheinen sogar einen Schritt über dieses parlamentarische Entwicklungsstadium hinauszuweisen. Hier trat die seit November 1985 amtierende Regierung von *Z. Messner* am 19. September 1988 zurück, nachdem sie zuvor wegen ihrer gescheiterten Wirtschaftspolitik im *Sejm* heftig kritisiert worden war. Die Rücktrittserklärung wurde mit 359 Stimmen bei einer Gegenstimme und 17 Enthaltungen gebilligt. Es ist deshalb zumindest im rechtstechnischen Sinn falsch, von einem Mißtrauensvotum zu sprechen. Trotzdem hat sich auch die polnische Presse ständig dieses Ausdrucks (*wotum nieufności*) bedient. In der politischen Substanz kann man tatsächlich von einem Regierungssturz sprechen, da die Rücktrittserklärung in erster Linie nicht auf Beschluß der Parteiführung, sondern auf Druck der Öffentlichkeit erfolgte. Nachdem dann *M. Rakowski* am 27. September mit 338 Stimmen bei fünf Gegenstimmen und 35 Enthaltungen zum neuen Ministerpräsidenten gewählt worden war, erklärte er bei Vorlage seiner Kabinettsliste am 13. Oktober im *Sejm*, daß er vier Ministerposten für Vertreter der „konstruktiven Opposition" reserviert habe. Es ist ihm zwar nicht gelungen, dieses Versprechen einzulösen, aber dies und die am 6. Februar 1989 aufgenommenen Gespräche am „runden Tisch" mit dem von *L. Wałęsa* als Vertretung von *Solidarność* und der gesellschaftlichen Opposition ins Leben gerufenen „Bürgerkomitee" zeugen von der neueren Einsicht, daß ein gesellschaftlicher Konsens erzielt werden muß. Sofern die Gesellschaft ins Parlament Eingang findet, steuert diese Entwicklung mit einer inneren Folgerichtigkeit auf die parlamentarische Verantwortlichkeit der Regierung zu.

Eine Schlüsselstellung bei den laufenden Verfassungsreformen in Ungarn und Polen kommt dabei dem *Staatspräsidenten* zu, der an die Stelle des Staats- bzw. Präsidialrats treten und eine den „nationalen Konsens" verkörpernde Persönlichkeit von großer Integrationsfähigkeit werden soll. Er soll der Motor der Regierungsbildung werden, indem er denjenigen, den er nach Konsultation mit den politischen Gruppierungen im Parlament für mehrheitsfähig hält, mit der Regierungsbildung beauftragen soll. Der designierte Regierungschef soll dann mit seinem Regierungsprogramm und seiner Kabinettsliste vor das Parlament treten und sich einer Investiturabstimmung stellen. Während in Polen die einheitliche Abstimmung über die ganze Kabinettsliste schon der bisherigen Praxis entspricht, ist es in Ungarn noch offen, ob künftig über jeden einzelnen Minister oder en bloc abgestimmt werden soll. Die Mehrheitsmeinung scheint der *En-bloc*-Abstimmung zuzuneigen, was der eigenverantwortlichen Position des Regierungschefs in einem parlamentarischen System in der Tat angemessener ist.

3.2 Sowjetunion

3.2.1 Das Parlament als Volksvertretung

Eines der Hauptelemente der sowjetischen Verfassungs- und Wahlrechtsreform vom 1. Dezember 1988 (*Brunner/Schmidt* 1989) ist die Aufspaltung der obersten Volksvertretung in einen größeren *Kongreß der Volksdeputierten* und einen kleineren *Obersten Sowjet*. Die eigentliche Volksvertretung ist der aus 2.250 Deputierten bestehende Kongreß, der die 542 Mitglieder des Obersten Sowjets, der – wie bisher – aus zwei gleich großen Kammern, dem Unionssowjet und dem Nationalitätensowjet, besteht, aus seiner Mitte bestellt und in jedem Jahr der fünfjährigen Legislaturperiode zu einem Fünftel erneuert. Dies stellt eine partielle Rückkehr zum Leninschen Kongreßsystem dar. Der Unterschied besteht vor allem im Bestellungsmodus. Während der Leninsche Sowjetkongreß aus der regionalen Sowjetorganisation im Delegationswege hervorging, wird der neue Kongreß zum größeren Teil unmittelbar von der Bevölkerung gewählt. Seine Deputierten bestehen aus drei Gruppen, ohne daß diese in der Binnenorganisation des Kongresses irgendwie voneinander abgesondert wären.
Die beiden ersten Gruppen entsprechen den beiden Kammern des alten Obersten Sowjets: 750 Deputierte werden in gleich großen „territorialen Wahlkreisen“ und 750 Deputierte in „nationalterritorialen Wahlkreisen“ unterschiedlicher Größe gewählt, die in den Unionsrepubliken, autonomen Republiken, autonomen Gebieten und autonomen Kreisen nach dem unverändert übernommenen Schlüssel 32:11:8:1 gebildet werden. Die Neuerung bei diesen Gruppen besteht in der Eröffnung einer – auch bisher nicht verbotenen, aber niemals praktizierten – *personellen Alternative*. In den Wahlkreisen, in denen nach der absoluten Mehrheitswahl jeweils ein Deputierter gewählt wird, können – und sollen – mehrere Kandidaten nominiert werden. Das Vorschlagsrecht ist über die vom Parteiestablishment bisher mühelos beherrschten Betriebs- und Soldatenversammlungen sowie die Territorialorgane der gesellschaftlichen Organisationen hinaus auf Wählerversammlungen am Wohnort erstreckt worden, denen zumindest theoretisch die Potenz einer autonomen Personalinitiative innewohnt.
Die praktischen Erfahrungen mit der Nominierungsphase der ersten Kongreßwahlen im Januar 1989 waren gemischt. In den meisten Wahlkreisen wurden die Nominierungen im alten Stil manipuliert, aber in einigen Wahlkreisen – hauptsächlich in den politisch bewußteren Großstädten – gab es harte persönliche Auseinandersetzungen und zahlreiche Nominierungsvorschläge. Die für die insgesamt 1.500 Mandate gemachten 7.558 Vorschläge wurden dann durch das Filter der „Vorwahlberatungen des Wahlkreises“ auf 2.899 reduziert. Am 26. März standen schließlich 2.850 Kandidaten zur Wahl, wobei in 399 Wahlkreisen (26,6 %) nur ein Kandidat nominiert wurde; in 952 Wahlkreisen konkurrierten zwei und in 149 Wahlkreisen drei oder mehr Bewerber miteinander. Die Wahlen selbst haben wiederum einen zwiespältigen Eindruck hinterlassen. Während der offizielle „Spitzenkandidat“ vielfach in gewohnter Weise bestätigt wurde, nutzten die Wähler in zahlreichen Wahlkreisen die erstmalige personelle Alternative und erteilten hochrangigen Partei- und Staatsfunktionären eine

Abfuhr. In 271 Wahlkreisen (18,1 %) erreichte im ersten Wahlgang kein Kandidat die erforderliche absolute Mehrheit; bemerkenswert ist, daß sich hierunter 195 Ein- und Zweimannwahlkreise befanden, in denen die Notwendigkeit einer Nachwahl nicht auf eine Stimmenzersplitterung, sondern auf eine Zurückweisung des Kandidatenangebots zurückzuführen war. Auffallend war das regional sehr unterschiedliche Wählerverhalten. Während es zum Teil durch die Macht der Gewohnheit und zum Teil durch die Persönlichkeit der Kandidaten bestimmt war, machten sich im Baltikum – der entwickelteren politischen Kultur entsprechend – eindeutig politische Präferenzen bemerkbar. In Armenien kam die allgemeine Unzufriedenheit in der außergewöhnlich niedrigen Wahlbeteiligung von 71,9 Prozent (Unionsdurchschnitt: 89,9 %) zum Ausdruck.

Das eigentliche Novum der Kongreßstruktur besteht in der Hinzufügung einer dritten Gruppe von 750 Deputierten, die von den unionsweiten gesellschaftlichen Organisationen bestellt werden und folglich ein *korporatistisch-gesellschaftspluralistisches Element* verkörpern sollen. Da diese Deputierten nicht vom Volk gewählt, sondern von Verbänden bestellt werden, ist diese Neuerung während der Verfassungsdiskussion vielfach als undemokratisch und als Verstoß gegen den Grundsatz der Wahlrechtsgleichheit kritisiert worden (z. B. *Izvestija* vom 5.1.1988, *Pravda* vom 10. u. 11.11. 1988). Das Problem der Auswahl und Gewichtung der relevanten Gruppeninteressen ist vom Wahlgesetz so gelöst worden, daß es in Art. 18 einen teilweise ausfüllungsbedürftigen Verteilungsschlüssel festgelegt und dessen Konkretisierung den betroffenen Gruppen gesellschaftlicher Organisationen und der Zentralen Wahlkommission überlassen hat. Nach der genauen Bestimmung der einzelnen gesellschaftlichen Organisationen und ihrer Mandatsanteile durch die Zentrale Wahlkommission (*Izvestija* vom 28.12.1988) ist der schon zuvor begründete Verdacht zur Gewißheit geworden: Am Verteilungsverfahren nehmen ausschließlich die offiziellen Systemverbände teil. Von den zahlreichen autonomen Vereinigungen, die sich in der *Gorbačev*-Ära in der sowjetischen Gesellschaft mehr oder weniger spontan gebildet haben, ist keine einzige zum Kongreß zugelassen worden. Eine wirkliche Öffnung zur Gesellschaft hin ist also nicht erfolgt. Die korporatistische Reform beruht auf der Fiktion, daß das offizielle Verbändesystem die wahre Interessenstruktur der Sowjetgesellschaft widerspiegelt. Die Nominierungs- und Wahlprozeduren anläßlich der ersten Kongreßwahlen sind überdies auch hier weitgehend im alten Stil abgewickelt worden. Für die 750 Sitze wurden nur 871 Kandidaten nominiert, von denen im ersten Wahlgang 732 gewählt wurden. Allerdings hat es bei einigen wissenschaftlichen Einrichtungen und Berufsverbänden der Intelligenz lebhafte Auseinandersetzungen zwischen dem orthodoxen *Establishment* und den Reformanhängern gegeben. Die 18 Mandate, auf deren Besetzung man sich im ersten Wahlgang nicht zu einigen vermochte, gehörten auch in diese Gruppe.

3.2.2 Die Gesetzgebung

Anders als in Ungarn und Polen wird in der Sowjetunion am Grundsatz der *Gewalteneinheit* unbeirrt festgehalten. Die zweigeteilte Volksvertretung soll folglich allzuständig bleiben, wobei die grundsätzliche Aufgabenverteilung zwischen Kongreß und Oberstem Sowjet in den neugefaßten Verfassungsbestimmungen dahingehend skizziert wird, daß der Kongreß als „oberstes Organ der Staatsmacht“ (Art. 108 Abs. 1) und der Oberste Sowjet als „ständig tätiges gesetzgebendes, verfügendes und kontrollierendes Organ der Staatsmacht“ (Art. 111 Abs. 1) charakterisiert wird. Obwohl im Rahmen des seit Anfang 1988 propagierten Konzepts des „*sozialistischen Rechtsstaats*“ die rechtspolitische Tendenz, die Gesetzgebungstätigkeit der obersten Volksvertretungen zu stärken, eindeutig erkennbar ist, die „Suprematie des Gesetzes“ (*verchovenstvo zakona*) im gehobenen juristisch-politischen Schrifttum nachdrücklich gefordert wird und zum Zwecke der Normenkontrolle die Errichtung eines „Komitees für Verfassungsaufsicht“ vorgesehen ist, hat die Verfassung keinerlei Vorkehrungen getroffen, um den Regelungsbereich des Gesetzgebers gegen Übergriffe der Exekutive institutionell abzusichern. Auch das Verhältnis der Gesetzgebung zur Rechtsetzungstätigkeit des Präsidiums des Obersten Sowjets ist ungeklärt geblieben. Zwar ist das strukturell veränderte und einem bloßen Parlamentsvorstand angenäherte Präsidium in seinen Kompetenzen beschnitten worden, aber seine Befugnis, Erlasse (*ukazy*) herauszugeben, ist nicht angetastet worden (Art. 119 Abs. 2). In Ermangelung verfassungsrechtlich-institutioneller Vorkehrungen bleibt also die Aufgabenverteilung auf dem Gebiete der Rechtsetzung weitgehend der Praxis überlassen.

Auf einen Bedeutungszuwachs der „parlamentarischen“ Gesetzgebung läßt die *Sitzungsfrequenz* der gesetzgebenden Körperschaften hoffen. Während der Kongreß, der für die Verfassungsgesetzgebung zuständig ist und ansonsten nur besonders wichtige Rechtsmaterien regeln soll, einmal im Jahr zusammentritt, soll der Oberste Sowjet jährlich zu zwei Sessionen von je drei bis vier Monaten einberufen werden (Art. 112 Abs. 1). Sollte der Oberste Sowjet tatsächlich 6–8 Monate im Jahr handlungsfähig sein, wäre ein großer Fortschritt erzielt. Allerdings deutet die Praxis der Länder mit einem Sessionssystem (Polen, Rumänien, ČSSR) nicht darauf hin. Auch die bisher erkennbaren Indizien in der Sowjetunion weisen in die Richtung, daß während einer Session mehrere Tagungen von beschränkter Dauer stattfinden werden und der Oberste Sowjet nicht etwa in Permanenz tagen soll. Wäre letzteres der Fall, so müßte das Deputiertenamt jedenfalls vorübergehend zum Hauptberuf werden. Diese Möglichkeit wurde ursprünglich tatsächlich ins Auge gefaßt. In Art. 124 Abs. 2 des Verfassungsentwurfs war vorgesehen, daß die Volksdeputierten für die Dauer ihrer Zugehörigkeit zum Obersten Sowjet von ihrer Arbeitsstelle vollständig freigestellt werden, was ihnen die Chance eines zeitweiligen Berufsparlamentariers gegeben hätte. In der Endredaktion ist dann diese Vorschrift zu einer bloßen Kann-Bestimmung abgeschwächt worden, was zu dem absurden Ergebnis führt, daß der jeweilige Arbeitgeber darüber entscheidet, ob der Deputierte seiner Verantwortung gerecht werden kann.

3.2.3 Das Verhältnis zur Regierung

Die Verfassungsreform läßt keine Ansätze zu einer Parlamentarisierung des Verhältnisses der Volksvertretungen zum Ministerrat erkennen. Im Gegenteil. Die Grundtendenz der Verfassungsreform geht in die Richtung eines *Präsidialsystems*. Sie verkörpert sich im neugeschaffenen Amt eines „Vorsitzenden des Obersten Sowjets", dessen verfassungsrechtliche Stellung formal mit derjenigen des Präsidenten der V. Französischen Republik vergleichbar ist. Freilich gibt es in Frankreich keine allmächtige Einheitspartei, die über dem Staat steht. Die besondere Machtfülle des vom Kongreß auf die Dauer von fünf Jahren gewählten sowjetischen Staatsoberhaupts ergibt sich aus seiner politisch intendierten Personalunion mit dem Parteichef. Indem *Michail Gorbačev* die Funktionen des Parteichefs, des alle Vertretungsorgane dominierenden Staatsoberhaupts und des Vorsitzenden des Verteidigungsrats in seinen Händen vereinigt und zudem mit Hilfe umfassender Vorschlagsrechte die Personalkompetenz für die Besetzung aller führenden Staatsämter erhält, hat er eine autokratische Machtposition erlangt.
In bezug auf den *Ministerrat* stellt sich die verfassungsrechtliche Lage folgendermaßen dar. Der Vorsitzende wird vom Obersten Sowjet bestellt und vom Kongreß bestätigt, aber das Vorschlagsrecht steht dem Vorsitzenden des Obersten Sowjets zu. Dies bedeutet, daß Partei- und Staatschef *Gorbačev* den Regierungschef bestimmt, wobei die Volksvertretung nur die Möglichkeit hat, durch Ablehnung des Vorschlags ein Vetorecht für sich in Anspruch zu nehmen. Die Mitglieder des Ministerrats, der im Hinblick auf seine Mitgliedsstärke von 110 bis 120 Personen keineswegs mit einem Kabinett vergleichbar ist, werden auf Vorschlag des Regierungschefs vom Obersten Sowjet bestätigt. Zwischenzeitliche Veränderungen bedürfen ebenfalls der Bestätigung durch den Obersten Sowjet. Der Ministerrat ist zwar verpflichtet, zu Beginn seiner Amtszeit dem Obersten Sowjet ein Regierungsprogramm vorzulegen, und ist im übrigen dem Kongreß und dem Obersten Sowjet verantwortlich und rechenschaftspflichtig, aber ein wie auch immer geartetes Abberufungsverfahren ist nicht vorgesehen. Auch der Rücktritt der Regierung während der Legislaturperiode wird in der Verfassung nicht bedacht. Die Deputierten des am 25. Mai 1989 zusammengetretenen Kongresses und des von diesem bestellten Obersten Sowjets haben in überraschend kurzer Zeit ein Selbstbewußtsein entwickelt, das die obersten Versammlungsorgane zu eigenständig – wenn auch zunächst chaotisch – agierenden Machtfaktoren werden lassen kann.

3.3 Vergleichende Bewertung

Während in den meisten Staaten des Warschauer Paktes die Volksvertreter ihren Akklamationsverpflichtungen unverändert nachkommen und sich nebenbei etwas um die Nöte der Bevölkerung ihres Wahlkreises kümmern, haben sich in jüngster Zeit in Polen, Ungarn und der Sowjetunion sehr unterschiedliche Veränderungen angebahnt. In den beiden ostmitteleuropäischen Ländern zeugen sie von Emanzipationsbestrebungen der Gesellschaft gegenüber den politischen Machthabern und markieren die Anfänge eines Parlamentarisierungsprozesses. Die Vorgänge im parlamentarischen Raum erinnern an die Endphase der absoluten Monarchie in Westeuropa, als die Allmacht des Monarchen – *hic et nunc*: der Parteiführung – durch eine zunehmend demokratischer werdende Repräsentativversammlung des Volkes immer mehr beschnitten und schließlich auf eine Reservemacht reduziert wurde. Diese durch die kommunistische Machtübernahme nach dem Zweiten Weltkrieg unterbrochenen Demokratisierungs- und Parlamentarisierungsbestrebungen sind in der politischen Kultur Polens und Ungarns fest verwurzelt und brechen nunmehr mit einer Gewalt aus, der die Parteiführungen teils notgedrungen, teils aus Einsicht nachgeben. Über die Erfolgsaussichten dieses über ein korporatistisch-gesellschaftspluralistisches Gedankenspiel zu einer parteienstaatlichen Demokratie führenden Weges soll an dieser Stelle nicht spekuliert werden. Sie hängen nicht zuletzt auch von den Erfolgsaussichten der sowjetischen Reformpolitik ab.

In Sowjetrußland, wo die durch das scheinkonstitutionelle Zwischenspiel 1906/1917 nur geringfügig abgeschwächte autoritäre Diktatur des Zaren nahtlos in die totalitäre Diktatur der Kommunisten übergegangen ist und in der politischen Kultur rechtsstaatlich-demokratische Elemente nur in schwachen Ansätzen anzutreffen sind, stellt sich die Lage völlig anders dar. Trotz einer reformfreudigen Intelligenz besteht ein Reformdruck von unten nicht, und alle Reformen, die auf die Modernisierung der rückständigen Supermacht abzielen, müssen von oben gegen den Widerstand der etablierten Funktionärsinteressen durchgesetzt werden. Diese Situation erklärt die zwiespältige Natur der politischen Reformen. Sie zeigen einerseits eher schwache „demokratische" Ansätze, deren Sinn vor allem darin besteht, den traditionellen administrativen Druck von oben, dem die bürokratischen Zwischengewalten ausgesetzt sind, durch einen populistischen Druck von unten zu ergänzen. Andererseits ist *Gorbačev* offenbar bestrebt, eine autokratische Führungsposition zu erreichen. Dies ist unter sowjetischen Verhältnissen auch verständlich, da grundlegende Reformen anders kaum durchzusetzen sind. Unter diesen Umständen führt der Weg, dessen Erfolgschancen wiederum sehr unterschiedlich beurteilt werden können, nicht zur parlamentarischen Demokratie, sondern zur *populistischen Autokratie*.

Literaturverzeichnis

Bihari, Ottó, 1970: Socialist Representative Institutions, Budapest

Bihari, Ottó, 1978: Les commissions permanentes de l'Assemblé Nationale (Parlement) en Hongrie, in: Comparative Law – Droit comparé, Budapest, 353–366

Bihari, Ottó, 1979: The Constitutional Models of Socialist State Organization, Budapest

von Beyme, Klaus, 1970: Die parlamentarischen Regierungssysteme in Europa, München

Brandt, Hans-Jürgen, 1983: Die Kandidatenaufstellung zu den Volkskammerwahlen der DDR, Berlin

Brunner, Georg, 1978: Entwurf einer Verfassungstypologie sozialistischer Staaten, in: Recht in Ost und West 22, 49–59

Brunner, Georg, 1979: Vergleichende Regierungslehre, Bd. I, Paderborn

Brunner, Georg, 1981: Die Verfassungsentwicklung in Ungarn seit der Verfassungsrevision von 1972, in: Jahrbuch des öffentlichen Rechts NF 30, 279–344

Brunner, Georg, 1986: Kommunistische Verfassungsmodelle, in: Südosteuropa 35, 1–32

Brunner, Georg/Meissner, Boris (Hrsg.), 1979: Verfassungen der kommunistischen Staaten, Paderborn
Brunner, Georg/Schmidt, Carmen, 1989: Die sowjetische Verfassungsreform vom Dezember 1988, in: Osteuropa-Recht 35, 77–95
Działocha, Kazimierz, 1987: Der Verfassungsgerichtshof und die Garantie der Bürgerrechte in Polen, in: Osteuropa-Recht 33, 247–257
Glogowski, Waldemar/Knobelsdorf, Wladimir, 1986: Die Wahlen zum Sejm in Polen, in: Osteuropa 36, 549–556
Heinrich, Hans-Georg, 1980: Verfassungswirklichkeit in Osteuropa, Wien
Kilényi, Géza (Hrsg.), 1988: Parliamentarism and Government in a One-Party System, Budapest
Lammich, Siegfried, 1971: Das sozialistische Parlament Polens, Köln
Lammich, Siegfried, 1975: Regierung und Verwaltung in Polen, Köln
Lammich, Siegfried, 1977: Grundzüge des sozialistischen Parlamentarismus, Baden-Baden
Lapp, Peter J., 1972: Der Staatsrat im politischen System der DDR (1960–1971), Opladen
Lapp, Peter J., 1975: Die Volkskammer der DDR, Opladen
Lapp, Peter J., 1982: Wahlen in der DDR, Berlin
Loewenstein, Karl, 1964: Der britische Parlamentarismus, Reinbek
Majoros, Ferenc, 1985: Das neue ungarische Wahlrecht, in: Osteuropa-Recht 31, 231–262
Mavius, Götz, 1985: Die Parlamentswahlen in Ungarn 1985, in: Südosteuropa 34, 536–560
Minagawa, Shugo, 1985: Supreme Soviet Organs, Nagoya
Nelson, Daniel/White, Stephen (Hrsg.), 1982: Communist Legislatures in Comparative Perspective, New York
Racz, Barnabas, 1987: Political Participation and Developed Socialism: the Hungarian Elections of 1985, in: Soviet Studies 39, 40–62
Reichel, Hans-Christian, 1976: Das Präsidium des Obersten Sowjets der UdSSR, Baden-Baden
Sprögel, Carl-Günther, 1971: Die höchsten Organe der Staatsgewalt der Sowjetunion, Diss. Göttingen
Vanneman, Peter, 1977: The Supreme Soviet: Politics and the Legislative Process in the Soviet Political System, Durham, N.C.
White, Stephen, 1980: The USSR Supreme Soviet: a Developmental Perspective, in: Legislative Studies Quarterly 5, 247–274
Ziemer, Klaus, 1984: Der Sejm der VIII. Kadenz – ein Barometer der politischen Konjunktur in Polen, in: Zeitschrift für Parlamentsfragen 15, 72–93

Abgeordnetenrotation und Wähleraufträge in unterschiedlichen politischen Systemen. Ansätze zu einem verfassungspolitischen Vergleich

Herwig Roggemann

1. *Rechtsvergleichende Vorfragen*

Die west-östliche Komparatistik in den Rechts- und Politikwissenschaften kann gegenwärtig, im Zeitalter der „Perestrojka", des „Umbaus", einen noch vor wenigen Jahren unvorhersehbaren, wenn nicht gar unvorstellbaren Aktualitätsgewinn für sich in Anspruch nehmen. Im Laufe zunehmend dynamischeren *Strukturwandels des politischen Systems des Sozialismus* (*Afanassjew* 1988; *Royen* 1988; *Alexejev* 1988; *Roggemann* 1989a-d) geht es nämlich nicht mehr nur um wissenschaftliches, sondern zunehmend auch um *gesetzgeberisches* und *politisches* Interesse an alternativen Problemlösungen für den Sozialismus im Wandel[1].

Rechts- und systemvergleichende Untersuchungen und ihre unverzichtbare deskriptive Vorstufe, die „Auslandsrechtskunde" als differenzierte Darstellung verschiedenartiger Rechtsregeln und Systeme, erfahren seit längerem verstärktes, systemübergreifendes Interesse. Wissenschaftliches Bemühen in dieser Richtung, das in Zusammenhang mit berechtigten Forderungen nach mehr grenzüberschreitender Kommunikation steht, findet in vielerlei Arbeitsvorhaben sowohl in sozialistischen (*Tille* 1975; *Łętowski* 1985) wie auch in pluralistischen Staaten (*Dutoit* 1975; *Wähler* 1986; *Westen* 1988) Ausdruck[2] und sieht sich durch politische Stellungnahmen bestärkt, dogmatisch verfestigte Vorurteile und überkommene Feindbilder abzubauen, ohne grundlegende Differenzen unterschiedlicher politischer Systeme zu übersehen[3]. Die – früher überwiegend verneinte – Frage nach Möglichkeiten und Nutzen systemvergleichender Betrachtung von Rechtsinstituten und Institutionen des Staatsrechts ist grundsätzlich zu bejahen. Auf diese Weise können sowohl *Entwicklungs- und Strukturprobleme* der unterschiedlichen politischen Systeme verdeutlicht werden, als auch Anhaltspunkte für die weitere Ausgestaltung des Rechts- und Wirtschaftsverkehrs zwischen Staaten mit unterschiedlichen Gesellschaftsordnungen gewonnen werden. So ist beispielsweise der Ausbau des zwischenstaatlichen Rechtshilfeverkehrs zwischen Gerichten und Justizbehörden[4] ohne weitere Entwicklung der angewandten Rechtsvergleichung ebenso wenig denkbar wie die erfolgversprechende und dauerhafte Gründung gemeinsamer Wirtschaftsunternehmen sowie die Beteiligung privatwirtschaftlicher an sozialistischen Unternehmen zur Förderung des technischen Fortschritts[5].

Soweit sich aus vergleichenden Betrachtungen Ansätze zur *Kritik an Systemwidersprüchen, Effizienz- und Partizipationsdefiziten* der je eigenen oder fremden Ordnung ergeben, gilt es, den Anschein zu vermeiden, es gehe dabei prinzipiell und primär um

die Widerlegung andersartiger Gesellschafts- und Rechtsordnung bei gleichzeitiger Behauptung verabsolutierter eigener Richtigkeitsansprüche. Andererseits sollte wissenschaftliche Grundsatzkritik an Problembereichen der eigenen Rechtsordnung vom vorschnellen Verdacht der Verfassungsfeindschaft verschont bleiben: Dies hat für *beide* Seiten zu gelten. Gerade auch in diesem Zusammenhang gewinnen die Forderungen nach einer prinzipiell „neuen Streitkultur" der unterschiedlichen Ideologien, wie sie von SPD und SED im gemeinsamen Dokument vom 27.8.1987 formuliert worden sind, wissenschaftspolitische Aktualität.
Gegenstand der folgenden Erörterungen sollen zwei Teilaspekte der *Organisation der Volksvertretung* und hier wiederum der Rechtsstellung des Abgordneten in unterschiedlichen Verfassungsordnungen sein: Die „*Rotation*" von Abgeordneten im Sinne des Wechsels der Mitglieder von Vertretungskörperschaften sowie „*Aufträge*", die den Abgeordneten von Seiten der Wähler erteilt werden. Dabei geht es weniger um eine umfassende empirische Bestandsaufnahme als um den Nachweis unterschiedlicher Lösungsansätze für die Ausgestaltung der Rechtsstellung des Abgeordneten und die Frage nach den Gründen hierfür sowie nach möglichen weiteren Entwicklungsperspektiven.

2. *Aktuelle Anlässe für die Fragestellung*

In den sozialistischen Staaten sind Fragen des Wahlverfahrens, des Wechsels von Abgeordneten, der Intensivierung und Kommunikation zwischen Wählern und gewählten Funktionsträgern sowie der Arbeit der Vertretungskörperschaften aus unterschiedlichem Anlaß immer wieder diskutiert und zum Gegenstand politischer Beschlußfassungen gemacht worden. So wird beispielsweise in der Sowjetunion seit längerem in einer umfangreichen politischen und rechtspolitischen Diskussion zum Thema „*Demokratie und Umgestaltung*" (*Demokratija i perestrojka*) kritisch zur Ausgestaltung des Wahlverfahrens Stellung genommen, insbesondere zur lange Jahre fehlenden Auswahlmöglichkeit unter mehreren Kandidaten, zum offenen Abstimmungsmodus im Gegensatz zum geltenden Wahlrecht, zur mangelnden „Erneuerung der Kader" sowie zur formalistischen Behandlung von Wähleraufträgen (*Vasil'ev* 1986; *Andrijuščenko* 1986). Bereits in seinem Rechenschaftsbericht vor dem XXVII. Parteitag der KPdSU im Jahre 1986 bezeichnete der Generalsekretär der KPdSU, *Michail Gorbačev*, eine „reale Selbstverwaltung der Werktätigen" als Voraussetzung für eine erfolgreiche Entwicklung des politischen Systems des Sozialismus und sprach sich für „erforderliche Korrekturen an der Wahlpraxis" aus. Er griff diese Forderungen in seinem Rechenschaftsbericht vor dem Zentralkomitee der KPdSU am 27.1.1987 in einer ausführlichen Kritik wieder auf und konkretisierte sie in Gestalt weiterer Vorschläge[6].
In der Presse anderer sozialistischer Staaten hat die aktuelle Diskussion in der Sowjetunion Aufmerksamkeit erregt, in der Volksrepublik Polen und der SFR Jugoslawien deutliche Zustimmung gefunden[7] und den dortigen Reformentwicklungen in Richtung einer Pluralisierung und Demokratisierung des Sozialismus wesentliche Impulse gegeben.

Auch in pluralistischen parlamentarischen Demokratien wie der Bundesrepublik Deutschland sieht sich das überkommene politische System, vor allem die *Parteienstaatlichkeit* als einer seiner tragenden Bestandteile, in neuerer Zeit zunehmend kritischen Fragen ausgesetzt, die mehrere Ursachen haben. Einmal geht es um eine gewisse Parteienverdrossenheit, die bereits als eine Art Krisensymptom des demokratischen Verfassungsstaates diskutiert worden ist (*Meessen* 1985; *Wassermann*, 1986) und zur Entfaltung neuer und alternativer politischer Bewegungen und Organisationen in Gestalt der Parteien der „Grünen" und „Alternativen" geführt hat. Ein weiterer Anlaß für kritische Diskussionen waren und sind zahlreiche und umfangreiche Parteispenden- und Korruptionsaffären in Bund, Ländern und Gemeinden der Bundesrepublik Deutschland, die das Vertrauen der Bevölkerung in die sachgerechte Interessenwahrnehmung gewählter Volksvertreter erschüttert haben[8]. Schließlich stellt sich angesichts seit langem von der Parlamentsforschung offengelegter Disproportionen in der Sozialstruktur der Vertretungskörperschaften die Frage nach ihrer Fähigkeit zu unabhängiger und angemessener Berücksichtigung wesentlicher Gemeinschaftsinteressen, insbesondere vor dem Hintergrund von Interessenverflechtungen und Wirkungszusammenhängen zwischen Kapitalinteressen und politischen Entscheidungsprozessen.

Ursachen und Gewicht der strukturellen Probleme in sozialistischen und pluralistischen Staaten sind systemtypisch durchaus unterschiedlich. Dasselbe scheint für die Art und Weise ihrer politischen und rechtswissenschaftlichen Diskussion in der Öffentlichkeit und – entsprechend den jeweiligen politischen Rahmenbedingungen – für die angesprochenen Lösungsmodalitäten zu gelten.

In der Verfassungspraxis der Bundesrepublik Deutschland haben die Grünen und Alternativen durch eine Reihe von Forderungen die Diskussion um den Status der Abgeordneten und eine Intensivierung der Einflußnahme von Seiten der Wählerbasis angeregt. Verschiedene parlamentarische Untersuchungsausschüsse sowie Recherchen und Berichte der Presse haben Fälle von Vorteilsannahme und Interessenverflechtung offengelegt und kritisiert, woraufhin eine Reihe von Strafverfahren gegen Abgeordnete und Parteifunktionäre eingeleitet worden sind.

3. Politische Voraussetzungen und verfassungsrechtliche Grundlagen

In allen politischen Systemen, die auf dem Gedanken der Volkssouveränität beruhen (*Topornin* 1981, *Ponomareva* 1982, *Gruel* u. a. 1984, *Burda* 1970; *Stern* 1984; *Hesse* 1985) und damit ihre Legitimationsgrundlage weder in der Vererblichkeit monarchischer Macht noch in der Berufung auf ein „höheres Wesen", sondern in der gleichberechtigten politischen Willensäußerung des ganzen (Wähler)Volkes sehen, gehören der Wechsel der politischen Funktionsträger, die zeitliche und inhaltliche Begrenzung und Kontrolle ihrer Machtausübung sowie die Einflußmöglichkeiten der Wähler auf die gewählten Mandatsträger zu den Grundfragen der Verfassungsordnung. Die hier betrachteten Verfassungen sowohl der sozialistischen Staaten – UdSSR, VR Polen, DDR, SFR Jugoslawien – als auch der pluralistisch-parlamentarischen Staaten wie der Bundesrepublik Deutschland verstehen sich als *Volksvertretungssysteme*, in denen das Volk seine Macht im wesentlichen vermittelt durch Wahlen in Volksvertretungen ausübt[9]. Zwar sind plebiszitäre Elemente in einzelnen sozialistischen Verfassungen enthalten[10], erreichen jedoch in keinem der genannten Verfassungsmodelle etwa die Bedeutung der „*Referendumsdemokratie*" in der Schweiz, in der das Volk in Abstimmungen z. B. über Fragen der Entwicklungshilfe, Raumplanung, Konjunkturpolitik, des Rundfunks und Fernsehens sowie der Mehrwertsteuer unmittelbare Kontrolle und damit staatliche Macht ausüben kann (*Schmidt* 1982). Ob demgegenüber und ungeachtet vorhandener plebiszitärer Ansätze die Verfassung der Bundesrepublik Deutschland als geradezu „antiplebiszitär" bezeichnet werden kann, erscheint allerdings fraglich[11]. Daß sie grundsätzlich dem *Modell der Vertretungsdemokratie* folgt, steht außer Zweifel. Im Gegensatz zur unmittelbaren Demokratie (*neposredstvennaja demokratija*) wie auch zum Repräsentationssystem des pluralistischen Parlamentarismus versteht aber auch die sowjetische Staatslehre die sowjetische Staatsordnung als „Vertretungsdemokratie" (*predstavitel'naja demokratija*), die Sowjets als Vertretungsorgane und den einzelnen Deputierten als Vertreter der Interessen und des Volkswillens (*Kim* 1965; *Besuglow* 1972). Den darin liegenden strukturellen Widerspruch beginnt die sowjetische Rechtslehre erst im Zuge der „*Perestrojka*"-Diskussion zu thematisieren.

Wesentliche Unterschiede treten bei der weiteren Ausformung der Vertretungssysteme in den verschiedenen Verfassungen zutage. Hierbei sind Erfahrungen europäischer und darüberhinaus reichender Verfassungsgeschichte in Verbindung mit je eigenen nationalen Traditionen, Entwicklungen und Konflikten unterschiedlich verarbeitet worden. Sozialistische Staatsrechtslehre hat sich solcher Verarbeitung lange verschlossen. Als allgemeine historische Erfahrung kann festgehalten werden, daß das Ziel, Staatsgewalt als staatlich organisierte Machtausübung in wahrhaft alternativer Form unmittelbarer Basisdemokratie in einer durchgängigen gesellschaftlichen Selbstverwaltung der Bürger aufzulösen, bisher nirgendwo, insbesondere *nicht* in den sozialistischen Staaten, dauerhaft erreicht worden ist. Auszugehen ist daher von der Voraussetzung, daß alle hochentwickelten industriellen Gesellschaften der Gegenwart und auch der absehbaren Zukunft als *Konfliktgesellschaften* zu verstehen sind, in denen staatliche Machtorganisation einen unentbehrlichen Integrationsfaktor bildet und damit alle politischen Systeme mehr oder minder anfällig für *tendenziellen Machtmißbrauch, Kompetenz- und damit Rechtsverletzungen* beauftragter Amtswalter und Funktionäre macht.

Exemplarischen Ausdruck hat diese Erkenntnis der neueren sozialistischen Staatstheorie in Art. 58 Abs. 1 und 2 UdSSR Verf. 1977 gefunden, wo Bürgern das Recht verliehen wird, „gegen Handlungen von Amtspersonen, die gegen das Gesetz verstoßen, ihre Befugnisse überschreiten und die Rechte der Bürger schmälern", Klage vor Gericht zu erheben. Der Lösung dieses Kernproblems der *Organisation und Kontrolle von Machtausübung* suchen die unterschiedlichen Verfassungsordnungen auf der Grundlage zweier Verfassungsmodelle – mit verschiedenen Entwicklungsvarianten – näherzukommen, die sich idealtypisch vereinfacht beschreiben lassen:

1. in Gestalt des *pluralistisch-parlamentarischen Demokratiekonzepts* nach dem Prinzip der Machtkontrolle durch Gegenmacht und Gewaltenteilung;

2. im *rätedemokratischen Alternativ-Entwurf*, in dem die bisherige organisatorische Teilung der Gewalten durch eine neue Art prozessualer Gewaltenteilung, das heißt durch Verwandlung der politischen Staatsgewalt in Selbstverwaltung und deren permanente reale Beauftragung und Kontrolle ersetzt und die jederzeitige Abrufbarkeit der Beauftragten durch die Wähler zu einer „normalen" Form kommunikativer politischer Konfliktlösung entwickelt werden soll.

Die Bindung der Gewählten an die Aufträge ihrer Wähler und ihre jederzeitige Abwählbarkeit gehören zu den Grundbestandteilen originärer Rätedemokratie, wie sie von der *Marx*schen Theorie ursprünglich entwickelt worden ist: „Die Abgeordneten", so schrieb *Karl Marx* in seiner – historiographisch umstrittenen – Analyse des Bürgerkriegs in Frankreich über die Kommune (*Marx-Engels*-Werke 17: 339) „sollten jederzeit absetzbar und an die bestimmten Instruktionen ihrer Wähler gebunden sein". Und *Friedrich Engels* sah in der Besetzung aller Staatsämter „durch Wahl nach allgemeinem Stimmrecht der Beteiligten, und zwar auf jederzeitigen Widerruf durch dieselben Beteiligten", das unfehlbare Mittel gegen die „in allen bisherigen Staaten unumgängliche Verwandlung des Staats und der Staatsorgane aus Dienern der Gesellschaft in Herren der Gesellschaft" (*Marx-Engels*-Werke 17: 624).

Diese Grundforderung marxistischer Staatslehre griff *W. I. Lenin* auf und machte sie damit zu einem Maßstab für die demokratischen Qualitäten eines jeden Rätestaats. In seiner Begründung des ersten Dekrets über das Recht auf Abberufung von Delegierten vom 21.11./4.12.1917 bezeichnete Lenin vor dem AZEK denn auch die Tatsache, daß das Recht auf Abberufung von Delegierten aus der Verfassungsgebenden Versammlung nicht gewährleistet sei, als „Nichtachtung des revolutionären Willens des Volkes und als Usurpation der Rechte des Volkes".

Als Ergebnis entscheidender Parlamentarismuskritik (*Jarosz Zawadzki* 1980, *Azovkin* 1981, *Tumanow* 1975) setzte die marxistische Staatslehre dem gewaltenteilenden, parlamentarischen System die Gewalteneinheit einer „arbeitenden", zugleich „beschließenden und ausführenden" Vertretungskörperschaft entgegen, in der keine Berufsparlamentarier fungieren, sondern die politischen Funktionen in häufigem Wechsel durch Werktätige auf eine begrenzte Zeit wahrgenommen werden.

4. Wandlungen und Strukturprobleme der pluralistisch-privatwirtschaftlichen und der sozialistisch-staatswirtschaftlichen Verfassungsmodelle in der Gegenwart

Die beiden vorstehend idealtypisch verkürzt umschriebenen Verfassungsmodelle und ihre Systemvarianten haben sich seit ihrer Entstehung, zumal seit der politischen Umwälzung in Europa und darüberhinaus nach dem zweiten Weltkrieg und dem sich beschleunigenden technischen und sozialen Wandel einer dritten „wissenschaftlich-technischen Revolution", die der Industriegesellschaft Merkmale einer Informations- und Kommunikationsgesellschaft verleiht, tiefgreifend gewandelt. Dies gilt ganz offensichtlich für Realisierungsversuche des marxistischen Modells permanenter Partizipation in einer von ökonomischen Konflikten freien und damit von sozialen Deklassierungsmechanismen emanzipierten Gesellschaft, die nicht mehr durch eine Staatsgewalt organisiert wird, die sich auf die Machtapparate von Heer, Polizei, Verwaltung und Justiz stützt, sondern staatliche Integration aus einem hohen Maß einsichtiger Akzeptanz engagierter Bürger gewinnt. Das Ausmaß dieses Wandels und damit zugleich der Verschiebung ursprünglicher Ziele, kann ein Vergleich der genannten Marxschen Prämissen und der Programmdiskussionen um die erste Sowjetverfassung der RSFSR von 1918 einerseits und der geltenden Verfassungen der UdSSR von 1977, der DDR von 1968 i. d. F. von 1974, der SFR Jugoslawien von 1974 und der VR Polen von 1952 i. d. F. von 1976 verdeutlichen. An die Stelle angestrebter Vergesellschaftung des Staates ist eine zunehmende Verstaatlichung der Gesellschaft unter dem langjährigen Führungsmonopol einer Staatspartei (*Roggemann* 1989a) getreten.

Dieser Wandlungsprozeß ist gleichfalls zu konstatieren für die aus dem (west)europäischen Ständestaat hervorgegangene, auf dem Gedanken der Repräsentation der jeweiligen gesamten Nation und dem „freien Mandat" des Gewählten beruhende, pluralistisch offene, parlamentarische Verfassungsordnung, in der eine Wirtschaftsgesellschaft mit dem Ziel verfaßt werden soll, die ökonomischen Gestaltungsfreiheiten und Nutzungsmöglichkeiten privaten Produktionsmitteleigentums mit Grundsätzen sozialer Gerechtigkeit und Rechtsgleichheit zu verbinden. Für die Bundesrepublik Deutschland läßt sich das Ausmaß dieses Wandlungsprozesses ermessen, indem die herrschende Rechtslehre und Rechtspraxis verglichen wird mit Programmen und Entwürfen sozialer und Wirtschaftsdemokratie, wie sie in der Weimarer Verfassung von 1919 Ausdruck fanden und ebenfalls in den Verfassungsdiskussionen zum Bonner Grundgesetz von 1949, stärker noch in den vorangegangenen Länderverfassungen und entsprechenden Programmen der politischen Parteien, wie dem „Ahlener Programm" der CDU und anderen Deklarationen der Nachkriegszeit[12].

In der rechtsvergleichenden Methodendiskussion gelten derartige immanente, historisch-kritische Ansätze seit langem als anerkannt, da sie zweifelsfrei dazu beitragen können, Entwicklungslinien und Fehlentwicklungen deutlicher herauszuarbeiten. Im Rahmen der bemerkenswert intensiven Demokratisierungs-Diskussion in der Sowjetunion hat *Gorbačev* in seinem Rechenschaftsbericht vor dem Zentralkomitee der KPdSU am 27.1.1987 erstmals selbst dazu aufgefordert, diesen immanent-kritischen Maßstab anzulegen, um Theoriedefizite und Effizienzmängel der sozialistischen Verfassungsordnung in der Sowjetunion offenzulegen: „Die theoretischen Konzepte des Sozialismus", seien „weitgehend auf dem Niveau der 30er und 40er Jahre stehen geblieben, während die Gesellschaft völlig andere Aufgaben hatte". „Scholastisches Theoretisieren", das niemandes Interesse und keine vitalen Probleme berührt habe, sei zu lange gefördert, neue Ideen hingegen nicht unterstützt worden. Erzielte Resultate müßten an dem gemessen werden, was die zentrale Planung geplant und versprochen habe (ZK-Bericht 1987: 9).

Die Ausführungen verdienen in diesem Zusammenhang besondere Aufmerksamkeit, weil nach wie vor von einer deutlichen politischen Asymmetrie in der Rechtsvergleichung insofern gesprochen werden kann, als Defizite und Entwicklungsschwierigkeiten eines politischen Systems von der jeweiligen Rechtslehre nicht selten vernachlässigt oder übergangen werden. So bleibt Systemkritik an ökonomischen Ungleichheiten und sozialen Defiziten in der Bundesrepublik Deutschland bisweilen der Systemkritik von Seiten der Rechtslehre in der DDR überlassen. Umgekehrt gilt dies für mangelnde Freiheitsrechte sowie Partizipationschancen der Bürger im Rahmen des derzeitigen sozialistischen Wahlrechts und der Wahlpraxis in der DDR, die gekennzeichnet sind durch allzu geringe strafrechtsfreie Spielräume für öffentliche Kritik in der oder durch die Presse und Literatur und Defizite im Individualrechtsschutz gegenüber der staatlichen Exekutive. Diese Problemfelder sind häufig Gegenstände vergleichender externer Kritik und werden innerhalb der DDR bisher nur von kirchlicher und künstlerischer Seite offen analysiert.

Die wohl bedeutsamste Ursache für folgenreiche Wandlungen innerhalb der beiden Verfassungsmodelle ist die *Antinomie von Volkssouveränität und politischen Parteien*. Diese haben in allen hochentwickelten Flächen-Staaten als Großorganisationen und zugleich unentbehrliche Integrationsfaktoren den Volkswillen mediatisiert und zur Transformation der Vertretungsdemokratien in pluralistische *Parteienstaaten* einerseits und sozialistische *(Ein)Parteistaaten* andererseits geführt. In dieser theoretischen und politischen Differenz zwischen Parteienstaat und (Ein)Parteistaat wird verschiedentlich (noch) der wesentliche Gegensatz zwischen sozialistischen und pluralistischen Systemen gesehen (*Leibholz* 1967: 76)[13]. Es ist allerdings angesichts der Dynamik der Pluralismus-Diskussion in den sozialistischen Staaten fraglich, wie lange dieses Unterscheidungskriterium noch tauglich bleibt.

Beide Verfassungsmodelle leiten ihre fundamentalen Aussagen von ideologischen Vorgegebenheiten ab, verkörpern insofern „Verfassungswertordnungen“ und erlauben Rechtsverwirklichung nur innerhalb eines „Verfassungswertrahmens“. Innerhalb dieser wertgebundenen Ordnung spricht Art. 21 Abs. 1 GG BRD davon, daß die Parteien „bei der politischen Willensbildung des Volkes mit(wirken)“. Gegenüber dieser Verfassungsformulierung ist früh und mit Recht eingewandt worden, daß sie der politischen Wirklichkeit nicht entspreche, da die Parteien nicht nur bei der politischen Willensbildung „mitwirkten“, sondern sie beherrschten: Das Volk sei „vollständig und ausnahmslos durch die politischen Parteien mediatisiert. Sie sind es, die im Bundestag die Gesetzgebung und die großen politischen Entscheidungen bestimmen; sie monopolisieren in allen Organen und Fraktionen die politische Entscheidungsgewalt“[14]. Entscheidend bleibt dabei die allerdings durch Sperrklauseln – Fünf-Prozent-Klausel – und Verbotsentscheidungen gegenüber radikalen Parteien eingeschränkte[15] *Offenheit für Machtkonkurrenz* zwischen mehreren prinzipiell gleichberechtigten politischen Partein. Dieses System eines begrenzten Pluralismus zeigt zwar bedenkliche Erstarrungstendenzen, hat sich jedoch, wie die Entwicklung der Grünen und Alternativen zu politisch relevanten Gruppierungen in Bundes- und Länderparlamenten zeigt, als offen für neue Entwicklungen erwiesen.

Ausgehend von ideologischen Annahmen und Ansprüchen des Marxismus-Leninismus als einheitlicher und umfassender Philosophie, Erkenntnistheorie und politischer Handlungslehre ist demgegenüber in den hier betrachteten sozialistischen Verfassungen die umfassende und zeitlich unbefristete, damit auf verfassungsmäßigem Wege nicht veränderbare, Führungsrolle der jeweiligen sozialistischen beziehungsweise kommunistischen Partei verfassungsrechtlich verankert worden[16]. Aus dem hieraus abgeleiteten gesellschaftsumgreifenden Anspruch einheitlicher politischer Gestaltung haben sich im sozialistischen Verfassungsmodell weitgehend verstaatlichte, zentralisierte, nicht selten auch erstarrte Formen wirtschaftlicher Planung und Verwaltung entwickelt.

Ohne an dieser Stelle auf die Ursachenzusammenhänge näher einzugehen, seien im folgenden einige wesentliche Strukturprobleme und Entwicklungsstörungen benannt, wie sie sich am Beispiel der erwähnten Demokratisierungs-Diskussion in der Sowjetunion und der Kritik, wie sie in der Bundesrepublik Deutschland von Seiten der Grünen und Alternativen geübt wird, zusammenfassen lassen. In sowjetischen Beiträgen zur gegenwärtigen Diskussion werden genannt:

Mangelnde Selbstverwaltung; fehlende Sanktionen bei Machtmißbrauch durch Partei- und Staatsfunktionäre; Korruption und „kriminelle Aktivitäten" durch Funktionäre; Fehlinformationen und mangelnde Kritik an Mißständen durch die Presse; widerrechtliche Verfolgungsmaßnahmen gegen Kritiker; „Formalismus" und Fehlen demokratischer Regeln bei Wahlen innerhalb der Parteiorganisationen, da diese zumeist nicht geheim sondern öffentlich erfolgten und von oben gelenkt würden, statt den Mitgliedern der Parteikomitees das Recht zu geben, beliebige Kandidaten auf die Wahllisten zu setzen; „Erstarrung" und „Fehlbesetzungen" in Staatsämtern, Volksvertretungen und deren Exekutivkomitees, weil Wahlen auch in diese Funktionen bisher grundsätzlich als „Ein-Kandidaten-Wahlen" ohne Partizipationschance der Wähler und zumindest in offener Abstimmung erfolgten; mangelnde Flexibilität, Effektivität und Innovationsfähigkeit der Wirtschaft; Fehlen kritischer Öffentlichkeit (*glastnost'*); zu geringe Entscheidungskompetenzen und Einflußmöglichkeiten der örtlichen Sowjets[17].

Parlamentarische, politische Praxis und Parteiensystem in der Bundesrepublik Deutschland sehen sich kritischen Fragen vor allem im ökonomisch-sozialen Bereich ausgesetzt:

In zahlreichen und umfangreichen Strafverfahren und Anhörungen vor parlamentarischen Untersuchungsausschüssen in Bund und Ländern ging und geht es um Interessenverflechtungen zwischen Kapital- und Industrieinteressen einerseits und Abgeordneten bestimmter Parteien andererseits; um wirtschaftliche Disproportionen insbesondere in Gestalt von Kapitalkonzentration in den Händen zahlenmäßig kleiner Bevölkerungsgruppen[18]; wachsende Machtkonzentration in Verbindung mit Firmenübernahmen, Zusammenschlüssen und Konzernwachstum in internationale Dimensionen, wobei vielfach für die Bevölkerung folgenreiche unternehmerische Entscheidungen (Investitionen, Verlagerung, Stillegung, Umweltbelastung, Verkehrsanbindung) nur unzureichend geringen staatlichen, demokratischen Kontroll- und Einflußmöglichkeiten unterliegen; beträchtliche Diskrepanzen zwischen der Sozialstruktur der Bevölkerung in der Bundesrepublik einerseits und der Zusammensetzung der Parlamente in Bund und Ländern andererseits[19]; daraus resultierende, schichtspezifische Kommunikationsmängel, die zu einer tendenziellen Benachteiligung der Interessen der unterrepräsentierten Bevölkerungsschichten führen, wofür vor allem auf das ungelöste Problem zu hoher Arbeitslosigkeit trotz guter Wirtschaftslage, eines wachsenden Anteils von Sozialhilfeempfängern, des Rückgangs der Bildungschancen für Angehörige unterer Schichten hingewiesen wird. Einen weiteren Kritikpunkt stellt die Durchsetzung von Planungsentscheidungen vielfach gegen den Willen der unmittelbar im Territorium betroffenen Bürger dar, gegegen deren Protestdemonstrationen verschiedentlich harte, anschließend durch Presse und Justiz kritisierte Polizeieinsätze erfolgten. Beispiele bilden Auseinandersetzungen um den Bau weiterer Atomkraftwerke, Wiederaufbereitungsanlagen, Flugplätze, Waffenstationierungsplätze und Giftmülldeponien[20]. Verstärkte Kritik gilt neuerdings der Monopolisierung der Ämterbesetzung durch die Parteien: „In der Bundesrepublik sind etwa 4 % der Bevölkerung im wahlberechtigten Alter Mitglied einer Partei. In einzelnen Staatsorganen, Ämtern und kommunalen Einrichtungen hingegen sind mehr als drei Viertel der Amtsinhaber Parteimitglieder, in Einzelfällen sogar Mitglieder derselben Partei. Dieser Befund zeigt in aller Deutlichkeit, daß der Rechtsbruch der Ämterpatronage sich tatsächlich auf breiter Front ereignet" (*Kirchhof* 1989, 457).

5. *Reformmöglichkeiten durch Abgeordnetenrotation und Wähleraufträge?*

Ungeachtet wesentlicher systembedingter und aus den jeweiligen historischen Erfahrungen erwachsener Unterschiede in Ursachen, Ausmaß und Folgen der genannten Kritikpunkte wird offenbar eine übereinstimmende Folgerung dahingehend gezogen, daß es gelte, häufigeren *Wechsel der gewählten Mandatsträger sicherzustellen und Einflußmöglichkeiten des Wählers auf die Gewählten zu verstärken.* Können *Abgeordnetenrotation* und *Wähleraufträge* in diesem Sinne als politisch taugliche, rechtlich systemkonforme, jedenfalls nicht systemsprengende, sondern vielmehr systemimmanente Reformelemente dienen? Oder stehen der Einführung, dem Ausbau und der Realisierung dieser Formen politischer Kommunikation unüberwindliche rechtliche und/ oder politische Hinternisse entgegen, die in den jeweiligen Verfassungsstrukturen wurzeln und derartige Reformansätze von vorneherein ausschließen?
Unter Abgeordnetenrotation kann verstanden werden:

1. Jederzeitige Abberufbarkeit und Abberufung von Abgeordneten in der Verfassungspraxis mit dadurch entstehendem Rotationseffekt.
2. Auswechseln von Abgeordneten jeweils vor Ablauf der Legislaturperiode, beispielsweise nach der Hälfte der vorgesehenen Amtsdauer.
3. Wiederwahlbeschränkung auf eine oder zwei Legislaturperioden.
4. Auswechseln einzelner Delegierter und deren Entsendung in Volksvertretungen auf kommunaler Ebene, abhängig von den dort verhandelten Tagesordnungspunkten.

In den sozialistischen Staatsordnungen stellt Rotation in diesem Sinne nicht nur eine aktuelle Reformforderung für bestimmte staatliche Vertretungskörperschaften dar, sondern – wegen der beherrschenden politischen und personalpolitischen Entscheidungskompetenzen und des bis in die regionale und kommunale Ebene ausgebildeten Parteiverwaltungsapparats – auch ein bedeutsames, ja brisantes Postulat gegenüber den Parteiorganen. Dort ist sie in neuerer Zeit nach der Entstalinisierung erstmals im Jahre 1961 von *Chruščev* in das sowjetische Parteiorganisationsrecht eingeführt worden (da-

zu *Roggemann*, 1989b). Gegenwärtig hat *Gorbačev* diese Forderung für die Parteigremien auf den verschiedenen Ebenen erneuert.
Was die Rotation in der erstgenannten Form der Abrufbarkeit unabhängig von einer Wahlperiode anbelangt, so verdient das Ergebnis vergleichender Betrachtung paradox genannt zu werden. In den gegenwärtigen sozialistischen Staaten spielt diese genuin marxistische Form einer Abgeordnetenrotation *keine* politisch relevante Rolle. Vielmehr haben alle sozialistischen Staaten für ihre Volksvertretungen feste Wahlperioden eingeführt, deren Länge teilweise unterschiedlich, jedoch infolge ihrer Anpassung an die Fünfjahrplanperiode noch länger als in pluralistisch-demokratischen Staaten ist. So beträgt die Wahlperiode der Volkskammer der DDR fünf Jahre (Art. 54 DDR-Verf.), die Delegationsmitglieder in der SFR Jugoslawien und deren Versammlungen werden auf vier Jahre gewählt (Art. 134 Verf. SFRJ); desgleichen der *Sejm* der VR Polen (Art. 28 Verf. VRP); die obersten Sowjets der UdSSR und der Unionsrepubliken werden auf fünf, die örtlichen Sowjets auf zweieinhalb Jahre gewählt (Art. 90).
Im Laufe der Entwicklung läßt sich eine Tendenz zur Verlängerung der Legislaturperioden bei gleichzeitiger Abnahme der Sitzungsintensität feststellen. Zusammen mit dem in einzelnen Vertretungskörperschaften bis zur permanenten Einstimmigkeit – so von 1937 bis 1988 der Oberste Sowjet der UdSSR, so seit 1949 bis heute noch die Volkskammer der DDR – homogenisierten Abstimmungsverhalten ist in dieser Entwicklung ein Indiz für politischen Gewichtverlust sozialistischer Volksvertretungen, ihre Entmachtung zugunsten der Partei gesehen worden[21].
Gleichfalls kennen alle sozialistischen Staaten das Recht vorfristiger Abberufung[22]. In der Verfassungspraxis hat dieses Rechtsinstitut jedoch seine Bedeutung als politisches Kommunikationsmittel zur Lösung von Konflikten zwischen Wählern und Mandatsträgern verloren. In den wenigen bekannt gewordenen Fällen (*Kim* 1961: 9; *Kolok* 1967; *Besuglow* 1972: 151; *Azovkin* 1981: 129; *Kötschau* 1981: 271)[23], kommt der Abberufung vorrangig oder ausschließlich disziplinarrechtliche Funktion zu. Insofern formuliert Art. 57 Abs. 2 DDR-Verf. folgerichtig als Abberufungsgrund grobe Pflichtverletzung, während der sowjetische Verfassungsgeber umfassender vom Vertrauensverlust spricht und damit die historische Wurzel deutlicher werden läßt. In der Sowjetunion sind im kommunalen Bereich Abberufungen geringfügig häufiger, bewegen sich gegenwärtig auch hier jedoch in kaum meßbarer Größenordnung unter 0.01 Prozent[24]. Es erscheint denkbar, daß diesem Rechtsinstitut künftig in einzelnen sozialistischen Verfassungsordnungen wieder eine größere Bedeutung zuwachsen könnte. In einem politischen System, das aufgrund seiner verfassungsmäßigen Rahmenbedingungen Möglichkeiten alternativer Programmwahl weitgehend oder völlig ausgeschlossen hat, gibt das Abwahlrecht dem Wähler – theoretisch – die Möglichkeit, jedenfalls alternative *Personalwahlkorrekturen* vorzunehmen. Infolge der durch die Personalabteilungen der Führungsparteien geleiteten Personalpolitik (*Kadernomenklatur*) würde allerdings die Möglichkeit ungeplanter vorfristiger Abwahlen in größerem Umfange dysfunktional im Sinne langfristiger Personalplanung durch die Parteiverwaltungen wirken[25]. Gegen die hierin liegenden Erstarrungstendenzen richten sich offensichtlich derzeit die Reformbemühungen *Gorbačevs*. Bemerkenswerterweise kennt das pluralistisch-parlamentarische System der Bundesrepublik Deutschland in den Verfassungen einzelner Bun-

desländer ein deutlich plebiszitäres Element in der Möglichkeit, durch Volksentscheid die vorfristige Beendigung einer Wahlperiode und den Rückruf der gesamten Volksvertretung herbeizuführen (*Abelein* 1971, 187; *Ley* 1981, 367; *Pestalozza* 1981, 733)[26].

In Berlin (West) sind auf dieser Rechtsgrundlage in den Jahren 1981 und 1985/86 Verfahren zur Durchführung eines entsprechenden Volksbegehrens eingeleitet worden, was im erstgenannten Fall dazu führte, daß das Berliner Abgeordnetenhaus am 16.3. 1981 diesem Volksbegehren durch einen Beschluß zur Selbstauflösung zuvorkam. Wenn schon diese vorzeitige Beendigung einer Wahlperiode durch Volksentscheid als verfassungsrechtlich unbedenklich und vereinbar mit dem Grundprinzip des freien Mandats angesehen werden muß, so müßte, ließe sich a majore ad minus folgern, erst recht die vorzeitige Beendigung nur des Mandates eines einzelnen gewählten Abgeordneten verfassungskonform regelbar sein können. Denkbar wäre in Anbetracht laufender Strafverfahren gegen Abgeordnete ein Abberufungsverfahren gegen Abgeordnete einzuleiten, gegen die die Staatsanwaltschaft bereits Anklage in einem Strafverfahren erhoben hat. Desgleichen könnte der eindeutige Bruch wesentlicher Wahlversprechen bis hin zum Partei- und Koalitionswechsel als möglicher Abberufungsgrund in Betracht gezogen werden. In Analogie zu Art. 39 Abs. 3 Verf. Berlin (West) käme für derartige Fälle ein Verfahren in Frage, wonach ein Fünftel der Wähler eines Wahlkreises der Einleitung eines Abberufungsverfahrens zuzustimmen hätte. Die neue Berliner Landesregierung unter dem Regierenden Bürgermeister *Walter Momper* hat Gelegenheit, die von diesem als Oppositionsführer im Wahlkampf 1989 erhobene Forderung nach mehr unmittelbarer Bürgerbeteiligung wieder in politische Praxis umzusetzen. Auf die im übrigen erheblichen rechtlichen Schwierigkeiten der Ausformung eines derartigen begrenzten Rückrufrechts im Rahmen eines kombinierten Mehrheits- und Verhältniswahlsystems ist hier nicht näher einzugehen.

Die *Rotation* nach der Hälfte der gesetzlich vorgesehenen Legislaturperiode hat in der Bundesrepublik Deutschland zu einer langdauernden Diskussion um die Zulässigkeit und Vereinbarkeit mit geltendem Verfassungsrecht geführt. Einen vorläufigen Höhepunkt erreichte die Auseinandersetzung mit dem Urteil des Niedersächsischen Staatsgerichtshofs vom 5.6.1985 (Neue Juristische Wochenschrift 1985: 2319 ff.). In dieser Entscheidung erklärte das Gericht den aufgrund eines Parteibeschlusses der Grünen erfolgten generellen Mandatsverzicht zum Zweck planmäßigen Auswechselns von Abgeordneten während der Wahlperiode für unvereinbar mit der Niedersächsischen Verfassung, soweit dieser Verzicht nicht freiwillig erfolgt, sondern durch „bindende Weisung" einer Partei oder Fraktion herbeigeführt worden sei. Eine derartige Rotation stünde im Widerspruch zum Grundsatz des freien Mandats (Art. 38 Abs. 1 S. 2 GG), zum Gedanken der Gesamtrepräsentation (Art. 38 Abs. 1 S. 2, 1. Halbs. GG), verstoße gegen das Prinzip der Unmittelbarkeit der Wahl, gegen die Festlegung der Wahlperiode auf vier Jahre (Art. 39 Abs. 1 GG). Diese Einwendungen erweisen sich allerdings bei näherer Betrachtung in wesentlichen Punkten als nicht stichhaltig (*Holm/Th. Rautenberg*, 1984: 1657; *Kasten*, 1984: 2793; *Hase* 1984: 86; *Stober* 1983: 209; *Jung* 1984: 197; *Möller/Pawlitta/Rühl/Steinmeier* 1984: 367; *Frank/Stober* 1985). Wohl in Erkenntnis dessen hat das Gericht auch trotz seiner theoretischen Bedenken, die damals erfolgte freiwillige Rotation der Abgeordneten dann für zulässig erklärt, wenn dadurch die verfassungsmäßige Ordnung und die Funktionsfähigkeit des Landesparlaments nicht beeinträchtigt würden. Da die Grünen und Alternativen in der Bundesrepublik offenbar unter dem Eindruck mangelnder Einarbeitungszeit und Spezialisierungsmöglichkeit für ihre Abgeordneten inzwischen von einer vorfristigen Mandatsrotation wieder Abstand genommen haben[27], soll auf das Für und Wider dieser Rotationsform im westdeutschen Verfassungsrecht nicht näher eingegangen werden.

Verfassungsrechtlich unbedenklich erscheinen nach dem Verfassungsrecht der Bundesrepublik von vornherein solche Rotationsfestlegungen, die auf *freiwillige Wiederwahlbeschränkungen* nach Ablauf einer oder zweier Legislaturperioden hinauslaufen. Eine derartige Praxis, wiewohl gesetzliche Grundlagen dafür im Verfassungsrecht der Bundesrepublik fehlen, könnte ein geeignetes Mittel darstellen, allzu intensive Interessenverflechtungen zwischen Abgeordneten und Wirtschafts-Verbänden sowie anderen Interessenträgern, wie sie sich infolge langjähriger, bisweilen jahrzehntelanger parlamentarischer Arbeit entwickeln können – häufig in der politischen Diskussion der Bundesrepublik als „Filz" kritisiert – zu zerschneiden.

In den sozialistischen Staaten kommt der politischen Auseinandersetzung und Willensbildung im Rahmen der Volksvertretung wegen der Vorformung politischer Grundsatzentscheidungen durch die führenden Parteiorganisationen und ihre Gremien, aber auch durch den Informations- und Organisationsvorsprung der Exekutive und Verwaltungsbürokratie gegenüber den Volksvertretern vielfach ein erheblich geringeres Gewicht zu. Hierbei ist jedoch zu differenzieren: Während diese Feststellung für die Vertretungsorgane der DDR und der ČSSR wohl nach wie vor getroffen werden kann, gilt dies nicht mehr in gleichem Maße für die parlamentarische Arbeit in der Sowjetunion und in der VR Polen wie auch der SFR Jugoslawien, jeweils nach den dortigen Wahlen und Regierungsbildungen des Jahres 1989, wo in den Vertretungskörperschaften und vor allem in deren Ausschüssen nun auch kontroverse Diskussion und Meinungsbildung und unterschiedliches Abstimmungsverhalten bis hin zu Kampfabstimmungen Platz haben.

Ein gewisses Maß an Rotation fand und findet erfahrungsgemäß in Zusammenhang mit den traditionellen Einheitslistenwahlen, wie den Kommunalwahlen in der DDR 1989, ebenfalls statt, ohne daß dabei die (Aus)Wahlwünsche der Wähler sich bisher hätten angemessen artikulieren können. Dies hat sich nach den Kommunalwahlreformen in der VR Polen, in der Ungarischen VR und seit 1989 auch in der Sowjetunion geändert. Vorausgegangen waren einzelne nichtrussische Sowjetrepubliken, wo im Bereich des Kommunalrechts eine Änderung bisheriger Wahlpraxis – in Form von „Experimenten" in fünf Prozent aller Wahlbezirke – vor der Änderung des Wahlrechts – durch Aufstellung mehrerer Kandidaten für ein Mandat stattgefunden hatte[28].

Weitgehende Rotationsvorschriften und Wiederwahlbeschränkungen, insbesondere auch zur Absicherung eines gewissen Nationalitäten-Proporzes, hat unter den gegenwärtigen sozialistischen Verfassungen allein die der SFR Jugoslawien von 1974 formuliert[29]. Ob und wieweit sich der hier festgelegte Rotationszwang in der politischen Praxis Jugoslawiens positiv bewährt hat, ist schwer abzuschätzen und in Anbetracht der sich verschärfenden Konflikte fraglich (*Roggemann* 1989d), zumal den betroffenen Mandatsträgern die Möglichkeit offen bleibt, für die jeweils folgende Wahlperiode in Exekutiv- oder Parteiämter auszuweichen. Auch Delegierte auf der unteren, kommunalen Ebene scheinen nach wie vor entsprechende „Ausweichmöglichkeiten" zu finden.

Es bleibt abzuwarten, ob sich als Ergebnis der derzeitigen Reformdiskussionen vergleichbare Rotationsregeln auch im sowjetischen Verfassungsrecht und in der Verfassungspraxis herausbilden werden. Zweifellos könnte die Modifikation der bisherigen Wahlpraxis mit der dem Wähler gebotenen Möglichkeit, zwischen mehreren Kandidaten für ein Mandat auszuwählen, zu einem weiteren mittelbaren Rotationseffekt beitragen. Die zuletzt genannte Rotationsform in Gestalt des „*flexiblen Mandats*" hat sich im sozialistischen Verfassungsrecht bisher nicht allgemein erfolgreich durchsetzen können. Nur im Kommunalrecht der SFR Jugoslawien wurden auf der Grundlage des dortigen Delegiertensystems entsprechende Rechtsgrundlagen geschaffen und auch hier wegen des erheblichen organisatorischen und zeitlichen Aufwands nur in den höchstentwickelten Regionen, das heißt aufgrund eines Republiksgesetzes in der Republik Slowenien sowie in Teilen Kroatiens. Die praktische Umsetzung stößt jedoch auf erhebliche Schwierigkeiten (*Perko-Separovič* 1989).

Der vom jugoslawischen Gesetzgeber angestrebten Intensivierung von Bürgerpartizipation im regionalen Bereich stehen in der Verfassungs- und kommunalen Praxis der Bundesrepublik Deutschland eine Vielzahl von Partizipationsformen als *Bürgerbeteiligungen* vor allem an Planungen, im Bereich des Städtebaus, der Verkehrsplanung, des Umweltschutzes, der Energieversorgung gegenüber (*Achterberg* 1989: 1993; andererseits *Kristan* 1980: 177). Die verfassungsrechtliche Problematik, insbesondere die Legitimation und Repräsentativität dieser verschiedenen Beteiligungsformen und Verfahren, neuerdings vor allem der sogenannten „Planungszelle", ist Gegenstand kontroverser Auseinandersetzungen in der Rechtslehre (*Volz* 1986: 226). In der Zielsetzung, das Entscheidungsvorverfahren flexibler zu gestalten und einer Beteiligung betroffener sowie nichtbetroffener Bürger zu öffnen, begegnen sich diese Partizipationsansätze in der Bundesrepublik sich mit einzelnen Regelungen über allgemeine Versammlungen und Zusammenkünfte im sowjetischen Kommunalrecht und dem anderer sozialistischer Staaten. Da jedoch organisatorische Initiativen außerhalb der bestehenden und/oder genehmigten gesellschaftlichen Organisationen und staatlichen Organe im Verfassungsrecht der UdSSR und der anderen sozialistischen Staaten gegenwärtig noch keine tragfähigen Rechtsgrundlagen haben, bleiben derartige Beteiligungsformen auf die gesetzlich geregelten Fälle im Rahmen bestehender Kommunalorgane beschränkt[30]:

Der sozialistische Organisations- und Parteienpluralismus erweist sich als unumgängliches Entwicklungsziel zur Verwirklichung derartiger Partizipationsformen.

Die Frage nach Rechtsgrundlagen und praktischer Bedeutung von *Wähleraufträgen* bildet einen *Teilaspekt des imperativen Mandats*. Auch in diesem Punkt kann als überraschendes Ergebnis festgehalten werden, daß die sozialistische Rechtslehre dieses Kernproblem marxistischer Theorie durchaus unterschiedlich und teilweise gegensätzlich behandelt, während auf der anderen Seite die Theorie des pluralistischen Parlamentarismus die Rechtsfigur des freien Mandats im Parteienstaat so weitgehenden Bindungen und Einschränkungen im Grenzbereich zwischen Fraktionsdisziplin

und Fraktionszwang unterworfen hat, daß inhaltlich kaum noch von einem freien Mandat gesprochen werden kann (*Achterberg* 1975, 1984; *Müller* 1966; *Dicke* 1985: 451; *Stern* 1984: 1075).
Der Grundgedanke des imperativen Mandats im Sinne eines konkreten Rechtsverhältnisses mit aktualisierbaren Bindungswirkungen zwischen Mandatsträger und seinen Wählern ist in *keiner* gegenwärtigen sozialistischen Verfassung mehr in der ursprünglichen Form enthalten. Vielmehr haben die geltenden Verfassungen *Mischsysteme* ausgeformt, die sowohl Elemente des imperativen als auch des repräsentativen Mandats aufgenommen haben, einem „Imperativ" des Wählers aber *keine verbindliche Kraft* verleihen. Charakteristisch hierfür sind Formulierungen wie in Art. 103 Abs. 3 UdSSR-Verf., wonach der Deputierte sich in seiner Tätigkeit von gesamtstaatlichen Interessen leiten läßt – repräsentatives Element –, die Bedürfnisse der Bevölkerung des Wahlkreises berücksichtigt und sich für die Verwirklichung der Wähleraufträge einsetzt – Elemente imperativen Mandats ohne imperative Wirkung. Einen prozessualen Kompromiß in ähnlicher Richtung hat der jugoslawische Verfassungsgeber in Art. 141 Abs. 1 gesucht, wonach der Delegierte in einer Versammlung seine „Stellungnahme" zu einem streitigen Problem in Einklang mit den Richtlinien seiner Wahl-Delegation abzugeben hat, bei Entscheidung und Abstimmung hingegen sind die Delegierten „in Übereinstimmung mit den gemeinsamen und den allgemeinen gesellschaftlichen Interessen und Bedürfnissen" unabhängig, das heißt von Verfassungs wegen befugt, gegen etwaige Wähleraufträge und Delegationsrichtlinien zu stimmen.
Während in der sowjetischen Rechtslehre seit langem streitig ist, ob das gegenwärtige Sowjetsystem vom Vorhandensein eines imperativen Mandats ausgehe (*Besuglow/ Lukjanov* 1981: 70), gilt jedenfalls die Rechtsfigur des Wählerauftrages als Bestandteil des geltenden Rechts (vgl. Art. 102 UdSSR-Verf.). Die Arbeit mit Wähleraufträgen ist in einem Erlaß des Präsidiums des Obersten Sowjets vom 1.9.1980 neu geregelt worden. Hiernach soll ein „Maßnahmeplan" für die Erfüllung von Wähleraufträgen, die auf Vorwahlversammlungen zusammen mit der Kandidatennominierung angenommen werden, beschlossen werden. Kollidiert ein Wählerauftrag mit planwirtschaftlichen oder anderen „übergeordneten, allgemeinen Interessen", so nimmt der zuständige örtliche Sowjet ihn nicht in diesen Maßnahmeplan auf. In einem weitgehend zentral geplanten und verwalteten politischen System muß sich das Rechtsinstitut des Wählerauftrags in der Verfassungspraxis als problematisch und kaum durchführbar erweisen. Neuere Kritik bestätigt dies. So wird davon gesprochen, daß die Aufträge der Wähler von den Verwaltungsbehörden vorher selbst ausgearbeitet und den Kandidaten als „Wählermeinung" vorgelegt werden. „Nicht selten werden sie aus den Wirtschafts- und Sozialplänen abgeschrieben oder enthalten die Aufgaben, die im jeweiligen Wahlbezirk nach Meinung des Verwaltungsapparats nötig sind. Die Wähler werden damit in die Rolle von Statisten geführt"[31].
Im Staatsrecht der DDR wird den – im geltenden DDR-Recht nicht ausdrücklich geregelten – Wähleraufträgen nur die Bedeutung von *Vorschlägen* zuerkannt, die mit einer Stellungnahme der Verwaltung – des Rates – der Volksvertretung zu unterbreiten sind: „Die Volksvertretung entscheidet darüber, ob sie als Wähleraufträge bestätigt werden können und wie sie in den Jahresplan eingeordnet werden" (StaatsR

DDR 1984). Damit hat – systematisch folgerichtig doch politisch unbefriedigend – der Wähler keinerlei Rechtsmittel zur Durchsetzung seines „Auftrags". Im Rahmen des Eingabenwesens können Wählervorschläge jedoch durchaus praktische Bedeutung erlangen, zumal, wenn sie auf einer gleichzeitigen Beschwerde beruhen oder in deren Form gekleidet werden.

Damit scheinen wählerbezogene Formen eines generell-imperativen ebenso wie eines speziell-imperativen Mandats im sozialistischen Verfassungsrecht weitgehend ihr politisches Gewicht verloren zu haben: Anstelle der *Wählerbindung* ist die primäre *Parteibindung* des Abgeordneten getreten, der mit seinen Möglichkeiten zudem in die Planvorgaben eingebunden ist.

Auf der anderen Seite hat sich auch in den pluralistisch-parlamentarischen Systemen die Bedeutung des freien Mandats relativiert und die *Parteibindung* des Abgeordneten verstärkt. Rechtliche Grenze der Einwirkung durch die Partei im Sinne zulässiger Fraktionsdisziplin soll nur der Nötigungstatbestand des § 240 StGB BRD sein. Drohungen mit wirtschaftlichen Sanktionen, Ämter- und Mitgliedschaftsverlust gelten daher als noch rechtmäßig. Allerdings hat das Prinzip des freien Mandats nach wie vor seine Wirkungskraft insoweit bewahrt, als Franktionsausschluß oder Parteiwechsel des Mandatsträgers nicht automatisch den Mandatsverlust zu Folge haben, sondern dieser erst bei Parteiverbot durch das Bundesverfassungsgericht wegen Verfassungswidrigkeit der Partei eintritt[32].

Anmerkungen

1 Zur gegenwärtigen, unter dem Leitbegriff „Perestrojka" ablaufenden Reformdiskussion und Reform des politischen, rechtlichen und wirtschaftlichen Systems des Sozialismus vgl. z. B. *Afanssjew*, 1988; *Royen* 1988; aus rechtlicher und rechtspolitischer Sicht zusammenfassend *Roggemann* 1989a–d.

2 Vgl. z. B. für die Sowjetunion *Tille*, 1975; für Jugoslawien: Sbornik radova o stranom i uporednom pravu (Sammlung von Arbeiten zum ausländischen Recht und zur Rechtsvergleichung), Belgrad 1981, mit Rezension von *Strohbach*, 1982. Ein eindrucksvolles Beispiel für die Verarbeitung rechtsvergleichenden Materials bietet auch *Łetowski* 1985; als Beispiele kontrastierender, systemkritischer Auslandsrechtskunde sind zu nennen Gosudarstvennoe ... 1979; *Menzel* u. a. 1986; aus westlicher Sicht zur Rechtsvergleichung in der Sowjetunion z. B. *Dutoit* 1975. Grundlegende Fragen zur „Rechtsvergleichung zwischen Ländern mit verschiedener Wirtschaftsordnung" stellt *Loeber* bereits 1961, wenn auch seinen Antworten heute nicht mehr uneingeschränkt gefolgt werden kann. Weiterführende Hinweise bei *Roggemann*, 1980, neuerdings *Wähler* 1986. In diesem Zusammenhang ist auch auf die bereits zahlreichen Veröffentlichungen hinzuweisen, die aus gemeinsamen Tagungen und Diskussionen von Rechtswissenschaftlern aus der Volksrepublik Polen sowie der Sowjetunion einerseits und der Bundesrepublik Deutschland andererseits hervorgegangen sind.
In diesem Sinne weitgehend übereinstimmend vgl. die Erklärungen des Außenministers der Bundesrepublik Deutschland, *Genscher* und des Botschafters der Sowjetunion in der Bundesrepublik, *Kwizinski*. Vor dem World Economic Forum forderte *Genscher* mit Recht die Überwindung jahrzehntelanger Konfrontation im Ost-West-Verhältnis und angesichts der Reformentwicklung in der Sowjetunion ein vorurteilsfreies „neues Denken" im Verhältnis zu den sozialistischen Staaten auch von westlicher Seite, so Bulletin der Bundesregierung 1987, Nr. 13, 93 ff.

4 Daß hier noch ein weites Feld zu bearbeiten ist, kann allein der Tatsache entnommen werden, daß z. B. die Bundesrepublik Deutschland im Verhältnis zu sozialistischen Staaten bislang nur einen einzigen strafrechtlichen Rechtshilfevertrag abgeschlossen hat, und zwar den Auslieferungsvertrag zwischen der BR Deutschland und der SFR Jugoslawien vom 26.11.1970, vgl. Ges. vom 2.10.1974 BGBl. 1974 II, 1257.

5 Auch dieser Bereich systemübergreifender Zusammenarbeit kann ohne intensive rechtsvergleichende Arbeit nicht erfolgreich weiterentwickelt werden.
Auf diesem wichtigen Felde der joint-venture-Gesetzgebung sind Ende der achtziger Jahre in den sozialistischen Staaten umfassende und weitgehende Neufassungen, eine „dritte Generation" derartiger Gesetze erlassen worden, um dieser Form wirtschaftlicher Zusammenarbeit bessere Grundlagen zu geben: Für die Sowjetunion vgl. Erste Novelle der sowjetischen VO, veröffentlicht, in: Ekonomičeskaja gazeta 1987, Nr. 41; Zweite Novelle der sowjetischen VO, publiziert, in: Izvestija vom 10.12.1988, S. 2; deutsche Übersetzung von *J.-P. Waehler*, in: RIW 1989, Heft 1, S. 22–23; Ustawa o dzialalności gospodarczej z udzialem podmiotów zagranicznych, Dziennik Ustaw 1988 Nr. 41 Pos. 325; deutsche Übersetzung von *K.-J. Kuss*, in: RIW 1989, Nr. 4; Gesetz über die Wirtschaftstätigkeit unter Beteiligung ausländischer Rechtssubjekte; Gesetz über ausländische Investitionen (Zakon o stanim ulaganjima), Službeni list SFRJ 1988, Nr. 77, S. 19600–1963; deutsche Übersetzung von *U. Wiedemann*, in: JOR 1989; Gesetz Nr. 24/1988 über ausländische Investitionen 1988. evi XXIV. törvény a kulföldiek magyarorszagi befekteteseiröl, Magyar Közlöny 1988, S. 1710–1724. Erlaß Nr. 56 über Wirtschaftstätigkeit (Ukaz No. 56 za stopanskata dejnost, Dăržaven vestnik 1989 Nr. 4, S. 1 ff.; auszugsweise deutsche Übersetzung von *D. Nikolova*, in: JOR 1989.

6 Vgl. den ZK-Bericht zum 27. Parteitag der KPdSU, in: Pravda vom 26.2.1986, deutsche Übersetzung in: Neues Deutschland vom 26.2.1986; ferner den Bericht des Generalsekretärs *Gorbačev* auf dem Plenum des ZK der KPdSU am 27. und 28.1.1987: „Über die Umgestaltung und die Kaderpolitik der Partei", deutsche Ausgabe Moskau 1987; dazu auch Sowjetunion heute, 1987, Nr. 2.

7 Vgl. die Berichterstattung in: Rzeczpospolita vom 2.7.1986 zum Besuch von *Gorbačev* anläßlich des X. Parteitages der PVAP.
Seither hat die Entwicklung in der VR Polen nach der Verfassungsreform vom 7.4.1989 (Dz. U. 1989 Nr. 19, Pos. 101) und der WahlO vom 7.4.1989 (Dz. U. 1989, Nr. 19, Pos. 102) zur politischen und (verfassungs)rechtlichen Anerkennung eines Mehrparteienpluralismus geführt, der die Machtablösung der PVAP als der Sozialistischen Führungspartei zur Folge haben dürfte. Für Jugoslawien vgl. Anm. 1.

8 Dazu vgl. als Beispiele den Bericht über die Strafanzeige des Bundestagsabgeordneten der Grünen Fraktion Schily gegen Bundeskanzler *Kohl* im Zusammenhang mit dem *Flick*-Untersuchungsausschuß, in: Der Spiegel 1986, Nr. 6, S. 19 ff.; ferner die kritischen Presseberichte: Hindernisse bei der Wahrheitsfindung, Die Zeit vom 14.3.1986; Der zweite und der dritte Weg – Das Räderwerk einer Geldwaschanlage oder die Verfilzung von Geld, Partei und Staat in Baden-Württemberg, in: Die Zeit vom 18.1.1985, S. 23; Ein wenig Licht in das Dunkel – Vor den Urteilen gegen *Lambsdorff, Friedrichs* und *Brauchitsch*, Die Zeit vom 13.2.1987; Schleifspuren eines Skandals. Das Urteil im *Flick* Prozeß gilt der ganzen politischen Klasse der Republik, in: Die Zeit vom 20.2.1987; Das ist der Berliner Sumpf, in: Die Zeit vom 31.1.1986. Im Berliner Wahlkampf erregte die AL Aufsehen mit satirisch-kritischen Wahlplakaten gegen Korruptionsfälle, in die Vertreter und Wahlbewerber anderer Parteien verwickelt waren („Wir haben die Korruption wieder wählbar gemacht" – „Jede Menge Vergangenheit").

9 Vgl. Art. 2 Abs. 2 UdSSR-Verf. 1977; Art. 5 Abs. 1 DDR-Verf. i.d.F 1974; Art. 89, 111, 116, 133 Verf. SFR Jugoslawien von 1974; i.d.F. 1988; Art. 2 Abs. 1 Verf. VR Polen i.d.F 1970; Art. 200 Abs. 2 Grundgesetz der Bundesrepublik Deutschland (GG BRD) 1949; ferner *Jarosz/Zawadzki* 1980; StaatsR DDR LB, 233 ff., 279 ff.; *Vasil'ev* 1981; *Roggemann* 1974.

10 Vgl. die Möglichkeit der Volksaussprache sowie der Volksabstimmung (Referendum) in Art. 5 Verf. UdSSR; desgleichen in Art. 89 Verf. SFR Jugoslawien; den Hinweis auf Volksabstimmungen in Art. 65 Abs. 3 DDR-Verf.) und plebiszitäre Ansätze sind ebenfalls dem GG BRD (vgl. in Form von Abstimmungen in Art. 20 Abs. 2) und deutlicher noch den Verfassungen mehrerer Bundesländer der Bundesrepublik Deutschland (vgl. Art. 43 Verf. Baden-Württemberg; Art. 18 Abs. 3 Verf. Bayern; Art. 109 Abs. 1 Verf. Rheinland-Pfalz; vgl. ferner auch Art. 39 Abs. 3 Verf. Berlin (West) bekannt.

11 So aber *Stern* 1984: 608. Dagegen weist *Stein* AK GG Art. 20 Abs. 2, Rdn. 39, mit Recht darauf hin, daß wegen der in Art. 20 Abs. 2 GG zugelassenen „Abstimmungen" das Grundgesetz eine weitere plebiszitäre Ausgestaltung nicht grundsätzlich verbietet. Für Einführung konsultativer Referenden z. B. *Ch. v. Pestalozza*, NJW 1981: 733 f. Demgegenüber könnte Art. 5 Abs. 3 DDR-Verf. 1974 allerdings als Verbot aller Formen spontaner und plebiszitärer politischer Partizipation im Sinne direkter Demokratie verstanden werden; anders wohl *Sorgenicht, Weichelt* u. a. 1969: 285.

12 In diesem Sinne sprach z. B. der sozialdemokratische Rechtspolitiker *Adolf Arndt* vom „unerfüllten Grundgesetz"; vgl. zum historischen Aspekt auch *W. Abendroth*, 1966; *Mayer/Stuby* 1976.

13 Zum politischen Anspruch und der verfassungsrechtlichen Stellung der Führungsparteien in den sozialistischen Staaten, vgl. z. B. Verfassung der UdSSR, Politisch-rechtlicher Kommentar, 34 ff., 36; Sowjets der Volksdeputierten, S. 40 ff.; *Łopatka* 1975: 118 ff.; StaatsR DDR LB, S. 107 ff.; Partija i sovety (Partei und Sowjets), *Morozov* u. a. 1982, jeweils auch in Auseinandersetzung mit kritischen Positionen westlicher Rechtswissenschaft.

14 Zu diesem Weg in den Parteienstaat kritisch schon bald nach Erlaß des Bonner Grundgesetzes *Werner Weber*, 1951: 22; zusammenfassend zur weltweiten Tendenz der Mediatisierung des Volkes durch die politischen Parteien, *Stern* 1984: 436 ff., 467 f.; deutlich kritisch gegenüber dieser Entwicklung im pluralistischen System der Bundesrepublik Deutschland und für einen „Abbau der Demokratiedefizite in Staat und Gesellschaft" z. B. *Stein* ... Art 20 GG Abs. 1–3 Rdn. 8.

15 Die rechtlich und politisch folgenreichste Reduzierung der pluralistischen Demokratie in der Bundesrepublik Deutschland bedeutete das KPD-Verbotsurteil des Bundesverfassungsgerichts vom 7.8.1956, BVerfGE 5,80 = NJW 1956, 1393, durch das die politische Auseinandersetzung mit dem Sozialismus aus dem innenpolitischen System der BRD weitgehend verdrängt und Parteinahme für kommunistische sozialistische Organisationen kriminalisiert wurde. Vgl. dazu *A. v. Brünneck* 1978.
Auch die Einfuhr sozialistischer Tageszeitungen, wie z. B. des „Neuen Deutschlands" aus der DDR galt jahrelang als Straftat (kritisch dazu *Roggemann*, Juristische Rundschau (JR) 1966: 243 ff.). Erst der Beschluß des Bundesverfassungsgerichts vom 3.10.1969, Juristenzeitung (JZ) 1970: 100, stellte klar, daß das Recht auf Informationsfreiheit auch die Einfuhr kommunistischer und sozialistischer Publikationen in die Bundesrepublik Deutschland beinhalte. Eine anhaltende Spätfolge dieser Entwicklung sind die Berufsbeschränkungen für Mitglieder und Gesinnungsgenossen neuer kommunistischer Nachfolgeorganisationen in der Bundesrepublik Deutschland aufgrund des „Radikalenerlasses", der noch immer in einzelnen Bundesländern praktiziert wird, dazu *Knirsch* u. a. 1973. In den sozialistischen Staaten hat dogmatisiertes Fehlverständnis erkenntnistheoretischer und gesellschaftskritischer Ansätze der *Marx*schen Theorie lange Zeit und teilweise bis in die Gegenwart zur Verdrängung oder Kriminalisierung kritischer und alternativer Positionen geführt. Diese zunächst vereinzelt von wissenschaftlicher Seite kritisierte Entwicklung ist gegenwärtig Gegenstand der Reformdiskussionen in der Sowjetunion. Rechtslehre und Gesetzgebung in der Volksrepublik Polen haben mit der Juridifizierung des Zensurwesens und seiner Einbeziehung in die Entscheidungszuständigkeit des polnischen Hauptverwaltungsgerichts einen bedeutsamen Beitrag zur Weiterentwicklung des politischen Systems des Sozialismus geleistet.

16 Vgl. Art. 1 Abs. 1 DDR-Verf.; Abs. III Präambel SFRJ-Verf.; Art. 6 Abs. 1 und 2 UdSSR-Verf.; Art. 3 Abs. 1 Verf. VR Polen.

17 Dazu vgl. *W. Wassiljew*, in: Sowjetunion heute 1987/2, S. 36; Literaturnaja Gazeta vom 8.10. 1986, S. 11; ZK-Bericht 1987, S. 9 ff., 14 ff., 34 ff.

18 So befanden sich, Untersuchungen aus den sechziger Jahren zufolge, rd. 70 Prozent des Betriebs- und Kapitalvermögens in der Bundesrepublik Deutschland in der Hand von weniger als 2 Prozent aller Haushalte. Dazu *Huffschmid* 1970, 28 ff., 33; entsprechend einer Studie des Forschungsinstituts der britischen Gewerkschaften befinden sich 83,7 Prozent des Grund und Bodens und 81,2 Prozent der Wirtschaftsanteile in Großbritannien in den Händen von rd. 1 Prozent der Bevölkerung, nach: Der Tagesspiegel vom 11.3.1987. Wenn auch derartigen volkswirtschaftlichen Gesamtrechnungen entgegengehalten werden kann, daß sie nicht genügend differenziert seien, so bleibt doch in den pluralistischen, privatwirtschaftlich geordneten Demokratien ein außerordentlich hoher Grad an ökonomischer Konzentration festzustellen, dessen politische Relevanz von der herrschenden Staatsrechtslehre z. B. in der Bundesrepublik Deutschland bislang nicht angemessen thematisiert worden ist.

19 Zu diesem Problem schon z. B. *Thaysen* 1972; Kritisch zum schichtspezifischen Partizipationsdefizit in den Parlamenten der Bundesrepublik Deutschland z. B. *Stein* ... Art. 20, Abs. 2 Rdn. 38.

20 Viel diskutiertes Beispiel aus der Bundesrepublik Deutschland bietet der „Hamburger Polizeikessel": Den zu Unrecht von der Polizei festgehaltenen Teilnehmern an einer Demonstration gegen die staatliche Energiepolitik wurde von der Justiz ein Kompensationsanspruch in Geld

gegen die Staatskasse zugesprochen. Zur verfassungsrechtlichen Problematik geplanter Verschärfung der Polizeigesetzgebung vgl. *B. Hirsch*, ZRP 1989: 81 ff.; zum Problem der Bürgerbeteiligungen an öffentlichen Planungen vgl. *Volz* 1986: 226 ff.

21 Als Sicherung gegen „Personenkult und die mit ihm verbundenen Verletzungen der innerparteilichen Demokratie" sah das Parteistatut der KPdSU vom 31.10.1961 das Prinzip der kollektiven Führung (Ziff. 27) vor und führte zur Stärkung der „innerparteilichen Demokratie" in Ziff. 25 das „Prinzip der systematischen Erneuerung" der Parteiorgane bei den Wahlen ein: Bei allen Neuwahlen sollten danach das Zentralkomitee und sein Präsidium mindestens zu einem Viertel erneuert, die Präsidiumsmitglieder in der Regel nicht mehr als dreimal hintereinander für eine Wahlperiode gewählt werden. Ausnahmen waren an eine qualifizierte Mehrheit von dreiviertel der Stimmen bei geheimer Abstimmung geknüpft. In den unteren Organen sollte der Rotationszwang noch verschärft werden: Die ZK in den Unionsrepubliken, die Komitees der Regionen und Gebiete sollten bei allen Neuwahlen mindestens ein Drittel, die Komitees der Kreise, Städte und Bezirke sowie der Grundorganisationen sogar die Hälfte ihrer Funktionäre erneuern.

Dieses Rotationssystem war von den Nachfolgern *Chruščevs* auf dem XXIII. Parteitag 1966 mit der Begründung gestrichen worden, es habe zu einem häufigen Wechsel der Sekretäre in den Grundorganisationen geführt und „begonnen, sich negativ auf die Tätigkeit der Parteigrundorganisationen auszuwirken". Zur Kritik an „negativen Tendenzen" und „Erstarrung" innerhalb der Partei und zur Forderung ihrer Demokratisierung vgl. jetzt mit erneutem Hinweis auf die Notwendigkeit geheimer Parteiwahlen und regelmäßiger „Erneuerung der Kader" *Gorbačev* im ZK-Bericht vom 27. und 28.1.1987, S. 34 ff.; 51, mit Kritik an „starken Stagnationserscheinungen in der Kadersphäre": Bei den Sekretären einer Reihe von Parteikomitees, unter Mitarbeitern von Staats- und Wirtschaftsorganen auf örtlicher, Republiks- und Unionsebene gab es manchmal jahrzehntelang keine notwendigen Kaderveränderungen und keinen Zustrom neuer Kräfte".

22 Vgl. Art. 57 Abs. 2 Verf. DDR; Art. 152 Verf. SFRJ; Art. 102 Verf. Polen; Art. 107 Abs. UdSSR Verf.

23 Danach sind z. B. aus dem Obersten Sowjet der UdSSR seit Erlaß des Gesetzes über die Abberufung von 1959 bis Ende 1980 12 Abgeordnete abberufen worden, aus den örtlichen Sowjets im Jahre 1968 z. B. 541 und im Jahre 1979 335 Abgeordnete; s. auch Sovety Narodnych Deputatov (Sowjets der Volksdeputierten) 1980, Nr. 5, S. 73; zur geringen Anzahl näher *Besuglow* 1972: 153.

24 Bei den Kommunalwahlen vom 19.6.1977 wurden in der Sowjetunion insgesamt 2.229.785 Deputierte gewählt.

25 Zum Problem der „künstlichen Stabilität", die sich praktisch „in eine Stagnation in der Kadersphäre verwandelt hat" kritisch *Gorbačev* im ZK-Bericht 1987: 51.

26 Vgl. z. B. Art. 39 Abs. 3 Verf. Berlin (West); Art. 43 Verf. Baden-Württemberg; Art. 18 Abs. 3 Verf. Bayern; Art. 190 Abs. 1 Verf. Rheinland-Pfalz. In Berlin (West) gilt dazu das Gesetz über Volksbegehren und Volksentscheid zur vorzeitigen Beendigung der Wahlperiode des Abgeordnetenhauses vom 27.11.1974, Berl. GVBl., S. 2774, mit einer DurchführungsVO vom 22.9. 1976, GVBl., S. 2291. Die vielfach in der Staatsrechtslehre der Bundesrepublik Deutschland vertretene Auffassung, aus dem Prinzip der Repräsentation folgte, daß sich Wählerwille ausschließlich in den Wahlen und während der Wahlperioden nur durch die Abgeordneten äußern könne, in diesem Sinne z. B. *Stern* 1984: 293 f., 601 ff.; *Hesse* 1985: 230, ist daher nicht haltbar.

27 Die Strukturkommission der Grünen hat ihrem Bundesparteitag die Einführung einer vierjährigen Rotation, d. h. praktisch ein Wiederwahlverbot empfohlen, vgl. Die Tageszeitung (TAZ) vom 12.11.1985; ähnlich das Wahlprogramm der Alternativen Liste (AL) von 1985.

28 Dies gilt z. B. für die Sowjetrepublik Estland. Im ZK-Bericht 1987: 34, 35 wurde eine allgemeine Wahlrechtsreform mit dem Ziel gefordert, mehrere Kandidatenvorschläge zuzulassen, da es „dadurch jedem Bürger ermöglicht wird, seine Meinung zu einem größeren Kreis von Kandidaten zum Ausdruck zu bringen und daß die Partei- und Staatsorgane besser die Stimmung und den Willen der Bevölkerung kennenlernen". Die auf der Grundlage des neuen Wahlgesetzes der UdSSR v. 1.12.1988 durchgeführten Wahlen zum Kongreß der Volksdeputierten und dem Obersten Sowjet brachten erstmals in der Sowjetischen Geschichte seit 1918 regelrechte Wahlkämpfe und überraschende Ergebnisse.

29 Vgl. Art. 148; 149; 151; 230; 289; 312; 324; 349.

30 Vgl. Vedomosti Verchovnogo Soveta (VVS) RSFSR 1985, Nr. 36, Pos. 1269: Ordnung über allgemeine Versammlungen und Zusammenkünfte von Bürgern in ihrem Wohnort in der RSFSR vom 27.8.1985.

31 Vgl. das Ges. der UdSSR O statuse narodnych deputatov v SSSR (Über den Status der Volksdeputierten der UdSSR) vom 20.9.1972 i. d. F. vom 19.4.1979, VVS UdSSR 1979, Nr. 17, Pos. 277.
„Fazit ist, daß die Rolle der Deputierten der Sowjets, der Mitglieder der Partei – und anderer Organe bei der Zusammensetzung der Exekutivkomitees, bei der Auswahl der Kader und bei der Kontrolle über deren Tätigkeit herabgesetzt wurde ... Sehr oft stößt man auf Versuche von Mitarbeitern des Apparats, Mitgliedern der Parteikomitees, anderer gesellschaftlicher Organisationen und Deputierten der Sowjets Befehle zu erteilen. In der Praxis geschieht es, daß demokratische Mechanismen für die Bildung und die Arbeit der gewählten Organe verkündet werden, die bei weitem nicht immer funktionieren und folglich nicht effektiv genug sind", so *Gorbačev* im ZK-Bericht: 54, 55. Zu diesen Entwicklungsproblemen für die örtlichen Volksvertretungen in der DDR unter vergleichendem Aspekt vgl. *Roggemann* 1987.

32 Zu den Strafrechtsgrenzen der Fraktionsdisziplin im Parteiensystem der Bundesrepublik Deutschland vgl. z. B. Oberverwaltungsgericht (OVG) Lüneburg, OVGE 4, S. 138 ff., 143 f.; zur Frage des Mandatsverlusts bei Parteiverbot durch das BVerfG vgl. BVerfGE 2, 1 ff. Vergleichbare Fragestellungen sind dem politischen System der sozialistischen Staaten, die eine „Parteirotation" (so *Łopatka* 1975: 122) im Wettbewerb um die Leitung des Staates grundsätzlich ablehnen und den staatlichen (Verwaltungs- und Verfassungs-)Gerichten keine Entscheidungszuständigkeit gegenüber den Parteien zuschreiben, nicht bekannt.

Literaturverzeichnis

Abelein, 1971: Plebiszitäre Elemente in den Verfassungen der Bundesrepublik, in: Zeitschrift für Parlamentsfragen (ZParl), 187 ff..

Achterberg, 1978: Die parlamentarische Demokratie als Entfaltungsraum für Bürgerinitiativen, in: Neue Juristische Wochenschrift (NJW) 1993 ff.

Abendroth, W., 1966: Das Grundgesetz, Pfullingen.

Afanassjew, B. J. (Hrsg.), 1988: Es gibt keine Alternative zur Perestrojka: Glasnost, Demokratie, Sozialismus (mir Vorwort von M. S. Gorbatschow), Nördlingen.

Alexejev, S. S., 1988: Perestrojka und das Recht in der Sowjetunion (mit Einführung Schweisfurth), Heidelberg.

Andrjuščenko, E., 1986: Glasnost: Basa spravedlivosti i zalog obnovlenija (Öffentlichkeit: Grundlage der Gerechtigkeit und Unterpfand der Erneuerung), Literaturnaja gazeta v. 8.10.

Azovkin, u. a. (Red.), 1981: Die Sowjets der Volksdeputierten, Moskau.

Besuglow, A. A., 1972: Der Sowjetdeputierte, Berlin.

Brüneck, A. von, 1978: Politische Justiz gegen Juristen in der Bundesrepublik Deutschland 1949 bis 1968, Frankfurt/M.

Burchardt, R. / Schlamp, H. J., 1985: Flick-Zeugen.

Burda, A., 1970: Polskie prawo panstwowe (Polnisches Staatsrecht), 7. Aufl. Warschau.

Dutoit, B., 1975: Die sowjetische Rechtsvergleichung gestern und heute, in: Jahrbuch für Ostrecht (JOR), Bd. XVI/2, 49 ff.

Frank, G. / Stober, R. (Hrsg.), 1985: Rotation im Verfassungsstreit 1985.

Gosudarstvennoe pravo buržuaznych stran i stran, osvobodiyščhsja ot kolonialno zavisimosti (Staatsrecht der bürgerlichen und der aus kolonialer Abhängigkeit befreiten Länder), Moskau 1979.

Gruel, K.-F. / Hösel, D. / Petzold, S. u. a., 1984: Staatsrecht der DDR. Lehrbuch, 2. Aufl. Berlin.

Hase, F., 1984: Die Grünen – eine verfassungsfeindliche Partei?, in: Zeitschrift für Rechtspolitik (ZRP), 86 ff.

Hesse, K., 1985: Grundzüge des Verfassungsrechts der Bundesrepublik Deutschland (Grundzüge), 15. Aufl., Heidelberg.

Hohm, K.-H. / Rautenberg, Th., 1984: Mandatsrotation und Grundgesetz, in: Neue Juristische Wochenschrift, 1657 ff.

Huffschmid, J., 1970: Die Politik des Kapitals. Konzentration und Wirtschaftspolitik in der Bundesrepublik, Frankfurt/Main.
Jarosz, Z./Zawadzki, S., 1980: Prawo konstytucyjne (Verfassungsrecht), Warszawa.
Jung, D., 1984: Das Rotationsprinzip der „Grünen", in: Die öffentliche Verwaltung (DÖV), 197 ff.
Kasten, H.-H., 1984: Rotation contra Grundgesetz, in: NJW, 2793 ff.
Kilz, W./Preuss, J., 1983: Die gekaufte Republik.
Kirchhof, 1989: 40 Jahre Grundgesetz, in: Juristen-Zeitung (JZ), 9, 457 ff.
Kim, A. I., 1961: Pravo otzyva deputatov v sovetskom gosudarstve (Das Recht auf Abberufung von Deputierten im Sowjetstaat), Tomsk.
Kim, A. I., 1965: Sovetskoe izbiratel'noe pravo (Sowjetisches Wahlrecht), Moskau.
Knirsch, H. u. a. (Hrsg.), 1973: „Radikale im öffentlichen Dienst", Frankfurt/Main.
Kötschau, G., 1981: Das Wahlsystem der UdSSR, Berlin.
Kotok, V. F., 1967: Nakazy izbiratelej v socialističeskom gosudarstve – imperativnyj mandat (Wählueraufträge im sozialistischen Staat – das imperative Mandat), Moskau.
Kristan, I., 1980: Das Delegiertensystem in Jugoslawien, in: Recht in Ost und West (ROW), 177 ff.
Leibholz, G., 1967: Strukturprobleme der modernen Demokratie, 3. Aufl., Karlsruhe.
Łętowski, J., 1985: Administracja – Prawo – Orzecznictwo sadowe (Verwaltung – Recht – Gerichtsentscheidung), Wroclaw, Warszawa, Kraków, Gdansk, Łódź.
Ley, 1981: Die Auflösung der Parlamente im deutschen Verfassungsrecht, in: Zeitschrift für Parlamentsfragen, 367 ff.
Loeber, D. A., 1961: Rechtsvergleichung zwischen Ländern mit verschiedener Wirtschaftsordnung, in: Rabels Zeitschrift für ausländisches und internationales Privatrecht (RabelsZ), 201 ff.
Łopatka, A., 1975: Wstęp do prawoznastwa (Einführung in die Rechtswissenschaft) 3. Aufl. Warschau.
Mayer, U./Stuby, G. (Hrsg.), 1976: Die Entstehung des Grundgesetzes, Köln.
Meessen, K. M., 1985: Parteienstaatlichkeit – Krisensymptome des demokratischen Verfassungsstaates? Neue Juristische Wochenschrift (NJW), 2289 ff.
Menzel, G. W. u. a. (Hrsg.), 1986: Staatsrecht bürgerlicher Staaten, 2. Aufl. Berlin.
Möller, W./Pawlita, C./Rühl, U./Steinmeier, F., 1984: Von der rechtlichen Bindungslosigkeit und der politischen Verantwortlichkeit des Abgeordneten, in: Demokratie und Recht (DuR), 367 ff.
Morozov, B. M. u. a., 1982: Partija i sovety (Partei und Sowjets), Moskau.
Perko-Separovič, J., 1988/89: Referat im Kurs „Selfmanagement and future capitalism and socialism" im Interuniversity Center Dubrovnik.
Pestalozza, 1981: Volksbefragung – das demokratische Minimum, in: Neue Juristische Wochenschrift, 733 ff.
Ponomareva, B. N. (Red.), 1982: Konstitucija SSSR. Politiko-pravovoj kommentarij (Die Verfassung der UdSSR. Politisch-rechtlicher Kommentar), Moskau.
Roggemann, H., 1980: Aufgaben der deutschen Ostrechtsforschung, in: *Meissner, B./Roggemann, H./Schroeder, F. C./Westen, K.*: Grundsatzfragen der Ostrechtsforschung (Studien des Instituts für Ostrecht München, 28) München, S. 53 ff.
Ders., 1974: Volksvertretungen im Sozialismus, Eine Einführung in Strukturprobleme sozialistischer Staatsorganisation, in: Zeitschrift für Parlamentsfragen (ZParl), 339 ff.
Ders., 1987: Kommunalrecht und Regionalverwaltung in der DDR, Berlin.
Ders., 1989a: Rechtsreformen in der Sowjetunion, in: Zeitschrift für Rechtspolitik (ZRP) 1989, S. 100 ff.
Ders., 1989b: Die Sowjetverfassungen, 2. Aufl., Berlin.
Ders., 1989c: Die DDR-Verfassungen, 4. Aufl., Berlin.
Ders., 1989d: Zur Verfassungsdiskussion in der SFR Jugoslawien, in: Recht in Ost und West (ROW), Nr. 5.
Royen, Ch., 1988: Osteuropa: Reformen und Wandel. Erfahrungen und Ansichten vor dem Hintergrund der sowjetischen Perestrojka, Baden-Baden.
Strohbach, H., 1982: Rezension zu Sbornik radova o stranom i uporednom pravu (Sammlung von Arbeiten zum ausländischen Recht und zur Rechtsvergleichung), Belgrad 1981, in: Staat und Recht (StuR), 185 ff.
Sorgenicht, K./Weichelt, W. u. a. (Hrsg.), 1969: Verfassung der Deutschen Demokratischen Republik (VerfKomm DDR), Berlin.
Stein, E., 1984 in: Alternativ-Kommentar zum Grundgesetz für die Bundesrepublik Deutschland (AK-GG), Neuwied – Darmstadt.

Stern, K., 1984: Das Staatsrecht der Bundesrepublik Deutschland (StaatsR), Bd. I, 2. Aufl., München.

Stober, R., 1983: Grüne und Grundgesetz, in: Zeitschrift für Rechtspolitik (ZRP), 209 ff.

Thaysen, U., 1972: Parlamentsreform in Theorie und Praxis, Opladen.

Tille, A. A., 1975: Socialističeskoe sravnitel'noe pravovedenie (Sozialistische vergleichende Rechtswissenschaft), Moskau, Ausgabe Berlin 1987.

Topornin, B. N., 1981: Teoretičeskije osnovy sovetskoj konstitcii (Theoretische Grundlagen der Sowjetverfassung), Moskau.

Vasil'ev, V. E. (Red.), 1981: Komentarij k zakonu o statuse narodnych deputatov v SSSR (Kommentar zum Gesetz über den Status der Volksdeputierten in der UdSSR), Moskau.

Vasil'ev, B. V., 1986: Demokratija i perestrojka (Demokratie und Umgestaltung), in: Pravda vom 31.10.

Volz, S. J., 1986: Die verfassungsrechtliche Problematik der Verwendbarkeit des Bürgerbeteiligungsverfahrens „Planungszelle" bei öffentlichen Planungen, in: Recht und Politik, Nr. 4, S. 226 ff.

Wassermann, R., 1986: Die Zuschauerdemokratie, 1986.

Wassiljew, W., 1987: in: Sowjetunion heute 2, S. 36.

Wähler, K., 1986: Zum Problem der Vergleichbarkeit sozialistischer und nichtsozialistischer Privatrechtsordnungen, in: Probleme systemvergleichender Betrachtung, hrsg. von *Gutmann, G./ Mampel, S.*, Berlin, 207 ff.

Weber, W., 1970: Spannungen und Kräfte im westdeutschen Verfassungssystem, 3. Aufl. Berlin.

Westen, K., 1988: in: *David/Grassmann*: Die großen Rechtssysteme der Welt, München.

Glasnost in der UdSSR. Von systemimmanenter „Kritik und Selbstkritik" zum systemüberwindenden öffentlichen Diskurs

Margareta Mommsen

1. *Einführende Betrachtungen*

Die in der Sowjetunion aufblühende *kritische Öffentlichkeit* ist in ihrer russischen Bezeichnung *Glasnost* weltweit bekanntgeworden. Der neue öffentliche Diskurs erweist sich wie eine permanente verfassunggebende Versammlung, ein kollektives Suchen nach alternativen Strukturen und einer neuen Weltanschauung. Dabei aktiviert sich die Gesellschaft, formiert sich eine neue „Avantgarde". Sie rekrutiert sich zumeist aus der künstlerischen und wissenschaftlichen Intelligentsija und tritt vor allem in denjenigen Medien hervor, die selbst zu den Schrittmachern von Glasnost zählen.
Angesichts dieser Entwicklungen stellt sich die Frage nach der Qualität der neuen öffentlichen Meinung, nach ihrer systemüberwindenden Kraft. Das Erkenntnisinteresse zielt dabei sowohl auf die Herausbildung neuer Foren und Formen der Öffentlichkeit wie auf deren Inhalte. Bei der Erfassung der spontanen Weiterungen des öffentlichen Diskurses ist insbesondere die Entwicklung der Auseinandersetzung mit den ideologischen und institutionellen Grundlagen des Sowjetsystems von Relevanz. Im Rahmen des beabsichtigten strukturellen Wandels interessiert zumal die aktuelle Auslegung der traditionellen Formel der „*Kritik und Selbstkritik*" selbst. In dem Zusammenhang ist der Grad des Abrückens von den Positionen der Gründungsväter der Sowjetrepublik und von den über Jahrzehnten eingeschliffenen Formen und Wirkungsweisen der „Kritik und Selbstkritik" aufschlußreich. Inwieweit wird die traditionelle systemimmanente Kritik durch Glasnost abgelöst und kann man Glasnost bereits als Rede- und Meinungsfreiheit sehen oder nur als eine Vorstufe dazu?
Das Bündel der aufgeworfenen Fragen läßt sich am ehesten aus einer geschichtlichen Entwicklungsperspektive her aufschnüren und mithilfe von Typologien veranschaulichen. Zunächst soll die theoretische und institutionelle Grundlegung der „Kritik und Selbstkritik" in den Anfängen der Sowjetrepublik skizziert werden. Weiter ist der Frage nachzugehen, welche Formen einer öffentlichen Kritik sich praktisch herausgebildet haben. Die Darstellung der besonderen Funktionen und Wirkungsweisen gesellschaftlicher Kritik in der *Brežnev*-Periode kann die Folie für die einschlägigen Neuerungen seit *Michail Gorbačevs* Amtsantritt abgeben. Zuletzt sind die Entwicklungsstufen des Glasnost-Prozesses im Rahmen der allgemeinen inneren Umgestaltung (*Perestrojka*) des politischen Systems zu erörtern.

2. *Ursprünge und Merkmale der systemimmanenten „Kritik und Selbstkritik"*

In einer recht allgemeinen Bedeutung hatte *Karl Marx* 1852 Selbstkritik als Voraussetzung einer erfolgreichen revolutionären Arbeiterbewegung in Rechnung gestellt (Marx/Engels-Gesamt-Ausgabe 1960: Bd. 8, 118). *W. I. Lenin* rezipierte den Gedanken zunächst zur Regulierung des Parteilebens der Bolschewiki und deren Verhältnis zu den Menschewiki sowie für die Arbeit der russischen Sozialdemokraten in der Duma. Auch diese sollten ihrer Fehler wegen „vor den Massen" kritisiert werden. In *Lenin*s Stellungnahmen zur Selbstkritik vor wie nach der Oktoberrevolution wechselten sich bald taktisch gemünzte Äußerungen mit grundsätzlichen Bekenntnissen ab. Immerhin hielt er es im November 1917 für die „Pflicht eines Revolutionärs", auch an den Volkskommissaren Kritik zu üben. 1918 propagierte *Lenin* öffentliche Kritik, „*Glasnost*", in der Presse, vorwiegend um auf die Massen erzieherisch und mobilisierend einzuwirken. Er sah in Glasnost auch ein Mittel „zur Organisierung des wirtschaftlichen Wettbewerbs". Er meinte, daß Geheimhaltung über die Arbeit in den Betrieben schließlich „albern und widersinnig" in einer Gesellschaft wäre, die den Sozialismus aufbauen wolle (*Lenin* Werke 1961: Bd 27, 192–195).
Schon vor der Oktoberrevolution war die Politik der russischen Sozialdemokraten durch die in sich widersprüchliche Losung der „Freiheit der Diskussion und Einheit der Aktion" bestimmt, wobei im Zweifelsfall das gemeinsame Vorgehen Priorität vor dem freien Meinungsaustausch hatte (*Lenin* Werke 1961: Bd 11, 314–315, 384). Als sich 1920 die innerparteilichen Auseinandersetzungen zuspitzten, stellte sich das Problem der Vereinbarkeit der „Freiheit der Andersdenkenden" und der wünschenswerten Geschlossenheit der Partei in akuter Form. Dies gab *Lenin* Anlaß, „über den Inhalt der Kritik" grundsätzliche Erwägungen anzustellen (*Lenin* Werke 1961: Bd 31, 420). Er kam zu der Schlußfolgerung, daß Kritik konstruktiv sein müsse; sie sollte „wirkliche Aufbauarbeit" leisten; hingegen dürfte „Kritik um der Kritik willen" nicht geübt werden.
Als auf dem X. Parteitag der All-russischen Kommunistischen Partei (Bolschewiki) 1921 das *Fraktionsverbot* verhängt wurde, zog dies entsprechende Leitlinien für die Handhabung der an sich „unbedingt notwendigen Kritik an den Mängeln der Partei" nach sich: „Was die Form der Kritik betrifft", so sollte jeder Kritiker „Rücksicht nehmen auf die Lage der Partei, die von Feinden umgeben ist, und in bezug auf den Inhalt der Kritik, durch seine eigene unmittelbare Teilnahme an der Sowjet- und Parteiarbeit prüfen, wie die Fehler der Partei oder einzelner ihrer Mitglieder in der Praxis korrigiert werden. Jedwede Analyse der allgemeinen Linie der Partei oder die Auswertung ihrer praktischen Erfahrung, die Kontrolle der Durchführung ihrer Beschlüsse, das Studium der Methoden zur Berichtigung von Fehlern und so weiter dürfen auf gar keinen Fall vorher in Gruppen erörtert werden, die sich aufgrund irgendeiner ‚Plattform' bilden, sondern sind ausschließlich der unmittelbaren Behandlung durch alle Parteimitglieder zuzuleiten" (*Lenin* Werke 1961: Bd 32, 247).
Auch wenn *Lenin* den provisorischen Charakter des Fraktionsverbots wiederholt unterstrichen hatte, wurde es bis heute nicht außer Kraft gesetzt und erwies sich für die Entwicklungen des inner- und außerparteilichen Meinungsflusses prägend. Die Mög-

lichkeiten einer öffentlichen Kritik an dem politischen Kurs der Bolschewiki blieben erheblich eingeschränkt. Bis zum Aufkommen der Dissidenten in den sechziger Jahren wurde der Mangel an den institutionellen Voraussetzungen politischer Freiheit – von frühen literarischen Analysen etwa in den Schriften *Vasilij Grosman*s abgesehen – in der Sowjetunion selbst nicht grundlegend reflektiert und analysiert.

Erst als man 1988 die Umgestaltung des politischen Systems und die dringende Demokratisierung der Sowjetgesellschaft in der Presse breit zu diskutieren begann, wurde erstmals öffentlich *Lenin*s Verständnis von Freiheit, Demokratie und Kritik problematisiert. Im Frühjahr 1988 schwankten die Auslegungen noch, dominierte ein Leninbild, das sich harmonisch mit dem gerade aktuellen „Pluralismus der Meinungen" verband (Prawda 22.4.1988). Im Rahmen der seither rasch angewachsenen Veröffentlichungen über die ideologischen und institutionellen Wurzeln des „befehls-administrativen" Regimes brachten die Autoren jedoch immer mehr Licht in jene „Plasmaperiode des politischen Systems" (*Ambarcumov* 1989: Konferenzbeitrag), in der sich institutionelle Grundstrukturen im wesentlichen dem Prinzip der Machträson folgend etabliert hatten. Was schon früh von westlichen Forschern, aber auch von marxistischen Denkern als „Sündenfall" der Bolschewiki herausgestellt worden war, vollziehen die späten sowjetischen „Aufklärer" auf ihre Weise jetzt nach.

So scheute sich jüngst der Philosoph *Igor Kljamkin* nicht, den mangelnden Pluralismus unter den Bolschewiki und die Ausschaltung der anderen politischen Parteien als den Beginn des „Macht- und Informationsmonopols" zu bezeichnen. Dies aber mußte die Demokratisierung der Gesellschaft von Anfang an unterbinden. Nach *Kljamkin* spielte der XIII. Parteitag 1924 insofern eine entscheidende Rolle für weitere *Deformationen*, als alternative Positionen und Kritik am politischen Kurs der Partei verstärkt unter Sanktion gestellt wurden. So sah sich damals *Leo Trotzki* von *G. Zinovev* dazu aufgefordert, seinen Ansichten öffentlich abzuschwören, da sie sich im Widerspruch zu den Auffassungen der Mehrheit in der Partei befänden. Als sich solche Regeln durchsetzten, hatte sich die Partei *Kljamkin* zufolge von der Zivilisation wegbewegt und dem „Barbarismus" zugewandt (*Kljamkin* 1989: 210).

Auch von anderen sowjetischen Gesellschaftswissenschaftlern wird heute die geringe Aufgeschlossenheit *Lenin*s und anderer führender Bolschewiki für Formen einer institutionalisierten Demokratie sowie für die Gewährleistung politischer Freiheit und unzensierter Kritik ohne Umschweife in Abrede gestellt. Lediglich in *Lenin*s letzten Arbeiten erkennt man Ansätze der Reflexion solcher Probleme wie der notwendigen Existenz einer „zivilen Gesellschaft" oder einer rechtsstaatlichen Ordnung, auch wenn die Begriffe selbst bei *Lenin* noch nicht aufgetaucht waren. Er hatte die Organisationsbedürftigkeit etwa der parteilosen Bauern und direkter, nicht staatlich vermittelter gesellschaftlicher Beziehungen zwischen ihnen und den Arbeitern gesehen. Über den Gedanken des Einparteienstaats war *Lenin* indessen praktisch nicht hinausgelangt (*Ambarcumov* 1989: Konferenzbeitrag). Im übrigen hatte seinerzeit niemand an dem Machtmonopol der Partei grundsätzlich Anstoß genommen. Lediglich *Jenukidse* hatte sich 1923 in der Prawda mit einer Kritik an der Einheit der Parteimacht und am Politbüro hervorgewagt (*Novopašin* 1989: Konferenzbeitrag).

In der Rückschau bleibt jedenfalls festzuhalten, daß in jener nachrevolutionären Plasmaperiode des Sowjetstaats es zwar nicht an grundsätzlichen Bekenntnissen zur revolutionären Selbstkritik fehlte, andererseits alternative Meinungsforen verpönt blieben. Charakteristisch waren weiter die Unsicherheiten unter den Bolschewiki, wie man Selbstkritik etwa in der Presse instrumentalisieren könne. So meinte *V. Avanesov* schon im März 1919, daß es sinnlos sei, wenn „wir Selbstkritik treiben sollen, um unsere Lage zu verbessern ... Wenn man 100.000 kritische Artikel in der ‚Prawda' schreibt, dann werden diese manchmal schaden, aber Nutzen werden sie nicht bringen." *L. Kaganowitsch* hielt Kritik zwar für „eine wichtige Sache", sie sollte aber nicht in „übermäßiger Intensität" betrieben werden (*Vosmoj S-esd RKP* 1959: 174–183).

Noch zu *Lenins* Lebzeiten formierte sich eine Art gesellschaftlicher Kontrolle von unten in Gestalt der „Arbeiter- und Bauernkorrespondenten". Diese Laienjournalisten waren in ihrem Metier zwar nicht selten der Verfolgung ausgesetzt und gelegentlich seitens der von ihnen kritisierten Funktionäre selbst in ihrem Leben bedroht. Doch entwickelte sich die Einrichtung über die Jahre und Jahrzehnte hinweg vergleichsweise erfolgversprechend. 1939 gab es zwei Millionen solcher „Befehlshaber der proletarischen öffentlichen Meinung", wie *J. W. Stalin* sie nannte. Die Leistung der Arbeiter- und Bauernkorrespondenten entsprach genau dem neuen funktionellen Verständnis von „Kritik und Selbstkritik", wie es im Zusammenhang mit der Massenmobilisierung für den ersten Fünfjahresplan propagiert wurde. Neben den Laienjournalisten erfüllten Bürgereingaben, sogenannte „Vorschläge, Mitteilungen und Beschwerden der Werktätigen", sowie Leserbriefe an die Sowjetpresse stets Funktionen der Informationsvermittlung, der Verwaltungskontrolle und des Rechtschutzbehelfs (*Mommsen* 1987a: 142–150).

Stalin selbst trat in der zweiten Hälfte der zwanziger Jahre als Initiator der neuen Losung für „Kritik und Selbstkritik" hervor. Dabei bemühte er sich, *Lenins* Verständnis von „Kritik und Selbstkritik" wiederaufzunehmen und weiterzuentwickeln. So wiederholte er die Formulierung, daß die Partei nicht vor offener Selbstkritik angesichts der äußeren und inneren Feinde zurückschrecke. Selbstkritik sei eine wichtige Waffe in der Rüstkammer des Bolschewismus. Sie reguliere den Kampf zwischen dem Alten und dem Neuen und bilde die Grundlage der Diktatur des Proletariats. Er unterschied eine „ehrliche, offene, bolschewistische Selbstkritik" von der „gehässigen und im Grunde genommen konterrevolutionären Kritik" der Opposition (*Stalin* 1952: 4–10). *Stalin* verpönte damit jegliches Andersdenken und nutzte die Offensive für eine neue „Kritik und Selbstkritik" als Mittel der Auseinandersetzung mit der damaligen sogenannten „Rechten Opposition". In deren Kreisen war man sich dieses nicht unwesentlichen Nebeneffekts der neuen bolschewistischen Selbstkritik durchaus bewußt und perzipierte besorgt die mit solchen politischen Praktiken notwendigerweise verbundene Entwicklung eines Polizeistaats (*Trotsky Archives* 1928: 2–5).

Die unter *Stalin* immer konsequenter betriebene Ausschaltung politisch Andersdenkender beraubte die Führung der letzten Gegenkontrolle und eines Reservoirs politischer Innovation. Es mochte zynisch wirken, entbehrte jedoch nicht einer inneren Logik, daß die neu propagierte „Kritik und Selbstkritik" mit dem Fehlen anderer Parteien und der innerparteilichen Opposition begründet wurde (*Stalin* 1952: 9–23).

Als Instrumente der Massenkritik wurden nun vor allem die Presse, die Arbeiter- und Bauerninspektion, die Produktionsberatungen, Bürgereingaben und die provisorischen Kontrollkommissionen bezeichnet. Ihre öffentliche Kritik sollte sowohl dem Stil nach sachlich sein und sich auch einer sachkundigen Beurteilung der Mängel im sozialistischen Aufbau befleißigen. „Kritik um der Kritik willen" war nicht gefragt; schon gar nicht „Sensationsmacherei", etwa Beiträge, die „dem Spießer etwas zum Kichern" böten. *Stalin* verurteilte ausdrücklich die Informationspolitik einer Irkutsker Zeitung, in der Artikel über die „Zügellosigkeit im Geschlechtsleben der Bürger" oder über „Banditen des Doppelbetts" zu finden waren (*Stalin* 1952: 26).
Die unmittelbare praktische Umsetzung der neuen Losungen warf Probleme auf. Es herrschte Unklarheit über die gewünschten Inhalte und die Reichweite der „Kritik und Selbstkritik" in der Presse. So wurde auf Parteiversammlungen in der Provinz die zentrale Frage aufgeworfen, ob man denn „die Leute oder das System" kritisieren solle (O samokritike 1928: 63). 1928 erschienen einige Broschüren über „Selbstkritik und die Praxis ihrer Anwendung". Hier wurde die erzieherische Rolle von Kritik und ihr Zusammenhang mit einer erwünschten innerparteilichen Kontrolle und verschiedenen Formen von organisierter Massenpartizipation herausgestellt. Als es in den dreißiger Jahren zu den ersten Säuberungen kam, wurden diese als „schärfster Ausdruck der bolschewistischen Selbstkritik" gepriesen; es wurde erneut klargemacht, daß in einem Einparteienstaat die Selbstkritik unverzichtbar für die Arbeit der Partei und der staatlichen Verwaltung sei. Seit dem XVII. Parteitag 1934 war „Kritik und Selbstkritik" Bestandteil des Parteistatuts, seit dem XIX. Parteitag 1952 galt sie als verpflichtend für Parteimitglieder. Immer wieder wurde „Kritik und Selbstkritik" auch von oben initiiert, um politische Kurskorrekturen, meist in Verbindung mit einem entsprechenden Kaderwechsel, zu legitimieren (*Mommsen* 1987a: 147–158).
Im späten Stalinismus widmete man dem Begriffspaar ganze theoretische Abhandlungen und versuchte, es in das Lehrgebäude des Marxismus-Leninismus förmlich einzugliedern. Dabei verstieg man sich zu der Behauptung, daß die marxistische Kritik als „erste wirksam umgestaltende Kraft" wesentlich von den „idealistischen Kritikbegriffen" und von „allen anderen Weltanschauungen" verschieden sei. Im übrigen wurde „Kritik und Selbstkritik" als eine der „wichtigsten aktiven Formen der Massenverbundenheit der Partei" und innerhalb der Partei als „erzieherische Kraft" gepriesen. Als Bestandteile und Ausdrucksformen von „Kritik und Selbstkritik" wurden noch im Spätstalinismus die folgenden Elemente festgelegt, die im wesentlichen auch in den siebziger Jahren so wiederholt wurden: Parteilichkeit, Grundsätzlichkeit, Wahrhaftigkeit, Objektivität, Unumwundenheit, Öffentlichkeit (Glasnost!), ein sachlicher, kameradschaftlicher Zugang in der Ausübung von Kritik, ihre gestaltende und schöpferische Wirksamkeit (*Brežnev* 1952: 50–70).
Während Glasnost lange Zeit nur als eine Unterkategorie jener theoretisch hochstilisierten „Kritik und Selbstkritik" gegolten hatte, erhielt sie 1977 fast einen Ehrenplatz in der neuen Unionsverfassung. So stipuliert Artikel 9 neben anderen Geboten zur weiteren Entwicklung der sozialistischen Demokratie „die zunehmende Öffentlichkeit (Glasnost) und die ständige Berücksichtigung der öffentlichen Meinung". Die Begriffe „öffentliche Meinung" (*obščestvennoje mnenije*) und „Öffentlichkeit" (*obš-*

čestvennost), letztere zunächst im Sinne von „Gesellschaftlichkeit" beziehungsweise von Bürgerpartizipation, hatten bereits unter *N. S. Chruščev* Anerkennung gefunden. Dies war auf die schon damals von oben gewünschte Verstärkung einer gesellschaftlichen Kontrolle und Kritik von unten sowie auf die zwischenzeitlich aktuelle Vorstellung von einem baldigen Aufbruch in den Kommunismus und der hierfür nötigen gestärkten „gesellschaftlichen Grundlagen" zurückzuführen.
Anfang der sechziger Jahre wurden die Sozialwissenschaften begründet und erste Meinungsumfragen in Gang gebracht. Auch unter *L. I. Brežnev* erhielten die Vertreter empirischer Sozialwissenschaften zunächst ermutigende Anstöße von oben. Sie sollten keineswegs nur eine Propagandafunktion wahrnehmen, betonte *Brežnev* 1966 (*Mommsen* 1987a: 229). Tatsächlich trug die Aktivität der neuen Gesellschaftswissenschaftler neben anderen Faktoren dazu bei, daß man über eine „öffentliche Meinung im Sozialismus" zu reflektieren begann. Hinzu kam, daß sich über die bereits etablierten Kanäle der Massenkommunikation und Rückkopplung zunehmend eine kritische, wenn auch weitgehend atomisierte Bürgermeinung formierte.

3. *Formen und Wirkungsweisen öffentlicher Kritik unter Brežnev und im Übergang zu Gorbačev*

Zu den typischen Einzugsbereichen und Foren einer Bürger- und Gesellschaftskritik in der „Stagnationsperiode" unter *Brežnev* gehörten das weite Feld der Literatur und Kunst, die Tätigkeit von Journalisten und Reportern in den Medien, Bürgereingaben an Partei- und Staatsorgane sowie Leserbriefe an die Presse, weiter Volksaussprachen zu wichtigen Gesetzesprojekten und schließlich öffentliche Diskussionen von Wissenschaftlern und Experten zu einzelnen Politikfeldern oder zu Strukturproblemen des Sowjetstaats. Es stellt sich die Frage nach der für diese Formen jeweils charakteristischen Reichweite der Kritik und ihre Wirkungen und Funktionen im politischen Prozeß. Inwieweit hatten sie nur einen korrigierenden, beratenden Charakter oder auch eine steuernde und die politische Kultur wie das gesellschaftliche Bewußtsein prägende Rolle? Kam dabei auch eine grundlegende Kritik an dem System, an seinen zentralen Strukturen oder deren Teilbereichen zum Tragen oder beschränkte sich die kritische Öffentlichkeit vorwiegend auf die offenkundigen Funktionsmängel der Würdenträger in Partei und Staat, auf deren ineffektive, bürokratische oder korrupte Arbeitsweise?

3.1 Das gesellschafts- und systemkritische Forum der Literatur und Kunst

Bald nach dem Aufkommen der Dissidenten, die sich vor allem unter Schriftstellern und Künstlern rekrutierten, wurde es üblich, zwischen „*offizieller*" und „*inoffizieller*" Literatur beziehungsweise Kunst zu unterscheiden. Das Zuordnungskriterium war der Grad an Regimekritik. War für das eine Ende der Skala die kompromißlose und fundamentale Verurteilung der Ideologie, der Strukturen und gesellschaftlichen Befindlichkeiten des Sowjetsystems charakteristisch, so wurde das andere Ende durch eine nur systemimmanente, „konstruktive" Kritik markiert. Indessen blieben die Grenzen zwischen jener Fundamentalkritik in der inoffiziellen Literatur und der nonkonformen Denkweise von im Lande publizierenden Autoren stets fließend (*Eichwede* 1987: 39–62; *Beyrau* 1987: 196–224).

Ähnlich den Gegebenheiten im zaristischen Rußland fungierte die Literatur stellvertretend für den offiziell fehlenden politischen und weltanschaulichen Diskurs. Hier wurden Sinnfragen gestellt, nach neuen Werten gesucht und in vieler Hinsicht die strukturbedingten typischen Deformationen in der Sowjetgesellschaft reflektiert und kritisiert. *Alexander Gelman*, der heute zu den Protagonisten grundlegender Reformen zählt, brachte schon früh, etwa in seinen „Arbeitsplatzstücken", den Zusammenhang zwischen einem hierarchischen Befehlssystem und der notorischen Verantwortungsverweigerung seiner Träger auf die Bühne (*Lampert* 1987: 101–115). Kritische Probleme aus der sowjetischen Geschichte wurden etwa von *Jurij Trifonov* verarbeitet und von dem Regisseur *Jurij Lubimov* in dem Avantgardetheater „An der Taganka" erfolgreich zur Aufführung gebracht. Die Werke des kirgisischen Dichters *Tšingis Aitmatov* und diejenigen der „Dorfliteraten", so *Valentin Rasputin* und *Viktor Astaf'ev*, kündeten schon bald von grundlegend neuen weltanschaulichen Orientierungen in der Sowjetgesellschaft. Sie waren Vorboten des zweiten „Tauwetters" und haben dieses selbst maßgeblich vorbereitet.

3.2 Bürokratenschelte und Kritik an der Funktionsweise des Systems in der Presse und in Leserbriefen

Empirische Untersuchungen brachten an den Tag, daß auch in der Stagnationsperiode sowohl das Zeilenaufkommen als auch die inhaltliche Reichweite der Kritik an der Arbeitsweise des Regierungssystems in der Sowjetpresse anwuchsen. Dies galt insbesondere für Leserbriefe. Auch war seitens hochrangiger Parteifunktionäre zunehmend davon die Rede, daß in der Presse eine noch aktivere „Kritik und Selbstkritik" und zugleich mehr Glasnost über die typischen Übel der sowjetischen Bürokratie wünschenswert wären. Was darunter zu verstehen war, wurde regelmäßig in Berichten und Reporterrecherchen oder in verallgemeinernden Leserbriefkommentaren vermittelt. Es handelte sich um notorischen Amtsmißbrauch, Verantwortungslosigkeit, Organisationslosigkeit, Immobilismus, Ressortegoismus, Vetternwirtschaft, Lokalpatriotismus, Verschwendung, Nachsichtigkeit, Veruntreuung, Schlendrian, Verschleppung, Formalismus, Korruption, um die „gegenseitige Rückversicherung" der in Gesetzesübertretungen der Verwaltung oder Unregelmäßigkeiten der Justiz verwickelten Funktionäre und Würdenträger, schließlich um Gleichgültigkeit, Zynismus, Augenwischerei, Erfolgsgerede und Schönfärberei (*Mommsen* 1987a: 239–257).

Wie der reiche Katalog an *Funktionärsdelikten* ersichtlich macht, waren diese nur der typische Ausdruck der strukturellen Defizite des Sowjetsystems, der mangelnden Unabhängigkeit der Gerichte, fehlender wirksamer gesellschaftlicher Kritik und demokratischer Kontrollen, mangelnder Rechenschaftspflicht. Tatsächlich beleuchteten die

Beschreibungen der zahlreichen, wenn auch als Verfehlungen einzelner Personen oder Einrichtungen ausgegebenen Abweichungen, die typische Struktur- wie Funktionsweise des Sowjetsystems sehr deutlich. Es unterblieben jedoch Verallgemeinerungen und weiterreichende Analysen hinsichtlich der Ursachen der vielen, sich so auffällig gleichenden Mißstände. In der satirischen Wochenzeitschrift „Krokodil" und der Wochenschau „Zündschnur" wurde in ähnlich vordergründiger Weise Anstoß an den Verfehlungen der Apparatschiki und den tagtäglichen Problemen in der Versorgung und in fast allen Dienstleistungsbereichen genommen.
Häufig wurde in Erlassen des Zentralkomitees der KPdSU und Appellen auf die Notwendigkeit einer verstärkten „Kritik und Selbstkritik" hingewiesen, wurde von säumigen Kadern in der Provinz mehr Disziplin und eine gründlichere Kadererziehung gefordert. Doch fanden solche Appelle selten das gewünschte Echo. Im wesentlichen handelte es sich um eingefahrene *Rituale des Regimes*. Kritische Leserbriefe und Reporterberichte stellten zwar ein gewisses Remedium dar, vermochten jedoch nicht, das bürokratische Übel zu vertreiben und den Filz der Partei- und Staatsorgane aufzubrechen. Hinzu kam, daß mutige Bürgerkritik in Leserbriefen und Reporterrecherchen nicht selten seitens der kritisierten Würdenträger geahndet wurde. „Verfolgung wegen Kritik" oder „Benachteiligung wegen Kritik" wurden von den davon Betroffenen häufig geltend gemacht.
Ende der siebziger und Anfang der achtziger Jahre wurde in der Sowjetpresse verstärkt die Frage diskutiert, wie solcherlei Mißbrauch unterbunden werden könnte. Der Chefredakteur der „Prawda", *Viktor Afanas'ev*, forderte Garantien für eine ungehinderte Arbeit der Reporter des Blatts zumal in der Provinz, wo diese besonders „der Verfolgung" ausgesetzt wären (*V. Afanas'ev* 1980: 86). In wissenschaftlichen Zeitschriften begann man, Strukturprobleme wie die „gegenseitige Rückversicherung" und die allenthalben unzureichende Öffentlichkeit – Glasnost – als Hindernisse aus dem Weg einer erstrebenswerten *Rechtssicherheit* in grundsätzlicher Weise zu erörtern (*Kosjakov* 1982: 22). Jedenfalls wurde immer deutlicher, daß das Verfassungsgebot der Glasnost (Art. 9) und das ebenfalls im Grundgesetz verankerte Bürgerrecht auf Kritik (Art. 48, 49 und 58) noch weitgehend programmatisch und wenig rechtsverbindlich waren.

3.3 Strukturkritik und Politikberatung in Bürgereingaben, Volksaussprachen und Expertendiskussionen

Während *Bürgereingaben* seit den Anfängen der Sowjetrepublik als wichtiges Mittel der politischen Rückkopplung und als Ventil für Bürgerkritik fungierten, kamen *Volksaussprachen* erst seit den fünfziger Jahren und verstärkt in den siebziger und achtziger Jahren in Mode. Ähnliches gilt für öffentliche *Expertendiskussionen* unter Wissenschaftlern und Vertretern funktionaler Eliten.
Die massenhaften Bürgereingaben an Partei- und Staatsorgane trugen in der Regel einen bestenfalls halböffentlichen Charakter, insofern über ihre Inhalte und ihr steigendes Volumen in der Presse, in Lehrbüchern, Dokumentationen und wissenschaftlichen

Monographien berichtet wurde. Die hier gemachten Angaben wiesen Bürgereingaben eine ähnliche Qualität zu wie den veröffentlichten Leserbriefen. Indessen hatten die in den Westen gelangten Aktenbestände des sogenannten „Smolensker Archivs" deutlich gemacht, daß selbst in den dreißiger Jahren „Anträge und Beschwerden" für jegliche Art von Klage, von der Kritik am Regime, an der Ideologie, bis hin zu derjenigen an den Strukturen und an der Arbeitsweise seiner Träger, zumal in der Provinz, von den Sowjetbürgern genutzt wurden (*Mommsen* 1987a: 161–216).

Da es sich hierbei um eine recht diskrete und insofern politisch wenig verfängliche Form der Bürgerkritik handelte, wurde dieses Ventil stets offengehalten. Das auf diesem Weg beschaffte Informationsmaterial konnte für die politische Willensbildung nur zweckdienlich sein. Man sah in den Bürgerzuschriften „eine Informationsquelle" und ein „Stimmungsbarometer der Menschen" (*Černenko* 1979: 586). Alle sowjetischen Führungen hatten sich gegenüber der Einrichtung, die so zuverlässig über die Legitimationsbasis des Regimes Kunde gab, bisher aufgeschlossen gezeigt. Andererseits machte die Dominanz dieser in die *Bittstellerkultur* des Zarismus zurückreichende Kommunikationsstruktur zwischen Bevölkerung und Obrigkeit den vormundschaftlichen Charakter auch des Sowjetregimes überdeutlich.

Im Rahmen der in den siebziger Jahren von Gesellschaftswissenschaftlern verfaßten Abhandlungen über eine „*öffentliche Meinung im Sozialismus*" spielten Bürgereingaben als deren unverfälschter Ausdruck neben Meinungsumfragen eine wichtige Rolle. Allerdings wurden beiden Ausdrucksformen von den Vorläufern einer Theorie der öffentlichen Meinung nur eine „informierende, beratende oder empfehlende" Rolle im politischen Prozeß zuerkannt (*Safarov* 1975: 46; 73–94). Diese Einschätzung schien mit dem entsprechenden Interesse der Führung an solchen Materialien übereinzustimmen. In dem Zusammenhang waren Äußerungen *Konstantin Černenko*s im Jahr 1979, als er Leiter der Allgemeinen Abteilung im Zentralkomitee der KPdSU war, aufschlußreich: Er berichtete, daß man zum Zweck „der organisatorischen Vervollkommnung des ganzen Systems der Erforschung der öffentlichen Meinung, der Interessen und Wünsche der verschiedenen Bevölkerungsschichten" beim Zentralkomitee der KPdSU gerade „eine Gruppe für die Analyse der öffentlichen Meinung, für soziologische Forschungen und Entwicklungen" sowie eine „Abteilung für die Post der Bevölkerung" geschaffen habe (*Černenko* 1979: 586–587).

Während *R. A. Safarov* den Volksaussprachen bereits eine „befehlende" Wirkung im Sinne eines gesellschaftlichen Mandats an den Gesetzgeber zuschrieb, behielt *B. Grušin* nur Referenden und Wahlen eine „direktive" Wirkung vor (*Grušin* 1967: 86–88). Da Referenden bis zum damaligen Zeitpunkt und bis heute in der Sowjetunion noch nicht stattgefunden haben und seinerzeit bei den Wahlen zu den Sowjets faktisch noch nicht einmal eine Auswahl unter mehreren Kandidaten möglich war, hatte *Grušin*s Wertung eher akademischen Charakter. Hingegen erwies sich *Safarov*s Einschätzung der Funktion von Volksaussprachen immerhin als ein Maß zur Überprüfung der realen Reichweite jener Massenveranstaltungen.

Zu den bemerkenswerten Beispielen gehörten die „volksweiten" Aussprachen über den Entwurf zur neuen Unionsverfassung 1977 und über die Schulreform im Jahr 1984. Beide zeigten ein starkes Beteiligungsinteresse und verliefen recht kontrovers.

Vergleichsweise gering waren jedoch die tatsächlichen Auswirkungen der Stellungnahmen aus der Bevölkerung auf die verabschiedeten Gesetzestexte. War es der Führung zwar gelungen, die Bevölkerung für den Diskurs zu interessieren und zu mobilisieren, so trug man dem tatsächlich artikulierten Bürgerwillen zuletzt nur begrenzt Rechnung. Als man im Juni 1987 ein neues Gesetz über Volksaussprachen verabschiedete, bestätigte der damalige Vorsitzende des Präsidiums des Obersten Sowjets, *Andrej Gromyko*, daß das frühere Verfahren bei Volksaussprachen zu formal und insgesamt unzulänglich war (*Pravda* 1.7.1987).

Eine politikbeeinflussende Wirkung kam im Vergleich zu den erwähnten Typen einer *kritischen Öffentlichkeit* und *Halböffentlichkeit* am ehesten den Expertendiskussionen zu. Diese Diskurse der Intelligentsija, etwa zu Strukturproblemen des Sowjetsystems, stellten immer auch einen wichtigen Bestandteil der Volksaussprachen dar. Darüber hinaus waren sie eine Art permanente, nicht formalisierte Einrichtung, die in der Fachpresse verfolgt werden konnte. Sie vermittelten vor allem seit den sechziger Jahren Reformanstöße seitens Rechtswissenschaftlern, Ökonomen und Soziologen, ob diese von oben angefragt waren, aus dem Wissenschaftsprozeß selbst hervorgingen oder sich mehr oder weniger harmonisch zur gemeinsamen Suche nach Problemlösungen zusammenfügten. Zu den herausragenden Beispielen zählten die Ökonomiedebatte Mitte der sechziger Jahre, die in die *Kossygin*sche Wirtschaftsreform mündete, weiter die Beiträge von Rechtswissenschaftlern zur Strafrechtsreform von 1970 sowie mehrere Ergänzungen der Unionsverfassung von 1977 in Richtung einer stärkeren Gesetzlichkeit und Rechtssicherheit der Bürger (*Mommsen* 1987a: 265).

Bald nach der polnischen Krise von 1980/81 und unter ihrem Eindruck nahmen die reformorientierten Vertreter dieser Intelligentsijakreise als erste die gravierenden „Vorkrisenerscheinungen" in der Sowjetunion selbst wahr und erhoben warnend ihre Stimme. Während der kurzen Amtszeiten von *J. V. Andropov* und *Konstantin Černenko* übten Soziologen Kritik an den sowjetischen Wirtschaftsorganisationen, Philosophen stellten die wachsenden Widersprüche zwischen den Produktivkräften und Produktionsverhältnissen heraus und Juristen plädierten für eine Demokratisierung und „radikale Vervollständigung" der sowjetischen Verwaltungsstrukturen (*Saslavskaja* 1983: 59–82; *Butenko* 1982: 16–29; *Kurašvili* 1983: 36–44). Diese Kassandrarufe blieben fürs erste vereinzelt und ohne großes Echo in der Öffentlichkeit. Doch signalisierten sie, daß jedenfalls in einigen Sphären der Sowjetgesellschaft, zumal in den „Denktanks" der Akademie der Wissenschaften, die Zeichen bereits auf „Perestroika" standen, bevor noch von einer neuen politischen Führung eine entschiedene Wende eingeläutet wurde.

Die öffentliche Kritik in den traditionellen Mustern weitete sich freilich schon unter *Andropov* und *Černenko* stärker aus. Vor allem verschärfte sich die herkömmliche funktionale Kritik in der Sowjetpresse an der Arbeitsweise der Apparate in Partei, Justiz und Verwaltung. Insofern bestand hier ein allmählicher Übergang zwischen der ausklingenden Stagnationsperiode und der bald nach *Gorbačev*s Amtsantritt im Frühjahr 1985 einsetzenden Glasnost-Ära. Eine wirklich neue Etappe in der Geschichte der öffentlichen Meinung im Sowjetsystem markierte erst der XXVII. Parteitag der KPdSU im Februar/März 1986.

4. Glasnost als Hebel von Struktur- und Regimekritik und Geburtshelfer eines „Pluralismus der Meinungen"

Auf dem XXVII. Parteitag der KPdSU wurde zunächst im Geiste der herkömmlichen „Kritik und Selbstkritik" über der Epoche der Parteiherrschaft *Breževs* der Stab gebrochen. So wie man früher die Ablösung *Chruščevs* als die ruhmreiche „Kritik und Selbstkritik" des Oktoberplenums von 1964 bezeichnet hatte, auf der eine „subjektivistische und voluntaristische Herrschaftsmethode" verurteilt worden sei, so rechnete man jetzt mit dem Erbe der *Brežnev*-Periode ab. Zwar sprach man zunächst nur von den negativen Erscheinungen einer „nicht weit zurückliegenden Vergangenheit", in der sich Phänomene wie „Trägheit, Stagnation und Konservatismus" breitmachten und „einzelne Republiken, Regionen und Städte aus der Kritik ausgeklammert" worden seien. Da zu dieser Zeit, nämlich „in den siebziger Jahren und zu Anfang der achtziger Jahre" eine ernsthafte „Kritik und Selbstkritik" verstummt sei, habe sich „Nachsichtigkeit, Schrankenlosigkeit und Straffreiheit" eingestellt (*Meyer* 1986: 100–139; 154).

Diese Art der Auseinandersetzung mit einem Vorgängerregime entsprach noch ganz dem traditionellen politischen Stil und der üblichen Sprachregelung. Indessen verband sich diesmal die innerparteiliche „Kritik und Selbstkritik" mit ganz neuen Akzenten. Dazu gehörte in erster Linie, daß nunmehr Glasnost, jene herkömmliche Unterkategorie von „Kritik und Selbstkritik", als ein *eigenständiger* Faktor herausgestellt wurde. Glasnost wurde zur *conditio sine qua non* der notwendigen *Demokratisierung* wie des Erfolgs von Reformen überhaupt erklärt. Die Herstellung einer kritischen Öffentlichkeit sei eine „Grundsatzfrage. Das ist eine politische Angelegenheit. Ohne Publizität gibt es keinen Demokratismus, kein politisches Schöpfertum der Massen und keine Beteiligung der Massen an der Leitungstätigkeit, und es kann sie auch gar nicht geben", sagte *Gorbačev.* Vor allem die Partei sollte sich einer neuen Arbeitsweise befleißigen, um die überkommene „Verantwortungslosigkeit" zu überwinden. *Boris Jelzin* ging noch einen Schritt weiter, indem er insbesondere die „träge Schicht der Anpasser mit dem Parteibuch in der Tasche" und den ungerechtfertigten Privilegien ins Visier nahm (*Pravda* 27.2.1986).

Gegen diese neue offene Stoßrichtung der Kritik, die mit einem drohenden Leserbrief in der Prawda untermalt wurde, setzten sich Vertreter der alten Garde auf dem Parteitag zur Wehr. So warnten *A. Gromyko* und *M. Solomencev* davor, die Selbstkritik der Partei mit einer grundlegenden Sozialismuskritik zu verwechseln oder daraus auf Uneinigkeiten in der politischen Führung zu schließen (*Pravda* 27.2.1986). Umso gefährlicher mußte es diesen Anhängern einer monolithischen Parteieinheit erscheinen, als der neue Generalsekretär der KPdSU auch noch die aufgehäuften Deformationen des Systems in einer Weise zur Darstellung brachte, die schon einer Strukturkritik gleichkam und darüber hinaus den langjährigen, traditionellen „Unfehlbarkeitskomplex" der Partei zu Fall brachte. Damit aber wurden die Voraussetzungen für ein neues Denken in Alternativen und die Entstehung eines „*Pluralismus der Meinungen*" geschaffen, auch wenn letzterer Begriff erst ein Jahr später sanktioniert wurde.

Seit jenem denkwürdigen Parteitag wurde – nicht ohne beträchtliches Widerstreben –

seitens des Zentralkomitees der KPdSU förmlich der Weg zu weiteren Neuerungen geebnet. Zu der ursprünglichen „Beschleunigung der sozialökonomischen Entwicklung" kamen grundlegende Beschlüsse über weiterreichende Reformen des politischen und ökonomischen Lebens hinzu. Die Zielsetzungen lauteten nach und nach auf eine stärkere Demokratisierung von Gesellschaft und Partei bis hin zur Erneuerung des politischen Systems überhaupt. Recht plötzlich hieß es, daß ohne Änderung der „befehls-administrativen" Herrschaftsmethoden jeglicher Reformansatz scheitern müßte. Auf der 19. Gesamtsowjetischen Parteikonferenz im Juni/Juli 1988 wurden wesentliche Richtlinien für eine strukturelle Umgestaltung festgelegt. In einer Volksaussprache standen Ende 1988 grundlegende Änderungen der „höchsten Organe der Macht" und ein neues Wahlgesetz zur Debatte. Auf der Basis dieser partiellen Verfassungsänderungen fanden schließlich im März 1989 die Wahlen zum neuen obersten Machtorgan, dem Kongreß der Volksdeputierten, statt.

Diese Entwicklungen waren von einer sich immer weiter ausfächernden kritischen öffentlichen Meinung, von einem Diskurs über *Verfassungsfragen und Strukturprobleme* begleitet. Die Kritik weitete sich auf all den herkömmlichen Ebenen einer systemimmanenten bis verdeckt regimekritischen Öffentlichkeit beträchtlich aus. Das immer schon system- und gesellschaftskritische Forum der Literatur und Kunst wurde zur Avantgarde in der Suche nach neuen *Werten* und in einer schonungslosen Auseinandersetzung mit der sowjetischen *Vergangenheit*. Hinzu kam, daß der fieberhafte Diskurs über Gerechtigkeit, Würde und Wahrheit dazu beitrug, latente ideologische Spaltungen in der Gesellschaft zu mobilisieren. Dies ließ sich an der zunehmend unterschiedlichen weltanschaulichen Ausrichtung von Zeitschriften und an den Kontroversen zumal unter den sogenannten „dicken literarischen Journalen" verfolgen. Während sich etwa die Zeitschriften „Naš Sovremennik" (Unser Zeitgenosse) und „Molodaja Gvardija" (Junge Garde) an nationalem, konservativem Gedankengut und russischer Bodenständigkeit orientieren, kämpfen „Ogonjok" (Feuerchen) und „Moskovskije Novosti" für einen radikalen Perestrojka-Kurs und für westliche Verfassungsmodelle (*Mommsen* 1989: 12–16).

Wenn es auch schon früher möglich war, Zeitungen und Zeitschriften je nach Intensität und Schärfe ihrer Kritik an den Zuständen im Lande zu unterscheiden, so hat sich dieser Trend noch verdeutlicht. Dabei verläuft eine auffällige Grenze zwischen der noch weitgehend vom örtlichen Funktionärsfilz unterdrückten Provinzpresse und den sich immer stärker emanzipierenden Unionsblättern. Aber auch unter diesen ist nach mehr oder weniger progressiven oder konservativen, mehr oder weniger regierungskritischen und für Systemdebatten offenen Organen zu differenzieren. Der Verfassungsdiskurs und die Diskussion über die ideologischen Ursprünge des befehls-administrativen Systems werden heute neben der Fachpresse sowohl in den großen Tageszeitungen wie in literarischen und populärwissenschaftlichen Zeitschriften ausgetragen. Dabei beziehen Reporter und Journalisten ebenfalls Position. Insofern sind Presseorgane sowohl Träger als auch Partei in den Auseinandersetzungen über die Vergangenheit des Sowjetsystems und dessen Wandel. Damit ist die Presse bereits weit über ihre frühere Rolle als Vermittlerin einer Funktionskritik an den äußeren negativen Erscheinungsweisen des Systems hinausgewachsen.

Leserbriefe an die Sowjetpresse transportieren häufig die schärfste Kritik an Mißständen und Institutionen. Immer wieder kamen gerade über Leserbriefe bisherige Tabuzonen zu Fall. Die Funkstille nach dem Reaktorunfall von Tschernobyl wurde durch einen kritischen Leserbrief unterbrochen. Der Afghanistankrieg kam nach einer Epoche der beschönigten Darstellung des internationalistischen Heldentums der Rotarmisten erstmals in Leserbriefen unter anderen Vorzeichen zur Sprache. So kam zutage, daß Bessergestellte es verstanden, ihre Söhne vom Kriegsdienst „freizuverkaufen", und daß versehrte Heimkehrer wenig Rücksichtnahme seitens der Behörden erfuhren. Bemängelt wurde etwa, daß man einem an beiden Beinen amputierten Veteranen keine Wohnung im Erdgeschoß zuteilte (*Mommsen* 1987b: 23–28). In Leserbriefen spiegelte sich am schnellsten der tatsächlich in der Gesellschaft vorhandene Pluralismus der Meinungen. Hier fragmentierte sich die öffentliche Meinung immer mehr aus. Auf diesem Wege wurde erstmals *Lenin*s Demokratieverständnis kritisiert und in Erwägung gebracht, ob das „Personenkult-Regime" nicht schon in dessen Denken seinen Ursprung fand (*Pravda* 22.4.1988). Leserbriefe dienten auch als Sprachrohr des politischen Richtungsstreits. So bediente sich die Leningrader Dozentin *Nina Andrejeva* dieses Mittels, um ihre Kritik an der Perestrojka-Politik, zumal an dem „linksliberalen Intelligenzlersozialismus" mit seiner Tendenz „zur Verleumdung der Geschichte des Sozialismus" zur Geltung zu bringen. Auf den in der „Sowetskaja Rossija" publizierten Brief, der als Positionspapier des konservativen Parteiflügels um *Jegor Ligačov* gewertet wurde, replizierte die Pravda, indem sie die Perestrojka-Politik gegen diese Art der hausgemachten „Sozialismus-Klageweiber" verteidigte (*Sovetskaja Rossija* 13.3.1988; *Pravda* 5.4.1988).

In den Auseinandersetzungen über die sowjetische Geschichte partizipierten die Sowjetbürger ebenfalls mit Leserzuschriften an die Presse. Dabei kamen auch diejenigen zu Wort, die sich gegen eine völlige Demontage der ‚Errungenschaften' in der stalinschen Periode zur Wehr setzen. Doch stieg die Auflagenzahl der Presseorgane beträchtlich, die für eine rücksichtslose Aufarbeitung des Stalinismus eintraten (*R. Medved'ev* 1988: 804). Auch in anderen Bereichen achten die Redaktionen darauf, daß die Leser gegensätzliche Auffassungen äußern können, etwa als Pro- und Contra-Kommentare zu neuen Gesetzesprojekten. Immer wieder neue Rubriken und Spalten organisieren den Meinungsaustausch unter den Lesern, betitelt als „Dialoge der Leser" oder „Leserbriefe streiten untereinander". Zu den neuen Formen der kritischen Öffentlichkeit gehört auch, daß Experten, etwa Verfassungsjuristen, zu Fragen der institutionellen Perestrojka unterschiedliche Meinungen in der gleichen Zeitungsnummer oder in Folgeartikeln zum Ausdruck bringen. Während der Volksaussprache über die Verfassungsänderungen standen solche Pressebeiträge im Vordergrund, ebenso die Kommentare und Diskussionen der Leser (*Mommsen* 1989: 14–18).

Seit der Ausgabe der Glasnost-Parole entwickelte sich auch im Rahmen der Volksaussprachen und Expertendiskussionen eine *Meinungsvielfalt*, gediehen *struktur- wie regimekritische* Auffassungen, die weit über die für solche Foren in der ‚Stagnationsperiode' vorgegebenen Grenzen hinausreichen. Im Vorfeld der Parteikonferenz 1988 vermischten sich die herkömmlichen Typen kritischer Öffentlichkeit zu einem neuen, *gesamtgesellschaftlichen Diskussionsforum*. Aus der früheren „Expertendiskussion" wurden in der Presse dokumentierte Rundtisch-Gespräche über neue Verfassungsmodelle. Die Volksaussprachen gestalteten sich zu einer Art volksweiten Verfassungsforum. Es entstand eine Wechselwirkung zwischen den Bestrebungen von oben, Konzepte für einen strukturellen Wandel zu eruieren, und dem Eifer der gesellschaftlichen Neuerer, alternative Modelle vorzuschlagen und zu diskutieren. Vergleicht man den seit 1987 geführten öffentlichen Diskurs mit den Reformthesen, die vom Zentralkomitee der KPdSU der 19. Gesamtsowjetischen Parteikonferenz im Frühsommer 1988 zugrundegelegt wurden, so zeigt sich, daß Glasnost beziehungsweise der neue „sozialistische Pluralismus der Meinungen" dabei der Führung der KPdSU Pate gestanden hatte. Weiter wurde sichtbar, daß die bereits in den sechziger und siebziger Jahren von den gesellschaftskritischen Kräften, sei es von den Dissidenten, sei es von den systemimmanenten Reformern in den wissenschaftlichen Denktanks, erarbeiteten Positionen fortwirkten und nun unmittelbar den Wandlungsprozeß beeinflußten. Der Gesellschaftsdiskurs konnte anknüpfen an die Systemkritik, die bereits offiziell vorgegeben worden war. Schon aus dieser Sicht war das befehlsadministrative Kommandosystem mit den folgenden negativen Eigenschaften beschrieben worden: Bürokratisch, formalistisch, autoritär, innovationsfeindlich, anfällig für Amtsmißbrauch, Verantwortungslosigkeit, Korruption, Kasernengeist, Apathie, Zynismus und Entfremdung in der Gesellschaft.

Die *Systemdebatte* begann zunächst damit, daß die auch früher vielfach beschriebenen Mißstände, etwa in der Funktionsweise von Justiz und Verwaltung, als typische Erscheinungsweisen des Regierungssystems verallgemeinert und auf ihre strukturelle Verursachung hin analysiert wurden. An dieser erstmaligen öffentlichen Analyse der Institutionen des Landes beteiligten sich in gleicher Weise Wissenschaftler, Publizisten, Schriftsteller und Künstler. Bei der kritischen Aufarbeitung des Reaktorunfalls von Tschernobyl wurde als maßgebliche Ursache die typische Verantwortungslosigkeit und Vertuschung herausgestellt. Das Problem wurde selbst zu einem Bühnendrama verarbeitet (*Gubar'ev* 1986). Die Darstellung von Justizirrtümern mit folgenschweren Wirkungen für die unschuldig Verurteilten und von Korruptionsaffären, in die hohe und höchste staatliche Würdenträger ganzer Republiken verwickelt waren, warf ein Licht auf die Abhängigkeit der Justiz, auf ihre Einbindung in die „gegenseitige Rückversicherung", schließlich auf die vielfältigen Formen von Bestechung, die mangels Glasnost und sonstiger wirksamer Kontrollen und Gegenkontrollen gediehen. Aus diesen Analysen ergab sich die Forderung nach Unabhängigkeit der Justiz, nach mehr Rechtskultur und einer autonomeren Stellung der Rechtsanwälte. Schon 1986 ging der Schriftsteller *Alexander Gelman* noch einen Schritt weiter und forderte ein System der „gegenseitig unabhängigen souveränen Strukturen", worunter nur eine gewaltenteilige Ordnung zu verstehen war (*Literaturnaja Gaseta* 10.9.1986).

5. *Die Öffnung des Verfassungsdiskurses gegenüber westlichen Modellen*

Seit Anfang 1988 tauchten weitere Schlüsselbegriffe für die Umgestaltung des Sowjetsystems auf, die bislang offiziell verpönt gewesen waren. Es handelte sich um zentrale

Elemente westlicher parlamentarisch-demokratischer Systeme, die in der Sowjetrepublik seit siebzig Jahren als bürgerliche Errungenschaften in Abrede gestellt worden waren: *Rechtsstaat, Opposition, Pluralismus, ständiges Parlament, Inkompatibilität* und *Gewaltenteilung*. Hinzu kam, daß für das neue Gut der Glasnost ein Pressegesetz als rechtliche Absicherung gefordert wurde. Dieses lag im Frühjahr 1989 allerdings nur im Projektzustand vor. Andere Prinzipien des westlichen Verfassungsstaates wurden indessen auf der 19. Parteikonferenz sanktioniert, in Resolutionen bekräftigt und im Rahmen der Verfassungsänderungen angenommen (Sowjetunion. Sommer 1988: 510–552). Allerdings stellt man den so plötzlich rezipierten Begriffen der abendländischen Staatstheorie fürs erste das Adjektiv sozialistisch voran, offenkundig um ihre Akzeptanz zu erleichtern.

Auf der Parteikonferenz wurden die bahnbrechenden Neuheiten nicht kontrovers erörtert und erst recht nicht einer verfassungstheoretischen Analyse unterzogen. Diese erfolgte in den Zeitungen und der Fachpresse vor und nach der Konferenz, insbesondere im Rahmen der Volksaussprache und zunehmend seit 1989. Erst jetzt wird deutlich, wie die Anleihen an westliche Ordnungsmodelle theoretisch erarbeitet und auf ihre Implementierung in die gegebenen Strukturen hin geprüft werden. In dem Zusammenhang manifestiert sich auch ein Interesse an der Erforschung etwaiger Vorformen im zaristischen Rußland und in den Übergangsjahren nach 1917 (*Baturin* 1989: 134–142; *Ivančenko* 1989: 118–126). Doch dominiert das Interesse an den sogenannten *Erfahrungen der Weltzivilisation*, die sich als Positionen der bürgerlichen Staatstheorie herausschälen.

Dies gilt jedenfalls für die Einschätzung des *Rechtsstaats* und seiner Voraussetzungen, begrenzt auch für Parlamentarismus und Pluralismus. An die Bildung eines Rechtsstaats knüpfte sich die Vorstellung, daß nur so auch die Schaffung demokratischer Strukturen gewährleistet werden könnte. Im übrigen sollte damit der Gesetzesvorrang, die Einhaltung der Gesetze und die Verfassungsmäßigkeit allen staatlichen Handelns einschließlich der Parteitätigkeit erreicht werden (*Baglaj* 1989: 38). Während auf der Parteikonferenz der Rechtsstaat ebenso pauschal wie spektakulär zu der „dem Sozialismus völlig gemäßen Organisationsform politischer Macht" deklariert worden war, spezifizierten Wissenschaftler unterdessen seine Inhalte. Dazu gehörte eine unabhängige Gerichtsbarkeit, die Gewährleistung der Menschenrechte und politischen Freiheiten, Gewaltenteilung und Verfassungskontrolle. Die maßgeblichen Vertreter der Verfassungsbewegung wandten sich dem Denken *Montesquieu*s und den Vorstellungen der liberalen Theoretiker *Karl Theodor Welcker* oder *Robert von Mohl* zu. Auch Neuerscheinungen der Staatslehre in der Bundesrepublik Deutschland fanden Interesse (*Nersesjanc* 1989: 3–16). Auf besonderes Augenmerk stießen die verfassungsgerichtlichen Kontrollen in den USA, in Frankreich, Italien und in der Bundesrepublik (*Blankenagel* 1989: 102–109).

Der angesehene Staatsrechtler *Vladimir Kudrjavcev*, neuerdings Vizepräsident der Akademie der Wissenschaften, bestätigte, daß man sich jedenfalls bei der Stellung des Gerichts an westlichen Vorbildern orientiert hatte. *Kudrjavcev* war es auch, der das traditionelle Dogma der Gewaltenkonzentration zu Fall brachte. Die „Klassiker des Marxismus-Leninismus", so meinte er bündig, seien einem Mißverständnis erlegen, denn sie „hielten es, ausgehend von den Erfahrungen der Pariser Kommune, für unerläßlich, Exekutive und Legislative in Gestalt der Vertretungsorgane zu vereinen. Doch ein großer moderner Staat ist nicht die Pariser Kommune, die im Grunde eine städtische Selbstverwaltung war" (*Kudrjavcev* 1989: 1.201). Diese Art der Beweisführung zugunsten einer gewaltenteiligen Ordnung macht deutlich, wie gründlich man sich von *Lenins* politischer Theorie zu lösen beginnt, und das ungeachtet der fortgesetzten Lippenbekenntnisse zum Staatsgründer und Vater der Oktoberrevolution.

Eine Reihe von Autoren, vorwiegend Philosophen und Historiker wie *V. Seljunin, I. Kljamkin, A. Cipko, S. Andrejev, J. Ambarcumov* und *W. Kisselev*, haben in ihren jüngsten Beiträgen über die Ursprünge des befehls-administrativen Systems die Kritik an den Klassikern des Marxismus-Leninismus noch erheblich ausgeweitet. Diesen wurde jetzt vor allem vorgeworfen, den *institutionellen Faktor völlig unterschätzt* zu haben. *Lenins* Schrift über „Staat und Revolution" sei eine Utopie. *Marx, Engels* und *Lenin* vernachlässigten die politische Demokratie und die Frage der Freiheit. Sie unterschätzten die eigenständige Entwicklung der Parteimechanismen und übersahen die Notwendigkeit einer „Zivilgesellschaft". Die Klassiker hätten auch die im 19. Jahrhundert schon bekannte Sozialpsychologie und die Bedeutung der Gewalt unterschätzt. Hingegen sei von ihnen die Rolle der Arbeiterklasse und des Volks überschätzt worden. (*Kisselev* 1989: Konferenzbeitrag) Andererseits wurde gewürdigt, daß *Marx* und *Engels* im Kommunistischen Manifest für die Pressefreiheit und gegen die Zensur eingetreten waren. *Lenin* habe nur in seinen letzten Arbeiten Probleme einer mangelnden Zivilgesellschaft und rechtsstaatlicher Einrichtungen angesprochen, Fragen der politischen Demokratie jedoch kaum gewürdigt (*Ambarcumov* 1989: Konferenzbeitrag).

Während die gesellschaftlichen Perestroika-Vorkämpfer von dieser Marxismus-Leninismuskritik her alternative ordnungspolitische Vorschläge entwickeln, verharren die offiziellen Interpreten der Deformationen des Systems noch weitgehend in den Schuldzuweisungen an die *Stalin-* und *Brežnev-*Ära. In der Beschreibung der heutigen Krisenzustände treffen sich jedoch die Urteile der radikalen Reformer in der Parteiführung mit denjenigen der Regimekritiker aus den gesellschaftlichen Subkulturen. Übereinstimmend werden die schärfsten Krisensymptome in den vielfältigen Entfremdungserscheinungen gesehen, etwa in der Entfremdung der Arbeiter von den Produktionsmitteln, der Entfremdung „der Bauern von der Scholle", schließlich in der Entfremdung der Sowjetbürger von der politischen Macht. Letzteres Symptom wurde von allen als die einschneidendste Verfallserscheinung beurteilt (*V. Medved'ev* 1988: 11; *Arbatov/Batalov* 1989: 39).

Die Kritik am Regime, seiner Herleitung und seinen Auswirkungen, geht einher mit der Distanzierung von den früher landläufigen *Entwicklungsetappen des Sozialismus*. Die ganze Geschichte der Sowjetunion wurde praktisch neu periodisiert. Dies führte dazu, daß nur noch die Jahre der Neuen Ökonomischen Entwicklung (NEP) für Identifikationen und positive Orientierungen übrigblieben. Sie verkörperten ein „autoritärvielgestaltiges Modell" (*Kuraśvili* 1989: Konferenzbeitrag). Alle anderen Perioden wurden als eine Art ‚Ausnahmeregime' charakterisiert. Dies traf auf den Kriegskommunismus zu, jene noch nicht institutionalisierte Plasmaperiode des politischen Systems (*Ambarcumov* 1989: Konferenzbeitrag) beziehungsweise ein „autoritär utopi-

sches Modell des Sozialismus". Der Stalinismus wurde als ein „autoritär-monolithisches Modell des Sozialismus mit totalitären Ausdrucksformen" dem „autoritär-bürokratischen Sozialismus-Modell" der letzten Jahre unter *Chruščev* und während der *Breżnev*-Zeit gegenübergestellt (*Kuraśvili* 1989: Konferenzbeitrag). Hinzu kamen in der Stagnationsperiode noch die *a priori*-Schemata des Dogmatismus und die Dominanz des „technokratischen Prinzips" (*Ionin* 1988: 19–30).
Mit solchen Diagnosen des herkömmlichen Sowjetsystems haben die Reformer in Politik und Gesellschaft eine neue Qualität von „Kritik und Selbstkritik" erreicht, deren Konsequenz in der Demontage der herkömmlichen Institutionen, einschließlich des traditionellen Verständnisses von öffentlicher Meinung und Kritik, liegt. Tatsächlich vollzieht sich der Abbau gerade dieser Usancen im Rahmen des Glasnost-Prozesses selbst. Auf der 19. Parteikonferenz und in ihrem Gefolge wurde der Ablösungsvorgang immer deutlicher. Heute stellt sich die Frage nach dem Abstand, den Glasnost vom Recht auf Meinungsfreiheit trennt.

6. Von „Kritik und Selbstkritik" über Glasnost zur Meinungsfreiheit?

Im Unterschied zu den anderen konzeptionellen Neuerungen waren Glasnost und der damit verknüpfte Pluralismus der Meinungen auf der 19. Parteikonferenz heftig umstritten. (Sowjetunion. Sommer 1988) Dies lag an ihrer schon spürbar gewordenen politischen Kraft. Während die Ausweitung von Glasnost seitens der radikalen Reformer in Partei und Presse befürwortet wurde, sträubten sich ihre Gegner, die sich vor allem unter den Ersten Republik- und Gebietsparteisekretären rekrutierten, dagegen, den Pluralismus der Meinungen als einen Wert an sich und als Voraussetzung jeglicher Demokratisierung anzuerkennen. Sie befürchteten, daß Demagogen wie inoffizielle Führer die Meinungsfreiheit mißbrauchen und die Intelligentsija auf diesem Wege den Anspruch auf die Rolle einer neuen politischen Avantgarde erheben könnte.
Demgegenüber meinten die auf der Konferenz vertretenen Chefredakteure, daß der Presse gerade in einem Einparteienstaat eine besonders wichtige Rolle zufalle, nämlich diejenige der „*sozialistischen Opposition*" und des politischen Gegengewichts. *Michail Uljanov* vom Theaterverband der RSFSR wagte es, die traditionelle Formel der „Kritik und Selbstkritik" zu entzaubern. Selbstkritik sei als ein „Mittel der Selbstreinigung" noch verständlich. „Wer aber bitte, soll denn eigentlich uns kritisieren? Denn sonst landen wir ja wieder nur bei der Selbstkritik. Auf der ganzen Welt erfüllen Zeitungen und Zeitschriften diese Aufgabe, oder besser gesagt: auch diese Aufgabe." *Uljanov* rüttelte kräftig an der mangelnden Autonomie der Presse im kommunistischen Einparteienstaat und meinte, daß in der UdSSR „einige Genossen sie (die Zeitung) am liebsten mit einem Maulkorb an der Leine spazieren führen", vor allem auf örtlicher Ebene, wo die Beeinflussungsversuche am stärksten seien. (Sowjetunion. Sommer 1988: 189–190) Die Chefredakteure von „*Pravda*" und „*Znamja*" hoben hervor, daß die Presse neben ihrer *kritischen* Funktion auch die Aufgabe erfüllen müsse, Vorkämpfer der Perestrojka aufzuspüren und bei der Suche nach „*konstruktiven Lösungen*" mitzuwirken. Diese Sicht einer kritischen Öffentlichkeit als Markt der

Meinungen und Problemlösungen wurde auch seitens der Reformer in der Partei hervorgekehrt. Nach *Gorbačev* habe die Rolle der neuen öffentlichen Meinung darin zu bestehen, „die beste Lösung unter Berücksichtigung aller verschiedenartiger Meinungen und realer Möglichkeiten zu finden" (Sowjetunion. Sommer 1988: 46). Diese Erwartungen sowjetischer Reformer in die innovatorische Kraft eines Pluralismus der Meinungen erinnert an liberale Vorstellungen des 19. Jahrhunderts. Damals sollte, wie *Jürgen Habermas* in seiner Untersuchung über den „Strukturwandel der Öffentlichkeit" gezeigt hat, von einem „räsonierenden politischen Publikum" eine Palette von Lösungsmöglichkeiten angeboten werden, aus denen die politische Führung dann auf der Grundlage der „realen Möglichkeiten" im Lande eine „rationale Übereinkunft" erzielen könne (*Habermas* 1965: 84, 95).

Seit der Parteikonferenz im Sommer 1988 haben sich die Formen und Inhalte der öffentlichen Kritik noch mehr ausgeweitet. Neue Rubriken des Dialogs und der Polemik in den Zeitungen und neue TV-Diskussionsforen wie „*Vsgljad*" (Der Blick) vermittelten die Vielfalt der Bürgermeinung, zugleich weitere Ausprägungen einer Regimekritik. So bietet sich in Presse und Fernsehen ein immer *realistischeres* Bild von den grundlegenden sozialen und politischen Problemen des Landes. Dazu gehörten Angaben über den schlechten Zustand der sowjetischen Staatsfinanzen und über die strukturelle Armut, von der jeder fünfte „minderbemittelte" Sowjetbürger betroffen sei (*Pravda* 24.3.89). Berichte über das organisierte Verbrechen, das Unwesen der sowjetischen „Mafia", sorgten für Aufsehen (*Pravda* 23.3.89). Über die Nationalitätenprobleme wurde nach anfänglicher Zurückhaltung immer offener berichtet. Seit dem bahnbrechenden Artikel von *W. Dašičev* im Mai 1988 wurde auch der Bereich der Außenpolitik und zumal die Geschichte der sowjetischen Außenpolitik, zur grundlegenden Kritik und zu einem Denken in Varianten freigegeben (*Dašičev* 1988: 14). Die ‚weißen Flecken' in der sowjetischen Geschichte wurden zunehmend erörtert; damit einher ging ein neuer fachspezifischer Pluralismus der Meinungen in der Historikerzunft selbst.

Es kam zu grundlegenden Debatten über die innere Struktur und die Aufgaben der Roten Armee und des Staatssicherheitsdienstes. Kontroverse Auffassungen über die neue Militärdoktrin und die nötige Binnenreform der Armee wurden öffentlich ausgetragen (*Schröder* 1989: 17–36). Die Arbeit des sowjetischen Geheimdienstes KGB wurde kritisiert und mehr Glasnost über diesen Arkanbereich gefordert. In der Zeitschrift „*Argumenty i Fakty*" wurde eine eigene Rubrik „Der KGB berichtet und kommentiert ..." eingerichtet. Der Vorsitzende des KGB, *W. Krjuškov*, gab in der *Isvestija* (5.5.89) bekannt, daß auf der Grundlage einer vom KGB gerade verabschiedeten Resolution über den „Staatssicherheitsdienst und Glasnost" von jetzt ab über die hauptsächlichen Operationen der Dienste berichtet würde. Unter dem Titel „Mehr Demokratie – Weniger Geheimnisse" wurde in der „*Isvestija*" der Leiter der staatlichen Zensurbehörde Glawlit examiniert. Dieser schlug in dem Interview vor, die Tätigkeit von Glawlit im Rahmen des neuen Pressegesetzes zu regeln (*Isvestija* 3.11.88, Süddeutsche Zeitung 28.10.88, 9.1.89). Als die Avantgardezeitschrift „*Vek XX i mir*" (Das 20. Jahrhundert und der Friede) *Alexander Solšenicyn*s Essay „*Šit'ne po l'ži!*" (Nicht nach der Lüge leben!) veröffentlichte, holte man die Genehmigung von Glawlit erst gar nicht ein (RL 1988: Nr. 13, 38). Als jüngst der Unionsminister für Wasserressourcen in der satirischen Zeitschrift „Krokodil" (16.3.89) karikiert wurde, kam das Tabu zu Fall, führende Politiker öffentlich der Lächerlichkeit preiszugeben.

Nachdem schon vor und auf der Parteikonferenz mehr Glasnost für die Tätigkeit der Partei selbst gefordert worden war, erscheint seit Januar 1989 eine neue Zeitschrift „*Isvestija CK KPSS*" (Nachrichten des Zentral-Komitees der KPdSU), in der vor allem Dokumente über frühere und aktuelle parteiinterne Vorgänge und Diskussionen veröffentlicht werden. Über die viele Wochen andauernden Wahlen zum Kongreß der Volksdeputierten und deren „Wahlplattformen" berichtete die Sowjetpresse und das Fernsehen ausführlich. Zweifellos hat sich dergestalt die Versorgung der Öffentlichkeit mit Informationen über die Partei- und Regierungstätigkeit verbessert, bieten die Medien immer mehr Einblick in das erwachende gesellschaftlich-politische Leben. Indessen bestehen weiter Kontrollen über die journalistische Arbeit. Gelegentlich wurde die Presse wegen „schwerer Exzesse" in der Berichterstattung seitens des ZK-Sekretärs für ideologische Fragen, *Vadim Medved'ev*, gemahnt. Kritik von oben richtete sich auch an die Parteifunktionäre in den baltischen Republiken, da sie die regionale Presse nicht mehr zu steuern vermöchten (*Pravda* 26.12.88). *Medved'ev* unterband auch die Veröffentlichung von *Solženicyn*s „Archipel Gulag" in der literarischen Monatszeitschrift *Novij Mir* (Tolz 1989: 9). Unabhängige Blätter wie *Grigorjanz's „Glasnost"* und das von *Timofejev* herausgegebene „*Referendum*" existieren offiziell nicht. *Timofejev* gab zu befürchten, daß auch in einem Pressegesetz die bestehenden „unabhängigen" Zeitungen nicht anerkannt würden (RL 1989, Nr. 2, 37).

Andererseits drängen die Journalisten der „Frontzeitungen" einer radikalen Perestrojka im Sinne der von ihnen propagierten westlichen Verfassungsideale auf die baldige Verabschiedung eines Pressegesetzes. Am 7. Mai 1989 klagten die „*Moskovskije Novosti*" die rechtliche Garantierung von Glasnost ein, die andernfalls nur eine halbe Glasnost (*Poluglasnost*) bleibe. Am Tag zuvor verwahrte sich die Wochenillustrierte „*Ogonjok*" gegen eine dosierte Glasnost. Hier wurde das Recht auf Kritik auch der heutigen politischen Führung in der UdSSR verlangt und damit begründet, daß Kritik an der Regierung schließlich in jedem zivilisierten Land üblich sei. Es sei dies ein ebenso unveräußerliches Attribut der Demokratie wie das parlamentarische Mißtrauensvotum gegenüber der Regierung. Äußerungen wie diese belegen ebenfalls den noch bestehenden Abstand zwischen Glasnost und einem Recht auf Meinungsfreiheit. Am Vorabend der konstituierenden Sitzung des Kongresses der Volksdeputierten wurde auf Transparenten anläßlich der Versammlung radikaler Reformer im Gorki-Park gefordert, daß man über Glasnost hinaus zu einer wahrhaftigen „*Meinungsfreiheit*" (*svoboda slova*) gelangen müsse.

War den Initiatoren im Reformerflügel der Partei durch Sanktionierung eines Pluralismus der Meinungen daran gelegen gewesen, bald über Lösungsmöglichkeiten und Konzepte der Erneuerung zu verfügen, so hat die Freigabe eines öffentlichen Diskurses über die Ursachen der strukturellen und funktionellen Schwächen des Regimes dazu geführt, daß eine *Verfassungsbewegung* entstand, die sowohl einen organisierten Pluralismus als auch volle Meinungsfreiheit verlangt. *Michail Šilov* schrieb, daß der Stalinismus maßgeblich in dem Einparteiensystem begründet war. *Boris Kuraševili* argumentierte, daß die Folgen des Stalinismus nur durch ein Mehrparteiensystem zu überwinden seien (*Kuraŝvili* 1989: Konferenzbeitrag). *Šilov* und der Meinung anderer Gesellschaftskritiker zufolge sei ein Einparteiensystem niemals mit Demokratie vereinbar, denn ein solches System stehe der Kritik an der politischen Führung entgegen. Deswegen könne die Arbeit des Politbüros, die natürlich nicht fehlerfrei sei, nicht kritisiert werden (RL 1989: Nr. 14, 33).

Trotz der bestehenden Behinderungen bricht sich *oppositionelles Denken* und grundlegende Kritik an Regierungsentscheidungen immer mehr Bahn. Dies gilt zum Beispiel für die in der Presse erschienene Schelte des neuen Ukas 11' über die strafrechtliche Verantwortung für die „Kränkung" und „Diskreditierung" der Staatsgewalt. Es wurde geltend gemacht, daß diese vagen Formulierungen erneut das Prävenire bieten könnten, einer kritischen öffentlichen Meinung Maulschellen anzulegen (*Kuraschwili* 1989: Informationsgespräch Moskau). Angesichts der verzögerten und unzulänglichen Berichterstattung über den Einsatz von Spezialtruppen und den Giftgasgebrauch anläßlich der Demonstrationen in Georgien Anfang April 1989 führte dazu, daß sich eine Kommission von Volksdeputierten, darunter *Andrej Sacharov*, zur „unabhängigen" Untersuchung dieser Vorfälle und der dafür Verantwortlichen konstituiert hat. Gesellschaftliche Initiativen dieser Art bleiben jedoch noch Einzelerscheinungen.

Das Dilemma der fehlenden *organisatorischen Basis* des Pluralismus der Meinungen wurde schon anläßlich der Volksaussprache über die Verfassungsänderungen spürbar. In einem Leserbrief kam das Bedauern zum Ausdruck, daß es „keinen genügend mächtigen und ständig wirkenden Mechanismus der Auseinandersetzung, der Prüfung, der Vereinheitlichung der Meinung und der Analyse der kritischen Mitteilungen und Vorschläge der Werktätigen" gebe. Wissenschaftler überlegten, wie durch Schaffung „eines Netzes von Konsultativorganen" die unterschiedlichen Meinungen gebündelt und koordiniert werden könnten (*Jeršanova* 1988: 12). Vollends offenbarte sich das Problem, einen „parlamentarischen Meinungspluralismus" zum Tragen bringen zu wollen, als der Kongreß der Volksdeputierten am 25. Mai 1989 seine Arbeit aufnahm und die Wahlen zum Obersten Sowjet, dem neuen ständigen Parlament, anstanden. Im Vorfeld dieser Ereignisse war zwar in der Presse schon von den nötigen „Blöcken und Gruppen" als einem „natürlichen Prinzip der Arbeitsweise jedes normalen Parlaments" (*Moskovskije Novosti* 14.5.1989) die Rede gewesen, hatten die Vertreter radikaler Reformer der Hoffnung Ausdruck gegeben, wenigstens zehn bis fünfzehn Prozent „unabhängiger Persönlichkeiten" als Anführer potentieller Oppositionsgruppen in den Obersten Sowjet bringen zu können. Die konkrete Umsetzung solcher Vorstellungen erwies sich mangels der organisatorischen Mittel und angesichts der dominierenden Lobbies in Partei und Apparat als schwierig. Hier wurde die Widersprüchlichkeit der gegenwärtig charakteristischen *Koexistenz traditioneller Formen und erster Übergangsstrukturen* offenkundig. Zugleich verdeutlichte sich, daß der offiziell geäußerte Wunsch, zu einer „*Entstaatlichung*" der Gesellschaft zu gelangen, solange weitgehend deklarativer Natur bleibt, als die institutionellen Vorrichtungen und Spielregeln für das Gedeihen oppositionellen Denkens nicht weiter entwickelt werden.

Ungeachtet dieser grundlegenden Probleme des realen Übergangs zu parlamentarischen Formen setzt sich der Diskurs unter Sozialwissenschaftlern über Prinzipien und Theorie einer kritischen Öffentlichkeit fort. In wissenschaftlichen Beiträgen über die rechtlichen Aspekte von Glasnost und über deren Zusammenhang mit politischer Kultur verdichtet sich die Meinung, in Glasnost jedenfalls nur eine Vorstufe zur vollen Rede- und Meinungsfreiheit sehen zu können (*Jeršanova* 1988: 12–19; *Demidov* 1989: 3–8). Zugleich fällt auf, daß die Vordenker einer weiteren Demokratisierung die traditionelle Formel der „Kritik und Selbstkritik" bereits als obsolet bezeichnen. Es handele sich dabei um eine „aussterbende Ausdrucksweise" (*Gordon/Klopov* 1989: Konferenzbeiträge). Der *Verfall von Begriffen* ist zweifellos ein Indiz für den *Wandel von Strukturen*. Das aktuelle Eintreten der Vorkämpfer der Verfassungsbewegung für tatsächliche Meinungsfreiheit, für ein parlamentarisches Mißtrauensvotum und das Mehrparteiensystem demonstriert den politischen Willen, diesen Prozeß der Loslösung gescheiterter ideologischer und organisatorischer Prinzipien weiter voranzutreiben.

Literaturverzeichnis

Afanas'ev, Jurij, (Hrsg.) 1988: Es gibt keine Alternative zu Perestrojka: Glasnost Demokratie Sozialismus, Nördlingen.

Afanas'ev, Viktor, 1980: Bojevije zadači žurnalistov (Kämpferische Aufgaben der Journalisten), in: Delo vsej partii (Die Sache der ganzen Partei), Moskau.

Ambarcumov, Jewgenij, 1989: Entstehung und Geschichte des politischen Systems des Sozialismus in der UdSSR, Konferenzbeitrag Berlin.

Andrejev, Sergej, 1989: Struktura vlasti i zadači obščestva (Die Machtstruktur und die Aufgaben der Gesellschaft), in: Neva, Nr. 1, Leningrad, 144–173.

Arbatov, Georgij/Batalow, Eduard, 1989: Političeskaja reforma i evolucija sovetskogo gosudarstva (Politische Reform und Evolution des sowjetischen Staates), in: Kommunist, März Moskau, 35–47.

Baglaj, Marat, 1989: Pravovje gosudarstvo: ot idej k praktike (Der Rechtsstaat: Von der Idee zur Praxis), in: Kommunist, April, Moskau 38–46.

Baturin, Jurij, 1989: Censura protiv glasnosti: ot Ivana Grosnogo do 1917 g. (Zensur gegen Glasnost: Von Iwan dem Schrecklichen bis 1917), in: Sovetskoje gosudarstwo i pravo, Nr. 3, Moskau, 134–142.

Beyrau, Dietrich, 1987: Anderes Denken, Dissens und Opposition 1956–1986, in: *Ferenczi, Caspar/Löhr, Brigitte* (Hrsg.), Aufbruch mit Gorbatschow? Entwicklungsprobleme der Sowjetgesellschaft, Frankfurt 196–224.

Blankenagel, A., 1989: Teorija i praktika konstitucionnogo kontrolja w FRG (Theorie und Praxis der Verfassungskontrolle in der BRD), in: Sovetskoje gosudarstvo i pravo, Nr. 1, Moskau, 102–109.

Brežnev, Leonid, 1952: Kritika i samokritika – ispytannij metod vospitanija kadrov (Kritik und Selbstkritik – die erprobte Methode der Kadererziehung), in: Bolschewik Nr. 17, Moskau, 50–70.

Butenko, Anatolij, 1982: Protivorečija rasitija socialisma kak obščestvennij stroj (Widersprüche der Entwicklung des Sozialismus als gesellschaftlicher Ordnung), in: Voprosy filosofii, Nr. 10, Moskau, 16–29.

Dašičev, Vjačeslaw, 1988: Vostok-Zapad: poisk novych otnošenii. O prioritetach vnešnej politiki sovetskogo gosudarstva (Ost-West: Suche nach neuen Beziehungen. Über die Prioritäten der Außenpolitik des Sowjetstaats), in: Literaturnaja Gaseta, Nr. 20, Moskau, 18.5.1988.

Demidov, A. I., 1989: Glasnost i političeskaja kultura (Glasnost und politische Kultur), in: Filosofskije Nauki, Nr. 3, Moskau, 4–8.

Eichwede, Wolfgang, 1987: Abweichendes Denken in der Sowjetunion, in: Geschichte und Gesellschaft, 13 (1987), Nr. 1, Göttingen, 39–62.

Habermas, Jürgen, 1965, 2. Auflage, Strukturwandel der Öffentlichkeit. Untersuchungen zu einer Kategorie der bürgerlichen Gesellschaft, Neuwied am Rhein, Berlin.

Grušin, Boris, 1967: Mnenija o mire i mir mnenij (Die Meinungen über die Welt und die Welt der Meinungen), Moskau.

Gubarev, Vladimir, 1986: Sarkofag, Tragedija (Sarkophag, Tragödie), in: Znamja, Nr. 9, Moskau, 86–126.

Iwanščenko, A. V., 1989: Demokratičeskije instituty v istorii sovetskogo gosudarstva (Demokratische Einrichtungen in der Geschichte des sowjetischen Staats), in: Sovetskoje gosudarsto i pravo, Nr. 1, Moskau, 118–126.

Jeršanova, F. A., 1988: Gosudarstvenno-pravovyje aspekty principa glasnosti (Staatlich-rechtliche Aspekte des Prinzips der Öffentlichkeit), in: Sovetskoje gosudarstvo i pravo, Nr. 10, Moskau, 12–19.

Ionin, Leonid, 1987: Konservatijvnij sindrom (Das konservative Syndrom), in: Sociologičeskije Issledovanija, Nr. 5, Moskau, 19–30.

Kisselev, Viktor, 1989: Erklärungsmodelle der politischen Systeme sozialistischer Länder, Konferenzbeitrag, Berlin.

Kljamkin, Igor, 1989: Počemu trudno govorit pravdu (Warum es schwer ist, die Wahrheit zu sagen), in: Novij mir, Nr. 2, Moskau, 204–238.

Kosjakov, W. M., 1982: O putjach borby s zažimom obščestvennoj kritiki (Über die Wege des Kampfes gegen die Unterdrückung öffentlicher Kritik), in: Sovetskoje gosudarstvo i pravo, Nr. 9, Moskau, 21–28.

Kudrjavzev, Vladimir, 1988: Das Wesen der politischen Reform in der UdSSR, in: Probleme des Friedens und des Sozialismus, Nr. 9, ...

Kurašvili, Boris, 1983: Objektivnyje zakony gosudarstvennogo upravlenija (Die objektiven Gesetze der staatlichen Leitung), in: Sovetskoje gosudarstvo i pravo, Nr. 10, 36–44.

ders., 1989: Erklärungsmodelle der politischen Systeme sozialistischer Länder, Konferenzbeitrag, Berlin.

Lampert, Nick, 1987: Social Criticism in Soviet Drama: The Plays of Aleksandr Gel'man, in: Soviet Studies, XXXIX, Birmingham, 101–115.

Lenin, Wladimir I., Lenin Werke, 1961, hrsg. v. Institut für Marxismus-Leninismus beim ZK der KPdSU, ins Deutsche übertragen nach der vierten russischen Ausgabe, Berlin.

Marx, Karl/Engels, Friedrich, MEGA, 1960, hrsg. v. Institut für Marxismus-Leninismus beim ZK der SED, Berlin.

Medved'ev, Roy, 1988: Die sowjetische Kultur im Jubiläumsjahr 1987, in: Osteuropa, Nr. 9, Stuttgart, 804–815.

Medved'ev, Vadim, 1988: K poznaniju socialisma. Otvety na voprosy žurnala „Kommunist" (Zur Erkenntnis des Sozialismus. Antworten auf Fragen der Zeitschrift „Kommunist"), in: Kommunist, Nr. 17, Moskau, 3–18.

Meyer, Gert (Hrsg.), 1986: Sowjetunion zu neuen Ufern? Dokumente und Materialien zum XXVII. Parteitag der KPdSU, Köln.

Mommsen, Margareta, 1987a: Hilf mir, mein Recht zu finden. Russische Bittschriften von Iwan dem Schrecklichen bis Gorbatschow, Frankfurt–Berlin.

dieselbe, 1987b: Von „Kritik und Selbstkritik" zu „Glasnost". Tendenzen zur Pluralisierung der öffentlichen Meinung in der Sowjetunion, in: *dieselbe/Schröder, Hans-Henning*, (Hrsg.), Gorbatschows Revolution von oben. Dynamik und Widerstände im Reformprozeß der UdSSR, Frankfurt–Berlin.

dieselbe, 1989: Strukturwandel der Öffentlichkeit im Sowjetsystem. Zur Dialektik von Glasnost und Perestroika, in: Aus Politik und Zeitgeschichte, Beilage zur Wochenzeitung Das Parlament, B 12/89, März, Bonn, 10–19.

Nersesjanc, W. S., 1989: Pravovoje gosudarstvo: istorija i sovremennost (Der Rechtsstaat: Geschichte und Gegenwart), in: Voprosy Filosofii, Nr. 2, Moskau, 3–16.

Novopašin, J., 1989: Entstehung und Entwicklungsbedingungen der Volksdemokratien, Konferenzbeitrag, Berlin.

O samokritike, tolko dlja členov VKP, Sibrajkom VKP (Über die Selbstkritik, nur für Mitglieder der WKP), 1928, Nowosibirsk.

Safarov, Rafail, 1975: Obščestvennoje mnenije i gosudarstvennoje upravlenije (Öffentliche Meinung und staatliche Verwaltung), Moskau.

Saslavskaja, Tatjana, 1983: Über die sozialen Mechanismen in der Wirtschaftsentwicklung, in: Osteuropa-Info, 53 (1983), 59–82.

Schröder, Hans-Henning, 1989: Die Verteidigungspolitik der UdSSR 1987–1989, Bericht des Bundesinstituts für ostwissenschaftliche und internationale Studien, Nr. 14, Köln.

Seljunin, Vassilij, 1988: Istoki (Die Ursprünge), in: Novij mir, Nr. 5, Moskau, 162–189.
Sowjetunion, Sommer 1988 Offene Worte, Gorbatschow, Ligatschow, Jelzin und 4.991 Delegierte diskutieren über den richtigen Weg. Sämtliche Beiträge und Reden der 19. Gesamtsowjetischen Konferenz der KPdSU in Moskau. Mit einem offenen Brief von J. Karjakin, 1988, Nördlingen.
Stalin, Josif W., 1952: Über Selbstkritik, Berlin.
Tolz, Vera, 1989: The Development of Glasnost' in 1988, in: Radio Liberty, vol. 1, Nr. 5, 3.2. 1989, München, 7–10.
Trotsky Archives (T 1897), 1928: Cambridge/Mass.
Černenko, Konstantin U., 1979: Für das Volk und mit dem Volk arbeiten. Eine Leninsche Tradition der KPdSU, in: Probleme des Friedens und des Sozialismus, Nr. 5, 579–592.
Cipko, A., 1988–1989: Istoki stalinisma (Die Ursprünge des Stalinismus), Artikel in mehreren Folgen, in: Nauki i žisn, Nr. 11 u. 12/1988, 1 u. 2/1989, Moskau.

„Werden und Wachsen unseres Arbeiter-und-Bauern-Staates". Denkbilder vom Staat in der DDR

Manfred Opp de Hipt (†)

1. *Die marxistisch-leninistische Theorie und das alltägliche Wissen vom Staat*

Der Staat[1] spielt in den Schriften von *Karl Marx* und *Friedrich Engels* eine meist bedrohliche, zumindest aber zwiespältige Rolle. Bei *Marx* schlägt ihm, als einem „Parasitenkörper" (*Marx* 1852: 196) und einer „Maschine der Klassenherrschaft" mit „rein unterdrückende(m) Charakter" (*Marx* 1871: 336) oft blanke Verachtung entgegen. Auch *Wladimir I. Lenin* findet starke Worte und fordert, die bürgerliche „Staatsmaschine" zu „zerschlagen" und zu „zerbrechen" (*Lenin* 1918: 348), um dann allerdings – vor dem Hintergrund marxscher Gedankengänge eine verblüffende Wendung[2] – „sofort mit dem Aufbau einer neuen (zu) beginnen" (*Lenin* 1918: 358). Die damit einsetzende sozialistische Diktatur des Proletariats kann jedoch nur eine Übergangsphase sein. Spätestens in der kommunistischen Gesellschaft werde der Staat, darin sind sich die „Klassiker" des Marxismus-Leninismus einig, überflüssig sein und absterben.

Dieses Denkmodell sollte in der DDR buchstäblich jedem Kind bekannt sein, da es nicht nur in der wissenschaftlichen und propagandistischen Literatur, sondern auch in Schulbüchern ausführlich dargestellt wird. Dort heißt es beispielsweise über die Diktatur des Proletariats, die Vorstufe zum Kommunismus, sie bedeute die „Unterdrückung der ehemaligen Ausbeuter, also der Minderheit, aber Demokratie für die Masse des Volkes – für die Mehrheit" (Staatsbürgerkunde 1974, 61).

Weder die Vorstellung von einem Kampf gegen bürgerliche Ausbeuter noch die Behauptung *Lenins*, der sozialistische Staat sei ein „Übergang vom Staat zum Nichtstaat" (*Klaus/Buhr* 1970: 1036) läßt sich bruchlos mit der tatsächlichen Rolle des Staates in der DDR in Einklang bringen. Jüngst titulierte der mit den politischen Verhältnissen eng vertraute Systemkritiker *R. Henrich* den Staat als „vormundschaftlich" (*Henrich* 1989). Die immense Bedeutung des sozialistischen Staates für die praktische Politik und die Wirtschaft wird auch von offiziellen Autoren der DDR hervorgehoben und die sich daraus ergebenden Probleme, Theorie und Praxis miteinander zu vereinbaren, nicht bestritten. Die Philosophen *G. Klaus* und *M. Buhr* versuchten, die These vom Absterben und das reale Gewicht des Staates durch den Hinweis auf eine notwendige dialektische Sicht der Dinge zu versöhnen (1970: 1037). An anderer Stelle finden sich Hinweise auf die in der UdSSR seit den sechziger Jahren entwickelte These vom „Staat des ganzen Volkes" (Staat, Recht und Politik 1984: 59). Ende der siebziger Jahre waren die sowjetischen Vorstellungen soweit gediehen, daß der sozialistische Staat nicht mehr als Instrument der Klassenherrschaft, sondern als eine „Bedingung der Erhaltung des menschlichen Zusammenlebens" und als eine „spezifische Vereinigung der Herrschenden und Beherrschten" (*Schroeder* 1979: 67) begriffen wurde.[3] Auch in der DDR wird inzwischen darauf hingewiesen, daß nicht einmal mehr sicher ist, ob der Staat im Kommunismus gänzlich abgestorben sein wird.[4]

Zwar erhoben und erheben die Politiker in der DDR den Anspruch, ihr Handeln von der marxistisch-leninistischen Theorie leiten zu lassen. Doch gerade auf dem Feld der Staatslehre, deren DDR-Variante *K. Westen* attestiert, daß es „kaum etwas Langweiligeres" gebe (*Westen* 1985: 33), kann diese Behauptung nicht überzeugen. Während in der Sowjetunion theoretische Probleme und Widersprüche bei der Charakterisierung des Staates vergleichsweise offen debattiert wurden, besteht in der DDR eine Tendenz, sie zu verschleiern. Die offiziellen Texte – seien es nun Schulbücher, wissenschaftliche oder propagandistische Werke – sind in hohem Maße allgemein und unscharf formuliert (vgl. *Oschlies* 1989: 10–12). Ihre Aussagen erscheinen als innerhalb eines gewissen Rahmens „mit jedem beliebigen Sachverhalt vereinbar" (*Topitsch* 1960, 256)[5]. Diese Beliebigkeit läßt sich nur schwer mit der Vorstellung in Übereinstimmung bringen, die Führung der SED könne aus solchen stereotypen Formeln Rezepte für ihr politisches Handeln gewinnen. Tatsächlich ist, wie *P. C. Ludz* (1980: 113) formulierte, „eines der tradierten Hauptziele von Lehr-, Text- und Wörterbüchern des Marxismus-Leninismus in der DDR ... (die) Integration des Wissens". Anders ausgedrückt geht es darum, neue wissenschaftliche Erkenntnisse ebenso wie augenfällige reale Entwicklungen als vereinbar mit der marxistisch-leninistischen Lehre zu beschreiben und sie so zu legitimieren.

Wenn aber für die politische Führung der DDR die marxistisch-leninistische Theorie in erster Linie Mittel zur Legitimation *ex post* ist, woran orientiert sie sich dann, wenn es um die Frage geht, was sie vom Staat erwartet, wie sie ihn für ihre Ziele einsetzt und welche Entwicklung sie für ihn vorsieht? Ihre *Vorstellungen* von der Rolle des Staates sind vermutlich aus unterschiedlichen Quellen, wie beispielsweise proletarischen Utopien, bürgerlichen Wertvorstellungen oder Verwaltungstraditionen gespeist. Das Resultat läßt sich als Bestandteil des Wissens aus der und über die Alltagswelt kennzeichnen, das sich vor allem durch seine Selbstverständlichkeit auszeichnet.[6] Dieses Wissen, das somit keiner Begründung bedarf, kann als „Denkvoraussetzung" (*Matthes/Schütze* 1973: 11) gelten. Um es als nicht mehr selbstverständlich zu empfinden, ist ein besonderer äußerer oder gedanklicher Anstoß nötig. Gerade durch seine fraglose Präsenz wird dieses Wissen unmittelbar und ohne kritische Reflexion handlungsleitend.

Obwohl zunächst zur Charakterisierung der Wissensbestände von Individuen gedacht, läßt sich der in der Regel heuristisch gebrauchte Begriff des *Alltagswissens* auch auf institutionalisierte soziale Gebilde wie die Sozialistische Einheitspartei Deutschlands (SED) übertragen. Er dient dann dazu, das Augenmerk gerade auf die nicht problematisierten und nicht explizit zur Beschreibung beispielsweise des Staates formulierten Äußerungen zu lenken, die dennoch Auskunft darüber geben können, wie die Partei den Staat jenseits der offiziellen marxistisch-leninistischen Formeln „sieht". Das alltägliche Wissen einer Partei, das nicht mit dem Wissen einzelner Funktionäre identisch sein muß, wird in den offiziellen Dokumenten der Partei kodifiziert. Diese Do-

kumente sind die spezifische Form des „Gedächtnisses“, die es einer Institution ermöglichen, ähnlich wie ein Individuum eine Meinung zu formulieren und zu vertreten. Zu beachten ist, daß die Trennung zwischen theoretischem Wissen und alltäglichem Wissen eine analytische ist. Theoretisches Wissen kann in Wissen über die Alltagswelt eingehen und umgekehrt, beide Bereiche sind auf vielfältige Weise miteinander verflochten. „Reines“ Alltagswissen – wie auch immer dies zu definieren wäre – ist deshalb weder bei Personen noch bei Institutionen identifizierbar.
Vor diesem Hintergrund besteht ein Ziel der Untersuchung, die über die nachträglichen Legitimationsversuche hinaus nach politisch relevanten Vorstellungen fragt, darin, zu prüfen, welche Elemente marxistisch-leninistischer Staatstheorie sich im Alltagsverständnis der politischen Führung wiederfinden lassen. Die Staatsvorstellungen sind in ihrer *spezifischen Mischung aus Theorie und alltäglichem Wissen* zu beschreiben und zu analysieren.

2. *Material und Methode*

2.1 Parteitagsreden und Parteiprogramme

Materialbasis für die empirische Untersuchung sind die Rechenschaftsberichte des Zentralkomitees, die auf den bisher elf Parteitagen der SED vom Generalsekretär bzw. Ersten Sekretär des ZK[7] vorgetragen wurden. Die Referenten waren *Otto Grotewohl*, *Wilhelm Pieck*, *Walter Ulbricht* und *Erich Honecker*, also die jeweiligen, teilweise mit wechselnden Amtsbezeichnungen versehenen Staats- und Parteichefs. Schon wegen ihres Umfangs und des politischen Gewichts der Redner sind die Rechenschaftsberichte als „Zentrum der Verhandlungen jedes Parteitags“ (Chronik 1987: 210) anzusehen.
Auf den Parteitagen der SED wird die gesellschaftliche und politische Lage definiert, die bisherige Politik eingeschätzt und die Generallinie der Partei festgelegt. Obwohl die genaue Funktion der Rechenschaftsberichte ebensowenig erforscht ist wie die von Parteiprogrammen in Ost *und* West, ist anzunehmen, daß sie während ihrer Ausarbeitung und Formulierung einerseits der Verständigung der führenden Kader untereinander beziehungsweise der Aushandlung einer „Linie“ dienen. Auf dem Parteitag selbst wird diese Linie dann offiziell verkündet und mit erheblichem Aufwand publiziert. Deshalb ist andererseits der Versuch der Führung zu unterstellen, mit den Reden die Vorstellungen der Bevölkerung sowohl ansprechen als auch beeinflussen zu wollen.
Bei der Festlegung der Linie geht es in der Regel nicht darum, Grundsatzerklärungen über Funktionen oder gar das „Wesen“ des Staates abzugeben, vielmehr werden politische und gesellschaftliche Aktionen oder Pläne beschrieben und angekündigt, die den Staat automatisch einbeziehen, ohne ihn in den Mittelpunkt der Argumentation zu stellen. Gerade darum ist die Chance besonders groß, in den Rechenschaftsberichten des Zentralkomitees Annahmen über den Staat zu finden, die als selbstverständlich angesehen werden.
Vergleichbares gilt für die Programme der SED, die eine längere zeitliche Gültigkeit beanspruchen und deshalb grundsätzlicher gehalten sind. Die Programme von 1946, 1963 und 1976 wurden ebenfalls in die Analyse einbezogen.

2.2 Das sprachanalytische Konzept

Wenn ein Text Vorstellungen enthält, die ganz oder teilweise als selbstverständlich gelten, werden die Autoren häufig darauf verzichten, sie zu explizieren und spontan dazu gar nicht in der Lage sein. Um Annahmen über den Staat in den Parteitagsreden oder den Parteiprogrammen zu erkennen, bedarf es deshalb der Analyse der *Sprache*, mit deren Hilfe die Generalsekretäre oder die Autoren der Parteiprogramme Aussagen über den Staat formulieren.

Wirklichkeit wird niemals neutral beschrieben, sondern schon in dem Moment interpretiert, wenn Gegenstände und Geschehnisse mit einer Bezeichnung und auf diese Weise mit Bedeutung versehen werden. Besonders deutlich ist der Zusammenhang von „Sprache, Denken, Wirklichkeit" (*Whorf* 1963), wenn ein Phänomen mit Hilfe von *Metaphern* interpretiert wird. Metaphern sind weit mehr als ein schmückendes rhetorisches Beiwerk. In der Sprache allgegenwärtig, helfen sie, Phänomene in einer bestimmten Weise be-greif-bar (Metapher!) und nach-vollzieh-bar (Metapher?) zu machen. Gerade die marxistische Staatstheorie, die den Staat als Parasitenkörper oder Werkzeug beschreibt und dazu auffordert, ihn zu zerschlagen, ist eine Fundgrube drastischer sprachlicher Bilder, die bestimmte Eigenschaften hervorheben und andere verdecken. Gilt der Staat beispielsweise als Werkzeug, so sind von ihm keine eigenständigen Handlungen zu erwarten.

Auf der Basis der neueren Forschung (*Black* 1962; *Black* 1983; *Lakoff/Johnson* 1980), wurde versucht, Einsichten in die zentrale Rolle, die Metaphern bei der Interpretation von Realität spielen, für die *systematische* sprachanalytische Untersuchung von politischen Texten fruchtbar zu machen, auch wenn sie weitgehend frei von eindeutig bildhaften Wendungen sind. Zu diesem Zweck wurde das über den Metaphernbegriff hinausweisende Konzept des „*Denkbilds*" (*Opp de Hipt* 1987) entwickelt.[8] Hier werden die Vorstellungen oder Implikationen betrachtet, die die zur Beschreibung eines Phänomens benutzten Worte hervorrufen. Die Wortwahl gibt Auskunft darüber, welche Eigenschaften eines Gegenstandes einem Redner oder Schreiber als wichtig erscheinen und welche anderen außer Acht gelassen werden.

Ein Beispiel zur Verdeutlichung: Durch die Behauptung, daß die Werktätigen den Staat unterstützen, werden Vorstellungen wachgerufen, die ebenso im Bereich der zwischenmenschlichen Beziehungen – „Karl unterstützt seine Mutter" – wie der Interessenvertretung – „wir unterstützen ihre Forderungen" – oder der Außenpolitik – „bewaffnete Unterstützung" – anzutreffen sind. Das Wort Unterstützung erinnert an Hilfe, jedoch hat es nicht notwendigerweise einen karitativen Beigeschmack. Ganz wie dies bei Metaphern der Fall ist, transportiert die Formulierung „die Werktätigen unterstützen den Staat" bestimmte Sichtweisen und Implikationen, obwohl ihr die Farbigkeit einer Metapher fehlt. Das Wort Unterstützung kann – aber muß nicht – auf eine gewisse Schwäche und Hilfsbedürftigkeit des Staates hinweisen, es impliziert in jedem Fall, daß der Staat der Unterstützung *wert ist*. Unterstützt wird nur etwas „Gutes". Unterstützt dagegen jemand seine Feinde, so ist dies ein offensichtlicher Widerspruch. Die Aussage, daß die Werktätigen den Staat unterstützen, paßt nicht zu der Behauptung, dieser sei ein „Parasitenkörper", es sei denn, man unterstellt den Werktätigen auf diese Weise ein falsches Verhalten.

2.3 Die Inhaltsanalyse

Aus diesen, hier nur verkürzt wiederzugebenden Überlegungen, entstehen unmittelbare Konsequenzen für die empirische Untersuchung der Parteitagsreden und Parteiprogramme, die in Form einer Inhaltsanalyse stattfand. Die dabei eingesetzten Codierer hatten die Aufgabe, Denkbilder vom Staat zu identifizieren und zu notieren, so daß diese in einem zweiten Schritt gesammelt, gezählt und interpretiert werden konnten. Bei der Codierung spielten die im Text verwendeten Worte eine besonderer Rolle. War, um ein Beispiel zu konstruieren, davon die Rede, daß der Staat die Verbraucherpreise erhöhen werde, so hatten die Codierer nicht zu entscheiden, worin die „wirkliche" Bedeutung dieser Maßnahme bestand. Unter Berücksichtigung der zur Beschreibung des Sachverhalts benutzten Worte sollte vielmehr festgehalten werden, ob der Redner den Vorgang beispielsweise mit dem Denkbild „staatliche Steuerung des ökonomischen Systems" interpretiert oder aber ihn als „staatliche Hilfe für die Wirtschaft" darstellt.
Zur Erfassung der Staatsvorstellungen wurde ein Kategorienschema mit 44 Kategorien entwickelt. Auf Denkbilder und Denkbildergruppen zielte allerdings nur dessen zweiter, 31 Kategorien umfassender Teil. Mit Hilfe des ersten Teils wurde vor allem registriert, welche staatlichen Politikfelder angesprochen waren und ob die Politiker vom eigenen, sozialistischen oder von einem fremden, bürgerlichen Staat sprachen.
Um das Material einzugrenzen, hatten die Codierer in den Parteitagsreden und Programmen zunächst jene Sätze zu suchen, die die Worte Staat, staatlich oder deren Pronomen enthalten. Damit waren allerdings auch solche Fälle erfaßt, in denen vom Staat als von einem *politischen Gemeinwesen* die Rede war. Hier stand das Wort Staat, etwas verkürzt ausgedrückt, als Synonym für Land oder Nation. Ein solches Verständnis des Staatsbegriffs entsprach jedoch nicht der Fragestellung der Untersuchung, die auf den Staat als *politische Organisation* zielt, welche von der Gesellschaft, wenn auch nicht unabhängig, so doch zu unterscheiden ist (*Bull* 1977: 69, 88). Um diesem Ziel gerecht zu werden, sortierten die Codierer in einem weiteren Arbeitsgang jene Sätze wieder aus, in denen das Wort Staat auf Land oder Nation verwies.[9]
Obwohl die einzelnen Kategorien mit ihren teilweise auf Assoziationen beruhenden Denkbildern und Denkbildgruppen als verhältnismäßig „weich" gelten müssen und der subjektiven Interpretation einen nicht geringen Spielraum lassen, konnte nach mehreren Pretests und Änderungen der Codiermodalitäten eine befriedigende Intercodierer-Reliabilität erreicht werden.[10]
Entsprechend der Logik einer quantitativen Inhaltsanalyse wurde bei der Interpretation der ermittelten Daten davon ausgegangen, daß die *Häufigkeit*, mit der die Führung der SED Denkbilder vom Staat zu unterschiedlichen Zeiten benutzt, Aufschlüsse über die Bedeutung dieser Denkbilder gibt und damit das Staatsverständnis und die politischen Zielvorstellungen der Machtelite der DDR beleuchtet. Schon wegen des sehr unterschiedlichen Umfangs der untersuchten Texte verbot es sich allerdings, die

absolute Häufigkeit, mit der die Denkbilder auftreten, zur entscheidenden Kennziffer zu erklären. Wichtiger ist die relative Häufigkeit, die sich leicht ermitteln ließ, indem der prozentuale Anteil der in einer Kategorie codierten Denkbilder an der Gesamtzahl der Fälle einer Rede oder eines Programms berechnet wurde. Die quantitativen Indizien wurden systematisch durch qualitativ-hermeneutische Schritte kontrolliert, differenziert und erweitert.[11]

Das generelle Ziel, durch eine Analyse der Reden und Programme herauszufinden, wie die politische Führung vom Staat denkt bzw. welche Sichtweisen sie den Parteimitgliedern und den Bewohnern insgesamt präsentiert, läßt sich durch einen Fragenkatalog spezifizieren. Die dort aufgelisteten Fragen zielen in erster Linie auf jene Bereiche des Staatsverständnisses der Führung, in denen Widersprüche und Unklarheiten vermutet wurden.

- Durch welche alltagsweltlichen Denkbilder verknüpft die Führung der SED die marxistisch-leninistischen Vorstellungen, den bürgerlichen Staat bekämpfen zu müssen beziehungsweise ihn im Rahmen der Diktatur des Proletariats als reinen Zwangsapparat zu benutzen, mit der differenzierten und umfangreichen Rolle, die der Staat in der bisherigen Geschichte der DDR spielte?
- Begreift die Führung den Staat verstärkt als – relativ – eigenständigen Akteur oder sieht sie ihn nach wie vor überwiegend als Instrument der Klassen- und Parteiherrschaft an?
- Welche Vorstellungen existieren, in denen der Staat gesamtgesellschaftliche Interessen und damit nicht oder nicht ausschließlich die Interessen einer Klasse vertritt? Wird die Vorstellung vom „Staat des ganzen Volkes" konkretisiert?
- Benutzt die SED selbst die – dann natürlich ins Positive gewendete – Vorstellung von einem vormundschaftlichen Staat?
- Sind für verschiedene Bereiche staatlichen Handelns – etwa der Sozialpolitik, Sicherheitspolitik – unterschiedliche Staatsbilder nachweisbar?
- Welchen historischen Wandel hat es gegeben? Wie machen sich Umbrüche in der Geschichte der DDR bei den Staatsbildern bemerkbar?

3. *Untersuchungsbericht und Ergebnisse*

3.1 Der Wandel der Politikfelder

Zur Bezeichnung jener 20 von insgesamt 44 inhaltsanalytischen Kategorien, die auf den nächsten Seiten vorgestellt werden, wurden folgende Abkürzungen benutzt:

ABGEHOB	Der Staat ist abgehoben.
ADJEK	Das Adjektiv „staatlich".
ALLGEM	Der Staat allgemein (im Unterschied zu einzelnen Politikfeldern).
AUSSEN	Das Politikfeld Außen- und Verteidigungspolitik.
BÖSE	Der Staat ist böse.
DIKTATUR	Der Staat als Mittel der Diktatur der herrschenden Klasse, als Instrument der herrschenden Klasse.

EIGENSTA	Der eigene, sozialistische Staat.
FREMDSTA	Der fremde, bürgerliche Staat.
GESCHAF	Der Staat ist das Produkt anonymer gesellschaftlicher Verhältnisse.
KONTROLL	Der Staat wird von konkreten gesellschaftlichen Gruppen geformt und kontrolliert.
KULTUR	Das Politikfeld Kultur- und Bildungspolitik.
LEITER	Der Staat leitet und plant.
MÄNGEL	Der Staat hat Mängel.
ORDNUNG	Das Politikfeld Ordnungspolitik.
SCHWÄCHE	Der Staat ist schwach.
SELBSTENTW	Der Staat entwickelt sich aus sich selbst heraus, ist nicht von den gesellschaftlichen Verhältnissen oder von Gruppen geschaffen oder geformt.
SOZIAL	Das Politikfeld Sozialpolitik.
SUBSTAN	Das Substantiv „Staat".
UNTERSTÜTZ	Der Staat wird unterstützt.
WIRTSCH	Das Politikfeld Wirtschafts- und Finanzpolitik.

Auf den 1566 Seiten, die die zwölf[12] Parteitagsreden und drei Parteiprogramme umfassen, zählten die Codierer den Begriff Staat, das Adjektiv staatlich sowie die entsprechenden Pronomen insgesamt 1420 Mal, wobei jene Fälle, in denen Staat als Synonym für Land aussortiert wurde, nicht berücksichtigt sind. Bei der Mehrzahl der Nennungen ist vom eigenen, sozialistischen Staat die Rede, nur während der vierziger Jahre dominiert der fremde, kapitalistische oder sogar der „sonstige" Staat (Tab. 1). Als „fremd" hatten die Codierer jeden bürgerlichen Staat einzuordnen, gleichgültig, ob er als Abstraktum erwähnt wurde oder ob es um einen konkreten, beispielsweise den westdeutschen Staat ging. Entsprechendes galt für den eigenen Staat. Die Kategorie „Sonstiges", die vor allem während der vierziger Jahre eine Rolle spielte, enthält jene Fälle, bei denen sich keine Entscheidung zwischen eigen und fremd treffen ließ. Dies war beispielsweise nicht möglich, wenn *Pieck* 1947 die Frage diskutierte, ob ein zukünftiger gesamtdeutscher Staat föderativ oder zentralistisch aufgebaut sein solle (II, 75–76)[13].

Wie stark sich die Reden und das Programm der vierziger Jahre von den nachfolgenden Jahrzehnten unterscheiden, wird bereits durch den hohen Anteil des „sonstigen", nicht als eigen oder fremd anzusprechenden Staates deutlich. Die gesamte Terminologie dieser „antifaschistisch-demokratischen Phase" unterscheidet sich erheblich von den marxistisch-leninistischen Denkbildern, die einzufangen das Kategorienschema angelegt war. Neben dem relativ geringen Umfang der frühen Reden und Dokumente ist dieses Vermeiden der marxistisch-leninistischen Topoi, das teilweise auf eine bewußte Strategie der KPD- bzw. SED-Führung zurückging (*Leonhard* 1955: 355–361), der Hauptgrund, warum bei der Untersuchung der vierziger Jahre viele der inhaltsanalytischen Kategorien leer blieben.

Eine Besonderheit, die sich über den gesamten Untersuchungszeitraum hinzieht und die nur im Vergleich mit bundesdeutschen Parteiprogrammen als Besonderheit iden-

Tabelle 1: Anteil* ausgewählter Kategorien in % (in Klammern: Anzahl der Codierungen)

Staat insgesamt (eigener und fremder)

Parteitag		EIGENSTA		FREMDSTA		SONST		Anzahl der Fälle insgesamt**
I	1946	31	(8)	54	(14)	16	(4)	26
II	1947	23	(3)	0		77	(10)	13
III	1950	92	(44)	6	(3)	2	(1)	48
IV	1954	91	(127)	8	(11)	1	(2)	140
V	1958	87	(157)	8	(15)	4	(8)	180
VI	1963	96	(201)	3	(7)	1	(1)	209
VII	1967	89	(229)	11	(27)	0	(1)	257
VIII	1971	88	(67)	11	(8)	1	(1)	76
IX	1976	96	(77)	4	(3)	0		80
X	1981	96	(100)	2	(2)	2	(2)	104
XI	1986	95	(56)	0		5	(3)	59
Programm								
1946		0		0		100	(6)	6
1963		68	(115)	28	(48)	4	(7)	170
1976		96	(50)	4	(2)	0		52
Reden und Programme insgesamt		87	(1234)	10	(140)	3	(46)	1420

* Anteil der Codierungen einer Kategorie an der Zahl aller Fälle in der jeweiligen Parteitagsrede bzw. im Parteiprogramm. Als 1 Fall wird das Auftreten des Wortes ‚Staat‘ oder „staatlich‘ bzw. eines Pronomens gezählt. Nicht berücksichtigt sind die Synonyme für Land / Nation.

** Da die Kategorien EIGENSTA, FREMDSTA und SONST einander ausschließen und es deshalb in diesem Teil des Kategorienschemas keine Mehrfachcodierungen gibt, ist die Summe der Codierungen pro Rede bzw. Programm identisch mit der Anzahl der dort vorgefundenen Fälle. Aus diesem Grund ergibt die Summe der Prozentwerte pro Rede oder Programm in Tab. 1 immer 100.

tifiziert werden kann, ist die konstant häufige Verwendung des Substantives „Staat“ im Vergleich zum Adjektiv „staatlich“ (s. Tab. 2). In der Bundesrepublik existiert ein während der siebziger Jahre – besonders bei der SPD – kulminierender Trend, häufiger vom „staatlichen Handeln“ zu sprechen als vom „handelnden Staat“ (*Opp de Hipt* 1987: 209–212). Die hinter dieser sprachlichen Eigenart zu vermutende Gewohnheit, das Subjekt „Staat“ in den Hintergrund treten zu lassen und stattdessen in gesellschaftlichen Prozessen zu denken, die staatliche Eingriffe – aber eben nicht: „Eingriffe des Staates“ – erfordern, ist in der DDR nicht zu beobachten. Auf die Interpretation, die politische Führung pflege ein Bild von einem aktiven und selbständig handelnden Staat, das in der Bundesrepublik eher an die Denkweise der CDU als an die der SPD gemahnt (*Opp de Hipt* 1987: 212–219; *Opp de Hipt* 1988), wird noch zurückzukommen sein.

Ein Teil der Inhaltsanalyse zielte darauf ab, die Bedeutung der *Politikfelder* zu ermitteln, in denen der Staat und seine Aktivitäten angesiedelt sind. Bei der Durchsicht

Tabelle 2: Anteil* ausgewählter Kategorien in % (in Klammern: Anzahl der Codierungen)

Staat insgesamt (eigener und fremder)

Parteitag		SUBSTAN		ADJEK		Anzahl der Fälle insgesamt**
I	1946	77	(20)	23	(6)	26
II	1947	92	(12)	8	(1)	13
III	1950	67	(32)	33	(16)	48
IV	1954	72	(101)	28	(39)	140
V	1958	76	(136)	24	(44)	180
VI	1963	67	(139)	34	(70)	209
VII	1967	60	(154)	40	(103)	257
VIII	1971	75	(57)	25	(19)	76
IX	1976	76	(61)	24	(19)	80
X	1981	70	(73)	30	(31)	104
XI	1986	68	(40)	32	(19)	59
Programm						
1946		67	(4)	33	(2)	6
1963		69	(118)	31	(52)	170
1976		62	(32)	39	(20)	52
Reden und Programme insgesamt		69	(979)	31	(441)	1420

* Anteil der Codierungen einer Kategorie an der Zahl aller Fälle in der jeweiligen Parteitagsrede bzw. im Parteiprogramm. Als 1 Fall wird das Auftreten des Wortes ‚Staat' oder ‚staatlich' bzw. eines Pronomens gezählt. Nicht berücksichtigt sind die Synonyme für Land/Nation.

** Da die Kategorien SUBSTAN und ADJEK einander ausschließen und es deshalb in diesem Teil des Kategorienschemas keine Mehrfachcodierungen gibt, ist die Summe der Codierungen pro Rede bzw. Programm identisch mit der Anzahl der dort vorgefundenen Fälle. Aus diesem Grund ergibt die – in der Tabelle nicht ausgewiesene – Summe der Prozentwerte pro Rede oder Programme in Tab. 2 immer 100.

der in Tabelle 3 zusammengestellten Ergebnisse ist zunächst einmal zu beachten, daß die Codierung der Politikfelder Sozialpolitik (SOZIAL), Ordnungspolitik (ORDNUNG), Kultur- und Bildungspolitik (KULTUR), Wirtschafts- und Finanzpolitik (WIRTSCH) und Außen- und Verteidigungspolitik (AUSSEN) eher restriktiv geregelt war. So wurde die Kategorie „staatliche Wirtschafts- und Finanzpolitik" nur dann codiert, wenn tatsächlich „der" Staat oder seine Apparate bzw. Teile aktiv waren, also nicht bereits dann, wenn etwa staatliche oder gar „halbstaatliche" Betriebe erwähnt wurden. Durch diese Differenzierung blieb das Feld der Wirtschaftspolitik sowie die übrigen explizit benannten Politikfelder trennscharf, allerdings auf Kosten der Eindeutigkeit der Kategorie „Staat allgemein", die dadurch den Charakter einer Residualkategorie annahm.
In der Häufigkeit, mit der die Politikfelder angesprochen werden, spiegeln sich die Konjunkturen politischer Themen in der DDR wider, soweit die Parteiführung wenigstens implizit auf sie einging. Die Häufigkeitsverteilung des Politikfelds Wirtschafts- und Finanzpolitik, das die übrigen Bereiche an Bedeutung weit überragt, zeichnet die

Tabelle 3: Anteil* ausgewählter Kategorien in % (in Klammern: Anzahl der Codierungen)

Der eigene, sozialistische Staat

Parteitag		ALLGEM		SOZIAL		ORDNUNG		KULTUR		WIRTSCH		AUSSEN		Anzahl der Fälle insg.**
I	1946	100	(8)	0		0		0		0		0		8
II	1947	33	(1)	67	(2)	0		0		0		0		3
III	1950	80	(35)	2	(1)	0		5	(2)	11	(5)	5	(2)	44
IV	1954	60	(76)	2	(3)	1	(1)	6	(7)	29	(37)	3	(4)	127
V	1958	76	(119)	1	(1)	1	(2)	3	(4)	19	(30)	1	(1)	157
VI	1963	60	(121)	1	(2)	4	(7)	8	(16)	26	(53)	2	(3)	201
VII	1967	54	(123)	4	(8)	3	(7)	9	(20)	34	(77)	1	(2)	229
VIII	1971	72	(48)	2	(1)	2	(1)	3	(2)	9	(6)	9	(6)	67
IX	1976	52	(40)	10	(8)	3	(2)	13	(10)	16	(12)	10	(8)	77
X	1981	65	(64)	5	(5)	3	(3)	6	(6)	20	(20)	9	(9)	100
XI	1986	64	(36)	4	(2)	0		0		27	(15)	5	(3)	56
Programm														
1946		0		0		0		0		0		0		0
1963		65	(75)	3	(3)	8	(9)	6	(7)	21	(24)	5	(6)	115
1976		64	(32)	4	(2)	4	(2)	8	(4)	18	(9)	10	(5)	50
Reden und Programme insgesamt		63	(778)	3	(38)	3	(34)	6	(78)	23	(288)	4	(49)	1234

* Anteil der Codierungen einer Kategorie an der Zahl aller Fälle in der jeweiligen Parteitagsrede bzw. im Parteiprogramm. Als 1 Fall wird in Tab. 3 das Auftreten des Wortes ‚Staat' oder ‚staatlich' bzw. eines Pronomens nur dann gezählt, *wenn damit der eigene Staat angesprochen ist*. Ebenfalls nicht berücksichtigt sind die Synonyme für Land/Nation.

** Identisch mit der Kategorie EIGENSTA (s. Tab. 1). Da die in Tab. 3 dokumentierten Kategorien einander nicht ausschließen und deshalb – anders als in Tab. 1 und 2 – Mehrfachcodierung erlaubt war, kann die Summe der Prozentwerte einer Rede oder eines Programms mehr als 100 ergeben. Beim VIII. Parteitag wurden Fälle in einer in der Tabelle nicht dargestellten Kategorien ‚Sonstiges' codiert, so daß die Summe der Prozentanteile unter 100 liegt.

ökonomischen Krisen- und Reformphasen nach, die die DDR in ihrer Geschichte begleiten. 1954 war es der nicht zuletzt ökonomisch motivierte Aufstand vom 17. Juni 1953, in den siebziger Jahren die Reform der Planwirtschaft und in den Achtzigern die durch eine hohe Westverschuldung sich ausdrückende Wirtschaftskrise, die das Thema Wirtschaftspolitik auf den Parteitagen dominieren ließ. Die relative Wichtigkeit der Außenpolitik in den siebziger Jahren ist Ergebnis der erfolgreichen Bemühung um eine Normalisierung des Verhältnisses zur Bundesrepublik und um internationale Anerkennung, während die häufige Nennung von Sozialpolitik sowie Kultur- und Bildungspolitik auf dem IX. Parteitag zeigt, welche Bedeutung dem Thema Lebensstandard und Lebensweise Mitte der siebziger Jahre zugemessen wurde. Keinen Niederschlag in den Daten findet dagegen die in den siebziger Jahren propagierte Maxime der „Einheit von Wirtschafts- und Sozialpolitik", was offenbar daran liegt, daß in diesem Zusammenhang der Staat nicht explizit erwähnt wird.

Bevor nun näher auf die Denkbilder einzugehen ist, die die Führung vom eigenen, sozialistischen Staat präsentiert, sei das Bild des fremden, kapitalistischen Staates skizziert. In diesem Bereich beschränkt sich die Führung so gut wie ausschließlich auf Negativ-Bilder. Allerdings ist auch hier ein Trend auszumachen, der sich trotz der Zurückhaltung, die die vergleichsweise wenigen Fälle bei der Interpretation auferlegen, klar abzeichnet (Tab. 4).

Beim Vereinigungsparteitag von 1946 war es noch die deutsche Staatstradition seit *Luther*, die so vehement kritisiert wurde, daß die Codierung der Kategorie „Der Staat ist böse" (BÖSE) angemessen erschien. Ab 1954 wurde dann der „Adenauerstaat(es)" (IV, 103) zur Zielscheibe von heftigen Angriffen, bei denen er meist als bedrohlich (BÖSE), gelegentlich auch als schwach (SCHWÄCHE) gekennzeichnet wurde. Auch die an die marxistische Denktradition anknüpfende Kategorie DIKTATUR, in der es um Klassenherrschaft und Diktatur der Bourgeoisie und ihres Instruments, des Staates ging, wurde regelmäßig codiert. Die Beschäftigung mit dem bürgerlichen Staat ließ jedoch mit dem 1971 vollzogenen Wechsel von *Ulbricht* zu *Honecker* und der damit einhergehenden Annäherung an die Bundesrepublik deutlich nach. Beim IX. Parteitag war noch vergleichsweise milde von Mängeln des fremden Staates die Rede, und beim XI. Parteitag schließlich blieben, wie in Tabelle 1 zu sehen, sowohl der kapitalistische Staat im allgemeinen als auch der westdeutsche Staat im speziellen unerwähnt. Gesprochen wurde vom fremden Staat höchstens noch im Sinne von „Land".

3.2 Der Staat stirbt nicht ab

Die eingangs gestellte Frage, wie es der Führung der SED gelingt, die vom Absterben und Zerschlagen handelnde und insofern „staatsfeindliche" marxistische Theorie mit der bedeutenden Rolle in Einklang zu bringen, die der Staat in der DDR spielt, läßt sich für die untersuchten Parteitagsreden und Programme klar beantworten: Das Problem wird durch Schweigen umgangen. Wenn die Führung vom eigenen Staat spricht, dann ist in keinem einzigen Satz der Parteitagsreden auch nur einmal von dessen Absterben oder Zerschlagung zu lesen. Selbst im Zusammenhang mit dem fremden, ka-

Tabelle 4: Anteil* ausgewählter Kategorien in % (in Klammern: Anzahl der Codierungen)

Der fremde, bürgerliche Staat

Parteitag		DIKTATUR		MÄNGEL		SCHWÄCHE		BÖSE		Anzahl der Fälle insg.**
I	1946	0		0		0		29	(4)	14
II	1947	0		0		0		0		0
III	1950	100	(3)	0		33	(1)	0		3
IV	1954	9	(1)	0		36	(4)	9	(1)	11
V	1958	27	(4)	0		0		47	(7)	15
VI	1963	14	(1)	0		0		29	(2)	7
VII	1967	26	(7)	7	(2)	0		26	(7)	27
VIII	1971	38	(3)	0		0		0		8
IX	1976	0		100	(3)	0		0		3
X	1981	0		0		0		0		2
XI	1986	0		0		0		0		0
Programm										
1946		0		0		0		0		0
1963		19	(9)	0		0		17	(8)	48
1976		50	(1)	0		0		0		2
Reden und Programme insg.		21	(29)	4	(5)	4	(5)	21	(29)	140

* Anteil der Codierungen einer Kategorie an der Zahl aller Fälle in der jeweiligen Parteitagsrede bzw. im Parteiprogramm. Als 1 Fall wird in Tab. 4 das Auftreten des Wortes ‚Staat' oder ‚staatlich' bzw. eines Pronomens nur dann gezählt, *wenn damit der fremde Staat angesprochen ist*. Ebenfalls nicht berücksichtigt sind die Synonyme für Land/Nation.

** Identisch mit der Kategorie FREMDSTA (s. Tab. 1). In Tab. 4–6 sind nur ausgewählte Denkbild-Kategorien dokumentiert. Die Summe der Prozentwerte einer Rede oder eines Programms wird deshalb häufig deutlich unter 100 liegen. Da andererseits Mehrfachcodierung erlaubt war, ist es aber auch – wie beispielsweise beim III. Parteitag – möglich, daß die Summe 100 überschreitet. Die erheblichen Schwankungen der Prozentwerte gerade in Tab. 4 wird durch die geringe Anzahl der hier dokumentierten Fälle verursacht.

pitalistischen Staat, der ansonsten gerade in den fünfziger und sechziger Jahren durchaus nicht auf verbale Schonung hoffen darf, wird das Thema nur einmal akut und auch dann nur in der Form, daß *W. Pieck* 1946 beim „Vereinigungsparteitag" die Chance begrüßt, die sich der Arbeiterklasse nach der „Zerschlagung" der „alten Staatsbürokratie" durch die Alliierten eröffnet (I, 88). Ebenso sehen die Parteiprogramme aus. Der eigene Staat bleibt unerwähnt und die einzige Textstelle, in der sich die Verfasser einer gewaltsamen Sprache bedienen, handelt wiederum nur vom faschistischen Staatsapparat (Programm 1963: 187). Die Vorstellung, daß eines Tages der Staat nicht mehr existieren werde, die – wie relativiert auch immer – in der wissenschaftlichen Staatstheorie der DDR und auch in den entsprechenden Schulbüchern ihren festen Platz hat, bleibt in den politisch-programmatischen Texten absichtlich oder unabsichtlich vollständig ausgespart.

Andere Grundsatzthemen werden nicht ganz so stiefmütterlich behandelt, spielen aber dennoch nicht mehr als eine Nebenrolle. Die Beschreibung des bürgerlichen wie des sozialistischen Staates als ein Instrument der Klassenherrschaft bzw. der Diktatur einer Klasse, neben dem Topos vom Absterben eine weitere Säule marxistischer Theoriebildung, wird in den Parteitagsreden über die Jahre hinweg 34mal angesprochen, wobei 13mal der eigene, 19mal der fremde und zweimal ein „sonstiger" Staat gemeint ist. Damit wird, wie in der Kategorie DIKTATUR der Tabelle 5 nachzulesen, bei maximal vier, im Schnitt bei gerade einem Prozent der Fälle, in denen der eigene Staat in einer Rede erwähnt ist, die Frage der Herrschaft im und durch den Staat angeschnitten.
Dabei ist die inhaltliche Spannweite der Kategorie DIKTATUR erheblich. Sie wurde codiert, wenn *Pieck* den westdeutschen Staat einen „Marionettenstaat" (III, 34) nennt, aber auch, wenn nur von der Staatsmacht die Rede ist, die die eine oder andere Klasse in den Händen hält. Die von *Marx* gebrauchten Begriffe Diktatur und Instrument bleiben vergleichsweise selten, eine eindeutige Charakterisierung des Staates als „bloßes Instrument" ohne Eigenwillen spielt in den Parteitagsreden keine Rolle. Auch sind weder durch das Zählen der Fälle noch durch ihre Lektüre deutliche historische Schwerpunkte oder Tendenzen auszumachen. Die Art und Häufigkeit, wie die Redner die Frage nach der Macht im Staate anschneiden, scheint durch politische Ereignisse oder Entwicklungen nicht wesentlich berührt zu werden.
In den Parteiprogrammen ist das Thema stärker präsent, wird allerdings auch nicht deutlicher strukturiert. Im Programm von 1963 fanden die Codierer die Kategorie DIKTATUR für den eigenen Staat in acht Prozent aller Fälle vor, 1976 sind es sechs Prozent. Betrachten wir die Denkbilder von einem fremden Staat, erhält das Thema DIKTATUR in den Programmen ein noch größeres Gewicht (Tab. 4). Allerdings sollten diese Daten wegen der geringen Zahl der ihnen zugrunde liegenden Fälle nur mit großer Vorsicht interpretiert werden.
Weitere Einzelinformationen liefern die übrigen Kategorien der Tabelle 5, die in der Absicht formuliert wurden zu klären, ob die Führung mehr von einem geschaffenen oder von einem sich autonom selbstentwickelnden Staat spricht. Werden Formulierungen wie die „Entwicklung ... unseres sozialistischen Staates" (VIII, 49) gebraucht, ist gar mit Emphase vom „Werden und Wachsen unseres Arbeiter-und-Bauern-Staates" (XI, 86) (SELBENTW) die Rede oder wird der Staat öfter als Produkt anonymer gesellschaftlicher Verhältnisse (GESCHAFF) bzw. als Resultat der Arbeit von benennbaren gesellschaftlichen Gruppen (KONTROLL) dargestellt?
In Tabelle 5 zeigt sich die allerdings nicht sehr stark ausgeprägte Tendenz, daß die DDR-Führung dem Staat in den siebziger und achtziger Jahren autonomere Züge verleith als während der früheren Jahrzehnte. Die ohnehin geringe Neigung, den Staat als unselbständiges Instrument zu begreifen, hat sich seit dem Wechsel von *Ulbricht* zu *Honecker* weiter abgeschwächt. Der Staat – diese These läßt sich trotz der nicht widerspruchsfreien Entwicklung der Daten aufstellen – wird noch mehr als früher als eigenständiger, sich nach eigenen Gesetzen entwickelnder und in seinen Entscheidungen autonomer Akteur gesehen.
Bis hierher konnte gezeigt werden, daß zentrale Positionen marxistischer Staatstheorie vor allem in den Parteitagsreden gar nicht oder nur mit geringem Engagement ange-

Tabelle 5: Anteil* ausgewählter Kategorien in % (in Klammern: Anzahl der Codierungen)

Der eigene, sozialistische Staat

Parteitag		DIKTATUR		SELBENTW		GESCHAFF		KONTROLL		Anzahl der Fälle insg.**
I	1946	0		0		0		0		8
II	1947	0		0		0		0		3
III	1950	0		0		5	(2)	11	(5)	44
IV	1954	1	(1)	1	(1)	2	(3)	10	(12)	127
V	1958	1	(2)	2	(3)	1	(2)	10	(16)	157
VI	1963	2	(3)	5	(9)	0		7	(14)	201
VII	1967	0		1	(2)	2	(5)	7	(16)	229
VIII	1971	2	(1)	2	(1)	0		5	(3)	67
IX	1976	4	(3)	4	(3)	0		0		77
X	1981	3	(3)	3	(3)	0		8	(8)	100
XI	1986	0		11	(6)	0		4	(2)	56
Programm										
1946		0		0		0		0		0
1963		8	(9)	4	(5)	1	(1)	20	(24)	170
1976		6	(3)	4	(2)	1	(0)	10	(5)	59
Reden und Programme insg.		2	(25)	3	(35)	1	(13)	9	(105)	1234

* Anteil der Codierungen einer Kategorie an der Zahl aller Fälle in der jeweiligen Parteitagsrede bzw. im Parteiprogramm. Als 1 Fall wird in Tab. 5 das Auftreten des Wortes ‚Staat' oder ‚staatlich' bzw. eines Pronomens nur dann gezählt, *wenn damit der eigene Staat angesprochen ist*. Ebenfalls nicht berücksichtigt sind die Synonyme für Land/Nation.

** Identisch mit der Kategorie EIGENSTA (s. Tab. 1). In Tab. 4–6 sind nur ausgewählte Denkbild-Kategorien dokumentiert. Die Summe der Prozentwerte einer Rede oder eines Programms wird deshalb häufig deutlich unter 100 liegen. Da andererseits Mehrfachcodierung erlaubt war, wäre es aber auch möglich, daß die Summe 100 überschreitet. Dies ist allerdings in Tab. 5 nicht der Fall.

sprochen werden, wobei die Aspekte des Absterbens und der Unselbständigkeit des Staates systematisch ausgeklammert bleiben. Dies sowie die Tatsache, daß die Denkbilder vom Absterben des Staates und einer Diktatur des Proletariats in den Programmen spürbar häufiger vorkommen als in den Reden, muß allerdings zunächst nicht mehr sein als eine Bestätigung der Eingangsannahme, daß besonders die Parteitagsreden weniger die im „real existierenden Sozialismus" vor allem legitimatorisch eingesetzten „Großformeln" der Klassiker enthalten und stattdessen stärker die politisch-handlungsorientierte Ebene des alltäglichen Wissens ansprechen. Es kommt nun darauf an zu untersuchen, inwieweit sich bei einer detaillierteren Analyse der Denkbilder vom Staat der Eindruck bestätigt, daß selbst die Parteiführung der SED der marxistisch-leninistischen Theorie keinen bedeutenden Platz einräumt.

3.3 Von der Kritik zur Stärkung des Staates

Bei der quantitativen Betrachtung der Ergebnisse der Inhaltsanalyse fallen wegen ihrer klaren Entwicklungstendenzen drei Denkbilder ins Auge, die die Führung in erster Linie auf den eigenen Staat bezieht:

- Der Staat hat behebbare Mängel (MÄNGEL).
- Der Staat leitet, koordiniert, organisiert (LEITER).
- Der Staat wird unterstützt, die Bürger, Werktätigen oder Massen beteiligen sich an staatlichen Aufgaben (UNTSTÜTZ).

Wie in Tabelle 6 sichtbar, war es ein Spezifikum der fünfziger Jahre, dem eigenen Staat Mängel zu attestieren. In ihren Reden auf dem III. und IV. Parteitag (1950 und 1954) beklagten *Pieck* und *Ulbricht* in jeweils 18 Prozent ihrer auf den eigenen Staat bezogenen Äußerungen die Unzulänglichkeiten dieses Staates. Addiert man noch jene Fälle, in denen „Abgehobenheit" oder „Volksferne" des Staates und seiner Vertreter moniert wurde – in Tabelle 6 durch das Kürzel ABGEHOB gekennzeichnet –, so sind es 1950 gar 36, 1954 immerhin noch 24 Prozent Nennungen, in denen die Arbeit des Staates als unbefriedigend bezeichnet wird. Vertreten *Pieck* und *Ulbricht* hier also, angesichts der vielfältigen Mängel der Aufbaujahre, eine durchaus staatskritische Haltung?

Die Lektüre der konkreten Aussagen relativiert eine solche Vermutung. Zwar werden Mängel tatsächlich recht deutlich beim Namen genannt, doch ist es nicht „der" Staat, gegen den sich die Kritik richtet. Als unbefriedigend wird vielmehr die Arbeit des „Staatsapparates", von „Angehörigen der Staatsorgane" oder von „Staatsfunktionären" dargestellt, die „trotz aller unserer Erfolge auf allen Gebieten noch sehr viele Mängel und Schwächen" aufweisen (III, 60) oder gar vom „bürokratischen Ungeist angesteckt" sind (III, 61). Gefordert wird deshalb die „Sicherung der engen Verbindung des Staatsapparates und der Werktätigen" (IV, 55). Die Rügen von *Pieck* und *Ulbricht*, die im Laufe der sechziger Jahre deutlich abnehmen, lassen sich angesichts solcher Formulierungen eher als gegen Personen oder gegen Teile des Staates gerichtete Bestandteile des stalinistischen Rituals von Kritik und Selbstkritik (*Leonhard* 1955: 220–229) begreifen, denn als Zeichen von Distanz gegenüber dem Staat insgesamt.

Auch die wenigen Fälle, in denen der eigene Staat als potentiell bösartig dargestellt wird, entpuppen sich bei näherem Hinsehen als Warnungen vor „feindlichen Elementen" (III, 50) *im* Staatsapparat, also nicht vor dem Staat selbst. Der westdeutsche Staat dagegen wird in der entsprechenden Kategorie unter anderem als „militaristisch-klerikale Diktatur" (V, 185) gebrandmarkt. Während des Vereinigungsparteitags von 1946 klagt *Grotewohl* mit Blick in die Vergangenheit den deutschen „Obrigkeitsstaat(es)" (I, 131) sowie den deutschen „Staatsabsolutismus" (I, 133) an und benutzt damit Denkbilder, die später nicht mehr aufzufinden sind.

In bezug auf den eigenen Staat wird es nach 1971 zum Problem, überhaupt noch eindeutig kritische Aussagen zu identifizieren. Während die Codierer angewiesen waren, die von *Ulbricht* und *Pieck* benutzten Formulierungen, die Leistungen der Staatsorgane müßten „verbessert" werden, als Kritik einzuordnen, ließen sich *Honecker* stereotype Aufforderungen, die staatliche Arbeit sei „immer mehr zu vervollkommnen" (IX, 126) nur noch dann als Mängelrüge verstehen, wenn dafür im Kontext zusätzliche Hinweise gefunden wurden. Doch selbst an Stellen, wo dies gerechtfertigt erschien, dämpfte *Honecker* seine kritischen Äußerungen gelegentlich durch den Hinweis ab, bestehende Defizite seien darauf zurückzuführen, daß sich durch den Fortschritt der gesellschaftlichen Entwicklung „die Ansprüche an die Qualität und Effektivität" staatlicher Leitung „erhöhen" (IX, 126). War in den fünfziger und sechziger Jahren die Kritik am eigenen Staat zwar nicht radikal und global, aber doch meist deutlich, wurden die Formulierungen später nicht nur seltener, sondern auch weit zurückhaltender. Ob der Anstieg der kritischen Äußerungen in den achtziger Jahren einen dauerhaften Trend markiert, bleibt abzuwarten.

Sehr stark von situations- und zeitspezifischen Bedingungen geprägt, die sich nicht auf die durch den Wechsel von *Ulbricht* zu *Honecker* markierten Veränderungen in der Politik der DDR reduzieren lassen, ist die Entwicklung der Kategorie LEITER, die in den inhaltsanalytischen Codieranweisungen mit folgenden Beispielen beschrieben ist: „Der Staat leitet, plant, steuert, lenkt, korrigiert, kontrolliert, ordnet, beeinflußt. Er setzt Grenzen oder Rahmenbedingungen zur Kontrolle."[14] Diese Kategorie ist, wie nicht anders zu erwarten, besonders im Zusammenhang mit Wirtschaftspolitik codiert worden. In den 202 Formulierungen der Reden und Programme, die eine Erwähnung der Leistungs-, Kontroll- oder Planungsfunktion des eigenen Staates enthalten, sprachen die Autoren den Staat 70mal allgemein und 121mal im Zusammenhang mit Wirtschaftspolitik[15] an.

Die Häufigkeitsverteilung der Kategorie LEITER spiegelt mit ihren Spitzenwerten in den sechziger Jahren deutlich die Bemühungen um eine Reform der Planwirtschaft wider, die in den sechziger Jahren unter den Stichworten Neues ökonomisches System der Planung und Leitung der Volkswirtschaft (NÖSPL) bzw. Ökonomisches System des Sozialismus (ÖSS) stattfand und deren Ziel es war, die administrativen, auf Mengenangaben basierenden Vorgaben für die Betriebe möglichst durch „ökonomische Hebel" und Kennziffern wie Kosten, Preise und Gewinne zu ersetzen (*Rytlewski* 1985: 1487–1491). Die Unterscheidung zwischen administrativen Weisungen des Staates und der staatlichen Vorgabe von Kennziffern läßt sich durch das verwendete Kategorienschema allerdings nicht abbilden. In ihm wird nur deutlich, welche herausragende Bedeutung das Thema staatliche Wirtschaftsleitung während der sechziger Jahre besitzt.

Während die Hinweise auf staatliche Mängel und staatliche Leitungsaufgaben die Aufmerksamkeit auf Denkbilder lenken, in denen technisch-funktionale Aspekte des Staates zur Sprache kommen, geht es bei der Kategorie UNTSTÜTZ vor allem um die Einstellung der Bürger gegenüber dem Staat, also um Fragen der Legitimation. Diese Kategorie enthält alle Fälle, in denen davon die Rede ist, daß die Bürger oder Massen den Staat stärken, daß sie ihm vertrauen oder sich für ihn engagieren. Die Häufigkeitsverteilung dieser Kategorie zeigt, wie in Tabelle 6 zu sehen, einen deutlichen Unterschied zwischen der Ära *Ulbricht* und der Ära *Honecker*. Obwohl die absoluten Werte fallen, steigen die weit aussagekräftigeren Prozentwerte vom VII. zum VIII. Parteitag auf das Doppelte an.

Tabelle 6: Anteil* ausgewählter Kategorien in % (in Klammern: Anzahl der Codierungen)

Der eigene, sozialistische Staat

Parteitag		ABGEHOB		MÄNGEL		LEITER		UNTSTÜTZ		HELFER		SCHÜTZER		Anzahl der Fälle insg.**
I	1946	0		0		0		25	(2)	0		0		8
II	1947	0		0		0		0		34	(1)	0		3
III	1950	18	(8)	18	(8)	2	(1)	7	(3)	9	(4)	0		44
IV	1954	6	(7)	18	(23)	6	(8)	8	(10)	6	(8)	3	(4)	127
V	1958	3	(5)	15	(24)	6	(10)	10	(17)	7	(11)	0		157
VI	1963	3	(5)	6	(12)	27	(54)	11	(22)	5	(9)	4	(7)	201
VII	1967	0		3	(7)	24	(55)	12	(28)	6	(13)	3	(7)	229
VIII	1971	2	(1)	3	(2)	10	(7)	24	(16)	5	(3)	6	(4)	67
IX	1976	0		4	(4)	14	(11)	20	(15)	16	(12)	5	(4)	77
X	1981	0		8	(8)	18	(18)	24	(24)	8	(8)	5	(5)	100
XI	1986	0		11	(6)	20	(11)	16	(9)	4	(2)	2	(1)	56
Programm														
1946		0		0		0		0		0		0		0
1963		0		2	(2)	17	(20)	24	(28)	6	(7)	3	(3)	170
1976		2	(1)	2	(1)	14	(7)	18	(9)	8	(4)	8	(4)	59
Reden und Programme insgesamt		2	(27)	8	(97)	16	(202)	15	(183)	7	(82)	3	(39)	1234

* Anteil der Codierungen einer Kategorie an der Zahl aller Fälle in der jeweiligen Parteitagsrede bzw. im Parteiprogramm. Als 1 Fall wird in Tab. 6 das Auftreten des Wortes ‚Staat' oder ‚staatlich' bzw. eines Pronomens nur dann gezählt, *wenn damit der eigene Staat angesprochen ist*. Ebenfalls nicht berücksichtigt sind die Synonyme für Land/Nation.

** Identisch mit der Kategorie EIGENSTA (s. Tab. 1). In Tab. 4–6 sind nur ausgewählte Denkbild-Kategorien dokumentiert. Die Summe der Prozentwerte einer Rede oder eines Programms wird deshalb häufig deutlich unter 100 liegen. Da andererseits Mehrfachcodierung erlaubt war, wäre es aber auch möglich, daß die Summe 100 überschreitet. Dies ist allerdings in Tab. 6 nicht der Fall.

Wie schon im Zusammenhang mit den Mängeln des Staates führt auch hier die Interpretation der konkreten Formulierung zu einer Vertiefung des durch quantitative Daten gewonnenen Eindrucks. Die Fälle, die in der Kategorie UNTSTÜTZ gesammelt werden, zeichnen sich durch ihren Doppelcharakter aus. Während der fünfziger und sechziger Jahre war sowohl im Parteiprogramm als auch in den Reden der Topos von der Stärkung oder Festigung des sozialistischen Staates oft mit der Aufforderung zur „Teilnahme“ oder „Mitwirkung“ verbunden. Exemplarisch tritt dies beim VI. Parteitag zu Tage, als *Ulbricht* die „Mitarbeit“ und „Initiative jedes Bürgers“ in einem Atemzug mit dem „Vertrauensverhältnis zwischen Bürger und Staatsapparat“ nennt und seinen Gedankengang mit dem Hinweis auf die „Stärkung“ des Staates (VI, 178) abschließt.

Noch klarer treten gewisse demokratisch-partizipative Elemente beim Vereinigungsparteitag von 1946 zu Tage. Während *Ulbricht* 1963 mit zwiespältiger Wortwahl fordert, daß die Massen „zur Beteiligung an der demokratischen Verwaltung des Staates *herangezogen* werden“ (VI, 179, Hervorhebung d. Verf.) und *Honecker* 1981 – gar nicht mehr zwiespältig – die „Erziehung guter Staatsbürger“ (X, 107) propagiert, benutzt *Grotewohl* 1946 den Begriff Staatsbürger, der Anlaß zur Codierung der Kategorie UNTSTÜTZ war, zweimal zur Abgrenzung gegen Untertanengesinnung (I, 133).

Wie die Verwendung des Begriffs Staatsbürger bereits andeutet, geht die doppeldeutige, zwischen Beteiligung und Stärkung schwankende Verwendung des Denkbildes von der Unterstützung, wie sie bei *Ulbricht* häufig zu finden ist, bei *Honecker* weitgehend zugunsten einer eindeutig staatsbejahenden Haltung verloren, für die noch ein weiteres Indiz angeführt sei. Auf dem VIII. Parteitag wählt *Honecker* für eines der Kapitel seiner Rede die Überschrift „Die Stärkung und Vervollkommnung der sozialistischen Staatsordnung“ (VIII, 78), beim IX. und X. Parteitag werden ähnlich formulierte Titel benutzt. Vergleichbares hatte es auf den früheren Parteitagen nicht gegeben.

Um das Gewicht der skizzierten, sowohl qualitativen wie quantitativen Entwicklung einschätzen zu können, gilt es, die anderen Kategorien nach Parallelen und Erklärungen abzusuchen. Warum sollen die Massen den Staat stärken? Gibt es bei Kategorien, die möglicherweise „Gegenleistungen“ des Staates an die Bürger benennen, einen ähnlichen historischen Trend wie bei der Kategorie UNTSTÜTZ? Potentielle Gegenleistungen könnten sich in den Kategorien verbergen, die davon handeln, daß der Staat versorgt, fördert, fürsorglich ist (HELFER) oder beschützt, Ordnung, Recht und Sicherheit schafft, stark ist und Autorität hat (SCHÜTZER). Auch das Gemeinwohl, das der Staat verfolgt (GEMWOHL), wäre in dieser Hinsicht von Interesse, allerdings wurde diese Kategorie zu selten codiert, um verläßliche Schlüsse zu erlauben.[16]

Für die Kategorie HELFER lassen sich, wie in Tabelle 6 nachzulesen, in bezug auf den eigenen Staat keine eindeutigen Trends feststellen; die Zahlen in dieser Kategorie bleiben über die Zeit – abgesehen von einigen Extremwerten – in etwa gleich. Ein deutlicher Schwerpunkt liegt in der Parteitagsrede des Jahres 1976, hier wird die Kategorie HELFER in 16 Prozent aller Fälle codiert. Wie nicht anders zu erwarten, ist die Vorstellung von einem helfenden und fördernden Staat vor allem mit sozialpolitischen Themen gekoppelt. Zwischen beiden Bereichen besteht ein enger, statistisch klar nachweisbarer Zusammenhang; je häufiger diese Kategorie in einem Programm oder einer Rede angesprochen wurde, desto öfter war ebenfalls von staatlicher Sozialpolitik die Rede.[17] Auch dort, wo Wirtschafts- sowie Kultur- und Bildungspolitik erwähnt sind, ist das Denkbild vom helfenden Staat überproportional vertreten – allerdings nicht in dem Maße wie in der Sozialpolitik.[18] Das über die Jahre hinweg relativ fest umrissene Denkbild vom helfenden und fördernden Staat zeichnet sich gegenüber allen anderen Kategorien aus, die sich in ihrer Beziehung zu Politikfeldern als weitaus unbestimmter präsentieren.

Daß die Vorstellung vom helfenden Staat 1976 besonders häufig auftaucht, läßt sich mit dem besonderen Gewicht erklären, das der Sozialpolitik auf dem IX. Parteitag beigemessen wurde. Auf den ersten Blick erstaunlicher ist die vergleichsweise geringe Zahl von Nennungen beim VIII. Parteitag im Jahr 1971. Offenbar hatte die „starke Betonung des ‚Wohls der Menschen'" und das „Eintreten für die Interessen des ‚kleinen Mannes'", das *Hermann Weber* beim VIII. Parteitag beobachtete (1980, 146), sich noch nicht bis zur Formulierung sozialpolitischer Maßnahmen des Staates konkretisiert.

Wenn „Gegenleistungen" für die Unterstützung des Staates durch die Bürger gesucht werden, kommt auch die Vorstellung vom schützenden, Ordnung schaffenden, starken Staat in Frage. Die Kategorie SCHÜTZER (Tab. 6) wird von *Ulbricht* durchschnittlich in zwei Prozent aller Fälle erwähnt, bei *Honecker* sind es fünf Prozent, in den Jahren 1946 bis 1950 kommt sie noch nicht vor. Dem sich abzeichnenden Mosaik, wonach *Honecker* ein Bild des sozialistischen Staates zeichnet, zu dem Begriffe wie Autorität, Vertrauen, Sicherheit, Ordnung oder Stärke passen, während in den vergangenen Jahrzehnten technische Probleme wie Planung, Leitung oder deren Mängel im Vordergrund standen, kann ein weiteres Steinchen hinzugefügt werden. Ob allerdings in den fünziger und sechziger Jahren das eher technisch-kühle Verhältnis zum Staat durch ein umso emotionaleres Verhältnis zur Partei kompensiert wurde, könnte nur mit Hilfe einer Folgestudie herausgefunden werden. Die vorliegende Analyse sagt über Denkbilder von der Partei nur wenig aus, da die Beziehung von Staat und Partei selten explizit und damit codierbar thematisiert wurde.

4. Zusammenfassung: Trend zum Paternalismus

Die Untersuchung war von der Erwartung ausgegangen, daß sich in den Parteiprogrammen und besonders in den Parteitagsreden alltagsweltliche Vorstellungen vom Staat und nicht in erster Linie Denkfiguren der marxistisch-leninistischen Theorietradition finden lassen würden. Letzteres hat sich, vor allem was den Topos vom Absterben des Staates betrifft, in einem so nicht erwarteten Umfang bestätigt. In ihrer Häufigkeit dominierend und ihrer quantitativen und qualitativen Entwicklung aussagekräftig waren alltagsweltliche Denkbilder wie „Mängel des Staates", „der Staat als Helfer" oder „Unterstützung für den Staat". Gerade die Kategorien MÄNGEL und UNTSTÜTZ, die sich – wie die Abbildung 1 zeigt – stark gegenläufig entwickelten, können als symptomatisch für die Veränderung des Staatsverständnisses der Führung der DDR gelten. Die fünfziger Jahre zeigen hohe, allerdings schnell sinkende Kritikwerte, die von der Mitte der sechziger bis zur Mitte der siebziger Jahre auf ihrem Tiefpunkt in etwa stagnierten, um dann wieder leicht anzusteigen. Die Rede von der Unterstützung und Mitbeteiligung, die die Werktätigen dem Staat gewähren, stieg zwar schon während der fünfziger und sechziger Jahre leicht an, machte aber erst beim VIII. Parteitag und damit beim Wechsel von *Ulbricht* zu *Honecker* einen Sprung nach oben. Anfang der siebziger Jahre vollzog sich also ein Wechsel von einer milde staatskritischen zu einer staatsstützenden Haltung.

Dabei handelt es sich nicht nur um Verschiebungen auf einer Positiv-Negativ-Skala, sondern es findet ein grundlegenderer Wandel in den Denkbildern vom Staat statt. In den fünfziger und sechziger Jahren war das Verhältnis der Parteiführung zum Staat verhältnismäßig nüchtern-rational, der Staat und die Mitglieder des Staatsapparates wurden nach ihren Leistungen beurteilt – zumindest wurde dies vorgegeben. In den siebziger Jahren jedoch kam verstärkt eine emotionale Komponente ins Spiel. Vor-

Abbildung 1: Denkbilder vom eigenen Staat in Parteitagsreden

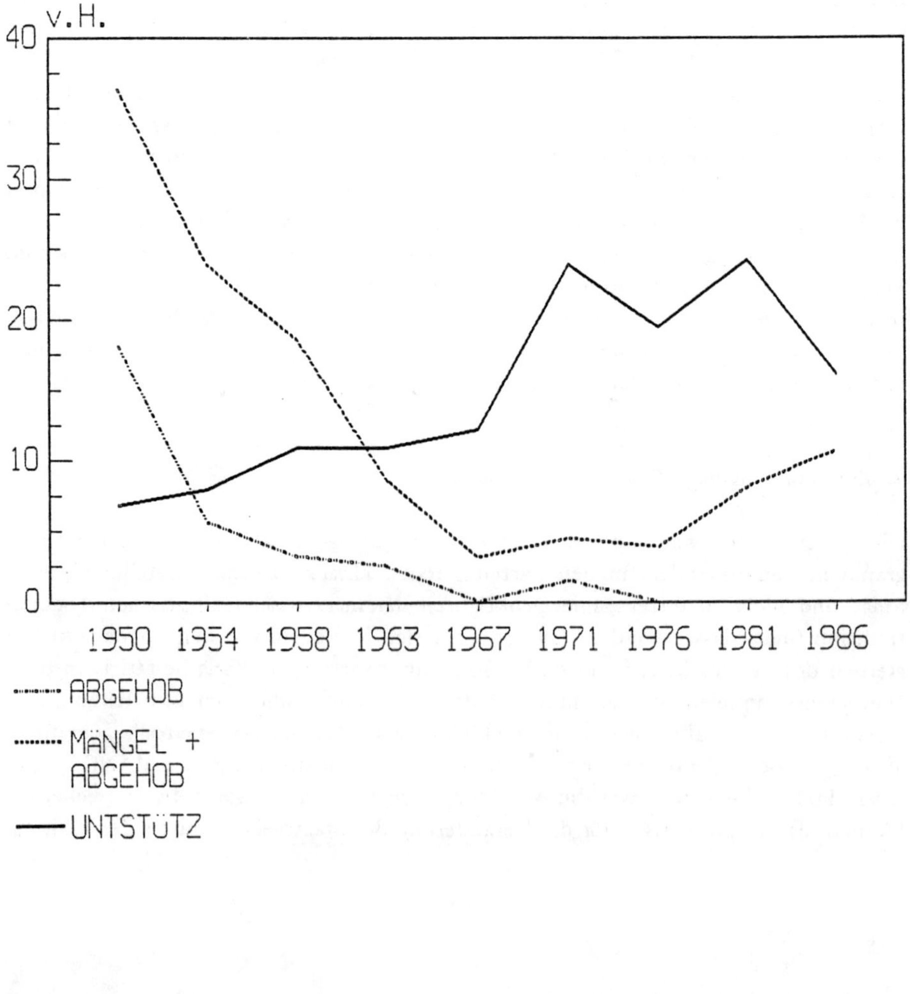

stellungen von Vertrauen, guter Staatsbürgerschaft traten in den Vordergrund. Wer diese Denkbilder mit denen bundesdeutscher Parteien vergleicht, wird erheblich mehr Parallelen zum christdemokratischen als zum sozialdemokratischen Staatsverständnis feststellen. Die Christdemokraten in der Bundesrepublik neigen dazu, sich den Staat als wegweisende Vaterfigur und Garanten des Gemeinwohls zu wünschen, während die Sozialdemokraten vor allem in den siebziger Jahren ein eher technokratisches Staatsbild besaßen (*Opp de Hipt* 1987: 212–219; *Opp de Hipt* 1988).

Die Entwicklung des Staatsverständnisses der SED relativiert bis zu einem gewissen Grade die weitverbreitete Auffassung, mit dem Wechsel zu *Honecker* habe in der DDR eine Liberalisierung, zumindest aber eine Abkehr von den Schatten der stalinistischen Vergangenheit stattgefunden. Zwar bekennt sich *Honecker* auf dem VIII. Parteitag beispielsweise mit der an Künstler und Schriftsteller gerichteten Aufforderung, sie sollten einen „offenen, sachlichen, schöpferischen Meinungsstreit ... führen" (VIII, 95; *Rossade* 1982: 454–459), zu mehr Toleranz. Auch ist es unstrittig, daß die politische Herrschaft in der DDR seit den siebziger Jahren milder geworden ist als in den Zeiten der Kollektivierung der Landwirtschaft, der Parteisäuberungen oder des Mauerbaus. An die Stelle der alten Strenge ist eine paternalistische Umarmungsstrategie getreten.

Anmerkungen

1 Die empirische Untersuchung der Denkbilder vom Staat, auf der dieser Beitrag basiert, wurde von der Deutschen Forschungsgemeinschaft gefördert (DFG-Az.: Op 47/2-1). Die inhaltsanalytischen Codierungen übernahmen *Hans-Jörg Lemme* und *Alexander Steffen*.

2 *Dieter Schröder* (1967) vertritt allerdings die Auffassung, auch und gerade bei *Marx* selbst bezöge sich die Ablehnung nur auf den zeitgenössischen bürgerlichen Staat.

3 Zum besseren Verständnis der Entwicklung kann die eurokommunistische Staatsdiskussion dienen, in der manche Trends klarer herausgearbeitet sind (*Opp de Hipt* 1982).

4 Siehe Aussagen wie die, daß sich auch eine kommunistische Gesellschaft vor imperialistischen Angriffen zu schützen haben werde und deshalb staatliche Militär- und Sicherheitsorgane „voll erhalten" bleiben müßten (Staat, Recht und Politik 1984, 59). Von der Partei heißt es schon im Programm der KPdSU von 1961, sie werde auch in der kommunistischen Gesellschaft Leitungsfunktionen übernehmen (Programm KPdSU 1961, 129).

5 *Topitsch* prägte für die so charakterisierten sprachlichen Wendungen den bekannten Begriff der „Leerformel". Dieser Name trägt allerdings mehr zu Verwirrung als zur Erhellung von Sachverhalten bei, da er die Vorstellung weckt, Sprache könne tatsächlich gänzlich leer sein. In Wirklichkeit haben sprachliche Äußerungen, sofern ihr Kontext mitberücksichtigt wird, immer eine Bedeutung (*Hannappel/Melenk* 1979, 293).

6 Nach *P. L. Berger* und *Th. Luckmann* bedarf die Alltagswelt „über ihre einfache Präsenz hinaus ... keiner zusätzlichen Verifizierung. Sie ist einfach da – als selbstverständliche, zwingende Faktizität. Ich weiß, daß sie wirklich ist. Obgleich ich in der Lage bin, ihre Wirklichkeit auch in Frage zu stellen, muß ich solche Zweifel doch abwehren, um in meiner Routinewelt existieren zu können." (*Berger/Luckmann* 1977, 26).

7 Für den Vereinigungsparteitag von 1946 wurden die Referate von *W. Pieck* und *O. Grotewohl* ausgewählt. Das Referat von *W. Pieck* auf dem II. Parteitag trug den Titel „Bericht des Parteivorstandes". Siehe das Verzeichnis der untersuchten Texte.

8 Wie in der klassischen, auf *Aristoteles* zurückgehenden Auffassung behalten Metaphern auch bei *Black, Lakoff* und *Johnson* das Charakteristikum der ‚Farbigkeit', welches dadurch entsteht, daß Worte eines Gegenstandsbereiches dazu benutzt werden, Sachverhalte eines anderen Gegenstandsbereiches zu beschreiben. Beim Begriff ‚Denkbild' dagegen wird auf dieses Kriterium verzichtet.

9 Als sicherer Hinweis darauf, daß das Wort Staat im Sinne von Land oder Nation gebraucht sei, wurde das Auftauchen des Plurals ‚Staaten' angesehen.

10 Bei Probecodierungen traten zunächst erhebliche Differenzen zu Tage. Die beiden Codierer entwickelten sich jeweils zu ‚Spezialisten' für verschiedene Teile des Kategorieschemas. Als Konsequenz daraus arbeitete jeder Codierer schließlich nur mit ‚seinem' Teil des Kategorienschemas. Entsprechend wurde der Codierprozeß in zwei Schritte geteilt. Weiterhin konnten die Codierer Zweifelsfälle auf den Codierbögen markieren und vom Projektleiter nachträglich entscheiden lassen. Dieses Verfahren ermöglichte, wie sich bei mehreren Tests zeigte, eine befriedigende Reliabilität. Der Prozentsatz der gemeinsamen Entscheidungen zwischen jeweils einem Codierer und dem Autor (*Merten* 1983, 304) bewegte sich je nach Kategorienart und zu codierendem Material zwischen knapp 80 und 90 Prozent.

11 Für eine genaue Beschreibung des methodischen Vorgehens siehe *Opp de Hipt* (1987, 120–155). Im Unterschied zu der dort geschilderten Studie über Denkbilder in Programmen der SPD und CDU, bei der die zu untersuchenden Textstellen mit Hilfe der EDV-Programme TEXTPACK gesammelt und geordnet wurden, wurde bei der vorliegenden Analyse das Programm SPSS eingesetzt. Da die SPSS-Datei nicht nur qualitative Angaben, sondern auch präzise Quellenverweise enthielt, war es jederzeit möglich, die zu interpretierenden Passagen der Programme oder Reden gezielt nachzulesen.

12 Bei bisher nur elf Parteitagen wurden deshalb zwölf Reden untersucht, weil für den Vereinigungsparteitag von 1946 sowohl *W. Pieck*s als auch *O. Grotewohl*s Referate zu berücksichtigen waren.

13 Zur Zitierweise der Reden und Programme siehe das Verzeichnis der untersuchten Texte.

14 Bei der Beschreibung der Kategorien wurde in der Regel mittels Beispielen versucht, einen Eindruck vom Inhalt der Kategorien zu geben. Es genügte allerdings nicht, nun die Codierer den Text nach den genannten Worten absuchen zu lassen. Die Wortliste ist weit davon entfernt, vollständig zu sein. Welche Variationsbreite schon im Detail existiert, zeigt sich an einigen Nuancen. Beispielsweise ist ‚beeinflussen' nicht gleich ‚Einfluß ausüben' und ‚ordnen' nicht gleich ‚Ordnung schaffen'.

15 Bei inhaltlich nicht zusammenhängenden Kategorien wäre nur 47mal das gemeinsame Auftauchen der Kategorien Wirtschaftspolitik und LEITER zu erwarten gewesen.

16 Aus diesem Grund kann die vorliegende Studie – über das in Zusammenhang vor allem mit der Kategorie UNTSTÜTZ ausgeführte – nichts Neues zum theoretischen Konzept des Volksstaates beitragen. Um hier Feinheiten zu ermitteln, ist die quantitative und qualitative Inhaltsanalyse von Parteitagsreden und Programmen mit Sicherheit das falsche Instrument.

17 Nachdem für die Denkbilder vom eigenen Staat die Häufigkeit der Kategorien je Rede oder Programm aggregiert und dann als Anteil an der Zahl der Fälle pro Rede bzw. Programm ausgedrückt wurde (Tab. 1), zeigt sich für die Kategorien HELFER und ‚Sozialpolitik' eine hochsignifikante Korrelation von .9. Je öfter *in einer Rede oder in einem Programm* der Staat als Helfer angesprochen wird, desto öfter ist von Sozialpolitik die Rede.

18 Der Fall, daß HELFER und Sozialpolitik *in einem Satz* gemeinsam codiert werden, ereignet sich achtmal so häufig wie dies nach Berechnung von SPSS zu erwarten wäre, wenn die beiden Themen nicht inhaltlich miteinander verbunden wären. Wirtschafts- bzw. Bildungs- und Kulturpolitik kommen immerhin noch zwei- bis dreimal so oft vor wie bei einer Zufallsverteilung zu erwarten.

Untersuchungsmaterial

Zur Zitierweise

Die Parteitagsreden werden mit römischen Ziffern bezeichnet, wie sie in der DDR zur Numerierung der Parteitage üblich sind. Der Vereinigungsparteitag erhält dabei die Nummer I. Auf die Parteiprogramme wird mit dem Wort Programm und einer Jahreszahl verwiesen.

1. *Parteitagsreden*

I Pieck, Wilhelm, 1946: Referat Pieck, in: Protokoll des Vereinigungsparteitages der Sozialdemokratischen Partei Deutschlands (SPD) und der Kommunistischen Partei Deutschlands (KPD) am 21. und 22. April 1946 in der Staatsoper „Admiralspalast" in Berlin, Berlin, 76–99.

I Grotewohl, Otto, 1946: Referat Grotewohl, in: Protokoll des Vereinigungsparteitages der Sozialdemokratischen Partei Deutschlands (SPD) und der Kommunistischen Partei Deutschlands (KPD) am 21. und 22. April 1946 in der Staatsoper „Admiralspalast" in Berlin, Berlin, 100–142.

II Pieck, Wilhelm, 1947: Bericht des Parteivorstandes, in: Protokoll der Verhandlungen des 2. Parteitages der Sozialistischen Einheitspartei Deutschlands, 20. bis 24. September 1947 in der Deutschen Staatsoper zu Berlin, Berlin, 66–101.

III Pieck, Wilhelm, 1951: Die gegenwärtige Lage und die Aufgaben der Partei (Rechenschaftsbericht Wilhelm Pieck), in: Protokoll der Verhandlungen des III. Parteitages der Sozialistischen Einheitspartei Deutschlands, 20. bis 24. Juli 1950 in der Werner-Seelenbinder-Halle zu Berlin, Bd. 1, Berlin, 20–70.

IV Ulbricht, Walter, 1954: Die gegenwärtige Lage und der Kampf um das neue Deutschland, Bericht des Zentralkomitees, in: Protokoll der Verhandlungen des IV. Parteitages der Sozialistischen Einheitspartei Deutschlands, 30. März bis 6. April 1954 in der Werner-Seelenbinder-Halle zu Berlin, Bd. 1, Berlin, 18–193.

V Ulbricht, Walter, 1959: Der Kampf um den Frieden, für den Sieg des Sozialismus, für die nationale Wiedergeburt Deutschlands als friedliebender, demokratischer Staat, in: Protokoll der Verhandlungen des V. Parteitages der Sozialistischen Einheitspartei Deutschlands, 10. bis 16. Juli 1958 in der Werner-Seelenbinder-Halle zu Berlin, Bd. 1, Berlin, 22–221.

VI Ulbricht, Walter, 1963: Das Programm des Sozialismus und die geschichtliche Aufgabe der Sozialistischen Einheitspartei Deutschlands, in: Protokoll der Verhandlungen des VI. Parteitages der Sozialistischen Einheitspartei Deutschlands, 15. bis 21. Januar 1963 in der Werner-Seelenbinder-Halle zu Berlin, Bd. 1, Berlin, 28–250.

VII Ulbricht, Walter, 1967: Die gesellschaftliche Entwicklung in der Deutschen Demokratischen Republik bis zur Vollendung des Sozialismus, in: Protokoll der Verhandlungen des VII. Parteitages der Sozialistischen Einheitspartei Deutschlands, 17. bis 22. April 1967 in der Werner-Seelenbinder-Halle zu Berlin, Bd. 1, Berlin, 25–286.

VIII Honecker, Erich, 1971: Bericht des Zentralkomitees an den VIII. Parteitag der Sozialistischen Einheitspartei Deutschland, in: Protokoll der Verhandlungen des VIII. Parteitages der Sozialistischen Einheitspartei Deutschlands, 15. bis 19. Juni 1971 in der Werner-Seelenbinder-Halle zu Berlin, Bd. 1, Berlin, 34–121.

IX Honecker, Erich, 1976: Bericht des Zentralkomitees der Sozialistischen Einheitspartei Deutschlands an den IX. Parteitag der SED, in: Protokoll der Verhandlungen des IX. Parteitages der Sozialistischen Einheitspartei Deutschlands im Palast der Republik in Berlin, 18. bis 22. Mai 1976, Bd. 1, Berlin, 31–151.

X Honecker, Erich, 1981: Bericht des Zentralkomitees der Sozialistischen Einheitspartei an den X. Parteitag der SED, in: Protokoll der Verhandlungen des X. Parteitages der Sozialistischen Einheitspartei Deutschlands im Palast der Republik in Berlin, 11. bis 16. April 1981, Bd. 1, Berlin, 28–151.

XI Honecker, Erich, 1986: Bericht des Zentralkomitees der Sozialistischen Einheitspartei Deutschlands an den XI. Parteitag der SED, in: Protokoll der Verhandlungen des XI. Parteitages der Sozialistischen Einheitspartei Deutschlands im Palast der Republik in Berlin, 17. bis 21. April 1986, Berlin, 31–101.

2. *Parteiprogramme*

„Programm" 1946

Grundsätze und Ziele der Sozialistischen Einheitspartei Deutschlands, in: Dokumente der Sozialistischen Einheitspartei Deutschlands. Beschlüsse und Erklärungen des Zentralsekretariats und des Parteivorstandes, Bd. 1, Berlin 1951, 5–10.

Programm 1963
Programm der Sozialistischen Einheitspartei Deutschlands, in: Dokumente der Sozialistischen Einheitspartei Deutschlands. Beschlüsse und Erklärungen des Zentralkomitees sowie seines Politbüros und seines Sekretariats, Bd. IX, Berlin 1965, 171–274.

Programm 1976
Programm der Sozialistischen Einheitspartei Deutschlands, in: Dokumente der Sozialistischen Einheitspartei Deutschlands. Beschlüsse und Erklärungen des Zentralkomitees sowie seines Politbüros und seines Sekretariats, Bd. XVI, Berlin 1980, 30–81.

Literaturverzeichnis

Berger, Peter L./Luckmann, Thomas, 1977: Die gesellschaftliche Konstruktion der Wirklichkeit. Eine Theorie der Wissenssoziologie, Frankfurt/M., 5. Aufl.

Black, Max, 1962: Models and Metaphors, Ithaca/N. Y.

Black, Max, 1983: Mehr über die Metapher, in: *Anselm Haverkamp* (Hrsg.), Theorie der Metapher, Darmstadt.

Bull, Hans Peter, 1977: Die Staatsaufgaben nach dem Grundgesetz, 2. erw. Aufl., Kronberg/Ts.

Chronik, in: *Ilse Spittmann* (Hrsg.), Die SED in Geschichte und Gegenwart, Köln 1987, 210–220.

Hannappel, Hans/Melenk, Hartmut, 1979: Alltagssprache. Semantische Grundbegriffe und Analysebeispiele, München.

Henrich, Rolf, 1989: Der vormundschaftliche Staat. Vom Versagen des real existierenden Sozialismus, Reinbek bei Hamburg.

Klaus, Georg/Buhr, Man rfd

Klaus, Georg/Buhr, Manfred (Hrsg.), 1970: Philosophisches Wörterbuch, 2 Bde, 7. berichtigte Aufl., Berlin (West).

Lakoff, George/Johnson, Mark, 1980: Metaphors we live by, Chicago, London.

Lenin, Wladimir I., 1918: Staat und Revolution. Die Lehre des Marxismus vom Staat und die Aufgaben des Proletariats in der Revolution, in: *W. I. Lenin*, Ausgewählte Werke, Bd. 2, Berlin (Ost), 8. Aufl. 1970, 315–419.

Leonhard, Wolfgang, 1955: Die Revolution entläßt ihre Kinder, Köln, Berlin.

Ludz, Peter Christian, 1980: Mechanismen der Herrschaftssicherung. Eine sprachpolitische Analyse gesellschaftlichen Wandels in der DDR, München, Wien.

Marx, Karl, 1852: Der achtzehnte Brumaire des Louis Bonaparte, in: *Karl Marx, Friedrich Engels*, Werke, Bd. 8, Berlin (Ost) 1960, 111–207.

Marx, Karl, 1871: Der Bürgerkrieg in Frankreich. Adresse des Generalrats der Internationalen Arbeiterassoziation, in: *Karl Marx, Friedrich Engels*, Werke, Bd. 17, Berlin (Ost) 1962, 313–363.

Matthes, Joachim/Schütze, Fritz, 1973: Zur Einführung: Alltagswissen, Interaktion und gesellschaftliche Wirklichkeit, in: Arbeitsgruppe Bielefelder Soziologen (Hrsg.), Alltagswissen, Interaktion und gesellschaftliche Wirklichkeit, Bd. 1: Symbolischer Interaktionismus und Ethnomethodologie, Reinbek bei Hamburg.

Merten, Klaus, 1983: Inhaltsanalyse. Einführung in Theorie, Methode und Praxis, Opladen.

Opp de Hipt, Manfred, 1982: Theoriedebatte in der PCF, in: Sozialismus. Marxistische Zeitschrift, H. 6, 71–76.

Opp de Hipt, Manfred, 1987: Denkbilder in der Politik. Der Staat in der Sprache von CDU und SPD Opladen.

Opp de Hipt, Manfred, 1988: Zur Entwicklung des Staatskonzepts der SPD seit den 70er Jahren, in: pds (Perspektiven des Demokratischen Sozialismus), 5. Jg., H. 2, 125–129.

Oschlies, Wolf, 1989: Sprache der Deutschen: Reißt, hält oder festigt sich das „einigende Band"?, Vortrag auf dem XXII. DDR-Forschertagung vom 16. bis 19. Mai 1989 in der Deutschen Landjugend-Akademie Bonn-Röttgen.

Programm und Statut der Kommunistischen Partei der Sowjetunion. Angenommen auf dem XXII. Parteitag der KPdSU, 17. bis 31. Oktober 1961, Berlin (Ost) 1961.

Rossade, Werner, 1982: Literatur im Systemwandel. Zur ideologiekritischen Analyse künstlerischer Literatur aus der DDR, Bern, Frankfurt/M.

Rytlewski, Ralf, 1985: Wirtschaft, in: Bundesministerium für innerdeutsche Beziehungen (Hrsg.), DDR Handbuch. Wissenschaftliche Leitung: *Hartmut Zimmermann* unter Mitarbeit von *Horst Ulrich* und *Michael Fehlauer*, 2 Bde, 3. überarb. u. erw. Aufl. Köln, 1485–1503.
Schröder, Dieter, 1967: Die Krise der marxistisch-leninistischen Staatstheorie, Hamburg.
Schroeder, Friedrich-Christian, 1979: Wandlungen der sowjetischen Staatstheorie, München.
Staat, Recht und Politik im Sozialismus, Berlin (Ost) 1984.
Staatsbürgerkunde. Lehrbuch für Klasse 9, 2. Aufl., Berlin (Ost) 1974.
Topitsch, Ernst, 1960: Über Leerformeln. Zur Pragmatik des Sprachgebrauchs in Philosophie und politischer Theorie, in: *Ders.* (Hrsg.), Probleme der Wissenschaftstheorie. Festschrift für Victor Kraft, Wien, 236–264.
Westen, Klaus, 1985: Die Staatstheorie in der DDR, in: *Friedrich-Christian Schroeder, Boris Meissner* und *Klaus Westen* (Hrsg.), Kontinuität und Wandel in der kommunistischen Staatstheorie, 31–47.
Weber, Hermann, 1980: Kleine Geschichte der DDR, Köln.
Whorf, Benjamin L., 1963: Sprache, Denken, Wirklichkeit. Beiträge zur Metalinguistik und Sprachphilosophie", Reinbek bei Hamburg.

Literatur als politische Institution

Werner Rossade

Dieser Beitrag untersucht am Beispiel von DDR und UdSSR Literatur im Realsozialismus als politische Institution. Literatur meint hier eine spezielle Weise *praktisch-geistiger, nämlich künstlerische, Reproduktion gesellschaftlicher Gegebenheiten im Medium des Wortes*: „belletristische“ oder „künstlerische“ Literatur mit ihren verschiedenen Gattungen und Ausdrucksformen. Als *realsozialistische Gesellschaften* bezeichne ich in Anlehnung an die seit den sechziger Jahren übliche offizielle Selbstbenennung des „real existierenden Sozialismus“ die nach dem sowjetischen Modell organisierten Gesellschaften seit dem Entwicklungsbruch, der Mitte der fünfziger Jahre einsetzte. Gegenstand der Untersuchung ist künstlerische Literatur von den fünfziger bis zu den achtziger Jahren.

1. *Künstlerische Literatur als politische Institution unter realsozialistischen Bedingungen*

Institutionelle Implikationen von Literaturproduktion im Realsozialismus zeigen sich exemplarisch an Erfahrungen, von denen der exilierte DDR-Schriftsteller *Erich Loest* in seinem Text „Der vierte Zensor“ berichtet. Ein Manuskript liegt vor, doch bis zur Veröffentlichung ist noch ein weiter Weg. Der Verlag in der DDR prüft es nach politisch-ideologischen Auflagen, die ihm die Literaturadministration erteilt hat. Diese, die zuständige Abteilung des Ministeriums für Kultur, tritt direkt als Zensurinstanz in Erscheinung. Das vorliegende Manuskript wird von ihr geprüft – wie übrigens auch jeder einzelne wissenschaftliche Text – und entweder zur Veröffentlichung zugelassen oder nicht. Eine dritte Zensurinstanz sind die verinnerlichten Sperren und Vorsichtsübungen des Autors aufgrund seiner Erfahrungen und seines Wissens um die literaturpolitischen Gepflogenheiten; sie haben schon das Schreiben des Textes geprägt. Ein vierter Zensor schließlich wirkt, auf kafkaeske Art ungreifbar und anonym, hinter den anderen Instanzen. Er hat das letzte Wort, gegen das es keinen Einspruch gibt. Lokalisierbar ist er im abgehobenen Zirkel der Partei- und Staatsführung. – Und wenn ein Autor schließlich diesen Mechanismen entronnen ist, kann er in bundesdeutschen Verlagen auf Parteigänger des Realsozialismus treffen, die ihm auch hier Hindernisse in den Weg legen (*Loest* 1984).

Das Beispiel verdeutlicht eine wesentliche Seite des Zusammenhanges von Literatur und Politik. Herrschaftliches Gebaren und Willkür von Ämtern und Amtsträgern sind ein sinnfälliger Ausdruck gesellschaftlicher Institutionalisierung. Diese greift jedoch weiter. Mit *Gerhard Göhler* (1988: 16) lassen sich Institutionen als soziale Einrichtungen verstehen, die „dem Verhalten und dem Handeln der Individuen eine gewisse Festigkeit, Dauer und Wiederholbarkeit verleihen". Sie verfestigen sich durch Internalisierung und geben Sinnorientierungen mit regulierender sozialer Funktion. Das gilt für gesellschaftliche Institutionen generell. *Politische* Institutionen dienen als Regelsysteme der Umsetzung von Interessen in Entscheidungen und deren Realisierung. Rechtliche Normierung, relative Dauer und Verinnerlichung bringen politischen Institutionen bei Akzeptanz durch die Betroffenen tatsächliche Macht (*Göhler* 1988: 17).

In parlamentarisch verfaßten westlichen Gesellschaften dienen politische Institutionen der Legitimation von Herrschaft, in den USA „bis hin zum Flaggenkult, der manchen Europäer erstaunt" (*von Beyme* 1987: 53). Dort ist, mit günstigen Auswirkungen für die Schlichtung gesellschaftlicher Konflikte, weitgehend erreicht, wonach die realsozialistischen Führungsgruppen meist vergeblich streben. Ein eingeschränktes Blickfeld führt zu wenig reflektiertem Stolz vieler US-Amerikaner auf die eigenen politischen Institutionen, in deutlichem Unterschied zu den Einstellungen der Westeuropäer gegenüber ihren Institutionen (*von Beyme* 1987: 53).

In der aufsteigenden Phase des Sowjetsozialismus (1917–1953/56) entstanden und etablierten sich politische Institutionen, die als Instrumente gesellschaftlicher Umwälzungen fungierten[1]. Darein war auch die Literatur eingeschlossen, die sich erklärtermaßen in den Dienst der kommunistischen Gesellschaftspolitik zu stellen hatte, insofern unmittelbar den Charakter einer politischen Institution trug. Gesellschaftliche Institution mit hervortretenden politischen Implikationen ist künstlerische Literatur auch unter anderen gesellschaftlichen Verhältnissen, in einem entwickelten kapitalistischen Industriestaat wie der Bundesrepublik Deutschland etwa im Zusammenhang mit dem multimedialen Markt, mit der Öffentlichkeit und der literarischen Sozialisation des Publikums (vgl. *Heller* 1984). Unter realsozialistischen Verhältnissen ist Literatur in mannigfaltiger und in sich durchaus *widersprüchlicher* Beziehung politisch institutionalisiert. Von der Partei- und Staatsführung her ist sie in einen ausgebauten Apparat der Lenkung und Kontrolle eingespannt (*Köhler-Hausmann* 1984). Zugleich entwickelt sie sich zum Medium der Artikulation kritischer und oppositioneller Bestrebungen.

Beides geht aus den politischen Zusammenhängen hervor, in denen die künstlerische Literatur als *gesellschaftliche* Institution notwendigerweise steht. Zu einer gesellschaftlichen Institution wird Literatur nicht erst durch diesen politischen Kontext. Sie ist es von vornherein, mit ihrer bloßen Existenz, da sie nur innerhalb gesellschaftlicher Bezüge und zu gesellschaftlichen Zwecken vorhanden ist und nur so hervorgebracht werden kann. Das gilt, wie bei näherem Hinsehen klar wird, auch für die abgehobenste und scheinbar gesellschafts- (oder „lebens"-)fernste Literatur, die sogar, ebenso wie Hervorbringungen solcher Art in anderen künstlerischen Medien, nicht selten bestehende Zustände im Negativbild um so treffender zeigt. Literatur, wie Kunst überhaupt, ist gesellschaftliche Institution im Sinne der oben wiedergegebenen Definition. Sie gibt den Menschen, die einer bestimmten Gesellschaft zugehören, Elemente von Stabilität in sozial vermittelter Wahrnehmung und sozialem Handeln, zugleich sozial regulierende Sinnorientierungen. Als *politische* Institution, zu der sie zwangsläufig wird, seitdem Politik in der Gesellschaft existiert, dient sie wie andere politische Institutionen der Umsetzung und Realisierung von Interessen sozialer Klassen, Schichten und Gruppen. Bei der besonderen Bedeutung des politischen Moments in sozialistischen wie auch realsozialistischen Ordnungen leuchtet ein, daß die Auffassung künstlerischer Literatur als politische Institution Aufschlüsse über ihre gesellschaftliche Rolle und Funktion geben kann, die sonst nicht hinreichend deutlich werden.

Was den Einschluß der Literatur in die kommunistische Parteipolitik angeht, so wird in der westlichen DDR-, Sowjetunion- und Osteuropaforschung häufig kein Unterschied zwischen den Entwicklungsphasen der sowjetisch geprägten Gesellschaften gemacht. Das Mehr oder Weniger an aktiver Reglementierung der Literatur durch die herrschende Macht erscheint als eine Art absolutes Kriterium, an dem die gesellschaftlichen Zustände gemessen werden (vgl. u.a. *Hohendahl/Herminghouse* (Hg.) 1976; dies. (Hg.) 1983; *Schmitt* 1983; *Günther* 1984 und im folgenden Abschnitt genannte Arbeiten). Solche Sichtweise hat ihre relative Berechtigung, aber sie vernachlässigt den Unterschied, der zwischen dem Platz von Literatur in einer revolutionär sozialistischen Ordnung mit ihrer strikten Funktionalisierung vieler wesentlicher gesellschaftlicher Institutionen und der Instrumentalisierung von Literatur für die Konservierung nach- beziehungsweise konterrevolutionärer Zustände wie im Realsozialismus besteht.

Mehr Spielraum für literarisches und generell künstlerisches Schaffen im Realsozialismus verglichen mit früheren Stadien des Sowjetsystems ist keine aktive Leistung der bestehenden Ordnung, vielmehr ein passives Hinnehmen von Entwicklungen, denen die realsozialistischen Führungsgruppen nichts entgegenzusetzen haben. Die Normierung der Literatur unter der Formel des *sozialistischen Realismus* gehörte zur vor-realsozialistischen Phase des Sowjetsozialismus und ist aus dieser heraus zu begreifen, ohne Absolutsetzen des historisch Bestimmten und Vergänglichen, aber auch ohne Verteufelung durch vermeintlich außer- und überhistorisch gültige Normen und Postulate (vgl. die Dokumente vom I. Sowjetischen Schriftstellerkongreß 1934 in: *Schmitt/Schramm* (Hg.) 1974). Die in dieser Formel eingeschlossenen positiven Vorgaben für Literaturproduktion kann der Realsozialismus nicht aufrecht erhalten, weil seine gesellschaftlichen, politischen und geistigen Inhalte ganz andere sind als die der sowjetischen dreißiger Jahre. Als Niedergangs- und Auflösungsphase von Gewesenem hat er jedoch nichts Eigenes zu bieten, das an die Stelle der alten positiven Setzungen treten könnte. Deshalb beschränkt sich die offizielle Kulturpolitik in der DDR wie in der Sowjetunion seit Anfang der siebziger Jahre zunehmend auf negatives Ausgrenzen dessen, was die Grundlagen der bestehenden Herrschaft anzutasten scheint, während alles andere, was die Literatur hervorbringt, integrativ einzudeuten versucht wird (vgl. *Rossade* 1977).

Von Anfang an war im Sowjetsozialismus/Realsozialismus die Literatur als Medium *politischer Sozialisation* Träger von Affirmation wie von Kritik. Die Entwicklung seit Mitte der fünfziger Jahre ist davon geprägt, daß Affirmation tendenziell schwindet, während die Äußerungen kritischer und oppositioneller Einstellungen in der Literatur zunehmen (*Steininger* 1965; *Holthusen* 1978; *Jäger* 1982; *Zimmermann* 1984 u.v.a.). Vielfältige, unterschiedlich akzentuierte und begründete Kritik wie auch die zumeist gebrochene Affirmation werden zunehmend zum Ausdruck von *Krisenbewußtsein*, entsprechend dem wirklichen Zustand des Realsozialismus. Die politische Führung in DDR und UdSSR hält grundsätzlich an dem Anspruch fest, die Literatur habe als Bestandteil des bestehenden Institutionengefüges dem realsozialistischen System, seiner Erhaltung und Festigung zu dienen. Auf der anderen Seite stellt künstlerische Literatur heute in den meisten realsozialistischen Ländern ein wichtiges, vielfach das wichtigste, Sprachrohr für kritische und oppositionelle Tendenzen dar.

2. *Zur Sekundärliteratur über den Gegenstand*

In der bundesdeutschen literaturwissenschaftlichen Behandlung von sowjetischer und von DDR-Literatur fällt ein Unterschied auf. Die Sowjetliteratur wurde und wird im wesentlichen von Vertretern der zuständigen Wissenschaftsdisziplin, also vornehmlich der Slawistik, bearbeitet. Anders die Literatur aus der DDR. Sie wurde von der universitär etablierten Germanistik in der Bundesrepublik Deutschland längere Zeit weitgehend ignoriert, so daß vor allem Gesamtdarstellungen zunächst anderen Autoren überlassen blieben. Diese waren zwar auch germanistisch ausgebildet, aber in bezug auf das Lehr- und Forschungsfach eher randständig, was in ihren Büchern zum Ausdruck kam (z. B. *Franke* 1974; *Brettschneider* 1974)[2]. Zu Teilbereichen des Gegenstandes gab es dagegen auch schon relativ früh bemerkenswerte Beiträge (etwa *Laschen* 1971; *Jäger* 1973; *Klunker* 1972, 1975). Auch germanistische Literaturwissenschaft in den USA brachte bereits Anfang der siebziger Jahre Arbeiten über DDR-Literatur auf den Markt, wobei – wohl schon durch den geografischen und erst recht durch den politisch-geistigen Abstand zu Europa im allgemeinen und dem östlichen Europa im besonderen – manche schiefe Sicht und Darstellung unterlief (vgl. dazu *Rossade* 1982: 837).

Die akademische Abstinenz im westlichen Deutschland in bezug auf DDR-Literatur hängt sicherlich mit den langjährigen politischen Gegebenheiten im innerdeutschen oder deutsch-deutschen Verhältnis zusammen. Daß die DDR in den siebziger Jahren von politisch postulierter Nichtexistenz zum offiziell anerkannten – und vielfach geförderten – Partner der Bundesrepublik aufstieg, erleichterte eine unbefangenere Beschäftigung mit dem „zweiten deutschen Staat" und seinen verschiedenen Lebensäußerungen, zumindest im Prinzip. Dabei schlug das Pendel in manchen Fällen in entgegengesetzter Richtung aus, vereinzelt bis zu unkritischem Nachschreiben kulturpolitischer Eigendarstellung der SED (*Rossade* 1982: 837).

Vertiefte wissenschaftliche Bearbeitung der künstlerischen Literatur aus der DDR ergab sich jedoch vor allem aus deren Wandel und ihrer Entwicklung selbst. Mit fortgehender Evolution des Realsozialismus reicherten sich in ihr kritisch weiterführende Potenzen an. Die Loslösung vom Dienst am und im realsozialistischen Systemwandel brachte eine Reihe von Autoren zu neuer literarischer Relevanz. Dies und die veränderten politischen Konstellationen machten den Weg frei für „normale" literatur-

wissenschaftliche Befassung mit diesem Teil deutschsprachiger Literatur (s. a. Akten 1986). Allerdings scheint die vollständige Integration dieses Arbeitsgebiets in das akademische Fach bis heute noch auszustehen, im Gegensatz zur slawistischen Forschung und Lehre über die sowjetische Literatur. Mehr noch gilt das wohl für die DDR-Forschung generell, die im Rahmen der Politikwissenschaft als Disziplin nach wie vor weniger prestigeträchtig ist als andere Forschungsbereiche – vielleicht auch dies im Gegensatz zur Sowjetunion- und Osteuropaforschung in deren Fachzusammenhängen. Da dürfte freilich auch das unterschiedliche reale Gewicht von Gegenstand DDR und Gegenstand Osteuropa/Sowjetunion eine Rolle spielen.
Jedenfalls hat die wissenschaftliche Beschäftigung mit Literatur aus der DDR in den siebziger und achtziger Jahren im westlichen Deutschland beträchtliche Fortschritte gemacht. Insbesondere sind inzwischen auch sozialwissenschaftliche Arbeiten über diese Literatur als politische Institution beziehungsweise die politischen Implikationen dieser Literatur erschienen. Aus dem germanistischen Bereich sei hier noch auf die „Kleine Literaturgeschichte der DDR" (*Emmerich* 1981) verwiesen, in der Literatur nicht als selbständiges Phänomen, sondern in ihrer Verflochtenheit mit der Gesellschaftsentwicklung und als gesellschaftliche Institution dargestellt wird[3].
Ein Grundmuster realsozialistischer Gesellschafts- und Geschichtsdeutung, das jetzt von *Michail Gorbačev* und seiner Gruppe vehement vertreten wird, postuliert in bezug auf die Sowjetunion und deren Einflußbereich einen fundamentalen Gegensatz von „böser Stalinzeit versus gutem oder doch grundsätzlich gutem und sich trotz großer Schwierigkeiten weiter verbesserndem Realsozialismus". Dieses Muster wurde bereits von Mitte der fünfziger bis Mitte der sechziger Jahre, unter der *Chruščev*-Führung, propagiert und auch in der Folgezeit im Realsozialismus beibehalten, wenn auch zwanzig Jahre lang nicht in der ausgeprägten Weise wie gegenwärtig in der UdSSR. Seine schlichte Entgegensetzung berührt sich eng mit Argumentationsmustern des traditionellen, westlichen Antikommunismus.
Hinsichtlich der Literatur in der Sowjetunion wie in der DDR folgt daraus das oben schon angesprochene Muster, wonach seit dem Tode *J. W. Stalin*s die dortigen Literaturen alles in allem auf dem Weg zu mehr Freiheit und Normalität seien, wenn dieser Prozeß auch durch Verschulden der autoritären realsozialistischen Führungsgruppen nicht geradlinig und ohne Rückschläge verlaufe. In der westlichen Sekundärliteratur dominiert diese Sicht, wenn auch nicht uneingeschränkt[4]. Das Schema einer doppelten Dichotomie von Stalinzeit versus Realsozialismus sowie konservative Parteiführungen, die Elemente der Stalinzeit bewahren, versus sich befreiende und für demokratische Verhältnisse eintretende Literatur, vereinfacht jedoch die tatsächlichen Abläufe, die weit komplexer sind als das von verinnerlichten politischen Vorentscheidungen belastete Schema.

3. Realsozialismus und Literatur: fünfziger bis siebziger Jahre

Als um Mitte der fünfziger Jahre in der Sowjetunion das bekannte „*Tauwetter*" einsetzte, befand sich die dortige Literatur in der Position einer unmittelbar politischen

Institution. Nicht nur im Blick auf die Vergangenheit mit ihrer Eingliederung der Künste als Organe der Erziehungsdiktatur, sondern mehr noch im Zusammenhang des einsetzenden Wandels, zu dessen Propagandisten sich relevante Teile der sowjetischen Literatur – wie auch der Filmkunst und anderer Medien – machten. Das politische Schlagwort selbst ist aus der Literatur entlehnt. *Tauwetter* war der Titel eines literarischen Textes von *Ilja Ehrenburg* (1954/56). Schon vorher, wenige Monate nach *Stalins* Tod, war das Reizwort im Titel eines programmatischen Gedichts in der Zeitschrift „*Novy mir*" des sowjetischen Schriftstellerverbandes aufgetaucht (Moskau, 1953, H. 10: 43/44).

3.1 Funktion der „Tauwetter"-Literatur

Die „schöne" Literatur begleitete die politisch-gesellschaftlichen Veränderungen und *bereitete sie vor.* Die zweite ist wohl ihre wichtigste politische Funktion im Kontext des beginnenden Wandels. Für die ganze Periode von 1953 bis Ende der siebziger Jahre läßt sich diese Seite des Wirkens von Literatur als politische Institution unter zwei Gesichtspunkten fassen. Zum einen bereitete sie Stufen realsozialistischen Wandels vor, indem sie Köpfe und Gemüt ihrer Leser neuen Bedürfnissen der politischen Führung gemäß zurichtete. Wenn sie dabei zu weit vorauseilte, konnte sie in Konflikte mit der gleichen Führung kommen, die sie mehr oder minder bewußt und zielgerichtet für ihre Zwecke benutzte[5]. Ähnliches kam auch in anderen Bereichen vor. So wurden in der DDR in der zweiten Hälfte der 50er Jahre die Wirtschaftswissenschaftler *F. Behrens* und *A. Benary* für Ideen vernichtend gemaßregelt, die etwa sechs Jahre später im Zusammenhang mit der „Neuen Ökonomischen Politik der Planung und Leitung" in die Führungspolitik eingingen. – Zum zweiten machte sich Literatur in ihrer, zumeist gebrochen, affirmativen Variante zum *Vehikel der jeweiligen Parteilinie.* Arbeitete die erste Variante äußerlich indirekt, unter einem grundsatzkritischen Anstrich, für den realsozialistischen Wandel, so die zweite in direktem Verfechten der aktuellen Orientierungen der Partei, wobei die unliterarische politische Propaganda vielfach wesentlich weiter ging als in der vorrealsozialistischen Periode, wo sie nach verbreiteter Meinung hauptsächlich anzusiedeln ist.

Für beides werde ich im folgenden Beispiele bringen. Zur Verdeutlichung ist auf die bestimmenden literarischen Motive hinzuweisen, die in den Texten der pro-realsozialistischen Richtung hervortreten. Diese Leitmotivik ergibt Komplexe von *Topoi,* das heißt von bestimmten feststehenden Wahrnehmungs- und Darstellungsfiguren oder -mustern, in denen sich der politische Wandel ideologisch niederschlägt. Sie lassen sich aus den literarischen Texten entnehmen und sodann der weiteren Untersuchung zugrundelegen, wie ich es in einer früheren Arbeit versucht habe (vgl. *Rossade* 1982). Aus den fraglichen Texten ergibt sich etwa dieser *Toposkatalog:*

1. *Darstellungsmuster aus der realsozialistischen Parteiideologie mit wenig oder gar keiner literarischen Umsetzung*

1.1 Grundmuster aktueller *Führungsideologie der Parteispitze*

1.1.1 Setzung der Partei(führung) als unantastbare Autorität, als Quasi-Gottheit über passivem Volk. Sie erhebt und straft ihre Untertanen aus eigener, nicht weiter begründeter Machtvollkommenheit, doch angeblich in Bindung an menschliche Rücksichten und Moralgrundsätze.

1.1.2 Kritik an „Dogmatismus“ und „Personenkult“ einschließlich des Themas politischer Verfolgungen (in der Stalinzeit).

1.1.3 Zentrale Stellung des Leitungsproblems. Ein Kernpunkt: Effektivierung des gesellschaftlichen und betrieblichen Managements durch kundige Handhabung der „menschlichen Beziehungen“, durchaus im Sinne der soziotechnischen „*human relations*“. Verbleib der Darstellung vornehmlich im Bereich der *Leiter* unterschiedlicher Ebene.

1.1.4 Romantisierung revolutionärer Frühzeit des Sowjetsozialismus als Bestandteil des ideologischen Schemas: gute Revolutionszeit unter *Lenin* (der als milde Vaterfigur erscheint) – Entstellungen des Humansozialismus unter *Stalin* – Rückkehr zu den Anfängen auf höherer Stufe („Wiederherstellung der *Lenin*schen Normen“).

1.1.5 Leeres, nicht sachlich abgeleitetes, sondern als ethische Norm gesetztes Superioritätsgefühl des Bürgers realsozialistischer Staaten gegenüber Bürgern westlich-kapitalistischer Staaten. Beginnender Übergang von revolutionärem Sendungsbewußtsein zu imperialem Machtbewußtsein.

1.2 *Ökonomismus, Szientismus, Technizismus*

1.2.1 Wiedergabe erklärter wirtschaftspolitischer Grundsätze der Parteiführung, wie bedarfsgerechte Produktion (vornehmlich von Produktionsinstrumenten und -zubehör), Delegierung von Befugnissen („Vertrauen zu den Menschen“), Versorgung der Bevölkerung.

1.2.2 Anliegen einer Modernisierung, wesentlich als technischer Fortschritt gefaßt.

1.2.3 (Natur-)Wissenschaft als Weltanschauungsersatz.

1.2.4 Die *Intelligenz* – die professionellen Fachexperten – als wichtigste Gesellschaftsschicht.

1.2.5 Besondere Beziehungen zum westlichen Kapitalismus als dem Konkurrenzsystem, von dem wirtschaftliche und wissenschaftlich-technische Hilfe erwartet wird.

1.3 *Anthropologismus und Ethisierung*

1.3.1 Programm einer „Erziehung der Gefühle“ im Zusammenhang mit dem in bestimmter Weise perzipierten gesellschaftlichen Wandel. Betonung unbestimmter wie auch spezifischer „Liebe“. Schlüsselwort: „Herz“.

1.3.2 Abstraktes, unhistorisches und a-soziales Bild vom Menschen.

1.3.3 Ethisierung politischer und gesellschaftlicher Beziehungszusammenhänge.

1.3.4 Populistische Mystifizierung des *Volkes*, als Ethnie wie als arbeitende (werktätige) Unterschicht.

1.3.5 Reproduktion und Übernahme religiöser (christlicher) Muster.

2. In die Literatur transponierte politische Leitideen

2.1 Die stehende Figur des *Neuerers*, vornehmlich in der Produktion, aber auch in anderen gesellschaftlichen Bereichen, besonders in der Politik (der „gute“ Parteisekretär).

2.2 Romantisierende Liebesgeschichten gemäß dem abstrakten Anthropologismus und der Ethisierung.

3. Traditionelle literarische Themen und Motive mit aktuellen Inhalten

3.1 Abundanz erotischer Dreieckskonflikte, verquickt mit den Mustern „Mensch gegen Dogmatiker" und „Erziehung der Gefühle".

3.2 Konservierung eines überkommenen, *paternalistischen Frauenbildes*: die Frau kommt im wesentlichen als Gegenstand männlicher Erotik vor; die positiven weiblichen Figuren haben vielfach ein „unirdisch" zartes und feenhaftes Wesen; „die" Frau erscheint als widersprüchliche Einheit von „Engel" und „Hure", teils im Charakter einer Heldin verbunden, teils in unterschiedliche Figuren auseinanderfallend.

3.3 Der Künstler (Schriftsteller) als gesellschaftlicher Herold, Vorkämpfer und Führer/Leiter. Kunst als Erziehungsfaktor.

3.4 Problematisierung der Kunst; Autonomie der Kunst; Neuerertum in der Kunst (Modernismus).

Verbunden mit dieser Topik sind bestimmte charakteristische Merkmale der mit dem „Tauwetter" einsetzenden Literatur, die ihrerseits in enger Wechselbeziehung mit der veränderten Parteipolitik und -ideologie stehen: ein durchgehender Zug von *Irrationalismus*, der sich auch in einer ressentimentalen *Stimmungsgeladenheit* anstelle von klarem, nüchternem Denken äußert; ein spezifischer *Unernst*, eine mißliche „Ironie", durch die sich substantielle gesellschaftliche und humane Inhalte in Läppischkeiten auflösen; eine *Trivialisierung* der Literatur, verbunden mit einem *Sprachverlust*, der sich von den zuvor in der sowjetischen wie in der sozialistischen deutschen Literatur erreichten Qualitäten deutlich abhebt.

Zugehörig sind in der UdSSR neben den schon genannten Veröffentlichungen die weitaus meisten Texte der sogenannten Tauwetterliteratur und vieles in deren Folge aus den sechziger und siebziger Jahren; in der DDR Schriften wie „Nackt unter Wölfen" von *Bruno Apitz* (1958), „Ankunft im Alltag" von *Brigitte Reimann* (1961), „Der geteilte Himmel" von *Christa Wolf* (1963), „Spur der Steine" von *Erik Neutsch* (1964), „Die Aula" von *Hermann Kant* (1965) und viele andere bis in die siebziger Jahre. Die umrissene Topik und die genannten Merkmale ergeben sich aus der politischen Rolle der Literatur im realsozialistischen Wandel und sind ihrerseits für diese Rolle konstituierend.

3.2 Elemente der realsozialistischen Topik

(1) Ein Hauptmoment ist die Adaption der realsozialistischen *Führerlinie*, das heißt der Wahrnehmung und Darstellung von Gesellschaft und Politik unter dem Blickwinkel ihrer zweckgerichteten Handhabung, ihres Managens von oben her. Diese Sicht war besonders in der ersten Hälfte der sechziger Jahre in der DDR erklärte Vorschrift. Nach dem Willen der Parteiführung unter *Walter Ulbricht* sollte jeder bewußte Werktätige, sollten insbesondere auch die Schriftsteller alle Aufgaben als *Leiter* betrachten. Die Umorientierung von der Massen- auf Leiterzentriertheit in

Theorie und Propaganda führt zu dem neuen Bild von der Partei als Quasi-Gottheit (Topos 1.1.1).
Exemplarisch für den Wandel sind zwei Betriebsromane, „Menschen an unsrer Seite" von *Eduard Claudius* (1952) und „Spur der Steine" von *Neutsch* (1964), der seinerseits an sowjetische Produktionsromane der Zeit anschließt, vor allem an „Schlacht unterwegs" von *Galina Nikolajewa* (1963). An ihnen läßt sich zeigen, wie ein fundamental *demokratisches* Bild von Partei und Arbeiterklasse, worin beide auf gleicher Ebene erscheinen, die Partei nicht nur lehrt, sondern auch lernt, der Parteisekretär am Ort als Befehlshabertyp abgesetzt wird, von einem im Kern *religiösen* Muster abgelöst wird, dem zufolge eine unantastbare Partei-Leiterhierarchie über den gewöhnlichen Sterblichen thront und deren Welt transzendiert. Jeder irgend relevanten Kontrolle von unten entzogen und ohne eine noch höhere Instanz über sich – es sei denn die Zentrale in Moskau – kann und darf sie die Fehlbaren, Sündigen strafen und die Reuigen, die vor der Obrigkeit Zerknirschten, auszeichnen und erheben (vgl. *Rossade* 1982: 204–292). Wichtig ist, daß solche Sicht zunächst nicht kritisch war, sondern affirmativ; freilich gebrochen affirmativ und indirekt apologetisch im Sinne von *Georg Lukács*: Vorhandenes wird als unerträglich, miserabel und unmenschlich gezeigt, aber zugleich behauptet, es könne nicht anders sein, und deshalb sei es – wenn auch widerwillig – zu bejahen und man müsse sich ihm unterwerfen. Dieses Muster, in dessen Kontext die „Entscheidung" für den (Real-)Sozialismus aus einer rational begründbaren Überzeugung zu einem rein moralischen Willensakt wird, tritt sehr deutlich in *Christa Wolf*s „Geteiltem Himmel" hervor, dessen Thema Probleme aus dem persönlichen Bereich sind, hervorgerufen durch den Ost-West-Gegensatz, die Spaltung Deutschlands und den Mauerbau 1961.
Ein stehendes Muster war die Entgegensetzung zwischen „gutem" und schlechtem, „dogmatischem" Leiter. Der Gute war identisch oder zumindest eng verbunden mit einer Neuererfigur, wobei dieser Schlüsseltopos einige sehr charakteristische, ständig wiederkehrende Merkmale aufwies. Er war unweigerlich ein „Durchreißer", er versetzte, in aller Regel wegen zweit- und drittrangiger technischer Verbesserungen, ohne Rücksicht auf Menschen und Dinge die gegebenen Verhältnisse in chaotischen Wirbel, entsprechend der kopflosen Hektik und irrationalen Exzentrik der *Chruščev*-Periode. Konsequenterweise wurde diese Figur später, nachdem der „Subjektivist" und „Voluntarist" *Chruščev* aus der Führung der KPdSU entfernt werden mußte, auch kritisiert (vgl. *Diersch/Hartinger* (Hg.) 1976: 138)[6], ohne deshalb etwa gänzlich aus der herrschenden Topik zu verschwinden; sie stand nur nicht mehr so im Vordergrund.

(2) Die Orientierung auf die Leiter impliziert eine betonte Hervorhebung bis *Verherrlichung der Intelligenzschicht* in der Literatur. Das erscheint hauptsächlich in drei Typen: dem effizienten, flexiblen, in der Handhabung von *human relations* geschickten *Parteileiter*; dem verbissen innovatorischen, meist etwas skurrilen, nicht ganz selten auch – wider die erklärte Absicht der Darstellung – geradezu psychopathischen *Wissenschaftler/Techniker*; dem sich von erstarrten Schemata gelöst habenden, nach mehr oder minder vagem Modernismus strebenden *Künstler*. Vor allem der

zweite Typ repräsentiert häufig den *Neuerer*. Parteileiter in analoger Position sind ebenfalls oft anzutreffen, in der sowjetischen wie in der DDR-Literatur. Bei *Neutsch* (1964) tritt der ganze hierarchische Stufenbau auf, vom durchreißerischen Parteisekretär einer Industrie-Großbaustelle über den Ersten Sekretär des Bezirks bis zum Oberhaupt von Partei und Staat, *Walter Ulbricht*, persönlich. Am meisten fiktiv ist der Betriebs-Parteisekretär; die oberen Ränge sind deutlich ihren realen Vorbildern nachgebildet. Künstler/Schriftsteller als Protagonisten des vermeintlichen realsozialistischen Fortschritts treten oft in der – von den Autoren kaum reflektierten – Manier eitler Selbstbespiegelung auf; dabei sind sie doch nur Werkzeuge eines von der Parteispitze in Gang gesetzten soziopolitischen Wandels.
Fixierung auf die Leiter, Führer und Fachexperten konstituiert einen zunehmenden *elitären Trend*, eine Bewegung weg von den Werktätigen und der Arbeiterklasse, worin die konforme Literatur nur einer allgemeinen Richtung gesellschaftlicher Evolution im Realsozialismus folgt. Deren Ergebnis nach einigen Jahrzehnten ist keine proletarische oder sozialistische, sondern eine kleinbürgerlich geprägte „*Mittelstandsgesellschaft*" (*Rytlewski* 1986). In der Literatur dominieren Problemlagen von Mittelschichten, eines neuen Kleinbürgertums (vgl. *Zimmermann* 1984a). Anfangs, in der Tauwetterliteratur, gab es noch einen volkstümlerischen und volkstümelnden Populismus als – ganz äußerliches, aufgesetztes – Gegengewicht zum Elitarismus. Darauf wurde später mehr und mehr verzichtet, während in der genuin kritischen Literatur Elemente einer neuen Hinwendung zu den beherrschten und geleiteten Unterschichten hervortreten.

(3) Mit Elitarismus, Kleinbürgerlichkeit und Führerlinie verbunden ist der Übergang vom historisch konkreten Menschen zur diffusen Vorstellung von einem abstrakt-unbestimmten *Allgemeinmenschen*. Dies erleichtert eine Ethisierung politischer, sozialer und kultureller Zusammenhänge. Exemplarisch dafür war in der DDR der Roman „Nackt unter Wölfen" von *Bruno Apitz* (1958), in dem ein großes Thema – der Widerstand von Häftlingen verschiedener Nationen im NS-Konzentrationslager – zu Kolportage verkommt (s. a. Anm. 3). Ein konstruierter Konflikt überdeckt den weltgeschichtlichen Gegensatz zwischen Faschismus und Demokratie/Sozialismus mit einem falschen moralischen Dilemma. Falsche Gefühle verbreiten sich in vulgärplatonischem Liebesschwulst, und religiöse Topik kulminiert in einem wenig niveauvollen Abklatsch des christlichen Mythos vom Erlöserkind.
Unechte Gefühligkeit regiert überhaupt in den einschlägigen Texten, die vorwiegend Produktionsgeschichten vorführen, versetzt mit Ehe- und Liebesaffären, in denen der Dreieckskonflikt ein bis zum Überdruß strapaziertes Muß ist. Dessen politische Funktion charakterisierte der Autor *Thomas Brasch* als Ablenkung. „Es gibt die Tendenz in der DDR-Kulturpolitik oder in der Kulturpolitik der sozialistischen Länder, die Intellektuellen abzudrängen, auf Themen, die keinen Sprengstoff haben. Man kann schon darüber schreiben, daß ein Arzt sexuelle Schwierigkeiten mit seiner Frau hat" (Deutschland Archiv, 1977, H. 5: 509).
Moralschwulst und vulgärer Romantizismus auf der einen Seite, Technizismus und Ökonomismus auf der anderen Seite ergänzen sich gegenseitig. Das gilt für die real-

sozialistische Ideologie generell. Ihre beiden Pole, Anthropologismus und Szientismus, gehören untrennbar zusammen. Sie sind jedoch nicht schlechthin für antidogmatische Opposition kennzeichnend, wie es *Dahm* (1969) fassen wollte, sondern in erster Linie für die Ideologie, die von der realsozialistischen Parteispitze selbst erzeugt, gefördert und verbreitet wird.

(4) Trivialisierung ist der beherrschende Zug in der dem Wandel konformen Literatur. *Apitz*' Schriftwerk stellt in dieser Beziehung ein gewisses Extrem dar, aber die Unterschiede zu anderen der gleichen Richtung sind lediglich graduell[7]. Zu *Ehrenburgs* „Tauwetter" sagte *Ssachno* (1965: 94), es sei „mittelmäßig geschrieben und damit alles andere als ein Kunstwerk". *Slonim* (1972: 366, 369) meinte zu der Tauwetter-Literatur, ihr Riesenerfolg habe in keinem Verhältnis zu ihrem literarischen Wert gestanden; „mittelmäßige, altmodische" Romane hätten bei der Leserschaft große Resonanz gefunden. Die „aktuelle politische Wirkung" solcher Literatur habe ihre „offensichtlichen literarischen Mängel allem Anschein nach" ausgeglichen (*Slonim* 1972: 357). Das Abgestandene, Überholte im Inhalt, im Handwerk und in der Technik des Schreibens gehört wesentlich zu dieser Literatur. Von *moderner* Kunst wird darin allenfalls geredet. Erst die nachfolgende kritische Literatur brachte auch in dieser Beziehung einen Durchbruch.

(5) Die aktuelle politische Wirkung der affirmativen respektive lediglich scheinkritischen Belletristik bestand, wie schon gesagt, hauptsächlich darin, Wandlungen vorzubereiten, die von der realsozialistischen Parteispitze ausgingen. Im allgemeinen erfolgte das damit, daß die Adressaten in eine Stimmungs- und Mentalitätslage versetzt wurden, die der widerstandslosen Aufnahme von – häufig schockierenden – Neuerungen, welche die Parteiführung den Massen präsentierte, dienlich waren. Mitunter paßten literarisches Bodenbereiten und parteioffizieller Schwenk sehr gut ineinander. So folgte auf den Roman von *Apitz*, der ein großes Publikum erreichte, zwei Jahre später *Ulbrichts* „Programmatische Erklärung des Staatsrates der DDR", in der Ethisierung der Politik zur Parteilinie der SED erhoben wurde.
Es handelt sich also um literarische „Vorwegnahme", die aber kaum „richtungweisend" ist, wie *Steininger* (1975: 209) meinte. Daß die Schriftsteller der Parteiführung neue Wege gewiesen hätten, läßt sich so sicherlich kaum halten. Eher hat umgekehrt das veränderte politische Grundmuster die Schriftsteller erst dazu gebracht, andere Akzente zu setzen und andere Farben aufzutragen. So hatte etwa *Ehrenburg* schon 1953 – aber eben nicht früher – ein Programm trivialisierter Literatur entworfen, wie er und andere es dann in die Tat umsetzten – einer Literatur, die nicht künstlerisch zu sein brauche, wenn sie nur „packe", emotional in Wallung bringe (*Ehrenburg* 1953/54). Vielfach war es ein Gewährenlassen seitens der parteilichen Literatur- und Publikationslenkung, das sich freilich durchaus seiner Zwecke bewußt war, denn als geeignet Erscheinendes wurde gefördert, anderes unterdrückt. So bekamen der talentlose *Apitz* und *Neutsch* für sein sehr unfertiges Konvolut Nationalpreise der DDR, weil ihre Manuskripte im realsozialistisch parteigemäßen Trend der Zeit lagen.
Vorsicht ist wohl am Platze, was das planvolle Handeln der nachstalinschen Partei-

führungen angeht. Sie waren nicht in dem Zustand, wohlüberlegte Entscheidungen zu treffen und viel über den nächsten Tag hinaus zu planen. Eher mußten sie sich in dem — öfters für sie existenzbedrohlichen — Wirbel treiben lassen, den der Durcheinanderwerfer *Chruščev* entfacht hatte. Insofern befanden und befinden sie sich seitdem im Nachtrab der Entwicklung, was aber nicht aufhebt, daß zunächst sie für den veränderten Weltzustand verantwortlich sind, nicht die Schriftsteller.
Wieweit an Autoren direkte *Parteiaufträge* gingen, wird vielleicht einmal publik werden. Umgekehrter Einfluß beschränkt sich wohl auf vereinzelte Fälle, in denen Schriftsteller(funktionäre) vom Machthaber eine bestimmte Publikationserlaubnis erwirken. *Steininger* (1975: 209) bringt ein Beispiel. Generell dominiert die Parteiführung, die die politische Linie vorgibt und über die Künstlerverbände, das Verlagswesen die Kunstschaffenden darauf festlegt, wohl auch einzelne oder Gruppen von Autoren als Hilfstruppen bei Auseinandersetzungen innerhalb der Führung benutzt (vgl. *Steininger* 1975: 210). Eine andere Konstellation ergibt sich, wenn die Schriftsteller/Künstler zu relevanten Teilen Sprecher systemkritischer Tendenzen werden.

(6) Literatur verliert künstlerische Qualität nicht deswegen, weil sie politische Inhalte transportiert. Dagegen zeugen Beispiele aus der sowjetischen Frühzeit, etwa das von *Majakowski*, der politisch äußerst engagiert war und dabei große Lyrik hervorbrachte, die in jeder Beziehung, auch hinsichtlich ihrer formalen Modernität, auf der Höhe der Zeit und ihr voraus war. *Bertolt Brecht* und viele andere wären entsprechend im deutschen Sprachgebiet zu nennen. Offensichtlich kommt es darauf an, welche politische Ideologie in die Kunstproduktion eingeht, wie das Gedankengut beschaffen ist, das die Autoren zu Hervorbringungen mit bestimmten Inhalten und Tendenzen veranlaßt, und in welchem Zustand sich ihnen die Welt darbietet, von der sie in ihren Werken handeln. Die Stimmung, mit der schon die frühe realsozialistische Belletristik aufgeladen ist, hat eine bestimmte Färbung. Sie ist vag unfroh, ältlich, pessimistisch. Schlüsselwörter aus den erwähnten Texten sind: „traurig", „sinnlos", „verzweifelt". Charakteristisch dafür ist der umfangreiche Betriebstext „Spur der Steine", in dem eine ökonomistische Notstandsdiktatur des betrieblichen Parteisekretärs damit endet, daß alle wichtigen positiven Figuren ruiniert sind, eingeschlossen der Parteisekretär selbst. In *Heiner Müller*s Dramatisierung des Romans („Der Bau", 1965), die ebenso wie der Film nach dem Roman in der DDR verboten wurde, wird in einem Karusselltanz von Stein und Beton die lastende Atmosphäre von Unmenschlichkeit und Ausgeliefertsein noch bedrohlicher.

3.3 Neue kritische Literatur

Die konforme Literatur konserviert die genannten Topikelemente, aber gleichzeitig entwickelt sich seit Ende der sechziger Jahre in der DDR eine kritische Literatur, für die insbesondere Namen wie *Christa Wolf* („Nachdenken über Christa T.", 1968; „Kindheitsmuster", 1976), *Günter Kunert* (Gedichte und Kurzprosa seit den sechziger Jahren), *Jurek Becker* („Jakob der Lügner", 1968; „Irreführung der Behörden",

1973; „Schlaflose Tage", 1978) und *Dorothea Kleine* („eintreffe heute", 1978) stehen können. Der große Eklat von 1976/77, mit dem der heute noch andauernde Auszug und die Vertreibung von Schriftstellern und anderen Kulturschaffenden aus der DDR begannen, rückte teils Autoren, die schon seit Jahren kritisch arbeiteten und – soweit es ihnen erlaubt wurde – veröffentlichten, jäh ins Rampenlicht, teils entstanden in dieser Zeit neue Werke von Schreibenden, die vorher Konformes publiziert hatten oder die weniger hervorgetreten waren: *Loest, Kunze, Biermann, Jakobs, Jentzsch, Heiduczek, Poche* und andere. Auch wichtige Debutanten gehörten zu ihnen, wie *Thomas Brasch, Jürgen Fuchs* und *Hans Joachim Schädlich*.
In den Arbeiten dieser Schriftsteller wurde die Topik, die sich mit dem Aufkommen der sowjetischen Tauwetterliteratur etabliert hatte, produktiv negiert. In den siebziger Jahren dominierte in der Literatur der DDR wie der Sowjetunion *authentische Kritik*, im Unterschied zu den fünfziger und sechziger Jahren[8]. Die neue Sicht des Bestehenden und die Ansätze, darüber hinaus zu gelangen, lassen sich etwa so umreißen.

(1) Die realsozialistische Parteiführung mit den erklärten Grundlinien ihrer Politik steht nicht mehr im Zentrum der Darstellung. Sie wird im Gegenteil ausgeklammert, durch Schweigen negiert. Die *Auswirkungen ihrer Politik* dagegen sind hauptsächlicher Gegenstand der Literatur, vornehmlich als Erscheinungen des Alltagslebens kleiner Leute, nicht der Eliten.

(2) Der Grundwiderspruch des vorgefundenen Weltzustandes, den die Autoren wahrnehmen, verändert sich wesentlich. Es dominiert nicht mehr die partei-ideologische Entgegensetzung „gute Lenin-Zeit – böse Zeit des Dogmatismus und der Entstellungen", sondern die Kritik richtet sich in erster Linie gegen die realsozialistische *Gegenwart*, die nach dem Parteischema gerade eine Wiederherstellung der guten Frühzeit in sich schließen sollte. Die kritische Literatur zeigt die Gegenwart vielmehr als Verneinung und Auslöschen der frühen Erwartungen und hoffnungsvollen Ansätze der einstigen neuen Gesellschaft.
Dabei tritt eine Analogisierung der realsozialistischen Gegenwart mit schlimmsten Erscheinungen jüngerer Vergangenheit hervor, mit dem nationalsozialistischen Faschismus. Erfahrungen zeigen, daß diese Zusammenhänge stark meinungsbelastet sind und im Diskurs von Politikwissenschaft und Realsozialismus-Forschung leicht mißverstanden werden können. Deshalb sei die hier vertretene Auffassung verdeutlicht.
Eine Gleichsetzung von Faschismus und Kommunismus, das heißt in unserem Kontext des frühen und aufsteigenden Sowjetsozialismus bis zu dem realsozialistischen Entwicklungsbruch, ist nach heutigem weitgehenden Konsens wissenschaftlich unhaltbar. Innerhalb des Fachs wurde sie schon von *Peter C. Ludz* (1961, 1961a, 1964) abgelehnt, der die in sich fragwürdige Totalitarismustheorie zurecht mit einem Absolutsetzen westlicher politischer Systeme, zumal dem der USA, in Verbindung brachte. Freilich stand die Umkonzipierung des Gegenstandes der „Kommunismus"forschung weg von der Totalitarismusdoktrin zu anderen Modellen – bei *Ludz*: „kon-

sultativer Autoritarismus" – mit eben dem Mitte der fünfziger Jahre einsetzenden realsozialistischen Entwicklungsbruch in engem Zusammenhang, der gemäß den oben angesprochenen Mustern grundsätzlich positiv perzipiert wurde. Eine eigentümliche, aber letztlich nicht so schwer nachzuvollziehende Realdialektik bringt es nun mit sich, daß der Realsozialismus als, wie inzwischen sehr deutlich geworden ist, Niedergangsphase des einstigen Sowjetsozialismus in eine Analogie zum Faschismus tritt, welche der früheren Phase im Rahmen des Totalitarismuskonzepts nur fälschlich beigelegt wurde. In der Literatur jedenfalls, von der die Rede ist, wird diese Analogie schmerzhaft wahrgenommen.

Günter Kunert sprach vom „Ende einer Epoche von Sozialismus" (Interview; Süddeutsche Zeitung, München, 23.3.1979: 35). Bei ihm wird ein zentraler Topos der realsozialistischen Selbstdarstellung verworfen, der nämlich, daß sich dieses System – als sozialistisches – von seinem westlichen Pendant grundsätzlich unterscheide und nicht nur eine, sondern *die* Alternative zu ihm darstelle. *Kunert*s Schreiben bis in die achtziger Jahre weist immer wieder auf das Gegenteil, auf die grundsätzliche Identität beider – in soziologisch-politologischer Terminologie: industriegesellschaftlicher – Systeme mit ihrem entfremdeten, widermenschlichen Technizismus und der immanenten Gefahr von faschistischem Terror und Massenmord. Grundmuster realsozialistischer Kulturperzeption und -politik werden direkt als faschismusnahe gekennzeichnet (*Kunert* 1975: 1093). Bei *Christa Wolf* („Kindheitsmuster", 1976/1977) erscheint die Gegenwart der realsozialistischen DDR als vielfältige Reproduktion der eingeprägten Erfahrungen, die ein Kind und junges Mädchen im alltäglichen Erleben des Nationalsozialismus machen mußte.

Eine der offensten Gleichsetzungen von Realsozialismus und Nationalsozialismus stammt von einem Bejaher. Sie erscheint im Kontext einer literarischen Verteidigung der Militäraktion von Warschauer-Pakt-Staaten gegen die ČSSR 1968. Autor war *Max Walter Schulz* („Triptychon mit sieben Brücken", 1974), der, was Talentiertheit und literarische Produktivität angeht, *Bruno Apitz* an die Seite zu stellen ist. Er unterscheidet sich jedoch von dem eher stillen und im politischen Literaturbetrieb nicht sonderlich hervorgetretenen *Apitz* dadurch, daß seine Aktivitäten, auch seine Hauptstärke, auf literaturorganisatorischem Gebiet liegen. Er diente und dient der bestehenden Ordnung unmittelbar institutionell, lange Jahre als Direktor des Leipziger Literaturinstituts, der staatlichen Ausbildungsstätte für Schriftstellernachwuchs; danach als Chefredakteur der Zeitschrift „Sinn und Form". Sein Text von 1974 ist eine in viel mißlichen Wust eingesponnene Apologie des realsozialistischen Gewaltaktes gegen die Tschechoslowakei, zugleich eine der unverhohlensten Darstellungen parteigemäßer Leitungs- und Leistungsideologie, in der Manier vielfach nicht anders zu kennzeichnen denn als faschistoid (vgl. *Rossade* 1982: 560–616; s.a. *Hanke* 1987: 202; 374, Anm. 45). In der zynischen Vorführung realsozialistischer Gegebenheiten, in der wie in der Parteiideologie die Frage der Macht und des Machterhalts unverhüllt im Vordergrund steht, kommt auch, wenngleich einer negativen Figur in den Mund gelegt, das Parallelsetzen der Aktion von 1968 mit der Besetzung der Tschechoslowakei durch die deutsche NS-Wehrmacht drei Jahrzehnte früher vor (siehe *Rossade* 1982: 613–616).

(3) Der Roman von *Schulz* fällt aus der Hauptrichtung der Literatur in DDR und UdSSR während der siebziger Jahre heraus. Er gehört zu den weder besonders zahlreichen noch gar literarisch bemerkenswerten Texten, die noch in dieser Periode eine – in sich durchaus gebrochene – Affirmation des Bestehenden und der realsozialistischen Parteiherrschaft versuchen[9]. Die große Mehrzahl der irgend relevanten Bücher – wie auch Theaterstücke, Filme, Fernseharbeiten – übt Kritik am Bestehenden, in einer zunehmend an die Fundamente gehenden und den realen „Sozialismus" realistisch zeigenden Weise. Die verzweifelte Grundstimmung, die seit Mitte der fünfziger Jahre hervortrat, modifiziert sich charakteristisch. Sie verliert weitgehend das Weinerliche, Quatschliche[10], Substanzlose. Auch und gerade in ihrer Kraßheit weist sie durch die Radikalität der Verneinung des Vorgefundenen, Unhaltbaren über dieses hinaus, statt es indirekt-apologetisch zu zementieren. Schonungslose Abrechnungen dieser Art waren die Romane „Tod am Meer" von *Werner Heiduczek* (1977) und „Atemnot" von *Klaus Poche* (1978). *Karl-Heinz Jakobs*' Roman „Wilhelmsburg" (1979) zeigte in finsterer Realistik die Kontinuität des deutschen Elends vom Wilhelminismus über den Nationalsozialismus bis zur realsozialistischen DDR. Die Öde des Alltags unter unwirtlichen Verhältnissen und in kleinbürgerlicher Normierung vergegenwärtigte *Erich Loest* mit „Es geht seinen Gang oder Mühen in unserer Ebene" (1978). Der Text handelt nicht schlechthin von grauem Mittelmaß und abstumpfender Routine, sondern diese spezifische Alltäglichkeit resultiert aus dem *Pseudo* des Realsozialismus (vgl. *Christa Wolf* 1977: 261), das der unaufgelöste Gegensatz zwischen fordernder, von schönender Selbstdarstellung begleiteter offizieller Politik und tristen Realitäten hervorbringt.

(4) Die kritische Literatur überwindet den realsozialistischen *Sprachverlust*. In sehr unterschiedlichen Ausprägungen gewinnen die Autoren wieder das künstlerische Wort. Damit verbunden ist der Zugang zu modernen Schreibweisen, die um so weniger „aufgesetzt" erscheinen, je stärker sie sich mit neuen Inhalten organisch verbinden. *Christa Wolf* gibt dafür ein Beispiel[11].

(5) Radikal verworfen wird von Autorinnen, auch von Autoren, das traditionalistische Frauenbild, das sich in der realsozialistischen Belletristik ausbreitete. Aus der Randposition herablassend gehegter und geführter Hilfswilliger und Daseinsverschönerinnen für die dominierenden Männer treten in nicht wenigen Texten Frauen in den Mittelpunkt, am vielschichtigsten dargestellt wiederum bei *Christa Wolf* („Nachdenken über Christa T."; „Kindheitsmuster").

(6) Nicht zufällig verbindet sich die humanisierte Sicht der Frau auch mit neuartiger Klarheit von Widerstand, wie in *Dorothea Kleine*s Roman „eintreffe heute" (1978). Darin gelangt eine willentliche Absteigerin aus bester Kommunistenfamilie (vgl. dazu *Hermlin* 1988: 1353) zu den Proletariern von heute und verwirft nachdrücklich die neue herrschende Klasse mit den Verfahrensweisen ihrer Machtausübung. In diesem Text verschmelzen wesentliche Entwicklungsstränge einer neuen Topik, mit der die kritische Literatur der siebziger Jahre den realsozialistischen Musterkatalog aufhebt:

Aus- und bewußte *Absteiger* aus der Leitungshierarchie ersetzen als Zentralfiguren die Manager und verschrobenen Neuerer; die tatsächliche Arbeitswelt mit ihrer Last schwerster körperlicher Arbeit gerade für Frauen und Jugendliche wird gezeigt; der oberflächliche Technizismus schwindet ebenso, wie an die Stelle des in sich hohlen Anthropologismus authentische Menschlichkeit tritt und nüchternes Denken den Irrationalismus und qualligen Gefühlsschwulst zu verdrängen beginnt[12]. Produktive Negation des Realsozialismus auf seinen einstmals eigenen, jetzt verlassenen Grundlagen ist ein neues Verhältnis zwischen Arbeitern und Intellektuellen/Leitern. Der Paradigmenwechsel ist festzustellen, daß sich Intelligenzangehörige von Vorgesetzten zu dienenden Gehilfen der Arbeiter wandeln. Die Zentralfigur bei *Dorothea Kleine*, zunächst eine naiv gläubige FDJ-Funktionärin mit stolzer Parteikarriere vor sich, verläßt den korrupten Herrschaftsapparat, geht in die Produktion und kämpft schließlich an der Seite von Betriebsarbeiterinnen für elementare Frauenrechte. In *Jurek Becker*s Roman „Schlaflose Tage" wird ein Lehrer, der der realsozialistischen Dressuranstalt Schule gezwungenermaßen den Rücken kehrt, Beifahrer eines jungen Arbeiters, der – eindringliche Metapher – Brot in die Läden bringt. Bei *Kleine* entwickelt sich energischer Widerstand der Unteren bis zu einem Modell von Partisanenkampf (vgl. *Kleine* 1978: 177/78; s. a. *Rossade* 1982: 788).

Solche Darstellung bleibt nicht vereinzelt. *Kunert* (1975: 1092) bezog sich auf den Rebellen Michael Kohlhaas als einen Menschen, „der, um sein Recht zu erhalten, zur Gegengewalt greift, Repression mit Repressalien beantwortet". Ein Emblem von Widerstand, eine – zum Niederlegen des Hindernisses, das zwei Liebende voneinander trennt – erhobene Axt blinkte in *Plenzdorf*s Film „Paul und Paula" auf, woran *Reiner Kunze* (1976: 69) erinnert hat. Bei *Jurek Becker* (1978: 156) steht ein Satz, der das alte Paradigma von richtend thronender, herrschender Partei und stets irgendwie schuldig gewordenem Untertanen umdreht: „Übrigens bin ich nur noch kurze Zeit bereit, die Entschuldigung derjenigen anzunehmen, die für meine Entlassung verantwortlich sind", das heißt der maßregelnden Funktionsträger im Herrschaftsapparat. „Wie können Sie hoffen, ich entschuldigte mich für ein Unrecht, das man mir zugefügt hat." Im Kontext wird klar, „daß eine Zeit der Nichtübereinstimmung beginnt, genauer: der offenen Nichtübereinstimmung. Eine Zeit kleiner oder großer Kämpfe, das wird sich zeigen (...)" (*Becker* 1978: 27).

4. *Probleme der achtziger Jahre*

In den achtziger Jahren hat sich die Entwicklung der siebziger Jahre fortgesetzt. Literatur wird als politische Institution von der herrschenden Macht zu benutzen versucht, und sie ist nach wie vor, im wesentlichen spontan, Ausdruck von Kritik am Bestehenden. Zehrendes Arbeitsleben als Folge von rückständiger Technik, mangelhafter Organisation und unfähiger Leitung; Umweltzerstörung, die weitergeht, obwohl das Problem inzwischen wenigstens nicht mehr offiziell ignoriert wird; die offene Frage echter Gleichstellung der Geschlechter; Wissenschaft und Technik im Prozeß eines unbewältigten, lediglich industriellen Fortschritts – dies bleibt Thematik der Literatur

(s. a. *Helwig* (Hg.) 1986; *Thomas* 1988: 600–608). Die schweren Zusammenstöße zwischen Partei-Administration und Schriftstellern in der zweiten Hälfte der siebziger Jahre brachten damals viele Autoren zu offenem Protest gegen Maßregelung, Unterdrückung und Ausbürgerung. Das zog neuerliche Repressionen nach sich und führte zu zahlreichen Vertreibungen aus der DDR. Solche Eklats haben sich in den achtziger Jahren nicht wiederholt, aber die – öfters auch in Verfolgungen realisierte – Gefahr besteht weiter, für alle und alles, was sich selbst auf den gegenwärtigen Rückzugslinien der politischen Führung nicht integrativ einbiegen läßt.

Manche Kritiker scheinen ermattet, gerade einige von denen, die in den siebziger Jahren am klarsten aussprachen, was zu sagen war und ist. *Günter Kunert* hat wohl mit seiner Absage an *Brecht*, den Lehrmeister seiner Anfänge, mehr aufgegeben als nur Prägungen einer Etappe persönlichen Werdens („Vor der Sintflut", 1985). *Christa Wolf* ließ einem Text, der die Reihe ihrer hier genannten fundamental kritischen Arbeiten fortsetzt, zwei schwächere folgen. Konkret gesellschaftliche und politische Mißstände will sie – eine Konzession an verbreitete falsche Darstellungsmuster – in ein Verschulden „der" Wissenschaft und der Wissenschaftler auflösen, und das in einem Fall wie dem GAU in Tschernobyl („Störfall", 1987; vgl. *Grunenberg* 1987: 10–11). Teilweise gilt das Nachlassen auch für eine zu idyllisch wirkende neue Erzählung („Sommerstück", 1989), doch gibt die Autorin selbst auch eine keineswegs matte oder konformistische Begründung für (zeitweilige) Isolierung im Familien- und Freundeskreis: „Wir wollten zusammen sein. Manche Tiere haben diese Witterung, lange ehe man sie zur Schlachtbank führt."

Keineswegs ist ein allgemeiner Rückzug kritischer Relevanz festzustellen. Von den inzwischen Älteren gibt *Stefan Heym* ein Beispiel. In seinen siebziger Lebensjahren hat er nicht nur ein bedeutendes literarisches Werk vorzuweisen, er hat sich auch, wie er selbst dokumentiert („Nachruf", 1988), vom einstigen halbherzigen Bejaher zum in Jahrzehnten konsequent weitergehenden substantiellen Kritiker gewandelt. Freilich fehlt seiner Sicht ein alternatives Fundament.

Das scheint die ganz generelle Schwäche von Literatur als Stimme von Nichtkonformismus zu sein, in der DDR wie in den anderen realsozialistischen Ländern. Ein Ausdruck davon ist, daß zumal bei den Jüngeren die Krisenstimmung teilweise in eine Topik zurückführt, die aus den fünfziger und sechziger Jahren stammt. Dabei ist eine *Gewöhnung an das Unbehaustsein* eingetreten, woran indes zwei Seiten auffallen. Einerseits tendiert diese Stimmung dazu, in sich selbst Genüge zu finden, wie bei *Christoph Hein* (u. a. „Der fremde Freund", 1982, „Drachenblut", 1983). Andererseits wird bei jungen Autoren das, was inzwischen Ältere sich seinerzeit gleichsam zitternd erringen mußten, zu einer fraglosen Direktheit und Deutlichkeit im Vorzeigen von Unzumutbarem[13]. Doch findet auch der scheinbar weglose Ausdruck von Einsamkeit und Verlassenheit seine Rechtfertigung in gesellschaftlichen Realitäten, wenn in der Etappe unter *Erich Honecker* in der DDR die zwischenmenschlichen Beziehungen – entgegen verbreiteten, auch bei Ausgereisten anzutreffenden Meinungen über eine gegenüber dem kalten westlichen Deutschland wenigstens privat freundlichere DDR – an Qualität eingebüßt haben und weiter einbüßen (vgl. *Belwe* 1988).

Wahrscheinlich wirkt sich bei alledem eines aus. Die Autoren können kaum damit umgehen, daß die realsozialistische DDR auf ihrem Wege zur *Angleichung an die westliche Industriegesellschaft* schon vor einiger Zeit bis zu offenem Vorbildsetzen der Bourgeoisie gelangt ist (vgl. *Koch* u.a. 1982: 324–326; s.a. *Rossade* 1986). Die Führung der SED hat einen Zeitverzug gegenüber der sowjetischen Führung, was spektakuläre Inszenierungen und augenscheinliche Modifikationen der politischen Herrschaftsweise betrifft. Doch in der Orientierung auf den einstigen Klassenfeind als beispielhaftes Leitbild, die in den achtziger Jahren schrittweise, aber ganz stetig vorangetrieben wurde, haben sie von *Gorbačev* und seiner Gruppe kaum etwas zu lernen; in mancher Beziehung vielleicht sogar umgekehrt.

Diesem Wandel könnte die Literatur in der und aus der DDR nur dann etwas an die Seite stellen oder auch entgegensetzen, wenn sie die alternativen Konzeptionen hätte, die ihr weitgehend mangeln. Bei ihrem Zustand insgesamt ermöglicht ihr der Wandel nur, reibungsloser in internationaler Gegenwartsliteratur aufzugehen (vgl. *Grunenberg* 1987; *Erbe* 1988) und dabei Spezifisches zu verlieren, was nicht nur ein Vorteil ist. Die Entwicklungstendenz hebt jedoch nicht auf, daß erneut wesentliche Arbeiten von Schriftstellern entstehen, und sie bedeutet auch keine unentrinnbare Bahn für die Zukunft. Ansätze, aus denen Alternativkonzeptionen hervorgehen können, fehlen auch in den achtziger Jahren nicht, haben sich sogar in mancher Beziehung intensiviert.

(1) Die siebziger Jahre brachten nicht nur neue Stufen produktiver *Herrschafts- und Systemkritik*, viele Texte verblieben im Bereich von Konservierung des unbeweglicher werdenden Bestehenden. Das offizielle Abdrängen der Bevölkerung von den allgemeinen Anliegen in die private Sphäre schlägt sich auch in der Literatur nieder. In einer Untersuchung der Dimension politischer Erfahrung und von Typen politisch-gesellschaftlicher Aktivität, wie sie sich im Medium der Literatur spiegeln, erscheint die DDR als „unpolitische" Gesellschaft, in der eine als anonym empfundene Herrschaft Anpassungsvorgänge an eine Scheinwelt hervorbringt (*Hanke* 1987). Die sowjetische Literatur der Zeit übertrifft ihr ostdeutsches Pendant an Finsternis, aber wohl auch an latenter umwälzender Potenz. Nach *Oksana Bulgakowa* (1987: 103 ff.) weist sie eine Prägung auf, die wir eben auch an der DDR-Literatur festgestellt haben: ein Nihilismus, der sich daraus ergebe, daß die Ursachen unerträglicher Zustände nicht bei Namen genannt werden. Zugleich tritt eine Parallele zu der kritisch realistischen Literatur im vorrevolutionären Rußland des 19. und beginnenden 20. Jahrhunderts hervor, und die Herrschenden erscheinen analog zu den Repräsentanten des *Ancien régime* in Frankreich, die vor dem unterirdischen Grollen der herannahenden Revolution Augen und Ohren verschlossen (*Noll* 1985: 23, 72–76). Das Verkommen der herrschenden Macht zur bloßen Selbsterhaltung um der Ausübung von Macht willen ist literarisches Thema, in der DDR mit am eindringlichsten in nachgelassenen Erzählungen von *Franz Fühmann* („Das Ohr des Dionysios", 1985).

In der DDR insbesondere, aber nicht nur dort, haben die realsozialistische Macht und die von ihr geprägte Gesellschaft einen kleinbürgerlichen Anstrich. Realsozialistisches Biedermeier tritt hervor, kritisch gezeigt an den Herrschenden von *Günter de Bruyn* („Neue Herrlichkeit", 1984) und anderen Autoren, seit Jahrzehnten selbst praktiziert von einem Schriftsteller wie dem ehemaligen Journalisten *Hermann Kant*.

(2) Die kleinbürgerliche Außenseite bei wesentlich anderen Prägungen der sozioökonomischen Grundlage teilt die realsozialistische DDR-Gesellschaft mit früheren deutschen Ordnungen, dem Wilhelminismus und dem nationalsozialistischen *Faschismus*. Die DDR basiert auf einem staatsmonopolistischen Industrialismus, der sich tendenziell dem westlichen Kapitalismus annähert, ohne bisher dessen Produktivität erreicht zu haben und ohne die Vorzüge seines politischen Systems zu besitzen.

Zu der faschistischen Vergangenheit hat sich unlängst *Stephan Hermlin* (1988) wieder geäußert, der während der Eklats von 1976/77 eine wenig eindeutige Rolle gespielt hat und seitdem häufig als politischer Sprecher für die DDR aufgetreten ist. In einem Gespräch mit der FDJ-Zeitung „Junge Welt" unterstrich er, sicherlich begünstigt durch persönliches Betroffensein, daß das dem Realsozialismus schon aus seiner kommunistischen Vergangenheit überkommene Nichtanerkennen des Judentums als eigenständiger Ethnie falsch und schädlich ist – für die DDR immer noch eher ein Novum. Im übrigen vertrat er jedoch vehement die offizielle These, in der DDR sei die faschistische Vergangenheit längst bewältigt; dies versetzt mit Lobreden auf den amtierenden Partei- und Staatschef *Honecker* und eingeleitet mit der Forderung nach härteren Strafen für die in der DDR aufgetretenen rechtsradikalen Jugendlichen, die *Hermlin* schlechtweg als Faschisten qualifiziert, ohne nach gesellschaftlichen Zusammenhängen mit dem Ort ihres Auftretens zu fragen.

Eine ganz andere Wirklichkeit zeigt zum gleichen Thema *Jurek Becker* in seinem Roman „Bronsteins Kinder" (1986). Bei ihm greifen jüdische ehemalige KZ-Häftlinge in der DDR zu résistancehafter Selbsthilfe gegen einen früheren KZ-Aufseher und SS-Mann, weil sie die staatliche Justiz der DDR, deren beflissenen und pflichtgemäßen Antifaschismus sie durchaus kennen, nicht als ihre eigene Gerichtsbarkeit ansehen können in einer Gesellschaft, in der das faschistische Gestern gegenwärtig ist, gerade auch in den offiziellen Verfahrensweisen und Daseinsäußerungen. Das setzt, zugespitzt und illusionsloser, die Richtung fort, die in den siebziger Jahren mit *Christa Wolfs* „Kindheitsmustern" und anderen Literaturwerken eingeschlagen wurde.

(3) Zu der in den siebziger Jahren in den Vordergrund gerückten, in den achtziger Jahren unvermindert aktuellen und bearbeiteten Thematik der *Gleichstellung der Frau* kam der gewichtigste Beitrag von *Christa Wolf*, die über gegenwärtige Erscheinungsformen hinaus zu den jahrtausendealten Grundfiguren institutionalisierter sozialer Ungleichheit der Geschlechter und etablierter Männerherrschaft über Frauen vorstieß („Kassandra", 1983). Auch sonst hat sich die Behandlung dieses zentralen Problems vertieft, so bei *Irmtraud Morgner* („Amanda. Ein Hexenroman", 1983), die früher in ihren Texten auch Erzählgestrüpp brachte, für das unter anderem die Charakterisierung zutreffen mag, mit der *Thomas Mann* den – im übrigen höchst wichtigen – *Frank Wedekind* bedachte: Sexualzirkus.

Neben kritischer, mehr oder minder feministischer Literatur wird zu diesem Komplex auch anderes veröffentlicht, nicht nur von Männer-, sondern auch von Frauenseite. Nicht ganz untypisch für gegenwärtige Mentalitäts- und Bewußtseinslagen sind kulturwissenschaftliche Äußerungen, die die Befreiung der Frau zu einer allenfalls in ferner Zukunft annähernd realisierbaren Utopie erklären wollen, oder auch Erklärungen von schreibenden Frauen, die den offiziellen Topos reproduzieren, in der DDR befinde sich die Frau faktisch bereits in einer Position, die der des Mannes zumindest gleichkomme (vgl. *Dölling* 1986: 159–162; *Schubert* 1989: 83). Beide Argumentationslinien ergänzen sich als direkte und indirekte Apologetik.

(4) In der Sowjetunion wie in der DDR sind Fragen der *Wissenschaft, Technik und Umwelt* in den letzten Jahrzehnten zu einem Hauptgegenstand der Literatur geworden. Literarische Prosa hebt die offiziell lange geleugneten Umweltgefährdungen ins Bewußtsein und stellt einen aus den zwanziger und dreißiger Jahren überkommenen Wissenschafts- und Technikoptimismus in Frage, der inzwischen flach und schal geworden ist (vgl. *Bahro* 1986; *Förtsch* 1984). Neuerdings ist in der DDR eine Sammlung solcher Arbeiten herausgegeben worden, mit einiger Verzögerung wohl aus Gründen der zensierenden Literaturadministration („Windvogelviereck", 1987). Auch hinsichtlich der Wissenschaftskritik zeigen sich die bemerkten Schwächen, resultierend aus dem gegenwärtigen Zustand realsozialistisch institutionalisierter Literatur. So erscheinen Wissenschaft und Technik vor allem zerstörerisch, und zwar als solche, und Hoffnungen werden, wenn überhaupt, nur in wünschenswerte Moral und Ethik der Wissenschaftler gesetzt – statt an erster Stelle die *gesellschaftlichen* Implikationen, Mißbräuche und Verkrüppelungen von Wissenschaft und Technik zu zeigen, die auf diesem Feld mehr als auf anderen zugleich unmittelbar politische Prägungen tragen. Der Gesichtspunkt – der schon in einem früheren Text von *Christa Wolf* zumindest anklang –, daß für die katastrophalen Folgen gegenwärtiger Wissenschafts- und Technikanwendung ein unentwickelter Zustand beider mitverantwortlich ist – der durch ökonomische und politische Interessenlagen in West wie Ost konserviert wird – und daß es deshalb darauf ankäme, Wissenschaft und Technik weiterzuentwickeln bis zu einem dem Menschen gemäßen Niveau, statt sich an fruchtlosen Forderungen nach ihrem Abbau abzuarbeiten, – dieser Gesichtspunkt ist nicht zu finden[14]. Anzunehmen bleibt, daß die hervortretenden Orientierungen, an denen auch aktuelle Moden, vorwiegend aus dem Westen importierte, ihren nicht geringen Anteil haben, keineswegs das endgültig letzte Wort literarischer Befassung mit Wissenschaft, Technik und Umwelt darstellen werden.

5. *Entwicklungsperspektiven der Literatur im Realsozialismus als politische Institution*

Vor zehn Jahren gab es eine vielbeachtete Diskussion mit jungen Autoren im Leipziger Literaturinstitut, in der auch der kritische Satz eines Kollegen aus Polen zitiert wurde, Literatur sei in der DDR mit Fragen befaßt, die anderswo, zum Beispiel in Polen, in den Zeitungen erörtert würden (Weimarer Beiträge, 1979, H. 7: 18). Inzwischen ist da auch in der DDR ein Wandel im Gange, seit längerem, eher unauffällig, aber beständig. Die Presse der DDR hat sich verändert und verändert sich weiter, wie nicht zuletzt die Kulturzeitschriften zeigen. Jene Unterscheidung von 1979 müßte schon heute modifiziert werden. Dabei bringt der Wandel der publizistischen Medien zu mehr Offenheit, der in der DDR schon lange vor der forcierten sowjetischen „Glasnost"-Propaganda einsetzte, keineswegs *per se* ein Mehr an demokratischer Kritik, sondern ist – wie die sowjetische „Glasnost" – durchaus für systemkonforme Zwecke institutionalisiert (s. a. *Mallinckrodt* in: *Glaeßner* (Hg.) 1988: 653).

Trotzdem ergeben sich mit dieser Entwicklung auch Möglichkeiten für ein freieres Wort, und eben darum ist sie ebensowenig ein geradliniger Vorgang wie der politisch relevante Weg der Schriftsteller. Deshalb wird das, was noch nicht offen sagbar ist, wahrscheinlich noch eine ganze Zeit Reservat der Schriftsteller bleiben und insofern jene Unterscheidung von 1979 zumindest partiell ihre Gültigkeit behalten. Die eng mit Unsicherheit gepaarte, gänzlich defensive Haltung bestimmender Teile der Führungsgruppe der SED[15] läßt rasche Änderungen in diesem Bereich nicht erwarten.

Ungeachtet dessen läßt sich unschwer prognostizieren, daß auch in der DDR die Literatur ihre Rolle als *Ersatzöffentlichkeit* zunehmend weniger wird erfüllen müssen. Das verändert nur einen spezifisch unnormalen Zustand und nimmt der Literatur nichts von ihrem grundsätzlichen gesellschaftskritischen Auftrag, der von ihrer Existenz nicht zu trennen ist (vgl. *Schumann* 1988). Ebenso ändert sich nicht das besondere Gewicht, das der künstlerischen Literatur unter den Künsten und im Felde der Kultur überhaupt zukommt, in der DDR wie anderswo (s. a. *Jäger* 1982: I). Aus beiden Gegebenheiten, nicht so sehr aus der Funktion als Ersatzöffentlichkeit, resultiert auch die Relevanz von künstlerischer Literatur als Material für die sozialwissenschaftliche Analyse einer Gesellschaft, die heute zumindest im Bereich der Realsozialismus-Forschung kaum noch umstritten ist. Als gesellschaftliche Wirkungskraft wird diese Literatur wahrscheinlich auf Dauer aus Erfordernissen der Gesellschaftsentwicklung heraus, zeitweiliger Abschwächungen ungeachtet, die Aufgabe wahrnehmen, von der anläßlich des 60. Geburtstags von *Christa Wolf* in den „Weimarer Beiträgen" (1989, H. 3: 472) zu lesen war: Die Autorin sei uns seit ihrem „Nachdenken über Christa T." „immer ein Stück voraus gewesen. Der Künstler als Seismograph – auf sie trifft dieses Wort zu wie selten. Sie hat auf kritische Punkte gezeigt, die andere gar nicht sahen oder als winzigen Schönheitsfehler vernachlässigen zu können glaubten. Oder sie gar für eine Augentrübung hielten."

Anmerkungen

1 Zur Begründung politischer Institutionen durch den Marxismus vgl., in methodologischer Orientierung an Althusser, *Brokmeier-Lohfing* 1987.

2 Nicht ohne Interesse ist, daß gerade solche Darstellungen von DDR-Seite positiv vermerkt wurden (vgl. Geschichte 1976: 783; 830, Anm. 8; ferner *Rönisch* in: Weimarer Beiträge, 1977, H. 5: 121 ff.).

3 Einzelne Einschätzungen darin sind weniger befriedigend, z. B. zu *Apitz*, wo *Emmerich* der apologetischen DDR-Darstellung nahesteht (1987: 90–91; vgl. *Geerdts* (Hg.) 1972: 71–72).

4 Kritisch zur DDR-Entwicklung stehen insbesondere *Staadt* 1977; *Bock* 1980; *Schlenker* 1977.

5 Vgl. dazu *Anweiler/Ruffmann* (Hg.) 1973: 232–242; Dokumente 1972: 1065–1194 (zum 11. Plenum des ZK der SED im Dezember 1965).

6 Bei *Neutsch* wird der „gute" Parteisekretär durch einen „Dogmatiker" zweiter Ordnung zur Strecke gebracht, dessen Habitus der Formierungsperiode des Realsozialismus unter der Breshnew-Führung entspricht.

7 Zu „Spur der Steine" bemerkte der Autor *Neutsch* selbst nach fünfzehn Jahren, er möchte es nun „um vielleicht zweihundert Seiten kürzer oder dichter schreiben" (Sonntag, 1979, Nr. 46: 6).

8 *Irma Hanke* (1987: 24) hat wohl nicht recht, wenn sie meint, der Unterschied resultiere nur aus der Sicht des Betrachters. Tatsächlich unterscheiden sich die politisch relevanten Texte aus den beiden Perioden deutlich in ihrer kritischen Substanz.

9 Wie topische Stereotype der sechziger Jahre sich später überleben, läßt sich etwa an der Reihe „Ankunft im Alltag" – „Spur der Steine" – „Kippenberg" von *Dieter Noll* (1979) zeigen. Der letztgenannte Roman ist nur noch ein schwacher Aufguß der inzwischen gänzlich überholten Motivik. Auch ein literarisch mißglückter Roman von *Stefan Heym* („Collin", 1979) wäre zu nennen.

10 Diesen Ausdruck verwendet *Hegel* (Bd. 13: 316) gegen eine deutsche Spielart von romantischer Ironie.

11 *Thomas Brasch* sagte zu dem überwundenen Sprachverlust: „Wir waren schon in der Schule in der Situation, ständig ideologisierte Sprachformeln zu wiederholen. Daraus ergibt sich zuerst ein Unwillen und später bei einigen das Bedürfnis, dieser offiziellen Kultur von Sprachlosigkeit eine andere entgegenzusetzen, die mit dem wirklichen Leben zu tun hat, aber gleichzeitig nicht schlampig ist wie die ebenfalls heruntergekommene Alltagssprache." (zit. in: Deutschland Archiv, 1977, H. 3: 308)

12 *Kleine*s Roman enthält schon im Titel eine Widerlegung der vermeintlichen „Ankunft im Alltag", für die es nur einen partei-ideologisch zugerichteten Alltag gab, der wirkliche Nachdruck aber auf dem Ankommen als *Arrivieren* lag, dem Gegenteil von Aus- und Absteigen. Vgl. *Kleine* (1978: 45) über einen typischen Parteibeamten: „Er ist eingefroren auf einem Sessel, er ist angekommen und fertig mit sich, er hat die höchste Stufe der Vollkommenheit erreicht (...) und auf jede Frage eine Antwort."

13 Als Beispiel nenne ich den kurzen Text „Fahrtprotokoll" von *Matthias Biskupek* (in: *Heidtmann* (Hg.) 1984: 132–133), worin die physische Erledigung eines Mitbürgers in der fahrenden Straßenbahn durch Vertreter der Staatsgewalt beschrieben wird.

14 Der Band zeigt u. a. auch Elemente der in den sechziger Jahren herrschenden Manier, in mehr oder minder verschrobener Weise mit lexikalischem Wissen zu prunken, ohne daß darin eine kritische Absicht erkennbar wird. Dazu gehört auch der ausgefallene Titel; ein Windvogelviereck ist in mathematischer Sprache eine aus zwei Dreiecken unregelmäßig kombinierte geometrische Figur, ähnlich einer „Schwalbe", wie sie Kinder aus Papier falten.

15 Ein anschauliches Beispiel dafür gibt die Polemik des stellvertretenden Kulturministers der DDR, *Höpcke*, gegen einen Reisebericht von russischer Seite in der Moskauer „*Literaturnaja gaseta*" (dokumentiert in: Deutschland Archiv, 1988, H. 12: 1340–1350). Der russische Verfasser, *Leonid Potschiwalow*, hatte nach einer Reise durch DDR und BRD unsystematische Eindrücke über die Deutschen und die Russen mit Rückblicken auf die Kriegszeit wiedergegeben, die weder „vollständig" noch von subjektiven Impressionen und Meinungen gereinigt sind, trotzdem aber mehr „Wahrheit" enthalten als *Höpcke*s schulmeisterlich trockene, leblose, leerformelhafte Berichtigung, die lediglich altbekannte Thesen wiederholt. Schwunglos und wie ihrer selbst überdrüssig verschenken die Sätze jegliche Möglichkeit, gegen das anzugehen, was in einem von „Perestrojka"-Ideologie geprägten Text tatsächlich widerlegungswürdig ist.

Literaturverzeichnis

Akten des VII. Internationalen Germanisten-Kongresses. Göttingen 1985, Bd. 10: Vier deutsche Literaturen?, 1986

Anweiler, Oskar/Ruffmann, Karl Heinz (Hg.), 1973: Kulturpolitik der Sowjetunion, Stuttgart

Bahro, Gundula, 1986: Umwelt- und Tierschutz in der modernen russischen Literatur, Berlin

Becker, Jurek, 1978: Schlaflose Tage. Roman, Frankfurt a. M.

Belwe, Katharina, 1988: Zwischenmenschliche Entfremdung in der DDR. Wachsender materieller Wohlstand versus Verlust an sozialen Kontakten, in: *Gert-Joachim Glaeßner* (Hrsg.), Die DDR in der Ära Honecker, 499–513

von Beyme, Klaus, 1987: Institutionentheorie in der neueren Politikwissenschaft, in: *Gerhard Göhler* (Hrsg.), Grundfragen der Theorie politischer Institutionen, Opladen

Bock, Stephan, 1980: Literatur, Gesellschaft, Nation. Materielle und ideelle Rahmenbedingungen der frühen DDR-Literatur (1949–1956), Stuttgart

Brettschneider, Werner, 1974: Zwischen literarischer Autonomie und Staatsdienst. Die Literatur in der DDR. 2., verbesserte und ergänzte Auflage, Berlin

Brokmeier-Lohfing, Peter, 1987: Kann der Marxismus Institutionen begründen?, in: *Gerhard Göhler* (Hrsg.), Grundfragen der Theorie politischer Institutionen, Opladen

Bulgakowa, Oksana, 1987: Dramatik im Übergang, in: Sinn und Form, Berlin, 39. Jg., H. 1, 96–108

Dahm, Helmut, 1969: Meuterei auf den Knien. Die Krise des marxistischen Welt- und Menschenbildes, Olten – Freiburg i. Br.

Diersch, Manfred/Hartinger, Walfried (Hrsg.), 1976: Literatur und Geschichtsbewußtsein. Entwicklungstendenzen der DDR-Literatur in den sechziger und siebziger Jahren, Berlin – Weimar

Dokumente zur Kunst-, Literatur- und Kulturpolitik der SED, hrsg. von *Elimar Schubbe*, Stuttgart 1972

Dölling, Irene, 1986: Individuum und Kultur. Ein Beitrag zur Diskussion, Berlin

Ehrenburg, Ilja, 1953: O rabote pisatelja, Moskau (dt.: Über die Arbeit des Schriftstellers, Berlin 1954)

Ehrenburg, Ilja, 1956: Ottepel. Povest v dvuch častjach, Moskau (dt.: Tauwetter. Roman, Berlin 1957)

Emmerich, Wolfgang, 1981: Kleine Literaturgeschichte der DDR, Darmstadt – Neuwied (4. Auflage, 1987)

Erbe, Günter, 1988: Geschmack an der „Dekadenz". Wandlungen im literarischen und kulturellen Traditionsverständnis, in: *Gert-Joachim Glaeßner* (Hrsg.), Die DDR in der Ära Honecker, 656–673

Förtsch, Eckart, 1984: Literatur als Wissenschaftskritik, in: Lebensbedingungen (...). Siebzehnte Tagung zum Stand der DDR-Forschung in der Bundesrepublik Deutschland, Köln

Franke, Konrad, 1974: Die Literatur der Deutschen Demokratischen Republik. Neubearbeitete Ausgabe mit drei einführenden Essays von Heinrich Vormweg, Zürich – München

Geerdts, Hans Jürgen (Hrsg.), 1972: Literatur der DDR in Einzeldarstellungen, Stuttgart

Geschichte der Literatur der Deutschen Demokratischen Republik, von einem Autorenkollektiv unter Leitung von *Horst Haase* und *Hans Jürgen Geerdts*, Berlin 1976

Glaeßner, Gert-Joachim (Hrsg.), 1988: Die DDR in der Ära Honecker. Politik – Kultur – Gesellschaft, Opladen

Göhler, Gerhard (Hrsg.), 1987: Grundfragen der Theorie politischer Institutionen. Forschungsstand – Probleme – Perspektiven, Opladen

Göhler, Gerhard, 1988: Soziale Institutionen – politische Institutionen. Das Problem der Institutionentheorie in der neueren deutschen Politikwissenschaft, in: *Wolfgang Luthardt/Arno Waschkuhn* (Hrsg.), Politik und Repräsentation. Beiträge zur Theorie und zum Wandel politischer und sozialer Institutionen, Marburg

Grunenberg, Antonia, 1987: Entgrenzung und Selbstbeschränkung. Zur Literatur der DDR in den achtziger Jahren, in: Aus Politik und Zeitgeschichte, Bonn, B 40–41, 3–14

Günther, Hans, 1984: Die Verstaatlichung der Literatur. Entstehung und Funktionsweise des sozialistisch-realistischen Kanons in der sowjetischen Literatur der 30er Jahre, Stuttgart

Hanke, Irma, 1987: Alltag und Politik. Zur politischen Kultur einer unpolitischen Gesellschaft. Eine Untersuchung zur erzählenden Gegenwartsliteratur der DDR in den 70er Jahren, Opladen

Hegel, Georg Wilhelm Friedrich: Werke, 20 Bände und Registerband, Frankfurt a.M. 1974 ff. (Theorie Werkausgabe Suhrkamp)

Heidtmann, Horst (Hrsg.), 1984: Von einem Tag zum andern mit einer Zukunft rechnen. Texte aus der DDR, Frankfurt a. M.

Heller, Heinz B., 1984: Literatur als Institution in der Bundesrepublik, in: Tendenzen der deutschen Gegenwartsliteratur, hrsg. von *Thomas Koebner*, 2., neuverfaßte Auflage, Stuttgart, 446–499

Helwig, Gisela (Hrsg.), 1986: Die DDR-Gesellschaft im Spiegel ihrer Literatur, Köln

Hermlin, Stephan, 1988: Vergangenheitsbewältigung. Stephan Hermlin im Gespräch mit der FDJ-Zeitung „Junge Welt", dok. in: Deutschland Archiv, Köln, 21. Jg., H. 12, 1350–1356, nach: Junge Welt, Berlin, 16.9.

Hohendahl, Peter Uwe/Herminghouse, Patricia (Hrsg.), 1976: Literatur und Literaturtheorie in der DDR, Frankfurt a. M.

Hohendahl, Peter Uwe/Herminghouse, Patricia (Hrsg.), 1983: Literatur der DDR in den 70er Jahren, Frankfurt a. M.

Holthusen, Johannes, 1978: Russische Literatur im 20. Jahrhundert, München

Jäger, Manfred, 1973: Sozialliteraten. Funktion und Selbstverständnis der Schriftsteller in der DDR, Düsseldorf

Jäger, Manfred, 1982: Kultur und Politik in der DDR. Ein historischer Abriß, Köln

Kleine, Dorothea, 1978: eintreffe heute. Roman, Rostock

Klunker, Heinz, 1975: Zeitstücke und Zeitgenossen. Gegenwartstheater in der DDR, München

Koch, Hans u. a., 1982: Zur Theorie der sozialistischen Kultur, Berlin

Köhler-Hausmann, Reinhild, 1984: Literaturbetrieb in der DDR. Schriftsteller und Literaturinstanzen, Stuttgart

Kunert, Günter, 1975: Pamphlet für K., in: Sinn und Form, 27. Jg., H. 5

Kunze, Reiner, 1976: Die wunderbaren Jahre. Prosa, Frankfurt a. M.

Laschen, Gregor, 1971: Lyrik in der DDR. Anmerkungen zur Sprachverfassung des modernen Gedichts, Frankfurt a. M.

Ludz, Peter Christian, 1961: Offene Fragen in der Totalitarismusforschung, in: *Bruno Seidel/Siegfried Jenker* (Hrsg.), Wege der Totalitarismusforschung, Darmstadt 1968, 466–512

Ludz, Peter Christian, 1961a: Totalitarismus oder Totalität, in: Soziale Welt, Jg. 12, 129–145

Ludz, Peter Christian, 1964: Entwurf einer soziologischen Theorie totalitär verfaßter Gesellschaft, in: *Seidel/Jenker* (Hrsg.) 1968, 532–599

Noll, Hans, 1985: Der Abschied. Journal meiner Ausreise aus der DDR, Hamburg

Rossade, Werner, 1977: Grundzüge gegenwärtiger Kulturpolitik der SED, in: Deutschland Archiv, Sonderheft

Rossade, Werner, 1982: Literatur im Systemwandel. Zur ideologiekritischen Analyse künstlerischer Literatur aus der DDR, Bern – Frankfurt a. M.

Rossade, Werner, 1986: Paradigmenwechsel in der Kulturwissenschaft der DDR, in: Tradition und Fortschritt in der DDR. Neunzehnte Tagung zum Stand der DDR-Forschung in der Bundesrepublik Deutschland, Köln

Rytlewski, Ralf, 1986: Die DDR – eine planwirtschaftliche „Mittelstandsgesellschaft" zwischen Blockintegration und Nationalstaatlichkeit, in: *Wilfried Röhrich* (Hrsg.), Gesellschaftssysteme der Gegenwart. Politökonomische Systemanalysen im internationalen Kontext, Opladen, 114–137

Schlenker, Wolfram, 1977: Das „Kulturelle Erbe" in der DDR. Gesellschaftliche Entwicklung und Kulturpolitik 1945–1965, Stuttgart

Schmitt, Hans-Jürgen, 1983: Literaturbetrieb als Staatsmonopol, in: Die Literatur der DDR, hrsg. von *Hans-Jürgen Schmitt*, München, 45–77

Schmitt, Hans-Jürgen/Schramm, Godehard (Hrsg.), 1974: Sozialistische Realismuskonzeptionen. Dokumente zum 1. Allunionskongreß der Sowjetschriftsteller (1934), Frankfurt a. M.

Schubert, Helga, 1989: „das ganz alltägliche Leben". Interview, in: Deutschland Archiv, 22. Jg., H. 1, 77–85

Schumann, Hans-Gerd, 1988: Literatur und Politik, Randbemerkungen zu unausrottbaren Vorurteilen, in: Politicum, Graz, Sondernummer 38a, Juni, 73–76

Slonim, Marc, 1972: Die Sowjetliteratur. Eine Einführung, Stuttgart

Ssachno, Helen von, 1965: Der Aufstand der Person, Sowjetliteratur seit Stalins Tod, Berlin

Staadt, Jochen, 1977: Konfliktbewußtsein und sozialistischer Anspruch in der DDR-Literatur. Zur Darstellung gesellschaftlicher Widersprüche in Romanen nach dem VIII. Parteitag der SED 1971, Berlin

Steininger, Alexander, 1965: Literatur und Politik in der Sowjetunion nach Stalins Tod, Wiesbaden

Steininger, Alexander, 1975: Schriftsteller, in: *Boris Meissner/Georg Brunner* (Hrsg.), Gruppeninteressen und Entscheidungsprozeß in der Sowjetunion, Köln

Thomas, Rüdiger, 1988: Kulturpolitik und Künstlerbewußtsein seit dem VIII. Parteitag der SED, in: *Gert-Joachim Glaeßner* (Hrsg.), Die DDR in der Ära Honecker, 589–608

Wolf, Christa, 1977: Kindheitsmuster, Darmstadt – Neuwied

Zimmermann, Peter, 1984: Literaturpolitik in der DDR, in: Tendenzen der deutschen Gegenwartsliteratur, hrsg. von *Thomas Koebner*, Stuttgart, 500–530

Zimmermann, Peter, 1984a: Industrieliteratur der DDR. Vom Helden der Arbeit zum Planer und Leiter, Stuttgart

IV. Der politische Prozeß in einer Zeit des Umbruchs

Volksrepublik China: Zur unvollendeten Reform

Rüdiger Machetzki

1. Resultate des Reformjahrzehnts

Schwer ist es, komplexen Tatbeständen und Handlungsabfolgen in kurzen Worten gerecht zu werden. Deshalb haben „Etikette" ihre Berechtigung, beruhen sie doch auf dem Prinzip der Verdeutlichung durch Ausblendung. Unter dieser Voraussetzung gilt für das heutige China und seine Milliardengesellschaft: die Revolution hat ihren Glanz verloren, die Verheißung liegt in der Reform. Das *Jahrzehnt des Reformkurses* – ein neuer Zeitabschnitt im Jahrhundertprozeß der Modernisierung des Landes – ist das erfolgreichste seit dem historischen Niedergang der traditionellen Ordnung.
Dies gilt zum einen für die Bilanz der rein materiellen Leistungen. Es erfolgte ein deutlicher Abbau der Armut. Die Zahl der Menschen, die heute in China dauerhaft unter dem offiziellen Bedarfsminimum leben, verringerte sich von gut 200 Millionen auf weniger als 100 Millionen. Die Grundbedarfsversorgung der chinesischen Bevölkerung ist heute besser als in anderen Ländern mit vergleichbarem wirtschaftlichen Leistungsniveau. Auf der Basis international veröffentlichter Statistiken entspricht sie in etwa dem Stand von Wirtschaftsgesellschaften mit einem Pro-Kopf-Einkommen von 1.000 US-Dollar und mehr. Im Vergleich zur eigenen Vergangenheit liegt das Versorgungsniveau um 25–30 Prozent über dem Stand zu Beginn der Reformzeit in den Jahren 1978/79.
Zum anderen behielt erstmals seit den Gründungsjahren der Volksrepublik eine in sich leidlich widerspruchsfreie Entwicklungsstrategie im großen und ganzen ihre Gültigkeit. Es gab politische Obstruktion aus verschiedenen Richtungen und Motiven, aber eine wirkungsvoll geschlossene und handlungsfähige Opposition innerhalb der den politischen Entscheidungsprozeß tragenden Elite vermochte sich nicht zu formieren. Zwar kann man noch nicht von einem echten, langfristig stabilen Entwicklungskonsens sprechen, aber die Zeit ideologisch gegenläufiger Kampfprogramme zur totalen Umgestaltung der Wirtschaft und Gesellschaft ist offensichtlich beendet. Zwar lassen sich immer noch unterschiedliche Auffassungen über das Maß und vor allem die Geschwindigkeit des anzustrebenden wirtschaftlich-gesellschaftlichen Ordnungswandels registrieren, aber im Gegensatz zu den sechziger und siebziger Jahren gleicht Chinas Entwicklungspolitik nicht mehr – wie der bäuerliche Volksmund sagt – dem Mond, der zu Beginn und zu Mitte des Monats jeweils eine völlig andere Position am Firmament einnimmt. Der tatsächliche Entwicklungsverlauf blieb von absoluten Rückschlägen frei. Er wurde von einem Wachstum getragen, das im Ergebnis über eine Verdoppelung der gesamtwirtschaftlichen Pro-Kopf-Leistungen hinausging.

Drittens ist eine deutliche Abkehr vom Primat der charismatisch verordneten Ideologie zu verzeichnen. Vorbei ist die Zeit, da die Anschauung der Welt, wie *Mao Zedong* sie hatte, in China die einzig mögliche war. Der wachsende Problemdruck der Wirklichkeit leitete einen Prozeß des politischen Umdenkens und – wichtiger noch, weil wahrscheinlich folgenreicher – eine Tendenz zu nachdrücklich erhobenen Forderungen der Intelligenz ein, realitätsbezogen denken und mitentscheiden zu dürfen. Zwar wäre es falsch, von der Anerkennung eines politisch „gezähmten" Pluralismus zu sprechen, aber die „Feinde der offenen Gesellschaft" haben zumindest über die Köpfe der Menschen beträchtlich an Macht verloren, wenngleich sie immer noch das Gewaltmonopol besitzen, wie die blutigen Ereignisse vom Juni 1989 in Beijing bewiesen haben. Trotz Zensurpolitik und anderer Gleichklangmechanismen werden heute in China kritisch-alternative Gedankenvorstellungen zur Zukunft des Landes – bis in die offiziellen Medien hinein – geäußert, die vor 15 bis 20 Jahren nicht einmal im stillen gedacht werden konnten. Damals war es sicherer, sich an allgemein verbreitete Denktabus zu halten.

Ende der siebziger Jahre stellte die heutige Führung selbst öffentlich die politische Entscheidungsnorm auf, „die Wahrheit in den Tatsachen zu suchen" (*shishi qiu shi*). Diese Norm stammt – bezeichnenderweise für das tiefe historische Bewußtsein der gebildeten Teile der chinesischen Gesellschaft – aus dem 18. Jahrhundert. Damals hatten weitsichtige konfuzianische Gelehrte die aus ihrer Sicht verhängnisvolle Tendenz zum metaphysischen Denken bei großen Teilen der Staatselite verurteilt. Rund 200 Jahre später nahmen *Deng Xiaoping* und die ihm ergebenen Kräfte in der Kommunistischen Partei die traditionelle Forderung wieder auf, um den Zwang zu umfassendem und wirklichkeitsgerechtem Wandel allgemein bewußt zu machen. Niemand vermag zuverlässig abzuschätzen, wieweit damals die Partei- und Staatsführung in der Duldung politischer Eigengestaltungsräume zu gehen bereit war. Vereinfacht läßt sich feststellen, daß mehrheitlich bis heute die Überzeugung vorherrscht, eine Politik der „*großen wirtschaftlichen Reform und der kleinen politischen Reform*" verfolgen und durchsetzen zu können. Es bleibt jedoch abzuwarten, ob die Führung mit dieser Politik in Zukunft noch das Gesetz des Handelns zu bestimmen vermag. Ist es doch unübersehbar, daß die Sequenz der „Schübe" öffentlich vorgetragener politischer Freiheits- und Partizipationsforderungen seit Ende der siebziger Jahre stetig kürzer wird. 1979/80 konnte das große Experiment der sogenannten „demokratischen Mauer" in Beijing von der Führung nur mühsam abgebrochen werden. Die Forderungen nach allgemeiner Transparenz im national-politischen Gestaltungsprozeß waren als eindeutig herrschaftsgefährdend eingestuft worden. 1983/84 kam es insbesondere unter der Intelligenz erneut zu landesweiten Forderungen nach mehr politischen Freiheiten, allgemeiner Rechtssicherheit und Autonomie in den verschiedenen Teilbereichen der Gesellschaft. Diese Forderungen konnten im Rahmen einer kampagnenähnlich organisierten Gegenpolitik zur Eindämmung der „geistigen Verschmutzung" vorübergehend zurückgedrängt werden. Ende 1986 setzte die dritte „Offensive" gegen das enge Herrschaftsmonopol der Führung ein. Letztere begegnete den Forderungen mit einem Kampf gegen „bürgerliche Liberalisierung". Es stellte sich jedoch heraus, daß die Befürworter umfassender politischer Reformen innerhalb der Partei an Gewicht gewonnen hatten und zumindest in Minderheitspositionen bis in die höchsten Gremien vorgedrungen waren. Es sei nur an den damaligen Parteichef *Hu Yaobang* erinnert, der Anfang 1987 seine Führungsstellung verlor, weil er, wie seine orthodoxen Kontrahenten behaupteten, der Ausbreitung bürgerlich-liberaler Gesellschaftsvorstellungen Vorschub geleistet hätte. Äußerlich hatte die Partei- und Staatsführung wiederum über die Ansprüche der für die Entwicklung des Landes wichtigen Teile der Gesellschaft triumphiert, aber aus dem weiteren Verlauf der Ereignisse wurde im nachhinein klar, daß sie sich – erstmals in der Geschichte der Volksrepublik China – in der politischen Defensive befand.

In der ersten Hälfte des Jahres 1989 erreichte die Bewegung gegen die „Fossilierung" der überkommenen Herrschaftsordnung eine neue Qualität. Vor dem Forum der Weltöffentlichkeit gelang es der Studentenschaft als Avantgarde der Bewegung erstmals, die aktive Zustimmung und Solidarität der bis dahin passiven Arbeiter- und Angestelltenschaft der chinesischen Hauptstadt zu gewinnen. Es war den Studenten offensichtlich gelungen, der Bevölkerung den inneren Zusammenhang zwischen den eigenen politischen Forderungen und den geradezu krebsartig auswuchernden Phänomenen allgemeiner Inflation, der subjektiv als Verschlechterung der Lebensbedingungen empfundener Stagnation und einer in der volksrepublikanischen Geschichte unvergleichlichen Korruption der Partei- und Staatsbürokratie zu verdeutlichen. Gestützt auf einen ständigen Informationsfluß politisch konsequenter Reformkräfte in der Führungsorganisation des Landes wurde bekannt, daß die „Disponiermasse", die der Aneignungswillkür der chinesischen Gesamtbürokratie zumindest potentiell zur Verfügung steht, rund ein Drittel des gesamtwirtschaftlichen Aufkommens des Landes ausmacht – ein wahrhaft gigantisches Ausmaß.

2. *Wächter der guten Herrschaft*

Mit Blick auf die Zukunft scheinen zwei Aspekte des neuen Selbstverständnisses der chinesischen Intelligenz seit 1979/80 von besonderer Tragweite. Zum einen geht es um die Wiederanerkennung eines traditionell zwiespältigen Eigenideals. Einerseits hat keine in der Geschichte bekannte Zivilisation den Geist so unumstritten als allein herrschaftsberechtigt anerkannt wie die chinesische, als weltanschauliche Forderung seit über 2.000 Jahren, in der Annäherung an die politische Wirklichkeit seit gut 1.200 Jahren. Andererseits beanspruchten die Männer des Geistes jedoch ebenso nachdrücklich die gesellschaftliche Rolle des *Wächters der guten Herrschaft*. Nicht nur die Geschichte selbst, sondern auch die Geschichtsschreibung und der Geschichtsunterricht des Landes sind gefüllt mit Darstellungen von Staatsgelehrten, die es als ihre Aufgabe ansahen, das Walten der Herrschaft anhand der überkommenen Legitimationsideen zu beurteilen. Gute Herrschaft bedeutete in der Tradition vor allem Freiheit von materiellem Elend. Nur sie ermöglichte ein weltanschaulich verbindliches Leben. Auf diese Wächterfunktion beruft sich die heutige Intelligenz nachhaltig und bewußt. Nicht von ungefähr stand der Ruf nach „Offenheit" (*gongkaixing*) im Mittelpunkt der bisher letzten Phase der studentischen Bewegung. Der inspirierende Einfluß entsprechender Entwicklungen in der Sowjetunion soll nicht geleugnet werden, aber den letztendlichen Ausschlag gaben innerchinesische Gesichtspunkte. Deshalb stand auch nicht die Forderung nach einer pluralistischen Ordnung im westlichen Sinne im Vordergrund – Mehrparteiensystem, Ausbau der Gewaltenteilung –, sondern der Wunsch nach Herrschaftstransparenz und Berichterstattungsfreiheit der nationalen Medien, um diese Transparenz zu gewährleisten. Nur die „Offenheit" des politischen Entscheidungsprozesses und die Darlegung von Alternativen machen es möglich, angemessen zu beurteilen, ob die Herrschaft gut ist.

Auch der zweite, für die Zukunft wichtige Verhaltensaspekt der chinesischen Intelligenz ist eng mit einem traditionellen Eigenideal verbunden. Es geht hier um die für studentische Protestbewegungen nahezu einmalige Disziplin und Leidensbereitschaft. Das Recht zur Beurteilung der Herrschaft ist eng an die unauflösliche Pflicht gebunden, die dieser Rolle zugeschriebene kulturelle Reife sichtbar zu machen. Hintergrund dieser Vorstellung ist das uralte weltanschauliche Gebot, wonach „Politik und Lehre eins seien" (*zhengjiao heyi*). Anders gesagt: Politik ist immer zugleich Kultur, und Kultur ist immer zugleich politisch. Der Begriff der politischen Kultur ist in chinesischen Ohren weitgehend tautologisch. Etwas „erdhafter" verdeutlicht sich das Selbstverständnis der chinesischen Intelligenz, wenn man an das Bild des Wasserbüffels denkt, das wie kein anderes die Eigenschaften des guten China symbolisiere. Die großen Dichter und Gelehrten des Landes haben dem Wasserbüffel in immer neuen Variationen die gleichen Grundeigenschaften zugeschrieben. Er opfere sich im Leben und im Tode, und er lebe und sterbe für das gute Volk. Er fresse Gras, er gebe Milch und Blut, und er diene willig den Kindern.

3. *Widersprüchliche Entwicklungstendenzen*

Neben diesen beiden traditionsgebundenen Quellen des Selbstverständnisses der chinesischen Intelligenz darf der seit über einem Jahrhundert andauernde Einfluß westlichen Gedankenguts und westlicher Wertvorstellungen nicht unterschätzt werden. Die politische Führung hatte zu Beginn der achtziger Jahre bewußt die wirtschaftliche „Öffnungspolitik gegenüber dem Ausland" eingeleitet. Sie glaubte, diese Öffnung auf den wirtschaftlichen Bereich in engerem Sinne beschränken zu können und fiel damit dem gleichen Irrtum zum Opfer, den sowohl die späte kaiserliche Herrschaft als auch die nationalistische Regierung unter *Chiang Kaishek* begangen hatten. „*Zhong ti, xi yong*" – „Substanz chinesisch, Verfahren westlich" – galt ihnen als politische Maxime, deren Verwirklichung eine Zweischichtung Chinas in eine höhere Ebene der *geistigen chinesischen Kultur* und eine niedere Ebene der vom Ausland mitgeprägten *materiellen Zivilisation* ermöglichen sollte. Bedingt durch gewisse historische Parallelen ist China neben Deutschland eines der wenigen Länder, das eine solche Zweiteilung des Kultur- und Zivilisationsbegriffes kennt.

Der Irrtum liegt darin, daß mit der Gründung der Vereinigten Staaten von Amerika und in der Folge der Französischen Revolution Ideen in die Welt gebracht worden sind, die zwar ursprünglich westlicher Herkunft sind, aber eine weltweite geschichtliche Gewalt entwickelt haben, der sich keine Gesellschaft – sei es im Namen einer geheiligten Tradition oder einer als revolutionär verstandenen Ideologie – zu entziehen vermag.

Knapp zwei Jahrzehnte lang vermochte das große China in seiner Suche nach einem völlig eigenen Weg und in seiner kulturrevolutionären Phase auch in Teilen der westlichen Welt die Illusion zu wecken, es könne eine prinzipielle Entwicklungsalternative menschlicher Gesellschaften geben. Der Verlust dieser Illusion schlägt heute mit um so größerer Wucht auf China zurück. Die nächsten Jahre und Jahrzehnte der chinesischen Entwicklungsgeschichte werden mit großer Wahrscheinlichkeit vom Wirken zweier entgegengesetzter Grundtendenzen geprägt werden, die zwar laut *Max Weber* das Schicksal der gesamten modernen Welt bestimmen, die aber in China aufgrund der großen Problemlast und der außergewöhnlichen Dimensionen des chinesischen Subkontinentes einen geradezu einzigartigen Charakter annehmen dürften. Es handelt sich dabei zum einen um die, wie es scheint, ständig wachsenden Zwänge zu immer komplexeren gesellschaftlichen Organisationsformen. Der nahezu allumfassende „Verbürokratisierungsprozeß" aller modernen Staatswesen scheint die berühmten Grenzen des Wachstums (noch) nicht zu kennen. In China findet dieser Prozeß zum einen seine geistige Nahrung in der Tradition der konfuzianischen Ethik, die im Gegensatz zur protestantischen Ethik einen Weltausblick beinhaltet, in dessen Mittelpunkt ein bürokratisches Zivilisationsideal mit einem entsprechenden Wertesystem gesellschaftlichen Bewußtseins und Handelns steht. Die chinesische Tradition konnte sich eine zivilisierte Ordnung nicht anders als ideologisch legitimiert und bürokratisch gestaltet vorstellen. Zum anderen wirkt sich die heutige offizielle Ideologie des Marxismus/Leninismus/Mao Zedong-Ideen mit ihren real existierenden Organisationsformen deutlich verstärkend aus.

In entgegengesetzter Richtung zum allgemeinen Bürokratisierungsprozeß läuft der Prozeß des wachsenden Bewußtseins vom Wert freiheitlicher gesellschaftlich-politischer Lebensformen. Dieser Prozeß, der ursprünglich mit der Zersetzung der *Gemeinschaft* als grundlegender Ordnungsform und der Herausbildung der *Gesellschaft* begann, richtet sich in der Gegenwart immer stärker gegen alle Herrschaftsausprägungen, die sich in ihrer weltanschaulichen Legitimation oder politischen Praxis von gesellschaftlicher Zustimmung „entbunden" fühlen.

China ist vom Wirken dieser beiden weltweiten Prozesse nicht unberührt geblieben, und in Zukunft werden die Folgen noch stärker spürbar werden. Andererseits spricht eine Reihe von Tatbeständen dafür, daß die Anpassungsfähigkeit der chinesischen Gesellschaft an Bedingungen des komplexen Wandels ausreichend ist, um die Widersprüchlichkeit der eigenen Entwicklung ertragen zu können.

Im chinesischen Bewußtsein gilt der *Widerspruch* als Grundelement menschlichen Daseins. Es sei nur an die traditionelle Yin-Yang-Lehre erinnert, das chinesische Gegenstück zur westlichen Dialektik. Die Grundaussage der Yin-Yang-Lehre ist das „sowohl-als auch". Niemals gibt es in der Welt ein „entweder-oder". Jede Kraft erzeugt aufgrund ihres eigenen Wirkens die ihr gemäße Gegenkraft und umgekehrt. Die Ablösung einer These durch ihre Antithese ist unvorstellbar. Konkreter kommt dieser wichtige Sachverhalt in den folgenden Worten zur Geltung:

„Wir müssen nach einer kulturellen Erklärung suchen, weshalb der chinesische Pragmatismus andere politische Kulturen in der Flexibilität und Anpassungsfähigkeit, in der Leichtigkeit, mit der die Führer die Politik ändern können, und in dem Gleichmut der Öffentlichkeit, die Wendungen und Neubeginne zu akzeptieren, übertrifft. Der offensichtliche Ausgangspunkt beim Nachdenken über diesen Zug des chinesischen Pragmatismus liegt in der weitverbreiteten Ansicht (nahezu ein Stereotyp), daß die Chinesen ausgesprochene Realisten sind, die ein starkes Bewußtsein für das Hier und Jetzt haben und die ihr Verhalten schnell anpassen können, um die Logik jeder Situation, in der sie sich gerade befinden, nutzen zu können ... Wenn sich die Bedingungen ändern, ist es nur natürlich, daß sich das Betragen und die Haltung der Menschen ebenfalls ändern. Die übliche Erklärung für diese Anpassungsfähigkeit liegt darin, daß die kulturellen Normen Chinas im hohen Maße zum Partikularismus tendieren, und deshalb lernen die Menschen bereits früh, daß bei verschiedenen Beziehungen und unter verschiedenen Umständen das Verhalten sich ebenfalls ändern sollte. Die chinesische Kultur umgeht damit im hohen Maße die Spannungen, die psychologisch zersetzend wirken können und die in Kulturen mit universalistischen Normen weitverbreitet sind, in denen das Verhalten in verschiedenen Situationen darauf ausgerichtet erscheinen muß, mit absoluten Prinzipien übereinzustimmen" (*Pye* 1986: 211–212).

4. *Determinanten der Modernisierung*

Im Verlauf der bisherigen Darstellung ist skizziert worden, daß grundlegende Wirkungsgrößen im langfristigen Modernisierungsprozeß von Gesellschaften auch für China ihre Gültigkeit haben. China hat aufgehört, eine prinzipielle Andersartigkeit zu beanspruchen. In einem anderen, etwas engeren Sinne läßt sich jedoch für das Land ein „Einzigartigkeitsargument" postulieren. Es geht dabei um die Frage, inwieweit Modernisierungserfahrungen und -lösungen anderer Gesellschaften für China als Modelle zur Nachahmung dienen können. Im Verlaufe der letzten Jahre hat sich nicht nur in der politischen Führung des Landes, sondern auch in der Wissenschaft eine weitgehende Übereinstimmung herausgebildet, daß man die Erfahrungen anderer Länder zwar als Anregung zur Entwicklung eigener Vorstellungen nutzen könne, und hier wird – wie die bisherige Praxis zeigt – die Reihenfolge eher durch die tatsächlichen volkswirtschaftlichen Ergebnisse der jeweiligen Länder als durch ihre ordnungspolitischen Merkmale bestimmt; das Interesse an Japan, Südkorea, der Bundesrepublik Deutschland oder sogar Taiwan scheint erheblich größer als das Interesse am ungarischen Reformweg oder anderen osteuropäischen Entwicklungsbesonderheiten. Trotzdem sei China im wesentlichen dazu verurteilt, seinen eigenen Weg zu suchen und zu finden, wobei niemand wissen könne, wie das langfristige Ergebnis des Umbruchprozesses aussehen werde.

Inhaltlich wird dieser *sui generis*-Imperativ des chinesischen Entwicklungsweges durch eine Reihe von Faktoren abgestützt:

„Chinas Weg der Modernisierung wird bestimmt durch die Größe der Bevölkerung, die enge Relation zwischen Menschen und Boden, die Rohstoffbasis des Landes, die agrarische Natur der Gesellschaft, das kulturell-geschichtliche Erbe und die sozialistische Ideologie" (*Chang* 1985: 218).

Vereinfacht handelt es sich also um drei Rahmenbedingungen, die für das politische Handeln als Determinanten zu gelten haben und nur unter sehr langfristigen historischen Gesichtspunkten Variablen darstellen. Unter dem Diktat dieser Determinanten muß sich der Wandel der chinesischen Gesellschaft vollziehen, das heißt sie werden mitentscheidend für das Aussehen der „neuen Normalität" sein. China ist erstens ein Entwicklungsland. Es stellt ferner ein Staatswesen dar, dessen Führung den Anspruch auf die Verwirklichung des Sozialismus aufrechterhält. Drittens ist China ein Land, dessen Geschichte von einer historisch machtvollen Zivilisation zeugt und dessen politische Kultur in wesentlichen Grundzügen außergewöhnlich überlebensfähig erscheint. In China ist Geschichte immer sehr nah. Das gilt vor allem für die Elite und die Schichten, die zur Elite gehören wollen.

Nur wenige werden bestreiten, daß China als der älteste geschlossene Zivilisationskreis gelten kann und daß es bis gegen Ende des 18. Jahrhunderts die am höchsten entwickelte Gesellschaft verkörperte. Die im Vergleich zu allen anderen vorindustriellen Ordnungen herausragenden Leistungen manifestierten sich zum einen in einer politischen Elite, die man als *weltanschaulichen Leistungsadel* mit hohem Kulturanspruch an seine Mitglieder kennzeichnen kann. Es wurde ein Maß an disziplinierter Lebensführung und Selbstbeherrschung erwartet, das im Abendland allenfalls im katholischen Klerus während der Reformphasen der Kirche entsprechend ausgebildet war. Diese durch lebenslange Prüfungsverfahren an den Staat gebundene Elite sorgte während des größten Teils der letzten 1.200 Jahre für ein nach vorindustriellen Kriterien hohes Maß an allgemeiner Verteilungsgleichheit. Die Gesellschaft zeichnete sich durch einen Grad sozialer Mobilität aus, der in keiner anderen traditionellen Ordnung erreicht wurde. Innerhalb der Staatselite betrug der jeweilige Anteil der „Neulinge" stets 40 bis 60 Prozent. Bis zu 40 Prozent der männlichen bäuerlichen Bevölkerung verfügte über Grundkenntnisse im Lesen, Schreiben und Rechnen.

Darüber hinaus zeichnete sich Chinas Geschichte durch eine Fülle extrem langer Friedenszeiten im Kerngebiet des Reiches aus. Einfluß und Status des Militärs waren ausgesprochen niedrig. Anteilmäßig lagen die militärischen Lasten, die der bäuerlichen Gesellschaft auferlegt wurden, im Normalfall deutlich unterhalb der Lasten in den europäischen Ländern. Die Summe dieser günstigen Faktoren führte in Chinas letzter großer geschichtlicher Phase 1650–1840 dazu, daß die Gesamtbevölkerung von rund 150 Millionen auf 430 Millionen anstieg. Dieses Bevölkerungswachstum wurde trotz einer nur geringen Ausdehnung der Ackerfläche aufgefangen, ein Indiz dafür, daß die politisch-gesellschaftliche Ordnung die Einführung wirtschaftlicher Intensivierungsmethoden ermöglichte, die in anderen traditionellen Ordnungen aufgrund des Selbsterhaltungsinteresses der jeweiligen Eliten nicht vorstellbar waren. In Deutschland beispielsweise wurden die traditionellen chinesischen Flächenertragsleistungen erst während der fünfziger Jahre dieses Jahrhunderts übertroffen.

Die kurze Beleuchtung dieser geschichtlichen Leistungen erfolgt nicht um der Reminiszenz willen. Sie verdeutlicht zum einen, weshalb eine politische Gesellschaft, die über mehr als ein Jahrtausend hinweg auf eine solche weltweite Spitzenleistung zurückschauen kann, zumindest in den Eliteschichten ein entsprechend ausgeprägtes nationales Selbstbewußtsein hat, und weshalb diese Elite von Restaurationsvorstellungen dieser als eigentlich rechtmäßig empfundenen Position unterschwellig beherrscht wird. Zweitens ergibt sich die für den zukünftigen Entwicklungsverlauf nicht unwesentliche Frage, warum sich eine derart hochentwickelte Ordnung nach dem ersten Zusammenprall mit der westlichen Welt nicht zu modernisieren vermochte. Warum war es das rückständige Japan und nicht das große China, das als erstes konsequent den Weg in die moderne Welt beschritt? Ein erster Hinweis ergibt sich bei einem Überblick über die einschlägige westliche Fachliteratur. Noch während der fünfziger Jahre galt es vor allem in amerikanischen Publikationen als ausgemacht, daß der Konfuzianismus mit seinen hierarchischen Ordnungsvorstellungen und seinen Loyalitätsforderungen gegenüber Primärgruppen – seinem Familien- und Clandenken – eine prinzipiell modernisierungsfeindliche Ethik darstellte. China werde, so hieß es, entweder den Konfuzianismus aufgeben, oder es werde sich nicht modernisieren. Diese Argumentation ist in jüngster Zeit unter veränderten Vorzeichen auch im deutschsprachigen Bereich neu belebt worden (*Kirsch, Mackscheidt* 1988). Sie erscheint dennoch nicht besonders plausibel. Sieht man sich die vergleichbare Literatur zur Erfolgsgeschichte Japans und auch Südkoreas sowie Taiwans an, so wird dort vielfach die These vertreten, daß die konfuzianische Ethik mit ihrem leistungsfördernden Wertgefüge – hoher Sparsinn, hohe Arbeitsdisziplin, hohe Lernbereitschaft, hohe Gruppenmotivation – wesentlich für den Erfolg verantwortlich sei.

Der Ausweg aus diesem Erklärungsdilemma scheint wie folgt: Es kommt nicht auf den Konfuzianismus *per se* an, sondern auf die Frage, mit welchem neuen Antriebsmoment er „gekoppelt" ist. Letzteres entscheidet über seine modernisierungshemmende beziehungsweise -fördernde Rolle. Erklärungsversuche dieser Reichweite liegen bisher jedoch allenfalls in Ansätzen vor. So ist von amerikanischer Seite (*Elvin* 1983) für China die Hypothese der „*high-level equilibrium trap*" – Gleichgewichtsfalle auf hohem Niveau – aufgestellt worden. Danach hatte sich die chinesische Gesellschaft aufgrund ihrer außerordentlich hohen Anpassungsfähigkeit zu einem derart komplexen Gleichgewichtsgebilde entwickelt, daß sie zu weiteren völlig neuartigen Umgestaltungsleistungen nicht mehr in der Lage war. In Analogie zur Evolution sei es also gerade der große Anpassungserfolg gewesen, der unter veränderten (Um-)Weltbedingungen den Mißerfolg nahezu unvermeidlich machte.

Das Bewußtsein von der völligen Neuartigkeit des westlichen Zivilisationstypus und der umfassenden materiellen Überlegenheit der westlichen Staaten setzte sich in China nur allmählich und verspätet durch, so daß das Land international nicht mehr handlungsfähig war, sondern zum Objekt fremder Macht- und Interessenansprüche wurde. Der psychische und materielle Modernisierungszwang, der seither auf China lastet, das heißt die bis heute nicht abgeschlossene Suche nach Antworten auf die grundlegenden Herausforderungen, denen der chinesische Staat und seine Gesellschaft existenziell ausgesetzt waren und sind, kurzum der Drang nach dem „Wiederaufstieg" zu neuer Weltgeltung manifestiert sich in einer bis heute nicht vollendeten Reihe von Modernisierungsideologien, durch die sich die immer gleiche „Wohlstand und Macht"-Vision (*fuqiang*) wie ein roter Faden zieht.

Diese Vision ist auch das Leitmotiv der heutigen Reformpolitik, die von der Führung als „neue historische Etappe" bezeichnet wird. So verkündete der damalige Generalsekretär der Kommunistischen Partei *Hu Yaobang* im September 1984 vor Führungskräften der Partei, China mit seiner rückständigen wirtschaftlichen und kulturellen Basis in ein modernes und mächtiges sozialistisches Land in dieser neuen historischen Etappe zu verwandeln, sei eine der gigantischsten Unternehmungen in der Geschichte der Menschheit. Keine Kraft auf Erden könne das aufhalten. Der Triumph sei gewiß.

Ein weiteres Wesensmerkmal des „Jahrhunderts der chinesischen Revolution" ist der von allen Generationen der chinesischen Intelligenz als natürlich empfundene Primat des Politischen. Seit Ende des 19. Jahrhunderts konzentrierte sich das gesamte Denken und die gesamte Energie aller um das Land besorgten Kräfte auf die Frage, wie man die *Einheit des Staatswesens* erhalten, wiederherstellen und festigen konnte. Alle anderen Zukunftsvorstellungen verblaßten hinter diesem großen Ziel. Das galt auch für den Aufbau der Wirtschaft. Soweit man sich mit wirtschaftlichen Fragen überhaupt auseinandersetzte, ging man davon aus, daß sich der materielle Aufbau des Landes quasi von selbst regeln würde, wenn nur der starke Einheitsstaat existierte. Unter diesem Gesichtspunkt scheint sich das letzte Jahrzehnt der Reformen von allen vorangehenden Dekaden abzuheben. Erstmals konnten sich die geistigen und politischen Energien auf die großen Probleme des wirtschaftlichen Aufbaus und einer den Bedingungen des chinesischen Subkontinents angemessenen wirtschaftlichen Ordnung konzentrieren. Unter dem Stichwort „objektive ökonomische Gesetzmäßigkeiten" wurde zumindest vom Prinzip her weitgehend anerkannt, daß auf dem wirtschaftlichen Felde ein nicht unerhebliches Maß an Eigenständigkeit des Handelns vorherrschen müsse, wenn der Erfolg nicht versagt bleiben soll. Seither ist die Trennung der Geltungsbereiche von Partei, Staatsverwaltung und Wirtschaft als politisches Ziel der Reformpolitik festgeschrieben. Die Wirtschaft soll nicht länger die bloße „Magd" der Politik sein. Noch stimmt der Anspruch mit der Wirklichkeit nicht überein, und es bedarf einer sehr optimistischen Grundeinstellung, um von einer vollständigen späteren Deckungsgleichheit überzeugt zu sein.

5. *Entwicklungsgefälle*

Unabhängig von den subjektiven Vorstellungen der Betroffenen setzt der Status Chinas als Entwicklungsland dem entwicklungspolitischen Gestaltungswillen jeder chinesischen Führung auf absehbare Zeit verhältnismäßig enge Grenzen. Von seiner geographischen Ausdehnung und seiner Bevölkerungsgröße her ist China nicht ohne weiteres mit anderen Entwicklungsländern vergleichbar, vielmehr stellt es einen nahezu eigenen *Entwicklungskontinent* dar. Das Land ist daher zwangsläufig durch gewaltige *Gefälleerscheinungen* im Entwicklungsstand der einzelnen Großregionen und Provinzen gekennzeichnet. Nach den Kategorien der Weltbank finden sich innerhalb Chinas alle Stufen der Entwicklungswelt vom „*least developed country*" bis hin zum „*newly industrializing country*". Die Existenz dieser großen Differentiale läßt weder eine totale „Ausbettung" der Wirtschaft aus der staatlichen Kontroll- und Korrektursphäre noch ihr Gegenteil – eine total vereinheitlichte, zentral gesteuerte Entwicklungsstrategie für das ganze Land – zu. Vereinfacht läßt sich China als ein Land beschreiben, in dem alles „uneinheitlich" ist, mit der einzigen Ausnahme des politischen Gestaltungswillens. Beispielhaft für die Gefälleproblematik ist der statistische Vergleich zwischen den wirtschaftlichen Spitzengebieten – Shanghai/Changjiang-Delta – und den großen Rückstandsgebieten – Provinzen Yunnan/Guizhou. Beide Gebiete werden von jeweils rund 80 Millionen Menschen bewohnt, stellen also gleichsam im internationalen Maßstab eigene Volkswirtschaften dar. Der Unterschied im Sozialprodukt pro Kopf der Bevölkerung liegt bei nahezu 1:10. Es erübrigt sich, im Detail zu erläutern, daß die Anforderungen an eine erfolgreiche Entwicklungspolitik ebenso voneinander abweichen wie die Realität der betroffenen Wirtschaftsterritorien. Ferner verfügen die leistungsstarken Gebiete über ein verhältnismäßig großes Zukunftspotential, während die schwächeren Regionen nur relativ geringe eigene Entwicklungsreserven aufweisen. Das verschärft die Problematik, der sich jede chinesische Entwicklungspolitik zur Überwindung der großen regionalen Wirtschaftsgefälle gegenübersieht.

Gleich welche besondere Entwicklungsstrategie verfolgt wird, auf Dauer erzwingen die regionalen Gefälleerscheinungen ein starkes Finanz- und Entwicklungsausgleichsinstrumentarium wirtschaftspolitischer Art. Die Notwendigkeit eines starken regionalen Ausgleichs ist prinzipiell anerkannt. Es gibt jedoch beachtliche Kontroversen über die Art, das Ausmaß und den Zeithorizont, zu dem ein solches Instrumentarium verstärkt eingesetzt werden soll. Bis auf weiteres hat sich offensichtlich die Einsicht durchgesetzt, vorrangig die leistungsstärkeren Gebiete zu entwickeln, mit der Begründung: Was nicht produziert worden ist, kann nicht umverteilt werden! Die vorrangige Entwicklung der leistungsstarken Regionen – Küstengebiete und „Modernisierungsinseln" im Hinterland – gilt sowohl zeitlich als auch materiell als Voraussetzung der Entwicklung der großen Rückstandsgebiete. Die zumeist städtischen Küstenzentren sollen sich durch verstärkten Austausch mit dem wirtschaftlich fortgeschrittenen Ausland beschleunigt entwickeln, um in einem zeitlich fließenden Übergang ihrerseits Anstöße zur Modernisierung der Hinterlandregionen zu geben. Es läßt sich erahnen, daß die Wirtschaftsführungen der großen Rückstandsgebiete gegenüber dieser Konzeption ein hohes Maß an politischer Reserviertheit zeigen.

Da es keine für ganz China widerspruchsfreie Entwicklungslinie gibt, muß sich auch der Reformkurs daran messen lassen, inwieweit sich vorteilhafte Entwicklungen für einen Teil der Regionen, der wirtschaftlichen Sektoren und der großen Bevölkerungsgruppen gegenüber nachteiligen Veränderungen anderer Teile aufrechnen lassen. Entscheidendes Kriterium ist also zum einen, ob der „Nettoeffekt", das heißt der gesamtwirtschaftliche Kalkül, für ganz China positiv ist, und zum anderen, ob zumindest von der langfristigen Entwicklungsperspektive her die Voraussetzungen nicht verbaut werden, die kurzfristig aufgetretenen Nachteile wieder aufzuheben, um dauerhafte Fehlentwicklungen zu vermeiden. Um es zu wiederholen, China ist politisch geeint, wirtschaftlich ist es segmentiert. Es gibt im eigentlichen Sinne des Wortes keine voll ausgebildete chinesische Volkswirtschaft. Statt dessen findet man eine Reihe von Regionalwirtschaften. Das Maß ihrer Integration ist verhältnismäßig niedrig. Es existiert ein kleiner Bereich zentralstaatlicher Unternehmen und damit ein begrenztes Fundament für überregionales Wirtschaften, ansonsten jedoch verstehen es die verschiedenen Regionen (Provinzen), ihre Wirtschaften durch ein vielfältiges Mixtum nichttarifärer Hemmnisse vor unerwünschten Einflüssen zu „schützen". Eine Regionalpolitik – genauer eine regionale Wirtschaftspolitik –, die auf das Ziel eines übergeordneten gesamtwirtschaftlichen Wachstumsoptimums hinwirkt, ist bisher weitgehend an schwerwiegenden nichtökonomischen Interessenkonstellationen gescheitert. Die Forderungen nach wirtschaftlicher Leistungsfähigkeit konnten nur begrenzt mit nichtökonomischen Zielsetzungen sozialer, politischer und kultureller Art ausbalanciert werden. Die Anerkennung unterschiedlicher Ausgangsbedingungen und die Berücksichtigung entsprechend unterschiedlicher Entwicklungsansätze sind durch entgegenlaufende Homogenitätsvorstellungen – Reproduktion aller wichtigen Produktionsfunktionen in jeder einzelnen Region – beeinträchtigt worden. Die reformpolitischen regionalen Entwicklungsprogramme konnten trotz sorgfältiger Planung und Abstimmung gegen diesen Widerstand nicht ausreichend durchgesetzt werden. Ob die Widerstände und Schwachstellen, die einer verbesserten regionalen Integration entgegenstehen, in Zukunft überwunden werden können, und wenn ja, in welchem Zeitraum, läßt sich heute noch nicht absehen. Mit Sicherheit wird der Erfolg nur langfristig und schrittweise möglich sein.

Mindestens ebenso kritisch wie das materielle Gefälle innerhalb des Landes, das vereinfacht als *Gefälle von Ost nach West* bezeichnet wird, ist der während der letzten Jahre zunehmend erkennbare Abstand zwischen Süden und Norden, den man als „*Bewußtseinsgefälle*" umschreiben könnte. Dieses Süd-Nord-Gefälle ist historischer Natur. Seit mehr als 2.000 Jahren – seit Beginn der kaiserlich-chinesischen Staatszivilisation – galt der Norden als das „Land der Mandarine", als Statthalter politisch-bürokratischer Rigorosität. Die südlichen Regionen bildeten zumindest bis zur Tang-Zeit des 7. bis 9. Jahrhunderts das „Land der offenen Grenze". Selbst in späteren Zeiten, als die südlichen Provinzen fester an die Zentralgewalt gebunden waren, lebte der freiere beweglichere Geist des Südens fort. Wirtschaftliche Neuentwicklungen, politische Oppositionsströmungen und neue Denkrichtungen entstanden bis zum 20. Jahrhundert praktisch ohne Ausnahme in den Zentren des Südens. Dem Norden blieb nur die Verteidigung der Orthodoxie. Auch heute ist der Drang nach nicht-administrierter Intiative in den wirtschaftlich fortgeschrittenen Provinzen des Südens ungleich größer und von der nördlichen Zentrale nur schwer unter Kontrolle zu halten. In der südlichen Metropole Guangzhou (Kanton), die immer stärkere Verflechtungstendenzen mit Hongkong aufweist, wird wie selbstverständlich eine Vorreiterrolle beansprucht: Guangdong von heute ist China von morgen. Man fordert die Möglichkeit zu einer völlig anderen Entwicklung als in den Hinterlandprovinzen, mit denen man sich zwar politisch geeint sieht, aber wirtschaftlich durch Welten getrennt fühlt. Auf der zentralen Steuerungsebene muß das Bewußtsein wachsen, daß die wirtschaftlich ungleich entwickelten Regionen Chinas grundsätzlich unterschiedlicher Entwicklungspolitiken bedürfen. Wenn sich für die Spitzengebiete eine Erweiterung des Spielraums zur Eigenentwicklung mit wesentlichen Marktelementen geradezu aufdrängt, müßten die Rückstandsgebiete, denen es eindeutig an Eigendynamik fehlt, verstärkt durch zentrale Impulsgebung geführt werden. Denkansätze lassen sich in dieser Richtung bereits erkennen. So heißt es unter ordnungspolitischen Gesichtspunkten:

> „Die Reform des politischen Systems in den entwickelten Gebieten kann sich verhältnismäßig reibungslos und in regelmäßigen Schritten auf der Grundlage der wirtschaftlichen Entwicklung und der wirtschaftlichen Reform entfalten. In den westlichen Gebieten jedoch sind diese Bedingungen gegenwärtig nicht gegeben. Sie müssen ein Übergangsstadium von einem verhältnismäßig geringen Niveau ... zu einem normaleren Niveau durchlaufen. Aus diesem Grund muß eine Reihe von Sondermaßnahmen zusätzlich zu den Maßnahmen, die für das Land als Ganzes beschlossen worden sind, in Betracht gezogen werden. Wenn wir den örtlichen Bedingungen keine Beachtung schenken und vorzeitig die Reform des politischen Systems in gleichem Ausmaß wie im Osten durchführen wollen, und das bei Bedingungen, unter denen die Wirtschaftsreform weit zurückhängt, dann ist es durchaus möglich, daß wir es nicht schaffen werden, egal wie sehr wir uns darum bemühen, das Tempo zu erhöhen" (*Hongqi* 1988: 18–20).

Was unter einem geringen Entwicklungsniveau in Chinas Rückstandsgebieten konkret zu verstehen ist, läßt sich am Beispiel der Provinz Shanxi verdeutlichen. Der ländliche Raum lebt weitgehend von der bloßen Subsistenzwirtschaft. Der Kommerzialisierungsgrad ist äußerst gering. Drei Viertel aller Kreise rangieren unterhalb der offiziellen Armutslinie. „Kleinbäuerliche Mentalität", „engstirniges Sicherheitsdenken" und eine Keine-Experimente-Psychologie prägen das Lebensverständnis der Bevölkerung und der örtlichen Führungsschicht. Eine nennenswerte Mobilität ist nicht zu verzeichnen. Schließlich ist ein wachsender Trend zur Abwanderung entwicklungsnotwendiger Kräfte zu beobachten. Eine integrierte Industriewirtschaft ist nicht existent, und die Produktivität der vorhandenen Industriebetriebe ist während des letzten Jahrzehnts gesunken.

Um eine nach ordnungs- und entwicklungspolitischen Gesichtspunkten differenzierte Modernisierungsstrategie der verschiedenen Regionen Chinas zu betreiben, fehlt es der zentralen Führungsebene an der entsprechenden *Durchsetzungsfähigkeit*. Man kann ihr im Prinzip nicht absprechen, daß sie um eine Balance der Interessen und um eine den örtlichen Bedingungen angemessene regionalwirtschaftliche Entwicklung aller großen Gebiete bemüht ist. In der Praxis jedoch haben sich diese zentralstaatlichen Differenzierungsbemühungen bisher regelmäßig im interessenpolitischen Dickicht der unteren Ebenen „festgefahren". Chinas zentralstaatliche Ebene weist viele Symptome einer sozialistischen „*soft state*-Variante" auf. Verkürzt gesagt: Problem erkannt, aber nicht gelöst – nicht lösbar. Die Grenzen einer wirtschaftlich konsequenten Reformpolitik in China werden in dieser entscheidenden Frage deutlich. Es fehlt an politischer Durchsetzungsfähigkeit, eine nach Regionen, Sektoren und Branchen unterschiedlich ausgestaltete Strategie zu realisieren. Andererseits herrscht offensichtlich eine allgemeine Furcht vor, die einzelnen Wirtschaftsgebiete und Segmente der chinesischen Volkswirtschaft ihre eigenen voneinander abweichenden Entwicklungswege gehen zu lassen. Die gewaltigen Spannungen und Belastungen, die sich hieraus für die Regierbarkeit des Einheitsstaates China ergeben könnten, erscheinen unkalkulierbar.

6. Grundelemente des Sozialismus

Während des letzten Jahrzehnts ist die Vorherrschaft des Ideologischen über alle Bereiche des Lebens deutlich schwächer geworden. Dies gilt für die Partei- und Staatsherrschaft, in deren Politik die Verwirklichung ideologischer Ziele nur noch beigeordneten Charakter hat. Dies gilt aber auch für die Gesamtbevölkerung, die gegenüber der Welt der sozialistischen Zukunftsideale mehrheitlich Gleichgültigkeit oder Ablehnung empfindet. Die als „Vertrauenskrise" bezeichnete Glaubwürdigkeitslücke scheint kaum noch überbrückbar zu sein. Diese Tatsache darf jedoch nicht zu dem Fehlschluß verleiten, die Führung habe den Anspruch aufgegeben, den Sozialismus zu verwirklichen. Leitet sie doch aus dem Aufbau einer sozialistischen und zukünftigen kommunistischen Gesellschaftsordnung die Legitimation ihrer Herrschaft ab. Dennoch mußte der normativen Kraft des Faktischen Tribut gezollt werden. Das Ergebnis ist die Theorie vom *„Anfangsstadium des Sozialismus"*. Mit dieser Theorie wird anerkannt, daß die überkommenen Werte-, Normen- und Institutionengefüge seit Gründung der Volksrepublik China zwar modifiziert, aber nicht grundsätzlich „zerstört" werden konnten. Die neuen ideologisch begründeten Ideale haben in der Praxis des Landes nur insoweit Geltung gefunden, als sie sich mit *überkommenen Lebensvorstellungen verschmelzen* ließen. Ansonsten sind sie in ihrer Bedeutung für das politische, wirtschaftliche und kulturelle Leben immer mehr verblaßt. Die Rückstufung des Ideologischen wurde naturgemäß nicht von allen begrüßt:

> „Als das Konzept, daß das Anfangsstadium des Sozialismus mindestens hundert Jahre andauern würde, erstmals eingeführt wurde, meinten einige Genossen: Wäre es nicht besser, diese Theorie nicht zu verkünden? Ist es nicht möglich, daß einige Genossen den Gedanken, daß dieses Stadium mehr als hundert Jahre andauern wird, als bedrückend empfinden? Das Anfangsstadium des Sozialismus ermöglicht die Existenz verschiedener Arten von wirtschaftlichen Elementen. Man geht sogar so weit, eine private Wirtschaft mit Arbeitgeber-Arbeitnehmer-Beziehungen zuzulassen und sie noch auszudehnen. Heißt das nicht, offen den Kapitalismus zu praktizieren? Es gibt einige Leute, die behaupten, daß die Theorie vom Anfangsstadium des Sozialismus in Wirklichkeit die Theorie einer gemischten Wirtschaft sei, teilweise sozialistisch und teilweise kapitalistisch. ... In der Tat ist alles auf dieser Welt eine Mischung von gut und schlecht. Nichts vollständig Perfektes existiert" (*Xue Lilun* 1988: 8–10).

Allgemeines Ziel der politischen Anstrengungen während des Anfangsstadiums des Sozialismus ist der Aufbau einer „geistigen sozialistischen Zivilisation", die der materiellen Zivilisation Antriebskraft und Stütze sein soll. In ihr sollen „alle positiven Ideen und Verhaltensweisen", die „die vier Modernisierungen, den nationalen Aufschwung, die Wiedervereinigung des Vaterlandes, die Einheit der Nation, den Fortschritt der Gesellschaft und den Wohlstand des Volkes fördern", verwirklicht werden. Im Rahmen dieser Zivilisation soll es zu einer „Entfaltung der eigenen guten Traditionen bei gleichzeitiger Übernahme kultureller Errungenschaften des Westens und der Entwicklung einer sozialistischen Kultur chinesischer Prägung" kommen (*Zhang* 1987: 13–19).

Eine weitere wesentliche Veränderung im gesellschaftlichen Gefüge Chinas, deren langfristige Wirkung heute noch nicht zuverlässig auszuloten ist, steht in indirektem Zusammenhang mit der leidigen und frucht- weil ergebnislosen Dauerfrage nach der Definition dessen, was den Sozialismus ausmacht. Hält man sich an die Aussagen der westlichen Gründungsphilosophen und ihre Nachfolger, so hat es in China niemals einen Sozialismus gegeben, und es wird ihn auch niemals geben. Nimmt man hingegen auf die politisch-praktischen Grundelemente Bezug, die den meisten der Staaten, die sich unter Führung einer kommunistischen Partei als sozialistisch bezeichnen, gemein ist, dann ist die sozialistische Wirklichkeit des Landes unübersehbar. Dies gilt vor allem im Hinblick auf jene Art von „Gleichheit", die sich durch ein Hochmaß an institutionalisierter Ungleichheit auszeichnet. Der „demokratische Zentralismus" und andere hierarchische Organisationsvarianten passen sich nahtlos an die ordnungspolitische Maxime der konfuzianischen Vorläuferherrschaft an, wonach nur die absolute Hierarchisierung und Fixierung sozialer Unterschiede (*ding bie*) die „höchste Gleichheit" (*zhi ping*) garantiere – jedem das Seine beziehungsweise seinem Status gemäß. Demgemäß erscheint ein solcher Zustand aus Sicht der Herrschaft nicht als vorübergehende Deformation, sondern als Ausdruck grundsätzlich vernünftiger Verhältnisse.

Einer solchen Bewertung entspricht der Tatbestand, daß in China nur verhältnismäßig geringe Segmente der Gesellschaft am politischen Entscheidungsprozeß aktiv oder auch nur passiv beteiligt sind. Solange die politische Elite in der Lage war, die Grundbedarfsansprüche der großen Bevölkerungsteile – der bäuerlichen Bevölkerung und der städtischen Arbeiterschaft – zu erfüllen, sind kaum „störende Partizipationsforderungen" aufgetreten. Nun ist China im Gegensatz zu einer während des 18. Jahrhunderts weit verbreiteten Ansicht keineswegs ein „ewiges, unwandelbares Gesetz". Das Prinzip des eliteeigenen Entscheidungsprozesses unterliegt daher gegenwärtig zwei existenziellen Herausforderungen aus unterschiedlicher Richtung. Zum einen geht es um den Partizipationsanspruch der Intelligenz. Die bereits angesprochenen Forderungen nach mehr Demokratie und Beachtung der Menschenrechte sowie die studentischen Demonstrationen und die allgemeine Unzufriedenheit im akademischen Bereich spiegeln diese neue Herausforderung wider. Es läßt sich nicht leugnen, ein beachtlicher Teil der „demokratischen Losungen" der Intelligenz beruht auf einem ausgeprägten Eigeninteresse. Es geht mindestens ebensosehr um die eigene Beteiligung am nationalen Entscheidungsprozeß und letzten Endes um die Kooptation in die bestehende politische Elite wie um allgemein demokratische Lebensformen. Da die Intelligenz in ihrer Gesamtheit vom nationalen Entscheidungsprozeß weitgehend ausgeschlossen ist, läßt sich der für westliche Gesellschaften häufig zu registrierende Bruch zwischen „kritischen Intellektuellen" im engeren Sinne und einer eher bejahenden Technokratie in China noch nicht feststellen. Die vertagte Aufwertung der Intelligenz stellt eine der großen Fehlleistungen der bisherigen Reformpolitik dar. Dennoch scheint es keineswegs unmöglich, daß es auf längere Sicht zu einer erfolgreichen Integration der für die Modernisierung des Landes wichtigen Kräfte in die politische Elite kommt. Gegenüber der Vergangenheit sind neue Aufgabenbereiche hinzugekommen, und dementsprechend muß sich die Elite erweitern, um ihre Herrschaftsfähigkeit zu erhalten.

Schwierig erscheint die Einebnung dieser Bruchlinie in der politischen Kultur Chinas insofern, als die zweite große Herausforderung an die Elite aus einer entgegengesetzten Interessenrichtung herrührt. Die etablierte „*politische Gesellschaft*" des Landes wehrt sich gegen eine Erweiterung ihrer eigenen Basis und den befürchteten Verlust ihrer privilegierten Stellung gegenüber der Intelligenz. Unter politischer Gesellschaft sind in diesem Zusammenhang jene Teile der Bevölkerung zu verstehen, deren Grundvorstellungen und -interessen im politischen Gestaltungsprozeß zumindest indirekt berücksichtigt werden müssen. Keine noch so mächtige Führung kann auf Dauer gegen sie regieren. Die politische Gesellschaft umfaßt zur Zeit insgesamt rund 30 Millionen Kader – chinesisch *ganbu*: „handelnde Elemente". Diese „ganbu"-Gesellschaft – drei Prozent der Bevölkerung – kann am treffendsten als Transmissionsschicht beschrieben werden. Ihre Aufgabe ist es, politische Entscheidungen und Maßnahmen in konkretes Handeln an Ort und Stelle umzusetzen. Sie stellt ferner das Personalreservoir, aus dem sich Chinas *politische Elite* im engeren Sinne rekrutiert. Im Vergleich zur gesamten politischen Gesellschaft erscheint die eigentliche politische Elite verhältnismäßig klein. Nach überwiegender Ansicht von Beobachtern gehören ihr nur rund 80.000 Mitglieder an, die gemeinhin als Führungskader von Partei, Armee, Zentralstaat und Provinzen fungieren. Entscheidend für die Position der Mitglieder der politischen Elite ist die Tatsache, daß alle wesentlichen politischen Vorgänge durch sie aktiv verwirklicht werden müssen:

> „Sie sind daher in einer Position, selbst die nahezu einstimmig gefaßten Mehrheitsentscheidungen der zentralen Parteiorgane in einer solchen Weise zu sabotieren, daß letztere nicht die von der Parteizentrale gewünschte Wirkung erzielen" (*Bartke/Schier* 1985: 48).

Die besonderen Schwierigkeiten der politischen Gesellschaft und Elite Chinas, die für den weiteren Modernisierungsprozeß unerläßliche politische, wirtschaftliche und soziale Dynamik auszulösen und aufrechtzuerhalten, sind allgemein bekannt. Vereinfacht wird vor allem der Widerstand der unteren und mittleren Kaderschaften zur Erklärung angeführt. Letztere gelten nicht nur in China überwiegend als Gegner jeder Reformpolitik, die über das Maß bloßer Sanierung bestehender Mißverhältnisse hinausgeht. Der Widerstand dieser Kaderschichten wird interessenpolitisch verständlich, wenn man sich daran erinnert, daß ihre privilegierte Position im wesentlichen an die Durchführungskontrolle politischer Maßnahmen gebunden ist, das heißt abweichende Verfahren und alternative Entwicklungen zu verhindern. Im Rahmen wirtschaftlicher Reformen wird diese Kontrollfunktion weitgehend überfällig. Sie wird auf der Ebene der großen makroökonomischen Entscheidungen durch die neue Politik der ökonomischen Hebel und auf den unteren Ebenen durch Marktfunktionen und andere ökonomisch verankerte Signalsysteme ersetzt. Anders gesagt: Mit dem Verlust der Funktion ist auch der Verlust des bisherigen Status der unteren und mittleren Kaderschichten verbunden. Für die politische Elite im engeren Sinne ändert sich – zumindest in der Mehrheit – nur wenig, weil ihr Status nicht an ein bestimmtes Durchführungsverfahren des Wirtschaftsprozesses gebunden ist. Das grundlegende Problem der reformorientierten Führungselite, das in allgemeiner Form das grundlegende Problem jeder Reformpolitik im Bereich real existierender sozialistischer Ordnungen darstellt, ist die „Wachablösung" an der eigenen Basis, das heißt der Austausch der alten Kaderschaft durch neue gesellschaftliche Kräfte, deren Beiträge zum Aufbau und zur Erhaltung der Reformordnung wesentlich wichtiger sind. Bisher waren die reformorientierten Teile der chinesischen Führung weder entschlossen noch stark genug, genügend nachhaltige Anstöße zur Umgestaltung der politischen Gesellschaft des Landes zu geben. Noch herrscht nach chinesischen Aussagen ein weit verbreiteter „Hang zum hohlen Geschwätz" vor, der sich „durch konstante Zustimmung und Lobpreisung der Reformen auszeichnet, aber durch mangelnde Entschlossenheit bei konkreten Problemen. Gleich welche Beschlüsse gefaßt werden, es wird nicht gehandelt. Dieser Art von Leuten haben die Massen zwei Reime gewidmet. Der erste Reim besagt: Sie tagen heute, morgen und jeden Tag. Der zweite Reim besagt: Ich rede, du redest, jedermann redet. Die Gegenzeile heißt: Niemand handelt" (*Inside Mainland China* 1988). In der Tat ist die „geistige Selbstreform" der politischen Führung dringender denn je. Kommt sie nicht, dann könnten kritische Reformer recht haben, wenn sie sich besorgt äußern: „Wenn es in den nächsten Jahren schlecht läuft, könnte China wie die Länder Osteuropas enden, die von einer ineffizienten, halbreformierten Wirtschaft geplagt werden" (*Asian Wallstreet Journal*, 28./29.10.1988).

Literaturverzeichnis

Bartke, Wolfgang/Schier, Peter, 1985: China's New Party Leadership, London.

Chang, Sen-dou, 1985: The Role of Intermediate Cities in China's Development, in: *Chi-keung Leung* und *Joseph C. H. Chai* (Hrsg.), Development and Distribution in China, Hongkong, 218–236.

Elvin, Mark, 1983: Warum hat das vormoderne China keinen industriellen Kapitalismus entwickelt? Eine Auseinandersetzung mit Max Webers Ansatz, in: *Wolfgang Schluchter* (Hrsg.), Max Webers Studie über Konfuzianismus und Taoismus, Frankfurt am Main, 114–133.

Gipouloux, François, 1988: Chine 1987–1988. Reforme, Crise et Insertion Croissante dans le Commerce Mondial, in: Le Courrier des Pays de l'Est, 331.

Kirsch, Guy/Mackscheidt, Klaus, 1988: China. Ordnungspolitik in einem konfuzianischen Land, Baden-Baden.

Lieberthal, Kenneth/Oksenberg, Michel, 1986: Understanding China's Burreaucracy, in: The China Business Review, 13/6, 24–31.

Xue Lilun (Theoriestudium) 3 (1988), 8–10.

Lilun Xuekan (Theoretisches Studienmaterial), in: Inside Mainland China 7 (1988), 10–12.

Louven, Erhard, 1987: Perspektiven der Wirtschaftsreform in China, Berlin.

Louven, Erhard (Hrsg.), 1989: Chinas Wirtschaft zu Beginn der 90er Jahre. Strukturen und Reformen. Ein Handbuch, Hamburg.

Machetzki, Rüdiger, 1987: Volksrepublik China: Wirtschaft im Wandel – Grenzen der Reform, in: *Mensen, Bernhard* (Hrsg.): China Sein Neues Gesicht, St. Augustin, 49–120.

Machetzki, Rüdiger, 1987: Die Besonderheiten chinesischer Politik. Ein Beitrag zur politischen Kultur der Volksrepublik China, in: Landeszentrale für politische Bildung Baden-Württemberg (Hrsg.): Die Volksrepublik China, Stuttgart, Berlin, Köln, Mainz, 64–75.

Pye, Lucian W., 1986: On Chinese Pragmatism, in: The China Quarterly 106, 207–234.

Scharping, Thomas, 1988: Probleme der westlichen China-Forschung: Interessen, Quellen und Paradigmen (Berichte des Bundesinstituts für ostwissenschaftliche und internationale Studien, 14), Köln.

Schier, Peter, 1986: China in der Wende. Innenpolitische Veränderungen seit dem Tode Mao Zedongs, in: Zeitschrift für Politik 4, 399–412.

Schier, Peter, 1987: Partei und Staat in der Volksrepublik China. Die institutionellen Grundlagen des politischen Systems, in: Landeszentrale für politische Bildung Baden-Württemberg (Hrsg.): Die Volksrepublik China, Stuttgart, Berlin, Köln, Mainz, 105–123.

Überblick über die strategischen Maßnahmen für die unterentwickelten Gebiete bei der Reform des politischen Systems, in: Hongqi (Rote Fahne) 6 (1988), 18–20.
Weggel, Oskar, 1989: Geschichte Chinas im 20. Jahrhundert, Stuttgart.
Zhang, Dainian, 1987: Kenntnisse aus Kultur und Geschichte, in: China heute. Monumenta Serica 2, 13–19.

Sozialismus am Scheideweg. Modernisierungserfordernisse und politische Reformen in der DDR und Osteuropa

Gert-Joachim Glaeßner/Hubertus Knabe/Michal Reiman

1. Einführung

Die gesellschaftliche und politische Entwicklung in den sozialistischen Ländern hat in den letzten Jahren eine ungeahnte Dynamik entwickelt. Die sozialen und politischen Strukturen entwickeln sich immer weiter auseinander und es fällt zunehmend schwer, von einem einheitlichen *Systemtypus* zu sprechen, wie es der in den siebziger Jahren in Mode gekommene Begriff *„realer Sozialismus"* suggeriert hat. Die westliche Kommunismusanalyse hat ebenfalls über weite Strecken das Bild eines einheitlichen Systemtypus gepflegt. War es in den vierziger und fünfziger Jahren die Vorstellung eines totalitären Systemverbunds, der, dominiert und beherrscht von der stalinistischen Sowjetunion, keine nationalen Sonderentwicklungen kannte, so wurde diese Vorstellung seit den sechziger Jahren durch industriegesellschaftliche und konvergenztheoretische Überlegungen abgelöst, die ebenfalls eher die Einheitlichkeit als die Unterschiede einzelner sozialistischer Länder betonten. Erst die Niederschlagung des „Prager Frühlings" 1968, der zeitweilig mit Sympathie verfolgte Versuch Rumäniens, eine eigenständige Außenpolitik zu betreiben, eine gewisse Vorreiterrolle der DDR bei der Implementation ökonomischer Reformen in den sechziger Jahren, Reformbemühungen in Ungarn und vor allem die Veränderungen in Polen in den Jahren 1980/81 haben den Blick dafür geöffnet, daß die von *Karl Deutsch* Anfang der sechziger Jahre konstatierten „Risse im Monolith" sich vertieft hatten. Die Entwicklung tendierte immer deutlicher dahin, daß sich Besonderheiten, die die einzelnen Länder aufweisen und die auch in der *Stalin*-Ära nie völlig verschwunden waren, verstärkten und die Frage aufwarfen, welchen Stellenwert allgemeine Systemspezifika des Sozialismus sowjetischen Typs gegenüber diesen Eigenentwicklungstendenzen (noch) haben.

Die Einsicht, daß es einer Veränderung der überkommenen Struktur der sozialistischen Systeme bedarf, weil diese die wirtschaftliche und soziale Entwicklung hemmen, hat inzwischen zu höchst unterschiedlichen Reaktionen in den Partei- und Staatsführungen dieser Länder geführt. Auf der einen Seite werden die erreichten Vorzüge des Sozialismus gelobt und allenfalls verbale Zugeständnisse an Reformbestrebungen gemacht, auf der anderen Seite konstatiert der ungarische Ministerpräsident, daß das „bürokratische und hyperzentralisierte staatssozialistische Modell des gesellschaftlichen Aufbaus, das Modell des Parteistaates" in die Sackgasse geraten sei und sich als „entwicklungsunfähig und als Bremse der Modernisierung" erwiesen haben (*Németh* 1989: 4).

Angesichts eines rapiden Wandlungsprozesses, dessen Ergebnis kaum prognostizierbar ist, erscheint es angebracht, die ***Beharrungs- und Wandlungstendenzen*** in den sozialistischen Ländern genauer zu betrachten. Im Mittelpunkt des Interesses stehen die systemischen Strukturdefekte, die einen gesellschaftlichen und politischen Modernisierungsprozeß bislang behindern, die Frage nach neuen Problemlagen und Lösungsvorstellungen und nach den Chancen einer Systemreform, eines Veränderungsprozesses, der auch bislang sakrosankte Grundaxiome marxistisch-leninistischer Politikvorstellungen in Frage stellt.

2. *Alte und neue Problemkonstellationen*

2.1 Strukturelemente des politischen Systems

Für alle sozialistischen Staaten war bislang ein Politikverständnis bestimmend, das von dem westlicher Demokratien fundamental unterschieden ist. Politik wurde von den kommunistischen Parteien als einheitlich organisierter Prozeß angesehen, in dem die Ziele und der Wille der herrschenden Klasse, und das meint *de facto* der regierenden kommunistischen Partei, auf die gesamte Gesellschaft übertragen wird.
Die politische Theorie des Marxismus-Leninismus – der „Wissenschaftliche Kommunismus“ – spricht von der „politischen Organisation der sozialistischen Gesellschaft“, dem politischen System, als einem einheitlichen Zusammenhang, innerhalb dessen die Eigenständigkeit einzelner Politikbereiche und -felder ebensowenig akzeptiert werden, wie eine Teilung der Gewalten. Die Verwirklichung der gesellschaftspolitischen Ziele des Sozialismus/Kommunismus bedürfe der vereinheitlichten Anstrengung aller und einer zentralisierten, nach einheitlichen Prinzipien gestalteten Politik.
Einheitlichkeit bedeutet jedoch nicht Einheitsverwaltung (*Bálla* 1972). In den nachstalinistischen Systemen hat sich eine funktionale Aufgabenverteilung zwischen Partei, Exekutive, Legislative und Judikative, zwischen staatlichen Institutionen und gesellschaftlichen Organisationen und eine hierarchisch gestaffelte Kompetenzzuweisung an die regionalen Untergliederungen herausgebildet (*Skilling/Griffiths* 1974).

> „Die politische Organisation der sozialistischen Gesellschaft ist ein Komplex staatlicher und nichtstaatlicher Organisationen und Institutionen (der Volksvertretungen, des Staatsapparates, der befreundeten Parteien, der Massenorganisationen und anderer gesellschaftlicher Organisationen, der Arbeitskollektive) unter der Führung der marxistisch-leninistischen Partei der Arbeiterklasse, der politischen und juristischen Normen, der Normen sozialistischer Moral und Ethik, der politischen Traditionen der Arbeiterklasse und anderer Ausdrucksformen des sozialistischen Staats- und Rechtsbewußtseins. Mit ihrer Hilfe übt die Arbeiterklasse die politische Macht aus und gestaltet bewußt und planmäßig die gesellschaftlichen Verhältnisse nach den objektiven Erfordernissen der sozialistischen Gesellschaft“ (DDR 1978: 26).

Als Bestandteile dieses politischen Systems werden die marxistisch-leninistische Partei als „politisch-organisatorisches Zentrum der Gesellschaft“, der Staat als „Hauptinstrument der von der Arbeiterklasse geführten Werktätigen bei der Gestaltung der sozialistischen Gesellschaft“, das Recht als „die Gesamtheit der vom sozialistischen

Staat geschaffenen und sanktionierten Gesetze und Rechtsvorschriften", die Massenorganisationen und, soweit vorhanden, die „befreundeten" Parteien angesehen (Einführung 1986: 59).
Unter funktionalen Aspekten läßt sich die Führungsrolle der marxistisch-leninistischen Parteien drei Bereichen des politischen Systems zuordnen: Sie bedienen sich des Staates als „Hauptinstrument" bei der Durchsetzung ihrer politischen Ziele, Parteipolitik ist also in erster Linie Staatspolitik, und nicht, wie dies erklärtes Ziel sozialistischer Politikvorstellungen war, Politik mit dem Ziel, staatliches Handeln zugunsten gesellschaftlichen Handelns zurückzudrängen. Sie nutzen die Formen „bürgerlicher" Demokratien, insbesondere Parlamentarismus und Mehrparteiensystem, zur Legitimierung der faktischen Einparteienherrschaft und zur geregelten Partizipation der Bürger in von der kommunistischen Partei abhängigen und ihren Führungsanspruch explizit sanktionierenden Parteien und Organisationen. Die gesellschaftlichen Organisationen dienen zugleich als Mobilisierungs- und Erziehungsinstitute, mit deren Hilfe die Bevölkerung für die Parteiziele gewonnen und aktiviert werden.

2.2 Perfektionierung oder Reform des Systems?

Diese Strukturen galten über Jahrzehnte nicht nur als unveränderbar, sondern als *conditio sine qua non* für eine sozialistische Entwicklung. Sie wurden von den Theoretikern des Marxismus-Leninismus auch nicht als historisch gewachsene und damit der Wandlung unterworfene Ergebnisse der russischen Revolution und der Übertragung des sowjetischen Modells auf Länder ganz anderen ökonomischen, sozialen, politischen und kulturellen Zuschnitts betrachtet, sondern als allgemeiner Ausdruck des Sozialismus.
Das bedeutet nicht, daß es keine Versuche gegeben hätte, die Binnenstrukturen der sozialistischen Systeme zu verändern. Diese Veränderungen bezogen sich aber stets auf den – in erster Linie wirtschaftlichen – Planungs- und Lenkungsmechanismus und bezogen das Verhältnis des Parteistaates zu seinen Bürgern, zu gesellschaftlichen Interessengruppen und zur Gesellschaft insgesamt nicht ein. Zudem waren sie, wie ein Blick auf die verschiedenen Phasen der Wirtschaftsreform zeigt, stets halbherzig und von kurzer Dauer.
Insgesamt kann man die Veränderungen des Planungs- und Lenkungssystems in den sozialistischen Ländern als eine graduelle Bewegung weg von einem in hohem Maße zentralisierten hin zu einem System beschreiben, das innerhalb einer nach wie vor streng hierarchischen Entscheidungsstruktur gewisse Elemente dezentraler Entscheidung und Verantwortlichkeit eingebaut hat. Daß dies völlig unzureichend ist, zeigt allein die Tatsache, daß seit der ersten Debatte über die Notwendigkeit tiefgreifender Reformen des ökonomischen Mechanismus 1956/57 noch immer die gleichen Fragen auf der Tagesordnung stehen: Dezentralisierung, Demonopolisierung, Rolle des Marktes, Preisreform, Liberalisierung des Außenhandels und vor allem die Unabhängigkeit der Wirtschaftsunternehmen von der Partei- und Staatsadministration (vgl. u. a. *Bauer* 1988; *Marer/Siwinki* 1987).

Wlodzimierz Brus hat von Reformzyklen gesprochen (*Brus* 1985) und damit eine zutreffende Besschreibung der Situation geliefert: Mitte der fünfziger Jahre werden in der DDR, in der ČSSR, Polen und Ungarn erstmals Fragen der Dezentralisierung des Wirtschaftssystems diskutiert. In den sechziger Jahren wird in der DDR das „Neue Ökonomische System der Planung und Leitung der Volkswirtschaft" – der terminologische Bezug zur NEP *Lenins* war nicht zufällig – als eine Art Pilotprojekt in Gang gesetzt, und in der ČSSR und Ungarn werden Schritte in Richtung einer größeren Bedeutung des Marktes eingeleitet. Der Abbruch aller Reformbestrebungen in der Sowjetunion 1968/69 ging einher mit einer Rezentralisierung des Planungs- und Lenkungsmechanismus. Die tschechoslowakische Krise des Jahres 1968 beendete dort alle Reformbestrebungen und brachte für zwei Jahrzehnte eine Rückkehr zum alten, politisch kontrollierten und determinierten Zentralismus (*Korbonski* 1989: 11). Erst die polnische Krise 1980/81 und die Politik der „Perestrojka" in der Sowjetunion haben Elemente einer tiefergehenden Reform des Wirtschaftsmechanismus und – in unmittelbarem Zusammenhang damit – erstmals auch des politischen Systems erkennen lassen. Versteht man im Anschluß an *Wlodzimierz Brus* Reformen als *„meaningful change in the operating principles of an economic system, and not any modification within the old framework"* (*Brus* 1985a, 195) und wendet sie auch auf das politische System an, wird man die früheren Veränderungen im politischen und ökonomischen System eher mit Begriffen wie Rationalisierung und Effektivierung, als mit dem Begriff Reform belegen (vgl. *Glaeßner* 1982), weil sie den entscheidenden Zusammenhang von ökonomischen und gesellschaftlichen Krisenerscheinungen nicht in den Blick genommen haben.

Als Gemeinsamkeiten lassen sich in allen sozialistischen Staaten mit Ausnahme Rumäniens die Differenzierung des Machtgefüges und die Spezialisierung einzelner Organisationen und Institutionen erkennen. Es ging in unterschiedlicher Weise um Rationalisierung, Effektivierung und partielle Ökonomisierung vorwiegend politisch determinierter Organisationsformen und Entscheidungsprozesse. Hinzu kommt eine in ihren konkreten Formen differierende Tendenz der Verrechtlichung und normativen Regelung der Planungs- und Leitungsprozesse (*Glaeßner* 1982: 241–275). Zu weitreichenden Veränderungen des Planungs- und Leitungssystems, die auch die politischen Strukturen einbezogen hätten, konnten sich die regierenden kommunistischen Parteien jedoch nicht verstehen. Versuche in dieser Richtung scheiterten letztlich an der Angst der Partei vor einer Verselbständigung als „ökonomisch" und „technokratisch" empfundender Lösungen. Ihrem Dezisionismus sollten keine Fesseln angelegt werden. Der in den sechziger und siebziger Jahren eingeleitete Prozeß der Differenzierung der politischen Strukturen und der Wirtschaftsplanung bedeutete also nicht, daß die zentralistische Grundstruktur von Staat und Gesellschaft und die Monopolstellung der Partei angetastet worden wäre.

2.3 Neue Problemlagen und Strukturdefekte des politischen Systems

Die in einigen sozialistischen Ländern in Gang gekommene Diskussion über die Zukunft des politischen Systems ist die Folge einer Krise des „realen Sozialismus". Die notwendige *Modernisierung* in allen Bereichen der Gesellschaft läßt sich mit den seit Jahrzehnten erprobten Mitteln administrativer Veränderungen, technokratischer Politikkonzepte und bürokratischer Reformen nicht realisieren. Ökonomische Krisenerscheinungen, ökologische Notwendigkeiten, soziale und kulturelle Veränderungen und Umschichtungsprozesse, nötigen zu einem Überdenken bisheriger Politikvorstellungen. Eine besondere Dynamik gewinnt dieser Reflexions- und Umgestaltungsprozeß durch die weitreichende, in sich widersprüchliche, gleichwohl aber bislang sakrosankte ideologische und politische Positionen in Frage stellende Entwicklung in der Führungsmacht Sowjetunion.

Die Komplexität der *neuen* Problemkonstellation besteht darin, daß sich in den sozialistischen Ländern seit den sechziger Jahren soziale, kulturelle und politische Veränderungen vollzogen haben, die alle Politikebenen tangieren. Weder die bestehenden normativen Regelungen, noch das existierende Institutionensystem und die tradierten Politikmuster sind in der Lage, die neuen Problemlagen adäquat zu verarbeiten, sondern wirken als Hemmfaktoren für die weitere gesellschaftliche Entwicklung. Die Politik ist nicht in der Lage, die wissenschaftlich-technischen, ökonomischen, sozialen und kulturellen Herausforderungen zu bewältigen, vor die sich die sozialistischen Länder heute gestellt sehen. Das erklärte Ziel, den Anschluß an das ökonomische und wissenschaftlich-technische Niveau der westlichen Länder zu finden, die Absicht, Innovationsfähigkeit und -bereitschaft zu fördern, scheitert an den starren und unbeweglichen Strukturen in Politik und Wirtschaft. Der Anspruch des Parteistaates, alle Bereiche der Gesellschaft seinem lenkenden und regelnden Zugriff zu unterwerfen, verhindert eine problem- und sachbezogene, an instrumentellen Rationalitätskriterien orientierte, neue Entwicklungen antizipierende Politik. Die langen Wege zentralistischer Leitungsstrukturen und eine schwerfällige und unflexible Planung vergrößern den Abstand zwischen den sozialistischen Ländern und den westlichen Ländern.

Die Überwindung der parteizentrierten Struktur von Gesellschaft und Politik erweist sich mittlerweile immer mehr als *conditio sine qua non* für einen erfolgreichen Modernisierungsprozeß. Der Umbau der administrativen Strukturen kommt ohne eine größere Durchschaubarkeit ökonomischer und politischer Entscheidungen nicht voran. Die wachsende Differenziertheit sozialer Lagen und der unverkennbare Wertewandel drängen in Richtung einer offenen Gesellschaft (*Knabe* 1987a). Anders als in den technokratisch angelegten Veränderungen im Wirtschaftsmechanismus der sechziger Jahre (*Glaeßner* 1977) müssen Reformen, sollen sie erfolgversprechend sein, nunmehr darüber hinausgreifen und auch das politische System und die Gesellschaft insgesamt verändern. Insofern sprengen sie tendenziell die bisherigen Systemgrenzen und stellen diese Länder vor völlig neue Herausforderungen. Der Sozialismus in der vorwiegend staatlichen Form, so sieht es einer der engagiertesten Unterstützer der *Perestrojka*, „hat seine Möglichkeiten erschöpft. Er muß neue Formen finden, die seinen Urgründen, seiner Orientierung auf die Selbstverwirklichung des Menschen entsprechen." Es gehe, um mit *Marx* zu sprechen, um die „Rückgewinnung der Staatsmacht durch die Gesellschaft" (*Ambartzumow* 1988:117).

3. Reaktionen auf die Modernisierungserfordernisse

Obwohl die aus dem Modernisierungsprozeß resultierenden Problemlagen in allen sozialistischen Industriegesellschaften wirksam sind, führen sie, wie die zunehmende politische Differenzierung der Staaten des Warschauer Paktes zeigt, zu unterschiedlichen Reaktionen. In der *Sowjetunion* ist der Reformprozeß zentralistisch angelegt, seine Dynamik wird in erster Linie von der politischen Führung bestimmt, wenngleich sich nunmehr auch gesellschaftliche Kräfte formieren. In *Polen* waren solche Kräfte bereits früher wirksam und hatten faktisch eine Pattsituation zwischen Staat und Gesellschaft verursacht, die nur durch eine Reform des politischen Systems aufzulösen ist. In *Ungarn* wiederum setzte die Öffnung der Partei für eine radikale Reformpolitik die relative Schwäche der Gesellschaft nach der Niederschlagung des Aufstandes von 1956 voraus, wurde jedoch entscheidend vorangetrieben durch eine zunehmend aktive kritische Intelligenz. In der *ČSSR* und in der *DDR* wenden sich die Parteiführungen gegen grundlegende politische oder ökonomische Veränderungen und setzen auf die Beibehaltung des Konzeptes „konservativer Modernisierung" (*Wlodzimierz Brus*).

3.1 Der Umbau des sozialistischen Systems in Ungarn

Die Metamorphose des sozialistischen Systems geht gegenwärtig in keinem Land des Warschauer Paktes – vielleicht mit Ausnahme von Polen – so schnell vonstatten wie in Ungarn. Dabei waren den Bemühungen, das traditionelle sozialistische Modell zu reformieren, auch in Ungarn bis zur Ablösung der Parteiführung unter *János Kádár* während der Landeskonferenz der Ungarischen Sozialistischen Arbeiterpartei (USAP) vom 20. bis. 23. Mai 1988 enge Grenzen gesetzt. Sie beschränkten sich fast ausschließlich auf die ökonomische Sphäre sowie die Kulturpolitik und hatten eher indirekte Wirkungen auf das politische System (*Knabe* 1987).

Ausgangspunkt der gegenwärtigen Phase der Umgestaltung ist nunmehr – wie in der Sowjetunion – die Überlegung, daß ohne die Modernisierung des politischen Systems keine Wirtschaftsreform erfolgreich sein kann. Dabei betont die ungarische Parteiführung, daß der Problemdruck in Ungarn erheblich größer sei als in der UdSSR, weil Ungarn 55 Prozent seines Bruttosozialproduktes durch Exporte realisieren muß – Sowjetunion 10 Prozent – und deshalb stärker zur Anpassung an die Modernisierungserfordernisse des Weltmarktes gezwungen ist. Anders als in der Sowjetunion orientieren sich die Reformkräfte in Ungarn jedoch zunehmend an westlich-demokratischen Modellen politischer Herrschaft und streben faktisch die (Re-)Integration Ungarns in die Traditionen und Strukturen des abendländischen Europas an.

Wesentlich verantwortlich für den Führungswechsel in Ungarn waren eine Zuspitzung der ökonomischen Probleme und eine Vertrauenskrise in Partei und Gesellschaft gegenüber der Problemlösungskapazität der *Kádár*-Führung. Eine Gruppe hoher Funktionäre um den damaligen Ministerpräsidenten *Károly Grósz* setzte sich an die Spitze dieser Unzufriedenheit und setzte umfangreiche personelle Umbesetzungen

durch. Die personellen Machtverschiebungen, die mit der Bildung eines vierköpfigen, mehrheitlich von den Reformern bestimmten Parteivorstandes und der Ernennung des Reformpolitikers *Rezső Nyers* zum Parteivorsitzenden im Juni 1989 ihren vorläufigen Höhepunkt erreichten, schufen die Voraussetzungen für eine Reformpolitik, die auf den verschiedenen Ebenen des politischen Systems zwar unterschiedlich stark wirksam wird, aber – von der in Gang gesetzten politischen Dynamik angetrieben – zu immer weitgehenderen Korrekturen an den tradierten politischen Strukturen des Sozialismus führt.
Besonders rasch ist es im Bereich der *politischen Öffentlichkeit* zu Veränderungen gekommen, die sich zunehmend von den Restriktionen der Vergangenheit emanzipieren konnte. Da Transparenz und öffentliche Kontrolle zu den Kernforderungen der Reformkräfte zählen, beschloß das Zentralkomitee bereits in seiner ersten Sitzung nach der Parteikonferenz im Mai 1988, die „Publizität" des politischen Lebens zu verstärken: Sitzungen des Parlamentes und auch des Zentralkomitees sind nunmehr Gegenstand intensiver Berichterstattung, von Politbürositzungen werden Kommuniqués angefertigt, bislang geheim gehaltene Zahlen werden veröffentlicht – beispielsweise über den Militärhaushalt, über die im Lande stationierten sowjetischen Soldaten, die Finanzen der Partei oder die Gehälter der Minister. Die Medien fanden zu einer kritischen, problemorientierten Berichterstattung, die kaum noch Tabus respektiert und deshalb im Februar 1989 vom damaligen USAP-Generalsekretär *Károly Grósz* als „Jagd nach Sensationen" und journalistischer „Übereifer" angegriffen wurde (Budapester Rundschau, 20. Februar 1989). Darüber hinaus konnte sich auf privatwirtschaftlicher Grundlage eine Reihe neuer, unabhängiger Medien etablieren, und die Untergrund-Presse wurde durch die Einstellung der Verfolgung und ein geplantes Mediengesetz faktisch legalisiert.

3.1.1 Neue Rolle der Partei

Die angestrebte Pluralisierung und Demokratisierung der Machtstruktur verlangt eine Veränderung des politischen Institutionengefüges, über deren Ausmaß es in Basis und Führung der USAP jedoch erhebliche Meinungsunterschiede gibt. Zunächst sollte diese im Rahmen des Einparteiensystems realisiert werden und gewisse systemimmanente Korrekturen beinhalten, die der damalige Ministerpräsident *Grósz* kurz vor der Landesparteikonferenz in einem Interview so beschrieb:

> „Es ist an der Zeit, die führende Rolle der Partei zu überdenken – den Arbeitsstil und verschiedene ideologische Fragen ... Heute müssen die Interessen über verschiedene Kanäle an die Oberfläche, an die Öffentlichkeit gelangen, miteinander konkurrieren, um eine Lösung zu finden" (Budapester Rundschau, 1. August 1988).

Der Prozeß der Erneuerung und Demokratisierung betraf nach dem Willen der Landesparteikonferenz insbesondere die Arbeit der *Partei*. Auf der ersten Sitzung des Zentralkomitees nach dem Führungswechsel im Juni 1988 wurden deshalb die Prinzipien des *„demokratischen Zentralismus"* eingeschränkt, so daß es in Ungarn nunmehr gestattet ist, innerhalb der Partei Plattformen zu bilden, kontroverse Anträge zu stellen und

Entscheidungen der Gremien zu kritisieren. Dadurch ist es auf allen Ebenen der Partei zu einer zunehmenden *Polarisierung zwischen Konservativen und Reformern* gekommen, die durch parallele politische Organisationen – die „Neue Märzfront" oder „Reformkreise" der USAP auf der einen, die orthodoxe „Ferenc-Münnich-Gesellschaft" auf der anderen Seite – verstärkt wird. Führende Reformpolitiker, die nach eigenen Aussagen eine „kommunistisch-sozialdemokratische Synthese" und eine Zusammenarbeit mit den neugegründeten Parteien der Sozialdemokraten und der Kleinen Landwirte anstreben (*Rezső Nyers* in: Budapester Rundschau, 20. Februar 1989), erklärten Anfang 1989, daß sie gegen eine Spaltung der Partei nichts einzuwenden hätten, da die Entfaltung einer konsequenten Reformpolitik faktisch von den Konservativen blockiert würde.

Nach wochenlangen Diskussionen über die zukünftige Strategie der Partei spitzte sich der Konflikt erstmals im Februar 1989 zu, als der populärste Reformpolitiker, *Imre Pozsgay*, während eines Auslandsaufenthaltes von Generalsekretär *Károly Grósz* öffentlich erklärte, bei den Ereignissen des Jahres 1956 habe es sich um einen „Volksaufstand" gehandelt. Nur mit großer Mühe einigte sich das Zentralkomitee während einer Sondersitzung auf einen Kompromiß, der diese Aussage relativierte, im Gegenzug jedoch die Einführung des *Mehrparteiensystems* in Ungarn beschloß. Wenig später verzichtete das Zentralkomitee auch auf seine Nominierungsrechte bei der Besetzung hoher staatlicher, wirtschaftlicher oder anderer Posten und setzte damit formal das kommunistische *Nomenklatura-Prinzip* außer Kraft. Durch die Verquickung der Partei mit dem Staatsapparat, durch den Fortbestand zahlreicher Privilegien wie beispielsweise die betrieblichen Parteiorganisationen sowie aufgrund der Tatsache, daß bislang keine gleichwertigen anderen politischen Kräfte bereitstehen, die das sich auftuende Machtvakuum füllen könnten, hat sich jedoch an der dominanten Rolle der USAP im politischen System bis zum Sommer 1989 im wesentlichen nichts geändert. Eine entscheidende Weichenstellung für die weitere wurde zu diesem Zeitpunkt von einem außerordentlichen Parteitag im Oktober 1989 erwartet, der von den Beteiligten als eine Art Entscheidungsschlacht über den künftigen Kurs der Partei betrachtet wurde.

3.1.2 Alte und neue Massenorganisationen

Unmittelbare Auswirkungen hat der politische Pluralisierungs- und Demokratisierungsprozeß auf die Rolle der offiziellen *Massenorganisationen*. In eine Krise geriet der Kommunistische Jugendverband (KISZ), der bereits vor dem Führungswechsel unter einem erheblichen Schwund seiner ursprünglich 900.000 Mitglieder litt und in wachsende finanzielle Schwierigkeiten kam. Mit der Bildung neuer, unabhängiger Jugendverbände wurde der Anspruch des KISZ widerlegt, Vertretung *aller* Jugendlicher zu sein, was sich organisatorisch niederschlug in der Umbenennung und Umformung des Landesjugendrates (MIOT) in den Landesrat Ungarischer Jugendverbände (MISZOT), der nunmehr auf pluraler Grundlage arbeitet. Im April 1989 legte der einstmals so mächtige und von der Partei gesteuerte Verband sogar das Etikett „kommunistisch" ab und reformierte sich zum Ungarischen Demokratischen Jugendverband (DEMISZ), der nur noch ein Bündnis linker, reformorientierter Jugendgruppen sein will.

In ähnliche Schwierigkeiten geriet der ungarische Gewerkschaftsverband (SZOT), nachdem immer mehr Berufsgruppen unabhängige Gewerkschaften gegründet haben, die sich in der Liga freier Gewerkschaften zusammengeschlossen haben. Nach der Ablösung der alten Gewerkschaftsführung im Juni 1988 bemühte sich SZOT um eine stärkere Profilierung als soziale Interessenvertretung, indem der Verband öffentlich gegen die wiederholten Preiserhöhungen und die damit verbundenen sozialen Lasten sowie gegen die restriktive Regierungsvorlage für ein neues Streikgesetz protestierte, das im März 1988 nach erheblichen Veränderungen verabschiedet wurde und Streiks legalisierte. Die von den Reformkräften angestrebte Struktur unabhängigen sozialpartnerschaftlichen Interessenausgleiches ist bislang jedoch nicht zu erkennen, weil dazu Kapital und Arbeit, vor allem auf betrieblicher Ebene, deutlich voneinander getrennt werden müßten.

Auf eine neue Funktion im politischen System muß sich auch die Patriotische Volksfront umstellen, deren Initialfunktion für den Reformprozeß zurückgegangen ist, seitdem ihr früherer Generalsekretär *Imre Pozsgay* aus dem Amt schied und in Politbüro und Regierung aufstieg. Die Volksfront versteht sich nunmehr als „unabhängig von jeder politischen Kraft" (*Magyar Nemzet*, 18. April 1989) und als eine Art öffentlich-rechtliche Kammer gesellschaftlicher Organisationen, von denen sie eine ganze Reihe neu ins Leben gerufen hat – zum Beispiel den Verband Ungarischer Umweltschützer, den Budapester Rentnerverein oder den Landesrat der Intelligenz. Diese Funktion erfüllt die Volksfront jedoch nur sehr unvollkommen, da sich ein Großteil der neuen Vereinigungen und Bewegungen außerhalb der offiziellen Strukturen etabliert hat und eine Vertretung durch die Volksfront ablehnt. Bei den Wahlen wird diese in Zukunft ebenfalls keine determinierende Rolle mehr spielen, denn künftige Parlamentskandidaten sollen sich vor der Wahl nicht mehr auf das Volksfront-Programm, sondern nur noch auf die Verfassung verpflichten müssen.

3.1.3 Aufwertung des Parlaments

Im Zuge des Demokratisierungsprozesses hat notwendigermaßen das *Parlament* eine Aufwertung erfahren, was nicht zuletzt dadurch dokumentiert wird, daß sich ZK-Sekretär und Politbüro-Mitglied *Mátyás Szürös* im März 1989 zum neuen Parlamentspräsidenten wählen ließ. Das Parlament stellte in der Vergangenheit praktisch ein *Akklamationsorgan* dar, das nur viermal im Jahr zusammenkam, einige wenige Gesetze verabschiedete und selbst das Instrument der Abgeordnetenanfrage kaum nutzte. Die legislative Funktion des Parlamentes wurde zumeist vom Präsidialrat wahrgenommen, der die Beschlüsse von Politbüro und Regierung in eine staatliche Form goß. Schon vor der Landesparteikonferenz vom Mai 1988 bemühte sich die damalige Führung um eine stärkere Profilierung des Parlamentes, indem die Spielräume für *kontroverse Diskussionen* – zum Beispiel bei der Verabschiedung der neuen Steuergesetze im Dezember 1987 – weiter gezogen wurden und eine intensivere Berichterstattung einsetzte. Diese Tendenz verstärkte sich in der Folgezeit und erhielt zusätzlichen Antrieb durch einen allmählich einsetzenden politischen Emanzipationsprozeß bei einem Teil der Abgeordneten. Die *Anfragen* der Abgeordneten haben sprunghaft zugenommen und machen auch vor früheren Tabu-Themen wie der Rehabilitierung der aus politischen Gründen bis 1962 Verurteilten nicht mehr halt. Regierungsvorlagen erhalten nunmehr regelmäßig eine Reihe von Gegenstimmen, in einzelnen Fällen – zum Beispiel bei der Festsetzung der Gewinnsteuer für Unternehmen oder bei der Verabschiedung des Haushaltes für 1989 – setzten die Abgeordneten gegen den erklärten Willen von Partei und Regierung Korrekturen durch. Darüber hinaus ist auch ein Prozeß der *Fraktionierung* zu beobachten, der sich zum Jahreswechsel 1988/89 in der Gründung einer „Gruppe der Parteimitglieder" und – als Reaktion darauf – einer Gruppe von 51 „unabhängigen Abgeordneten" niederschlug.

Obgleich im Dezember 1987 die Befugnisse des Präsidialrates durch ein Gesetz eingeschränkt wurden, haben die Abgeordneten nach wie vor nur geringe Möglichkeiten, auf politische Entscheidungen Einfluß zu nehmen. Im März 1989 kritisierten einzelne Parlamentarier die wiederholten Versuche, auf ihr Verhalten von außen Einfluß zu nehmen. Inzwischen hat das Parlament eine neue Geschäftsordnung verabschiedet, die die Kompetenzen des Präsidialrates neu regelt und den Abgeordneten größere Rechte einräumt, darunter die Möglichkeit, einzelne Minister oder die gesamte Regierung durch ein *Mißtrauensvotum* zu stürzen. Nach dem Willen der Reformkräfte in der USAP und der Opposition soll das Parlament in einem zukünftigen Mehrparteiensystem die bestimmende Rolle im politischen System spielen. Voraussetzung für eine parlamentarische Demokratie ist die Verabschiedung einer neuen Verfassung, eines neuen Wahlgesetzes sowie eines Parteiengesetzes.

Im August 1988 akzeptierte das Parlament die von Justizminister *Kulcsár* vorgelegte *Konzeption für eine neue Verfassung*, die keinen Deklarations- sondern Gesetzescharakter haben und auf den Prinzipien der Gewaltenteilung, der Trennung von Partei und Staat, der Unabhängigkeit des Parlamentes, der Verwaltung und der Gerichte sowie der garantierten Menschenrechte beruhen soll. Ungarn soll sich danach als *„freier, demokratischer und sozialistischer Staat"* konstituieren, dessen Verfassung auf eine *pluralistische parlamentarische Demokratie auf marktwirtschaftlicher Basis* zugeschnitten ist. Eine „führende Rolle" der USAP soll nicht mehr in der Verfassung verankert werden; die Parteiführung hat wiederholt erklärt, nach den für Juni 1990 geplanten freien Wahlen notfalls auch in die Opposition zu gehen. Umfragen und ihren eigenen Schätzungen zufolge, kann die Partei gegenwärtig mit rund einem Drittel der Stimmen rechnen, hat jedoch im Sommer 1989 bei örtlichen Nachwahlen Niederlagen gegenüber den Kandidaten der Opposition hinnehmen müssen. An die Stelle des Präsidialrates soll ein unabhängiger Staatspräsident mit politischen Kompetenzen treten. Verfassungsgericht, Verwaltungsgericht und ein Oberster Rechnungshof sollen ebenfalls etabliert werden.

3.1.4 Staatliche Institutionen, politische Organisationen

Weitgehend unberührt vom Reformprozeß ist bis heute das *staatliche Institutionengefüge* geblieben. Zu den wichtigsten Veränderungen zählt die Schaffung eines Ministeriums für Umweltschutz und Wasserwesen im Dezember 1987 als Folge großen

Handlungsbedarfs in diesem Bereich (vgl. *Knabe* 1989). Im Februar 1989 konstituierte sich ein Rat für Umweltpolitik, im März 1989 eine Ungarische Ärztekammer, die Gründung einer Kammer für Kultur ist geplant. Kritische Analysen, die nunmehr erscheinen können, konstatieren jedoch, daß in Ungarn eine politische Struktur herrscht, in der nach wie vor die wichtigsten Entscheidungen von einer Art „Trutzburg" aus Ministerien, Komitatsverwaltungen und rund fünfzig Großbetrieben getroffen werden, die beispielsweise dafür Sorge tragen, daß die den rentablen Betrieben entzogenen Geldmittel in defizitäre Mammutbetriebe gepumpt werden. Der Politologe *Elemer Hankiss* stellte in einer Untersuchung fest, daß die bisherige Machtelite nunmehr versucht, ihre Macht zu konvertieren, in dem sie aus der Staats- und Parteibürokratie in die Manager- und Unternehmenssphäre abwandert oder durch Aktienerwerb ihre Position ökonomisch untermauert. (Budapester Rundschau, 3. April 1989).
Zu den wichtigsten Ergebnissen des Reformprozesses zählt demgegenüber die (Re-) Konstituierung *unabhängiger politischer Organisationen*. Dazu gehören nicht nur die bislang fünf neugebildeten Parteien – Ungarische Sozialdemokratische Partei, Partei der Kleinen Landwirte, Ungarische Volkspartei, Unabhängigkeitspartei, Christlich-Demokratische Partei – sowie die beiden parteiähnlichen Vereinigungen – Ungarisches Demokratisches Forum, Verband Freier Demokraten –, sondern auch zahlreiche Klubs, Gruppen und Verbände, die sich – wie der unabhängige Jugendverband FIDESZ – teilweise schon vor dem Führungswechsel herausgebildet haben. Das Spektrum dieser mehr als zwei Dutzend Gruppen reicht vom Verband Ungarischer (politischer) Häftlinge bis zu der links-konservativen Ferenc-Münnich-Gesellschaft, vom Journalisten-Klub „Öffentlichkeit" bis hin zum neugebildeten Ungarischen Pfadfinderverband. Der Schwerpunkt ihres Wirkens liegt bisher notwendigerweise auf außerparlamentarischen Aktivitäten – Erklärungen, Unterschriftensammlungen, Demonstrationen – und auf der Festigung der eigenen Strukturen durch Mitgliederwerbung, Programmdiskussion und Wahl von Vertretungsorganen.
Die mitgliederstärkste Organisation ist mit rund 15.000 Mitgliedern das national orientierte Ungarische Demokratische Forum (MDF), gefolgt von der sozialdemokratischen Partei mit mehr als 10.000 Mitgliedern. Der aus der demokratischen Opposition hervorgegangene Verband Freier Demokraten hat rund 3.000 Mitglieder, die Mitgliederzahlen des Jugendverbandes FIDESZ bewegen sich in ähnlicher Höhe. Zu einer ersten Zusammenarbeit zwischen USAP, Sozialdemokraten und Partei der Kleinen Landwirte kam es bei den Feiern für den Nationalfeiertag am 15. März 1989, während die anderen Organisationen ein gemeinsames Vorgehen mit den offiziellen Vertretern ablehnten. Das Angebot der USAP im April, nach polnischem Vorbild zu einem Rundtischgespräch aller gesellschaftlichen Kräfte zusammenzukommen, wurde wegen eines befürchteten Ungleichgewichts zwischen Partei und Opposition zunächst nur von den offiziellen Organisationen und einem Vertreter der Kleinlandwirtepartei angenommen. Die unabhängigen Gruppen schlossen sich stattdessen zu einem oppositionellen Rundtisch zusammen, der im August 1989 mit der USAP eine Einigung über den zukünftigen Wahlmodus erzielte.
Die Vielfalt der Organisationen und Aktivitäten, denen von den Medien teilweise große Aufmerksamkeit geschenkt wird, darf nicht darüber hinwegtäuschen, daß ihr tatsäch-

liches Gewicht im politischen System bislang gering ist. Sie sind nicht nur vom politischen Entscheidungsfindungsprozeß weitgehend ausgeschlossen, sondern verfügen auch nur über geringe materielle und personelle Ressourcen. Sie fordern zwar die Gleichbehandlung mit den offiziellen Organisationen bei der Mittelvergabe aus dem Staatshaushalt, haben aber aus taktischen Gründen bislang auf Forderungen nach einer radikalen Umverteilung der Ressourcen verzichtet. So erklärte der Vorsitzende der Sozialdemokratischen Partei, *András Révész*, im März 1989: „Wir hätten unser Vermögen und unsere vierzig Parteigebäude eigentlich zurückbekommen müssen, aber in der gegenwärtigen Lage fordern wir trotzdem nichts zurück. Wir wollen nämlich keine Konfrontation mit der USAP.“ (Budapester Rundschau, 3. April 1989). Insgesamt läßt sich feststellen, daß der Demokratisierungsprozeß – anders als in Polen – bislang nur zur Einbeziehung einer nach wie vor schmalen, hauptsächlich hauptstädtischen Schicht in den politischen Prozeß geführt hat, was auch von der geringen Wahlbeteiligung bei den örtlichen Nachwahlen im Sommer 1989 dokumentiert wurde.

3.1.5 National orientierte Politik

Bei einem Wechsel von der strukturorientierten Analyseebene zur problemorientierten wird deutlich, daß – neben einer weiteren Liberalisierung der Wirtschaftspolitik und den Ansätzen zur Demokratisierung des politischen Systems – zwei Politikbereiche vom Reformprozeß besonders erfaßt sind: die Rekonstituierung einer national orientierten Politik und die Aufarbeitung von Stalinismus und Post-Stalinismus. Die mangelhafte Vertretung der nationalen Interessen durch die USAP war in der Vergangenheit einer der Hauptkritikpunkte in der Bevölkerung. Inzwischen hat die ungarische Regierung ihre Zurückhaltung gegenüber Rumänien in der Frage der ungarischen Minderheit in Siebenbürgen aufgegeben, den 15. März – Nationaltag – anstelle des 7. Novembers – Tag der Oktoberrevolution – zum arbeitsfreien Staatsfeiertag erklärt und angekündigt, das kommunistische Staatswappen zugunsten eines historischen abzuschaffen. Diskussionen über einen zukünftigen neutralen Status Ungarns haben durch eine Äußerung des *Gorbačev*-Beraters *Oleg Bogomolow* Auftrieb erhalten, der im Februar 1989 in Budapest erklärte, eine solche Entwicklung stelle keine Bedrohung für die Sowjetunion dar (Budapester Rundschau, 20. Februar 1989). Was die kommunistische Vergangenheitsbewältigung anbetrifft, gehören die feierliche Bestattung des hingerichteten Ministerpräsidenten von 1956, *Imre Nagy*, und die schrittweise Rehabilitierung des Volksaufstandes und seiner Opfer zu den bedeutendsten Neuerungen. Auch die Beseitigung von jahrelangen politischen Konfliktpunkten wie das Verbot der Wehrdienstverweigerung oder die eingeschränkte Reisefreiheit der ungarischen Bevölkerung zeigt die gewachsene Fähigkeit der USAP zur Modernisierung ihrer Politik.

3.2 Die Entwicklung in der ČSSR

Die Entwicklung in der ČSSR seit dem Beginn der sowjetischen „*Perestrojka*" (1985) wurde stark von dem vor zwanzig Jahren niedergeschlagenen „Prager Frühling" geprägt und kann als ein Gegenmodell zum ungarischen Reformprozeß gelten. Die Parteiführung, die damals an die Macht kam und heute noch das Land regiert, verpflichtete sich dem konservativen *Brežnev*-Kurs. Reformbestrebungen wurden in engen Zusammenhang mit dem Begriff der Konterrevolution gebracht und praktisch völlig von der Tagesordnung gestrichen. Die Partei, der Staats- und Wirtschaftsapparat sowie die gesellschaftlichen und die Interessenorganisationen wurden von allen Anhängern der Reformen konsequent gesäubert. Die Gesamtzahl der durch die Säuberungen allein aus der Partei Entfernten bewegt sich um eine halbe Million (*Mlynar*: 33).
Die Problematik der „*Perestrojka*" in der ČSSR läßt sich in zwei Bereichen verfolgen. Zuerst fehlt in der Kommunistischen Partei, in den staatlichen Apparaten und in den gesellschaftlichen Organisationen weitgehend die Generation, die in der Sowjetunion als Träger der Reformen auftritt. Vor allem fehlen Vertreter dieser Generation, die bereit sind, die Reformen durchzusetzen und sie zu tragen. Dies würde nämlich bedeuten, die gesamte vorausgegangene Politik der tschechoslowakischen Führung bloßzustellen. Daraus ergibt sich, daß die tschechoslowakische Führung sehr große Mühe hatte, sich dem *Gorbačev*-Kurs in der UdSSR anzuschließen. Sie entschied sich dazu *de facto* erst nach dem Januar-Plenum 1987 und nur unter deutlichen Vorbehalten. Ihre Bedingung war, daß an der Gesamtbewertung des „Prager Frühlings" und seiner Unterdrückung nichts Bedeutendes geändert wird und die sowjetische Führung diese tschechoslowakische Position respektiert. Als Gegenleistung bot die tschechoslowakische Führung der Sowjetunion die internationale Unterstützung für ihre Politik und eine außerordentlich breite Palette der Zusammenarbeit an (*Rude pravo*, 13.4.1987). Durch die Umstände gezwungen, erklärte sie sich weiter bereit, den sowjetischen Reformen im ökonomischen Bereich zu folgen, nahm sich zugleich jedoch das Recht heraus, die politischen Reformen erst zum späteren Zeitpunkt einzuleiten (*Jakovlev* 1987: 6). Damit verschaffte sie sich die Möglichkeit, eine offene Diskussion in der Öffentlichkeit über Änderungen im politischen und gesellschaftlichen Leben vorläufig nicht zuzulassen. Dahinter stand die Befürchtung, daß jede politische Öffnung letztendlich eine Diskussion über die Mißstände, Säuberungen, Gesetzesübertretungen und die Unterdrückung der Reformen in den letzten zwanzig Jahren zur Folge haben würde. Eine solche Diskussion könnte die Führung jedoch nicht überleben.

3.2.1 Reform-Diskussion

Trotzdem konnte die politische Führung eine Diskussion über die Inhalte und Ziele der bevorstehenden Reformen nicht vollständig verhindern. Sie wurde durch den früheren Ministerpräsidenten *L. Štrougal* und einige andere wenige ZK- und Regierungsmitglieder getragen (*Listy*, 6/1987: 6–7). Einerseits erkannten sie die Notwendigkeit von einschneidenden ökonomischen Änderungen in der ČSSR und wußten auch, daß diese Reformen ohne eine gewisse politische Lockerung nicht zu erreichen und auch nicht durchzuführen sind. Andererseits rechneten sie offensichtlich damit, daß eine vorsichtige politische Öffnung die Situation im Lande entschärfen und der Führung, zumindest aber einem Teil von ihr, dadurch eine Überlebenschance geben würde. Ihre politischen Absichten formulierte diese Gruppe jedoch nur in Andeutungen.

Das Auftreten von *Štrougal* führte zu einem vor der Öffentlichkeit nicht voll aufgedeckten, heftigen Zusammenstoß mit dem Führungskern, der das Sekretariat des Zentralkomitees bildete. In diesem Zusammenstoß gewann das ZK-Sekretariat die Oberhand; seine Position wurde durch systematische Kaderpolitik in den Parteiapparaten abgesichert. Im Herbst 1987 wechselte *M. Jakeš* den alten und aktionsunfähigen *G. Husak* auf dem Posten des Generalsekretärs ab. Damit wurde der Sieg des Parteisekretariats vorentschieden (*Slansky* 1988: 18).

In der zweiten Hälfte des Jahres 1988 wurden dann ie oberen Führungsebenen der Partei von der Mehrheit der Aufmüpfigen gesäubert. *Štrougal* wurde gezwungen, seinen Posten aufzugeben; ihm folgten einige weitere Funktionäre. Um den Charakter dieser Entwicklung zu verdecken, schickte die Parteiführung den Hauptvertreter der konservativen Kräfte der Partei – *V. Bilak* – in Pension. Die Parteiführung wurde durch mehrere Vertreter der jüngeren, vierzig- bis fünfzigjährigen Funktionärsgeneration ergänzt (*L'Unita*, 21.10.1988). Diese Ergänzung erweckt den Verdacht, daß man solche neuen politischen Kader in die Positionen bringen wollte, die in Zukunft die Kontinuität des heutigen politischen Kurses sichern würden.

3.2.2 Demonstrations-Bewegung

Dieses Gesamtszenario wurde aber im Herbst 1988 allmählich ins Wanken gebracht. Der Ursprung dieser Verunsicherung wird klar, wenn man auch die Tendenzen der ***oppositionellen und dissidentischen Bewegung*** in Betracht zieht. Die oppositionellen und dissidentischen Gruppen sammeln sich seit Jahren um die „*Charta 77*". Sie stellt sich zwar als unpolitische Initiative dar, was jedoch nicht ausschließt, daß in ihrem Rahmen verschiedene politische Gruppierungen zusammenarbeiten, wie die Reformkommunisten beziehungsweise die demokratischen Sozialisten, die Sozialdemokraten oder die Christen. Die „*Perestrojka*" wurde durch diese Gruppierungen zwar nicht ohne Vorbehalte – die aus den unterschiedlichsten politischen Einstellungen innerhalb der „*Charta 77*" und aus ihrem langjährigen, wohl begründeten Mißtrauen der sowjetischen Politik gegenüber entstanden sind – aber insgesamt positiv aufgenommen. Besonders deutlich sprachen sich die Reformkommunisten zugunsten von „*Perestrojka*" und dem *Gorbačev*-Kurs aus. Sie verlangten, die sowjetischen Reformen als Anlaß zu gleichgerichteten Reformen in der ČSSR zu nehmen. Dabei trat immer deutlicher die Forderung nach politischen Änderungen in Richtung einer pluralistischen Gesellschaft und die Rehabilitierung des „Prager Frühlings" in den Vordergrund. Andere Gruppierungen unterstützen zwar diese Forderungen, ihre Vorstellungen über die gesellschaftlichen Perspektiven gingen jedoch tiefer. (*Listy*, 2/1988: 5–7, 27–28).

Die Parteiführung wurde gezwungen, diesen Tendenzen gegenüber Stellung zu beziehen. Sie wurde sich bewußt, daß die Ereignisse in der Sowjetunion den „Prager Frühling" in den Augen der Bevölkerung rehabilitierten und sie fürchtete, daß das Jubiläumsjahr des „Prager Frühlings" 1988, Aktionen auslösen würde, die die politische Stabilität im Lande untergraben könnten. Seit *Jakeš* Antritt unternahm sie deshalb eine breit angelegte Kampagne mit dem Ziel, den „Prager Frühling" und seine Träger zu diffamieren. Diese Kampagne bewirkte jedoch *de facto* das Gegenteil. Die Problematik des Jahres 1988 und ihrer Unterdrückung wurde auf diese Art und Weise in breite Bevölkerungsschichten und unter die Jugend getragen. In der gleichen Richtung wirkten auch die Feierlichkeiten dieses Jahrestages im Ausland. So kam es am 21. August 1988 in Prag zum ersten Mal seit Ende der sechziger Jahre zu einer Massendemonstration mehrerer tausend junger Menschen. Sie bedeutete einen Durchbruch. In kurzer Zeit folgten weitere Demonstrationen, an denen sich wieder Tausende von Menschen beteiligten. Im Januar 1989 mündete diese Entwicklung in eine eine Woche andauernde Demonstration in Prag, die die Regierung mit Gewalt zu brechen versuchte. Für diese im August 1988 begonnene Demonstrationsbewegung war typisch, daß sie sich anfänglich aus der Initiative einer neuen Organisation von jungen Menschen, die nicht direkt an die „*Charta 77*" angeschlossen waren, entfaltete. Zur Zusammenarbeit der neuen und alten oppositionellen Gruppierungen beziehungsweise Bürgerinitiativen kam es erst im Verlauf der Demonstrationen.

Die politischen Ziele dieser neuen Bewegung sind bisher nicht genau formuliert. Deutlich ist jedoch, daß sie die bestehenden politischen Verhältnisse ablehnt und nach einer grundsätzlichen Änderung verlangt. Die Parolen, die im Verlauf der Demonstrationen gerufen wurden – „*Masaryk*" und „*Dubček*" – machen die Richtung deutlich (Frankfurter Allgemeine Zeitung, 22.8.1988). Im Prinzip geht es darum, ein der nationalen Tradition verpflichtetes Regime zu etablieren, das sich auf das pluralistische, parlamentarische System und die Entfaltung von verschiedenen Formen der Marktökonomie – beziehungsweise auch eine Kombination von Markt und Plan – stützen wird. Eine genaue Ausformulierung dieser Position unterblieb vorerst deswegen, weil es momentan primär darum geht, den Reformbeginn zu erkämpfen und die politische Führung in dieser Richtung zum Nachgeben zu zwingen. Ein anderer Grund hierfür ist sicherlich, daß bei einer programmatischen Festlegung die politischen Unterschiede in der sich entwickelnden Bewegung stark zum Vorschein kommen würden und das gemeinsame Vorgehen dadurch Schaden nehmen könnte.

Ein Schritt in diese Richtung wurde jedoch bereits gemacht. Im Februar 1989 wurde eine reformkommunistische Gruppierung unter dem Namen „*Obroda*" (Wiedergeburt) gegründet, die sich auf ein aktualisiertes Aktionsprogramm des „Prager Frühlings" stützt (*Listy* 2/1989: 20–22).

Die Januar-Demonstrationen zeigten deutlich, daß die Stabilität in der ČSSR angeschlagen ist und die heutige politische Führung auf Dauer keine Ruhe im Lande sichern kann. Die Repressionen, mit denen die Führung nach den Januar-Demonstrationen ein Exempel statuieren wollte, als sie *Václav Havel* und weitere Vertreter der Opposition für mehrere Monate in Gefängnisse schickte (*Rudé právo*, 22.2.1989) und das Demonstrationsrecht drastisch verschärfte (*Rudé právo*, 16.2.1989), führten zur Isolation der Führung im Lande – Aufruf von mehreren tausend Kulturschaffenden und Wissen-

schaftlern, von den Repressionen abzulassen und einen nationalen Dialog zu beginnen – und im Ausland, sogar bei den Verbündeten, wie Proteste aus Ungarn, Polen, des DDR-Penclubs und auch namhafter Intellektueller aus der UdSSR zeigten.
Alle diese Ereignisse führten offensichtlich zu neuen Auseinandersetzungen in der tschechoslowakischen Führung, deren Inhalte vorläufig nicht ausreichend bekannt sind. Ob sich daraus ein intensiver Dialog mit der Gesellschaft entwickelt, bleibt abzuwarten.

4. *Modernisierung und Pluralismus als Bedingung der Systemreform*

Die Analyse der Entwicklungen in der ČSSR und in Ungarn zeigen, daß die Reaktionen auf die Modernisierungserfordernisse in den sozialistischen Ländern in entgegengesetzte Richtungen weisen. Während Ungarn – wie auch Polen – im Begriff ist, die tradierte Struktur des Sozialismus zu durchbrechen, suchen andere sozialistische Staaten nach innersystemaren Möglichkeiten der Problemlösung. Im Gegensatz zur ČSSR hat sich in der Sowjetunion jedoch offenbar die Ansicht durchgesetzt, daß rein technokratische Reformversuche ohne Korrekturen an den Strukturen des politischen Systems keine Erfolgsaussichten haben.
Unter den reformorientierten Ländern lassen sich zwei unterschiedliche Konzeptionen erkennen, ohne daß diese bereits voll ausformuliert wären: eine Entwicklung in Richtung eines *demokratischen Pluralismus* mit mehreren unabhängigen Parteien und freier Interessenorganisation, verbunden mit der Möglichkeit, daß die kommunistische Partei nicht mehr die Mehrheit in freien Wahlen erringt. Diese Vorstellung hat bisher allenfalls in Ungarn und Polen eine realistische Chance. Das Gegenmodell könnte als eine Form des „*autoritären Pluralismus*" bezeichnet werden. Hier gibt die regierende kommunistische Partei Felder frei, in denen sich plurale Interessen in vorgegebenen Bahnen bewegen können. Diese Konzeption ist tendenziell mit der Aufgabe der Vorstellung von der kommunistischen Partei als Avantgarde der gesamten Gesellschaft, keineswegs aber mit der Aufgabe ihrer politischen Hegemonie verbunden. Als „Modell" können hierfür die Überlegungen der sowjetischen Parteiführung gelten.
Politische Reform erfordert vor allem eine Modernisierung der *Bürokratien*. Die in den vergangenen Jahrzehnten erfolgte Differenzierung und Spezialisierung bestehender Apparaturen hat allenfalls zu einer Ausdehnung, nicht zu einer Effektivierung der Planungs- und Lenkungsstrukturen geführt. Entscheidendes Hindernis ist die starre hierarchische Struktur der Apparate und die „Versäulung" der einzelnen Sektoren, die eine Bearbeitung von Querschnittaufgaben nahezu unmöglich machen.
Die Modernisierung der Bürokratien erfordert deshalb relative Selbständigkeit, Eigenverantwortlichkeit und Handlungsfreiheit der Einzelbürokratien, um sie in die Lage zu versetzen, flexibel auf neue Problemkonstellationen reagieren zu können. Andererseits muß ihre Normsetzungskompetenz beschnitten werden. Die Ausdehnung formaler Handlungsanweisungen, zumeist mit Hilfe rechtlicher Kodifizierung, hat hier nur insoweit Abhilfe schaffen können, als eine deutlichere Kompetenzabgrenzung möglich geworden ist. Die Regelgebundenheit und Kalkulierbarkeit des Verwaltungs-

handelns hat sich erhöht, und es ist zumindest partiell gelungen, Ordnung in das historisch gewachsene Institutionen„chaos“ zu bringen. Die Ausweitung der Kompetenzen auf der einen und die Beschneidung von Wildwuchs auf der anderen Seite gleicht jedoch der Quadratur des Kreises. Da mit einer grundsätzlichen Revision des zentralistischen Modells in der ČSSR und der DDR gegenwärtig nicht zu rechnen ist, erscheint zumindest eine partielle Schwächung der verfestigten Verfügungsansprüche des politischen Systems zugunsten der Dispositions- und Entscheidungsmöglichkeiten der einzelnen Teilsektoren der Gesellschaft unabdingbar.

Die gegenwärtigen Veränderungen des politischen Systems vollziehen sich zwischen zwei Polen: Einem Differenzierungsprozeß der „versäulten“ Strukturen des politischen Systems, in dem sich seit den frühen sechziger Jahren einzelne staatliche Apparate und parteigebundene Massenorganisationen als bürokratische Interessengruppen formiert haben, der eher in Richtung eines „sozialistischen Korporatismus“ weist und Tendenzen, die in Richtung eines spezifischen sozialistischen Pluralismus gehen (*Glaeßner* 1982a).

In den Diskussionen sowjetischer und mittelosteuropäischer Sozialwissenschaftler geht es um die Sicherung der Innovationsfähigkeit und -bereitschaft des politisch-gesellschaftlichen Systems. Dieser Prozeß kann jedoch nicht länger von der Frage nach gesellschaftlichem und politischem Pluralismus getrennt werden. *Mihály Bihari* führt folgende Defekte des „parteizentrierten politischen Systems“ an:

> Die Dominanz der Politik, die bürokratische Form sozialer Integration, das Monopol eines Machtblocks, die parteizentrierte Politik, die intensive Zentralisierung der Entscheidungsprozesse, die exzessive Zentralisierung der Organisationen und das Zusammenwirken von Partei, Staat und repressiven Organisationen. Der Machtmechanismus basiere auf persönlicher Abhängigkeit und einem System nicht institutionalisierter und immer verteilter Macht- und Entscheidungsbefugnisse. Die Dominanz, Machtposition und große Zahl von administrativen Apparaten unter der Führung der Partei und das Fehlen politischer Institutionen, die zwischen den verschiedenen Interessen vermitteln, werden als Hauptursachen für die Inkompetenz, Inflexibilität und Ineffektivität der politischen Institutionen verantwortlich gemacht (*Bihari* 1987: 24).

Als Konsequenz aus dieser, von anderen Sozialwissenschaftlern in den sozialistischen Ländern geteilten Einschätzungen ergibt sich die Forderung, autonome Interessenvertretung zu ermöglichen, zumindest einen partiellen Pluralismus und eine Teilung der Gewalten einzuführen und mehr Öffentlichkeit zuzulassen, um so den veränderten Gegebenheiten in den sozialistischen Gesellschaften Rechnung zu tragen. Bereits 1968 hatten Sozialwissenschaftler in der ČSSR nach den Folgen gefragt, die das Aufkommen der „wissenschaftlichen Zivilisation“ (*Schelsky* 1961) für die politischen und gesellschaftlichen Systeme des Sozialismus haben werde. Ihre Antwort lautete: In der wissenschaftlich-technischen Revolution ist die Wissenschaft „Produktivkraft par excellence“ und „zwingt zu einer immer stärkeren und schließlich universalen Integration des Wirtschafts-, Sozial- und Kulturlebens. Jede Barriere, jedes Monopol wird bei ihrem Eindringen in das Leben der Gesellschaft früher oder später zum bremsenden Ballast“ (*Richta*-Report 1971: 117). Die Forschergruppe um *Radovan Richta* forderte seinerzeit einen politisch gelenkten Modernisierungsprozeß, in dem für den Bereich der Wissenschaft „autonome, von den Leitungsformen und -regeln getrennte Verhältnisse" geschaffen werden müßten, um einer Gesellschaft, deren formale Strukturen einen dynamischen Modernisierungsprozeß behinderten, die notwendige Entwicklungsdynamik zu verleihen (*Richta*-Report 1971: 123).

Der wohl entscheidende Aspekt ist die notwendige Modernisierung der Gesellschaft. Sie kann zum einen im Ausbau bürgerlicher Rechte bestehen – hier hat der Prozeß der Verrechtlichung in einer Gesellschaft, in der das Recht seine politisch-instrumentelle Rolle noch nicht verloren hat, eine andere Funktion als in den westlichen Demokratien. Zum anderen können die bestehenden Formen gesellschaftlicher und politischer Partizipation der „sozialistischen Demokratie" ausgeweitet werden, die die ihnen zugedachte Integrationsfunktion nur unzureichend wahrnehmen, weil sie in ihrer gegenwärtigen Form eher einer „Kolonisierung der Lebenswelten" als der institutionalisierten gesellschaftlichen, politischen und kulturellen Organisation gesellschaftlicher Interessen dienen.

Modernisierung der Gesellschaft stellt schließlich die Frage nach der Rekonstruktion der „*civil society*". Es geht um eine Art „Arbeitsteilung" zwischen dem Parteistaat und der zivilen Gesellschaft, was in einem ersten Schritt hieße, Verzicht auf den umfassenden Lenkungs- und Regelungsanspruch der Partei mit allen Folgen, die sich weiter daraus ergeben: radikaler Umbau des politischen Systems und Anerkennung autonomer gesellschaftlicher Interessen. In der Sicht vieler Intellektueller in den mittel- und osteuropäischen Ländern heißt das schließlich auch: Wiederanknüpfen an vorsozialistische nationale Traditionen um so langfristig die sowjetische Hegemonie abzuschütteln (*Burmeister/Boldt/Mészáros*, 1988).

Literaturverzeichnis

Ambartzumow, Jewgeni, 1988: Über die Wege der Vervollkommnung des politischen Systems des Sozialismus, in: *Juri Affanassjew* (Hrsg.), Es gibt keine Alternative zu Perestroika: Glasnost Demokratie Sozialismus, Nördlingen, 106–129.

Balla, Bálint, 1972: Kaderverwaltung, Versuch einer Idealtypisierung der „Bürokratie" sowjetisch-volksdemokratischen Typs, Stuttgart.

Bauer, Támas, 1988: Reforming or Perfecting the Economic Mechanism, in: Social Research 55, No. 4, 679–714.

Bihari, Mihály, 1987: The Political System and the Representation of Interests, maschschr. Man.

Brus, Wlodzimierz, 1985: Socialism – Feasible and Viable?, in: New Left Review, Sept./Oct., 43–62.

Brus, Wlodzimierz, 1985a: The Political Economy of Polish Reforms, in: Praxis International, 5, No. 2, 195–208.

Burmeister, Hans-Peter/Boldt, Frank/Mészáros György, 1988: Mitteleuropa Traum oder Trauma? Überlegungen zum Selbstbild einer Region, Bremen.

DDR. Gesellschaft Staat Bürger, 1978: Berlin.

Deutsch, Karl W., 1972: Nationenbildung – Nationalstaat – Integration, Düsseldorf.

Die Studie von Novosibirsk, 1984: Osteuropa-Archiv A1–A25.

Einführung in die marxistisch-leninistische Staats- und Rechtslehre, 1986, Berlin.

Eisenstadt, Shmuel/Rokkan, Stein (Hrsg.), 1973: Building States and Nations, 2 Bde., Beverly Hills/London.

Gitelman, Zvi, 1981: The Politics of Socialist Restoration in Hungary and Chechoslovakia, in: Comparative Politics 13, No. 2, 187–210.

Glaeßner, Gert-Joachim, 1977: Herrschaft durch Kader. Leitung der Gesellschaft und Kaderpolitik in der DDR am Beispiel des Staatsapparates, Opladen.
Glaeßner, Gert-Joachim, 1982: Sozialistische Systeme. Einführung in die Kommunismus- und DDR-Forschung, Opladen.
Glaeßner, Gert-Joachim, 1982a: Ende der Reformen? Bedingungen und Grenzen der Wandlungsfähigkeit sowjet-sozialistischer Systeme am Beispiel der DDR, in: Deutschland Archiv, 15, 700–709.
Gorbatschow, Michail u.a., 1988: Die Zukunft der Sowjetunion. Die Debatte auf der Parteikonferenz der KPdSU, Köln.
Gorbatschow, Michail, 1989: Das intellektuelle Potential der Umgestaltung erweitern, in: Neues Deutschland, 10. Januar: 3.
Grósz, Károly, 1989: Referat auf der Tagung des Zentralkomitees der USAP, in: Neues Deutschland, 15. Februar: 2.
Hankiss, Elemér, 1988: The „Second Society": Is There an Alternative Social Model Emerging in Contemporary Hungary?, in: Social Research 55, No. 1–2, 13–42.
Jakovlev, Jegor, 1989: Vremja, v kotorom my okazalis (Ein Interview mit *Z. Horeni*): in: Moskovskie Novosti, 19.2.: 6.
Kaganowitsch, L.M., 1925: Der organisatorische Aufbau der RKP, Hamburg.
Knabe, Hubertus, 1987: Der Kadarismus und seine Auswirkungen auf das politisch-soziale System in Ungarn, in: Aus Politik und Zeitgeschichte, B 36–37/87, 13–25.
Knabe, Hubertus, 1987a: Neue Soziale Bewegungen als Problem der sozialistischen Gesellschaft. Zur Entstehung und Bedeutung neuartiger Bewußtseinslagen in der DDR und Ungarn, in: Das Profil der DDR in der sozialistischen Staatengemeinschaft, Köln, 106–119.
Knabe, Hubertus, 1989: Glasnost für die Umwelt. Zur Lage des Umweltschutzes in Ungarn, in: Osteuropa. Zeitschrift für Gegenwartsfragen des Ostens, 7, 633–648.
Reforms in Eastern Europa: The Last Thirty Years, in: Soviet Studies, XLI, No. 1, 1–19.
Kosta, Jiri, 1985: Neue Reformansätze im Wirtschaftssystem der ČSSR, Berichte des Ostinstituts für ostwissenschaftliche und internationale Studien, Nr. 21.
Marer, Paul/Wlodzimierz Siwinki (Hrsg.), 1987: Credit Worthiness: Can Poland Regain it?, Bloomington.
Meyer, Alfred G., 1965: The Soviet Political System. An Interpretation, New York.
Mlynar, Zdenek, 1978: Die Normalisierung in der Tschechoslowakei nach dem Jahre 1968, in: *Brus, Wlodzimierz/Kende, Pierre/Mlynar, Zdenek*: Normalisierungsprozeß im sowjetischen Mitteleuropa. Ungarn, Tschechoslowakei, Polen. Forschungsprojekt „Krisen in den Systemen sowjetischen Typs", Studie 1.
Németh, Miklós, 1989: zit. in: Budapester Rundschau, 20. März: 4.
Pokol, Béla, 1988: Politische Reform und Modernisierung, maschschr. Man.
Richta, Radovan, und Kollektiv, 1971: Zivilisation am Scheideweg. Soziale und menschliche Zusammenhänge der wissenschaftlich-technischen Revolution, Freiburg.
Reiman, Michal, 1987: Lenin, Stalin, Gorbačev, Kontinuität und Brüche in der sowjetischen Geschichte, Berlin.
Reiman, Michal, 1988: Nationale Elemente in den Reformbewegungen Osteuropas, in: *Horn, Hannelore/Knobelsdorf, Wladimir/Reiman, Michal* (Hrsg.): Der unvollkommene Block. Die Sowjetunion und Ost-Mitteleuropa zwischen Loyalität und Widerspruch, Frankfurt a.M. u.a., 227–242.
Schelsky, Helmut, 1961: Der Mensch in der wissenschaftlichen Zivilisation, Köln/Opladen.
Skilling, H. Gordon/Griffiths, Franklyn (Hrsg.), 1974: Pressure Groups in der Sowjetunion, Wien.
Slanský, Rudolf, 1988: 100 dní Miloše Jakeše, in: Listy 4/1988.
Tiedke, Kurt, 1988: Die SED – Kern des politischen Systems in unserem Lande, in: Einheit, 43, 877–883.
Weber, Jerzy, 1989: Umgestaltung in den Farben der DDR – Kontinuität und Erneuerung (aus: Trybuna Ludu vom 17. Februar 1989), in: Neues Deutschland, 20. Februar: 5.

Korporatistische Interessenpolitik am Beispiel des Verhältnisses von Staat und Kirche in Polen und der DDR

Helmut Fehr

1. Einleitung

Im politischen Entscheidungsprozeß osteuropäischer Gesellschaften erhalten Ansätze der Integrationspolitik einen zunehmend stärkeren Einfluß. Ein Grund hierfür ist, daß unabhängige gesellschaftliche Organisationen und politische Netzwerke der Opposition einen Entwicklungsstand erreicht haben, für den herkömmliche Strategien der *„monozentrischen" Interessenpolitik* (*Ossowski* 1973: 66; *Kolarska/Rychard* 1982: 217–223) in mehreren Hinsichten unzureichend erscheinen: (1) Die Repräsentanten der staatlichen Institutionen in Ländern wie Polen, Ungarn, der Sowjetunion und der DDR sind mit innergesellschaftlichen Bedingungen konfrontiert, die auf die politische und kulturelle Legitimation der Machtverteilung zielen. (2) Die Grenzen der Funktionsfähigkeit des politischen Systems in diesen Ländern sind durch das Auftreten neuer korporatistischer Akteure außerhalb des staatlichen Aktionsfeldes bezeichnet. (3) In der Folge von veränderten Formen der Integrationspolitik sind die Regierungen darauf angewiesen, Strategien eines vorsorglichen Interessenausgleichs mit Verbänden wie Gewerkschaften und Kirchen und informellen Gruppen der gesellschaftlichen Opposition anzustreben.

Die Erhöhung oder die Wiederherstellung der Integrationsfähigkeit des politischen Systems, so läßt sich vorab feststellen, scheint davon abzuhängen, ob es den Repräsentanten von Partei und Staat gelingt, rechtzeitig, vorsorglich und flexibel die Konfliktbereiche für einen *korporatistischen Interessenausgleich* zu bestimmen. Darüber hinaus kann für eine Untersuchung des Strukturwandels im Verhältnis von Staat und Gesellschaft in Osteuropa – Osteuropa als politischer Bezeichnung – festgehalten werden, daß die Interessenpolitik korporatistischen Typs heute mit Tendenzen einer politischen und gesellschaftlichen *Pluralisierung* verbunden ist, daß nicht nur die Legitimation staatlichen Handelns, sondern auch eine Veränderung der materiellen Bedingungen der Machtverteilung ansteht: Verlust des staatlichen Monopols auf politische Entscheidungen und Foren der Öffentlichkeit. Es bilden sich unabhängige Institutionen im Bereich der Öffentlichkeit, des Betriebes – unabhängige Gewerkschaften – und der politischen Sphäre – politische Klubs und Parteien.

Auf diesem Hintergrund ist es sinnvoll, Formen der abgestuften Übereinkunft in den Beziehungen zwischen Staat/Partei und den Kirchen näher zu untersuchen. Für diese Problemstellung spricht einmal, daß die Kirchen in osteuropäischen Gesellschaften häufig die Rolle von den Verbänden übernehmen, die in westeuropäischen Ländern in korporatistisch geprägten Austauschbeziehungen mit dem Staat kooperieren: den Gewerkschaften. Außerdem können so die Anfänge korporatistischer Interessenpolitik in osteuropäischen Gesellschaften verdeutlicht werden. Der Übergang zu einer *Politik des Dialogs* mit den Kirchen fällt in Polen und der DDR mit einer punktuellen Abkehr von Strategien der zentralistischen Interessenpolitik zusammen. Die *vergleichende* Untersuchung der politischen Rolle der katholischen Kirche in Polen und der evangelischen Kirchen in der DDR erscheint mir noch unter einem anderen Gesichtspunkt sinnvoll: Der katholischen Kirche in Polen wird gegenwärtig der öffentlich-rechtliche Status als Verband auf einer gesetzlichen Grundlage zuerkannt. Die evangelische Kirche in der DDR überschreitet in ihrem Selbstverständnis den selbstbegrenzten Rahmen einer „Kirche im Sozialismus" (*Planer-Friedrich* 1988: 181–182).

Eine andere Entwicklungstendenz beleuchtet die veränderten Voraussetzungen für Interessenpolitik noch genauer: Die Herausbildung von informellen Strukturen der Gesellschaft im Umkreis der Kirchen ist ein Beispiel für neue Dimensionen korporatistisch geprägter Politik in Osteuropa. Neben den Akteuren Staat und Kirchen treten *neue korporatistische Akteure* in den Arenen der Interessenpolitik auf, die eingespielte Muster des Interessenausgleichs unterlaufen oder ergänzen können. Die Einrichtung des „Rund-Tisch-Dialogs" zwischen Regierung und gesellschaftlicher Opposition über Grundlagen der Reform des politischen Systems in Polen, die gleichzeitige Bildung einer gemischten Kommission zur Beilegung von offenen Fragen der Reformpolitik und die Einberufung von Spitzengesprächen zwischen *Jaruzelski* und *Wałęsa* in Polen können unter dem Gesichtspunkt gesehen werden, daß sich ein Wandel des Bezugsrahmens für Interessenpolitik in osteuropäischen Ländern abzeichnet.

In eine ähnliche Richtung, wenn auch auf einem niedrigerem Niveau eines vorsorglichen Interessenausgleichs, deuten punktuelle Gesprächskontakte, wie das Treffen zwischen Vertretern des Umweltministeriums der DDR und Sprechern des ökologischen Netzwerkes „Arche" im Januar 1989 (Die Kirche 1989: 12.2.89): In der Arena Umweltpolitik sieht sich der Staat mit „Interessenvertretern" neuen Typs konfrontiert.

In der vorliegenden Arbeit soll deshalb neben dem Verlauf, der Geschichte und den Bereichen korporatistischer Interessenpolitik auch die Entstehung unabhängiger Strukturen außerhalb der bekannten Sphären des Interessenausgleichs zwischen Staat und Kirchen in Polen und der DDR erörtert werden. Hierfür sprechen inhaltliche Gründe: Sowohl in der Modellbildung korporatistischer Politik (*Schmitter/Streeck* 1985: 1–15) als auch in neueren Beiträgen zur Sozialismusforschung (*Sampson* 1985–1986: 45–51) wird die Wiederbelebung von Gemeinschaftsbezügen und sozialen Netzwerken aufgezeigt. In zwei Abschnitten stelle ich zunächst die Anfänge korporatistisch geprägter Interessenpolitik in Polen und der DDR dar. Daran anschließend behandele ich ausgewählte Probleme des korporatistischen Interessenausgleichs zwischen Staat und Kirchen. Eine Interpretation von Entwicklungsmöglichkeiten korporatistischer Arrangements für beide Länder steht im Mittelpunkt des Schlußteils: „Rund-Tisch-Dialog" in Polen; Treuhandverantwortung der Kirchen in Polen und der DDR gegenüber Gesellschaft, Nation und Kultur; Pluralismus, soziale Kommunikation und „Öffentlichkeit" als *issues* korporatistischer Interessenpolitik.

2. *Korporatistische Interessenpolitik in Polen*

2.1 Konfrontation und Versuche einer Übereinkunft zwischen Staat und katholischer Kirche in der Nachkriegszeit

In Polen war das Verhältnis der Regierung gegenüber der katholischen Kirche nach dem zweiten Weltkrieg von Zielen einer monozentrischen Interessenpolitik geprägt: Regierung und kommunistische Partei waren in den Jahren von 1945 bis 1948 bestrebt, die Kirche aus dem öffentlichen Leben zurückzudrängen. Der Aktionsrahmen der katholischen Kirche sollte auf den sakralen Raum beschränkt werden. In diese Richtung zielten Maßnahmen wie die Verstaatlichung katholischer Druckereien, die Zensur kirchlicher Publikationen und das Verbot katholischer Zeitschriften, Zeitungen und Bücher in öffentlichen Bibliotheken. Der Strategie einer Eindämmung des politischen Einflusses des Katholizismus und Versuchen der Kirchenspaltung entsprach es, daß die Regierung den kirchlichen Jugendverband auflöste und katholische Schulen, Kinderheime und Krankenhäuser verstaatlichte. Auf diesem Hintergrund sind auch die staatlichen Bestrebungen für die Gründung einer „Nationalkirche" und die Förderung kirchenunabhängiger katholischer Gruppierungen beispielsweise der „Patriotischen Priester" und PAX einzuordnen (*Micewski* 1978). Die Politik der Beeinträchtigung kirchlicher Institutionen erreichte einen Höhepunkt mit der Beschlagnahme des Vermögens der „Caritas" wegen angeblicher Mißstände am 23. Januar 1950 und mit der Enteignung von 375 000 ha kirchlichen Grundbesitzes als Gesetzesmaßnahme vom 20.3.1950 (*Stasiewski* 1959: 358).

Diese Politik der Konfrontation, der tendenziellen Zerstörung des Bestands der katholischen Kirche als Körperschaft stand im Gegensatz zu den selbstbegrenzten Zielen der Kirche. Die katholische Kirche beschränkte ihr „öffentliches" Selbstverständnis nach 1945 auf die Rolle eines Treuhandverwalters gegenüber Kultur und Nation (*Szajkowski* 1983). Damit verknüpft war der Verzicht auf eine politische Rolle als gesellschaftliche Organisation (*Micewski* 1978: 212). Gleichwohl bestand ein Interessenkonflikt zwischen Staat/kommunistischer Partei und katholischer Kirche, der auf ihre *verdeckte Bedeutung als korporatistische Akteure* zurückging. Die katholische Kirche verkörperte eine einheitliche Organisation, die effektiver handeln konnte als die regierende kommunistische Partei und außerdem kulturell und sozial eine stärkere Basis in der politischen Nachkriegsgesellschaft aufwies. Die Quelle für Interessenkonflikte bestand bereits in der unmittelbaren Nachkriegszeit darin, daß der Kirche mit ihrem Verständnis einer Treuhandverantwortung gegenüber Kultur und Nation die Bedeutung einer *nationalen Institution* zukam. Auf der Ebene der Beziehungen zwischen Staat und Kirche führte dies zu offenen Interessenkonflikten, die bis in die Gegenwart auf einen Unterschied als korporatistische Akteure zurückgeführt werden können. Die Rolle der Kirche in Polen als meta-politische Institution (*Michnik* 1988: 147), eines Treuhänders gegenüber Kultur und Nation geht nicht im Bezugsrahmen von interessenpolitischen Termini auf. Vielmehr gründet diese Rolle auf Wertorientierungen eines *soziokulturellen Pluralismus* (*Szajkowski* 1985: 73), der im Gegensatz zu der Position einer monozentrischen Politik der Partei steht, für die in der stalinistischen

Periode das Ringen um eine hegemoniale Stellung ohne pluralistische Strukturen im öffentlichen Leben kennzeichnend war.
Dieser Gegensatz in der kulturellen „Mission" und Legitimation von Staat und Kirche in Polen bestimmte ihre Rolle von den ersten Nachkriegsjahren bis Anfang der achtziger Jahre. Die verborgenen Gegensätze in der kulturellen Legitimierung staatlichen und kirchlichen Handelns sind auch die Ursache für den *Wechsel von Phasen der Konfrontation und der punktuellen Übereinkunft* in den Beziehungen zwischen Staat und katholischer Kirche. Es handelt sich also um das Fallspiel einer korporatistisch geprägten Interessenpolitik, in der kulturelle Legitimationsgrundlagen einen größeren Einfluß erhalten als dies in Ansätzen des *Neokorporatismus* angenommen wird (*Schmitter* 1981).
Die Politik der Konfrontation der unmittelbaren Nachkriegszeit wurde durch Bestrebungen für eine Verständigung in den Beziehungen zwischen Staat und Kirche abgelöst. In einem Kirchenabkommen zwischen dem Episkopat und der polnischen Regierung vom 14. April 1950 wurde ein Kompromiß über die beiderseitigen *Interessensphären* getroffen: Die Kirche erkannte die Autorität des Staates im politischen und ökonomischen Bereich – Ansätze der Sozialisierung der Wirtschaft, Institutionen der staatlichen Friedenspropaganda – an und bekannte sich zur offiziellen Version der „wiedergewonnenen Gebiete" im Westen Polens. Die Autorität des Papstes wurde in Fragen des Glaubens, der Moral und der kirchlichen Jurisdiktion festgeschrieben. Die Regierung erkannte die Existenz der Katholischen Universität Lublin, das Recht auf katholische Vereinigungen und die karitative Tätigkeit der Kirche an. Außerdem wurde – wenn auch in vagen Umschreibungen – der Religionsunterricht in den Schulen, das Recht auf öffentliche Gottesdienste, Wallfahrten und Prozessionen, auf Seelsorge in Krankenhäusern, Haftanstalten und Altersheimen verankert. Die Repräsentanten des Staates stimmten außerdem der Existenz der katholischen Presse und eines unabhängigen Verlagswesens zu – Rechte, die der Kirche und den katholischen Institutionen nach 1945 mehrmals aberkannt worden waren (*Stasiewski* 1959). In einem Zusatzprotokoll wurde ferner vereinbart, welche finanziellen Zuwendungen die Regierung an die Kirche zu leisten hatte. Mit der Unterzeichnung des Abkommens wurde eine gemischte Kommission aus je drei Vertretern von Regierung und Episkopat gebildet, deren konfliktausgleichende Rolle jedoch gering war.
Die Strategie der monozentrischen Interessenpolitik von seiten des Staates verbunden mit erneuten Versuchen einer Verdrängung der Kirche aus dem öffentlichen Leben und die Verfolgung von Geistlichen beendeten diesen vorübergehenden Versuch einer geregelten Übereinkunft. Ein Ausdruck der neu eingeleiteten Phase der Konfrontation war der Erlaß des Präsidenten des Staatsrates vom 5. Februar 1952 über die Besetzung von Kirchenämtern, in dem der Staat einen Einfluß bei der personellen Besetzung, Schaffung oder Umbildung von Kirchenämtern beanspruchte (*Micewski* 1981: 159): „Dieser Erlaß sowie seine Ausführungsbestimmungen verliehen dem schon früher geschaffenen staatlichen ‚Amt für kirchliche Angelegenheiten' die volle personelle und institutionelle Kontrolle über die Kirche" (*Stasiewski* 1959: 360–361). Das Episkopat reagierte mit einem Memorandum, in dem die systematische Einmischung des Staates in Rechte der Kirche kritisiert wurde.

Der Verfassungsentwurf der Regierung vom 23. Juni 1952 lieferte neue Anlässe für Interessengegensätze. Die Verfassungspostulate der Kirche und der unabhängigen katholischen Presse betonten die Einlösung von Religions- und Meinungsfreiheiten, die Position der Regierung erschöpfte sich dagegen in allgemeinen Formulierungen über „sozialistische Demokratie".

Ein Höhepunkt der Konfrontationspolitik gegenüber der Kirche wurde nach der Verhaftung von Geistlichen, Ordensschwestern, Bischöfen und des Primas *Wyszynski* in den Jahren 1954 und 1955 erreicht. Über tausend Ordensschwestern aus Nieder- und Oberschlesien wurden deportiert, Weihbischof *A. Baranek* und zahlreiche Priester verhaftet. Klöster wurden beschlagnahmt, der Religionsunterricht in den Grundschulen auf eine Stunde wöchentlich beschränkt und im Januar 1955 völlig unterbunden. Darüber hinaus wurden theologische Anstalten, theologische Fakultäten an den Universitäten und Orden aufgelöst. Die katholischen Schulen, Druckereien, Buchhandlungen und Verlage, katholischer Grund- und Hausbesitz wurden enteignet, ausgenommen war die Katholische Universität Lublin. Die noch erscheinende unabhängige katholische Presse (Tygodnik Powszechny) wurde in die Verlagsgesellschaft der regierungsnahen katholischen PAX-Gruppe eingegliedert und später vorübergehend verboten. Unter dem Druck dieser Maßnahmen gaben die Bischöfe und die Bischofskonferenz gegenüber der Regierung eine Kompromißerklärung ab, um den Bestand der katholischen Kirche in Polen zu bewahren. Der internierte Kardinal *Wyszynski* verzichtete auf seine persönliche Freiheit und wählte eine Haltung, die Maßstäbe für moralisches Handeln im Umfeld der Kirche und gesellschaftlichen Oppositionsgruppen bot: Mit dem Verzicht auf die eigene Freilassung wahrte er einen Einklang im Denken und Handeln, eine Entschiedenheit, die sich den Mechanismen der politischen Anpassung entzog.

Im Jahr 1956 zeichnete sich der Niedergang der stalinistischen Periode in Polen ab. Mit dem Umsturz des ,,polnischen Oktobers" und der Machtübernahme von *Gomułka* erfolgte auch ein Wechsel in der staatlichen Interessenpolitik gegenüber der Kirche. Die Regierung verzichtete auf Instrumente der Konfrontation und wählte stattdessen eine Strategie, die auch Mitte der siebziger Jahre, auf dem Höhepunkt der Arbeiterproteste, die korporatistische Interessenpolitik prägen sollte: Die staatliche Politik der Krisenlösung, der Protestabsorption gegenüber streikenden Arbeitern und Oppositionellen wurde durch die symbolische Inanspruchnahme der moralischen Autorität der katholischen Kirche abgedeckt (*Staniszkis* 1984: 174).

In diesem Sinn ist es zu verstehen, daß die neue politische Führung unter *Gomułka* Kardinal *Wyszynski* nach dessen Freilassung am 28. Oktober 1956 bat, durch eine Reise nach Warschau die protestierende Öffentlichkeit zu beruhigen. Unter diesem Gesichtspunkt sind ferner die Bestrebungen für eine Politik der Verständigung zwischen Staat und Kirche einzuordnen. Neben Schritten der Wiedergutmachung gegenüber der Kirche wurde eine gemischte Kommission von Regierungs- und Kirchenvertretern gebildet, die die beiderseitigen Interessen auf eine „verträgliche" Grundlage stellen sollte (*Stasiewski* 1959: 363; *Micewski* 1978: 161). Daß es sich hierbei eher um eine *punktuelle Übereinkunft* handelte, die in der Sicht der Regierung zur Bewältigung der aufgekommenen Krisen und Spannungen im Land beitragen konnte, zeigte sich im Verlauf von Verhandlungen. Statt eines Vertrags, in dem die öffentlich-rechtliche Stellung der Kirche als Körperschaft festgeschrieben wurde, wurde lediglich eine am 7. Dezember 1956 unterzeichnete Vereinbarung erreicht. Inhalt dieser schriftlichen Vereinbarung waren: Rückverwandlung der staatlichen Genehmigungsrechte bei der Ernennung von Bischöfen und Klerikern in ein zeitlich begrenztes Einspruchsrecht. Streitfragen sollten zukünftig einvernehmlich gelöst werden. Der Religionsunterricht wurde als fakultatives Fach an allen Volks- und Oberschulen eingeführt. Außerdem wurde die in der stalinistischen Periode verbotene Seelsorge in Krankenhäusern, Altenheimen und Gefängnissen wieder erlaubt. Kennzeichnend für die Politik der bedingten Verständigung zwischen Staat und Kirche war auch der Abbau von Symbolen und Institutionen der monozentrischen Interessenpolitik. Dazu zählte die Auflösung der Abteilungen für Bekenntnisangelegenheiten bei den Verwaltungsbehörden, die während der stalinistischen Periode als Organe der Konfrontationspolitik fungierten. Die Regierung räumte ferner ein, daß die staatlich eingesetzen Kapitularvertreter in einer Reihe von Bezirken wieder ihrer Ämter enthoben wurden. Schließlich wurde die Rückkehr und Wiedereinsetzung von vertriebenen, deportierten oder verhafteten Priestern, Bischöfen und Ordensleuten aus verschiedenen Wojewodschaften von seiten der Regierung zugesichert.

Eine andere Entwicklung, die sich auf dem Hintergrund des *historischen Kompromisses von 1956* abzeichnete, betraf die Repräsentation des politischen Katholizismus. Für die Sejm-Wahlen 1957 wurde die Kandidatur von einer kleineren Gruppe unabhängiger katholischer Abgeordneter erlaubt (ZNAK). Und mit der Wahl eines unabhängigen katholischen Abgeordneten in den Staatsrat 1957 erhielt der politische Katholizismus eine symbolische Vertretung in diesem formal höchsten Staatsgremium; ein Vorgang, der nach den Worten *St. Kiesielewski*s einer Berücksichtigung der moralischen Autorität des Katholizismus gleichkam (*Stasiewski* 1959: 364).

Mit diesen Vereinbarungen wurde jedoch kein qualitativ verändertes Niveau der Beziehungen zwischen Staat und Kirche *auf Dauer* erreicht. Von einem „historischen Kompromiß" zwischen beiden Seiten konnte nach dem *„polnischen Oktober" 1956* keine Rede sein. Im Gegenteil: Sobald sich die politische Führung stabilisiert hatte und die Erwartungen an eine dauerhafte politische und ökonomische Reform im Umfeld der Partei zurückgewiesen worden waren, versuchte die Regierung, den öffentlichen Einfluß der Kirche wieder einzudämmen. Die Abkehr von der Politik punktueller Kompromisse war 1958 bis zum Ende des Gomułka-Regimes mit so grundsätzlichen Angriffen gegen die Position der Kirche verknüpft, daß die Spannungen immer neue Höhepunkte erreichten: 1958/59 wurde der Religionsunterricht an den Schulen auf eine Wochenstunde beschränkt und nur noch fakultativ geduldet; in Schulen und Krankenhäuser wurden Kreuze entfernt. Die kirchlichen Institutionen wurden mit überhöhten Steuern belegt, in neuen Siedlungen und Städten wurde der Bau von Kirchen untersagt (*Micewski* 1981: 161). Daneben unternahm das Gomułka-Regime Versuche einer Wiederbelebung der „Patriotischen Priester" und der Kontrolle von Priesterseminaren. Die Rückkehr zu Formen der monozentrischen Interessenpolitik wurde noch ergänzt durch wiederholte persönliche Angriffe gegen Kardinal *Wyszynski*.

Die Polemik gegenüber Repräsentanten der Kirche in der öffentlichen Meinung erreichte einen Höhepunkt, als 1965 der Brief der katholischen Bischöfe an ihre deutschen Kollegen veröffentlicht wurde, in dem diese um Vergebung für – beiderseitig – erlittenes Leid ersucht wurden. Dieses Schreiben – „Wir vergeben und wir bitten um Vergebung" – und die Antwort der Bischöfe aus der Bundesrepublik lieferten Anlässe für kirchenfeindliche Stellungnahmen und Angriffe.

Die Feiern zum tausendjährigen Bestehen Polens, die im darauf folgenden Jahr von Staat und Kirche getrennt abgehalten wurden, zeigten jedoch, wie wenig Wirkung die Polemik der Regierung zeigte: Die Masse der polnischen Bevölkerung nahm an den kirchlichen Feierlichkeiten teil, die Jubiläumsfeiern der Regierung wurden weniger besucht.

Die letzten Jahre des Gomułka-Regimes waren durch einige Akzente im Sinne persönlicher Erleichterungen – wie Reiseerlaubnisse – für Kirchenvertreter geprägt. Ein Wechsel in den Inhalten und Techniken der staatlichen Konfessionspolitik erfolgte allerdings nicht. Es ergaben sich immer wieder Situationen, in denen die Konfliktlinien zwischen Staat und Kirche aufbrachen. So wurde der Bau von neuen Kirchen weiterhin untersagt, der kirchliche Hirtenbrief zur „Fünfzigjahrfeier" der Schlacht bei Warschau gegen die „Rote Armee" 1920 kritisiert. Die Kirchenleitung suchte durch Verhandlungen mit der Regierung sowohl den eigenen Besitzstand zu sichern als auch das öffentliche Klima der Konfrontation abzumildern. Diese defensive Politik beeinflußte auch noch die ersten Reaktionen des Episkopats auf die Niederschlagung der Studentenproteste vom „März 1968" und die von Parteifunktionären inszenierte Welle des Antisemitismus in Polen. Kardinal *Wyszynski* wandte sich deutlich gegen die neu belebten Haltungen eines Antisemitismus in Polen, die Bischöfe plädierten für eine Beachtung und Einlösung der Grundlagen gesellschaftlicher und öffentlicher Moral. Gemeinsam war diesen Urteilen der Kirchenvertreter, daß sie zu Wertorientierungen der Toleranz, der Meinungsfreiheit, der Presse- und Informationsfreiheit, der künstlerischen und kulturellen Freiheit Stellung bezogen und sich hierbei auch auf Positionen der laikalen „linken" Intelligenz bezogen. Es zeichnet sich mit diesen Stellungnahmen der Beginn einer Öffnung der katholischen Kirche gegenüber Gruppen der gesellschaftlichen Opposition ab, die sich ihnen weltanschaulich distanziert gegenüber verhielten (*Kuroń/Modzelewski* 1969). Die Auseinandersetzung mit dem Staat wurde durch Angebote eines Dialogs mit den informellen Gruppen der Intelligenz begleitet. Die Rolle einer korporativen Treuhandverantwortung der Kirche gegenüber Nation und Kultur unterlag nun einem Bedeutungswandel. Die katholische Kirche erkannte die Positionen und Ziele von Gruppen an, für die Wertorientierungen der Gleichheit und anti-hierarchische Ideen grundlegend waren. „Die katholische Kirche mißt dem Dialog zwischen Menschen verschiedener Überzeugungen, einschließlich des Dialogs zwischen Gläubigen und Nichtgläubigen, eine große Bedeutung bei. Nur ein solcher Dialog führt zum Fortschritt im Geiste der Achtung vor der Wahrheit, welche auch eine Achtung der menschlichen Person mit einschließt, deren Würde sich mißt an ihrer Haltung gegenüber Wahrheit und Freiheit" (*Michnik* 1980: 77–78).

2.2 Staat, Kirche und die Politik der „Normalisierung"

Der Übergang von *Gomułka* zu *Gierek* leitete eine Phase staatlicher Interessenpolitik ein, die von zwei miteinander eng verknüpften Zielen beeinflußt war: (1) Der Staat verzichtete auf Mittel der Konfrontationspolitik. Stattdessen wurde (2) eine Politik der *korporatistischen Protestabsorption* gegenüber den seit Mitte der siebziger Jahre auftretenden Gruppen der gesellschaftlichen Opposition praktiziert, für deren Erfolg es unerläßlich war, die moralische Autorität der Kirche in Anspruch zu nehmen. Für die Kirchenleitung eröffnete sich unter solchen Bedingungen in den siebziger Jahren die Möglichkeit einer Normalisierung des öffentlich-rechtlichen Status der Kirche als eines Verbandes. Forderungen im einzelnen waren: (1) Die Kirche stellt eine „juristische Person des öffentlichen Rechts und eine gesellschaftliche Organisation" (*Hartmann* 1972: 129) dar. (2) Für die Kirche sollten eigene Gesetze gelten. (3) Der Staat sollte der katholischen Kirche die Freiheit der Verwaltung ihrer Institutionen und ihres Vermögens garantieren. Eng damit verbunden war die Forderung nach Anerkennung einer eigenen Jurisdiktion und der Ausübung der geistlichen Macht. Dabei handelte es sich um zentrale Punkte eines korporatistisch geprägten Interessenausgleichs: Die Interessensphäre des jeweiligen Konfliktpartners wird anerkannt; es werden außerdem funktional abgestufte Regelungen der Organisationsbildung wechselseitig akzeptiert. Die Kirche konnte den Status eines relativ autonom handelnden Interessenverbandes beanspruchen, auch wenn hierfür die gesetzlichen Grundlagen weiter ausblieben. Partei und Regierung forderten die Anerkennung der weltanschaulichen Legitimationsgrundlagen, des „sozialistischen Charakters" des polnischen Staates – eine ideologische Konsensformel, die Kardinal *Wyszynski* zurückwies und stattdessen die Anerkennung der Rechte der Kirche einforderte.

In diesem Zusammenhang zeigte sich, daß in der beiderseitigen Suche nach Bedingungen für einen Interessenausgleich Elemente *symbolischer Politik* einen hohen Stellenwert erhielten. Die Bemühungen in den siebziger Jahren reichten über die Abgrenzungen der beiderseitigen Interessensphären hinaus. Die Repräsentanten von Staat und kommunistischer Partei suchten in der zweiten Hälfte der siebziger Jahre nach detotalisierenden Lösungen (*Staniszkis* 1984: 187). Normative Grundlagen der Politik, einzulösende Rechte der Bürger und Interessen der Gesellschaft spielten eine zunehmend stärkere Rolle – Rechte auf Meinungs- und Informationsfreiheit, Menschenwürde, „Tage der Massenmedien". Im politischen Bereich entstanden – nach einem Urteil der Soziologin *J. Staniszkis* – Elemente eines *erweiterten korporatistischen Netzwerks* der Interessenartikulation: Ihre korporatistische Struktur bestand in der *Gierek*-Phase darin, daß eher funktionale Austauschbeziehungen geknüpft wurden. „Organische" Gruppen wie die katholische Kirche, einige Berufsverbände und politische Klubs, wie die Vereinigung DIP („Erfahrung und Zukunft") oder der Klub der katholischen Intelligenz (KIK), handelten getrennt. Daneben gab es Konsultationen zwischen *Giereks* Regierung und Arbeitern aus über hundert größeren Betrieben, die während der Streiks 1976 und 1978 ihre „Veto"-Macht demonstriert hatten. Die Bestrebungen dieser Gruppen waren hoch spezialisiert, wie *Staniszkis* feststellt, und wurden durch die regierende Gruppe „mediatisiert". Ein gemeinsames Merkmal aller Gruppen war, daß sie keinen *legalisierten* Bestandteil des politischen Prozesses bildeten, sondern von der Anerkennung der Regierung abhängig waren. Sie stützten ihre Politik nicht auf einen eigenen Apparat; ihr Einfluß auf die Politik in Polen war eher das Ergebnis des „*Stils*" der regierenden Gruppe in Partei und Staat als das Resultat dauerhafter institutioneller Übereinkunft (*Staniszkis* 1984: 39).

Für die Regierung bot diese Form der Interessenpolitik strategische Vorteile: Sie eröffnete Möglichkeiten, die sich selbst organisierende Gesellschaft zu spalten und in Situationen, in denen Spannungen auftraten, wie bei den Streiks und Arbeiterprotesten 1976 und 1978, den Protest zu absorbieren: „It was also easier to manipulate a segmented society by playing off one part against another or by the selective use of symbolic gestures on the one hand and of sanctions on the other" (*Staniszkis* 1984: 39). Darüber hinaus bestärkte diese Form der Interessenartikulation die Legitimität beider Seiten im korporatistischen Netzwerk. Denn die Anerkennung der gesellschaftlichen Gruppen durch den Staat ist auf dem Weg der Verhandlungen eine Voraussetzung korporatistischer Interessenpolitik (*Lehmbruch* 1983: 154–171). Und umgekehrt wird die Regierung/Partei als Machtzentrum von der Gesellschaft anerkannt, sobald das Mittel der Verhandlungen gewählt wird.

Zugleich wurden mit der Etablierung von korporatistischen Arrangements während der siebziger Jahre in Polen neue Spannungen erzeugt – innerhalb der Partei und innerhalb der Kirche. Die unteren Ränge in der Kirchenhierarchie, Priester und Laien, zeigten oft eine radikalere Haltung gegenüber dem Staat als die Repräsentanten der Kirchenleitung, die eher die Rolle der „loyalen Opposition" erfüllten (*Staniszkis* 1984: 187). In der Streikphase im Sommer 1980, die der Entstehung von Solidarność als einer unabhängigen Gewerkschaft 1980 vorausging, brachen diese Gegensätze innerhalb der Kirche deutlich hervor.

3. Das Verhältnis von Staat und evangelischen Kirchen in der DDR. Phasen der Konfrontations- und Kooperationspolitik

Die Beziehungen zwischen Staat und evangelischen Kirchen in der DDR waren bis Anfang der siebziger Jahre ähnlich wie in Polen durch einen Wechsel von Strategien (1) der Verdrängung der Kirche aus dem öffentlichen Leben über (2) Ansätze zur Kompromißbildung bis (3) zu Schritten des Dialogs bestimmt. Es gab bereits in den fünfziger Jahren Verhandlungen zwischen Vertretern der Kirchenleitung und der Regierung der DDR, die Probleme der Einschränkung der Religionsfreiheit und der Benachteiligung von Schülern und Studenten christlichen Glaubens (*Henkys* 1988: 333) zum Thema hatten. Teilweise gab die Regierung allgemeine Zusagen, zum Teil relativierte die Kirche ihre Kritik gegenüber der Konfessionspolitik der Regierung. Eine auf Dauer gestellte Politik des gegenseitigen Interessenausgleichs ergab sich aus diesen Verhandlungskontakten nicht. Eine andere Linie der staatlichen Interessenpolitik gegenüber den Kirchen wurde nämlich durch die Förderung von kooperationsbereiten Kirchenvertretern wie dem thüringischen Landesbischof *Mitzenheim* oder regierungsnahen Gruppen wie dem Bund evangelischer Pfarrer in der DDR oder dem

Regionalausschuß der Christlichen Friedenskonferenz angestrebt. Ähnlich wie in Polen sollte der Dialog auf der Grundlage einer Strategie der monozentrischen Interessenpolitik aufgebaut werden; eine Strategie, die auf eine Schwächung der kirchlichen Institutionen zielte. An dieser Orientierung änderte sich auch wenig durch Übereinkünfte in einzelnen Bereichen der Politik – wie der 1964 auf Initiative der Kirchenleitung beschlossenen gesetzlichen Regelung über den Einsatz von „Bausoldaten", dem waffenlosen Dienst in der Volksarmee.

Einem erheblichen Bedeutungswandel unterlagen die Beziehungen zwischen Staat und Kirchen durch den Wechsel in der Parteiführung Anfang der siebziger Jahre. Die Aufgabe von Zielen der *monozentrischen Ordnungspolitik*, die noch für *Ulbrichts* Modell der „sozialistischen Menschengemeinschaft" kennzeichnend waren, bewirkte indirekt auch einen Wechsel in der staatlichen Kirchenpolitik. Die Repräsentanten von Partei und Staat wählten in der Folgezeit zunehmend konsensorientierte Maßstäbe für die Einordnung der Beziehungen von Staat und evangelischen Kirchen. Darüber hinaus betonte *P. Verner* 1971, daß der Staat keine „Sozialisierung" der Kirche anstrebe (*Verner/Götting* 1971: 37). Ein Anzeichen für den Wechsel in der staatlichen Kirchenpolitik war die Auflösung des regimenahen Pfarrerbundes Ende 1974 (*Henkys* 1988: 334). Andere Maßnahmen der Regierung wiesen noch deutlicher auf eine Änderung in der Kirchenpolitik hin. 1976 erhielt die evangelische Kirche die Erlaubnis für den Bau von Gemeindezentren und Kirchen in Städten und Neubausiedlungen.

Der Wechsel von der Konfrontations- zur Kooperationspolitik (*Dähn* 1982) wurde durch ein Spitzengespräch zwischen Bischof *Schönherr* und dem Staatsratsvorsitzenden *Honecker* am 6. März 1978 eingeleitet. Mit diesem Treffen wurde der Übergang von einer zuvor auf antagonistischen Interessengegensätzen beruhenden Beziehung zu einer *Politik des Kompromisses und begrenzter Übereinkünfte* vollzogen. Der Staat eröffnete der Kirche in Bereichen Handlungsspielräume und Entscheidungsmöglichkeiten, aus denen sie früher ausgeschlossen war: Seelsorge in staatlichen Krankenhäusern, in Gefängnissen und Altenheimen, in der Jugendarbeit, in Neubaugebieten und einen begrenzten Zugang zu Massenmedien mit Sendezeiten im Fernsehen und Rundfunk. Kennzeichnend für die neue Phase der Interessenpolitik war es, daß das zentrale Problem der Identität, der Eigenständigkeit der Kooperationspartner reflektiert wurde: „Das Gespräch vom 6. März brachte keinen Wendepunkt in der Geschichte des Verhältnisses von Staat und Kirche insofern, als sich beide nun völlig gewandelt hätten. Wir sind die gleichen geblieben, aber unser Verhältnis wurde deutlicher ... erkennbar" (*Schönherr* 1981: 14). Ähnlich äußerten sich staatliche Repräsentanten (*Gysi* 1981: 11).

Die politische Bedeutung begrenzter Übereinkünfte lag für den Staat darin, daß er sich „erstmalig mit Kirchen arrangieren wollte, zu deren Programm im Prinzip die Sozialethik gehört; solche sozialethischen Aktivitäten tangieren das Mandat des Staates" (*Hempel* 1984: 32). Das heißt, über die Anerkennung der Eigenständigkeit und eines begrenzten Repräsentationsmonopols der Kirche hinaus stellten sich für den Staat Probleme, die über den Rahmen eines korporatistischen Interessenausgleichs hinausweisen (*Schmitter* 1979). Es handelt sich um eine Politik, die die Legitimationsgrundlagen der Machtverteilung in der DDR berührt. Daß auf diesem Weg vor allem kulturelle – und nicht primär materielle – Vorbedingungen der Machtverteilung als *Meinungsunterschiede in der Öffentlichkeit* artikuliert werden konnten und können, ist das besondere Merkmal korporatistischer Interessenpolitik in einer sozialistischen Gesellschaft wie der DDR. Das Monopol des Staates in der Sphäre öffentlicher Kommunikation wurde damit beeinträchtigt, eine Tendenz, die ebenfalls für den Entwicklungsstand korporatistisch geprägter Austauschbeziehungen zwischen Staat und katholischer Kirche in Polen zutrifft. In beiden Fällen mußte der Staat – wenn auch in unterschiedlichem Ausmaß – ideologisch das *linguistische Monopol* im Bereich politischer Kommunikation und in der Öffentlichkeit relativieren. Das heißt, Forderungen nach einer „wahrhaftigen" politischen Sprache und offener Meinungsbildung, die im Umfeld der Kirchen immer wieder erhoben werden, stellen eine Alternative zu den offiziellen semantischen Codes der Herrschaftssicherung dar. Im Gegensatz zu den Stereotypen der politischen Propaganda des Staates beruht die Sprache der unabhängigen (Kirchen-)Öffentlichkeit auf den von einzelnen Menschen angeeigneten eindeutigen kulturellen und sprachlichen Bedeutungsgehalten. „Mündige Bürger" in diesem Sinn verkörpern eine Beeinträchtigung des Machtmonopols des sozialistischen Staates. Das gilt unabhängig davon, ob dieser *Konflikt um politische Wörter* manifest wird oder als latente Spannung auftritt.

Mit den Anfängen der neuen Kirchenpolitik, besonders aber nach dem Spitzengespräch am 6. März 1978 von *Honecker* und *Schönherr* setzte eine Diskussion über Formeln wie „Kirche im Sozialismus" (*Kenkys* 1982) und „Grundvertrauen" zwischen Staat und Kirche (*Hempel* 1984: 31) ein. Im Mittelpunkt von öffentlich geäußerten Überlegungen zur veränderten Legitimationsgrundlage für die Austauschbeziehungen der früher gegensätzlichen Konfliktpartner standen Schlüsselbegriffe wie „Wohl des Menschen", gesellschaftliche Verantwortung gegenüber Frieden, Natur und Umwelt, soziale Gerechtigkeit, Partizipation, Macht, Grund-, Welt- und Zukunftsvertrauen. Für die inhaltliche Begründung dieser Begriffe ist eine Orientierung typisch: die Bezugnahme auf eine Verantwortung gegenüber der Gesellschaft im ganzen.

In dieser Perspektive können auch Beiträge aufgefaßt werden, wonach der Dialog mit dem Staat als *Lernprozeß* zu nutzen sei (*Bodenstein* 1981). In die Vorschläge für einen Dialog gehen zum Beispiel durchgängig Argumente für die kritische Infragestellung von politischen Entscheidungen des Staates ein. So wurden Ziele der staatlichen Friedens-, Schul- und Wirtschaftspolitik immer wieder in Grundsatzerörterungen kirchlicher Vertreter kritisiert. Die Praxis der Rechtspolitik am Beispiel der Reisefreiheit, der Umwelt- und Landwirtschaftspolitik nach industriellen Produktionsmaßstäben, der Mangel an „öffentlichen Gesprächsforen" und das politische Mandat der Kirche (Die Kirche 1989, Nr. 14: 1, Nr. 18) waren Themen von Synodaltagungen 1989. Die Verantwortung für die Umwelt und die Lebensbedingungen zukünftiger Generationen sind wiederkehrende Leitmotive in den Stellungnahmen kirchlicher Akteure. Sie fordern darüber hinaus erweiterte Vorstellungen von Gerechtigkeit als einem Maßstab für das gesellschaftliche Zusammenleben und mit der Natur (Mehr Gerechtigkeit 1989). Ideologiekritische Absichten bestimmen auch die Auseinandersetzung mit den Grundannahmen der „sozialistischen Lebensweise" und des „wissenschaftlich-technischen Fortschritts" (*Falke* u.a. 1980). In diesem Zusammenhang kritisieren kirchliche Ver-

treter indirekt und direkt die verengten Legitimationsgrundlagen für politische und ökonomische Entscheidungen, die die Regierung in der DDR in der Regel nach primär produktivistischen Maßstäben im Sinn der „Systemsteigerung" trifft.
Aus den angeführten Themenstellungen lassen sich einige Schlußfolgerungen für den Stand und die Art der Beziehungen ziehen: In dem Kooperationsverhältnis zwischen Staat und Kirche beschränken sich die evangelischen Kirchen nicht auf eine akklamative Rolle. Über den Bezugsrahmen korporatistisch geregelter Interessenpolitik hinaus erörtern kirchliche Vertreter auf Synoden und in anderen Zusammenhängen kirchlicher Öffentlichkeit den Sinn traditioneller politischer Legitimationsgrundlagen und stellen Überlegungen für veränderte moralische und politische Bedingungen der Lebensweise in der DDR an (*Schorlemmer* 1988; Die Kirche 1989, Nr. 18). Den evangelischen Kirchen kommt darüber hinaus eine Aufgabe zu, die auch die katholische Kirche als korporatistischer Akteur in Polen erfüllt: die Aufgabe einer Treuhandverantwortung als *Vermittler von kulturellen Traditionen und sozialen Wertorientierungen*. Daß diese Aufgabe für das Selbstverständnis der Kirche als Kooperationspartner von Staat und SED einen Bedeutungswandel einschließt, wird von kirchlichen Funktionsträgern gesehen (*Stolpe* 1988; *Leich* 1989). Welche Dynamik in dieser Rollenbestimmung der Kirche als einer sozialen Institution mit korporatistischer Treuhandverantwortung liegt, soll im folgenden an Problemen in den Konfliktarenen der Friedenspolitik, der Jugendkultur und der Bürgerrechte verdeutlicht werden.

3.1 Friedenspolitik

In den kirchlichen Gemeinden, auf Synodetagungen und in den unabhängigen Friedensgruppen wurden seit Anfang der achtziger Jahre in der DDR Auffassungen vertreten, die den Bezugsrahmen abgestufter Übereinkünfte zwischen Staat und Kirchenleitung überschritten. Es wurden Argumente aus einer pazifistischen Tradition gewählt, die kritisch-normative Geltungsansprüche für die Friedenspolitik beinhalteten (*Büscher* u.a. 1982: 260). In Diskussionspapieren, die in den Gremien im Umlauf waren, wurden zum Beispiel ethische Maßstäbe des „Friedenshandelns" erörtert. Daraus ergaben sich Erwartungen an die Kirchenleitung, gegenüber staatlichen Repräsentanten und Institutionen politische Maßstäbe wie militärische Sicherheit als Integrationsformeln zurückzuweisen. Genauer betrachtet entstanden Konfliktlinien, die sich aus den Unterschieden zwischen einer systemorientierten Politik – Regierung: Position der instrumentellen Rationalität – und der Lebenswelt der Menschen – Politikbegriff des „Überlebens" – ergaben (*Tschiche* in: *Büscher* u.a. 1982: 231–232). Es ist kennzeichnend für die Verknüpfung der Maßstäbe für Friedenshandeln mit den allgemeinen Problemen der Legitimation korporatistischer Politik in der DDR, daß diese Diskussion auch noch nach dem Rückgang des Protests der Friedensgruppen eine Fragestellung von Synodetagungen bildete (epd/Dokumentation 1986).
Ein ähnlicher Problemzusammenhang wird durch die anhaltende Debatte über Forderungen nach einem „sozialen Friedensdienst" aufgeworfen. Während die Einführung des waffenlosen Dienstes für „Bausoldaten" 1964 noch durch einzelne „Sachge-

spräche" zwischen Staat und evangelischen Kirchen ausgehandelt werden konnte, wurde die Initiative für einen sozialen Friedensdienst von Anfang an auch in der Öffentlichkeit von Gemeinden und den unabhängigen Friedensgruppen erörtert. Die Auseinandersetzungen innerhalb der Kirchen und die staatlichen Reaktionen auf diese Initiative zeigen, daß konflikthaltige Forderungen aufgeworfen worden sind, die zunächst aus der Sicht beider korporatistischer Akteure „kanalisiert" werden sollten. Einer Vorbedingung korporatistischer Interessenpolitik entsprechend – funktionale Abgrenzung der beiderseitigen Einflußsphären (*Schmitter* 1979: 97) – schien die Kirchenleitung das Repräsentationsmonopol des Staates in der Frage „Wehrdienst/Ersatzdienst" anzuerkennen.
In einer Stellungnahme des Staatssekretärs für Kirchenfragen, *Klaus Gysi*, zu den Vorschlägen für einen sozialen Friedensdienst wird dieses stillschweigende Einverständnis zwischen Staat und Kirchenleitung auch hervorgehoben: „Die Bischöfe sehen das auch ganz klar, daß das ein Eingriff in das ureigenste Recht des Staates wäre. Die Regelung mit den Bausoldaten hat sich bei uns bewährt, und wir sehen keinen Grund, davon abzugehen. Wer mit dieser klaren Stellungnahme des Staates nicht einverstanden ist, zeigt deutlich, daß es ihm um die Konfrontation geht" (*Gysi* 1981: 56). Die anhaltenden Diskussionen über den Sinn des sozialen Friedensdienstes (epd-Dokumentation 1986: 4; *Stolpe* 1988) lassen erkennen, daß die Kirchenleitung den korporatistischen Interessenausgleich mit der Regierung nicht aufkündigte, zugleich aber auch Ideen in Richtung eines Wehrersatzdienstes (Die Kirche 1989, Nr. 3) unterstützte. Das heißt, die Kirche als Kooperationspartner des Staates nimmt neben der Beibehaltung konsensorientierten Redens gegenüber der Regierung in diesem Fall auch Vorstellungen von Gemeindemitgliedern auf, die die Legitimationsgrundlagen des staatlichen Handelns in Zweifel ziehen.

3.2 Jugendkulturen

Die Entstehung einer unabhängigen Jugendszene und der Bedeutungszuwachs gegenkultureller Orientierungen in der DDR konfrontierte Staat und evangelische Kirchen gleichermaßen mit veränderten Problemlagen. Aus Dokumenten und Selbsterfahrungsberichten Jugendlicher ergibt sich, daß staatliche Institutionen und Schulen in der Regel als sich selbst erhaltende Verkörperungen von Macht wahrgenommen werden, die den einzelnen Jugendlichen vor die Wahl stellen, „sich mitintegrieren zu lassen oder nicht" (*Haase* 1983: 28–29, 54–55, 190). Die Kirche dagegen wird häufig als eine unabhängige Institution mit Raum für selbstbestimmte Initiativen erlebt, die eine deutliche Position in öffentlichen Angelegenheiten bezieht „... und konsequent und kompromißlos danach" handelt (epd-Dokumentation 1986: 49).
In diesem Urteil zeigt sich, welche Erwartungen die evangelischen Kirchen unter Jugendlichen auslösen. Es wird aber auch deutlich, daß diese Erwartungshaltungen der Jugendlichen mit dem Selbstverständnis der Kirche als Kooperationspartner des Staates *kollidieren* können (*Fehr* 1986: 40–43). Der Anspruch der Jugendlichen auf Selbstbestimmung und Kritik geriet in Gegensatz zur Politik der Kirchenleitung, sobald

sich *Ebenen der symbolischen und pragmatischen Politik überkreuzten*. Das war der Fall bei Initiativen, die auf die Entstehung der Friedensbewegung Einfluß erhielten („Schwerter zu Pflugscharen", *Büscher* 1982). Diese Konfliktlinien wurden teilweise auch in der Kontroverse um den Bestand der „Umweltbibliothek" und der informellen Gruppen Jugendlicher in Gemeinden wie der Ost-Berliner Zionskirche (Grenzfall 1987; Umweltblätter 1987, 1988) erkennbar. Die jüngste Kritik Jugendlicher und Schüler an Tendenzen einer Militarisierung des Alltags (Umweltblätter 1989; Grenzfall 1988) machte dies Dilemma ebenfalls sichtbar. Das Angebot der evangelischen Kirchen, Jugendlichen Partizipationsmöglichkeiten in ihren Räumen zu eröffnen, die in anderen Lebensbereichen nicht bestehen, läßt sich nicht darauf beschränken, „daß Jugend ein Teil der Kirche ist, der seinen Teil beiträgt und seinen Teil erhält" (epd-Dokumentation 52/1985: 3). Die Suche nach „Lebenssinn", die das Engagement in Initiativen wie der „Umweltbibliothek", den Blättern der unabhängigen Öffentlichkeit oder den „Friedenswerkstätten" häufig mit beeinflußt, kann zwar aus der Sicht kirchlicher Repräsentanten anerkannt (*Hempel* 1982: 260), jedoch nicht als Ziel einer konsensorientierten Politik gegenüber dem Staat vertreten werden. Das heißt, gegenkulturelle Orientierungen und politische Stile, die den Protest der Jugendlichen gegenüber der sozialistischen Lebensweise in der DDR (*Fehr* 1984) vielfach prägen, lassen sich nicht unvermittelt in verhandelbare Ziele eines korporatistischen Interessenausgleichs übersetzen.

Diese Schwierigkeiten werden auch in der Bildungs- und Schulpolitik sichtbar – in Politikbereichen, in denen die Kirchenleitung seit dem Beginn abgestufter Übereinkünfte mit der DDR-Regierung erfährt, daß der machtmäßig stärkere Kooperationspartner, der Staat, Zugeständnisse wieder aufkündigt und Probleme jugendlicher Eigenart nicht zur Kenntnis nimmt. Sie stellen sich aber auch im Verhältnis von Kirchenleitung und Gemeinde: So zum Beispiel, wenn die Forderungen der Jugendlichen nach unabhängigen Strukturen auf einen Form- und Bedeutungswandel der Gottesdienste hinauslaufen, wie das im Winter 1987/88 nach der „Luxemburg-Affäre" und mit der Vorstellung von „Diskussions-Gottesdiensten" erkennbar war (Umweltblätter 1988: Nr. 2, 2–18). Die Kirche steht hierbei vor einem Dilemma: „Je stärker Autoritätsorientierung in Kirche und Gesellschaft gefordert wird, um so mehr nehmen Resignation und Rückzug Jugendlicher mit zunehmendem Alter auf private Bereiche zu ..." (epd-Dokumentation, 18/1986: 49).

3.3 Bürgerrechte

Die evangelische Kirche übernimmt in der gegenwärtigen Entwicklungsphase der DDR eine „*kritisch-stabilisierende Funktion*" (*Stolpe* 1987: 137). Der Doppelaspekt, der in dieser Rollenbestimmung zum Ausdruck kommt und in der Friedens- und Jugendpolitik eine Entsprechung findet, ist meines Erachtens auch kennzeichnend in einem anderen Politikbereich: der Sphäre individueller Bürgerrechte. Hier erkennt die Kirchenleitung einmal den erreichten Entwicklungsstand des rechtlich garantierten Eingabe- und Beschwerdewesens in der DDR an (*Zimmermann* 1988: 214–283). Im

Rahmen dieser in den vergangenen Jahren erweiterten Regelungen wurden Möglichkeiten der Kritik für den einzelnen Bürger an staatlichen Entscheidungen eröffnet (*Staritz* 1988: 301). In der Praxis des Verwaltungshandelns zeigte sich jedoch immer wieder, daß die vom Staat gegebenen Garantien für eine Verrechtlichung der sozialen Beziehungen wieder zurückgeschraubt werden können. Diese für korporatistische Interessenpolitik typische Maßnahme prägte vor allem den Umgang der staatlichen Behörden mit Bürgern, sobald Ansprüche auf rechtliche Sicherheiten für Eingaben in der Umweltpolitik erhoben wurden. Die formal eröffneten Möglichkeiten begrenzter Reisefreiheiten wurden ebenfalls nach dem Vorbild korporatistischer Garantien interpretiert: Die Regierung bot auf diesem Weg neue Teilhaberechte an, in der Praxis des Verwaltungshandelns wurden sie allerdings häufig nicht eingelöst. In dieser Hinsicht erweist sich die Kirche als *Treuhandverwalterin individueller Bürgerrechte* gegenüber Staat und Gesellschaft in der DDR.

Die Stellungnahmen der Kirchenleitung zu Fragen einer *Ausweitung* der Rechtssicherheit der Bürger im Verhältnis zu staatlichen Institutionen erhalten dabei zunehmend den Charakter von normativen Postulaten einer *Reformpolitik*. Im Mittelpunkt dieser Überlegungen stehen Grundsätze der politischen Beteiligung, der Gleichheit, erweiterter Menschenrechte und der sozialen Gerechtigkeit; Ideen, die sich nicht ohne Bedeutungsverlust in ein korporatistisches Arrangement der Interessenpolitik übersetzen lassen. Dem schrittweisen Ausbau individueller Bürgerrechte messen Kirchenrepräsentanten (*Stolpe* 1985, 1988) eher den Stellenwert einer erweiterten Legitimationsgrundlage für staatliches Handeln bei – „Vertrauenswürdigkeit", „Reformfähigkeit", „Gerechtigkeit". Die geforderte Anerkennung von individuellen Bürgerrechten wird nicht durch einen Systemvergleich mit den normativen Grundlagen westlicher parlamentarischer Demokraten begründet. Die Einlösung verfassungsstaatlicher Rahmenbedingungen wird vielmehr als *Vervollständigung* einer *änderbaren* kulturellen Legitimationsbasis des Gesellschaftssystems der DDR bezeichnet. Die kritischen Implikationen solcher Forderungen für die bisherige Praxis der Interessenpolitik des Staates faßt Konsistorialrat *Stolpe*, der stellvertretende Vorsitzende des DDR-Kirchenbundes, in das Urteil: „Auf diese Weise können Bürger existentiell erfahren, daß sie nicht bevormundete Untertanen in einer unbeeinflußbaren Kommandostruktur, sondern ernstgenommene Mitglieder ihres Staates sind und gemeinsam mit ihm eine wirkliche Volksdemokratie entfalten können. Das gewachsene Selbstbewußtsein freier Bürger kann große schöpferische Kräfte wecken" (*Stolpe* 1988: 176).

4. *Korporatistischer Interessenausgleich und die Entstehung eines informellen Sektors*

Fassen wir unsere bisherigen Darstellungen und Überlegungen in einigen Schlußfolgerungen zusammen: Forderungen nach Anerkennung von individuellen Menschen- und Bürgerrechten, des Rechts auf Informationsfreiheit, der Ausweitung politischer Beteiligungsmöglichkeiten und individueller Staatsbürgerrechte werden von den katholischen und evangelischen Kirchen gleichermaßen als Themen korporatistischer Interessenpolitik betont. Im Unterschied zu den Anfängen korporatistisch geprägter Beziehungen zwischen Staat und Kirchen in Polen und der DDR lassen sich in den letzten Jahren Anhaltspunkte für eine Erweiterung der Aufgaben der Kirchen als korporatistischer Akteure feststellen. Die Schwerpunkte der erweiterten Treuhandverantwortung der Kirchen deuten in eine Richtung: Sie stellen auf einen *Eigenwert* demokratischer Ideen und der *Öffentlichkeit* als eigenständiger Sphäre ab. Das ist der allgemeine Gesichtspunkt, der den Forderungen nach Rechtssicherheit und individuellen Bürgerrechten zugrundeliegt.

Eng verknüpft damit ist ein anderer Gesichtspunkt, der meines Erachtens den besonderen Stellenwert der „gewachsenen" korporatistischen Treuhandverantwortung der Kirchen in Osteuropa bezeichnet: Sie nehmen normative Idealansprüche des Konzepts der Staatsbürgerschaft auf, wonach die Rolle der Bürger in Polen und der DDR nicht auf Leitbilder „aktiver" Produzenten oder Konsumenten zu beschränken ist.

In dieser Hinsicht unterscheidet sich auch die kritisch-stabilisierende Funktion der Kirchen in korporatistischen Austauschbeziehungen von anderen gesellschaftlichen Organisationen – regierungsnahen Gewerkschaften wie dem FDGB oder dem OPZZ, „Interessengruppen" der Industrie in Polen, PRON u.a., die in den letzten fünfzehn Jahren in Polen und in der DDR in abgestufte Regelungen eines Interessenausgleichs mit dem Staat einbezogen worden sind (*Zimmermann* 1988; *Kolankiewicz/Lewis* 1988; *Kolankiewicz* 1988). An dieser Stelle erscheint es mir sinnvoll, auf einige zentrale Gesichtspunkte der Korporatismusanalyse näher einzugehen, die bisher im Mittelpunkt von Untersuchungen osteuropäischer Gesellschaften standen.

In der Sozialismusforschung sind Probleme der korporatistischen Interessenpolitik zumeist an der Rolle von Massenorganisationen wie den Gewerkschaften, den Mitwirkungsrechten von Arbeitern in Industriebetrieben oder in der Perspektive von *Staat und Recht* abgehandelt worden (*Staritz* 1988: 301–313). Dabei schwanken die Aussagen über die politische Bedeutung korporatistischer Strukturen zwischen Analogien zu Verrechtlichungstendenzen in der gewerkschaftlichen Interessenpolitik westeuropäischer Länder (*Rytlewski* 1983: 394), den Annahmen einer eigenständigen Variante eines staatlichen (*Pravda* 1983: 258) oder autoritären (*Chirot* 1980: 363–381) Korporatismus und prinzipiellen Einwänden gegenüber dem Erklärungsgehalt von korporatistischen Politikmodellen für die Untersuchung von Veränderungen im politischen Entscheidungsprozeß osteuropäischer Gesellschaften (*Ash* 1983: 14). Die These der vorliegenden Arbeit ist: Soziale Gruppen und Institutionen wie die Kirchen in Polen und der DDR spielen *de facto* in der politischen Arena eine Rolle, die über den formal eingespielten Rahmen als rechtlich anerkannter Verband im System der Interessenartikulation dieser beiden osteuropäischen Gesellschaften hinausreicht. Zur Begründung dieser Annahme erscheint es mir sinnvoll, die Handlungen der Kirche zur Verteidigung von Strukturelementen der *„Bürgergesellschaft"* anzuführen. Es handelt sich hierbei um Interessenpositionen der Kirchen, die ich bisher als Ausdrucksformen einer *korporatistischen Treuhandverantwortung* bezeichnet habe. Im Anschluß daran ist es meines Erachtens möglich, Fragen nach den qualitativ neuen Ebenen des von den Kirchen repräsentierten *gesellschaftlichen Korporatismus* in einer vergleichenden Perspektive zu beantworten.

4.1 Forderungen zur Anerkennung von Menschen- und Bürgerrechten

Die Kirchen in der DDR und Polen haben in den vergangenen Jahren nicht nur die Einlösung von Rechten der einzelnen Bürger wie die Informations- und Meinungsfreiheit oder Ansprüche auf politische Beteiligung und die Anerkennung der „Würde" der einzelnen Subjekte durch den Staat gefordert. Ein entscheidender Schritt in der Ausweitung ihrer Rolle als korporatistischer Akteure unternahmen sie durch die Verteidigung von Ansprüchen der Gesellschaft auf Selbstorganisierung. In Polen zeichnete sich diese Veränderung in der Interessenpolitik der katholischen Kirche verstärkt seit Mitte der siebziger Jahre ab, als informelle Gruppen und politische Netzwerke der gesellschaftlichen Opposition entstanden. In der Entstehungsphase von Solidarność 1980, der Zeit des Kriegsrechts und in den letzten Jahren der Rekonstruktion von Oppositionsgruppen, politischen Klubs und der Aktivierung von Solidarność-Komitees setzte die Kirchenleitung in Polen immer wieder ihre moralische Autorität als nationale Institution ein, um den Staat zu einem Dialog mit der Gesellschaft zu veranlassen. Die „Rund-Tisch-Gespräche" zwischen Regierung und gesellschaftlicher Opposition, ein neues Gremium korporatistisch bestimmter Interessenabsprache, wären ohne die vermittelnde Rolle der katholischen Kirche nicht zustande gekommen.

In der DDR ergab sich unter dem Einfluß von informellen Gruppen der Friedensopposition, ökologisch orientierter Netzwerke und des Reformdenkens von *Gorbačev* in den letzten Jahren ebenfalls eine Erweiterung der Fragestellungen kirchlicher Treuhandverantwortung. Die evangelische Kirche versteht sich nach den Äußerungen von Repräsentanten als eine Institution, die über punktuelle Stellungnahmen hinaus Probleme der Identität und Reformansprüche der Gesellschaft vertreten müsse (*Stolpe* 1987: 136–137; *Schorlemmer* 1988; Mehr Gerechtigkeit 1989). Dieses erweiterte Selbstverständnis der Kirche als korporatistischer Akteur schließt die Anerkennung von informellen Gruppen der Gesellschaft als Träger von Verantwortungsethik ein (Die Kirche 1989: Nr. 11).

4.2 Kritik an den Folgen monozentrischer Interessenpolitik des Staates

Aus den zuletzt genannten Grundpositionen der Kirchen läßt sich eine weitere in den vergangenen Jahren eingenommene Interessenhaltung der katholischen und evangelischen Kirche ableiten: die Kritik an den politischen und kulturellen Folgen von staatlichen Tendenzen des Machterhalts. In Polen hat die katholische Kirche in den Jahren des Kriegsrechts und der nachfolgenden Phase der „Normalisierung" gegenüber der Regierung auf die Auswirkungen staatlicher Repressionen hingewiesen (*Bingen* 1984: 183–186): Gefühle subjektiver Sinnlosigkeit, Anzeichen politischer Apathie und sozialer Entdifferenzierung wie der Verfall gesellschaftlicher Normen; Entwicklungstendenzen, die auch in empirischen Untersuchungen zum gesellschaftlichen Bewußtsein in Polen bestätigt werden (*Marody* 1988a: 3–8; *Marody* 1988b: 97–110; *Koralewicz* u. a. 1987; *Tatur* 1987: 65–93).

In der DDR zeigen sich die Auswirkungen staatlicher Interessenpolitik und des Machtmonopols nicht so drastisch auf der Ebene gesellschaftlichen Bewußtseins wie in Polen. Als Fragestellung werden Probleme der sozialen Desintegration, eines Anstiegs öffentlicher Apathie und Symptome eines rapiden Vertrauensschwunds der Bürger gegenüber staatlichen Institutionen gleichermaßen verstärkt auf Synodetagungen und kirchlichen Treffen erörtert (*Schorlemmer* 1988; Mehr Gerechtigkeit 1989). In der kirchlichen Presse werden kritische Bestandsaufnahmen über die Bewußtseinslage der Gesellschaft wiedergegeben und die Kritik an dem Mangel ethischer Maßstäbe und eines fehlenden Verantwortungsgefühls der politischen Repräsentanten gegenüber der Gesellschaft von seiten informeller Gruppen aufgenommen (Die Kirche 1989, Nr. 18).

4.3 Forderungen der Kirchen nach einer Beendigung politischer Repression

Beide Kirchenleitungen haben in konkreten Situationen der letzten Jahre die Interessen von Anhängern der gesellschaftlichen Opposition gegenüber dem Staat verteidigt, so anläßlich des „Kriegszustandes" in Polen und der politischen Inhaftierungen in der DDR im Winter 1987/88. Nach der Einführung des Kriegsrechts in Polen hat die katholische Kirche durch Stellungnahmen des Episkopats, Engagement von Priestern in der Hilfe für inhaftierte Solidarność-Anhänger und deren Familien und durch politischen Druck in Gremien, die dem Interessenausgleich mit der Regierung dienten, die staatliche Repressionspolitik kritisiert. Über die Wege und Mittel der Kritik gab es Differenzen zwischen Kirchenleitung und Priestern, wie das Beispiel *Popiełuszko* zeigte. Die Aufgabe der kirchlichen Treuhandverantwortung gegenüber der Gesellschaft auch in dieser Hinsicht stand jedoch außer Zweifel.
In der DDR beruhte das Eintreten der Kirchenleitung für die verhafteten Mitarbeiter der „Umweltbibliothek" (1987) und Demonstranten der „Rosa-Luxemburg-Gedenkveranstaltung" (1988) auf einer ähnlichen Grundeinstellung. Die Mittel der Rechtsberatung, der Intervention bei staatlichen Behörden und das Forum von „Diskussions-Gottesdiensten" lösten innerhalb der kirchlichen Öffentlichkeit Debatten über die „gesellschaftliche Verantwortung" der Kirche aus, die sich bis in die Gegenwart in Themenschwerpunkten der kirchlichen Presse zum Verhältnis Kirche und informelle Gruppen, ökologische Netzwerke und Amtskirche niederschlagen (Die Kirche 1989; Kirche im Sozialismus 1987, 1988). Eine Schlußfolgerung für die Rolle der Kirche als Kooperationspartner des Staates in der DDR ist, daß die evangelische Kirche die informellen Gruppen der Jugendlichen und Bürgerrechtler anerkennt.

4.4 Bildung von Institutionen, die zur Rekonstruktion der „Bürgergesellschaft" beitragen

In Polen in einem größerem Maß, in der DDR in Ansätzen bildeten die Kirchen Foren und Institutionen, die zur Unterstützung von „Selbstorganisierungstendenzen" der Gesellschaft beitrugen. Die evangelische Kirche in der DDR stellte in den vergangenen Jahren zunehmend kirchliche Räume für Treffen ökologischer Netzwerke – „Arche" –

und informellen Gruppen im Umwelt- und Friedensbereich wie den Umweltbibliotheken in Berlin und anderen Städten zur Verfügung. In Gemeinderäumen wurde Rechtsberatung für inhaftierte Oppositionelle und Wehrdienstgegner angeboten. Die Bildungs- und Informationsarbeit unabhängiger Basisgruppen im Umfeld der Kirche wäre ohne die Unterstützung der Kirchenleitung häufig nicht durchführbar.
Eine andere Form der Hilfeleistung bietet das kirchliche Forschungsheim in Wittenberg durch Informationsmaterial – „Briefe aus dem Kirchlichen Forschungsheim 1987" – und Beratung: Durch die Herausgabe von Gutachten zu Problemen im Umweltbereich wurden die Ökologiegruppen in der DDR argumentativ unterstützt (Kirchliches Forschungsheim (KFH) Nr. 11 1985).
In Polen zählen zu den kirchlichen Initiativen in dieser Hinsicht das Komitee zu Gewerkschaftsfragen beim Primas der katholischen Kirche (August 1980), das kirchliche Hilfskomitee zur Unterstützung der internierten Gewerkschaftsanhänger, der soziale Rat beim Primas der katholischen Kirche – beide im Dezember 1981 gegründet. Ein anderes Beispiel stellt die Initiative zur Bildung einer kirchlichen Stiftung zur Unterstützung der privaten Landwirtschaft in Polen dar. In Gesprächen mit der Regierung über die Bedingungen der Hilfeleistungen wurde bis Ende 1987 die Abgrenzung von Hoheitsrechten zwischen Staat und Kirche ausgehandelt. Daß die finanziellen Bedingungen für den Landwirtschafts-Fonds zu gering waren, um ein nationales Hilfsprogramm vorzubereiten, lag an dem niedrigen Spendenaufkommen aus dem westlichen Ausland. Daß die Ziele dieser Stiftung über den herkömmlichen Bezugsrahmen korporatistischer Interessenvertretung hinausreichten, wird daran ersichtlich, daß die Kirche sich in diesem Fall auf die Bedürfnisse einer sozial besonders benachteiligten Gruppe der polnischen Gesellschaft bezog. Andere Initiativen zur Wahrung der „authentischen" Interessen der Gesellschaft verfolgte die Kirchenleitung in Treffen auf höchster Ebene mit der Staatsführung. Im Mittelpunkt dieser in unterschiedlichen Abständen einberufenen Treffen standen Themen wie die Aufhebung des Kriegsrechts, der Diskriminierung von Oppositionellen, die Wiederzulassung der Solidarność und die Anerkennung von Prämissen des politischen und gesellschaftlichen Pluralismus.

4.5 Kirche, politischer Pluralismus und der Öffentlichkeitsanspruch der Gesellschaft

In beiden Gesellschaften haben sich die Kirchen in den Beziehungen mit dem Staat nicht auf eine akklamative Rolle beschränkt. Im Gegenteil: In der stalinistischen Periode der Konfrontationspolitik war es kennzeichnend, daß die katholische Kirche in Polen nicht nur die Rechte der kirchlichen Presse verteidigte. Mit dem Tygodnik Powszechny unterstützte die Kirche ein Forum unabhängiger Öffentlichkeit, das neben dem Medium kritischer Publizität und „moralischer" Sprache auch Maßstäbe für demokratisches Engagement prägte (*Luks* 1987: 97–124). Das Ethos des Handelns der unabhängigen katholischen Gruppen im Umkreis von Tygodnik Powszechnys – Znak, Wiez, KIK –, ihr Bestreben, Denken und Handeln in Einklang zu bringen, läuft auf eine Form der politischen Beteiligung hinaus, die auch für die informellen Gruppen und Netzwerke der gesellschaftlichen Opposition in den siebziger Jahren grundlegend war: das Eintreten für ethische Grundlagen des sozialen Handelns und der sozialen Kommunikation (*Lipski* – 1985: 62). Im Umkreis der „Ethosgruppen" der katholischen Laienbewegung, der Gegenkulturen und politischen Netzwerke der gesellschaftlichen Opposition (*Szawiel* 1982: 175–178) wurden die moralischen und politischen Grundlagen für den Anspruch auf Selbstorganisation und Öffentlichkeit gebildet, der in den Streiks im August 1980 und im Sommer und Herbst 1988 für die Entstehung eines neuen korporatistischen Akteurs neben Staat und Kirche grundlegend war: Solidarność. Kommunikation, Toleranz und Pluralismus als Strukturelemente des gesellschaftlichen Lebens –, das sind Postulate, die für die Demokratisierungsbestrebungen im Umkreis der informellen Gruppen der katholischen Laienbewegung (KIK) und liberal-konservative Klubs („Res Publica" 1987; „Dziekania"), für Tygodnik Powszechny (1989: 8.1.89; 19.2.89; 5.3.89) und das im Dezember 1988 zur Vorbereitung der „Rund-Tisch-Gespräche" gegründete „Bürgerkomitee" gleichermaßen gelten (Tygodnik Powszechny 1989: 7.5.89).

Das Eintreten der evangelischen Kirche für öffentliche Bewußtseinsbildung in der DDR ist ebenfalls nicht darauf beschränkt, das begrenzte Einflußfeld kirchlicher Presse gegenüber staatlichen Institutionen zu verteidigen. Die Rolle informeller Gruppen als Träger öffentlicher Kommunikation wird von der Kirche gerade in Hinsicht auf Umweltinitiativen anerkannt (*Schönherr* 1986; Die Kirche 1989: Nr. 10 und 13; *Wokalek* 1988). Der Anspruch informeller Gruppen auf Öffentlichkeit ist so eng mit der Vorstellung eines Einklangs von moralischem Denken und politischen Handeln verknüpft, daß die eingeübten Spielregeln funktionaler Interessenabgrenzung zwischen Staat und Kirchenleitung überschritten werden. Ein Beispiel hierfür ist der Boykottaufruf zu den Kommunalwahlen am 7. Mai 1989 von Mitarbeitern der „Umweltbibliothek", des ökologischen Netzwerkes „Arche", der „Solidarischen Kirche" und einzelnen Pfarrern. Eine Forderung aus diesem Aufruf ist, einen „breiten innergesellschaftlichen Dialog" (Frankfurter Rundschau 1989: 20.4.89) anzustreben. Der normative Maßstab für politische Beteiligung, der von Mitgliedern der informellen Gruppen mit dem Anspruch der Öffentlichkeit betont wird, läßt sich mit dem politischen „Stil" der „Ethosgruppen" aus dem Umfeld der katholischen Kirche und gesellschaftlichen Opposition in Polen vergleichen. In beiden Fällen geht es um *Leitbilder eines Aktivbürgers als Subjekt unabhängiger Öffentlichkeit*. Das besondere Merkmal des Anspruchs auf Öffentlichkeit und „Authenzität" des Handelns beruht in ihrer lebensweltlichen Verankerung: Das „Ethos" des Handelns engagierter Bürger in Polen und der DDR im Umkreis der Kirchen und des informellen Sektors beruht auf Gemeinschaftsorientierungen und Wertvorstellungen, die auf öffentliche Kommunikation als Thema ausgerichtet sind. Es handelt sich im Fall von „Ethosgruppen" um Schutzräume für den Aufbau sozialer Identitäten (*Szawiel* 1982: 176–177), deren Inhalte nicht im Bezugsrahmen korporatistischer Übereinkünfte verhandelbar sind und die sich durch eine Distanz gegenüber systemischen Maßstäben der Kommunikation und der offiziellen semantischen Codes der politischen Sprache auszeichnen.

5. *Zukunftsperspektiven des gesellschaftlichen Korporatismus: Kirche, Staat und gesellschaftliche Opposition*

Es stellt sich die Frage, welche Konsequenzen sich aus den Forderungen nach politischem und gesellschaftlichem Pluralismus für die Kirche als hierarchisch organisiertem Verband ergeben. Ich gehe hauptsächlich auf die Situation in Polen ein, da sich die evangelische Kirche in der DDR nicht als hierarchisch aufgebauter Verband begreift. Eng mit dieser Problemstellung verknüpft sind Fragen, die die kritisch-stabilisierende Rolle der Kirche im politisch-sozialen System von Polen und ihr Verhältnis zu Solidarność als neuem korporatistischen Akteur betreffen (*Ehrlich* 1988: 21–23). Eine weitere offene Frage wird durch normative Gehalte (*Ehrlich* 1985: 98–102) des gesellschaftlichen Pluralismus für die öffentliche Rolle der katholischen Kirche aufgeworfen: Welche Toleranz kann die Kirchenleitung gegenüber Minderheiten wie den „Nichtgläubigen" (*Mucha* 1988: 187–198) in Polen aufbringen? Alte und neue Aufgaben von Solidarność im öffentlichen Leben und das Verhältnis zur Kirche bilden Themen der unabhängigen Öffentlichkeit (Res Publica 1988), der liberalen kirchennahen Presse (Tygodnik Powszechny 1989: 19.3., 2.4.89, 23.4.89, 2.7.89, 9.7.89) und werden auch in Stellungnahmen der Kirchenleitung angesprochen (Tygodnik Powszechny 1989: 19.3.89). Eine Position für die zukünftige Rolle der Kirche im öffentlichen Leben (*Zycinski* 1988, in: Res Publica 7/88: 78–83) läßt sich auf dem Hintergrund der von ihr gewählten Distanz gegenüber der jahrelang geübten Rhetorik des Pluralismus von seiten der Regierung (*Kolankiewicz* 1988: 175–183) vorläufig bestimmen: Für die Sphäre der politischen Öffentlichkeit tendieren Vertreter und Berater der katholischen Kirche dazu, normative Gehalte des Pluralismus als Maßstäbe für die Entwicklung einer polyzentrischen Gesellschaftsordnung (*Ossowski* 1973: 75–88) zu betonen. Damit ist eine regulative Idee des sozialen Korporatismus bezeichnet, die die Treuhandverantwortung der Kirche gegenüber der Gesellschaft ausdrückt: Sie besagt, daß pluralistische Strukturen in einem kooperativen Netzwerk von gesellschaftlichen Gruppen und Verbänden organisiert sein sollten, das im Gegensatz zum bisherigen monozentrischen System der Machtausübung und Entscheidungsbildung in Polen steht.

Im politischen Bereich könnte sich nach dem Abschluß des „Rund-Tisch-Dialogs" und der Umsetzung der politischen Reformen eine Verlagerung in der korporatistischen Treuhandverantwortung der katholischen Kirche ergeben: Die Kirche könnte sich stärker als bisher auf die eigene Interessensphäre zurückziehen, da die Anerkennung ihrer Position als Verband in den letzten Monaten in Polen gewachsen ist. So wurden gesetzliche Regelungen über eine Sozialversicherung für den Klerus und die Beziehungen des Staates zur katholischen Kirche verabschiedet. Die Kirchengesetze, denen der Sejm am 17. Mai 1989 zustimmte, erweitern die kirchlichen Handlungs- und Wirkungsmöglichkeiten: Wiederzulassung der Caritas, eigene Radio- und Fernsehsendungen in den staatlichen Programmen, Erweiterung der Kirchenpresse und die Erlaubnis für die Kirchen, Bibliotheken und Theatergruppen einzurichten (Süddeutsche Zeitung 1989: 18.5.89). Die Stellung der katholischen Kirche gilt unverändert als einflußreich im öffentlichen Leben Polens. Meinungsumfragen aus den Jahren 1980/81

und 1988 belegen, daß der Kirche im hohen Maß die Fähigkeit einer Institution zugeschrieben wird, die Krise des Landes zu bewältigen (*Adamski* u. a., *Poles* 1980; *Adamski* u. a.; *Polacy* 1981; *Kwiatkowski* 1989: 18–23).
Der Aktionsrahmen der evangelischen Kirche in der DDR ist dagegen in der jüngsten Vergangenheit nicht durch vergleichbare gesetzliche oder quasi-gesetzliche Zugeständnisse des Staates erweitert worden. Stattdessen sind die politischen Erfolge der Kirche eher auf der symbolischen Ebene einer Ausweitung ihrer Rolle als einem gesellschaftlichen Faktor zu sehen: In diese Richtung zielen Stellungnahmen der Kirchenleitung (*Leich* 1988: 2–5; *Rogge* 1989). In dieser Perspektive bilden Positionspapiere auf kirchlichen Versammlungen Herausforderungen für eine Neubestimmung des Verhältnisses von Staat und Gesellschaft (*Schorlemmer* 1988; Mehr Gerechtigkeit 1989). Die geforderte Wahlrechtsreform konnte eine ähnliche Wirkung als *Thema* für demokratische Willensbildung erhalten (Frankfurter Rundschau 1989: 10.7.89).

6. Resümee

Im vorliegenden Beitrag werden Beispiele korporatistischer Interessenpolitik aus zwei Gesellschaften dargestellt, die (1) einen typischen Verlauf und ähnliche Strukturen der Konfliktregelung aufweisen: In den Beziehungen zwischen Staat und Kirche wurden sowohl in Polen als auch in der DDR Phasen punktueller Übereinkunfte, Ansätze für quasigesetzliche Formen des Interessenausgleichs und die Bildung von Gremien zur Regelung strittiger Probleme des Dialogs häufig durch gegenläufige Entwicklungen abgelöst. Es ergaben sich so Situationen, in denen der machtmäßig stärkere Kooperationspartner – in der Regel der Staat – bereits praktizierte Regelungen eines vorsorglichen Interessenausgleichs wieder aufkündigte.
(2) Es lassen sich Anzeichen für eine mögliche Transformation korporatistischer Politikmodelle in einer vergleichenden Perspektive bestimmen. In Polen und in der DDR haben sich in den vergangenen Jahren Verschiebungen in den Themen und Arenen korporatistischer Interessenpolitik abgezeichnet. Unter dem thematischen Gesichtspunkt kann hierfür der Bedeutungszuwachs von Kommunikation, Öffentlichkeit und individuellen Bürgerrechten, also normativen Prämissen einer sich selbst organisierenden „Bürgergesellschaft" angeführt werden. Unter dem Gesichtspunkt von Bereichen der korporatistischen Interessenpolitik konnte nachgewiesen werden, daß das Auftreten von informellen Gruppen der gesellschaftlichen Opposition zur Bildung veränderter Rahmenbedingungen geführt hat: Neben Staat und Kirchen treten – in Polen stärker ausgeprägt, in der DDR in Umrissen erkennbar – neue korporatistische Akteure auf, die zum Teil eine organisierte Gegenmacht repräsentieren – „Solidarność" –, in der Regel symbolische Herausforderungen gegenüber den eingespielten Arrangements der Interessenpolitik sind – „Ethosgruppen" –. Dabei kommt es offensichtlich weniger auf die zahlenmäßige Stärke der informellen Gruppen an. Entscheidend ist vielmehr, daß im informellen Sektor eine „Macht" verkörpert wird, die sich gegen das Monopol des Staates in den Bereichen politischer Sprache, sozialer Kommunikation

und Öffentlichkeit richtet. Unabhängig vom unterschiedlichen Entwicklungsstand des informellen Sektors in Polen und in der DDR läßt sich festhalten, daß die informellen Gruppen eine symbolische und politische Herausforderung der kulturellen Ordnung der „realsozialistischen" Gesellschaften darstellen. Sie repräsentieren Enwürfe für eine demokratische soziale Ordnung, deren Stellenwert durch Ideen und Regeln der Selbstorganisierung in den Sphären der Öffentlichkeit und Politik dokumentiert wird. Pluralismus, Toleranz, Autonomie, Menschenwürde, Gerechtigkeit und „Offenheit" werden in der Sicht der Akteure der gesellschaftlichen Oppositionsgruppen als ethische Grundlagen für einen aufgeklärten gesellschaftlichen Konsens bestimmt. Diese Ideen sind keine Inhalte, die sich in bisher bekannte funktional abgestufte Absprachen für eine Strategie korporatistischer Protestabsorption übersetzen lassen. Es handelt sich genauer betrachtet um kulturelle Prämissen für eine *gesellschaftliche* Übereinkunft, die auf der Anerkennung *intermediärer* Strukturen zwischen dem Staat und der Sphäre der Primärgruppen – Familie, Verwandtschafts- und Nachbarschaftsbezüge – beruht. In Polen kumulierte diese Entwicklung politisch in der Einrichtung des „Rund-Tisch-Dialogs". In der DDR gibt es erste Anzeichen für eine symbolische Anerkennung intermediärer Strukturen durch das Gespräch von Vertretern der Regierung mit Sprechern des ökologischen Netzwerkes „Arche" im Januar 1989.
Als ein Ergebnis der angeführten Überlegungen läßt sich die Schlußfolgerung ziehen: Neben der Politik einer tendenziellen Anerkennung funktional autonomer Sphären des Handels zwischen Staat und Kirchen gewinnen informelle Gruppen über die Kirchen Eingang in das öffentliche Leben, die ein anderes Medium der Auseinandersetzung über Bedingungen der gesellschaftlichen Übereinkunft betonen. Statt unter Ausschluß der Öffentlichkeit erzielter Interessenkompromisse gewinnt das Medium Sprache in dem von den neuen korporatistischen Akteuren angestrebten Dialog mit der Staatsmacht so an Bedeutung, daß von dem Prototyp eines erweiterten gesellschaftlichen Korporatismus in der DDR, in Polen und anderen osteuropäischen Gesellschaften ausgegangen werden kann. Im Mittelpunkt dieser Versuche korporatistischer Übereinkunft zwischen Staat, Kirchen *und* informellen Gruppen stehen Fragen der Rekonstruktion von Gemeinschaftsbezügen, kultureller und sozialer Wertorientierungen und der Öffentlichkeit als einer eigenständigen Sphäre.

Literaturverzeichnis

Adamski, Wladisław, u.a., 1982: Poles' 80, in: Sisyphus: Sociological Studies – Crisis and Conflicts: The Case of Poland 1980–81, Vol. III, Warsaw.

Adamski, Wladisław u. a., 1982: Polacy '81 – Postrzeganie i konfliktu, Warszawa 1982.

Ash, Timothy Garton, 1983: The Polish Revolution: Solidarity, New York.

Bingen, Dietrich, 1984: Die Kirche in Polen zwischen Macht und Ohnmacht, in: *Dietrich Bingen* (Hrsg.), Polen – Dauerkrise oder Normalisierung?, Freiburg 1984, S. 183–186.

Bodenstein, Reinhard u. a. (Hrsg.), 1981: Kirche als Lernprozeß, Berlin.

Briefe aus dem kirchlichen Forschungsheim, 1987, Wittenberg.

Büscher, Wolfgang u. a. (Hrsg.), 1982: Friedensbewegung in der DDR, Hattingen.

Chirot, Daniel, 1980: The Corporatist Model and Socialism, in: Theory and Society (March 1980), St. Louis, S. 363–381.

Dähn, Horst, 1982: Konfrontation oder Kooperation, Opladen.

Die Kirche, 1989: Nr. 3, Nr. 10, Nr. 11, Nr. 13, Nr. 14, Nr. 18.

Ehrlich, Stanisław, 1985: Jednosć i Roznorodnosć – O pluralizmie – z Profesorum Stanisławem Ehrlichem, in: *Zbyslaw Rykowski/Wieslaw Wladyka* (Hrsg.), Sposób myślenia, Warszawa, S. 91–103.

Ehrlich, Stanisław, 1988: Pluralism – Paradygmatem Nauk Spolecznych?, in: Studia Socjologiczne, Nr. 4, Warszawa, S. 11–26.

epd-Dokumentation, 1980, 1981, 1984, 1985, 1986.

Falcke, Haimo, 1980: Bericht der Konferenz der Kirchenleitung für die Bundessynode in Leipzig 1980, in: epd-Dokumentation, 46–47.

Fehr, Helmut, 1984: Sozialistische Lebensweise und gegenkulturelle Orientierungen, in: *Ilse Spittmann-Rühle* (Hrsg.), Lebensbedingungen in der DDR, Köln.

Fehr, Helmut, 1986: Politisches System und Interessenpolitik im „real existierenden" Sozialismus – Zum Verhältnis von Staat und evangelischen Kirchen in der DDR, in: Aus Politik und Zeitgeschichte, B 27/86 (5. Juli), S. 35–45.

Frankfurter Rundschau, 1989: 20.4.89, 10.7.89.

Gysi, Klaus, 1981: Auszug aus einem Vortrag vor der Sektion Theologie der Humboldt-Universität, in: epd–Dokumentation, 51, S. 56.

Grenzfall, 1987, 1988, 1989.

Haase, Norbert (Hrsg.), 1983: VEB-Nachwuchs – Jugend in der DDR, Hamburg.

Hartmann, Karl, 1972: Staat und Kirche nach dem Machtwechsel in Polen, in: Osteuropa, Bd. 2, Heft Nr. 2, S. 119–130.

Hempel, Johannes, 1982: „Ich bemühe mich ihre Sprache zu sprechen". Aus der Ansprache von Bischof Johannes Hempel (13.2.1982), in: *Wolfgang Büscher* u. a. (Hrsg.), Friedensbewegung in der DDR, Hattingen, S. 260.

Hempel, Johannes, 1984: Dr. Hempel während der Synode vom 21. bis 25.9.1984 in Greifswald, in: epd-Dokumentation, 43.

Henkys, Reinhard, 1982: Die Evangelischen Kirchen in der DDR, München.

Henkys, Reinhard, 1988: Thesen zum Bedeutungswandel der gesellschaftlichen und politischen Rolle der Kirchen in der DDR in den siebziger und achtziger Jahren, in: *Gert J. Glaeßner* (Hrsg.), Die Ära Honecker, Opladen, S. 332–353.

Kirche im Sozialismus, 1987, 1988.

Kirchliches Forschungsheim (KFH), 1985: Nr. 11, Wittenberg.

Kolarska, Lena/Rychard, Andrzej, 1982: Visions of Social Order (Poles '80), in: Sisyphus: Sociological Studies – Crisis and Conflicts: The Case of Poland 1980–81, Warsaw, PWN., S. 207–223.

Kolankiewicz, George, 1988: Poland and the Politics of Permissible Pluralism, in: Eastern European Politics and Societies, Vol. 2, No. 1, S. 152–183.

Kolankiewicz, George/Lewis, Paul G., 1988: Poland – Politics, Economics and Society, London/New York.

Koralewicz, Jadwiga, 1987: Crisis and Transition – Polish Society in the 1980's, Oxford/New York.

Kuroń, Jacek/Modzelewski, Karol, 1969: Monopolsozialismus, Hamburg.

Kwiatkowski, Stanisław, 1989: Die Polen über die Religion und die Stellung der Kirche im Leben ihres Landes, in: Polens Gegenwart, 22. Jg., Nr. 1, Warszawa, S. 15–23.

Lehmbruch, Gerhard, 1983: Interest Intermediation in Capitalist and Socialist Systems – Some Structural and Functional Perspectives in Comparative Research, in: International Political Science Review, Vol. 4, Nr. 2, Beverly Hills, S. 153–172.

Leich, Werner, 1988: Ansprache bei dem Treffen mit dem Staatsratsvorsitzenden Erich Honecker am 3.3.1988, in: Kirche im Sozialismus, 1/88, S. 2–5.

Lipski, Jan Jozef, 1985: KOR, Berkeley.

Luks, Leonid, 1987: Die politische Rolle des Katholozismus in Polen, in: *D. Beyrau/W. Eichwede* (Hrsg.), Auf der Suche nach Autonomie. Kultur und Gesellschaft in Osteuropa, Bremen.

Marody, Mira, 1988: Antinomies of Collective Subconsiousness, in: Social Research, Vo. 55, Nos. 1–2 (Spring–Summer), New York, S. 91–110.

Marody, Mira, 1988: Der Bewußtseinsstand der polnischen Bevölkerung, in: Polens Gegenwart, 21. Jg., Nr. 6, Warszawa, S. 1–8.

„Mehr Gerechtigkeit in der DDR – unsere Aufgaben, unsere Erwartungen", 1989: Positionspapier für die dritte ökumenische Versammlung in Dresden, in: Frankfurter Rundschau vom 13.5.89.

Micewski, Andrzej, 1978: Katholische Gruppierungen in Polen, München.

Micewski, Andrzej, 1981: Die Kirche in Polen und der „historische Kompromiß", in: *Frank Grube/Gerhard Richter* (Hrsg.), Der Freiheitskampf der Polen, Hamburg, S. 157–166.

Michnik, Adam, 1980: Die Kirche und die polnische Linke, München.

Michnik, Adam, 1985: Polnischer Frieden, Berlin.

Michnik, Adam, 1988: in: Der Spiegel, Nr. 22 (Mai), Hamburg, S. 147.

Mucha, Janusz, 1988: Niewierzacy Jako Zbiorowość Spoleczna, in: Studia Socjologiczne, Nr. 3, Warszawa, S. 187–198.

Ossowski, Stanisław, 1973: Konzeptionen der sozialen Ordnung und Typen der Vorhersage, in: *Stanisław Ossowski*, Die Besonderheiten der Sozialwissenschaften, Frankfurt/M., S. 64–88.

Planer-Friedrich, 1988: Kirche im Sozialismus, in: Kirche im Sozialismus, Nr. 5, S. 181–182.

Pravda, Alex, 1983: Trade Unions in East European Communist Systems Toward Corporatism?, in: International Political Science Review, Vol. 4, Nr. 2, Beverly Hills, S. 241–260.

Program Wyborcy Komitetu Obywatelskiego „Solidarność", 1989: in: Tygodnik Powszechny, 7.5.89.

Rogge, Joachim Dr., Bischof, 1989: Bericht zur „Neubesinnung auf die Sache der Kirche" – Fragen nach guten Wegmarkierungen für die Zukunft, in: Die Kirche 1989, Nr. 18 (30.4.89).

Rytlewski, Ralf, 1983: Deutsche Demokratische Republik (DDR), in: *Siegfried Mielke* (Hrsg.), Internationales Gewerkschafts-Handbuch, Opladen.

Res Publica, 1987: Warszawa, Nr. 2, Nr. 5, 1988: 5.

Sampson, Steven, 1985–1986: The Informal Sector in Eastern Europe, in: Telos, Vol. 65 (Winter 1985–86), S. 45–51.

Schmitter, Philippe, 1979: Interessenvermittlung und Regierbarkeit, in: *Ulrich von Aleman/Rolf G. Heinze* (Hrsg.), Verbände und Staat, Opladen.

Schmitter, Philippe, 1981: Neokorporatismus: Überlegungen zur bisherigen Theorie und zur weiteren Praxis, in: *Ulrich von Aleman* (Hrsg.), Neokorporatismus, Frankfurt/M.

Schmitter, Philippe/Streeck, Wolfgang, 1985: Community, market, state and associations? – The prospective contribution of interest governance to social order, in: *Philippe Schmitter/Wolfgang Streeck*, Private Interest Government, London, S. 1–15.

Schönherr, Albrecht, 1981: Interview mit Bischöfen und Kommentare zur Situation der evangelischen Kirchen in der DDR, in: *H. Matthias* (Hrsg.), Zwischen Anpassung und Widerstand, Wiesbaden.

Schönherr, Albrecht, 1986: Öffentlichkeitsanspruch einer Minderheit, in: Kirche im Sozialismus, 4/86, S. 149–152.

Schorlemmer, Friedrich, 1988: Zwanzig Thesen zur Erneuerung, in: Frankfurter Rundschau vom 14.7.88.

Staniszkis, Jadwiga, 1984: Poland's Self-Limiting Revolution, Princeton, N. J.

Stasiewski, Bernhard, 1959: Die Kirchenpolitik der polnischen Regierung, in: Osteuropa-Handbuch. Polen, München.

Staritz, Dietrich, 1988: „... wie die Luft zum Leben." Tendenzen des Wandels im politischen System der DDR, in: *Gert J. Glaeßner* (Hrsg.), Die Ära Honnecker, Opladen, S. 297–313.

Stolpe, Manfred, 1985: Friede wächst aus Gerechtigkeit in: epd-Dokumentation 34.

Stolpe, Manfred, 1987: Kirche im Bewährungsfeld – Zum Auftrag der evangelischen Kirche in der DDR, in: Kirche im Sozialismus, 4/87, S. 133–137.

Stolpe, Manfred, 1988: Manfred Stolpe zur Reformpolitik in der DDR, in: Kirche im Sozialismus, 5/88, S. 176.

Süddeutsche Zeitung, 1989: 18.5.89.

Szajkowski, Bogdan, 1983: Next to God ... Poland: Politics and Religion in Contemporary Poland, London.

Szajkowski, Bogdan, 1985: The Catholic Curch in Defense of Civil Society in Poland, in: *Bronisław Misztal* (Hrsg.), Poland After Solidarity – Social Movements versus the State, New Brunswick, S. 67–84.

Szawiel, Tadeusz, 1982: Struktura Spoleczna i Postawy a Grupy Ethosowe, in: Studia Socjologiczne, Nr. 1–2, Warszawa, S. 157–178.

Tatur, Melanie, 1987: Gesellschaftliches Bewußtsein in Polen, in: *Dietrich Beyrau/Wolfgang Eichwede* (Hrsg.), Auf der Suche nach Autonomie. Kultur und Gesellschaft in Osteuropa, Bremen, S. 65–80.

Tschiche, Hans, 1982: „Wir müssen abkehren vom Kult des Militärischen", in: *Wolfgang Büscher* u. a. (Hrsg.), Friedensbewegung in der DDR, Hattingen.

Tygodnik Powszechny, 1989: 8.1.89, 19.3.89, 2.4.89, 23.4.89, 2.7.89, 9.7.89.

Umweltblätter, 1987, 1988, 1989.

Verner, Paul/Götting, Gerald, 1971: Christen und Marxisten in gemeinsamer Verantwortung, Berlin, S. 37.

Wokalek, Astrid, 1988: Das Verhältnis von Staat und evangelische Kirchen in der DDR 1987 bis Juli 1988, Analysen und Berichte Nr. 9: Gesamtdeutsches Institut – Bundesanstalt für gesamtdeutsche Aufgaben, Bonn.

Zimmermann, Hartmut, 1988: Machtverteilung und Partizipationschancen. Zu einigen Aspekten des politisch-sozialen Systems in der DDR, in: *Gert J. Glaeßner* (Hrsg.), Die Ära Honecker, Opladen, S. 214–283.

Zycinski, Jozef, 1988: Myslac o Kosciele jutra, in: Res Publica, Nr. 7, Warszawa, S. 78–83.

Sind Lebensstile politisierbar?
Zu den Chancen einer „zivilen" Gesellschaft in Ost- und Ostmitteleuropa

Krisztina Mänicke-Gyöngyösi

1. Zur Fragestellung

Die manifesten politischen Krisen kommunistischer Herrschaftssysteme in den Jahren 1953, 1956 und 1968 wie auch die neueren Reformbewegungen in sozialistischen Ländern einschließlich der Sowjetunion machen darauf aufmerksam, daß das *stalinistische Modell der Industrialisierung* eine Entwicklungsstrategie dargestellt hat, die entweder den sozioökonomischen Bedingungen und kulturellen Traditionen dieser Länder nicht angemessen war oder aber nur eine historisch beschränkte Möglichkeit gesellschaftlicher Modernisierung erlaubte. Solange in der Sowjetunion Reformen zum Stehen kamen und eine reformunwillige politische Führung sich veranlaßt sah, in anderen veränderungswilligen Ländern zu intervenieren, konnte die kritische Intelligenz Ostmitteleuropas – insbesondere in Ungarn, Polen und der Tschechoslowakei – die Ansicht vertreten, das stalinistische Modell sei eine genuin sowjetrussische Angelegenheit, die den ostmitteleuropäischen Ländern nach dem II. Weltkrieg aufoktroiert worden sei.[1] Die Sowjetunion selbst sei durch die forcierte Industrialisierung der 30er Jahre in die Lage versetzt worden, eine Weltmachtposition zu erlangen und nach Ostmitteleuropa zu expandieren. Diese Weltmachtposition sei zugleich geeignet, ihr über die negativen Folgen der eingeschlagenen Industrialisierungsstrategie hinwegzuhelfen.
Es handelt sich dabei um den verschwenderischen Umgang mit natürlichen und menschlichen Ressourcen, den gleichzeitig künstlich erzeugten Mangel, der nicht nur in den vernachlässigten Bereichen der Infrastruktur und des Konsums vorherrscht, sondern die gesamte Ökonomie charakterisiert (*Kornai* 1980). Wenn die Forcierung des Entwicklungstempos ab 1929/30 von der Entmündigung der Bürger in Politik und Ökonomie, aber auch bei der Gestaltung ihres unmittelbaren Lebensbereichs begleitet worden sei, so entspreche dies den russischen Traditionen. Demnach sei die russische Gesellschaft seit jeher eine „staatliche Veranstaltung" gewesen, die autonomer gesellschaftlicher Räume für Initiativen und aktiver Lebensäußerungen entbehre. Eine autoritär-kollektivistische Kultur entspreche den *byzantinischen* Ursprüngen des russischen Reiches: Osteuropa gehöre eben nicht zu Ostmitteleuropa. Demgegenüber habe es zwischen Ost- und Westeuropa eine *mittlere Region* mit wechselnden Grenzen gegeben, die seit dem Feudalismus die strukturellen Bedingungen für die Entwicklung von Eigenständigkeit gekannt (*Szűcs* 1983) und mit der Entscheidung für das westliche Christentum die Anerkennung individueller Freiheitsrechte ermöglicht habe und nach ihrem eigenen kulturellen Selbstverständnis die *Einheit in der Vielfalt* suche.

Allerdings habe diese Mittellage – die zugleich im *Wallerstein*schen Sinne auch eine semi-periphere war – von Anfang an auch sozioökonomische Restriktionen mit sich gebracht (*Kulcsár* 1986): Die ökonomische Überlegenheit des Westens veranlaßte den östlichen Getreideimporteur jenseits der Elbe nicht nur zur „zweiten Leibeigenschaft" im 17. und 18. Jahrhundert, sondern zwang die Region erst recht im 19. Jahrhundert zu verstärkten Modernisierungsbestrebungen. Beide Herausforderungen behinderten einen endogenen, aus eigenen Kräften vollziehbaren Übergang zur bürgerlich-kapitalistischen Entwicklung und stärkten – als Kompensation für die Rückständigkeit – die Zentrierung politischer Macht und ökonomischer Initiative im Staat. Aus dieser Zwickmühle kam allerdings die Region, die heute als Ostmitteleuropa bekannt ist, auch nicht durch den gewaltsamen Import des sowjetischen Modells heraus, wenn auch die Meinungen zumindest in Ungarn auseinandergehen, ob die stalinistische Industrialisierung nicht doch dazu beigetragen hat, den ökonomischen Entwicklungsrückstand partiell aufzuholen (*Ránki* 1987). Allerdings ist man sich darüber einig, daß sich das sowjetische Modell inzwischen nicht nur in ökonomischer, sondern auch in soziostruktureller Hinsicht – es geht vorrangig nicht mehr um die Verstädterung ehemals agrarischer Schichten – erschöpft hat. Erst recht eigne es sich nicht mehr, um die Bevölkerung zu mehr Leistungsbereitschaft und Loyalität gegenüber der politischen Führung zu motivieren, die ohne politische Reformen nicht mehr zu erreichen ist (*Lengyel* 1987).

Da das stalinistische Modell in Ostmitteleuropa auf sowjetischen Einfluß zurückgeht und die Etablierung eines Einparteienstaates zur Folge hatte, ist es nicht überraschend, wenn seine Krise zunächst als Konfrontation von „authentischer" Gesellschaft und kommunistischer Partei als der Stellvertreterin von Fremdherrschaft mit antisowjetischen Untertönen manifest wurde wie in Polen der Solidarność-Bewegung und in Ungarn 1956. Am Beispiel Polens wird in der Regel die Entstehung einer *„zivilen" Gesellschaft* unter sozialistischen Bedingungen untersucht (*Arató* 1981; *Márkus* 1985; *Tatur* 1989). Sie beinhaltet die Konstituierung einer öffentlichen Sphäre gegenüber der staatlich-offiziellen, die Artikulation, aber auch den Ausgleich von Gruppeninteressen und schließlich die Vermittlung und Institutionalisierung des ausgehandelten Konsenses im Verhältnis zum Staat. Die Bewegung der Solidarität konnte zum Kristallisationspunkt gesellschaftlichen Protestes werden, da sie nicht nur ökonomische Interessen berücksichtigte, sondern vom einigenden „moralischen" Impetus der polnischen Gesellschaft getragen wurde, der den Staat als den Hauptschuldigen für soziale Konflikte und ökonomische Mängel ansah. Die Herstellung einer *„moralischen Gemeinschaft"* ist – wie wir sehen werden – nicht der einzige Weg zu einer „zivilen" Gesellschaft. Sie bildet möglicherweise nur ein Übergangs- oder Ausnahmestadium, da sie auf die Dauer dem pluralen Charakter einer modernen Gesellschaft mit unterschiedlichen Interessengruppen und Wertorientierungen nicht gerecht wird.

Wenn ich im folgenden die Chancen einer „zivilen" Gesellschaft aus der Alltagssphäre heraus untersuchen möchte, so werde ich mich deshalb nicht auf Situationen globaler Polarisierung von Staat und Gesellschaft konzentrieren. Vielmehr verdient die ungarische politikwissenschaftliche Diskussion Aufmerksamkeit, die sich für die „zivile" Gesellschaft unter dem Aspekt interessiert, ob und in welcher Weise sie dazu beitragen kann, endogene Entwicklungsimpulse in einer nur partiell modernisierten Gesellschaft freizusetzen oder auch wiederzubeleben (*Ágh* 1987a und b, 1988)[2]. Sie sieht die „zivile" Gesellschaft im Zusammenhang mit den *Strukturierungs- und Differenzierungsprozessen* der Moderne. Erwähnt werden dabei deren klassische Dimensionen wie die Trennung von Politik und Ökonomie, aber auch die Loslösung des privaten Haushaltes von der Wirtschaft, lokaler Selbstverwaltung von der zentralen Staatstätigkeit; die Konstituierung von Privatheit und Öffentlichkeit und damit auch von persönlich-freundschaftlichen und versachlicht-zweckmäßigen Beziehungsmustern und schließlich Prozesse der soziostrukturellen Differenzierung in Klassen und Schichten. Die Polyzentrierung und Pluralisierung gesellschaftlicher Funktionen, Bereichen und Gruppen sollen die politische Überzentralisierung der Gesellschaft zurückdrängen und ihre vielfältige Eigendynamik entbinden. Die Konstituierung einer „zivilen" Gesellschaft ist damit nicht nur darauf angewiesen, daß neue soziale Bewegungen den erstarrten institutionellen Rahmen in Frage stellen und pluralistische Wege der Bedürfnis- und Interessenartikulation sowie des Interessenausgleichs aufzeigen. Die Differenzierung in *Institutionen und Bewegungen* wäre für den ungarischen Politikwissenschaftler *Attila Ágh* nur ein Aspekt neben vielen anderen, die für den *Übergang zur Moderne* relevant werden könnten, die sozialistische Gesellschaften allerdings erst bevorsteht.

Dieser Übergang kann – nach überwältigender Meinung ungarischer Politik- und Sozialwissenschaftler – nur gelingen, wenn (1) auf der Ebene des sozialen, politischen und ökonomischen Handelns und der Alltagspraxis sowie innerhalb der entsprechenden gesellschaftlichen Subsysteme die ihnen gemäße Rationalität gefunden wird und wenn (2) das Problem der Integration zwischen diesen gesellschaftlichen Größen gelöst wird. Auf das letztere Problem weiß allerdings niemand bislang eine Antwort. Viele setzen deshalb ihre Hoffnung auf die neuen Impulse aus der *Alltagswelt*, auf eine zu reaktivierende Gesellschaft, die sich gegen staatliche Übermacht in Politik und Ökonomie wehren und schützen kann und soll. Da der Einparteienstaat – selbst in Ungarn – immer noch weite Teile der politischen und ökonomischen Sphäre besetzt hält (*Lengyel* 1987), wird erwartet, daß die Widerstandspotentiale gerade aus der lange Zeit unterdrückten, aber nicht zu kontrollierenden persönlichen Sphäre kommen und kommen werden. Nicht umsonst hat *György Konrád* (1985) dieses Programm, das er essayistisch entworfen hat, das der „Antipolitik" genannt.

Wenn es darum geht, die Entwicklungsfähigkeit von sozialistischen Gesellschaften mittels ihrer Differenziertheit offenzulegen, verdienen zum einen die Länder eine besondere Aufmerksamkeit, die mit ihrem *Reformprogramm* schon so weit gediehen sind, daß die Folgen von Differenzierungsprozessen absehbar und damit auch die Handlungspotentiale und Aspirationen von Gruppen abzuschätzen sind wie in Ungarn. Erst dann wird es sinnvoll zu fragen, ob alltägliche Lebensmuster zugunsten einer „zivilen" Gesellschaft mobilisierbar und politisierbar sind. Zum zweiten verdient die Sowjetunion Aufmerksamkeit, da sie seit *Michail Gorbačev* – zur Überraschung vieler – aus eigenem Antrieb in die Reihe reformwilliger Länder eingetreten ist und Demokratisierungsprozesse einleitet. Damit eröffnen sich zwei Alternativen, was die Zukunft der eingangs erwähnten Regionen Ost- und Ostmitteleuropa betrifft. Entweder ist Sowjetrußland dabei, sein osteuropäisch-byzantinisches Erbe zu überwinden und den Anschluß wenn schon nicht an das „europäische Haus" so doch an Mitteleuropa zu finden. Vielleicht erweist sich aber auch die Annahme, es handele sich um zwei grundverschiedene Kulturtypen, als falsch.

2. *Wertorientierungen in Ungarn und der Sowjetunion*

Die letzte Frage läßt sich vorläufig beantworten anhand des sogenannten Rokeach-Testes, der in beiden Ländern Anfang der siebziger und der achtziger Jahre durchgeführt worden ist und eher Gemeinsamkeiten als Unterschiede im Vergleich mit den USA zu Tage gefördert hat. *Milton Rokeach* unterscheidet zwischen *terminal* und *instrumental values*, wobei erstere als Leitideen eher für die gesamte Lebensperspektive maßgeblich sind, letztere die für deren Realisierung maßgeblichen Orientierungen angeben (*Rokeach* 1973). Die sowjetische Untersuchung ist allerdings nicht landesweit repräsentativ, sondern nur unter Leningrader Ingenieuren 1972 durchgeführt worden, wobei etwa zwei Drittel der Befragten Frauen waren (*Jadov* 1977, 1979). Insofern sind die Ergebnisse nur bedingt vergleichbar. Frauen sind zudem in Osteuropa – wie die ungarische Untersuchung belegt – traditionalistischer eingestellt als Amerikanerinnen im Verhältnis zu den männlichen Befragten (*Hankiss* u. a. 1982, Bd. 1: 157–161).

Die Rangfolge von „Zielwerten" sieht für die Leningrader und die Amerikaner wie folgt aus (*Jadov* 1979: 90):

	SU (1972)	USA (1970)	
	Ingenieure/innen (n = 1100)	weiß (n = 561)	schwarz (n = 93)
1	Bewahrung des Friedens unter den Völkern		
2	Gesundheit	Sicherheit für die Familie	Freiheit
3	interessante Arbeit	Freiheit	Gleichheit
4	glückliches Familienleben	Glück	Sicherheit für die Familie
5	Liebe	Selbstvertrauen	materielle Sicherheit
6	gute Freunde	komfortables Leben	Selbstachtung

Bei der sowjetischen Befragung sind die Werte Sicherheit und Glück zum „glücklichen Familienleben" zusammengefaßt worden, bei der amerikanischen fehlen dagegen die Werte Arbeit und Gesundheit. Insgesamt interpretiert jedoch *V. A. Jadov* die Ergebnisse so, daß für die Leningrader Ingenieure/innen die kommunikativen zwischenmenschlichen Werte – Familie, Liebe, Freundschaft – höher stehen als die Freiheitswerte, die für weiße Amerikaner eine große Rolle spielen. Was die Rangfolge der instrumentellen Werte zur Charakterisierung von wertvollen Eigenschaften anbelangt, so schätzen die Leningrader Befragten Ehe, Verantwortung, einen breiten Horizont, Intelligenz, Lebensfreude und Verständnis, während die Amerikaner eher eine individualistisch orientierte praktische Anstrengung hochhalten.

Jadov führt die unterschiedlichen Präferenzen auf die unterschiedlichen Gesellschaftssysteme zurück. Wie wir sehen werden, spielt gesellschaftliche Anerkennung und die Bevorzugung kognitiver statt pragmatischer Individualität auch im ungarischen Beispiel eine hervorragende Rolle (*Hankiss* u. a. 1982, Bd. 1: 40).

Die Relevanz von Wertgruppen in Ungarn und den USA (entsprechend den Medianen von Wertpräferenzen)

relativ wichtiger in Ungarn		relativ wichtiger in Amerika		
gesellschaftliche Achtung Nützlichsein	Bestätigung durch die Gesellschaft	Freiheit Selbstbewußtsein	Autonomie	Persönlichkeitswerte
interessantes Leben bequemes Leben Glück Liebe innere Harmonie	hedonistische Werte	Weisheit Schönheit Vorurteilsfreiheit		Persönlichkeitswerte
tapfer gehorsam	Konfrontation / Konformismus	strebsam effektiv	pragmatische Werte	
kreativ vernünftig logisch selbständig	intellektuelle Werte	ehrlich liebevoll	Gemeinschafts-werte	
materielle Sicherheit Sicherheit des Landes	Existenz-sicherheit	Erlösung barmherzig	christliche Werte	

Elemér Hankiss kommt in seiner Auswertung zum Ergebnis, daß die Ungarn traditioneller orientiert sind, von der Bestätigung durch die soziale Umwelt abhängen, zugleich jedoch stärker an hedonistischer Selbstverwirklichung und intellektueller Selbstbestätigung interessiert sind. Die pragmatisch-individualistischen und christlich-gemeinschaftlichen Werte der Amerikaner gehen ihnen eher ab.

2.1 „Negative" Modernisierung in Ungarn

Die vom amerikanischen Modell abweichenden Wertpräferenzen bringt *Hankiss* mit der „negativen" Modernisierung in Ungarn in Verbindung, die jedoch auch für Osteuropa Gültigkeit habe (*Hankiss* u.a. 1982, Bd. 2; 1986a: 351–371; 1986b). Ihr zufolge habe sich Individualisierung – wenn überhaupt – vor allem in der Sphäre intellektueller Kreativität entwickeln können, wobei zugleich die Wertschätzung durch die Gesellschaft erhalten geblieben sei. *Negativ* oder leer ist diese Individualisierung zu betrachten, weil ihr die wirtschaftlich-pragmatischen Werte einer puritanischen Arbeitsethik und Unternehmerinitiative abgingen. Die Anstöße zur Modernisierung seien – historisch gesehen – eher von der Intelligenz ausgegangen und seien – für die Gegenwart – zusätzlich von der Konsumorientierung breiter Massen zu erwarten. Er ordnet seine Ergebnisse auch historisch ein und betrachtet sie vor dem Hintergrund der widersprüchlichen Modernisierungswellen in Ungarn. Es handelt sich dabei um die erste ab 1867 im Zeichen des Ausgleichs zwischen Ungarn und Österreich, um die zweite zwischen beiden Weltkriegen mit autoritärem Vorzeichen und schließlich um die dritte seit 1948 unter kommunistischer Regie. Er verweist darauf, daß das mehrfache Herumreißen des Ruders nicht nur zur *gesellschaftlichen Dysfunktionalität*, sondern auch zu einer *gesellschaftlichen Pathologie* geführt habe (*Hankiss* 1986a: 99–218). Diese äußere sich nicht nur in den häufig beklagten Phänomenen des Alkoholismus, des sinkenden Lebensalters für Männer und in hohen Selbstmordraten. Vielmehr zeige sie sich auch in den Orientierungsschwierigkeiten und subjektiven Verunsicherungen weiter Bevölkerungskreise. Pathologische Züge sind der „zweiten" Gesellschaft insgesamt eigen, die mit ihrer „zweiten" Öffentlichkeit, Kultur und auch ihrem „zweiten" Bewußtsein gerade aus Opposition zur „ersten" Gesellschaft seit den fünfziger Jahren entstanden sei (*Hankiss* 1986a: 219–344; 1988). Eine Erklärung findet *Hankiss* im Auseinanderfallen von offiziellen und privaten Normen und der Unterdrückung und Kriminalisierung letzterer. Bekanntlich war die zweite – aus der Schattenwirtschaft heraus – entstehende Gesellschaft lange Zeit nicht legalisiert, trug jedoch mit ihren informellen Strukturen und Absprachen zur Funktionsfähigkeit der ersten bei. Hierunter litt auch ihre eigene Glaubwürdigkeit und Authentizität. Informelle und halb-legale Absprachen – etwa zwischen Ministerien und Unternehmen, verschiedenen Ebenen der Bürokratie – durchsetzten auch die erste Wirtschaft und tun dies immer noch.

Die Thesen von *Hankiss* werden durch eine Stratifikationsstudie bestätigt, die ebenfalls von Anfang der achtziger Jahre stammt. Sie wurde – repräsentativ für ganz Ungarn – am Gesellschaftswissenschaftlichen Institut des Zentralkomitees der Ungarischen Sozialistischen Arbeiterpartei durchgeführt[3]. Auch diese Analyse vermittelt das Bild einer uneinheitlichen, in verschiedene Facetten sich auflösenden Gesellschaft. Sie ist nach Konsumerwartungen und -verhalten differenziert und weist ein hohes Maß an *Statusinkonsistenz* auf. Da die Individuen ihre Positionen in den verschiedenen Dimensionen der Sozialstruktur – Arbeitsteilung, Schulbildung, Einkommenslage, Kultur und Wohnort – nicht deckungsgleich einnehmen und auch unterschiedliche Chancen zum Positionswechsel besitzen, ist es eher unwahrscheinlich, daß sie sich zu einheitlichen und auch politisch handlungsfähigen Gruppen zusammenfinden. Abgrenzbare Gruppen kristallisieren sich nur an der Spitze und der Basis der sozialen Pyramide heraus. Individualisierungstendenzen, die durch selbstgewählte und intellektuelle Werte angeleitet sind, setzen sich eher an der Spitze, unter Intellektuellen, aber auch qualifizierten Facharbeitern durch, während die mittleren Gruppen noch dabei sind, sich von den Zwängen der bäuerlichen Lebensweise zu befreien und sich städtischen Lebensstilen anzupassen.

Die Chancen zu einer autonomen Lebensgestaltung reproduzieren sich relativ unabhängig vom Institutionensystem, insbesondere auch vom Bildungssystem. Für diesen Prozeß scheinen vielmehr kulturelle und materielle „Kapitale" – im *Bourdieu*schen Sinne – maßgeblich zu sein, die in der familiären Sozialisation weitervermittelt und/oder in der Familie angeeignet werden. Vermögen allein, das auch durch die Aktivitäten in der zweiten Wirtschaft erworben werden kann, reicht nicht aus, um kulturelle und möglicherweise auch politische Dispositionsspielräume zu erlangen. Die hierzu notwendigen Fähigkeiten, die familiär tradiert werden, scheinen darüber hinaus auf ältere Modernisierungstraditionen zurückzugehen, denen gegenüber sich auch die Schule als machtlos erweist.

Der Leiter der Stratifikationsanalyse am Gesellschaftswissenschaftlichen Institut, *Tamás Kolosi* (1986) führt dies auf die historische Mehrschichtigkeit der ungarischen Sozialstruktur zurück, die sich in widersprüchlichen, einander überlagernden Phasen konstituiert hatte. Bis 1945 war ein doppelter und voneinander geschiedener Entwicklungsprozeß mit einem ländlich-agrarischen und einem städtisch-bürgerlichen Strang für Ungarn charakteristisch. Der „dualen" Gesellschaft wurde ab 1948 das stalinistische Industrialisierungsmodell übergestülpt, das das agrarische Übergewicht Ungarns möglichst schnell zurückdrängen wollte und in die Krise von 1956 führte. Auf sie folgten ökonomische statt politischer Reformen. Das bis dahin gültige administrativ-hierarchische Strukturprinzip von Wirtschaft und Gesellschaft wurde durch ein horizontal-marktorientiertes ergänzt, das als Korrektiv wirksam werden sollte und in der zweiten Wirtschaft eine relativ selbständige Bedeutung erlangt hat. Die Auswirkungen dieser kombinierten Steuerung auf die Sozialstruktur sind noch nicht vollständig abzuschätzen. *Kolosi* vermutet jedoch, daß sie sich nunmehr entlang zweier Achsen des sogenannten L-Modells – der administrativ-hierarchischen und der horizontal-marktorientierten – entwickelt, wobei das Zusammenspiel beider Stränge und das Zusammenwachsen neuer Oligarchien erst abzuwarten sei.

Angesichts der noch nicht ganz überwundenen dualen Vorkriegsstruktur, des ungeklärten Gewichts der zweiten Wirtschaft in der staatlich gelenkten Gesamtökonomie und der vermuteten anomischen Folgen unterschiedlicher transformatorischer Strategien sind empirische Untersuchungen von Interesse, die nach dem *innovativen Potential* der zweiten Wirtschaft für die gesellschaftlichen Akteure fragen: Inwiefern werden sie in die Lage versetzt, ökonomische Selbständigkeit, politische Artikulationsfähigkeit und gesellschaftliche Einstellungen zu erlangen, die einer „zivilen" Gesellschaft zugute kommen würden? Die Publikation entsprechender Untersuchungen seit Mitte der achtziger Jahre ist eingebettet in ein öffentliches Krisenbewußtsein. Einerseits ist die konsumorientierte Akkumulationsphase wegen der Auslandsverschuldung und des uneffektiv gebliebenen Kernbereichs der staatlichen Wirtschaft zum Stillstand gekommen (*Lengyel* 1987). Andererseits beklagt die sozialwissenschaftliche Intelligenz die Lernunfähigkeit des politischen Systems, aber auch des Bildungswesens, mit den gesellschaftlich vorhandenen kreativen Potentialen umzugehen. Symptomatisch war die in der Zeitschrift „Kritika" 1987 und 1988 geführte Diskussion über die Wertkrise (*Szerdahelyi* 1988). Es wurden nicht nur neue Reformvorschläge ausgearbeitet (*Antal* u.a. 1988; *Lengyel* 1988), sondern auch Stimmen laut, daß man nicht länger bereit sei, die moralische, aber auch materielle Verantwortung für die von Partei und Staat getroffenen Investitionsentscheidungen zu übernehmen.

Zugleich erfüllten sich die Hoffnungen auf die wert- und persönlichkeitsbildende Kraft der zweiten Ökonomie nicht (*Manchin* 1988). Eine Befragung, die sich 1982/83 für den Zusammenhang von Lebensgeschichte, Lebensstrategien und Wertorientierungen interessierte, erbrachte insbesondere für die Gruppe derjenigen, die mit agrarischem Nebenerwerb beschäftigt sind, gleichbleibende Erwartungen an materiellem Wohlstand, soziale Gleichheit, aber auch eine unveränderte Bereitschaft, angestammte Werte und Institutionen zu akzeptieren. Der Autor dieser Studie vermißt die erwartete Öffnung gegenüber mehr Risikobereitschaft und Individualisierung. Die zweite Wirtschaft

auf dem Land wird offenbar nach wie vor in der Absicht betrieben, den städtischen Lebensstandard einzuholen und für sozialen Ausgleich zu sorgen. Der Untersuchung zufolge sind es eher die in intellektuellen und Leitungspositionen Beschäftigten – einschließlich der Parteimitglieder –, die Kritikfähigkeit gegenüber bestehenden politischen Strukturen und Deutungsmustern entwickeln und die auch den Wunsch nach mehr Entfaltungsspielraum bei ökonomischen Entscheidungen äußern.
Erwähnung verdient auch die 1982/83 im Rahmen der *European Value Systems Study Group* durchgeführte Befragung über das Toleranzniveau der ungarischen Bevölkerung (*Heltai/Szakolczai* 1989; *Harding/Phillips* 1986). Sie erbrachte im internationalen Vergleich für Ungarn die niedrigsten Werte, wenn es darum geht, mit abweichenden Weltanschauungen und abweichendem Verhalten umzugehen oder die Achtung vor dem anderen in der Kindererziehung hochzuhalten (*Heltai/Szakolczai* 1989: 36):

Die Relevanz von Toleranz als Prinzip der Kindererziehung in unterschiedlichen Ländern

Land	Anteil der Befragten (in Prozent)
England	62
Nord-Irland	60
Frankreich	59
Dänemark	58
Holland	57
Irland	56
Belgien	45
Spanien	44
Italien	43
Bundesrepublik Deutschland	42
Ungarn	32

Die Autoren bringen zwar das geringe Toleranzniveau mit der „zwanghaften" Nachkriegsentwicklung und der autoritär-faschistischen Herrschaftsform in der Vorkriegszeit in Zusammenhang. Es könnte jedoch auch sein, daß der angestrengte Kampf um die Existenzsicherung und die intensive Selbstausbeutung in der zweiten Wirtschaft für die Vernachlässigung der Toleranz mitverantwortlich sind. Wie dem auch sei, man kann in der ungarischen Öffentlichkeit insgesamt eine Ernüchterung über die Leistungsfähigkeit des *Konsummodells* als Entwicklungsstrategie – „die lustigste Barakke im Ostblock zu sein" – feststellen. Es macht sich auch Skepsis breit, ob – in Ablösung von der marxistisch-leninistischen Ideologie – eine Einigung der Nation auf „zivile" oder zivilisatorische Werte möglich und wünschbar ist. Der führende Kopf der wertsoziologischen Schule, *Hankiss* (1989), vertritt zusammen mit dem exilierten Soziologen *Iván Szelényi* (1986–87) neuerdings die Meinung, daß – als Ergebnis der Reformen seit den sechziger Jahren – nicht mehr die Intelligenz auf dem Wege zur Klassenmacht, das heißt zur Ablösung des politischen Standes, sei (vgl. *Konrád/ Szelényi* 1978). Vielmehr zeichne sich eine „große Koalition" zwischen der staatlichen Technokratie, den Managern in den Betrieben, den erfolgreichen Privatunter-

nehmern und Teilen der Parteibürokratie ab. Die zur *Oligarchie* tendierenden Schichten der sich neu formierenden Elite versuchten, sich auf beiden Achsen des zitierten L-Modells zu verankern und ihre bislang im Staats- und Parteiapparat sowie in der ersten und zweiten Wirtschaft erreichten Positionen durch freundschaftlich-persönliche Beziehungen und *korporatistische* Mechanismen des Aushandelns abzusichern.
Es werden Überlegungen zu der sich anbahnenden *Machtteilung* zwischen der kommunistischen Partei und den erwähnten Interessengruppen, aber auch zwischen Partei und gesellschaftlichen Kräften angestellt (*Schlett* 1989; *Pokol* 1989; *Bihari* 1989), die die juristische Form eines Zweikammersystems und einer Präsidialverfassung annehmen könnte. Im Parlament – hervorgegangen aus freien Wahlen – könnten mehrere Parteien, in der zweiten Kammer die Interessenverbände vertreten sein, wobei die kommunistische Partei das Vorschlagsrecht für das Staatsoberhaupt behalten sollte, und die einzelnen Minister der ersten und/oder zweiten Kammer verantwortlich zu machen wären. Es wird zugleich auch über das politische Verhalten der möglichen Verlierer des neuen Gesellschaftsvertrags spekuliert: die Arbeiter unrentabler Betriebe, insbesondere der Schwerindustrie, unterlegene oder reformunwillige Fraktionen in Partei und Staat, Gruppen ohne Zugang zur zweiten Wirtschaft. Für die Beobachter ist es noch nicht entschieden, ob die heraufkommende „zivile" Gesellschaft die Form einer *Gramsci*schen Hegemonie, die von der neuen Oligarchie herbeigeführt wird, annehmen oder ob sie im stärkeren Maße auch die sich neu formierenden Gruppen an der Basis heranziehen wird (*Ágh* 1987b; *Hankiss* 1989).

2.2 „Negative" Modernisierung und Entstalinisierung in der Sowjetunion

Eine noch so problematische „zivile" Gesellschaft – wie sie in Ungarn diskutiert wird –, kann es in der Sowjetunion noch nicht geben, da die zweite Wirtschaft erst im Zuge der *Gorbačev*schen Reformen – mit der Zulassung „individueller Arbeitstätigkeit" (1987) und dem „Gesetz über die Kooperativen" (1988) – legalisiert worden ist. Allerdings hat sich eine neue Öffentlichkeit mit zahlreichen neuen informellen Gruppen konstituiert, die auch die Wahlen zum Deputiertenkongreß und zum neuen Obersten Sowjet mitbeeinflußt hat. Insofern ist die Frage berechtigt, ob es neben der Konfrontation von Gesellschaft und Partei und der Pluralisierung der Gesellschaft über eine zweite Ökonomie noch eine dritte Möglichkeit zur Bildung einer „zivilen" Gesellschaft gibt. In der Sowjetunion könnte sie im Entstehen begriffen sein als Folge von oben eingeleiteter Reformen. Wenn aber die „zivile" Gesellschaft gegenüber dem bisherigen Einparteienstaat eine reelle Chance erhalten soll, so bedarf es nicht nur eines neuen institutionellen Rahmens in Form des von oben zugestandenen „sozialistischen Rechtsstaats". Aufmerksamkeit verdient auch die politische und Alltagskultur der Staatsbürger, insbesondere die Frage, wie weit sie sich von der kollektiven Bevormundung befreien und die Folgen des Stalinismus überwunden haben, um den Weg zur individuellen Autonomie zu beschreiten. Ob sie bislang hierzu überhaupt die Chance hatten, wird widersprüchlich beurteilt.
Tim Guldiman (1984) hat in seiner intellektuellen Verarbeitung von Reisen in die

Sowjetunion am Vorabend der *Gorbačev*schen Reformen die These aufgestellt, daß angesichts der umfassenden moralischen Krise der sowjetischen Gesellschaft sogar das im II. Weltkrieg erreichte *konformistisch-autoritäre* Bewußtseinsniveau gefährdet sei. Statt dessen machten sich Tendenzen zu einer gegenseitig geduldeten Bereicherung der Staatsbürger auf Kosten des Staatseigentums – mit stillem Einverständnis der Bürokratie – breit. Verinnerlichungsprozesse von Verantwortung würden zugunsten eines hedonistischen Egalitarismus zurückgedrängt. *Guldimans* an *Habermas* orientierter Interpretationsansatz kann hier im einzelnen nicht diskutiert werden (vgl. *Mänicke-Gyöngyösi* 1989a). Seine Analysen finden allerdings in moralsoziologischen Befragungen unter Jugendlichen in der Sowjetunion zu Beginn der achtziger Jahre indirekt eine Bestätigung (*Babosov/Titma* 1985; *Titma/Vinokurova* 1986), die ein hohes Potential für eine konservative Lösung der Wertkrise vermuten lassen. Statt offizielle Normen in Frage zu stellen und eigene Wege beschreiten zu wollen, lassen sowjetische Jugendliche eher die Bereitschaft erkennen, sie erst einmal einzuklagen (*Mänicke-Gyöngyösi* 1989a).

Diesen eher pessimistisch gestimmten Prognosen widerspricht die neuere Entwicklung unter weiten Teilen der Intelligenz, die von den neuen Freiheiten der kritischen Öffentlichkeit („Glasnost") auch Gebrauch macht. Der Stalinismusforscher *Moshe Lewin* (1988) geht sogar in seiner Analyse über die Realisierungschancen der *Gorbačev*schen Politik so weit, daß er die Reformen zwar von oben initiiert, aber durch die persönlichkeits- und autonomieorientierten Lebensmilieus gebildeter, städtischer Schichten abgestützt sieht. Er findet zahlreiche Belege für die Herausbildung einer *städtischen Kultur* – informelle Kommunikationsnetze, Stile der Kindererziehung und des Freizeitvertreibs –, die nun auch nach politischen Artikulationsformen drängten. Diese Entwicklung sei erst möglich geworden, nachdem die sozialen Erschütterungen durch Industrialisierung und Migration in die Städte überwunden worden seien. Die Konsolidierung individueller Lebensperspektiven sei darauf angewiesen, daß sich die soziostrukturellen Umschichtungsprozesse verlangsamen und den Individuen eine Atempause zur Verarbeitung historischer und lebensgeschichtlicher Brüche einräumen. *Lewins* Ansichten werden durch die Reformökonomin und Direktorin des neugegründeten Meinungsforschungsinstituts in Moskau, *Tatjana Zaslavskaja* (1988), bestätigt, die die entschiedensten „Perestrojka"-Anhänger unter der sozial- und kulturwissenschaftlichen Intelligenz und dem qualifizierten Teil der Arbeiterschaft ausmacht. Andere sowjetische Soziologen haben anhand des empirisch bestätigten Einstellungswandels junger Arbeiter in den siebziger Jahren die Überzeugung gewonnen, daß die Identifikation mit dem „gesellschaftlichen Nutzen" der Gesamtheit im Abnehmen begriffen sei (*Jadov* 1982; 1984). Statt dessen fände eine Umorientierung auf individuelle Konsum- und Freizeitwerte statt, die ihrerseits auch eine pragmatische Arbeitseinstellung befördern würden. Von reformfreundlichen Soziologen wird insgesamt angezweifelt (vgl. *Mänicke-Gyöngyösi* 1989b), ob eine kollektivistische Arbeitsmotivation noch den Erfordernissen einer sich auch in der Sowjetunion anbahnenden komplexen Arbeitsorganisation entspricht (*Gordon/Nazimova* 1985).

Die aktuelle Diskussion über die Ursprünge des Stalinismus in der Sowjetunion besteht jedoch darauf, daß der Stalinismus als sozialpsychologisches Phänomen und unterschwellig vorhandene politische Orientierung immer noch nicht überwunden sei. *A. S. Cipko* erinnert in einer Artikelserie (1988–1989) an die *messianistischen* Züge der russischen revolutionären Bewegung. Er macht die von ihr vertretene Idee einer „reinen“ Gesellschaft und eines „reinen“ Menschen, die unmittelbar und ohne Abwägung sozialer Folgen verwirklicht werden müßten, für die mangelnde Sensibilität der Bolschewiki gegenüber den Bauern und den demokratischen Grundrechten – sooft sie ihnen im Wege standen – verantwortlich. Seit *Alexander Herzen* habe die revolutionäre Bewegung dazu tendiert, „*meščanstvo*“ als Kleinbürgerlichkeit und Mittelmäßigkeit zu verurteilen, statt in ihm den nüchternen Pragmatismus westlicher bürgerlicher Kultur schätzen zu lernen. Die Vision, einen einmalig neuen Entwicklungsweg – bar kapitalistischer Vereinzelung und Atomisierung – beschreiten zu wollen, habe die *Marx*schen Verkürzungen – betreffend die Rolle von intermediären Instanzen, rechtlicher Regelungen und demokratischer Verfahren – noch verschärft.

Cipko geht in seiner Kritik des revolutionären Messianismus nicht explizit darauf ein, inwiefern die andersartigen Säkularisierungspotentiale *ostkirchlicher Religiosität* die dominante Sicht auf das Ganze, ungeachtet des Beitrags der Individuen und der Vermittlung individueller Absichten, vorgeprägt haben. Vom westlichen Christentum abweichend, stand im Zentrum ostkirchlicher Religiosität die „Gemeinschaft mit der Kreatur“, die Erweiterung und Überschreitung individueller Grenzen ins „Kosmische“. Sie erschwerte zunächst die individuelle „Rechtfertigung“ vor der „Gnade Gottes“ und die Abgrenzung menschlicher Subjekte gegenüber der Natur. Sie stand insofern auch der Wirtschaftsweise entgegen, die von der puritanischen Ethik und dem kapitalistischen Geist individueller Unternehmer im Westen in Gang gesetzt worden ist (*Mänicke-Gyöngyösi* 1982). Die sozialdemokratische Wende in der revolutionären Bewegung brachte zwar die Befürwortung technologischen Fortschritts mit sich. Erst im Linksbolschewismus und später im Stalinismus gelang es jedoch, die Denkfigur der „Gemeinschaftlichkeit“ und des „In-Eins-Werdens mit der Kreatur“ in eine dualistische Grundstruktur zu überführen und Naturbeherrschung als Erfüllung dieser Verheißungen einzusetzen. Das unteilbare „Kollektiv“ – zunächst die Gesamtgesellschaft und dann ihre stellvertretende Verkörperung im Staat oder Führer – bemächtigt sich des „Kosmos“ mit Hilfe moderner Technologie und säkularisiertem Enthusiasmus und prägt ihn nach seinem Bilde. Dieser Enthusiasmus – und nicht bloß die vielzitierte russische Opfer- und Leidensbereitschaft – hat auf Seiten junger Arbeiter die gigantischen Industrialisierungsprojekte des Stalinismus mit ermöglicht (*Gordon/Klopov* 1989: 58–59).

Cipko besteht zu Recht darauf, daß nicht bäuerliche Religiosität oder Autoritarismus schlechthin für den terroristischen Grundzug des Stalinismus verantwortlich zu machen und die Vernichtung selbständiger Bauernwirtschaften nicht den Bauern selbst anzulasten sei. Trotzdem bleibt die Frage bestehen, ob der missionarische Industrialisierungseifer der bolschewistischen Führung und seine charismatische Zuspitzung in der Figur *Stalins* nicht doch durch die „Verbäuerlichung“ der Städte (*Lewin* 1985) im Zuge der forcierten Industrialisierung erleichtert worden ist. Der Zustrom bäuerlicher Massen in die Städte hat möglicherweise doch die Sakralisierung stalinistischer Herrschaft – ihre Erhöhung ins Überalltägliche – und ihre rituelle Selbstdarstellung befördert. Aus der „*moralischen Gemeinschaft*" der herrschenden Bolschewiki (*Gouldner* 1982 im Anschluß an *Durkheim*) waren zwar andersartige Kulturen – insbesondere die bäuerliche, aber auch die syndikalistisch-aufsässige Arbeiterkultur – ausgeschlossen und der terroristischen Vernichtung und Atomisierung anheimgestellt. Als Rechtfertigung für das im Weltmaßstab „richtige" Handeln dienten jedoch auch säkularisierte religiöse Denkmuster (*Tallár* 1989). Im Stalinismus verbindet sich nach Ansicht des Wissenssoziologen *L. G. Ionin* (1987) der Glaube an die technokratische Manipulierbarkeit und Machbarkeit der Welt mit einer sakralisierend-organizistischen Sichtweise. Erst dadurch wird es möglich, die Legitimation stalinistischer Herrschaft und Willkür gegen jedwede Empirie und historische Erfahrung abzusichern und auch gegen sie die Harmonie gesellschaftlicher und individueller Interessen, die allseitige Bedürfnisbefriedigung bei ständig steigendem Wohlstand und die Unfehlbarkeit der politischen Kommandohöhen zu behaupten. Das Fortbestehen dieser Allianz ist nach *Ionin* für das konservative Syndrom verantwortlich, das der gesellschaftlichen Umgestaltung gegenwärtig entgegenstehe.

Bezogen auf die Auseinandersetzung um den Brief der Leningrader Dozentin *Nina Andreeva* in der Zeitung „Sovetskaja Rossija" (1988) hat *Cipko* selber darauf hingewiesen, daß er noch voll in den Traditionen des linken Messianismus stehe, für die Klassenkampf wichtiger als individuelle Verantwortlichkeit, Fortschrittsglaube und die Anerkennung von Aufbauleistungen heroischer Epochen und Persönlichkeiten wichtiger als humanistische Beurteilungskriterien von Geschichte seien. Wenn diese noch lebendigen kollektivistischen Traditionen dem individualisierten und auf pragmatische Reformen drängenden Teil der russischen Intelligenz nicht bewußt sind, so besteht die Gefahr, daß sie ihnen selbst verfällt, indem sie nur die ihr selbst einsichtigen rationalen Gründe für die Reform der Gesellschaft anerkennt, statt auch auf die vorhandenen, durchaus unterschiedlichen Wertorientierungen der Bevölkerung zu achten.

Allerdings läßt sich historisch nicht anzweifeln, daß Individualisierungsprozesse stattgefunden haben. Strittig bleibt eher ihre Verbreitung. In einer kürzlich erschienenen Studie zur Sozialstruktur sowjetischer Städte wird darauf aufmerksam gemacht (*Aitov* u.a. 1988: 182–189), daß zwar die Abgeschlossenheit mancher städtischer Intellektuellen- und Arbeiterschichten zugenommen habe. Jedoch machten Migranten immer noch die Hälfte der städtischen Bevölkerung aus. Sie unterschieden sich von den alteingesessenen Städtern durch ihre Lebensformen und -orientierungen: Inhalt und Abwechslungsreichtum der Arbeit sowie selbständige Dispositionsspielräume bedeuteten für sie weniger als die Pflege der Kommunikation mit Landsleuten oder mit vertrauten dörflichen Bekannten.

Selbst während des Stalinismus vollzogen sich persönlichkeitsformende Prozesse, die zunächst zu einer *konformistischen Mittelschichtskultur* geführt haben (vgl. auch *Mänicke-Gyöngyösi* 1989c). Sie wurden von *Vera S. Dunham* (1976) am Beispiel der Literatur und *Sheila Fitzpatrick* (1988) anhand publizistischer Texte analysiert. Die neue Volksintelligenz stellte mit ihren Experten, Beamten und Managern die Schicht dar, auf die sich das stalinistische System nach den großen Säuberungen stützen konnte. Zugleich gestand es ihr Privilegien zu und traf mit ihr nach *Dunham* den

big deal, den stillschweigenden Gesellschaftsvertrag, der seine eigene Stabilität sicherte und die Wiederaufbauleistungen nach dem II. Weltkrieg garantierte. *Katerina Clark* (1985) interpretiert den Roman des Sozialistischen Realismus in der *Stalin*-Zeit ebenfalls als ein Ritual, das den Helden zwar auf die „große Familie", die kollektivistische Gesellschaft einschwört, das ihn aber auch autoritär anleiten und als fügsames Individuum erziehen will. Für die *Chruščev*sche Zeit stellt sie ein Schwanken des Helden zwischen „großer" und „kleiner Familie", das heißt eine gewisse Ratlosigkeit zwischen gesellschaftlich-kollektivistischen und individuell-privaten Werten fest. Ihren Thesen entspricht die Widersprüchlichkeit der *Chruščev*schen Programmatik, die einerseits der Entfaltung kritischer Potentiale Raum gibt, andererseits den Mythos vom heroischen Kollektiv, die Vergesellschaftungsutopien des frühen Bolschewismus wiederbeleben wollte. Dieser Zwiespalt mag mit ein Grund für ihr Scheitern gewesen sein.
Die *Brežnev*sche Führung hat nach *James Millar* (1988) ihren *little deal*, ihren Gesellschaftsvertrag insbesondere mit der *Arbeiterklasse* und der *Bürokratie* getroffen, indem sie bei Aufrechterhaltung des marxistisch-leninistischen Rituals eine Garantie für soziale Sicherheit abgegeben und der Bevölkerung insgesamt die Möglichkeit zugestanden hat, knappe Güter privat über Freundschafts- und Familiennetze umzuverteilen. Die häufig beklagte Doppelmoral hat hierin eine Abstützung erfahren. Die *Gorbačev*sche Zeit bekämpft mit der Verkündigung des individuellen Leistungsprinzips den alten Gesellschaftsvertrag, ohne einen neuen anbieten zu können. Es deutet einiges daraufhin, daß die Aktivierung individueller Fähigkeiten auch in der Sowjetunion über Konsuminteressen und Freizeitaspirationen erfolgen könnte. Da aber die Versorgungsschwierigkeiten nach wie vor anhalten, verliert die *Gorbačev*sche Politik wertvolle Zeit, um ihr Unterstützungspotential für den neuen Modernisierungsschub zu nutzen.

3. Schlußfolgerungen

Wenn auch die Sowjetunion und Ungarn historisch gesehen den unterschiedlichen Regionen Ost- und Ostmitteleuropas zuzuordnen sind, so haben doch beide Länder mit den Folgen einer negativen Modernisierung zu tun. Staatlich-autoritär initiierte Industrialisierungen verweisen – trotz der traditionellen Zugehörigkeit zum orthodoxen oder westlichen Christentum – in beiden Fällen auf das Problem, daß sich die Modernisierung dieser Gesellschaften nicht auf eine gewachsene Unternehmerkultur und auf demokratische politische Traditionen stützen konnte. Im sowjetischen Fall dürften allerdings die Restriktionen eines gemeinschaftlich-religiösen beziehungsweise kollektivistisch-säkularisierten Weltbildes noch größer und für die endogene Entstehung des Stalinismus mitverantwortlich gewesen sein. Da sich die politischen Herrschaftsmittel der forcierten Industrialisierung wie auch deren ökonomisch-motivatorische Impulse verbraucht haben, sind beide Länder darauf angewiesen, die historisch entstandenen und transformierten Wertorientierungen und Interessenlagen für eine ökonomische Reform zu nutzen. Es handelt sich dabei um eine *individualisierte Intellektuellenkultur* und eine – in der Sowjetunion zunächst wenig befriedigte und noch nicht voll ausgebildete – *Konsumkultur*. Die Sowjetunion scheint mit ihren – im Vergleich zu Ungarn – vorgezogenen Demokratisierungsbestrebungen – Glasnost – noch stärker auf die Intellektuellen zu setzen.

Die Bildung einer „zivilen“ Gesellschaft ist jedoch unter sozialistischen Bedingungen ganz besonders darauf angewiesen, das Gewicht des Staates im ökonomischen Bereich zurückzudrängen, um individueller Initiative Raum zu geben. Auf diesem Feld zeigen die weiter vorangeschrittenen ungarischen Erfahrungen, daß die Mobilisierung der familienorientierten persönlichen Sphäre allein noch keine ausreichenden Entwicklungsimpulse für eine „zivile“ Gesellschaft in politischer und ökonomischer Hinsicht mit sich bringt. Denn in ihr vermischen sich persönlich-emotionale Einstellungen und sachlich-zweckmäßige Überlegungen, um die zweite Wirtschaft in Gang zu halten. Insofern ist sie wenig geeignet, Privatheit und Öffentlichkeit auseinandertreten zu lassen und für institutionelle Garantien einer politischen Demokratie zu sorgen. Von punktuellen historischen Situationen abgesehen, kann es also nicht darum gehen, Lebensstile zu politisieren, sondern sie – angesichts ihrer zu beobachtenden Anomie – zu entlasten. Hierfür ist mit der Einführung von Marktelementen nicht genug getan, da es sich in ost- und ostmitteleuropäischen Gesellschaften um gemischte Wirtschaften handelt, die ihr Koordinationsprinzip noch nicht gefunden, sondern angesichts der verschiedenen Formen des Privat-, Staats- und genossenschaftlichen Eigentums noch zu finden haben.

Um die Instrumentalisierung persönlicher Lebensbereiche und ihre moralische Aushöhlung zu vermeiden, ist möglicherweise das *Recht* ein geeigneteres Mittel, um für vertraglich gesicherte und versachlichte Absprachen im Bereich der zweiten Wirtschaft und beim Aushandeln eines neuen gesellschaftlichen Konsenses – der Verfassungs- und Parlamentsreform – sowie für eine – durch die mehrdimensionale Sozialstruktur erschwerte – ausgleichende Sozialpolitik zu sorgen.

Anmerkungen

1 Die Ostmitteleuropa-Diskussion hat seit den achtziger Jahren eine Wiederbelebung erfahren (*Burmeister* u. a. 1988). Die wichtigsten Argumentationsmuster sind nachzulesen bei *Milan Kundera* (*Busek/Wilfinger* 1986). *Konrád* (1985) verbindet sie mit dem Konzept einer „zivilen“ Gesellschaft.

2 In der Nr. 7–8 der Zeitschrift „Magyar Tudomány“ (1987: 561–580) finden sich eine Reihe von Diskussionsbeiträgen zu *Ágh*.

3 Die Ergebnisse sind bislang in acht Bänden unter dem Titel „Rétegződés-modell-vizsgálat“ (Untersuchung zum Schichtenmodell) in Budapest 1982–1987 erschienen.

Literaturverzeichnis

Ágh, Attila, 1987a: A védekező társadalom (Die sich schützende Gesellschaft), in: Magyar Tudomány 32, 777–786.

Ágh, Attila, 1987b: Politikai reform és civil társadalom (Politische Reform und zivile Gesellschaft), in: Magyar Tudomány 32, 777–786.

Ágh, Attila, 1988: A negatív hatalom (Die negative Macht), in: Mozgó Világ 14, 76–83.

Aitov, N. A./Mordkovič, V. G./Titma, M. Ch. (Hrsg.), 1988: Sovetskij gorod. Social'naja struktura, Moskva.

Andreeva (Andreewa), Nina, 1988: Ich kann meine Prinzipien nicht freigeben, in: *Michail Gorbatschow*, Perestroika. Die zweite Etappe hat begonnen, 2. Aufl. Köln, 155–177 (zuerst ersch. in: Sovetskaja Rossija, 13.3.1988).

Antal, László/Bokros, Lajos/Csillag, István/Lengyel, László/Matolcsy, György, 1988: Fordulat és reform (Wende und Reform), in: Medvetánc, Sonderheft 2.

Arató, Andrew, 1981: Civil Society against the State: Poland 1980–81, in: Telos 47 (Spring), 23–47.

Babosov, E. M./Titma, M. Ch. (Hrsg.), 1985: Nravstvennyj oblik sovetskoj molodeži, Minsk.

Bihari, Mihály, 1988: Átmenet a diktatórikus szocializmusból a demokratikus szocialismusba (Übergang vom diktatorischen zum demokratischen Sozialismus), in: Világosság 30, 257–261.

Burmeister, Hans-Peter/Boldt, Frank/Mészáros, György (Hrsg.), 1988: Mitteleuropa. Traum oder Trauma?, Bremen.

Busek, Erhard/Wilflinger, Gerhard (Hrsg.), 1986: Aufbruch nach Mitteleuropa. Rekonstruktion eines versunkenen Kontinents, Wien.

Cipko, A. S., 1988: Istoki stalinizma, in: Nauka i žizn', Nr. 11, 45–55; Nr. 12, 40–48.

Cipko, A. S., 1989: Istoki stalinizma, in: Nauka i žizn', Nr. 1, 46–56; Nr. 2, 53–61.

Clark, Katerina, 1985: The Soviet Novel. History as Ritual, 2. Aufl. Chicago–London.

Dunham, Vera S., 1976: In Stalin's Time: Middleclass Values in Soviet Fiction, New York.

Fitzpatrick, Sheila, 1988: „Middle-class Values" and Soviet Life in the 1930s, in: *Terry L. Thompson/Richard Sheldon* (Hrsg.), 20–38.

Gordon, L. A./Nazimova, A. K., 1985: Rabočij klass SSSR: tendencii i perspektivy social'no-ėkonomičeskogo razvitija, Moskva.

Gordon, L. A./Klopov, Ė. V., 1989: Čto ėto bylo? Razmyšlenija o predposylkach i itogach togo, čto slučilos' s nami v 30–40–e gody, Moskva.

Gouldner, Alwin W., 1982: Stalinismus. Eine Studie über Internen Kolonialismus, in: *Gernot Erler/Walter Süß* (Hrsg.), Stalinismus. Probleme der Sowjetgesellschaft zwischen Kollektivierung und Weltkrieg, Frankfurt–New York, 517–575.

Guldiman, Tim, 1984: Moral und Herrschaft in der Sowjetunion. Erlebnis und Theorie, Frankfurt.

Hankiss, Elemér/Manchin, Róbert/Füstös, László/Szakolczai, Árpád, 1982: Kényszerpályán? A magyar társadalom értékrendszerének alakulása 1930 és 1980 között (Auf einer erzwungenen Laufbahn? Zur Veränderung des Wertsystems der ungarischen Gesellschaft zwischen 1930 und 1980), Bde 1 und 2, Budapest.

Hankiss, Elemér, 1986a: Diagnózisok (Diagnosen), Bd. 2, Budapest.

Hankiss, Elemér, 1986b: A magyar társadalom értékrendjének felemás modernizációja (Die unausgeglichene Modernisierung des Wertsystems in der ungarischen Gesellschaft), in: Társadalomtudományi Közleményék, 185–191.

Hankiss, Elemér, 1988: The „Second Society": Is There an Alternative Social Model Emerging in Contemporary Hungary?, in: Social Research 55, 13–42.

Hankiss, Elemér, 1989: A „Nagy Koalició" avagy a hatalom konvertálása (Die „Große Koalition" oder die Konvertierung der Macht), in: Valóság 32, Nr. 2, 15–31.

Harding, Stephen/Phillips, David, 1986: Contrasting Values in Western Europe. Diversity and Change, London.

Heltai, Péter/Szakolczai, Árpád, 1989: Eroltetett modernizáció és elhanyagolt tolerancia (Összehasonlító értékvizsgálat) (Erzwungene Modernisierung und vernachlässigte Toleranz. Vergleichende Wertstudie), in: Valóság 32, Nr. 4, 35–47.

Jadov, V. A. (Hrsg.), 1977: Social'no-psichologičeskij portret inženera, Moskva.

Jadov, V. A. (Hrsg.), 1979: Samoreguljacija i prognozirovanie social'nogo povedenija ličnosti, Leningrad.

Jadov, V. A., 1982: Motivacija truda: problemy i puti razvitija issledovanij, in: Sovetskaja sociologija, Bd. 2, Moskva, 29–38.

Jadow, W. A., 1984: Das Verhältnis zur Arbeit – konzeptionelles Modell und reale Tendenzen, in: Sowjetwissenschaft/Gesellschaftswissenschaftliche Beiträge 37, 20–29.

Ionin, L. G., 1987: Konservativnyj sindrom, in: Sociologičeskie issledovanija 14, 19–30.

Kolosi, Tamás, 1986: Strukturális csoportok és reform (Strukturelle Gruppen und Reform), in: Valóság 29, Nr. 7, 19–31.

Konrád, György/Szelényi, Iván, 1978: Die Intelligenz auf dem Weg zur Klassenmacht, Frankfurt.

Konrád, György, 1985: Antipolitik. Mitteleuropäische Mediationen, Frankfurt.

Kornai, János, 1980: Economics of Shortage, Amsterdam.

Kulcsár, Kálmán, 1986: A politikai rendszer túlsúlya és a társadalmi változások (Das Übergewicht des politischen Systems und der gesellschaftliche Wandel), in: ders., A modernizáció és a magyar társadalom (Modernisierung und ungarische Gesellschaft), Budapest, 157–212.

Lengyel, László, 1987: Végkifejlet (Endresultat), in: Valóság 30, Nr. 12, 27–42.

Lengyel, László, 1988: A magyar gazdaságpolitika: fordulat vagy ingazodás (Ungarische Wirtschaftspolitik: an der Wende oder am Zögern), in: Mozgó Világ 14, 3–9.

Lewin, Moshe, 1985: The Making of the Soviet System. Essays in the Social History of Interwar Russia, London.

Lewin, Moshe, 1988: Gorbashows neue Politik. Die reformierte Realität und die Wirklichkeit der Reformen, Frankfurt.

Mänicke-Gyöngyösi, Krisztina, 1982: „Proletarische Wissenschaft" und „sozialistische Menschheitsreligion" als Modelle proletarischer Kultur. Zur linksbolschewistischen Revolutionstheorie von A. A. Bogdanov und A. V. Lunačarskij, Berlin.

Mänicke-Gyönyösi, Krisztina, 1989a: Zum Wandel städtischer Lebensstile in der Sowjetunion, in: *Krisztina Mänicke-Gyöngyösi/Ralf Rytlewski* (Hrsg.), Lebensstile und Kulturmuster in sozialistischen Gesellschaften, Köln (im Druck).

Mänicke-Gyöngyösi, Krisztina, 1989b: Die Perestrojka der sowjetischen Soziologie: zurück zu den Traditionen der 20er Jahre?, in: Österreichische Zeitschrift für Soziologie 14, 2 und 36–46.

Mänicke-Gyöngyösi, Krisztina, 1989c: Geschlechterverhältnis, Modernisierung und neue Öffentlichkeit in der Sowjetunion, in: Feministische Studien 7, 54–70.

Manchin, Róbert, 1988: Individual Economic Strategies and Social Consciousness, in: Social Research 55, 77–95.

Márkus, Mária, 1985: Constitution and Functioning of a Civil Society in Poland, in: *Bronislaw Misztal* (Hrsg.), Poland after Solidarity. Social Movements versus the State, New Brunswick–Oxford, 57–66.

Millar, James R., 1988: The Little Deal: Brezhnev's Contribution to Acquisitive Socialism, in: *Terry L. Thompson/Richard Sheldon* (Hrsg.), 3–19.

Pokol, Béla, 1989: Kétkamarás országgyűlés és politikai reform (Ein Parlament mit zwei Kammern und die politische Reform), in: Mozgó Világ 15, 3–12.

Ránki, György, 1987: A magyarországi modernizáció történetéhez (Zur Geschichte der Modernisierung in Ungarn), in: Világosság 28, 611–621.

Rokeach, Milton, 1973: The Nature of Human Values, New York–London.

Schlett, István, 1989: Politikai programtöredékek (Fragmente eines politischen Programms), in: Valóság 32, Nr. 3, 18–39.

Szelényi, Iván, 1986–87: The Prospects and Limits of the East European New Class Project: An Auto-critical Reflection on "The Intellectuals on the Road to Class Power", in: Politics and Society 15, 103–144.

Szerdahelyi, István, 1988: Vita közben (Inmitten der Diskussion), in: Kritika, 7–18.

Szűcs, János, 1983: The Three Historical Regions of Europe, in: Acta Historicae Academiae Scientiarum Hungaricae 29, 131–184.

Tallár, Ferenc, 1989: Sztálinizmus és reszakralizáció (Stalinismus und Resakralisiation), in: Valóság 32, Nr. 2, 32–51.

Tatur, Melanie, 1989: Solidarność als Modernisierungsbewegung, Frankfurt (im Erscheinen).

Thompson, Terry L./Sheldon, Richard (Hrsg.), 1988: Soviet Society and Culture. Essays in Honor of Vera S. Dunham, Boulder–London.

Titma, M. Ch./Vinokurova, S. P., 1986: Cennostnye orientacii molodeži, in: Sociologičeskie issledovanija v Pribaltijskich Respublikach, Bd. 1, Vil 'njus, 125–167.

Zaslavskaja (Saslawskaja), Tatjana, 1988: Zur Strategie der sozialen Steuerung der Perestroika, in: *Juri Afanassjew* (Hrsg.), Es gibt keine Alternative zur Perestroika: Glasnost, Demokratie, Sozialismus, Nördlingen, 21–72.

Individualität und Politik im Sozialismus.
Zum Zusammenhang von ökonomisch-sozialer Gestaltung und individueller Reproduktion in der Deutschen Demokratischen Republik

Hasko Hüning

1. *„Bewußtheit des denkenden Experimentierens" (G. Lukács)*

Theoretische Debatten zur Sozialismuskonzeption gab es in der Geschichte der internationalen Arbeiterbewegung immer wieder – auch zur Zeit erleben wir heftige Diskussionen über die weiteren Schritte sozialistischer Umgestaltung. Dabei geht es nicht allein um entwicklungstheoretische Sichtweisen, sondern die dringenden praktischen Lösungswege erzwingen letztlich eine grundsätzliche Erneuerung der theoretischen Basis; dies schließt eine Selbstvergewisserung, Rückbesinnung auf die theoretischen Grundlagen ein.

Diese Rückbesinnung auf die theoretischen Grundlagen wird in den einzelnen sozialistischen Ländern unterschiedlich intensiv betrieben. In der Deutschen Demokratischen Republik (DDR) wird unterstellt, daß sich die im Programm der Sozialistischen Einheitspartei Deutschlands (SED) beschlossene Gesellschaftskonzeption und die darauf beruhende Gesellschaftsstrategie bewährt haben. Partei-und Staatsführung gehen davon aus, seit dem Amtsantritt *Honeckers* 1971 durch die Strategie der *Einheit von Wirtschafts- und Sozialpolitik* dem je notwendigen Reformbedarf immer adäquat und rechtzeitig entsprochen zu haben. Ein vergleichbarer Reformdruck wie in anderen sozialitischen Staaten existiere in der DDR nicht, denn die Gestaltung der entwickelten sozialistischen Gesellschaft sei immer als ein geschichtlicher Prozeß politischen, ökonomischen, sozial-kulturellen und geistigen Wandels verstanden worden. Für die sich ständig neu stellenden Probleme und Aufgaben gesellschaftlicher Höherentwicklung gäbe es zwar keine fertigen Lösungen, aber in einem evolutionären Prozeß der ständigen Weiterentwicklung ökonomisch-sozialer und politischer Strukturen habe die DDR *Reformierbarkeit* bewiesen.

Doch in die demonstrierte Selbstgewißheit schleichen sich Unsicherheiten und Ambivalenzen ein. Zwar geht niemand so weit, auch für die DDR schon heute Stagnation und krisenhafte Prozesse wie in anderen sozialistischen Ländern zu konstatieren, aber die Sensibilität für spürbar schwieriger werdende Versorgungslagen und politische Frustrationen der Bevölkerung nimmt zu; die politischen Gestaltungsspielräume werden wahrnehmbar enger. So forderte die SED auf ihrem XI. Parteitag 1986 die Gesellschaftswissenschaften auf, solche Forschungen besonders voranzutreiben, die sich auf die Triebkräfte ökonomischen Wachstums, die Beschleunigung des wissenschaftlich-technischen Fortschritts und die Intensivierung der Volkswirtschaft richten.

Inzwischen ist das Problembewußtsein soweit gewachsen, daß immer deutlicher wird, daß den aufgehäuften Widersprüchen und Konflikten mit Routinelösungen nicht beizukommen ist. Nicht nur, daß inzwischen eingestanden wird, bisherige Probleme nicht gesehen zu haben, so „die Dialektik der Sozialstrukturentwicklung, das dialektische Verhältnis von Individuum und Gesellschaft und die Dialektik des geistigen Lebens", sondern es wird auch festgestellt, „daß an der bisherigen theoretischen Substanz wesentliche Veränderungen erforderlich sind" (*Kosing* 1988: 579, 582). Innerhalb einer an *Marx* orientierten Bestimmung des sozialökonomischen Inhalts der Gesellschaftsformation Sozialismus/Kommunismus: gesellschaftliches Eigentum an den Produktionsmitteln sowie freie Individualität, die sich gründet auf die allseitige Entwicklung der Produktivkräfte der gesellschaftlichen Arbeit und auf die kollektive Herrschaft der Individuen über ihre gesellschaftlichen Verhältnisse (*Eichhorn I/Küttler* 1989: 13) wird auch in der DDR im Zuge einer jüngst begonnenen intrasystemaren *vergleichenden* Sozialismusforschung nach wesentlichen gesellschaftlichen Veränderungen und Konzeptionen gesucht. Die Vorstellungen von dem, was Sozialismus in seiner allgemeinen Gestalt heißen soll, differenzieren sich aus, nachdem „die Meßlatte für die Ausbildung des einzig richtigen Weges zum Sozialismus" in Gestalt der sowjetischen Entwicklung begann, ihren historischen Platz neu zu bestimmen (*Heuer* u. a. 1988: 901/902).

Die „*Perestrojka*" in der Sowjetunion basiert auf der Verknüpfung von ökonomischen und politischen Reformen. Der Durchbruch zu einer neuen Qualität gesellschaftlich gesteuerter Ökonomie wird nur durch eine umfassende Erneuerung der politischen Strukturen und Instanzen gelingen. Aber auch wenn man die Auffassung vertritt, daß eine relative Eigenständigkeit des Bereiches der politischen Institutionen gegeben ist und daß in sozialistischen Gesellschaften politische Entscheidungen zentrale und dominante Gestaltungskraft haben und daß von daher der Zugang zur Analyse sozialistischer Gesellschaften über den politischen Überbau zu erfolgen hat, so wird man dennoch anerkennen müssen, daß die in Wirtschaft und Gesellschaft ablaufenden Prozesse Rückwirkungen unterschiedlichen Ausmaßes auf die Bewußtseinsformen und das Handeln des politischen Systems wie auch auf die politischen Strukturen selbst haben. Die – zugespitzte – These von DDR-Gesellschaftswissenschaftlern lautet: Es wird davon ausgegangen,

> „daß die politischen Institutionen eine größere Stabilität als zum Beispiel die sich ununterbrochen modernisierende Ökonomie hätten. Veränderungen würden sich nicht so sehr in den politischen Strukturen, sondern mehr innerhalb der politischen Verhältnisse ergeben ... Untersuchungen des politischen Systems können nur als Gesellschaftsanalyse erfolgen" (*Schönefeld/Segert* 1985: 885/886).

Das heißt, es muß versucht werden, den Zusammenhang zwischen Ökonomie, sozialer Lage und Lebensverhältnissen, Massenbewußtsein und sozialem wie politischem Handeln zu entwickeln.

Eine wesentliche Schwierigkeit besteht nun darin, daß die Entwicklungen in den gesellschaftlichen Teilbereichen ganz ungleichzeitig und mit unterschiedlichem Gewicht verlaufen. So sind in der DDR seit den sechziger Jahren unbestreitbar Prozesse der sozialen Mobilität und der Diversifizierung der Lebensverhältnisse eingetreten. Gemes-

sen am Niveau der fünfziger und sechziger Jahre repräsentieren die Subjekte heute eine neue Qualität sozialer und individueller Lebensweise. Diese Veränderungen, die im Zusammenhang mit dem Ausbau eines sozialistischen Sozialstaates stehen, haben die Bedingungen für die Entwicklung unterschiedlicher Bedürfnisse und Interessen gefördert und die Rolle der Subjekte in den gesellschaftlichen und politischen Strukturen verändert. So ist zu fragen, wie sich Differenziertheit und Pluralität der Lebensverhältnisse auf die politischen Artikulations- und Willensbildungsprozesse ausgewirkt haben.
Hieraus ergeben sich eine Reihe von weiterführenden Fragen: konnte sich das politische System den Auswirkungen gesellschaftlicher Veränderungen entziehen, hat es Strategien entwickelt, den Veränderungsprozessen zu begegnen? Ist die Partei unter Umständen nicht mehr der Organismus, der auch im Selbstverständnis seiner Mitglieder und vieler Funktionäre jegliche politische Erfahrung totalisierend in sich vereinigt? Geht ein Funktionswandel in Partei und Massenorganisationen vor sich? Kann vom politischen System akzeptiert werden, daß Pluralität und Differenziertheit der Lebensverhältnisse nicht mehr administrativ zu bewältigen sind, daß sich eine Homogenisierung der gesellschaftlichen Strukturen nur noch über die Anerkennung von Pluralität der Lebenslagen und Meinungen einstellt? Mögliche Antworten lassen sich nur finden, wenn man nach Art und Weise der Regulierung des gesellschaftlichen Gesamtprozesses fragt, also einerseits nach dem Zusammenhang der Regulierung von gesellschaftlicher Produktion und sozial-kultureller Gestaltung durch die öffentlichen Institutionen, sowie andererseits nach individueller Reproduktion und Gestaltung der persönlichen Lebensverhältnisse.
Es gibt in der gesellschaftswissenschaftlichen Diskussion der DDR Anknüpfungspunkte für Veränderungen, die im folgenden näher bestimmt und diskutiert werden sollen.

2. *Parallelität von ökonomischem Wachstum und sozialem Fortschritt?*

In der DDR wird davon ausgegangen, daß die SED mit der Strategie der Einheit von Wirtschafts- und Sozialpolitik zu Beginn der siebziger Jahre einen Reformprozeß eingeleitet hat, der nicht als einmaliger Akt zu sehen ist, sondern als zeitlich weder begrenzt noch abgeschlossen (*Koziolek/Reinhold* 1989, 26). Dieser Reformprozeß hat eine dynamische Entwicklung von Wirtschaft und Gesellschaft ermöglicht, da er rasche Entwicklung der Produktivkräfte, hohe ökonomische Effektivität und sozialen Fortschritt miteinander verband. In der Tat, die Erfolgsbilanz der DDR muß nicht versteckt werden. Betrachtungen in der DDR heben besonders die Kontinuität der ökonomisch-sozialen Entwicklung seit Anfang der siebziger Jahre hervor, die suggerieren, daß das, was von der Politik geplant war, auch umgesetzt wurde, oder – um die Problemstellung zuzuspitzen –, daß die Resultate auch die von der Politik gewünschten und anvisierten Ergebnisse waren.
Mit dem VIII. Parteitag der SED 1971 leitete die DDR einen neuen Entwicklungsabschnitt ihrer Geschichte ein. Durch eine Politik der Rezentralisierung der Entscheidungen, durch die Aufgabenstellung der „Intensivierung“ des Wachstums, durch eine moderne Struktur- und Forschungspolitik und durch die ab 1979/80 durchgeführte

Auflösung der Vereinigungen Volkseigener Betriebe sowie die Errichtung von Kombinaten wurde eine pragmatisch orientierte Modernisierung und Effektivierung eingeleitet und bis heute verfolgt, die sich gängig in der Formel von der „Vervollkommnung der Leitung, Planung und wirtschaftlichen Rechnungsführung" zusammenfaßt. Die inzwischen weitgehend abgeschlossene Kombinatsreform gilt als das „Rückgrat" der *ökonomischen* Systemveränderung.
Eine Bilanz der Wirtschaftsergebnisse der knapp zwanzig Jahre Honecker-Ära ist durchaus beachtlich, aber in manchen Bereichen und Phasen sind sie nicht immer so erfolgt, wie geplant und gewünscht (*Cornelsen* 1988: 367–370). Zwar konnten in einer ersten Konsolidierungsphase die gröbsten Disproportionen beseitigt werden, doch gelang es bis 1980 nicht, die Planziele durchzusetzen – auch nicht in der Landwirtschaft –, da sich vor allem die Wachstumsraten abschwächten; im Außenhandel gab es erhebliche Defizite in der Warenbilanz. Die achtziger Jahre sollten diese Situation korrigieren: Das Wachstum sollte beschleunigt, die Exporte erhöht, die Westimporte gedrosselt werden; die Konsequenz waren Engpässe im Inland. Durch massive administrative Eingriffe konnte in den achtziger Jahren die Finanz- und Schuldenkrise der DDR abgewendet werden; der Anstieg des Produktionsverbrauchs wurde drastisch gesenkt, das Wirtschaftswachstum stabilisiert, der Lebensstandard wurde einigermaßen aufrechterhalten. Jedoch die Erwartungen an die internationale Wettbewerbsfähigkeit der Wirtschaft wurden nicht erfüllt, große Teile der Anlagen wurden nicht ausreichend erneuert, es kam zu neuen Disproportionen, zu Engpässen in der Infrastruktur.
Trotz aller Friktionen gelang es aber, Kauffonds und Warenfonds einigermaßen aufeinander abzustimmen. Die beträchtlichen Lohn- und Rentenerhöhungen gestatteten eine beachtliche Erhöhung der Konsumquote, vor allem in den siebziger Jahren. Die Konsumgüterproduktion wurde durch zusätzliche Investitionsmittel rasch ausgeweitet, auch wenn das Angebot nicht immer der differenzierten Nachfrage entsprach. Zu Beginn der achtziger Jahre wurde dieser Trend vor allem dadurch gestoppt, daß das inländische Angebot von der Produktionsentwicklung abgekoppelt wurde, die Waren noch stärker als bisher schon in den Export gingen; die Bereitstellung von Waren wurde eingeschränkt, Versorgungslücken traten auf. Gedeckt wurde diese für den Verbraucher unerfreuliche Entwicklung durch eine massiv erhöhte Subventionierung industrieller Konsumgüter.
Das Wirtschaftssystem ist gegenüber den fünfziger und sechziger Jahren leistungsfähiger und flexibler geworden; es ist allerdings nicht auf eine sozialökonomische Beschleunigung im Sinne der sowjetischen Umgestaltung und Systemtransformation angelegt. Die widersprüchliche Entwicklung mußte Reaktionen der politischen Führung hervorrufen und die Frage auf die Tagesordnung setzen, was denn mit *Einheit* von Wirtschafts- und Sozialpolitik gemeint war und ist, und wie sich die Momente dieser Einheit zueinander verhalten.
Soviel kann zunächst gesagt werden: Durch den Ausbau eines *sozialstaatlich* orientierten Verteilungsmechanismus wurde die bis *dato* sowieso schon staatlich induzierte Ökonomie beibehalten und stabilisierten sich in nicht unbeträchtlichem Maße Produktion und Massenkonsum. Der Kernpunkt war die – schon aus den sechziger Jahren stammende – Überlegung, daß es einen sich beschleunigenden und wechselseitig ansto-

ßenden Zusammenhang zwischen wirtschaftlichem Wachstum und sozialkonsumtiven Leistungen des Staates gibt (*Zielke* 1987: 6). Mit der seit 1971 propagierten Hauptaufgabe der Anhebung des materiellen und kulturellen Lebensniveaus machte die SED „die Weitergabe von Produktivitätsfortschritten an die Produzenten zum selbstverpflichteten Versprechen (...) ihres Parteiprogramms" (*Kuppe* 1986: 690). Wir werden im weiteren sehen, ob es gelang, den Verbrauch der Bevölkerung „parallel" zum gesamtwirtschaftlichen Wachstum auszurichten (*Cornelsen* 1988: 369), und werden zu fragen haben, ob eine Politik der Parallelität von ökonomischem Wachstum und sozialem Fortschritt den entwickelten Bedingungen einer modernen Industriegesellschaft sozialistischen Typs gerecht wird.

Werfen wir zunächst einen Blick auf das sozialpolitisch Erreichte. Das sozialpolitische Programm der SED war seit 1971 darauf gerichtet, für die sozial-kulturelle Lage der Werktätigen Verbesserungen zu erreichen, vor allem im Wohnungsbau, in der bedarfsgerechten Versorgung der Bevölkerung bei stabilen Preisen für die Waren des Grundbedarfs, Mieten und Verkehrstarifen, im Ausbau des Gesundheits- und Volksbildungswesens und bei der Verbesserung der unmittelbaren Arbeitsbedingungen (*Luft* 1984: 804). Die vielfältigen Wohlfahrtsleistungen der *„paternalistischen Fürsorgepolitik"* (*Meyer*) haben die DDR auf vielen Gebieten an die Spitze der sozialistischen Länder gebracht: weitgehende Chancengleichheit im Schul- und Ausbildungssystem, hoher Durchschnitt der beruflichen Qualifikation, nahezu vollständige Sicherheit des Arbeitsplatzes, Übergabe der inzwischen dreimillionsten Wohnung, historische Leistung in der Gleichberechtigung der Frau, kostenloses Gesundheitssystem, umfangreiches Sport- und Freizeitangebot; alles in allem verbindet sich ein hohes Maß an sozialer Chancengleichheit mit einer relativ egalitären Bedürfnisbefriedigung auf Basis eines allmählich ansteigenden Lebensstandards (*Meyer* 1988: 14/15).

Der großflächige Blick verstellt aber unter Umständen die Wahrnehmung der mit den anzuerkennenden Erfolgen einhergehenden, nicht immer unproblematischen Differenzierungen. Einerseits orientiert sich das Netz der sozialen Sicherung am Grundbedarf – Mindestsicherung bei den Renten –, in der Familien- und Bevölkerungspolitik existiert dagegen ein erheblich höheres Leistungsniveau. Für die Zeit sozialpolitischer Eingriffe seit 1971 lassen sich zwei Phasen unterscheiden. Die erste Phase bis Ende der siebziger Jahre war durch rasche Ausgabenexpansion, durch Einführung neuer Leistungen und Veränderungen konzeptioneller Art gekennzeichnet, die nicht nur Schutzfunktionen transportierten, sondern auch den Willen zu sozialer Gestaltung erkennen ließen; in der zweiten Phase reduzierte sich der Ausgabenanstieg, die Zahl der Leistungsverbesserungen war geringer, die Politik bestand vorrangig im weiteren verhaltenen Ausbau vorhandender Regelungen. Zugleich modifizierte sich auch das stark zentralisierte System der sozialen Sicherung, denn als Träger von Sozialpolitik rücken zunehmend die Territorien, Gewerkschaften, gesellschaftliche Organisationen und vor allem die Betriebe in den Vordergrund. Diese Verschiebung führte zu einer erhöhten Eigenverantwortung betrieblicher und kommunaler Ebenen (*Vortmann* 1988: 37/38). Zugleich ist klar, daß die betriebliche Sozialpolitik in differenzierter Weise auf die soziale Entwicklung und die Lebensweise der Werktätigen einwirkt, sie also „keine eng begrenzten betrieblichen Gruppeninteressen vertritt" (*Winkler* 1988: 27). Zudem ist davon auszugehen, daß die mit Intensivierungs- und Rationalisierungsprozessen zusammenhängenden sozialpolitischen Probleme nicht von den Betrieben und Kombinaten allein zu lösen sind. Es verschränken sich also betriebliche Interessen mit sozialpolitischen Anforderungen, die sich aus dem gesamtgesellschaftlichen Zusammenhang und der den Raum des Betriebes sprengenden Lebensweise der Werktätigen ergeben. Die betrieblichen Interessen der sozialen Gruppen der Betriebsangehörigen stellen „ein wesentliches Vermittlungsglied zwischen Gesellschaft, Klasse und Individuum" dar (*Winkler* 1988: 27). Da die betriebliche Sozialpolitik vor allem das Feld gewerkschaftlicher Interessenvertretung ist, vollzieht sich hier ein Wandel des Gewichts dieser Organisationen im System der politischen Institutionen. Die Gewerkschaften verlassen somit – zumindest potentiell und in der Wahrnehmung der Mitglieder – den engen Raum des Betriebes als soziales Gestaltungsterrain und gestalten weite Bereiche sozialer und individueller Lebensräume der Gesellschaftsmitglieder außerhalb der Arbeit (mit).

Im Selbstverständnis der DDR ist Sozialpolitik auf die Gestaltung sozialer Verhältnisse der vorhandenen Sozialstruktur und ihrer inneren Gliederung gerichtet; dies schließt die gezielte Förderung, Unterstützung und Betreuung für spezielle soziale Gruppen ein. Es wird angenommen, daß sich seit Beginn der siebziger Jahre die grundlegenden Proportionen der Klassenstruktur herausgebildet haben und sich weitere soziale Entwicklungen vor allem *innerhalb* der Klassen und Schichten vollziehen. Einerseits ist Sozialpolitik darauf gerichtet, die entstandene Sozialstruktur zu stabilisieren, zugleich aber auch notwendige Veränderungen, die aus wirtschaftlichen oder technologischen Gegebenheiten resultieren – zum Beispiel Mobilität, Disponibilität – zu fördern und zu unterstützen. Andererseits muß auf demographische Prozesse – Alter, Geschlecht – wie auf sich verändernde Bedürfnisstrukturen in der Bevölkerung – Formen des Zusammenlebens, Warendifferenzierung – reagiert werden. Ist der Objektbereich der Sozialpolitik die Gesamtheit der sich differenziert entwickelnden Sozialstruktur, so ist ihr Ziel neben der stetigen Hebung des materiellen und kulturellen Lebensniveaus die Gewährleistung und der Ausbau sozialer Sicherheit. Soziale Sicherheit soll der gleichberechtigten Entwicklung aller Bürger und der vollen Persönlichkeitsentwicklung dienen (Sozialpolitik 1985: 16–29).

Die Aufgabenstellung ist sehr umfassend. Es ist zu fragen, welchen faktischen Determinanten sie in der praktischen Ausgestaltung unterlag und ob die Sozialpolitik eine Dynamik gesellschaftlicher Umgestaltung freisetzte, die dem Eigenanspruch der DDR auf bewußte Steuerung sozialer Prozesse entspricht. Dabei ist eine komplizierte Wirkungsstruktur sozialpolitischer Maßnahmen zu beachten: zwar werden durch sozialpolitische Maßnahmen bestimmte Schichten und Gruppen als Adressat bestimmt, die Wirkung dieser Maßnahmen äußert sich aber nur vermittelt über das Individuum, das sich die Leistungen aneignet und verbraucht, seien es nun Realtransfers – Sachleistungen – aus den „gesellschaftlichen Fonds" oder monetäre Transfers – Einkommen –. Darüber hinaus macht die sozialpolitische Umverteilung des gesellschaftlichen Reichtums – gerade weil sie auch auf den Aspekt der sozialen Sicherheit gerichtet ist – den einzelnen unabhängiger von dem eigenen Beitrag zur gesellschaftlichen Reichtums-

produktion und von persönlichen Abhängigkeiten, bindet ihn aber zugleich stärker an den gesamtgesellschaftlichen Reproduktionsprozeß.
Zwar ist es richtig, daß wir in den letzten Jahren eine gewisse Aufwertung des Stellenwerts des Individuums im sozialen Prozeß feststellen können. So wird durch die Einführung der freiwilligen Zusatzversicherung (1971) dem Einzelnen die Möglichkeit eingeräumt, durch individuelle Vorsorge seine Altersrente auf bis zu 85 % des Nettoeinkommens zu erhöhen. Die Aufwertung des Individuums ist generell darauf gerichtet, die ökonomische und soziale Aktivität des Individuums zu stimulieren. Hiermit zeichnet sich für das Verhältnis von Wirtschafts- und Sozialpolitik jenseits jeder politischen Rhetorik nunmehr ab, daß vor dem Hintergrund der seit Ende der siebziger/ Anfang der achtziger Jahre enger werdenden ökonomischen Spielräume die Kontinuität der *Einheit* beider Momente durchbrochen ist und sich sozialpolitische Konzeption und reale Leistungsfähigkeit den äußeren Bedingungen ökonomischer Machbarkeit unterwerfen. Sozialpolitik soll für die Leistungsziele der Volkswirtschaft mobilisieren; leistungsorientierte Verteilung wird zum Grundsatz „einer eindeutigen Konzentration auf gruppenspezifische Maßnahmen" und „es zeichnet sich die Tendenz ab, Leistungen stärker zu individualisieren in Verbindung mit arbeitsplatzbezogenen Maßnahmen" (*Michalsky* 1988, 421).

3. Soziale Differenzierung und Individualisierung der Lebensverhältnisse

In der Formierungsphase der SBZ/DDR nach 1945 leitete die Transformation des politischen und ökonomischen Systems unter dem Vorzeichen einer „antifaschistisch-demokratischen Umwälzung" eine Phase des Wandels der Eigentumsstruktur ein. Durch verschiedene Kollektivierungsschübe im Handwerk und in der Landwirtschaft in den fünfziger Jahren und besonders 1960/61 wurden traditionelle Lebensgrundlagen großer Bevölkerungsschichten einem erheblichen *Veränderungsdruck* ausgesetzt. Unter dem Aspekt einer revolutionären Transformation der Gesellschaft ist diese Entwicklungsphase zu Beginn der sechziger Jahre abgeschlossen.
Die vor dem II. Weltkrieg sozialökonomisch stark differenzierte Sozialstruktur von Industrie und Landwirtschaft hat sich angeglichen. Einen weiteren Schub erhielt diese Entwicklung durch den massiven Ausbau des Bildungssystems mit dem Ziel einer allgemeinen Erhöhung des Qualifikationsniveaus; durch die allgemeine Qualifizierung des Werktätigen, durch technologische Innovation und eine Effektivierung der Wirtschaftsorganisation sollte die DDR eine schnelle Phase hohen Wirtschaftswachstums durchlaufen. Ging es in den frühen fünfziger Jahren um ein breit angelegtes System der Werktätigen, durch technologische Innovation und eine Effektivierung der Wirtschaftsorganisation sollte die DDR eine schnelle Phase hohen Wirtschaftswachstums durchlaufen. Ging es in den frühen fünfziger Jahren um ein breit angelegtes System der Erwachsenenqualifizierung, um unterprivilegierte sozialen Schichten eine hohe Bildung zu ermöglichen, so sollte nun beim Hochschulstudium das Leistungsprinzip Vorrang haben. Die Bildungspolitik der DDR verschränkte sich mit dem gesellschaftspolitischen Konzept der „wissenschaftlich-technischen Revolution", die zu einer all-

gemeinen Angleichung der sozialen und materiellen Lebensbedingungen, des kulturellen und Qualifikationsniveaus aller Bevölkerungsgruppen auf einer deutlich höheren Stufe führen sollte. Man glaubte, daß durch die freigesetzte Dynamik sich noch vorhandene soziale Unterschiede angleichen, sich die Schranken zwischen Arbeiterschaft und Intelligenz tendenziell verringern würden, ebenso wie die zwischen Arbeiterschaft und Bauern – letztere durch die Industrialisierung der Landwirtschaft und die Aufhebung der unterschiedlichen Lebensbedingungen zwischen Stadt und Land.

Den erwarteten langfristigen Prozeß der einfachen Homogenisierung der sozialen Struktur als „fortschreitende Annäherung der sozialen Klasse und Schichten und der damit verbundenen Vereinfachung der Klassenstruktur" (*Grundmann* 1975: 67) hat es nicht gegeben. Vielmehr gibt es seit Ende der sechziger Jahre die Tendenz zunehmender Reproduktion des erworbenen sozialen Status wie aber auch – allerdings nicht durchgängig – eine wachsende einkommenspolitische Differenzierung (*Thomas* 1988: 33). Die Soziologie der DDR resümiert *diese* Entwicklung heute positiv als historisch neue Sozialstruktur und als eine der größten Errungenschaften und sozialen Triebkräfte des Sozialismus. Als positives Merkmal wird die grundlegende Veränderung der sozialen Lage der Arbeiterklasse und die Herausbildung ihrer führenden politischen Rolle herausgestellt (Sozialstruktur der DDR 1988: 5). Mehrheitlich gehen Soziologen davon aus, daß die gegenwärtige Struktur sozialer Klassen und Schichten sich kaum verändern wird; es werden vor allem Binnendifferenzierungen konstatiert. „Insgesamt fallen in der DDR soziale Unterschiede zwischen sozialen Gruppen innerhalb der Klassen und Schichten beträchtlich stärker ins Gewicht als soziale Unterschiede zwischen den Klassen" (Sozialstruktur der DDR 1988: 28).

Die soziologische Debatte vermittelt den Eindruck, daß die sozialen Gemeinsamkeiten weiterhin das dominierende Interpretationsmoment und das Orientierungsziel sozialstruktureller Veränderung darstellen, obgleich die soziale Differenzierung deutlich gesehen und herausgearbeitet wird. Insbesondere werden zwei *neue* Determinationsmomente genannt, die wesentliche Differenzierungen markieren:

1. Neben die bisherige Determinationsdominante „Eigentum und Klassen" tritt die Determinante „*gesellschaftliche Arbeitsteilung und Qualifikation*" (*Lötsch* 1988: 15). Seit Anfang der siebziger Jahre hat sich die Zahl der Erwerbstätigen von 8,7 Mio. auf 9,4 Mio. erhöht; das Wachstum der Erwerbsquote wird auf ein verändertes Erwerbsverhalten wie aber auch auf eine gestiegene Erwerbstätigkeit der Frauen zurückgeführt – Anteil in 1985 49,3 % –; zugleich hat sich die Arbeitskräftestruktur verändert: die Zahl der Beschäftigten in Landwirtschaft und Bergbau ging zurück, in der Bauwirtschaft und im verarbeitenden Gewerbe sowie im tertiären Sektor – Handel und Dienstleistung – stieg sie an. Dieser Wandel wurde vorangetrieben und modifiziert durch den Prozeß der Umstrukturierung der Arbeitsvollzüge, ihrer Technologisierung und Effektivierung im Rahmen der wissenschaftlich-technischen Revolution beziehungsweise des wissenschaftlich-technischen Fortschritts. Wissenschaft und Technik gelten als die eigentlichen Triebkräfte der Weiterentwicklung sozialistischer Gesellschaften. Automatisierung und Rationalisierung seien die Stichworte einer sich ständig revolutionierenden technischen Basis der Arbeitsmittel und Arbeitsbedingungen. Die technisierten Arbeitsprozesse

verlangen von den Beschäftigten – so wurde angenommen – eine geistig anspruchsvolle hohe Qualifikation: Der Mensch werde von monotoner schwerer Arbeit tendenziell befreit und werde nur noch als Überwacher des Produktionsprozesses fungieren; im Produktionsprozeß selbst wie auch aufgrund des allgemeinen hohen Bildungsniveaus präge der technische Fortschritt in der Produktion auch die Ansprüche an die Lebenswelt außerhalb der Arbeit. „Die entscheidenden von der wissenschaftlich-technischen Revolution ausgehenden Bedürfnisveränderungen liegen in und beginnen bei der Arbeitsweise, nicht der Konsumtionsweise" (*Hahn* 1988: 17). Die zielstrebige Anhebung der beruflichen und wissenschaftlichen Ausbildung in der DDR hat dazu geführt, daß 80 % der Erwerbstätigen über eine abgeschlossene Berufsausbildung verfügen und sich seit Beginn der sechziger Jahre die Zahl der Hoch- und Fachschulabsolventen vervierfacht hat. Die durch wissenschaftlich-technische Revolution und wissenschaftlich-technischen Fortschritt ausgelösten Wirkungen auf die Arbeitswelt, auf die Produktionsstruktur, Arbeitsinhalte und -bedingungen haben keineswegs umstandslos zu einer Angleichung der sozialen Unterschiede geführt. Es fand vielmehr ein Prozeß zunehmender Differenzierung innerhalb der Arbeiterschaft statt: von An- und Ungelernten über qualifikationsgerecht eingesetzte Facharbeiter bis hin zu Facharbeitern mit höchster Qualifikation mit mehreren Berufsabschlüssen beziehungsweise Fachhochschulabschluß. Zwischen Arbeiterklasse und Intelligenz bildete sich eine Zwischenstufe als notwendiges Erfordernis eines modernen Produktionsprozesses heraus; zwischen den Ingenieuren und Technikern und den hochqualifizierten Facharbeitern gibt es kaum noch Unterschiede, beide Gruppen tragen charakteristische Merkmale auch der jeweils anderen; eindeutige Zuordnungen sind nicht mehr möglich. Zwar vollzieht sich an der Nahtstelle zwischen Arbeiterklasse und Intelligenz eine soziale Annäherung, sie ist aber „das Ergebnis der Ausprägung von Differenzierungen innerhalb der jeweiligen Klasse bzw. Schicht" (*Belwe* 1985: 31); zugleich entfernen sich die beiden äußeren Randgruppen der An- und Ungelernten und die Spitzengruppen innerhalb der Intelligenz voneinander.

2. Um die Binnengliederung der Gesellschaft unter lebensalltäglichem Aspekt besser erfassen zu können, ist von der Soziologie das Konzept „*sozialistische Lebensweise*" entworfen worden, das die „konkret-historisch bestimmte Art und Weise der Gestaltung des gemeinschaftlichen und individuellen Lebens in allen Tätigkeitsbereichen der Menschen, in der Produktion ebenso wie in den politischen Organisationen, in den verschiedenen Bereiche des gesellschaftlichen Lebens, in der Arbeit und Freizeit, im Wohngebiet, in der Familie und im Freundeskreis" erfaßt (Lexikon der Sozialpolitik 1987: 258). Mit dieser Sichtweise sollen die sozialkulturellen Entwicklungslinien berücksichtigt werden. Ein wichtiges Element der sozialen Differenzierung in der DDR besteht in der sich ändernden Rolle der Familie und damit auch der Beziehungen, die die einzelnen Mitglieder einer Familie miteinander eingehen. Die vorherrschende Familienform ist nach wie vor die Kernfamilie, ein Ehepaar mit ein bis zwei Kindern – ca. 91 % –; dabei gilt die Ehe als die normale, mehrheitlich anzutreffende Form des Zusammenlebens von erwachsenen Partnern und Kindern. Die Familie gehört auch nach wie vor zu den

wichtigsten Lebenswerten. Dennoch ist als Ergebnis einer raschen Modernisierung der Gesellschaft mit wachsenden individuellen Anforderungen an das eigene Leben sowie auch an das Zusammenleben mit einem Partner eine Vervielfältigung von Familienformen feststellbar (*Gysi* 1988: 102): Neben auf Ehe mit Kindern beruhenden Familien finden wir in zunehmender Zahl ledige beziehungsweise geschiedene Eltern mit Kindern sowie das Zusammenleben von Partnern ohne Ehe; die Scheidungsquote ist seit Mitte der siebziger Jahre angestiegen, die Zahl der Wiederverheirateten steigt – wohingegen seit gut zehn Jahren die Eheschließungsquote insgesamt sinkt –, die Zahl der Frauen, die sich ohne Heirat für ein Kind entscheiden, nimmt zu. Ehe und Familie repräsentieren für die Individuen nicht mehr den einmal gegebenen und für immer akzeptierten Familienverband, sondern Familie muß als ein zwar wichtiger, aber neben anderen existierender Lebensraum angesehen werden, der aufs engste mit den sich ändernden Lebensvorstellungen und Lebensstilen der Individuen verbunden ist und einer sehr pluralistischen Lebensführung unterliegt. „Auf die Liebe von Mann und Frau baut sich bei uns der ganze Familienverband mit samt seinen sozialen und ökonomischen Dimensionen auf. Gesellschaftlich gesehen, sind Liebe, überhaupt Gefühle, recht unzuverlässige Bindungsfaktoren. Geht nämlich die Liebe verloren, löst sich auch die Familie, der Verwandten- und Freundeskreis auf" (*Gysi* 1988: 106). Die individuelle Neigung wird zum Exekutor der Formen familialen Zusammenlebens, die Familie wird selbst noch individualisiert.

Auch für die Distributionssphäre beansprucht die DDR, die Verwirklichung sozialer Gleichheit in der Verteilung und in der Konsumtion des gesellschaftlichen Reichtums wenn nicht real schon durchgesetzt zu haben, so doch tendenziell anzustreben; dabei soll sich das Leistungsprinzip mit der Minderung sozialer Unterschiede organisch verbinden. Gegenwärtige Unterschiede im Einkommen sind dem unterschiedlichen Qualifikationsniveau, der unterschiedlichen industriellen Zweig- und damit Beschäftigtenstruktur sowie der nach wie vor – trotz aller Anstrengungen – geschlechtsspezifisch geprägten Berufsstruktur geschuldet.

Ohne im einzelnen Entwicklungslinien und Widersprüche nachzuzeichnen, soll hier auf die Tendenz der Dynamik der Einkommen und des Verbrauchs seit 1970 eingegangen werden. Die Arbeitseinkommen bestimmen mit einem Anteil von 90 % am Haushaltseinkommen auch – bei Berücksichtigung sonstiger Transfers – das Konsumtionsniveau der Haushalte. Die individuelle Konsumtion des im Inland verwendeten Nationaleinkommens erhöhte sich von 1970 mit 63,5 % auf 69,7 % in 1983. In dieser Zeit stiegen die Nettogeldeinnahmen der Bevölkerung von 79,4 Mrd. auf 131,1 Mrd. Mark, mit einer durchschnittlichen jährlichen Wachstumsrate von 3,6 % (*Schünemann* 1986: 30). Gleichzeitig ist von einem erheblich rückläufigen Anteil der verbrauchswirksamen Geldeinnahmen an den Nettogeldeinkommen der Haushalte auszugehen, was auf eine beträchtliche Zunahme des unbezahlten Verbrauchs hinweist. Die Naturaleinkommen wuchsen schneller als die Nettogeldeinnahmen, so daß sich das verfügbare Realeinkommen mit 4,1 % durchschnittlich schneller erhöhte als die Nettogeldeinnahmen.

Die Entwicklung der Warenkäufe für den vorgenannten Zeitraum weist eine durchschnittliche jährliche Steigerung von 4 % aus, die Anfang der achtziger Jahre unterbrochen wurde, sich dann aber wieder erhöhte. Die Entwicklung der Realeinkommen der Haushalte, die durchschnittliche Wachstumsrate der Warenkäufe sowie die Enwicklung des Einzelhandelsumsatzes signalisieren eine bedeutende Anhebung des Verbrauchsniveaus; eine Analyse des Pro-Kopf-Verbrauchs ausgewählter Nahrungs- und Genußmittel sowie die Entwicklung des Ausstattungsbestandes der Haushalte mit langlebigen technischen Konsumgütern weisen daraufhin, daß diese Entwicklung auch weite Teile der Bevölkerung einbezog. Dennoch ist klar, daß wegen der durchgängig niedrigen Konsumgüterpreise vor allem für Nahrungsmittel und Tarife mittlere und höhere Einkommensgruppen ihren Verbrauch günstiger und differenzierter disponieren können. Hier signalisieren die Erneuerungskäufe vor allem moderner technischer Konsumgüter einen Strukturwandel im Verbrauch und damit auch – rückwirkend – für die Produktion. Es „wird deutlich, daß sich auf dem erreichten Niveau der Konsumtion ein Strukturwandel innerhalb und zwischen den Bedürfniskomplexen durchsetzt" (*Schünemann* 1986: 33); *neue Bedürfnisse* werden geweckt, die Angebotsbedingungen für alle Warensortimente werden sich verändern müssen, wie aber auch die Sortimentsvielfalt zunehmen muß, sollen Warenfonds und Kauffonds einigermaßen ausgeglichen sein.

In der Entwicklung der Bedürfnisse der Bevölkerung trat im Verlaufe der siebziger Jahre ein Strukturwandel ein. Er zeigt stagnierende Tendenzen der quantitativen Entwicklung bei Bedürfnissen der physischen Reproduktion – wie Bekleidung, Ernährung – und ein zunehmendes Gewicht von Bedürfnissen des sozial-kulturellen Komplexes, also Bildung und Kultur, Gesundheit, Erholung und Kommunikation, wobei auch hier qualitative Momente zum bestimmenden Faktor des Strukturwandels werden. „Ein besonderer Ausdruck (...) ist das rasche Wachstum der geistig-kulturellen Bedürfnisse der Bevölkerung, das sich u. a. in einer bedeutenden Zunahme der Inanspruchnahme kultureller Dienstleistungen, im ansteigenden Verbrauch kultureller Konsumgüter sowie in der wachsenden Rolle der eigenen aktiven kulturell-künstlerischen Betätigung zeigt" (*Walther* 1986: 43). Ausdrücklich sind die Veränderung in der Rangfolge der Bedürfnisse mit der Sicherung der allgemeinen Existenzbedingungen in Verbindung gebracht. An Umfang und Struktur der individuellen Konsumtion im Bedürfniskomplex Kultur lassen sich – bei allen statistischen und sonstigen Problemen der empirischen Erfassung – deutlich die Tendenzen der veränderten Bedürfnisartikulation, -nachfrage und -befriedigung erkennen: die individuelle Konsumtion insgesamt erhöhte sich von 1970 bis 1980 auf 165 %, im Bedürfniskomplex Kultur auf 217 %; die entsprechenden durchschnittlichen Wachstumsraten waren im gleichen Zeitraum 5,1 % gegenüber 8,2 %. Zwar gehört der Bedürfniskomplex Kultur volkswirtschaftlich gesehen mit einem Anteil von 5–6 % an der jährlichen individuellen Konsumtion zu den kleineren Bereichen, seine dynamische Entwicklung verdeutlicht aber die strukturellen Verschiebungen im volkswirtschaftlichen Zusammenhang. Innerhalb des kulturellen Sektors hat sich seit Mitte der siebziger Jahre eine Verschiebung ergeben: während bis 1975 die Dienstleistungen absolut und relativ stiegen, entwickelte sich der Verbrauch der Konsumgüter nach 1975 schneller und veränderte so die Struktur der Nachfrage zugunsten der Konsumgüter. Eine auf der Hand liegende Erklärung ist, daß sich die individuelle Disponibilität der Geldfonds der

Bevölkerung erhöht hat und sich die Vielfalt der individuellen Freizeitgestaltung erweitert (*Walther* 1986: 47).
Die zunehmend vielfältiger und durch die weitere Ausfächerung der Sozialstruktur differenzierter werdenden Bedürfnisse und Interessen der Bevölkerung erhöhen vor allem den Bedarf an sozial-kulturellen Einrichtungen, da davon ausgegangen werden muß, daß sich die Lebensräume Arbeiten, Wohnen, Versorgen und Erholen zunehmend enger verknüpfen. Soziale und kulturelle Einrichtungen – vor allem auf kommunaler Ebene – haben gemeinsam, daß ihre Betreuungsprozesse zumeist nicht materieller Art sind und unmittelbar am Menschen verrichtet werden. Produktions- und Konsumtionsprozeß der Leistung fallen unmittelbar zusammen. Da die Leistungen direkt an die Tätigkeit der im sozialen und kulturellen Bereich Beschäftigten gebunden sind, sind diese Sektoren sehr arbeitsintensiv. Heute arbeitet jeder fünfte Berufstätige der DDR in sozialinfrastrukturellen Einrichtungen; seit 1970 wuchs die Anzahl der Berufstätigen in der sozialen Infrastruktur doppelt so schnell wie ihre Anzahl in der Volkswirtschaft der DDR überhaupt (*Schilde* 1988: 90). Die Ausweitung der sozial-kulturellen Funktionen hat die Struktur des gesellschaftlichen Gesamtarbeiters erheblich modifiziert. Für die Einzelbereiche dieses Sektors gelten jeweils spezifische Entwicklungsbedingungen: So stieg mit der Erweiterung des kulturellen Angebots die Zahl der Arbeitskräfte im Bereich Kunst/Kultur von 1975 auf 1983 auf nahezu 120,4 %, darunter sehr differenziert in den einzelnen kulturellen Sektoren. Im Film- und Lichtspielwesen ging die Zahl auf 93 % zurück, in den Bibliotheken und Theatern stieg sie zum Beispiel auf 114 beziehungsweise 104 % (*Walther* 1986: 44).
Die Mehrheit der sozialen und kulturellen Einrichtungen sind direkt dem Staat, den Kombinaten und Betrieben beziehungsweise den sozialistischen Genossenschaften unterstellt; diese Einrichtungen verteilen die indirekten Einkommen und unentgeltlichen Leistungen, die aus den Mitteln des Staates, der Betriebe und gesellschaftlichen Organisationen bereitgestellt werden. Die Aufwendungen des Staates aus gesellschaftlichen Fonds für die sozial-kulturellen Leistungen einschließlich der Sozialversicherung haben sich von 26,2 Mrd. Mark in 1971 auf 62,0 Mrd. Mark in 1983 erhöht. Diese ansehnliche Steigerung der Bereitstellung und Verteilung von Finanzmitteln muß unter folgendem Gesichtspunkt problematisiert werden: „Die Geldbeziehungen bei der Umverteilung des Nationaleinkommens in den kulturell-sozialen Bereich sind *relativ verselbständigte* (Hervorhebung d. Verf.) objektiv notwendige und vom Staat planmäßig organisierte Distributionsbeziehungen. Sie tragen somit den Charakter von Finanzbeziehungen" (*Robinski/Maaser* 1987: 238). Dieser Sektor unterliegt bis *dato* in keiner Form der Notwendigkeit, seine Mittel selbst zu erwirtschaften; die Mittel werden als äquivalentlose Umverteilung des Nationaleinkommens zur Verfügung gestellt. Sowohl für die hohe Zahl der in diesem Sektor Beschäftigten wie auch für die Empfänger der Transfers besteht nicht die Notwendigkeit, sich über die ökonomische Verwendung der Mittel Rechenschaft abzulegen. Es verwundert daher nicht, wenn sich angesichts der enormen Summen neben dem Bewußtsein allgemeiner sozialer Sicherheit auch eine Haltung der „organisierten Verantwortungslosigkeit" (*T. Saslawskaja*) ausgebreitet hat. Zwar wird die Forderung erhoben, daß auch die Verwen-

dung von Nationaleinkommen harten ökonomischen Maßstäben unterworfen werden muß, doch die Suche „nach Wegen zur Objektivierung des Leistungs-Aufwands-Verhältnisses" mittels Normenarbeit „ist objektiv begrenzt" (*Robinski/Maaser* 1987: 238/239), denn der Zusammenhang von Leistung und Arbeit ist weitgehend aufgelöst.

In den letzten fünfzehn bis zwanzig Jahren hat sich die Versorgung der Bevölkerung erheblich verbessert, umfangreiche Mittel sind in den Ausbau der sozialen und kulturellen Infrastruktur geflossen beziehungsweise bieten die über wesentlich den Staat vermittelten gesellschaftlichen Fonds ein festes Netz sozialer Sicherheit und relativer Unabhängigkeit der Lebensgestaltung von den unmittelbaren Ergebnissen der materiellen Produktion; mittels der sozialpolitischen Transfers ist dem Einzelnen ein größerer Spielraum zur Entfaltung von Kenntnissen und Fähigkeiten gegeben. Die Ausdifferenzierung der Sozialstruktur und die Expansion sowie Pluralisierung der Lebensverhältnisse schließen für das Individuum auch neue Denk- und Verhaltensweisen ein. Jedoch ist eine wirkliche Eigenständigkeit der Individualität auf geregelter gesellschaftlicher Grundlage – zumindest bis heute – Utopie geblieben.

Die soziale Differenzierung und die Individualisierung der Lebensverhältnisse sind *auch* Resultat sozialpolitischer Eingriffe und Modifikationen der DDR in den siebziger und achtziger Jahren; sie unterlagen nur zu einem Teil bewußter Regulierung. Individualisierung ist das nicht-gewollte Ergebnis einer ökonomisch und sozialpolitisch dynamischen Entwicklung, die nun, angesichts enger werdender ökonomischer Spielräume soziale und politische Friktionen produziert.

> „Das Prinzip der Einheit von Wirtschafts-und Sozialpolitik kann als programmatischer Versuch zur Sicherung von Massenloyalität wie als gesellschaftliche Mobilisierungsstrategie interpretiert werden. Die dadurch ausgelöste Renaissance von Sozialpolitik, die nicht mehr im traditionellen Verständnis als Korrektur sozialer Problemlagen aufgefaßt wurde, sondern als wirksames Instrument der Gesellschaftsgestaltung fungieren sollte" (*Thomas* 1982, 491),

blieb aber nur eine von den Ergebnissen der Wirtschaftspolitik abgeleitete Größe. Die damit verbundene *mehr oder minder bewußtlose Rückwirkung* sozialpolitischer und -kultureller Organe und Maßnahmen auf die gesellschaftlichen und politischen Grundlagen hat ihre historischen Grenzen, da sie auf Dauer zu sozialer Dekomposition und zu politischen Konflikten führt. Die ständige gezielte Verbesserung der Lebensverhältnisse erfordert demgegenüber eine gesamtgesellschaftliche Koordination der Produktions- und sozial-kulturellen Dienstleistungs- sowie Konsumtionsstrukturen. Angesichts der sozial differenzierten Lebensverhältnisse und der individualisierten Lebensweisen und Lebensstile wird es nicht ausreichen, die Frage der Gesellschaftsveränderung auf die Reorganisation der Industrie zu verengen (*Reinhold* 1985: 68/69). Die Herausarbeitung massenhafter Individualität und Subjektkompetenz als Aufgabe sozial- und kulturpolitischer Gestaltung wäre stattdessen gefordert, um den komplizierten Zusammenhang zwischen Individuum und gesellschaftlicher Struktur „als eine produktive Beziehung des Individuums zur Gesamtheit der gegebenen gesellschaftlichen Verhältnisse" (*Röhr* 1980: 119) herzustellen.

4. *Individualität und Subjektkompetenz*

Auch rückblickend ist für die SED die Honecker-Ära eine Phase unbestreitbar progressiver Entwicklung. Im Unterschied zu anderen sozialistischen Ländern reklamiert sie für sich insofern eine erfolgreiche Politik, als „in den 70er Jahren eine Wende zu einem neuen Abschnitt der Gestaltung der sozialistischen Gesellschaft" (*Reinhold* 1988: 80) vollzogen wurde. Dazu war es erforderlich, eine neue Verbindung von ökonomischer und sozialer Entwicklung zu schaffen. Die Gestaltung der entwickelten sozialistischen Gesellschaft schloß – so die *heutigen* Formulierungen – ständige Umgestaltungsprozesse und Reformen ein. Jeder ökonomische und technische Fortschritt sollte mit einer für jeden im Alltag erlebbaren Verbesserung der Arbeits- und Lebensbedingungen verknüpft sein. Die Stichworte waren: wachsendes materielles und geistig-kulturelles Lebensniveau, höhere soziale Sicherheit, Entfaltung von Fähigkeiten, Bedürfnissen und Interessen, wachsende Rolle und wachsendes Selbstwertgefühl eines jeden in der Gesellschaft. Das setzte auch eine Veränderung im Massen- und politischen Bewußtsein voraus. *Otto Reinhold* formuliert das heute so: „Die These, daß wir morgen so leben werden, wie wir heute arbeiten, galt es zu verändern. Wie wir heute arbeiten, so wollen wir auch heute und nicht erst morgen leben" (*Reinhold* 1988: 80).
Mit dieser Umorientierung ist aber das Folgeverhältnis von Ökonomie und sozialen Lebensverhältnissen nicht aufgehoben, sondern die Gestaltung der Lebensbedingungen bleibt eine dem Wachstum der Wirtschaft nachgeordnete Größe, wenngleich für die heutige Generation die Früchte ihrer Arbeit in erreichbare Nähe rücken – zumindest programmatisch. Die von *Reinhold* proklamierte Umorientierung hat somit nur eine zeitliche Dimension, an der Struktur des Verhältnisses von Produktion und Konsumtion ändert das nichts. Dabei wird eingeräumt, daß die sozialistische Lebensweise nicht einfach nur Resultat der ökonomischen Entwicklung ist, sondern daß sie gerade heute „in ihrem erreichten Entwicklungsniveau verstärkt auf die ökonomische Entwicklung zurück(-wirkt)", also soziale Prozesse wirkungsvoll die ökonomische Entwicklung fördern (*Fritsch* 1987: 823).
Wie aber dargestellt setzte in den siebziger Jahren ein quantitativer Entwicklungsschub und ein Strukturwandel im System der Bedürfnisse der Bevölkerung ein, der, sozialstaatlich induziert, die Proportionen von gesellschaftlicher Produktion und Konsumtion verschob. Damit ergibt sich aber ein volkswirtschaftliches und planerisches Problem, denn die Struktur der Bedürfnisse und Konsumentennachfrage wird heutzutage nicht mehr allein durch die Höhe der Haushaltseinkommen bestimmt, sondern gerade aufgrund der Differenzierung der Lebenslagen und der Pluralisierung der individuellen Lebensverhältnisse und -stile spielen auch Faktoren wie Qualifikation, Beruf, Wohnumfeld, Familientyp eine zunehmend wichtigere Rolle. Die volkswirtschaftliche Ressourcenbindung etwa für die Befriedigung kultureller Bedürfnisse und Interessen ist von einer Vielzahl von Faktoren abhängig, deren Wirken bei planerischer Vorausberechnung äußerst kompliziert ist, denn es fehlen Analysen und entsprechend gesicherte Aussagen über den Zusammenhang des Trends kultureller Bedürfnisse und der dementsprechend notwendigen Produktion materieller Güter und Dienstleistungen. Dies wirft die Frage auf, „welche strukturellen Veränderungen in der Volkswirt-

schaft herbeigeführt werden müssen, um einer wachsenden Bedürfnisbefriedigung auf kulturellem Gebiet entsprechen zu können" (*Walther* 1986: 44).
Der Konzeption der Einheit von Wirtschafts- und Sozialpolitik liegt die Vorstellung zugrunde, Sozialpolitik sei „Gesellschaftspolitik im weiten Sinne des Wortes" (*Reinhold* 1988: 79), sie sei ein Prozeß bewußter und planmäßiger Gestaltung. Ist also die sozialpolitische Intervention der staatlichen und gesellschaftlichen Instanzen das zentrale Steuerungsinstrument gewesen, mit dem die Gesellschaft der DDR in einem Prozeß sozial beherrschter und bewußt gesteuerter Eingriffe auf sich selbst gestaltend zurückwirkte? Es gibt inzwischen auch in der DDR die Wahrnehmung von Gefahren der Stagnation und des sozial-kulturellen Rückschritts; drei kurze Hinweise: Die Nettoinvestitionsrate ist auf das Niveau des Jahres 1960 abgesunken (*Frenzel* 1988: 777); angesichts dieser Situation ist auf dem ZK-Plenum Ende 1988 gefordert worden, die Investitionen im nichtkonsumtiven Bereich drastisch zu erhöhen. Die Klagen der Bevölkerung über die mangelnde Versorgung mit Waren des täglichen Bedarfs und im Bereich der sozialen und kulturellen Dienste nehmen massiv zu. Außerdem klagen die Bürger selbstbewußt ihren Anspruch auf souveräne Gestaltung des Lebensalltags gegenüber Partei und Staat zunehmend offener und drängender ein.
Vor dem Hintergrund schwieriger werdender ökonomischer Verhältnisse ist die SED seit 1981 auf ihrem X. Parteitag auch offen auf eine eher *ökonomistische* Programmatik und Methode der gesellschaftlichen Weiterentwicklung eingeschwenkt und nimmt damit offenbar die erhöhte Gefahr in Kauf, die entstandene „Kluft zwischen der Lösung der Produktionsaufgaben und der Entwicklung der sozialen Sphäre" (*Gorbatschow* 1987: 5) nicht so bald schließen zu können. Die sozialstaatliche Intervention wird aber nur dann zum Instrument einer gesellschaftlichen Entwicklung, „worin die freie Entwicklung eines jeden die Bedingung für die freie Entfaltung aller ist" (*Marx/Engels* 1959: 482), wenn sie in Richtung einer gesellschaftlichen Steuerung der Akkumulation und eines breit angelegten, dezentralen öffentlichen Angebots an sozialen und kulturellen Konsumgüntern und Dienstleistungen ausgebaut wird. Die Veränderung der Lebensbedingungen müßte zur letztlich entscheidenden Gestaltungsaufgabe der Gesellschaft werden (*Kühne* 1985: 140), erst dann haben Sozial- und Kulturpolitik nicht nur rückwirkend eine die Volkswirtschaft strukturierende Bedeutung, sondern wird die Produktion den Lebenserfordernissen und -bedürfnissen der Menschen untergeordnet, so ist Produktion nur mehr Mittel zur weiteren sozialen und kulturellen Entwicklung der Menschen; als solches Mittel bleibt sie aber Grundlage der Lebensgestaltung und in diesem Sinne ist sie der primäre Bereich produktivitätsorientierten Fortschritts und der kollektiv abgesicherten, sozialorientierten Gestaltung individueller Lebensverhältnisse.
Um einer solchen Position zum Durchbruch zu verhelfen, wäre schon ein gravierender *Bewußtseinswandel* in den gesellschaftlichen und politischen Strukturen und Institutionen vonnöten. Soll sich das Verhältnis von Produktion und Konsumtion derart umgestalten, daß der Zusammenhang zwischen wirtschaftlichem Wachstum, Verbesserung der Lebensverhältnisse, Entwicklung und Befriedigung neuer Bedürfnisse und Interessen durch sozial-kulturelle Planung bewerkstelligt wird, zugleich aber unter Mitwirkung und Kontrolle der beteiligten Subjekte abläuft wie auch die Entschei-

dung des einzelnen für seine individuelle Lebensgestaltung berücksichtigt, so „muß die Veränderung der Struktur der Produktion den Veränderungen in der Struktur der Bedürfnisse folgen" (*Pieplow* 1987: 19).
Dazu bedarf es wesentlich zweier Mechanismen:

1. des öffentlichen *Diskurses* auf den verschiedenen Ebenen der Gesellschaft, um über Ausbau und Entwicklung der sozialen und kulturellen Infrastruktur in ihrer Funktion als allgemeine Produktions- und Lebensbedingungen eine Verständigung zu erzielen;
2. eines vielfältigen, ökonomisch gesteuerten Waren- und Dienstleistungsangebots, das sich eben nicht mehr einer Normenmethodik der Bedarfsforschung bedient, die sich an der bisherigen staatlichen Planungspraxis ausrichtete und die die wirkliche Bewegung der Konsumtion der Bevölkerung zu erfassen nicht in der Lage war; vielmehr sollte sich das Angebot an der „Rationalität der Art und Weise des kulturellen Aneignungsprozesses durch die Bevölkerung" (*Walther* 1986: 44) orientieren, denn „der Drang nach Bedürfnisbefriedigung ermöglicht über Einkommen und Preise die Struktur der kaufkräftigen Nachfrage so zu beeinflussen, daß der praktische Zugriff nach den entsprechenden Erzeugnissen differenziert möglich wird" (*Schünemann* 1986: 33). Nur so kann der einzelne über die Auswahl der Produkte zum Subjekt seiner Bedürfnisentwicklung werden und dem individuellen differenzierenden Gestaltungswillen seines Lebensalltags mehr Raum geben.

Die Individuen finden die gesellschaftlichen Verhältnisse und spezifischen Bedingungen ihres Lebens vor, zugleich wird ihr individuelles Handeln zu einem Moment der Reproduktion des Ganzen; der gesellschaftlich produzierte Reichtum wird letztlich immer individuell angeeignet. Diese *Spannung* kann das Individuum nur bewältigen, wenn es sich sowohl die gesellschaftlichen Bedingungen der Organisation der Arbeits- und Lebensverhältnisse praktisch und geistig aneignet sowie seine unmittelbaren individuellen Lebensverhältnisse selbstbestimmt gestaltet. Die praktisch-geistige Eigenständigkeit der Individualität auf geregelter gesellschaftlicher Basis ist aber keine ein für alle Mal feststehende Angelegenheit, sondern unterliegt historischem Wandel. So gilt dem Alltagsbewußtsein soziale Sicherheit als ein spezifisches Charakteristikum, als ein Grundwert sozialistischer Lebensweise, die die konkreten Existenzbedingungen des jeweiligen Werktätigen und seiner Familie beinhaltet (*Schlegel* 1986: 898/899). Dieses Gefühl sozialer Sicherheit – in der DDR in allen Altersgruppen hoch geschätzt (*Winkler* 1988: 23) – geht im wesentlichen auf den Ausbau sozialpolitischer Maßnahmen seit Mitte der sechziger Jahre zurück, die den Prozeß der Modernisierung und Effektivierung der Volkswirtschaft *flankierend* begleiteten.
Dennoch ergab sich ein paradoxes Resultat: „Dynamisierung der Lebensweise schließt auch den Widerspruch ein, daß die Stabilität bestimmter Lebensformen und Traditionen objektiv wie subjektiv an Wert gewinnt; Disponibilität und zum Teil auch Mobilität im beruflichen Leben werden zur allgemeinen Lebensnorm und -form" (*Hahn* 1988: 18). Moderne Gesellschaften fordern den Menschen heute gemessen an früheren Generationen mehr Entscheidungen ab, fordern, mehr Information und Wandel zu bewältigen, auch gegen ihren eigenen Willen. „In diesem Sinne ist Individualisierung notwendige Kompetenz für Modernität. Zugleich aber verlieren frühere soziale

Sicherheiten in Familie und Gemeinde, Berufswelt und Kultur an Beständigkeit und Verläßlichkeit. Dadurch entsteht ein steigender Sicherheitsbedürfnisdruck ..." (*Zapf* 1987: 1938). Daraus darf aber kein Gegensatz von Individualisierung und sozialer Sicherheit konstruiert werden. Die forcierte Modernisierung von Wirtschaft und Gesellschaft verstärkt den Schub an Differenzierung und Individualisierung, stellt jedoch nicht automatisch den Individuen in gleicher Weise Mittel zur Entfaltung von Aneignungskompetenz zur Bewältigung dieser Prozesse zur Verfügung; die Individuen klammern sich an alte Wertorientierungen und kommen somit in Konflikt zu den eigenen Ansprüchen, die sich aus dem Individualisierungsschub entwickeln. Hier ist nun Gesellschaftspolitik gefragt, sie muß den Zusammenhang von Sicherheit und Individualisierung neu gestalten, das heißt sie „muß die soziale Sicherheit garantieren, damit sich die Innovationskräfte der Individualisierung entfalten können (...) (es) löst sich die scheinbar paradoxe Beziehung von Individualisierung und Sicherheit auf (...)" (*Zapf* 1987: 3). Auf die aktuelle Situation der DDR bezogen würde das bedeuten, entgegen der Forcierung der ökonomischen Strategie und der tendenziellen Rücknahme des sozial-kulturellen Ausbaus die weitere Ausgestaltung des sozial-kulturellen Sektors vorantreiben zu müssen.

Die kurze Darstellung des sich im Zeitverlauf ändernden Verhältnisses von sozialer Sicherheit und Individualisierung zeigt exemplarisch, daß der politische Eingriff die Modifikation des Alltagslebens – objektiv wie subjektiv – hervorbringt. Im Alltag als dem Ort, an dem die kontinuierliche Reproduktion der sozialen Bedingungen und Verhältnisse stattfindet und an dem sich zugleich die Individualität des Subjektes realisiert (*Gößler* 1983: 1261), ist der Mensch in ein komplexes System miteinander verknüpfter sozialer Situationen gestellt, aus dem die *politische* Aktivität als ein organischer Bestandteil nicht wegzudenken ist.

> „Aber gerade weil so viele private Momente unseres Lebens – Gesundheit, Schulbildung, Lebenssicherheit, Beziehung zur Natur – direkt auf die Art und Weise der Organisation des Staates verweisen und in immer stärkerem Maße von der Politik durchdrungen werden, kann sich diese weder in einsamen Höhen verschließen noch auf die Übertragung von Kompetenzen an aufgeklärte Spitzengruppen reduzieren (...); das Bedürfnis nach einer ‚Vergesellschaftung der Politik' stellt sich immer weniger als hochfliegender Traum, als abstrakte Forderung nach Demokratie und immer mehr als praktische ‚ökonomische Naturnotwendigkeit' dar" (*Ingrao* 1979: 37).

Ob diese Position auch für ein sozialistisches Land wie die DDR zutrifft, werden wir zu prüfen haben, sie wird sich erweisen an Art, Umfang und Zeitpunkt, an denen sich in der DDR die politischen Instanzen zu weitreichenden politischen *Reformen* anschikken. Zunächst einmal ist immerhin ein subtiler Streit darüber ausgebrochen, inwieweit politische Tätigkeit im Sozialismus zwar der Möglichkeit nach Tätigkeit breiter Massen ist, aber als besondere Tätigkeit nur von bestimmten gesellschaftlichen Organisationen und Institutionen getragen wird (*Luutz* 1987: 830), oder ob sich der politische Überbau der Gesellschaft auf neue Weise an das Gesamtsystem der Alltagserfahrungen einordnet, ob nicht die zunehmende Verknüpfung von ganz persönlich orientierten Aktivitäten mit der Mitwirkung an kollektiver Beherrschung der gemeinschaftlichen Lebensbedingungen für die alltägliche Lebensgestaltung im Sozialismus kennzeichnend ist (*Hahn* 1986: 729/730). Es ist allerdings schwer vorstellbar, daß die dargestellte veränderte Struktur des Lebensprozesses nicht auch für die gesellschaftlichen und politischen Entscheidungen in der DDR nach anderen/neuen Formen und einer neuen Qualität der Partizipation verlangt.

5. *Gesellschaftliche Planung und politisches System*

Im Alltag als dem „je individuellen Schnittpunkt zwischen Subjekt und Gesellschaft" (*Alheit* 1983: 44) hat das Individuum es heutzutage mit vermehrten Anforderungen an seine aktiven Potenzen der Lebensgestaltung zu tun, um die komplizierten Strukturen sowohl der ökonomischen Verhältnisse der materiellen Produktion als auch der sekundären gesellschaftlichen Sphären tagtäglich beherrschen zu können.
Gegenüber früheren Gesellschaftsformationen ist die Entwicklungs- und Wandlungsdynamik moderner Gesellschaften – auch die des sozialistischen Typs – atemberaubend. Die thematisierten Veränderungen lassen sich kurz so zusammenfassen:
- Effektivierung der Ökonomie und des Arbeitsprozesses durch wissenschaftlich-technischen Fortschritt,
- Entwicklung des Lebensstandards,
- Ausbau eines öffentlichen Systems sozialer Sicherheit,
- Ausdehnung der arbeitsfreien Zeit,
- soziale Differenzierung,
- Individualisierung und Pluralisierung der Lebensverhältnisse,
- Erweiterung der Spielräume hin zur Möglichkeit der Entwicklung reicherer Individualität,
- größere Bedeutung der sozialkulturellen Produktion und Dienstleistung,
- abnehmende Bindungskraft traditioneller kollektiver Identitäten.

Alles in allem werden die überlieferten Lebensweisen und Denkgewohnheiten umgewälzt, gesellschaftliche Formen des Zusammenlebens und der Regelung sozialer Beziehungen in Frage gestellt. Die Ausweitung der materiellen Produktion und die Entfaltung und Vervielfältigung der Lebensweisen führt zu einem wachsenden Bedarf an gesellschaftlichen/politischen Tätigkeiten; öffentliche Dienstleistungen und staatliche Regelungsfunktionen nehmen zu. Mit der Ausfächerung der sozialen und individuellen Lebensbereiche erhöht der steigende Regelungsbedarf aber auch die prinzipielle Möglichkeit zur gesellschaftlichen Mitentscheidung durch die Individuen. Da die Differenzierungs- und Individualisierungsprozesse in gewissem Umfang das Individuum aus unmittelbaren Abhängigkeiten befreiten, entwickelt es sich zwar als Individuum, was aber nicht notwendigerweise einschließt, daß es sich auch als *gesellschaftliches Individuum* mit sozialer Kompetenz begabt entwickelt. Es wird zwar das individuelle Alltagsleben ständig durch politische Eingriffe modifiziert, aber die dadurch angestoßenen Veränderungen der Lebensweise modifizieren auch wieder die Grundlagen der Politik.
Die Differenzierung der Lebensverhältnisse, die Vervielfältigung von Bedürfnissen und Interessen der Subjekte, der gestiegene Anspruch der Individuen auf selbstbestimmte

Lebensinhalte und -formen erschwerten die Herausbildung eines gesellschaftlichen Konsensus allein unter der Hegemonie einer Klasse – und ihrer führenden Partei –; gegenüber früheren einfacheren Verhältnissen muß seitens der gesellschaftlichen und politischen Organisationen und Instanzen eine viel größere soziale *Homogenisierungsleistung* praktisch erbracht werden. Diese hat die soziale und politische Anerkennung der Pluralität der Lebens- und Denkweisen zur Voraussetzung, soll eine rein administrative Beherrschung der sozialen Verhältnisse abgelöst werden. Dies setzt auch Akzeptanz und Ausbau von *Marktformen* zur Artikulation und Realisierung von Bedürfnissen und Interessen voraus.

„Wer sich heute zum politischen System in einem Land äußert, kann nicht vorbeigehen an den Problemstellungen und Prozessen, die die Dynamik unserer Bruderländer und ganz besonders der Sowjetunion kennzeichnen" (*Riege* 1987: 907). Die aktuellen Veränderungen im sowjetischen Wirtschafts- und Gesellschaftssystem rufen in der DDR warnende Stimmen auf den Plan, hier werde unter der Hand die Rückkehr zu kapitalistischen Verhältnissen eingeleitet. Dabei wird die sozialistische Ökonomie mit „Planmäßigkeit im gesellschaftlichen Maßstab" identifiziert, „die maßgeblich auf dem verbindlich-direktiven Charakter des Planes beruht" (*Koziolek/Reinhold* 1989: 19). Die sowjetische Gegenthese lautet, daß die Gestaltung einer sozialistischen Ökonomie nicht auf diesen historisch bekannten Typ von Planwirtschaft mit seiner Zurückdrängung von Marktbeziehungen und seiner imperativen Allokation von Ressourcen beschränkt ist. Das System zentral-administrativer Direktiven wird immer weniger den differenzierten ökonomischen Anforderungen und qualifizierten Potentialen des gesellschaftlichen Arbeitskörpers gerecht. Die Entwicklung eines anderen, neuen Typus sozialistischer Ökonomie hat die Pluralität von Eigentumsformen und eine dezentrale Entscheidungsstruktur zur Voraussetzung. Dessen planerisches Element wird durch die Tatsache ökonomisch-sozialer Rahmenbedingungen und durch den bewußten Einsatz von Steuerungsparametern durchgesetzt. Die Artikulation unterschiedlicher Bedürfnisse, Interessen und Entwicklungsniveaus ist eine notwendige Bedingung dieser Wirtschaftsstruktur, die zur Herausbildung eines offenen Meinungsstreites, pluralistischer Strukturen auf politischer Ebene und zur Ausfächerung eines Systems von individuellen und sozialen Grundrechten beitragen kann.

Im Rahmen einer indirekten Wirtschaftssteuerung, also des Einsatzes von gelenkten Marktstrukturen als Instrumente der Wirtschaftssteuerung, wäre die Preisgabe der Einheit von Wirtschafts- und Sozialpolitik nicht die notwendige Folge. Die Ausdifferenzierung von Lebensqualität in Richtung auf größere Individualität und Subjektkompetenz ist einer „parametrischen Planung" nicht entgegengesetzt. „Ein selbstregulierender Marktmechanismus *an Stelle* (Hervorhebung d. Verf.) des Plans würde in der Konsequenz bedeuten, daß der Markt auch die sozialen Bedingungen bestimmt und zu einer negativen sozialen Differenzierung führt" (*Koziolek/Reinhold* 1989: 19). Hier argumentieren die Autoren mit einer unzulässigen Entgegensetzung und bauen sich so erst ihren Gegner auf. Es ist ein Fehler, den *Einbau* von regulierten Marktmechanismen in eine zentral gesteuerte Wirtschaft von vornherein mit dem Übergang zu kapitalistischen Prinzipien gleichzusetzen. Kredit- und Arbeitsmarkt können durchaus in einem geplanten Zusammenhang eingebunden bleiben und müssen nicht notwendigerweise persönliches Kapitaleinkommen begründen oder den Arbeitenden untragbare gesellschaftliche Anpassungskosten aufbürden. Richtig ist: „Sozialistische Produktion ist ohne zentrale Planung nicht möglich; darin besteht gerade einer ihrer größten Vorzüge." (*Kosing* 1988: 585). Aber auch die leisen Mahnungen sollten nicht überhört werden: Angebotslücken in den Sortimenten und die unzureichende Entwicklung neuer Konsumgüter zeigen, „daß die objektiven Mechanismen des Marktes unterschätzt und nicht in der erforderlichen Weise mit dem Vorzug der Planung und Planmäßigkeit zu einer widersprüchlichen Einheit verbunden wurden" (*Kosing* 1988: 585). Der entscheidende Punkt ist die *demokratische Kontrolle* von Marktbeziehungen. Das Stichwort Ökonomisierung der Wirtschaftsabläufe ist kein Votum für hemmungslose Durchkapitalisierung aller Lebenszusammenhänge. Das theoretische Problem des Übergangs von der kapitalistischen zur sozialistischen Formation ist das von *Kontinuität und Bruch*. Beim praktischen Übergang in die sozialistische Formation ist das Element des Bruches überbetont worden; der theoretische Fehler war, daß „Sozialismus" in allen Teilen als vollständige Opposition zur bürgerlichen Gesellschaft betrachtet wurde. So ist übersehen worden, daß entwickelte, kapitalistische Marktstrukturen durch einen umgestaltenden Prozeß korrigiert, durch gesellschaftlichen Eingriff reguliert werden können. So finden wir heute in den sozialistischen Gesellschaften eine Situation vor, in der die Elemente der Kontinuität durch Reformen erst wiedergewonnen werden müssen (*Krassin* 1988 (b): 1465).

„Eine wirkliche Verbesserung der Ökonomie ist nur bei größerer Autonomie und verantwortlichem Handeln jedes einzelnen Gesellschaftsmitgliedes zu erreichen und genau dies erfordert eine Veränderung der bisherigen Lenkungsmechanismen *und* des politischen Systems" (*Bischoff* 1987: 33). Die wissenschaftliche Diskussion – die politische Ebene bleibt von solchen Debatten merkwürdig unberührt – um die Weiterentwicklung des *politischen Systems* der DDR ist nicht beendet, sondern hat sich seit Anfang der achtziger Jahre intensiviert (*Zimmermann* 1988). Diese Intensivierung der Diskussion war und ist Reflex auf die sozialstrukturelle Veränderung der siebziger Jahre und die Interpretationen der Soziologie, die die sozialen Unterschiede als Triebkräfte des ökonomisch-sozialen Fortschritts einordnete (*Lötsch/Lötsch* 1985). Entsprechend der modernen Interpretation des Ausdifferenzierungsprozesses der Sozialstruktur und angesichts des politischen Konzepts der intensiv erweiterten Reproduktion auf Basis des wissenschaftlich-technischen Fortschritts verlangte auch die politische Organisation der Gesellschaft einen modernen Zuschnitt. Die begriffliche Modernisierung, die sich in dem Übergang von der ehemals vorherrschenden Formulierung der politischen Organisation der sozialistischen Gesellschaft in die des politischen Systems niederschlug, drückt aus, daß damit auch ein – partieller – Wandel im Selbstverständnis einhergeht, wenn an die Stelle der Betonung der wachsenden Einheitlichkeit der politischen Organisation (*Dau* 1982: 13) nun eine zumindest begriffliche Offenheit des politischen Systems gegenüber vielfältigen sozialen Organisationen und Institutionen angezeigt wird (*Schönefeld/Segert* 1985; *Staritz* 1988).

„Das politische System des Sozialismus verkörpert das gemeinsame politische Wirken der unter der Führung der Arbeiterklasse und ihrer marxistisch-leninistischen Partei zu einem einheitlichen Komplex organisch verbundenen staatlichen und gesellschaftlichen Organisationen, Institutionen und Bewegungen der Werktätigen bei der Ausübung der politischen Macht und der Leitung der gesamten politischen, wirtschaftlichen, sozialen und kulturellen Entwicklung beim Übergang vom Kapitalismus zum Kommunismus" (Grundkategorien 1988: 132).

Darüber, wie weit die Notwendigkeit geht, das politische System sowohl vom Verständnis her als auch strukturell einem Prozeß der Modernisierung und Effektivierung zu unterziehen, wird in der DDR seit Anfang der achtziger Jahre zunehmend gestritten. Dabei geht es interessanterweise allen Beteiligten in der Debatte gleichermaßen darum, wie sich aus der sozialen Ausdifferenzierung eine *Mobilisierung zu demokratischer Aktivität* entwickeln ließe, vornehmlich auf der Ebene des Planungs-, Leistungs- und Produktionsprozesses. In dieser Auseinandersetzung wagt sich *Heuer*, schon ein gutes Vierteljahrhundert mit durchweg progressiver Position debattenerfahren, weit vor, und fordert die konsequente „Anerkennung einer politisch vermittelten Vielfalt von Subjekten" (*Heuer* 1987: 980). Damit plädiert *Heuer de facto* für eine Position, die eben nicht wie in der DDR üblich die politische Sphäre aufs engste mit den ökonomischen und sozialen Strukturen ineinssetzt sondern der Politik – obschon auf Basis sozialökonomischer Spezifik – eine relative Eigenständigkeit verleiht. Zwar müssen die „grundlegenden ökonomischen Prozesse (...) fest in der Hand des Staates bleiben", zugleich weiß er aber auch, daß „auch nach dem Wegfall des Klassenantagonismus (...) dem gesellschaftlichen Eigentum eine Sozialstruktur mit sozialen Unterschieden, mit Interessenwidersprüchen" entspricht (*Heuer* 1987: 979). Diese Interessenwidersprüche brauchen zu ihrer Ausgleichung einen sozialen, politischen Prozeß, da es für Problemlösungen immer Alternativen gibt, „die der demokratisch fundierten Entscheidung bedürfen" (*Heuer* 1987: 980).

Im politischen Raum stoßen immer wieder gesellschaftliche Bedürfnisse aufeinander, die Ausdruck ökonomischer Prozesse sind. Die politische Sphäre ist laut *Heuer* der Ort, an dem sie einer Lösung zugeführt werden: Es „setzen sich die gesellschaftlichen Bedürfnisse ausdrückenden ökonomischen Gesetze, setzen sich die Interessen des Volkes über die Lösung von Widersprüchen im Überbau durch" (*Heuer* 1981: 513).

Diese Vorstellung ist der Versuch einer korrekten historischen Verortung des politischen Überbaus der heutigen Gesellschaft der DDR. Zum einen geht es positiv um Raum für die Entfaltung von Individualität – auch als Produktivkraft, das ist unbestritten –, zum anderen um die Entfaltung der Demokratie als Gegenpol und Kontrollinstanz zur staatlich gesteuerten und bürokratisch beherrschten Ökonomie. Das System zentralistisch-direktiver Wirtschaftsleitung kann nur subjektive Innovationspotentiale freisetzen, wenn es ein mit der bürgerlichen Gesellschaft vergleichbares Maß an Freiheit und Individualitätsentwicklung freigibt und zu diesem Zwecke einen vergleichbaren geschützten Raum an Individualitäts- und Bürgerrechten schafft. Dieser Raum muß aber erst wieder zurückerobert werden. Deshalb ist die Kritik von *Schöneburg* berechtigt, der unter dem Aspekt von Kontinuität und Bruch die absolute Entgegensetzung von sozialistischer und bürgerlicher Demokratie beklagt (*Schöneburg* 1988: 807).

Gleichzeitig geht es aber auch um Prinzipien der *Machtteilung* und der Kompetenzeingrenzung einzelner Komponenten. Es wird dabei um eine größere Selbständigkeit der gesellschaftlichen beziehungsweise Massenorganisationen gegenüber dem Partei- und Staatsapparat gehen. Unter diesem Aspekt können wir seit einigen Jahren durchaus eine Tendenz zur Ausdifferenzierung der Strukturen des politischen Systems erkennen, die den bestehenden Block-Parteien und Massenorganisationen höhere gesellschftliche Aktivität zuweist, vor allem auf kommunaler Ebene, oder sogar zur Gründung neuer Organisationen führt: die Gesellschaft für Natur und Umwelt im Kulturbund 1980 und der Verband der Freidenker VDF Juni 1989. Wie weit dieser Differenzierungsprozeß wirklich dazu führt, „die Massen in ihre eigene politische Macht einzubeziehen" und auch auf gesamtgesellschaftlicher Ebene entscheidungsrelevante Mitbestimmung und Selbstorganisation zu praktizieren, muß von Fall zu Fall geprüft werden. Es wird zunächst für die Organisationen um den Versuch einer größeren Akzentuierung der spezifischen interessengebundenen Aufgaben gehen, wobei die „Verknüpfung" von staatlichen und gesellschaftlichen Formen aufgrund der weitgehend akzeptierten „Dominanz des gesellschaftlichen Grundinteresses" in der Regel dazu führt, daß sich letztlich doch ein Über- und Unterordnungsverhältnis verfestigt (*Schönefeld/ Segert* 1985: 890/891). Ob es viel Sinn macht, diese Tendenz dadurch zu schönen, daß man die damit verbundene Problematik einfach positiv uminterpretiert, darf bezweifelt werden: „Es erweist sich immer wieder, daß gesellschaftliche Organe umso effektiver im gesamtgesellschaftlichen Interesse tätig werden, je stärker sie die Anleitung und konstruktive Hilfe der Staatsorgane spüren" (*Kühnau* 1988: 373). Ob es mit dieser Art von Vervollkommnung sozialistischer Demokratie gelingt, „die Abhebung politischer Mechanismen und Strukturen von der wirklichen Bewegung der Gesellschaft, gegen Formalismus und Bürokratie" durchzusetzen (*Riege* 1987: 909)? Wohl kaum.

6. „Aufblühen" des Überbaus?

In sozialistischen Gesellschaften beanspruchen die Organisationen der Werktätigen die Fähigkeit und Möglichkeit – wenn auch in unterschiedlichem Ausmaß und in sehr unterschiedlichen Formen – gerade wegen ihres im Gesellschaftssystem selbst verankerten politischen Gewichts, innerhalb des politisch-kulturellen Überbaus Wege zur sozialen Kontrolle der Produktion und einer bewußten Gestaltung von Lebensverhältnissen beschreiten zu können. Durch politische Einwirkung auf den Verteilungsprozeß der sozialen Transfers über die gesellschaftlichen Institutionen und Organisationen stehen die Werktätigen – auch wenn sie von den konkreten Entscheidungsprozessen ausgeschlossen sind – nicht mehr außerhalb der politischen Institutionen, sondern sie werden als Träger von Forderungen und Ansprüchen an den umverteilenden Staat zum sozialen Subjekt. Die sozialen und individuellen Ansprüche werden artikuliert, allerdings *stellvertretend* für die Subjekte durch Partei und Massenorganisationen; dadurch wird der individuelle Gestaltungswille beschränkt. Die sozialstaatlichen Eingriffe verstärken und verallgemeinern die Entwicklung zur Individualität. Die Ausgestaltung der sozialstaatlichen Intervention trägt in der Summe alle Merkmale einer von *Gramsci* analysierten passiven Revolution: „(...) eine passive Revolution findet dann statt, wenn durch gesetzgeberische Eingriffe des Staates und der korporativen Organisation mehr oder weniger tiefgreifende Veränderungen in der ökonomischen Struktur des Landes vorgenommen werden, um das Element der ‚Produktionsplanung' zu betonen" (*Gramsci* 1967: 255). Die sozialstaatlichen Interventionen schließen letztlich Ansätze zu einer gesellschaftlichen Kontrolle und Steuerung von ökonomischen, technologischen und kulturellen Prozessen ein. Zugleich macht das Vorantreiben der Individualitätsentwicklung eine weitere und weitergehende Umgestaltung der gesellschaftlich-kulturellen Verhältnisse unumgänglich. Die durch den Individualisierungsschub ausgelöste Veränderung der Struktur des Lebensprozesses erfordert für die weiteren gesellschaftlichen und politischen Entscheidungen eine neue Qualität der Partizipation. Diese kann allein innerhalb der vorhandenen Hegemoniestrukturen nicht realisiert werden, da nach wie vor die Subalternität der überwiegenden Anzahl der Produzenten des gesellschaftlichen Reichtums wegen der nicht aufgelösten, entfremdeten Machtstrukturen der gesellschaftlichen Reproduktion festgeschrieben ist: Die Form gesellschaftlicher und politischer Artikulation und Willensbildung, die Formen politischer Kultur insgesamt definieren sich in der DDR nicht beziehungsweise nur unzureichend und sehr vermittelt vom Indivuum aus.

Aber die entfremdeten Machtstrukturen kommen in Bewegung. In den letzten Jahren zeichnet sich eine Entwicklungsrichtung des politischen Systems ab: Bei der Organisierung des ökonomischen Leistungsanstiegs ergab sich ein Ausbau der Rechte der örtlichen Volksvertretungen, der Rolle der Arbeitskollektive sowie der Gewerkschaften. „Dezentralisierung von Leistungsbefugnissen ist ein notwendiges Moment dieses Prozesses" (*Schönefeld/Segert* 1985: 889). So ist es zum Beispiel erforderlich, von der traditionellen Sichtweise der Funktion von Gewerkschaften im Sozialismus als Transmissionsriemen oder als Mittler abzugehen, um ihre *Potenz als gesellschaftsgestaltende Kraft* zu erfassen. Wenn richtig ist, daß der Freie Deutsche Gewerkschaftsbund sich zu einer zwar schwachen, aber immerhin tragenden Säule des politischen und sozialen Systems der DDR entwickelt hat, dann könnte es sinnvoll sein, ihn nicht mehr in einer rein funktionalen Position einer Massenorganisation im politischen System zu sehen, sondern ihm einen Bereich relativer Autonomie zuzugestehen und die reale „gesellschaftspolitische Aufwertung als Aspekt einer *möglichen* neuen Entwicklung zu formulieren" (*Hüning/Neugebauer* 1988: 327).

In der sozialistischen Gesellschaft erfordert die Planmäßigkeit der Entwicklung für die Lösung der sozialen Widersprüche adäquate Formen des Überbaus. „Der Sozialismus ist gerade dadurch gekennzeichnet, daß alle wesentlichen Probleme im Rahmen der politischen Organisation gelöst werden können und müssen" (*Heuer* 1980: 581). Die Umgestaltung der Wirtschaft im Sozialismus ist keine rein ökonomische Aufgabe; sie ist auch eine soziale, politische und ideologische Aufgabe. Um jedes Mitglied der Gesellschaft „in einen Herrn der Produktion zu verwandeln, ist eine Aktivierung der Produzenten *selbst* notwendig, (...) es bedarf einer Erhöhung der politischen Kultur (...), anders gesagt, man braucht eine *qualitative* Veränderung im Überbau, im gesamten politischen Leben der Gesellschaft (...)" (*Krassin* 1988 (a): 89).

Die Umwälzung im politischen Überbau ist nicht umstandslos mit der Entstehung einer neuen Produktionsweise zu identifizieren. Die Entwicklung des Überbaus kann vielmehr als Indikator eines bestimmten gesellschaftlichen Entwicklungsstandes angesehen werden. „Vor der Krise von 1929 zeigte sich kein Aufblühen des ‚Überbaus', oder bestenfalls nur sporadisch; d.h. die Grundfrage der Hegemonie ist noch nicht gestellt worden" (*Gramsci* 1967: 383). Gibt es in der DDR Tendenzen, ablesbar an der Entwicklung des Überbaus, die als sein „Aufblühen" bezeichnet werden können, und die einen neuen gesellschaftlichen Konsensus für ganz andere Möglichkeiten des sozialen Lebens und für eine potentiell reichere Individualität signalisieren? Die augenblickliche Situation stimmt skeptisch. Der entscheidende Punkt in der Methodik eines Erneuerungsprozesses: das Primat der demokratischen Reform des politischen Systems sind von der politischen Führung weitgehend negiert. So widersprüchlich es klingt, aber ohne eine wirkliche Funktionsteilung von Partei(en), Massenorganisation, Volksvertretung, Verwaltung und Justiz wird die SED eine neue, reale gesellschaftliche Kompetenz nicht gewinnen.

Literaturverzeichnis

Alheit, Peter, 1983: Alltagsleben. Zur Bedeutung eines gesellschaftlichen Restphänomens, Frankfurt/M.

Belwe, Katharina, 1985: Wechselwirkungen zwischen produktionsstrukturellen und sozialstrukturellen Entwicklungen in der DDR, Manuskript des Gesamtdeutschen Instituts – Bundesanstalt für gesamtdeutsche Aufgaben, Bonn.

Bischoff, Joachim, 1987: Demokratie und Sozialismus, in: Sozialismus 11, 29–36.

Cornelsen, Doris, 1988: Die Wirtschaft der DDR in der Honecker Ära, in: *Gert-Joachim Glaeßner* (Hrsg.), Die DDR in der Ära Honecker, Opladen, 357–370.

Dau, Rudolf, 1982: Die politische Organisation der sozialistischen Gesellschaft und ihre Verwirklichung in der DDR, in: Deutsche Zeitschrift für Philosophie 1, 5–17.

Eichhorn, I, Wolfgang/Küttler, Wolfgang, 1989: Sozialistische Gesellschaft und Entwicklung, in: Deutsche Zeitschrift für Philosophie 1, 11–20.

Frenzel, Paul, 1988: Das sozialistische Geldsystem der DDR, in: Deutschland Archiv 7, 765–777.

Fritsch, Paul, 1987: Sozialistische Lebensweise als soziale Bedingung der weiteren ökonomischen Entwicklung, in: Wissenschaftliche Zeitschrift der Technischen Hochschule Leuna-Merseburg 6, 822–830.

Gößler, Klaus, 1983: Karl Marx und das Problem des Alltagserkennens, in: Deutsche Zeitschrift für Philosophie 11, 1260–1272.

Gorbatschow, Michail, 1987: Rede von Michail Gorbatschow auf dem Kongreß der sowjetischen Gewerkschaften, in: Neues Deutschland Nr. 48, 26.2.1987, 5–6.

Gramsci, Antonio, 1967: Philosophie der Praxis, Frankfurt am Main.

Grundkategorien der marxistisch-leninistischen Staats- und Rechtslehre, 1988: Autorenkoll. unter Ltg. von *Carola Schulze*, Akademie für Staats- und Rechtswissenschaft der DDR, 2 Bde, Potsdam.

Grundmann, Siegfried, 1975: Arbeiterklasse – Gegenwart und Zukunft. Weltanschauliche und soziologische Probleme der Voraussage und Gestaltung sozialer Prozesse, Berlin.

Gysi, Jutta, 1988: Frauen- und Familienentwicklung in der DDR, in: *Heiner Timmermann* (Hrsg.), Sozialstruktur und sozialer Wandel in der DDR, Saarbrücken-Scheidt, 93–116.

Hahn, Toni, 1986: Umfassende Intensivierung – Inhalt sozialistischen Alltags und Alltagsbewußtseins? in: Deutsche Zeitschrift für Philosophie 8, 728–733.

Hahn, Toni, 1988: Bedürfnisentwicklung, in: Form und Zweck 2, 17/18.

Heuer, Uwe-Jens, 1980: Die aktive Rolle des Überbaus am Beispiel der Rechtsnormen, in: Deutsche Zeitschrift für Philosophie 5, 575–586.

Heuer, Uwe-Jens, 1981: Zur Widerspiegelung ökonomischer Gesetze im Recht, in: Wissenschaftliche Zeitschrift 5, 511–513.

Heuer, Uwe-Jens, 1987: Sozialistische Demokratie und ökonomische Strategie, in: Staat und Recht 23, 976–980.

Heuer, Uwe-Jens, 1988: Noch einmal: Zum Leninschen Staatbegriff, in: Staat und Recht 10, 860–865.

Heuer, Uwe-J./Qulitzsch, Gerd/Segert, Dieter, 1988: Sozialistische Politik als Gegenstand vergleichender Wissenschaft, in: Deutsche Zeitschrift für Philosophie 10, 900–908.

Hüning, Hasko, Neugebauer, Gero, 1988: Der FDGB und die Formel „Einheit von Wirtschafts- und Sozialpolitik." Die Gewerkschaften der DDR auf dem Weg zu einer neuen Politik?, in: *Gerd-Joachim Glaeßner* (Hrsg.), Die DDR in der Ära Honecker. Opladen, 314–331.

Ingrao, Pietro, 1979: Massenbewegung und politische Macht, Hamburg.

Kosing, Alfred, 1988: Zur Dialektik der weiteren Gestaltung der entwickelten sozialistischen Gesellschaft, in: Deutsche Zeitschrift für Philosophie 7, 577–587.

Koziolek, Helmut/Reinhold, Otto, 1989: Plan und Markt im System sozialistischer Planwirtschaft, in: Einheit 1, 16–26.

Krassin, Juri, 1988 (a): Perestrojka und die Reform des politischen Systems, in: Marxistische Blätter 12, 86–95.

Krassin, Juri, 1988 (b): Die Arbeiterbewegung auf der Suche nach einer demokratischen Alternative, in: Blätter für deutsche und internationale Politik 12, 1453–1467.

Kühnau, Karl-Heinz, 1988: Vervollkommnung der sozialistischen Demokratie durch das Zusammenwirken staatlicher und gesellschaftlicher Organe, in: Staat und Recht 5, 370–377.

Kühne, Lothar, 1985: Gesellschaftliche Verhältnisse, Lebensbedingungen und Lebensweise, in: *Lothar Kühne*, Haus und Landschaft, Dresden.

Kuppe, Johannes, 1986: Neues politisches Denken auch in der DDR, in: DDR Report 12, 689–692.

Lexikon der Sozialpolitik, 1987: von *Gunnar Winkler* (Hrsg.), Berlin.

Lötsch, Ingrid/Lötsch, Manfred, 1985: Soziale Strukturen und Triebkräfte. Versuch einer Zwischenbilanz und Weiterführung der Diskussion, in: Jahrbuch für Soziologie und Sozialpolitik, Berlin, 159–178.

Luft, Hans, 1984: 35 Jahre DDR – Hohe Leistungen für steigendes Lebensniveau, in: Wirtschaftswissenschaft 6, 801–817.

Luutz, Wolfgang, 1987: Noch einmal zum Alltag, in: Deutsche Zeitschrift für Philosophie 9, 828–831.

Marx, Karl/Engels, Friedrich, 1959: Manifest der Kommunistischen Partei, in: *Marx-Engels* Werke (MEW) Band 4, Berlin, 459–493.

Meyer, Gerd, 1988: Perspektiven des Sozialismus oder Sozialismus ohne Perspektiven? Entwicklungstendenzen und Widersprüche in der DDR-Gesellschaft, in: *Gerd Meyer/Jürgen Schröder* (Hrsg.), DDR heute, Tübingen, 11–38.

Michalsky, Helga, 1988: Soziale Sicherheit ist nicht genug! Konzeption und Leistung der sozialistischen Sozialpolitik, in: *Gerd-Joachim Glaeßner* (Hrsg.), Die DDR in der Ära Honecker, Opladen, 402–421.

Pieplow, Rolf, 1987: Die Triebkräfte der Veränderung der Produktionsstruktur, in: Wissenschaftliche Zeitschrift der Hochschule für Ökonomie „Bruno Leuschner", Berlin 2, 18–22.

Reinhold, Otto, 1985: Der Marxismus-Leninismus und die politische Ökonomie der Gegenwart, Berlin.

Reinhold, Otto, 1988: Gesellschaftsstrategie und Reformprozeß in der DDR, in: Marxistische Blätter 12, 78–85.

Riege, Gerhard, 1987: Der Staat im politischen System der DDR, in: Staat und Recht 11, 906–916.

Robinski, Renate/Maaser, Dagmar, 1987: Zu einigen Fragen der Qualifizierung der Leitung und Planung staatlicher kultureller und sozialer Einrichtungen in der DDR, in: Wissenschaftliche Zeitschrift der Humboldt-Universität zu Berlin, Gesellschaftswissenschaftliche Reihe 3, 235–240.

Röhr, Werner, 1980: Aneignung und Persönlichkeit, Berlin.

Schilde, Lothar, 1987: Zur Wirkung sozialinfrastruktureller Einrichtungen und deren Leistungen auf die Erhöhung des Volkswohlstandes und der Leistungsfähigkeit des gebietlichen Arbeitsvermögens, in: Wissenschaftliche Zeitschrift der Hochschule für Ökonomie „Bruno Leuschner", Berlin 1, 85–91.

Schlegel, Roger, 1986: Die arbeitsrechtlich geregelte soziale Sicherheit – Bedingung und Resultat sozialistischen Arbeitsverhaltens, in: Wissenschaftliche Zeitschrift der Humboldt-Universität zu Berlin 10, 898–903.
Schöneburg, Karl-Heinz, 1988: Novemberrevolution und Demokratietheorie, in: Staat und Recht 10, 803–810.
Schönefeld, Rolf/Segert, Dieter, 1985: Überlegungen zur Dynamik des politischen Systems bei der weiteren Gestaltung der entwickelten sozialistischen Gesellschaft, in: Deutsche Zeitschrift für Philosophie 10, 884–892.
Schünemann, Günter, 1986: Dynamik der Einkommen und des Verbrauchs von Konsumgütern in der DDR, in: Wissenschaftliche Zeitschrift Universität Halle, 2, 30–34.
Sozialpolitik 1985: *Günter Manz* und *Gunnar Winkler* (Hrsg.), Berlin.
Sozialstruktur der DDR, 1988: Autorenkollektiv unter Ltg. von *Rudi Weidig*, Berlin.
Staritz, Dietrich, 1988: „... wie die Luft zum Leben. Tendenzen des Wandels im politischen System der DDR, in: *Gert-Joachim Glaeßner* (Hrsg.), Die DDR in der Ära Honecker, Opladen, 297–313.
Thomas, Rüdiger, 1982: Soziologie und Gesellschaft in der DDR, in: DDR Report 8, 490–494.
Thomas, Rüdiger, 1988: Aspekte des sozialen Wandels in der DDR, in: *Heiner Timmermann* (Hrsg.), Sozialstruktur und sozialer Wandel in der DDR, Saarbrücken-Scheidt, 27–54.
Vortmann, Heinz, 1988: Soziale Sicherung in der DDR: in: Aus Politik und Zeitgeschichte B 32, 29–38.
Walther, Renate, 1986: Die Befriedigung kultureller Bedürfnisse durch den volkswirtschaftlichen Produktionsprozeß, in: Wissenschaftliche Zeitschrift der Hochschule für Ökonomie „Bruno Leuschner", Berlin 2, 43–49.
Winkler, Gunnar, 1988: Sozialpolitik in der DDR, in: Aus Politik und Zeitgeschichte B 32, 21–28.
Zapf, Wolfgang, 1987: Individualisierung und Sicherheit, München.
Zielke, Monika, 1987: Charakterisierung und Einordnung der Sozialpolitik in der Periode des umfassenden Aufbaus des Sozialismus in der DDR, in: Wissenschaftliche Zeitschrift der Wilhelm-Pieck-Universität Rostock, Gesellschaftswissenschaftliche Reihe, 7, 5–9.
Zimmermann, Hartmut, 1988: Machtverteilung und Partizipationschancen. Zu einigen Aspekten des politisch-sozialen Systems in der DDR, in: *Gert-Joachim Glaeßner* (Hrsg.), Die DDR in der Ära Honecker, Opladen, 214–283.

V. Felder der Innen- und Außenpolitik

Der Wandel sowjetischer Perspektiven der gesellschaftlichen Entwicklung der Welt

Egbert Jahn

1. *Vom poststalinistischen Marxismus-Leninismus zum Gorbačevschen Versuch eines neuen Leninismus*

Seit dem Amtsantritt des Generalsektretärs *Michail S. Gorbačev* vor vier Jahren befindet sich die Sowjetgesellschaft in einem rapiden Umbruch. Mit der inneren „*Umgestaltung*" (*perestrojka*) ist auf das Engste ein Wandel der Außenpolitik verbunden, der wiederum nicht zu trennen ist von dem sowjetischen „*neuen Denken*" (*novoe myšlenie*) über die gesellschaftspolitische und zwischenstaatliche Dynamik in der ganzen Welt.

1.1 Der Einfluß weltweiter gesellschaftlicher Veränderungen auf die sowjetische Innenpolitik

Zwar haben die inneren Reformen in der Sowjetunion ihren wesentlichen Anstoß von der inneren „Vorkrisensituation" der Sowjetgesellschaft erhalten, denn: „Jeder Aufschub der Perestroika hätte in naher Zukunft zu einer Zuspitzung (obostrenie) der Situation im Innern führen können und, um es unverblümt zu sagen, eine ernste soziale, wirtschaftliche und politische Krise heraufbeschworen" (*Gorbačev* 1987b: 11). Doch sind die Maßnahmen, mit denen die sowjetische Partei- und Staatsführung den inneren Problemen der Sowjetgesellschaft begegnet, nur zu verstehen, wenn man ihre Vorstellungen von der gesellschaftspolitischen Dynamik in den kapitalistischen Industriestaaten, den Entwicklungsländern und den anderen sozialistischen Staaten zur Kenntnis nimmt.

So gilt nicht nur, was *M. Gorbačev* über die Auswirkungen der Innen- auf die Außenpolitik sagte: „Ein Kurswechsel in der Innenpolitik bewirkt unweigerlich Veränderungen im Zugang zur außenpolitischen Problematik" (*Gorbačev* 1987b: 134). Die Orientierung der inneren Reformpolitik in der Sowjetunion reagiert in beträchtlichem Maße auch auf die von sowjetischen Politikern und Wissenschaftlern früher nicht erwartete relative Stabilität, Flexibilität und Innovationsfähigkeit der kapitalistischen Marktwirtschaft in den westlichen Industriestaaten und in den Entwicklungsländern. Sie stellt ferner die Mißerfolge der revolutionären und kommunistischen Bewegungen in der Ersten und Dritten Welt, den Prozeß der Nationalisierung auch in der kommunistischen Weltbewegung, die Auswirkungen von Reformen und unter-

bliebenen Reformen in anderen sozialistischen Ländern in Rechnung. Sie ist sich zunehmend auch bewußt, daß weltweit neue gesellschaftliche Probleme wie die ökologischen entstanden sind und ältere wie die Hochrüstung, nationale und religiöse Differenzen eine neue politische Brisanz erhalten haben.
Der Beginn einer kritischen Selbstreflexion über die ökonomischen, politischen und militärischen Kosten und Risiken der eigenen Außen- und Militärpolitik – vor allem seit der Mitte der siebziger Jahre, aber auch im Zweiten Weltkrieg und zu Beginn des Kalten Krieges – ist neben dem offeneren Eingestehen der Strukturprobleme der Sowjetgesellschaft ebenfalls ein nicht zu unterschätzender Bestimmungsfaktor für die zahlreichen innenpolitischen Reformansätze (*Segbers* 1989) in der Sowjetunion. Dies wird in der These vom Primat der Innenpolitik (*Mommsen/Schröder* 1987: 124) leicht übersehen. Unabhängig von systemspezifischen Defiziten der Wirtschaftsstruktur stellen die Rüstungsausgaben, die mittlerweile auch in der Sowjetunion von *A. Kireev* auf 12–14 Prozent des Bruttosozialprodukts geschätzt werden, von anderen neuerdings auch auf 19–20 Prozent (Frankfurter Rundschau vom 8. und 18.5.1989), eine wesentliche Begrenzung innenpolitischer Entwicklungsmöglichkeiten dar. Eine drastische Reduzierung des Rüstungsbudgets läßt sich nicht ohne eine grundlegende Veränderung der sowjetischen Wahrnehmungsmuster von der gesellschaftlichen Dynamik in den kapitalistischen Industrie- und Entwicklungsländern und in den sozialistischen Ländern begründen und durchsetzen. Somit ist eine gründliche Modifikation des *Weltbildes* der kommunistischen Parteiführung von der geschichtlichen Entwicklung der gesellschaftlichen Verhältnisse die historische Voraussetzung, seine öffentliche Durchsetzung und Verbreitung in einer „umgestalteten Ideologie" aber auch ein Instrument der 1985 eingeleiteten Reformpolitik.
Auch schon in früheren Zeiten erzwangen von der sowjetischen Führung nicht kontrollierbare gesellschaftliche Veränderungen in der Sowjetunion, vor allem aber internationale gesellschaftliche und zwischenstaatliche Prozesse, die sich weitgehend dem Einfluß der sowjetischen Führung entzogen, Veränderungen des sowjetischen Weltbildes. Diese wurden ausführlicher bereits an anderer Stelle dargelegt (*Jahn* 1989).

1.2 Umgestaltung der Ideologie

Veränderungen der gesellschaftspolitischen Vorstellungen haben immer eine doppelte Aufgabe. Sie sollen einerseits eine gewisse Anpassung an die veränderten Realitäten vornehmen, vor allem wenn die Kluft zwischen Ideologie und Wirklichkeit allgemein zu offensichtlich geworden ist und die Glaubwürdigkeit der Ideologie völlig zu erschüttern droht. Im Namen des Realismus werden dann, wie auch gegenwärtig, einige ideologische Konzepte partiell wirklichkeitsgerechter. Andererseits haben die Veränderungen nach wie vor die Aufgabe, neue Richtlinien für die Wahrnehmung der gesellschaftlichen Probleme – nationalen wie internationalen – zu formulieren, um die Wirklichkeit nach Möglichkeit sowohl fiktiv wie auch real den gesetzten Idealen anzupassen. Reale Ziele sind dabei oft schwer unterscheidbar von wirklichkeitsfremden, obwohl vermutlich ernsthaft geglaubten, außerdem auch mit bloß propagandistischen

Zielsetzungen – wie beispielsweise die weltweite nukleare Abrüstung bis zum Jahre 2000 – verknüpft, von denen man mit großer Sicherheit annehmen kann, daß ihre Autoren sie selbst nicht für realisierbar halten.

Die parteioffiziellen Vorstellungen von den gesellschaftlichen und politischen Verhältnissen in der Welt nennen sich auch heute noch nach wie vor marxistisch-leninistisch. Der Marxismus-Leninismus wird nach wie vor als *Ideologie*[1] oder auch als *Weltanschauung* verstanden, deren wissenschaftlicher Anspruch allerdings weit weniger als früher hervorgehoben wird. Damit wird Wissenschaft und mit ihr auch Gesellschaftswissenschaft zunehmend als eine von der Ideologie unterschiedene Form der Erkenntnis anerkannt. Auffallend ist, daß die führenden und prominenten Köpfe der sozial- und politikwissenschaftlichen Institute aus der Breznev-Zeit weitgehend von dem umfangreichen Kaderaustausch der letzten Jahre verschont blieben – beispielsweise *Georgij A. Arbatov, Evgenij M. Primakov, Georgij Ch. Šachnazarov, Oleg T. Bogomolov, Fedor M. Burlackij* – und zum Teil erheblich an politischem Einfluß als Berater der Reformmaßnahmen gewonnen haben.

Die Bedeutung der Ideologie für die Politik hat ganz offensichtlich insgesamt abgenommen, seitdem viele Sachprobleme und Lösungsvorschläge ohne Rücksicht auf das ideologische Weltbild öffentlich behandelt werden. Das ist auch an dem geringeren politischen Gewicht des für die Ideologie zuständigen Politbüro-Mitgliedes und ZK-Sekretärs *Vadim Medvedev* erkennbar. Aber nach wie vor ist die Abteilung und die neu geschaffene Kommission für ideologische Fragen des Zentralkomitees eine äußerst wichtige Instanz im politischen System der Sowjetunion. So betonte *M. Gorbačev* in seinem Bericht an die XIX. Parteikonferenz im Juni 1988 an dritter Stelle auch die Notwendigkeit einer Umgestaltung der Ideologie „in eine(r) Reihe mit der radikalen Wirtschaftsreform und der Demokratisierung des Lebens in Partei und Gesellschaft" (*XIX. Unionskonferenz* 1988: 92 f.). Im Februar 1988 wurde ein ZK-Plenum eigens der Reform der Ideologie gewidmet (*Gorbačev* 1988).

Seit Anfang 1987 grenzen sich die Reformer in der KPdSU zunehmend schärfer von der Breznev-Ära als einer Periode der „*Stagnation*" (*zastoj*) und zugleich von der *Stalin*-Ära seit den dreißiger Jahren als einer Periode der „*Deformation*" (*deformacija*) des Sozialismus ab. In der innerparteilichen Auseinandersetzung führten sie eine Unterscheidung zwischen „sowjetischen sozialistischen Konservativen" (*Bovin* 1987: 9) und „Erneuerern" ein. Erstere werden auch als „Bremser", „Dogmatiker" und „Bürokraten" bezeichnet. Ihre Zahl wird nicht mehr im alten Stil mit der Formel „eine Handvoll" eskamotiert, sondern mit Hunderttausenden beziffert. Bei aller Kritik an der Vergangenheit betont *M. Gorbačev* bisher gleichzeitig den sozialistischen Charakter der grundlegenden Entwicklung der Sowjetgesellschaft auch in den vergangenen fünf bis sechs Jahrzehnten, rechtfertigt vor allem auch die Industrialisierungs-, Kollektivierungs- und Verteidigungspolitik *Stalins* (*Gorbačev* 1987c: 10, 14, 17). Zur selben Zeit wird jedoch in den sowjetischen Medien auch diese Position schon grundsätzlich in Frage gestellt. Die Parteiführung jedoch könnte den größten Teil der Entwicklung der Sowjetgesellschaft kaum in Frage stellen, ohne die Legitimationsgrundlage des nach wie vor erhobenen, wenn auch modifizierten gesellschaftlichen und politischen „Führungs"-Anspruches der Kommunistischen Partei zu gefährden.

Das Bemühen um eine Profilierung der eigenen Politik gegenüber der im Bewußtsein der Bevölkerung weithin diskreditierten Politik *Brežnevs* und *Stalins* darf jedoch nicht darüber hinwegtäuschen, daß die alte marxistisch-leninistische Ideologie bereits unter *L. I. Brežnev* und seinen beiden Nachfolgern zum Teil modifiziert und zum Teil ausgehöhlt wurde. Dies geschah zum Teil durch dieselben Leute, die heute die Politik der Perestrojka und des Neuen Denkens verfechten.
In vieler Hinsicht handelt es sich gegenwärtig lediglich um eine Beschleunigung und eine entschiedenere Fortführung der bereits zuvor angelegten und beobachtbaren Ansätze der Inhalte und des Funktionswandels der Ideologie (*Jahn* 1986a: 511 f.), die nun spektakulär unter neuen Markenzeichen wie Perestrojka, Neues Denken, Glasnost und Demokratisierung zum Ausdruck und voll zum Durchbruch kommen.

1.3 Konfliktreiche Koexistenz zwischen altem und neuem Denken

Die in der Stalin-Zeit formulierten ideologischen Grundelemente des Marxismus-Leninismus können zwar bei einer andauernden Entwicklungsdynamik der Perestrojka weiterhin an Bedeutung verlieren und zu praktisch kaum noch relevanten Formeln verkümmern, aber sie können bei einer eventuellen konterreformerischen Wende in der Sowjetunion auch eine unerwartete politische Überlebenskraft beweisen. Vieles von dem, was heute als revolutionär und fortschrittlich gilt, würde dann unter denkbaren Stichworten wie „revisionistische Innovationssucht" wieder aus der sowjetischen Wirklichkeit verbannt werden. Aus diesem Grunde ist es angebracht, sowohl den traditionellen, beharrenden Elementen als auch den tatsächlichen Neuerungen in der sowjetischen Ideologie ein Augenmerk zuzuwenden.
Wesentlich neu an der Gorbačevschen Gesellschaftspolitik ist, daß sie den bestehenden „Sozialismus" nicht bloß „vervollkommnen" will und dies auf traditionelle Weise mit einer „schöpferischen Weiterentwicklung" des Marxismus-Leninismus begründet.
Der evolutionäre Begriff der „*Beschleunigung*" (*uskorenie*) der wirtschaftlichen Entwicklung aus der Anfangszeit der Gorbačevschen Amtsführung wurde durch den der „*Umgestaltung*" zurückgedrängt. Er drückt aus, daß nicht mehr einfach auf dem bisher Geleisteten aufgebaut werden kann, sondern jahrzehntelange Fehlentwicklungen korrigiert werden müssen.
M. Gorbačev spricht seit 1987 nur noch selten vom Marxismus-Leninismus, der ja selbst ein stalinistisches Geschöpf ist, sondern viel häufiger von Leninismus oder gar nur von den Leninschen Prinzipien. Dabei betont er vor allem die Bedeutung der Spätschriften *Lenins* (*Gorbačev* 1987b: 21 und 1987c: 9). Das geschah anfangs, um seine Wirtschaftspolitik mit dem Bezug auf die marktwirtschaftlichen Elemente der Neuen Ökonomischen Politik zu legitimieren, dann aber auch, um den methodischen Anspruch *Lenins* aufzunehmen, entsprechend den gewandelten „historischen Bedingungen" eine Politik zu betreiben, die sich von der „dogmatischen" und der „scholastischen" Fixierung auf die alten marxistischen Autoritäten befreit.
Dieser neue Leninismus preist vor allem *Lenins* *populistische Fähigkeiten* als politischer Führer und Staatsmann, auf Bedürfnisse der Menschen einzugehen, und seine

„nüchterne" und „realistische" Kalkulation der gesellschaftlichen Kräfteverhältnisse und des politisch Machbaren in seiner Zeit. Der Rückzug des Gorbačevschen Leninismus auf das Lob im Grunde allgemein-politischer und staatsmännischer Fähigkeiten *Lenins* schafft einen Freiraum für neue inhaltliche Bestimmungen eines „modernen" Leninismus, der sich auf die gegenwärtigen gesellschaftlichen Probleme in der Sowjetunion und in der Welt und auf die Frage des Machterhalts der Kommunistischen Partei in einer Zeit konzentriert, in der diese innen- und weltpolitisch in die Defensive geraten war.
In vieler Hinsicht wurde in den vergangenen vier Jahren die Ideologie der bisherigen politischen Praxis angepaßt, aber unübersehbar schuf das Fallenlassen der alten ideologischen Fesseln auch Freiräume für neues politisches Handeln, das durch den neuen Gorbačevschen Leninismus seine Rahmenrichtlinien, also seine Grenzen und seine inhaltliche Groborientierung erhält.

2. Entwicklungsdynamik der Sowjetgesellschaft in einer gewandelten Welt

Die gesellschaftspolitische Dynamik in der Sowjetunion wird zur Zeit durch mindestens drei unterschiedliche, aktuelle und potentielle gesellschaftspolitische Kräftegruppierungen bestimmt: die *Verteidiger der alten bürokratisch-oligarchischen Ordnung*, die *Reformer* oder *Umgestalter*, die eine Synthese aus zentraler Planwirtschaft und Marktwirtschaft, aus Einparteienherrschaft und politischem Pluralismus in der Sowjetgesellschaft anstreben, und die *Nichtkommunisten*, die die zentrale Wirtschaftsplanung und das Herrschaftsmonopol der KPdSU völlig beseitigen wollen. Vor allem die Umgestalter und die Nichtkommunisten sind bereits vielfach gesellschaftspolitisch gegliedert.

2.1 Ausdifferenzierung der gesellschaftspolitischen Kräfte

Unter den Nichtkommunisten bilden sich zwei Gruppierungen heraus, die bisher noch nicht deutlich getrennt sind. Die eine liberal-demokratische bis liberal-sozialistische will die nationale Autonomie verwirklichen. Nichtrussen verfolgen zum Teil auch separatistische Ziele, neigen aber wohl überwiegend eher einer multinational-föderalistischen Umstrukturierung des sowjetischen Staates zu. Stärker als diese Gruppierung dürfte das bunte Spektrum von nationalistisch-autoritären und religiös-theokratischen Konzepten sein, die entweder die Sowjetunion in einen offen großrussischen Staat umwandeln oder sie radikal dezentralisieren oder gar in mehrere Nationalstaaten auflösen wollen.
Die erste Gruppierung knüpft in ihrem Geschichtsbewußtsein an die Tradition der russischen Februarrevolution oder an republikanische Traditionen in sowjetischen Teilstaaten an und orientiert sich auch an westlichen demokratischen Vorbildern. Die zweite Gruppierung bezieht sich auf vor- und antidemokratische Traditionen der russischen und nicht-russischen Geschichte. Auch wenn es heute recht unwahrschein-

lich scheint, daß die nichtkommunistischen Bestrebungen sich durchsetzen könnten, so werden sie doch die Konflikte unter den Reformern und zwischen diesen und den Konterreformern in der Kommunistischen Partei mitbestimmen, also entweder den Reformdruck verstärken oder der Konterreform in die Hände arbeiten.
Die Reformer innerhalb der KPdSU haben begonnen, sich in vielfältige Richtungen mit radikalen, gemäßigten und bescheidenen Zielsetzungen zu differenzieren und informell zu organisieren. Diese drei Richtungen kommen augenblicklich eher plakativ als konzeptuell klar bestimmt in Namen wie *Boris Elcin, Michail Gorbačev* und *Egor Ligačev* als Exponenten der drei Reformorientierungen zum Ausdruck. Dabei muß die Radikalität der Reformvorschläge für das sozioökonomische System nicht unbedingt Hand in Hand gehen mit der für das politische System – und umgekehrt.
Sollte die wirtschaftliche Lage sich weiter dramatisch verschlechtern und die Nationalitätenkonflikte (*Halbach* 1988; *Bräker* 1988) sich zuspitzen, so führte dies höchstwahrscheinlich zu offenen Gegensätzen unter den Reformern. Eine solche Entwicklung könnte entweder die derzeitige Führung selbst zum Abbruch und zur teilweise Rücknahme eingeleiteter Reformen veranlassen, wie das *N.S. Chruščev* 1956 nach den gesellschaftspolitischen Veränderungen und Unruhen in Polen und Ungarn oder wie das Zar *Alexander II.* nach sechs Jahren der Reform im Jahre 1866 tat, oder sie könnten eine neue konterreformerische Gruppierung aus Teilen der heutigen Reformer und der gegenwärtig entmachteten „sozialistischen Konservativen" entstehen lassen, die sich mehr durch die Bekämpfung des durch die Reformen ausgelösten „Chaos" im Namen der „Ordnung" zu profilieren trachten würde als durch eine bloße Aufforderung, in die „guten alten Zeiten" der früheren Ordnung unter *Brežnev* oder gar unter *Stalin* zurückzukehren.
Zum gegenwärtigen Zeitpunkt scheinen die reformwilligen Kräfte in der Sowjetunion bereits derart erstarkt, haben sich bereits Hunderttausende Parteimitglieder für einen entschiedenen Reformkurs exponiert, sind umfangreiche Personalwechsel in den gesellschaftlichen Führungspositionen erfolgt (*Mommsen/Schröder* 1987: 89–110), so daß ein rein konterreformerischer, neo-breževistischer Umsturz zur bloßen Wiederherstellung des *Status quo ante* kaum noch möglich scheint[2]. Die gegenwärtigen Veränderungen sind bereits derart tiefgreifend, daß eine Revision der Reformpolitik bereits eine Synthese aus restaurativen und reformerischen Elementen vornehmen müßte. Ein Thermidor der Perestrojka wird an die alte monokratische Ordnung in modifizierter und partiell modernistischer Form anzuknüpfen trachten, obwohl seine Protagonisten ideologisch wohl eher die Perestrojka vor denjenigen zu „retten" vorgäben, die sie „übertrieben", „mißbraucht" oder „mißverstanden" haben.
Recht unklar ist noch, ob die gegenwärtige Reformpolitik der Gorbačevschen Parteiführung eine Dynamik der gesellschaftspolitischen Entwicklung ausgelöst hat, die weit über die Intentionen der Reformer in der KPdSU hinaustreibt und das gegenwärtige politische System in wenigen Jahren oder gar Monaten in einer von ihnen nicht vorhergesehenen Weise verändert. Man wird dabei im Auge behalten müssen, daß diejenigen gesellschaftspolitischen Kräfte in der Sowjetunion, die zugleich die alte Ordnung und die neue Reformpolitik der KPdSU grundsätzlich in Frage stellen, wohl nur zum geringeren Teil eine weltoffene, liberal-demokratische Umgestaltung der Sowjetge-

sellschaft anstreben, sondern anscheinend zum größeren Teil fundamentale autoritär-nationalistische Veränderungen der gegenwärtigen gesellschaftspolitischen Strukturen beabsichtigen – viele Russen ebenso wie viele Nichtrussen.
Innerhalb des politischen Spektrums der KPdSU waren bereits in der Brežnev-Zeit deutlich unterschiedene Varianten und Nuancen des marxistisch-leninistischen Weltbildes erkennbar (*Nolte* 1979), konnten wenigstens partiell Differenzen zwischen den wissenschaftlichen und ideologischen (*von Beyme* 1985: 10–21), zivilen und militärischen Aussagen über die nichtsowjetische Welt (*Jahn/Tiedtke* 1979) ausgemacht werden. Heute haben sich die in Varianten und Nuancen erkennbaren politischen Strömungen fast schon zu fraktionellen Gruppierungen erweitert und verdichtet. Der neuerdings propagierte „*Meinungspluralismus*" in der Partei wird allerdings bisher offiziell nur als *Pluralismus individueller Meinungen* verstanden. Größeren Umfang hat hingegen die gesellschaftliche Gruppierung von Interessen und auch politischen Meinungen außerhalb der Partei angenommen (*Eichwede* 1988).

2.2 Konvergenzpolitische Tendenzen

Jahrzehntelang hatte sich die KPdSU vergeblich bemüht, den Rückgang des Wirtschaftswachstums durch Reorganisation der bürokratischen Strukturen aufzuhalten. Auch die Bestrebungen, die vergleichsweise geringe Arbeitsproduktivität durch moralische Appelle und materielle Anreize zu stimulieren, scheiterten. Jetzt beginnen Teile der Partei- und Staatsbürokratie, einen Ausweg durch eine Synthese von Plan- und Marktwirtschaft, von Sowjetsystem und pluralistischer Demokratie zu suchen. Unter diesen Umständen verwundert es nicht, wenn bereits vereinzelt die Konvergenztheorien, die im Westen Ende der sechziger Jahre und in den frühen siebziger Jahren diskutiert wurden, kritische Aufmerksamkeit erlangen (*Trofimenko* 1988: 19). Dabei werden jedoch Annäherungsprozesse in beiden Gesellschaftssystemen hervorgehoben, die ihre bestimmenden Charakteristika nicht völlig verlieren.
Zwar dominieren in der gegenwärtigen Reformpolitik eindeutig Anleihen an den Systemen der westlichen Marktwirtschaft, des bürgerlichen Rechtsstaates und der parlamentarischen Demokratie, doch sind Rückgriffe auf herkömmliche sozialistische Zielsetzungen nicht völlig verschwunden. Allerdings bleibt die Propagierung der „*sozialistischen Selbstverwaltung*" in den Wirtschaftsbetrieben bisher ziemlich vage und unbestimmt, sie ist auch keineswegs sensationell, wie *U. Engelbrecht* meint, (*Temmen* 1987: 12), während die Bestimmungen zur Einführung betrieblicher Rechnungsführung und Eigenfinanzierung, von Pachtverträgen und anderen Initiativen zur Stimulierung individueller ökonomischer Verantwortlichkeit weit konkreter sind.
Dies könnte sich in nächster Zeit ändern, falls es tatsächlich zu der erwarteten, die Reformpolitik der Parteiführung begleitenden und zum Teil auch kritisierenden Arbeiter-, Angestellten- und Bauernbewegung „*von unten*" kommen sollte. Die erkennbaren ökonomischen Schwierigkeiten des Reformkurses machen es wahrscheinlich, daß eine solche „breite Massenbewegung von unten" zu manchen „Schwierigkeiten" und zu „für uns ungewohnten Aktionen" (*Gorbačev* 1987b: 53 und 55) führen wird.

Sie wird wahrscheinlich auch traditionelle sozialistische Forderungen nach gewerkschaftlicher oder belegschaftlicher „Selbstverwaltung“ anstelle von betriebsautonomer „Einmannverwaltung“ wie auch von zentral gelenkter „bürokratischer“ oder „Staatsverwaltung“ erheben. Der reformbürokratische und technokratische Ursprung der Umgestaltungspolitik dürfte vornehmlich dafür verantwortlich sein, daß ein Ausweg aus den sowjetischen Problemen vorwiegend in Veränderungen der Leitungsstrukturen und des Managements, weniger in Mit- und Selbstbestimmungskonzepten gesucht wird. Ein zentraler Grund für die Präferenz westlicher gesellschaftspolitischer Vorbilder dürfte die trotz aller Krisen insgesamt von Kommunisten früher in der Regel nicht erwartete beträchtliche Stabilität, Flexibilität und Innovationsfähigkeit des kapitalistischen Systems und der westlichen Demokratie sein. Hinzu kommt, daß auch die Entwicklungsländer überwiegend mit marktwirtschaftlichen Methoden einen Ausweg aus ihrer elenden Lage suchen – manche mit einigem Erfolg. Das Scheitern vieler revolutionärer Bewegungen in diesen Ländern in den siebziger und achtziger Jahren, die geringe Dauerhaftigkeit und Zuverlässigkeit der Bündnisse mit den revolutionierten Staaten und die hohen wirtschaftlichen Kosten und Sicherheitsrisiken konfrontativer Politik mit den westlichen Industriestaaten und China begünstigten außerdem ein Umdenken in der sowjetischen *Weltpolitik*.

3. *Die Umgestaltung des sowjetischen Selbstbildes*

Die sowjetische politische Praxis hat sich seit Jahrzehnten radikaler geändert als das Weltbild der sowjetischen Ideologie, deren Distanz zur sowjetischen wie insbesondere auch außersowjetischen Realität zunahm und schließlich kaum noch in der Lage war, glaubwürdige Bilder von der sowjetischen Wirklichkeit unter den Parteimitgliedern und den übrigen Sowjetbürgern zu erzeugen. Dadurch vergrößerte sich historisch die Kluft zwischen Ideologie und politischer Praxis immer mehr. Politischer Pragmatismus setzte sich oft im Widerspruch zur Ideologie durch oder wurde notdürftig als Taktik legitimiert. Gleichzeitig legte die marxistisch-leninistische Ideologie der praktischen Politik auch immer wieder Fesseln an und engte ihren Handlungsfreiraum ein. Dies wird heute rückblickend auch so in sowjetischer Selbstkritik gesehen. Sie nennt eine Fülle von Beispielen, in denen ideologische Beschränkungen eine Politik veranlaßten, die in Widerspruch zu den wohlverstandenen nationalen Interessen der Sowjetunion geriet.

Für eine realistische, pragmatische Politik war im Zeichen der alten Ideologie nur ein begrenzter Handlungsfreiraum gegeben. Insofern sind die gegenwärtigen Veränderungen im Reiche des (öffentlichen) „Denkens“ weit drastischer als im Reiche des „Handelns“. Glasnost setzt sich leichter durch als Perestrojka. Es ist viel einfacher, „Doktor Schiwago“ zu drucken als Salami herzustellen, wie *A. Sinjavskij* meinte (*Time*, 10.04. 1989: 130).

Statt ausführlich von den Verheißungen der Zukunft zu sprechen, die lange Zeit über die Defizite in der Gegenwart hinwegtäuschen sollten, konzentrieren sich heute viele Energien der Reformbürokratie auf die konkreten Probleme und die Aufgabe, eine Verschlechterung der Situation zu verhindern und die bestehende mangelhafte sozialistische Gesellschaft zu erneuern.

3.1 Die Umkehr der politischen Topographie

Das öffentliche Benennen zahlreicher Mißstände und Strukturmängel in der Wirtschaft und in allen gesellschaftlichen Bereichen verbot es, weiterhin von einer *Vervollkommnung* des Sozialismus zu sprechen. Für die erforderlichen Veränderungen wurde der Ausdruck *Umgestaltung* gewählt, weil das Wort *Reform* nicht nur durch das kommunistische Verständnis von Reformen als bloß kosmetischen Änderungen belastet war, sondern auch durch den Begriff des Reformismus als einer Form des Revisionismus und Rechtsopportunismus, der zum Kapitalismus führe. Außerdem ist im Begriff der Umgestaltung bzw. des Umbaus der Anspruch der zentralen Machbarkeit und Kontrolle von oben treffend ausgedrückt. Nur schrittweise wurde der Begriff der Reform seit 1983 (*Schmidt-Häuer* 1987: 216) wieder in die positiv besetzte Sprache aufgenommen. Gleichzeitig verschwanden traditionelle Anklagebegriffe wie Reformismus und Revisionismus als „rechte Abweichungen" aus dem polemischen Arsenal. Dogmatismus wird hingegen weiterhin extensiv angeklagt, ohne ihn jedoch wie bisher als „linke Abweichung" zu qualifizieren.

1987 proklamierte *M. Gorbačev* in Analogie zu den zweiten und weiteren Revolutionen der bürgerlichen Gesellschaft eine „zweite Revolution" in der Sowjetunion.

Die derzeitige Perestrojka wurde zwar als „*Revolution von oben*" (*revoljucija sverchu*) begonnen, kann aber nach ihren Initiatoren nur dann erfolgreich sein, wenn sie gleichzeitig eine „*Revolution von unten*" (*revoljucija snizu*) auslöst. Diese scheint seit den Märzwahlen 1989 zum Kongreß der Volksdeputierten tatsächlich in Gang zu kommen. Die lange beklagte Apathie der Bevölkerung beginnt zu schwinden. Größere Teile der städtischen Bevölkerung werden nunmehr politisch aktiv. Die Umgestaltung, die durch „*radikale Reformen*" (*radikal'nye reformy*) eine revolutionäre „*Veränderung*" (*preobrazovanie*) (*Gorbačev* 1987b: 49, 54) der Sowjetgesellschaft bewirken soll, will in der Selbstdarstellung die progressiven Ansätze und Impulse der Oktoberrevolution weitertreiben, die sich in den vergangenen sieben Jahrzehnten nicht voll entfalten konnten.

Mit der Diagnose einer Vorkrisensituation und der Therapie einer Umgestaltung wurde erstmals der Freiraum für eine umfassendere Kritik an der Entwicklung und vor allem an den wirtschaftlichen und politischen Strukturen der Sowjetgesellschaft geschaffen. Die neue Kritik beschränkte sich nicht mehr auf Personen wie *Stalin* oder *Chruščev*, auf „Relikte" der vorrevolutionären Gesellschaft und auf „subversive Einmischung" aus dem Ausland, und auch nicht auf recht unspezifische Verhaltensweisen wie „Personenkult" und „Fehler" oder „Subjektivismus" und „Voluntarismus". Sie begann sich nun auf ganze gesellschaftliche Gruppen in der Führung des Landes wie „die Bürokratie" und „aufgeblähte Verwaltungsapparate" oder auf strukturelle Verflechtungen von Staat und Wirtschaft, Partei und Sowjets, Verwaltung und Bürger zu erstrecken. Anstatt ständig ein harmonisches Verhältnis zwischen den Klassen und Schichten, zwischen Arbeiterklasse, Bauernschaft und Intelligenz zu beschwören, wird nunmehr das zentrale Herrschaftsproblem benannt: „Sozialismus ist kein apriorisches theoretisches Schema, nach dem die Gesellschaft sich teilt: in diejenigen, die Befehle geben,

und in diejenigen, die sie befolgen. Ich bin völlig gegen eine derartig vereinfachende und mechanische Auffassung von Sozialismus" (*Gorbačev* 1987b: 24).
Nachdem nunmehr auch offiziell der sozialistische Charakter vieler Elemente der sowjetischen Entwicklung seit den dreißiger oder gar seit Ende der zwanziger Jahre in Frage gestellt wurde, verschob, ja verkehrte sich das traditionelle kommunistische Kategoriensystem von der gesellschaftspolitischen Entwicklung nicht nur der Sowjetunion, sondern der ganzen Welt vollständig.
Wie sehr das traditionelle gesellschaftspolitische Koordinatensystem im vergangenen Jahrzehnt umgeschlagen ist, zeigt sich darin, daß die Reformer erfolgreich traditionelle marxistisch-leninistische Kategorien zu besetzen vermochten. Sie drückten ihren Gegnern Etikette wie „sozialistische Konservative" (erstmals *Bovin* 1987: 9), „Bremser", „Bürokraten", „Gestrige" und „Dogmatiker" – gelegentlich sogar „Rechte" – auf.
In der Sowjetunion sind heute die – nach den alten Kategorien – „Rechten" die dynamischen und offensiven „Revolutionäre" und Systemveränderer, die „Linken" hingegen die in der gesellschaftspolitischen Defensive befindlichen Systembewahrer, die „sozialistischen Konservativen".

3.2 Auf dem Weg zur bürokratischen Demokratisierung

In der Sowjetunion wird zwar bereits öffentlich auch die Leninsche Politik kritisiert, ja selbst in Frage gestellt, daß die Entscheidung zur Oktoberrevolution richtig war. Dies ist jedoch kaum Indiz für eine bevorstehende „*Sozialdemokratisierung*" der KPdSU, sondern spricht allenfalls dafür, daß eine vorsichtige „*bürokratische Demokratisierung*" (*Jahn* 1982: 209) vordem autoritär-diktatorischer, bürokratischer Herrschaft in Gang gekommen ist. Die Reformer sind offenbar gezwungen und bereit, eine beschränkte öffentliche Meinungsvielfalt in der Sowjetgesellschaft zu tolerieren, also die Verbindlichkeit der Partei- und Staatsideologie für die gesamte Gesellschaft aufzugeben. Im Namen des „Volkes" treten sie gegen jegliche „Bürokratie" – verstanden als volksentfremdete Verwalter – gegen „Bürokratismus" und „Formalismus" und gegen „administrative Kommandomethoden" auf.
Mit der neuen Vielfalt an öffentlichen Äußerungen stellt sich für die Analyse der gesellschaftlichen Veränderungen in der Sowjetunion deutlicher als zuvor die Aufgabe, zwischen den gesellschaftspolitischen Vorstellungen in der Parteiführung und in der Mitgliederschaft der Partei, im Staatsapparat und in der Öffentlichkeit zu differenzieren. Mit der Entfaltung von Meinungspluralismus werden nunmehr zahlreiche kontroverse, in den Medien geäußerte Meinungen zugleich auch politisch irrelevanter, können nicht mehr in jedem Falle als mögliche Herolde einer Kursänderung der Partei und der Regierung interpretiert werden.

3.3 Leninismus als eingeschränkte Ideologie

Für das Bemühen, einen modernen Leninismus zu entwickeln, der nur eine begrenzte Toleranz unterschiedlicher Auffassungen aufbringen wird, spricht, daß die bisher in der Partei nicht ernstlich in Frage gestellte gesellschaftliche Monopolstellung und politische Führungsrolle der Partei sich wohl schwer auf eine andere als die leninistische Weise begründen läßt. Auch die Existenz der Räteunion als multinationaler Staat müßte völlig neu begründet werden, würde die Legitimität der Oktoberrevolution und das politische Monopol oder die Hegemonie der Partei von ihrer eigenen Führung in Zweifel gezogen. Insofern wird die Erosion des Marxismus-Leninismus in der Sowjetunion völlig andere Formen als in den westlichen kommunistischen Parteien annehmen, die weder das Monopol einer Regierungsgewalt noch eine staatliche Integrität zu verlieren hatten. Sie findet aber auch in anderer Weise als in den Staaten statt, die sich nationalgeschichtlich legitimieren können wie China, Ungarn oder Polen. Lediglich in der DDR und in Nordkorea, teilweise auch in Jugoslawien, ist die bisherige Parteiideologie die äußerst schwer verzichtbare Grundlage der Staatsräson.

Bloß russisch-national und demzufolge imperial läßt sich die Existenz der Sowjetunion in der heutigen Zeit auf Dauer wohl kaum begründen und bewahren. Dies macht es wahrscheinlich, daß der Leninismus bzw. der Marxismus-Leninismus in der Sowjetunion – im Unterschied zur Situation in anderen Ländern – noch auf längere Zeit eine notwendige Ideologie der Kommunistischen Partei und überwiegend auch des Staates bleibt, auch wenn die Verbindlichkeit für alle gesellschaftlichen Gruppen und auch für Parteilose in den Staatsorganen schrittweise weiter abgebaut wird.

Die augenblickliche Meinungsvielfalt in der KPdSU und auch in ihrer Führung ist wohl nicht nur Ausdruck einer noch ungefestigten neuen Parteilinie, die nach ihrer Konstituierung wieder das unbeschränkte Monopol erlangen soll. Aus einer zentral verordneten und kontrollierten Ideologie soll offenbar eine nur noch zentral koordinierte, flexiblere Ideologie mit nur noch wenigen verbindlichen Kernideologemen (*Buchholz* 1989) werden. Beabsichtigt scheint die dauerhafte Etablierung eines innerparteilichen „Meinungspluralismus" (*XIX. Unionskonferenz* 1988: 96). Dies ist eines der vielen wichtigen, in jüngster Zeit eingeführten neuen Ideologeme, die manche alten in den Hintergrund drängen, ihnen eine neue Bedeutung verleihen oder sie völlig ablösen. Mit ihnen sollen die Reformpolitik und die Toleranz einer gewissen ideologischen Variationsbreite in der Partei und im Staat abgesichert werden.

Die Reduktion der Kompetenzen der Ideologie ist voll im Gange. Religion, Wissenschaft, die Künste werden schrittweise von den marxistisch-leninistischen Vorgaben befreit. Ideologische Aussagen beschränken sich immer mehr auf Aussagen zu einer überschaubaren politisch-gesellschaftlichen Geschichtsperiode, beanspruchen nicht mehr, alle Vorgänge in Natur, Geschichte und Geistesleben erklären zu können.

Der drohende völlige Verlust der Glaubwürdigkeit der marxistisch-leninistischen Ideologie wird heute schonungslos von den Parteiführern öffentlich eingestanden (*Gorbačev* 1988). Der Hinweis darauf dient gleichzeitig als ein Kampfmittel gegen die inneren Parteigegner und zur Durchsetzung gründlicher ideologischer Veränderungen. Die Gorbačevsche Reformpolitik ist weitaus bereiter, mit den vorhandenen Menschen und dem vorhandenen Volk die erforderlichen Veränderungen zu betreiben, anstatt völlig „neue Menschen" bilden zu wollen; dies zwingt sie weit mehr zu einer Erneuerung der Ideologie als zur unveränderten Aufrechterhaltung des – selbstverständlich nach wie vor nicht aufgegebenen – Anspruchs, „den Faktor Mensch" den ökonomischen Bedürfnissen gemäß umzuerziehen und umzuformen. Die Bereitschaft, auf viele tatsächliche Interessen, Bedürfnisse und Sorgen breiter Schichten der Bevölkerung einzugehen, nicht nur die real existierenden Menschen dafür zu tadeln, daß sie nicht den postulierten Idealen des Marxismus-Leninismus entsprechen – was *M. Gorbačev* nach wie vor auch in erheblichem Maße tut –, ist wohl das Geheimnis seines populistischen Politikverständnisses.

3.4 Vom utopischen Kommunismus zur neuen Utopie des Sozialismus

Der Verlust der marxistisch-leninistischen Utopie ist vielleicht unter allen ideologischen Prozessen am weitesten vorangeschritten. Nüchternheit und Realismus sind die neuerdings stark betonten Schlagwörter. Indem die Partei zunehmend die tatsächlichen alltäglichen gesellschaftlichen Probleme zur Sprache bringt, ist der gesamte marxistisch-leninistische Geschichtsschematismus mit der Stufenlehre im Grunde schon heute ohne Lärm in sich zusammengefallen. Je deutlicher die Unvollkommenheiten des real existierenden Sozialismus werden, desto mehr verschwindet die historische Stufenideologie aus dem Sprachgebrauch. Da es heute um die Beseitigung von historischen Altlasten der Gesellschaft, um die Überwindung von Bremsmechanismen geht, ist kaum noch vom zukünftigen Kommunismus die Rede. Aus dem entwickelten Sozialismus ist inzwischen ein „sich entwickelnder" (*Gorbačev* 1987c: 21), ein von schwerwiegenden Strukturmängeln geplagter, in vieler Hinsicht rückständiger, dem Weltstandard – gemeint ist der Standard der kapitalistischen Industriestaaten – hinterher hinkender Sozialismus ohne schmückende Epitheta geworden.

Nachdem bereits *Lenin* die kommunistische Gesellschaft nach der Übergangsperiode der Diktatur des Proletariats in zwei deutlich geschiedene Phasen – *Sozialismus* und eigentlicher *Kommunismus* – gegliedert hatte, was ermöglichte, ökonomische Mängel, soziale Ungleichheit und politische Herrschaft in der jeweiligen Gegenwart als Übergangsphänomene zu qualifizieren, haben seine Nachfolger weitere Etappen und Phasen als Übergangsstufen zum Kommunismus in das Geschichtsschema eingefügt.

So erklärte *Chruščev* 1959 den Aufbau des Sozialismus für abgeschlossen und verkündete den „Aufbau der materiell-technischen Basis des Kommunismus". Später wurde dieses Ziel zurückgenommen und von einem Stadium der „Gestaltung des entwickelten Sozialismus" gesprochen, dem das Stadium des „entwickelten Sozialismus" folge. Innerhalb desselben wurde dann noch ein „reifer Sozialismus" unterschieden.

Wagte das Parteiprogramm *Nikita S. Chruščev*s noch 1961 stolz die Prognose: „die heutige Generation der Sowjetmenschen wird im Kommunismus leben!" (*Meissner* 1962: 244), so rückte der Kommunismus bereits unter *Breznev* in eine unbestimmte, ferne Zukunft. Gleichzeitig wurde die inhaltliche Beschreibung des Kommunismus immer unbestimmter. Zwischenstufen wurden auf Zwischenstufen gehäuft, um gleichzeitig ständigen Fortschritt zu demonstrieren und zu rechtfertigen, daß die proklamierten Ziele nicht erreicht wurden.

Zwar war im revidierten Parteiprogramm der KPdSU vom März 1986, das offenbar in klarer Vorhersicht seines anachronistischen Charakters zum Zeitpunkt seiner Verabschiedung nicht als viertes Parteiprogramm tituliert werden sollte, noch die Rede vom entwickelten Sozialismus und zukünftigen Kommunismus. Aber bald darauf nahm kaum noch jemand in der Sowjetunion Bezug auf dieses Parteiprogramm, das im Westen noch als „Aktionsprogramm Gorbatschows" (*Meissner* 1987) auf den Buchmarkt kam. Die politische und ideologische Entwicklung trieb rasch über die Vorstellungen des Parteiprogramms hinaus. Gegenwärtig ist vom Kommunismus als nachsozialistischer Phase der gesellschaftspolitischen Entwicklung so gut wie keine Rede mehr.

Indem im Zeichen von Glasnost zunehmend zahlreiche wirkliche Probleme der Sowjetgesellschaft offengelegt werden, die sich eher verschärfen, als daß sie kurz vor ihrer endgültigen Lösung dargestellt werden können, erscheint die gegenwärtige sozialistische Gesellschaft immer mehr als eine Gesellschaft, deren *Überlegenheitsanspruch* gegenüber der bürgerlich-kapitalistischen Gesellschaft in Frage gestellt beziehungsweise einem historisch offenen Wettbewerb ausgesetzt ist. Damit sind aber auch die Weichen dafür gestellt, marktwirtschaftliche und parlamentarisch-pluralistische Anregungen aus den westlichen Demokratien aufzugreifen.

Nunmehr wird auch der Sozialismus unter *M. Gorbačev* zunehmend zu einer prinzipiell unerreichbaren Utopie, zu einem Ziel, auf das man sich ständig hinzubewegen bemüht, von dem man aber annimmt, daß man es nie erreichen wird. Von diesem Ziel sind heute nur noch vage Konturen erkennbar, weshalb man auch zunehmend recht unterschiedlicher Meinung sein darf, was eigentlich Sozialismus ist. Dadurch wird Sozialismus in der Sowjetunion aus einer bisher dogmatisch postulierten Realität erneut zu einer säkularen historischen Bewegung, die es erlaubt, sich mit den konkreten Problemen der Gesellschaft im eigenen Lande und weltweit in sozialistischer Absicht und Orientierung auseinanderzusetzen.

Der Verlust der in vielen Schriften kanonisierten marxistisch-leninistischen Utopie vom vollendeten Kommunismus könnte sich somit bei näherem Hinsehen als der Gewinn einer erneuerten, handlungsinspirierenden, nicht länger handlungskommandierenden Utopie eines zwar ewig unvollkommenen Sozialismus erweisen, die gewiß programmatisch bescheidener sein wird als die alte marxistisch-leninistische, dafür aber eine größere Chance bietet, das Leben vieler Menschen in kleinen Schritten menschenwürdiger zu gestalten.

4. *Vom internationalen Klassenkampf zur internationalen Interdependenz*

Das bisherige dichotomische Weltbild des Sowjetkommunismus ist in den letzten Jahren ganz erheblich gelockert worden. War bereits unter *Brežnev* zunehmend von der Einheit des Weltmarkts und der Welt die Rede, obwohl gleichzeitig an der vorherrschenden Vorstellung der beiden antagonistischen Weltsysteme des Sozialismus und

Kapitalismus beziehungsweise Imperialismus festgehalten wurde, so wird unter *M. Gorbačev* die Einheit der Welt und der menschlichen Zivilisation ganz entschieden hervorgehoben. Erstmals seien die allgemeinmenschlichen Interessen angesichts der Gefahr eines nuklearen Holocausts, der Vernichtung aller Lebewesen in einem Nuklearkrieg, reale Interessen. Auch andere globale Gefahren wie Epidemien und Umweltzerstörung bedrohten alle Menschen, nicht nur einzelne Völker oder Klassen. Die Menschheit sitze „in einem Boot".

4.1 Eine, zwei, drei Welten

Diese eine Welt wird als außerordentlich komplex und vielfältig angesehen. Als wichtigste Strukturmerkmale gelten inzwischen die Staaten und Völker, nicht mehr die Gesellschaftssysteme und Klassen. Die Ideologeme des internationalen Klassenkampfes, des die internationale Politik bestimmenden Systemantagonismus, der Verschiebung der Kräfteverhältnisse zugunsten des Sozialismus und der daraus resultierenden „Periode des Übergangs der Menschheit vom Kapitalismus zum Sozialismus" sind inzwischen fast vollständig aus dem Verkehr gezogen, obwohl sie noch im erneuerten Parteiprogramm von 1986 eine gewisse Rolle spielten.

Entsprechend hat der Begriff des *nationalen Interesses* eine dominante Funktion erhalten. Er ist allerdings eingebettet in ein Verständnis von der durch die erwähnten Menschheits- oder Universalinteressen konstituierten wechselseitigen Abhängigkeit der Staaten. Die westlichen Interdependenz-Theorien haben hier offensichtlich einen Einfluß ausgeübt.

Nur noch als Substruktur der einen Welt werden gleichzeitig auch die drei anderen Welten erwähnt: die des Sozialismus, die des entwickelten Kapitalismus und die der Entwicklungsländer. Diese Welten gelten heute jedoch als hochdifferenzierte Gruppen von Staaten. Die Vorstellung von einem geschlossenen Weltsystem der Sozialismus unter Führung der Sowjetunion und einem kaum minder geschlossenen imperialistischen Weltsystem des Imperialismus unter Führung der USA ist so gut wie völlig aufgegeben.

Dennoch wird die gesellschaftspolitische Situation in der Welt nicht statisch gesehen. In den nichtsozialistischen Ländern findet nach sowjetkommunistischer Auffassung nach wie vor Klassenkampf statt, aber nun offenbar nur noch als nationaler Klassenkampf. Aber auch den inneren Widersprüchen in den sozialistischen Ländern wird nunmehr größere Bedeutung beigemessen. Vom proletarischen Internationalismus und entsprechend auch vom sozialistischen Internationalismus ist nur noch wenig zu hören (*Pozdnjakov* 1989: 13).

Insgesamt bewegt sich also das Kapitalismus-Bild in Richtung auf Entradikalisierung seiner inneren Konflikte, das Sozialismus-Bild in Richtung auf Wahrnehmung von Interessendifferenzen und Widersprüchen. Die beiden Welten werden sich ähnlicher in der sowjetischen Wahrnehmung.

4.2 Die neue Offenheit der Geschichte

Von größter Bedeutung ist die stillschweigende Verabschiedung des marxistisch-leninistischen *Geschichtsdeterminismus*, der heute nur noch in Relikten vorkommt. Die Lehre von der Gesetzmäßigkeit des geschichtlichen Übergangs vom Kapitalismus zum Kommunismus wird heute abgelöst von einer verhältnismäßig vagen Lehre vom sozialen Fortschritt und der Reaktion in der Geschichte, wobei das kommunistische Monopol für diesen Fortschritt tendenziell aufgeht in einem weiten Begriff des sozialen und demokratischen Fortschritts. Immer mehr Bedeutung erhält nunmehr der Begriff der „*freien Wahl*" des Gesellschaftssystems für jede Nation, worunter in der Regel in diesem Zusammenhang ein Staatsvolk verstanden wird. Theoretisch schließt die neue Betonung und inhaltliche Füllung des nationalen Selbstbestimmungsrechtes auch die Möglichkeit ein, daß sich eine Nation in einem sozialistischen Staat für eine kapitalistische Marktwirtschaft und eine parlamentarische Demokratie oder eine plebiszitäre Diktatur entscheiden könnte. Aber diese Konsequenz scheint bisher weder ausgesprochen noch dementiert worden zu sein.

Da bislang keine Ausführungen über Verfahrensformen der freien Wahl gemacht werden, außerdem der Kapitalismus und die bürgerliche Demokratie nach wie vor als Formen der Minderheitenherrschaft gelten, bleibt das Postulat der „freien Wahl" des gesellschaftlichen und politischen Systems in dieser Hinsicht völlig unbestimmt. Es hat jedoch bereits heute die Funktion zu akzeptieren, daß große Mehrheiten bzw. dominante Eliten in den nichtsozialistischen Ländern nach sowjetischem Verständnis nichtsozialistische Entwicklungswege beschreiten wollen. Dennoch hält *M. Gorbačev* an dem alten marxistischen Schema der welthistorischen Aufwärtsentwicklung der Menschheit von der Sklavenhaltergesellschaft über den Feudalismus und Kapitalismus zum Sozialismus fest, wenn auch in recht unverbindlicher Weise (*Gorbačev* 1987b: 155).

Ausdruck des neuen Denkens über internationale Interdependenz ist fernerhin die Betonung der Notwendigkeit, den Interessen aller beteiligten Staaten und Nationen, implizite also immer auch derjenigen der herrschenden Machteliten, in der Außenpolitik Rechnung zu tragen und auf einen Interessenausgleich, eine Versöhnung der Interessen und auf Kompromisse hinzuarbeiten. Demgegenüber treten die Sympathien für nationale Befreiungsbewegungen, Demokratisierungsbestrebungen und für Bemühungen um sozialen Fortschritt im Namen eines „nüchternen Realismus", ja sogar von *Realpolitik*, unübersehbar – nunmehr auch theoretisch bzw. ideologisch – in den Hintergrund. Klasseninteressen werden zu Variablen des *Nationalinteresses*. Das Nationalinteresse wird zur dominanten Kategorie der Sicht von den internationalen Beziehungen und zur Leitlinie der Außenpolitik. Begründet wird dies immer wieder ausführlich damit, daß die bisherigen dogmatischen Auffassungen über die gesellschaftspolitische Entwicklung in den verschiedenen Teilen der Welt in vielen Fällen schlicht falsch waren und die sowjetische Außenpolitik auf zum Teil höchst fatale Irrwege führten, die die sowjetischen nationalen Interessen schädigten, aber auch nicht den Sozialismus in der Welt voranbrachten.

5. *Die Veränderung des Bildes von den gesellschaftlichen Verhältnissen in den drei Welten*

Die dargestellte Grundtendenz des Neuen Denkens zeigt sich in zahlreichen bemerkenswerten Neueinschätzungen der gesellschaftlichen, innen- und außenpolitischen Verhältnisse in den einzelnen Staaten. Hier kann es nur darauf ankommen, einige allgemeine Züge der Veränderungen des Bildes von den Staaten der drei Welten nachzuzeichnen.

5.1 Die Welt des Sozialismus

Nach offiziellem sowjetischem Verständnis gibt es nach wie vor lediglich 16 sozialistische Staaten auf der Welt. Als sich der sowjetisch-chinesische Gegensatz in den sechziger Jahren verschärfte, setzte sich die deutliche Unterscheidung zwischen zwei Typen der sozialistischen Staaten durch. Die einen befinden sich im engen wirtschaftlichen und militärischen Bündnis mit der Sowjetunion im Rahmen des Rats für Gegenseitige Wirtschaftshilfe und der Warschauer Vertragsorganisation sowie in bilateralen Vertragsverhältnissen und bilden die „*sozialistische Staatengemeinschaft*" (*socialističeskoe sodružestvo*). Die anderen – die Volksrepublik China, Nordkorea, Jugoslawien und Albanien – gehören nur zum weiteren „*sozialistischen Weltsystem*".
Mit der neuen Betonung der unterschiedlichen nationalen Interessen auch im sozialistischen Weltsystem wird die Klassifikation der sozialistischen Staaten und ihre Abgrenzung von den beiden anderen Welten erheblich aufgelockert. Heute wird nicht mehr nur von verschiedenen *Wegen zum Sozialismus* gesprochen, was ja stets ein bestimmtes, gemeinsames Endziel suggerierte, zu dem alle nationalen Wege hinführen müssen. Nunmehr wird die inhaltliche Bestimmung dessen, was Sozialismus ist, selbst zum Gegenstand nationaler Selbstbestimmung. Die Gemeinsamkeiten der sozialistischen Länder müssen sich danach vermehrt durch – wie auch immer infolge unterschiedlicher nationaler Macht- und Einflußpotentiale asymmetrische – Assoziation und Kooperation zwischen souveränen sozialistischen Staaten ergeben.
Die Tendenz zum ideologisch legitimierten gesellschaftspolitischen *Pluralismus in der sozialistischen Staatenwelt* trägt zum einen sicherlich der Tatsache Rechnung, daß die KPdSU seit Jahrzehnten zunehmend die gesellschaftspolitische und außenpolitische Kontrolle über die anderen sozialistischen Länder verliert. Mochten anfangs noch Illusionen bestehen, daß Titoismus und Maoismus lediglich historisch vorübergehende Abweichungen vom allein wahren Marxismus-Leninismus seien, so hat die Entwicklung der letzten Jahrzehnte gezeigt, daß die nationale Pluralisierungstendenz im Weltkommunismus unaufhaltsam ist. Insofern trägt die neue ideologische Kursbestimmung zum einen lediglich geschichtlich erhärteten Realitäten und Tendenzen Rechnung. Sie schafft aber auch neue politische Handlungsfreiräume mit im wesentlichen vier recht unterschiedlichen und für die Sowjetunion ambivalenten Folgen.
Im Verhältnis zu den sozialistischen Nichtmitgliedern des RGW bedeutet der Kurswechsel eine Aufgabe realer und fiktiver sowjetischer Versuche, die prosowjetischen Kräfte vor allem in den kommunistischen Parteien Chinas und Jugoslawiens gegen die

Parteiführung dieser Länder und ihre Politik zu mobilisieren. Damit wurden wichtige Bedingungen für eine Annäherung und *Normalisierung der Beziehungen* zu diesen Staaten geschaffen, die allerdings auch durch zwischenstaatliche Streitfragen bestimmt werden.

Gegenüber den anderen WVO- und RGW-Staaten bewirkt hingegen die sowjetische Bereitschaft zur größeren Tolerierung anderer Sozialismus-Konzeptionen eine *Lockerung des Bündnisdruckes* und eine weitere außenpolitische Verselbständigung der Bündnispartner, die nicht immer den sowjetischen Interessen entspricht. Im Vergleich zum *status quo ante* bedeutet dies zum Teil eine wachsende Distanzierung von der Sowjetunion. Vor allem im Falle des RGW hat dies gar die Frage nach der längerfristigen Überlebensfähigkeit dieser Organisation aufgeworfen. Beide erwähnten Vorgänge beginnen die schroffe Zweiteilung der sozialistischen Staaten in prosowjetische und antisowjetische oder unabhängige obsolet zu machen und die Unterscheidung zwischen der sozialistischen Staatengemeinschaft und dem sozialistischen Weltsystem abzumildern.

Größere Freiräume für die gesellschaftspolitische Selbstbestimmung der sowjetischen Bündnispartner impliziert nicht nur eine Ermunterung weitergehender Reformpolitik wie derzeit in Ungarn und Polen, sondern erlaubt auch die selbstbewußtere Nichtanpassung einiger regierender kommunistischer Parteien an die sowjetische Gesellschaftspolitik, also eine vorherrschende *Reformverweigerungspolitik* wie zur Zeit vor allem in Rumänien, in der Tschechoslowakei, der DDR und in Kuba.

Für eine Reform des sowjetischen Bündnissystems wäre eine gewisse Angleichung der inneren Reformen in den WVO- und RGW-Staaten unerläßlich. Da die sowjetische Führung immer deutlicher demonstriert, daß sie militärisch-politische Interventions- und Zwangspolitik ausschließen will, wie die diversen Äußerungen zur *Breževn-Doktrin* nahelegen, ohne sie völlig ausschließen zu können, muß sie sich mit der langsamen Wirkung *ökonomisch-politischer Druckmittel* und Beeinflussung, die ideologisch als „*Vorbild-Wirkung*" tituliert werden, abfinden.

Insgesamt führt die gesellschaftspolitische Pluralisierung zwischen und großteils auch in den sozialistischen Staaten zu höchst komplexen, im einzelnen nur äußerst schwer durchschaubaren taktischen und strategischen Allianzen zwischen regierenden und oppositionellen Reformern und Konterreformern beziehungsweise ihren jeweiligen Teilströmungen über die Staatsgrenzen hinweg. Einerseits schottet die größere Selbständigkeit der einzelnen sozialistischen Staaten infolge des Verlustes und der Aufgabe des sowjetischen „Führungsanspruches" die gesellschaftspolitische Dynamik in den einzelnen Ländern von der sowjetischen Entwicklung stärker als in den vergangenen Jahrzehnten ab. Andererseits erhöht die größere Selbständigkeit der sozialistischen Staaten auch das Gewicht ihres Einflusses auf die sowjetische Entwicklung in Richtung auf Reformen oder auf Reformverweigerung. Dabei ist es sicherlich nicht ohne Bedeutung, daß die Reformpolitik in den größten sozialistischen Staaten sich zur Zeit eher wechselseitig verstärkende Impulse gibt, während das internationale Gewicht der Regierungspolitik in der Tschechoslowakei, Rumäniens, der DDR und Kubas vergleichsweise gering ist.

5.2 Die Welt des entwickelten Kapitalismus

Die positivere Bewertung des Kapitalismus, der Marktwirtschaft und der parlamentarischen Demokratie findet im Detail noch zahlreiche gesellschaftspolitische Ausprägungen mit weitreichenden Implikationen für die Außenpolitik. Hierzu gehört die Neubewertung der westlichen konservativen Parteien, insbesondere ihrer Wirtschaftspolitik (*Margaret Thatcher, Ronald Reagan, Ludwig Erhard*). War schon 1969 die Unterscheidung zwischen einer „realistischen", entspannungsbereiten Bourgeoisie und einer „reaktionären", entspannungsfeindlichen Bourgeoisie üblich geworden, so werden grundsätzliche Gegner einer weltweiten Kooperations- und Abrüstungsbereitschaft heute nur noch in verhältnismäßig kleinen, wiewohl einflußreichen „militaristischen Kreisen" und „reaktionären Kräften", etwa des „militärisch-industriellen Komplexes", wahrgenommen. Hiervon werden jedoch heute ausdrücklich die konservativen Parteien und ihre führenden Persönlichkeiten ausgenommen.
Gleichzeitig hat sich die Annäherung an die sozialistischen, sozialdemokratischen und Labour-Parteien insgesamt sowie an einzelne ausgewählte außen- und sicherheitspolitische, zum Teil aber auch schon sozialpolitische Vorstellungen seit der Brežnev-Zeit erheblich intensiviert. Sozialdemokratische politische Konzepte wie das der gemeinsamen Sicherheit oder strukturellen Angriffsunfähigkeit oder aber der betrieblichen Mitbestimmung werden heute rasch aufgegriffen, modifiziert und selbständig weiterentwickelt. Offen wird auch über eine „*Sozialdemokratisierung*" sei es der KPdSU, sei es der Sowjetgesellschaft diskutiert, wie vage die damit verbundenen Vorstellungen auch sein mögen. Wenn heute überhaupt noch über Vorbilder und Modelle des Sozialismus gesprochen wird, so wird der „schwedische Sozialismus" auffällig häufig genannt, ohne daß es bisher in der Sowjetunion zu massiven Revisionismus- und Konterrevolutions-Vorwürfen gekommen ist. Im März 1988 wurde in der Zeitung „Sovetskaja Rossija" allerdings der sich ausbreitende „linksliberale Intelligenzlersozialismus" angeprangert (*Andrejewa* 1988: 11).
Dieselbe Tendenz, die Gemeinsamkeiten einer *umfassenderen Linken* zu beschwören, kommt in Gedankengängen zur Zukunft des internationalen Sozialismus zum Ausdruck. Die Hoffnung auf eine exklusive Wiedervereinigung der kommunistischen Parteien in einer internationalen Organisation – und sei es nur in Form von gelegentlichen Weltkonferenzen – scheint endgültig begraben. Dagegen werden in Verbindung mit der Sozialistischen Internationale Ideen zu einer engeren Zusammenarbeit der umfassenderen Linken geäußert, zu der auch die erwähnten sozialistischen, sozialdemokratischen und Labour-Parteien und ihre Gewerkschaften gerechnet werden (*Krasin* 1988).
Weitere Elemente des neu bestimmten sowjetischen *Kapitalismusverständnisses* sind die Revisionen der Militarismus- und Imperialismus-Begriffe. Waren Militarismus und Imperialismus bislang Wesenseigenschaften des Kapitalismus, zumindest in den großen und mächtigen Staaten, so werden sie nunmehr zunehmend zu nicht unvermeidlichen, historisch jedoch überwindbaren Eigenschaften des Kapitalismus (*Arbatov* 1987: 113). Damit kommen im Grunde unausgesprochen der Imperialismus-Begriff *Hobsons* beziehungsweise der linksliberal-demokratische Militarismus-Begriff zu neuen Ehren.

Auch dieser Schritt der theoretisch-ideologischen Entwicklung in der Sowjetunion wurde historisch länger vorbereitet. Indem der XX. Parteitag der KPdSU im Jahre 1956 bereits das Leninsche Ideologem der Unvermeidbarkeit zwischenstaatlicher Kriege zwischen den Großmächten unter den Bedingungen des Kapitalismus aufgab, schlug er eine Entwicklungsrichtung des soziohistorischen Denkens ein, die in der Brežnev-Ära langsam fortgesetzt und nun unter *M. Gorbačev* beschleunigt vorangetrieben wird.

Ebenfalls 1956 war bereits das Konzept der „*friedlichen Koexistenz*" neu gefaßt worden. Heute wird eine weitere grundsätzliche Änderung des Konzepts vorgenommen. Während die meisten ideologischen Änderungen stillschweigend, ohne ausdrückliche Distanzierung von der vorhergehenden Lehre, vorgenommen werden, so wird die alte Auffassung von der friedlichen Koexistenz als einer Form des Klassenkampfes heute ausdrücklich verabschiedet – offensichtlich vor allem, um auch im Westen eingeschliffene Wahrnehmungen der marxistisch-leninistischen Lehre von der friedlichen Koexistenz auszuräumen.

Friedliche Koexistenz wird damit zu einem allgemeinen Prinzip der zwischenstaatlichen Beziehungen für einen unbestimmbar langen historischen Zeitabschnitt der Existenz von Staaten, ist nicht länger ein taktisch-strategisches Mittel, das in einer vergleichsweise kurzen Übergangsperiode den Sieg über den Kapitalismus herbeiführen soll.

Die Verabschiedung des „*internationalen Klassenkampfes*" aus den zwischenstaatlichen Beziehungen hat zahlreiche weitreichende Folgerungen, die teilweise in der Sowjetunion schon ausdrücklich gezogen wurden, teils mit großer Sicherheit – bei Fortdauer des Reformprozesses – in den kommenden Monaten und Jahren gezogen werden „müssen" – im Sinne unvermeidlicher Logik selbst jeglichen ideologischen Denkens, das theoretische Ansprüche erhebt. Wird friedliche Koexistenz zum Strukturmerkmal eines dauerhaften Staatensystems unabhängig von den jeweiligen nationalen gesellschaftspolitischen Strukturen im Interesse der „Menschheit" und des „Friedens", also nicht länger im Interesse des historischen Siegwillens einer gesonderten Klasse, dann brechen auch alle bisherigen Bemühungen um ein internationales System neuen Typs und ein entsprechendes spezifisch sozialistisches Völkerrecht in sich zusammen. Friedliche Koexistenz wird dann auch zum Prinzip der Beziehungen zwischen sozialistischen Staaten. Die Brežnev-Doktrin läßt sich somit nicht mehr, oder jedenfalls nicht mehr in der alten Weise – also klassenpolitisch – begründen. Sie ließe sich allenfalls sicherheitspolitisch erneut rechtfertigen.

Auch die bereits erwähnten neuen, neuerdings hervorragend betonten Ideologeme wie Interdependenz, nationale Interessen, Polyzentrismus, Kompromiß, Kooperation, sind mehr oder minder notwendige Denkfolgen der ideologischen und politischen Grundsatzentscheidung, die Vorstellung vom baldigen Sieg des Sozialismus über den Kapitalismus im internationalen Klassenkampf fallenzulassen, also das Bild von der gesellschaftlichen Entwicklung der ganzen Welt fundamental zu erneuern, und zwar ganz im Sinne des alten Lieblingsschülers von *Friedrich Engels*, des „Sozialpazifisten" *Eduard Bernstein*.

Ein weiteres Element der neuen Sicht ist eine Relativierung der internationalen Rolle der USA wie der beiden Weltmächte überhaupt. Dies trotz aller Betonung der besonderen Verantwortung der beiden Supermächte und der daraus abgeleiteten Notwendigkeit zur verstärkten Kooperation zwischen der UdSSR und den USA. Auch wenn die USA der Hauptrivale und Partner der Sowjetunion bleiben (*Adomeit* 1988), so wird jedoch gleichzeitig das politische Gewicht der Groß- und Mittelmächte stärker betont als früher, wobei auffällig die Rolle Westeuropas hervorgekehrt wird. Die Bedeutung Japans in der internationalen Politik wird sehr zurückhaltend gezeichnet, obwohl gleichzeitig allgemein davon ausgegangen wird, daß sich das Schwergewicht der Weltökonomie und der Weltpolitik in den nächsten Jahrzehnten und im 21. Jahrhundert in den pazifisch-asiatischen Raum verlagern wird. Dabei wird auch gleichzeitig gesehen, daß mit diesem weltpolitischen Entwicklungsprozeß auch eine innersowjetische Verlagerung des wirtschaftlichen und gesellschaftspolitischen Entwicklungsschwerpunkts von Sowjeteuropa nach Sowjetasien einhergehen wird.

5.3 Die Welt der Entwicklungsländer

Unmittelbar einschneidende praktische Konsequenzen hatte das Neue Denken in der Sowjetunion für manche Entwicklungsländer. Der Rückzug der sowjetischen Truppen aus Afghanistan, die Ankündigung, die Rüstungsexporte nach Nicaragua, Äthiopien und in andere Länder zu kürzen, die sowjetische Kompromißbereitschaft bei Verhandlungen über die Beendigung mehrerer Regionalkonflikte am Persischen Golf, im Nahen Osten, in Angola, im Libyen-Tschad-Konflikt und andere außenpolitische Initiativen werden nur im Zusammenhang mit einer grundlegenden Veränderung der sowjetischen Wahrnehmung der gesellschaftspolitischen Probleme der Entwicklungsländer verständlich.

Seit Ende der fünfziger Jahre war die Dritte Welt das zentrale Gebiet der sowjetischen Konzeption der Weltrevolution und ihrer vielfältigen praktischen – diplomatischen, propagandistischen, ökonomischen und vor allem militärischen – Unterstützung für ausgewählte nationale Befreiungsbewegungen und „national befreite Entwicklungsländer" gewesen. Die behauptete und erwartete Kräfteverschiebung zugunsten des Sozialismus sollte vor allem in der Dritten Welt stattfinden. Die marxistisch-leninistische Geschichtsstufen-Lehre erfand immer neue gesellschaftspolitische Übergangsperioden für die Entwicklungsländer, die man auf dem wie auch immer verschlungenen Wege zum Sozialismus wähnte.

Nunmehr werden die gesellschaftlichen Verhältnisse in den Entwicklungsländern viel nüchterner, differenzierter und realistischer gesehen, nicht nur von einzelnen Wissenschaftlern, wie das bereits in der Spätphase der Brežnev-Ära erkennbar war, sondern auch in den Veröffentlichungen für das breite Publikum und in den politischen Verlautbarungen.

So wird heute zugestanden, daß die Mehrzahl der Entwicklungsländer – und zwar nicht nur die herrschenden Eliten, sondern auch die relevanten oppositionellen Kräfte – eine Lösung ihrer ungeheuren wirtschaftlichen und sozialen Probleme mit Varianten der kapitalitischen Produktionsweise suchen, zum Teil auch unter dem Etikett eines

Sozialismus, der unter Kapitalismus vor allem die Abhängigkeit von den westlichen Industriestaaten versteht.

Heute wird offen ausgesprochen, daß die sowjetische Entwicklungsländerpolitik in vielen Fällen Opfer ihrer eigenen Propaganda und der revolutionären Rhetorik in den Entwicklungsländern geworden sei. Die schematische Klassifikation der Entwicklungsländer habe immer wieder zur Verkennung der komplizierten gesellschaftspolitischen Realitäten, die national außerordentlich verschieden seien, geführt. So sei die Bedeutung revolutionärer Bewegungen – im marxistisch-leninistischen Sinne – in der Dritten Welt häufig überschätzt worden. Außerdem sei sie in den vergangenen Jahren auch tatsächlich noch geringer geworden.

Die bisherige Sicht der Entwicklungsländer wird heute in vielen Fällen nicht nur stillschweigend revidiert, sondern offen kritisiert. Fatale Fehlschläge vergangener sowjetischer Politik wie in Ägypten, Somalia, Afghanistan werden zum Teil auf den dogmatischen Charakter der alten Ideologie zurückgeführt.

Man muß bei mancher scharfen und überzeichneten Kritik an der früheren Politik sicherlich auch reformopportunistische Motive in Rechnung stellen, die blind machen können für andere Faktoren des sowjetischen Entscheidungsprozesses wie unzureichende Informationen, Irrtümer und Unberechenbarkeit der gegnerischen Kräfte, Interessen und Motive.

Zu den wichtigsten Punkten der Kritik an der bisherigen Politik gegenüber den Entwicklungsländern gehört fernerhin, daß die Bedeutung des Militärs, der Rüstung und der militärischen Hilfe der Sowjetunion für den revolutionären Prozeß, für die Schaffung stabiler nationaler und regionaler Entwicklungsprozesse und für den Gewinn von dauerhaften sowjetischen Verbündeten gewaltig überschätzt wurde. Die neuerdings geringere Bewertung des Militärischen in den Entwicklungsländern bildet den theoretischen Hintergrund für die heutige sowjetische Bereitschaft, das militärische Engagement in der Dritten Welt zu verringern und eine neue Entwicklungsländerpolitik einzuleiten, die mehr auf das Mittel politischen und ökonomischen Einflusses (*Fritsche* 1988), der internationalen Konfliktregelung und des Interessenausgleiches auch mit den kapitalistischen Industriestaaten vertraut. Diesen werden berechtigte Interessen an der Rohstoffversorgung und der Aufrechterhaltung historischer, ökonomischer, kultureller und politischer Bedingungen aus der Kolonialzeit zugebilligt, wenn auch gleichzeitig nach wie vor neo-koloniale Charakteristika der kapitalistischen Entwicklungsländerpolitik scharf gegeißelt werden. Allerdings wird auch hier schrittweise der Neokolonialismus aus einer Wesensbestimmung kapitalistischer Entwicklungspolitik zu einer historisch entstandenen und revidierbaren Eigenschaft umgedeutet.

Für die sowjetische Entwicklungsländerpolitik wird verstärkt das Motiv der Befriedigung außenwirtschaftlicher und anderer nationaler Interessen der Sowjetunion selbst ins Argumentationsfeld geführt. Gleichzeitig dient die Berufung auf allgemeinmenschliche Solidarität mit den Hungernden und Kranken in der Dritten Welt dazu, das sowjetische Interesse an einer aktiven wirtschaftlichen Entwicklungspolitik zu begründen. Entwicklungshilfe wird nicht länger als eine ausschließliche Angelegenheit der ehemaligen westeuropäischen Kolonialmächte und der USA, die Wiedergutmachung zu leisten hätten, zurückgewiesen. Die Furcht vor dem kriegsträchtigen Krisen-

potential der Dritten Welt, das auch die Sowjetunion einbeziehen könnte, spielt dabei ebenso eine Rolle wie das Interesse einer Öffnung der Sowjetwirtschaft auch für die südlichen Märkte der Weltwirtschaft. Diese Neuorientierung der sowjetischen Entwicklungspolitik ist mit einer Aufwertung der Rolle der Vereinten Nationen verbunden, insbesondere ihrer wirtschaftspolitischen Sonderorganisationen.
Insgesamt läßt sich zusammenfassen, daß die sowjetische Führung auch die gesellschaftspolitischen Strukturen in der Dritten Welt als wesentlich schwerer veränderbar ansieht als noch vor kurzem, ohne selbstverständlich die sozialistische Revolutionsperspektive völlig aufzugeben. Allerdings werden die progressiven gesellschaftspolitischen Elemente in den krisenhaften Entwicklungen der Dritten Welt heute weitaus skeptischer beurteilt und gleichzeitig die Gefahren unerwünschter Verwicklungen der Groß- und Weltmächte in die lokalen und regionalen Konflikte betont (*Primakov* 1988).

6. *Zur Zukunft der sowjetischen Weltgesellschaftspolitik*

Mit der Differenzierung der gesellschaftspolitischen Positionen in der Sowjetunion wächst auch die Vielfalt der Sichtweisen der außersowjetischen Welt. Allerdings gibt es keine einfache Korrelation von inneren und äußeren gesellschaftspolitischen Vorstellungen. Zum einen ist die Informationsbereitschaft und Differenzierungsfähigkeit bei auswärtigen Angelegenheiten in der Regel geringer als für die Probleme des eigenen Landes. Zum anderen hat die Aufgabe des weltsoziohistorischen Schematismus, nach dem eine grundsätzliche Ähnlichkeit und Annäherung der gesellschaftlichen Grundstukturen in allen Ländern angenommen wurde, die Folge, daß die nationale Verschiedenheit der gesellschaftlichen Verhältnisse stärker berücksichtigt wird. Klassifikationen der Entwicklungsländer verlieren ihre alte Bedeutung.
Dadurch kann aber auch eine Abkoppelung der gesellschaftspolitischen Vorstellungen für das eigene Land von den Vorstellungen erfolgen, die in anderen Ländern als angemessen angesehen werden. Die Betonung der eigenen nationalen Interessen fördert außerdem die Bereitschaft, sich im Namen des neuen Realismus und der Nüchternheit mit den gesellschaftspolitischen Kräften zu arrangieren, die in anderen Ländern das Sagen haben. Der proletarische Internationalismus, die Solidarität und die Unterstützung für die ehemaligen sozialen und politischen Klassenbrüder verkümmert deshalb tendenziell zur bloßen „Sympathie", wie es *M. Gorbačev* in seinem überwiegend für das westliche Publikum geschriebenen Buch ausdrückte (*Gorbačev* 1987b: 197).
Die dargestellten Grundtendenzen der Veränderung der sowjetischen Weltsicht scheinen sich weitgehend unabhängig von den inneren gesellschaftspolitischen Differenzierungen durchzusetzen, auch wenn unübersehbar nach wie vor eher traditionell-orthodoxe und realistische Sichtweisen miteinander konkurrieren. Zweifellos wird das letztliche Obsiegen dieser oder jener gesellschaftspolitischen Richtung in der Sowjetunion auch die Akzente der Weltsicht und der sowjetischen Außenpolitik in mancher Hinsicht verschieben. Aber es spricht viel dafür, daß ein eventueller Sieg der konterreformerischen Kräfte kaum zu einer Restauration der alten Weltsicht führen

wird. Die gründliche Zerstörung alter Mythen und Illusionen nicht nur über die sowjetische Vergangenheit, Gegenwart und Zukunft, sondern über die ganze Welt, die zur Zeit in der Sowjetunion vor sich geht, läßt sich nach mehreren Jahren des öffentlichen Umdenkens nicht mehr rückgängig machen.

Dies gilt vor allem für die äußere Welt, die sowjetische Konterreformer weit weniger in ihrem Sinne verändern könnten als die sowjetische Gesellschaft. Dies spricht dafür, daß der Prozeß der Nationalisierung des sowjetischen Selbstverständnisses und der Verabschiedung von der Perspektive der Weltrevolution sowie die Betonung der nationalen Eigenheiten der gesellschaftlichen Verhältnisse in allen Ländern wohl irreversibel ist. Auch ein Sieg der Konterreformisten in der Sowjetunion, die in vieler Hinsicht eine Wiederherstellung und Stabilisierung der alten Ordnung und damit auch vieler alter Ideologeme über die Sowjetgesellschaft durchsetzen würden, hätten vermutlich keine Restauration des alten Weltbildes zur Folge. Ein entsprechender Versuch hätte außenpolitisch überwiegend nur negative Folgen für die Konterreformer und innenpolitisch kann man zerstörte Illusionen über eine wenig beeinflußbare Außenwelt nicht mehr wiedererzeugen. Der neue Realismus im sowjetischen Denken über die gesellschaftspolitischen Entwicklungen in der Welt hat deshalb große Aussicht, Gemeingut der meisten gesellschaftspolitischen Kräfte in der Sowjetunion zu werden.

Anmerkungen

1 Ideologie im deskriptiven Sinne eines Ideengebäudes, nicht im kritischen Sinne eines falschen Bewußtseins (vgl. *Jahn* 1986a, 359–364).

2 Schien es vor Jahren noch geboten, gegen eine vorherrschende Meinung im Westen, die kommunistischen Regime seien nicht reformfähig (*Simon* 1987: 62), die Relevanz der tatsächlich bedeutsamen Veränderungen in den sozialistischen Ländern seit der Oktoberrevolution hervorzuheben und den Vorwurf des „Optimismus" und „wohlmeinender" Verkennung der Tatsachen in Kauf zu nehmen (*Berner* 1987: 238), wiewohl sie sich stets in dem engen Rahmen der nach 1917 entstandenen Herrschaftsstrukturen bewegten, und die Bedingungsfaktoren einer zukünftigen „bürokratischen Demokratisierung" zu analysieren, die für das Ende der achtziger oder den Anfang der neunziger Jahre prognostiziert werden konnten (*Jahn* 1982: 208–214), so ist es heute wohl angemessen, die Bedeutung der retardierenden Bestimmungsfaktoren des Reformprozesses nicht außer acht zu lassen, und dafür das Odium des „Skeptikers" (*von Beyme* 1987: 137) zu riskieren.

Literaturverzeichnis

Adomeit, Hannes, 1988: Gorbatschows Westpolitik, in: Osteuropa 38, 419–434, 816–834, 1091–1105.

Andrejewa, Nina, 1988: Ich kann meine Prinzipien nicht preisgeben (russ. in: Sovetskaja Rossija 13.03.1988), in: Neues Deutschland, 2./3.4.1988, 11–12.

Andropov, Jurij V., 1983: Učenie Karla Marksa i nekotorye voprosy socialističeskogo stroitel'stva v SSSR, in: Kommunist 3, 9–23.

Arbatov, Georgij A., 1987: Militarizm i sovremennoe obščestvo, in: Kommunist 2, 104–115.

Berner, Wolfgang, 1987: Zur amphibischen Natur sowjetischer Außenpolitik, in: *Gerhard Simon* (Hrsg.), Weltmacht Sowjetunion. Umbrüche, Kontinuitäten, Perspektiven, Köln, 229–244.

Beyme, Klaus von, 1985: Die Sowjetunion in der Weltpolitik, 2. Aufl., München und Zürich.
Bogomolov, Oleg T., 1987: Mir socializma na puti perestrojki, in: Kommunist 16, 92–102.
Bovin, Aleksandr E., 1987: Rezerv pamjati, in: Novoe Vremja 5, 9–10.
Bovin, Aleksandr E., 1988: Novoe myšlenie – novaja politika, in: Kommunist 9, 115–125.
Bräker, Hans, 1988: Moskaus orientalische Frage. Gorbatschow vor einer Zerreißprobe?, in: Osteuropa 38, 783–796.
Buchholz, Arnold, 1989: Diskussionen über die Sowjetideologie, in: Osteuropa 39, 61–67.
Dašičev, Vjačeslav I., 1988: Vostok-zapad: poisk novych otnošenij. O prioritetach vnešnej politiki Sovetskogo gosudarstva, in: Literaturnaja gazeta, 18. maja, 14.
Eichwede, Wolfgang, 1988: Bürgerrechtsbewegung und neue Öffentlichkeit in der UdSSR, in: Osteuropa 38, 18–34.
Fritsche, Klaus, 1989: Dritte-Welt-Politik unter Gorbatschow. Wachsende Rolle der Ökonomie, in: Osteuropa 39, 332–342.
Gorbačev, Michail S., 1986: Političeskij doklad central'nogo komiteta KPSS XXVII s-ezdu KPSS. Doklad General'nogo sekretarja 25 fevralja 1986 goda, in: Kommunist 4, 5–80.
Gorbačev, Michail S., 1987a: O perestrojke i kadrovoj politike partii. Doklad General'nogo sekretarja CK KPSS na Plenume CK KPSS 27 janvarja 1987 goda, in: Kommunist 3, 5–47.
Gorbačev, Michail S., 1987b: Perestrojka i novoe myšlenie dlja našej strany i dlja vsego mira, Moskau.
Gorbačev, Michail S., 1987c: Oktjabr' i perestrojka: revoljucija prodolžaetsja. Doklad General'nogo sekretarja CK KPSS ... 2 nojabrja 1987 goda, in: Kommunist 17, 3–40.
Gorbačev, Michail S., 1988: Revoljucionnoj perestrojke – ideologiju obnovlenija. Rec' General' nogo sekretarja CK KPSS na Plenume CK KPSS 18 fevralja 1988 goda, in: Kommunist 4, 5–31.
Halbach, Uwe, 1988: Sowjetische Nationalitätenproblematik, in: Osteuropa 38, 267–280.
Izyumov, Alexei/Kortunov, Andrei, 1988: The Soviet Union in the Changing World, in: International Affairs 8, 46–56.
Jahn, Egbert, 1982: Bürokratischer Sozialismus: Chancen der Demokratisierung? Frankfurt.
Jahn, Egbert, 1986a: Der Einfluß der Ideologie auf die sowjetische Außen- und Rüstungspolitik, in: Osteuropa 38, 356–375, 447–461, 509–521.
Jahn, Egbert, 1986b: Entwicklungsphasen sozialistischer Systeme, in: *Klaus Ziemer* (Hrsg.), Sozialistische Systeme (Pipers Wörterbuch zur Politik, Bd. 4), München und Zürich, 101–106.
Jahn, Egbert, 1989: Sowjetische Weltpolitik, in: *Manfred Knapp/Gert Krell* (Hrsg.), Einführung in die internationale Politik, München.
Krasin, Jurij A., 1988: Novoe myšlenie vo vzaimootnošenijach kommunistov i social-demokratov, in: Mirovaja ekonomika i meždunarodnye otnošenija 4, 23–33.
Kubálková, Vendulka/Cruickshank, Albert A., 1989: Marxism and International Relations, Oxford und New York.
Meissner, Boris, 1962: Das Parteiprogramm der KPdSU 1903 bis 1961, Köln.
Meissner, Boris, 1987: Das Aktionsprogramm Gorbatschows. Die Neufassung des dritten Parteiprogramms der KPdSU, Köln.
Meyer, Gert (Hrsg.), 1986: Sowjetunion zu neuen Ufern? Dokumente und Materialien zum 27. Parteitag der KPdSU März '86, Düsseldorf.
Mommsen, Margareta/Schröder, Hans-Henning (Hrsg.), 1987: Gorbatschows Revolution von oben. Dynamik und Widerstände im Reformprozeß der UdSSR, Frankfurt und Berlin.
Nolte, Hans-Heinrich, 1979: Gruppeninteressen und Außenpolitik. Die Sowjetunion in der Geschichte Internationaler Beziehungen, Göttingen.
Nowikow, Nikolaj, 1989: Entwicklungen im offiziellen außenpolitischen Denken in der Sowjetunion. Der Wandel einer Ideologie im Überblick (Forschungsstelle Gottstein in der Max-Planck-Gesellschaft), München.
Nye, Joseph S./MacMillan, Whitney (Hrsg.), 1987: How Should America Respond to Gorbachev's Challenge, New York.
Papp, Daniel S., 1985: Soviet Perceptions of the Developing World in the 1980s, Lexington und Toronto.
Pozdnjakov, El'giz A., 1989: Nacional'noe i internacional'noe vo vnešnej politike, in: Meždunarodnaja žisn' 5, 3–14.
Primakov, Evgenij M., 1987: Kapitalizm vo vzaimosvjazannom mire, in: Kommunist 13, 101–110.
Primakov, Evgenij M., 1988: Sovetskaja politika v regional'nych konfliktach, in: Meždunarodnaja žisn' 5, 3–9.

Reiman, Michal u. a. 1987: Frühling in Moskau. Werden Lenins Erben mündig? Osteuropa-Info Nr. 68, Hamburg.
Royen, Christoph, 1988: Osteuropa: Reformen und Wandel. Erfahrungen und Aussichten vor dem Hintergrund der sowjetischen Perestrojka, Baden-Baden.
Sagladin, Wadim, 1989: Zur Umgestaltung und Humanisierung der internationalen Beziehungen, Moskau.
Saivetz, Carol R./Woodby, Sylvia, 1985: Soviet-Third World Relations, Boulder und London.
Schmidt-Häuer, Christian, 1987: Michail Gorbatschow, 5. Aufl., München und Zürich.
Segbers, Klaus, 1989: Die UdSSR im Umbruch: Probleme des Übergangs, in: Dialog 14, 18–43.
Segbers, Klaus, 1989: Der sowjetische Systemwandel, Frankfurt.
Simon, Gerhard (Hrsg.), 1987: Weltmacht Sowjetunion. Umbrüche, Kontinuitäten, Perspektiven, Köln.
Temmen, Horst (Hrsg.), 1987: Michail S. Gorbatschow: „Zurück dürfen wir nicht". Programmatische Äußerungen zur Umgestaltung der sowjetischen Gesellschaft. Eine kommentierte Auswahl der wichtigsten Reden von 1984–1987, Bremen.
Trofimenko, Genrikh, 1988: Towards a new quality of Soviet-American Relations, in: International Affairs 12, 13–25.
Verfassung, 1979: (Grundgesetz) der Union der Sozialistischen Sowjetrepubliken vom 7.10.1977, in: Presseagentur Nowosti '78. Jahrbuch der UdSSR, Moskau.
XIX. Unionskonferenz der KPdSU. Dokumente und Materialien. Bericht, Ansprache und Schlußwort des Generalsekretärs des ZK der KPdSU, Michail Gorbatschow, Entschließungen, Moskau 1988.

Kaderpolitik im Zentrum. Eine sozialstatistische Untersuchung des Elitenwechsels von Breschnew zu Gorbatschow

Eberhard Schneider

1. *Fragestellung*

Kein sowjetischer Parteichef hat in so kurzer Zeit in einem solchen Ausmaß eine personelle Erneuerung vorgenommen wie *Gorbatschow*. Im Durchschnitt wurden zwei Drittel aller Partei-, Staats- und Wirtschaftsfunktionäre aller Ebenen erneuert (*Gorbatschow* 1989). Wie weit geht dort der personelle Wechsel? Ist eine Verjüngung der Führung eingetreten? Sind mehr Frauen in der Führung vertreten? Ist die Überrepräsentation der Russen abgebaut worden? Dominiert das Ingenieurstudium und damit die Erziehung zum Denken in technischen Kategorien weiterhin unter den Führungsmitgliedern? Ist eine Öffnung des Systems auch insofern eingetreten, als mehr Fachelite Zugang zur politischen Führungselite erhalten hat? Haben sich die Karriereverläufe geändert? Welche Bedeutung kommt unter *Gorbatschow* der Patronage zu? Um diese Fragen beantworten zu können, wurden zwei empirische Untersuchungen durchgeführt, welche die Biographien[1] der sowjetischen Führungseliten in der Spätphase *Breschnews* – er starb im November 1982 – (Datenstand 31.12.1980) und nach vierjähriger Amtszeit *Gorbatschows* (Datenstand 31.3.1989) analysieren[2].

2. *Untersuchungsrahmen*

2.1. Elitenbegriff

In der modernen Massendemokratie wird Elite in der Regel von ihrer Funktion her als *Funktionselite* definiert[3]. Funktionseliten sind die „mehr oder weniger geschlossenen sozialen und politischen Einflußgruppen, welche sich aus den breiten Schichten der Gesellschaft und ihrer größeren und kleineren Gruppen auf dem Wege der Delegation und der Konkurrenz herauslösen, um in der sozialen und politischen Organisation des Systems eine bestimmte Funktion zu übernehmen" (*Stammer* 1951: 521). Zum Mitglied der Funktionselite, das prinzipiell jeder werden kann, ist der einzelne „nicht kraft einer exklusiven sozialen Qualität, nicht als Träger vorgegebener kultureller Werte berufen, sondern aufgrund beruflich-fachlicher Fähigkeiten und Leistungen in Hinsicht auf objektive gesellschaftliche und politische Funktionen" (*Stammer/Weingart* 1972: 132). Problematisch bleibt die Frage, auf welche Weise und durch wen Leistungsnormen definiert werden (*Stammer/Weingart* 1972: 144).

Auch wenn sich der Funktionselitenbegriff erst in jüngerer Zeit gegenüber Konzeptionen wie derjenigen, die von persönlichen Qualitäten der Mitglieder von Eliten ausgeht, durchsetzte, wie *G. Endruweit* bemerkt, so stellt er dennoch keine sozialwissenschaftliche Novität dar. *Endruweit* verwendet den Funktionselitenbegriff deshalb als „in der Regel die konkrete Erscheinungsform des Elitenbegriffs" (1986: 33). Im Unterschied zur Konzeption der *Machtelite* (*Mosca* 1950; *Pareto* 1955), die auf individuelle Überlegenheiten der Führungsmitglieder abstellt, erleichtert es eine funktionale Elitenanalyse, auf Fragen nach den Prinzipien der Auslese, des Machterwerbs und der Machtausübung einzugehen.

Wenn der Begriff der Funktionselite auf die Sowjetunion angewandt werden soll, dann kann das nur partiell geschehen, da sich die sowjetische Elitenbildung nach anderen Regeln vollzieht als in pluralistischen Demokratien (*Stammer/Weingart* 1972: 133). Bei der Anwendung auf die bisherige – so muß wohl allmählich hinzugefügt werden – sowjetische Gesellschaft müssen nach *G. Brunner* zwei Merkmale westlicher Funktionseliten ausgeklammert bleiben: Einmal der Aspekt, daß die Führungs- und Vorbildrolle der Elite durch die Beherrschten in der Regel anerkannt wird, zum anderen ein Leistungsbegriff, der Opportunismus und Skrupellosigkeit nicht von vornherein ausschließen will (1978: 111 f.).

In der vorliegenden Studie wurde Elite institutionalistisch – *positional approach* – ermittelt, weder behavioristisch – *decision making approach* oder *issue approach* – noch nach der Reputations- oder Prestigemethode – *reputational approach* – bestimmt. Die institutionsbezogene Methode geht von den Positionsstrukturen aus und schließt von den Entscheidungsbefugnissen, die an bestimmte Positionen gebunden sind auf die Macht der Positionsinhaber. Sie geht von der Annahme aus, daß in entwickelten Gesellschaften die Entscheidungs- und Verfügungsmacht nicht mehr an Personen, sondern an Positionen innerhalb von dauerhaften und anerkannten Herrschaftsordnungen gebunden ist. Zur institutionalistisch erfaßten Elite gehören „alle jene, deren Positionen die Chance in sich tragen, Entscheidungen von Bedeutung für die gesamte Gesellschaft regelmäßig mitzubestimmen" (*Witjes* 1976: 22).

Zur behavioristisch ermittelten Elite gehören demgegenüber alle diejenigen, die tatsächlich erheblichen Anteil an bestimmten Entscheidungen haben. Dieser Ansatz läuft deshalb auf Entscheidungsanalyse hinaus. Entscheidungsprozesse, vor allem von großer politischer Tragweite, sind allerdings häufig für die empirische Sozialforschung kaum zugänglich (*Stammer/Weingart* 1972: 146), was in besonderem Maße für kommunistische Systeme gilt. Bei der Reputations- oder Prestigemethode beurteilen deshalb Experten, welche Personen für einflußreich zu halten sind. Sie sind in ihrer Urteilsbildung auf die von ihnen wahrgenommenen Machtverteilungen angewiesen (*Stammer/Weingart* 1972: 146). Neben dem Perzeptionsproblem stellt sich auch die Frage nach der Gültigkeit und Verläßlichkeit ihrer Einschätzungen (*Witjes* 1976: 24).

2.2. Untersuchter Personenkreis

Die sowjetische Elite unterscheidet *Georg Brunner* (*Brunner* 1977: 138–139) in drei Gruppen:

– die *primären Machtträger:* die Mitglieder und Kandidaten des Politbüros, die Sekretäre des Zentralkomitees (ZK) der KPdSU sowie die Mitglieder des Präsidiums des Ministerrats der UdSSR (ca. 37 Personen);
– die *sekundären Machtträger:* Spitzenfunktionäre des zentralen Parteiapparats, der Streitkräfte, der Sicherheitsorgane, des Justizwesens, der wichtigsten Verwaltungsressorts und Kontrolleinrichtungen sowie einiger gesellschaftlicher Organisationen, die einen direkten Zugang zu den primären Machtträgern besitzen und deshalb Grundentscheidungen maßgeblich beeinflussen können (150–200 Personen);
– die *tertiären Machtträger:* die Mitglieder und Kandidaten des ZK der KPdSU sowie die Mitglieder der Zentralen Revisionskommission der KPdSU, des Ministerrats der UdSSR und des Präsidiums des Obersten Sowjet der UdSSR; diese politische Elite der UdSSR von ca. 520 Personen umfaßt nicht nur die Inhaber zentraler Führungspositionen, sondern auch regionaler Ämter.

Für eine sozialstatistische Untersuchung ist die Gruppe der primären Machtträger zahlenmäßig zu klein. Bei den sekundären Machtträgern bereitet die Individualisierung dieser Positionen und die Ermittlung der biographischen Daten Schwierigkeiten, weil über den vorbereitenden Entscheidungsprozeß wenig bekannt ist und persönliche Faktoren eine große Rolle spielen. So rechnet *Brunner* zu den sekundären Machtträgern auch die unmittelbaren persönlichen Mitarbeiter der Politbüro-Mitglieder, die Stellvertreter wichtiger Minister und Vorsitzender von Staatskomitees sowie die Spitzenvertreter der Berufsverbände.

Deshalb wurde für die Untersuchung ein Personenkreis ausgewählt, der sowohl alle primären als auch einen Teil der sekundären Machtträger umfaßt. Es sind die Spitzenfunktionäre, welche die Führungsentscheidungen für die Sowjetunion in allen Bereichen treffen und für deren unmittelbare Umsetzung verantwortlich sind. Dieser Kreis von weniger als 100 Personen umfaßt auf Parteiseite die Mitglieder (PB-M) und Kandidaten (PB-K) des Politbüros sowie die Sekretäre (ZK-S) und Abteilungsleiter (ZK-A) des Zentralkomitees der KPdSU und auf staatlicher Seite die Mitglieder des Präsidiums des Ministerrats der UdSSR (PR-MIN), also der sowjetischen Regierung, die Vorsitzenden der Ministerräte der Unionsrepubliken (MP-UR) und die Vorsitzenden der Präsidia der Obersten Sowjets, also der Parlamente, der Unionsrepubliken (OS-UR)[4].

Das Sample umfaßte 1980 insgesamt 93 Personen und 1989 78 Personen. Diese Verringerung der Anzahl der Führungsmitglieder ist hauptsächlich darauf zurückzuführen, daß unter *Gorbatschow* alle ZK-Sekretäre bis auf den Sekretär für den militärisch-industriellen Komplex, *Oleg Baklanow*, zugleich Politbüro-Mitglieder oder -Kandidaten sind. Ferner wurde die Anzahl der ZK-Abteilungen – dazu zählen auch die einer ZK-Abteilung gleichgestellten obersten Organe der Politoffiziere, der Politischen Hauptverwaltung der sowjetischen Streitkräfte, und der Chefredaktionen zentraler Parteipublikationen – infolge der von *Gorbatschow* im September 1988 begonnenen Umstrukturierung des zentralen Parteiapparats von 29 auf 18 verringert.

2.3. Eliteanalytisches Modell

Der Analyse liegt das von *Herzog* (*Herzog* 1975: 44–52) für die westdeutsche Gesellschaft erarbeitete eliteanalytische Modell zugrunde. *Herzog* unterscheidet im Prozeß der Bildung politischer Eliten vier Phasen: (1) *Sozialisationsphase,* (2) *Phase der politischen Rekrutierung,* (3) *Phase der politischen Karriere* und (4) *Phase der Elitenrekrutierung.*

Das Sozialisationssystem der ersten Phase besteht nach *Herzog* aus Familie, Jugendgruppen und Bildungsinstitutionen. Das Selektionssystem der Phase der politischen Rekrutierung umfaßt neben dem Parteieintritt die beruflichen Erfahrungen. Mit der Übernahme politisch verantwortlicher Positionen beginnt die dritte Phase; zu deren Selektionssystem gehören: Parteien, das Parlament, der Staatsapparat, Berufe, Verbände, Normen – etwa Parteistatuten, Wahlgesetze. Die Karrierephase ist für den Prozeß der Bildung einer politischen Elite am wichtigsten, denn in ihr entscheidet sich, „wie offen und demokratisch sich in einer Gesellschaft die politische Führungsauswahl vollzieht" (*Herzog:* 51). In dieser Phase findet die *politische Professionalisierung* statt, die nach *Herzog* darin besteht, daß in ihr „spezielle fachliche Interessen entstehen, politische Qualifikationen erworben werden und im Laufe der Zeit eine zunehmende Identifikation mit der politischen Tätigkeit als einer Art Berufslaufbahn stattfindet" (*Herzog:* 51) Die vierte Phase umfaßt die Rekrutierung von Personen aus Vorpositionen in Spitzenpositionen.

Karriere definiert *Herzog* als eine „Sequenz von Positionen", die ein „Individuum sukzessiv durchläuft". Diese Positionen sind gewöhnlich, aber nicht notwendig, in einer „hierarchischen Rangordnung im Hinblick auf Einfluß, Prestige und/oder Einkommen" gestaffelt. Karrieren können „nicht jeweils individuell völlig verschiedenartig verlaufen", denn sie sind bedingt durch die Möglichkeiten, die das jeweilige gesellschaftspolitische System bietet (*Herzog*: 44). Die Karrieren können Muster (*patterns*) von Positionssequenzen bilden, die von verschiedenen Individuen stets in gleicher Weise wiederholt werden. Die Existenz von Karrieremustern setzt allerdings voraus, daß die „institutionell-organisatorischen Strukturen einer Gesellschaft, soweit sie Karrierechancen bedingen, über lange Zeit verhältnismäßig konstant bleiben" (*Herzog*: 45).

Das von *Herzog* auf der Grundlage amerikanischer Arbeiten entwickelte eliteanalytische Modell wurde für die Analyse der sowjetischen politischen Führungselite dahingehend modifiziert, daß als Sozialisationssysteme nur die Bildungsinstitutionen erfaßt wurden. Ferner wurde die politische Rekrutierung auf den Parteieintritt beschränkt und die Phase der politischen Karriere insofern erweitert, als sie alle Karriereschritte umfaßt, weil – wie die Biographien zeigen – die politische Karriere in der Sowjetunion schon sehr früh beginnt, so daß die späteren Spitzenfunktionäre kaum dazu kommen, in ihrem erlernten Beruf zu arbeiten. Unter einem *Karriereschritt* wird der Wechsel von einer Karriereposition in eine andere verstanden, unabhängig davon, wie lange der Funktionär in der Karriereposition verblieben ist. Schließlich wurde das eliteanalytische Modell um eine soziale Hintergrundanalyse – *social background analysis* – ergänzt.

2.4. Zu den Variablen und Untersuchungsmethoden

Die Biographien der sowjetischen Elite wurden nach folgenden Variablen untersucht:
1. Sozialer Hintergrund: Alter, Geschlecht, Nationalität, soziale Herkunft,
2. Sozialisationsphase Bildung: Bildungsniveau, Studienfach, Studienalter und Studienjahre, Studienort,
3. politische Rekrutierung: Jahr der Aufnahme in die KPdSU,
4. Karriereverlauf: Jahr und Ort der einzelnen Karriereschritte,
5. Patronatsbeziehungen,
6. Elitenrekrutierung: Aufnahme in das Zentralkomitee, das Politbüro, das ZK-Sekretariat, das Ministerratspräsidium und in die unionsrepublikanischen Führungspositionen.

Bei den Karrierestationen war zwischen dem Organisations- und dem Funktionsbereich zu unterscheiden. Der Organisationsbereich ist derjenige Apparat, dem ein Funktionär angehört. Demgegenüber ist der Funktionsbereich derjenige Sektor, für den der Funktionär zuständig ist. So gehört der Leiter der ZK-Abteilung für Landwirtschaft und Lebensmittelindustrie zum Organisationsbereich „Partei" und ist zuständig für den Funktionsbereich „Landwirtschaft".
Wegen des kleinen Personenkreises mußten für die statistischen Untersuchungen keine Stichproben ausgewählt werden; es konnte mit der Grundgesamtheit, den Biographien aller erfaßten Personen, gearbeitet werden. An quantitativen Methoden wurden Häufigkeitsverteilungen und Kreuztabellierungen erstellt. Versuchsweise wurden für 1980 ferner hin eine – hier nicht dokumentierte und interpretierte – Faktoren- sowie Clusteranalyse gerechnet (vgl. *Schneider* 1987b: 259–261). Durchgeführt wurden die Analysen mit Hilfe der Statistikprogramme SPSS, SPSS/PC+, OSIRIS III[5]. Die Untersuchung von 1989 wurde sozialstatistisch nicht so umfaßend vorgenommen wie die von 1980, so daß nicht zu allen Ergebnissen von 1980 Vergleichstabellen für 1989 vorliegen.

3. *Ergebnisse der vergleichenden Untersuchung*

3.1. Umfassende Kadererneuerung und deutliche Kaderverjüngung

Die Führungspositionen von Partei und Staat wurden unter *Gorbatschow* zu vier Fünftel neu besetzt. Von den Mitgliedern des Politbüros, das *Gorbatschow* am 11. März 1985 als Generalsekretär übernommen hat, sind außer ihm selbst nur noch *Schtscherbizkij* und *Worotnikow* verblieben. Wenn der Generalsekretär nicht mitgerechnet wird, bedeutet das eine Erneuerungsquote von 82 Prozent (oder 9 von 11). Dem ZK-Sekretariat gehören außer *Gorbatschow* nur noch *Ligatschow* an, was einer personellen Erneuerung von 89 Prozent (oder 8 von 9, ohne *Gorbatschow* mitzurechnen) entspricht. Die Erneuerungsquote bei den ZK-Abteilungsleitern ist nur schwer feststellbar, da deren Ernennungsdaten nicht mitgeteilt werden. Ihre Funktion wird der Öffentlichkeit immer nur dann bekannt, wenn sie in ihrer Eigenschaft als ZK-Abteilungsleiter öffentlich auftreten und dies von der sowjetischen Presse vermerkt wird.

Von den 16 Mitgliedern des Präsidiums des Ministerrats der UdSSR sind 13 (81%) neu. Ähnlich sieht es bei den Unionsrepubliken aus: 13 von 15 (86%) der Vorsitzenden der Ministerräte der Unionsrepubliken und 12 der 15 (80%) der Vorsitzenden der Präsidia der Obersten Sowjets der Unionsrepubliken kamen unter *Gorbatschow* neu in ihr Amt.

Verglichen mit der politischen Führung unter *Breschnew* hat *Gorbatschow* durch deren umfassende personelle Erneuerung eine Verjüngung (vgl. Tabelle 1: Geburtsjahr 1980 und 1989) um zwei bis sieben Jahre erreicht. Während 1980 das Durchschnittsalter der Politbüro-Mitglieder, dem politisch wichtigsten Gremium, bei 70 Jahren lag, beträgt es 1989 nur noch 63 Jahre. Aber nicht immer war ihr Durchschnittsalter so hoch wie in der Spätphase *Breschnews*. Es nahm vielmehr, von gelegentlichen Unterbrechungen abgesehen, kontinuierlich zu von 40 Jahren 1919 über 50 Jahre 1939 und 57 Jahre 1949 auf 61 Jahren 1971 (*Löwenhardt* 1982: 53).

Tabelle 1: Geburtsjahr 1980 und 1989

Personengruppe	Gesamtzahl N	Angaben/Anwendung N	%	Arithm. Mittelwert	Durchschnittsalter bezogen auf 1980 *bezogen auf 1989*
PB-VM	14	14	100,0	1911	69 Jahre
	12	*12*	*100,0*	*1926*	*63*
PB-K	8	8	100,0	1915	65
	8	*8*	*100,0*	*1930*	*59*
ZK-S	10	10	100,0	1912	68
	10	*10*	*100,0*	*1928*	*61*
ZK-A	29	27	93,1	1917	63
	18	*15*	*83,3*	*1928*	*61*
PR-Min	15	15	100,0	1917	63
	16	*16*	*100,0*	*1928*	*61*
MP-UR	14	14	100,0	1922	58
	15	*15*	*100,0*	*1935*	*54*
OS-UR	15	15	100,0	1919	61
	15	*15*	*100,0*	*1930*	*59*
Partei	51	49	96,1	1915	65
	38	*35*	*92,1*	*1927*	*62*
Staat	50	50	100,0	1918	62
	46	*46*	*100,0*	*1931*	*58*
Alle	93	91	97,8	1917	63
	78	*75*	*96,2*	*1929*	*60*

normal 1980
kursiv 1989

3.2. Frauenarme Führung

Unter den sowjetischen Führungsmitgliedern gab es 1980 keine Frau. 1989 gehört dem Politbüro wenigstens als Kandidatin die Stellvertretende Vorsitzende des Ministerrats der UdSSR sowie Vorsitzende des Büros für soziale Entwicklung, *Aleksandra Birjukowa,* an. Auf der Ebene der Unionsrepubliken sind zwei Frauen Vorsitzende der Präsidia ihrer Obersten Sowjets.
Die einzige Frau, die außer *Aleksandra Birjukowa* seit 1919 im Politbüro vertreten war, war von 1956 bis 1957 als Kandidatin und anschließend bis 1961 als Mitglied *Jekaterina Furzewa.* Sie verdankte ihren Aufstieg in das Politbüro den guten Diensten, die sie 1957 *Chruschtschow* geleistet hatte, sowie „ihren nicht nur auf politischem Gebiet engen Beziehungen zum Parteichef" (*Brunner* 1978: 116).

3.3. Überrepräsentation der Russen

Auch unter *Gorbatschow* sind die Russen in den Führungsgremien weiterhin stark über- und die übrigen Nationalitäten völlig unterrepräsentiert. In der Partei stellten die Russen zu Beginn des Jahres 1989 59 Prozent (KPSS 1989: 140). Dagegen stieg in den obersten Parteigremien der prozentuale Anteil der Russen (vgl. Tabelle 2:

Tabelle 2: Nationalität 1980 und 1989

Personengruppe	Gesamtzahl	Angaben/Anwendung		Größte Häufigkeit		
	N	N	%	Wert	N	%
PB-VM	14	14	100,0	Russe	10	71,4
	12	*12*	*100,0*	*Russe*	*9*	*75,0*
PB-K	8	8	100,0	Russe	4	50,0
	8	*8*	*100,0*	*Russe*	*8*	*100,0*
ZK-S	10	10	100,0	Russe	9	90,0
	10	*10*	*100,0*	*Russe*	*8*	*80,0*
ZK-A	29	27	93,1	Russe	24	88,9
	18	*16*	*88,9*	*Russe*	*14*	*87,5*
PR-Min	15	15	100,0	Russe	8	53,3
	16	*16*	*100,0*	*Russe*	*14*	*87,5*
MP-UR	14	14	100,0	Russe	2	14,3
	15	*13*	*86,7*		*keine Häufigkeit*	
OS-UR	15	15	100,0		keine Häufigkeit	
	15	*12*	*80,0*		*keine Häufigkeit*	
Partei	51	49	96,1	Russe	37	75,5
	38	*36*	*94,7*	*Russe*	*30*	*83,3*
Staat	50	50	100,0	Russe	17	34,0
	46	*41*	*89,1*	*Russe*	*16*	*39,0*
Alle	93	91	97,8	Russe	47	51,6
	78	*71*	*91,0*	*Russe*	*40*	*56,3*

1980 normal
1989 kursiv

Nationalität 1980 und 1989) von 1980 auf 1989 bei den Politbüro-Mitgliedern von 71 auf 75 Prozent, bei den Mitgliedern des Präsidiums des Ministerrats der UdSSR von 53 auf 88 Prozent und bei den Politbüro-Kandidaten sogar von 50 auf 100 Prozent. Von den Hauptnationalitäten der Unionsrepubliken waren die Usbeken, Turkmenen, Tadschiken, Kirgisen, Moldauer, Litauer und Esten bisher noch nie im Politbüro als Mitglieder vertreten. Die Funktionäre in den staatlichen Spitzenpositionen der Unionsrepubliken gehören jeweils der Hauptnationalität der Unionsrepublik an.
Die Aufschlüsselung der Karriereschritte nach Nationalitäten ergab 1989 keine bemerkenswerten Unterschiede zu 1980. Die Zugehörigkeit zu einer Nationalität hatte 1980 keinen Einfluß darauf, ob mehr Karriereschritte im Organisationsbereich Partei oder Staat unternommen wurden.
Anders sah es aus bei der Untersuchung der Karriereschritte der Führungsmitglieder von 1980 hinsichtlich der Nationalität und der hierarchischen Ebenen. Dabei ergab sich mit 62 Prozent eine deutliche Dominanz der Russen bei den Karriereschritten auf der zentralen Ebene. Die statistischen Werte (vgl. Tabelle 3: Hierarchische Ebenen

Tabelle 3: Hierarchische Ebenen des Karriereverlaufs nach Nationalitäten 1980

Nationalität	Lokal	Regional	Hierarchische Ebene Unionsrepublik	Zentral	N Zeilen % Spalten %
Russen	257	75	113	537	982
	26,2	7,6	11,5	54,7	100,0
	51,5	50,3	24,2	62,4	49,7
übrige Slawen	66	34	85	124	309
Ukrainer,	21,3	11,0	27,5	40,1	100,0
Weißrussen	13,2	22,8	18,2	14,4	15,6
Asiatische Nationalitäten	53	29	97	59	238
Kasachen, Kirgisen, Tadzhiken,	22,3	12,2	40,8	24,8	100,0
Turkmenen, Usbeker	10,6	19,5	20,8	6,9	12,0
Kaukasische Nationalitäten	46	6	80	51	183
Armenier, Azerbajdzhaner,	25,1	3,3	43,7	27,9	100,0
Georgier	9,2	4,0	17,1	5,9	9,3
Baltische Nationalitäten	57	5	62	59	183
Esten, Letten,	31,1	2,7	33,9	32,2	100,0
Litauer	11,4	3,4	13,3	6,9	9,3
übrige bzw.	20	0	30	31	81
wenn Nationalität	24,7	0,0	37,0	38,3	100,0
unbekannt	4,0	0,0	6,4	3,6	4,1
Alle	499	149	467	861	1976
	25,3	7,5	23,6	43,6	100,0
	100,0	100,0	100,0	100,0	100,0

Chi^2 = 238,078 bei Signifikanzniveau 0,000.
C_{korr} = 0,379.

des Karriereverlaufs nach Nationalitäten 1980) lassen einen gemäßigt starken Zusammenhang zwischen den beiden Variablen Nationalität und hierarchische Ebene dergestalt erkennen, daß die russische Nationalitätszugehörigkeit den Karriereaufstieg günstig beeinflußt.

3.4. Hohes Bildungsniveau

Das Bildungsniveau der sowjetischen Führungsmitglieder ist nach wie vor hoch und hat 1989 – verglichen mit 1980 – sogar noch zugenommen (vgl. Tabelle 4: Bildungsniveau 1980 und 1989). So stieg der Anteil der Hochschulabsolventen bei den Politbüro-Mitgliedern von 71, bei den Politbüro-Kandidaten von 75, bei den ZK-Sekretären von 89 und bei den Vorsitzenden der Präsidia der Obersten Sowjets der Unionsrepubliken von 60 Prozent auf jeweils 100 Prozent. Auch bei den übrigen Führungsmitgliedern beträgt der Anteil der Hochschulabsolventen über 90 Prozent. 1989 sind überdies ein Fünftel (17 von 78) der Führungsmitglieder „Kandidaten der Wissen-

Tabelle 4: Bildungsniveau 1980 und 1989

Personen-gruppe	Gesamt-zahl	Angaben/ Anwendung		Größte Häufigkeit (Angaben/Anwendung = 100 %)		
	N	N	%	Wert	N	%
PB-VM	14	14	100,0	Hochschul-	10	71,4
	12	*12*	*100,0*	abschluß	*12*	*100,0*
PB-K	8	8	100,0	Hochschul-	6	75,0
	8	*8*	*100,0*	abschluß	*8*	*100,0*
ZK-S	10	9	90,0	Hochschul-	8	88,9
	10	*10*	*100,0*	abschluß	*10*	*100,0*
ZK-A	29	28	96,6	Hochschul-	15	53,6
	18	*13*	*72,2*	abschluß	*12*	*92,3*
PR-Min	15	15	100,0	Hochschul-	6	40,0
	16	*16*	*100,0*	abschluß	*15*	*93,8*
MP-UR	14	14	100,0	Hochschul-	10	71,4
	15	*12*	*80,0*	abschluß	*11*	*91,7*
OS-UR	15	15	100,0	Hochschul-	9	60,0
	15	*9*	*60,0*	abschluß	*9*	*100,0*
Partei	51	50	98,0	Hochschul-	32	64,0
	38	*33*	*86,8*	abschluß	*32*	*97,0*
Staat	50	50	100,0	Hochschul-	28	56,0
	46	*37*	*80,4*	abschluß	*35*	*94,6*
Alle	93	92	98,9	Hochschul-	56	60,9
	78	*64*	*82,1*	abschluß	*61*	*95,3*

normal 1980
kursiv 1989

schaften" – entspricht etwa unserer Promotion –, promoviert – entspricht etwa unserer Habilitation –, Professoren oder sogar Korrespondierende beziehungsweise Ordentliche Mitglieder der Akademie der Wissenschaften der UdSSR.

3.5. Dominanz der Ingenieure

Bei den Studienfächern dominierte nach wie vor das Ingenieurstudium (vgl. Tabelle 5: Erstes Studienfach 1980 und 1989): 1989 sind 90 Prozent[6] der Regierungschefs der Unionsrepubliken (1980: 64 %), drei Viertel der Mitglieder des Präsidiums der sowjetischen Regierung (1980: 73 %), knapp zwei Drittel der Politbüro-Kandidaten (1980: 38 %) und die Hälfte der Politbüro-Mitglieder (1980: 64 %) sowie der ZK-Sekretäre (1980: 40 %) Ingenieure. Dagegen überwiegt bei den ZK-Abteilungsleitern mit 31 Prozent (1981: 56 % Ingenieure) und bei den Vorsitzenden der Parlamente der Unionsrepubliken mit 43 Prozent (1980: 40 % Studium an der Parteihochschule) das Landwirtschaftsstudium.

Tabelle 5: Erstes Studienfach 1980 und 1989

Personen-gruppe	Gesamt-zahl	Angaben/ Anwendung		Größe Häufigkeit (Angaben/Anwendung = 100 %)		
	N	N	%	Wert	N	%
PB-VM	14	14	100,0	Ingenieur	9	64,3
	12	*12*	*100,0*	*Ingenieur*	*6*	*50,0*
PB-K	8	8	100,0	Ingenieur	3	37,5
	8	*8*	*100,0*	*Ingenieur*	*5*	*62,5*
ZK-S	10	10	100,0	Ingenieur	4	40,0
	10	*10*	*100,0*	*Ingenieur*	*5*	*50,0*
ZK-A	29	27	93,1	Ingenieur	15	55,6
	18	*13*	*72,2*	*Landwirtschaft*	*4*	*30,8*
PR-Min	15	15	100,0	Ingenieur	11	73,3
	16	*16*	*100,0*	*Ingenieur*	*12*	*75,0*
MP-UR	14	14	100,0	Ingenieur	9	64,3
	15	*10*	*66,7*	*Ingenieur*	*9*	*90,0*
OS-UR	15	15	100,0	Parteiange-gelegenheiten	6	40,0
	15	*7*	*46,7*	*Landwirtschaft*	*3*	*42,9*
Partei	51	49	96,1	Ingenieur	27	55,1
	38	*33*	*86,8*	*Ingenieur*	*15*	*45,5*
Staat	50	50	100,0	Ingenieur	28	56,0
	46	*33*	*71,7*	*Ingenieur*	*23*	*69,7*
Alle	93	91	97,8	Ingenieur	49	53,8
	78	*60*	*76,9*	*Ingenieur*	*32*	*53,3*

1980 normal
1989 kursiv

Das Ingenieurstudium schult das Denken in technischen Problemlösungskategorien. Aus Ingenieuren der Technik können leicht „Ingenieure der Macht“ werden. Es ist vielleicht nicht ganz zufällig, daß *Gorbatschow* und diejenigen Politbüro-Mitglieder, die am deutlichsten das Programm der inneren Umgestaltung, die *„Perestrojka“* vertreten, wie die ZK-Sekretäre *Jakowlew* und *Medwedew* sowie Außenminister *Schewardnadse*, kein Ingenieurstudium absolviert haben.
Während 1980 noch 27 von 93 (29%) eine Parteihochschule absolviert hatten, sind es 1989 nur noch neun von 78 (12%), wenn das gelegentlich durchgeführte zweite Studium mit berücksichtigt wird. Es ist ganz eindeutig, daß Fachwissen gefragt ist und immer weniger durch den Besuch einer Parteihochschule ideologisch abgesichert wird.

3.6. Politische Rekrutierung

Die politische Rekrutierung beginnt mit dem Parteieintritt. Das Parteieintrittsalter ist mit durchschnittlich 24 Jahren 1980 und 1989 unverändert geblieben. Abweichungen zwischen den Spitzenfunktionären der verschiedenen Gruppen der Politbüros ergeben sich für 1989 insofern, als die Mitglieder mit durchschnittlich 24 Jahren Parteimitglied wurden, während die Kandidaten durchschnittlich erst mit 28 Jahren in die KPdSU eingetreten waren. Die politisch höherrangigen Mitglieder des Politbüros wurden also früher rekrutiert als die Politbüro-Kandidaten.

3.7. Patronatsbeziehungen

Beziehungen zwischen einem höherstehenden Patron und dessen Protegés können beim Karriereaufstieg eine wichtige Rolle spielen. Damit sind dauerhafte, personalisierte wechselseitige Beziehungen gemeint, die auch affektiven Charakter haben können (*Willerton* 1979: 161; *Rigby* 1970: 177). In der Sowjetunion sind nach *Shuogo Minagawa* Unsicherheit und Unvorhersehbarkeit einer beruflichen Position die Ursachen für das Entstehen von Patronatsbeziehungen (*Minagawa* 1983: 224). Ähnlich den Patronatsbeziehungen gelten auch für „informelle Gruppen“ Verhaltensregeln, die nicht den dienstlichen hierarchischen Rängen der Gruppenmitglieder entsprechen. Mit Blick auf die staatliche Verwaltung können nach *A. W. Obolonskij* solche informellen Gruppen sowohl aufgrund vergangener gemeinsamer Erfahrungen und ähnlicher Arbeitsauffassungen und außerdienstlicher Interessen als auch aufgrund der Ähnlichkeit der Charaktere und des psychologischen Typs entstehen (*Obolonskij* 1983: 29).
Bei der vorliegenden Analyse der sowjetischen Elite wurden die Karriereschritte dahingehend untersucht, ob sie unter *Protektion* zustande gekommen sind. Dabei wurde so vorgegangen, alle Karriereschritte eines Protegés während des Zeitraums bestehender Patronatsbeziehungen als protegiert einzustufen.
Als Ergebnis stellte sich heraus, daß 44 Prozent aller Karriereschritte der Führungs-

Tabelle 6: Protegierte Karriereschritte nach Organisationsbereichen 1980

Hierarchische Ebene	Partei[a]	Staat[b]	andere	N Zeilen % Spalten %	Karrierschritte insgesamt N	protegiert %
Lokal	76	2	141	219	499	43,9
	34,7	0,9	64,4	100,0		
	17,6	0,8	76,6	25,2		
Regional	65	5	2	72	149	48,3
	90,3	6,9	2,8	100,0		
	15,0	2,0	1,1	8,3		
Unionsrepublik	83	83	18	184	467	39,4
	45,1	45,1	9,8	100,0		
	19,2	32,9	9,8	21,2		
Zentral	208	162	23	393	861	45,6
	52,9	41,2	5,9	100,0		
	48,1	64,3	12,5	45,3		
Alle	432	252	184	868	1976	43,9
	49,8	29,0	21,2	100,0		
	100,0	100,0	100,0	100,0		

[a] Partei = Parteiapparat sowie parteiähnliche Organisationen und Tätigkeiten. – [b] Staat = Exekutive und Legislative.

mitglieder von 1980 mehr oder weniger protegiert wurden (vgl. Tabelle 6: Protegierte Karriereschritte nach Organisationsbereichen 1980). Dieser Prozentsatz bleibt auf allen hierarchischen Ebenen in etwa gleich groß, was darauf hinweist, daß die Patronatsbeziehungen zu Beginn der Karriere aufgenommen werden und über die Jahrzehnte relativ stabil bleiben, vorausgesetzt, der Patron fällt politisch nicht in Ungnade. Die Patronatsbeziehungen formieren sich auf der lokalen und regionalen Ebene vor allem im Parteibereich – parteiähnliche Apparate wie Komsomol und Gewerkschaften mit eingeschlossen –, um sich dann, wenn sie sich gefestigt haben, auf der Ebene der Unionsrepublik auf den staatlichen Bereich auszudehnen.

Bei der Führungselite von 1989 spielten die Patronatsbeziehungen praktisch keine Rolle; lediglich 4 von 78 (5 %) der Führungsmitglieder wiesen eine solche auf. So kannten sich *Gorbatschow* und *Eduard Schewardnadse*, Politbüro-Mitglied und Außenminister, schon Ende der fünfziger Jahre, als *Schewardnadse* Komsomolchef Georgiens und *Gorbatschow* Komsomolvorsitzender des benachbarten Stawropol war. Ferner studierte *Gorbatschow* zusammen mit *Anatolij Lukjanow*, Politbüro-Kandidat und Erster Stellvertretender Vorsitzender des Präsidiums des Obersten Sowjet der UdSSR, Anfang der fünfziger Jahre Jura an der Moskauer Lomonossow-Universität. *Aleksandr Jakowlew*, Politbüro-Mitglied und als ZK-Sekretär Vorsitzender der ZK-Kommission für internationale Fragen, lernte *Gorbatschow* 1983 während seiner Kanada-Reise kennen und schätzen, die *Jakowlew* als damaliger sowjetischer Botschafter in diesem Land vorbereitet hatte. *Jakowlew* wiederum kannte *Wadim Medwedew*, Politbüro-Mitglied und als ZK-Sekretär Vorsitzender der ZK-Kommission für ideologische Fragen, aus der gemeinsamen Tätigkeit in der Propaganda-Abteilung des Zentralkomitees Anfang der siebziger Jahre. Eine wesentliche Rolle bei dem Aufstieg *Gorbatschows* spielte seine persönliche Beziehung zu *Jurij Andropow,* damals Politbüro-Mitglied und Chef des sowjetischen Geheimdienstes KGB. Während seiner nierenleidenbedingter Kuraufenthalte kam *Andropow* im Kaukasus häufiger mit dem damaligen regionalen Parteichef *Gorbatschow* zu gemeinsamen Gesprächen zusammen (vgl. *Poljanski/Rahr* 1986: 78–80).

3.8. Elitenrekrutierung

3.8.1. Zentralkomitee

Das politische Gremium, in welches Funktionäre auf dem Karriereweg zu Spitzenpositionen in der Regel eintreten müssen, ist das Zentralkomitee. Das durchschnittliche Alter, in dem Funktionäre zu Mitgliedern des Komitees berufen wurden, hat 1989 gegenüber 1980 etwas zugenommen und ist von 49 auf 53 Jahre gestiegen. Zwischen den Politbüro-Mitgliedern und den Politbüro-Kandidaten gibt es keinen bemerkenswerten Unterschied im durchschnittlichen Alter beim Eintritt in das Zentralkomitee.

Die 41 ZK-Mitglieder unter den 78 Spitzenfunktionären (53%) rekrutierten sich bei der Führungselite von 1989 zu 46 Prozent (19 von 41) aus dem Parteiapparat (vgl. Tabelle 7: Selbstrekrutierungsgrade der KPdSU 1980 und 1989) und zu 41 Prozent (17 von 41) aus dem Staatsapparat. Die häufigste Karriereposition, in welcher die Spitzenfunktionäre von 1989 in das Zentralkomitee als Mitglieder berufen wurden, war mit 17 Prozent (7 von 41) die des Ersten Gebietsparteisekretärs, gefolgt mit 12 Prozent (5 von 41) vom ZK-Abteilungsleiter. 54 Prozent (22 von 41) wurden auf der zentralen Ebene zum ZK-Mitglied berufen, gefolgt von je 20 Prozent auf der Gebietsbeziehungsweise Republiksebene (jeweils 8 von 41). 61 Prozent (25 von 41) der Spitzenfunktionäre der Partei schafften den direkten Sprung in das Zentralkomitee ohne die Vorstufen der ZK-Kandidatur oder der Mitgliedschaft in der Zentralen Revisionskommission.

Tabelle 7: Selbstrekrutierungsgrade der KPdSU 1980 und 1989*

	1980		1989	
	N	%	N	%
ZK-Mitglieder	36 von 55	65,5	19 von 41	46,3
ZK-Abteilungsleiter	23 von 29	79,3	11 von 14	78,6
ZK-Sekretäre	10 von 10	100,0	7 von 10	70,0
Politbüro-Kandidaten	6 von 8	75,0	2 von 8	25,0
Politbüro-Mitglieder	10 von 14	71,4	8 von 12	66,6

* = Rekrutierung aus Parteipositionen

Die Rekrutierung der Politbüro-Mitglieder von 1989 unterscheidet sich von derjenigen der Politbüro-Kandidaten insofern, als die Hälfte (6 von 12) von ihnen sofort in das Zentralkomitee als Mitglieder aufgenommen wurden, während es bei den Politbüro-Kandidaten nur 38 Prozent (3 von 8) waren. Schon zur Zeit der Aufnahme in das Zentralkomitee kamen die späteren Mitglieder des Politbüros schneller voran. Sie wurden zu einem Drittel (4 von 12) in einer Karriereposition auf der regionalen (Gebiets-) Ebene zum ZK-Mitglied berufen, während in einer regionalen Karriereposition nur ein Viertel (2 von 8) der Politbüro-Kandidaten den Sprung in das Zentralkomitee als Mitglied schaffte. Die späteren Politbüro-Mitglieder von 1989 erhielten demnach etwas häufiger in einer früheren Karrierephase die Möglichkeit zum Eintritt in das Führungsgremium der Partei als die Politbüro-Kandidaten.

Der ZK-Mitgliedschaft der Mitglieder der Staatsführung von 1989 – die Politbüro-Mitglieder und -Kandidaten mit staatlichen Funktionen wurden mitgezählt – liegen teilweise andere *Rekrutierungsmuster* zugrunde. Abgesehen davon, daß nur 21 von 46 (46%) dem Zentralkomitee als Mitglieder angehörten, rekrutierten sich 12 (51%) von ihnen aus dem Regierungs- und 6 (29%) aus dem Parteiapparat. Die häufigste Rekrutierungsposition war mit 24 Prozent (5 von 21) der Erste Gebietsparteisekretär und der Stellvertretende Regierungschef. An zweiter Stelle rangiert mit 19 Prozent (4 von 21) der Stellvertretende Regierungschef der UdSSR. In den Rekrutierungsebenen unterscheiden sich Partei- und Staatsapparat nur geringfügig: Mehr als die Hälfte – 11 von 21 – wurde auf der zentralen Ebene rekrutiert, gefolgt von der Ebene der Autonomen Republiken bzw. Autonomen Gebiete, die rangmäßig zwischen der Gebietsebene und der Ebene der Unionsrepubliken liegen, mit 24 Prozent (5 von 21). 57 Prozent (12 von 21) der Mitglieder der staatlichen Führungselite wurden ZK-Mitglied, ohne vorher ZK-Kandidat oder Mitglied der Zentralen Revisionskommission gewesen zu sein.

Werden die ZK-Mitglieder aus dem Parteiapparat rekrutiert, so handelt es sich um *Selbstrekrutierung*. Dem steht die Rekrutierung von Facheliten aus anderen Apparaten gegenüber, vor allem aus dem Staatsapparat. Der Selbstrekrutierungsgrad lag bei den ZK-Mitgliedern unter der Führungselite von 1980 bei 66 Prozent (36 von 55) und 1989 48 Prozent (20 von 42). Das bedeutet, daß die Bereitschaft gewachsen ist, Fachvertreter in das Zentralkomitee zu kooptieren. Was die Rekrutierungspositionen betrifft, so ist das Häufigkeitsprofil 1980 etwas ausgeprägter als 1989: Die Position eines Ersten Gebietsparteisekretärs dominierte mit 22 Prozent (oder 12 von 55) bei der Führungselite von 1980 etwas deutlicher als bei der Führungselite von 1989 mit 19 Prozent (8 von 42). Am zweithäufigsten wurden die Spitzenfunktionäre in der Position eines ZK-Abteilungsleiters in das Zentralkomitee als Mitglied berufen: 1980 zu 15 Prozent (8 von 55), 1989 zu 12 Prozent (5 von 42).

Etwa ein Drittel ihrer Karriereschritte unternahmen die ZK-Mitglieder der Führungselite von 1980 auf der unionsrepublikanischen Ebene und zwei Drittel auf zentraler Ebene (vgl. Tabelle 8: Hierarchische Ebene des Karriereverlaufs als ZK-Mitglied 1980). Während auf der Ebene der Unionsrepublik die ZK-Mitglieder prozentual etwa gleichviel Karriereschritte in den Organisationsbereichen „Partei" und „Staat" vollzogen, geschah dies auf der zentralen Ebene deutlich häufiger im Organisationsbereich Par-

Tabelle 8: Hierarchische Ebenen des Karriereverlaufs als ZK-Mitglied 1980

Hierarchische Ebene	Partei[a]	Staat[b]	andere	N Zeilen % Spalten %
Lokal	2	0	2	4
	50,0	0,0	50,0	100,0
	2,6	0,0	11,8	2,7
Regional	8	0	0	8
	100,0	0,0	0,0	100,0
	10,4	0,0	0,0	5,4
Unionsrepublik	19	20	4	43
	44,2	46,5	9,3	100,0
	24,7	37,0	23,5	29,1
Zentral	48	34	11	93
	51,6	36,6	11,8	100,0
	62,3	63,0	64,7	62,8
Alle	77	54	17	148
	52	36,5	11,5	100,0
	100,0	100,0	100,0	100,0

[a] Partei = Parteiapparat sowie parteiähnliche Organisationen und Tätigkeiten.
[b] Staat = Exekutive und Legislative.

tei. Auf der unionsrepublikanischen Ebene ist der Zugang zur ZK-Mitgliedschaft demnach offener als auf der zentralen Ebene.

3.8.2. Politbüro

Das mächtigste sowjetische Führungsgremium ist das Politbüro des Zentralkomitees der KPdSU. Die Rekrutierungsmuster für die Kandidatur oder Mitgliedschaft im Politbüro unterscheiden sich bei den Führungseliten von 1980 und 1989 kaum voneinander. Das Durchschnittsalter für die Aufnahme in das oberste Parteiführungsorgan betrug bei der Führungselite von 1980 55 Jahre für die Politbüro-Mitglieder und 57 Jahre für die Politbüro-Kandidaten und bei der Führungselite von 1989 bei beiden Gruppen 57 Jahre. Die Durchschnittsjahre für den Eintritt in die Spitzengremien und -organe der Partei lagen bei den Politbüro-Mitgliedern von 1989 eng beieinander: in das Zentralkomitee als Mitglied 1977, in das Politbüro als Kandidat 1980 (7 von 12 oder 58 %) und in das Politbüro als Mitglied 1984. Ähnlich eng liegen die durchschnittlichen Eintrittsjahre bei den Politbüro-Kandidaten von 1989 beieinander: 1982 für die ZK-Mitgliedschaft und 1987 für die Politbüro-Kandidatur, wobei besonders auffällt, daß 63 Prozent (5 von 8) erst 1988 diese Funktion erhielten. Diese Zahlen verdeutlichen die Dynamik des personellen Erneuerungsprozesses unter *Gorbatschow*.

Diese Entwicklung wird noch deutlicher, wenn die Dauer der ZK-Mitgliedschaft für die Mitglieder und Kandidaten des Politbüros von 1980 und 1989 vor deren Berufung

in dieses oberste Parteiorgan verglichen wird. Für die Politbüro-Mitglieder und -Kandidaten von 1980 war eine längere ZK-Mitgliedschaft erforderlich, für die Kandidaten neun und für die späteren Mitglieder sieben Jahre. Für die Politbüro-Mitglieder und -Kandidaten von 1989 genügten bei den Politbüro-Mitgliedern vor ihrer Berufung zum Politbüro-Kandidaten eine ZK-Mitgliedschaft von drei Jahren und bei den Politbüro-Kandidaten von fünf Jahren. Für die Führungselite sowohl von 1980 als auch von 1989 gilt, daß diejenigen Funktionäre, denen eine weiterführende politische Karriere als Politbüro-Mitglieder bevorsteht, durchschnittlich nach kürzerer ZK-Mitgliedschaft in das Politbüro als Kandidat rekrutiert werden als diejenigen, deren politische Karriere unter Umständen über den Kandidatenstatus nicht hinausreichen wird.
Der Selbstrekrutierungsgrad der Politbüro-Miglieder und -Kandidaten sank von 1980 bis 1989 deutlich: von 71 auf 67 Prozent bei den Mitgliedern und von 75 auf 25 Prozent bei den Kandidaten. Das bedeutet, daß nicht mehr in so starkem Maße wie bisher aus dem Parteiapparat berufen wurde, sondern daß in stärkerem Maße nun auch Spitzenvertreter der anderen Apparate in diesem obersten Führungsorgan vertreten sind. Es entsteht der Eindruck, daß die Politbüro-Kandidatur in stärkerem Maße als bisher für die Aufnahme von Spitzenvertretern aus dem Staatsapparat und sonstigen Nicht-Parteiapparaten vorgesehen ist, während die Politbüro-Mitgliedschaft weitgehend mit der Funktion eines ZK-Sekretärs verbunden ist.
Die Hauptrekrutierungsposition der Politbüro-Mitglieder war 1989 mit 67 Prozent (8 von 12) deutlicher die des ZK-Sekretärs als 1980 mit 36 Prozent (5 von 14). Die relativ häufigste Berufungsposition für die Politbüro-Kandidaten von 1989 war mit 25 Prozent (2 von 8) die des Ersten Stellvertretenden Regierungschefs, allerdings geringer ausgeprägt als die ihrer Amtskollegen von 1980 (Parteichef einer Unionsrepublik mit 50 Prozent oder 4 von 8).

3.8.3. Sekretariat des Zentralkomitees

Die ZK-Sekretäre von 1980 wiesen einen Selbstrekrutierungsgrad von 100 Prozent auf (10 von 10); 1989 sank der Selbstrekrutierungsgrad auf 70 Prozent (7 von 10). Bei den ZK-Abteilungsleitern war der Selbstrekrutierungsgrad 1980 und 1989 mit 79 Prozent (1980: 23 von 29; 1989: 11 von 14, bei vier ZK-Abteilungsleitern war die Biographie nicht bekannt) geringer als bei den ZK-Sekretären von 1980, aber höher als bei den ZK-Sekretären von 1989. Die häufigste Rekrutierungsposition war bei den ZK-Sekretären 1980 wie 1989 mit 40 Prozent (4 von 10) die des ZK-Abteilungsleiters.

3.8.4. Präsidium des Ministerrats der UdSSR

Auch die Funktion eines Mitgliedes des Präsidiums des Ministerrats der UdSSR wies einen gleichbleibenden hohen Selbstrekrutierungsgrad für 1980 von 73 Prozent (11 von 15) und für 1989 von 75 Prozent (12 von 16) auf, der sich allerdings bei einem staatlichen Amt auf eine Position im Staatsapparat bezieht. Die Position eines Mitgliedes des Präsidiums des Ministerrats der UdSSR weist einen hohen Spezialisierungsgrad auf, weswegen seine Mitglieder nur zu 20 Prozent (3 von 15) aus dem Parteiapparat in die Regierungsspitze berufen wurden. Die häufigste Rekrutierungsposition war 1980 wie 1989 die des Ministers der UdSSR mit 40 Prozent (6 von 15) und 38 Prozent (6 von 16).

3.8.5. Unionsrepublikanische Führungspositionen

Anders sah es dagegen 1980 bei den Vertretern der unionsrepublikanischen Spitzenpositionen in der sowjetischen Führungselite aus. Die Hälfte (7 von 14) der Regierungschefs von 1980 und 40 Prozent (6 von 15) der Ministerratsvorsitzenden von 1989 sowie fast gleichbleibend 53 Prozent (8 von 15) der Parlamentspräsidenten der Unionsrepubliken von 1980 und 55 Prozent (6 von 11, da vier Vorsitzende-Positionen nicht besetzt oder die Biographien unbekannt waren) wurden aus Parteifunktionen in ihre Führungsämter berufen. Das kann dahingehend interpretiert werden, daß bewährte Parteikader auf unionsrepublikanischer Ebene, die für zentrale Spitzenpositionen vorgesehen sind, vorher eine weitere wichtige Professionalisierung in Spitzenfunktionen des unionsrepublikanischen Staatsapparats erhalten.

3.9. Besonderheiten der Karriereverläufe

Werden die Karriereschritte nach Organisationsbereichen analysiert (vgl. Tabelle 9: Karriereverlauf nach Organisationsbereichen 1980), so ergibt sich für die Führung von 1980, daß die Mitglieder der Parteielite etwa die Hälfte ihrer Karriereschritte im Parteiapparat unternommen haben. Die Mitglieder des Präsidiums des Ministerrats der UdSSR haben zwar ihre Karriere hauptsächlich im Exekutivapparat zurückgelegt, aber das nur zu etwa einem Viertel ihrer Karriereschritte.

Die Vorsitzenden der Ministerräte sowie der Präsidia der Obersten Sowjets der Unionsrepubliken haben dagegen den größten Teil ihrer Karriereschritte bis zu ihrer Berufung in die Führungselite ebenfalls im Parteiapparat zurückgelegt, und zwar zu 40 beziehungsweise 44 Prozent. Das verdeutlicht, daß die staatlichen Führungspositionen auf der unionsrepublikanischen Ebene hinsichtlich des Zugangs offener sind als auf der zentralen Ebene.

Die Untersuchung der Karriereschritte hinsichtlich des Funktionsbereichs (vgl. Tabelle 10: Karriereverlauf nach Funktionsbereichen 1980) ergibt, daß die Führungselite 1980 prozentual nur halb so viele Karriereschritte im Funktionsbereich „Parteiarbeit" vollzogen, verglichen mit der Anzahl der Karriereschritte im Organisationsbereich „Partei". Das erklärt sich aus der Aufsichtsfunktion des Parteiapparats über parteifremde Funktionsbereiche, von der jetzt *Gorbatschow* durch eine stärkere Abgrenzung der Funktionen von „Partei" auf der einen und „Staat" bzw. „staatlich gelenkte Wirtschaft" auf der anderen Seite abrücken will. Die Partei soll nur die politische Füh-

Tabelle 9: Karriereverlauf nach Organisationsbereichen 1980

Personen-gruppe	Gesamt-zahl	Karriere-schritte = 100 %	Größte Häufigkeit			2. größte Häufigkeit			3. größe Häufigkeit		
			Wert	N	%	Wert	N	%	Wert	N	%
PB-VM	14	399	Parteiapparat	208	52,1*	Staatsapparat: Legislative	77	19,3	Militär (incl. Wehrdienst)	22	5,5
PB-K	8	184	Parteiapparat	78	42,4*	Staatsapparat: Legislative	43	23,4	Staatsapparat: Exekutive, Komsomolapparat	je 10	je 5,4
ZK-S	10	283	Parteiapparat	147	51,9*	Staatsapparat: Legislative	54	19,1	Staatsapparat: Exekutive	15	5,3
ZK-A	29	539	Parteiapparat	266	49,4*	Staatsapparat: Legislative	107	19,9	Wissenschaft	35	6,5
PR-Min	15	222	Staatsapparat: Exekutive	62	27,9*	Parteiapparat	57	25,7	Staatsapparat: Legislative	34	15,3
MP-UR	14	291	Parteiapparat	117	40,2	Staatsapparat: Legislative	58	19,9	Staatsapparat: Exekutive	40	13,7*
OS-UR	15	360	Parteiapparat	159	44,2	Staatsapparat: Legislative	101	28,1*	Staatsapparat: Exekutive	29	8,1
Partei	51	1130	Parteiapparat	546	48,3*	Staatsapparat: Legislative	228	20,2	Staataapparat: Exekutive	58	5,1
Staat	50	1032	Parteiapparat	399	38,7	Staatsapparat: Legislative	223	21,6*	Staatsapparat: Exekutive	141	13,7*
Alle	93	1976	Parteiapparat	873	44,2	Staatsapparat: Legislative	415	21,0	Staatsapparat: Exekutive	184	9,3

* Organisationsbereichskonformer Karriereverlauf = Selbstrekrutierungsgrad.

Tabelle 10: Karriereverlauf nach Funktionsbereichen 1980

Personen-gruppe	Gesamt-zahl	Fälle insgesamt = 100 %	Größte Häufigkeit Wert	N	%	2. größte Häufigkeit Wert	N	%	3. größte Häufigkeit Wert	N	%
PB-VM	14	163	Parteiarbeit/** Parteiapparat	39	23,9*	Legislative	16	9,8	Außenpolitik	12	7,4
PB-K	8	74	Parteiarbeit/ Parteiapparat	16	21,6*	Agitation und Propaganda	7	9,5	Legislative	5	6,8
ZK-S	10	130	Parteiarbeit/ Parteiapparat	37	28,5*	Legislative	10	7,7	Komsomol und Jugendfragen	8	6,2
ZK-A	29	232	Parteiarbeit/ Parteiapparat	51	22,0*	Komsomol und Jugendfragen, Verteidigung (incl. Wehrdienst)	je 12	je 5,2	Presse/ Periodica/ Medien	9	3,9
PR-Min	15	79	Regierungstätigkeit/Staatl. Wirtschaftslenkung	11	13,9*	Parteiarbeit/ Parteiapparat	10	12,7	Bauwesen	6	7,6
MP-UR	14	122	Parteiarbeit/ Parteiapparat	21	17,2	Regierungstätigkeit/Staatl. Wirtschaftslenkung	13	10,7*	Landwirtschaft	12	9,8
OS-UR	15	166	Parteiarbeit/ Parteiapparat	38	22,9	Legislative	19	11,4*	Landwirtschaft	14	8,4
Partei	51	484	Parteiarbeit/ Parteiapparat	104	21,5*	Verteidigung (incl. Wehrdienst)	28	5,8	Komsomol und Jugendfragen	26	5,4
Staat	50	454	Parteiarbeit/ Parteiapparat	88	19,4	Landwirtschaft	33	7,3	Regierungstätigkeit/Staatl. Wirtschaftslenkung	30	6,6*
Alle	93	855	Parteiarbeit/ Parteiapparat	175	20,5	Landwirtschaft	51	6,0	Verteidigung (incl. Wehrdienst)	50	5,8

* Funktionsbereichskonformer Karriereverlauf.

** Incl. Parteiinstitute u. -schulen, Politschulungen der Armee, Beziehungen zu anderen kommunistischen Parteien.

rungsfunktion übernehmen und die operative Arbeit den speziellen Verwaltungen überlassen, die dann allerdings die eventuell mangelhafte Umsetzung der politischen Führungsentscheidungen der Partei auch zu verantworten haben. Dies würde die Partei auch der unmittelbaren Verantwortung für Fehlentscheidungen entheben.
Die Analyse der Karriereschritte nach hierarchischen Ebenen (vgl. Tabelle 3) ergab, daß von den damaligen Führungsmitgliedern auf lokaler Ebene – Fabrik, Institut, Stadtbezirk, Ort – relativ viele Karriereschritte unternommen wurden (25 %), um die Karriereausgangsposition zu finden. Die regionale Ebene (Gebiet) war eher eine Durchgangsstation mit 8 Prozent aller Karriereschritte. Auf der unionsrepublikanischen Ebene – mit 24 Prozent aller Karriereschritte – und noch stärker auf der zentralen Ebene – mit 44 Prozent aller Karriereschritte – erfolgte dann die Professionalisierung, bis die Führungspositionen erreicht waren. Für den Karriereaufstieg ist demnach die zentrale Ebene wichtiger als die unionsrepublikanische und diese wiederum wichtiger als die Gebietsebene.

4. Resümee

Die Untersuchung verfolgte zwei Hauptfragen: Gibt es eine starke Differenzierung der Karriereverläufe der politischen Elite? Sind Veränderungen in der Kaderauswahl unter *Gorbatschow* gegenüber der Spätphase *Breschnews* eingetreten?
Wie sich zeigte, bestehen nicht nur unterschiedliche Karriereverläufe für Partei- und die Staatsfunktionäre, sondern sogar innerhalb des jeweiligen Apparats, wie beispielsweise bei den unionsrepublikanischen staatlichen Spitzenpositionen. Das ist nicht nur Ausdruck einer starken Differenzierung der verschiedenen Elitegruppen, sondern auch einer gewissen Abschottung der einzelnen Führungsapparate. Neu ist die zunehmende Differenzierung zwischen Karrieren von Mitgliedern und von Kandidaten des Politbüros.
Unter *Gorbatschow* sind bei der Elitenauswahl gewisse Veränderungen eingetreten:
- Die Führungselite, vor allem die der KPdSU, hat sich deutlich verjüngt.
- Für den Karriereaufstieg haben die Patronatsbeziehungen nicht mehr die Bedeutung wie unter *Breschnew*.
- Der Selbstrekrutierungsgrad der Spitzenpositionen der Partei ist durch die stärkere Kooptation von Mitgliedern der Facheliten zurückgegangen, was eine gewisse Öffnung des Zugangs zu den Parteiämtern bedeutet.

Geblieben sind:
- die deutliche Benachteiligung der Frauen bei der Besetzung von Führungspositionen,
- die Bevorzugung von Russen bei der Besetzung von Spitzenpositionen in der Partei und im Präsidium des Ministerrats der UdSSR,
- der hohe Anteil von Ingenieuren, die in technischen Kategorien zu denken erzogen worden sind, bei der Besetzung von politischen Spitzenpositionen.

Die weitgehende personelle Erneuerung der politischen Elite und die gewisse Öffnung der Parteiführungspositionen für Vertreter der Facheliten sind gute Voraussetzungen für das Gelingen der *Perestrojka*, aber nicht deren Garantie. Entscheidend dafür sind die politisch-inhaltlichen Positionen, die von der Elite vertreten und durchgesetzt werden und die nicht Gegenstand dieser Untersuchung waren.

Anmerkungen

1 Als Quellen für die Biographien dienten: Archiv des Bundesinstituts für ostwissenschaftliche und internationale Studien in Köln – Deputaty Verchownogo Soweta SSSR, Moskau (verschiedene Jahrgänge) – Iswestija ZK KPSS, Moskau, Nr. 1 und 2, 1989 – *Rahr, Alexander* (Hrsg.), A Biographic Directory of 100 Leading Soviet Officials. München, Radio Liberty Committee (verschiedene Jahrgänge) – *Schulz-Torge, Ulrich* (Hrsg.), Datenbank „Die Führung der UdSSR in Partei, Staat, KGB und Militär", Bonn 1988/89.

2 Nicht berücksichtigt werden konnten deshalb die Beförderungen der beiden Führungsmitglieder *Walentin Falin* und *Witalij Massol* zu Mitgliedern des Zentralkomitees am 25.4.1989.

3 Vgl. ausführlich *Schneider* 1981: 1–13.

4 Zu den erfaßten Institutionen:
Das *Politbüro* wird nach dem Statut der KPdSU von 1986 (Artikel 31–38 des Statuts der KPdSU, in Pravda 7.3.1986, deutsch in: *Schneider* 1987a: 201–220) vom Zentralkomitee zur Leitung der Parteiarbeit zwischen seinen mindestens halbjährigen Plenartagungen gewählt. Die Mitglieder des Politbüros unterscheiden sich von seinen Kandidaten insofern, als die Kandidaten zwar an den Politbüro-Sitzungen teilnehmen und dort auch reden können, aber über kein Stimmrecht verfügen. Dem Politbüro gehörten Ende März 1989 als Mitglieder an: der Generalsekretär und Vorsitzende des Präsidiums des Obersten Sowjet der UdSSR *Michail Gorbatschow*, der ZK-Sekretär für Fragen der internationalen Politik *Aleksandr Jakowlew*, der ZK-Sekretär für Agrarpolitik *Jegor Ligatschow*, der ZK-Sekretär für Ideologie *Wadim Medwedew*, der ZK-Sekretär für den agro-industriellen Komplex *Wiktor Nikonow*, der sowjetische Regierungschef *Nikolaj Ryschkow*, der ZK-Sekretär und Stadtparteichef von Moskau *Lew Sajkow*, Außenminister *Eduard Schewardnadse*, der Parteichef der Ukraine *Wladimir Schtscherbizkij*, der ZK-Sekretär für Fragen der Rechtspolitik *Wiktor Tschebrikow* und der Vorsitzende des Obersten Sowjets der RSFSR *Witalij Worotnikow*. Als Kandidaten, also ohne Stimmrecht, sind im Politbüro vertreten: die Stellvertretende Regierungschefin *Aleksandra Birjukowa*, Verteidigungsminister *Dmitrij Jasow*, der Erste Stellvertretende Parlamentspräsident der UdSSR *Anatolij Lukjanow*, der Erste Stellvertretende Regierungschef der UdSSR und Vorsitzende des Staatlichen Plankomitees *Jurij Masljukow*, der ZK-Sekretär für Fragen des Parteiaufbaus und der Kaderpolitik *Georgij Rasumowskij*, der Parteichef des Gebietes von Leningrad *Jurij Solowjow*, der Stellvertretende Regierungschef und Ständige Vertreter der UdSSR beim Rat für gegenseitige Wirtschaftshilfe *Nikolaj Talysin* sowie der Regierungschef der RSFSR *Aleksandr Wlassow*.
Zur Leitung der laufenden Geschäfte der Partei wählt das Zentralkomitee ein *Sekretariat*. Das *Zentralkomitee*, das höchste Organ der Partei zwischen den alle fünf Jahre stattfindenden Parteitagen und eine Art Parteiparlament, wird von den Parteitagsdelegierten gewählt. Seine Kandidaten nehmen an Plenartagungen des Zentralkomitees teil und haben auf diesen Redemöglichkeit, aber kein Stimmrecht. Die *ZK-Abteilungen* unterstehen den ZK-Sekretären und sind praktisch die „Ministerien" der Partei für die operative Parteiarbeit in den verschiedenen Bereichen.
Zu den Mitgliedern des *Präsidiums des Ministerrats* gehören der Regierungschef, seine beiden Ersten Stellvertreter, seine elf Stellvertreter sowie der Finanzminister und der Geschäftsführer der sowjetischen Regierung. Da zum *Ministerrat* der UdSSR etwa 100 Minister und Staatskomiteevorsitzende gerechnet werden, kommt seinem Präsidium eine besondere Bedeutung zu.
Die Regierungschefs und die Parlamentspräsidenten der *Unionsrepubliken* sind kraft ihres Amtes zugleich Mitglieder der zentralen Führungselite als Mitglieder der sowjetischen Regierung bzw. als Stellvertretende Vorsitzende des Präsidiums des Obersten Sowjet der UdSSR. Auf diese Weise konnte in den Kreis der zu erfassenden Personen auch unionsrepublikanische Spitzenfunktionäre mit einbezogen werden, die zugleich zentralen staatlichen Organen angehören.

Dies gilt nur für unionsrepublikanische Spitzenämter des staatlichen Bereichs. Die Parteichefs der Unionsrepubliken gehören nicht automatisch dem Politbüro des ZK der KPdSU an. Das ist nur bei den Parteichefs wichtiger ausgewählter Unionsrepubliken der Fall.

5 Die Computerläufe wurden 1981 unter Leitung von Prof. Dr. *William Welsh* im Laboratory for Political Research der University of Iowa in Iowa City und 1989 unter Leitung von *Dietmar Schirmer* am Institut für Innenpolitik und Komparatistik im Fachbereich Politische Wissenschaft der Freien Universität Berlin durchgeführt. Die Ergebnisse der Analyse von 1981 wurden ausführlich dargestellt in: *Schneider* 1982; 1987b. Eine Kurzfassung der Resultate wurde veröffentlicht in: *Schneider, Eberhard,* 1982: Die zentrale politische Führungselite der UdSSR. Bericht über eine empirische Untersuchung, in: Politische Vierteljahresschrift, 3, 346–359.

6 Nicht immer liegen bei allen Variablen für alle Personen Angaben vor. So gibt es Informationen über das Studienfach der Vorsitzenden der Ministerräte nur für 10 der insgesamt 15 Personen. Die Prozentrechnungen basieren jeweils auf den validen Angaben.

Literaturverzeichnis

Brunner, Georg, 1977: Politische Soziologie der UdSSR. Teil II, Wiesbaden.

Brunner, Georg, 1978: Die soziologische Struktur der politischen Elite, in: *Meissner, Boris, u.a.* (Hrsg.), Einparteiensystem und bürokratische Herrschaft in der Sowjetunion, Köln, 109–136.

Endruweit, Günter, 1986: Elite und Entwicklung. Theorie und Empirie zum Einfluß von Eliten auf Entwicklungsprozesse, Frankfurt/M., Bern, New York.

Gorbatschow, Michail Sergejewitsch, 1989: Rede vor Leitern der Massenmedien am 29. März 1989, in: Pravda, Moskau, 31.3.1989.

Herzog, Dietrich, 1975: Politische Karrieren. Selektion und Professionalisierung politischer Führungsgruppen, Opladen.

KPSS 1989: KPSS w zifrach, in: Iswestija ZK KPSS, Moskau, 2, 138–142.

Löwenhardt, John, 1982: The Soviet Politburo, Edinburgh.

Minagawa, Shuogo, 1983: Political Clientelism in the USSR and Japan: A Tentative Comparison, in: *Rigby, T.H./Harasymiw, B.* (Hrsg.), Leadership Selection and Patron Client Relations in the USSR and Yugoslavia, London, Boston, Sidney, 200–228.

Mosca, Gaetano, 1950: Die herrschende Klasse. Grundlagen der politischen Wissenschaft, München.

Obolonskij, A.W., 1983: Formalnyje i neformalnyje gruppy w apparate gosudarstwennogo uprawlenija, in: Sowetskoje gosudarstwo i prawo, Moskau, H. 5, 28–35.

Pareto, Vilfredo, 1955: Allgemeine Soziologie, Tübingen.

Poljanski, Nikolai/Rahr, Alexander, 1986: Gorbatschow: Der neue Mann, München.

Rigby, T.H., 1970: Soviet Leadership: Towards a Self-stabilizing Oligarchy?, in: Soviet Studies, Glasgow, Vol. XXII, H. 2, 167–191.

Schneider, Eberhard, 1981: Die sowjetische politische Elite. Ein Literaturbericht. Köln (Berichte des Bundesinstituts für ostwissenschaftliche und internationale Studien, Nr. 21/1981).

Schneider, Eberhard, 1982: Die zentrale politische Führungselite der UdSSR. Eine empirische Untersuchung. Teil I: Sozialer Hintergrund und Bildung. Teil II: Karriereverlauf und Patronatsbeziehungen, Köln (Berichte des Bundesinstituts für ostwissenschaftliche und internationale Studien, Nr. 14/1982 und 15/1982).

Schneider, Eberhard, 1987a: Moskaus Leitlinie für das Jahr 2000. Neufassung von Programm und Statut der KPdSU, München.

Schneider, Eberhard, 1987b: Veränderungen in der politischen Führungselite der Sowjetunion in der Spätphase Breschnews, in: *Voigt, D.* (Hrsg.), Elite in Wissenschaft und Politik, Berlin, 239–279.

Stammer, Otto, 1951: Das Eliteproblem in der Demokratie, in: Schmollers Jahrbuch für Gesetzgebung, Verwaltung und Volkswirtschaft, Berlin, 71, 513–540.

Stammer, Otto/Weingart, Peter, 1972: Politische Soziologie, München.

Willerton, Jr., John P., 1979: Clientelism in the Soviet Union. An Initial Examination, in: Studies in Comparative Communism, Los Angeles, Vol. 12, H. 2/3, 159–183.

Witjes, Cl. Winfried, 1976: Gewerkschaftliche Führungsgruppen. Eine empirische Untersuchung zum Sozialprofil, zur Selektion und Zirkulation sowie zur Machtstellung westdeutscher Gewerkschaftsführungen, Berlin.

Sozialistischer Paternalismus. Strategien konservativen Systemmanagements am Beispiel der Deutschen Demokratischen Republik

Gerd Meyer

1. Die Leitthese

Die Leitthese dieser interpretativen Studie lautet: Auf der Grundlage des bürokratischen Herrschaftssystems hat sich in der Deutschen Demokratischen Republik seit Beginn der siebziger Jahre der sozialistische Paternalismus als Strategie konservativen Systemmanagements verstärkt entwickelt. Vor allem seit dem VIII. Parteitag der Sozialistischen Einheitspartei Deutschlands 1971, im Zuge der Realisierung der „Hauptaufgabe" bei der „Gestaltung des entwickelten Sozialismus" und gestützt auf die Leitformel der „Einheit von Wirtschafts- und Sozialpolitik", bildete sich der sozialistische Paternalismus der SED als systemspezifische Strukturvariante bürokratischer Herrschaft in der zweiten Phase der Industrialisierung („wissenschaftlich-technische Revolution" und „Intensivierung") heraus. Vor allem eine umfassende Fürsorgepolitik – „soziale Sicherheit und Geborgenheit" – von Staat und Partei, die Ausweitung integrativer politischer Partizipations- und Identifikationsangebote und die Duldung loyalitätssichernder Arrangements zwischen Bürgern und Machtelite kennzeichnen diese Strategie flexibel-autoritärer Systemstabilisierung mit wohlfahrtsstaatlichen Zügen. Sie soll nicht nur die Ziele des Parteiprogramms einlösen, sondern auch Motivations-, Leistungs- und Legitimationsdefizite des politischen Systems, die wachsenden Konfliktpotentiale und den Reformdruck in dieser sozialistischen Industriegesellschaft bewältigen helfen.

2. Das Konzept des sozialistischen Paternalismus

Bisher gibt es nur vereinzelte Ansätze, den Begriff des Paternalismus für die politische Soziologie und die Politikwissenschaft zu definieren und fruchtbar zu machen (*Sennet* 1980; *Kleinig* 1983). Erstmals und differenzierter für sozialistische Systeme bestimmte *Féher* (1982, 1983) den Paternalismus als *spezifisches Legitimationsmuster der Nach-Stalin-Ära*. Der Paternalismus diene als eine neue Art der Machtausübung und Herrschaftssicherung, indem er totale Willkür abschaffe und ein bestimmtes Maß an sozio-ökonomischer Sicherheit garantiere. Dieses undemokratisch-autoritäre System verschaffe sich so eine neue Art von Massenbasis. Im übrigen wird der Begriff gelegentlich und ohne systematische Entwicklung einer Definition zur Kennzeichnung von Herrschaftsstrukturen oder des Stils der Machtausübung in sozialistischen oder

Entwicklungsgesellschaften verwendet. Die Skizze von *Féher* war ein wichtiger erster Schritt, blieb jedoch allzu knapp und allgemein.
Der vorliegende Beitrag gibt ein interpretatives Forschungsresümee auf der Basis eines Pilot-Projektes (vgl. *Meyer/Rohmeis* 1986). Er versucht, im Sinne einer vorläufigen Konzeptualisierung Merkmale und Wirkungsweise dieses Herrschaftsmusters exemplarisch in seiner DDR-spezifischen Ausprägung systematisch zu beschreiben und theoretisch-begrifflich zu erfassen. „*Sozialistischer Paternalismus*" stellt kein umfassendes Konzept zur Interpretation des gesamten politischen Systems oder der politischen Kultur der DDR dar. Hier geht es vor allem darum, thesenartig und sicher nur partiell zu klären, wie dieses eine *Herrschaftsmuster* zur relativen Stabilität, aber auch zu erheblichen Widersprüchen des politisch-sozialen Systems der DDR seit Anfang der siebziger Jahre beiträgt.
Das Konzept des sozialistischen Paternalismus erfaßt die *Fürsorgepolitik*, den Umgang der Bürger mit ihr und ihre Funktionen im politischen System in fünf Dimensionen:

1. Normative Prämissen und Machtstrukturen im Kontext bürokatischer Herrschaft (*Herrschaftsmodus*).
2. Inhalte und Ergebnisse, bevorzugte Interessen und Adressaten (*Wohlfahrt*).
3. Öffentliche Darstellung und das Ringen um Akzeptanz (*Präsentation*).
4. Wahrnehmung durch die Bürger und unterschiedliche Umsetzung in öffentlichen und privaten Einstellungen und Verhaltensweisen (*subjektive Realisierung*).
5. Stabilisierende Funktionen (insbesondere Legitimation) und Dysfunktionen für das politische System (*Systemintegration und -widersprüche*).

Die fünf Dimensionen folgen in Grundschritten der Dynamik des politischen Prozesses und sollen die Komplexität gesamtgesellschaftlicher Herrschaftsbeziehungen in einem zentralen Politikfeld erfassen. Ihre Untersuchung geschieht exemplarisch anhand der Sozialpolitik, insbesondere der Familien- und Frauenpolitik. Sozialpolitik wird zunächst breit verstanden als Gesellschaftspolitik, die alle Maßnahmen umfaßt, die die soziale Lage der Bevölkerung oder bestimmter Gruppen, also nicht nur das Kerngebiet der sozialen Sicherung, betreffen. Der Begriff *Fürsorge*politik betont ein qualitatives Moment der Gesellschaftspolitik. Die SED mißt den sozialpolitischen Leistungen einen sehr hohen Stellenwert bei für die „erfolgreiche Gestaltung des entwickelten Sozialismus", für die Stabilisierung und Legitimation des Systems und die Motivation der Bürger, mehr zu leisten und im Alltag zufrieden zu sein. Zugleich werden Effizienz und Fortschrittlichkeit des Systems, Herrschaftsansprüche der Bürokratie ebenso wie die Lebensqualität der Bürger wesentlich an diesen sozialpolitischen Leistungen gemessen.

3. Paternalismus im Kontext des bürokatischen Herrschaftssystems

Paternalismus wird hier verstanden als *Strukturelement* und wichtiger *Integrationsmechanismus* im Herrschaftssystem des bürokratischen Sozialismus. Die vom Verfasser 1977 und 1979 vorgelegten Analysen dieses Strukturtypus dienen als theoretischer Bezugsrahmen und Ausgangsbasis für die Analyse dieser „modernen" paternalistischen Strukturvariante.

Das Herrschaftssystem der DDR ist einerseits durch einen ***strukturellen Konservatismus*** – autoritäre Herrschaft der Bürokratie, Plan-Zentralismus, Mangel an Demokratie in nahezu allen Lebensbereichen, ideologischer Dogmatismus – gekennzeichnet. Politische Konfliktlösung und gesamtgesellschaftliche Integration beruhten lange Zeit vorwiegend auf dem Autoritarismus des bürokratischen Machtapparats, auf Repression, Zwang oder deren Androhung. Andererseits ist spätestens seit Anfang der siebziger Jahre ein begrenzter Wandel hin zu einer flexibleren, vorwiegend integrativ und weniger repressiv angelegten Art der bürokratischen Machtausübung und zu einer gewissen Öffnung der Herrschaftsapparate hin zur Gesellschaft zu beobachten. Solche eher ***integrativen*** Mittel und Tendenzen sind:

1. Die vorsichtige Ausweitung von Konsultation und Partizipation im politisch-administrativen Entscheidungsprozeß vor allem an der Basis: so in den Kommunen, im Freien Deutschen Gewerkschaftsbund; Wiederbelebung oder Neugründung von Massenorganisationen wie Vereinigung der gegenseitigen Bauernhilfe (VdgB), Verband der Freidenker und Gesellschaft für Natur und Umwelt im Kulturbund; Aktivierung der anderen vier Parteien; größerer Handlungsspielraum für die evangelische Kirche; insgesamt eine Ausweitung des ***konsultativen Autoritarismus*** (P. Chr. Ludz) und Duldung begrenzter Öffentlichkeiten.
2. Priorität („Hauptaufgabe") für die forcierte und kontinuierliche Verbesserung der materiellen Lebensbedingungen, insbesondere für die stetige Steigerung des Lebensstandards, des Wohnungsbaus und der sonstigen Infrastruktur für die Reproduktion der Menschen.
3. Gratifikationen als Leistungsanreiz; Gemeinsamkeit nicht nur in der Bewältigung des Mangels, sondern vor allem im Genuß des selbstgeschaffenen relativen Wohlstands.
4. Ausbau der sozialpolitischen Leistungen, Sicherung der Chancengleichheit und von Aufstiegschancen in Bildung und Beruf, Arbeitsplatzsicherheit.
5. Attraktive kulturell-normative oder sozialpsychologisch wirksame Integrations- und Identifikationsmöglichkeiten: das Arbeitskollektiv als menschlich-soziales und nicht nur ökonomisches Ensemble; Herausbildung einer privaten Nischenkultur und Ausbau der Freizeitangebote; Aufwertung des Lokalen und Regionalen als Kultur- und Lebensraum; veränderter Umgang mit der Geschichte; Spitzenkönner im Sport und in anderen Bereichen als Leitbilder; Verstärkung des Wir-Gefühls; nicht zuletzt wird der wissenschaftlich-technische Fortschritt immer stärker als Legitimationsbasis betont.
6. Einerseits vielfältige Abgrenzung gegenüber der bürgerlichen Ideologie und dem „westlichen Imperialismus"; andererseits partielle Öffnungen und eine Politik des „Dialogs und der Entspannung, eine Entwicklung „von der Konfrontation zur Kooperation" besonders in den deutsch-deutschen Beziehungen durch Reiseerleichterungen, zahlreiche bilaterale Abkommen, SED-SPD-Papier „Der Streit der Ideologien und die gemeinsame Sicherheit" 1987.

In diesem Kontext eines – sehr vielfältig induzierten – begrenzten Wandels der Machtausübung und der Flexibilisierung gesamtgesellschaftlicher Integrationsmechanismen ist die Herausbildung des sozialistischen Paternalismus als system- und DDR-spezifische Strukturvariante bürokratischer Herrschaft zu sehen. In ihrem Charakter aktiv und reaktiv zugleich, ist diese Entwicklung auch Ausdruck der permanenten Ost-West-Systemkonkurrenz, der besonderen Rolle der DDR im Rat für Gegenseitige Wirtschaftshilfe und der zunehmend kooperativen Tendenzen in den Ost-West-Beziehungen. Nicht zuletzt dient die umfassende Fürsorgepolitik der SED auch der Stabilisierung und Legitimation der eigenen Herrschaft als Teilantwort auf die vielfältigen Herausforderungen und Verunsicherungen durch die Reformpolitik *Gorbačevs* (vgl. *Süß* 1988). Gerade der Umgang der SED-Führung mit der sowjetischen Reformpolitik rückt die begrenzte Reichweite dieser Strategie paternalistischen Systemmanagements ins Bewußtsein. Auch wenn hier die intendierten und partiell wirksamen integrativen Momente des Paternalismus betont werden, gibt es doch zahlreiche dysfunktionale Wirkungen und Momente der Desintegration in den Beziehungen zwischen der Macht und den Bürgern. Offen bleiben muß hier letztlich, wie gut die Bürger paternalistisch integriert sind, ob sie sich nicht immer stärker der organisierten Inanspruchnahme entziehen – nicht nur im Denken und im privaten Gespräch, sondern zunehmend auch im politisch-öffentlichen Verhalten.

4. *Der paternalistische Herrschaftsmodus*

Allgemein lassen sich *Grundmuster und Stil des paternalistischen Herrschaftsmodus* so kennzeichnen: In allen Hauptfragen ist der politische Entscheidungsprozeß bürokratisch-autoritär strukturiert. In diesem Rahmen wird politische Macht von „Mutter Partei" (*L. Fürnberg*) und „Vater Staat" faktisch mit dem Anspruch „elterlicher Autorität", mit Strenge und Wohlwollen zugleich ausgeübt – im Habitus „von oben herab", sozial distanziert und bürokratisch abgeschirmt, trotz scheinbarer Volksnähe. Fürsorglich und verantwortungsbewußt, aber auch mit weitreichender Sanktionsgewalt und relativ autonom gegenüber den Machtunterworfenen bestimmt die Bürokratie, „was gut ist" für die DDR oder für den Sozialismus – eine Herrschaft *für* das Volk, nicht *durch* das Volk und seit Gründung der DDR erst allmählich auch *mit* dem Volk. Die Machtelite nimmt den Bürgern in entscheidenden politischen Fragen die Verantwortung ab und bevormundet sie. Der Entscheidungsprozeß verläuft, auch im Bereich der Sozialpolitik, allerdings nicht diktatorisch in einem monolithischen Machtgefüge, sondern nach dem Muster eines *„bürokratischen Pluralismus"* mit stark konsultativen Elementen, wie *C.B. Scharf* jüngst gezeigt hat (*Scharf* 1989).
Die Bürokratie schafft vielfältige Strukturen und Formen der Abhängigkeit von ihrem Wohlwollen; aber sie möchte sich im Gegenzug auch verantwortlich verhalten gegenüber den Bedürfnissen der Gesellschaft und den Individuen. Sie meint, ihren Anliegen aufgeschlossen und sensibel, also *responsive*, und nicht mit „herzlosem Bürokratismus" zu begegnen. „Gute Betreuung" und „Geborgenheit" sind wichtige Topoi im paternalistischen Selbstverständnis dieses „wohlwollenden Autoritarismus". Weitgehend ohne effektive Kontrolle und Transparenz für die Betroffenen bestimmt die

politische Elite, insbesondere ihr Führungskern im Politbüro, im Stil eines kollektiven Hausvaters:

1. in welchem Maß die Bürger am politischen Entscheidungsprozeß beteiligt („einbezogen") werden durch Information, Konsultation, Interessenartikulation und -organisation (*paternalistisch-integrative Partizipation*);
2. welche größeren und kleineren Freiheiten auf Widerruf, also weithin rechtsstaatlich nicht abgesichert, gewährt oder welche Sanktionen verhängt werden (*paternalistisch kontrollierte Handlungsspielräume*);
3. welche Aussagen der „wissenschaftlichen Weltanschauung" der SED aktuell verstärkt zu befolgen sind, welches Bewußtsein und welche Wertorientierungen „die ideologische Arbeit" erreichen soll, permanent motivierend und mahnend zugleich (*ideologisch-politischer Pädagogismus*);
4. was als politisch-soziales Wohl- und Fehlverhalten, als „richtige" Einstellung zur Arbeit gilt, und welche (Gegen-)Leistungen die Werktätigen für die Steigerung der Arbeitsproduktivität und des allgemeinen Wohlstands zu erbringen haben (*paternalistische Erziehung zu Leistung und Wohlverhalten*);
5. welche Bedürfnisse und welches Anspruchsniveau der Bürger, welche materiellen und immateriellen Interessen als legitim und vernünftig gelten, also grundsätzlich berücksichtigt werden können, weil sie mit dem prinzipiell einheitlich gedachten gesellschaftlichen Gesamtinteresse übereinstimmen (*paternalistische Normierung von Bedürfnissen und Interessenharmonisierung*);
6. mit welchen Leitbildern für die „sozialistische Lebensweise", nach welchen Prioritäten und Verteilungsnormen gesamtgesellschaftliche, gruppenspezifische und individuelle Bedürfnisse und Anliegen zu berücksichtigen sind; nach welchen Kriterien Gratifikationen und Aufstiegschancen gewährt werden; insgesamt also, wie die Verteilung staatlicher Leistungen in diesem Feld erfolgen soll und wie die Betreuung der Bürger zu organisieren ist (*paternalistische Verteilungspolitik und Betreuung der Bürger*).

Dieses Spektrum der Handlungsfelder entspricht der Reichweite ideologischer Zielvorgaben. Zentrale normative Prämissen und Merkmale der Machtausübung im Feld der *Familien- und Frauenpolitik* der SED lassen sich thesenartig so zusammenfassen (vgl. *Grandke* 1986; *Helwig* 1987a, 1988; *Meyer* 1986b):

1. Der Zukunftsentwurf einer kommunistischen Gesellschaft, die Leitwerte und Ziele der sozialistischen Umgestaltung gesellschaftlicher und individueller Lebenspraxis enthalten eine – schrittweise zu erreichende, mehr oder weniger konkrete – Utopie der Befreiung des Menschen und ganz neuer Chancen individuellen Glücks auch und gerade in den Beziehungen der Geschlechter. Paternalistische Fürsorgepolitik hält grundsätzlich an diesem Fernziel mit seinem weitreichenden Anspruch fest. Sie ist aber bescheidener und realistischer in der Einschätzung dessen geworden, was in relativ kurzer Zeit veränderbar ist (vgl. *Helwig* 1987b). Allerdings wurde den Frauen wesentlich mehr an neuer Lebenspraxis in Arbeit und Öffentlichkeit zugemutet als den Männern. Die Prämissen in diesem Politikfeld werden stark historisch beeinflußt durch die Theorie und Praxis des Verhältnisses von Marxismus und organisierter Arbeiterbewegung zum Geschlechterdualismus, insbesondere

im Umgang mit den Ansprüchen der Frauen auf *Gleichstellung*. Neben den emanzipatorischen Vorstellungen werden heute immer mehr auch Defizite in der sozialistischen Tradition deutlich. So wurde die Bedeutung der reproduktiven Arbeit – zumeist von Frauen ausgeübt – übersehen. Überschätzt wird, was weibliche Erwerbsarbeit dazu beitragen kann, daß die produzierenden Individuen sich besser entfalten können. Die gesellschaftlichen Kompetenzen von Frauen und die sozio-emotionalen Defizite der Männer werden historisch systematisch unterschätzt. Insgesamt wurde der Stellenwert der scheinbar naturwüchsigen gesellschaftlichen Arbeitsteilung zwischen den Geschlechtern als Herrschaftsmuster in Arbeit, Partnerschaft und Politik zu gering veranschlagt.

2. Die *operative Konzeption* der Politik in diesem Feld betont zu sehr den Stellenwert und die qualitative Reichweite der *rechtlichen* und *ökonomischen* Gleichstellung der Frau. Zum anderen beschränkt sie sich weitgehend auf eine Politik der Förderung von Frauen sowie verbesserter Bedingungen für die reproduktive Arbeit. Die Familien- und Frauenpolitik scheint faktisch – und wieder verstärkt seit Anfang der achtziger Jahre – von der längerfristigen Fortdauer der tradierten gesellschaftlichen Arbeitsteilung zwischen den beiden Geschlechtern und der Mehrfachbelastung der Frau auszugehen. Eine radikale Kritik patriarchaler Strukturen fehlt nahezu völlig.
   Anscheinend beschränken sich Partei und Staat hier immer mehr auf ein paternalistisches und pragmatisches, allenfalls „reformistisches" Management ungleicher Lebenslagen und Rollenanforderungen, das die Konflikte und Kosten für Frauen zu mindern sucht, ohne doch in der Praxis von den Männern substantielle Veränderungen ihrer Lebenspraxis und Persönlichkeitsstrukturen massiv zu verlangen. Die besonders für Karrieren nötige Integration von Frauen in eine von männlichen Normen und Verhaltensmustern geprägte Umwelt wird kaum kritisch reflektiert. Einige Kultursoziologinnen haben sich jedoch in den letzten fünf Jahren verstärkt sehr kritisch und differenziert zu Erfolgen und Defiziten der SED-Frauen- und Familienpolitik geäußert (*Dölling* 1986a, b, 1988, 1989; *Gysi* 1984, 1988; *Nickel* 1989; *Runge* 1985).
3. Es gibt vor allem traditionalistisch-ideologische, an Stabilität und Berechenbarkeit orientierte Rechtfertigungen für die *Vorzugsstellung* von Ehe und Kleinfamilie in Ideologie, Recht und Sozialpolitik, in zahlreichen Verteilungsentscheidungen wie bei der Wohnungsvergabe und in Leitbildern für eine sozialistische Lebensweise. Aber: Faktisch gelebte Formen nicht-ehelicher Partnerschaft und unvollständiger Familien weichen so stark von den parteioffiziellen Vorstellungen ab, daß eine paternalistische Politik nach solchen Vorgaben vielfach gar nicht mehr überzeugen kann (vgl. *Gysi* 1988).
4. Die patriarchalisch-paternalistische Machtelite thematisiert all diese Widersprüche nur höchst unzureichend in öffentlichen Diskussionen. Ebenso unterentwickelt ist eine effektive *Partizipation* von Frauen und Männern außerhalb der Bürokratie an der Ausarbeitung einer zeitgemäßen Theorie und Praxis der Politik von Staat und Partei in diesem Politikfeld. Paternalismus in den Entscheidungszentren

heißt hier: *stellvertretende, günstigenfalls advokatorische Wahrnehmung von Interessen* – besonders von Männern für Frauen.

5. Paternalistische Muster der Machtausübung, der Artikulation und Verarbeitungsmodi von bereits individualisierten Interessen, lassen sich auch sehr gut am Umgang der Bürokratie mit *Eingaben und Beschwerden*, also mit individuell formulierten Anliegen der Bürger gegenüber Staat und Partei auf allen Entscheidungsebenen aufzeigen. *J. Markovits* (1987) hat in einer sehr lesenswerten rechtssoziologischen Studie das Eltern-Kind-Verhältnis, das sich dabei zwischen Bürokratie und Bürgern herausbildet, sorgfältig untersucht (für die UdSSR vgl. *Mommsen* 1987). Vorsichtige Ansätze zu einer Ausweitung individueller Rechte und Einflußmöglichkeiten gegenüber der Verwaltung zeigen die Diskussion und erste praktische Ansätze zur Einführung von Verwaltungsgerichten und eines Verwaltungsverfahrensrechts sowie zur Verbesserung des Eingabewesens. Nicht weniger wichtig sind Ansätze zu einer Ausweitung kommunaler politischer Partizipation, gerade auch im Bereich der Umsetzung der Sozialpolitik vor Ort. Die Unzulänglichkeiten paternalistischer Machtausübung werden nicht zuletzt in den zahllosen, milde selbstkritischen Äußerungen des Politbüros und *E. Honeckers* zum *Bürokratismus* in der DDR und zur mangelnden *responsiveness* von Behörden deutlich (vgl. *Markovits* 1987; *Neugebauer* 1988).

5. *Paternalistische Fürsorgepolitik*

Typisch für die paternalistische Fürsorgepolitik der SED ist zunächst ihr *weitreichender* theoretisch-ideologisch begründeter *Anspruch*, umfassend für das Wohl des Volkes zu sorgen. „Soziale Sicherheit und Geborgenheit" lautet der offizielle Topos für Ist und Soll dieser Fürsorgepolitik (vgl. ausführlicher *Steitz* 1987, Kap. 2.3). Die Bürokratie will also nicht nur für objektiv meßbare Wohlfahrt, sondern auch für eine qualitativ neue sozialistische Lebensweise und ein Maximum an subjektivem Wohlbefinden sorgen.

Dies sollen umfassende staatliche Fürsorgeleistungen in nahezu allen Lebensbereichen gewährleisten: Erziehung/Bildung/berufliche (Weiter-)Qualifikation; Arbeitsplätze, -bedingungen und -organisation; soziale und physische Sicherheit; Kultur, Sport, Freizeit-Infrastruktur; Gesundheit/Erholung; Einkommen, Konsum, Dienstleistungen aller Art; politisch-gesellschaftliche Organisation, staatliche Verwaltungsdienste, politische und ideologische Lenkung der Gesellschaft. Qualitativer und quantitativer Umfang, Dichte, Niveau und Kontinuität dieses umfassenden Leistungsangebots verleihen der DDR Züge eines *autoritären „sozialistischen Wohlfahrtsstaats"* (vgl. *Meyer* 1986a; *v. Beyme* 1988). Ausrichtung und Umsetzung dieser Fürsorgepolitik sind gekennzeichnet durch eine systemspezifische, zentral geplante und gesteuerte paternalistische *Bedürfnisregulierung*: Die Bürokratie ermittelt und bestimmt den Bedarf, entscheidet über die Grundsätze der Verteilung und organisiert die Zuteilung. So werden nicht nur vorhandene Bedürfnisse und Lebensgewohnheiten reproduziert, sondern auch Wertorientierungen und Lebenspläne, Aufstiegs- und Entfaltungschancen von Individuen und Gruppen nachhaltig vorgeprägt. Politik und Ideologie definieren legitime Ansprüche und – mindestens indirekt – Lebensstile der Individuen. Am Kollektiv orientierte sozialistische Persönlichkeits- und Bewußtseinsstrukturen sollen so durch aktive Politik und kontrollierte Alltagspraxis verankert werden.

Gerade die Familien- und Frauenpolitik hat ein relativ *hohes Leistungsniveau* in nahezu allen Aufgabenbereichen aufzuweisen, insbesondere in den Sektoren Bildung, Erwerbsquote Kinderbetreuungseinrichtungen und soziale Sicherheit, berufliche Aufstiegschancen, politisch-gesellschaftliche Organisationsdichte und Repräsentanz bis in mittlere Leitungspositionen (vgl. zuletzt allgemein: Materialien zum Bericht zur Lage der Nation 1987; zur Familien- und Frauenpolitik *Helwig* 1987; *Michalsky* 1984, 1988; *Obertreis* 1986; *Peterhoff* 1983; Förderung der Frau, DDR-Gesetze 1988).

Typisch für die paternalistische Fürsorgepolitik ist ein umfangreiches *Netzwerk von Betreuungseinrichtungen und Förderungsmaßnahmen* vor allem für *Familien*, speziell berufstätige Mütter mit zwei und mehr Kindern und Alleinerziehende (zuletzt *Hille* 1988; *Koch/Knöbel* 1986). Erste Auswertungen von Berichten über „Familiengespräche" in der Presse der DDR, die öfter im Zusammenhang mit Eingaben stattfinden, zeigen Ausmaß und Intensität, aber auch einzelne Gefahren wie behördliche Kontrolle (Persönlichkeits- und Datenschutz) und unerwünschte Politisierung dieser Art organisierter Betreuung (vgl. *Meyer/Rohmeis* 1987). Besonders wichtig für den Alltag von Männern und Frauen sind auch die sozialpolitischen Aktivitäten in den Betrieben, besonders der Gewerkschaften sowie der *Frauenkommissionen* in Betrieben und in der SED. Sie entscheiden wesentlich mit über die tatsächliche Effizienz und Akzeptanz bestimmter sozialpolitischer Leistungen, über Reichweite und Grenzen einer seit Jahren forcierten Frauenförderung und ihren teils eindrucksvollen, teils unbefriedigenden Ergebnissen, besonders in der Besetzung von Führungspositionen (vgl. *Meyer* 1986a, b; *Pfister* 1986; *Gysi* 1984, 1988; *Weigandt* 1988).

Die Fürsorgepolitik von Staat und Partei läßt nach Ausrichtung und Umfang ihrer Leistungen eine systemspezifische Kombination von drei dominanten Tendenzen der *Interessenberücksichtigung* erkennen:

1. Das *gesamtgesellschaftliche* Interesse an einer kontinuierlichen Steigerung des Massenwohlstands, das sich historisch und grundsätzlich an den Werten Gleichheit und soziale Gerechtigkeit orientiert. Das heißt: ausgeprägt egalitäre Normierung und Erfüllung von *Grund*bedürfnissen mit Hilfe hoher Staatssubventionen (1987: 46,9 Prozent des Staatshaushalts!); seit 1971 hohe Priorität für mehr Konsum, Wohnungen, soziale Sicherheit; relativ geringe Distanz des obersten und untersten Viertels der Einkommen; weitgehende Chancengleichheit im allgemeinen und beruflichen Bildungswesen. Einerseits wird an dieser egalitären Politik trotz ständig steigender Kosten festgehalten. Andererseits werden, verstärkt seit Anfang der achtziger Jahre, das Leistungsprinzip, die positiven stimulierenden Wirkungen sozialer Differenzierungen und begrenzter Privilegierung besonders bestimmter Teile der Intelligenz im Interesse der ganzen Gesellschaft betont und zunehmend realisiert (vgl. zuletzt *Timmermann* 1988).
2. *Partielle Herrschaftsinteressen* der Machtelite und der Führungskader in den oberen Etagen von Partei, Ministerien und der Sicherheitsapparate an der Erhaltung der

eigenen Macht und materieller Privilegien. Das heißt: Abgestufte „Eliteprivilegien" zum einen in den Bereichen Konsum, Wohnen, Gesundheitsversorgung, Reisen, zum Teil auch höhere Bildung; zum anderen in Bezug auf Macht, Information, Protektion/Kooptation. Solche abgestufte Eliteprivilegien gibt es nicht nur für den politischen Führungskern, sondern auch für die leitenden Kader des Partei- und Staatsapparates – besonders im Sicherheitsbereich –, in Spitzenpositionen von Wirtschaft und Wissenschaft sowie für hervorragende Künstler und Spitzensportler. Im politischen Bereich sind materielle Privilegien im allgemeinen eine sekundäre Folge des Erwerbs einer Macht- oder Prestigeposition vor allem auf zentraler Ebene. Sie sind überdies keineswegs so umfangreich wie im Westen angenommen wird oder beispielsweise wie in der UdSSR bis Mitte der achtziger Jahre.

3. Ein „zielgruppenspezifischer Pragmatismus" (*J. Herdin*) in der *selektiven Berücksichtigung der Interessen bestimmter sozialer Gruppen* unterhalb der Ebene der Machtelite, der jeweils jene Gruppen gezielt und prioritär mit Gratifikationen und Stimuli bedenkt, deren Leistungen für das Erreichen wichtiger Systemziele – Geburtenrate, innovative Forschungen, Verbleiben in der DDR – gefährdet erscheint. Unterschiedlich politisch motiviert, erhielten seit 1971 folgende Gruppen besondere Leistungen: Mütter, erwerbstätige Frauen mit Kindern, junge Familien; Schichtarbeiter; bestimmte Gruppen der wissenschaftlich-technischen Intelligenz, jüngst auch die Ärzte. Solche Leistungen können breit gestreut sein oder nur eine spezifische Leistungsverbesserung darstellen: seit 1971 Anhebung der Stipendien von Studenten, Erhöhung der Einkommen von Lehrern und Hochschullehrern; Einführung des Jugendradios „DT 64"; Erhöhung der Renten; Erlaubnis von Westreisen für Angehörige des Partei- und Staatsapparates. Dazu gehört aber auch der Entzug von Vorteilen wie beispielsweise für private Handwerker und Kommissionäre Anfang der siebziger Jahre.

Allgemein dürfte wohl gelten, daß die Bürokratie alle drei Tendenzen zugleich verfolgt. Es dominieren im *Konfliktfall* die Herrschaftsinteressen; doch wäre es viel zu *eng*, den Einsatz für gesamtgesellschaftliche Interessen und den fürsorglich-responsiven Charakter paternalistischer Sozialpolitik nur als Mittel egoistischer Privilegien- und Herrschaftssicherung, antizipatorischen Konflikt- und Krisenmanagements oder lediglich als moderne wohlfahrtsstaatliche Legitimationsstrategie für den bürokratischen Sozialismus zu sehen. Das ist sicher im sozialistischen Paternalismus der DDR enthalten. Gleichermaßen zeigt sich hier aber *auch* ein nicht nur partielles, nämlich uneigennütziges Interesse an der Wohlfahrt möglichst aller sozialer Gruppen, das vor allem funktional, aber auch in der Ideologie der SED und in den Wertorientierungen ihrer Führung wie der Gesellschaft begründet ist. Die relative Stabilität und die Legitimation, die Integrations- und Mobilisierungskraft des politischen Systems beruhen ganz wesentlich darauf. So hält die Führung zwar am Klassencharakter ihrer Sozialpolitik fest, betont aber zunehmend allgemeine Entwicklungserfordernisse des entwickelten Sozialismus, gerade auch im internationalen Systemwettbewerb. Aus eigener Initiative – SED-SPD-Papier – wie im Gefolge des „neuen Denkens" *Gorbačevs* hebt sie verstärkt die klassenübergreifenden und universalistisch-humanistischen Zielsetzungen ihrer Außen- und Sicherheitspolitik und deren Entlastungseffekte für die Sozialpolitik hervor.

6. Paternalistische Politikpräsentation

Zum Paternalismus gehören spezifische Kommunikationsmuster zwischen Herrschenden, Kadern und Beherrschten, bestimmte Vermittlungs- und Präsentationsformen der Politik der SED. Sie bilden einen charakteristischen Bestandteil der *„offiziellen" politischen Kultur* (vgl. *Brown* 1979; *Krisch* 1984; *Rytlewski/Sauer/Treziak* 1987). Partei und Staat bestimmen den institutionellen Rahmen, die Spielregeln und inhaltlichen Grenzen öffentlicher Kommunikation. Die Machtelite legt autoritativ die Grundzüge der offiziell gültigen Geschichts- und Gesellschaftsdeutung sowie die Generallinie der Politik fest. Im ständigen Wettstreit mit westlichen Medien verfügt die Bürokratie über die Einflußmöglichkeiten der systeminternen Massenmedien. Sie beansprucht die öffentliche Definitionsmacht darüber, wie die gesellschaftliche Realität gesehen werden soll und wie ihre Probleme zu lösen sind. „Vater Staat" regelt, wer als Benutzer oder Autor Zugang zu welchen Informationen, Publikationen und Publikationsmöglichkeiten hat. Paternalistisch, restriktiv, ja geheimniskrämerisch ist auch der Umgang mit allen Umfrageergebnissen und vielen empirischen Daten – Herrschaftswissen, mit Hilfe dessen „Vater Staat" letztlich autoritär entscheidet, welche Interessen und Ziele realisiert werden. Einige wichtige politische Vorhaben, wie größere Gesetzeswerke, zentrale Volkswirtschaftspläne oder Wahlen werden zwar häufig mit großem propagandistisch-publizistischem Aufwand und massenhafter Mobilisierung zu Änderungsvorschlägen vorbereitet – doch im Kern bleiben die Vorlagen von Partei, Staat und FDGB oder FDJ unverändert. Zahllose politische Entscheidungen werden hinter den verschlossenen Türen der Bürokratie ohne öffentliche Diskussion beschlossen und verkündet, beispielsweise die familienpolitischen Leistungen 1976 und 1986. Parteitagsbeschlüsse müssen massenhaft studiert werden; ihr „korrektes Verständnis" wird parteiamtlich festgelegt. Paternalistische Kommunikation in der DDR ist also *asymmetrisch, kontrolliert und nicht prinzipiell kontrovers.* Oft genug handelt es sich um eine inszenierte Kommunikation der Herrschenden zu den Massen, um Arragements zustimmungspflichtiger Politikvermittlung.

Inhalte, Formen und Funktionen der Präsentation der Sozialpolitik in den Printmedien erschließen sich durch qualitative Text- und Sprachanalysen. Erste Detailstudien dieses paternalistischen Kommunikationsstils im „Neuen Deutschland" (unveröff. Ms. *Meyer/Barth* 1988) zeigen: Charakteristisch ist zunächst die *ideologische Überhöhung* der sozialpolitischen Leistungen von Partei, Staat und Gewerkschaften und damit auch ihrer Führungen. „Alles für das Wohl des Volkes", „Das Beste für unsere Werktätigen", „Auf gutem Wege voran", „Weiter mit unserer guten Arbeiterpolitik" lauten die Parolen. Die Machtelite stellt sich gern als uneigennützig und verantwortungsvoll Fürsorgende dar, einzelne Spitzenfunktionäre – allen voran *Erich Honecker* – auch gern in der Attitüde des Landesvaters. Nur formal legen sie Rechenschaft ab, nur theoretisch können sie *vom Wähler* zur Verantwortung gezogen werden – durchaus aber von ihren *peers*, bis hinauf ins Politbüro der SED. Gerade sozialpolitische Leistungen dienen zur Rechtfertigung dieses – subjektiv wohlwollenden – Autoritarismus.

Es gibt eine ganze Reihe charakteristischer *Topoi*, die die spezifische Qualität der mindestens verbal und massenmedial vorhandenen paternalistischen *Beziehungsmuster* von einander gegenseitig verpflichteten Gebern und Empfängern, von Erzeugern und Verteilern sozialpolitischer Leistungen verdeutlichen. Diese Beziehung ist grundsätzlich als *gegenseitiges Leistungsverhältnis* definiert: „Wir können nur das verteilen, was wir vorher gemeinsam erarbeitet haben"; „so wie wir heute arbeiten, werden wir morgen leben"; „nur wer etwas leistet, kann sich etwas leisten" lauten die Sentenzen der Oberen. Auf dieser Basis ist es dann aber „unsere gute Regierung", die für zahllose Bekundungen der *Dankbarkeit* sorgt und vielfältige Formen der *Selbstverpflichtung* zu erhöhten Gegenleistungen entgegennimmt. Arbeit und „gesellschaftliche Aktivitäten" der Werktätigen erscheinen fast als eine Art *persönlicher Bringschuld* für empfangene oder versprochene Wohltaten. Das sozialpolitische Geben und Nehmen wird ständig personalisiert, eine scheinbar persönliche Beziehung zwischen Bürokratie und Bürgern wird suggeriert. Die Atmosphäre solcher Begegnungen ist „herzlich", „kameradschaftlich", „von der persönlichen Sorge erfüllt, daß ...". Oft genug wird das Gefühl vermittelt, „Partei und Arbeiterklasse", „Staat und Volk", „Gewerkschaften und Werktätige" seien eine Art *großer Familie.* Das mag einem bestimmten Wir-Gefühl der DDR-Bürger entsprechen, wie es aus dem Stolz auf die eigenen Leistungen, aus gemeinsam geteilten Nöten und Schwierigkeiten sowie einer spezifischen sozialen Intimität in dieser Gesellschaft entstanden ist. Paternalistisch aber sind das schönfärberische, vereinnahmende Lob der Oberen und der Ton, der zur Identifikation mit „unserem sozialistischen Staat" oder der „sozialistischen Nation" bewegen soll.

Diese Mischung aus faktenreichen Leistungsbilanzen und paternalistischer Rhetorik kann aber kaum über die vielfältige politische Distanz und Entfremdung der Bürger von der Bürokratie hinwegtäuschen. Diese bemüht sich wiederum, durch mehr soziale Sicherheit und bessere Versorgung, durch demonstrative Nähe und intensive Betreuung, durch neue Beheimatungsstrategien und Identifikationsangebote den Bürgern „*Geborgenheit*" und Wohlbefinden zu vermitteln. Die Parteiführung als eine Art kollektiver *pater familias* will durch Belohnung und Belobigung mit prestigefördernden Auszeichnungen motivierend, integrierend und erzieherisch wirken. Ein marginales, aber aufschlußreiches Merkmal dieses paternalen Herrschaftsstils ist das – detailliert geregelte und fein gestufte – Ordens(un)wesen, die Flut von Ehrungen, Medaillen und Prämien. Ein *durchdringender Pädagogismus* durchzieht hier das öffentliche Wort und Bild: überall das Positive, die Vor- und Leitbilder, die „Bestarbeiter", „Siege" und Erfolge in ungezählten Wettbewerben. Ihnen steht ein Arsenal von negativen Warn- und Schreckbildern entgegen: „Staatsfeinde", „Imperialisten", „Bummelanten", „engstirnige, arrogante und herzlose Bürokraten"; „Anspruchsdenken" und „Egoismus" etc. Von den Adressaten – so hat es den Anschein – wird all dies oft nur noch gelangweilt zur Kenntnis genommen oder routiniert und formalistisch ausgeführt, aber oft auch einfach ignoriert oder gar zynisch kommentiert. Sie schauen vor allem darauf, „was das konkret heißt" oder „was dabei materiell herausspringt".

In loco parentis fungieren also Staat und Partei weithin in der öffentlichen Ansprache und Inanspruchnahme der Bürger. Der Charakter dieser Beziehung macht ihn zum permanenten Bitt- und Antragsteller, der dann nach oft undurchsichtigen Kriterien und rechtlich kaum anfechtbar „beschieden" wird. In vielen Situationen fühlt sich der Bürger wie ein Kind bevormundet und entmündigt. *I. Böhme* hat die *Infantilisierung* in einer eindringlichen Skizze dargestellt (1982: 40–43; vgl. *Henrichs* 1989). Für eine Sozialpsychologie bürokratischer Herrschaft wäre es zweifellos aufschlußreich, diesen tiefen- und verhaltenspsychologischen Aspekten paternaler Beziehungen zwischen den *authorities* und den von ihnen vielfältig abhängigen, in die Subalternität gedrängten (*R. Bahro*) Bürgern nachzugehen. Der systemspezifische Modus ihrer Reproduktion als soziale Mentalität, ihre Grenzen und ihre Prägekraft für die politische Kultur, ihre kontraproduktiven Wirkungen für Innovation und Selbstorganisation sind noch viel zu wenig erforscht.

So wird durch handfeste Leistungen, aber auch durch „Inszenierungen von oben", Akzeptanz für die Politik der Partei und Sympathie für ihre Repräsentanten propagiert und organisiert. Insgesamt ist all dies wohl eine Mischung aus ernst gemeinter Kommunikation, Herrschaftsritual, Mobilisierungsaktion und Theater, in dem die meisten mitspielen und im Prinzip alle wissen, was gespielt wird. Charakteristisch für diese öffentliche Interaktion zwischen der herrschenden Bürokratie – von ihrem politischen Führungskern bis hinunter zu den leitenden Politkadern auf Bezirks- und Kreisebene – einerseits und den Beherrschten andererseits ist oft eine Atmosphäre *unechter Gemeinschaftlichkeit*, ein gestelztes verbales Pathos und eine instrumentelle Art kommunikativer Zuwendung. Sie sollen den Charakter dieser Kommunikation als herrschaftlicher Integrationsbemühung und wohlorganisierter Loyalitätsbekundung vergessen machen.

7. *Subjektive Realisierung des Paternalismus*

Neben Konzeption, Leistungen und Präsentation soll nun der Umgang der Bürger mit dem sozialistischen Paternalismus, insbesondere mit der Sozialpolitik, als Teil der politischen Kultur untersucht werden. Welche Perzeption, welche typischen Einstellungen und Verhaltensweisen entwickeln die Bürger zum Paternalismus? Welche Art des Umgangs mit der Fürsorgepolitik in der alltäglichen Lebenspraxis und in unterschiedlichen Lebensstilen lassen sich erkennen? Diese Fragen sind anhand der zugänglichen Materialien nur ansatzweise, aber kaum systematisch-empirisch zu bearbeiten. Wir müssen uns daher auf einzelne Aspekte und Hypothesen beschränken.

7.1. Grundlegende Wertpräferenzen

Die meisten Beobachter der politischen Kultur der DDR (vgl. *Greiffenhagen* 1986: 216–234; *Rytlewski* 1987: 239; *Lemke* 1989: 65; *Neubert* 1989; *Schmitt* 1980; *Rossade* 1987) sind sich darin einig, daß folgende *grundlegende Wertpräferenzen* und Ordnungsvorstellungen von der Mehrheit der Bevölkerung geteilt werden, die so eine überwiegend positive Grundeinstellung auch zur Sozialpolitik der SED begründen:

1. Einerseits werden das bürokatische Herrschaftssystem und die paternalistisch-

autoritäre Bevormundung der Bürger, die meisten politischen Repressionen und die schönfärberische Propaganda der SED abgelehnt. Andererseits wird eine *stark ordnende und aktiv gestaltende Rolle „eines demokratischen Staates"* in Politik, Gesellschaft und Wirtschaft gewünscht. Politische, persönliche, ökonomische und soziale *Menschenrechte* und mehr *Rechtsstaatlichkeit* sollten verwirklicht, Staat und Gesellschaft demokratischer werden. Es gibt wohl weithin Sympathien für einen „demokratischen Sozialismus", häufig anknüpfend an aktuelle und frühere demokratische Reformansätze in Osteuropa, aber auch an sozialdemokratische Traditionen und Vorstellungen im Westen. Viele Bürger wollen eine – sicher national modifizierte – Übernahme der sowjetischen Reformpolitik, von *„Glasnost"* und *„Perestrojka"*.

2. Die Bürger sind vor allem am Output des politischen Systems, an den im Alltag spürbaren Leistungen des Staates zur *Verbesserung des Lebensstandards und der Lebensqualität* interessiert. Der Staat soll Verantwortung übernehmen für eine wohlfahrtsstaatliche Daseinsfür- und vorsorge. Er muß mindestens die materiellen Grundbedürfnisse erfüllen und die soziale Sicherheit aller Bürger gewährleisten.
3. Zentrale Werte sind *Gleichheit und soziale Gerechtigkeit*, mindestens aber Chancengleichheit unabhängig von Geschlecht und sozialer Herkunft; leistungsgerechte Entlohnung und angemessene Einkommensunterschiede für besonders qualifizierte Arbeit, aber keine zu großen oder gar ungerechtfertigte Privilegien; gute Rahmenbedingungen und befriedigende menschliche Beziehungen am Arbeitsplatz, „gute Arbeit" nach professionellen Standards leisten zu können.

Diese Wertorientierungen sind vielfältig historisch gewachsen. Alte Ideale der Arbeiterbewegung im Kampf gegen Armut und Ausbeutung, für gerechten Lohn und Demokratie werden hier ebenso wirksam wie traditionelle Erwartungen an die „soziale Verantwortung des Staats" seit *Bismarck*, an staatliche Effizienz und Orientierung am Gemeinwohl jenseits von Gruppeninteressen. Diese Grundorientierungen sind vor allem – aber nicht nur – das Ergebnis einer langjährigen politischen Sozialisation und Lebenspraxis, aber auch eines fast immer kritischen Umgangs der Bürger mit dem „realen Sozialismus" in ihrem Land, nicht zuletzt im ständigen Blick auf die Bundesrepublik. Der Befund läßt sich zur These zusammenfassen: Die politischen Grundorientierungen stellen eine *entscheidende Basis* für die weitgehende Akzeptanz, ja Selbstverständlichkeit der vielfältigen Leistungen der Sozialpolitik und des hohen Maßes an sozialer Sicherheit für die Bürger dar. Sie geht einher mit einer ganz überwiegend *negativ-kritischen* Einschätzung der nicht-demokratischen Momente des bevormundenden Paternalismus der herrschenden Bürokratie. Die paternalistische Fürsorgepolitik begründet ein materiell solides, aber politisch-psychologisch brüchiges und widersprüchliches Arrangement der Bürger mit dem System. Die Grundorientierungen der politischen Kultur entsprechen teilweise dem Paternalismus, teilweise stehen sie ihm entgegen.

7 2. Widersprüchliche Einstellungen

Der Umgang der Bürger mit dem Paternalismus zeigt sich vor allem in ihren *politisch-sozialen Einstellungen und Verhaltensweisen.*
Die sozialpolitischen Leistungen gelten weithin als selbstverständlich, als nüchtern konstatierte, kollektive Leistung der Gesellschaft, kaum aber der Bürokratie. Zweifelhaft ist, ob die Bürger der politischen Führung und der staatlichen Bürokratie wirklich so „dankbar" sind und sich so „geborgen" fühlen, wie es das Neue Deutschland fast täglich verkündet. *Einerseits*, so scheint es, nehmen Frauen und Männer die Leistungen paternalistischer Sozialpolitik durchweg positiv auf und nutzen sie zu ihrem Vorteil. Dies bestätigen zunächst die von *G. Winkler*, einem maßgebenden Sozialpolitik-Experten der DDR, angeführten Befunde aus einer Untersuchung des Jahres 1982:

Tabelle: Das persönliche Gefühl sozialer Sicherheit haben (Angaben in Prozent)

Altersgruppe (in Jahren)	insgesamt	ja absolut	mit Einschränkung	nein
bis 25	95,3	68,6	26,7	4,7
26–45	95,7	77,5	18,2	4,3
46–60/65	96,0	85,5	11,5	4,0
60/65 und darüber	96,6	91,4	5,2	3,4
Durchschnitt	95,8	78,2	17,6	4,2

Quelle: G. Winkler 1988: 141.

Bestehende „partielle Einschränkungen vor allem von jüngeren Menschen" bezögen sich vor allem auf noch nicht gelöste Wohnungsprobleme sowie Widersprüche zwischen beruflichen Vorstellungen und realer Tätigkeit (*Winkler* 1988: 140/141). *Andererseits* gibt es in der Bevölkerung unübersehbare Hinweise auf vielfältige Unzufriedenheit und Ablehnung des reformunwilligen Paternalismus der SED-Führung und ein gewisses Unbehagen selbst gegenüber der Sozialpolitik. Da sind zunächst die traditionellen Klagen über Versorgungs- und Qualitätsmängel – bei weithin stagnierendem Lebensstandard seit Anfang der achtziger Jahre –, über die zahllosen Fehlplanungen und Organisationsprobleme, über widersprüchliche Anordnungen und bürokratische Ineffizienz, über ungerechte Maßnahmen und Bevormundung in der praktischen Umsetzung der Sozialpolitik. Diese Klagen und ein erhebliches, politisch höchst bedeutsames Potential an Unzufriedenheit verstärken sich auch deshalb, weil vor allem seit den siebziger Jahren die Ansprüche der meisten Bürger gestiegen sind, nicht zuletzt unter dem Einfluß westlicher Konsumstandards und Lebensstile. Das entscheidende *relative* Anspruchsniveau übersteigt meist die verfügbaren Ressourcen. Es schärft das Bewußtsein für das Fehlende, für Ungereimtheiten und Ungerechtigkeiten. Eine gewisse Versorgungshaltung gegenüber Staat und Gesellschaft, auch eine Mentalität des selbstverständlichen Mitnehmens, schaffen ständig neue Wünsche und Angebotslücken – auch dort, wo der Lebensstandard und die sozialpolitischen Leistungen als relativ hoch, ihre individuelle oder lokale Realisierung aber als unbefriedigend angesehen werden. So mischen sich sozio-ökonomische Unzufriedenheit und politische Verdrossenheit und Resignation. Frust und permanente Nörgelei gehen einher mit Phasen relativer Zufriedenheit, der Freude über Verbesserungen und kleine Erfolge im Alltagsleben. Mindestens ein ständiges Grummeln durchzieht die politische Kultur der DDR.

Seit Anfang 1989 ist eine intensive öffentliche Diskussion über Sinn und Nutzen der extrem hohen Staatssubventionen aufgeflammt (vgl. Neues Deutschland v. 22.12.88, 28.1.89, 14.2.89). Im Kontext der osteuropäischen Reformdiskussion wird thematisiert, daß die Sozialpolitik nicht nur soziale Gleichheit in der Befriedigung von Grundbedürfnissen schafft, sondern auch womöglich zu „unvernünftig niedrigen" Preisen für Güter und Dienstleistungen führt, die dann falsch genutzt oder verschwendet werden und das Preisgefüge stören. Referiert werden die kritischen Stimmen mancher aus der DDR, die sagen: Die egalitären (Um-)Verteilungsprinzipien waren gerechtfertigt – und ökonomisch möglich – in einer Zeit der Not und des relativen Mangels, in der Phase des Wiederaufbaus und des *extensiven* Wirtschaftswachstums, für eine quasi-revolutionäre Anfangs- und Basislegitimation des Sozialismus im geteilten Deutschland. Heute aber, in der Phase *intensiven* Wachstums, sei eine undifferenzierte Verteilung so gewaltiger Finanzressourcen viel zu kostspielig und weithin dysfunktional als Leistungsanreiz. Die politische Führung hält aber nachdrücklich an ihrer Sozial- und an ihrer immer teureren Subventionspolitik fest, um soziale Sicherheit, politische Stabilität und eine wichtige Legitimationsbasis zu erhalten. Damit verbindet sich oft bewußte Kritik an einer neuen, sozialpolitisch brisanten und unerwünschten Schere, die sich zwischen Arm und Reich im Gefolge anderer sozialistischer Reformmodelle, wie in Ungarn, Jugoslawien und Polen, auftut.

7.3. Öffentlichkeit und Privatheit

Der Paternalismus trägt zu faktischem Wohlverhalten und konsumierender Anpassung der Bürger bei. Er sorgt allerdings nicht in dem Maße für politisch-ökonomische Zufriedenheit und Geborgenheit, für Arbeitsmotivation und Identifikation „mit unserem Staat", wie es die Bürokratie glauben machen möchte. Hier hat sich ein *Widerspruch in der politischen Kultur* entwickelt. Viele Beobachter (z.B. *Hanke* 1983, 1987, Teil III; *Neubert* 1989) sind sich darin einig, daß es unter den Bürgern eine ausgeprägte Orientierung an Konsum, Freizeitgenuß und privatem Wohlbefinden gibt – aber weithin entpolitisiert und ohne Bereitschaft zum politischen Engagement in den vorhandenen Institutionen und Mustern. *Klinger* (1984: 35) berichtet über eine Untersuchung von *A. Naumann,* die 1983 bei rund einem Drittel der befragten Werktätigen einen Sozialcharakter feststellt, für den Konsum, Leistung und Selbstbewußtsein durch „gute Arbeit", aber nicht politische Aktivitäten wichtig sind. Politisch-soziale Identitätsbildung vollzieht sich wohl nur bei wenigen als Identifikation *qua* Partizipation, als *aktive* Vergesellschaftung. Soweit das Gefühl der Geborgenheit besteht, dürfte es vor allem als persönlich-soziale Nähe in Primärgruppen, im Arbeitskollektiv und in lokal-kulturellen Bezügen begründet sein, und erst in zweiter Linie durch Fürsorge- und Betreuungsleistungen von Partei, Staat und Massenorganisationen oder – bei einer Minderheit der Erwachsenen – durch „gesellschaftliche Aktivität" aufgrund einer inneren Übereinstimmung mit dem SED-Staat und seiner Ideologie.

Die umfangreichen sozialpolitischen Leistungen schaffen in vieler Hinsicht erst die materielle Basis für die allenthalben beobachtete Trennung von Öffentlichkeit und Privatheit. Für Frauen stellt sich diese *Trennung und Durchdringung* von öffentlich und privat in spezifischer Weise dar: Sozialpolitische Leistungen gestalten ihre alltägliche Lebensweise, die Infrastruktur für die Verbindung von Beruf, Familie und öffentlichen Aktivitäten besonders intensiv. Bestimmte frauenpolitische Maßnahmen *erschweren und erleichtern zugleich* objektiv das politisch-gesellschaftliche Engagement von Frauen. So repräsentieren Frauen etwa 50 Prozent aller Aktiven an der Basis vieler politisch relevanter Organisationen bis hinauf in mittlere Führungspositionen. Aber dann gilt: je höher, desto weniger Einfluß, also krasse Unterrepräsentation, von Frauen. Bis auf ganz wenige Ausnahmen finden sich keine Frauen an der Spitze der politischen Macht. So sind sie *de facto* davon ausgeschlossen, selbst eine paternalistische Fürsorgepolitik gerade auch für Frauen mitzugestalten (*Meyer* 1986b).

7.4 Dysfunktionale Folgen

Paternalistische Fürsorgepolitik vermittelt *das Gefühl garantierten Versorgtseins* – oft relativ unabhängig von der tatsächlichen Leistung – zeitigt aber auch dysfunktionale Folgen und wirft Probleme auf. So werden sozialpolitische Leistungen von nicht wenigen Bürgern mißverstanden als eine Art Recht und Pflicht des Staates zur garantierten Basisalimentierung ohne Gegenleistung. Die Anonymität des Eigentums und der Sozialfonds führt bisweilen zu einer Art Selbstbedienungsmentalität, zur massenhaften individuellen Verantwortungslosigkeit bis hin zur Kleinkriminalität.

Art und Ausmaß, in dem staatliche Behörden fürsorglich-sozialpädagogisch oder mit negativen Sanktionen in das Leben der Bürger eingreifen und es (vor-)strukturieren, tragen zu dem – vor allem in der Belletristik dokumentierten – weitverbreiteten Gefühl bei, die individuelle Lebensgestaltung sei allzu normiert und normalisiert, Lebensziele und Lebensläufe seien allzu berechenbar und damit langweilig. Das dürfte noch verstärkt werden durch ein – im Vergleich zum ständig präsenten Bundesrepublik-Bild – relativ wenig reichhaltiges Konsumgüter- und Freizeitangebot. Zumal im ländlichen Bereich und in Kleinstädten wird so eine individuelle, weitgehend selbstbestimmte und kulturell anspruchsvolle Lebensgestaltung erschwert.

Insgesamt läßt sich thesenartig formulieren: Der sozialistische Paternalismus trägt erheblich dazu bei, die Entwicklung bestimmter beruflicher und öffentlicher Tugenden „sozialistischer Persönlichkeiten" zu behindern. Dazu gehören:

1. Eigeninitiative und die Bereitschaft, Verantwortung zu übernehmen;
2. die Motivation, mehr zu leisten und sich weiter zu qualifizieren – zumal bei beschränktem Zugewinn an Verdienst-, Konsum- und Aufstiegsmöglichkeiten;

3. Kreativität, Risiko- und Innovationsbereitschaft, Flexibilität und Mobilität;
4. politisch-gesellschaftliches Engagement und eigenständiges Denken bei der Lösung sozialer Probleme.

Der sozialistische Paternalismus fördert die Orientierung auf das Private und auf kompensatorische Freizeitgestaltung. Neben funktionalen Erfolgen für eine begrenzte, sozialökonomisch stark egalitäre Integration der Bürger hat diese Politik also auch dysfunktionale Folgen für eine Strategie des intensiven Wirtschaftswachstums, die hohe individuelle Einsatzbereitschaft, Eigeninitiative und selbstständige Problemlösung verlangt.

Typisch für die Widersprüchlichkeit der DDR-Alltagskultur ist, daß das hohe Maß sozialer Sicherheit zugleich einen in den letzten Jahren verstärkt zu beobachtenden Trend ermöglicht, den man als *Individualisierung und Pluralisierung in der Lebensweise,* also in der Gestaltung des Alltags und gruppenspezifischer Lebensstile, ansatzweise auch im beruflichen und politischen Verhalten, bezeichnen könnte. Die Inanspruchnahme und Anerkennung der Leistungen des Staates gehen „im Privatleben" mit der Notwendigkeit einher, individuelle Cleverness und Organisationstalent zu entwickeln, wenn es um die Bewältigung des Mangels, um das Besorgen rarer Güter und Dienstleistungen im Alltag, etwa im Bereich des Zusatzkonsums oder der Freizeitgestaltung geht, beispielsweise beim Datschen-Bau. Entsprechendes gilt für die einzelnen Betriebe oder Brigaden. So entwickelt sich zugleich eine vor allem am individuellen oder betrieblich-kollektiven, meist aber partikularen Nutzen orientierte Solidar- und Austauschgemeinschaft der Werktätigen und Basiseinheiten außerhalb der Nomenklatura, also der breiten Mitte von „Normalbürgern". Die hohe soziale Sicherheit in der DDR erlaubt sodann auch, wenn man keine Karriereabsichten und Wünsche nach politischer Macht hat, ein bestimmtes Maß an Unabhängigkeit, Nonkonformität, Offenheit und der informellen Selbstorganisation, die sich allzu strikten Kontrollen und dem „Organisiertwerden" von oben zu entziehen sucht. Schließlich erleichtert sie so manchen Widerstand und Ausbruchsphänomene besonders bei Jugendlichen.

Der sozialistische Paternalismus ist allerdings nur ein, wenn auch strukturell bestimmendes Moment in der Herausbildung dieser Phänomene. Sind sie womöglich auch zu erklären aus einer systemunspezifischen „Sozialpsychologie der Wohlfahrtsgesellschaft" (*Klages/Franz/Herbert*).

8. Legitimationsprobleme und Widersprüche des sozialistischen Paternalismus

Der sozialistische Paternalismus soll vor allem zur ökonomischen, sozialen und politischen Stabilisierung des Herrschaftssystems und zur Legitimation des Gesellschaftsmodells des „entwickelten Sozialismus" der DDR beitragen. Das hohe Maß an sozioökonomischer Absicherung dürfte die wohl wichtigste Legitimationsbasis des politischen Systems, gerade auch im Blick auf die anhaltende Massenarbeitslosigkeit in westlichen Industrieländern sein. Der Paternalismus der SED baut als Strategie konservativen Systemmanagements also nicht so sehr auf ideologische Argumente, sondern stützt sich vor allem auf das rationale Muster von Leistung und Gegenleistung in den Beziehungen von Herrschenden und Beherrschten – exemplarisch die „Leistungsbilanz" im „Neuen Deutschland" v. 29.1.1987. Die Sicherung bürokratischer Herrschaft wird vor allem mit sozio-ökonomischen Sicherheiten für alle abgegolten, die nur bei zu auffälligem politisch-sozialem Abweichen entzogen werden. Und faktisch erfüllen die Werktätigen diesen ungeschriebenen und keineswegs immer bewußt unterschriebenen, im Grunde autoritär definierten Gesellschaftsvertrag (vgl. *Meyer* 1987: 99–107; *Meyer/Rohmeis* 1986: 111–113). In der Alltagspraxis wird er halb akzeptiert und halb hingenommen. Und so demonstrieren die meisten Bürger *nolens volens* ein erhebliches Maß herrschaftssichernder Massenloyalität.

Einerseits gilt: die umfangreichen staatlichen Leistungen in verschiedenen Politikfeldern erhöhen nicht nur die Zustimmung von Systembefürwortern, sondern stoßen auch auf positive Resonanz bei der Mehrheit der politisch eher Distanzierten, weil sie die Lebensqualität im Alltag steigern. Andererseits erhöht sich auf der Basis einer relativ egalitären Befriedigung von Grundbedürfnissen und eines hohen Maßes an sozialer Sicherheit das Anspruchsniveau gegenüber der Quantität, Qualität und Kontinuität staatlicher Leistungen im Rahmen paternalistischer Fürsorgepolitik. Diese Ansprüche erhöhen sich noch im Kontext einer mindestens teilweise von Partei und Staat bewußt angestrebten sozialen Differenzierung durch die Betonung des Leistungsprinzips und individueller Belohnungen, besonders für bestimmte Teile der Intelligenz (vgl. *Klinger* 1984; *Glaeßner* 1986).

Größere Leistungsdefizite des sozialistischen Wohlfahrts- und Mobilisierungsstaates können zu erheblichen Legitimationsdefiziten bürokratischer Herrschaft führen, weil Versorgungsmängel von den Bürgern meistens unmittelbar den politischen Instanzen oder gar „dem ganzen System" angelastet werden. Diese Art politischer Zuschreibung bringt zunehmend Probleme für die Legitimation des bürokratischen Sozialismus mit sich. Denn es ist völlig ungewiß, ob solche Defizite – etwa durch „Wertkompensationen" (vgl. *Meyer* 1977: 242–259) – ausgeglichen, ob soziale und politische Widersprüche dieser Art auf Dauer „still" oder „stabil" gehalten werden können. In der Gegenwart gewinnt der Hinweis der SED auf ihre sozialpolitischen Erfolge nicht nur gegenüber dem „Abbau des Sozialstaats" in der BRD, sondern auch als empirisches Argument und faktische Abwehrmaßnahme gegenüber den Herausforderungen der Reformpolitik *Gorbačevs* an Bedeutung (vgl. *Meyer* 1988): ein Hauptziel der *„Perestrojka"*, die Verbesserung der Lebensqualität für die Bevölkerung durch die Sozialpolitik, sei in der DDR bereits auf hohem Niveau verwirklicht.

Legitimationsprobleme ganz grundsätzlicher Art entwickeln sich in dieser *Industrie- und Laufbahngesellschaft* (*P.Ch. Ludz*) überall dort, wo – trotz fortdauernder Konsum- und Arbeitsorientierung – bestimmte traditionelle, bisher selbstverständlich gültige Zentralwerte vor allem unter der Jugend und bei bestimmten Gruppen der Intelligenz in Frage gestellt oder doch relativiert werden: Arbeit, Leistung, Karriere, Status, Weiterqualifikation, der Besitz von immer mehr hochwertigen Konsumgütern, wirtschaftliches Wachstum, die Investitionsbereitschaft für Rüstung und Militär. Ob man von einem beginnenden Wertewandel, gar „postmaterialistischer Art", bei breiten Schichten sprechen kann, muß offen bleiben. Immerhin entwickelte sich im letzten

Jahrzehnt aus der evangelischen Kirche, aber auch aus anderen politisch-geistigen Bereichen heraus eine kritische Reflexion der DDR-Gesellschaft „als Zivilisationsmodell“ und Herrschaftssystem (vgl. *Wensierski* 1981, 1988). Sie richtet sich nicht nur gegen den Reformunwillen der SED-Führung, den Mangel an Demokratie und kritischer Öffentlichkeit, sondern auch gegen übertriebene Konsumorientierung, den bevormundenden und ökonomistischen Paternalismus der SED und gegen ein allzu forciertes, vor allem quantitativ definiertes industrielles Wachstum und die fortschreitende Zerstörung der Umwelt.

Die SED versteht ihre paternalistische Fürsorgepolitik als Bestandteil einer Transformationspolitik, die zu einer neuen Qualität sozialistischer Lebensweise und Persönlichkeitsentfaltung führen soll. Zunächst ist hier noch einmal die systemspezifische Reichweite beabsichtigter Gesellschaftstransformation und Steuerung aller gesamtgesellschaftlich relevanter Lebensbereiche im Kontext und in der Tradition bürokratischer Herrschaft in der SBZ/DDR hervorzuheben. Sie hilft, Breite und Intensität staatlicher Fürsorgepolitik wie auch die Wahl bestimmter Handlungsstrategien und Lösungsmuster zu verstehen. Zu prüfen ist, ob nicht objektiv und subjektiv die Reichweite beabsichtigter und vor allem: tatsächlich realisierter Gesellschaftstransformation ständig abnimmt zugunsten der Steigerung und vorrangigen Wertschätzung von konkreten Schutz- und Versorgungsleistungen vor allem in den Bereichen Arbeits-, Bildungs-, Sozial-, Wohnungs-, Frauen- und Familienpolitik. Ja, man könnte fragen, ob sich die SED auf diese Weise nicht zu einer *gradualistischen Reformpartei*, allerdings in den engen Grenzen des bürokratischen Sozialismus, wandelt.

Für die Emanzipation beider Geschlechter, insbesondere der Frauen, ergibt sich eine komplex-widersprüchliche Situation: Trotz großer Fortschritte in der Gleichberechtigung der Frauen, in der Herstellung persönlicher, sozialer, beruflicher und politischer Chancengleichheit zwischen den Geschlechtern und trotz aller ideologischen Bemühungen der SED besteht der Patriarchalismus in vielfältiger Weise im „realen Sozialismus“ der DDR fort (vgl. *Meyer/Rohmeis* 1986). Einerseits haben ideologische und politische Leitlinien weitestgehende Chancengleichheit in Bildung und Beruf, haben sozialpolitische Leistungen und Frauenförderpläne substantielle Fortschritte ermöglicht. Andererseits gibt es eine gewisse Stagnation oder einen nur sehr langsamen Wandel in der fortdauernden Segmentierung des Arbeitsmarktes, in der Verteilung der Lasten von Hausarbeit und Kindererziehung, in der Rekrutierung für höhere Leitungspositionen. Die spezielle Entlastungs- und Förderungspolitik für Frauen und zahlreiche neue soziale Sicherheiten werden zu einer Art Subsidiaritätspolitik, die weibliche Flexibilität zwischen Beruf und reproduktiver Arbeit als Dauerpotential strukturell einplant. Überdies besteht die Gefahr, daß sich die weibliche Lebensgestaltung *de facto* neu und teilweise rückwärts formiert in einer nunmehr entscheidend staatlich geförderten Mutterrolle. Schließlich muß eine Politik zu unauflösbaren Paradoxien führen, die eine soziale und politische Emanzipation von immer unabhängigeren und selbstbewußteren Frauen paternalistisch von oben, vorwiegend durch Männer und ohne radikale Infragestellung des fortdauernden Patriarchalismus vorantreiben will. Die SED stößt zunehmend dort an die Grenzen einer

Fürsorge- und Transformationspolitik, wo die „subjektiven Faktoren", wie Traditionen, individuellpsychische Motivations- und Bewußtseinslagen, Verhaltensweisen im „privaten" Bereich, Partizipationsbereitschaft, und/oder „objektive" Momente der Herrschaftsstruktur – besonders im politischen und ideologischen Bereich – oder wirtschaftliche Restriktionen nicht oder nur mit hohen Kosten oder gar durch einen „Systemwandel" überwunden werden können.

Insgesamt also gerät die paternalistische Fürsorgepolitik der SED als „Politik von oben", *für* und nicht *durch* die Betroffenen selbst an die Grenzen des planmäßig Steuerbaren und stetiger Fortschritte, wenn die Bürger die Partei beim Wort nehmen. Angesichts eher knapper werdender Ressourcen stößt sie an die Grenzen materieller Bedürfnisbefriedigung. Der sozialistische Paternalismus sorgt nicht nur für Massenloyalität und eine gewisse politische Stabilität, sondern er schafft auch Widersprüche, Abwehr und Veränderungspotentiale, wo Emanzipation ernstgenommen wird. Bischof *Forck* (Berlin/DDR) formulierte 1987: „Verstehen Sie, unser Staat macht vielleicht den Prozeß durch, den Eltern durchmachen, deren Kinder erwachsen sind. Unser Staat hat ständig nur die Vorstellung, er müsse uns zu unserem Glück in allen möglichen Dingen bevormunden. Er müßte nun eigentlich zur Kenntnis nehmen: Wir sind jetzt volljährig. Er würde dann viel besser mit uns arbeiten können. Ich versuche, diese Erkenntnis auch staatlichen Stellen zu vermitteln. Ob ich da bisher sehr überzeugend gewirkt habe, kann ich nicht sagen; aber manche, glaube ich, verstehen das (...). Ich halte unseren Staat für lernfähig. Ich glaube, daß ein System – es mag sich noch so fest darstellen – nicht immer so starr bleiben muß, sondern es kann sich verändern". (Der Spiegel Nr. 21, 41. Jg., 18. Mai 1987.) Zu hoffen ist jedenfalls, daß sich die politische Führung der DDR und ihr bürokratisch-paternalistisches Herrschaftssystem weiter öffnen und als reformfähig erweisen.

Literaturverzeichnis

Bahro, Rudolf, 1977: Die Alternative, Köln.

Bernardoni, Claudia/Werner, Vera, 1983: Der vergeudete Reichtum. Über Partizipation von Frauen im öffentlichen Leben, Bonn.

Beyme, Klaus von, 1975: Ökonomie und Politik im Sozialismus. Ein Vergleich der Entwicklung in den sozialistischen Ländern, München.

Beyme, Klaus von, 1988: Reformpolitik und sozialer Wandel in der UdSSR, Baden-Baden.

Böhme, Irene, 1982: Die da drüben. Sieben Kapitel DDR, Berlin (West).

Brown, Archie, 1979: Introduction. In: *A. Brown/J. Gray* (eds.): Political Culture and Political Change in Communist States. 2. Aufl. New York.

Böhme, Irene, 1982: Die da drüben. Sieben Kapitel DDR, Berlin (West).

Büchner-Uhder, Williy/Poppe, Eberhard, 1986: Rechtssicherheit, Geborgenheit und garantierte Menschenrechte, in: StuR 9, 675–682.

Deters, Magdalene/Weigandt, Susanne (Hg.), 1987: Fremdbestimmt – Selbstbestimmt. Deutsch-deutsche Karrieremuster von Frauen im Beruf, Berlin (West).

Diemer, Susanne, 1989: „Ich bin Sekretärin, schön und gut, aber ich bin auch ich, ich bin Rosa S." – Weibliche Erwerbstätigkeit in der DDR – eine Betrachtung der Dokumentarliteratur, (im Druck).

Dölling, Irene, 1986a: Individuum und Kultur. Ein Beitrag zur Diskussion, Berlin (DDR).

Dölling, Irene, 1986: Social and Cultural Changes in the Lives of GDR Women – Changes of their Self-Conception, in: *Gerber, M.* (Hrsg.): Studies in GDR Culture and Society 6, Lanham, 81–92.

Dölling, Irene, 1988: Frauen- und Männerbilder als Gegenstand kulturtheoretischer Forschung, in: Weimarer Beiträge, 34 (1988), 556–579.
Dölling, Irene, 1989: Culture and Gender, in: *Rueschemeyer/Lemke* (Hrsg.), 1989, 27–47.
Enders, Ulrike, 1986: Kinder, Küche, Kombinat – Frauen in der DDR, in: apuz 6–7, 26–37.
Enders, Ulrike/Weigandt, Susanne, 1986: Von der Frauenarbeitspolitik zur Familien- und Bevölkerungspolitik der DDR, in: Osteuropa-Info Nr. 67, 8–21.
Féher, Ferenc, 1982: Paternalism as a Mode of Legitimation in Soviet-Type Societies, in: *Rigby, T.H./Féher, F.* (eds): Political Legitimation in Communist States, London, 64–81.
Féher, Ferenc/Heller, Agnes/Markus, György, 1983: Dictatorship over Needs, Oxford.
Ferguson, Kathy E., 1984: The Feminist Case against Bureaucracy, Philadelphia.
Friedrich-Ebert-Stiftung (Hg.), 1984: Sozial geborgen oder total verwaltet?, Bonn.
Förderung der Frau in der Deutschen Demokratischen Republik. Gesetzesdokumentation, Berlin (DDR) 1988.
Glaeßner, Gert-Joachim, 1986: Wissenschaftlich-technische Revolution – Intelligenz – Politik in der DDR. Soziale und ideologische Differenzierungsprozesse und ihre Folgen für das politisch-gesellschaftliche System, in: Tradition und Fortschritt, Ed. Deutschland-Archiv, Köln, 11–28.
Glaeßner, Gert-Joachim, 1988: Am Ende der Klassengesellschaft? Sozialstruktur und Sozialstrukturforschung in der DDR, in: apuz B 32/1988, 3–12.
Glaeßner, Gert-Joachim (Hg.), 1988: Die DDR in der Ära Honecker. (Festschrift für Hartmut Zimmermann), Opladen. (Dieser Band enthält zahlreiche wichtige Beiträge, die hier i.d.R. nicht einzeln aufgeführt werden.)
Glatzer, Wolfgang/Zapf, Wolfgang, 1984: Lebensqualität in der Bundesrepublik, Frankfurt/New York.
Grandke, Anita, 1986: Familienförderung als gesellschaftliche Aufgabe, Berlin/DDR.
Greiffenhagen, Martin, 1986: Von Potsdam bis Bonn: Zehn Kapitel zur politischen Kultur Deutschlands, München.
Gysi, Jutta, 1984: Frauen- und Familienentwicklung als Gegenstand sozialistischer Politik, in: Jb. f. Soziologie und Sozialpolitik, Berlin/DDR, 95–109.
Gysi, Jutta, 1988: Frauen- und Familienentwicklung in der DDR, in: *Timmermann, Heiner* (Hg.): Sozialstruktur und sozialer Wandel in der DDR, Saarbrücken, 93–115.
Hanke, Irma, 1983: Anpassung, Apathie und Ritualisierung von Politik, in: DDR (Red. H.-G. Wehling), Stuttgart, 146–168.
Hanke, Irma, 1987: Alltag und Politik. Zur politischen Kultur einer unpolitischen Gesellschaft, Opladen.
Heller, Agnes/Féher, Ferenc/Markus, György, 1983: Der sowjetische Weg. Bedürfnisdiktatur und entfremdeter Alltag, Hamburg.
Helwig, Gisela (Hg.), 1986: Die DDR im Spiegel ihrer Literatur, Köln.
Helwig, Gisela, 1987a: Frau und Familie. Bundesrepublik Deutschland – DDR, (2. überarb. Aufl.) Köln.
Helwig, Gisela, 1987b: Emanzipation und Familienpolitik, in: Deutschland Archiv 9/1987, 897–900.
Helwig, Gisela, 1988: Staat und Familie in der DDR, in: *Glaeßner* (Hg.), 466–480.
Henrich, Rolf, 1989: Der vormundschaftliche Staat, Reinbek b. Hamburg.
Hille, Barbara, 1988: Kinder in der DDR – Betreuung und Erziehung in der frühen Kindheit und im Vorschulalter, in: Deutschland Archiv 5/1988, 513–526.
Hübner, Irene/Schäfer, Heinz, 1986: Frauen in der DDR, Frankfurt/Main.
Hüning, Hasko, 1988: Tapetenwechsel. Reformdiskussion in der DDR: Zwischen Vervollkommnung und Umgestaltung, in: Sozialismus 9/1988, 70–77.
Hüning, Hasko/Neugebauer, Gero, 1988: Staat und Individuum. Ein Beitrag zur neueren Diskussion über den Charakter des politischen Systems in der DDR. Referat für die Tagung „Sozialistische Länder" im Rahmen des DVPW-Kongresses „Macht und Ohnmacht politischer Institutionen", Darmstadt.
Klages, Helmut/Franz, Gerhard/Herbert, Willi, 1987: Sozialpsychologie der Wohlfahrtsgesellschaft: Zur Dynamik von Wertorientierungen, Einstellungen und Ansprüchen, Frankfurt/New York.
Kleinig, John, 1983: Paternalism, Manchester.
Klinger, Fred, 1989: Von der Einheit zur Ungleichheit. Entwicklungsverläufe und Strukturbrüche der Sozialpolitik, in: Analysen der Forschungsstelle für gesamtdeutsche wirtschaftliche und soziale Fragen, H. 2/1989, 5–40.

Koch, Petra/Knöbel, Hans Günter, 1986: Familienpolitik in der DDR im Spannungsfeld zwischen Familie und Berufstätigkeit von Frauen, Pfaffenweiler.
Krisch, Henry, 1984: Politische Kultur in der DDR. In: Lebensbedingungen in der DDR. Ed. Deutschland Archiv Köln, 3–12.
Lebensbedingungen in der DDR. Ed. Deutschland Archiv, Köln 1984.
Lemke, Christiane, 1989: Political Socialization and the „Micromilieu", in: *Rueschemeyer/Lemke* (ed.), 59–76.
Ludz, Peter-Christian, 1970: Parteielite im Wandel, Köln/Opladen (3. Aufl.).
Lötsch, Manfred, 1988: Sozialstruktur in der DDR – Kontinuität und Wandel, in: *Timmermann, H.* (Hg.), 1988, 13–26.
Manz, Günter/Winkler, Gunnar, 1979: Theorie und Praxis der Sozialpolitik in der DDR, Berlin (Ost).
Manz, Günter/Winkler, Gunnar, 1985: Sozialpolitik, Berlin (Ost).
Markovits, Ina, 1987: „Rechtsstaat oder Beschwerdestaat?" – Verwaltungsrechtsschutz in der DDR, in: Recht in Ost und West, 5, Sept. 1987, 265–281.
Meyer, Gerd, 1977: Bürokratischer Sozialismus, Stuttgart.
Meyer, Gerd, 1979: Sozialistische Systeme, Opladen.
Meyer, Gerd, 1983: Die politische Elite der DDR, in: *Wehling, H.-G.* (Red.): DDR, Stuttgart, 92–117.
Meyer, Gerd, 1984: Das politische System der DDR, Frankfurt/M.
Meyer, Gerd, 1986a: Frauen in den Machthierarchien der DDR, in: Deutschland Archiv 3/1986, 294–311.
Meyer, Gerd, 1986b: Frauen und Parteielite nach dem XI. SED-Parteitag. Gründe und Hypothesen zur Kontinuität der Unterrepräsentation, in: Deutschland Archiv 12/1986, 1296–1321.
Meyer, Gerd/Rohmeis, Kirsten, 1986: „Kontrollierte Emanzipation". Thesen zu Patriarchalismus und Paternalismus im politischen System der DDR, in: Tradition und Fortschritt Ed. Deutschland Archiv, Köln, 102–117.
Meyer, Gerd/Rohmeis, Kirsten, 1987: Paternalismus und Patriarchalismus im politischen System der DDR. Bericht zu einem Pilot-Forschungsprojekt an der Universität Tübingen, Masch.Ms.
Meyer, Gerd, 1988: Perspektiven des Sozialismus oder Sozialismus ohne Perspektive? Entwicklungstendenzen und Widersprüche in der DDR-Gesellschaft, in: *Meyer, Gerd/Schröder, Jürgen* (Hg.): DDR heute. Wandlungstendenzen und Widersprüche einer sozialistischen Industriegesellschaft, Tübingen.
Michalsky, Helga, 1984: Social policy and the transformation of society, in: *Beyme, Klaus von/ Zimmermann, Hartmut*: Policy making in the German Democratic Republic, New York, 242–271.
Michalsky, Helga, 1988: Soziale Sicherheit ist nicht genug! Konzeption und Leistungen der sozialistischen Sozialpolitik, in: *Glaeßner* (Hg.) 1988, 402–421.
Mitzscherling, Peter, 1978: Zweimal deutsche Sozialpolitik, Berlin (West).
Mommsen, Magareta, 1987: Hilf mir, mein Recht zu finden, Berlin (West).
Neubert, Erhart, 1989: Der ökonomische Wandel und seine Folgen für die gesellschaftliche Kommunikation, Bonn, Ms.
Neugebauer, Gero, 1988: Zur Situation der Kommunalpolitik in der DDR, in: Veränderungen in Gesellschaft und politischem System der DDR. Ed. Deutschland Archiv, Köln, 117–129.
Nickel, Hildegard M., 1989: Sex-Role Socialization in Relationships as a Function of the Division of Labor, in: *Rueschemeyer/Lemke* (eds.) 1989, 48–58.
Obertreis, Gesine, 1986: Familienpolitik in der DDR 1945–1980, Opladen.
Peterhoff, Reinhard, 1983: Der Orientierungswandel in der Sozialpolitik der DDR, in: *Gutmann, G.* (Hg.): Das Wirtschaftssystem der DDR, New York, 405–416.
Pfister, Gertrud, 1986: Die Grenzen der Emanzipation – Aufstiegsbarrieren für Frauen in der DDR, in: *Voigt, Dieter* (Hg.): Elite in Wissenschaft und Politik, Berlin, 211–237.
Rossade, Werner, 1986: Paradigmenwechsel in der Kulturwissenschaft der DDR, in: Tradition und Fortschritt, Edition Deutschland Archiv, Köln, 29–42.
Rossade, Werner, 1987: Kulturelle Muster in der DDR, in: *Berg-Schlosser, Dirk/Schissler, Jacob* (Hrsg.), 1987: Politische Kultur in Deutschland, 229–237.
Ruban, Maria Elisabeth, 1982: Der Lebensstandard in der DDR und Ost-Europa, in: *Bethkenhagen, Jochen u.a.: DDR* und Ost-Europa. Wirtschaftssystem, Wirtschaftspolitik, Lebensstandard, Opladen, 319–365.

Runge, Irene, 1985: Ganz in Familie, Berlin/DDR.
Rueschemeyer, Marilyn, 1988: Entwicklungen der Familienstruktur in der staatssozialistischen Gesellschaft: Die Deutsche Demokratische Republik, in: *Lüscher, Kurt/Schultheis, Franz/ Wehrbaum, Michael* (Hg.): Die postmoderne Familie, Konstanz, 282–296.
Rueschemeyer, Marilyn/Lemke, Christiane (eds.) 1989: The Quality of Life in the GDR, Armonk, N.Y./London.
Rytlewski, Ralf, 1987: Soziale Kultur als politische Kultur: Die DDR, in: *Berg-Schlosser, Dirk/ Schissler, Jacob* (Hrsg.), 1987: Politische Kultur in Deutschland, 238–246.
Rytlewski, Ralf/Sauer, Birgit/Treziak, Ulrike, 1987: Politische und soziale Rituale in der DDR, in: *Berg-Schlosser, Dirk/Schissler, Jacob* (Hrsg.), 1987: Politische Kultur in Deutschland, 247–258.
Scharf, C. Bradley, 1989: Social Policy and Social Conditions in the GDR, in: *Rueschemeyer/ Lemke* (eds.), 3–26.
Schmitt, Karl, 1980: Politische Erziehung in der DDR, Paderborn.
Schönfelder, Bruno, 1987: Sozialpolitik in den sozialistischen Ländern, München.
Schröder, Hannelore, 1976: Zum politischen und ökonomischen System des Patriarchalismus, in: apuz 31, 17–45.
Sennet, R., 1980: Authority, New York.
Sennet, R., 1985: Paternalismus und Entfremdung, in: Neue Rundschau, Jg. 96, 82–105.
Steitz, Lilo, 1987: Sozialistische Lebensweise und Aktivität, Berlin/DDR.
Stolk, Bram van/Wolters, Clas, 1974: Die Gemütsruhe des Wohlfahrtsstaates, in: *Gleichmann, Peter/Goudsblom, Johan/Korte, Hermann* (Hg.): Macht und Zivilisation. Materialien zu Norbert Elias Zivilisationstheorie 2, Frankfurt/Main, 241–260.
Süß, Walter, 1988: Die Gesellschaftspolitik der SED vor den Herausforderungen der sowjetischen Reformdiskussion, in: Veränderungen in Gesellschaft und politischem System der DDR. Ed. Deutschland Archiv, Köln, 25–38.
Timmermann, Heiner (Hg.), 1988: Sozialstruktur und sozialer Wandel in der DDR, Saarbrücken.
Voigt, Dieter/Voss, Werner/Merk, Sabine, 1987: Die Sozialstruktur der DDR; Eine Einführung, Darmstadt.
Vortmann, Heinz, 1988: Soziale Sicherung in der DDR, in: apuz 32, 29–38.
Weidig, Rudi/Winkler, Gunnar, 1985: Einheit von Wirtschafts- und Sozialpolitik. Errungenschaft und Triebkraft des Sozialismus, in: Jahrbuch für Soziologie und Sozialpolitik, Berlin (DDR), 17–34.
Weigandt, Susanne, 1988: Frauen in der DDR: Präsenz ohne Macht, in: *Timmermann, Heiner* (Hg.): Sozialstruktur und sozialer Wandel in der DDR, Saarbrücken, 117–133.
Wensierski, Peter/Büscher, Wolfgang, 1981: Beton ist Beton. Zivilisationskritik aus der DDR, Hattingen.
Wensierski, Peter, 1988: Ökologische Probleme und Kritik an der Industriegesellschaft in der DDR heute, Berlin.
Winkler, Gunnar, 1984: Aufgaben und Funktionen der marxistisch-leninistischen Sozialpolitik bei der Gestaltung der entwickelten sozialistischen Gesellschaft, in: Jahrbuch für Soziologie und Sozialpolitik, Berlin (DDR), 143–177.
Winkler, Gunnar (Hg.), 1987: Lexikon zur Sozialpolitik, Berlin (Ost).
Winkler, Gunnar, 1988: Sozialpolitik in der DDR, in: *Timmermann, H.* (Hg.), 135–154.
Wissenschaftlicher Sozialismus. Lehrbuch (Autorenkollektiv), Berlin/DDR, 1988.
Zapf, Wolfgang, 1981: Wohlfahrtsstaat und Wohlfahrtsproduktion, in: *Matthes, J.* (Hg.): Sozialer Wandel in Westeuropa, Frankfurt/New York, 767–790.
Zur Sozialpolitik der Sozialistischen Einheitspartei Deutschlands, in: Neues Deutschland vom 29.01.1987.

Krisenparadigmen in der Sowjetunion und Polen und deren Umsetzung in Reformpolitiken. Modell und Wirklichkeit der Unternehmensselbstverwaltung

Melanie Tatur

In Osteuropa können wir heute zwei Reformansätze unterscheiden: eine Reformpolitik „von oben", für die die Sowjetunion unter *Michail Gorbačev* das Beispiel gibt, und eine Reformbewegung „von unten", die besonders in Polen eine breite Unterstützung erfährt. Der folgende Beitrag will die Reformansätze in den beiden Ländern in einem doppelten Zugriff vergleichen. Im ersten Teil werden Krisenanalyse und Reformdiagnose repräsentativer Soziologen der beiden Länder gegenübergestellt. Im zweiten Teil werden diese theoretischen Überlegungen zu Krise und Reformstrategie am Vergleich des sowjetischen Modells des reformierten Unternehmens mit der polnischen Selbstverwaltungskonstruktion von 1981 und seinen aktuellen Funktionsproblemen erläutert und überprüft.

1. Paradigmen der Krise

Alle theoretischen und politischen Krisendiagnosen und Reformstrategien in Osteuropa machen die Ineffizienz der Wirtschaft zum Ausgangsproblem der Überlegungen und sehen in der Herstellung ökonomischer Dynamik ein zentrales Reformziel. Die Ursachen der wirtschaftlichen Krisenphänomene werden heute einheitlich in strukturellen Merkmalen des ökonomischen und politischen Systems gesucht. Auch die Reformstrategien zielen auf systemverändernde Innovationen. Gefordert wird die Umstellung direkter personenvermittelter administrativer Abhängigkeiten durch *Recht* und der Übergang vom zentralistischen administrativen System der Wirtschaftsleitung zu *marktvermittelten Wirtschaftsbeziehungen.* Dabei wird inzwischen allgemein auch gesehen, daß die Systemreform auch auf der Ebene *sozialer Integration* Veränderungen notwendig macht.
Dennoch unterscheiden sich Krisenanalysen und Reformprojekte in grundlegender Weise: Während in der Sowjetunion – und zwar auch in der reformorientierten soziologischen Diskussion – ein Denken vorherrscht, das als sozialtechnologisch bezeichnet werden kann, hat sich in Polen schon seit den siebziger Jahren eine Radikalisierung der sozialwissenschaftlichen Diskussion und eine andere Perspektive durchgesetzt. Hier wird die Krise des realen Sozialismus nicht vorrangig als *Steuerungskrise*, sondern als *gesellschaftliche Krise* begriffen.
Bei den folgenden Gegenüberstellungen der „sowjetischen" und „polnischen" Krisen-

analysen und Reformperspektiven wird für die Sowjetunion auf die Arbeiten *T. I. Zaslavskajas* und für Polen auf ein breites Spektrum kritischer Arbeiten zurückgegriffen. Eine auch nur annähernd so kohärente sozialwissenschaftliche Theoriediskussion wie in Polen gibt es bislang in der Sowjetunion nicht. Die Beschränkung auf *T. I. Zaslavskaja*, die seit 1987 Vorsitzende des sowjetischen Soziologenverbandes ist, rechtfertigt sich dadurch, daß in ihr wie in keinem anderen Vertreter der sowjetischen Soziologie eine Vordenkerin der „*Perestrojka*" gesehen werden kann.[1]
Die Konfrontation des sowjetischen und polnischen Ansatzes stützt sich begrifflich auf die *Habermas*sche Unterscheidung von Systemintegration und sozialer Integration und seine These, daß Modernisierung, verstanden als gesellschaftliche Rationalisierung, einen Wandel in beiden Dimensionen voraussetzt und Rationalisierungsschübe auf der Ebene des Systems mit entsprechenden Veränderungen in der Lebenswelt und der Form sozialer Integration zusammen gehen müssen (*Habermas* 1981). Unter im folgenden implizit bleibendem Rückgriff auf dieses begriffliche Instrumentarium wird die sowjetische Position kritisiert und die polnische gedeutet.

1.1 Steuerungskrise und soziale Leitung der Reform von oben – der Reformoptimismus T. I. Zaslavskaja's

In ihrer 1983 als Novosibirsker Studie erschienenen Krisenanalyse bescheinigt die sowjetische Soziologin *T. I. Zaslavskaja* dem System der staatlichen Wirtschaftsleitung die Unfähigkeit, das „materielle und intellektuelle Potential der Gesellschaft" vollständig und hinreichend effizient zu nutzen (*Zaslavskaja* 1984). In ihren späteren Publikationen verschärft sich die Sprache. Die Steuerungskrise wird als „Nicht-Planbarkeit" und „Nicht-Steuerbarkeit" der sowjetischen Gesellschaft benannt (*Zaslavskaja* 1986 a; 1986 b; 1987). Die Ineffektivität des Leitungssystems wird in Kategorien eines Widerspruchs von „Produktionsverhältnissen" und „Produktivkräften" gefaßt, wobei in der Argumentation die Produktionsverhältnisse aber mit dem System der Wirtschaftsleitung gleichgesetzt werden (*Zaslavskaja* 1984).
Als zentrale Merkmale des bestehenden Systems werden der hohe Zentralisierungsgrad wirtschaftlicher Entscheidungsprozesse, der direkte und individualisierte Charakter der Produktionsplanung und die zentralisierte Regelung aller Formen materieller Arbeitsstimulierung genannt. Dieser zentralistischen Struktur entspricht – so *Zaslavskaja* – eine schwache Entwicklung von Marktbeziehungen, das Fehlen von ökonomischen Rechten und Verantwortlichkeiten auf der Ebene des Unternehmens und die Einschränkung aller Arten formal nicht geregelter ökonomischer Aktivitäten. Das zentralistische Entscheidungs- und Leitungssystem versage angesichts geänderter Produktivkräfte: Die zunehmende Komplexität der Volkswirtschaft könne von der zentralistischen administrativen Planung und Leitung nicht verarbeitet werden. Eine neue „materiell-technische Produktionsbasis" erfordere einen hohen Grad der Organisiertheit, Disziplin, Verantwortung und Initiative, was im alten System nicht sichergestellt werden könne. Schließlich verlange ein neuer sozialer Typus des Arbeiters, der sich auf Grund gehobener Bildung, Qualifikation und eines gewachsenen sozialen und recht-

lichen Selbstbewußtsein der mechanistischen administrativen Leitung entziehe, eine veränderte Verhaltenssteuerung.
Die Vorschläge zur Reform des Leitungssystems haben entsprechend dieser Krisendiagnose zwei Stoßrichtungen.
(1) Im Interesse einer *Koordination der Produktion* macht die Komplexität der Volkswirtschaft die Einführung „automatischer Regulatoren" notwendig. In späteren Schriften wird diese Forderung deutlicher ausgeführt (*Zaslavskaja/Jefimov* 1987). Der „neue Wirtschaftsmechanismus" soll die direkten vertikalen Abhängigkeitsstrukturen des alten Systems außer Kraft setzen. An die Stelle verbindlicher Plankennziffern sollen wirtschaftliche Methoden der Einflußnahme des Staates auf die Unternehmen treten und die ökonomischen Beziehungen sollen als horizontale vertraglich geregelte Kontakte zwischen selbstverantwortlichen Unternehmen organisiert werden. Im Rahmen der Marktbeziehungen kämen den Preisen eine regulierende, die Produktion auf die Nachfrage abstimmende Funktion zu. Der Staat träte so von unmittelbaren Aufgaben in der Produktion zurück und konstituiere sich als politisches System. Diese Forderungen zur Reorganisation der Wirtschaftsleitung werden in den neueren Schriften durch das Postulat der Verrechtlichung der gesellschaftlichen Beziehungen und vor allem der Beziehungen zwischen „Staat" und „Gesellschaft" erweitert.
(2) Die *Restrukturierung der Systemintegration* wird bei *Zaslavskaja* durch Strategien ergänzt, die in analoger Weise das Instrumentarium der sozialen Integration reformieren sollen. Es gelte, den „menschlichen Faktor" zu berücksichtigen und die Planung und Leitung unter den Gesichtspunkt der Verhaltenssteuerung zu stellen. Verhalten kann – so *Zaslavskaja* – „nur indirekt gesteuert werden, und zwar mit Hilfe von Stimuli, die die wirtschaftlichen und sozialen Bedürfnisse der Werktätigen berücksichtigen und ihre Interessen in die für unsere Gesellschaft erforderliche Richtung lenken" (*Zaslavskaja* 1984). Diese indirekte Steuerung soll durch die ökonomische Wirtschaftslenkung sichergestellt werden. Etwas später wurde die Forderung nach einer Aufwertung der Soziologie hinzugefügt. Aufgabe der soziologischen Forschung ist die Analyse des „sozialen Mechanismus", das heißt der Funktionsweise des ökonomischen Leitungssystems und seine Wechselwirkung mit der Gesellschaft. Die so gewonnenen Einsichten sollen die angewandte Soziologie dazu befähigen, über ein Netz von soziologischen Diensten – sozusagen als demoskopischer Demokratieersatz – als Meldesystem für angestaute Bedürfnisse und Aspirationen zu funktionieren.
Im Sinne der geforderten Analyse des „*sozialen Mechanismus*" unternahm *Zaslavskaja* schon 1984 den Versuch, die sozialstrukturellen Grundlagen des Leitungssystems aufzuzeigen. Das geschah im Rahmen der Überlegungen zur strategischen Umsetzung der Reform. Die vorausgegangenen Reformanläufe seien – so *Zaslavskaja* – an ideologischen Vorurteilen, einem Theoriedefizit der Wissenschaftler und ihrem abstrakten Vorgehen, das nicht auf soziale Interessen zugeschnitten und bezogen gewesen sei, gescheitert. Dem Ziel, „soziale Interessen", die sich der Reform entgegenstellen beziehungsweise deren Maßnahmen tragen könnten, ausfindig zu machen, gilt die von *Zaslavskaja* vorgenommene Sozialstrukturanalyse. Gerade diese Analyse aber macht die Schwächen ihres sozialtechnologischen Ansatzes sichtbar.
Während *Zaslavskaja* ganz offensichtlich unterstellt, das politische Führungszentrum

habe – schon im Interesse der Wiederherstellung seiner Steuerungsfähigkeit – ein vehementes Interesse an der geforderten Reform, fragt sie für die Mitglieder der drei Ebenen der staatlichen Wirtschaftsorganisation nach deren „sozialen Interessen“ und konstatiert 1984 – hier offenbar im Sinne zugeschriebener „objektiver“ Interessen – ein Reforminteresse der Schlüsselgruppe der unteren Ebenen, also der qualifizierten Arbeiter, der Techniker, Ingenieure und eines Teils des Leitungspersonals, und eine konservative Haltung der Mitglieder des mittleren Apparates, während die Interessen der Beschäftigten in den zentralen Verwaltungsapparaten als ambivalent eingestuft werden.
Auf der Grundlage empirischer Untersuchungen werden in einem 1988 erschienenen Aufsatz zehn Kategorien „sozialer Gruppen“ gebildet: 1. Arbeiter, 2. Kolchosbauern, 3. wirtschaftlich-technische Intelligenz, 4. Wirtschaftsleiter, 5. verantwortliche Beschäftigte im Dienstleistungssektor, 6. Selbständige, 7. humanistische Intelligenz, 8. verantwortliche Mitarbeiter im Leitungsapparat, 9. politische Leiter, 10. Mafia des organisierten Verbrechens in Handel, Dienstleistungssektor, Schattenwirtschaft und Machtapparat einschließlich der Rechtsschutzorgane (*Zaslavskaja* 1988). Das zugrunde liegende Differenzierungsmerkmal ist die Position im System gesellschaftlicher Arbeitsteilung. Allerdings fallen die Kategorien „verantwortliche Mitarbeiter im Dienstleistungssektor“ und „Mafia“ aus diesem Raster heraus, weil die Isolation der ersten Beschäftigungsgruppe mit deren Korrumpiertheitsgrad begründet wird, und der Bildung der zweiten überhaupt nicht mehr Positionsmerkmale, sondern Verhaltensmerkmale, nämlich Amtsmißbrauch, zugrunde gelegt werden.
Die politischen Haltungen hinsichtlich der Reformpolitik der „*Perestrojka*“ werden in acht Typen klassifiziert, nämlich Ideologen und Initiatoren, Anhänger, Verbündete, Quasianhänger, Beobachter, Neutrale, Konservative und Reaktionäre. Um einen Zusammenhang von „sozialer Gruppe“ und politischer Haltung herstellen zu können, ist *Zaslavskaja* zu einer solchen Differenzierung ihres Sozialstrukturschemas gezwungen, die dessen Aussagefähigkeit und die These vom Zusammenhang der Position im System der Arbeitsleitung, sozialen Interessen der Gruppen und der politischen Haltung überhaupt in Frage stellt. Innerhalb jeder Gruppe läßt sich nämlich eine Polarisierung der politischen Haltung feststellen. Nimmt man die Persönlichkeits- und Verhaltensmerkmale aus der Klassifikation heraus, verweist die Zugehörigkeit zu einer „sozialen Gruppe“ bestenfalls auf einen unterschiedlich hohen Grad der Polarisierung. Tatsächlich zeigen die Ergebnisse der Analyse in erster Linie den Befund, daß das System gesellschaftlicher Arbeitsteilung *nicht* Kristallisationssache politischer Haltungen ist.
Die These vom Zusammenhang „sozialer Gruppen“, „sozialer Interessen“ und politischer Haltungen weist noch weitere Schwächen auf. So unterstellt *Zaslavskaja* die Eindeutigkeit der politischen Einstellungen. Obwohl sie selbst bereits 1984 für die Kolchosbauern zwischen „unmittelbaren Interessen“ (konservativ) und „langfristigen, strategischen Interessen“ (reformorientiert) unterscheidet und obwohl empirische Untersuchungen etwa für die Betriebsleiter ähnliche Ereignisse erbracht haben (*Petrakov/Jasin* 1987), übergeht *Zaslavskaja* dieses Problem und hält an der Annahme eindeutiger „sozialer Interessen“ fest.
Nicht weniger problematisch ist die Anwendung des Begriffes der „sozialen Gruppe“ auf die von ihr definierten Kategorien und Unterkategorien des Schichtgefüges. Im

Zusammenhang der Analyse des „sozialen Mechanismus" der sozialistischen Wirtschaftsleitung fordert *Zaslavskaja*, die Konfliktträchtigkeit der wirtschaftlichen Interaktion zu berücksichtigen und die „Gesetzmäßigkeiten" des Interaktionsverhaltens der Gruppen sowie die Inhalte ihres „Dialogs" mit sozialen Institutionen und mit Leitungsorganen der Wirtschaft in Rechnung zu stellen. In Kategorien einer „Interaktion sozialer Gruppen mit den wirtschaftlichen Leitungsorganen" faßt *Zaslavskaja* die defensiven Strategien, mit denen sich die Bevölkerung Normen und Regeln zu entziehen versucht, die der Befriedigung elementarer Bedürfnisse entgegenstehen („Dialog von Bevölkerung und Staat"). Auch die informellen Absprachen der Funktionsträger in den verschieden bürokratischen Apparaten zur politischen Einflußnahme und zum Boykott zentraler Entscheidungen werden hierunter subsummiert. Die Anwendbarkeit des Begriffs der „sozialen Gruppe" auf diese Subjekte eines vom Staat nicht kontrollierten Handelns ist aber problematisch. Im ersten Fall handelt es sich um individuelle Strategien, die eben nicht über gemeinsame soziale Normen, Ziele und über Gruppensolidaritäten vermittelt werden. Im zweiten Fall handelt es sich um Organisationsinteressen der Apparate. Dabei mag das abstrakte Interesse an der Erhaltung und Erweiterung der Dispositionsmacht der Organisation mit den persönlichen Interessen der Inhaber von Führungspositionen zusammenfallen. Als „soziale Gruppeninteressen" können sie aber deswegen nicht gedeutet werden, weil die Korporation nicht Ergebnis der Organisation gesellschaftlicher Subjekte, sondern der erzwungenen Vergesellschaftung ihrer Beziehungen durch die staatliche Organisation ist. Auch in ihren programmatischen Überlegungen fordert *T. I. Zaslavskaja*, daß „gesellschaftliche, kollektive und individuelle Interessen" durch das System der Wirtschaftsleitung vertikal verbunden und zugleich Interessen der Klassen und Gruppen horizontal integriert werden sollten. Sie unterstellt damit stillschweigend die Existenz integrierter sozialer Gruppen und/oder reduziert das Problem sozialer Integration auf eine sozial-technologisch angeleitete Verhaltenssteuerung.

Die Grundlagen der Vergesellschaftung in der sozialistischen Ordnung bleiben, sowohl was die Systembildung als auch was die Form sozialer Integration betrifft, aus der Analyse ausgeklammert. In beiden Dimensionen bezieht sich die Krisendiagnose auf *Steuerung- und Leitungstechniken*. Entsprechend zielen auch die Reformvorschläge auf eine Änderung des Leitungssystems und der Leitungstechnik.

Politisch ist die Ansiedlung der Reform auf dieser Ebene darin begründet, daß die seit der Mitte der achtziger Jahre aufgewertete Soziologie nicht nur den Optimismus der Führung unter *Michail Gorbačev*, sondern auch die Perspektive des Steuerungszentrums übernimmt. In der Argumentation *Zaslavskaja*s wird die Weiche für einen flachen Reformzugriff dadurch gestellt, daß sie der – bei ihrem Zugang zentralen – Frage nach den Produktionsverhältnissen als Frage nach den zentralen Institutionen, in denen das Leitungssystem der Wirtschaft verankert ist, ausweicht. Das erlaubt ihr, das Leitungssystem abstrakt zu fassen und einen funktionalen Reformimperativ zu formulieren. Der ist dann dem zum Steuerungswillen umdefinierten Machtanspruch der Zentrale sozusagen notwendig immanent. Die Durchsetzung der Reform ist damit scheinbar nur noch ein sozialtechnologisches Problem.

1.2 Krise der Vergesellschaftung und Barrieren des Pluralismus in der verstaatlichten Gesellschaft – der Reformpessimismus polnischer Soziologen

In Polen zeigen die Reformdiskussionen der fünfziger Jahre gewisse Ähnlichkeiten mit der heutigen sowjetischen Diskussion. Auch damals wurde die Krise als Steuerungskrise gefaßt und am System der Wirtschaftsleitung festgemacht. Auch die Reformstrategien entsprachen der sowjetischen Vision: Dezentralisierung der Entscheidungsfindung im Rahmen einer marktregulierten Planwirtschaft. Deutlicher als gegenwärtig in der Sowjetunion wurde das Projekt der Umgestaltung des Funktionsmechanismus der Wirtschaft durch Forderungen nach einer Entpolitisierung der Wirtschaft, das heißt der Beseitigung der doppelten Unterordnung der ökonomischen Funktionsträger unter Wirtschafts- und Parteiapparat, und nach einer Arbeiterselbstverwaltung flankiert. Auch hier wurde die Bewegung getragen vom Bündnis reformoffener Gruppen in der Parteiführung und kritischen, sozialistischen Traditionen verpflichteten Intellektuellen. Nachdem die Reformanläufe von 1956 und 1970/73 gescheitert waren und sich die ökonomische und politische Krise in den siebziger Jahren zugespitzt hatte, war die Grundlage des revisionistischen Bündnisses beseitigt: nicht nur wegen der Ernüchterung der Intellektuellen, sondern auch deswegen, weil im Zuge der Entideologisierung beziehungsweise Ritualisierung der Ideologie die bloße Aufrechterhaltung und Erweiterung der Macht als Leitmotiv des Handelns der Parteiführung sichtbar war und der Nihilismus der Macht jegliche Anknüpfungspunkte für Koalitionen mit gesellschaftlichen Gruppen ausschloß.

Dies dürfte den Wandel der Perspektive erleichtert haben, der sich in der polnischen Soziologie Mitte der siebziger Jahre angebahnt hat. Die Krise wurde nicht mehr als Steuerungskrise gefaßt, sondern als *Krise der Vergesellschaftung* analysiert. Dieser Paradigmawechsel leitete eine Radikalisierung des begrifflichen Instrumentariums und der gesamten Reformdiskussion ein.

Eine große, von *S. Novak* geleitete empirische Studie belegte Mitte der siebziger Jahre das Fehlen von akzeptierten und funktionierenden gesellschaftlichen Normen und Werten und den Zerfall sozialer Bindungen und Gruppensolidaritäten (*Nowak* 1976). Im Bewußtsein der Polen – und hier ließen sich keinerlei Korrelationen zu Schichtmerkmalen aufzeigen – standen sich *Nation* und *Staat* als feindliche *Gegensätze* gegenüber. Neben Familie, Freunden und anderen Primärgruppen war es die Nation, ihre Geschichte, ihre Kultur und ihre gegenwärtige Lage, die das Gefühl der Identifikation hervorrief (*Nowak* 1979). Als „Konföderation von Familien" wurde sie an Symbolen kultureller Identität festgemacht. Die Nation stand für eine Vergemeinschaftung, die ihre reale Grundlage im Zusammengehörigkeitsgefühl der Primärgruppen hatte. Die gesamte, Primärgruppen und Nation vermittelnde gesellschaftliche Sphäre – das ganze Spektrum intermediärer Institutionen – wurde als fremde, feindliche Macht – als „die da" – wahrgenommen. Das Handeln in den staatlichen Institutionen – Betrieb, Verwaltung, „gesellschaftliche" Organisationen, politische Einrichtungen – wurde nur von einer äußerlichen, pragmatischen Anpassung getragen, deren inneres Motiv allein private Interessen und private Loyalitäten war. Diese *Demoralisierung der institutionellen Ordnung* ist die tiefere Ursache der zunehmenden Desorganisation gesellschaftlicher Beziehungen und damit auch der sinkenden Steuerungsfähigkeit des sozialen Systems.

Ende der siebziger Jahre wurde der von einer repräsentativen Expertengruppe („Erfahrung und Zukunft" – „DiP") getragene Bericht über Symptome und Ursachen der polnischen Krise vorgelegt. Das „DiP" suchte die Ursachen der gesellschaftlichen Krise in der *Form der politischen Herrschaft* (Erfahrung und Zukunft 1981): Wegen des autokratischen Charakters der Herrschaft können Entscheidungen auf den verschiedenen Ebenen der staatlichen Organisation der Gesellschaft nicht zum Bestandteil konsensbildender Prozesse werden.

Die Entscheidungen der Zentrale erscheinen als abgeschottet gegen jegliche Kontrolle von außen. Die Monopolisierung der Entscheidungsgewalt bedeutet aber nicht, daß Konflikte und Einflußnahme fehlen. Diese haben aber „negativen" Charakter. Weder die rivalisierenden Cliquen in der Führungsspitze noch die Funktionsträger der oberen Leitungsebene der Apparate repräsentierten soziale Interessen. Programmatische Forderungen haben in der Konkurrenz um persönliche Macht und um Mittel eine nur taktische Funktion. Die geschlossenen Kompromisse, die nicht über politische Öffentlichkeiten vermittelt sind, stellen deshalb nicht selten keine der von ihnen betroffenen Gruppen zufrieden.

Da Marktmechanismen fehlen und das Geld nicht als Medium ökonomischer Beziehungen funktioniert, ist in der sozialistischen Gesellschaft das staatliche Recht wichtigstes Steuerungsinstrument. Form und Status des Rechts entsprechen aber nicht dieser Funktion. Die Gesetze bilden kein stabiles System genereller, allgemein verpflichtender Regeln. Gesetze sind häufig als zweckbezogene Verordnungen formuliert. Partei und Staat – von den Führungsgremien bis zu den örtlichen Organen – genießen einen Status *außerhalb* des Rechts. Neben den formal geregelten gesellschaftlichen Beziehungen gibt es weite Bereiche außergesetzlicher Tätigkeiten, die über geheime Verwaltungsbestimmungen – oft im inhaltlichen Widerspruch zum formalen Recht – geregelt werden. Diese Herrschaftspraktiken werden durch die Formel von der „führenden Rolle der Partei" abgedeckt.

Über die Schlüsselinstitution der Nomenklatur übt der Apparat der Partei die personalpolitische Kontrolle über alle staatlichen und gesellschaftlichen Einrichtungen aus. Und die mit ihr institutionalisierten direkten persönlichen Abhängigkeiten bilden eine Garantie dafür, daß die Prärogative der Partei auf allen Ebenen gegenüber den jeweiligen staatlichen und gesellschaftlichen Organiationen durchgesetzt werden kann.

Der mit der „führenden Rolle" angesprochene Machtanspruch, der über die Institution der Nomenklatur abgesichert wird, ist selber nicht formalisiert. Er stellt die Partei über das Recht. Insofern ist er totalitär. Zugleich aber ist gerade dieser Anspruch unbegrenzter Macht die Ursache für die geringe Steuerungskapazität des politischen Zentrums. Die durch ihn bewirkte Auflösung formaler Strukturen sichert der politischen Führung zwar die Möglichkeit, jede Entscheidung an sich zu ziehen, zugleich bietet die Strukturlosigkeit der staatlichen Organisation aber auch Freiräume für informelle Strategien der Interessenvertretung. Sie begründet eine *negative* Macht der ausführenden Apparate, die zwar kein alternatives Programm durchsetzen, wohl aber die zentralen Entscheidungen blockieren können. Der Machtanspruch des Herrschaftszentrums wirkt so paralysierend (*Staniszkis* 1976, 1979).

Obwohl das DiP die Ursachen der Krise so nicht auf der Ebene der Herrschaftstechnik, sondern in der Form der Herrschaft, das heißt im *totalitären Machtanspruch* des politischen Entscheidungszentrums lokalisiert, richtet sich der Reformappell der Intellektuellen an eben dieses Zentrum. Die politischen Entscheidungsträger werden aufgefordert, die Herrschaft auf eine neue Legitimitätsgrundlage zu stellen. Die Konzession von Rechtsstaatlichkeit, gesellschaftlichen Autonomiespielräumen und Ansätzen demokratischer Willensbildungsprozesse sollten die institutionellen Voraussetzungen für eine Umstrukturierung des Steuerungssystems schaffen.

Die politisch Verantwortlichen haben bekanntlich dieser Aufforderung nicht entsprochen. Im Gegenteil, sie verspielten auch die Chance, die ihnen die Revolte der Arbeiter und die gesellschaftliche Reformbewegung 1980/81 eröffnete und kehrten mit der Verhängung des Kriegsrechts zum machtpolitischen *Status quo ante* zurück. Unter den Bedingungen politischer Restauration gewann die soziologische Reflexion über Krise und Reform einen pessimistischen Akzent. Unter dem Eindruck des sozialen Konfliktes wurde zwar nun die Frage nach der für die sozialistische Gesellschaft charakteristischen inneren Dynamik in den Mittelpunkt gerückt. Sie wurde aber negativ gestellt. Die Aufmerksamkeit richtete sich vor allem auf die sozialintegrativen Faktoren, die die Stabilität des ökonomisch abgewirtschafteten und von der Mehrheit der betroffenen Menschen abgelehnten Systems sichern und der Herausbildung einer erfolgversprechenden Reformbewegung entgegen stehen.

So zeigt *W. Narojek* in seiner neuesten, 1986 in England veröffentlichten Studie die systembedingten Interessenverknüpfungen zwischen autokratischer Macht und Gehorsam verweigernder Gesellschaft (*Narojek* 1986). In der verstaatlichten Gesellschaft begründet das Netz von über- und untergeordneten Dienstabhängigkeiten, die Rollen in der staatlichen Organisation, keine konfligierenden sozialen Interessenlagen. Die Konkurrenz um das Distributionszentrum beziehungsweise die Distributionszentren auf den verschiedenen Ebenen führt zu einer *Fragmentierung der Verteilungsinteressen.* Die mit den Rollen in der staatlichen Organisation verbundenen Privilegien und informellen „Möglichkeiten" konstituieren eine Hierarchie mit gleitenden Übergängen und nicht polarisierte soziale Lagen. Konfliktträchtig ist nicht die hierarchische Struktur, sondern die illegitime Nutzung der infomellen Möglichkeiten – der mit der Stellung verbundenen Dispositionschancen – im privaten Interesse. Solche Chancen sind nicht ausschließlich Privileg der Führungsgruppe. Über sie verfügt in gewissem Grade jeder Funktionsträger der staatlichen Organisation vom Ersten Sekretär bis zum Verkäufer, der in einer Mangelsituation Waren nach eigenen Gutdünken bestimmten Klienten zugänglich macht. Die für die verstaatlichte Gesellschaft charakteristische Dichotomie ist nicht die von Vorgesetzten und Untergebenen, sondern die von *Funktionsträgern*, die über Ressourcen verfügen, und *Bittstellern.* Anders als das Herrschaftsverhältnis kann – so *W. Narojek* – diese Antinomie deshalb nicht Grundlage sozialer Gruppenbildung werden, weil beide Rollen verkreuzt sind und jedes Mitglied der staatlichen Organisation als Disponent und als Bittsteller fungiert. Die im allgemeinen gesellschaftlichen Bewußtsein verankerte Dichotomie zwischen „Menschen" und „Institutionen",

„Gesellschaft“ und „Staat“ bezieht sich zunächst nicht auf antagonistische Gruppenbildungen, sondern auf gegensätzliche Perspektiven, mit denen dieselben gesellschaftlichen Beziehungen einmal von innen, das andere Mal von außen wahrgenommen werden (*Narojek* 1982).

Nur in extremen Situationen, wenn die fehlende Effektivität des Systems das Niveau der Bedürfnisbefriedigung unter ein erträgliches Maß sinken läßt, wird der Gegensatz Regierte und Regierung zum Ausgangspunkt für einen moralisch motivierten, gemeinschaftsbezogenen Integrationsprozeß. Die Gemeinschaft der Menschen stellt sich als „Gesellschaft“ der staatlichen Ordnung entgegen. Die „Macht“, von der sich die „Gesellschaft“ abgrenzt, ist nur im Kontext der negativen Bewertung des Funktionierens des Sozialsystems zu verstehen. Sie meint vor allem: die nicht akzeptierten Kriterien der Rekrutierung in Führungspositionen (*Nomenklatur*), die nicht kontrollierbaren Quellen des Reichtums und die Willkür der Disponenten. Der hierauf beruhende Glaube an eine grenzenlose Kontrollmacht schlägt sich dann in der Überzeugung von einer umfassenden Verantwortung der „Macht“ nieder.

Diese „Macht“ ist aber – so argumentiert *W. Narojek* weiter – nicht als soziale Gruppe oder gar „herrschende Klasse“ zu fassen. Der politischen Führung im engen Sinne, die alle Dispositionsrechte usurpiert hat und allein politisch verantwortlich ist, *fehlt* die Verfügung über Ressourcen. Sie ist selber von dem von ihr kontrollierten Apparat abhängig. Die Mitglieder des Apparates aber, die unter bestimmten Gesichtspunkten die Merkmale einer sozialen Klasse aufweisen, sind politisch nicht souverän. Ihre ausführende politische Rolle hat zur Folge, daß sie sich für ihr Handeln nicht verantwortlich fühlen und nur durch eine formale, oft scheinhafte Loyalität an ihre Vollmachtgeber gebunden sind. Der Ausschluß von Initiative und Verantwortung macht die Mitglieder des Apparates, was ihre persönlichen Bestrebungen und Aspirationen betrifft, den einfachen nur ausführenden Mitgliedern der staatlichen Organisation ähnlich.

Wenn aber die politische Leitung nur den Schein der Einheit der Machtstruktur herstellen kann und mit Hilfe von Organisationssanktionen und personalpolitischer Kontrolle verhindern muß, daß konkurrierende Meinungsbildungszentren entstehen, und nicht in der Lage ist, sich Loyalität und sachliche Information des ihr untergeordneten Apparats zu sichern, entsteht eine gigantische *Informationsblockade* in der Leitung der Gesellschaft. Dessen Resultat ist eine sinkende Effektivität und eine allgemeine Zerrüttung des Funktionierens aller Institutionen des gesellschaftlichen Zusammenlebens. Zugleich aber ist die verstaatlichte Gesellschaft nicht fähig, spontan ein Kräfteverhältnis herauszubilden, das einem rationalen Fuktionieren der Institutionen oder der Suche nach neuen Alternativen günstig ist (*Narojek* 1986).

Zu der gleichen Einschätzung kommt *J. Staniszkis* in ihren neuesten Arbeiten (*Staniszkis* 1983, 1987 a; 1987 b). Die „toten Strukturen“ der verstaatlichten Gesellschaft bringen gerade deswegen keinen sozial innovativen Konflikt hervor, weil die sozialen Rollen den Funktionsträgern *äußerlich* bleiben und nicht über Interessen und moralische Normen in der Lebenswelt verankert sind. Allerdings wählt *J. Staniszkis* einen anderen Zugang. Ihr Ausgangspunkt ist die Eigentumsform.

(1) Das staatliche Eigentum an Produktionsmitteln definiert Eigentumsrechte als nicht exklusiv, nicht vererbbar und nicht übertragbar.
(2) Es weist dem Staat eine spezifische Rolle zu: Seine Entscheidungen treten an die Stelle ökonomischer Mechanismen und über die zentrale Redistribution werden Kosten und Gewinn über administrative Maßnahmen – etwa die Preise – umverteilt. Staatliches Eigentum konstituiert keine autonomen und verantwortlichen Subjekte ökonomischer Beziehungen und schließt die Objektivierung von Kosten und Nutzen der Produktion durch Marktbeziehungen aus. Eine konsequente Umstellung des Systems der Wirtschaftsleitung müßte die Eigentumsform selbst – das heißt die Identität des Systems – aufheben.
Das *zersplitterte Eigentumsrecht* – alles gehört jedem und keinem – begründet auf keiner Ebene der Wirtschaftsorganisation ein auf Effizienz und Akkumulation gerichtetes Produktionsinteresse. Die Interessen der Mitglieder der staatlichen Organisation werden als Konsuminteressen – maximaler Verbrauch von Mitteln durch Organisation und Individuen – definiert. Das gilt für die verschiedenen Ebenen des Managements gleichermaßen wie für die Arbeiter. Diese Interessengemeinschaft hat unmittelbare Auswirkungen auf die Produktion. Sie ist Ursache der geringen Effektivität der Arbeit und des Fehlens einer spontanen ökonomischen Entwicklungsdynamik.
Zugleich ist sie auch Ursache des sozialen *Immobilismus*. Ausbeutung besteht in der sozialistischen Gesellschaft nicht in der Aneignung fremden Mehrprodukts durch eine Gruppe privilegierter Entscheidungsträger, sondern in der Aufrechterhaltung politisch begründeter Machtverhältnisse, welche die Produktion eines möglichen Reichtums ausschließt. Es fehlen deshalb antagonistische ökonomische Interessenlagen, die zum Ausgangspunkt einer sozialen Dynamik werden könnten.
Der Gegensatz von alltäglichen Verteilungsinteressen, die das politisch-ökonomische System bestätigen und dem politischen Interesse an seiner Aufhebung schlägt sich – so zeigt *J. Staniszkis* – im Bewußtsein der Arbeiter als gleichzeitiges Nebeneinander zweier Gesellschaftsbilder nieder:
(1) Das dichotomische Bild zeigt eine extrem *polarisierte* Struktur. „Gesellschaft" und „Staat" stehen sich als apriorische, empirisch nicht überprüfbare Kategorien gegenüber. Die moralische Selbstzuordnung ermöglicht hier eine Negation des Systems auf der symbolischen Ebene.
(2) Das Bild einer graduellen Hierarchie zeigt die Gesellschaft als *fragmentiert* und in verschiedenen, untereinander nicht konsistenten Dimensionen zersplittert. Diese Vision macht die Schwierigkeit deutlich, sich über die Alltagserfahrung selbst sozial zu definieren.
Im unverbundenen Nebeneinander dieser Gesellschafsbilder, die nicht nur situationell – Revolte/Anpassung – aktiviert werden, sondern permanent gleichzeitig im Bewußtsein funktionieren, sieht *J. Staniszkis* das ideologische – notwendig *falsche* – Bewußtsein von Menschen, die gezwungen sind, in der Befriedigung ihrer alltäglichen Bedürfnisse ein System zu stabilisieren, das sie ablehnen (*Staniszkis* 1986).

2. *Das sowjetische Reformmodell und die polnische Reformpraxis – das Beispiel der Unternehmensselbstverwaltung*

Für die in allen Reformansätzen angestrebte Restrukturierung des Funktionsmechanismus der Wirtschaftsleitung ist der Status des Unternehmens von zentraler Bedeutung. Als Grundlage der Wirtschaftsreform wurden 1981 in Polen die Gesetze über das staatliche Unternehmen und die Selbstverwaltung im staatlichen Unternehmen verabschiedet. Eine analoge Bedeutung wird dem seit dem 1.1.1988 in Kraft getretenen Gesetz über das staatliche Unternehmen in der Sowjetunion beigemessen. Beide Gesetze werden mit den Schlagwörtern Selbständigkeit, Selbstfinanzierung und Selbstverwaltung propagiert. Tatsächlich sind in beiden Modellen der Autonomiegewinn des Unternehmens als Wirtschaftseinheit und die der Belegschaft zugesprochenen Partizipationsrechte eng aufeinander bezogen. Zugleich aber gehen das sowjetische und das polnische Modell, die ja aus ganz unterschiedlichen politischen Konstellationen hervorgegangen sind, auf grundsätzlich andersartige Reformprojekte zurück.

2.1 Selbständigkeit und Selbstverwaltung des sowjetischen Unternehmens

Im sowjetischen Reformgesetz von 1988 (Gesetz über das staatliche Unternehmen 1987) liegt der Akzent der ökonomischen Selbständigkeit bei der Selbstfinanzierung.
Im alten Modell wurden Gehälter, Prämien und Investitionen vom Staatsbudget finanziert. Der Gewinn spielte keine Rolle und wurde als Restgröße an den Staatshaushalt abgeführt. Diese Gewinnkonfiskation beziehungsweise Subventionierung von Verlusten entsprach dem geringen Handlungsspielraum und den begrenzten Möglichkeiten des Unternehmens, auf Gewinn und Verlust Einfluß zu nehmen. Die Beschaffung von Vorprodukten, Lieferverpflichtungen und Preisbildung fielen nicht in die Entscheidungskompetenz des Unternehmens. Die Redistribution des Gewinns war Konsequenz der Abhängigkeit des Unternehmens von Befehlen und Zuteilungen des Zentrums (*Götz-Coenenbert* 1987).
Den neuen Bestimmungen zufolge soll der Gewinn aufgewertet und die Einkommensbildung an ihn gebunden werden. Grundlage des Einkommens sind die Einkünfte aus Produktionstätigkeit abzüglich der Vorleistungen und anderer Kosten wie Steuern, Abgaben, Zinsen. Aus diesem verfügbaren Einkommen sollen die laufenden Aufwendungen wie Lohnkosten, Erweiterungs- und Reinvestitionen und soziale Aufgaben finanziert werden. Zu fragen ist nun, inwieweit der angestrebten Delegation von Verantwortung eine Dezentralisierung von Entscheidungskompetenzen entspricht und das selbstverantwortliche Unternehmen zum Subjekt ökonomischer Beziehungen gemacht wird.
Das Unternehmen soll dem Gesetzestext zufolge die Jahres- und Fünfjahrespläne selbständig und frei von Direktiven von oben beschließen. Grundlage der Planaufstellung sollen Verträge, staatliche Limits und Normative sein. Tatsächlich aber beinhaltet das Gesetz keinen Übergang zu horizontalen, marktvermittelten Beziehungen, sondern eine seltsame *Kombination von Markt- und Redistributionsmechanismen* mit einem Übergewicht des letzteren (*Hanson* 1987).

So sieht das Gesetz Staatsaufträge vor, die angesichts eines Kontraktzwangs der Unternehmen *de facto* mit Planauflagen identisch sind. Die Zuteilung zentraler Investitionsmittel wird durch staatliche Limits festgelegt, die als Grundlage der Materialversorgung durch die zuständigen staatlichen Organe dienen. Die laufende Materialversorgung und die technische Ausstattung sollen nun auf Abruf organisiert werden. Dabei werden aber keine Knappheitspreise eingeführt und die Produktion wird nicht an die Nachfrage des „Großhandels" gebunden. Auch die Preisfestsetzung bleibt in der Kompetenz der zuständigen Verwaltungsorgane. Die Bindung der Produktion an die Nachfrage soll dadurch gewährleistet werden, daß die Erfüllung vertraglicher Verpflichtungen zur erstrangigen Kennziffer wird und mit Sanktionsdrohungen und staatlicher Qualitätskontrolle verbunden ist. So wird auch hier die Abstimmung von Produktion und Nachfrage und die Allokation der Mittel administrativ vermittelt.
Die Alternative hierzu wäre die Autonomie der Unternehmen, ihre Freiheit bei der Wahl der Zulieferbetriebe, Dispositionsrechte bei der Gestaltung des Produktionsprogramms und Marktpreise. Eine entsprechende Umstellung des Allokationsmechanismus wird formal über Öffnungsklauseln als langfristige Perspektive eingeführt: Neben den dominierenden vertikalen Beziehungen werden vertragliche Regelungen auf horizontaler Ebene über Produktionsaufgaben, Materialversorgung und Preise zugelassen. Wie sich diese Marktbeziehungen gegen den dominanten Redistributionsmechanimus durchsetzen sollen, bleibt unklar. Wegen der nicht gelungenen Umstellung des Allokationsmechanismus ist das Gesetz denn auch von Reformbefürwortern wie *T.I. Zaslavskaja* kritisiert worden (*Zaskavskaja/Jefimov* 1987).
Auch dem Gebot einer Objektivierung und Generalisierung der Leistungsanforderungen an die Unternehmen entspricht das rechtskräftige Reformmodell nicht. Als Instrumente einer parametrischen Steuerung sollen langfristige, für die Periode eines Fünfjahresplans festgesetzte Normative (Prozentsätze) folgendes festlegen: den Umfang der Abgaben an den Staatshaushalt und die Aufsichtsbehörde, die Bildung des Lohnfonds, der nun losgelöst von der Zahl der Beschäftigten und an den Gewinn gekoppelt ist, die Anteile des verfügbaren Unternehmenseinkommens, die für Produktionsentwicklung, Forschung und soziale Einrichtungen aufgewendet werden sollen. Das Gesetz schreibt nicht vor, daß diese Normative für die verschiedenen Unternehmen und Industriezweige einheitlich sein sollen. Tatsächlich werden sie branchen- und betriebsspezifisch formuliert. Das heißt, daß sie nicht indirekte, sondern direkte Planungsinstrumente sind.
Die Struktur der Wirtschaftsverwaltung wird zwar durch den *Wegfall* der *mittleren Ebene* (Vereinigung) vereinfacht. Die Branchenministerien blieben aber bestehen. Sie sollen sich nun nicht mehr in Detailfragen der Unternehmensplanung einmischen. Die Handlungsbedingungen des Unternehmens werden zwar spezifiziert und individualisiert, aber für den Zeitraum der jeweiligen Fünfjahrespläne stabil gehalten. Der Verzicht auf die üblichen Eingriffe in die laufende Jahresplanung soll das Unternehmen veranlassen, – stimuliert durch den Mechanismus der Selbstfinanzierung – Rationalisierungsstrategien durchzuführen. Auch der Erfolg dieser Regelung bleibt aber fraglich. Solange den Branchenministerien exakte Planziele vorgegeben werden, müssen sie ein Interesse an deren Sicherstellung haben. Die Kennziffern der zentralen Pläne beruhen

nun nicht mehr auf dem Bruttoprinzip, sondern geben die – nach Branchendurchschnitten normierte – normative Nettoproduktion (Wertschöpfung) vor. Für jedes Produkt müssen neben den Preisen Normative für die Wertschöpfung festgelegt werden. Die so definierten Planziele sollen zwar nun nicht mehr über verbindliche Kontrollziffern umgesetzt werden. Kennziffern aber bleiben erhalten. Solange sie vorhanden sind, wirken sie vor allem in Verbindung mit Staatsaufträgen verbindlich (*Götz-Coenenberg* 1987; *Tatur* 1989 b).

Das Ziel des sowjetischen Reformgesetzes ist somit nicht in einer Umstrukturierung ökonomischer Beziehungen und der Mechanismen der Systemintegration zu sehen. Die politische Redistribution als Koordinationsmechanismus der Produktion bleibt *unangetastet*. Damit aber kehrt das Prinzip der Selbstfinanzierung den Rentabilitätsdruck *nach innen*, in die Unternehmen. Hier sollen Produktivitätsreserven mobilisiert und die Produktion effektiviert werden. Die administrative Spezifizierung von Anforderungen und Produktionsbedingungen schließt dabei zugleich eine Generalisierung und Objektivierung der Leistungserwartungen und die Vergleichbarkeit der ökonomischen Effektivität der Unternehmenstätigkeit aus. Die Flexibilisierung der Planung und das Prinzip der Selbstfinanzierung sind somit als Elemente einer auf betrieblicher Ebene ansetzenden Stimulierungsstrategie zu verstehen.

In diesem Kontext ist auch die Bedeutung der „Selbstverwaltung des Arbeitskollektivs" zu sehen. Das Gesetz sieht eine Reihe bedeutsamer Mitbestimmungsrechte für die Selbstverwaltung vor. Die wichtigsten beziehen sich auf die Bestätigung der Pläne, auf Mitwirkungsrechte beim Abschluß des Kollektivvertrags zwischen Gewerkschaft und der Verwaltung und Mitbestimmungs- und Informationsrechte im Bereich der operativen Planung. Im Vergleich zu den Bestimmungen von 1983 (*Teague* 1986) sind die Kompetenzen präziser formuliert und nun offensichtlich nicht nur als propagandistische Slogans gedacht. Neu ist vor allem auch das Recht der Arbeitskollektive, ihre Leiter in „offener oder geheimer" Abstimmung zu wählen. Dies betrifft alle Leiter vom Brigadier bis zum Unternehmensdirektor. Allerdings steht dem Wahlrecht der Arbeitskollektive das Bestätigungsrecht der jeweiligen Aufsichtsbehörde gegenüber. Eine wichtige Verbesserung gegenüber dem Rechtszustand von 1983 stellt auch die Schaffung eines operativen Organs der Selbstverwaltung auf Unternehmensebene in Form des Rats des Arbeitskollektivs dar. Was die Konstruktion der Selbstverwaltungsorgane und die Zuordnung von Rechten betrifft, so sieht das sowjetische Gesetz eine Kompetenzkompetenz der Vollversammlung vor. Dieser stehen prinzipiell alle Rechte der Selbstverwaltung zu. Und diese ist es – nicht die Belegschaft – die die Selbstverwaltungsorgane „offen oder geheim" wählt. Die zentrale Position der Vollversammlung, die vor allem im Vergleich mit der polnischen Selbstverwaltungsregelung auffällt, ist nicht als Ausdruck eines hohen Maßes an Demokratie mißzuverstehen. Sie zeigt vielmehr, daß das sowjetische Selbstverwaltungsmodell nach wie vor am Ziel der „Heranziehung" der Beschäftigten an Leitungsfunktionen, das heißt der *Mobilisierung von oben* orientiert ist. Dies wird im Gesetzestext von 1988 durch die Bestätigung der „führenden Rolle" der Partei – auch im Hinblick auf die Selbstverwaltung der Arbeitskollektive – explizit gemacht. „Die Parteiorganisation des Unternehmens (...) leitet die Arbeit des ganzen Kollektivs, der Organe seiner Selbstverwaltung, der Gewerkschaft, des Komsomol und der anderen gesellschaftlichen Organisationen und realisiert die Kontrolle über die Tätigkeit der Administration" (Art. 6.1.). Die Bestimmungen zur Wahl des Rates durch die Vollversammlung enthalten die Aufforderung, alle Beschäftigtengruppen zu vertreten, und die Klausel, daß das Verwaltungspersonal nicht mehr als ein Viertel der Ratsmitglieder stellen dürfe. Wie frühere Partizipationsansätze geht auch das neue Modell von der *harmonischen Interessengemeinschaft* aller Gruppen aus. Es verfolgt das Ziel, über die „Heranziehung" aller Beschäftigten an Leitungsfunktionen Entscheidungen durchsichtig und dadurch akzeptabel zu machen. Über die Einsicht in den Zusammenhang von Produktionstätigkeit und verfügbarem Unternehmenseinkommen, Leistung und materiellen Gratifikationen auf allen Ebenen des Unternehmens soll das Interesse der Beschäftigten an einer effektiven Nutzung der Produktionskapazitäten geweckt, Leistungsorientierung und Rationalisierungsimpulse stimuliert werden.

Ob es tatsächlich gelingen wird, durch die neuen Bestimmungen zu Selbstfinanzierung und Selbstverwaltung einerseits leistungsorientierte Arbeitsmotivationen zu fördern und andererseits die betriebliche Verteilungspolitik – und soziale Ungleichheit – zu legitimieren, bleibt zweifelhaft, denn die gesellschaftlichen Rahmenbedingungen weisen nach wie vor dem Einkommen aus Arbeit neben Privilegien und informellen „Möglichkeiten" nur einen begrenzten Stellenwert zu. Die Kritik an der Wirklichkeit der Brigadeorganisation verweist zudem darauf, daß der Erfolg der Brigaden *nicht* in erster Linie von ihrer *Leistung*, sondern von den durch die Administration definierten – und mit dieser informell ausgehandelten – *Produktions- und Arbeitsbedingungen* abhängig ist. Eine analoge Kritik könnte auch für die Entlohnung nach dem gemeinsamen Arbeitsergebnis, wie sie über das Prinzip der Selbstfinanzierung auf das Unternehmen als Ganzes angewandt werden soll, zutreffen. Solange der Rentabilitätsausdruck, der über die Selbstfinanzierung auf die Unternehmen ausgeübt werden soll, nicht generalisiert ist und der Gewinn des Unternehmens von jeweils administrativ festgesetzten und inhaltlich über Staatsaufträge, Limits, Normative und Preise spezifizierten Aufgaben-Mittelrelationen abhängig ist, wird der Unternehmenserfolg – wie bisher – dadurch bestimmt, ob das Management fähig und mächtig genug ist, *günstige Konditionen* in informellen Bargainingprozessen durchzusetzen. Der Versuch der Institutionalisierung eines Leistungsprinzips dürfte so kaum die von ihm erwarteten ökonomischen und sozialen Effekte erbringen (*Tatur* 1989 b).

2.2 Die Selbstverwaltungsbewegung in Polen

Der erste Reformanlauf 1956 in Polen kann als von oben initiierte, gesellschaftlich unterstützte Reform bezeichnet werden. Ideologisch knüpfte das revisionistische Reformbündnis an die Axiome des Sozialismus an. Inhaltlich zielten die Konzeptionen der Reformer auf eine dezentralisierte, marktregulierte Planwirtschaft verbunden mit Ansätzen zu einer Demokratisierung der Unternehmensorganisation und der wirtschaftspolitischen Willensbildung.

Wie in der sowjetischen Reformdiskussion der Gegenwart erwartete man in den fünfziger Jahren in Polen von der Dezentralisierung ökonomischer Entscheidungen eine Lösung der Koordinationsprobleme und dadurch eine Stärkung der Steuerungskapazität des Zentrums (*Brus* 1987).

Tatsächlich wurden eine Reihe von Bestimmungen erlassen, die in Richtung der Durchsetzung dieses Reformkonzeptes wiesen. Die Zahl der zentral festgesetzten verbindlichen Planziele wurde reduziert. Direkte Sachzuteilungen wurden formal abgeschafft. Die Unternehmen erhielten das Recht, vertragliche Beziehungen untereinander aufzunehmen. Die Bindung der Prämien für Arbeitskräfte an den finanziellen Erfolg des Unternehmens sollte Verantwortung und Leistungsbereitschaft stimulieren. Diese Eingriffe in den Funktionsmechanismus wurden durch organisatorische Maßnahmen flankiert. Das Gesetz über die Arbeiterräte sprach diesen weitreichende Rechte zu einschließlich eines Vetorechts bei der Ernennung des Direktors. An die Stelle der mittleren Verwaltungsebene, den Hauptverwaltungen der Industrieministerien traten die Vereinigungen, die als Zusammenschlüsse der Unternehmen definiert waren und im Sinne eines Interessenausgleichs zwischen Einzelunternehmen und Branche funktionieren sollten. Gleichzeitig versuchte man, den Parteiapparat zu reduzieren und durch die Beseitigung der dualen Zuordnung zu schwächen. Diese reformatorischen Schritte hatten aber nicht das Ergebnis, den Redistributionsmechanismus durch autonome Unternehmensentscheidungen zu ersetzen. Im Gegenteil: Direkte zentrale Planauflagen und Zuteilungen wurden wieder bis zum vorherigen Umfang ausgeweitet, Bruttogrößen blieben als Kennziffern erhalten, der verfügbare Lohnfonds und die Sonderzahlungen aus Unternehmen- und Prämienfonds richteten sich faktisch nach der Erfüllung kurzfristiger Bruttoproduktionsziele, die „informatorischen" Kennziffern wurden faktisch obligatorisch. Die Vereinigungen übernahmen schnell die Rolle der alten Hauptverwaltungen als Teil der bürokratischen Hierarchie. Der Einfluß des Parteiapparats blieb über die Institution der Nomenklatur erhalten. Die demokratischen Arbeiterräte wurden schon 1958 durch die Einbeziehung in die „Konferenz der Arbeiterselbstverwaltung", in denen Partei- und Gewerkschaftskomitee dominierten, gezähmt und schließlich ausgeschaltet. Insgesamt erbrachten die Veränderungen der fünfziger Jahre keine systematische Reform, wohl aber eine Flexibilisierung des alten Systems.

Die halbherzigen Reformansätze von 1973 intendierten einen Autonomiegewinn der mittleren Ebene der Vereinigungen. Sie wurden aber abgebrochen und bewirkten schließlich nur eine Stärkung dieser Ebene der Administration.

Die Protestbewegungen der Arbeiter 1970, 1976 und 1980 leiteten einen neuen Abschnitt der Reformbewegung ein. Zwar war es auch 1956 in verschiedenen Großbetrieben zur spontanen Bildung von Arbeiterräten gekommen. Diese von der traditionellen Stammarbeiterschaft und der technischen Intelligenz getragene Bewegung blieb damals auf einzelne Betriebe beschränkt. Die Masse der Arbeiterschaft blieb passiv. Motor der Reformbewegung der fünfziger Jahre waren die Intellektuellen. Seit den siebziger Jahren aber meldete sich nun eine neue, in der sozialistischen Ökonomie sozialisierte Arbeiterschaft zu Wort. Sie stellte Verteilungs- und politische Interessen in den Mittelpunkt, Interessen, die in der Organisation der „Solidarität" als Gewerkschaft und gesellschaftlicher Bewegung eine angemessene Objektivierung fanden. Erst nach der Institutionalisierung des bis dahin nicht thematisierten Konflikts zwischen „Gesellschaft" und „Staat" war ein Freiraum geschaffen, in dem sich seit dem Frühsommer 1981 Produzenteninteressen kristallisieren und eine breite Basisbewegung für die Wirtschaftsreform entstehen konnten (*Tatur* 1989 a).

Unter dem Druck der „Solidarität" formulierte die Regierung ihren Reformentwurf als Gesetze über das „staatliche Unternehmen" und „die Selbstverwaltung im staatlichen Unternehmen". Das Netz der Solidaritäts-Betriebskomitees der Großbetriebe stellte dem sein Projekt des „gesellschaftlichen Unternehmens" entgegen (Gesetzesprojekte von 1981, 1982).

Beide Konzepte gingen weit über die früheren und das sowjetische Modell der achtziger Jahre hinaus. An die Stelle der Zuweisungen von Produktionsaufgaben und -mittel durch die Zentrale sollten horizontale, vertragliche Vereinbarungen der Unternehmen untereinander treten. Die Unternehmensentscheidungen sollten prinzipiell nur indirekt – über allgemeine rechtliche Regeln und ökonomische Instrumente – von der Zentrale beeinflußt werden können. Ungeachtet des gemeinsamen Bekenntnisses zu Markt und Recht lagen aber den Reformprojekten von Regierung und „Solidarität" prinzipiell unterschiedliche Modelle zugrunde.

Der Gesetzentwurf der Regierung sah eine Reihe von Ausnahmen zum Prinzip horizontaler Beziehungen vor. Direkte Aufgabenzuweisungen sollten im Falle des Verteidigungsbedürfnisses, von Naturkatastrophen aber auch internationalen Verpflichtungen möglich sein. Unscharf formulierte Ausnahmeregelungen waren auch für Unternehmenszusammenschlüsse und Finanzierung vorgesehen. Die Bestimmungen über Preisbildung, Banken und Steuersystem wurden einer späteren Regelung vorbehalten. Schließlich sollte die Ernennung und Kontrolle des Direktors weiterhin in die Kompetenz der staatlichen Aufsichtsbehörde fallen. Die angestrebte Dezentralisierung sollte die staatliche Verfügungsgewalt nicht außer Kraft setzen. Über die Ausnahmeklauseln und die Aufrechterhaltung der Nomenklatur sollte der Staat Eigentümer und Subjekt ökonomischer Beziehungen bleiben.

Der Gesetzentwurf der „Solidarität" sah dagegen keinerlei Ausnahmen vom Prinzip horizontaler Beziehungen und politisch-ökonomischer Formen der Einflußnahme des Staates auf das Unternehmen vor. Die Preisbildung sollte grundsätzlich über den Markt erfolgen. Allerdings waren Höchstpreise für Grundnahrungsmittel und einige Güter des Massenkonsums als Möglichkeit vorgesehen. Der Direktor sollte Ausführungsorgan der Selbstverwaltung der Belegschaft sein und vom Belegschaftsrat gewählt werden. Im Modell der „Solidarität" ging die Verfügungsgewalt über die Produktionsmittel an die Belegschaft über. Sie war verantwortliches Subjekt ökonomischer Entscheidungen. Der Markt wurde zum alleinigen Vermittlungsmechanismus der ökonomischen Beziehungen, der Staat auf die politische Ebene begrenzt. Anders als in den Reformdiskussionen der fünfziger Jahre ging es nun nicht mehr um eine *Dezentralisierung*, sondern um die „*Vergesellschaftung*" der Planung. Der Vorwurf der staatlichen Propaganda, die „Solidarität" fordere die Abschaffung des staatlichen Eigentums an Produktionsmitteln, war durchaus richtig. Das gesellschaftliche Selbstverwaltungsmodell wollte in der Tat das über die Nomenklatur und den Redistributionsmechanismus ausgeübte Eigentumsrecht des Staates *außer Kraft* setzen.

Diese Radikalisierung der Reformkonzeption war *nicht ideologisch* angeleitet. Ihr lag der *pragmatische* Wille zugrunde, über die Selbstverwaltung ein ökonomisches Subjekt zu institutionalisieren, von dem erwartet werden konnte, daß es – anders als die zersplitterte Verfügungsgewalt des Staates – ein *Interesse an effektiver Produktion* hatte und in der Verfolgung dieses Interesses sowohl die Realisierung der Wirtschaftsreform, das heißt die Befreiung des Unternehmens aus der administrativen Bevormundung, als auch die Mobilisierung der gesellschaftlichen Produktivkräfte und die Erweiterung des allgemeinen Reichtums tragen sollte. Dieser Pragmatismus erklärt nicht nur die Unterstützung des Selbstverwaltungskonzepts durch alle relevanten Flügel der „Solidarität", sondern auch die Konsensfähigkeit des Reformmodells für alle gesellschaftlichen Gruppen im Betrieb (*Tatur* 1989 a).

Die Radikalisierung der Situation im Spätsommer und Herbst 1981 lag nicht in der verbalen Infragestellung der Eigentumsrechte des Staates, sondern in der Breite der Unterstützung, die die Reformen von unten erfuhren. Die Bindung des politischen Konfliktpotentials durch die Organisation der „Solidarität" und die Institutionalisierung des politischen Konfliks zwischen Staat und Gesellschaft eröffnete auf der mittleren institutionellen Ebene, im Betrieb, einen *breiten Reformkonsens* (*Rychard* 1984; *Tatur* 1989). Nicht nur die qualifizierten Arbeiter, sondern auch Ingenieure, Techniker und in zunehmendem Maße auch Direktoren agierten im Herbst 1981 im Sinne der Selbstverwaltungsstrategie. Grundlagen des gemeinsamen Handelns waren nicht politisch-ideologische Leitziele einer Aufhebung der Entfremdung der Arbeit oder auch nur der Kanalisierung des industriellen Konfliktes, sondern das allen gemeinsame Interesse an einer Effektivierung der Produktion und an der Ausschaltung der desorganisierenden Eingriffe der übergeordneten Administration und der demoralisierenden personalpolitisch vermittelten Prärogative der Parteiorgane. Diese gemeinsamen Interessen von Leitern, Spezialisten und qualifizierten Arbeitern wurden durch professionelle Orientierungen gestützt und über technokratisch-meritokratische Ordnungs- und Gerechtigkeitsverstellungen integriert.[2]

Die bis heute formal gültige gesetzliche Regelung geht auf den Kompromiß zwischen „Solidarität" und Regierung vom Spätsommer 1981 zurück (Gesetze über das staatliche Unternehmen und die Selbstverwaltung im staatlichen Unternehmen 1981). Ungeachtet wichtiger Modifikationen ging in die rechtskräftige Regelung im Kern das Regierungskonzept ein. Die Ausnahmeregelungen bleiben in abgemildeter Form erhalten. Der Direktor wird vom Gründungsorgan „oder" dem Betriebsrat bestellt. Dem jeweils anderen Organ kommt dabei ein Vetorecht zu. Eine Liste der Unternehmen von grundsätzlicher Bedeutung für die Volkswirtschaft, in denen der Direktor von der Aufsichtsbehörde ernannt wird, sollte vom Ministerrat im Einvernehmen mit den Gewerkschaften aufgestellt werden.

Die Entwicklung seit 1982 zeigt das *Versagen* des Modells begrenzter Selbständigkeit und einen durch das Fehlschlagen der systemischen Reform bedingten Funktionswandel der Selbstverwaltung (*Osiatynski* 1985; *Raport* 1986). Ungeachtet der rechtlich fixierten Selbständigkeit des Unternehmens konnten Marktbeziehungen nicht durchgesetzt werden. Nicht nur wurden die Ausnahmeklauseln zu Türen, durch die administrative Abhängigkeiten durchgesetzt werden konnten. Seit 1983 wurden

Ressortaufträge und Operationsprogramme wieder typische Beziehungsformen zwischen Unternehmen und Zentrale. Die Reglementierung der Sachmittelzuweisung, zunächst als Übergangslösung vorgestellt, wurde beibehalten und mit den „staatlichen Verträgen" eine neue Form von Versorgungsprioritäten geschaffen. Ihre Finanzknappheit machte die Unternehmen angesichts drohender Dekapitalisierung von der Mittelvergabe der Zentrale abhängig. Der formale Kompromiß in der Frage der Direktorwahl konnte die Abhängigkeit des Direktors von der Aufsichtsbehörde nicht beseitigen, wegen der großen Zahl der als Unternehmen von grundlegender Bedeutung eingestuften Betriebe, wegen des Mangels an qualifizierten Gegenkandidaten, wegen der Kontrollkompetenzen der Aufsichtsbehörde und des ihr zustehenden Rechts, die Höhe des Einkommens des Direktors festzusetzen und nicht zuletzt wegen der finanziellen Abhängigkeit des Unternehmens. Alle diese Abhängigkeiten erleicherten die *Reetablierung der mittleren Verwaltungsebene*, die nun nicht mehr in der Form von Zwangsvereinigungen, sondern als freiwillige Unternehmenszusammenschlüsse (*Zrzeszenie*) organisiert wurden. Die „zweite Etappe" der Reform signalisiert 1987 einen Verzicht auf systemische Restrukturierung. Die ersten wirtschaftspolitischen Schritte der Regierung *Rakowski* weisen in Richtung einer Erweiterung außersystemischer Bereiche und deren Öffnung für ausländisches Kapital unter Beibehaltung des Redistributionsmechanismus für den verstaatlichten Kernbereich der Wirtschaft. Das Scheitern des Versuchs einer Reform des Funktionsmodells der Wirtschaft und die politische Restauration wandelten Inhalt und Funktion der Selbstverwaltung.

Nach dem Gesetz ist die Selbstverwaltung zwar nun nicht alleiniges Subjekt ökonomischer Beziehungen, wohl aber *ein* Träger ökonomischer Entscheidungsrechte. Ihren Organen steht das Recht zu, die langfristigen, strategischen Entscheidungen des Unternehmens zu tragen und die laufende Arbeit der Direktion zu kontrollieren. Ein wichtiger Hebel ist hier das Recht, die Jahrespläne zu bestätigen. Der Belegschaftsrat wirkt in der oben aufgezeigten Weise bei der Ernennung des Direktors mit. Vor allem im Vergleich zum sowjetischen Modell ist hervorzuheben, daß die Selbstverwaltungsorgane nicht der Nomenklatur der Partei unterliegen und als Interessenvertretungen konstruiert sind. Der Belegschaftsrat wird geheim von der Belegschaft gewählt und nicht über die Akklamation der Vollversammlung bestellt. Die Mitglieder der Direktion und der mittleren Leitungsebenen sind vom passiven Wahlrecht, die Leiter der politischen oder gewerkschaftlichen Organisationen vom Vorsitz ausgeschlossen. Die Veränderung der ökonomischen und politischen Rahmenbedingungen nach 1981 führten in den achtziger Jahren dazu, daß die Belegschaftsräte die ihnen formal zustehenden Rechte nicht ausüben konnten und die Interessenvertretung an reformerischer Stoßkraft einbüßte.

Schon im Dezember 1982 durften die Belegschaftsräte – als erste der durch das Kriegsrecht verbotenen gesellschaftlichen Institutionen – ihre Tätigkeit wieder aufnehmen. Die Klausel, daß nur Räte, die nach dem Buchstaben des Gesetzes von 1981 zustande gekommen waren, reaktiviert werden durften, schloß die Belegschaftsräte der ersten Stunde zum Teil wegen formaler Kleinigkeiten aus. Ausgenommen von der Erlaubnis wurden zudem nicht nur wie gesetzlich vorgesehen die Rüstungsbetriebe, sondern auch einzelne Großbetriebe, in denen dies mit der fehlenden „Reife" der politischen und sozialen Situation begründet wurde. Aber auch die ambivalente Haltung der in den Untergrund getriebenen ,,Solidarität", die zunächst die Wiederzulassung der Gewerkschaftsstrukturen erzwingen wollte, und die passive, abwartende Haltung der Masse der Belegschaftsmitglieder standen einer raschen Aktivierung authentischer Räte entgegen. So konnten viele Parteisekretäre und Direktoren die Gunst der Stunde nutzen und gefügige ,,Direktorenräte" installieren. Gleichzeitig wurden die Rechte der Selbstverwaltungsorgane systematisch beschnitten.

Im Februar 1982 veröffentlichte der Ministerrat ohne die rechtlich vorgeschriebene Konsultation mit den Gewerkschaften eine Liste von 1800 Unternehmen von grundsätzlicher Bedeutung, in denen die Aufsichtsbehörde den Direktor ernennen sollte. Auch das Gewerkschaftsgesetz vom Juli 1985 und das Gesetz über betriebliche Lohnsysteme vom Januar 1984 schränkten die Rechte der Belegschaftsräte ein und schufen Kompetenzüberschneidungen mit den neuen Staatsgewerkschaften.

Wichtiger noch als solche legalen Restriktionen war die Veränderung der Gesamtheit der ökonomischen und politischen Rahmenbedingungen, und die durch sie definierten veränderten *Interessenlagen* von Direktion und Belegschaft. Eine Mitte der achtziger Jahre durch das neu geschaffene Meinungsbefragungsinstitut COBS durchgeführte Erhebung klassifiziert 15 Prozent der erfaßten Räte als ,,aktiv" (*Ryszkowski* 1986; *Osiatynski* 1985). Diese aktiven Räte zeichneten sich durch eine *Konfliktstrategie* gegenüber der Direktion aus. Es handelte sich bei ihnen vor allem um Belegschaftsräte in großen Betrieben, in Betrieben mit hoher Beteiligung an den Ratswahlen und solchen mit ,,informellen Führungsgruppen", mit informellen Solidaritätsstrukturen. Die Aktivität der Räte korrelierte zudem in hohem Maße mit ehemaliger Solidaritätsmitgliedschaft. Im Mittelpunkt der Tätigkeit der aktiven Räte stand der Versuch der *Selbstbehauptung*. Dem galten Stellungnahmen zu Gesetzesvorhaben der Regierung, die den formalen Status der Selbstverwaltung bedrohten, der Kleinkrieg mit der Direktion um die Realisierung formal zustehender Rechte, und Anstrengungen, horizontale Kontakte innerhalb der Branche herzustellen. Zwar haben Belegschaftsräte auch bedeutsame Aktivitäten im Bereich der Betriebspolitik – etwa im Zusammenhang mit der Umstellung der Entlohnungssysteme – entwickelt, als funktionsfähige Kontrollorgane, die Rationalisierungsdruck auf die Unternehmungsleitung ausüben, können sie aber *nicht* betrachtet werden. Gerade da, wo Belegschaftsräte Mißwirtschaft aufdecken, kommt es zu Konflikten mit der Direktion. Diese versucht sich in der Regel durch Techniken der Fehlinformation, durch eine Politik der vollendeten Tatsachen und Ablenkungsstrategien der Entscheidungs- und Kontrollrechte ihres Belegschaftsrates zu entledigen. Die Haltung der Direktoren ist dabei nicht nur psychologisch zu erklären. Ihre Rolle im ökonomischen Leitungssystem führt zu Konflikten mit den Räten, gerade da, wo diese im Interesse makroökonomischer Rationalitätsstandards Druck auszuüben suchen. Im Rahmen der reinstallierten Spielregeln des alten Systems, die den Erfolg des Unternehmens von diskreten Beziehungen und informellen Bargainingprozessen mit der ministeriellen Aufsichtsbehörde abhängig machen, erscheint die effizienz- und reformorientierte Aktivität der Räte als störendes Querulantentum.

Die *politisch* motivierte Reformorientierung der aktiven Räte kommt dabei auch nicht den alltäglichen Interessen der Masse der Belegschaftsmitglieder entgegen. Diesen wird kurzfristig durch reformfeindliche Erfolgsstrategien der Direktion besser Rechnung getragen – etwa durch die Aufrechterhaltung von Branchenprivilegien oder die Ausnutzung finanzieller Vorteile mit Hilfe willkürlicher Entscheidungen der Aufsichtsbehörde oder die Nutzung von Rechtslücken, ökonomischen Ungleichgewichten und Monopolsituationen. Diese Alltagsinteressen legen es den Belegschaftsräten nahe, ihre Tätigkeiten in Richtung auf ein *konservatives Kooperationsmodell* umzustellen. Tatsächlich zeigen neuere Befragungen über die Einstellungen der Selbstverwaltungsaktivisten eine Schwächung der aussichtslos erscheinenden Reformorientierung und eine Zunahme der Neigung, im Interesse der Lösung laufender Probleme und finanzieller Vorteile für die Belegschaft die herrschenden Spielregeln anzunehmen und die immer unrealistischer erscheinende Durchsetzung der Reform *zurückzustellen* (*Hausner* 1988).

Auch die Einstellungen der Arbeiter reflektieren das Dilemma der Selbstverwaltungsbewegung. Empirische Umfragen in den achtziger Jahren belegen eine hohe Wertschätzung für die Idee der Selbstverwaltung und die Befürwortung der Einrichtung von Selbstverwaltungsorganen auf *überbetrieblicher*, politischer Ebene. Gleichzeitig aber macht sich Passivität und Desinteresse gegenüber den eigenen, im Unternehmen tätigen Selbstverwaltungen breit (*Morawski* 1986). Diese Diskrepanz ist nicht einfach Ergebnis der Enttäuschung über die Kluft zwischen gewünschter und wirklicher Bedeutung der Selbstverwaltung. Im System politischer Redistribution ist nicht das betriebliche Herrschaftsverhältnis Gegenstand eines „industriellen Konflikts", sondern die *Illegitimität* der Verteilungs- und Rekrutierungsmechanismen und der gesamten, die betriebliche Organisation definierenden politischen Ordnung. Das heißt, die politische Ökonomie ist Quelle eines politischen Konfliktes und richtet die Aspirationen der Arbeiter auf die politische Ebene.[3] Die *politischen*, auf systemische Reformen zielenden Interessen können auf innerbetrieblicher Ebene nicht angemessen artikuliert oder gar gelöst werden. Die alltäglichen Bedürfnisse der Beschäftigten wiederum werden durch die herrschende Praxis so definiert, daß ihre Artikulation als Interessen eben das System stabilisiert, gegen das sich die politischen Interessen richten.

3. Schlußfolgerungen: Perspektiven der „Perestrojka"

Die dargestellten Beispiele von Reformansätzen in der Wirtschaft zeigen, daß die staatliche Reformpolitik bislang vor einer konsequenten Umstellungen des Mechanismus zentraler Redistribution auf marktvermittelte und politisch regulierte autonome Unternehmensentscheidungen zurückgeschreckt ist – und zwar auch da, wo dies wie in Polen 1981/82 machtpolitisch durchsetzbar gewesen wäre. Zugleich zeigen die Beispiele, daß die Teilschritte „in die richtige Richtung" immer wieder von den administrativen Strukturen neutralisiert werden konnten.

Am polnischen Beispiel haben wir zudem gesehen, daß das staatliche Unternehmen unter Bedingungen zentraler Redistribution *keinen Motor ökonomischer Dynamik* kennt, der gar zu einer innovativen Reformbewegung von unten werden könnte und die Chance böte, schrittweise Marktbeziehungen zu erweitern und durchzusetzen. Das polnische Beispiel zeigt ferner, daß das in der politischen Ökonomie angestaute politische Konfliktpotential *nur in Ausnahmesituationen offener Revolte artikuliert* werden kann. Die Ablehnung der Form der Vergesellschaftung durch den Staat führt dann zu einer Gruppenbildung, welche die im engen Sinne gesellschaftliche Ebene von sozialen Interessen und diese generalisierenden Normen und Loyalitäten überspringt und auf eine *moralisch bestimmte politisch-kulturelle Selbstdefinition* ausweicht. Diese Dynamik sozialer Integration, die die Entstehung der „Solidarität" offengelegt hat, ist nicht primär historisch kulturell, sondern eher systemisch bedingt. Sie ist Konsequenz der Eigentumsform und der Verstaatlichung gesellschaftlicher Beziehungen. Diese begründet eine Fragmentierung von Interessen und die Zerstörung sozialer Normen und Bindungen. Die Form der Vergesellschaftung ist die Ursache für den amorphen Charakter der „Gesellschaft". Kulturelles Spezifikum sind allein die Symbole, an denen sich die kulturelle Identifikation festmacht, die systembedingte Inhalte des Protestes – wie Würde, Wahrhaftigkeit – transportieren und in gewissem Umfang modifizieren.

Der Optimismus der sowjetischen reformorientierten Soziologen bagatellisiert beide Dimensionen einer Strukturreform. Er löst die Funktionsschwächen staatlich integrierter Ökonomie von deren institutionellen Grundlagen. In analoger Weise wird das Problem der sozialen Integration nicht in institionellen, sondern sozial-technologischen Kategorien definiert. Es geht dann letztlich nicht mehr um die *Rekonstruktion* der Gesellschaft, sondern um die *Mobilisierung* der verstaatlichten Gesellschaftsmitglieder für die Reform von oben. Der flache reformerische Zugriff ist aber nicht nur theoretischem Defizit zuzuschreiben. Er reflektiert objektive Probleme und Widersprüche, denen sich die sowjetische Reformpolitik konfrontiert sieht.

Nach wie vor steht dem Imperativ, *die Steuerungskapazität des Zentrums zu erhöhen, der Machtanspruch des Zentrums entgegen*. Die Institution des staatlichen Eigentums an Produktionsmitteln und den durch diese begründeten Redistributionsmechanismus und die Institution der Nomenklatur und die durch die gesicherte „führende Rolle" und nicht formalisierte Prärogative der Partei sind Ausdruck dieses Anspruchs. Die damit begründete Form politischer Machtausübung ist zwar in Kategorien ökonomischer Effizienz und sozialer Steuerung ineffektiv, sie hat aber bislang die Herrschaft des Zentrums über ein sozial nicht integriertes Imperium sichergestellt. Die im Interesse der Erhöhung der Steuerungskapazität angestrebte Modernisierung der Systemintegration setzt aber einen Wandel der Form sozialer Integration voraus, oder genauer: eine sozial integrierte Gesellschaft. Normative Formen sozialer Integration lassen sich aber weder verordnen noch über sozialtechnologische Strategien der Verhaltenssteuerung herstellen. Die Herausbildung einer gesellschaftlichen Sphäre setzt *kollektive Interessenlagen* und die Integration dieser Interessen über soziale Normen und Gruppenloyalitäten voraus. Diese Voraussetzungen sind aber erst möglich, wenn der tragende Mechanismus der Systemintegration umgestellt und die *Schlüsselinstitutionen staatlichen Eigentums und der Nomenklatur beseitigt* sind. Die im Schutz der „Solidarität" agierende polnische Selbstverwaltungsbewegung wollte diesen Zirkel auflösen, ohne sich der eigenen revolutionären Intention voll bewußt gewesen zu sein. Wie die-

ser Zirkel in der Sowjetunion aufgebrochen werden soll, können weder die Soziologen noch die Aktivisten der gesellschaftlichen Bewegung überzeugend aufzeigen.
Zwar schießen gegenwärtig die „informellen Gruppen" und politischen Klubs wie Pilze aus dem Boden. Dabei scheint es sich aber zunächst vor allem um eine *Öffentlichmachung* informeller privater Beziehungsnetze und privater Einstellungen zu handeln, die dann über die Organisation von Klubs im relativ integrierten Milieu der Intellektuellen zu Kristallisationspunkten einer *moralisch politischen* Meinungsbildung werden.
Mit traurigem Erstaunen notieren die intellektuellen Aktivisten die schweigende Passivität der Betriebsbelegschaften. Auf einer Konferenz, die im Februar von der Assoziation der Klubs in der Soziologischen Sektion der Akademie der Wissenschaften organisiert wurde, meldeten sich ganze 20 Selbstverwaltungsklubs und auch diese wurden von Einzelkämpfern getragen. Die Masse der Beschäftigten verhielt sich abwartend, ja versuchte sich sogar vor der Wahrnehmung der ihnen zukommenden Partizipationsrechte zu drücken, hatte nichts gegen die Bildung von Räten einzuwenden, bei denen der Direktor den Vorsitz führte. Als Barriere für eine Mobilisierung der Arbeiterschaft wird auf die Verquickung der Interessen von Arbeitern und Direktion hingewiesen, die durch korrupte Techniken der Leistungszuschreibung (*pripiski*) verstärkt wird und tatsächlich – ungeachtet formaler Bestimmungen – die Beschäftigten in faktischer Abhängigkeit hält. Ferner wird auf das niedrige Kulturniveau und die eingeübte Passivität verwiesen (*Pelman* 1988; Konferenzmaterialien 1988).
Bei einer weiteren Verschlechterung der materiellen Lebensbedingungen dürfte aber auch in der Sowjetunion die Möglichkeit entstehen, daß es zu spontanen Bewegungen in den Betrieben kommt. Ob das bislang latente Protestpotential aber im Sinne der Reform funktionieren oder sich auch nur instrumentalisieren lassen wird, muß zweifelhaft bleiben. Die Arbeiter und Angestellten dürften kaum in der Lage sein, zu erkennen, daß die Reform und die durch sie angestrebte Effektivierung gesellschaftlicher Produktion langfristig ihren Verteilungsinteressen entspricht. Kurzfristig müssen sie sie zunächst als Bedrohung wahrnehmen. Die Symbole, die sich zur Integration der konfusen allgemeinen Unzufriedenheit und moralischen Frustration anbieten, eignen sich aber anders als in Polen nicht als Chance für eine Integration der gesamten Gesellschaft und der politischen Formulierung des Reformimperativs. Die kulturelle Identität und – über deren Symbole – eine moralische Selbstdefinition könnte auch in der Sowjetunion zum Hebel einer spontanen Mobilisierung und Gruppenbildung werden. Das zeigt einerseits die Entwicklung im Baltikum und andererseits die Unterstützung, die die chauvinistisch, antisemitische „Pamjat"-Bewegung erfährt. Auch der kritische sowjetische Soziologe *O. I. Škaratan* hat darauf verwiesen, daß die Legalisierung der „informellen Gruppen" nicht zur Explosion einer demokratischen diskursiven Öffentlichkeit führen würde, sondern zu einer Überholung dieser Ansätze durch nationalistische Gruppen.[4] Das Aufbrechen der Nationalismen ist dabei nicht nur Konsequenz der strukturellen Merkmale der verstaatlichten Gesellschaft, sondern zugleich auch ein angemessener Ausdruck eines berechtigten, gegen den imperialen Charakter der Ordnung gerichteten kollektiven Interesses.
Angesichts dieses Dilemmas ist zu vermuten, daß die Politik der Reform von oben

versuchen wird, durch Teilschritte eine *Flexibilisierung der Wirtschaftsleitung* und durch sozialtechnologisch aufgeklärte Maßnahmen eine *selektive soziale Pazifizierung* zu erreichen. Die zentralen Probleme geringer Steuerungskapazität des Systems und deren Niederschlag in unzureichender ökonomischer Effizienz dürften dadurch aber längerfristig nicht gelöst werden. Eher als eine tiefgehende, an den institutionellen Grundlagen der Herrschaft ansetzenden Reform ist ein bewußter *Rückzug des Staates* aus Bereichen zu erwarten, die für die Machterhaltung als nicht zentral gelten, so die Zunahme des genossenschaftlichen und privaten Sektors mit der Folge einer weiteren Unterhöhlung der Strukturen der staatlichen Ökonomie. Diese Veränderungen, die sich in beiden Ländern abzeichnen, können *nicht als Ersatz für eine Reform* des systemkonstitutiven Mechanismus zentraler Redistribution betrachtet werden. Sie könnten aber späteren gesellschaftlichen Reformanläufen ein neues Profil und möglicherweise bessere Durchsetzungschancen geben.

Anmerkungen

1 Zwar ist das technokratische Denken auch von sowjetischen Soziologen kritisiert worden (*Ionin* 1987) und vor allem in den baltischen Instituten geht in verschiedene empirische Studien auch die „polnische Perspektive“ ein. Charakteristisch für die sowjetische sozialwissenschaftliche Reformdiskussion sind solche zaghaften Ansätze aber nicht. Wie oberflächlich das Problem der Rekonstruktion der Gesellschaft bislang theoretisch noch diskutiert wird, machte jüngst eine in der größten soziologischen Fachzeitschrift veröffentlichte Diskussion über „sozialistischen Pluralismus“ deutlich (Soc. Issled. 1988/5. 6–24)

2 Diese Haltungen macht auch eine Gruppendiskussion deutlich, die von *Touraine* (1983, S.109) dokumentiert wird.

3 Hierauf hat auch *Andrzej Rychard* in seinen Beitrag auf der Konferenz in Kloster Weingarten am 17.–21.9.1988 aufmerksam gemacht.

4 In einem Referat, das der kritische sowjetische Soziologe *O. I. Škaratan*, der zusammen mit anderen Vertretern der sowjetischen Soziologenvereinigung vom polnischen Soziologenverband nach Warschau eingeladen worden war, in einer Veranstaltung der PTS im Sommer 1988 gehalten hat, verwies *Škratan* darauf, daß eine Freigabe des Organisationsrecht dazu nationalistische Gruppierungen nicht um das Mehr-, sondern Hundertfache überholt würden.

Literaturverzeichnis

Brus, Wlodzimierz, 1987: Geschichte der Wirtschaftspolitik in Osteuropa, Köln

Erfahrung und Zukunft, 1981: Symptome und Ursachen der Polnischen Krise, in: *Wlodzimierz Brus* u.a. (Hrsg.): Polen. Syptome und Ursache der polnischen Krise, Hamburg, 50–187

Gesetzesprojekte von Regierung und „Solidarität“ aus dem Jahr 1981, 1982, Übersetzung in: Journal für Sozialforschung 1–2 1982, 224–272

Gesetze über das staatliche Unternehmen und die Selbstverwaltung im staatlichen Unternehmen 1981, abgedruckt in: Dziennik Ustaw 1981/24 oz. 122 und poz. 123

Gesetz über das staatliche Unternehmen 1987, abgedruckt in: Ėkonomičeskaja Gazeta 1987/28, 4–12

Götz-Coenenberg, Roland, 1987: Konzeptions- und Realisierungsprobleme bei der „Umstellung“ des sowjetischen Wirtschaftssystems (Berichte des Bundesinstituts für ostwissenschaftliche und internationale Studien, 29), Köln

Habermas, Jürgen, 1981: Theorie des Kommunikativen Handelns, Frankfurt a. M.

Hanson, Philip, 1987: The Enterprise Law and Reform Process, (radio liberty research, 269), München

Hausner, Jerzy, 1988: State and Prospects for the Development of Self-Management in State-owned Enterprises in Poland (Referat gehalten auf der deutsch-polnischen Konferenz in Weingarten 17.–21.9.1988)
Ionin, Leonid G., 1987: Konservativnyj sindrom, in: Soc. issled. 1987/5, 19–30
Konferenzmaterialien 1988: Pamjatnaja zapiska naučno-praktičeskoj konferencii „Proizvodstvennoe samoupravlenie: opyt, teorija, perspektyvy, Moskva 4.–6.2.1988
Morawski, Witold, 1986: Samorząd pracowniczy, Wizja i realija, in: *derselbe* (Hrsg.): Gospodarstwo i Społeczeństwo, Warszawa, 29–56
Narojek, Winicjusz, 1982: Struktura Społeczna w doświadczeniu jednostki, Warszawa
Narojek, Winicjusz, 1986: Perspektywy pluralizmu w upaństwowionym społeczeństwie, London
Nowak, Stefan, 1976: Ciagłość i zmiana tradycji kulturowej, Warszawa
Nowak, Stefan, 1979: Polaków portret własny, Kraków
Osiatyński, J. u. a., 1985: Samorząd w gospodarce polskiej 1981–1984, Maschinenmanuskript Warszawa PTS (Polnische Soziologenvereinigung)
Pelman, Genadi, 1988: Referat in der Forschungsstelle Osteuropa in Bremen am 28.11.1988
Petrakov, M./Jasin, G., 1987: Snačalo ėksperiment, zatem – korennaja perestrojka: Mnenija, fakty, kommentary, in: EKO 4, 9–50
Raport Polska 5 lat po sierpniu, Warszawa 1986
Rychard, Andrzej, 1984: Władze i interesy w gospodarce, Maschinenmanuskript, Warszawa (wurde 1988 als Buch im Universitätsdruck veröffentlicht)
Ryszkowski, 1986, in: Bulletin CBOS 13, 43–61
Staniszkis, Jadwiga, 1976: Struktura jako resultat procesów adaptacyjnych organizacji, in: *Witold Morawski* (Hrsg.): Organizacje. Socjologia struktur, proceców, ról, Warszawa, 169–197
Staniszkis, Jadwiga, 1979: Typologia technik kierowania w organizacji, in: *Witold Morawski* (Hrsg.): Kierowanie w spoleczeństwie. Analiza socjologiczna, Warszawa, 285–299
Staniszkis, Jadwiga, 1983: Trzy lata po Sierpniu, in: Krytyka 16, 29–52
Staniszkis, Jadwiga: Struktura społeczna w oczach robotników, in: *Witold Morawski* (Hrsg.), 1986: Gospodarstwo i społeczeństwo, Warszawa, 147–172
Staniszkis, Jadwiga, 1987a: Stabilizacja bez upravomocnienia, Warszawa
Staniszkis, Jadwiga, 1987b: The Political Articulation of Property Rights: Some Reflections on the "Inert Structure", in: *Jadwiga Koralewicz* u. a. (Hrsg.): Crisis and Transition, Polish Society in the 80'th, Oxford/New York, 53–79
Tatur, Melanie, 1989a: Solidarność als Modernisierungsbewegung. Sozialstruktur und Konflikt in Polen, Frankfurt a. M. (im Druck)
Tatur, Melanie, 1989b: Selbstfinanzierung, Selbstverwaltung und Leistungsstimulierung – Perestroika im Betrieb?, wird veröffentlicht in: *Hans-Erich Gramatzki* (Hrgs.) Arbeit und Perestroika (Arbeitstitel)
Teague, Elizabeth, 1986: The USSR Law on Work Collectives: Workers' Control or Workers Controlled?, in: *David Lane* (Hrsg.): Labour and Employment in the USSR, Brighton, 239–255
Touraine, Alain u. a., 1983: Solidarity. The Analysis of a Social Movement, Poland 1980–81, Cambridge
Zasklavskaja, Tatjana I., 1984: Die Studie von Nowosibirsk (ihr zugeschrieben), in: Osteuropa A1–A25
Zaslavskaja, Tatjana I., 1986a: Čelovečeskij faktor razvitija ėkonomiki i social'naja spravedlivost', in: Kommunist 1986/13, 61–73
Zaslavskaja, Tatjana I., 1986b: Tworčeskaja aktivność mass: social'nye reservy rosta, in: EKO 3, 3–25
Zaslavskaja, Tatjana I., 1987: Rol'sociologii v uskorenii razvitija sovetskogo obščestwo, in: Soc. Issled. 2, 3–15
Zaslavskaja, Tatjana I., 1988: O strategii social'nogo upravlenia perestrojkoj, in: *J. N. Ajanas'ev* (Hrsg.): Inogo nie dano Moskva, 9–50
Zaslawskaja, T. I./Jefimow, W., 1988: Den bremsenden Mechanismus brechen, in: *Jörg Huffschmid* (Hrsg.): Glasnost, Perestroika. Die Wirtschaftsreform in der Sowjetunion, Berlin, 138–144

Die neuere sowjetische Sozialpolitik: Auswirkungen auf das Verhältnis von Individuum und Staat

Ulrich Lohmann

1. Zur Konzeption der Sozialpolitik seit dem XXVII. Parteitag der KPdSU

Im Zuge des Umbaus und der inneren Umgestaltung (*perestrojka*) und der beschleunigten Entwicklung (*uskorenije*) der Sowjetunion entdeckte die Führung der KPdSU die Sozialpolitik (wieder). Bereits angekündigt auf dem April-Plenum des Zentralkomitees der KPdSU 1985 fand dieses Politikfeld ein Jahr später Eingang in das neugefaßte Parteiprogramm unter dem Titel „Die Sozialpolitik der Partei". Mit Blick auf die Vergangenheit wurde die politische Vernachlässigung sozialer Fragen, ja eine „eigentümliche Ignoranz" (*Gorbatschow* 1987: III) ihnen gegenüber kritisiert. Sucht man nach Gründen für die Ignoranz, wäre zunächst auf die vorherrschende Fixierung der Politik auf glänzende Produktionsstatistiken hinzuweisen[1], dann in einem tieferen Sinne auf die sowjetische Interpretation des Historischen Materialismus in einer eher mechanistischen Art und Weise, dergemäß sich der technische, nachfolgend der industrielle und schließlich der soziale Fortschritt mit der Entwicklung der Produktivkräfte gleichsam von selbst einstellt. Entsprechend wurde Sozialpolitik in der bis 1986 geltenden Fassung des Parteiprogramms nicht ausdrücklich angesprochen; die für den sozialen Bereich aufgewandten finanziellen Mittel wurden häufig nur nach dem Prinzip der „Resteverteilung" (Sozialpolitik-VO 1987: 813) bereitgestellt.

Demgegenüber soll es nun eine „langfristige, gründlich durchdachte, komplexe und starke Sozialpolitik" (*Gorbatschow* 1986: 21) geben. Ihre Funktionen werden in der Aktivierung des „menschlichen Faktors" sowie der „Herausbildung des neuen Menschen und Durchsetzung der sozialistischen Lebensweise" (Programm 1986: 25) gesehen. Des weiteren soll sie loyalitätsschaffend ein „wichtiger Faktor der politischen Stabilität" (Programm 1986: 25) sein. Nach dieser Konzeption wird Sozialpolitik nicht als Politik gegenüber bestimmten, abgrenzbaren Problemfeldern – etwa der Armut – gesehen, sondern soll sich auf das ganze öffentliche und darüber hinaus auf große Teile des privaten Lebens der Bevölkerung beziehen. Ihre Spezifik im Vergleich zu anderen Politikfeldern wie etwa der Wirtschaftspolitik resultiert aus der Zielstellung, nämlich zu einer größeren sozialen Gleichheit, insgesamt zur Bildung einer sozialhomogenen Gesellschaft beizutragen. Der Weg dorthin kann nach der sowjetischen Sozialpolitiktheorie jedoch sowohl über eine direkte Verringerung von vorhandenen sozialen Differenzen als auch – und das ist die Programmatik der „*Perestrojka*" – über die Akzeptanz oder gar die Schaffung zeitweiliger sozialer Ungleichheit beschritten werden. Auch diese Sozialpolitik ist daher mit konkreten Verteilungsentscheidungen behaftet.

Nicht nur ihrem Gegenstand nach gibt sich die neue Sozialpolitik umgreifend, sie selbst soll „komplex", „proportional" und „wissenschaftlich" sein. Dazu wäre das bei der Lösung sozialer Fragen bisher überwiegende „enge ressortmäßige Herangehen" (Sozialpolitik-VO 1987: 810) zu überwinden. Die vorhandenen Finanz- und sonstigen Mittel sollen ausgewogener auf die produktiven wie reproduktiven Bereiche der Wirtschaft und Gesellschaft verteilt werden. Zudem wird die Ausarbeitung und „breite Anwendung wissenschaftlich begründeter sozialer Normative" (Sozialpolitik-VO 1987: 813) angestrebt. Von ihnen erhofft man sich eine Steigerung der Effizienz. Daneben dienen sie – weniger ausgesprochen, aber deutlich erkennbar – einer wissenschaftlichen Begründung der angestrebten Gesellschaftsumgestaltung. Auf die empirisch überprüfte Zustimmung der Betroffenen hat sich die marxistisch-leninistische Führung bisher nie ernsthaft gestützt. Auch ihre exklusiv reklamierte Erkenntnisfähigkeit der „objektiven historischen Gesetzmäßigkeiten" ist nach dem Widerruf von zentralen politisch-ideologischen Vorhersagen[2] fraglich geworden. Die bisherige patriarchalisch-paternalistische Politik ist nach den Erfahrungen des Personenkults unter *Stalin*, des Voluntarismus der *Chruščev*-Führung und der Stagnation unter *Brežnev* nicht mehr ungebrochen zu vertreten. In dieser Situation bleibt der Parteiführung als letzte Legitimationsressource die „Wissenschaft" wobei jedoch der Glaube an deren alternativlose Akzeptierbarkeit weltweit und auch in der Sowjetunion im Schwinden begriffen ist.

2. *Mütter- und Familienunterstützungen, Waisenfürsorge*

Das „neue Denken" in der Gesellschafts- und Sozialpolitik hat den Status der Familie in der Sowjetunion aufgewertet. Dies steht in einem gewissen Gegensatz zu der gesellschaftskonstitutiven Rolle, die traditionellerweise die sozialistische Theorie der *Arbeit* zuweist. Arbeit unterscheide den Menschen vom Tier (vgl. *Engels* 1963: 444) und präge letztlich die individuelle wie die gesellschaftliche Entwicklung. Entsprechend dieser theoretischen Linie wird dann dem Arbeitskollektiv als grundlegender Primärgruppe der Menschen eine vorrangige Bedeutung zugemessen. Auch nach dem Parteiprogramm von 1986 soll das Arbeitskollektiv zur „aktiven sozialen Zelle (...) für die Entwicklung der Anwendung der schöpferischen Kräfte der Persönlichkeit" (1986: 27) werden. Parallel dazu wird jedoch auch stärker der Beitrag der Familie gewürdigt. In einer Art Arbeitsteilung soll sie „eine große Rolle bei der Festigung der Gesundheit und Erziehung der heranwachsenden Generation, bei der Gewährleistung des ökonomischen und sozialen Fortschritts der Gesellschaft sowie bei der Verbesserung der demographischen Prozesse" (Programm 1986: 26) spielen. Von daher wird das Interesse „an einer stabilen, geistig und moralisch gesunden Familie" artikuliert, in der sich „die Grundzüge des Charakters des Individuums und seiner Einstellung zur Arbeit, zu den moralischen, ideologischen und kulturellen Werten" (Programm 1986: 26) positiv ausprägen. Gegenüber dieser Zielstellung ist die Realität jedoch durch „nicht wenige Familien mit ungeordneten Verhältnissen" (*Gorbatschow* 1986: 24) gekennzeichnet. Als

Ursache dafür gilt unter anderem die Doppelbelastung der Frau in Beruf und Haushalt. „Eine Voraussetzung für die Lösung vieler Familienprobleme besteht [daher] in der Schaffung solcher Arbeits- und Lebensbedingungen für die Frauen, die es ihnen ermöglichen würden, die Mutterpflichten mit der aktiven Teilnahme am beruflichen und gesellschaftlichen Leben erfolgreich zu verbinden“ (*Gorbatschow* 1986: 24). Diesbezüglich sind eine Verlängerung des Schwangerschaftsurlaubs über die bisherigen 56 Tage hinaus sowie der teilweise bezahlten Betreuungsfreistellung der Mütter bis zum Alter des Kindes von 18 Monaten angekündigt. Danach sollen die Frauen das Recht auf eine weitere sechs Monate dauernde, allerdings unbezahlte Freistellung erhalten (vgl. Hauptrichtungen 1986: 77). Schon in Kraft ist die Verlängerung der Möglichkeit der Freistellung zur Pflege eines erkrankten Kindes auf 14 Tage, wobei Alleinerziehende die ersten zehn, andere die ersten sieben Tage vollen Lohn beziehungsweise Gehalt weiter beziehen, nach Ablauf dieser Frist 50 Prozent (Pflegefreistellungs-VO 1987: 1037). Neu ist auch, daß Schwangeren und Müttern von Kindern bis zu acht Jahren ein Rechtsanspruch gegenüber dem Betrieb auf eine verkürzte Arbeitszeit (mit entsprechendem Lohn-/Gehaltsabschlag) eingeräumt worden ist (vgl. Ausweitungserlaß 1987: 660), so daß sie entsprechende Entscheidungen nach ihrer Lebenslage und eigenen Prioritätssetzung treffen können. Sogar eine vollständige längere familiäre Phase von Frauen wird rechtlich nicht mehr negativ sanktioniert, wenn sie „zwei oder mehr Kinder im Alter von bis zu 16 Jahren aufziehen und in Verbindung damit nicht arbeiten“ (Vervollkommnungs-VO 1989: 91). Unter den genannten Bedingungen steht auch diesen Frauen die zur Hälfte vom Staat finanzierte freiwillige Zusatzrentenversicherung offen. Betreuung und Erziehung von mehreren Kindern gilt also nunmehr auch als gesellschaftlich nützliche Tätigkeit.

Zur lokalen Umsetzung dieser Neuerungen sollen die 1986 in Betrieben und Wohngebieten wieder eingerichteten „Frauenräte“ beitragen. Entsprechend den Strukturen der sowjetischen Gesellschaftsordnung sind diese Räte jedoch nicht als autonome Betroffenenorganisationen konzipiert, sondern bleiben in ein „einheitliches System unter der Leitung des Sowjetischen Frauenkomitees“ (*Gorbatschow* 1986: 24) eingebunden, welches seinerseits der politischen Führung von Staat und Partei untersteht.

Ein staatliches Kindergeld bleibt in der Sowjetunion auch nach den jüngsten sozialpolitischen Neuerungen unbekannt. Allerdings sollen die bereits bestehenden Hilfen für Kinder lediger Mütter, kinderreicher Mütter und geringbemittelter Familien in ein einheitliches System gebracht (vgl. Sozialpolitik-VO 1987: 819) sowie die Altersgrenze für Kinder aus sozial schwachen Familien von acht auf zwölf Jahre heraufgesetzt werden (Fünf-Jahr-Plan 1986: 448), um ihre Startchancen über einen längeren Zeitpunkt denen ihrer Altersgenossen aus „normalen“ Familien anzugleichen.

Auch der privaten Initiative bei der Jugendförderung wird seit 1988 Raum gegeben. Erwachsene können – unabhängig vom Verwandtschaftsgrad – zweckgebundene Einzahlungen für Kinder vornehmen, die diesen nach zehn Jahren, frühestens jedoch ab ihrem 16. Geburtstag ausbezahlt werden. Der Anreiz für diese „Ausbildungs-“ oder „Aussteuerversicherung“ liegt in der erhöhten Verzinsung von 4 Prozent (vgl. Einzahlungs-VO 1987: 921).

Eine besondere Bestätigung erfährt die Familie noch bei der Organisation der Betreuung von Waisen und anderen Kindern ohne elterliche Fürsorge. Bei ihnen soll zur Festigung ihrer Persönlichkeit und Herausbildung positiver Eigenschaften die Erziehung in „Kinderhäusern familialen Typs" (Kinderhaus-VO 1988: 524) erfolgen. Dies stellt eine Wende dar angesichts des Umstands, daß lange Zeit eine pädagogische Tendenz zur Sozialisierung der Erziehung auch der Kinder aus intakten Familien bestand. Die Verbesserung und mögliche Normalisierung der Lage elternloser Kinder gilt als ein Element der in Form von Chancengleichheit zu verwirklichenden „sozialen Gerechtigkeit" (Waisenkinder-VO 1987: 891).

3. Ausbildungs- und Beschäftigungsförderung, Arbeitszeitfragen

Im Zuge der Modernisierung und „Intensivierung" des Bildungswesens erfuhren die studentischen Finanz- und Sozialleistungen eine Verbesserung. Die den Hoch- und Fachschulstudenten staatlicherseits gewährten Stipendien wurden leistungsabhängig erhöht. Zum „Zwecke der Stimulierung der Lerntätigkeit" (Verbesserungs-VO 1987: 503) erhalten Studierende, die in den mindestens jährlich stattfindenden Prüfungen ausschließlich sehr gute Noten erzielen, einen Zuschlag von 50 Prozent, diejenigen mit mindestens guten Noten in allen Fällen einen Zuschlag von 25 Prozent. Die Rektoren und Direktoren können bis zu 5 Prozent des Stipendienfonds flexibel einsetzen, unter anderem zur Leistungsförderung. Entgegen einer im sowjetischen Bauwesen weit verbreiteten Unsitte dürfen studentische Wohnheime zukünftig nicht mehr ohne die vorgesehenen Kultur- und Sozialräume in Betrieb genommen werden. Für verheiratete Studenten sind geeignete, größere Wohnmöglichkeiten vorzusehen, um den Zusammenhalt der Ehen, gerade wenn sie wegen eines erwarteten Kindes geschlossen wurden, im Sinne der Familienpolitik zu stützen. Schließlich sollen Eigeninitiativen von Heimbewohnern, die eigene Imbiß- und Ausschankstuben – mit alkoholfreien Getränken – herrichten und bewirtschaften wollen, gefördert werden.

Als ein Kernstück der „*Perestrojka*" gilt die administrative und ökonomische Verselbständigung der Betriebe, die dazu führen kann, daß Mitarbeiter aus Rationalisierungsgründen freigesetzt werden oder chronisch unrentable Einheiten schließen müssen. Die zur Steigerung der Arbeitsproduktivität erfolgte Zulassung „betriebsbedingter Kündigungen" verändert den bislang beamtenähnlichen Status der sowjetischen Beschäftigten grundlegend, da sie sich nun vor die Notwendigkeit der Suche nach einem neuen Arbeitsplatz gestellt sehen können. Helfen soll ihnen dabei ein „einheitliches gesamtstaatliches System der Arbeitsvermittlung, Umschulung und Berufsorientierung" (Beschäftigungs-VO 1988: 77), das flächendeckend eingerichtet wird. Die Gekündigten erhalten beim Ausscheiden eine Unterstützung in Höhe eines Monatslohns; den gleichen Betrag erhalten sie noch einmal, wenn sie nach einem Monat noch keine neue Arbeitsstelle gefunden haben. Als Ausnahme können die Arbeitsuchenden nach Entscheidung des Organs für Arbeitsvermittlung einen dritten Monat unterstützt werden, wenn sie sich binnen zwei Wochen nach der Ankündigung an die Verwaltung gewandt hatten und diese sie bisher nicht vermitteln konnte. Über diese Absicherung des Stellenwechsels hinaus besteht keine Arbeitslosenunterstützung. Diese Regelung geht von der Prämisse aus, daß die Arbeitsvermittlung jedem Arbeitssuchenden, notfalls nach Umschulung oder Überweisung in entfernte, klimatisch und kulturell „fremde" Gebiete, einen Arbeitsplatz anbieten kann. Das mag im allgemeinen zutreffen, erfordert von den freigesetzten Arbeitskräften jedoch eine hohe berufliche und regionale Mobilität.

Die in der Vergangenheit oftmals gepriesene Möglichkeit für Rentner, selbständig darüber zu entscheiden, ob sie nach der Pensionierung weiter arbeiten wollen, wurde aufgehoben. Das Erreichen der Altersgrenze hatte bisher keine arbeitsrechtlichen Auswirkungen, nun stellt es einen möglichen Kündigungsgrund dar, wenn die zum Bezug der vollen (aber auch dann nicht sehr hohen) Rente notwendige Beschäftigungsdauer erreicht ist. Der Betriebsleitung ist das Recht gegeben, gemeinsam mit dem als Belegschaftsvertretung fungierenden Betriebsgewerkschaftskomitee nach ökonomischen und disziplinären Gesichtspunkten über das Verbleiben der Rentner im Betrieb zu entscheiden. Mitarbeiter, die „gewissenhaft und voller Hingabe arbeiten, hohe Resultate in der Arbeit erzielen und verdiente Autorität im Kollektiv genießen" (Beschäftigungs-VO 1988: 73) dürfen und sollen weiterarbeiten. Die Verträge anderer Mitarbeiter können auf bis zu zwei Jahre befristet oder sofort aufgelöst werden.

Auf der anderen Seite ist die legale Möglichkeit der Zweitbeschäftigung eröffnet worden, um die Arbeitskraft besonders qualifizierter Personen der Volkswirtschaft nicht vorzuenthalten. Seit 1988 können Arbeiter und Angestellte maximal eine halbe andere Arbeitsstelle bekleiden; die Genehmigung ihres Stammbetriebes dazu ist nicht mehr erforderlich (vgl. Nebenbeschäftigungs-VO 1988: 574).

Die Urlaubsregelungen sollen in ein einheitliches System gebracht und die Anzahl der freien Tage „enger an die Leistungen der Beschäftigten" (Sozialpolitik-VO 1987: 818) gebunden werden.

Zur höheren Auslastung des Anlagekapitals, der Grundfonds, ist der verstärkte „Übergang zu mehr Schichtarbeit" (Sozialpolitik-VO 1987: 814; vgl. Fünf-Jahr-Plan 1986: 447) vorgesehen. Durch die Nachtarbeit werden den Beschäftigten zusätzliche organisatorische, soziale und nicht selten auch gesundheitliche Leistungen und Opfer abverlangt. Es stellt sich die Frage, ob die durch Schichtarbeit erzielte Steigerung des Wirtschaftswachstums nicht unangemessen hohe humane Kosten verursacht, die insgesamt zu einer Senkung der Lebensqualität führen. Die Ausweitung der Schichtarbeit dürfte mit den konstitutiv zu nennenden Postulaten der Arbeiterbewegung, der Priorität des Menschen im Produktionsprozeß und der solidarischen Gleichheit aller Gesellschaftsmitglieder schwerlich zu vereinbaren sein. Im „kommunistischen" Parteiprogramm der KPdSU von 1961 hieß es daher noch, daß „die Nachtschichten in den Betrieben allmählich abgeschafft (werden)" (Programm 1962: 210) und *Lenin*, auf den sich *Gorbačev* sonst gern beruft, forderte ein „Verbot der Nachtarbeit (von 8 Uhr abends bis 6 Uhr morgens)" (1974: 477).

Der früheren Lohnpolitik, die im Zuge der prognostizierten und propagierten Annäherung der Klassen und Schichten die Einkommensunterschiede der verschiedenen Berufsgruppen verringert hatte, wurde mit Beginn der Umorientierung in der Sowjetunion der Vorwurf der „Gleichmacherei" gemacht, die „in den letzten eineinhalb bis zwei Jahrzehnten spürbar zugenommen" (*Rutkevitsch* 1985: 40) hat. Das soll jetzt überwunden werden; „eine begründete Differenzierung in der Entlohnung, die nicht auf Höchstgrenzen beschränkt werden darf" (Sozialpolitik-VO 1987: 178), ist zu gewährleisten.

4. *Wohnungswesen, Konsumgestaltung, Gesundheitsreform*

Als „Angelegenheit von besonderer sozialer Bedeutung" (Programm 1986: 26) gilt das Wohnungsproblem. In den Städten haben etwa ein Fünftel der Haushalte keine abgeschlossene Wohnung, sondern leben in sogenannten ***komunalnaja kvartira*** mit gemeinsamer Küchen- und Badbenutzung. Bis zum Jahr 2000 verspricht das Parteiprogramm jeder Familie eine eigene Wohnung oder ein Eigenheim. Zur Erreichung dieses Ziels sollen unter Relativierung des staatlichen Versorgungsprinzips die weniger sozialisierten Formen des genossenschaftlichen und des individuellen Wohnungsbaus „maximal" (*Gorbatschow* 1986: 22) gefördert werden. Es sind Möglichkeiten vorgesehen, Eigenheime mit eigenen Mitteln, Krediten und/oder betrieblichen Darlehen beziehungsweise Zuschüssen zu bauen (vgl. Hauptrichtungen 1986: 77). „Mit ihrer Interessiertheit und Energie" (*Gorbatschow* 1986: 22) sollen auch hier die jungen Menschen in die Arbeit am Bau der später für sie vorgesehenen Wohnungen einbezogen werden.
Die niedrigen Mieten von etwa 3 Prozent des Familieneinkommens waren in der Vergangenheit auch als Ausweis der sozialen Überlegenheit der Sowjetunion gegenüber westlichen Industrieländern herangezogen worden. Das alte Parteiprogramm sah vor, daß sie allmählich abgeschafft werden sollten (vgl. Programm 1962: 209). Damit steht in Zusammenhang, daß sich der gesamte Wohnungsbestand in staatlicher Verwaltung befindet und nur mit behördlicher Zuweisung genutzt werden kann, die sich jedoch nicht an individuellen Wohnpräferenzen, sondern an den sozialen Notwendigkeiten orientiert. Demgegenüber können zukünftig Wohnungen – außer in Moskau, Leningrad, den Republikshauptstädten und größeren Kurorten – zum Kauf angeboten werden (vgl. Verkaufs-VO 1989: 8). Des weiteren ist eine Diskussion aufgekommen, ob man hinsichtlich der Miete „zu einer engeren Verknüpfung mit der Größe und Qualität des Wohnungsbaus" (*Gorbatschow* 1986: 22) kommen sollte. Ein Vorschlag geht dahin, einen bestimmten grundlegenden Standard sozial zu garantieren und daß darüber hinaus „der Wohnraum zu einer Ware wird, die vollständig zu bezahlen ist" (*Schatalin* 1986: 69).
Ein Problem von großer Bedeutung ist und bleibt die „Befriedigung der wachsenden Nachfrage der Bevölkerung nach qualitativ hochwertigen und verschiedenartigen Konsumgütern" (Programm 1986: 26), wobei „eine wesentliche Verbesserung der Lebensmittelversorgung" als die „größte sozialpolitische Frage" (Resolution 1988a) bezeichnet wird. Bei den Waren und Dienstleistungen geht es der Sowjetunion jedoch nicht nur um eine quantitative Steigerung, sondern auch darum, eine bestimmte „Struktur der Konsumtion materieller, sozialer und kultureller Güter zu sichern (...) harmonisch entwickelte und geistig reiche Persönlichkeiten auszuprägen und die notwendigen Bedingungen für die volle Entfaltung der Fähigkeiten und Talente der sowjetischen Menschen im Interesse der Gesellschaft zu schaffen" (Programm 1986: 25). Eine Beson-

derheit der intendierten Konsumpolitik besteht also darin, daß im Zweifel nicht die subjektiven Kundenwünsche als Maßstab des Angebots fungieren, sondern die „Herausbildung vernünftiger Bedürfnisse“, die annähernde Erreichung „rationaler, wissenschaftlich begründeter Verbrauchnormen“ (Hauptrichtungen 1986: 61) das Ziel ist. Diese scientistisch-paternalistische Strategie harmoniert kaum mit der ökonomisch stimulierten Marktorientierung der Betriebe.

In eben diese Richtung, der Stärkung der Marktbeziehungen und Wahrnehmungsmöglichkeit individueller Interessen zielt ein Gesetz „Über die Qualität der Produkte und die Sicherung der Rechte der Käufer“, dessen Entwurf Anfang 1989 zur Bevölkerungsdiskussion unterbreitet wurde (*Pravda* v. 12.2.1989). Bisher sollte die 1986 auch schon als Reformmaßnahme beim Staatskomitee für Standardisierung eingerichtete „Staatliche Abnahme“ (Qualitäts-VO 1986: 411) mit ihren Kontrollen für die Qualität der Industrieerzeugnisse sorgen. Die Tätigkeit der neuen Organe löste an verschiedenen Orten Unruhen und Proteste von Belegschaften aus, weil die Beschäftigten beim Unterschreiten von Qualitätsnormen Lohnabschläge hinzunehmen hatten, für die sie aber wegen teilweise mangelhafter Produktionsmittel und Halbfertigwaren nicht verantwortlich waren. Vielleicht haben sich Staat und Betrieb bei einem solchen Konflikt doch zu oft zu Lasten des fernen Endverbrauchers geeinigt und dem Handel fehlerhafte Erzeugnisse zukommen lassen. Nach der neuen Struktur sollen nun Interessen und juristische Kompetenz in einer Hand, der des Käufers, vereinigt werden. Im Garantiefalle werden ihm nach seiner Wahl die Rechte auf Umtausch, Preisnachlaß oder Vertragsaufhebung eingeräumt. Ob der Mechanismus angesichts des übergroßen Warenbedarfs ökonomisch funktioniert, bleibt fraglich. In jedem Fall wird die Macht der Verbraucher *politisch-gesellschaftlich* gestärkt, da sie sich zu einem „Käuferverein“ (Art. 27) zusammenschließen und gegenüber Staat, Wirtschaft und Öffentlichkeit ihre Interessen kollektiv vertreten können.

Neben dem individuell-entgeltlichen Verbrauch spielten im sowjetischen Selbstverständnis die gesellschaftlichen Fonds des Konsums eine große Rolle. Auch quantitativ stellen sie mit einem Drittel des Verbrauchsvolumens einen bedeutenden Faktor im ökonomischen und sozialen Leben dar. Während sie früher gleichfalls als Prototyp und Gradmesser zukunftsweisender Verteilung angesehen wurden, rückte *Gorbatschow* sie 1986 auf dem Parteitag in ein kritisches Licht und betonte, daß sie „keinesfalls Wohltätigkeitsfonds sind“ (*Gorbatschow* 1986: 22). Soweit sie fördernde Funktionen haben, wird die „Vervollkommnung ihrer Verteilung nach der Leistung“ (Sozialpolitik-VO 1987: 179) angestrebt. Auch hier ist also eine Akzentverlagerung vom Bedürfnis- auf das Leistungsprinzip zu beobachten. Soweit die Konsumtionsfonds fürsorgende Aufgaben erfüllen, wird dies nunmehr anders begründet. Das Parteiprogramm konstatiert, daß es auch „im Sozialismus objektiv unvermeidliche Unterschiede in der materiellen Lage“ sowie „einzelne minderbemittelte Gruppen der Bevölkerung gibt“ (Programm 1986: 26). Damit ist von der These Abschied genommen, daß die sozialistische Gesellschaftsordnung *per se* sozial und gerecht sei und der Sozialpolitik im Sinne einer „nachlaufenden Korrektur“ – oder wie es hinsichtlich der westlichen Länder polemisch ausgedrückt wurde – Reparatur nicht bedürfe. Damit reiht sich der Marxismus-Leninismus in die weltweite Suche nach dem optimalen Verhältnis von ökonomischer Effizienz und sozialer Gerechtigkeit ein.

Im Rahmen der 1985 begonnenen Reformpolitik erfuhr das sowjetische Gesundheitswesen starke Kritik, wobei objektive Indikatoren wie Säuglingssterblichkeit oder allgemeine Lebenserwartung große Probleme der sowjetischen Gesellschaft signalisierten (vgl. Goskomstat SSSR 1987: 408). Die politische Führung will den Schwierigkeiten mit zwei gegenläufigen Strategien begegnen. Zum einen durch die Verstärkung kollektiver und administrativer Maßnahmen im Gesundheitswesen, was sich im Übergang zur jährlichen Reihenuntersuchung der gesamten Bevölkerung (vgl. Hauptrichtungen 1986: 78) und der Einführung eines obligatorischen Gesundheitspasses (*Tschasow* 1988: 30) ausdrückt. Zum anderen aber durch eine Vertiefung des Vertrauensverhältnisses zwischen Arzt und Patient durch die Einführung einer bedingt freien Arztwahl (*Müller-Dietz* 1988: 353) oder die Einrichtung anonymer Behandlungsmöglichkeiten (vgl. *Stscheppin* 1988: 24). Damit sich die beiden Varianten nicht konterkarieren, müßte man sich für eine Generallinie – paternalistische Verwaltung oder Eigenverantwortung und *compliance* – entscheiden. Eher im Sinne der zweiten Alternative wird auch über die Herabstufung des Versorgungs- zugunsten des entgeltlichen Tauschprinzips im Gesundheitswesen diskutiert. Der Umfang kostenpflichtiger medizinischer Leistungen ist bisher mit 0,4 Prozent (*Tretjakow* 1987: 57) quantitativ vernachlässigbar; von seiner Ausweitung verspricht man sich, daß „die Beziehung des Kranken mit dem Arzt personifiziert wird und dem Spezialisten eine Verantwortung für die Gesundheit jedes konkreten Patienten (welche heute offensichtlich unzulänglich ist) auferlegt" (*Awen* 1987: 117). Für die Seite der Patienten meint der sowjetische Gesundheitsminister, daß „die unentgeltliche medizinische Hilfe zur Folge (hat), daß der Mensch sich keine Sorgen um seine Gesundheit macht" (*Tschasow* 1988: 31), die Kostenpflichtigkeit also das Verantwortungsbewußtsein für die eigene präventive Lebensweise weckt und erhöht.

Auf dem medizinischen Teilgebiet der Psychiatrie soll deren politischer Mißbrauch abgestellt werden. Mit der Diagnose „Querulantenwahn" (zit. n. *Luchterhandt* 1980: 203) waren Oppositionelle, die sich nachdrücklich mit Kritik an Amtsstellen oder an die Öffentlichkeit gewandt hatten, zwangsbehandelt worden. Eine solche Fehlentwicklung muß nicht das Ergebnis einer böswillig-bewußten Entscheidung einzelner Personen sein, sondern ist in dogmatischen Heilsideologien wie dem Stalinismus schon selbst angelegt. Wer mit den Zuständen im „fortschrittlichsten Land der Welt" nicht zufrieden ist, kann nur ein Kranker oder (vom Ausland gesteuerter und bezahlter) Krimineller[3] sein, der folgerichtig in eine medizinische oder Strafanstalt gehört. Von daher ist die Akzeptanz der Pluralität geistigen Lebens einschließlich des Eingeständnisses, daß *keine* Institution im Besitz der alleinigen Wahrheit ist, die *inhaltliche* Voraussetzung der Tolerierung von Dissidenz. Auf dieser Ebene stehen die Probleme in der Sowjetunion zwar nicht zur Diskussion, doch wurden in die Vorschriften über die zwangsweise psychiatrische Behandlung einige – teils selbstverständliche – Verfahrenssicherungen eingebaut (vgl. Psychiatrieerlaß 1988: 22). So muß sich der Arzt bei der Diagnose offiziell vorstellen (Art. 8), Angehörige oder gesetzliche Vertreter sind von einer Einweisung zu benachrichtigen (Art. 16), auf deren oder des Kranken Antrag wird jeder in einer staatlichen Gesundheitseinrichtung am Ort tätige Psychiater Mitglied einer Überprüfungskommission (Art. 2), alle beteiligten Ärzte sind in ihrer Entscheidung unabhängig und lassen sich nur von medizinischen Indikationen und dem Gesetz leiten (Art. 4), im Gegenzug dazu gilt die Einweisung einer offenkundig psychisch gesunden Person als Straftat (Art. 2). Wenn man bedenkt, daß die Vorschriften aus den Erfahrungen der Vergangenheit resultieren, drängt sich ein beängstigendes Bild der bisherigen Praktiken auf. Damit die neuen Regeln Durchsetzungskraft erlangen, haben die Betroffenen und ihnen Nahestehende Beschwerdemöglichkeiten zunächst in der Fachhierarchie, dann jedoch auch bei staatlichen Gerichten (Art. 11, 27). Zur Wahrnehmung der Rechte und gesetzlichen Interessen kann – auch das muß in der UdSSR ausdrücklich normiert werden – in jedem Stadium ein Rechtsanwalt hinzugezogen werden (Art. 2). Es ist zu hoffen, daß die Entlassung der Psychiatrie aus dem Kreis politischer Unterdrückungsmechanismen auf eigener Einsicht und Änderungsbereitschaft beruht und mehr ist als eine taktische Maßnahme zur Rückkehr der UdSSR in den Weltverband der Psychiatrie.

5. *Rentengesetzgebung, Invaliden- und Altenhilfe*

Außerhalb des festgelegten Gesetzgebungsplans und zur Überraschung auch vieler sowjetischer Fachjuristen gab das Politbüro der KPdSU im September 1986 die Ausarbeitung des Entwurfs eines neuen „Gesetzes über die Rentenversorgung der Werktätigen" in Auftrag (*Pravda* v. 12.9.1986). Hinter dieser politischen Entscheidung läßt sich die Absicht vermuten, den Arbeitenden zur größeren Akzeptanz von „*Perestrojka*" wenn schon nicht gefüllte Regale, so doch verbesserte Rentenaussichten anzubieten. Die Materie erwies sich jedoch als äußerst schwierig; auch zweieinhalb Jahre nach der Ankündigung war noch kein Entwurf veröffentlicht. Weitreichende Unklarheit herrschte darüber, was – beim Fehlen individueller Beiträge – die Rente sein soll: eine Fürsorgeleistung der Gesellschaft gegenüber alten und/oder arbeitsunfähigen Mitgliedern, wie es Art. 43 der Verfassung von 1977 nahelegt, oder aufgeschobene Bezahlung für Lebensarbeitsleistung, wie es die Verfechter des Leistungsprinzips auffassen. Zu diskutieren war des weiteren, welcher Personenkreis dem neuen Gesetz unterfallen soll. Mit den in Aussicht genommenen Arbeitern, Angestellten, Kolchosbauern und Genossenschaftsmitgliedern wird zwar eine Vereinheitlichung gegenüber dem früheren Zustand erreicht, von den Berufstätigen bleiben jedoch die Militärs und die Wissenschaftler außen vor und behalten ihre eigenen (und besseren) Pensionsregelungen. Die Einführung einer am Staatsbürger- oder Wohnsitzprinzip orientierten allgemeinen Volksrente wurde nicht ernsthaft in Erwägung gezogen. Obwohl die Fachleute sich einig sind, daß das Rentenalter in der Sowjetunion mit 55 Jahren für Frauen und 60 für Männer unbegründet niedrig ist, war eine Erhöhung aus politischen Gründen nicht durchzusetzen. Man wollte in der Öffentlichkeit nicht den Vorwurf aufkommen lassen, daß das einzige, was die Reformpolitik gebracht habe, fünf Jahre mehr Arbeit seien. Die für den Rentenbezug erforderliche Mindestbeschäftigungsdauer wird bei Frauen nicht mehr pauschal gemindert, sondern von der konkreten Zahl geborener Kinder abhängig gemacht. Auch eine mehr oder minder automatische Erhöhung der Rentenleistungen ist vorgesehen. Nachdem das Dogma fehlender Geldentwertung aufgegeben ist, ergibt sich der Zwang zur Dynamisierung einmal aus der Notwendigkeit der Anpassung der Nominalbeträge an das geänderte Preisniveau. Zum anderen sollen jedoch auch die Rentner an der steigenden Arbeitsproduktivität und dem dadurch wachsenden Reichtum der Gesellschaft teilhaben.

Da die Verbesserung der Lage der Rentner dringend und das Inkrafttreten der grundlegenden Rentenreform nicht absehbar ist, wurden zwei Maßnahmen vorgezogen. Zum einen fällt der Abschlag weg, den Rentenbezieher auf dem Lande unter Hinweis auf die Möglichkeit der Teilnahme an der bäuerlichen Naturalwirtschaft bisher hinnehmen mußten, zum anderen wurden die Renten der Arbeiter und Angestellten um 20 Prozent erhöht, jedoch nur bei langjähriger ununterbrochener Beschäftigungsdauer. Wie bei den Studienstipendien werden also auch hier sozial notwendige Anpassungen mit Leistungs- beziehungsweise Disziplinarelementen gekoppelt.

Im Gegensatz zu der bisher erörterten, allein durch Abgaben der Betriebe finanzierten Pflichtversicherung wurde 1987 eine etwa zur Hälfte beitragsfinanzierte freiwillige Zusatzrentenversicherung (mit Sparelementen) eingerichtet (vgl. Zusatzrenten-VO 1987: 915). Der Abschluß ist juristisch freigestellt, jedoch wirtschaftlich zur Wahrung des Lebensstandards nach dem Ausscheiden aus dem Berufsleben erforderlich. Gegen eine monatliche Zahlung von 0,98 bis zu 77,30 Rubel während einer Frist von fünf bis 35 Jahren kann eine Zusatzrente von zehn bis 50 Rubel pro Monat vereinbart werden. Die Akzeptanz dieser Neuerung sollte dadurch erhöht werden, daß beim Eintritt des Todes des Versicherten vor Beginn der Rentenzahlung die gesamten Beiträge erstattet, des weiteren beim Ableben vor Ablauf von sechs Rentenbezugsjahren der entsprechende Unterschiedsbetrag an den Ehegatten oder an sonstige gesetzliche Erben ausbezahlt wurde. Die Regelungen wurden Ende 1988 in zwei Punkten „nutzerfreundlicher“ dahingehend geändert, daß die Bezugsdauer auf sieben Jahre erhöht und Testierfreiheit für den Auszahlungsbetrag eingeführt wurde (vgl. Vervollkommnungs-VO 1989: 92). Um die versorgungsgewohnten Sowjetbürger überhaupt an eigene Beiträge heranzuführen, muß anscheinend die Sicherheit gewährleistet sein, daß man diese in Abweichung vom Versicherungsprinzip auf alle Fälle wiederbekommt. Die Vermögensnachfolge trägt dem Umstand Rechnung, daß auch in der Sowjetunion Lebens- und Wirtschaftsgemeinschaften zwischen Älteren zwar als solche ernst und verbindlich genommen, aber nicht mehr juristisch formalisiert werden.

Im Zuge von „*Glasnost*“ werden soziale Probleme in der Sowjetunion zunehmend offen angesprochen. „Bei uns schreibt man, aus welchen Gründen auch immer, selten über arme Leute, Rentner, Arbeitsveteranen und Invaliden, die von geringen Geldleistungen, oder junge Familie, die von der Hand in den Mund leben, aber von ihnen gibt es sehr viele in unserem Land“ (*Samolis* 1989). Rückt das Problem so langsam in das öffentliche Bewußtsein, ist das Instrumentarium zu seiner Lösung noch schwach entwickelt. Es ist nur eine Forderung, daß „im sozialistischen Staat alle Bürger sozial geschützt und mit dem Minimum an Mitteln zur Führung eines Lebens ohne Armut versorgt sein müssen“ (*Samolis* 1989). Die örtlichen Organe sind bisher dazu nicht *verpflichtet*, sondern im Sinne der paternalistischen Armenpflege nur ermächtigt. Bürgern, deren Rente weniger als 50 Rubel im Monat beträgt und die keine Unterhaltsansprüche gegenüber Verwandten haben, kann aus den eigenen örtlichen Budgets eine Hilfe bis zu dieser Gesamthöhe bewilligt werden. Auch dabei werden sicherlich Disziplinarelemente im weitesten Sinne eine bewußte oder unbewußte Rolle mitspielen. Rechtlich abgesicherter sind in dieser Hinsicht Bewohner von Alten- und Pflegeheimen, denen nach Abzug der Unterbringungskosten mindestens zehn Rubel im Monat als Taschengeld verbleiben oder zur Verfügung gestellt werden müssen (Veteranen-VO 1988: 333).

Im Gegensatz zu den Veteranen und Invaliden des Großen Vaterländischen Krieges (1941–45), deren Entschädigung und Hilfen gesetzlich geregelt sind, haben die sowjetischen Rückkehrer aus Afghanistan keinen Rechtsanspruch auf zusätzliche Leistungen; auch hier entscheiden die örtlichen Organe über die Bereitstellung persönlicher Zusatzrenten aus eigenen Mitteln an die invalide gewordenen Kriegsteilnehmer „unter Berücksichtigung ihrer Verdienste" („Afghanistani"-VO 1988: 540). Die nachträgliche Um- und Abwertung der „internationalistischen Hilfe" an den südlichen Nachbarn wird zum Teil auch den eigenen Opfern aufgebürdet.

Weltkriegsinvaliden wird hingegen zum ersten Mal die Möglichkeit der finanziellen Kompensation für nicht in Anspruch genommene Sachleistungen eingeräumt. Wenn sie das ihnen zustehende Kleinauto nicht nutzen können, erhalten sie jährlich 400 Rubel zu ihrer freien Verfügung, die sie zur Taxi-Beförderung oder zu anderen Lebensverbesserungen einsetzen können (Invalidenbeförderungs-VO 1988: 245).

Da – verstärkt durch den modernen Wohnungsbau – auch in der Sowjetunion die Drei-Generationen-Familie mehr und mehr zurückgeht, stellt sich das Problem alleinstehender hilfsbedürftiger älterer Personen. Als Lösungsversuch wurde 1986 ein häuslicher Betreuungsdienst eingerichtet, der bis 1990 die wichtigsten Regionen des Landes abdecken soll. Die Bürger können auf diese Weise unter tragfähigen Lebensumständen länger in ihrer gewohnten Umgebung verbleiben, für Staat und Gesellschaft bleiben die Kosten gegenüber intensiveren Betreuungsformen geringer. Als nächste Stufe sind mit einer mittleren Personalstärke ausgestattete Altenhäuser vorgesehen, in denen sich die Veteranen, auch mit Hilfe zweckentsprechender Installationen, in der Regel selbst versorgen, beim zeitweiligen Ausfall der eigenen Möglichkeiten jedoch intensiver betreut werden können. Das Schlußglied dieser Kette sind die Alten- und Invalidenheime für Personen, die ständig fremder Unterstützung bedürfen. Zum Bau solcher Heime für ehemalige Belegschaftsmitglieder sind insbesondere auch die Betriebe ermächtigt und aufgerufen; sie können und sollen mit diesem Element betrieblicher Sozialpolitik in Wettbewerb um die Gunst besonders gesuchter Berufstätigengruppen treten und so das allgemeine Versorgungsniveau erhöhen.

Nicht zuletzt ist die Gründung von Verbänden der Betroffenen zu verzeichnen. *Gorbačev* hatte auf dem KPdSU-Parteitag 1986 berichtet, daß „viele der Veteranen mit der Pensionierung sozusagen ‚ins Abseits' geraten" (1986: 24). Die daraufhin im Dezember des Jahres geschaffene Organisation der Kriegs- und Arbeitsveteranen soll die Teilnahme der Alten am ökonomischen, politischen und kulturellen Leben aktivieren und durch gegenseitige Hilfe zur Verbesserung der alltäglichen Versorgung und Freizeitgestaltung beitragen (vgl. *Lykowa* 1987: 21). In ähnlicher Zielsetzung wurde 1988 die Gesellschaft der Invaliden gegründet (vgl. *Kaznatscheewa* 1988: 5), die das

Leben der Behinderten verbessern, für ihre mögliche Eingliederung in das Arbeitsleben sorgen und allgemein die Belange der Betroffenen in der Gesellschaft artikulieren soll. Wie alle sowjetischen Verbände sind sie nicht als autonome Basisorganisationen konzipiert, die ihre Interessen gegenüber anderen Gruppen durchzusetzen versuchen; man hat aber offensichtlich von der Vorstellung Abschied genommen, die allwissende und -fürsorgende Zentrale werde die Dinge immer und überall zum Besten richten.

6. *Individualisierung, Ökonomisierung, Verrechtlichung – Tendenzen sowjetischer Sozialpolitik?*

Die Entwicklung der sowjetischen Sozialpolitik seit 1985 verweist auf wichtige Veränderungen. Es fragt sich, ob den konstatierten Veränderungen einheitliche Tendenzen der Sozialpolitik entnommen werden können – sei es, daß den politischen und verwaltungsförmigen Entscheidungen ein Gesamtkonzept zugrunde liegt, sei es, daß der Übergang zur „intensiven" Produktionsweise sich gleichlaufend in verschiedenen reproduktiven Bereichen auswirkt.

Zunächst wäre nach dem Grad der Individualisierung von Sozialpolitik zu fragen. Traditionellerweise richten sich soziale Bemühungen in der UdSSR eher gleichmäßig auf alle Einwohner oder größere Bevölkerungsgruppen denn differenziert auf unterschiedlich wahrgenommene Einzelpersonen. Klassisches Beispiel einer solchen kollektiven Sozialpolitik ist die künstliche Verbilligung von (Grund-)Nahrungsmitteln und Bevölkerungstarifen (Haushaltsenergie, Nahverkehr, Post) durch staatliche Subventionen, von der *auch* die Bedürftigen profitieren, deren Effekte aber, und zwar zum großen Teil, den Normal- und Bessergestellten zugutekommen. Die symbolhafteste Umorientierung in Richtung Individualisierung ist wohl die Förderung des Eigenheimbaus mit all seinen – sonst als kleinbürgerlich denunzierten – ideologischen Implikationen. Auch das Anrecht auf freie Arztwahl speist sich aus der These der sozial uneinholbaren individuellen Persönlichkeit. Weitere Neuerungen in diese Richtung stellen das nach eigener Vorstellung wähl- und ausgestaltbare „Aussteuer"- und „Ausbildungssparen" oder – bedeutender – die freiwillige Rentenversicherung dar. Über die Individualisierung hinaus zu einer Subjektivierung gehen solche Regelungen, die dem einzelnen die Möglichkeit einräumen, das für sich als erstrebenswert Angesehene auch gegen kollidierende Interessen und Wünsche anderer Instanzen durchzusetzen. Hier wäre als Beispiel der verbindliche Anspruch der jungen Mütter gegenüber ihrem Betrieb auf Verlängerung der Betreuungsfreistellung beziehungsweise auf Teilzeitarbeit zu nennen, auch wenn die Verwaltung aus – vielleicht sogar nachvollziehbaren – ökonomischen Gründen den Arbeitsplatz sofort und/oder mit einer Vollzeitarbeitskraft besetzen will.

Individualisierung muß nicht immer positiv besetzt sein, wie die auf eine konkrete Person hin zu fällende Entscheidung über die Möglichkeit der Rentnerweiterarbeit entsprechend ihrem ökonomischen, sozialen und Motivationsstatus oder die Zuerkennung von persönlichen Renten an Afghanistaninvalide nach ihren militärischen Verdiensten zeigen.

Nicht nur auf der Adressatenseite sozialer Leistungen sind Individualisierungsphänomene auszumachen – auch auf der Anbieterseite wurde ein neuer Beruf der „Sozialarbeiter" (*Karasewa* 1987: 2, 28) geschaffen. Während früher und in weiten Bereichen auch heute noch soziale Probleme global den Partei-, Gewerkschafts-, Komsomol- und Betriebsorganen zugewiesen werden, könnte die in Gang gesetzte Spezialisierung und Professionalisierung – unter Inkaufnahme von sozialer Desintegration infolge größerer Arbeitsteilung oder Eigenständigkeit der Experten – zunächst zu einer höheren Effizienz bei der Lösung einschlägiger Fragen beitragen.

Die „*Ökonomisierung*" von Sozialpolitik wäre zum einen die Tendenz, soziale Transfers näher an erbrachte oder intendierte wirtschaftliche Leistungen im weitesten Sinne zu binden, statt an aktuellen Mangelzuständen anzuknüpfen, mit anderen Worten, das Leistungs- gegenüber dem Bedürfnisprinzip auch in der Sozialpolitik aufzuwerten. Zum anderen die Tendenz, das *Tauschprinzip* gegenüber der direkten materialen Problemlösung auszuweiten bis hin zur substituierenden Monetarisierung sozialer Hilfe, das heißt der Zahlung von Geld zum Erwerb anderer Güter und Dienstleistungen bei Fortdauern des kausalen Defizits. In diesen Richtungen sind, wie die vorangegangenen Ausführungen zeigen, eine Reihe von Beispielen heranzuziehen, angefangen von der notenabhängigen Erhöhung der Stipendien über die Ausweitung der Entgeltlichkeit im Gesundheitswesen auf Patienten- wie Arztseite oder die produktivitätsabhängige Weiterarbeitsmöglichkeit der Rentner bis hin zur finanziellen Kompensation von Sachleistungen für Weltkriegsinvalide.

Der Befund ist theoretisch insofern komplizierter, als die Sowjetunion auch heute daran festhält, daß die Verstärkung des Leistungsprinzips nicht prinzipiell und für immer gelte, sondern instrumentell und zeitlich beschränkt die Mittel zu dem nach wie vor intendierten Übergang zu einer „Verteilung nach den Bedürfnissen" bereitstellen soll. Inwieweit diese als dialektisch ausgegebene Argumentationsfigur subjektiv wahrhaftig und objektiv realistisch ist, ist derzeit schwer zu entscheiden.

Die Sowjetunion will sich zu einem „sozialistischen Rechtsstaat" (Resolution 1988b) entwickeln. Dazu würde, ob positiv oder negativ beurteilt, eine *Verrechtlichung* im sozialen Bereich im Sinne der Rechtsförmigkeit der Beziehungen und der Gerichtsförmigkeit der Streitentscheidung gehören. Diese sind in vollem Ausmaß nur bei den auf der Grenze von Arbeit und Sozialem liegenden Ansprüchen von Müttern auf Verlängerung der Betreuungsfreistellung beziehungsweise Teilzeitarbeit gegeben. In diesen beiden Angelegenheiten haben die jeweiligen Frauen einen Rechtsanspruch auf die Berücksichtigung ihrer Wünsche und die Möglichkeit ihrer klageweisen Durchsetzung in der Arbeitsgerichtsbarkeit. Offenbar ist die Gewährung gerichtlichen Rechtsschutzes dort am größten, wo der Staat von den Bürgern etwas will, was von außen nicht oder nur schwerlich angeordnet und kontrolliert werden kann wie hier die Bereitschaft zum Kind bei prinzipieller Berufstätigkeit der Frau[4]. Soweit wenige andere soziale Leistungen als Rechtsanspruch ausgestaltet sind, könnte der Empfänger im Prinzip von der Einführung einer Verwaltungsgerichtsbarkeit in der Sowjetunion (vgl. *Kuss* 1987: 271) profitieren. Diese erstreckt sich jedoch nur auf Amtshandlungen von Einzelpersonen und kommt daher auf dem Gebiet des Sozialwesens, wo die Entscheidungen in der Regel zumindest formal durch Kommissionen ergehen, nicht zum Zuge.

Insgesamt wird man daher nicht von einer Verrechtlichung als vorherrschender Tendenz sprechen können.
Teils in die gleiche Richtung geht jedoch ein Phänomen *korporatistischer Politisierung*. Die Wiedererweckung der Frauenräte, die Gründung der Veteranenorganisation und der Behindertengesellschaft sowie die Ankündigung eines Verbraucherverbandes geben betroffenen Gruppen Platz und Stimme im öffentlichen Chor zur gemeinschaftlichen Identifizierung und Artikulierung ihrer Sorgen und Wünsche. Die politische Führungszentrale, letztlich das Politbüro der KPdSU, gibt offenbar den Anspruch auf, alles und jedes von sich aus zu kennen und bestmöglich zu organisieren. Andererseits ist nicht an eine Umstellung der sowjetischen Gesellschaft auf eine ausgebaute pluralistische und über den Markt organisierte Ordnung mit der Hoffnung auf die ordnende Kraft einer *invisible hand* gedacht. Der neue Kurs mit der Bedeutungserhöhung des bestehenden Gewerkschafts- und des Jugendbundes sowie den aufgeführten Wieder- und Neugründungen könnte das Ziel verfolgen, verschiedenen Großgruppen eine Repräsentanz und damit einen Konsultativstatus bei den Entscheidungsinstanzen einzuräumen. Es ist dies nicht das polnische Modell des „runden Tisches", aber auch nicht mehr die alte patriarchalisch-paternalistische Ordnung. Von daher bieten sich gute Aussichten, den Korporatismusansatz (vgl. *Alemann* 1985: 472) an einem neuen Objekt zu erproben.
Den individuellen, auf Verrechtlichung oder gruppenweisen, auf Korporatisierung verweisenden Subjektivierungstendenzen steht jedoch der Ansatz der Verwissenschaftlichung der Sozialpolitik anhand rationaler Verbrauchsnormen entgegen. Dieser impliziert die Aufrechterhaltung der heteronomen Lebensgestaltung für die Bürger. Die politische Führung setzt an die Stelle ihrer eigenen brüchig gewordenen elitären Autokratie die Herrschaft der Wissenschaft, deren Exekutor sie sei. Auch wenn sie dabei selbst mit bestem Wissen und Gewissen handelt, gibt das angesichts von Umorientierungen und Paradigmenwechseln auch in den Humanwissenschaften auf Dauer keine Legitimation für – sozialpolitische – Fremdbestimmung ab.

Anmerkungen

1 In das als Maßeinheit für die volkswirtschaftliche Leistung verwendete „Nationaleinkommen" gehen, anders als beim westlichen „Bruttosozialprodukt", soziale Dienstleistungen nicht ein.
2 So insbesondere die das Programm abschließende pathetische Verkündung: „Die heutige [i.e. 1961] Generation der Sowjetmenschen wird im Kommunismus leben!"
3 Das ist in mehreren jüngeren Fällen immer noch das Wahrnehmungs- und Erklärungsmuster bei den nationalen Unruhen in den baltischen und südlichen Republiken der UdSSR.
4 In diesen (wie in anderen) Punkten hat mich *W. Bleek* in seiner Rezension in der Zeitschrift für Rechtssoziologie 1988, S. 318f., mißverstanden; Ausgangspunkt meiner theoretischen Schlußfolgerungen ist nicht eine allgemeine Bedeutung des Gerichtswesens „für Bürger und Staat", sondern die Bedeutung des Bürgers *für* den Staat in den verschiedenen gesellschaftlichen und dann Rechtsbereichen.

Literaturverzeichnis

Abkürzungen

SPP SSSR Sobranie postanovlenij pravitelstva SSSR (Sammlung der Verordnungen der Regierung der UdSSR)

VVS SSSR Vedomosti verchovnogo soveta SSSR (Nachrichten des obersten Sowjets der UdSSR [Gesetzblatt])

„Afghanistani"-VO, 1988: Über zusätzliche Maßnahmen zur Verbesserung der materiell-alltäglichen Bedingungen der Personen, die ihre internationale Pflicht in der Republik Afghanistan erfüllt haben, sowie ihrer Familien (russ.), in: SPP SSSR, 539–541

Alemann, Ulrich von, 1985: Stichwort „Korporatismus", in: *Nohlen, Dieter/Schultze, Rainer-Olaf* (Hrsg.): Pipers Wörterbuch zur Politik, Band 1, Politikwissenschaft, 472–475

Ausweitungserlaß, 1987: Über die Ausweitung der Vergünstigungen für Berufstätige, Schwangere und Frauen mit kleinen Kindern (russ.), in: VVS SSSR, 660–661

Awen, Pijotr, 1987: Verteilungsmechanismus und soziale Gerechtigkeit (russ.), in: Kommunist, Nr. 15, 115–122

Beschäftigungs-VO, 1988: Über die Sicherung einer effektiven Beschäftigung der Bevölkerung, die Vervollkommnung des Systems der Arbeitsvermittlung und die Verstärkung der sozialen Garantien für die Werktätigen (russ.), in: SPP SSSR, 66–80

Einzahlungs-VO, 1987: Über Einzahlungen der Bevölkerung für Kinder bei der Sparkassenbank der UdSSR (russ.), in: SPP SSSR, 921

Engels, Friedrich, 1962: Anteil der Arbeit an der Menschwerdung des Affen, in: *Karl Marx/Friedrich Engels*, Werke, Bd. 20, 444–455

Fünf-Jahr-Plan, 1986: Über den staatlichen Plan der wirtschaftlichen und sozialen Entwicklung der UdSSR für die Jahre 1986 bis 1990 (russ.), in: VVS SSSR, 445–450

Gorbatschow, Michail, 1986: Politischer Bericht des Zentralkomitees der KPdSU an den XXVII. Parteitag, in: Sowjetunion heute, Sondernummer März, 3–43

Gorbatschow, Michail, 1987: Über die Umgestaltung und die Kaderpolitik der Partei, in: Sowjetunion heute, Nr. 2, Beilage

Goskomstat (Hrsg.), 1987: Die Volkswirtschaft der UdSSR während 70 Jahren (russ.), Moskau

Hauptrichtungen, 1986: Die Hauptrichtungen der wirtschaftlichen und sozialen Entwicklung der UdSSR für die Jahre 1986 bis 1990 und für den Zeitraum bis zum Jahre 2000, in: Sowjetunion heute, Sondernummer April, 59–86

Invalidenbeförderungs-VO, 1988: Über weitere Verbesserungen der Transportbetreuung der Invaliden des Vaterländischen Krieges (russ.), in: SPP SSSR, 245–246

Karasewa, 1987: Neuer Beruf: Sozialarbeiter (russ.), in: Socialnoe obespetschenie (Soziale Sicherung), Nr. 2, 28–30

Kaznatscheewa, W., 1988: Ziele und Aufgaben der neuen Gesellschaft. Rede auf der Gründungskonferenz der Allrussischen Gesellschaft der Invaliden (russ.), in: Socialnoe obespetschenie (Soziale Sicherung), Nr. 11, 5–9

Kinderhaus-VO, 1988: Über die Schaffung von Kinderhäusern des Familientyps (russ.) in: SPP SSSR, 524–531

Kuss, Klaus-Jürgen, 1987: Gerichtliche Verwaltungskontrolle in der Sowjetunion: Eine überfällige Reform, in: Jahrbuch für Ostrecht, 2. Halbband, 271–293

Lenin, Wladimir, 1974: Zum Entwurf der Umarbeitung des Parteiprogramms, in: Werke, Bd. 24, 467–481

Luchterhandt, Otto, 1980: UN-Menschenrechtskonventionen. Sowjetrecht-Sowjetwirklichkeit, Baden-Baden

Lykowa, L., 1987: Angelegenheiten und Sorgen der Veteranenorganisation (russ.), in: Socialneo obespetschenie (Soziale Sicherung), Nr. 11, 21–22

Müller-Dietz, Heinz, 1988: Perestrojka: Ärzte und Patienten in der Sowjetunion, in: Osteuropa, 349–355

Nebenbeschäftigungs-VO, 1988: Über die Arbeit auf mehreren Arbeitsplätzen (russ.), in: SPP SSSR, 574–575

Pflegefreistellungs-VO, 1987: Über die Verlängerung der Frist der bezahlten Freistellung zur Pflege eines erkrankten Kindes (russ.), in: SPP SSSR, 1037–1038

Programm, 1962: Programm der Kommunistischen Partei der Sowjetunion, in: *Boris Meissner* (Hrsg.): Das Parteiprogramm der KPdSU 1903 bis 1961, Köln, 143–244

Programm, 1986: Programm der Kommunistischen Partei der Sowjetunion. Neufassung, in: Sowjetunion heute, Sondernummer April, 13–40

Psychiatrieerlaß, 1988: Über die Bestätigung der Anordnung über die Bedingungen und die Ordnung der Leistung psychiatrischer Hilfe (russ.), in: VVS SSSR, 22–27

Qualitäts-VO, 1986: Über Maßnahmen zur grundlegenden Erhöhung der Qualität der Produkte (russ.), in: SPP SSSR, 411–429

Resolution, 1988a: Über den Weg der Realisierung der Beschlüsse des XXVII. Parteitages der KPdSU und die Aufgaben der Vertiefung der Umgestaltung (russ.), in: Kommunist, Nr. 10, 61–67

Resolution, 1988b: Über die Rechtsreform (russ.), in: Kommunist, Nr. 10, 85–87

Rutkewitsch, M., 1985: Über die Entwicklung der sowjetischen Gesellschaft zur klassenlosen Struktur (russ.), in: Kommunist, Nr. 18, 32–41

Samolis, T., 1989: Arme Leute (russ.), in: Prawda vom 24.3.

Schatalin, S., 1986: Soziale Entwicklung und ökonomisches Wachstum (russ.), in: Kommunist, Nr. 14, 59–70

Stschepin, Oleg, 1988: 6000 Meinungen zum Gesundheitswesen, in: Sowjetunion heute, Nr. 2, 24

Sozialpolitik-VO, 1987: Über die Verstärkung der Arbeit zur Realisierung einer aktiven Sozialpolitik und die Erhöhung der Rolle des Staatskomitees der UdSSR für Arbeit und soziale Fragen (russ.), in: SPP SSSR, 809–824

Tretjakow, Witali, 1987: Lebensqualität Gesundheitszustand, in: Sowjetunion heute, Nr. 3, 56–57

Tschasow, Jewgeni, 1988: Umgestaltungen im Gesundheitswesen, in: Sowjetunion heute, Nr. 2, 29–31

Verbesserungs-VO, 1987: Über Maßnahmen zur Verbesserung der materiellen und wohnungsalltäglichen Bedingungen der Aspiranten, Hochschulstudenten und Auszubildenden der mittleren Spezialllehranstalten (russ.), in: SPP SSSR, 503–510

Verkaufs-VO, 1989: Über den Verkauf von Wohnungen in Häusern des staatlichen und gesellschaftlichen Wohnungsfonds an die Bürger zu deren persönlichem Eigentum (russ.), in: SPP SSSR, 8–11

Vervollkommnungs-VO, 1989: Über die Vervollkommnung der Bedingungen der freiwilligen Versicherung einer zusätzlichen Rente für Arbeiter, Angestellte und Kolchosbauern (russ.), in: SPP SSSR, 91–97

Veteranen-VO, 1988: Über zusätzliche Maßnahmen zur Verbesserung der Lebensbedingungen der Kriegs- und Arbeitsveteranen (russ.), in: SPP SSSR, 331–335

Waisenkinder-VO, 1987: Über Maßnahmen zur grundlegenden Verbesserung der Erziehung, Ausbildung und materiellen Versorgung von Waisen- und Kindern ohne elterliche Fürsorge (russ.), in: SPP SSSR, 891–908

Zusatzrenten-VO, 1987: Über die Einführung einer freiwilligen Versicherung zusätzlicher Rente für Arbeiter, Angestellte und Kolchosbauern (russ.), in: SPP, 915–920

Kubas Kurs der Kurswechsel. Eine Bilanz der wirtschaftlichen, sozialen und politischen Entwicklung

Dieter Nohlen / Karin Stahl

1. Einleitung

Auch dreißig Jahre nach der kubanischen Revolution hat die Debatte über die politische Entwicklung der Karibikinsel noch viel mit einem Austausch von Glaubenssätzen gemein. Zwar hat der Symbolwert Kubas für die politische Linke in Lateinamerika und in Europa nachgelassen. Ein markanter Bedeutungsverlust ist auch hinsichtlich der politischen Ausstrahlung des „Modells Kuba" auf Mittel- und Südamerika zu vermerken. Doch die Kontroversen zu Kuba sind unverändert ideologieüberfrachtet und emotionsgeladen. Dies ist gerade im Zusammenhang des dreißigjährigen Jubiläums der Revolution deutlich geworden. Eine Gruppe größtenteils linker Intellektueller aus aller Welt forderte *Fidel Castro* in einer Erklärung auf, ähnlich wie in Chile ein Referendum über sein Regime zu veranstalten. Die darin eingeschlossene Gleichsetzung der Diktaturen *Pinochet*s und *Castro*s deutet auf eine polemische, in den achtziger Jahren aber wachsende Tendenz in der Bewertung der kubanischen Entwicklung, das revolutionäre System schlicht als eine Diktatur unter anderen zu begreifen. In diese Richtung verweist auch das zunehmende Interesse der internationalen Gemeinschaft, hier vor allem der Vereinten Nationen, an den Menschenrechten in Kuba und der Überprüfung ihrer Einhaltung. Dem gegenüber hat ein Teil der politischen Linken sein uneingeschränktes Engagement für Kuba erneuert: „Auch wenn die Feinde (Kubas) Recht hätten in dem, was sie über Kuba sagen und lügen, es lohne sich auf jeden Fall, sich für Kuba zu schlagen" (*Galeano* 1989: 4).

Die kontroverse Beurteilung der kubanischen Entwicklung reduziert sich nicht auf den Gegensatz von rechts und links. Die Parameter sind ausgesprochen vielfältig und verursachen oftmals bei ein- und demselben Beobachter eine ambivalente Bewertung. Dies erklärt sich zum einen aus der *wechselhaften Politik* Kubas, als deren Folge immer wieder Kritiker – aus dem ursprünglich eigenen Lager – freigesetzt wurden, und zum anderen aus den nach Bereichen *höchst unterschiedlichen Ergebnissen* der kubanischen Revolution: ausgezeichnete Leistungen im sozialen Bereich, magere Leistungen in der wirtschaftlichen Entwicklung. Schließlich verkomplizieren die mannigfaltigen Vergleichsperspektiven die Einschätzung der kubanischen Entwicklung. Hier lassen sich im wesentlichen vier Dimensionen unterscheiden:

1. Der Vergleich mit dem *vorrevolutionären Kuba*, eine Dimension, die an Bedeutung verliert, da die Revolution immerhin dreißig Jahre alt ist. Diese Aussage gilt nicht nur für die externe Beobachtung, sondern auch für die innere Entwick-

lung Kubas, da inzwischen 55 Prozent der Bevölkerung nach 1959 geboren wurde Die vorrevolutionären Verhältnisse können immer weniger als legitimatorische Ressource für das gegenwärtige Regime dienstbar gemacht werden.

2. Der Vergleich mit den *lateinamerikanischen Ländern*, eine Dimension, die den *area*-Bezug herstellt und ursprünglich auch starke politische Implikationen enthielt. Sie sind mit dem Attraktivitätsverlust des „kubanischen Modells" für Lateinamerika rückläufig, so daß heute nüchterner verglichen wird. Der Trend zur Reintegration Kubas in die lateinamerikanische Staatengemeinschaft wird diese Vergleichsdimension verstärken.
3. Der Vergleich mit den Ländern des *sozialistischen Lagers*, eine Dimension, die für die innere Entwicklung Kubas selbst sehr wichtig gewesen ist und es wohl auch bleiben wird, da sich der Entwicklungsweg Kubas zumindest seit 1961 in Übernahme und Abgrenzung von sowjetischen ideologischen Positionen und politischen Lösungen bestimmte und weiter bestimmt. Diese – teilweise höchst konfliktiven, machtpolitisch bedeutenden – kubanisch-sowjetischen Kontroversen um einen eigenständigen sozialistischen Entwicklungsweg haben im linken, insbesondere im marxistischen Lager große Bewertungsunterschiede hervorgerufen.
4. Der Vergleich mit den *westlichen Industrieländern*, vor allem mit den USA, eine Dimension, die aufgrund der geographischen Nähe der USA, der Millionen in den USA lebenden Kubaner und der steten, durch Tourismus und Radio gestützten und gewiß propagandistischen Einwirkung des „kapitalistischen Lebensstandards" und des damit verbundenen Freiheitsideals die individuellen Wünsche und gesellschaftspolitischen Zielvorstellungen der Kubaner beeinflußt. Diese Vergleichsdimension dürfte gerade angesichts der sozialen Errungenschaften der kubanischen Revolution, der Befriedigung der Grundbedürfnisse der ersten Kategorie, noch an Bedeutung zunehmen.

Im folgenden geht es zunächst um einige grundlegende Informationen, die notwendig erscheinen, um das Bewertungsproblem nachvollziehen zu können. Wir werden kurz das vorrevolutionäre Kuba darstellen und ebenso überblicksartig den phasenhaften Verlauf der kubanischen Entwicklung nachzeichnen. Sodann werden wir in stärker systematisierender Absicht auf Alternativen in der (vor allem wirtschafts-) politischen Orientierung Kubas seit 1959 eingehen. In den nachfolgenden Kapiteln versuchen wir eine vergleichende Bilanz der wirtschaftlichen und sozialen Entwicklung des Landes. Schließlich wenden wir uns der politischen Institutionalisierung der kubanischen Revolution zu, bevor wir im abschließenden Kapitel eine allgemeine Bewertung des kubanischen Prozesses im Angesicht der Probleme zu Ende der achtziger Jahre ansteuern werden.

2. *Das vorrevolutionäre Kuba*

Kuba, mit einer Fläche von 110 922 qkm die größte Insel der Großen Antillen, wurde 1511 in das spanische Kolonialsystem eingegliedert. Gemäß der feudalen Tradition Spaniens bildete sich eine von Spanien politisch und ökonomisch abhängige Kolonialgesellschaft heraus, die als spanischer Handelsknotenpunkt und Versorgungsbasis diente und deren Wirtschaft bis ins 18. Jahrhundert auf extensiver, in Latifundien betriebener Viehwirtschaft – Export von Häuten – und kleinbäuerlicher Tabakproduktion basierte – später auch auf Sklavenhandel. Die Zuckerwirtschaft nahm erst im 19. Jahrhundert einen enormen Aufschwung – Ausfall Haitis als Zuckerproduzent, Gründung der USA, Liberalisierung der spanischen Handelspolitik 1818. In Kuba setzte sich die monokulturelle Plantagenproduktion von Zucker durch, die auf der Ausbeutung importierter afrikanischer Sklaven basierte und für den Bedarf des spanischen, später des US-Marktes produzierte.

Nach dem 2. Unabhängigkeitskrieg gegen Spanien (1895 bis 1898) erlangte Kuba die politische Unabhängigkeit, die aber aufgrund des Eingreifens der USA in den Krieg zwecks Verteidigung wirtschaftlicher Interessen und den darauf in der kubanischen Verfassung zugesicherten *Interventionsrechten* der USA (*Platt Amendment*) eingeschränkt wurde. In der Folgezeit vollzog sich Kubas endgültige Umwandlung zur Zuckerinsel, begünstigt durch die Vorzugspreise, welche die USA den kubanischen Zuckerimporten gewährten, wofür freilich Kuba Zollpräferenzen für Fertigwarenimporte aus den USA einzuräumen hatte. Die Wirtschaftsentwicklung Kubas war damit der *Weltzuckerkonjunktur* und enormen Exportschwankungen unterworfen. Jede Exportkrise verschärfte die Bodenkonzentration. Gegen Ende der fünfziger Jahre entfielen 57 Prozent des Bodens auf 2,8 Prozent der landwirtschaftlichen Betriebe, 15 Prozent des Bodens auf 78,5 Prozent der Betriebe (vgl. *Gutelman* 1967, 10, Tab. I). Damit wies Kuba im lateinamerikanischen Vergleich die höchste Bodenkonzentration auf. Mit jeder Exportkrise nahm auch die Durchdringung der kubanischen Wirtschaft mit US-Kapital zu. 1958 produzierten dreizehn US-Zuckergesellschaften 36,7 Prozent des Zuckers. US-Kapital kontrollierte 36 Prozent der Ländereien, 90 Prozent des Bergbaus, das Kommunikationswesen, den Tourismus und fast die gesamte Energieversorgung (vgl. *Kimmig* 1982, 363; *Fabian* 1981, 199 ff.). Die Zollpräferenzen für US-Fertigwarenimporte kamen praktisch einem *Verzicht auf eine eigene Industrialisierung* gleich. Die sozialen Konsequenzen der Anbindung Kubas an die US-Wirtschaft bestanden in hoher Arbeitslosigkeit und Unterbeschäftigung mit starken saisonalen Schwankungen: 1956 waren während der Zuckerernte (*zafra*) 9 Prozent arbeitslos, nach der Ernte 21 Prozent (vgl. *Thomas* 1971, 1551). Die Einkommensverteilung war extrem ungleich: 1953 hatten die 50 Prozent untersten Einkommensempfänger einen Anteil von 10,8 Prozent, die 5 Prozent obersten Einkommensempfänger einen Anteil von 26,5 Prozent an den Einkommen (vgl. *Diaz/Nuñez* 1985, 17 f.). Bodenkonzentrationen und unterbundene Industrialisierung hatten eine extrem *polarisierte Sozialstruktur* zur Folge, in der die ländlichen und urbanen Mittelschichten äußerst schwach entwickelt waren. Unter diesen Voraussetzungen mißlangen alle Versuche, in Kuba eine repräsentative – präsidentielle oder parlamentarische – Demokratie einzurichten. Regime verschiedenen Typs wechselten einander ab. Der Militärputsch von *Fulgencio Batista* 1952 und dessen anschließende korrupte und blutige Diktatur waren auslösendes Moment für die Entwicklung der kubanischen revolutionären Bewegung, die in der Tradition der Unabhängigkeitskriege und des Volksaufstandes von 1933 gegen den Diktator *Machado* stand. 1959 gelang unter der Führung *Fidel Castro*s nach dreijährigem Guerillakrieg durch einen Generalstreik der Sturz *Batista*s.

3. *Phasen der Entwicklung Kubas nach der Revolution*

Vor dem Hintergrund der Wirtschafts- und Sozialstruktur Kubas am Vorabend der Revolution verstehen sich die seit 1959 durchgängig verfolgten Ziele der revolutionären Politik:

1. die grundlegende Veränderung der Einbindung der Inselökonomie in den Weltmarkt und die Überwindung der strukturellen Abhängigkeit von den USA;
2. die Einebnung der gesellschaftlichen Unterschiede durch soziale Umverteilung.

Entwicklungsstrategisch waren damit zwei Grundsätze verknüpft, die ebenfalls für die Zeit seit 1959 bindend waren:

1. der Vorrang der Politik gegenüber der Ökonomie;
2. die Priorität für die direkt verfolgten sozialen Ziele (im Bereich Bildung, Gesundheit, Wohnen).

Weiterreichende Entscheidungen über Mittel und Ziele der Politik wurden erst im Laufe des revolutionären Prozesses selbst getroffen und unterlagen häufigem Wandel. Dieser Tatbestand des wiederholten *Kurswechsels* ist ganz verschieden interpretiert worden; abgehoben wurde auf den Laboratoriumscharakter der Revolution, sich wandelnde Konfliktkonstellationen innen- und außenpolitischer Natur, das Ringen um einen eigenen Weg zum Sozialismus, die Zwänge des Revolutionsprozesses, die Korrektur von Fehlentwicklungen, das Scheitern bestimmter politisch-ideologischer Vorstellungen und auf sie gegründeter Maßnahmen.

Festzuhalten ist nun, daß die aus der Revolution hervorgegangenen Machtverhältnisse, insbesondere die Führungsrolle *Fidel Castro*s, seit 1959 niemals in Frage gestellt wurden. Trotz dieser politischen Stabilität wurden – Regime- und Regierungswechseln in politisch instabilen Ländern des Subkontinents gleich – häufige Veränderungen in den Konzepten politischer und wirtschaftlicher Entwicklung vorgenommen: sie betrafen die politisch-ideologische Orientierung der Revolution, die politischen Systemstrukturen, die Leitfunktion des sowjetischen Modells, das wirtschaftliche Regelungsmuster im Spannungsfeld von Plan und Markt, das System der Wirtschaftslenkung. Es lassen sich folgende Phasen unterscheiden:

3.1. Phase 1959–1961

Die im Rahmen der demokratischen, sozialen und national-antiimperialistischen Zielsetzung der revolutionären Bewegung ergriffenen ersten Maßnahmen richteten sich schwerpunktmäßig auf Umverteilung und Restrukturierung der *Wirtschaft*: Veränderung der Eigentumsverhältnisse an den Produktionsmitteln durch die erste Agrarreform und weitere Verstaatlichungen; Erhöhung der Löhne und Senkung der Mieten; Ausweitung der Sozialleistungen im Bereich Bildung, Gesundheit, Wohnen; Diversifizierung der Landwirtschaft; importsubstituierende Industrialisierung. Die erste, noch gemäßigte Agrarreform erwies sich als Schlüsselelement für die nachfolgende Radikalisierung der Revolution. Sie schürte zum einen erste Konflikte mit den USA, die politisch in der US-gestützten Invasion von Exilkubanern auf Kuba 1961 und wirtschaftlich in dem Handelsembargo der USA seit 1960 gipfelten, was von Seiten Kubas mit der Verstaatlichung des gesamten US-Besitzes in Kuba beantwortet wurde. Zum anderen setzte die Agrarreform interne soziale Erwartungen frei, forcierte interne Klassenkonflikte und löste eine soziopolitische Dynamik aus, die zur Spaltung der revolutionären Bewegung und zur politisch-ideologischen Neuorientierung führte. Nach der gescheiterten Invasion von Exilkubanern in der Schweinebucht erklärte *Castro* 1961 die kubanische Revolution zu einer *sozialistischen Revolution*.

3.2. Phase 1961–1970

Die Politik der Verstaatlichung wurde fortgesetzt: zweite Agrarreform 1963, die das Privateigentum an Boden auf 67 ha beschränkte; 1968 Verstaatlichung der Kleinbetriebe im Handels- und Dienstleistungssektor. Mit Ausnahme des bäuerlichen Kleinbesitzes waren bis 1970 sämtliche Wirtschaftsbereiche in Staatseigentum übergegangen. Angesichts des Einnahmerückgangs beim Zucker, des hohen Importbedarfs als Folge des importsubstituierenden Industrialisierungskonzepts und steigender Handelsbilanzdefizite wurde die Entwicklungsstrategie 1963 revidiert und dem Zuckersektor erneut Priorität eingeräumt. Die *Monoproduktion* wurde durch das Exportabkommen mit der Sowjetunion abgesichert, das Kuba langfristige Exportvorteile – subventionierte Zuckerpreise – einräumte. Zugleich wurde die Konsumtionsrate gesenkt, was angesichts der gestiegenen Massenkaufkraft zu einem Nachfrageüberhang und ersten Konsumgüterrationierungen führte.

Mitte der sechziger Jahre wurde in Abgrenzung vom sowjetischen „Ökonomismus" das System der Budgetfinanzierung eingeführt und der gleichzeitige Aufbau von Sozialismus und Kommunismus propagiert. Damit verbunden erhob Kuba den Anspruch, ein *eigenes* sozialistisches Modell zu entwickeln und betrieb dessen Export in andere Länder Lateinamerikas. Der Grad der politischen Institutionalisierung blieb bis 1970 gering, was die Herausbildung eines hierarchischen Systems *bürokratisch-zentralistischer Herrschaft* begünstigte.

Das sozialistische Modell geriet sowohl wirtschaftlich als auch politisch Ende des Jahrzehnts in eine Krise: wirtschaftlich scheiterte die Zielsetzung der *gran zafra*, der 10 Mio. t Zuckerernte, auf die alle Kräfte hin orientiert waren. Bürokratische Leitungs- und Herrschaftsmethoden verbunden mit anhaltendem wirtschaftlichen Streß und Konsumverzicht hatten eine politische Demoralisierung und Unzufriedenheit der kubanischen Bevölkerung zur Folge. Der Tod *Che Guevaras* 1967 und die Zerschlagung lateinamerikanischer Guerilla-Bewegungen machten die Hoffnung auf eine lateinamerikanische Revolution zunichte, die Kubas Isolierung hätte aufbrechen können. Auf Initiative der USA war Kuba 1964 aus der Organisation Amerikanischer Staaten (OAS) ausgeschlossen worden und wurde seitens der OAS-Staaten mit einem diplomatischen und wirtschaftlichen Boykott belegt.

3.3. Phase 1970–1975

Diese Phase wurde mit einer Selbstkritik *Fidel Castros* eingeleitet, in der er die politische Ignoranz und Privilegiensicherung leitender Funktionäre und die bürokratischen Leitungsmethoden für die wirtschaftlichen Rückschläge, die Verschlechterung der Versorgungslage und die politische Unzufriedenheit der Bevölkerung verantwortlich machte und die Einrichtung von Partizipationsmöglichkeiten versprach (vgl. *Castro* 1970 a, b, c, d; *Stahl* 1987, 164 f.). In der Folge fand eine Umorientierung der politischen, ideologischen und wirtschaftspolitischen Konzepte statt. Der Zuckersektor wurde eingebunden in eine *mehrpolige* Wachstumsstrategie von Landwirtschaft und Industrie, der Konsum ausgeweitet, die Wirtschaftsorganisation unter Effizienzkriterien überprüft und die politische Institutionalisierung mit dem Wahlexperiment in der Provinz Matanzas vorbereitet. Ideologisch wurde die Modellfunktion Kubas zurückgenommen und ausdrücklich anerkannt, daß Kuba aus den Erfahrungen anderer sozialistischer Länder lernen könne.

3.4. Phase 1976–1986

Kuba übernahm in Politik und Wirtschaft vollends das *sowjetische Modell.* Auf politischer Ebene wurde mit der Verabschiedung einer neuen Verfassung die führende Rolle der Kommunistischen Partei institutionalisiert und mit den Organen der Volksmacht *Poder Popular* ein politisches Institutionensystem mit begrenzten Partizipationsmöglichkeiten geschaffen. Auf wirtschaftlicher Ebene wurde die orthodoxe, realsozialistische Wirtschaftspraxis, das heißt das System der wirtschaftlichen Rechnungsführung und die Wirtschaftsplanung auf der Grundlage von Fünfjahresplänen, eingeführt. Entwicklungsstrategisch wurde auf eine landwirtschaftliche Industrialisierung gesetzt – Mechanisierung des Zuckersektors, Gründung eines landwirtschaftlich-industriellen Komplexes – und der Steigerung der Arbeitsproduktivität Aufmerksamkeit geschenkt. Zur Effektivierung der Produktion wurden Marktmechanismen eingeführt: begrente finanzielle Autonomie und autonome Produktion der Betriebe, materielle Anreize, Einführung freier Märkte ab 1980, ferner das Wohnungsbaugesetz von 1985, das den privaten Bau und Verkauf von Häusern erlaubte etc.

3.5. Phase seit 1986

Gegen negative Auswüchse der Politik der ökonomischen Liberalisierung, etwa Korruption und halblegale Schattenwirtschaft, leitete *Castro* seit April 1986 eine Politik der *rectificación* ein: Verbot freier Märkte und des privaten Wohnungsbaus, Kampagnen gegen Korruption und bürokratische Auswüchse, Betonung revolutionärer Moral und moralischer Arbeitsanreize – beispielsweise die Kürzung von Lohnprämien – sowie Rezentralisierungstendenzen.

Ohne die Herrschaftsverhältnisse je wirklich *in Frage* zu stellen, fand somit in gewissem Rhythmus eine stetige Neudefinition der Elemente der kubanischen Revolution statt. Dem Wechsel in der Politik wird sozusagen *Eigenwert* beigemessen. Die Kuba-Literatur hebt generell darauf ab, daß dem Wechsel stets Krisen vorausgingen, die sich zu einer politischen Legitimationskrise und zu politischer Instabilität hätten ausweiten können. Die Kurskorrekturen hätten jeweils diese Gefahren gebannt, und es sei das politische Geschick *Castros*, krisenhafte Zuspitzungen zu antizipieren und ihnen im Vorhinein politisch zu begegnen. Es ist aber nicht von der Hand zu weisen, daß die Kuba-Literatur sich damit im Prinzip die Maßstäbe und Einzelbegründungen zueigen macht, die *Castro* innerhalb des von ihm gesetzten soziopolitischen Referenzrahmens vertritt. Sicherlich haben die Kurswechsel eine Funktion, aber die Vorstellung, daß ihnen auch Eigenwert zukommt, kann vielleicht helfen, den jeweiligen Begründungen des Wechsels von Seiten *Castros* mit etwas mehr Skepsis zu begegnen.

4. Planung und Wirtschaftslenkung. Materielle vs. moralische Anreize

In einer Reihe von Hinsichten wurden in den einzelnen Phasen der kubanischen Entwicklung seit 1959 unterschiedliche Entscheidungen getroffen. Wir haben vor allem die unterschiedlichen *choices* in den Optionsalternativen im Bereich der Entwicklungsstrategie – Landwirtschaft versus Industrie, Monoproduktion versus Diversifizierung, Dissoziation versus Exportabhängigkeit, Konsum versus Investition – beobachtet. Keine dieser Entscheidungen war für die allgemeine Entwicklung Kubas, die ideologische Festlegung des revolutionären Prozesses, die internen machtpolitischen Verhältnisse, den Anspruch – oder die Aufgabe der Vorstellung – eines eigenen kubanischen Modells von ähnlicher Tragweite gewesen wie die Entscheidung des *Planungs- und Lenkungssystems* der Wirtschaft. Höhepunkt der theoretischen Auseinandersetzung war die Planungsdebatte von 1963/64 (vgl. *Guevara* 1969; *Bettelheim/Castro* 1969; *Silverman* 1971). Die Kritik vor allem *Che Guevaras* an dem in der Sowjetunion praktizierten und von den Altkommunisten propagierten Wirtschaftssystem richtete sich vor allem gegen die Anwendung kapitalistischer Mechanismen – des Wertgesetzes und der Ware-Geld-Beziehungen – sowie materieller Arbeitsanreize zur Steigerung der Produktion. Diese Mechanismen seien unlöslich mit der kapitalistischen Warenproduktion verbunden und daher mit der sozialistischen Planwirtschaft unvereinbar. Ebenso verurteilte er materielle Anreizsysteme als kapitalistische Relikte, da sie das materielle Einzelinteresse, Egoismus und Konkurrenzkampf zwischen den Menschen förderten und dem sozialistischen Bewußtsein widersprächen. Demgegenüber hob *Guevara* die Bedeutung *moralischer* Arbeitsanreize und eines egalitären Zeitlohns hervor, die zur Entwicklung einer kollektiven revolutionären Moral, einer veränderten Haltung gegenüber der Arbeit – Arbeit als gesellschaftliche Pflicht und kollektive Anstrengung zur Erreichung eines gesellschaftlichen Ziels – und eines sozialistischen Bewußtseins als grundlegender Hebel der Produktion beitragen sollten.

Nach der Planungsdebatte 1963/64 setzte sich 1965 in Kuba ein stark zentralisiertes Planungs- und Leitungssystem durch: das „*Haushaltsmäßige Finanzierungssystem*".

Es beinhaltet: zentrale Betriebsleitung, zentrale Zuweisung von Geldmitteln, Maschinen und Ressourcen, Rückfluß erwirtschafteter Erträge und Gewinne an die zuständige zentrale Behörde. Parallel dazu wurden in Betonung moralischer Anreize Stücklohn und Überstundenbezahlung abgebaut sowie Zeitlohn und freiwillige, unbezahlte Mehrarbeit forciert mit dem Ziel, die Arbeitsproduktivität zu steigern und die Einkommensunterschiede zu nivellieren. Für die zentrale Planung des gesamten Produktions- und Distributionsprozesses sowie die Festlegung der Jahrespläne war die zentrale Planungsbehörde JUCEPLAN zuständig. Die landwirtschaftlichen Privatbetriebe wurden über die Kleinbauernorganisation ANAP in den Plan einbezogen (vgl. u. a. *Breuer* 1973; *Mesa-Lago* 1972, *Niess* 1976).

Mit der Einführung des von *Guevara* verfochtenen Planungssystems auf der Grundlage moralischer Stimuli wurden die ideologischen Kampagnen gegen Ökonomismus, den Geist des Bürokratismus und alte bürgerliche Verhaltensweisen verstärkt. Durch die Verbindung von körperlicher und geistiger Arbeit im Bildungswesen sollte die revolutionäre Moral gestärkt und der „neue Mensch" geschaffen werden. Höhepunkt der Kampagnen bildete die revolutionäre Offensive von 1968, der wachsende Spannungen in den sowjetisch-kubanischen Beziehungen und der Prozeß gegen die wiedererstarkte altkommunistische Parteifraktion vorausgingen (vgl. u. a. *Mesa-Lago* 1972, *Huberman/Sweezy* 1970). Mittels Verstaatlichung alter und neu entstandener privater Kleinbetriebe, Militarisierung der Arbeit und stärkerer Kontrolle von Kunst und Literatur sollten die sinkende Arbeitsmoral (*ausentismo*) und das kleinbürgerliche Bewußtsein bekämpft werden. Damit diente die revolutionäre Offensive der Vorbereitung des Produktionskampfes um die 10 Mio. t. Zuckerernte, von der man sich die Lösung der wirtschaftlichen Probleme erhoffte.

Mangelnde Berücksichtigung wirtschaftlicher Rentabilität und Kostenrechnung, Überzentralisation, bürokratische Leitungsmethoden und fehlende Einbeziehung unterer Ebenen in die Planerstellung, mangelnde Koordination der Einzel- und Spezialpläne führten jedoch zu unrealistischen Planzielen, wirtschaftlicher Desorganisation und einem Absinken der Arbeitsproduktivität (vgl. auch *Valier* 1972; *Niess* 1976; *Huberman/Sweezy* 1970). Das Scheitern der Zuckerernte von 1970 und die damit verbundene Wirtschaftskrise, die wachsende Unzufriedenheit und sinkende revolutionäre Moral der Bevölkerung leiteten das Ende der vorrangig an der Entwicklung des Bewußtseins orientierten sozialistischen Entwicklungsphase Kubas ein und bahnten den Weg für ein primär an der Produktivkraftentwicklung, an Effizienzkriterien und materiellen Anreizen orientiertes sozialistisches Entwicklungsmodell. 1978 wurde das in der Planungsdebatte von 1963/64 verworfene sowjetische „*System der wirtschaftlichen Rechnungsführung*" eingeführt, das neben der finanziellen Autonomie und einer begrenzten autonomen Produktion der Betriebe Markt- und Ware-Geld-Beziehungen zwischen den Betrieben und eine Produktion nach Gewinn und Rentabilität einschließt. Materielle Arbeitsanreize – Entlohnung entsprechend dem Quantum der geleisteten Arbeit, Akkordarbeit – und die Einführung differenzierter Lohnskalen entsprechend dem Grad der Qualifikation und politischen Verantwortung sollten die Arbeitsproduktivität heben. Eine Ausweitung der Einkommensunterschiede zugunsten des Betriebsleiters, politischer Funktionäre und technisch qualifizierten Per-

sonals wurden in Kauf genommen (vgl. *Stahl* 1987, 185 ff.). In Ergänzung der ökonomischen Reformen wurden 1980 zur Verbesserung des Konsumgüterangebots erstmals wieder freie Märkte zum Verkauf von Überschußproduktion zugelassen. Die wirtschaftlichen Ergebnisse des neuen Planungs- und Leitungssystems waren keineswegs unbefriedigend, Kuba erzielte in der ersten Hälfte der achtziger Jahre ein Wirtschaftswachstum von jährlich ca. 5 Prozent (vgl. *Rediske* 1988, 184). Doch als das Wachstum als Folge schlechter Witterungsverhältnisse und damit schlechter Ernten sowie ungünstiger Weltmarktentwicklungen – niedrige Preise für Zucker, Preissturz des Erdöls – wesentlich nachließ, wurden fortbestehende Planungsmängel wieder deutlich. Diese „Fehler und negative Tendenzen" in Wirtschaft und Gesellschaft wurden zum Hauptargument, um in der Wirtschaftsplanung und Lenkung wieder auf die Lehren *Che Guevaras* zurückzugreifen (vgl. *Stahl* 1987, 297 ff.; *Rediske* 1988). Als negativ wurden bezeichnet:
die schnelle Entwicklung einer privatkapitalistischen Parallelwirtschaft, die dem staatlichen Sektor teilweise durch Korruption und Unterschlagung zunehmend Ressourcen entzog, das Entstehen einer neuen kapitalistischen Schicht von Händlern und Spekulanten, sinkende Arbeitsmoral und fortgesetzte Planungsmängel. Mit der Politik der *rectificación* wurden die freien Märkte wieder verboten, die Anwendung kapitalistischer Mechanismen beim Aufbau des Sozialismus verurteilt und die Notwendigkeit moralischer Arbeitsanreize hervorgehoben. Damit erneuerte sich der Anspruch *Castros* auf einen *eigenen* Weg zum Sozialismus, nun in Abgrenzung gegenüber einer sowjetischen Politik, die mit der „Perestrojka" Reformen in Richtung auf eine sozialistische Marktwirtschaft, auf Liberalisierung und Dezentralisierung der Wirtschaft, auf eine autonome, gewinnorientierte Produktion der Betriebe betreibt.

5. *Wirtschaftsstruktur und Wirtschaftsentwicklung*

Die Struktur der kubanischen Wirtschaft hat sich seit 1959 nachhaltig verändert, ohne daß allerdings einige Grundprobleme wie die Abhängigkeit von einem landwirtschaftlichen Exportprodukt und einem Handelspartner oder die wachsende Verschuldung gelöst werden konnten. Die *Landwirtschaft* hat in den Außenbeziehungen ihre vorrangige Stellung bewahrt. Der Anteil des Zuckers am kubanischen Export beträgt noch zwischen 70 und 80 Prozent. Die starke Exportkonzentration auf den Zucker, für dessen Anbau aufgrund des tropischen Klimas günstige Bedingungen bestehen, macht den Exportsektor freilich von Witterungseinflüssen und der internationalen Preissituation abhängig. Die Trockenheit in den achtziger Jahren verursachte einen empfindlichen Ernterückgang, der Kuba zwang, jährlich etwa 1 Mio. t Zucker auf dem Weltmarkt einzukaufen, um seinen Lieferverpflichtungen gegenüber der Sowjetunion nachzukommen (vgl. *Martínez Heredia* 1988, 32). Der Weltmarktpreis für Zucker sank von 1981: 16,83 US-Cents pro Einheit (454 g) auf 1985: 4,05 US-Cents. Die verschiedenen Handelsabkommen mit der Sowjetunion befreiten Kuba aber von den Folgen extremer Preisschwankungen. Zudem zahlte die UdSSR jahrzehntelang einen Zuckerpreis, der weit über dem Weltmarktpreis lag, beispielsweise 1981 bei 36,30 US-Cents pro Einheit (Stat. Bundesamt 1988).

Subventionierte sowjetische Preise für den kubanischen Erdölimport aus der UdSSR weit unter dem Weltmarktpreis ließen *Erdöl* seit Ende der siebziger Jahre neben Zucker zum wichtigsten Devisenbringer des Landes werden. Kuba verkaufte nämlich einen Teil des aus der UdSSR bezogenen Erdöls zu Weltmarktpreisen weiter. Ein Viertel des kubanischen Exports in frei konvertierbarer Währung bestand 1986 aus dem Wiederverkauf sowjetischen Erdöls. Der Preissturz für Erdöl von 1985, der die Deviseneinnahmen aus diesem Handel von 460 Mio. US-$ 1984 auf 318 Mio. US-$ kürzte, verschärfte die Devisenknappheit des Landes (vgl. *Rediske* 1988, 187 f.).
Über vier Fünftel des *Imports* in frei konvertierbarer Währung bestehen aus Investitions- und Zwischengüten sowie Technologie, die im Rat für gegenseitige Wirtschaftshilfe nicht verfügbar sind. So ist Kuba zunehmend an westliche Kreditgeber herangetreten, um entsprechende Importe tätigen zu können. Seine Auslandsverschuldung wuchs und belief sich 1986 auf 4,985 Mrd. und 1987 auf 5,65 Mrd. US-$ (vgl. *Martínez Heredia* 1988, 32). Die Wirtschaftskrise seit 1985 zwang Kuba zu Umschuldungsverhandlungen mit dem Pariser Club (1986). Intern wurde ein Austeritätsprogramm gefahren. Von 1986 auf 1987 gingen die Importe in Devisen um 20,7 Prozent zurück (vgl. *Martínez Heredia* 1988, 32). Die Wirtschaftskrise, hervorgerufen durch niedrige Zuckerpreise, geringe Ernteergebnisse, niedrige Erdölpreise, gestiegene Preise für westliche Importgüter, offenbarte ein weiteres Mal die Verwundbarkeit einer von Rohstoffexporten abhängigen Ökonomie.
Trotz unverminderter Exportabhängigkeit von Zucker konnten aber negative Folgeerscheinungen des monokulturellen Zuckeranbaus im vorrevolutionären Kuba – Blockierung einer homogenen Industrialisierung und hohe Nahrungsmittelimporte (30 Prozent des Gesamtimports) – durch eine Politik der Agrardiversifizierung und Agrarindustrialisierung abgebaut werden (vgl. u.a. *Fabian* 1981). Zur Deckung des Eigenbedarfs wurden der Anbau von Mais, Reis, Bohnen, Hirse, auch Tabak, Kaffee und Zitrusfrüchten – auch für den Export gefördert –, die Viehwirtschaft als zweitwichtigster Sektor neben Zucker, die Milchproduktion und Fischerei ausgebaut und und neue Anbauflächen kultiviert.
Kuba besitzt im Südosten nicht unbedeutende Vorkommen an Erzen. Im Beitrag zum Bruttoinlandprodukt ist der *Bergbau- und Industriesektor* führend (s. Tabelle 2). Die Verarbeitung der Bodenschätze konzentriert sich vor allem auf die Nickelproduktion. Aufgrund fehlender eigener Energiereserven und Rohstoffe wurde der nach der Revolution forcierte Ausbau einer Schwerindustrie nicht fortgesetzt. Stattdessen orientiert sich der industrielle Aufbau Kubas an den Bedürfnissen der Landwirtschaft: Ausbau der Zuckerindustrie, der Nahrungsmittelindustrie (Fleisch, Fisch), industrielle Verarbeitung von Agrarerzeugnissen (Bier, Rum, Tabak), Verarbeitung von Nebenprodukten des Zuckerrohrs (Papier, Viehfutter), Ausbau der chemischen Industrie (Kunstdünger, Kunstfasern) sowie Herstellung landwirtschaftlicher Maschinen und von Zement.
Der Beitrag der Landwirtschaft zum Bruttoinlandsprodukt entwickelt sich daher ebenso stark rückläufig wie der Anteil der Erwerbstätigen in der Landwirtschaft (vgl. Tab. 1 und 2). Als Devisenquelle gewinnt der Tourismus seit Beginn der achtziger Jahre (jährliche Zuwachsrate 12,5 Prozent) zunehmend an Bedeutung (1986: 206 000 eingereiste Auslandsgäste, 100 Mio US-$; vgl. Stat. Bundesamt 1988).

Tabelle 1: Beschäftigung nach Wirtschaftssektoren (Anteile in Prozent)

	1943	1953	1964	1972	1981	1985
Landwirtschaft/Fischerei	41,4	41,6	33,4	30,0	22,3	18,3
Industrie/Bergbau	12,3	17,1	15,0	21,0	18,9	22,4
Bauwesen	1,7	3,3	4,7	7,0	8,9	9,9
Transport/Kommunikation	2,2	5,3	3,6	8,0	7,0	6,8
Handel	9,6	11,8	10,1	8,0	8,6	11,6
andere	32,8	24,9	33,2	26,0	34,0	30,6

Quellen: *Alvarez Díaz*; Anuario Estadístico de Cuba 1973/1979; *Díaz/Nuñez* 1985; Statistisches Bundesamt 1988.

Tabelle 2: Beitrag der Sektoren zum Bruttoinlandsprodukt (in Prozent)

	1962	1970	1979	1987
Landwirtschaft/Viehwirtschaft/Fischerei	15,5	14,7	11,2	15,0
Zuckersektor	4,4	6,7	4,2	
Industrie/Bergbau	45,1	47,9	36,2	46,5
Bauwesen	6,1	5,2	9,3	8,1
Transport/Kommunikation	5,5	10,2	8,1	7,9
Handel	27,7	22,0	35,2	21,2

Quellen: Boletín Estadístico de Cuba 1971; Anuario Estadístico 1973 und 1979; EIU 1988.

Tabelle 3: Entwicklung des Bruttoinlandsprodukts im lateinamerikanischen Vergleich – jährliches Wachstum (in Prozent)

Jahr / Land	1982	1983	1984	1985	1986	1987	1988	akkum. Variant
Kuba	3,9	4,9	7,2	4,6	1,2	– 3,8	2,0	41,1
Lateinamerika (ohne Kuba)	– 1,2	– 2,6	3,7	3,6	3,9	2,5	0,7	11,6
Mexico	– 0,6	– 4,2	3,6	2,6	– 4,0	1,4	0,5	7,7
Venezuela	– 1,2	– 5,5	– 1,5	1,3	6,8	3,0	5,0	6,6
Argentinien	– 5,8	2,6	2,2	– 4,5	5,8	1,6	0,5	–5,3
Chile	– 13,1	– 0,5	6,0	2,4	5,3	5,4	6,5	16,6
Brasilien	0,9	– 2,4	5,7	8,4	8,1	2,9	0,0	20,9
Dominik. Rep.	1,3	5,0	0,3	– 1,9	3,1	8,0	1,0	22,3
Costa Rica	– 7,3	2,7	7,8	0,7	5,3	4,5	3,0	14,6
Nicaragua	– 0,8	4,6	– 1,6	– 4,1	– 0,6	1,7	– 9,0	–5,1
Haiti	– 3,5	0,6	0,4	0,5	0,6	– 0,6	– 5,0	–9,4

Quellen: CEPAL: Balance Preliminar de la Economía Latinoamericana 1988, in: Notas sobre la Economía y el Desarrollo Nr. 470/471, 1988.

Tabelle 4: Außenhandelspartner (Anteile am Außenhandel in Prozent)

	1958		1966		1977		1986	
	Exp.	Imp.	Exp.	Imp.	Exp.	Imp.	Exp.	Imp.
Kapit. Länder	97	100	23	24	17	33	12	16
USA	67	70	–	–	–	–	–	–
Entwicklungsländer	–	–	–	–	5	6	–	–
Soz. Länder	3	–	77	76	83	67	88	84
UdSSR	2	–	45	51	70	54	57[a]	67[a]

a) 1985.
Quellen: UN-Yearbook of Trade Statistics 1978; Anuario Estadistico de Cuba 1979; EIU 1988.

Tabelle 5: Auslandsverschuldung und Wachstum des Bruttosozialprodukts

	1983	1984	1985	1986	1987
Reales Wachstum des BSP	5,2 %	7,4 %	4,8 %	1,4 %	– 3,5 %
gesamte Auslandsverschuldung in Mill. Pesos	2790	2989	3621	4985	5657

Quellen: EIU (The Economist Intelligence Unity): Country Report: Cuba, Dominican Republic, Haiti, Puerto Rico. Analysis of Economic and Political. Trends every quarter, 3, 1988, London 1988.

6. *Sozialpolitik*

Die Maßnahmen, die nach dem Sieg der Revolution zur Veränderung der Sozialstruktur, ihres sektoralen und regionalen Ungleichgewichts, eingeleitet wurden, erzielten eine zunehmende Egalisierung der Gesellschaft. Am Indikator Einkommensverteilung läßt sich diese Entwicklung am besten ablesen: 1978 erzielten die untersten 40 Prozent der Einkommensempfänger einen Anteil von 24,8 Prozent an den Gesamteinkommen – 1953 waren die untere Hälfte nur zu 10,8 Prozent beteiligt –, während auf die obersten 5 Prozent noch 11 Prozent entfielen (1953: 26,5 %). Viele einzelne Faktoren trugen zu diesem Umverteilungsergebnis (vgl. *Diaz/Nuñez* 1985, 17 f.) bei.

(1) *Verstaatlichungspolitik.* Eine wesentliche Quelle sozialer Ungleichheit – privater Besitz an den Produktionsmitteln – wurde im ersten Jahrzehnt nach der Revolution abgeschafft. In der Konzession von Land an Kleinbauern unmittelbar nach der Revolution wurde eine Ausnahme gemacht, ihre Zahl und der kleinbäuerlich bewirtschaftete Boden in der Folge aber zu reduzieren versucht.

(2) *Beschäftigungspolitik.* Das Beschäftigungsniveau der Bevölkerung wurde durch ein Bündel von *policies* angehoben. Die Arbeitsplätze expandierten in den sechziger Jahren durch die gesamtwirtschaftliche Nachfrage; die Zahl der Erwerbstätigen stieg von 1970: 2,40 Mio. auf 1984: 3,36 Mio. an. Die Unterbeschäftigung – nur saisonale Arbeit – wurde durch Modernisierung der Landwirtschaft und den Wandel in der Beschäftigungsstruktur (siehe Tabelle 1) reduziert. Zu Zeiten vermeldete Kuba Voll-

beschäftigung. Während der Erntezeit trat sogar Arbeitskräftemangel auf, da die Mechanisierungsversuche nicht die gewünschten Erfolge zeigten. Die 1978 eingeleitete Rationalisierung der Betriebe, Kampagnen gegen Bürokratisierungstendenzen brachten allerdings das zum Teil durch unproduktive Tätigkeit verdeckte Problem der Arbeitslosigkeit wieder zum Vorschein (1979: 5,4 %, vgl. *Brudenius* 1983, 69). In den achtziger Jahren gehen – sehr unsichere – Schätzungen von 200 000 bis 300 000 Arbeitslosen aus. Beachtlich ist die Integration der Frau in den Arbeitsprozeß: 1981 waren 31 Prozent der Erwerbstätigen Frauen (vgl. Stat. Bundesamt 1988, 31).

(3) *Lohnpolitik.* In den redistributiven Maßnahmen unmittelbar nach der Revolution wurden Löhne und Mindestlöhne angehoben und das Lohnniveau mit Blick auf den Lebensstandard in der Folge aufrechtzuerhalten versucht (vgl. *Brundenius* 1981).

(4) *Preispolitik.* Die Mieten wurden auf 10 Prozent des Einkommens gesenkt, Preise für Grundnahrungsmittel durch Subventionierung niedrig gehalten. Allerdings wurden fast alle Konsumgüter seit den sechziger Jahren rationiert, so daß auch der Mangel egalitär verteilt wurde (vgl. *Stahl* 1987, 232 ff.; *Brundenius* 1981). Soziale Dienstleistungen wurden allen Bürgern kostenlos angeboten.

(5) *Regionalpolitik.* Die regionalen Ungleichgewichte, insbesondere das Stadt-Land-Gefälle, wurden als Folge einer regional ausgewogenen Politik wirtschaftlicher und sozialer Infrastrukturmaßnahmen im wesentlichen beseitigt.

(6) *Sozialpolitik.* Es wurde ein einheitliches Sozialversicherungssystem für Alter, Krankheit und Invalidität geschaffen, das allein vom Staat finanziert wird und die gesamte Bevölkerung erfaßt (vgl. *Mesa-Lago* 1985). Das Bildungs- und das Gesundheitswesen wurden quantitativ und qualitativ ausgebaut – die Leistungen zudem kostenlos angeboten –, die Wohnungspolitik forciert.

„Neben der Egalisierung der Einkommensverhältnisse hat wohl die Neugestaltung des Erziehungs- und Gesundheitswesens die soziale Lage der Bevölkerung am stärksten berührt“ (*Kimmig* 1982: 382). Erster Schritt in der Bildungspolitik war die Alphabetisierungskampagne 1961, die den Analphabetismus von 23,6 Prozent auf 3,9 Prozent senkte (*Huberman/Sweezy* 1970, 21). Daran anschließend wurde die Erwachsenenbildung durch Arbeiter- und Bauernfakultäten, technische Fortbildungskurse, Abendschulen systematisch ausgebaut. Um die Frauen in den allgemeinen Bildungs- und Arbeitsprozeß zu integrieren, wurden Kindergärten und -tagesstätten eingerichtet. Zur Beseitigung des regionalen Ungleichgewichts wurden vor allem auf dem Lande neue Schulen und Ausbildungsmöglichkeiten geschaffen. Zu den Ausbildungsreformen gehört auch eine praxisbezogene Ausbildung als Verbindung von Unterricht und produktiver Arbeit und die Verlagerung der Lehrinhalte auf technisch-naturwissenschaftliche Bereiche. Für Schüler und Studenten sind Lehrmittel, Unterkunft, Verpflegung und Kleidung kostenlos, Studenten erhalten Stipendien.

In der Gesundheitspolitik galten die ersten Maßnahmen der Verbesserung der medizinischen Versorgung vor allem auf dem Lande, wo vor der Revolution nur *ein* Krankenhaus bestand. Es wurden zahlreiche medizinische Ausbildungsstätten eingerichtet und die medizinische Vorsorge erweitert. Kuba war bereit, einen steigenden Anteil des Staatshaushalts (siehe Tabelle 6) für den Ausbau und die Aufrechterhaltung

seines Systems sozialer Dienstleistungen aufzuwenden. Tabelle 7 erfaßt die Ausweitung der Beschäftigten im Gesundheitswesen, wo sich die Erfolge dieser Politik statistisch besonders niederschlagen. Kuba weist heute in Lateinamerika die höchste Lebenserwartung bei Geburt auf. Massenkrankheiten wie Polio, Malaria und Typhus sowie Durchfallerkrankungen, die im Säuglings- und Kleinkindalter häufig tödlich verlaufen, wurden eingedämmt. Die Kindersterblichkeitsrate konnte von 1960: 70 auf 1984: 15 pro Tausend gesenkt werden.
Im lateinamerikanischen Vergleich rangiert Kuba bei aussagekräftigen Sozialindikatoren stets in der Spitzengruppe (siehe Tabelle 9). Selbst sehr kritische Kuba-Experten wie *Carmelo Mesa-Lago* (1985: 315) kommen zu dem Ergebnis, daß der kubanische Entwicklungsweg in den Bereichen Erziehung, Gesundheit, soziale Sicherheit erfolgreich gewesen ist.

Tabelle 6: Verteilung der Ausgaben des Staatshaushalts (in Prozent)*

Haushaltsposten	1980	1985	1987
Gesundheits- und Bildungswesen	18,9	20,3	23,6
Kultur und Wissenschaft	13,8	15,7	15,7
Wohnungswesen u. kommunale Dienstleistungen	3,8	5,9	7,5
Land- und Forstwirtschaft, Produzierendes Gewerbe	41,7	39,4	32,0
Allgemeine Verwaltung	5,1	4,9	4,9
Verteidigung u. innere Sicherheit	8,5	10,6	11,2
Sonstige Bereiche u. Reserven	8,2	3,0	5,1

*) Haushaltsjahr: Kalenderjahr

Quellen: Statistisches Bundesamt, Länderbericht Kuba 1988.

Tabelle 7: Beschäftigte im Gesundheitswesen

	1975	1980	1985
Ärzte	9.328	15.247	22.910
Zahnärzte	2.319	3.646	5.335
Krankenpflegepersonen	21.193	27.193	42.109

Quelle: Statistisches Bundesamt 1988.

Tabelle 8: Indikatoren sozialer Entwicklung

	1953	1960	1965	1970	1975	1980	1985
Jährliche Bevölkerungszunahme	2,2	2,0	2,6	1,5		1,2	
Urbanisierungsgrad in %		58				68	70
Alphabetisierungsgrad		79				96	
Lebenserwartung bei Geburt in T.		63				73	77
Kindersterblichkeitsrate		36	38	25		20	15
Säuglingssterblichkeit (pro 1000 Lebendgeb.)					20,8	14,1	11,9
Einwohner je Arzt	1012	1209	1120		1003	637	443
Einwohner je Zahnarzt					4035	2663	1093

Quellen: Comité de Estadísticas: Guía Estadística 1987; *Díaz/Nuñez* 1985; Statistisches Bundesamt 1988.

Tabelle 9: Rangfolge lateinamerikanischer Länder bei ausgewählten Sozialindikatoren

Kalorienversorgung	Lebenserwartung	Einwohner je Krankenhausbett	Alphabetenquote
1985	1985	1980–82	1980
Argentinien	Kuba	Barbados	Guyana
Barbados	Barbados	Uruguay	Kuba
Mexiko	Costa Rica	Argentinien	Chile
Kuba	Jamaika	Guyana	Trinidad
Trinidad	Uruguay	Kuba	Uruguay

Quelle: Statistisches Bundesamt 1988: 13.

7. *Politik der Institutionalisierung*

Nachdem die Verfassung von 1940 außer Kraft gesetzt und alle politischen Parteien verboten worden waren, die mit *Batista* kollaboriert hatten, blieb die politische Struktur des revolutionären Kubas bis zur Verabschiedung der sozialistischen Verfassung 1976, die in einem Referendum mit 97,7 Prozent der Stimmen angenommen worden war, durch den „geringen Grad der Institutionalisierung und Formalisierung politischer Herrschaft“ gekennzeichnet (*Kimmig* 1982: 384). Bis dahin hatte die Kommunistische Partei (PCC) als Avantgarde-Partei kaum eine Rolle gespielt. Die Mobilisierung der Bevölkerung für die Ziele der Revolution und ihrer Verteidigung lag bei den Massenorganisationen, zumal *Castro* einen personalistischen Führungsstil und den direkten Dialog mit dem Volk pflegte.

Die sozialistische Verfassung von 1976 hob das institutionelle Vakuum auf und schuf mit dem System des *Poder Popular* ein politisches Institutionensystem, das folgendermaßen aufgebaut ist: Oberstes gesetzgebendes Organ der Volksmacht ist die indirekt gewählte Nationalversammlung, die den Staatsrat (31 Mitglieder) wählt, die Minister ernennt und die Mitglieder des Obersten Gerichts. Die Trennung von Staat und Regierung wird durch die Bildung eines Ministerrats als oberstes Exekutivorgan impliziert, in der Praxis aber durch die Ämterunion von Staatsratsvorsitzenden (Präsident) und Ministerpräsidenten aufgehoben. Die Ämter übt seit den ersten Wahlen *Castro* aus. Er besitzt auch den Oberbefehl über die Streitkräfte. Volksgewählte Gemeindeversammlungen – die Basis-Organe des *Poder Popular* – bilden als Organe der Staatsmacht die unterste Ebene des Staatsaufbaus. Diese wählen die Mitglieder der übergeordneten Provinzversammlungen und der Nationalversammlung. Die Wahl der Diputierten der Nationalversammlung findet alle fünf Jahre, die der Delegierten der Gemeindeversammlungen alle zweieinhalb Jahre statt. Die Verfassung legt außerdem den Status der Kommunistischen Partei als führende Kraft in Staat und Gesellschaft fest und sichert die Rechte der Massenorganisationen ab (vgl. *Harnecker* 1976, 1979; *Stahl* 1987, 234 ff.).

Durch die Politik der Institutionalisierung erscheint die *charismatische* Führungsfigur *Castro* institutionell eingebunden. In der Praxis blieben jedoch die Grundmerkmale einer unorthodoxen Beziehung zwischen Basis und Führung aufrechterhalten, in deren Dialog Kritik und Spontaneität auffallen, die im Institutionensystem von Stufe zu Stufe stärker herausgefiltert werden.

Obwohl das politische System des *Poder Popular* institutionelle Partizipationsmöglichkeiten der Bevölkerung enthält, schränkt der Führungsanspruch der Kommunistischen Partei diese erheblich ein. Der PCC besitzt großen Einfluß auf die Erstellung der Kandidatenlisten für die Provinzversammlungen und die Nationalversammlung. Es ist daher nicht verwunderlich, daß über 90 Prozent der Diputierten der Nationalversammlung Parteimitglieder sind. Ein beträchtlicher Prozentsatz der Inhaber hoher Ämter gehört darüber hinaus dem Zentralkommittee der Partei an. Ein ungelenkter demokratischer Wahl- und Willensbildungsprozeß findet lediglich auf Gemeindeebene statt. Die Wahl der Mitglieder der Gemeindeversammlungen wird kaum von der Partei beeinflußt (vgl. *Stahl* 1987, 272 ff.). Allerdings werden die basisdemokratischen Ansätze im System des *Poder Populars* zudem durch das dem politischen System zugrundeliegende Prinzip des demokratischen Zentralismus begrenzt. Die jeweils übergeordneten Organe sind berechtigt, Beschlüsse der unteren Ebenen wieder aufzuheben.

Dennoch sollte man die Wahlen im politischen System Kubas nicht als bloßes Akklamationsinstrument für zentral gefaßte Parteibeschlüsse werten. Sie haben zumindest einen ambivalenten Charakter. Trotz der Begrenzung ungelenkter demokratischer Willensbildung auf die unterste Ebene im Staatsaufbau werden hier durch die eigenständige Verwaltung von Gemeindeeinrichtungen und die Lösung von Gemeindeproblemen Erfahrungen gesammelt, die das Bewußtsein der Kubaner von ihrer Kom-

Tabelle 10: Mitgliedschaft in Partei, Gewerkschaft und Massenbewegung (in Mio.)

		1958	1969	1980	1988
Partei	PPC		0,055	0,434	0,5
Parteijugend	UJC		0,106	0,422	0,6
Pioniere	PJM				1,7
Gewerkschaft	CTC	1,2	1,8	2,4	
Komittees	CDR		4,2	5,3	6,5
Frauenorg.	FMC		1,4	2,4	3,1
Studenten	FEU/FEEM				0,5
Kleinbauern	ANAP		0,137	0,192	0,180
Milizen	MTT				1,5

Quelle: *Kimmig*, 1982; *Martínez Heredia*, 1988.

petenz stärken, ihre Probleme selbst lösen und dazu beitragen zu können, das immer noch vorhandene *paternalistische* Verhaltensmuster zwischen Führer und Volk aufzubrechen.

8. *Vergleichende Bewertung und gegenwärtige Probleme*

Hervorstechendes Merkmal der kubanischen Entwicklung seit der Revolution und im lateinamerikanischen Vergleich sind die weitgehende Egalisierung der Gesellschaft und ihre Versorgung mit sozialen Dienstleistungen. Die materielle Lage der früher unterprivilegierten Mehrheit der Bevölkerung hat sich objektiv verbessert – trotz der Konsumgüterrationierungen, die freilich der kubanischen Bevölkerung den Unterschied ihrer sozioökonomischen Lage zur Konsumgesellschaft US-amerikanischen Zuschnitts deutlich machen. Die anhaltenden Konsumgüterbeschränkungen bergen denn auch ein Protestpotential in sich, vor allem unter jenen Kubanern, die, nach der Revolution geboren, keinen Vergleichsmaßstab zum vorrevolutionären Kuba oder zu anderen lateinamerikanischen Staaten haben und den durch Tourismus geförderten Konsummustern westlicher Industriestaaten als Vergleich ausgesetzt sind.
Das Ergebnis dieses oberflächlich erscheinenden Vergleichs verweist auf die nach wie vor bestehenden ungelösten wirtschaftlichen Probleme Kubas. Die wirtschaftliche Entwicklung hinkt der sozialen Entwicklung nach. Es waren nicht die eigenen wirtschaftlichen Ressourcen und deren bessere Inwertsetzung, die den Ausbau des Systems sozialer Dienstleistungen ermöglichten, sondern sowjetische Kredite und Subventionen. Trotz der Umwälzungen von Besitzverhältnissen und Wirtschaftsstrukturen ist es Kuba in den dreißig Jahren seit der Revolution nicht gelungen, eine sich selbst tragende Entwicklung einzuleiten.
Der durch die Revolution herbeigeführte Wechsel in der außenwirtschaftlichen Abhängigkeit wurde im Kuba-Schrifttum vielfach auf die Unterscheidung einer strukturellen – Unterwicklung verfestigenden – Abhängigkeit von den USA vor 1959 und einer strategischen – Unterwicklung überwindenden – Abhängigkeit von der Sowjetunion seit 1962/63 gebracht (z. B. *Kimmig* 1982). Diese Interpretation wird durch die

Probleme wirtschaftlicher Entwicklung in den achtziger Jahren so nicht mehr aufrechterhalten werden können, wie die kubanisch-sowjetischen Differenzen um die sowjetische Politik der „*Perestrojka*" verdeutlichen. Die heutige tiefe Wirtschaftskrise Kubas, durch die Weltwirtschaftskrise, fallende Zuckerpreise und wachsende Staatsverschuldung verursacht, die nur durch wirtschaftliche und finanzielle Unterstützung der UdSSR aufgefangen werden kann, zeigt die Verwundbarkeit des kubanischen Entwicklungsmodells, das auf der mittelfristigen extremen Abhängigkeit von einem landwirtschaftlichen Exportprodukt als Leitsektor wirtschaftlicher Entwicklung und der durch den US-Boykott aufgezwungenen Abhängigkeit von einem Handelspartner, der UdSSR, basiert.

Für die ökonomische Entwicklung Kubas und die Aufrechterhaltung der sozialen Errungenschaften der Revolution werden weiterhin die Beziehungen zum Rat für gegenseitige Wirtschaftshilfe, vor allem aber zur UdSSR – bezüglich Kredite, Vorzugspreise – von zentraler Bedeutung sein. Es ist allerdings fraglich, ob die UdSSR im Rahmen ihrer „*Perestrojka*"-Politik, die auch die sowjetische Wirtschaftshilfe an Rentabilitäts- und Effizienzkriterien zu orientieren sucht, weiterhin bereit sein wird, die kubanische Wirtschaft in dem bisherigen Ausmaß zu subventionieren. Die sowjetische Unterstützung der kubanischen Wirtschaft wird auf 1 bis 3 Mio. US-$ pro Tag geschätzt. Allein die sowjetischen Subventionen des Zuckerpreises erbrachten Kuba rund 4 Milliarden Pesos, also ein Drittel des gesamten kubanischen Staatshaushalts (vgl. TAZ, 02.01.89). Wenn man sich verdeutlicht, daß ca. 47 Prozent der kubanischen Staatsausgaben für die Aufrechterhaltung der sozialen Errungenschaften der Revolution aufgewendet werden (vgl. Tab. 6), wird das Ausmaß der finanziellen und wirtschaftlichen Abhängigkeit von der Sowjetunion deutlich. Eine Kürzung der sowjetischen Vorzugspreise für Zucker, Nickel, Zitrusfrüchte und Erdöl hätte Kürzungen in den kubanischen Sozialleistungen und eine Verschlechterung des Lebensstandards in Kuba zur Folge, die heute schon spürbar werden: Verdoppelung der Bus- und Telephontarife, Erhöhung der Stromtarife um 46 Prozent. Daß solche Vorzugspreise im Rahmen der sowjetischen „*Perestrojka*"-Politik nicht mehr selbstverständlich sind, zeigt die Kritik sowjetischer Ökonomen an der bisherigen Praxis, die mangelnde Effizienz der kubanischen Wirtschaft durch subventionierte sowjetische Preise für kubanische Importe aufzufangen (vgl. TAZ, 02.01.89). Darüber hinaus entziehen die wachsende Verschuldung und die Rückzahlungsverpflichtungen dem kubanischen Staatshaushalt dringend benötigte Ressourcen. 1987 verweigerte *Castro* bereits die Rückzahlung der bisherigen sowjetischen Kredite. Der erhoffte Schuldenerlaß wurde jedoch während des kürzlichen Kuba-Besuchs des sowjetischen Parteichefs *Michail Gorbačevs* nicht gewährt. Vielmehr haben sowjetische Vertreter auf einer Sitzung des Rates für gegenseitige Wirtschaftshilfe in Moskau „das Fehlen materieller Sanktionen für die Nichterfüllung von Zahlungsverpflichtungen kritisiert und bemängelt, daß es keine Verpflichtung gibt, die Rückzahlung von Krediten und Zinsen mit Waren zu garantieren" (*Rediske* 1988, 192).

Die kubanisch-sowjetischen Differenzen um die weitere sowjetische Wirtschaftshilfe verdeutlichen daher einen weiteren, außenpolitisch motivierten Aspekt der kubanischen Kritik an der sowjetischen Reformpolitik der „*Perestrojka*". Kubas Kritik an der sowjetischen „*Perestrojka*" richtet sich vor allem gegen die ökonomischen Reformen: sozialistische Marktwirtschaft, Liberalisierung und Dezentralisierung der Marktwirtschaft, autonome, gewinnorientierte Produktion der Betriebe. Diese Kritik hat interne und externe Ursachen. Sie speist sich zum einen aus den negativen Erfahrungen Kubas mit der eigenen ökonomischen Liberalisierung und der Einführung von Marktmechanismen, zum anderen aus Befürchtungen, daß sich die ökonomische Liberalisierung in der UdSSR negativ auf die sowjetische Wirtschaftshilfe auswirken könne. Marktmechanismen im sowjetischen Außenhandel, gewinnorientierter und autonomer Handel sowjetischer Unternehmen auf dem Weltmarkt könnten die bisherige sowjetische Subventionierung der kubanischen Wirtschaft verringern, die Rückzahlungsmodalitäten für sowjetische Kredite verschärfen und die weitere Wirtschaftshilfe an Effizienz- und Rentabilitätsbedingungen knüpfen. Um das kostspielige Sozialsystem aufrechtzuerhalten – und diese Zielsetzung sieht die kubanische Führung als zentrale Aufgabe ihrer Politik –, bleibt Kuba weiterhin auf sowjetische Subventionen angewiesen.

Literaturverzeichnis

Alphandéry, J.-J., 1972: Cuba – l'autre révolution. Douze ans d'économie socialiste, Paris.

Azicri, M., 1980: The Institutionalization of the Cuban State: A Political Perspective, in: Journal of Inter-American Studies 22 (3), 315–344.

Banco Nacional de Cuba – Comité Estatal de Estadísticas, 1988: Cuba. Informe económico trimestral, marzo.

Banco Nacional de Cuba – Comité Estatal de Estadísticas, 1988: Cuba. Informe económico trimestral, septiembre.

Banco Nacional de Cuba – Comité Estatal de Estadísticas, 1988: Cuba. Informe económico trimestral, junio.

Barkin, D. u. a., 1973: Cuba – camino abierto, Mexico (D.F.).

Bettelheim, Ch. u. a., 1969: Wertgesetz, Planung und Bewußtsein. Die Planungsdebatte in Kuba, Frankfurt.

Blasier, C./Mesa-Lago, C. (Hrsg.), 1979: Cuba in the World, Pittsburgh.

Bonachea, R. E./Valdés, N. P. (Hrsg.), 1972: Cuba in Revolution, New York.

Boorstein, E., 1968: The Economic Transformation of Cuba, New York.

Breuer, W. M., 1973: Sozialismus in Kuba, Köln.

Castro, F., 1970a: Rede zum 17. Jahrestag des Angriffs auf die Moncada-Kaserne vom 26.07.1970, in: Granma Weekly Review, 02.08.1970.

Castro, F., 1970b: Rede zum 10. Jahrestag der Gründung der Frauenorganisation (FMC) vom 23.08.1970, in: Granma Weekly Review, 30.08.1970.

Castro, F., 1970c: Rede auf dem Provinztreffen des kubanischen Gewerkschaftsbundes (CTC) vom 23.09.1970, in: Granma Weekly Review, 20.09.1970.

Castro, F., 1970d: Rede zum 10. Jahrestag der Gründung der Komitees zur Verteidigung der Revolution (CDR) vom 28.09.1970, in: Granma Weekly Review, 04.10.1970.

Castro, F., 1980: Niemals wird Kuba aufgeben. Bericht an die Delegation des 2. Parteitages der PCC (Informationen der Freundschaftsgesellschaft BRD-Kuba), Bonn.

Brundenius, C., 1981: Economic Growth, Basic Needs and Income Distribution in Revolutionary Cuba, Lund.

Brundenius, C., 1983: Some Notes on the Development of the Cuban Labour Force 1970–1980, in: Cuban Studies 13 (2), 1983, 65–77.

Castro Ruz, F., 1988: De Cuba a Ecuador y México. „... Son síntomas de los nuevos tiempos ...", México.

CEPAL, 1988. Balance preliminar de la economía latinoamericana, in: Notas sobre la Economía y el Desarrollo, Nr. 470/471, diciembre.
Comite Estatal de Estadisticas, 1987: Anuario Estadístico de Cuba 1986, Havanna.
Comite Estatal de Estadisticas, 1987: Guía Estadística, Havanna.
Comite Estatal de Estadisticas, 1988: Boletín estadístico de Cuba, enero-septiembre 1988, Havanna.
Département des affaires économiques et sociales des Nations Unies, 1972: Rapport sur la situation sociale dans le monde, 1970, New York.
Díaz, E./Nuñez, M., 1985: Desarrollo y calidad de la vida en Cuba y América Latina, Havanna.
Dominguez, J. I., 1978: Cuba. Order and Revolution, Cambridge (Mass.)/London.
Dumont, R., 1970: Cuba – est-il socialiste?, Paris.
EIU (The Economist Intelligence Unit) (Hrsg.), 1988: Country Reports: Cuba, Dominican Republic, Haiti, Puerto Rico. Analysis of Economic and Political Trends every quarter, 3, London.
Fabian, H., 1981: Der kubanische Entwicklungsweg. Ein Beitrag zum Konzept autozentrierter Entwicklung, Opladen.
Fagen, R. R., 1969: The Transformation of Political Culture in Cuba, Stanford (Cal.).
Furtak, R. K., 1973: Probleme direkter Demokratie in Kuba, in: *Bermbach, U.* (Hrsg.): Theorie und Praxis der direkten Demokratie, Opladen, 221–255.
Furtak, R. K., 1978: Kuba. Institutionalisierung eines revolutionären Systems, in: Osteuropa 28 (6), 494–510.
Galeano, E., 1989: Una obra de este mundo, in: El País, 2.1.1989.
Goldenberg, B., 1963: Lateinamerika und die kubanische Revolution, Köln.
González, E., 1977: Complexities of Cuban Foreign Policy, in: Problems of Communism 26 (6), 1–15.
Grabendorff, W., 1980: Cuban Involvement in Africa. Interpretation of Objectives, Reactions and Limitations, in: Journal of Inter-American Studies 22 (1), 3–29.
Grenz, W., 1975: Kuba. Politik – Wirtschaft – Außenbeziehungen 1959–1975 (= Institut für Iberoamerika-Kunde), Hamburg.
Guevara, E. Che, 1969: Ökonomie und neues Bewußtsein, Berlin.
Gutelman, M., 1967: L'agriculture socialisé à Cuba. Enseignements et perspectives, Paris.
Harnecker, M., 1976: Cuba. Dictadura o democracia, Madrid.
Harnecker, M. 1979: Los protagonistas de un nuevo poder, Havanna.
Hernández, R., 1988: El ruido y las nueces. ¿Hacia un ciclo de baja intensidad en la política cubana de Estados Unidos?, in: Cuadernos de Nuestra América (Centro de Estudios sobre América), 5 (11), 66–92.
Huberman, L./Sweezy, P. M., 1970: Sozialismus in Kuba, Frankfurt/M.
IPS – Tercer Mundo, 1989: Economics Press Service, Boletín quincenal sobre Cuba, 8 (1988), Havanna.
IPS – Tercer Mundo, 1989: Economics Press Service, Boletín quincenal sobre Cuba, 6 (1988), Havanna.
Karol, K. S., 1970: Les guérilleros au pouvoir, Paris.
Kimmig, K.-H., 1982: Kuba, in: *Nohlen, D./Nuscheler, F.* (Hrsg.): Handbuch der Dritten Welt, Bd. 3, Hamburg, 359–389.
Levesque, J., 1978: The USSR and the Cuban Revolution: Soviet Ideological and Strategic Perspectives 1959–1977, New York.
López Segrera, F., 1972: Cuba – Capitalismo dependiente y subdesarrollo 1510–1959, Havanna.
MacEwan, A., 1980: Revolution and Economic Development in Cuba, London.
Martínez Heredia, F., 1988: Desafíos del socialismo cubano, Havanna.
Mesa-Lago, C., 1969: Availability and Reliability of Statistics in Socialist Cuba, in: Latin American Research Review 4, Teile I/II.
Mesa-Lago, C. (Hrsg.), 1971 Revolutionary Change in Cuba, Pittsburgh.
Mesa-Lago, C., 1972: Ideological, Political and Economic Factors in the Cuban Controversy on Material Versus Moral Incentives, in: Journal of Inter-American Studies 14 (1), 49–111.
Mesa-Lago, C., 1973: The Sovietization of the Cuban Revolution: its Consequences for the Western Hemisphere, in: World Affairs 136 (1), 3–35.
Mesa-Lago, C., 1974: Cuba in the 1970's. Pragmatism und Institutionalization, Albuquerque.
Mesa-Lago, C., 1980: The Labor Sector and Socialist Distribution in Cuba, New York.

Mesa-Lago, C. (Hrsg.), 1985: The Crisis of Social Security and Health Care. Latin American Experiences and Lessons, Pittsburgh.
Mires, F., 1978: Kuba: Die Revolution ist keine Insel, Berlin.
Niess, F., 1976: Kuba 1968–76. Moral, Produktion und Verfassung in einer Übergangsgesellschaft, in: Vierteljahresberichte 66, 275–297.
Nohlen, D./Fernández, B. M., 1988: Wirtschaft, Staat und Sozialpolitik in Lateinamerika, in: *Schmidt, M. G.* (Hrsg.): Staatstätigkeit. International und historisch vergleichende Analysen, Opladen, 406–437.
Nohlen, D./Nuscheler, F. (Hrsg.), 1982/83: Handbuch der Dritten Welt, 8 Bde., Hamburg.
O'Connor, J., 1970: The Origins of Socialism in Cuba, Ithaca (N.Y.).
Rediske, M., 1988: Kuba: Auf Gegenkurs zur Perestroika, in: Lateinamerika, Analysen und Berichte, 12, Hamburg.
Ritter, A., 1973: The Economic Development of Revolutionary Cuba, New York.
Schwarzer, U., 1981: Arbeitsmotivation mit moralischen Anreizen. Ein Experiment in Kuba, Heidelberg.
Seers, D. (Hrsg.), 1964: Cuba – The Economic and Social Revolution, New York.
Silverman, B. (Hrsg.), 1971: Man and Socialism in Cuba, The Great Debate, New York.
Stahl, Karin, 1987: Kuba – eine neue Klassengesellschaft?, Heidelberg.
Statistisches Bundesamt (Hrsg.), 1968: Allgemeine Statistik des Auslandes, Länderkurzberichte. Kuba, Stuttgart/Mainz.
Statistisches Bundesamt (Hrsg.), 1988: Allgemeine Statistik des Auslandes, Länderkurzberichte. Kuba, Stuttgart/Mainz.
Suárez, A., 1970: Cuba: Castroism and Communism 1959–1966, Cambridge (Mass.).
Thomas, H., 1971: Cuba or the Pursuit of Freedom, London.
Tsokhas, K., 1980: The Political Economy of Cuban Dependence on the Soviet Union, in: Theory and Society 9 (2), 319–362.
United Nations Research Institute for Social Development, The Statistical Unit of the Institute, 1969: Compilation of Development Indicators (for 1960), Genf.
Valier, J., 1972: Kuba: Die Entwicklung der Bürokratie und die wirtschaftlichen Schwierigkeiten 1968–1971, in: *Dreßen, W.* (Hrsg.), 1972: Sozialistisches Jahrbuch 4, Berlin.
Vellinga, M. L., 1975: The Military and the Dynamics of the Cuban Revolutionary Process, in: Comparative Politics 8 (2), 245–271.
Wöhlke, M., 1978: Modellexport und Revolutionshilfe: Umfeld und Motivationsanalyse des kubanischen Engagements in der Dritten Welt (= Arbeitspapier der Stiftung Wissenschaft und Politik), Ebenhausen.
Zeitlin, M., 1967: Revolutionary Politics and the Cuban Working Class, New Jersey.

Personenregister

Begriffs- und Institutionenregister

Autorenverzeichnis

Klaus von Beyme (1934), Dr. phil., o. Professor für Politikwissenschaft an der Universität Heidelberg

Georg Brunner (1936), Dr. jur., o. Professor für Öffentliches Recht, Allgemeine Staatslehre und Ostrecht an der Universität zu Köln und Direktor des Instituts für Ostrecht

Hubertus Buchstein (1959), wissenschaftlicher Mitarbeiter am Fachbereich Politische Wissenschaft der Freien Universität Berlin

Walter Euchner (1933), Dr. phil., Universitätsprofessor am Seminar für Politikwissenschaft der Universität Göttingen

Helmut Fehr (1945), Dr. phil., Gastwissenschaftler am Wissenschaftszentrum Berlin für Sozialforschung

Gert-Joachim Glaeßner (1944), Dr. rer. pol., Professor für Politische Wissenschaft an der Freien Universität Berlin

Hasko Hüning (1943), Dipl.-Pol., wissenschaftlicher Angestellter am Zentralinstitut für sozialwissenschaftliche Forschung der Freien Universität Berlin

Egbert Jahn (1941), Dr. phil., Universitätsprofessor für Politikwissenschaft an der J. W. Goethe-Universität in Frankfurt am Main und Forschungsgruppenleiter an der Hessischen Stiftung Friedens- und Konfliktforschung

Norbert Kapferer (1948), Dr. phil., wissenschaftlicher Mitarbeiter am Fachbereich Politische Wissenschaft der Freien Universität Berlin

Hubertus Knabe (1959), Studienleiter an der Evangelischen Akademie Berlin (West)

Reinhard Koch (1944), Dr. phil., wissenschaftlicher Mitarbeiter der Forschungsstelle für Jugendfragen in Hannover

Ulrich Lohmann (1944), Dr. jur., wissenschaftlicher Referent am Max-Planck-Institut für ausländisches und internationales Sozialrecht, München

Rüdiger Machetzki (1941), Dr. phil., wissenschaftlicher Referent am Institut für Asienkunde Hamburg

Krisztina Mänicke-Gyöngyösi (1942), Dr. phil., wissenschaftliche Mitarbeiterin am Osteuropa-Institut der Freien Universität Berlin

Gerd Meyer (1942), Dr. phil., Universitätsprofessor für Politikwissenschaft an der Universität Tübingen

Margareta Mommsen (1938), Dr. phil., Universitätsprofessorin an der Universität der Bundeswehr Hamburg

Dieter Nohlen (1939), Dr. phil., Universitätsprofessor für Politikwissenschaft an der Universität Heidelberg

Manfred Opp de Hipt (1953–1989), Dr. phil., wissenschaftlicher Mitarbeiter am Fachbereich Politische Wissenschaft der Freien Universität Berlin

Ralf Rytlewski (1937), Dr. rer. pol., Universitätsprofessor für Politische Wissenschaft an der Freien Universität Berlin

Michael Reiman (1930), Dr. phil., Universitätsprofessor für Politische Wissenschaft an der Freien Universität Berlin

Herwig Roggemann (1935), Dr. jur., Universitätsprofessor für Recht der sozialistischen Staaten, Rechtsvergleichung, Straftrecht und Strafprozeßrecht am Osteuropa-Institut und am Fachbereich Rechtswissenschaft der Freien Universität Berlin

Werner Rossade (1930), Dr. phil., wissenschaftlicher Mitarbeiter am Fachbereich Politische Wissenschaft der Freien Universität Berlin

Eberhard Schneider (1941), Dr. phil., Lic. phil., wissenschaftlicher Oberrat am Bundesinstitut für ostwissenschaftliche und internationale Studien in Köln

Karin Stahl (1953), Dr. phil., wissenschaftliche Mitarbeiterin der Forschungsstätte der Evangelischen Studiengemeinschaft in Heidelberg

Melanie Tatur (1944), Dr. phil., wissenschaftliche Mitarbeiterin der Forschungsstelle Osteuropa an der Universität Bremen